Oberheim | Zivilprozessrecht für Referendare

Zivilprozessrecht für Referendare

Von

Dr. Rainer Oberheim

Vorsitzender Richter am Oberlandesgericht, Frankfurt am Main

12., neu bearbeitete Auflage 2017

Verlag Franz Vahlen

Zitiervorschlag: *Oberheim* ZivilProzR

www.vahlen.de

ISBN 978 3 8006 5481 9

Wilhelmstraße 9, 80801 München
Druck: Druckhaus Nomos
In den Lissen 12, 76547 Sinzheim

Satz: R. John + W. John GbR, Köln
Umschlaggestaltung: Martina Busch, Grafikdesign, Homburg Saar

Gedruckt auf säurefreiem, alterungsbeständigem Papier
(hergestellt aus chlorfrei gebleichtem Zellstoff)

Vorwort zur zwölften Auflage

Die nach kaum zwei Jahren fällig gewordene vorliegende 12. Auflage musste nur wenige gesetzliche Änderungen berücksichtigen, so etwa das Gesetz zur Änderung des Sachverständigenrechts. Sie fällt aber in eine Zeit, in der das Zivilprozessrecht wieder in den Fokus der aktuellen Rechtspolitik geraten ist. Die Frage nach der Zeitgemäßheit der existierenden Regelungen, die der 70. Deutsche Juristentag 2014 aufgeworfen hat, stellt sich nicht bloß wegen des Alters der existierenden Normen, sondern auch und vor allem wegen der geänderten Rahmenbedingungen des Zivilprozesses: Die immer weiter zunehmende Spezialisierung von Anwälten und Richtern, die steigende tatsächliche und rechtliche Komplexität der Verfahren und der immer stärker werdende Einsatz elektronischer Techniken schaffen eine grundlegend neue Rechtswirklichkeit. Ob und inwieweit der Zivilprozess geeignet ist, diesen geänderten Anforderungen zu genügen, muss er in Konkurrenz zu den alternativen mediativen und schiedsgerichtlichen Verfahren unter Beweis stellen (dazu etwa *Hirtz*, Die Zukunft des Zivilprozesses, NJW 2014, 2529). Bestrebungen des Gesetzgebers (etwa im Koalitionsvertrag aus dem Jahr 2013) haben insoweit bislang nicht zu konkreten Ergebnissen geführt. Besondere Bedeutung kam für die vorliegende Neuauflage deswegen der Einarbeitung aktueller Rechtsprechung und Literatur zu. Weitgehend neu gestaltet wurde das Beweisrecht. Weiter vertieft und erweitert wurden auch die anwaltlichen Fragestellungen und die Darstellung der in Praxis und Examen relevanten Arbeitsformen.

Rechtsprechung und Literatur konnten bis Mitte 2015 berücksichtigt werden.

Gedankt sei an dieser Stelle den vielen Kollegen und Referendaren, die durch kritische Anmerkungen und Anregungen zu Verbesserungen gegenüber den ersten Auflagen beigetragen haben, sowie meiner Frau, ohne deren Verständnis und Unterstützung auch die weitere Bearbeitung dieses Buchs nicht möglich gewesen wäre. Gewidmet ist das Buch meiner Tochter, der Richterin *Ricarda Oberheim*.

Kelkheim, im Juni 2017 *Rainer Oberheim*

Aus dem Vorwort zur ersten Auflage

Das Zivilprozessrecht spielt in der Juristenausbildung eine zentrale Rolle: Es steht am Beginn der Referendarzeit und markiert damit den Übergang von der wissenschaftlich orientierten universitären zur praktisch ausgerichteten Ausbildung. Im zweiten Staatsexamen ist in der Regel kein anderes Rechtsgebiet stärker vertreten. Für Rechtsreferendare stellen sich damit erfahrungsgemäß Probleme auf verschiedenen Ebenen: Im Regelfall ohne Vorkenntnisse müssen zunächst die Grundlagen für das Verständnis eines komplikationslos verlaufenden »Normalprozesses« erarbeitet werden. Parallel hierzu ist es erforderlich, die zur praktischen Führung eines solchen Prozesses notwendigen Arbeitstechniken und Darstellungsformen kennen zu lernen. Schließlich müssen diese Grundkenntnisse vertieft und um in der Praxis wie im Examen typische Problemkonstellationen erweitert werden.

Dem entspricht die Gliederung des vorliegenden Buches. Dabei wurde versucht, den Stoff nicht bloß semantisch, sondern auch visuell zu vermitteln: Zahlreiche grafische Darstellungen sollen hierarchische Strukturen, Sachzusammenhänge und Verfahrensabläufe deutlich machen oder in Form von Flussdiagrammen und Entscheidungstabellen Prüfungsschemata bieten. Sie dienen damit nicht der bloßen Illustration, sondern müssen erarbeitet werden.

Darstellungsformen und Stoffauswahl beruhen auf langjähriger Tätigkeit als Arbeitsgemeinschaftsleiter, Repetitor, Prüfer, als hauptamtlicher Referatsleiter im Justizprüfungsamt des Landes Hessen und der Referendarabteilung des Oberlandesgerichts Frankfurt am Main sowie als Mitherausgeber der Juristischen Arbeitsblätter (JA), unterliegen aber den durch Form und Umfang eines Lehrbuchs vorgegebenen Restriktionen.

Inhaltsübersicht

Inhaltsverzeichnis

Verzeichnis der grafischen Darstellungen

Literaturverzeichnis

Anleitungsbücher

Anders, Monika/Gehle, Burkhard, Das Assessorexamen im Zivilrecht, 13. Aufl. 2017 (zit.: *Anders/Gehle* Assessorexamen ZivR)

Baumfalk, Walter/Gierl, Walter, Zivilprozess – Stagen und Examen, 11. Aufl. 2013 (zit.: *Baumfalk/Gierl* ZivilProz)

Becht, Ernst/Lennartz, Dirk S., Prüfungsschwerpunkte im Zivilprozess, 5. Aufl. 2010; eBook 2014 (zit.: *Becht/Lennartz* ZivilProz)

Büßer, Janko/Tonner, Martin, Das zivilrechtliche Dezernat, 2. Aufl. 2016 (zit.: *Büßer/Tonner* Dezernat)

Diercks-Harms, Kerstin, Die rechtsgestaltende Anwaltsklausur, 2014 (zit.: *Diercks-Harms* Anwaltsklausur)

Gottwald, Uwe, Das Zivilurteil, 2. Aufl. 2005 (zit.: *Gottwald* Zivilurteil)

Hemmer, Karl Edmund/Wüst, Achim/Gold, Ingo, Das Zivilurteil, 12. Aufl. 2017 (zit.: *Hemmer/Wüst/Gold* Zivilurteil)

Hemmer, Karl Edmund/Wüst, Achim/Gold, Ingo/Krick, Rainer, Die zivilrechtliche Anwaltsklausur, 11. Aufl. 2015 (*Hemmer/Wüst/Gold/Krick* Zivilurteil)

Jäckel, Holger, Der zivilrechtliche Aktenvortrag im Assessorexamen, 4. Aufl. 2016 (zit.: *Jäckel* Aktenvortrag)

Kaiser, Torsten/Kaiser, Horst/Kaiser, Jan, Die Anwaltsklausur Zivilrecht, 6. Aufl. 2015 (zit.: *Kaiser/Kaiser/Kaiser* Anwaltsklausur)

Kaiser, Horst/Kaiser, Jan/Kaiser, Torsten, Die Zivilgerichtsklausur im Assessorexamen, Band I, 7. Aufl. 2016 (zit.: *Kaiser/Kaiser/Kaiser* Zivilgerichtsklausur I)

Kaiser, Horst/Kaiser, Jan/Kaiser, Torsten, Die Zivilgerichtsklausur im Assessorexamen, Band II, 5. Aufl. 2016 (zit.: *Kaiser/Kaiser/Kaiser* Zivilgerichtsklausur II)

Knöringer, Dieter, Die Assessorklausur im Zivilprozess, 16. Aufl. 2016 (zit.: *Knöringer* ZivilProz)

Kurpat, Ralf, Das Zivilurteil, 8. Aufl. 2017 (zit.: *Kurpat* Zivilurteil)

Lackmann, Rolf, Der Zivilrechtsfall in Prüfung und Praxis, 2. Aufl. 2014 (zit.: *Lackmann* Zivilrechtsfall)

Michel, Helmut/von der Seipen, Christoph, Der Schriftsatz des Anwalts im Zivilprozess, 6. Aufl. 2004 (zit.: *Michel/von der Seipen* Schriftsatz)

Nissen, Timm, Die zivilgerichtliche Assessorklausur, 16. Aufl. 2013 (zit.: *Nissen* Assessorklausur)

Oberheim, Rainer, Erfolgreiche Taktik im Zivilprozess, 7. Aufl. 2017 (zit.: *Oberheim* Taktik im ZivilProz)

Pukall, Friedrich/Kießling, Erik, Der Zivilprozess in der gerichtlichen Praxis, 7. Aufl. 2013 (zit.: *Pukall/Kießling* ZivilProz)

Schellhammer, Kurt, Die Arbeitsmethode des Zivilrichters, 17. Aufl. 2014 (zit.: *Schellhammer* Arbeitsmethode)

Schmitz, Günther/Frisch, Alfred/Neumaier, Markus, Die Station in Zivilsachen, 8. Aufl. 2014 (zit.: *Schmitz/Frisch/Neumaier* Station in Zivilsachen)

Schneider, Egon/van den Hövel, Markus, Richterliche Arbeitstechnik, 5. Aufl. 2013 (zit.: *Schneider/van den Hövel* Arbeitstechnik)

Schuschke, Winfried/Kessen, Martin/Höltje, Björn, Zivilrechtliche Arbeitstechnik im Assessorexamen, 35. Aufl. 2013 (zit.: *Schuschke/Kessen/Höltje* Arbeitstechnik)

Steinert, Karl-Friedrich/Theede, Kai-Uwe/Knop, Jens, Zivilprozess, 9. Aufl. 2011 (zit.: *Steinert/Theede/Knop* ZivilProz)

Stoffregen, Ralf, Die zivilrechtliche Assessorklausur, 2. Aufl. 2016 (zit.: *Stoffregen* Assessorklausur ZivilProz)

Theimer, Clemens/Theimer, Anette, Mustertexte zum Zivilprozess (2 Bd.), 9. Aufl. 2016 (zit.: *Theimer/Theimer* Mustertexte ZivilProz)

van den Hövel, Markus, Richterliche Arbeitstechnik, 7. Aufl. 2017 (zit.: *van den Hövel* Arbeitstechnik)

van den Hövel, Markus, Die Tenorierung im Zivilurteil, 7. Aufl. 2017 (zit.: *van den Hövel* Tenorierung)

Wimmer, Andreas, Klausurtipps für das Assessorexamen, 5. Aufl. 2017 (zit.: *Wimmer* Klausurtipps)

Fallsammlungen

Assmann, Dorothea, Fälle zum Zivilprozessrecht, 2. Aufl. 2013 (zit.: *Assmann* Fälle ZivilProzR)

Baumgärtel, Gottfried/Laumen, Hans-Willi/Prütting, Hanns, Der Zivilprozessrechtsfall, 2. Aufl. 2015 (zit.: *Baumgärtel/Laumen/Prütting* Zivilprozessrechtsfall)

Hemmer, Karl Edmund/Wüst, Achim/Gold, Ingo, Klausurentraining Zivilurteile, 17. Aufl. 2016 (zit.: *Hemmer/Wüst/Gold* Klausurentraining Urteil)

Hemmer, Karl Edmund/Wüst, Achim/Gold, Ingo, Klausurentraining Zivilrechtliche Anwaltsklausuren, 11. Aufl. 2015 (zit.: *Hemmer/Wüst/Gold* Klausurentraining Anwalt)

Mürbe, Manfred/Geiger, Harald/Wenz, Helmut, Die Anwaltsklausur in der Assessorprüfung, 6. Aufl. 2011 (zit.: *Mürbe/Geiger/Wenz* Anwaltsklausur)

Schmitz, Günther, Zivilrechtliche Musterklausuren für die Assessorprüfung, 7. Aufl. 2015 (zit.: *Schmitz* Musterklausuren)

Sikora, Markus/Mayer, Andreas, Kautelarjuristische Klausuren im Zivilrecht, 4. Aufl. 2015 (zit.: *Sikora/Mayer* Kaut. Klausuren)

Zimmermann, Walter, ZPO-Fallrepetitorium, 10. Aufl. 2015 (zit.: *Zimmermann* Fallrep. ZPO)

Kommentare

Baumbach, Adolf/Lauterbach, Wolfgang/Albers, Jan/Hartmann, Peter, Zivilprozessordnung, 75. Aufl. 2017 (zit.: BLAH/*Bearbeiter*)

Krüger, Wolfgang/Rauscher, Thomas, Münchner Kommentar zur Zivilprozessordnung, 5. Aufl. 2017 (zit.: MüKoZPO/*Bearbeiter*)

Musielak, Hans-Joachim, Zivilprozessordnung, 14. Aufl. 2017 (zit.: Musielak/Bearbeiter)

Palandt, Otto, Bürgerliches Gesetzbuch: BGB, 76. Aufl. 2017 (zit.: Palandt/*Bearbeiter*)

Prütting, Hanns/Gehrlein, Markus, ZPO Kommentar, 9. Aufl. 2017 (zit.: Prütting/Gehrlein/*Bearbeiter*)

Saenger, Ingo, Zivilprozessordnung Handkommentar, 7. Aufl. 2017 (zit.: HK-ZPO/*Bearbeiter*)

Stein, Friedrich/Jonas, Martin, Kommentar zur Zivilprozessordnung, 23. Aufl. 2017 (zit.: Stein/Jonas/*Bearbeiter*)

Thomas, Heinz/Putzo, Hans, ZPO-Erläuterungen, 38. Aufl. 2017 (zit.: Thomas/Putzo/*Bearbeiter*)

Wieczorek, Bernhard/Rössler, Georg F./Schütze, Rolf A., Zivilprozessordnung und Nebengesetze, 4. Aufl. 2013 ff. (zit.: Wieczorek/Rössler/Schütze/*Bearbeiter*)

Zimmermann, Walter, Zivilprozessordnung, 10. Aufl. 2015 (zit.: *Zimmermann*)

Zöller, Richard, Kommentar zur Zivilprozessordnung, 31. Aufl. 2016 (zit.: Zöller/*Bearbeiter*)

Lehrbücher

Adolphsen, Jens, Zivilprozessrecht, 5. Aufl. 2016 (zit.: *Adolphsen* ZivilProzR)

Beck, Simon Markus/Scheel, Tobias, Zivilprozessrecht im Assessorexamen, 4. Aufl. 2016 (zit.: *Beck/Scheel* ZivilProzR)

Grunsky, Wolfgang/Jacoby, Florian, Zivilprozessrecht, 15. Aufl. 2016 (zit.: *Grunsky/Jacoby* ZivilProzR)

Jauernig, Othmar/Hess, Burkhard, Zivilprozessrecht, 30. Aufl. 2011 (zit.: *Jauernig/Hess* ZivilProzR)

Lüke, Wolfgang, Zivilprozessrecht, 11. Aufl. 2013 (zit.: Lüke ZivilProzR)

Musielak, Hans-Joachim/Voit, Wolfgang, Grundkurs ZPO, 13. Aufl. 2016 (zit.: *Musielak/Voit* GK ZPO)

Paulus, Christoph G., Zivilprozessrecht, 6. Aufl. 2017 (zit.: *Paulus* ZivilProzR)

Pohlmann, Petra, Zivilprozessrecht, 3. Aufl. 2014 (zit.: *Pohlmann* ZivilProzR)

Prütting, Hanns/Baumgärtel, Gottfried, Einführung in das Zivilprozessrecht, 9. Aufl. 2007 (zit.: *Prütting/Baumgärtel* ZivilProzR)

Rosenberg, Leo/Schwab, Karl Heinz/Gottwald, Peter, Zivilprozessrecht, 17. Aufl. 2010 (zit.: *Rosenberg/Schwab/Gottwald* ZivilProzR)

Schellhammer, Kurt, Zivilprozess, 15. Aufl. 2016 (zit.: *Schellhammer* ZivilProz)

Schilken, Eberhard, Zivilprozessrecht, 7. Aufl. 2014 (zit.: *Schilken* ZivilProzR)

Schwab, Martin, Grundzüge des Zivilprozessrechts, 4. Aufl. 2013 (zit.: *Schwab* ZivilProzR)

Weber, Dieter/Förscher, Peter, Der Zivilprozess, 3. Aufl. 2013 (zit.: *Weber/Förscher* ZivilProz)

Abkürzungsverzeichnis

aA. . . . . anderer Ansicht
ABl. . . . . Amtsblatt
Abs. . . . . Absatz
AcP. . . . . Archiv für die civilistische Praxis
aF . . . . alte Fassung
AG . . . . Amtsgericht, Aktiengesellschaft
AGB . . . . Allgemeine Geschäftsbedingungen
AKB . . . . Allgemeine Bedingungen für die Kraftfahrtversicherung
AktG . . . . Aktiengesetz
AktO . . . . Aktenordnung
Alt. . . . . Alternative
Anh. . . . . Anhang
Anm. . . . . Anmerkung
AnwBl. . . . . Anwaltsblatt
ArbG . . . . Arbeitsgericht
ArbGG . . . . Arbeitsgerichtsgesetz
Art. . . . . Artikel
Aufl. . . . . Auflage
AWD . . . . Außenwirtschaftsdienst des Betriebsberaters

BAG . . . . Bundesarbeitsgericht
BAGE . . . . Amtliche Sammlung der Entscheidungen des Bundesarbeitsgerichts
BauR. . . . . Baurecht
BayObLG . . . . Bayerisches Oberstes Landesgericht
BB . . . . Betriebs-Berater
BBG . . . . Bundesbeamtengesetz
Bd. . . . . Band
BetrVG . . . . Betriebsverfassungsgesetz
BFH . . . . Bundesfinanzhof
BGB . . . . Bürgerliches Gesetzbuch
BGBl. . . . . Bundesgesetzblatt
BGH. . . . . Bundesgerichtshof
BGHR . . . . BGH-Rechtsprechung, hrsg. von den Richtern des BGH
BGHSt . . . . Entscheidungen des Bundesgerichtshofs in Strafsachen
BGHZ . . . . Entscheidungen des Bundesgerichtshofs in Zivilsachen
Bl. . . . . Blatt
BORA . . . . Berufsordnung der Rechtsanwälte
BörsenG . . . . Börsengesetz
BRAO . . . . Bundesrechtsanwaltsordnung
BRRG. . . . . Beamtenrechtsrahmengesetz
BSG . . . . Bundessozialgericht
BT-Drs. . . . . Bundestagsdrucksache
BVerfG . . . . Bundesverfassungsgericht
BVerfGE . . . . Entscheidungen des Bundesverfassungsgerichts
BVerwG . . . . Bundesverwaltungsgericht
BVerwGE . . . . Entscheidungen des Bundesverwaltungsgerichts

CR . . . . Computer und Recht

DAR. . . . . Deutsches Autorecht
DAVorm . . . . Der Amtsvormund
DB . . . . Der Betrieb
DGVZ . . . . Deutsche Gerichtsvollzieher-Zeitung

dh . . . . das heißt
Diss. . . . . Dissertation
DNotZ . . . . Deutsche Notar-Zeitschrift
DRiG . . . . Deutsches Richtergesetz
DRiZ. . . . . Deutsche Richterzeitung
DStR . . . . Deutsches Steuerrecht
DtZ. . . . . Deutsch-Deutsche Rechts-Zeitschrift

EG . . . . Europäische Gemeinschaft
EGBGB. . . . . Einführungsgesetz zum Bürgerlichen Gesetzbuch
EGGVG . . . . Einführungsgesetz zum Gerichtsverfassungsgesetz
EGStGB . . . . Einführungsgesetz zum Strafgesetzbuch
EGZPO. . . . . Einführungsgesetz zur Zivilprozessordnung
Einf. . . . . Einführung
Einl. . . . . Einleitung
EMRK. . . . . Europäische Menschenrechtskonvention
EuBVO . . . . Verordnung über europäische Beweisaufnahmen
EuGFVO. . . . . . . Verordnung über das europäische Verfahren über geringfügige Forderungen
EuGH . . . . Europäischer Gerichtshof
EGMR . . . . Europäischer Gerichtshof für Menschenrechte
EuGVÜ . . . . Übereinkommen über die gerichtliche Zuständigkeit
EuMVVO . . . . . . Verordnung über das europäische Mahnverfahren
EuVTVO. . . . . . . Verordnung über den europäischen Vollstreckungstitel
EuZVO . . . . Verordnung über europäische Zustellungen

f., ff. . . . . folgende, fortfolgende
FamFG . . . . Gesetz über das Verfahren in Familiensachen und in den Angelegenheiten der freiwilligen Gerichtsbarkeit
FamRZ . . . . Zeitschrift für das gesamte Familienrecht
FG . . . . Finanzgericht, Freiwillige Gerichtsbarkeit
FGG . . . . Gesetz über die Angelegenheiten der freiwilligen Gerichtsbarkeit
FGO . . . . Finanzgerichtsordnung
Fn. . . . . Fußnote
FS . . . . Festschrift

GBO . . . . Grundbuchordnung
GbR . . . . Gesellschaft bürgerlichen Rechts
GenG . . . . Genossenschaftsgesetz
GG . . . . Grundgesetz für die Bundesrepublik Deutschland
ggf. . . . . gegebenenfalls
GKG . . . . Gerichtskostengesetz
GmbH. . . . . Gesellschaft mit beschränkter Haftung
GmbHG . . . . Gesetz betreffend die Gesellschaften mit beschränkter Haftung
GemSOGB . . . . . Gemeinsamer Senat der Obersten Gerichtshöfe des Bundes
GRUR. . . . . Gewerblicher Rechtsschutz und Urheberrecht
GRUR-RR. . . . . . Gewerblicher Rechtsschutz und Urheberrecht, Rechtsprechungsreport
GVG . . . . Gerichtsverfassungsgesetz

HausratsVO. . . . . Verordnung über die Behandlung der Ehewohnung und des Hausrats
HBÜ . . . . Haager Übereinkommen über die Beweisaufnahme im Ausland in Zivil- und Handelssachen
HGB . . . . Handelsgesetzbuch
hL . . . . herrschende Lehre
hM . . . . herrschende Meinung
Hrsg. . . . . Herausgeber, herausgegeben

iSd . . . . im Sinne der/des

iVm. . . . . in Verbindung mit
InsO . . . . Insolvenzordnung
IPrax. . . . . Praxis des Internationalen Privat- und Verfahrensrechts
IPRG . . . . Gesetz zur Neuregelung des internationalen Privatrechts

JA. . . . . Juristische Arbeitsblätter
JAÜbBlRef . . . . . . Juristische Arbeitsblätter – Übungsblätter für Referendare
JMBl. . . . . Justizministerialblatt
JR. . . . . Juristische Rundschau
JURA . . . . Juristische Ausbildung (Zeitschrift)
JurBüro . . . . Das Juristische Büro
JuS . . . . Juristische Schulung
JW . . . . Juristische Wochenschrift
JZ. . . . . Juristenzeitung

KapMuG. . . . . Gesetz zur Einführung von Kapitalanleger-Musterverfahren
KfH . . . . Kammer für Handelssachen
KG. . . . . Kammergericht, Kommanditgesellschaft
KTS . . . . Konkurs-, Treuhand- und Schiedsgerichtswesen
KV . . . . Kostenverzeichnis zum GKG

LAG. . . . . Landesarbeitsgericht
lfd. . . . . laufend(e)
LG . . . . Landgericht
LM . . . . Lindenmaier/Möhring, Nachschlagewerk des Bundesgerichtshofs

mAnm . . . . mit Anmerkung
mN. . . . . mit Nachweisen
mwN . . . . mit weiteren Nachweisen
MDR . . . . Monatsschrift des Deutschen Rechts
MMR . . . . MultiMedia und Recht

Nachw. . . . . Nachweise
NdsRPfl . . . . Niedersächsische Rechtspflege
NJW. . . . . Neue Juristische Wochenschrift
NJWE-FER . . . . . NJW-Entscheidungsdienst Familienrecht und Erbrecht
NJW-RR. . . . . NJW-Rechtsprechungs-Report Zivilrecht
Nr. . . . . Nummer
NRW . . . . Nordrhein-Westfalen
NVersZ. . . . . Neue Zeitschrift für Versicherung und Recht
NVwZ . . . . Neue Zeitschrift für Verwaltungsrecht
NVwZ-RR . . . . . . Neue Zeitschrift für Verwaltungsrecht, Rechtsprechungsreport
NZA. . . . . Neue Zeitschrift für Arbeitsrecht
NZBau . . . . Neue Zeitschrift für Baurecht
NZG. . . . . Neue Zeitschrift für Gesellschaftsrecht
NZI . . . . Neue Zeitschrift für das Recht der Insolvenz und Sanierung
NZM . . . . Neue Zeitschrift für Mietrecht
NZV. . . . . Neue Zeitschrift für Verkehrsrecht

oÄ . . . . oder Ähnliche/s
OHG . . . . Offene Handelsgesellschaft
OLG. . . . . Oberlandesgericht
OLG-NL . . . . OLG-Rechtsprechung Neue Länder
OLGZ . . . . Entscheidungen der Oberlandesgerichte in Zivilsachen
OVG . . . . Oberverwaltungsgericht

PFV . . . . Positive Forderungs-Verletzung
PKH . . . . Prozesskostenhilfe
ProdHaftG. . . . . . Produkthaftungsgesetz

RBerG . . . . Rechtsberatungsgesetz
RdA. . . . . Recht der Arbeit
Rn. . . . . Randnummer
RG . . . . Reichsgericht
RGSt . . . . Entscheidungen des Reichsgerichts in Strafsachen
RGZ . . . . Entscheidungen des Reichsgerichts in Zivilsachen
RIW . . . . Recht der internationalen Wirtschaft
Rpfleger . . . . Der Deutsche Rechtspfleger
RPflG . . . . Rechtspflegergesetz
r+s. . . . . Recht und Schaden
Rspr. . . . . Rechtsprechung
RVG . . . . Rechtsanwaltsvergütungsgesetz

S. . . . . Seite, Satz
SchlHA . . . . Schleswig-Holsteinische Anzeigen
SGG . . . . Sozialgerichtsgesetz
StGB . . . . Strafgesetzbuch
StPO . . . . Strafprozessordnung
str. . . . . streitig
StV . . . . Strafverteidiger
StVG . . . . Straßenverkehrsgesetz
sog. . . . . sogenannte(r)

TranspR . . . . Transportrecht

UKlaG. . . . . Gesetz über Unterlassungsklagen bei Verbraucherrechts- und anderen Verstößen
UWG . . . . Gesetz gegen den unlauteren Wettbewerb

VBlBW . . . . Verwaltungsblätter für Baden-Württemberg
VersR. . . . . Versicherungsrecht
VG . . . . Verwaltungsgericht
VGH . . . . Verwaltungsgerichtshof
vgl. . . . . vergleiche
VIZ . . . . Zeitschrift für Vermögens- und Immobilienrecht
Vorbem. . . . . Vorbemerkung
VV. . . . . Vergütungsverzeichnis zum RVG
VVG . . . . Gesetz über den Versicherungsvertrag
VRS. . . . . Verkehrsrechtssammlung
VwGO. . . . . Verwaltungsgerichtsordnung

WarnRspr. . . . . . . Warneyer, Die Rechtsprechung des Reichsgerichts
WEG. . . . . Wohnungseigentumsgesetz
WG. . . . . Wechselgesetz
WM. . . . . Wertpapiermitteilungen
WRP . . . . Wettbewerb in Recht und Praxis
WuM . . . . Wohnungswirtschaft und Mietrecht

ZAP. . . . . Zeitschrift für die Anwaltspraxis
zB . . . . zum Beispiel
ZfBR . . . . Zeitschrift für deutsches und internationales Baurecht
ZfS . . . . Zentralblatt für Sozialversicherung, Sozialhilfe und Versorgung
ZIP . . . . Zeitschrift für Wirtschaftsrecht
ZMR . . . . Zeitschrift für Miet- und Raumrecht

ZPO . . . . Zivilprozessordnung
ZRHO . . . . Rechtshilfeordnung für Zivilsachen
ZRP . . . . Zeitschrift für Rechtspolitik
ZSEG . . . . Gesetz über die Entschädigung von Zeugen und Sachverständigen
zT . . . . zum Teil
ZVG . . . . Zwangsversteigerungsgesetz
ZZP . . . . Zeitschrift für Zivilprozess

1. Teil. Grundbegriffe

Zum Verständnis des »normalen«, komplikationslosen Ablaufs eines einfachen Zivilprozesses ist die Kenntnis einiger *Grundbegriffe* erforderlich. Hierzu gehört zunächst der des »**Prozesses**«, gefolgt von den hieran beteiligten Prozesssubjekten, den »**Parteien**« und dem »**Gericht**«. Auf den in der »**Klage**« liegenden Angriff des Klägers folgt die »**Verteidigung**« des Beklagten, beide münden in den weiteren Verlauf des Prozesses, die »**Verhandlung**« vor dem Gericht und gegebenenfalls in die tatsächliche Klärung des Sachverhalts durch das Gericht mittels »**Beweis**«. 1

Danach muss in einem zweiten, den *Arbeitstechniken und Darstellungsformen* gewidmeten Abschnitt zunächst der der Entscheidung zugrunde zu legende »**Sachverhalt**« festgestellt und einer »**Rechtlichen Bewertung**« unterzogen werden, damit das Ergebnis in einer »**Praktischen Umsetzung**« nutzbar gemacht werden kann.

Prozessuale Sonderkonstellationen und Problemfälle können dem zweiten Teil, der *Vertiefung*, vorbehalten werden.

1. Abschnitt. Verfahren

§ 1 Prozess

Was ist ein Zivilprozess, wie läuft er ab und warum läuft er so ab? Durch Beantwortung dieser Fragen soll vorab geklärt werden, welche Struktur der Zivilprozess hat und wie er sich zum materiellen Zivilrecht einerseits und zu den übrigen Prozessarten anderseits verhält

1. Begriff

a) Juristischer Ansatz

Der Zivilprozess kann **definiert** werden als das 2

- staatlich angeordnete
- und geregelte
- Verfahren zur Feststellung und Durchsetzung
- der privaten Rechte des Einzelnen.

(1) Schon aus dem Begriff **Prozess** (vom lateinischen procedere: fortschreiten, sich entwickeln) folgt, dass dieser kein statisches Rechtsverhältnis darstellt, sondern ein sich *dynamisch* entwickelndes Geschehen, bei dem nacheinander vollzogene Partei- und Gerichtshandlungen aufeinander aufbauen und den Prozess laufend neu gestalten.[1] 3

Anders als materielle Rechtsverhältnisse, deren Inhalt regelmäßig mit ihrem Zustandekommen feststeht und bis zur Beendigung des Rechtsverhältnisses unverändert bleibt (ein Vertrag hat den von den Parteien zu Beginn vereinbarten Inhalt, der bis 4

1 *Stalev*, Das Verfahren als dynamischer Tatbestand, ZZP 88 (1975), 193.

zum Erlöschen des Schuldverhältnisses durch Erfüllung grundsätzlich gleich bleibt), ändert sich das Prozessrechtsverhältnis ständig. Mit Einreichung der Klage ist der Prozess noch nicht entscheidungsreif, es müssen vorgegebene Verfahrensschritte durchlaufen werden (§ 128 I ZPO), während der sich Zulässigkeit und Begründetheit ändern können. Erst mit dem Schluss der letzten mündlichen Verhandlung enden die Gestaltungsmöglichkeiten der Parteien (§ 296a ZPO) und es tritt Entscheidungsreife des Prozesses ein (→ Rn. 262; → Rn. 565). Auf diesen Zeitpunkt bezogen werden Zulässigkeit und Begründetheit der Klage beurteilt.

Beispiele: Wird die Klage vor einem unzuständigen Gericht erhoben, so ist sie zunächst unzulässig. Sie **wird zulässig**, wenn der Beklagte sich rügelos zur Hauptsache einlässt (§ 39 ZPO; dazu → Rn. 1051 f.)

Eine Klage auf Feststellung, dass ein Mietverhältnis trotz einer Kündigung fortbesteht, ist zunächst zulässig, weil ein Feststellungsinteresse des Klägers besteht (§ 256 ZPO). Sie **wird** in dem Augenblick **unzulässig**, in dem der Beklagte eine Widerklage auf Leistung aus dem Mietverhältnis erhebt (und diese nicht mehr einseitig zurücknehmen kann: § 269 I ZPO), weil das Bestehen des Rechtsverhältnisses innerhalb der (im Ergebnis weitergehenden) Leistungsklage geprüft wird und jetzt ein Feststellungsinteresse nicht mehr besteht (dazu → Rn. 133).

Hat der Kläger zunächst versehentlich eine materiellrechtlich nicht passivlegitimierte Person verklagt, so ist die Klage unbegründet. Ändert er seine Klage im Wege gewillkürten Parteiwechsels auf den »richtigen« Beklagten, **wird** die Klage **begründet** (dazu → Rn. 972 ff.).

Veräußert der Kläger nach Rechtshängigkeit die streitbefangene Sache an einen Rechtsnachfolger, der von dem Prozess nichts weiß, so **wird** die Klage – auf Rüge des Beklagten hin (§ 265 III ZPO) – als **unbegründet** abgewiesen (dazu → Rn. 1193).

5 Um mit einem schon weit fortgeschrittenen Prozess nicht von vorn beginnen zu müssen, werden schon vor dem Schluss der mündlichen Verhandlung manchmal *Zäsuren* im Verfahren gemacht, durch die den Parteien die beliebige Gestaltung des Verfahrens verwehrt und damit bereits erreichte Ergebnisse unabänderlich werden.

So können zum **Beispiel** nach §§ 39, 43, 295 ZPO bestimmte Umstände (Unzuständigkeit des Gerichts, Gründe zur Ablehnung eines Richters, Verletzung verzichtbarer Verfahrensvorschriften) nur bis zur nächsten mündlichen Verhandlung geltend gemacht werden, danach werden sie für das Verfahren nicht mehr berücksichtigt. Werden Prozesshandlungen durch die Parteien nicht innerhalb hierfür laufender **Fristen** vorgenommen, sind sie der Partei endgültig verwehrt (§ 230 ZPO; dazu → Rn. 113; → Rn. 248; → Rn. 1051).

6 **(2) Staatlich angeordnet** ist der Zivilprozess, um den Rechtsfrieden zu gewährleisten. Wo der Staat für sich ein Gewaltmonopol in Anspruch nimmt und Selbsthilfe grundsätzlich verbietet, muss er dem Einzelnen zur Durchsetzung seiner privaten Rechte diesen Gewaltapparat zur Verfügung stellen. Dies geschieht nach einer Überprüfung des behaupteten Rechts in einem gerichtlichen Verfahren, sodass es einen aus Art. 2 I, 20 III, 101 I 2, 103, 19 IV GG, Art. 6 I EMRK abzuleitenden öffentlichrechtlichen Anspruch gegen den Staat auf Ausübung der Rechtspflege (»*Justizgewährungsanspruch*«) gibt.[2] Aus dem allgemeinen Justizgewährungsanspruch folgt das *Gebot effektiven Rechtsschutzes*, nach dem ein Verfahren nicht bloß formell gewährleistet ist, sondern es inhaltlich so ausgestaltet sein muss, dass eine grundsätzlich

2 BVerfGE 54, 277; 3, 364; BGHZ 37, 120; *Detterbeck*, Streitgegenstand, Justizgewährungsanspruch und Rechtsschutzanspruch, AcP Bd. 192 (1992), 321; *Voßkuhle/Kaiser*, Der allgemeine Justizgewährungsanspruch, JuS 2014, 312; *Rosenberg/Schwab/Gottwald* ZivilProzR § 3 I.

umfassende tatsächliche und rechtliche Prüfung des Streitgegenstands sowie eine verbindliche Entscheidung durch den Richter gewährleistet ist.[3]

So darf zum **Beispiel** der Zugang zu den Gerichten nicht in unzumutbarer, durch Sachgründe nicht mehr zu rechtfertigender Weise erschwert werden (Kostenvorschuss, Streitwertgrenzen, Zulassungsvoraussetzungen eines Rechtsmittels).

(3) Der Zivilprozess ist durch Rechtsnormen **geregelt**. Zivilprozessrecht ist – auch 7
wenn es der Durchsetzung des materiellen Privatrechts dient – wie alles Prozessrecht Teil des *öffentlichen Rechts*: Zwischen den Parteien und den staatlichen Organen (Gericht, Gerichtsvollzieher) besteht ein Über-/Unterordnungsverhältnis.

Schon aus diesem Unterschied erklärt sich die Notwendigkeit, für Wirksamkeit und Rechtsfolgen vieler Parteihandlungen nach deren materiellrechtlicher Seite und ihrer prozessualen Seite zu differenzieren (so zB bei der Aufrechnung und beim Vergleich; → Rn. 1199 ff., 1421 ff.).

Unterteilen lässt sich das Zivilprozessrecht in Regelungen des Verfahrensrechts (insbesondere mit ZPO und GVG), des Kostenrechts (zB GKG, RVG, JVEG) und des internationalen Prozessrechts (zB EuGVVO; dazu → Rn. 93 f.).

Dabei ist das Zivilprozessrecht grundsätzlich im Bundesrecht geregelt, nur ausnahmsweise kommt hier noch Landesrecht zur Anwendung.[4]

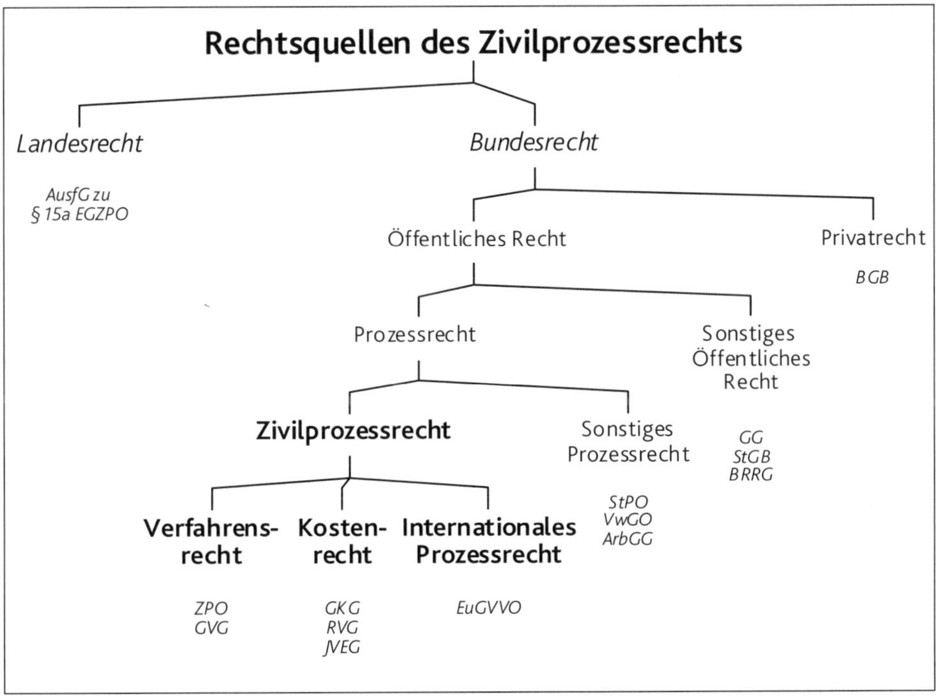

Schema 1.1: Rechtsquellen des Zivilprozessrechts

3 BVerfG NJW 2011, 1276; BVerfGE 108, 341 (347) = NJW 2003, 3687; BVerfGE 107, 395 (401) = NJW 2003, 1924; BVerfGE 97, 169 (185) = NJW 1998, 1475; BVerfGE 85, 337 (345) = NJW 1992, 1673.

4 Vgl. Art. 74 Nr. 1 GG; §§ 3 II, 15, 15a EGZPO; § 71 III und IV GVG.

Für den Zivilprozess relevante Normen ergeben sich auch aus anderen Bereichen der Rechtsordnung.

So ergeben sich für den Zivilprozess gültige Prinzipien häufig aus dem **Grundgesetz** (zB die Dispositionsmaxime aus Art. 2 I GG, das Prinzip der Waffengleichheit der Parteien aus Art. 3 GG, die Rechtsweggarantie aus Art. 19 IV GG, das Gebot des fair trial aus Art. 20, 28 GG[5]), die verfassungsrechtlichen Vorgaben zur Rechtsprechung allgemein (Art. 92 ff. GG) gelten naturgemäß auch für das Verfahren vor den Zivilgerichten.[6] Die Beweislast folgt aus dem materiellen **Privatrecht**, die Unzulässigkeit einer Beweisaufnahme kann sich aus dem **Strafrecht** (§§ 201 ff. StGB) oder dem **Verwaltungsrecht** (§ 61 BBG, § 39 BRRG) ergeben (Darstellung der angesprochenen Prinzipien → Rn. 28 f.; → Rn. 57; → Rn. 298 und → Rn. 337 ff.).

8 **(4)** Im Zivilprozess können nach Zweck und Inhalt verschiedene **Verfahren** auseinander gehalten werden.[7] Sie sind in verschiedenen Verfahrensordnungen geregelt, so etwa im FamFG, im KapMuG oder auch in der StPO (→ Rn. 867 ff.), vornehmlich jedoch in der ZPO. Diese ist nach Verfahrensarten gegliedert:

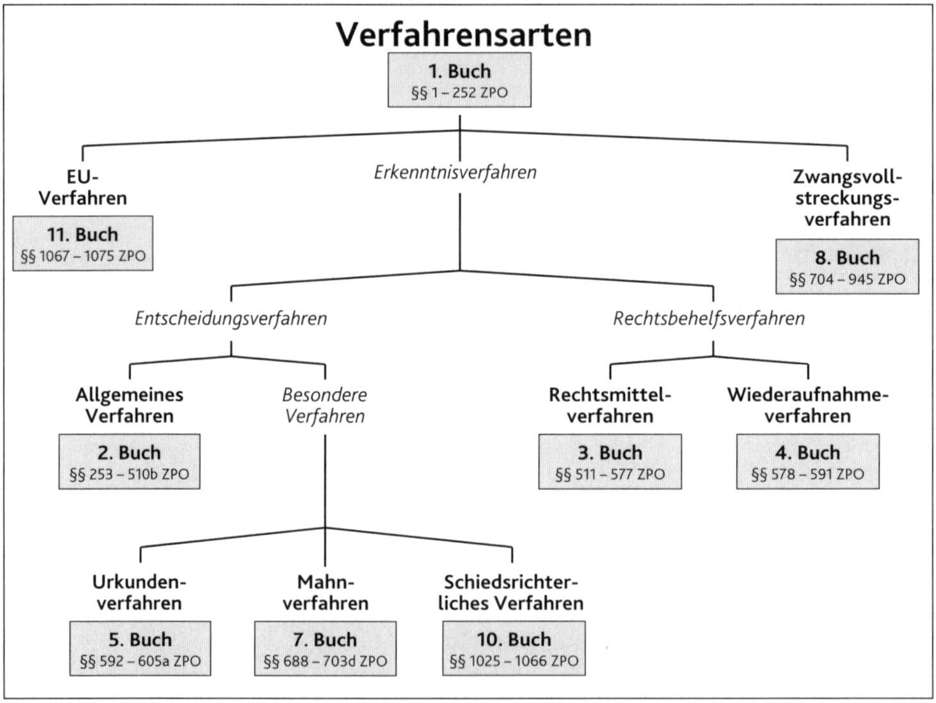

Schema 1.2: Aufbau der ZPO (Verfahrensarten)

5 BVerfGE 78, 123 = NJW 1988, 2787; BGH NJW 1992, 243; ebenso Art. 47 II EU-Grundrechtscharta und Art. 6 II 1 EMRK.

6 *Zuck*, Grundrechtsrügen im Zivilrechtsstreit, MDR 1999, 577.

7 Zu der in der Eingangsdefinition verwendeten systematischen – mit der Gliederung der ZPO nicht identischen – Einteilung der Verfahren in Erkenntnis-, Vollstreckungs- und vorläufige Verfahren vgl. BLAH/*Hartmann* Einl. III, Rn. 4 ff.

Erkenntnisverfahren sind auf die Überprüfung des behaupteten Rechts gerichtet und sollen zu einem rechtskräftigen Urteil führen, das dann seinerseits Grundlage des *Zwangsvollstreckungsverfahrens* (8. Buch: §§ 704–945 ZPO) ist und der (zwangsweisen) Durchsetzung der festgestellten Ansprüche und einer Befriedigung des Gläubigers dient.[8] Gegenstand der vorliegenden Betrachtung sind ausschließlich die Erkenntnisverfahren, die sich weiter unterteilen lassen in die auf eine erstinstanzliche Entscheidung gerichteten *Entscheidungs-* und die zur Überprüfung bereits existierender Entscheidungen dienenden *Rechtsbehelfsverfahren* (→ Rn. 1484 ff.). Als besondere Rechtsbehelfsverfahren hat die ZPO einerseits die gegen noch nicht formell rechtskräftige Entscheidungen gerichteten echten Rechtsmittel (Berufung, Revision, sofortige Beschwerde, Rechtsbeschwerde; 3. Buch: §§ 511–577 ZPO), andererseits die gegen bereits rechtskräftige Entscheidungen möglichen *Wiederaufnahmeverfahren* (4. Buch: §§ 578–591 ZPO) ausgestaltet. Bei den Entscheidungsverfahren werden als Normalfall die *allgemeinen* (2. Buch: §§ 253–510b ZPO; → Rn. 270) und die *besonderen Verfahren* unterschieden. Zu letzteren rechnen die *summarischen Verfahren* (*Mahnverfahren*, 7. Buch: §§ 688–703d ZPO; → Rn. 756 ff.; *Urkundenverfahren*, 5. Buch: §§ 592–605a ZPO; → Rn. 842 ff.)[9] und das *Schiedsrichterliche Verfahren* (10. Buch: §§ 1025–1048 ZPO; → Rn. 868 ff.). Für alle Verfahren gleichermaßen gelten die *allgemeinen Vorschriften* (1. Buch: §§ 1–252 ZPO), ergänzende besondere Vorschriften über die justizielle Zusammenarbeit in den *EU-Staaten* enthält das 11. Buch (§§ 1067–1109 ZPO; → Rn. 278). Daneben können privatrechtliche Angelegenheiten auch in sonstigen Verfahren ausgetragen werden, die außerhalb der ZPO geregelt sind (→ Rn. 875 ff.).

(5) Zweck des Zivilprozesses ist die Feststellung und Durchsetzung – ggf. auch nur der vorläufige Schutz – der **privaten Rechte des Einzelnen**; dies grenzt ihn von den anderen Gerichtsbarkeiten ab (unten Schaubild 3.2).[10] Soweit es auch in den Verfahren nach dem FamFG und dem ArbGG um private Rechte des Einzelnen geht, ist eine Abgrenzung nur über die Verfahrensinhalte möglich (§ 1 FamFG, § 2 ArbGG). 9

Demgegenüber spielen **andere** für unsere Rechtsordnung denkbare **Zwecke** wie etwa die Schaffung von Rechtsfrieden oder die Ermittlung der objektiven Wahrheit im Zivilprozess nur eine untergeordnete Rolle.

b) Sozialwissenschaftliche Ansätze

Aus sozialwissenschaftlicher Sicht dient der Zivilprozess der Kanalisierung, Isolierung, Neutralisierung und – nach Möglichkeit – auch der Erledigung eines Konflikts zwischen den Parteien. Eine solche nichtstreitige (konsensuale) Konfliktlösung ist auch außerhalb eines staatlichen Verfahrens möglich und wird in den letzten Jahren zunehmend bevorzugt und auch vom Gesetzgeber gefördert.[11] 10

8 Nähere Differenzierung bei *Lackmann*, Zwangsvollstreckungsrecht, 10. Aufl. 2013, 5 ff.

9 Die dogmatisch ebenfalls zu den summarischen Verfahren gehörenden Eilverfahren (Arrest und einstweilige Verfügung) sind systematisch im 8. Buch der ZPO geregelt, sie gehören bei dem hier vorgestellten Aufbau der ZPO damit zu den Zwangsvollstreckungsverfahren.

10 BGHZ 10, 333 (336) = NJW 1953, 1830; Stein/Jonas/*Schumann* Einl. I Rn. 7; zu weiteren rechtstheoretischen und rechtspolitischen Zielen des Zivilprozesses *Schreiber*, Effizienz des Rechtsschutzes im Zivilrecht, JURA 1991, 617.

11 BVerfG NJW-RR 2007, 1073; *Walter*, Dogmatik der unterschiedlichen Verfahren zur Streitbeilegung, ZZP 103 (1990), 141.

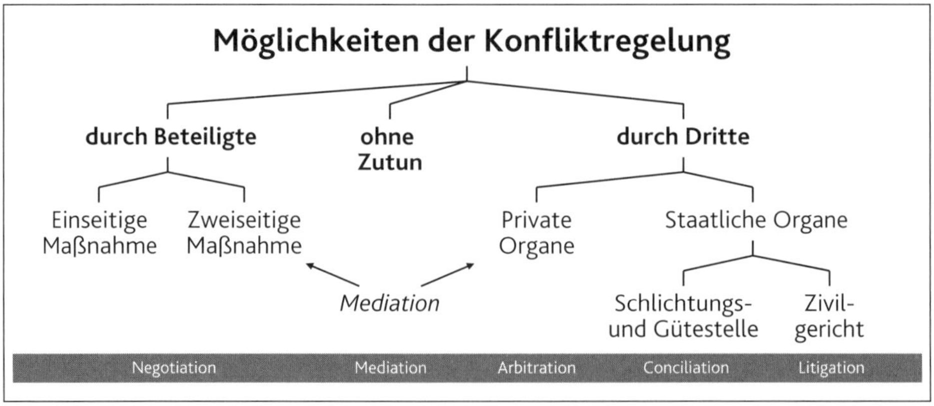

Schema 1.3: Möglichkeiten der Konfliktregelung

Alternativen zur Ziviljustiz (*Alternative Dispute Resolution*, *ADR*) ergeben sich dabei in unterschiedlichen Formen. Denkbar ist, dass sich der Konflikt ohne Zutun von alleine erledigt (etwa durch Wegfall des Interesses) oder die Parteien ihn unter sich austragen. Hierbei kann eine der Parteien freiwillig (zB durch Verzicht, Erlass, Erfüllung, Anerkenntnis) oder unfreiwillig (durch Selbsthilfe, Eigenmacht) den Konflikt lösen (*negotiation*), oder beide Parteien wirken zusammen (freiwillig zB durch Vergleich, unfreiwillig infolge Gruppendrucks). Daneben können die Parteien sich zur Konfliktregulierung auch Dritter bedienen, wobei hier neben privaten Organen (Schiedsrichter [§§ 1025 ff. ZPO] oder Privatjustiz [*arbitration*; § 1048 ZPO, § 87 I Nr. 1 BetrVerfG])[12] auch staatliche Organe in Anspruch genommen werden können. Als solche kommen neben den Zivilgerichten besondere Schlichtungs- oder Gütestellen (*conciliation*)[13] (§ 15a EGZPO, § 794 I Nr. 1 ZPO) in Betracht. Eine Mischform stellt die in jüngerer Zeit an Bedeutung gewinnende Mediation dar, bei der ein Dritter – in einem von ihm verantworteten Verfahren, aber ohne eigene Entscheidungsbefugnis – den Beteiligten hilft, selbst eine Lösung zu finden.[14]

Der Zivilprozess ist damit ultima ratio. Er ist sinnvoll und geboten, wo andere Möglichkeiten der Konfliktlösung versagen. Diesem Gedanken tragen sowohl der Gesetzgeber (zB durch Einführung des obligatorischen Vor- oder Güteverfahrens) als auch die Praxis (durch umfangreiche Schiedsabreden) Rechnung (→ Rn. 218; → Rn. 868 ff.).

Die einzelnen ökonomischen, rollen-, system-, kommunikations- oder attitüdentheoretischen Ansätze zum Zivilprozess näher darzustellen, würde den Umfang der vorliegenden Arbeit sprengen. Insoweit sei auf die entsprechende Spezialliteratur verwiesen.[15]

2. Rechtsbeziehungen im Prozess

a) Prozessrechtsverhältnis

11 Die dynamische Entwicklung des Prozesses mit aufeinander aufbauenden Gerichts- und Parteihandlungen findet im Rahmen eines besonderen prozessualen Rechtsverhältnisses, dem *Prozessrechtsverhältnis*, statt.[16]

12 *Deutsch*, Sondergerichtsbarkeiten im Sport?, VersR 1990, 2; zu den »Gerichten« politischer Parteien *Maurer*, Die politischen Parteien im Prozess, JuS 1992, 296 mwN.

13 *Rüssel*, Schlichtungs-, Schieds- und andere Verfahren außergerichtlicher Streitbeilegung, JuS 2003, 380.

14 *Damerau/Zemmrich*, Mediation im Gerichtswesen, JA 2007, 203; *Jordans*, Das neue Mediationsgesetz, MDR 2012, 65; *Nistle*, Die Mediation, JuS 2010, 685; → Rn. 220.

15 ZB *Burow*, Einführung in die ökonomische Analyse des Rechts, JuS 1993, 8; *Luhmann*, Legitimation durch Verfahren, 2. Aufl. 1975.

Das Prozessrechtsverhältnis **entsteht** bei Vorliegen der echten Prozessvoraussetzungen (deutsche Gerichtsbarkeit, funktionelle Zuständigkeit eines erstinstanzlichen Gerichts und ordnungsgemäße Klageerhebung)[17] mit Zustellung der Klage an den Beklagten (§ 253 I ZPO) und führt zur Rechtshängigkeit der Klage (§ 261 I ZPO). Es **bewirkt** neben einem Prozesshindernis für andere Verfahren sowie einer Fortdauer der einmal begründeten Zuständigkeit (§ 261 III ZPO) zB das Entstehen eines prozessualen Kostenerstattungsanspruchs und hat auch verschiedene materiellrechtliche Folgen (§ 262 ZPO; → Rn. 169 ff., → Rn. 181).[18]

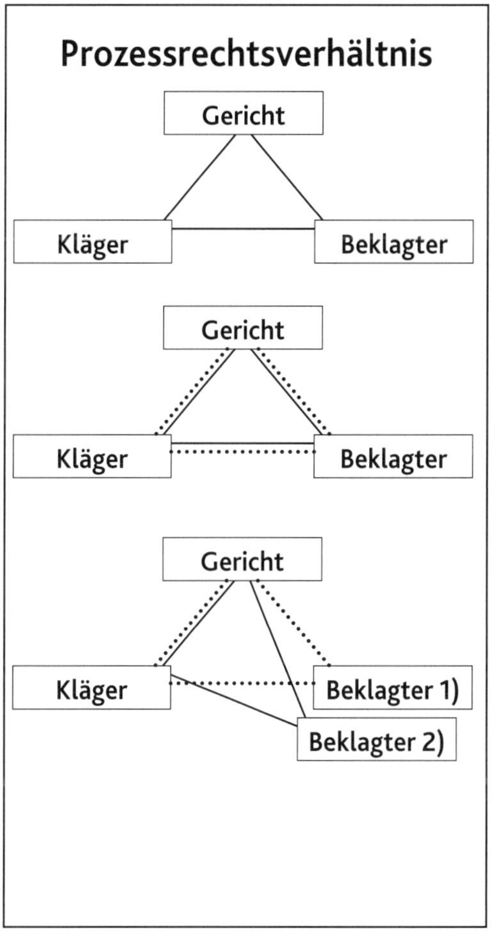

Schema 1.4: Prozessrechtsverhältnis

Während früher die rechtlichen Beziehungen zwischen den einzelnen Prozesssubjekten isoliert betrachtet wurden, herrscht heute eine einheitliche Auffassung des aus vielen Einzelakten bestehenden Prozesses vor. Am *einheitlichen und dreiseitigen* Rechtsverhältnis sind somit gleichermaßen Kläger, Beklagter und Gericht beteiligt.[19]

Das Prozessrechtsverhältnis erfasst nur einen einzigen Streitgegenstand. Werden mehrere Streitgegenstände im gleichen Verfahren geltend gemacht (sog. *objektive Klagehäufung;* dazu → Rn. 1080 ff.), so liegen zwischen denselben Beteiligten mehrere Prozessrechtsverhältnisse vor.

Ähnlich verhält es sich in den Fällen *subjektiver Klagehäufung* (dazu → Rn. 994 ff.), wenn also auf Seiten des Klägers und/oder des Beklagten mehrere Personen beteiligt sind. Auch dann liegen mehrere Prozessrechtsverhältnisse vor, sodass jeder Streitgenosse nur an seinem Prozessrechtsverhältnis, nicht auch an denen der auf seiner Parteiseite stehenden (Mit-)Streitgenossen beteiligt ist.

16 Vgl. BLAH/*Hartmann* Grundz § 128 Rn. 3 ff.; *Jauernig/Hess* ZivilProzR § 26 II–IV; *Rosenberg/Schwab/Gottwald* ZivilProzR § 2 II 2, IV; *Lüke*, Betrachtungen zum Prozessrechtsverhältnis, ZZP 108 (1995), 427.

17 Nicht erforderlich ist das Vorliegen der übrigen Sachentscheidungsvoraussetzungen; → Rn. 415 ff.

18 BGH NJW 1992, 2575.

19 Stein/Jonas/*Schumann* Einl. § 128; Zöller/*Vollkommer* Einl. III 3; aA BLAH/*Hartmann* Grundz § 128 Rn. 4 f.

b) Prozesshandlungen

12 Wollen die Parteien materielle Rechtsfolgen herbeiführen, so müssen sie in der Regel Willenserklärungen abgeben; diese sind in den §§ 116 ff. BGB geregelt. Werden dagegen prozessuale Rechtsfolgen angestrebt, so müssen Voraussetzungen und Wirkungen entsprechender Handlungen dem Prozessrecht entnommen werden, die §§ 116 ff. BGB sind hierauf grundsätzlich nicht anwendbar.[20] Die ZPO kennt allgemeine Vorschriften über solche Prozesshandlungen nicht, sondern enthält nur teilweise Regelungen bestimmter Prozesshandlungen. Will man allgemeine Aussagen über Prozesshandlungen machen, so müssen solche aus den speziellen Einzelregelungen abgeleitet werden. Auf diesem Weg lassen sich für Prozesshandlungen folgende Grundsätze gewinnen:

13 (1) Ein Überblick über die **Arten von Prozesshandlungen** kann von verschiedenen Differenzierungskriterien ausgehen. Sie können vom Gericht oder von den Parteien vorgenommen werden.

> Prozesshandlungen des **Gerichts** sind neben einigen speziellen Handlungen (zB Maßnahmen auf dem Gebiet der Prozessleitung, des Prozessbetriebs, der Stoffsammlung, der Entgegennahme von Parteihandlungen, der Beweisaufnahme, der Beurkundung oder der Benachrichtigung der Parteien) vor allem die Entscheidungen.[21]

Prozesshandlungen der *Parteien* lassen sich nach ihren *Wirkungen* einteilen in Erwirkungshandlungen, die eine Tätigkeit des Gerichts auslösen sollen, und Bewirkungshandlungen, die den Prozess selbst unmittelbar umgestalten.[22] Nach ihren *Inhalten* lassen sich die Erwirkungshandlungen weiter unterteilen in solche, die sich auf Tatsachen beziehen (= Angriffs- und Verteidigungsmittel), und solche, die sich auf den Prozessanspruch beziehen (= Anträge). Ihren Inhalten entsprechend bezeichnet man die Bewirkungshandlungen auch als rechtsgestaltende Prozesserklärungen.

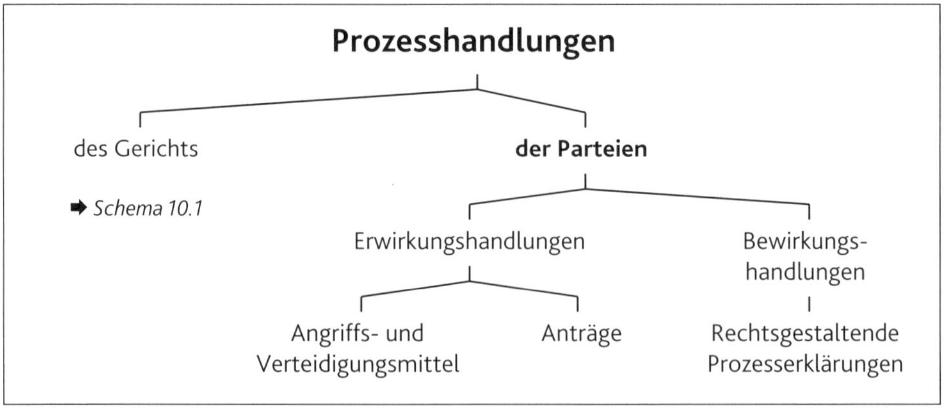

Schema 1.5: Prozesshandlungen der Parteien

20 Zur Abgrenzung von materiellem Rechtsgeschäft und Prozesshandlung *Rosenberg/Schwab/Gottwald* ZivilProzR § 63 IV 1.

21 Zu den Prozesshandlungen des Gerichts → Rn. 470 und *Rosenberg/Schwab/Gottwald* ZivilProzR § 57 II.

22 *Musielak/Voit* GK ZPO Rn. 139.

Zu den *Angriffs- und Verteidigungsmitteln* (§§ 282, 296 ZPO) gehört alles tatsächliche Vorbringen der Parteien, das der Durchsetzung oder der Abwehr des geltend gemachten Anspruchs dient,[23] insbesondere also das Behaupten oder Bestreiten von Tatsachen, Beweisanträge oder Beweiseinreden. Nicht hierzu gehören die eigentlichen Angriffe (Klage, Widerklage, Rechtsmittel) selbst, die damit auch nicht nach § 296 ZPO zurückgewiesen werden können (dazu → Rn. 1254 ff.). **14**

Bei den *Anträgen* wird unterschieden zwischen den Sachanträgen, die den Streitgegenstand betreffen, und den Prozessanträgen, die das Verfahren betreffen. **15**

Sachanträge sind zum **Beispiel** der Klageantrag und der Rechtsmittelantrag, Prozessanträge der Klageabweisungsantrag oder der Antrag auf Erlass eines Versäumnisurteils.

Rechtsgestaltende Prozesserklärungen, die unmittelbar Änderungen im Verfahren bewirken, beinhalten die Kundgabe des eigenen Willens oder Wollens, Mitteilungen und Realakte.[24] Ihre nähere Unterteilung ist praktisch weder möglich noch sinnvoll. **16**

Beispiele für Willenskundgaben sind die Rücknahme von Klage (§ 269 ZPO) oder Rechtsmittel (§ 516 ZPO), die Zustimmung zu Handlungen des Gegners (§ 447 ZPO: Parteivernehmung des Beweisführers, § 263 ZPO: Klageänderung, § 269 ZPO: Klagerücknahme), der Klageverzicht (§ 306 ZPO) und das Anerkenntnis (§ 307 ZPO). Sonstige Prozesserklärungen sind Fragen an Zeugen (§ 397 ZPO), die Anzeige der Bestellung eines Rechtsanwalts (§ 87 I ZPO), die Abgabe eines Empfangsbekenntnisses (§ 174 ZPO) oder die Streitverkündung (§ 72 ZPO).

(2) Voraussetzungen wirksamer Prozesshandlungen sind: **17**

- Das Vorliegen der allgemeinen **Prozesshandlungsvoraussetzungen** (Parteifähigkeit, Prozessfähigkeit, Postulationsfähigkeit und Vertretungsmacht); diese werden im Zusammenhang mit dem Begriff der Partei besprochen (→ Rn. 64 ff.).
- Die Einhaltung bestimmter **Formen** (zB Vornahme in der mündlichen Verhandlung, Erklärung zu Protokoll der Geschäftsstelle oder Schriftlichkeit). Diese können nur dort verlangt werden, wo das Gesetz sie ausdrücklich vorschreibt. Sieht das Gesetz bestimmte Formen nicht vor, sind Prozesshandlungen grundsätzlich formfrei möglich.

  Neben die klassische Schriftform (§ 129) und die mündliche Erklärung zu Protokoll der Geschäftsstelle (§ 129a) tritt derzeit sukzessive die elektronische Form (§ 130a), die wegen der langen Übergangszeiten aber erst ab 2018 bzw. 2020 bundeseinheitlich und ab 2022 verpflichtend wird.[25] Diese Formen unterscheiden sich in der Art der Authentisierung des Erklärenden (Unterschrift, Signatur), der Übermittlung (körperlich, elektronisch; → Rn. 168) und dem Zeitpunkt ihres Zugangs (Gewahrsam des Gerichts, Aufzeichnung durch Empfangseinrichtung; → Rn. 247).

- Die Wahrung bestimmter **Fristen**, soweit diese im Gesetz angeordnet oder vom Gericht aufgrund gesetzlicher Ermächtigung wirksam gesetzt wurden (→ Rn. 242 ff.).

  Fristen sind im Prozess dort erforderlich, wo für den weiteren Prozessverlauf Klarheit darüber herbeigeführt werden muss, ob eine bestimmte Prozesshandlung vorgenommen wird oder nicht. Nach Ablauf einer Frist ist die Partei mit der Prozesshandlung grundsätzlich ausgeschlossen (§ 230), ihr können dadurch erhebliche Nachteile bis hin zum Prozessverlust entstehen.

---

23 BGHZ 91, 293 = NJW 1984, 1964.

24 Differenzierte Einteilung bei *Rosenberg/Schwab/Gottwald* ZivilProzR § 64 II.

25 Art. 26 des Gesetzes über die Förderung des elektronischen Rechtsverkehrs vom 10.10.2013 (BGBl. I 3786).

18 • Klarheit über Umfang und Wirksamkeit. Da Prozesshandlungen aufeinander aufbauen und so für später vorgenommene Prozesshandlungen klar sein muss, ob frühere wirksam waren oder nicht, sind schwebend (un-)wirksame Prozesshandlungen nicht denkbar. Daraus folgt, dass Prozesshandlungen grundsätzlich **bedingungsfeindlich** sind.[26]

Eine Ausnahme gilt für sog. **innerprozessuale** (oder **Rechts-)Bedingungen**, bei denen das Gericht die Frage des Bedingungseintritts ohne weiteres selbst beantworten kann, weil die Bedingung nicht in einem ungewissen zukünftigen tatsächlichen Ereignis (§§ 158 ff. BGB), sondern in einer Rechtsfrage oder im weiteren Verlauf des Rechtsstreits besteht. Voraussetzung ist, dass es sich um eine Erwirkungs- und nicht um eine Bewirkungshandlung handelt und dass in jedem Fall zumindest ein die Instanz eröffnender **unbedingter Antrag** vorliegt, damit nicht der Prozess selbst, sondern nur seine inhaltliche Gestaltung vom Eintritt der Bedingung abhängt.

Wichtigstes **Beispiel** für einen **zulässigen** bedingten Angriff ist der **Hilfsantrag**, bei dem der Kläger zunächst zwei Anträge rechtshängig macht, über einen von beiden aber bei Eintritt einer bestimmten Bedingung (zB Erfolg des Hauptantrags) nicht mehr entschieden werden soll (→ Rn. 1093 ff.). Hierher gehören auch die Fälle bedingter Verteidigung wie die **Hilfsaufrechnung** oder die **Hilfswiderklage**, bei der der Beklagte seinen Gegenanspruch nur für den Fall herangezogen haben will, dass das Gericht seine übrige Verteidigung gegen den Hauptantrag für erfolglos hält (→ Rn. 1216).

Unzulässig ist die bloß bedingte Begründung oder Fortsetzung eines Prozessrechtsverhältnisses (Klageerhebung, subjektive Klagehäufung oder Rechtsmitteleinlegung), genauso wie dessen bloß bedingte Beendigung (Klage- oder Rechtsmittelrücknahme).[27]

19 • Prozesshandlungen sind grundsätzlich den übrigen am Prozessrechtsverhältnis Beteiligten **gegenüber** abzugeben. Sieht das Gesetz einen bestimmten Gegenüber der Handlung nicht vor, so kann diese entweder vor dem Gegner oder dem Gericht vorgenommen werden.[28] Häufig ist die Form der Bekanntmachung formalisiert, sei es durch bestimmte Formvorschriften, sei es durch die Notwendigkeit einer Zustellung (→ Rn. 224 ff.).[29]

20 **(3)** Würden **Willensmängel** (zB Scheinerklärung, Irrtum, Täuschung, Drohung) allgemein zu einer rückwirkenden Unwirksamkeit der Prozesshandlung führen, wäre damit auch allen folgenden, auf die unwirksame Handlung bezogenen Handlungen der Beteiligten die Grundlage entzogen.

Beispiel: Wird eine Klagerücknahme nachträglich unwirksam, können auch der Kostenantrag des Beklagten und die Entscheidung des Gerichts nach § 269 II ZPO keinen Bestand haben.

Deswegen kennt die ZPO ein der Anfechtung des BGB vergleichbares allgemeines Institut nicht.[30] In Betracht kommen jedoch:

- Eine *Berichtigung* der Prozesshandlung, so insbesondere bei offensichtlichen Fehlern (analog §§ 165, 319, 320 ZPO).

Beispiel: Hat der Kläger in der Klageschrift den Namen des Beklagten versehentlich mit »Schmitt« angegeben, schreibt sich dieser aber »Schmidt«, kann der Kläger dies dem Gericht gegenüber klarstellen.

26 BGH NJW-RR 1990, 67; OLG Stuttgart NJW-RR 2013, 960; OLG Schleswig NJW-RR 2010, 216.
27 BGH NJW-RR 2008, 295; 2004, 640; OLG Hamm MDR 2005, 533.
28 OLG München NJW 1992, 3042.
29 BAG NJW 1992, 134.
30 Prütting/Gehrlein/*Prütting* Einl. Rn. 53.

- Eine *Rücknahme* bzw. ein *Widerruf* der Prozesshandlung. Diese sieht die ZPO bei einer Reihe von Handlungen ausdrücklich vor (so zB für die Klage [§ 269 ZPO], den Einspruch [§ 346 ZPO], Berufung [§ 516 ZPO] oder das Geständnis [§ 290 ZPO]). Für andere Prozesshandlungen kann eine allgemeine Möglichkeit zur Rücknahme bejaht werden, wenn die Prozesshandlung nicht schon irreversible Änderungen im Prozessrechtsverhältnis verursacht hat.

Grundsätzlich frei widerruflich sind damit die sog. **Erwirkungshandlungen** (→ Rn. 13), soweit dem nicht spezielle gesetzliche Regelungen entgegenstehen. So können Anträge nur nach Maßgabe der Klageänderung (§§ 263 ff. ZPO) oder Klagerücknahme (§ 269 ZPO) modifiziert werden,[31] Angriffs- und Verteidigungsmittel können eine Bindungswirkung entfalten, die einen Widerruf ausschließt.

Beispiel: Hat eine Partei Vortrag des Gegners ausdrücklich zugestanden, kann sie dieses Geständnis nur unter den Voraussetzungen des § 288 ZPO widerrufen.

Grundsätzlich unwiderruflich sind dagegen die meisten der sog. **Bewirkungshandlungen** (→ Rn. 13), die den Prozess unmittelbar umgestalten.

Beispiel: So sind die Rücknahmen von Klage oder Rechtsmittel ihrerseits nicht zurücknehmbar, weil durch sie die Rechtshängigkeit des Verfahrens ohne weiteres Zutun des Gerichts bereits weggefallen ist.[32]

Eine Rücknahme aller Prozesshandlungen ist dann grundsätzlich nicht mehr möglich, wenn auf ihrer Grundlage bereits ein Urteil erlassen und rechtskräftig wurde. Nur ausnahmsweise und unter den gleichen Voraussetzungen, unter denen dieses rechtskräftige Urteil hätte angefochten werden können (= **Wiederaufnahme** des Verfahrens, §§ 578 ff. ZPO), kommt hier eine Rücknahme noch in Betracht.

Ist die Rücknahme nach diesen Grundsätzen möglich und enthält die ZPO besondere Vorschriften hierüber nicht, so bedarf die Rücknahme keiner besonderen Voraussetzungen, ist also insbesondere nicht von der Einhaltung bestimmter Formen oder Fristen oder der Zustimmung durch Gericht oder Gegner abhängig.

(4) Unklare, missverständliche oder auch fehlerhafte Prozesshandlungen sind zunächst **auszulegen.** Dabei gilt der Grundsatz, dass ohne anderslautende Anhaltspunkte das gewollt ist, was nach den Maßstäben der Rechtsordnung vernünftig ist und der recht verstandenen Interessenlage entspricht.[33] **21**

Beispiele: Ein nicht näher bezeichneter Rechtsbehelf darf nicht bloß als Gegenvorstellung angesehen und damit vom Gericht, dessen Entscheidung angegriffen wird, endgültig abgewiesen werden. Vielmehr muss er als Beschwerde behandelt und dem Rechtsmittelgericht vorgelegt werden, weil davon auszugehen ist, dass die Partei die Entscheidung in der höheren Instanz überprüft haben will. Reicht eine Partei einen mit »Berufung und Prozesskostenhilfeantrag« überschriebenen Schriftsatz ein, ist durch Auslegung zu ermitteln, ob die Berufung auch ohne Gewährung von Prozesskostenhilfe eingelegt sein soll.[34]

31 Zum Widerruf der Rüge fehlender Vollmacht (§ 88 ZPO) OLG Köln NJW-RR 1992, 1162; zum Widerruf der einseitigen Erledigungserklärung BGH NJW 2002, 442 mAnm *Löhnig* JA 2002, 359.

32 BGH NJW-RR 1994, 386; KG NJW 1998, 3357; OLG Hamm JurBüro 1996, 85.

33 BGH ZinsO 2015, 421; MDR 2015, 1259 und 2015, 786; 2012, 1242; 1186 und 731; NJW 2011, 1455 und 1292; NJW-RR 2011, 491; 2010, 275 und 2010, 277.

34 BGH NJW-RR 2012, 755; 2010, 278.

Verlangt der Kläger 5% Zinsen über dem Basiszinssatz, ist dies dahin auszulegen, dass er 5 Prozentpunkte über dem Basiszinssatz begehrt; Entsprechendes gilt für die Auslegung eines Urteilstenors.[35]

22 **(5)** Ist eine Auslegung nicht möglich, so ist die Prozesshandlung *unwirksam*, entfaltet im Prozess also keine Wirkungen. Ausnahmsweise kommt eine **Heilung** in Betracht durch

- *Umdeutung* in eine statthafte Prozesshandlung,[36]
- fehlerfreie *Wiederholung* der Prozesshandlung,
- *Genehmigung* der Prozesshandlung,[37]
- Eintritt der *Rechtskraft* einer darauf beruhenden Entscheidung.

So kann **beispielsweise** eine mangels Fälligkeit derzeit unbegründete Leistungs- in eine Feststellungsklage, eine verspätet eingelegte Berufung in eine Anschlussberufung umgedeutet, ein unwirksamer Antrag neu gestellt, die von einem nicht vertretenen Minderjährigen erhobene Klage nach Eintritt der Volljährigkeit genehmigt werden.

Für einzelne Prozesshandlungen sieht die ZPO darüber hinaus spezielle Heilungsmöglichkeiten vor:

- *Zustellungsmängel* können durch tatsächlichen Zugang des zuzustellenden Schriftstücks beim Zustellungsempfänger geheilt werden (§ 189 ZPO; → Rn. 230).[38]
- Alle Verstöße gegen *verzichtbare Verfahrensvorschriften* werden durch rügelose Verhandlung der Parteien zur Hauptsache geheilt (§ 295 ZPO).

23 **(6)** Prozesshandlungen sind grundsätzlich *einseitig*. Manchmal verlangt die ZPO einseitige Prozesshandlungen von beiden Parteien, verbindet diese so zu prozessualen **Gesamtakten**.

Dies geschieht immer dort, wo die Rechtsstellung der einen Partei nicht durch einseitige Erklärung der anderen Partei beeinträchtigt werden soll, so zum **Beispiel** bei der Klageänderung, der Klagerücknahme oder der (übereinstimmenden) Erledigung, die regelmäßig einer Zustimmung des Gegners bedürfen.

24 Ausnahmsweise sind Prozesshandlungen *gegenseitig* bei den sog. **Prozessverträgen**. Dabei handelt es sich um Vereinbarungen zwischen (zukünftigen) Parteien eines Rechtsstreits mit Auswirkungen auf den Rechtsstreit. Hier steht der (materiellrechtliche) Vertragscharakter im Vordergrund, sodass hierauf die §§ 116 ff. BGB grundsätzlich Anwendung finden, sich Voraussetzungen und Wirksamkeit solcher Verträge also nach materiellem Recht richten.[39] Prozessverträge sind zulässig, wo das Gesetz sie ausdrücklich vorsieht (zB in den §§ 794 I Nr. 1, 38, 1025 ZPO) und im Rahmen der den Parteien zustehenden Dispositionsfreiheit (zB Klage- bzw. Rechtsmittelrücknahmeversprechen oder Beweismittelverträge), nicht jedoch zB über den Prozessverlauf, der allein vom Gericht bestimmt wird (Amtsbetrieb; → Rn. 221).

Die Auswirkungen solcher Verträge auf den Prozess können **unmittelbar** sein und damit auch das Gericht binden (so zB beim Prozessvergleich [§ 794 I Nr. 4 ZPO], der Zuständigkeitsvereinbarung [§ 38 ZPO], der Schiedsgerichtsvereinbarung [§ 1025 ZPO] oder der Fristvereinbarung [§ 224 ZPO]).

---

35 BGH MDR 2013, 549; OLG Hamm NJW 2005, 2238 (2239); *Führ*, Prozent oder Prozentpunkte – Ein gar nicht so kleiner und feiner Unterschied?!, JuS 2005, 1095 (1096).
36 BGH NJW-RR 2016, 445; MDR 2012, 865; NJW 2011, 129.
37 BGH NJW 1999, 3418 und 3263; 1992, 2575; Prütting/Gehrlein/*Prütting* Einl. Rn. 53.
38 BGH NJW 2016, 1517; NJW-RR 2011, 417; 1993, 1083; OLG Braunschweig NJW-RR 1996, 380.
39 BGHZ 49, 384 = NJW 1968, 1233; *Wagner*, Prozessverträge, 1998.

Diese Verträge sind dann von Amts wegen zu beachten und können ggf. zur Abweisung der Klage als unzulässig führen.

Die Wirkung auf den Prozess kann auch bloß **mittelbar** sein und bindet damit nur schuldrechtlich die Parteien (so beim Vertrag über die Umverteilung der Beweislast, die Leistung einer Sicherheit [§ 108 ZPO], die Rücknahme von Klage oder Rechtsmittel [§§ 269, 515, 566 ZPO], der Verzicht auf die Geltendmachung von Gegenrechten oder die Verpflichtung, streitige Ansprüche nur in einem bestimmten Verfahren geltend zu machen). Solche Verträge können im Prozess nur auf die Geltendmachung durch eine Partei hin berücksichtigt werden und führen dann – je nach Vertragsinhalt – zur Unzulässigkeit oder Unbegründetheit der Klage (→ Rn. 1413).[40]

3. Prozessphasen

Betrachtet man die unterschiedlichen gerichtlichen Verfahren – vom Strafprozess über den Verwaltungsgerichtsprozess, den Arbeitsgerichtsprozess bis hin zum Zivilprozess – so lassen sich trotz aller Unterschiede auch Gemeinsamkeiten feststellen.[41] 25

(1) In einer dem eigentlichen gerichtlichen Verfahren vorgeschalteten oder zumindest an dessen Beginn stehenden **Vermeidungsphase** kann versucht werden, den Prozess zu vermeiden, den Konflikt anderweitig zu regulieren. Zu den unterschiedlich stark institutionalisierten Formen der Vermeidung gehören Modelle des strafrechtlichen Täter-Opfer-Ausgleichs, das verwaltungsrechtliche Vorverfahren, der arbeitsgerichtliche Gütetermin oder das zivilrechtliche außergerichtliche Güteverfahren.

(2) Mit der **Eröffnungsphase** wird der Prozess förmlich in Gang gesetzt. Dies kann von Amts wegen oder auf besonderen Antrag eines Prozessbeteiligten geschehen. Soweit der Richter in dieser Phase überhaupt schon beteiligt ist, hat er eine Entscheidung über Inhalt und Ausgestaltung des weiteren Verfahrens zu treffen.

(3) Die **Vorbereitungsphase** dient der Stoffsammlung und soll sicherstellen, dass später in der Hauptphase alle relevanten Tatsachen und Beweismittel vorhanden sind. Hier hat der Richter entweder von Amts wegen ermittelnd tätig zu werden oder den Parteien Gelegenheit zu geben, diese Tatsachen vorzutragen.

(4) Die zentrale **Durchführungsphase** ist der Haupttermin (mündliche Verhandlung), in dem alle erforderlichen Prozesshandlungen vorzunehmen und gegebenenfalls die Beweise zu erheben sind. In der Regel endet die Verhandlung mit der Entscheidung des Gerichts in der Hauptsache.

(5) Daran anschließen kann sich eine **Überprüfungsphase**, in der im Rahmen von Rechtsbehelfen die Entscheidung des Gerichts überprüft wird und die ihrerseits wieder in Unterphasen wie oben dargestellt zerfällt.

(6) Am Ende des Prozesses steht normalerweise das rechtskräftige Urteil, das seine **Wirkungen** entfaltet.

In den verschiedenen Prozessarten sind die einzelnen Prozessphasen unterschiedlich ausgestaltet. Dies ist Folge der dort jeweils geltenden, oft unterschiedlichen *Prozessmaximen*.

---

40 Zu dem um die Wirkungen von Vereinbarungen der Parteien auf den Prozess bestehenden Streit *Baumgärtel*, Wesen und Begriff der Prozesshandlungen einer Partei im Zivilprozess, 2. Aufl. 1972, 261 ff.

41 *Chatziathanasiou/Hartmann*, Allgemeines Prozessrecht, JURA 2015, 911 und 2015, 1036; *Lüke*, Von der Notwendigkeit einer Allgemeinen Prozessrechtslehre, ZZP 107 (1994), 145.

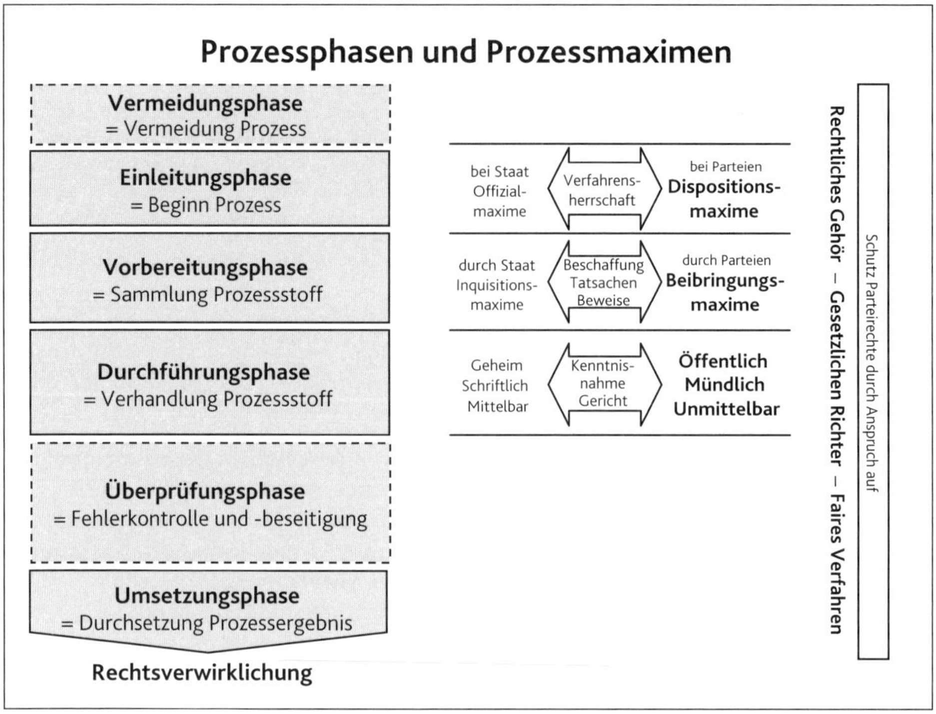

Schema 1.6: Prozessphasen und Prozessmaximen

4. Prozessmaximen

26 Die in den einzelnen Phasen des Zivilprozesses verfolgten Zwecke lassen sich theoretisch auf verschiedenen Wegen erreichen. Grundentscheidungen über die konkrete Ausgestaltung einzelner Prozessphasen, insbesondere die Verteilung der Prozessverantwortung zwischen Gericht und Parteien, enthalten die sog. »Prozessmaximen«, die im Gesetz häufig nicht explizit normiert sind, sondern sich nur in Einzelregelungen niederschlagen.

Alle Prozessmaximen gelten (anders es die Darstellung im Schema 1.6 nahe legen mag) nicht bloß in einzelnen, sondern durchweg in allen Prozessphasen. Sie enthalten Leitgedanken für die Auslegung und gegebenenfalls die Lückenausfüllung, stehen aber nicht notwendigerweise für alle Zeiten und alle Prozessordnungen fest: Der Gesetzgeber kann die einzelnen Verfahrensarten unterschiedlich ausgestalten und bislang geltende Maximen durch andere ersetzen. Welche Verfahrensgrundsätze zu den grundlegenden Prozessmaximen zu rechnen sind und welche nur – weniger wichtige – allgemeine Prinzipien enthalten, ist reine Wertungsfrage.[42] Zahlreiche Reformen des 20. und 21. Jhdts. haben den ursprünglich konsequent liberalen Grundgedanken des Zivilprozesses an vielen Stellen bis hin zu einem echten Paradigmenwechsel aufgelockert, eine weit reichende Mitverantwortung des Gerichts für ein materiell gerechtes Ergebnis begründet und damit die »Systemreinheit« der Prozessmaximen aufgegeben.

42 Zu deren Reichweite s. den »Anastasia-Fall« BGHZ 53, 245 = NJW 1970, 946; *Möller*, Die Verfahrensgrundsätze des Zivilverfahrens, JA 2010, 47; *Schnellenbach*, Grundsätze des gerichtlichen Verfahrens, JA 1995, ÜBlRef 783. Zu anderen, hier nicht dargestellten Maximen (Konzentrations-, Beschleunigungs-, Eventualmaxime und Prozessförderungspflicht) → Rn. 1254 ff.; zum Grundsatz der Prozessökonomie → Rn. 972; → Rn. 993 f.; → Rn. 1087; → Rn. 1118; → Rn. 1158.

So wie das materielle Privatrecht vom Gedanken der Privatautonomie beherrscht wird, steht der Zivilprozess unter dem Grundsatz der **Parteiherrschaft**. Können die Beteiligten sich beliebig durch – frei gestaltbare – Verträge verpflichten, so steht es ihnen ebenso frei, zu entscheiden, ob und wie sie einen Prozess hierüber führen wollen. Die Ziviljustiz stellt somit für die Parteien einen *Dienstleistungsapparat* dar, den sie grundsätzlich nach Gutdünken zur Beilegung ihres Konflikts in Anspruch nehmen können. Konkrete Ausprägungen des Grundsatzes der Parteiherrschaft finden sich im Rahmen der Dispositions- und der Beibringungsmaxime. 27

a) Verfahrensherrschaft

Zu den für jede Prozessordnung grundlegenden Punkten gehört die Frage, wer die Verfahrensherrschaft hat, dh wer bestimmt, ob und worüber ein Verfahren durchgeführt wird, wie es abläuft und wann und wie es enden soll. Die Befugnis hierzu kann entweder beim Staat (= *Offizialmaxime*) oder bei den Parteien (= **Dispositionsmaxime**) liegen. Im Zivilprozess gilt die Offizialmaxime nur ausnahmsweise dort, wo es um öffentliche Interessen geht. Weil Gegenstand des Zivilprozesses regelmäßig private Rechte sind, gilt grundsätzlich die Dispositionsmaxime.[43] Die Parteien sind Herren des Verfahrens, sie allein bestimmen, *ob* es ein Verfahren gibt, *worüber* es geführt wird und wie es *endet*. 28

Dies wird deutlich zum **Beispiel** aus dem im Zivilprozess allgemein herrschenden Antragsgrundsatz (»Wo kein Kläger, da kein Richter«) und der Beschränkung der Entscheidungsmöglichkeit des Gerichts durch die von den Parteien gestellten Anträge (Grundsatz des »ne ultra petita«, §§ 308 I, 536, 559 ZPO), die Möglichkeiten der Rücknahme von Klage und Rechtsmitteln (§§ 269, 515, 566 ZPO) oder der Möglichkeit der Parteien, den Prozess anders als durch streitiges Urteil zu beenden (Verzicht [§§ 306, 514, 566 ZPO]; Anerkenntnis [§ 307 ZPO]; übereinstimmende Erledigungserklärung [§ 91a ZPO]; Vergleich [§ 278 I ZPO]).

Eine **Ausnahme** von der grundsätzlich geltenden Dispositionsmaxime stellt zum einen der inzwischen weitgehend verwirklichte Amtsbetrieb dar, nach dem die Frage, wie der Prozess abläuft, nicht mehr den Parteien überlassen, sondern dem Gericht als Amtspflicht zugewiesen ist (→ Rn. 222).[44] Unabhängig von der Disposition der Parteien sind auch der Ausspruch über die Kostentragungspflicht (§ 308 II ZPO) und die (grundsätzliche) Anordnung der vorläufigen Vollstreckbarkeit (§§ 708 ff. ZPO) sowie die Möglichkeit, die Fortsetzung eines Mietverhältnisses ohne entsprechenden Antrag auszusprechen (§ 308a ZPO). 29

b) Tatsachenbeschaffung

Das Wesen eines Prozesses hängt auch davon ab, wer die für die Entscheidung zu berücksichtigenden Tatsachen einzubringen hat. Während die einschlägigen Rechtsnormen nach dem Grundsatz »iura novit curia« immer vom Gericht herauszusuchen sind, können die zur Ausfüllung erforderlichen Tatsachen entweder durch das Gericht (von Amts wegen) ermittelt (= *Inquisitionsmaxime*) oder von den Parteien beigebracht werden (= *Beibringungsmaxime*). Auch hier folgt aus dem Umstand, dass es 30

43 BGH NJW 1951, 517; *Schreiber*, Der Dispositionsgrundsatz im Zivilprozess, JURA 1988, 190; *Stackmann*, Richterliche Anordnungen versus Parteiherrschaft im Zivilprozess, NJW 2007, 3521.

44 BGH NZG 2009, 21; *Cahn*, Prozessuale Dispositionsfreiheit und zwingendes materielles Recht, AcP 198 (1998), 35; *Coester-Waltjen*, Die Parteien als Herren des Verfahrens und der Richter im deutschen Zivilprozess, JURA 1998, 661.

im Zivilprozess nur um private Interessen geht und ein öffentliches Interesse am Inhalt oder am Ausgang des Rechtsstreits grundsätzlich nicht besteht, dass die Verantwortung für die Tatsachen bei den Parteien verbleiben kann (»da mihi facta, dabo tibi ius«).

Diesem (auch *Verhandlungsmaxime* genannten) Prinzip[45] liegt die Überlegung zugrunde, dass jede Partei die ihr günstigen Tatsachen schon vortragen wird und – für den Fall, dass sie dies nicht tut – sie (und nicht etwa der Gegner, das Gericht oder die Allgemeinheit) die aus dem negativen Ausgang des Prozesses resultierenden Nachteile tragen muss. Umgekehrt folgt hieraus, dass das Gericht für seine Entscheidung nur diejenigen Tatsachen zugrunde legen darf, die von den Parteien vorgetragen sind und an solche Tatsachen, die von beiden Parteien übereinstimmend vorgetragen wurden, sogar gebunden ist, selbst wenn es an deren Wahrheit Zweifel hegt. Tatsachen, die von keiner Partei vorgetragen sind, dürfen prinzipiell auch dann nicht berücksichtigt werden, wenn das Gericht von ihrer Wahrheit überzeugt ist (*Prinzip der formellen Wahrheit*).[46]

Beispiele für auf dem Beibringungsgrundsatz beruhende gesetzliche Regelungen sind die §§ 130 Nr. 3, 282 ZPO (Tatsachenvortrag durch die Parteien), §§ 288, 138 III, 439 III ZPO (übereinstimmender Vortrag der Parteien ist für das Gericht bindend), die §§ 282, 359 Nr. 3, 373 ZPO (Beweisantritt durch die Parteien) oder die §§ 399, 436 ZPO (Möglichkeit des Verzichts auf Beweise durch die Parteien).

Beispielsfälle: Zieht das Gericht in einem Kündigungsschutzprozess die Personalakte bei und verwertet deren Inhalt für seine Entscheidung, ohne dass dies von einer der Parteien beantragt worden wäre, so liegt hierin grundsätzlich ein Verstoß gegen den Beibringungsgrundsatz.[47]
Tragen die Parteien die örtlichen Gegebenheiten eines Unfallortes übereinstimmend, aber abweichend von den dem Gericht bekannten tatsächlichen Gegebenheiten vor, so muss das Gericht von diesen unzutreffenden Voraussetzungen ausgehen; eine Beweisaufnahme findet nicht statt.
Das Gericht ist nicht verpflichtet, entscheidungserhebliche Tatsachen (hier: durch eine Internetrecherche im bundesweiten Handelsregisterportal) zu ermitteln; diese müssen von den Parteien dargelegt werden.[48]

Nicht gebunden werden kann das Gericht an übereinstimmend vorgetragene **Rechtsauffassungen**. Ob aus den (übereinstimmend) vorgetragenen Tatsachen bestimmte Rechtsfolgen erwachsen, muss das Gericht immer in eigener Verantwortung prüfen (→ Rn. 350).[49] Nicht verwechselt werden darf dies mit der Befugnis der Parteien, über den Streitgegenstand zu verfügen und dem Gericht durch Anerkenntnis oder Verzicht die Möglichkeit einer Sachprüfung vollständig zu entziehen.

31 Jüngere Reformen der ZPO haben als **Ausnahme** von diesem Grundsatz die Mitverantwortung des Gerichts für eine materielle gerechte Entscheidung und für die Beschaffung hierzu erforderlicher Tatsachen und Beweise verstärkt.[50]

---

45 BGH WM 2014, 2075; *Pawlowski*, Keine Bindung an »Geständnisse« im Zivilprozess, MDR 1997, 7; *Scherer*, Zweifel des Gerichts an der Wahrheit unstreitiger Tatsachenbehauptungen, DRiZ 1995, 58; *Schreiber*, Der Verhandlungsgrundsatz im Zivilprozess, JURA 1989, 86.
46 Prüting/Gehrlein/*Prütting* Einl. Rn. 28.
47 BAG JZ 1975, 737 (738) mAnm *Säcker*.
48 OLG Naumburg NJW-RR 2012, 638.
49 BGH JR 1969, 102.
50 *Stürner*, Parteiherrschaft versus Richtermacht, ZZP 123 (2010), 147.

So haben die Parteien die Pflicht, ihre Erklärungen über tatsächliche Umstände vollständig und der Wahrheit gemäß abzugeben (§ 138 I ZPO), das Gericht hat umfangreiche *Aufklärungs- und Hinweispflichten* (§§ 139, 275 I, 276 I ZPO) und kann eigene Sachaufklärung betreiben (§§ 141, 142, 143, 144, 448, 273 II ZPO).

Keine Ausnahme vom Beibringungsgrundsatz stellt der Grundsatz der **Prüfung von Amts wegen** bei den Zulässigkeitsvoraussetzungen (§ 56 I ZPO) dar. Auch hier erfolgt keine Tatsachenermittlung von Amts wegen, sondern nur eine Berücksichtigung der von den Parteien vorgetragenen Tatsachen, allerdings besteht diesbezüglich eine erweiterte Hinweispflicht des Gerichts (§ 139 III ZPO; → Rn. 415).

c) Kenntnisnahme

Die von den Parteien beigebrachten Tatsachen und Beweise muss das Gericht im Verfahren zur Kenntnis nehmen, um sie zur Entscheidungsgrundlage machen zu können. Dabei kann das Gericht entweder den mündlichen oder den schriftlichen Vortrag berücksichtigen, das Verfahren kann öffentlich oder geheim sein, es kann unmittelbar vor dem erkennenden Gericht oder mittelbar vor anderen, an der Entscheidung nicht beteiligten Personen ablaufen. 32

Historisch setzte sich vor allem mit der Aufklärung des 18. und dem Liberalismus des 19. Jahrhunderts die Forderung nach einer Kontrolle der Ausübung staatlicher, auch rechtsprechender Gewalt durch, was zu einer Ausprägung der Prozessmaximen von Mündlichkeit, Öffentlichkeit und Unmittelbarkeit führte.

(1) Grundsätzlich müssen die Parteien vor dem Gericht **mündlich** verhandeln. Nur was in dieser mündlichen Verhandlung zur Sprache gekommen ist, darf zur Grundlage der späteren Entscheidung gemacht werden.[51] Finden in einem Prozess mehrere Verhandlungstermine statt, so bilden diese eine Einheit (Grundsatz der **Einheit der mündlichen Verhandlung**). Entscheidungsreife des Prozesses tritt damit erst mit dem Schluss der letzten mündlichen Verhandlung ein, bis zu diesem Zeitpunkt dürfen die Parteien vortragen (§ 296a ZPO), in früheren Terminen vorgenommene Prozesshandlungen behalten ihre Wirkungen und müssen nicht jedes Mal neu vorgenommen werden.[52] 33

Anders als unter dem vor Inkrafttreten der ZPO dominierenden Grundsatz der Schriftlichkeit, bei dem für die Entscheidung nur der Akteninhalt berücksichtigt wurde (»quod non est in actis, non est in mundo«), können so einerseits Verfahrensablauf und Entscheidung von einem Zuhörer kontrolliert werden, andererseits erhält das mündliche Vorbringen der Parteien ausschlaggebendes Gewicht (§ 314 ZPO).[53]

Während bei Inkrafttreten der ZPO das Mündlichkeitsprinzip in nahezu reiner Form galt, haben prozessökonomische Erwägungen die Möglichkeiten schriftlichen Vorbringens immer weiter ausgedehnt. Heute gilt im Zivilprozess praktisch eine **Mischform**: Eine mündliche Verhandlung ist grundsätzlich obligatorisch (§ 128 I ZPO), wird jedoch durch Schriftsätze vorbereitet (§§ 129, 282 II ZPO) und erschöpft sich 34

51 BAG NJW 1996, 2749; OLG Koblenz NJW-RR 2001, 65; OLG Düsseldorf NJW-RR 1997, 1085; *Redecker*, Die mündliche Verhandlung – Sinn und Wirklichkeit, NJW 2002, 192.
52 OLG München FamRZ 1984, 407; OLG Düsseldorf Rpfleger 1978, 271; BLAH/*Hartmann* Übers § 253 Rn. 3, 5.
53 BGH NJW 1999, 1339.

häufig in einer bloßen (evtl. sogar stillschweigenden) Bezugnahme auf diese Schriftsätze (§ 137 III ZPO).[54]

35 *Ausnahmsweise* ist eine mündliche Verhandlung in einigen Fällen dem Gericht freigestellt (§§ 128 III, 495a ZPO) oder kann durch ein schriftliches Verfahren ersetzt werden (§ 128 II ZPO).

36 **(2)** Grundsätzlich sind heute alle gerichtlichen Verfahren **öffentlich** (§§ 169 S. 1, 173 GVG).[55] Eine *Ausnahme* gilt für die Beratungen des Gerichts (§ 193 GVG) und einige kraft Gesetzes oder Gerichtsbeschlusses für nichtöffentlich erklärte Verhandlungsabschnitte (§§ 170–175 GVG).

37 Gleichermaßen auf dem Öffentlichkeitsprinzip wie auf dem Anspruch auf Gewährung rechtlichen Gehörs beruht der Grundsatz der **Parteiöffentlichkeit**, dh das Recht der Parteien, an allen (auch nicht allgemein-öffentlichen) Verfahrensabschnitten beteiligt zu werden (vgl. § 357 I ZPO), von allen Handlungen des Gegners bzw. des Gerichts unterrichtet zu werden und in die Akte Einsicht nehmen zu dürfen (§§ 299 I, 760 ZPO).

Beispiel: Lässt sich ein Beweis nur führen, indem die Partei Betriebs- oder sonstige Geheimnisse offenbart, so reicht es nicht aus, wenn dies einem Sachverständigen gegenüber geschieht. Auch das Gericht und der Gegner müssen hiervon Kenntnis nehmen können. Der Beweisführer hat also nur die Wahl, (wegen Beweisfälligkeit) den Prozess oder (wegen Offenbarung) das Geheimnis zu verlieren (→ Rn. 305).[56]

38 **(3)** Mündliche Verhandlung und Beweisaufnahme[57] müssen in der Regel **unmittelbar** vor dem erkennenden Gericht, dh vor den Richtern stattfinden, die später auch die Entscheidung treffen.

Dies wird für den Zivilprozess zum **Beispiel** deutlich an den §§ 128 I, 309, 355 I ZPO.[58] Eine **Ausnahme** gilt nach §§ 361, 362 ZPO für die Verfahren vor den beauftragten/ersuchten Richtern und nach §§ 349 I 2, 527 II 2 ZPO für die Möglichkeit einer Beweisaufnahme durch den Einzelrichter.

39 Wegen des Grundsatzes der Einheit der mündlichen Verhandlung ist es erforderlich, dass die *letzte* mündliche Verhandlung vor dem erkennenden Gericht stattfand, weil in dieser die in früheren Verhandlungen vorgenommenen Prozesshandlungen fortdauern. Unerheblich ist dagegen die Besetzung des Gerichts in einem Verkündungstermin, weil hier eine mündliche Verhandlung nicht erfolgt (zu den unterschiedlichen Terminsarten → Rn. 236).

Streitig ist, inwieweit der Grundsatz der Unmittelbarkeit auch für ausschließlich **schriftlich** durchgeführte **Verfahren** gilt. Während die hM dies unter Hinweis auf den Zusammenhang mit dem Mündlichkeitsprinzip ablehnt, wird es von einem Teil der Literatur bejaht.[59]

---

54 BGH MDR 1981, 1012; OLG Hamm NJW-RR 1997, 764.

55 Wegen des Spannungsverhältnis zur Pressefreiheit BVerfG NJW 2017, 798 und 2008, 977.

56 BGH WM 2007, 1901; NJW 1992, 1817; aA OLG Nürnberg NJW-RR 1998, 940; *Hauck*, Geheimnisschutz im Zivilprozess, NJW 2016, 2218.

57 Wegen besonderer Ausprägungen des Unmittelbarkeitsgrundsatzes im Beweisverfahren → Rn. 306.

58 BGH NJW-RR 2012, 508; *Weth*, Der Grundsatz der Unmittelbarkeit der Beweisaufnahme, JuS 1991, 34.

59 Für die hM BGH NJW-RR 1987, 1148; BLAH/*Hartmann* ZPO § 309 Rn. 1, jeweils mwN; aA *Rosenberg/Schwab/Gottwald* ZivilProzR § 109 III 1 mwN.

Verstöße gegen die Grundsätze von Mündlichkeit, Öffentlichkeit oder Unmittelbarkeit eröffnen die Möglichkeit der Anfechtung hierauf beruhender Entscheidungen durch Berufung und Revision (§§ 513, 546 ZPO). 40

d) Parteirechte

Schließlich gehört zu den grundlegenden Verfahrensfragen auch die nach den Rechten der Beteiligten gegenüber dem Gericht. Als Ausfluss des Rechtsstaatsprinzips sind diese Rechte wegen ihrer Bedeutung und ihrer Geltung in allen Prozessordnungen verfassungsrechtlich abgesichert und als subjektive öffentlich-rechtliche Ansprüche ausgestaltet. Zu ihnen gehören der Anspruch auf rechtliches Gehör, der Anspruch auf den gesetzlichen Richter und der Anspruch auf ein faires Verfahren. 41

(1) Der Anspruch auf **rechtliches Gehör** soll sicherstellen, dass die rechtlichen und tatsächlichen Standpunkte der Parteien für die Entscheidung berücksichtigt werden (»audiatur et altera pars« Art. 103 I GG; vgl. auch Art. 6 EMRK).[60] Konkret beinhaltet der Anspruch das Recht jeder Partei, 42

- sich über den Verfahrensstoff zu *informieren*,[61]
- sich vor dem Erlass einer Entscheidung in rechtlicher und tatsächlicher Hinsicht hinreichend *äußern* zu können[62] und
- mit ihrem Vorbringen bei der Entscheidungsfindung *berücksichtigt* zu werden.[63]

In der ZPO findet sich eine Reihe konkreter Ausformungen zB in den §§ 136–139, 141, 275, 278 III, 335 Nr. 3 ZPO.

> Verletzt wird der Grundsatz rechtlichen Gehörs praktisch **beispielsweise** durch Verfahrenspannen (nicht zur Akte gelangter Schriftsatz), durch fehlerhafte Beschränkung der Äußerungsrechte der Parteien (Setzen einer zu kurzen Frist oder Entscheidung vor Ablauf der gesetzten Frist; fälschliche Annahme einer Säumnis; Ablehnung eines begründeten Verlegungsantrags; Nichtgestattung von Vortrag in der mündlichen Verhandlung; unberechtigte Verspätungszurückweisung von Vortrag), durch Nichterteilung eines gebotenen Hinweises nach § 139 ZPO oder mangelnde Gelegenheit zur Stellungnahme hierauf, durch Nichtberücksichtigung von Parteivortrag (Tatsachenvortrag, Beweisantritt, Rechtsausführungen).[64]

Allerdings liegt eine Verletzung rechtlichen Gehörs nicht schon dann vor, wenn das Gericht sich in den Entscheidungsgründen nicht mit allen Punkten des Parteivortrags auseinandergesetzt hat. Denn grundsätzlich geht das Bundesverfassungsgericht davon aus, dass die Gerichte das von ihnen entgegengenommene Parteivorbringen zur Kenntnis genommen und in Erwägung gezogen haben. Widerlegt ist diese Vermutung nur bei Vorliegen besonderer Umstände, insbesondere, wenn die nicht erörterte Frage für das Verfahren von zentraler Bedeutung ist.[65]

Nur teilweise **Ausnahmen** hiervon gelten etwa in den Eilverfahren (Arrest und einstweilige Verfügung), bei denen eine Entscheidung auch ohne Anhörung des Geg-

60 *Waldner*, Der Anspruch auf rechtliches Gehör, 2. Aufl. 2000; *Wagner*, Zur neueren Rechtsprechung des BVerfG und BGH betreffend Art. 103 Abs. 1 GG bis Ende 2013, BauR 2014, 461.

61 BVerfG NJW 2017, 318; 2006, 2248; BGH NJW-RR 2011, 487; OLG München NJW 2005, 1130.

62 BVerfGE 86, 133 = BeckRS 9998, 155340; BGH NJW-RR 2012, 255; 2010, 1075.

63 BVerfG NJW-RR 1993, 383; BGH NJW-RR 2010, 1217.

64 BGH MDR 2012, 1116; NJW-RR 2011, 487; NJW 2009, 2604; 2009, 213; NJW-RR 2009, 786; *Zuck*, Rechtliches Gehör in Zivilprozessen – Die anwaltlichen Sorgfaltspflichten nach dem Inkraft-Treten des Anhörungsrügengesetzes, NJW 2009, 3753; *Rensen*, Die Rechtsprechung des Bundesgerichtshofs zur Bedeutung gegnerischer Rügen nach der ZPO-Reform, MDR 2008, 1075.

65 BVerfG NJW-RR 1995, 1033 (1034); NJW 1994, 2279; BVerfGE 86, 133 = BeckRS 9998, 155340.

ners ergehen kann, und im Urkundenverfahren, wo die prozessualen Möglichkeiten der Parteien (insbesondere die Führung von Beweisen) beschränkt sind. In beiden Fällen muss das nicht (vollständig) gewährte rechtliche Gehör auf Antrag in einem weiteren Verfahrensabschnitt nachgeholt werden.

43 **(2)** Verfassungsrechtlich abgesichert ist daneben das Recht der Parteien auf den **gesetzlichen**, dh den im Vorhinein nach abstrakten Kriterien bestimmten **Richter** (Art. 101 I 2 GG).

Verletzt ist dieser Grundsatz bei jedem Verstoß gegen Zuständigkeitsvorschriften oder Regelungen der Geschäftsverteilung.[66]

44 **(3)** Als Auffangtatbestand für alle nicht speziell geregelten verfassungsrechtlichen Gewährleistungen (insbesondere das Willkürverbot und den Verhältnismäßigkeitsgrundsatz) dient der Anspruch der Parteien auf ein **faires Verfahren**, der aus dem Rechtsstaatsprinzip und aus Art. 6 EMRK abgeleitet wird.[67]

Der Begriff wird zunehmend als Generalklausel verwendet, der den von Treu und Glauben (§ 242 BGB) im Prozessrecht ersetzt. Unzulässig ist danach vor allem widersprüchliches Verhalten des Gerichts, die Ableitung von Nachteilen für die Parteien aus einem Fehler des Gerichts oder die Verletzung von Schutz- und Fürsorgepflichten durch das Gericht.[68]

Beispiele: Vorbringen der Parteien kann nicht als verspätet zurückgewiesen werden, wenn das Gericht den Termin unzureichend vorbereitet hat. Auch Zeugen haben ein Recht darauf, im Prozess mit einem eigenen Rechtsanwalt aufzutreten.

45 **Folge** eines Verstoßes gegen verfassungsrechtliche Prinzipien ist neben der Anfechtbarkeit hierauf beruhender Entscheidungen durch Rechtsmittel (§§ 513, 546 ZPO) oder besondere Rechtsbehelfe (§ 321a ZPO) die Möglichkeit einer Verfassungsbeschwerde.[69] Auch für die Zulässigkeit der Revision ist eine Verletzung von Verfassungsrechten weitgehend Voraussetzung (→ Rn. 1540).

5. Ablauf des Zivilprozesses

46 Aus den vorstehenden Prozessmaximen lässt sich die konkrete Ausgestaltung der einzelnen Prozessphasen im Normalfall[70] wie folgt darstellen:

66 BGH NJW-RR 2016, 510; 2012, 441; OLG Hamburg NJW-RR 2012, 634; zu Problemen der Geschäftsverteilung bei überbesetzten Spruchkörpern in Zivilsenaten → Rn. 120 (Fn. 55); *Wagner*, Zur neueren Rechtsprechung des BVerfG und BGH betreffend Art. 103 Abs. 1 GG bis Ende 2013, BauR 2014, 461.

67 BVerfGE 75, 183 = NJW 1987, 2003; BGH NJW 2012, 78; MüKoZPO/*Rauscher* Einl. Rn. 140.

68 EGMR NJW 2010, 3207; BVerfG NJW 2013, 446; 2001, 1343; BGH NJW-RR 2010, 1000; NJW 1999, 290; zu weiteren Fallgruppen *Frowein/Peukert*, EMRK, 3. Aufl. 2009, Art. 6 Rn. 145 f.

69 *Musielak/Voit* GK ZPO Rn. 97.

70 Zu den Prozessphasen oben Schema 1.6; zur Detailausgestaltung der einzelnen Phasen unten Schemata 6.1, 6.2, 6.5, 31.5; zum Ablauf besonderer Verfahrensarten unten Schemata 11.2, 12.2, 13.1, 20.1, 26.1, 27.1.; Gesamtüberblick auch bei *Kontusch*, Das Zivilverfahren I. Instanz am Landgericht, JA 2015, 210.

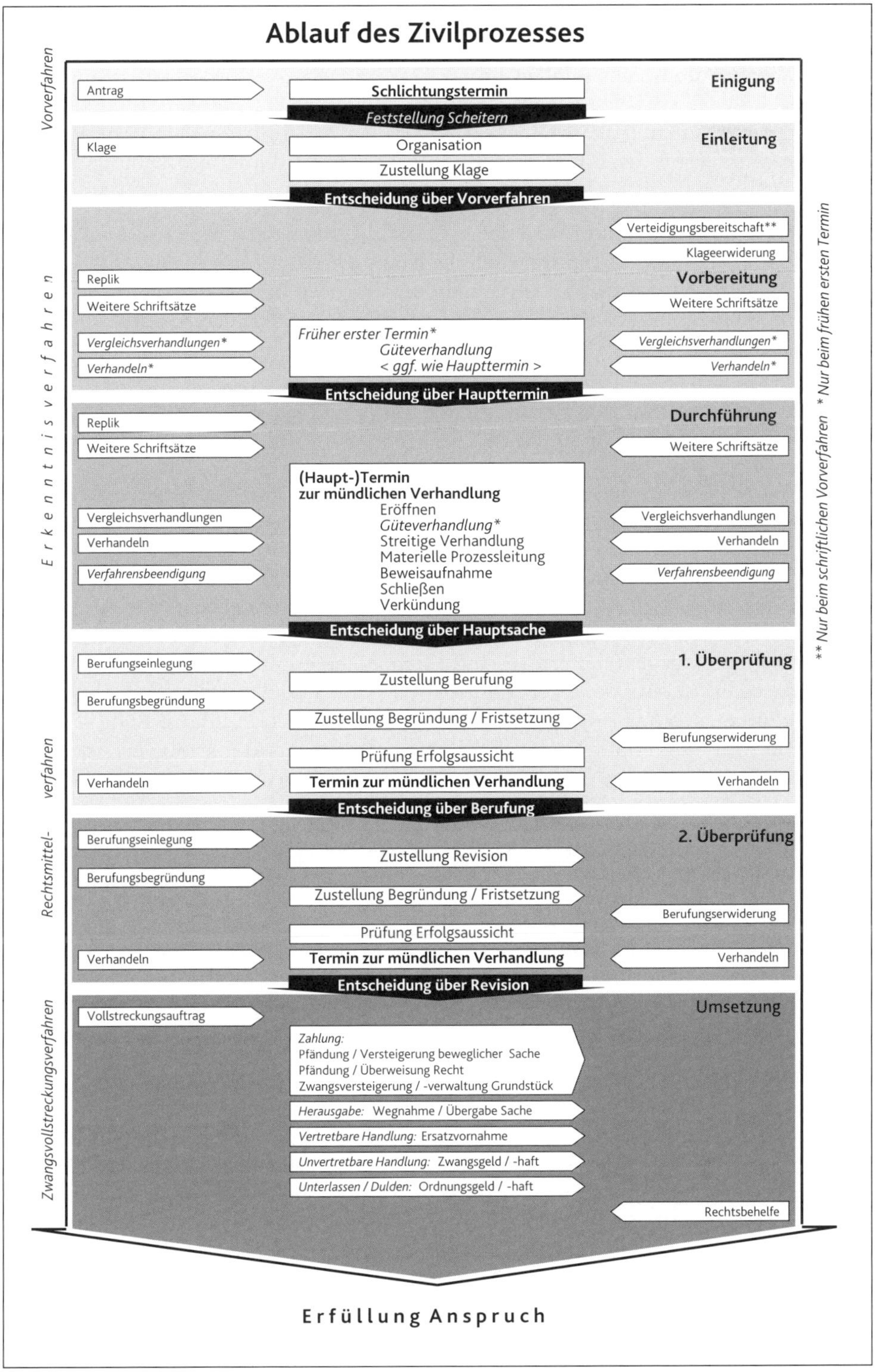

Schema 1.7: Ablauf des Zivilprozesses

47 **(1)** Eine obligatorische Einigungsphase, dh den Versuch, durch gütliche **Einigung** der Parteien ein streitiges Verfahren zu vermeiden, gibt es nur in wenigen Rechtsgebieten (§ 15a EGZPO) und nicht in allen Bundesländern. Wo es erforderlich ist, muss der Kläger sich an einen Schiedsrichter wenden, der in einem persönlichen Gespräch versucht, die Beteiligten zu vergleichen, sodass ein gerichtliches Verfahren entbehrlich wird. Nur wenn der Einigungsversuch scheitert, ist die Klageerhebung zulässig (→ Rn. 218).

48 **(2)** Mit der **Eröffnungsphase** wird der Prozess in Gang gesetzt, hierzu ist ausnahmslos ein Antrag des Klägers (im Regelfall die **Klageschrift**) erforderlich (»*Dispositionsmaxime*«). Diese Klageschrift muss Gericht und Parteien bezeichnen, einen bestimmten Antrag enthalten und den Sachverhalt schildern, auf den der Anspruch gestützt wird (§ 253 ZPO).

Das Gericht stellt diese Klage dem Beklagten zu (§ 271 I ZPO) und trifft eine Entscheidung über die Art des sich anschließenden Vorverfahrens (§ 272 II ZPO; → Rn. 221, 234).

49 **(3)** Die **Vorbereitungsphase** dient der Sammlung aller für die Entscheidung relevanten Tatsachen und Beweismittel, die so vollständig zusammengetragen werden sollen, dass der Prozess in seiner Hauptphase ohne weitere Verzögerungen erledigt werden kann (§ 272 I ZPO). Dazu dient entweder ein früher erster Termin (§ 275 ZPO), bei dem die Parteien sich vor Gericht treffen und über den Streit reden, oder ein schriftliches Vorverfahren (§ 276 ZPO), bei dem der Vortrag der Parteien nur über Schriftsätze dem Gericht gegenüber erfolgt. In beiden Fällen ermittelt das Gericht relevante Tatsachen nicht von Amts wegen, sondern gibt den Parteien lediglich Gelegenheit, diese vorzutragen (»*Beibringungsgrundsatz*«), sodass das Gericht am Ende – soweit nicht schon im Vorverfahren eine Erledigung des Rechtsstreits möglich ist – eine Entscheidung über Inhalt, Ausgestaltung und ggf. weitere Vorbereitung des Haupttermins treffen kann (→ Rn. 235).

Dem Beklagten obliegt es, auf die **Klage** zu **erwidern** (§ 277 ZPO), also mitzuteilen, ob er das prozessuale Begehr des Klägers für berechtigt hält oder nicht und wie er sich zu verteidigen beabsichtigt.

50 **(4)** Kern des Prozesses ist die Durchführungsphase mit der mündlichen Verhandlung (»Haupttermin«, § 279 ZPO), in der sich die Prozessbeteiligten (unter Beachtung der Grundsätze von *Mündlichkeit*, *Öffentlichkeit* und *Unmittelbarkeit*) vor Gericht treffen, über den Streit verhandeln und alle erforderlichen Prozesshandlungen vornehmen (→ Rn. 254 ff.).

In der **mündlichen Verhandlung** versucht das Gericht zunächst erneut, eine gütliche Einigung herbeizuführen (§ 278 II ZPO). Misslingt dies, stellen die Parteien ihre Anträge und begründen diese in tatsächlicher und rechtlicher Beziehung (§ 137 I, II ZPO), wobei sich dies meist in einer Bezugnahme auf die vorbereitend eingereichten Schriftsätze erschöpft (§ 137 III ZPO). Ist der Vortrag der Partei unzureichend, kann das Gericht verpflichtet sein, die Partei hierauf hinzuweisen, um ein materiell gerechtes Urteil zu ermöglichen (§ 139 ZPO).

Ist eine **Beweisaufnahme** erforderlich, so erfolgt diese in der mündlichen Verhandlung (§ 278 II ZPO). Beweis erhoben wird grundsätzlich mit den von den Parteien angebotenen Beweisen über die zwischen den Parteien streitigen Umstände, auf die es für die Entscheidung ankommt. Das Gericht ist für den Ablauf der Beweisaufnahme verantwortlich und hat die erhobenen Beweise frei, dh grundsätzlich ohne gesetzliche Beweisregeln und unabhängig von der Auffassung der Parteien zu würdigen (§ 286 ZPO).

In der Regel endet die Verhandlung mit der Entscheidung des Gerichts in der Hauptsache (§ 310 I Alt. 1 ZPO), deren Bekanntmachung (»Verkündung«) zeitlich um bis zu drei Wochen nach dem Termin hinausgeschoben werden kann (§§ 310, 311 ZPO). Diese ergeht in Form eines **Urteils**, das neben der Entscheidung über die Hauptsache und prozessuale Nebenfragen (Kosten des Rechtsstreits, Vollstreckbarkeit vor Eintritt der Rechtskraft, Zulassung von Rechtsmitteln) eine Wiedergabe des von den Parteien vorgetragenen Sachverhalts und der von ihnen erhobenen Angriffs- und Verteidigungsmittel (»Tatbestand«) sowie eine Begründung der getroffenen Entscheidung in tatsächlicher und rechtlicher Hinsicht (»Entscheidungsgründe«) enthält (§ 313 ZPO).

(5) Daran anschließen kann sich eine **Überprüfungsphase**, in der im Rahmen von 51
Rechtsbehelfen die Entscheidung des Gerichts überprüft wird. Sie bedarf stets des Antrags einer Partei (»Rechtsmitteleinlegung«) und muss begründet werden. Eine erneute mündliche Verhandlung ist die Regel, unterbleibt aber bei erkennbar erfolglosen Rechtsmitteln (unten → Rn. 1484 ff.).

Erstinstanzliche Urteile werden im Rahmen der **Berufung** überprüft, wenn es die Partei mit mehr als 600 EUR beschwert oder das erstinstanzliche Gericht die Berufung zugelassen hat (§ 511 ZPO). Sie kann darauf gestützt werden, dass das angefochtene Urteil in rechtlicher oder tatsächlicher Hinsicht fehlerhaft ist (§ 513 I ZPO). Neue Tatsachen können in der Berufung nur ausnahmsweise noch vorgetragen werden (§§ 529 I, 531 II ZPO). Berufungen gegen Urteile der Amtsgerichte werden regelmäßig vor den Landgerichten verhandelt, Berufungen gegen erstinstanzliche Urteile der Landgerichte vor den Oberlandesgerichten.

Eine weitere Überprüfung ist im Rahmen der **Revision** möglich, wenn das Berufungsgericht oder das Revisionsgericht dies zugelassen haben (§ 543 ZPO). Sie kann nur noch auf eine Rechtsverletzung gestützt werden (§ 545 ZPO) und wird allein vor dem Bundesgerichtshof verhandelt.

(6) Hat eine Partei ihr Rechtsschutzziel nicht bereits durch das Erkenntnisverfahren 52
erreicht (was bei der Klageabweisung oder der Feststellungsklage der Fall ist), muss das Urteil praktisch umgesetzt werden. Erforderlich ist dies insbesondere, wenn das Gericht den Beklagten zu einer Leistung verurteilt hat. Wird diese nicht freiwillig erbracht, muss sie unter Einsatz staatlicher Gewalt zwangsweise durchgesetzt werden. Hierzu bedarf es stets eines besonderen Antrags des Gläubigers (»Vollstreckungsauftrag«, § 753 ZPO).[71]

Das Vollstreckungsverfahren ist nicht Gegenstand der vorliegenden Darstellung. Insoweit muss auf die hierzu existierenden besonderen Darstellungen verwiesen werden.

Voraussetzung der Zwangsvollstreckung ist grundsätzlich ein rechtskräftiges Urteil (§ 704 ZPO), das mit einer Vollstreckungsklausel versehen ist und dem Schuldner

71 Zur Vollstreckungs- und zu anderen Wirkungen → Rn. 476 ff.; zu alternativen Möglichkeiten der Verfahrensbeendigung → Rn. 1391 ff.

zugestellt wurde. Vollstreckt werden kann auch aus anderen **Titeln**, etwa noch nicht rechtskräftigen Urteilen, Vergleichen oder Urkunden, in denen der Schuldner sich der sofortigen Zwangsvollstreckung unterworfen hat (§§ 704, 794 ZPO). Ausnahmsweise kann in Deutschland auch aus einem ausländischen Titel vollstreckt werden (§ 328 ZPO).

Wegen **Geldforderungen** wird in das Vermögen des Schuldners vollstreckt. Hierzu kann der Gerichtsvollzieher bewegliche Sachen pfänden, sie öffentlich versteigern und dem Gläubiger den Erlös auszahlen (§§ 808 ff. ZPO). Rechte des Schuldners gegen Dritte können durch das Vollstreckungsgericht gepfändet und dem Gläubiger zur Einziehung überwiesen werden (§§ 829 ff. ZPO). Grundvermögen des Schuldners kann durch das Vollstreckungsgericht im Grundbuch mit einer Sicherungshypothek belastet und im Wege der Zwangsversteigerung oder der Zwangsverwaltung zugunsten des Gläubigers verwertet werden (§§ 867, 869 ZPO). In allen Fällen muss dem Schuldner ein Existenzminimum zur Bestreitung des eigenen Lebensunterhalts verbleiben (Vollstreckungsschutz, §§ 811 ff., 850 ff. ZPO).

Hat der Schuldner eine Sache **herauszugeben**, so wird ihm diese vom Gerichtsvollzieher weggenommen und dem Gläubiger übergeben (§§ 883 ff. ZPO). Vertretbare **Handlungen** kann der Gläubiger auf Ermächtigung des Prozessgerichts durch einen Dritten vornehmen lassen und die Kosten vom Schuldner beitreiben (§ 887 ZPO). Zu unvertretbaren Handlungen wird der Schuldner vom Prozessgericht durch Zwangsgeld bzw. Zwangshaft gezwungen (§ 888 ZPO), zum Dulden oder Vornehmen von Handlungen durch Ordnungsgeld bzw. Ordnungshaft (§ 890 ZPO).

Soweit die Rechte des Schuldners im Interesse der Effektivität der Zwangsvollstreckung nicht durch die vorherige Gewährung rechtlichen Gehörs gewahrt werden können, kann der Schuldner sie durch **Rechtsbehelfe** wahren. Gegen Entscheidungen in Zwangsvollstreckungsverfahren, die ohne mündliche Verhandlung ergangen sind, findet die sofortige Beschwerde statt (§ 793 ZPO). Mit der Vollstreckungserinnerung (§ 766 ZPO) werden Maßnahmen von Vollstreckungsorganen gerügt, die die Art und Weise der Zwangsvollstreckung betreffen und keine Entscheidung eines Vollstreckungsorgans darstellen. Wird durch die Zwangsvollstreckung das materielle Recht eines Dritten betroffen, so kann dieser der Vollstreckung durch die Drittwiderspruchsklage entgegentreten (§ 771 ZPO) oder vorzugsweise Befriedigung verlangen (§ 805 ZPO). Die Vollstreckungsabwehrklage (§ 767 ZPO) findet statt, wenn der Vollstreckungsschuldner Einwendungen und Einreden gegen den titulierten Anspruch hat, die erst nach Schluss der mündlichen Verhandlung entstanden sind.

53 Bei einer Gesamtbevölkerung von rund 82,5 Mio. Einwohnern sind in der Bundesrepublik Deutschland über 140.000 **Rechtsanwälte** zugelassen. Von den etwa 15.000 **Richtern** in der ordentlichen Gerichtsbarkeit ist etwa die Hälfte in Zivilsachen tätig. Erstinstanzlich bearbeiten die 668 Amts**gerichte** jährlich rund 1.500.000 **Verfahren**, die 1.491 Zivilkammern der 116 Landgerichte weitere 430.000 Verfahren. 483 Zivilsenate bei den 24 Oberlandesgerichten und 12 Zivilsenate beim Bundesgerichtshof sind ausschließlich für Rechtsmittel zuständig. Hiervon fallen bei den Oberlandesgerichten 57.000, beim Bundesgerichtshof 5.300 Verfahren pro Jahr an, hinzu kommen 66.000 Berufungsverfahren vor den Landgerichten.

Das **Arbeitspensum** eines Richters hängt von der Instanz ab. Beim Amtsgericht bearbeitet ein Richter pro Jahr durchschnittlich 690 Verfahren, sodass ihm bei regulärer Arbeitszeit für jedes Verfahren zweieinhalb Stunden zur Verfügung stehen. Beim Landgericht beträgt die zur Verfügung stehende Zeit bei 210 Verfahren etwa 7 Stunden. In den Rechtsmittelinstanzen sinkt die Zahl der von einem Richter pro Jahr bearbeiteten Verfahren deutlich (Oberlandesgericht: 63, Bundesgerichtshof: 44), sodass erheblich mehr Zeit für die Bearbeitung der einzelnen Verfahren zur Verfügung steht (Oberlandesgericht: mehr als drei Tage, Bundesgerichtshof: knapp fünf Tage).

Die **Verfahrensdauer** ist dabei recht unterschiedlich. Ein erstinstanzliches Urteil kann beim Amtsgericht in sechs bis sieben Monaten erlangt werden, beim Landgericht in knapp einem Jahr. Die Berufung verdoppelt diese Verfahrensdauer fast. Bis zu einer Entscheidung des BGH vergehen rund drei Jahre.[72] Die Dauer der Zwangsvollstreckung hängt von den Aktivitäten des Gläubigers und der Solvenz des Schuldners ab. Diese lange Verfahrensdauer ist regelmäßig Gegenstand von Verfahren vor dem Europäischen Gerichtshof für Menschenrechte und hat zur Einführung einer Untätigkeitsbeschwerde mit Schadensersatzanspruch (§§ 198 ff. GVG) geführt.[73]

72 Dh durchschnittliche Dauer je Verfahren, das mit streitigem Urteil endete. Statistisches Bundesamt, Fachserie 10, Reihe 2, Statistiken 2.1, 2.2, 2.3, 2.4 und 2.8.4.

73 → Rn. 1576; EGMR NJW 2011, 1055; BVerfG NJW-RR 2010, 207; BGH NJW 2011, 1072.

§ 2 Partei

1. Verfahrensbeteiligte auf Seiten der Parteien

54 Die wichtigsten Beteiligten am Zivilprozess sind die Parteien.[1] Von ihnen bzw. gegen sie wird der Prozess geführt, sie – nicht etwa das Gericht – sind **Herren des Verfahrens.** Die genaue Bestimmung der Parteien ist praktisch wichtig für die Frage,

- wer im Rubrum aufzuführen ist,
- wer verurteilt werden kann,
- wer die Kosten des Rechtsstreits zu tragen hat,
- für und gegen wen die Entscheidung in Rechtskraft erwächst und
- wer gegen wen vollstrecken kann.

55 Auf Seiten der Parteien sind nicht nur die Parteien selbst, sondern möglicherweise auch andere Personen am Verfahren beteiligt; diese ergeben sich aus Schema 2.1:

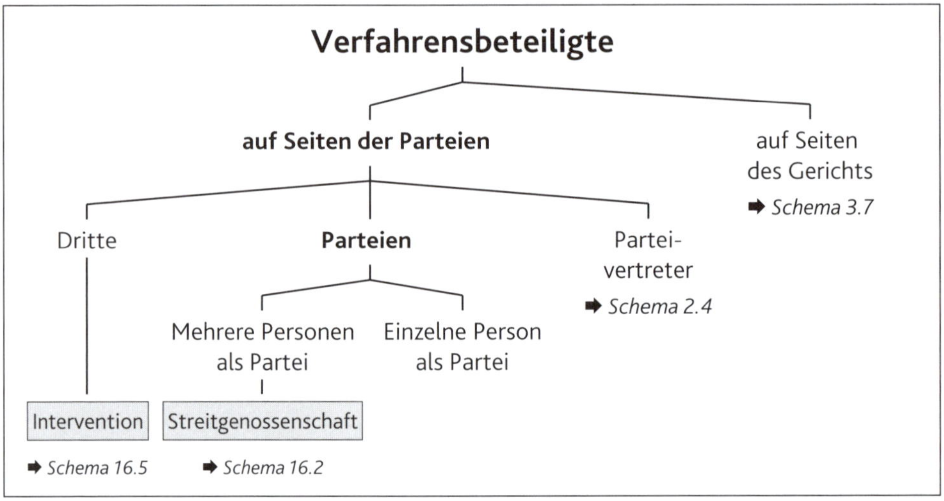

Schema 2.1: Verfahrensbeteiligte auf Seiten der Parteien

Regelfall des Zivilprozesses ist die Beteiligung zweier Parteien, des Klägers und des Beklagten. Dieser soll Gegenstand der weiteren Behandlung sein. Ausnahmsweise können auf Seiten des Klägers und/oder des Beklagten weitere Personen stehen. Die ZPO spricht in einem solchen Fall der Mehrheit von Parteien von **»Streitgenossenschaft«**. Das gleiche gilt, wenn am Prozess dritte Personen beteiligt sind, die weder Kläger noch Beklagter sind; diese Form der Prozessbeteiligung nennt man **»Intervention«** (→ Rn. 988, → Rn. 1023 ff.). Die Parteien können oder müssen sich in einigen Fällen im Prozess vertreten lassen, sodass dann für sie **Vertreter** auftreten (→ Rn. 80 ff.).

1 *Stackmann*, Die Rolle der Partei im Anwaltsprozess, JuS 2008, 509.

2. Parteibegriff

a) Zwei-Parteien-Prinzip

Am Zivilprozess sind in der Regel zwei Parteien beteiligt: der Kläger und der Beklagte. Voraussetzung ist dabei zunächst grundsätzlich, dass auf beiden Seiten des Prozesses verschiedene (natürliche oder juristische) Personen stehen und dass dies bis zum Schluss der mündlichen Verhandlung auch so bleibt.[2] 56

Beispielsfälle: Der Geschäftsführer einer GmbH kann grundsätzlich gegen diese klagen, da die GmbH als juristische Person ein eigenständiges Rechtssubjekt darstellt. Eine Ausnahme gilt, wenn der Geschäftsführer auch der einzige Gesellschafter der GmbH ist.
Eine zunächst zulässige Klage wird nachträglich unzulässig und endet ohne weiteres, wenn der Kläger während des Prozesses stirbt und allein vom Beklagten beerbt wird.[3]

Ausnahmen vom Zwei-Parteien-Prinzip gibt es in beiden Richtungen:

- Verfahren mit nur einer Partei kennt das FamFG (zB das Aufgebotsverfahren, §§ 433 ff. FamFG; → Rn. 945).
- Verfahren mit mehr als einer Partei finden statt, wenn mehrere Personen gemeinsam auf einer Parteiseite stehen (Streitgenossenschaft)[4] oder wenn am Verfahren neben Kläger und Beklagtem Dritte mit eigenen Rechten und Pflichten teilnehmen (zB bei der Hauptintervention; → Rn. 989 ff.; → Rn. 1042).

b) Prinzip der Waffengleichheit

Aus dem auch für den Zivilprozess geltenden Grundsatz der Gleichbehandlung (Art. 3 GG) lässt sich der Grundsatz der Waffengleichheit herleiten, nach dem Kläger und Beklagter dem Gericht gegenüber grundsätzlich **gleiche Rechte und Pflichten** (besser: Lasten) im Prozess haben müssen (→ Rn. 183; → Rn. 1271).[5] 57

Hat **beispielsweise** eine Partei für ihre Behauptungen zufällig einen Zeugen, die andere Partei jedoch nicht, so kann es der Grundsatz der Waffengleichheit gebieten, den beweislosen Gegner als Partei nach § 448 ZPO zu vernehmen (→ Rn. 312).[6] V.A.W.
Im Rahmen der Prozesskostenhilfe muss einer Partei vor dem Amtsgericht ein Anwalt beigeordnet werden, wenn auch die andere Partei anwaltlich vertreten ist.

Unberührt hiervon bleibt, dass mit der Prozessstellung materiell höchst ungleiche Ausgangspositionen und Risiken verbunden sind.

So trägt der Kläger **zB** lediglich das Kostenrisiko, während der Beklagte darüber hinaus auch in der Hauptsache verurteilt werden kann.

c) Prinzip von Treu und Glauben

Auch untereinander haben die Parteien Rechte und Pflichten (Befugnisse und Lasten). Diese stehen unter dem sich aus § 242 BGB ergebenden und auch im Prozess- 58

---

2 BLAH/*Hartmann* Grundzüge § 50 Rn. 1; Stein/Jonas/*Leipold* vor § 50 Rn. 17.
3 BGH NJW-RR 2011, 487; NJW 1999, 1152; OLG Zweibrücken FamRZ 1995, 100.
4 Zu beachten ist dabei allerdings, dass dann verschiedene Prozessrechtsverhältnisse vorliegen (→ Rn. 11), sodass an jedem Prozessrechtsverhältnis wieder nur zwei Parteien beteiligt sind.
5 BVerfGE 74, 92; 69, 126 = NJW 1985, 1149; BVerfGE 55, 72; 51, 131.
6 EGMR NJW 1995, 1413; *Schlosser*, EMRK und Waffengleichheit im Zivilprozess, NJW 1995, 1404.

recht geltenden Grundsatz von Treu und Glauben. Auch wer um sein Recht »kämpft«, muss sich dabei redlich verhalten.[7] Konsequenzen dieses Grundsatzes finden sich zum einen in *gesetzlichen* Normen (zB der prozessualen Wahrheitspflicht, § 138 I ZPO), zum anderen in *Fallgruppen*, die die Rechtsprechung gebildet hat, um ein im Einzelfall als billigenswert empfundenes Ergebnis begründen zu können.

Beispiele hierfür sind die Klageerhebung trotz vorheriger Vereinbarung der Parteien, den Ausgang eines Musterprozesses abzuwarten; die Nichteinhaltung einer außergerichtlichen Klagerücknahmevereinbarung; das Splitten einer größeren Forderung in kleinere Teilbeträge, um die Zuständigkeit des Amtsgerichts zu erschleichen oder eine Berufung auszuschließen; die Berufung auf einen selbst herbeigeführten Formmangel (Fehlen der eigenen Unterschrift auf einer Berufungsschrift). Rechtsmissbräuchlich handelt auch die Partei, die trotz Kenntnis des Aufenthalts des Gegners eine öffentliche Zustellung bewirkt. Ferner gehören hierher die Fälle der Verwirkung und des Schikaneverbots.[8]

d) Parteibezeichnungen

59 Während die Parteien im Erkenntnisverfahren grundsätzlich als Kläger und Beklagter bezeichnet werden, gibt es für besondere Verfahren andere Bezeichnungen.

Beispiele: Antragsteller/Antragsgegner; Gläubiger/Schuldner; Verfügungskläger/Verfügungsbeklagter; Berufungskläger/Berufungsbeklagter.

e) Parteien kraft Amtes

60 Eine Sonderstellung auf Seiten der Parteien nehmen die Personen ein, die zwar selbst Partei werden, aber kraft ihres besonderen Amtes im fremden Interesse für ein fremdes Vermögen handeln. Zu diesen gehören

- der Insolvenzverwalter (§ 80 InsO),
- der Nachlassverwalter (§ 1984 BGB),
- der Testamentsvollstrecker (§§ 2212, 2213 BGB),
- der Zwangsverwalter (§ 152 ZVG).[9]

In all diesen Fällen haben die materiellen Rechtsinhaber die Verfügungsbefugnis über eine Vermögensmasse verloren, an ihre Stelle tritt die Partei kraft Amtes, die **im eigenen Namen**[10] handelt.

So ist zum **Beispiel** im Rubrum stets der Amtsträger, nie der Rechtsinhaber als Partei aufzuführen:

Klage des Rechtsanwalts X als Insolvenzverwalter über das Vermögen des Kaufmanns Y.

Kommt es im Prozess auf **Rechtsverhältnisse der Partei** an, so muss geklärt werden, ob auf die Verhältnisse des Amtsträgers oder die des Rechtsinhabers abzustellen ist.

---

7 BVerfG NJW 2002, 2456; BGH NJW 1999, 1404; LG Bautzen VersR 1996, 366; *Baumgärtel/Laumen/Prütting*, Handbuch der Beweislast, Bd. I, 2009, § 5 Rn. 39.

8 BGH VersR 1993, 714; NJW 1992, 2280; *Klamaris*, Die missbräuchliche Rechtsausübung im Zivilprozess, 1980; LG Bautzen VersR 1996, 366.

9 BGH NJW 1992, 2487; *Wrobel*, Umfang und Grenzen der Prozessführung durch den Zwangsverwalter, KTS 1995, 19.

10 So die herrschende Amtstheorie (BGHZ 51, 128); anders die Vertreter- und die Organtheorie; hierzu *Baumgärtel/Laumen/Prütting* Zivilprozessrechtsfall Fall 4; zu den Folgen für die Prozessführungsbefugnis → Rn. 74.

So kann für die Prozesskostenhilfe nur auf die Vermögensmasse, nicht auf die wirtschaftliche Situation der Partei kraft Amtes abgestellt werden (§ 116 I Nr. 1 ZPO). Ein Zeugnisverweigerungsrecht steht sowohl den Angehörigen des Rechtsinhabers als auch denen der Partei kraft Amtes zu.[11]

3. Formelle Parteivoraussetzungen

Zwischen den Parteien sind im Prozess verschiedene Fragen zu klären. 61

Zweck des Prozesses ist die Klärung der materiellen Berechtigung, der Frage also, ob dem Kläger das geltend gemachte Recht gegen den Beklagten zusteht. Der Kläger muss *aktiv*, der Beklagte *passiv legitimiert* sein. Dies wird im Rahmen der **Begründetheitsprüfung** untersucht (→ Rn. 87).

Damit das Gericht eine solche Entscheidung über die Hauptsache treffen darf, müssen die Sachentscheidungsvoraussetzungen vorliegen. Dies wird im Rahmen der **Zulässigkeitsprüfung** untersucht. Hierzu gehört die Frage, ob Kläger und Beklagter die prozessualen Voraussetzungen erfüllen, die erforderlich sind, um Partei eines Prozesses sein zu können (→ Rn. 64 ff.).

Vorrangig klar sein muss, wer am Verfahren überhaupt teilnimmt, auf wen sich die 62
Prüfung der prozessualen und materiellen Voraussetzungen erstreckt, wer also Partei des Rechtsstreits geworden ist. Für diese **Parteistellung** kommt es nicht auf eine materielle oder prozessuale Berechtigung an, abzustellen ist allein auf die faktische Prozessbeteiligung.

Parteivoraussetzungen

Partei wird **faktisch**, • wer in der Klageschrift als solche bezeichnet • und an der Zustellung der Klage beteiligt ist.	**Formeller Parteibegriff**
Partei darf **prozessual** werden, wer • parteifähig ist, • prozessfähig ist, • postulationsfähig ist, • prozessführungsbefugt ist, • vertretungsbefugt ist.	**Zulässigkeitsvoraussetzungen**
Partei ist **materiell** erfolgreich, wenn sie • sachlegitimiert (aktiv-/passivlegitimiert) ist.	**Begründetheitsvoraussetzungen**

Schema 2.2: Parteivoraussetzungen

Wer am Verfahren beteiligt sein soll, bestimmt allein der Kläger. Im Rahmen der Dispositionsmaxime entscheidet er nicht nur, ob und worüber, sondern auch zwischen wem ein Verfahren stattfindet. Diese Entscheidung trifft er durch Bezeichnung

11 BGH NJW 1997, 3318; OLG Düsseldorf ZIP 1995, 1277; OLG Naumburg ZIP 1994, 383; OLG Köln ZIP 1993, 1019; BLAH/*Hartmann* ZPO § 383 Rn. 1; *Pape*, Zur Prozesskostenhilfebewilligung für Konkursverwalter, ZIP 1990, 1529.

der Parteien in der Klageschrift. Nach dem »**formellen Parteibegriff**« kann somit Partei nur werden, wer in der Klageschrift als Kläger oder Beklagter bezeichnet ist.[12]

Um tatsächlich Partei zu werden, ist darüber hinaus die wirksame Einbeziehung in das Prozessrechtsverhältnis erforderlich. Der Kläger muss die Klage bei Gericht *eingereicht* haben, dem Beklagten muss sie *zugestellt* worden sein.

Beispielsfall: Das Gericht stellt eine vom Kläger in Unkenntnis der Insolvenzeröffnung gegen den Gemeinschuldner selbst erhobene Klage dem Insolvenzverwalter zu. Hier ist zunächst niemand Beklagter geworden: Der Gemeinschuldner nicht, weil ihm die Klage nicht zugestellt wurde, der Insolvenzverwalter nicht, weil es an einer Erklärung des Klägers fehlt, dass sich die Klage gegen ihn richten soll.[13]

63 Probleme aus dem formellen Parteibegriff können sich aus beiden Voraussetzungen ergeben.

(1) Hat der Kläger sich oder den Gegner **unklar oder unrichtig bezeichnet**, so ist eine Auslegung erforderlich.[14] Als Auslegungskriterien können dabei sowohl die materiellrechtliche Verpflichtung aus dem geltend gemachten Anspruch als auch die faktische Zustellung der Klage herangezogen werden. Der Zustellungsempfänger ist Beklagter geworden, wenn er sich bei verständiger Würdigung des Rubrums als Partei ansehen konnte. Der Kläger muss die Klage dann gegebenenfalls zurücknehmen oder eine Parteiänderung vornehmen (→ Rn. 964 ff.). Kann der Zustellungsempfänger dagegen erkennen, dass nicht er, sondern ein Dritter Beklagter werden sollte, so wird er nicht Partei, erhält aber (als »Nichtpartei«) einen Kostenerstattungsanspruch, wobei als Rechtsgrundlage eine Analogie zu den §§ 91, 91a oder 269 III 2 ZPO[15] gebildet wird.

Beispielsfälle: Wird eine Firma in der Klageschrift als OHG bezeichnet, handelt es sich tatsächlich aber nur um einen eingetragenen Kaufmann, so ist der Kaufmann Partei geworden.[16]
Ist in der Klageschrift der Beklagte nur mit Vor- und Zuname sowie seiner Anschrift bezeichnet und wohnen dort gleichnamiger Vater und Sohn, so kann nur durch Auslegung aus Sicht des Gerichts und/oder des Beklagten ermittelt werden, wer Partei geworden ist. Denkbar ist hier zum einen, den als Partei anzusehen, dem die Klage zugestellt wurde,[17] zum anderen, auf die dem Beklagten erkennbare angebliche materielle Verpflichtung abzustellen.[18] Da der Kläger die Zustellung zwar veranlasst hat, sie aber nur mittelbar beeinflussen kann, scheint es hier sachgerechter, zur Auslegung primär auf die materielle Rechtslage abzustellen.

Richtet sich die Klage gegen eine **nichtexistente Partei**, so ist sie als unzulässig und auf Kosten des Klägers abzuweisen (zur Kostenentscheidung in den Fällen der Nichtexistenz des Klägers → Rn. 521).[19]

Abzugrenzen ist die anfängliche Nichtexistenz vom nachträglichen Wegfall der zunächst existierenden Partei durch Tod einer natürlichen oder Liquidation einer juristischen Person. Soweit hierbei nicht die Voraussetzungen der §§ 239 ff. ZPO greifen, kommt eine Erledigung in Betracht.

---

12 BGH NJW 1988, 1587; 1987, 1947; 1952, 545; OLG Stuttgart NJW-RR 1999, 216.
13 BGH NJW 1994, 3232.
14 BGH NJW-RR 2008, 582; 2006, 1569; *Schreiber*, Parteibegriff und Folgen falscher Zustellung im Zivilprozess, JURA 1990, 162; Stein/Jonas/*Leipold* ZPO vor § 50 Rn. 10 ff.
15 BGH NJW-RR 1995, 764; OLG Köln MDR 1993, 700; OLG Düsseldorf MDR 1986, 504.
16 OLG Düsseldorf MDR 1990, 639.
17 So *Rosenberg/Schwab/Gottwald* ZivilProzR § 41 II 1.
18 So LG Lübeck NJW 1983, 2148.
19 BGHZ 24, 91 (94) = NJW 1957, 989; *Weimann/Terhegger*, Die Klage gegen die nichtexistente Partei, NJW 2003, 1298.

(2) Ist die **Zustellung** nicht an die in der Klage bezeichnete Person, sondern an einen Dritten erfolgt, so ist niemand Beklagter geworden: Für die bezeichnete Person fehlt es an der Zustellung, für den Zustellungsempfänger an der Bezeichnung in der Klageschrift.[20] Nimmt der Zustellungsempfänger dennoch am Verfahren teil (etwa, um sicherzustellen, dass er nicht fälschlich verurteilt wird oder um Rechtsbehelfe gegen bereits ergangene Entscheidungen einzulegen), wird er **Scheinbeklagter** und kann (ohne dass er dem Anwaltszwang unterliegt) beantragen, festzustellen, dass er am Verfahren nicht beteiligt ist, bereits ergangene Entscheidungen unwirksam sind und der Kläger zur Übernahme der ihm entstandenen Kosten verpflichtet ist (→ Rn. 521).[21]

(3) Abzugrenzen sind diese Fehler von der formell korrekten Inanspruchnahme einer materiell nicht verpflichteten Partei. Hier ist die Klage als unbegründet abzuweisen, wenn nicht der Kläger die Klage zuvor zurücknimmt oder einen wirksamen Parteiwechsel vornimmt (→ Rn. 964 ff.).[22] Eine Erledigung scheidet mangels Unbegründetheit der Klage von Anfang an aus.

4. Prozessuale Parteivoraussetzungen

Parteiherrschaft einerseits und formeller Parteibegriff andererseits bedeuten nicht, 64
dass jede beliebige Person Partei werden und im Prozess agieren könnte. Hierfür müssen vielmehr weitere Voraussetzungen vorliegen. Weil diese zur Wirksamkeit jeder Prozesshandlung im Verfahren erforderlich sind, spricht man von den sog. »**Prozesshandlungsvoraussetzungen**«. Da erste Prozesshandlung des Klägers die Klage ist, und diese Voraussetzungen auch dafür vorliegen müssen, gehören sie auch zu den **Sachurteils- oder Zulässigkeitsvoraussetzungen.**[23]

Zu den prozessualen Parteivoraussetzungen gehören

- die Fähigkeit Partei des Prozesses sein zu können (= *Parteifähigkeit*);
- die Fähigkeit im Prozess durch Prozesshandlungen agieren zu können (= *Prozessfähigkeit*); Minderjährigkeit
- die Fähigkeit vor Gericht selbstständig auftreten und Prozesshandlungen wirksam vornehmen zu können (= *Postulationsfähigkeit*); Anwaltszwang
- soweit der Handelnde im eigenen Namen auftritt, die Befugnis, das Recht im eigenen Namen geltend zu machen (= *Prozessführungsbefugnis*);
- soweit der Handelnde im fremden Namen auftritt, die Befugnis, den Rechtsinhaber wirksam vertreten zu können (= *Vertretungsbefugnis*).

> **Beispiele:** Erkennt der Beklagte in der mündlichen Verhandlung vor dem Landgericht die Klageforderung an, so ist diese Erklärung unwirksam, da die Prozesshandlung Anerkenntnis vor dem Landgericht nur von einem Rechtsanwalt wirksam abgegeben werden kann.
> Klagt ein Minderjähriger den ihm entstandenen Schaden selbst ein, so ist die Klage unzulässig, wenn er dabei nicht (zur Behebung des Mangels seiner Prozessfähigkeit) durch seine Eltern und (vor dem Landgericht zur Behebung des Mangels seiner Postulationsfähigkeit) durch einen Rechtsanwalt vertreten wird.

---

20 OLG Saarbrücken OLGR 1997, 253; *Schreiber*, Parteibegriff und Folgen falscher Zustellung im Zivilprozeß, JURA 1990, 162.

21 BGH MDR 2010, 1279; NJW-RR 2008, 582 (583); OLG München NJW-RR 2017, 256.

22 BGH NJW 1987, 1946; NJW-RR 2005, 118.

23 Zu den Zulässigkeitsvoraussetzungen im Allgemeinen → Rn. 409; *Baumgärtel/Laumen/Prütting* Zivilprozessrechtsfall 30; *Schlosser*, Die Sachurteilsvoraussetzungen, JURA 1981, 648.

Die personenbezogenen Sachurteilsvoraussetzungen sind für jede der beteiligten Parteien gesondert zu untersuchen, also für den Kläger und den Beklagten sowie für jeden Streitgenossen (→ Rn. 995).

a) Parteifähigkeit

65 Die Parteifähigkeit bezeichnet die Fähigkeit einer Person, Partei eines Prozesses zu sein. Die ZPO knüpft hierfür in § 50 ZPO an die materiellrechtliche Rechtsfähigkeit[24] an, was indes zu zahlreichen Problemfällen führt.

(1) Alle **natürlichen Personen**, deren Rechtsfähigkeit nach § 1 BGB mit der Geburt beginnt und mit dem Tod endet, wobei Ausnahmen in beiden Richtungen zugelassen werden.[25]

(2) Alle **juristischen Personen** des öffentlichen wie des privaten Rechts, wobei bei letzteren die Rechtsfähigkeit nicht von der privatrechtlichen Gründung (= Abschluss des Gesellschaftsvertrages), sondern von der Eintragung im Vereins- bzw. Handelsregister abhängt (§ 21 BGB, § 41 AktG, § 11 GmbHG).[26]

Vorgründungsgesellschaften werden als GbR oder als OHG parteifähig, **Vorgesellschaften** sind – auch nach Aufgabe der Eintragungsabsicht[27] – als notwendige Vorstufe zur juristischen Person, auf die weitgehend die für die spätere Rechtsform geltenden Regeln anzuwenden sind, aktiv und passiv parteifähig.[28]

Die Rechtsfähigkeit einer juristischen Person endet weder mit deren Auflösung noch mit ihrer **Löschung** im Handelsregister, sondern erst mit der Beendigung des Liquidationsverfahrens. Sie existiert damit fort, solange die Gesellschaft noch Vermögen hat oder sonstiger Abwicklungsbedarf besteht. Ist die juristische Person im Prozess Kläger, so behauptet sie eigene (Leistungs- oder Kosten-)Ansprüche gegen den Beklagten, deren Bestehen erst im Rahmen der Begründetheit der Klage geprüft und für die Zulässigkeit unterstellt wird (sog. »doppelrelevante Tatsache«; → Rn. 416),[29] sodass der Prozess stets fortzusetzen ist. Steht die juristische Person auf Beklagtenseite, so ist streitig, ob die Unklarheit über den Kostenerstattungsanspruch zum Fortbestand der Parteifähigkeit führt oder ob diese erlischt und der Rechtsstreit (durch Erledigungserklärung des Gegners oder durch Prozessurteil) endet. In jedem Fall ist zu beachten, dass sich bereits mit der Liquidation die Vertretungsverhältnisse ändern (zB §§ 66 ff. GmbHG, §§ 146 ff. HGB).[30]

---

24 *Huber*, Partei- und Prozessfähigkeit, JuS 2010, 201; *Lorenz*, Rechts- und Geschäftsfähigkeit, JuS 2010, 11; *Pauckstadt-Maihold*, Rechtsfähigkeit, JA 1994, ÜbBlStud 378.

25 Sowohl aus speziellen Einzelregelungen (§§ 1594 IV, 1595 III, 1615o I, 1912 I, 1923 II, 2108, 2178 BGB) als auch aus einem allgemeinen Rechtsgedanken: OLG Schleswig MDR 2000, 397 mAnm *Born*.

26 *Markgraf/Kießling*, Gesellschaften als Parteien im Zivilprozess, JuS 2010, 312; *Schmidt*, Rechts- und Parteifähigkeit einer GmbH, JuS 2015, 1042.

27 BGH NJW 2008, 2441; 1998, 1079 (1080) mAnm *Demuth* BB 1998, 966.

28 BGH NJW-RR 2004, 258; NJW 1998, 1079; 1993, 459.

29 StRspr seit RGZ 29, 371 und 158, 1; zuletzt BGH MDR 2011, 56; *Wietz*, Die »doppelrelevante Tatsache« am Beispiel von Mischmietverhälnissen, NZM 2015, 145.

30 BGH NJW 2015, 2424 mAnm. *Schmidt* JuS 2015, 1042; BGH NZM 1999, 428; OLG Saarbrücken NJW-RR 1998, 1605; OLG Karlsruhe NJW-RR 1997, 1290; OLG Koblenz NJW-RR 1994, 500; BayObLG JurBür 1994, 15; *Bork*, Die als vermögenslos gelöschte GmbH im Prozess, JZ 1991, 841; *Garcia-Scholz/Günther*, Die Klage gegen eine GbR, ProzRB 2003, 85; *Saenger*, Die im Handelsregister gelöschte GmbH im Prozess, GmbHR 1994, 300, beide mwN; zur Fortdauer einer vor Eintritt der Prozessunfähigkeit erteilten Prozessvollmacht BGH NJW 1993, 1654.

(3) OHG und **KG** unabhängig davon, ob man ihnen volle Rechtsfähigkeit zubilligt oder nicht, da hier die Parteifähigkeit im Gesetz ausdrücklich normiert ist (§§ 124, 161 II HGB).[31]

(4) Die (Außen-)**Gesellschaft bürgerlichen Rechts**. Sie kann daher den Prozess im eigenen Namen führen, möglich bleibt daneben auch die Geltendmachung durch oder gegen die gesamthänderisch verbundenen Gesellschafter.[32]

Praktische Probleme ergeben sich bei der Bezeichnung der GbR, die keine eingetragene Firma führt und deswegen entweder mit dem im Rechtsverkehr geführten Namen, besser aber mit dem Namen ihrer Gesellschafter individualisiert wird (»GbR, bestehend aus ...«).

Nicht parteifähig ist die bloße Innengesellschaft, die am Rechtsverkehr nicht teilnimmt und deswegen auch kein Gesamthandsvermögen gebildet hat. Hierzu gehört die Innengesellschaft (§ 230 HGB).

(5) Für **ausländische Gesellschaften** ist zu differenzieren. Die Europäische wirtschaftliche Interessenvereinigung (EWIV) gilt als Handelsgesellschaft und ist deswegen nach § 124 HGB parteifähig. Gesellschaften, die in einem EU-Mitgliedstaat gegründet wurden, behalten eine dabei begründete Rechtsfähigkeit auch bei einer Verlegung ihres Firmensitzes in ein anderes Mitgliedsland (»Gründungstheorie«). Für andere ausländische Gesellschaften ist dagegen auf ihren Verwaltungssitz abzustellen (»Sitztheorie«), sodass eine ausländische Gesellschaft bei Verlegung ins Inland Rechtsfähigkeit nur durch Neugründung nach deutschem Recht erlangen kann.[33]

(6) Die **Wohnungseigentümergemeinschaft** ist (sowohl im Innenverhältnis zu den einzelnen Eigentümern als auch im Außenverhältnis zu Dritten) aktiv und passiv parteifähig, soweit sie bei der Verwaltung des gemeinschaftlichen Vermögens am Rechtsverkehr teilnimmt, soweit also Forderungen oder Verbindlichkeiten aus dem Verwaltungsvermögen im Streit stehen.[34]

Zur Geltendmachung von Ansprüchen, die das Sondereigentum betreffen, kann die WEG durch Beschluss ermächtigt werden.[35] Bezeichnet wird die WEG in der Regel mit der postalischen Anschrift der Eigentumsanlage (»WEG Kaiserstraße 1 in XY-Stadt«).

(7) Neben der vollen Parteifähigkeit aus § 50 I ZPO lässt § 50 II ZPO auch eine nur **66**
passive Parteifähigkeit zu, dh, zwar nicht Kläger, wohl aber Beklagter in einem Prozess können die nicht rechtsfähigen Vereine werden.

Nicht rechtsfähige Vereine müssen, wenn sie klagen wollen, unter dem Namen aller Mitglieder im Prozess auftreten. Geht dies wegen der großen Zahl nicht, so kann der materiellrechtliche Anspruch an einzelne Personen abgetreten werden, die den Prozess dann im eigenen Namen führen.[36]

---

31 Zur Parteifähigkeit ausländischer Gesellschaften OLG Brandenburg NJW-RR 2001, 29; OLG Zweibrücken NZI 2001, 32.

32 Grundlegend: BGH NJW 2001, 1056 mAnm *Goette* DStR 2001, 310; BGH NJW 2006, 2191; *Jauernig*, Zur Rechts- und Parteifähigkeit der GbR, NJW 2001, 2231; *Kemke*, Die Gesellschaft bürgerlichen Rechts im Prozess, NJW 2002, 2218; *Müther*, Zivilprozessuale Probleme der »neuen« BGB-Gesellschaft, MDR 2002, 987; *Schmidt*, Die BGB-Außengesellschaft: rechts- und parteifähig, NJW 2001, 993; *Wieser*, Rechtsfähige BGB-Gesellschaft, MDR 2001, 421; *Wertenbruch*, Die Parteifähigkeit der GbR, NJW 2002, 324; *Westermann*, Die Gesellschaft bürgerlichen Rechts auf dem Weg in die Rechtsfähigkeit, WM 2013, 441.

33 BGH NJW 2003, 1461; 2009, 289.

34 BGH NJW 2016, 1735; 2007, 1952 und 1957; 2005, 2061.

35 BGH NJW 2007, 1952.

36 *Baumgärtel/Laumen/Prütting* Zivilprozessrechtsfall 26; *Schmitz*, Grundfälle zu den Sachurteilsvoraussetzungen des Zivilprozesses, JuS 1976, 731; zur Anwendung auf Siedlergemeinschaften BGH NJW 1990, 186; kritisch *Schulz*, Die Parteifähigkeit nicht rechtsfähiger Vereine, NJW 1990, 1893.

Ist jemand nach § 50 II ZPO zulässig Beklagter geworden, so sind seine Befugnisse im Prozess nicht beschränkt: Wie jede voll parteifähige Person kann er dann zB alle Angriffs- und Verteidigungsmittel geltend machen, Widerklage und (später) Vollstreckungsgegenklage erheben oder Rechtsbehelfe einlegen.[37]

67 (8) Darüber hinaus kann sich die Parteifähigkeit aus **Sondergesetzen** außerhalb der ZPO ergeben.

So zum **Beispiel** für politische Parteien aus § 3 PartG, für Gewerkschaften aus verfassungsimmanenten Grundsätzen.[38]

(9) Nicht parteifähig sind bloße Gemeinschaften (Bruchteilsgemeinschaft, § 741 BGB; Erbengemeinschaft, § 2032 BGB; Gütergemeinschaft von Ehegatten, § 1415 BGB).[39]

b) Prozessfähigkeit

68 Die Prozessfähigkeit ist die Fähigkeit einer Partei, vor Gericht zu stehen (§ 51 I ZPO), dh einen Prozess in eigener Person oder durch selbst bestellte Vertreter zu führen bzw. Prozesshandlungen selbst oder durch selbst bestellte Vertreter vornehmen zu können. Auch insoweit enthält § 52 ZPO eine Verweisung auf das materielle Recht, diesmal auf die **Geschäftsfähigkeit.**[40]

Geschäftsfähig sind grundsätzlich alle rechtsfähigen Personen, es sei denn, das Gesetz schließt die Geschäftsfähigkeit aus oder beschränkt sie. Letzteres erfolgt für natürliche Personen insbesondere in den §§ 104–115 BGB.

69 Streitig ist, ob **juristische Personen** prozessfähig sind. Die hM verneint dies unter Hinweis darauf, dass diese nicht unmittelbar selbst handeln können, sondern auf ihre Organe angewiesen sind.[41] Praktisch bedeutsam ist dieser Streit nur ausnahmsweise, da im Ergebnis Einigkeit darüber besteht, dass eine Vertretung der juristischen Personen durch ihre Organe auch im Prozess stattzufinden hat.

Für **Ausländer** richtet sich die Prozessfähigkeit nach dem Recht seines Heimatstaates, fehlt sie danach, kann sie sich hilfsweise aus deutschem Recht ergeben (§ 55 ZPO).

70 Eine dem § 106 BGB entsprechende **beschränkte** Prozessfähigkeit gibt es nicht: wer in der Geschäftsfähigkeit beschränkt ist, ist grundsätzlich prozessunfähig. Soweit Minderjährige unbeschränkt geschäftsfähig sind (zB nach §§ 112 f. BGB), sind sie in diesem Umfang auch prozessfähig. Besteht Streit über die Prozessfähigkeit einer Person, so kann diese im Prozess zumindest bis zu dessen Klärung wirksam selbst auftreten (sog. »*Zulassungsstreit*«).[42]

37 *Jauernig/Hess* ZivilProzR § 46 II; Thomas/Putzo/*Hüßtege* ZPO § 50 Rn. 7 f.

38 BGHZ 50, 325 = NJW 1968, 1830; BGHZ 43, 245 (257) = NJW 1965, 859; BGHZ 42, 210; *Maurer*, Die politischen Parteien im Prozess, JuS 1992, 296 (299); nicht so bloße Parlamentsfraktionen: ArbG Berlin NJW 1990, 534.

39 BGH NJW 2006, 3715.

40 *Huber*, Partei- und Prozessfähigkeit, JuS 2010, 201; *Lorenz*, Rechts- und Geschäftsfähigkeit, JuS 2010, 11; *Oda*, Die Prozessfähigkeit als Voraussetzung und Gegenstand des Verfahrens, 1997; *Pauckstadt-Maihold*, Geschäftsfähigkeit, JA 1994, ÜBlStud 465; *Staudinger/Steinrötter*, Minderjährige im Zivilprozess, JuS 2012, 97.

41 OLG Dresden NZI 2000, 136; BLAH/*Hartmann* ZPO § 52 Rn. 16 f; *Reinelt*, Praxisprobleme mit der Prozessfähigkeit der GbR, ZAP (2006) Fach 13, 1387; *Rosenberg/Schwab/Gottwald* ZivilProzR § 44 II 1; Stein/Jonas/*Schumann* ZPO § 51 Rn. 12.

42 *Jauernig/Hess* ZivilProzR § 20 II; *Musielak*, Beweislastregelung bei Prozessfähigkeit, NJW 1997, 1736.

Schwierig ist die Bestimmung der Prozessführungsbefugnis bei unter **Betreuung** oder **Pflegschaft** stehenden Personen.[43] Grundsätzlich bleibt der Betreute bzw. Pflegebefohlene voll geschäfts- und damit auch prozessfähig. Er kann deswegen – solange kein Einwilligungsvorbehalt (§ 1903 BGB) angeordnet ist – selbstständig klagen oder verklagt werden. Der Betreuer/Pfleger hat als gesetzlicher Vertreter konkurrierend hierzu ebenfalls Handlungsvollmacht, dh, der Prozess kann auch von bzw. gegen ihn geführt werden. Im materiellen Recht wird diese Zuständigkeitskonkurrenz durch den Vorrang des Willens des Betreuten (§ 1901 II BGB) geregelt, im Prozessrecht verhindert § 53 ZPO die simultane und ggf. divergierende Prozessführung durch Betreuer und Betreuten, indem es ein Prozessführungsmonopol begründet: Wird der Betreute im Prozess durch seinen Betreuer bzw. Pfleger vertreten, so steht er einer nicht prozessfähigen Person gleich. Der Betreute/Pflegebefohlene ist Partei und behält aufgrund der fortbestehenden Geschäftsfähigkeit die materiellrechtliche Verfügungsbefugnis, prozessführungsbefugt ist jedoch allein der gesetzliche Vertreter.[44] Streitig ist, ob der Betreuer gegen den Willen des Betreuten in den Prozess eintreten kann. Dies dürfte abzulehnen sein, weil der Wille des Betreuten grundsätzlich vorgeht (§ 1901 II BGB).[45] 71

Folge des **Fehlens** der Prozessfähigkeit ist zunächst nicht die Unzulässigkeit der Prozesshandlung, ggf. also der Klage, sondern nur die Notwendigkeit einer Vertretung. 72

Beispielsfall: Ist ein Minderjähriger geschädigt worden, so hat er – weil parteifähig – selbst zu klagen, muss aber mangels eigener Prozessfähigkeit gesetzlich vertreten werden durch seine Eltern (§ 1629 I BGB). Eine Klage der Eltern im eigenen Namen ist – wenn sie ein eigenes Recht geltend machen wollen – unbegründet, weil ihnen ein materiellrechtlicher Anspruch nicht zusteht. Wollen die Eltern einen Anspruch des Kindes einklagen, ist die Klage mangels Prozessführungsbefugnis unzulässig.

c) Postulationsfähigkeit

Die Postulationsfähigkeit ist die Fähigkeit, vor bestimmten Gerichten selbstständig auftreten und dadurch den Prozesshandlungen eine rechtserhebliche Form geben zu können. Sie ist in den Verfahren vor dem Bundesgerichtshof, den Oberlandesgerichten und den Landgerichten (= *Anwaltsprozessen*, § 78 ZPO) (zugelassenen[46]) Rechtsanwälten vorbehalten, sodass die Parteien sich zwingend von einem Anwalt vertreten lassen müssen. In Verfahren vor dem Amtsgericht besteht kein Anwaltszwang, hier sind neben Rechtsanwälten sowohl die Partei selbst (= *Parteiprozess*) als auch zahlreiche andere partei- und prozessfähige Personen postulationsfähig. 73

43 Hierzu ausführlich: *Borck*, Die Prozessfähigkeit nach neuem Recht, MDR 1991, 97.

44 BGH NJW 1988, 51; Zöller/*Vollkommer* ZPO § 53 Rn. 5; *Borck*, Die Prozessfähigkeit nach neuem Recht, MDR 1991, 97.

45 MüKoZPO/*Lindacher* § 53 Rn. 3; aA zumindest für die Pflegschaft BGH NJW 1988, 49; OLG Düsseldorf OLGZ 1983, 119; BLAH/*Hartmann* ZPO § 53 Rn. 3; *Bork*, Die Prozessfähigkeit nach neuem Recht, MDR 1991, 97.

46 Bis Ende 1999 konnte jeder Rechtsanwalt in Zivilsachen nur bei einem Landgericht oder (nach mindestens fünfjähriger Berufstätigkeit) bei einem Oberlandesgericht zugelassen werden und war nur vor diesem Gericht postulationsfähig. Seit dem 1.1.2000 dürfen Rechtsanwälte, die bei einem Landgericht zugelassen sind, bei allen Landgerichten auftreten. Zum 1.1.2002 fiel das Verbot der Doppelzulassung, sodass Rechtsanwälte sich gleichzeitig bei einem Landgericht und (nach mindestens fünfjähriger Berufstätigkeit) einem Oberlandesgericht zulassen konnten. Ab dem 1.7.2002 reichte die Zulassung bei einem Oberlandesgericht, um bei allen Oberlandesgerichten auftreten zu können. Seit dem 1.6.2007 werden Rechtsanwälte durch die zuständige Rechtsanwaltskammer zugelassen und können damit in Zivilsachen vor allen Amts-, Land- und Oberlandesgerichten auftreten. Eine Singularzulassung gibt es heute nur noch beim Bundesgerichtshof. *Dahns*, Die Postulationsfähigkeit nach der Reform der BRAO, NJW 2007, 1553. *Frenz/Wübbenhorst*, Rechtsanwaltstätigkeit in anderen EU-Staaten, NJW 2011, 1262.

74 Die berufsrechtliche Stellung des **Rechtsanwalts**[47] ist in der BRAO (Bundesrechtsanwaltsordnung) geregelt: Er ist unabhängiges Organ der Rechtspflege (§ 1 BRAO) und übt kein Gewerbe, sondern einen freien Beruf aus. Er ist zur Beratung und Vertretung in Rechtsangelegenheiten berufen und hat dazu besondere Rechte (Postulationsfähigkeit, Akteneinsichtsrecht) und Pflichten (Verschwiegenheitspflicht, Wahrheitspflicht), die in der Berufsordnung näher ausgestaltet sind. Die Berufsvertretung der Rechtsanwälte erfolgt durch die Rechtsanwaltskammern (§§ 60 ff. BRAO), für Pflichtverstöße ist eine eigene Ehrengerichtsbarkeit gegeben (§§ 133 ff. BRAO). Aufgrund von §§ 59b, 191a II BRAO hat die Bundesrechtsanwaltskammer als Satzung die Berufsordnung für Rechtsanwälte (BORA) erlassen, die die näheren Einzelheiten zu den berufsrechtlichen Pflichten des Rechtsanwalts regelt.

Das Rechtsverhältnis zwischen Rechtsanwalt und Mandant (**Innenverhältnis**) ist grundsätzlich ein privatrechtlicher, auf eine Geschäftsbesorgung gerichteter Dienstvertrag (§§ 675, 611 BGB). Ein Kontrahierungszwang für den Rechtsanwalt besteht nicht. Findet der Mandant keinen im Gerichtsbezirk zugelassenen, zu seiner Vertretung bereiten Rechtsanwalt, so kann ihm ein solcher durch das Gericht bestellt werden (§ 78b ZPO). Die Vergütung des Rechtsanwalts kann frei vereinbart werden (§ 4 RVG), entspricht aber in den meisten Fällen den Normsätzen des Vergütungsgesetzes (RVG) und darf diese nicht unterschreiten. Für eine Schlechterfüllung seiner Anwaltspflichten, insbesondere für eine fehlerhafte Prozessführung, haftet der Rechtsanwalt seinem Mandanten auf Schadensersatz nach allgemeinen Vorschriften (§§ 280, 241 BGB). Im Regressprozess muss dann häufig geklärt werden, wie der Erstprozess ohne die Pflichtverletzung ausgegangen wäre (»*hypothetischer Inzidentprozess*«).[48]

Das **Außenverhältnis** zwischen dem Rechtsanwalt und dem Gegner seines Mandanten wird durch die Vollmacht bestimmt.

75 Der **Anwaltszwang** dient dem Schutz der Parteien, die damit vor den Gefahren der (Nicht-)Vornahme eigener Prozesshandlungen geschützt werden sollen.[49] Vor und gegenüber dem Gericht können Prozesshandlungen nur durch einen zugelassenen Rechtsanwalt vorgenommen (oder genehmigt) werden, ansonsten sind sie unwirksam.[50] Die Partei darf Tatsachenerklärungen abgeben, diese gehen denen des Anwalts vor (§ 85 I 2 ZPO). Ausnahmsweise keines Anwalts bedürfen Prozesshandlungen, die vor einem beauftragten oder ersuchten Richter vorgenommen werden oder vor einem Urkundsbeamten der Geschäftsstelle vorgenommen werden können (§ 78 III ZPO).

Beispiele: Erledigungserklärungen (§ 91a ZPO), Prozesskostenhilfeanträge (§ 117 ZPO), Verweisungsanträge (§ 281 ZPO), Anträge auf Erlass eines Arrests oder einer einstweiligen Verfügung (§§ 920, 936 ZPO), Beweissicherungsanträge (§ 486 ZPO), Ablehnungsanträge (§ 44 ZPO) und Kostenfestsetzungsanträge (§§ 103, 107 ZPO).

76 Vor dem **Amtsgericht** ist eine Vertretung durch Anwälte nur erforderlich, wenn die Partei auf fremde Rechnung handelt (§ 79 I 2 ZPO). In allen anderen Fällen ist hier die Vertretung durch einen Rechtsanwalt zumindest möglich und praktisch sogar die Regel.[51]

---

47 *Gaier/Wolf/Göcken*, Anwaltliches Berufsrecht, 2010; *Krämer* und *Mayen*, Die verfassungsrechtliche Stellung des Rechtsanwalts, NJW 1995, 2313 (2317); *Schulz*, Berufsrechtliche Pflichtverletzung des Rechtsanwalts, JA 2009, 206; *Steinkraus/Schaaf*, Das Berufsrecht der Rechtsanwälte, JuS 2001, 167; 275; 377.

48 *Borgmann*, Die Rechtsprechung des BGH zum Anwaltshaftungsrecht, NJW 2010, 1924; *Rinsche*, Die Haftung des Rechtsanwalts und Notars, 5. Aufl. 1995.

49 BVerfG NJW 1993, 3192; *Graef*, Die Notwendigkeit des Anwaltszwangs in § 78 Abs. 1 ZPO, ZRP 1995, 450; *Stackmann*, Die Rolle der Partei im Anwaltsprozess, JuS 2008, 509; *Zuck*, Postulationsfähigkeit und Anwaltszwang, JZ 1993, 500.

50 BGH NJW-RR 1999, 855; *Stackmann*, Die Rolle der Partei im Anwaltsprozess, JuS 2008, 509.

51 Nur in etwa jedem 8. Verfahren vor dem Amtsgericht ist keine der Parteien durch einen Rechtsanwalt vertreten, in fast der Hälfte aller Verfahren sind sogar auf beiden Seiten Rechtsanwälte beteiligt; vgl. Statistisches Bundesamt, Rechtspflege-Statistik, Fachserie 10, Reihe 2, Statistik 2.2, lfd. Nr. 124, 125.

Hat die Partei keinen Anwalt und will sie den Prozess auch nicht selbst führen, so kann sie sich durch die in § 79 II und IV ZPO genannten Personen vertreten lassen.

Der Katalog vertretungsberechtigter Personen ist erforderlich, um die gewerbsmäßige Rechtsberatung auf das nach dem Rechtsdienstleistungsgesetz (RDG) zulässige Maß zu beschränken. Die gesetzlich zugelassenen Vertretungsfälle sind eng auszulegen,[52] auch zulässige Vertreter können bei Ungeeignetheit zurückgewiesen werden (§ 79 III ZPO). § 79 ZPO regelt nur die Vertretungsfähigkeit (= Postulationsfähigkeit), nicht die Vertretungsmacht (= Vollmacht; → Rn. 80 ff.).

Im Parteiprozess können Rechtsanwälte Stationsreferendare zur Vertretung im Termin zur mündlichen Verhandlung bevollmächtigen (§ 157 ZPO).

Das **Fehlen** der Postulationsfähigkeit auf Seiten des Klägers hat unterschiedliche Folgen.[53]

Eine beim Landgericht ohne Anwalt eingereichte Klage darf bzw. muss nicht zugestellt werden,[54] eine dennoch zugestellte Klage löst allein die prozessualen, nicht die materiellrechtlichen Wirkungen der Klage aus (dazu → Rn. 174 ff.). Dasselbe gilt, wenn eine ohne Anwalt beim Amtsgericht erhobene Klage an das Landgericht abgegeben wird, nicht jedoch, wenn eine Verweisung nach § 281 ZPO erfolgt (dazu unten → Rn. 1057, → Rn. 1064), weil die beim Amtsgericht wirksam erhobene Klage nicht durch Verweisung unwirksam werden kann. Eine ohne Anwalt gefertigte Klagebegründung ist für das weitere Verfahren vor dem Landgericht prozessual unbeachtlich, auch wenn sie im Mahnverfahren oder vor dem Amtsgericht gefertigt wurde, es sei denn, ein später eingeschalteter Anwalt genehmigt sie, was auch formlos und konkludent möglich ist.[55]

d) Prozessführungsbefugnis

Die Prozessführungsbefugnis ist die Befugnis, über das geltend gemachte Recht im eigenen Namen zu prozessieren. Sie ist in der ZPO nicht ausdrücklich geregelt, ergibt sich jedoch aus dem allgemeinen Grundsatz, dass zur Führung eines Prozesses nur derjenige befugt sein kann, dessen Rechtsposition durch die begehrte Entscheidung berührt werden kann (= Verbot der Popularklage). Prozessführungsbefugt ist immer, wer (aktiv als Kläger) ein **eigenes** Recht geltend macht oder (passiv als Beklagter) aus einer eigenen Pflicht in Anspruch genommen wird.[56] In diesen Fällen bedarf die Prozessführungsbefugnis keiner weiteren Problematisierung. 77

Beispielsfall: Hat der Gläubiger seine Forderung zur Sicherung eines Darlehens an eine Bank abgetreten, müsste diese die Forderung als eigene einziehen. Soll der Zedent dies tun, wird ihm außerprozessual eine Einzugsermächtigung eingeräumt.[57] Bei der gerichtlichen Geltendmachung wird die Sicherungsabtretung häufig nicht vorgetragen und der Zedent noch als Forderungsinhaber behandelt (»verdeckte Abtretung«). Ansonsten kann dem Zedenten die Forderung (ggf. nur zum Zwecke des Forderungseinzugs, »Inkassozession«) zurückabgetreten werden. Geschieht auch dies nicht, bedarf es einer Prozessstandschaft.[58]

Ein **fremdes** Recht bzw. eine fremde Pflicht kann dagegen nur ausnahmsweise im eigenen Namen verfolgt werden. Voraussetzung hierfür ist das Vorliegen einer *Prozessstandschaft* (= der Befugnis, ein fremdes Recht im eigenen Namen geltend zu machen).

52 Prütting/Gehrlein/*Burgermeister* ZPO § 79 Rn. 2.
53 *Klimke*, Die Folgen fehlender Postulationsfähigkeit des Klägers, ZZP 122 (2009), 107.
54 BGH NJW-RR 1987, 322; Musielak/*Weth* ZPO § 78 Rn. 6.
55 *Saenger/Sandhaus*, Fehlende Postulationsfähigkeit und Verweisung bei Unzuständigkeit, NJW 2014, 417 mwN.
56 OLG Hamm NJW-RR 1992, 22; *Backmann/Zender*, Die Prozessführungsbefugnis in der zivilrechtlichen Arbeit, JuS 1996, 1084.
57 *Schmidt-Gaedke*, Einziehungsermächtigung und Prozessführungsbefugnis, JA 2016, 770.
58 BGH NZG 2008, 711; NJW 1999, 2111; 1980, 991; Prütting/Gehrlein/*Gehrlein* ZPO § 50 Rn. 41.

Die Ausübung eines Rechts für einen anderen kann in verschiedenen Formen erfolgen: Der Bevollmächtigte macht ein fremdes Recht im fremden Namen geltend, der Ermächtigte (Prozessstandschafter) ein fremdes Recht im eigenen Namen, der Treuhänder ein eigenes Recht im eigenen Namen. In allen Fällen bestehen schuldrechtliche Bindungen dem Berechtigten gegenüber.

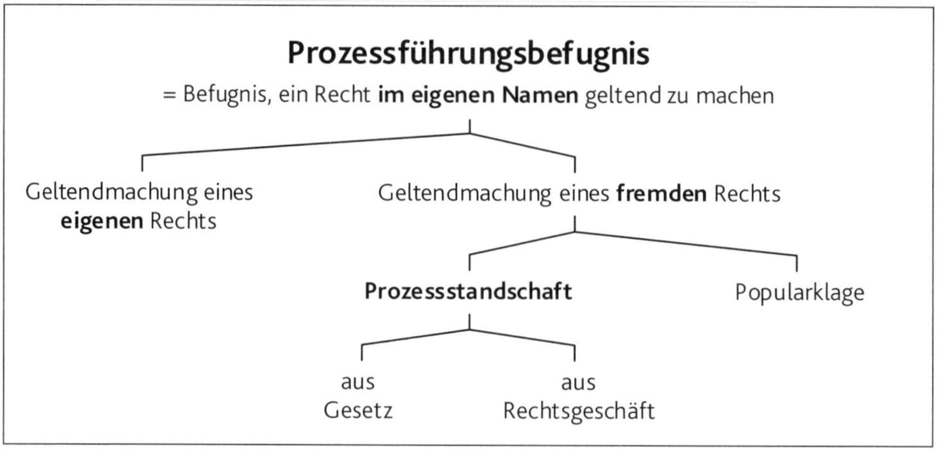

Schema 2.3: Prozessführungsbefugnis

78 (1) Eine solche Prozessstandschaft kann sich zunächst aus dem **Gesetz** ergeben.[59]

- Bei einer **Veräußerung der streitbefangenen Sache** durch eine Partei während des Prozesses ist die ursprüngliche Partei nicht länger aktiv bzw. passiv legitimiert. § 265 II 1 ZPO lässt in einem solchen Fall die Fortsetzung des Verfahrens zwischen den bisherigen Parteien und damit die Geltendmachung eines fremden Rechts zu. Der neue Rechtsinhaber wird dann ggf. nach § 325 ZPO an die Rechtskraft der Entscheidung gebunden (→ Rn. 1185).

In zahlreichen weiteren Fällen ist unstreitig, dass ein fremdes Recht im eigenen Namen geltend gemacht werden kann. *Streitig* ist allein, wie dies dogmatisch zu begründen ist.

- Für die **Parteien kraft Amtes** ist zweifelhaft, ob diese gesetzliche Prozessstandschafter sind oder ob für sie nicht ein eigenes Institut der »Prozessgeschäftsführung« zu bilden ist, da diese das fremde Recht nicht im eigenen, sondern im fremden Interesse geltend machen (→ Rn. 60).
- Materiell **Mitberechtigte** (Miteigentümer nach § 1011 BGB, Miterben nach § 2039 BGB, Pfändungsgläubiger nach §§ 836, 841 ZPO oder Ehegatten nach §§ 1368, 1369 I und III BGB)[60] dürfen die Rechte der anderen Berechtigten zumindest auf Aktivseite im eigenen Namen geltend machen. Ob sie indes gesetzliche Prozessstandschafter sind, ist zweifelhaft, weil hier nicht nur fremde, sondern gleichzeitig auch eigene Rechte geltend gemacht werden.
- Bei der **actio pro socio** (dh der Klage der nicht [allein-]vertretungsberechtigten Gesellschafter gegen Mitgesellschafter auf Leistung an die Gesellschaft),[61] der

59 Zum Folgenden *Pawlowski*, Die zivilrechtliche Prozessstandschaft, JuS 1990, 378; *Schindler*, Die Figur der Prozeßstandschaft und ihre Stellung als Prozeßvoraussetzung, JA 1990, ÜBlRef 159.
60 Prütting/Wegen/*Weinreich* ZPO § 1368 Rn. 3.
61 BGH NJW 2001, 1210; *Mock*, Die Gesellschafterklage (actio pro socio), JuS 2015, 590.

Drittschadensliquidation oder dem **Vertrag zugunsten Dritter** (§§ 328 ff. BGB) ist die Befugnis des Nichtberechtigten zur Klage im eigenen Namen zwar anerkannt, doch ist hier zweifelhaft, ob sich diese aus Prozess- oder nicht schon aus materiellem Recht ergibt (mit der Folge, dass dann eigene Rechte geltend gemacht werden und eine Prozessstandschaft nicht mehr vorzuliegen braucht).

- Umstritten ist der Umfang der Befugnis von **Verbänden** zur Geltendmachung von Rechten ihrer Mitglieder. Vereinzelt ist diese gesetzlich geregelt (zB § 13 UWG, § 3 UKlaG), darüber hinaus ist sie weitgehend ungeklärt.[62]

(2) Eine Prozessstandschaft kann daneben auch zwischen dem Rechtsinhaber und dem Prozessstandschafter vereinbart werden (sog. **gewillkürte Prozessstandschaft**). Zulässig ist dies nur, wenn der Prozessstandschafter zum Handeln im eigenen Namen ausdrücklich ermächtigt wurde (§ 185 BGB) und wenn er ein eigenes rechtliches Interesse an der Geltendmachung des Rechts im eigenen Namen hat, wobei ein bloßes Provisionsinteresse des Ermächtigten bereits ausreicht.[63] 79

So können zum **Beispiel** klagen: der Mieter für den Vermieter, der Leasingnehmer für den Leasinggeber, der Sicherungsgeber für den Sicherungseigentümer, der Mehrheitsgesellschafter für die GmbH, der Zedent für den Zessionar. Hält man den Herausgabeanspruch aus § 985 BGB für nicht abtretbar, kann dessen prozessuale Durchsetzung einem Dritten nur im Rahmen einer Prozessstandschaft übertragen werden.[64]

Nicht möglich ist die gewillkürte Prozessstandschaft, wo Interessen des Gegners beeinträchtigt oder zwingende gesetzliche Vorschriften umgangen werden.

Beispiel: Tritt als Prozessstandschafter eine im Handelsregister bereits gelöschte GmbH auf, so werden hierdurch die möglichen Kostenerstattungsansprüche des Gegners gefährdet.[65] Auch eine Weiterübertragung durch den Prozessstandschafter ist regelmäßig nicht möglich.[66]

Dagegen steht der gewillkürten Prozessstandschaft nicht entgegen, dass der Prozessstandschafter (anders als der Rechtsinhaber) Prozesskostenhilfe erhalten könnte oder der Rechtsinhaber nach der Ermächtigung im Prozess als Zeuge vernommen werden kann. Für die Gewährung von Prozesskostenhilfe müssen sowohl der Rechtsinhaber als auch der Prozessstandschafter wirtschaftlich bedürftig sein, der Zeugenaussage des Rechtsinhabers kommt im Rahmen der Beweiswürdigung nur eingeschränkte Beweiskraft zu.[67]

(3) Die Prozessstandschaft wirkt sich auf eine **Klage** bzw. eine **gerichtliche Entscheidung** in mehrfacher Hinsicht aus.

---

62 Vgl. BGH MDR 2011, 1373; NJW 1986, 1347; KG NJW-RR 1995, 874; OLG Hamburg NJW 1993, 1867; *Balzer*, Die Darlegung der Prozessführungsbefugnis und anderer anspruchsbezogener Sachurteilsvoraussetzungen im Zivilprozess, NJW 1992, 2721; *Engler*, Unterlassungs- und Vertragsstrafeansprüche von Wettbewerbsverbänden nach der Neuregelung ihres Klagerechts durch das Gesetz zur Änderung des UWG, NJW 1995, 2185; *Köhler*, Konkurrentenklage gegen die Verwendung unwirksamer AGB, NJW 2008, 177; *Wunderlich*, Zivilprozessuale Möglichkeiten für ein gemeinschaftliches Vorgehen geschädigter Kapitalanleger, Betr 1993, 2269.

63 BGH NJW-RR 2011, 1690; NJW 2011, 1361; 1998, 3205; zu den Alternativen einer gewillkürten Prozessstandschaft BGH NJW 1999, 2110.

64 *Kensy*, Die Herausgabeklage aus abgeleitetem Recht: Zession oder Ermächtigung, JuS 2015, 501.

65 OLG Saarbrücken NJW-RR 1998, 1605; aA OLG Hamm NJW-RR 1996, 1375; zur Parteifähigkeit der gelöschten GmbH → Rn. 65; zur Insolvenz des Gläubigers BGH NJW 2000, 738.

66 BGH NJW 1998, 3205.

67 BGH NJW-RR 1988, 126; WM 1987, 1406; NJW 1986, 850.

- Im *Rubrum* erscheint als Partei nur der Prozessstandschafter, der Rechtsinhaber bleibt unerwähnt.
- *Antrag* und *Tenor* müssen auf eine Leistung durch bzw. an den Rechtsinhaber gerichtet sein. Dieser ist mir Name und Anschrift genau zu bezeichnen.
- Die *Kosten* können nur zwischen den Parteien verteilt werden, dh für oder gegen den Prozessstandschafter. Eventuelle Regressansprüche gegen den Rechtsinhaber bleiben unerwähnt.
- Im *Sachverhalt/Tatbestand* ist das Verhältnis zwischen Rechtsinhaber und Prozessstandschafter, insbesondere also die Ermächtigung und das Interesse darzulegen.
- Die *Gründe* haben die Aktiv- bzw. Passivlegitimation des Rechtsinhabers und die Satthaftigkeit der Prozessstandschaft abzudecken.

e) Vertretungsbefugnis

80 Im Prozess können für die Parteien auch Vertreter auftreten, die dann in fremdem Namen tätig werden. Hierzu bedürfen sie – als besondere Zulässigkeitsvoraussetzung – einer Vertretungsbefugnis (§ 51 ZPO). Diesbezüglich kann das Schema 2.1 (Verfahrensbeteiligte auf Seiten der Parteien) wie folgt erweitert werden:

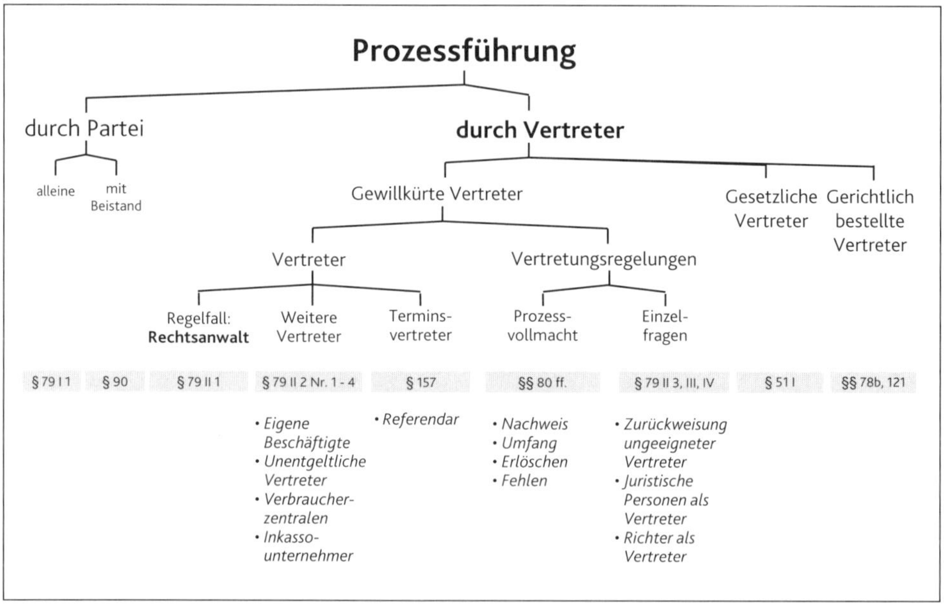

Schema 2.4: Vertretungsbefugnis

81 Eines *Vertreters* bedürfen zunächst alle prozessunfähigen natürlichen [oben b)] sowie alle juristischen Personen. Bei diesen ergibt sich die Vertretungsberechtigung immer aus dem **materiellen Recht** (§ 51 ZPO).

> So werden zum **Beispiel** Minderjährige durch ihre Eltern vertreten (§ 1629 I BGB), Vereine (§ 26 II BGB), Stiftungen (§ 86 BGB), Aktiengesellschaften (§ 78 I AktG) und Genossenschaften (§ 24 GenG) durch den Vorstand, GmbH durch den Geschäftsführer (§ 35 I GmbHG), OHG und KG durch ihre persönlich haftenden Gesellschafter (§§ 125, 161 II HGB), juristische Personen des öffentlichen Rechts je nach Satzung, Verordnung oder Gesetz, mit dem sie errichtet sind.

Daneben können Prozessvertreter auch aufgrund **rechtsgeschäftlicher Bevollmächtigung** seitens der Partei zu deren Vertretung ermächtigt werden.[68] Dies ist in allen Prozessen möglich, in Anwaltsprozessen sogar zwingend, wobei hier der Bevollmächtigte ein zugelassener Rechtsanwalt sein muss. 82

Für die **Prozessvollmacht** gelten grundsätzlich nicht die Vorschriften über die materiellrechtliche Vollmacht (§§ 164 ff. BGB), sondern insoweit enthalten die §§ 80 ff. ZPO Sonderregelungen. Die BGB-Vorschriften können damit nur ergänzend (und nur analog) herangezogen werden.[69] Abweichungen ergeben sich insbesondere: 83

- für die *Erteilung* der Prozessvollmacht, die nach hM zwar gemäß § 167 BGB (analog) erfolgt, aber bereits eine Prozesshandlung (und kein materielles Rechtsgeschäft) darstellt.
- für den *Umfang* der Prozessvollmacht, der im Interesse der Rechtssicherheit im Prozess gesetzlich vorgeschrieben ist. Er deckt nach §§ 81–84 ZPO alle denkbaren Prozesshandlungen,[70] eine Beschränkung ist nur im Rahmen des § 83 ZPO (Vergleich, Anerkenntnis, Verzicht) wirksam.
- für das *Erlöschen* der Vollmacht, die im Parteiprozess lediglich eine formlose Anzeige an das Gericht (anders als § 168 BGB), im Anwaltsprozess die Bestellungsanzeige eines anderen Rechtsanwalts voraussetzt (§ 87 I ZPO).[71]

Das Vorliegen einer Prozessvollmacht wird vermutet, wenn es sich bei dem Vertreter um einen Rechtsanwalt handelt (§ 88 II ZPO) und nur **geprüft**, wenn der Gegner den Mangel der Vollmacht ausdrücklich rügt (§ 88 I ZPO). Handelt es sich bei dem Bevollmächtigten dagegen nicht um einen Rechtsanwalt, ist die Vollmacht von Amts wegen zu prüfen (§ 88 II ZPO). Ist eine Prüfung erforderlich und kann der Vertreter nicht sofort eine schriftliche Vollmachtsurkunde (§ 80 I ZPO) vorlegen, so kann ihm hierfür eine Frist gesetzt werden, binnen der er vorübergehend zur Vertretung zugelassen wird.

Neben den Prozessbevollmächtigten kommen als Parteivertreter aufgrund rechtsgeschäftlicher Bestellung noch in Betracht: 84

- **Prozessbeistände** (§ 90 ZPO), bei denen es sich um bloße Wortführer der Partei handelt, die keine weitergehenden Befugnisse haben und insbesondere zum selbstständigen Auftreten vor Gerichten nicht befugt sind.[72]
- **Verhandlungsvertreter** (§ 157 ZPO), dh Referendare, die als Untervertreter eines Rechtsanwalts in der mündlichen Verhandlung auftreten.[73]

Die Befugnis zur Vertretung der Partei im Prozess kann auch aus **gerichtlicher Anordnung** hergeleitet werden. 85

---

68 BVerfG NJW 1974, 1279.

69 BGH NJW 2004, 59; 2003, 1593.

70 BGH NJW 2001, 1356; zur Erstreckung auch auf materielle Rechtsgeschäfte Thomas/Putzo/*Hüßtege* ZPO § 81 Rn. 4.

71 BGH NJW 2007, 2124 und 3640; FamRZ 1990, 388; VersR 1990, 328.

72 Thomas/Putzo/*Hüßtege* ZPO § 90 Rn. 1.

73 Nicht zu verwechseln mit den »Rechtsbeiständen« nach § 209 BRAO; §§ 1, 6 RDGEG.

So wird der Partei zum **Beispiel** im Prozesskostenhilfeverfahren ein Rechtsanwalt beigeordnet (§ 121 ZPO). Findet sie keinen zu ihrer Vertretung bereiten Rechtsanwalt, erfolgt eine Beiordnung durch das Gericht (sog. »Notanwalt«, § 78b ZPO).[74] Prozessunfähigen Beklagten kann bis zum Eintritt des gesetzlichen Vertreters ein Prozesspfleger bestellt werden (§ 57 ZPO).

86 Verschulden eines gesetzlichen (§ 51 II ZPO) oder gewillkürten Vertreters (§ 85 II ZPO) wird der Partei wie eigenes zugerechnet.

5. Materielle Parteivoraussetzungen

87 Nicht prozessualer, sondern materiellrechtlicher Natur sind die **Aktiv-** und die **Passivlegitimation.** Der Kläger muss Gläubiger des geltend gemachten Rechts sein, der Beklagte Schuldner.[75] Fehlt die Sachbefugnis einer der Parteien, ist die Klage nicht unzulässig, sondern unbegründet.

Regelmäßig laufen die materielle Sach- und die prozessuale Prozessführungsbefugnis parallel, ausnahmsweise können sie jedoch auch auseinander fallen.

Beispiel: Verfügungen über das geltend gemachte Recht (Abtretung, Übereignung) ändern nicht nur die materielle Sachbefugnis, sondern lassen auch die Prozessführungsbefugnis auf den Rechtsnachfolger übergehen. Erfolgt die Verfügung während der Rechtshängigkeit eines Prozesses, bleibt die ursprüngliche Prozessführungsbefugnis im Interesse der Prozessökonomie bestehen (Prozessstandschaft nach § 265 I ZPO).

74 BGH NJW 2004, 864; 1995, 1016.

75 *Birkenender*, Zur Aktiv- und Passivlegitimation bei Prozessen im Verkehrsschadensrecht, ZAP Fach 9, 865; *Schauseil*, Die Aktivlegitimation in Verkehrsunfallprozessen, MDR 2012, 446.

§ 3 Gericht

Wollen sich die Parteien zur Aufarbeitung ihres Konflikts eines staatlichen Gerichts 88
bedienen, so bedarf die Frage, welchem konkreten Spruchgremium die Entscheidung hierüber zugewiesen ist, besonderer Prüfung. Angesprochen ist damit die Kompetenzverteilung im Zivilprozess, die sich in verschiedene Unterfragen zergliedern lässt:

Kompetenzverteilung

Zulässigkeitsvoraussetzung	Abgrenzung		
Gewaltenteilung	Justiz	⟺	*Gesetzgebung Verwaltung*
Gerichtsbarkeit	Gerichtsunterworfene Personen	⟺	*Gerichtsfreie Personen*
Internationale Zuständigkeit	Deutsche Gerichte	⟺	*Ausländische Gerichte*
Rechtsweg	Ordentliche Gerichtsbarkeit	⟺	*Besondere Gerichtsbarkeiten*
Sachliche Zuständigkeit	Erstinstanzliches Gericht AG / LG	⟺	*Rechtsmittelgericht*
Örtliche Zuständigkeit	Zuständiger Gerichtsbezirk	⟺	*Andere Gerichtsbezirke*
Funktionelle Zuständigkeit	Richter	⟺	*Andere Gerichtsorgane*
Geschäftsverteilung	Zuständiger Spruchkörper Zuständiger Berichterstatter	⟺	*Anderer Spruchkörper* *Anderer Berichterstatter*

Schema 3.1: Kompetenzverteilung

Dabei sollen hier zunächst nur die **gesetzlichen** Kompetenzzuweisungen dargestellt werden. Wegen der Möglichkeiten der Parteien, die Zuständigkeiten durch eigene Handlungen zu beeinflussen, sei auf den Vertiefungsteil verwiesen (→ Rn. 1045 ff.). Mit Ausnahme der ersten und der letzten Frage sind hier die im Zusammenhang mit dem Gericht stehenden Zulässigkeitsvoraussetzungen einer Klage angesprochen (→ Rn. 418).

1. Justiz oder Justizverwaltung

Schon unter dem Gesichtspunkt der **Gewaltenteilung** muss geklärt werden, in 89
welcher Funktion das »Gericht« tätig werden soll. *Verfassungsrechtlich* sind Gerichte die Organe, denen die Ausübung der Rechtsprechung übertragen ist (Art. 92 GG). Um diese Aufgabe erfüllen zu können, müssen von Seiten der Exekutive die sachlichen, persönlichen und organisatorischen Voraussetzungen geschaffen werden: Es müssen nicht nur Gerichte überhaupt eingerichtet, sondern hierfür auch Gebäude und Personal zur Verfügung gestellt und unterhalten oder Ausbildungs- und Zulassungsfragen geklärt werden. Alles das ist Aufgabe der Justizverwaltung, die zum Teil bei den Gerichten angesiedelt ist, sodass das »Gericht«

organisatorisch eine Behörde ist, die nicht nur rechtsprechende, sondern auch exekutive Funktionen erfüllt.[1]

Der **Unterschied** zwischen Justiz und Justizverwaltung ist wichtig nicht nur für die *Entscheidungskompetenz* (gesetzlicher Richter oder beliebiger Verwaltungsangehöriger), sondern auch für die *Entscheidungsform* (Justizverwaltungsakt oder prozessuale Entscheidung; → Rn. 472) und die Möglichkeit der *Entscheidungsanfechtung* (§§ 23 ff. EGGVG bzw. § 40 VwGO oder prozessuale Rechtsbehelfe; → Rn. 1485).

Für die auf das Verfahren anzuwendenden Vorschriften und die eventuelle Anfechtung gerichtlicher Maßnahmen ist daher zwischen der Tätigkeit des Gerichts im rein justiziellen und im exekutiven Bereich zu unterscheiden.[2]

> **Beispiel:** Den Verfahrensbeteiligten ist Akteneinsicht als Ausfluss ihres Anspruchs auf rechtliches Gehör im Rahmen der Ausübung der Rechtsprechung durch das Prozessgericht zu gewähren (§ 299 I ZPO), während Dritten Einsicht nur durch die Justizverwaltung (§ 299 II ZPO) gestattet werden kann.[3]

2. Deutsche Gerichtsbarkeit

90 Nur wenn die Beteiligten der Hoheitsgewalt der Bundesrepublik unterfallen, kann über ihre Angelegenheiten ein Prozess geführt werden. Grundsätzlich hat jeder Staat aufgrund seiner Justizhoheit die Befugnis, in seinem Machtbereich Recht zu sprechen,[4] sodass der deutschen Gerichtsbarkeit alle Personen unterliegen, die sich innerhalb der Bundesrepublik aufhalten (sog. **Territorialitätsprinzip**).

91 Hiervon ausdrücklich **ausgenommen** sind aus *völkerrechtlichen* Gründen die sog. Gerichtsfreien oder Exterritorialen nach §§ 18 ff. GVG (Mitglieder diplomatischer Missionen, Mitglieder konsularischer Vertretungen, ausländische Staaten, Staatsoberhäupter und Truppen). Voraussetzung ist, dass diese entweder hoheitlich oder zumindest im Zusammenhang mit ihrer dienstlichen Funktion tätig geworden sind.[5]

Auch die Mitglieder konsularischer oder diplomatischer Missionen unterliegen daher der deutschen Zivilgerichtsbarkeit, soweit sie ohne dienstlichen Bezug **privat** handeln.

Besonders problematisch ist die Frage, inwieweit ausländische *Staatsunternehmen* der deutschen Gerichtsbarkeit unterfallen. Sind diese (nach den Vorschriften ihres Heimatlandes) rechtlich selbstständig organisiert oder handeln sie nicht hoheitlich, so können sie Immunität nicht beanspruchen. Ausschließlich der Gerichtsbarkeit ihres Heimatlandes unterliegen solche Unternehmen also nur, wenn sie rechtlich unselbstständig sind und hoheitlich tätig waren.[6]

Teilweise von der deutschen Gerichtsbarkeit ausgenommen sind aus *staatsrechtlichen* Gründen die der parlamentarischen Immunität unterliegenden Abgeordneten des Bundestages und der Landtage (Art. 46 GG).

92 **Fehlt** die deutsche Gerichtsbarkeit, so fehlt die Befugnis deutscher Gerichte zum Tätigwerden überhaupt: die Klage darf nicht zugestellt, ein Termin nicht bestimmt

1 Zum Begriff des Gerichts im prozessualen Sinn → Rn. 111, → Rn. 119.
2 BGH NJW-RR 2016, 445.
3 *Longrée*, Das Recht auf Einsichtnahme in die Akten fremder Verfahren, MDR 2015, 805; Ein Referendargutachten umfasst das Akteneinsichtsrecht nicht: OLG Celle MDR 2012, 428; zum Streit über die Akteneinsicht im FamFG OLG Celle MDR 2012, 184; OLG Hamm MDR 2012, 51.
4 BGH GRUR 1958, 196.
5 OLG München NJW 1975, 2145; LG Stuttgart NZV 1995, 411.
6 *Geimer*, Internationales Zivilprozessrecht, 6. Aufl. 2009, Rn. 155, 166 ff. mwN.

werden, es darf keine Verhandlung stattfinden und kein Urteil ergehen. Insoweit handelt es sich um eine echte »*Prozessvoraussetzung*«, nicht bloß um eine Sachurteilsvoraussetzung (→ Rn. 423).

3. Internationale Zuständigkeit

In allen Fällen mit Auslandsbezug muss auch geprüft werden, ob deutsche oder ausländische Gerichte zur Entscheidung berufen sind. Diese in der Praxis aufgrund der internationalen wirtschaftlichen Verflechtung immer wichtiger werdende räumliche Abgrenzung ist Teil des internationalen Zivilprozessrechts. **93**

Das internationale Zivilprozessrecht umfasst neben der internationalen Zuständigkeit deutscher Gerichte vor allem die ausländische Rechtshängigkeit (analog § 261 III Nr. 1 ZPO) sowie die Anerkennung und Vollstreckung ausländischer Entscheidungen (§ 328 ZPO).[7]

Die für die internationale Zuständigkeit in Betracht kommenden Regelungen sind in folgender Reihenfolge zu prüfen:[8]

(1) Staatsvertragliche Regelungen. In Betracht kommt hier insbesondere die EU-Verordnung über die gerichtliche Zuständigkeit und die Anerkennung und Vollstreckung von Entscheidungen in Zivil- und Handelssachen (»Brüssel Ia-VO«).[9]

Wo diese anwendbar ist (Art. 1), kennt sie ausschließliche internationale Zuständigkeiten (Art. 22, 24), ausdrückliche (Art. 25) oder stillschweigende Zuständigkeitsvereinbarungen (Art. 26)[10] und Zuständigkeiten kraft rügeloser Einlassung (Art. 24). Besonders wichtig sind die besonderen Zuständigkeiten zum Schutz intellektuell oder wirtschaftlich schwächerer Parteien, so etwa in Versicherungs- (Art. 10 ff.), Verbraucher- (Art. 17 ff.) und Arbeitssachen (Art. 20 ff.). Besondere Wahlgerichtsstände existieren für Vertragsstreitigkeiten und unerlaubte Handlungen (Art. 7 Nr. 1, 2). Liegt kein solcher besonderer Gerichtsstand vor, gilt als allgemeiner Gerichtsstand der Wohnsitzstaat des Beklagten (Art. 4 I, 62 f.).

(2) Spezielle Regelungen der ZPO zur internationalen Zuständigkeit sind nur noch vereinzelt vorhanden.

Beispiele: §§ 38 II, III Nr. 2, 689 II 2, 703d ZPO.

(3) Allgemeine Regeln der ZPO, die zwar nicht die internationale Zuständigkeit betreffen, auf diese aber angewandt[11] werden können. Dies gilt insbesondere für die Regelungen der örtlichen Zuständigkeit, sodass der **Grundsatz** gilt, dass deutsche Gerichte international immer dann zuständig sind, wenn die örtliche Zuständigkeit eines deutschen Gerichts gegeben ist.[12]

Dieser Grundsatz gewinnt Bedeutung für die Frage nach der internationalen Zuständigkeit deutscher Gerichte gegen deliktische Handlungen im Internet.[13]

---

7 *Antomo/Burgschat*, Das internationale Zivilverfahrensrecht in der juristischen Ausbildung und die revidierte EuGVVO, JURA 2015, 1143; *Koch*, Einführung in das europäische Zivilprozessrecht, JuS 2003, 105; *Staudinger/Steinrötter*, Das neue Zuständigkeitsregime bei zivilrechtlichen Auslandssachverhalten, JuS 2015, 1; *Wagner*, Aktuelle Entwicklungen in der justiziellen Zusammenarbeit in Zivilsachen, NJW 2011, 1404; Zöller/*Geimer* IZPR vor § 1.

8 *Coester-Waltjen*, Die internationale Zuständigkeit deutscher Gerichte in Zivil- und Handelssachen, JURA 2003, 320.

9 Verordnung (EU) Nr. 1215 des Europäischen Parlaments und des Rates vom 12.12.2012; *Staudinger/Steinrötter*, Das neue Zuständigkeitsregime bei zivilrechtlichen Auslandssachverhalten, JuS 2015, 1.

10 AG Geldern NJW-RR 2011, 1503.

11 Nach hM direkt, nach aA nur analog: Zöller/*Geimer* IZPR vor § 1 Rn. 278 mwN.

12 BGH FamRZ 1983, 806; OLG München IPrax 1993, 237.

13 BGH WRP 2011, 898; BGHZ 184, 313 = NJW 2010, 1752.

94 Unabhängig von der internationalen Zuständigkeit ist die Frage nach dem **anzuwendenden Recht** zu beantworten. Für das *Prozessrecht* gilt der Grundsatz des lex fori: Gerichte wenden auch auf Verfahren mit Auslandsbezug ausschließlich das eigene Recht an, sodass vor deutschen Zivilgerichten immer nur nach den Grundsätzen der ZPO verhandelt wird.[14] Dies gilt selbst dann, wenn *materiell* nach den Grundsätzen des Internationalen Privatrechts (Art. 3 ff. EGBGB) ausländisches Recht anzuwenden ist (Grundsatz des lex causae).

4. Rechtsweg zu den ordentlichen Zivilgerichten

95 Schon das Grundgesetz weist die Rechtsprechung verschiedenen Gerichtsbarkeitszweigen zu (Art. 95 I GG). Dies sind die aus Schema 3.2 ersichtlichen »klassischen« Gerichtsbarkeiten.

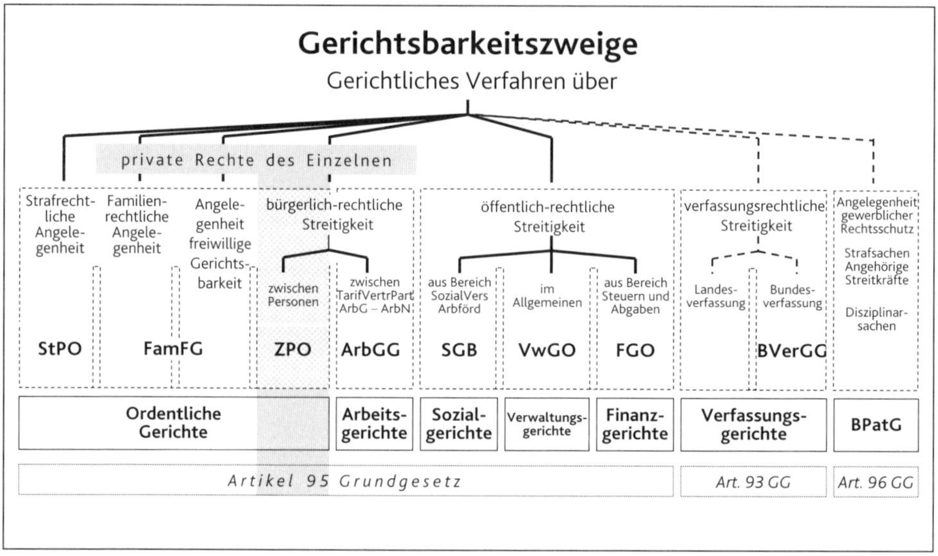

Schema 3.2: Gerichtsbarkeitszweige

Insgesamt 639 Amts-, 115 Land- und 24 Oberlandesgerichten[15] stehen dabei 132 Arbeits-, 69 Sozial-, 68 Verwaltungs- und 19 Finanzgerichte gegenüber. Daneben haben sich weitere Sondergerichtsbarkeitszweige auf Bundesebene (Art. 96 I GG: Patentgericht; Art. 96 IV GG: Disziplinargerichte; Art. 93, 94 GG: Verfassungsgerichte, entsprechend den Länderverfassungen auch auf Länderebene) herausgebildet; die nach Art. 96 II GG möglichen Wehrstrafgerichte sind bislang nicht errichtet.

96 Jede dieser Gerichtsbarkeiten hat einen eigenen, gesetzlich normierten **Zuständigkeitsbereich**[16] und muss in jedem Fall, in dem es angerufen wird, prüfen, ob dieser betroffen ist. Da es sich um eine ausschließliche Zuständigkeit handelt, sind Verein-

14 OLG Hamm FamRZ 1993, 211; *Leipold*, Lex fori, Souveränität, Discovery – Grundfragen des internationalen Zivilprozessrechts, 1989.

15 Innerhalb der Landgerichte sind ca. 53% der Spruchkörper mit Zivilsachen befasst, bei den Oberlandesgerichten sogar 85%; der Rest bearbeitet Strafsachen; alle Zahlen nach Statistisches Jahrbuch für die Bundesrepublik Deutschland, Statistik 15.1.

16 Vgl. zB § 17 GVG, § 41 VwGO, § 48a ArbGG, § 52 SGG, § 34 FGO.

barungen der Parteien hierüber genauso unwirksam wie Rügeverzichte. Ist der beschrittene Rechtsweg unzulässig, erfolgt eine Verweisung nach § 17a II GVG, rügt eine Partei den Rechtsweg, muss das Gericht vorab hierüber entscheiden (§ 17a III GVG).[17]

Die Zulässigkeit des Rechtswegs regelt heute nicht mehr, ob ein Rechtsweg gegeben ist, sondern praktisch nur noch, welcher Rechtsweg gegeben ist. »**Rechtsweglose Streitigkeiten**« gibt es kaum noch, sieht man von dem verselbstständigten Problem der Klagbarkeit bestimmter Ansprüche einmal ab (→ Rn. 126).

Zuständig sind die Zivilgerichte nach **§ 13 GVG** zum einen speziell für die ihnen ausdrücklich zugewiesenen, zum anderen allgemein für alle bürgerlichrechtlichen Streitigkeiten.

Probleme bei der **Abgrenzung** der einzelnen Rechtswegszuständigkeiten[18] kann es insbesondere im Verhältnis zwischen Zivil- und **Arbeitsgerichten** geben.[19] Letztere entscheiden über die in § 2 ArbGG normierten bürgerlichen Rechtsstreitigkeiten, insbesondere über Streitigkeiten zwischen Arbeitnehmern und Arbeitgebern aus einem Arbeitsverhältnis. 97

Beispiele: Bei dem Verhältnis zwischen GmbH und Geschäftsführer handelt es sich um ein (vor den Zivilgerichten zu verhandelndes) Gesellschaftsverhältnis, da hier die Rechtsbeziehung zwischen juristischer Person und ihrem Organ vorliegt (§ 5 I 3 ArbGG). Klagt der Geschäftsführer einer GmbH & Co KG, so sind die Arbeitsgerichte zuständig, da zur Vertretung dieser Gesellschaft unmittelbar nur die GmbH, deren Geschäftsführer dagegen nur mittelbar berufen ist, sodass der Geschäftsführer im Verhältnis zur GmbH & Co KG als Arbeitnehmer gilt.[20]

Die Abgrenzung zwischen selbstständigen **Handelsvertretern**, deren Klagen vor den Zivilgerichten zu verhandeln sind, und Arbeitnehmern oder ähnlichen Personen (§ 5 I 2 ArbGG), die vor den Arbeitsgerichten klagen müssen, ist durch § 5 III ArbGG, § 92a HGB schematisch vorgenommen.

Ein zur Zuständigkeit der Arbeitsgerichte führender Zusammenhang mit dem Arbeitsverhältnis wurde zum **Beispiel** angenommen bei Gewährleistungsrechten aus verbilligt vom Arbeitgeber gekauften Sachen oder bei Wegeunfällen zwischen Arbeitskollegen.[21]

Problematisch ist die Abgrenzung von Fällen, in denen der geltend gemachte Anspruch entweder auf eine arbeitsrechtliche oder eine bürgerlich-rechtliche Anspruchsgrundlage gestützt werden kann, beide Anspruchsgrundlagen sich aber gegenseitig ausschließen (sog. **Aut-aut-Fälle**); die Arbeitsgerichte sind dabei zuständig, wenn der Kläger seine Arbeitnehmereigenschaft schlüssig vorträgt und beweist.[22]

Auch die Abgrenzung zwischen Zivil- und **Verwaltungsgerichtsbarkeit** ist nicht immer einfach. Im Normalfall erfolgt sie danach, ob es sich um eine bürgerlichrechtliche (§ 13 GVG) oder um eine öffentlich-rechtliche (§ 40 I VwGO) Streitigkeit 98

---

17 OLG Stuttgart NJW-RR 2011, 1502; *Ehle*, Rechtsweg und Zuständigkeit, §§ 17 ff. GVG in der Examensklausur, JuS 1999, 166.

18 BGH WM 2010, 281.

19 OLG Frankfurt a.M. OLG-Report 1994, 239; OLG Köln NJW-RR 1993, 639. Bis zum Inkrafttreten des 4. VwGOÄndG am 1.1.1991 sah die hM das Verhältnis zwischen Arbeits- und ordentlicher Gerichtsbarkeit als eine Frage der sachlichen Zuständigkeit: *Mayerhofer*, Rechtsweg oder sachliche Zuständigkeit, NJW 1992, 1602.

20 BAG NJW 1981, 302; BAGE 15, 292 = NJW 1964, 1435; BGHZ 49, 31; 79, 293; BGH NJW 1984, 2366; 2528; zu zT streitigen Einzelfragen *Henssler*, Das Anstellungsverhältnis der Organmitglieder, RdA 1992, 289 ff.

21 OLG Braunschweig NJW-RR 1994, 64.

22 LAG Bln-Bbg BeckRS 2014, 67577.

handelt, wobei auf die Rechtsnatur der begehrten Rechtsfolge nach dem Tatsachenvortrag des Klägers[23] abzustellen ist. Schon das Gesetz weist den Zivilgerichten ausdrücklich auch einige öffentlich-rechtliche Streitigkeiten zu.

Beispiele: Art. 34 S. 3 GG: Klagen auf Schadensersatz wegen Amtspflichtverletzung und Regress; Art. 14 III 4, 15 S. 2 GG: Streit um die Höhe von Enteignungsentschädigungen; § 40 II VwGO: vermögensrechtliche Ansprüche aus Aufopferung oder öffentlich-rechtlicher Verwahrung.

Streitig war früher, wo Streitigkeiten zu verhandeln sind, in denen materielle Ansprüche geltend gemacht werden, für die **unterschiedliche Rechtswege** eröffnet sind. Klagt jemand auf Schadensersatz mit der Begründung, ein Beamter habe schuldhaft Sorgfaltspflichten aus einem öffentlich-rechtlichen Vertrag verletzt, so kommt sowohl ein (nach Art. 34 S. 3 GG vor den Zivilgerichten zu verhandelnder) Amtshaftungsanspruch als auch ein (nach § 40 I VwGO vor die Verwaltungsgerichte gehörender) Anspruch aus öffentlich-rechtlicher positiver Forderungsverletzung in Betracht. Während die Literatur hier eine wahlweise Zuständigkeit beider Gerichtsbarkeitszweige kraft Sachzusammenhangs annahm, forderte die Rechtsprechung die Durchführung zweier Prozesse und ließ jeder Gerichtsbarkeit nur die Prüfung der in ihre Zuständigkeit fallenden Ansprüche.[24]

Dieser Streit ist durch die Neufassung des § 17 II 1 GVG beseitigt: Jede unter irgendeinem Gesichtspunkt zuständige Gerichtsbarkeit hat den Rechtsstreit unter allen in Betracht kommenden rechtlichen Gesichtspunkten zu entscheiden. Eine Ausnahme gilt nur noch für die verfassungsrechtlichen Rechtswegsregelungen aus Art. 14 III 4 und Art. 34 S. 3 GG. Diese Ansprüche dürfen ausschließlich von den ordentlichen Gerichten geprüft werden.[25] Im Beispielsfall dürften die ordentlichen Gerichte damit beide Anspruchsgrundlagen prüfen, die Verwaltungsgerichte nur die aus öffentlich-rechtlicher PFV. Etwas anderes gilt für die Klagehäufung, wo jeder Anspruch in der hierfür zuständigen Gerichtsbarkeit geltend gemacht werden muss.[26]

Unabhängig von dem Bestehen einer Prüfungskompetenz hat jedes Gericht eine **Vorfragenkompetenz**, darf also über Rechtsfragen aus der Zuständigkeit einer anderen Gerichtsbarkeit entscheiden, soweit sie Vorfragen zu der zu treffenden Entscheidung darstellen. Hierbei besteht jedoch eine Bindung an die bereits ergangenen Urteile der zuständigen Gerichtsbarkeit.[27]

Die **Aufrechnung** mit einer öffentlich-rechtlichen Forderung im Zivilprozess ist nur zulässig, wenn diese Gegenforderung unstreitig ist. Müsste über sie streitig (und damit rechtskräftig: § 322 ZPO) entschieden werden, so kommt nur eine Aussetzung des Verfahrens (§ 148 ZPO) bis zur Entscheidung durch ein Verwaltungsgericht in Betracht (→ Rn. 1201).[28]

99 Ob ein innerhalb der ordentlichen Gerichtsbarkeit zu führender Prozess vor die Zivil- oder **Strafgerichte** gehört, ist keine Frage der Rechtswegszuständigkeit, sondern der Geschäftsverteilung innerhalb der Gerichte (→ Rn. 119). Besondere Schwierigkeiten bereitet diese Abgrenzung in der Regel nicht. Der einzige Berührungspunkt beider Verfahrensordnungen – das *Adhäsionsverfahren* (§ 403 StPO), das die Geltendmachung zivilrechtlicher Ansprüche schon im vorangehenden Strafprozess erlaubt – spielt auch nach der Neufassung durch das Opferschutzgesetz praktisch keine große Rolle (dazu → Rn. 949). Für das Verhältnis der streitigen ordentlichen Gerichtsbarkeit zu den Gerichten der freiwilligen Gerichtsbarkeit und den Familiengerichten gelten die Regelungen der Rechtswegsabgrenzung entsprechend (§ 17a VI GVG).

23 BGH MDR 2012, 1431; BGHZ 29, 187 = NJW 1959, 987.
24 BGH NVwZ 1990, 1103; BGHZ 98, 362 = NJW 1987, 442; BGHZ 86, 121 (127).
25 BVerfG NVwZ 2010, 1482; *Kissel*, Neues zur Gerichtsverfassung, NJW 1991, 945.
26 BGH NJW 1991, 1686.
27 Stein/Jonas/*Schumann* ZPO vor § 1 Rn. 350.
28 BGH NJW 1985, 2820.

Die Abgrenzung zu den übrigen Gerichtsbarkeitszweigen bereitet in der Regel keine Probleme. Deren Zuständigkeiten richten sich nach den jeweiligen Verfahrensgesetzen. 100

5. Sachliche Zuständigkeit

a) Abgrenzungen

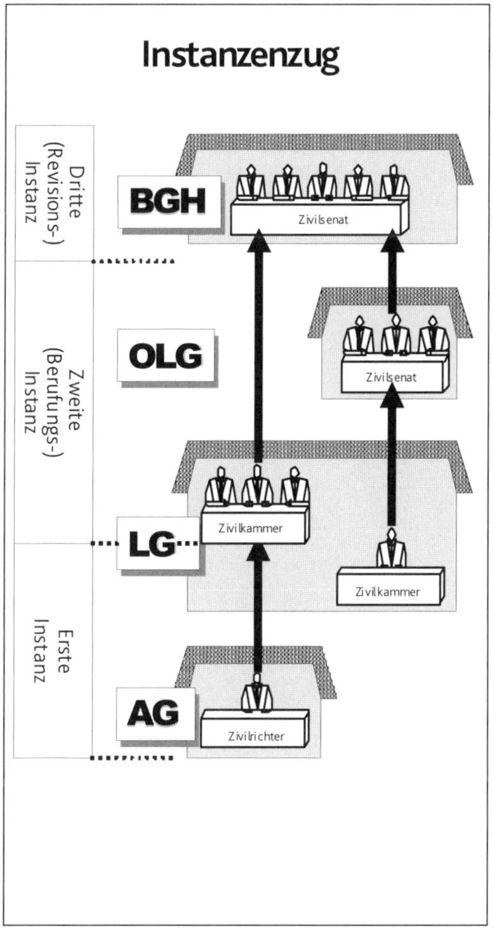

Schema 3.3: Instanzenzug

Die ordentliche Gerichtsbarkeit wird durch Amtsgerichte, Landgerichte, Oberlandesgerichte und den Bundesgerichtshof ausgeübt (§ 12 GVG). Auf diese vier Gerichte verteilen sich die drei Instanzen des Zivilverfahrens. 101

Die sachliche Zuständigkeit regelt, welche dieser Gerichte für welche Sachen zuständig sind (§ 1 ZPO). Während der **Bundesgerichtshof** ausschließlich für Revisionen und Rechtsbeschwerden zuständig ist (§ 133 GVG), sind die **Oberlandesgerichte** zuständig für Berufungen und Beschwerden gegen die Entscheidungen der Landgerichte (§ 119 I GVG). Die **Landgerichte** sind einerseits (zweitinstanzlich) zuständig für die Berufungen und Beschwerden gegen die Entscheidungen der Amtsgerichte in Zivilsachen (§ 72 GVG), andererseits (erstinstanzlich) für alle nicht den Amtsgerichten zugewiesenen Rechtsstreitigkeiten (§ 71 GVG). Den **Amtsgerichten** schließlich sind einige Zivilsachen (§ 23 GVG) erstinstanzlich besonders zugewiesen.

Während in der Revisionsinstanz ausschließlich und in der Berufungsinstanz grundsätzlich **Spruchkörper** (beim BGH Senate mit fünf Richtern, bei den OLG Senate mit drei Richtern und bei den LG Kammern mit drei Richtern) tätig werden, ist in erster Instanz (bei den AG ausschließlich, bei den LG grundsätzlich) ein **Einzelrichter** zuständig.[29]

Pro Jahr werden erstinstanzlich von den Amtsgerichten über 1.1 Mio. Verfahren, von den Landgerichten mehr als 335.000 Verfahren entschieden. Hinzu kommen 53.000 Berufungssachen vor den

29 Zur Abgrenzung der Zuständigkeit zwischen Einzelrichter und Spruchkörper → Rn. 271; zur Zuständigkeit der Kammer für Handelssachen beim LG → Rn. 116.

Landgerichten und 50.000 vor den Oberlandesgerichten. Der Bundesgerichtshof schließlich erledigt 6.500 Revisionsverfahren.[30]

102 Zentrales Problem der sachlichen Zuständigkeit ist damit die Frage, ob ein Rechtsstreit erstinstanzlich vor ein Amts- oder vor ein Landgericht gehört.[31]

Dies ist insbesondere in den §§ 23, 23a, 23b, 71 GVG geregelt. Zu differenzieren sind dabei verschiedene Zuständigkeitsregelungen:

- Bestimmte Streitigkeiten sind entweder den Amts- (so in den §§ 23, 23a GVG) oder den Landgerichten (so in § 71 II Nr. 2 GVG, § 6 I UKlaG) **speziell zugewiesen.**
- Die Zuständigkeit entweder des Amts- oder des Landgerichts kann sich auch aus einem **Sachzusammenhang** mit anderen Prozessen ergeben, sodass der Folgeprozess dort zu verhandeln ist, wo ein anderer Prozess geführt wurde oder zu führen sein wird (so in den §§ 64, 919, 937 ZPO).
- Ist keine dieser speziellen Regelungen einschlägig, erfolgt die Abgrenzung über den **Streitwert** (§§ 23 Nr. 1, 71 I GVG), wobei bis zu einem Wert von 5.000 EUR die Amtsgerichte, bei höheren Werten die Landgerichte zuständig sind.

Einen Überblick über diese Regelungen der sachlichen Zuständigkeit gibt folgendes Schema:

Sachliche Zuständigkeit

Zuständigkeit	**Amtsgericht**	**Landgericht**
aufgrund spezieller Regelung	*Bsp.: § 23 GVG § 23a GVG*	*Bsp.: § 71 II Nr. 2 GVG § 6 I UKlaG § 61 III GmbHG § 49 BörsG*
aufgrund Sachzusammenhangs	← Je nach Gericht Vorprozess → *Bsp.: § 64 ZPO §§ 919, 937 ZPO*	
aufgrund allgemeiner Regelung	**← Je nach Streitwert →** *§ 23 Nr. 1 GVG* **Streitwert bis 5.000,- EUR**	*§ 71 GVG* **Streitwert über 5.000,- EUR**

Schema 3.4: Sachliche Zuständigkeit

30 Statistisches Jahrbuch für die Bundesrepublik Deutschland, Statistik 15.4.1.

31 *Cuypers*, Das zuständige Gericht in Zivilsachen, ZAP Fach 13, 1827, 1843; Huber, Grundwissen Zivilprozessrecht: Sachliche Zuständigkeit, JuS 2012, 974; als Frage der sachlichen Zuständigkeit ist ferner die Zuständigkeit des OLG für Klagen gegen Justizverwaltungsakte (§§ 23 ff. GVG) ausgestaltet.

b) Streitwert

Soweit zur Abgrenzung damit der **Streitwert** entscheidend ist, ist hier der *Zuständigkeitsstreitwert* gemeint.[32] Dieser ist abzugrenzen von anderen Streitwertarten, die im Zivilprozess eine Rolle spielen können, so insbesondere dem Wert der Beschwer (→ Rn. 1501) bei den Rechtsmitteln (*Rechtsmittelstreitwert*, §§ 511, 567 II ZPO) und dem *Kostenstreitwert* (→ Rn. 509, → Rn. 527), der für die Berechnung der Gebühren (§§ 34, 39 ff. GKG, § 23 I RVG) und die *Nebenentscheidungen* (Kosten: § 92 ZPO; vorläufige Vollstreckbarkeit: §§ 708, 709 ZPO) von Bedeutung ist.[33] 103

Der Streitwert wird – soweit erforderlich – zu Beginn der Rechtsstreits vorläufig, an dessen Ende endgültig festgesetzt (§§ 62, 63 GKG).[34]

Der Zuständigkeitsstreitwert ist ausschließlich nach den §§ 2–9 ZPO zu bestimmen: 104

- *Nebenforderungen* (Zinsen, vorgerichtliche Kosten) bleiben grundsätzlich unberücksichtigt, es sei denn, sie werden als Hauptforderung geltend gemacht (§ 4 ZPO).[35]
- *Mehrere* in einer Klage geltend gemachte *Ansprüche* werden zusammengerechnet (§ 5 S. 1 ZPO).[36]

  Hierher gehören **beispielsweise** die subjektive, die kumulative objektive Klagehäufung und die Stufenklage.

- Nur der höhere der beiden Einzelwerte (und nicht der addierte Gesamtwert) ist dagegen in den Fällen von Klage und *Widerklage* zugrunde zu legen (§ 5 S. 2 ZPO).

  Nicht addiert wird auch der Wert eines Hilfsantrags oder einer Aufrechnungsforderung.[37]

- Für *wiederkehrende Leistungen* ist der dreieinhalbfache (§ 9 ZPO), für *Miet- und Pachtverhältnisse* der 25-fache (§ 8 ZPO) Jahreswert einzusetzen (auch hier Abweichungen beim Kostenstreitwert in den §§ 16, 17 GKG).
- Nicht besonders geregelte Zuständigkeitsstreitwerte sind gemäß § 3 ZPO nach freiem Ermessen des Gerichts zu *schätzen.* Wegen der inzwischen nahezu unüberschaubaren Judikatur hierzu kann nur auf die einschlägige Literatur[38] verwiesen werden.

  Beispiele: Für Arrest und einstweilige Verfügung werden in der Regel 1/3 bis 1/2 des Werts des zu sichernden Hauptanspruchs angesetzt, für eine Auskunft 1/10 bis 1/4 des erhofften Leistungsanspruchs, für bedingte Ansprüche das gegenwärtige Interesse des Klägers unter Abschätzung der Wahrscheinlichkeit des Bedingungseintritts, für positive Feststellungsansprüche der Wert der Leistung abzüglich etwa 1/5, für negative Feststellungsansprüche dagegen der volle Wert der Leistung.

Der Zuständigkeitsstreitwert ist nicht immer identisch mit anderen Arten des Streitwerts.

---

32 *Cuypers*, Die Streitwertbemessung und Zuständigkeit des Gerichts, MDR 2012, 381.

33 *Wolf*, Steuerung des Zivilprozesses durch Streitwert- und Kostenrecht, ZZP 2015, 69.

34 *Stackmann*, Stationen der Wertfestsetzung in Zivilsachen, JuS 2009, 1004.

35 BGH NJW-RR 2000, 1015; NJW 1995, 764; zur Berücksichtigung nach übereinstimmender Erledigungserklärung BGH MDR 2012, 738.

36 BGH MDR 2012, 1117

37 Anders zT die §§ 18, 19 GKG für den Kostenstreitwert; dazu → Rn. 995, → Rn. 1000, → Rn. 1084, → Rn. 1088, → Rn. 1099, → Rn. 1136, → Rn. 1201, → Rn. 1212, → Rn. 1220, → Rn. 1227, → Rn. 1245 f.

38 *Dörndorfer*, Der Streitwert für Anfänger, 5. Aufl. 2009; *Schneider/Herget*, Streitwertkommentar, 13. Aufl. 2011.

<table>
<tr><th colspan="4">Streitwertberechnungen</th></tr>
<tr><th>Streitwertart</th><th>Zuständigkeitsstreitwert</th><th>Rechtsmittelstreitwert</th><th>Kostenstreitwert</th></tr>
<tr><td>Geregelt in</td><td colspan="2">§§ 2–9 ZPO</td><td>§§ 39–59 GKG</td></tr>
<tr><td>Nichtvermögensrechtliche Streitigkeit</td><td colspan="2">§ 2 ZPO
Wert unbeachtlich</td><td>§ 48 II GKG
Feste Beträge oder freies Ermessen</td></tr>
<tr><td>Nebenforderung</td><td colspan="2">§ 4 I Hs. 2 ZPO</td><td>§ 43 I GKG</td></tr>
<tr><td></td><td colspan="3">Bleibt grundsätzlich unberücksichtigt
Ausnahme bei isolierter Geltendmachung</td></tr>
<tr><td></td><td colspan="2"></td><td>§ 43 II und III GKG</td></tr>
<tr><td>Subjektive Klagehäufung</td><td colspan="3" rowspan="2">§ 5 Hs. 1 ZPO
Addition der Ansprüche</td></tr>
<tr><td>Kumulative objektive Klagehäufung</td></tr>
<tr><td>Stufenklage</td><td colspan="2"></td><td>§ 44 GKG
Nur höchster Einzelanspruch</td></tr>
<tr><td>Widerklage</td><td>§ 5 Hs. 2 ZPO
Allein höherer Einzelwert</td><td>Streitig[39]
Addition, soweit beschwert</td><td>§ 45 I 1 GKG
Addition beider Ansprüche</td></tr>
<tr><td>Haupt- und Hilfsantrag</td><td colspan="2">Allein Wert höchster Einzelanspruch</td><td>§ 45 I 2 GKG
Addition, soweit Entscheidung</td></tr>
<tr><td>Primäraufrechnung</td><td>Allein Wert Klageanspruch</td><td>Streitig[40]</td><td>Allein Wert Klageanspruch</td></tr>
<tr><td>Hilfsaufrechnung</td><td>Allein Wert Klageanspruch</td><td colspan="2">§ 45 III GKG
Addition, soweit Entscheidung</td></tr>
<tr><td>Besitz
Sicherstellung
Pfandrecht</td><td colspan="3">§ 6 ZPO
Verkehrswert der Sache bei Besitz-/Eigentumsstreit
Betrag der Forderung bei Pfändung/Sicherstellung</td></tr>
<tr><td>Grunddienstbarkeit</td><td colspan="3">§ 7 ZPO
Mindestens Wertsteigerung des herrschenden oder Wertminderung des dienenden Grundstücks</td></tr>
<tr><td>Miet- und Pachtverhältnis</td><td colspan="2">§ 8 ZPO
Höchstens 25-facher Jahreszins</td><td>§ 41 GKG
Höchstens 1-facher Jahreszins</td></tr>
<tr><td>Wiederkehrende Leistungen</td><td colspan="2">§ 9 ZPO
3,5-facher Jahreswert</td><td>§ 42 GKG
Höchstens 1-facher, 3-facher oder 5-facher Jahreswert</td></tr>
</table>

Schema 3.5: Streitwertberechnungen

39 Dazu → Rn. 1246.
40 Dazu → Rn. 1212.

6. Örtliche Zuständigkeit

Ist klar, ob erstinstanzlich ein Amts- oder ein Landgericht zuständig ist, so muss 105
weiter gefragt werden, welches der vielen Amts- oder Landgerichte mit dem Rechtsstreit zu befassen ist (= örtliche Zuständigkeit).[41] Die Gerichtsorganisationsgesetze der einzelnen Länder weisen jedem Gericht einen Bezirk zu, für den es zuständig ist. In den §§ 12–34 ZPO, aber auch an anderen Stellen (zB §§ 64, 603, 764 ZPO; § 61 III GmbHG, § 215 VVG; Art. 5, 18 EuGVÜ) ist unter der Bezeichnung »**Gerichtsstand**« geregelt, welche Anknüpfungstatsache in diesem Bezirk erfüllt sein muss. Dabei sind verschiedene Arten örtlicher Zuständigkeit zu unterscheiden.

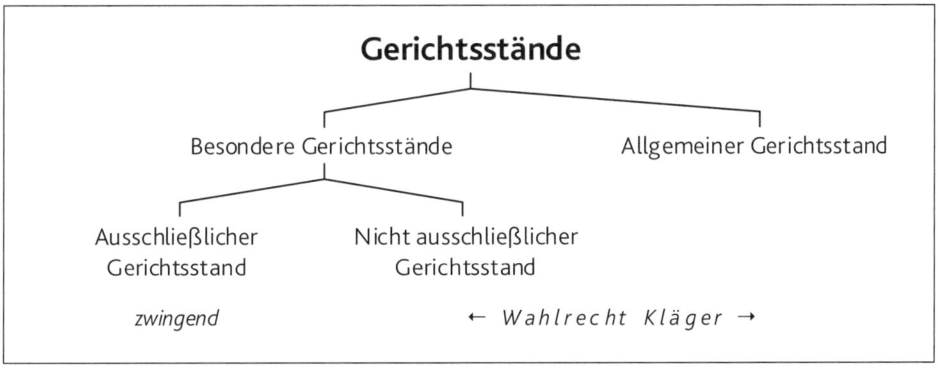

Schema 3.6: Gerichtsstände

(1) Von **ausschließlichen Gerichtsständen** spricht man, wenn das Gesetz einen be- 106
stimmten Gerichtsstand für die Parteien *zwingend* vorgibt, diese also keine Möglichkeit haben, andere Gerichtsstände zu wählen oder zu begründen.[42]

Das Gesetz ordnet solche ausschließlichen örtlichen Zuständigkeiten **beispielsweise** zum Vorteil bestimmter Personengruppen (§ 29a ZPO: Klagen aus Wohnraummietverhältnissen am Ort der Wohnung = Schutz der Mieter; § 32a ZPO: Klagen aus Umwelthaftungsgesetz am Ort der schädigenden Anlage = regelmäßig Wohnort des Klägers;[43] § 689 II ZPO: Mahngericht = Wohnsitz des Antragstellers) oder wegen besonderer Sachnähe des Gerichts zu bestimmten Fragen an (§§ 132, 246 AktG, § 61 III 1 GmbHG: Klagen aus Gesellschaftsverhältnis am Sitz der Gesellschaft; § 24 ZPO: Klagen aus dinglichen Rechten am Ort der Sache). Zu beachten ist auch, dass alle Gerichtsstände des 8. Buchs (Zwangsvollstreckung) ausschließlich sind: § 802 ZPO.

(2) Sehr viel häufiger stellt das Gesetz den Beteiligten einen oder mehrere **besondere** 107
Gerichtsstände zur *Wahl.* Hier hat der Kläger die Wahl, ob er von diesem Angebot Gebrauch machen oder es beim allgemeinen Gerichtsstand belassen will (§ 35 ZPO).[44]

41 Zum Ganzen *Schumann*, Examensprobleme der örtlichen Zuständigkeit im Zivilprozess, JuS 1984, 865; 1985, 39; 122; 203.

42 Ausschließlich in diesem Sinn sind nicht nur die hier besprochenen örtlichen Zuständigkeiten, sondern auch (grundsätzlich) die funktionellen und (ausnahmsweise) die sachlichen Zuständigkeiten.

43 *Pfeiffer*, Der Umweltgerichtsstand als zuständigkeitsrechtlicher Störfall, ZZP 106 (1993), 159.

44 OLG Hamm MDR 2012, 307; OLG München MDR 2007, 1154; KG NJW-RR 2001, 62.

Besondere Gerichtsstände gibt es in großer Zahl insbesondere in den §§ 20–34 ZPO.[45] Als **Beispiel** erwähnt seien nur die **§ 29 ZPO** (Klagen aus Verträgen [Erfüllung, Schadensersatz wegen Verletzung vertraglicher, § 280 BGB, oder vorvertraglicher Pflichten, § 311 II und III BGB, Gewährleistung, nicht jedoch Bereicherungsansprüche usw.] am Erfüllungsort) und **§ 32 ZPO** (Klagen aus deliktischen Handlungen am Begehungsort). Sie finden sich auch an vielen anderen Stellen der Rechtsordnung innerhalb (zB § 689 II ZPO) und außerhalb der ZPO (zB § 20 StVG, § 56 LuftVG, § 215 VVG).

108 Während die früher hM davon ausging, dass das in einem besonderen Gerichtsstand angerufene Gericht nur diejenigen materiellrechtlichen Anspruchsgrundlagen prüfen kann, auf die sich der entsprechende Gerichtsstand erstreckt (deliktische Ansprüche im Gerichtsstand nach § 32 ZPO, vertragliche Ansprüche im Gerichtsstand des § 29 ZPO, sog. »*Trennungsprinzip*«),[46] gilt dies nach der Neufassung des § 17 I GVG nicht mehr (→ Rn. 98). Wenn schon das Gericht eines anderen Gerichtsbarkeitszweigs verpflichtet ist, den Rechtsstreit unter allen in Betracht kommenden rechtlichen Gesichtspunkten zu prüfen, muss erst recht ein im besonderen Gerichtsstand angerufenes Zivilgericht zur Prüfung aller zivilrechtlichen Anspruchsgrundlagen befugt sein.[47]

109 (3) Als Auffangtatbestände dienen in allen Fällen die **allgemeinen Gerichtsstände**, da jeder potentielle Beklagte irgendwo verklagt werden können muss, unabhängig davon, ob ausschließliche oder besondere Gerichtsstände vorliegen. Das Gesetz stellt insoweit für natürliche Personen auf deren *Wohnsitz* (§ 13 ZPO), hilfsweise auf deren Aufenthaltsort (§§ 20, 16 ZPO), bei juristischen Personen auf deren Haupt- oder Niederlassungssitz ab (§§ 17, 18, 21 ZPO).[48]

7. Funktionelle Zuständigkeit

110 Innerhalb des sachlich und örtlich zuständigen Gerichts muss noch geklärt werden, **welches konkrete Organ** für die Vornahme einer bestimmten Handlung zuständig ist. Diese funktionelle Zuständigkeit ist grundsätzlich[49] ausschließlich geregelt, kann also von den Parteien nicht beeinflusst werden und muss stets von Amts wegen beachtet werden. Welche Organe tätig werden können, ist eine Frage nach den auf Seiten des Gerichts am Verfahren Beteiligten und beantwortet sich aus Schema 3.7:

45 *Cuypers*, Das zuständige Gericht in Zivilsachen, ZAP Fach 13, 1741, 1751, 1795.

46 BGH NJW 1974, 410; *Peglau*, Zur Behandlung nichtdeliktischer Anspruchsgrundlagen bei Klagen im Gerichtsstand nach § 32 ZPO, JA 1999, 140.

47 BGH NJW 2003, 828 mAnm *Winter* JA 2003, 617; BayObLG NJW-RR 1996, 508 mwN; OLG Frankfurt a.M. NJW-RR 1996, 1341; *Kiethe*, Umfassende Prüfungskompetenz der Gerichte im Gerichtsstand des § 32 ZPO, NJW 2003, 1294.

48 BGH NJW 2003, 1461; *Hülk/Timme*, Das Ende der Sitztheorie im internationalen Gesellschaftsrecht, JA 2003, 765.

49 Nicht jedoch die Abgrenzung zwischen Zivilkammer und Kammer für Handelssachen; dazu unten → Rn. 116.

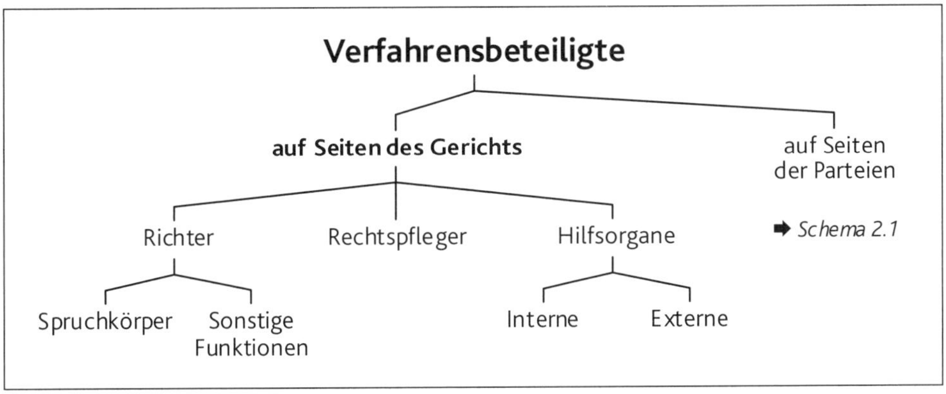

Schema 3.7: Verfahrensbeteiligte auf Seiten des Gerichts

a) Richter

In Betracht kommen hier in erster Linie **Richter**,[50] die entweder als Spruchkörper 111
oder in sonstigen Funktionen tätig werden können:

- Spricht die ZPO vom »Gericht« (so zB in den §§ 263, 273 I, 278, 280 I ZPO), ist in der Regel[51] der *Spruchkörper* gemeint (= Gericht im prozessualen Sinn). Dies sind am Bundesgerichtshof und an den Oberlandesgerichten Senate, an den Landgerichten Kammern (die grundsätzlich durch den Einzelrichter entscheiden), am Amtsgericht Einzelrichter.
- *Einzelrichter* entscheiden bei den Amtsgerichten, bei den Landgerichten und Oberlandesgerichten können bzw. müssen sie anstelle des Gesamtspruchkörpers tätig werden (§§ 348 ff., 524 ZPO) und üben dann dessen Funktionen aus (→ Rn. 271 f.).
- Besondere funktionelle Zuständigkeiten weist die ZPO Richtern zu, die als *Vorsitzende* tätig werden. Diese (nicht »das Gericht«) bestimmen Termine (§ 216 ZPO), setzen Fristen (§ 276 I ZPO) und leiten Verhandlung (§§ 136 ff. ZPO), Beratung und Abstimmung (§ 194 GVG).
- Keine eigene funktionelle Zuständigkeit haben der *Beisitzer*, als den man den nicht vorsitzenden Richter bezeichnet, und der *Berichterstatter*, der als Sachbearbeiter fungiert.[52]
- *Beauftragter Richter* ist das Mitglied des Spruchgremiums, das in dessen Auftrag einzelne Prozesshandlungen (Beweisaufnahme oder Güteversuch: §§ 372 II, 375, 479; 278 V ZPO) vornimmt. Wird ein Richter, der nicht Mitglied des Spruchkörpers ist, um die Vornahme solcher Prozesshandlungen ersucht, so handelt er als *ersuchter Richter* (§ 157 I GVG).
- Möglich sind schließlich noch *Handelsrichter*, bei denen es sich um Nichtjuristen aus der Kaufmannschaft handelt, die aufgrund ihrer besonderen Sachkunde als ehrenamtliche Richter auf Zeit in den Kammern für Handelssachen eingesetzt sind (§§ 105, 108 ff. GVG).

50 *Schmidt-Jortzig*, Aufgabe, Stellung und Funktion des Richters im demokratischen Rechtsstaat, NJW 1991, 2377.
51 Gericht im organisatorischen Sinn ist zB in § 253 II Nr. 1 ZPO gemeint; dazu → Rn. 89.
52 Zu den Aufgaben des Berichterstatters → Rn. 446.

112 Alle diese Richter genießen volle **richterliche Unabhängigkeit** in sachlicher (Art. 97 I GG, § 25 DRiG: Freiheit von Weisungen, nur dem Gesetz unterworfen) und persönlicher Hinsicht (Art. 97 II GG: Unabsetzbarkeit, Unversetzbarkeit, ausreichende Besoldung) und unterfallen dem sog. Spruchrichterprivileg (§ 839 II BGB: keine Haftung, kein Regress).

113 Die ZPO geht vom Modell des Richters als unparteiischem Schlichter aus, der mit gleicher Distanz zu beiden Parteien den Streit entscheiden soll. Fehlt diese Distanz zu einer Seite, so hat der Richter als **befangen** aus dem Verfahren auszuscheiden.[53] In einigen Fällen (eigenes rechtliches Interesse am Ausgang des Rechtsstreits, verwandtschaftliche Beziehungen zu einer Partei, Beteiligung am Verfahren als Parteivertreter oder Beweismittel oder Mitwirkung an einer vorinstanzlichen Entscheidung) unterstellt das Gesetz eine solche Befangenheit und schließt den Richter automatisch aus. In anderen Fällen wird ein möglicher Befangenheitsgrund nur auf Antrag einer Partei (§§ 41 ff. ZPO) oder des Richters (§ 48 ZPO) durch das Gericht (§ 45 ZPO) geprüft (= Ablehnung). Besorgnis der Befangenheit besteht immer dann, wenn eine vernünftig urteilende Partei von ihrem Standpunkt her einen plausiblen Grund hat, die Unbefangenheit anzuzweifeln. Wichtige Befangenheitsgründe sind Freundschaft/Feindschaft, eigene Interessen oder unangemessenes Verhalten im Prozess, nicht jedoch Rechtsansichten oder falsche Zwischenentscheidungen. Erfolgt die Ablehnung im Termin, kann dieser fortgesetzt werden, die richterlichen Handlungen sind bis zur Entscheidung über die Ablehnung schwebend unwirksam.[54] Wird die Ablehnung später für begründet erklärt, so muss der nach dem Ablehnungsantrag liegende Teil der Verhandlung wiederholt werden (§ 47 ZPO).

114 **Probleme** bei der Abgrenzung der funktionellen Zuständigkeit innerhalb einzelner Spruchkörper ergeben sich beim Amtsgericht häufig zwischen Familiengericht und Zivilabteilung, beim Landgericht zwischen Zivilkammer und Kammer für Handelssachen.

115 Was **Familiensachen** sind, bestimmt grundsätzlich § 23b I GVG. Dabei ist in erster Linie auf die Begründung des geltend gemachten Anspruchs im Klägervorbringen abzustellen. Dass im Rahmen des Verteidigungsvorbringens familienrechtliche Fragen relevant werden, reicht nicht aus.[55] Dies gilt auch für Klagen in einem besonderen Verfahrensstadium, sodass vor die Familiengerichte auch Wiederaufnahmeverfahren (§§ 578 ff. ZPO), Abänderungs- (§ 323 ZPO) und Vollstreckungsgegenklagen (§ 767 ZPO) gehören. Folgeklagen zählen dagegen grundsätzlich nicht zu den Familiensachen (zB die Honorarklage des Rechtsanwalts nach § 34 ZPO).

116 Die **Kammer für Handelssachen** ist nur auf Antrag der Parteien funktionell zuständig. Dieser kann vom Kläger nur in der Klageschrift (§ 96 I GVG), vom Beklagten nur vor Beginn der mündlichen Verhandlung gestellt werden (§ 98 I GVG). Erforderlich ist neben einem solchen Antrag materiell, dass es sich um eine Handelssache gemäß § 95 GVG handelt. Liegt eine solche nicht vor, kann eine Verweisung an die Zivilkammer auf Antrag des Beklagten oder von Amts wegen erfolgen (§ 97 GVG).[56]

53 *Huber*, Zivilprozessrecht: Richterablehnung, JuS 2017, 211.

54 KG Rpfleger 1977, 219.

55 BGH NJW 1981, 2418; 1981, 128; 1980, 2476.

56 *Gaul*, Das Zuständigkeitsverhältnis der Zivilkammer zur KfH, JZ 1984, 563; *Schneider*, Verweisungsantrag an die KfH in der Berufungsbegründungsschrift?, NJW 1997, 992.

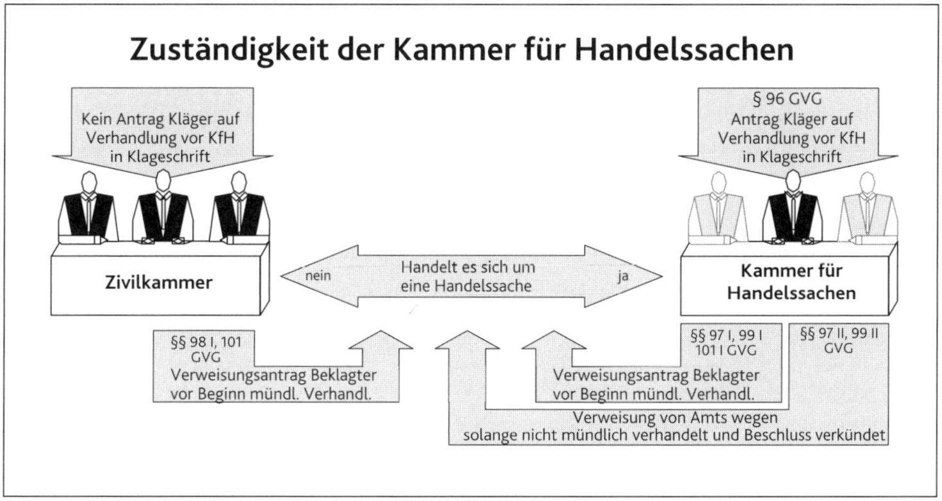

Schema 3.8: Zuständigkeit der Kammer für Handelssachen

b) Rechtspfleger

Neben dem Richter[57] ist am Zivilprozess auch der Rechtspfleger beteiligt. Dieser erfüllt ihm besonders zugewiesene Aufgaben der Rechtspflege, übt aber Rechtsprechung im eigentlichen Sinn nicht aus. Sein Tätigkeitsbereich liegt vor allem im Bereich des Mahn-, Zwangsvollstreckungs- und Insolvenzverfahrens. Probleme in der Abgrenzung seiner funktionellen Zuständigkeit gibt es in Anbetracht der enumerativen Kompetenzzuweisung (insbesondere in den §§ 20, 21 RPflG) nicht. 117

c) Hilfsorgane

Ähnliches gilt für die am Zivilprozess auf Seiten des Gerichts beteiligten Hilfsorgane. 118
Zu diesen rechnen außerhalb des Gerichts **Sachverständige** und **Dolmetscher**, innerhalb des Gerichts **Kostenbeamte, Kanzlei** und **Wachtmeister**. Besondere eigene funktionelle Zuständigkeiten hat hierbei allein der **Urkundsbeamte der Geschäftsstelle**, der neben echten Prozesstätigkeiten (§§ 274 I, 377 I 1 ZPO: Ladungen; § 168 ZPO: Zustellungen) vor allem Urkundstätigkeiten (§ 159 I 2 ZPO: Protokollführung; § 496 ZPO: Aufnahme von Anträgen und Erklärungen zu Protokoll der Geschäftsstelle; §§ 210, 299 I ZPO: Erteilung von Abschriften und Ausfertigungen) und Bürotätigkeiten (Geschäftsstellenbetrieb, Aktenverwaltung, zentrale Organisation) auszuüben hat.

8. Geschäftsverteilung

Letzte Frage im Rahmen der Prüfung gerichtlicher Kompetenzzuweisung muss die 119
Frage danach sein, welcher Spruchkörper (= Gericht im prozessualen Sinn) innerhalb eines zuständigen Gerichts (= im organisatorischen Sinn) zur Entscheidung berufen ist. Dies wird durch die **gerichtsinterne Geschäftsverteilung** geregelt, einen im

57 Bei den Landgerichten ist nur knapp 1/3 aller Bediensteten im richterlichen Dienst, bei den Amtsgerichten gar nur etwa 1/7: Statistisches Bundesamt, Rechtspflege-Statistik, Fachserie 10, Reihe 2, Statistik 1.2, lfd. Nr. 1, 4.

Rahmen gerichtlicher Selbstverwaltung (§§ 21a ff. GVG) aufgestellten Plan, der für die Zukunft die Besetzung der einzelnen Spruchkörper und die Verteilung der zu bearbeitenden Verfahren auf diese Spruchkörper vornimmt. Um dem Gebot des gesetzlichen Richters (Art. 101 I 2 GG) zu entsprechen, muss diese Zuweisung im Voraus nach abstrakten Kriterien erfolgen (so zB nach Sachgebieten, Wohnorten oder Namen der Parteien, Reihenfolge des Eingangs der Sachen).[58]

120 **Innerhalb** der einzelnen **Spruchkörper** werden die Geschäfte durch Beschluss aller zugehörigen Berufsrichter verteilt (§ 21g GVG). Danach bestimmt sich, wer als Berichterstatter, Einzelrichter, Beisitzer in der mündlichen Verhandlung oder als Vertreter tätig wird.[59]

58 BVerfG NJW 2009, 907.

59 Zum Sonderproblem der Überbesetzung von Spruchkörpern → Rn. 43, *Roth*, Gesetzlicher Richter und variable Spruchkörperbesetzung, NJW 2000, 3692.

§ 4 Klage

Aus den Grundsätzen von Parteiherrschaft und Dispositionsmaxime folgt, dass ein 121
Zivilprozess nur stattfinden kann, wenn der Kläger dies will. Seine hierauf gerichtete Erklärung ist die Klageschrift. Mit deren Eingang bei Gericht beginnt der Prozess, er tritt in seine **Einleitungsphase** (→ Rn. 25; → Rn. 48; → Rn. 221 ff.).

1. Klagearten

Was Gegenstand des Zivilprozesses werden soll, bestimmt der Kläger, vornehmlich 122
durch Formulierung seines Antrags (→ Rn. 156). Hierdurch wird der Prüfungsumfang für das Gericht verbindlich vorgegeben (§ 308 I ZPO). Dabei werden drei **typisierte** Arten von Klagen unterschieden, nämlich

- die Feststellungsklage,
- die Leistungsklage und
- die Gestaltungsklage.[1]

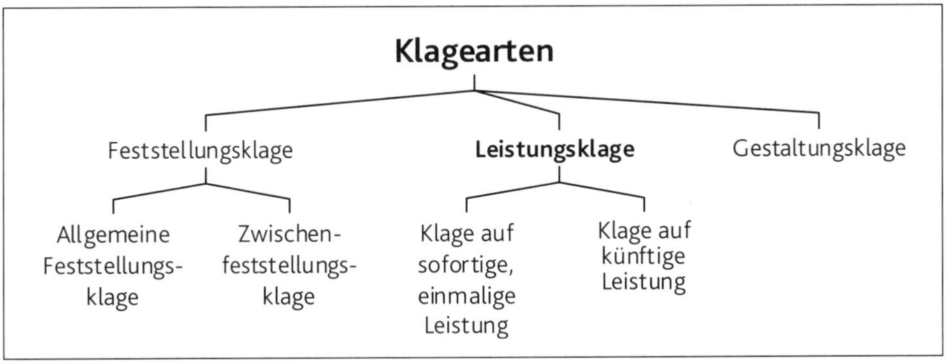

Schema 4.1: Klagearten

Manchmal stehen dem Kläger verschiedene Klagearten zur **Wahl**, manchmal ist nur 123
eine einzige Klageart gegeben.

> **Beispielsfall:** Hat ein Gesellschafter in schwerst alkoholisiertem Zustand im Namen einer OHG einen dieser nachteiligen Vertrag geschlossen, so können die Mitgesellschafter
> - von ihm im Weg der *Leistungsklage* Schadensersatz verlangen (§ 280 BGB).
> - gegen den Vertragspartner *Feststellungsklage* auf Nichtigkeit des Vertrages erheben (§ 105 II BGB)[2] oder
> - dem handelnden Gesellschafter im Wege der *Gestaltungsklage* die Geschäftsführungs- und Vertretungsbefugnis entziehen (§§ 117, 127 HGB).
>
> Die Wahl der Klageart hängt von dem damit verfolgten Ziel ab.

Die Klagearten der ZPO unterscheiden sich also insbesondere nach ihrem **Gegen-** 124
stand und dem damit erreichbaren **Ziel**:

---

1 *Klappstein*, Die drei verschiedenen Klagearten im Zivilprozess – Systematik, Gemeinsamkeiten und Unterschiede, JA 2012, 606.

2 BGH NJW 1991, 852.

Gegenstand und Ziel der Klagearten

Klageart	**Feststellungsklage**	**Leistungsklage**	**Gestaltungsklage**
Klagegegenstand	Rechtsverhältnis im allgemeinen oder Tatsache in Bezug auf Urkunde	Recht, Tun oder Unterlassen verlangen zu können **= Anspruch**	Recht, Rechtsverhältnis umgestalten zu können = Gestaltungsrecht
Klageziel	Feststellung des (Nicht-)Bestehens dieses Rechtsverhältnisses	Feststellung des Bestehens dieses Anspruchs und Leistungsbefehl des Staats an den Schuldner **= Titel**	Änderung dieses Rechtsverhältnisses für die Zukunft

Schema 4.2: Gegenstand und Ziel der Klagearten

a) Leistungsklage

125 **Gegenstand** der Leistungsklage können alle Arten materiellrechtlicher *Ansprüche* sein. So vielfältig wie die dem § 194 BGB unterfallenden Rechte, von einem anderen ein Tun oder Unterlassen verlangen zu können, sind damit auch die möglichen Inhalte der Leistungsklage. Es kann hier nicht nur um die Zahlung einer Geldsumme, sondern zB auch um die Duldung bestimmter Maßnahmen, die Herausgabe von Sachen, die Vornahme bzw. Unterlassung von Handlungen oder die Abgabe von Willenserklärungen gehen. Der Inhalt des materiellen Anspruchs bestimmt dabei die Formulierung des Antrags (→ Rn. 156).[3]

126 Nicht eingeklagt werden kann der Anspruch aus dem Verlöbnis auf Eingehung der Ehe (§ 1297 I BGB). Auch andere Ansprüche können nicht gerichtlich geltend gemacht werden, so zB die Rückforderung des auf eine verjährte Forderung Geleisteten (§ 214 II BGB), der Ehemaklerlohn (§ 656 BGB) und Spiel- bzw. Wettschulden (§ 762 BGB). Außerdem kann die **Klagbarkeit** von »normalen« Ansprüchen vertraglich ausgeschlossen werden. Zweifelhaft ist in all diesen Fällen, ob der Anspruch selbst nicht besteht (unvollkommene Verbindlichkeit bzw. Naturalobligation) oder ob er nur nicht klagbar ist. Dies kann zwar für das Ergebnis, nicht aber für dessen Begründung dahinstehen, da die Klage im ersten Fall unbegründet, im zweiten Fall dagegen unzulässig ist.[4]

127 Keiner besonderen Prüfung bedarf bei der Leistungsklage das **Rechtsschutzbedürfnis.** Zwar handelt es sich hier um eine allgemeine Zulässigkeitsvoraussetzung für alle Prozesshandlungen, doch kann aufgrund der Behauptung des Klägers, ihm stehe ein materiellrechtlicher Anspruch zu, der vom Beklagten nicht erfüllt werde, das Rechtsschutzbedürfnis für eine Klage grundsätzlich vermutet werden.[5]

Das Rechtsschutzbedürfnis *fehlt* ausnahmsweise, wenn ein schutzwürdiges Interesse des Klägers an einem Urteil nicht besteht. Dies nimmt die Rechtsprechung unter anderem an

3 *Schmitt-Gaedke/Arz*, Die Antragsfassung bei Unterlassungsklage und Unterlassungsverfügung, JuS 2015, 126.

4 BVerfG FamRZ 1966, 301; BGHZ 87, 309 = NJW 1983, 2817; Palandt/*Grüneberg* BGB vor § 241 Rn. 15 f.

5 BGH NJW-RR 1990, 886; OLG Koblenz NJW-RR 1990, 1085.

- wenn der Kläger bereits einen Titel hat.

  Beispiel: Prozessvergleich, vollstreckbare Urkunde (§ 794 ZPO).[6]

- wenn der Kläger auf einfacherem Weg sein Ziel erreichen kann.

  Beispiel: Kostenfestsetzungsverfahren (§§ 103 ff. ZPO, § 11 RVG); Grundbuchberichtigung (§ 22 GBO); Titelumschreibung (§ 727 ZPO). Kein einfacherer Weg in diesem Sinn ist eine besondere Verfahrensart der ZPO (Mahn- oder Urkundenverfahren) oder die Möglichkeit, eine bereits anhängige Klage zu erweitern.[7]

- wenn in der Klageerhebung entgegen dem Gebot von Treu und Glauben ein Missbrauch prozessualer Befugnisse liegt.

  Beispiel: Manipulierung des Zuständigkeits- oder Rechtsmittelstreitwerts durch Aufteilung einer Forderung in Teilbeträge; Verfolgung von Wettbewerbsverstößen, nur um Rechtsanwaltsgebühren zu kassieren.[8]

Das Rechtsschutzbedürfnis fehlt dagegen nicht bei der Durchsetzung von **Minimalforderungen**, es sei denn, diese stellt sich ausnahmsweise als Rechtsmissbrauch dar.[9]

Ziel der Leistungsklage ist ein Leistungsurteil, mit dem durch das Gericht zum einen festgestellt wird, dass der Anspruch besteht, zum anderen der Beklagte zur Leistung aufgefordert wird (»Der Beklagte wird verurteilt, …«). 128

Die Missachtung dieses staatlichen Leistungsbefehls (Titel) ist Legitimation für die sich anschließende Zwangsvollstreckung.

Grundsätzlich können Forderungen erst eingeklagt werden, wenn sie materiellrechtlich fällig sind. Um es dem Gläubiger zu ersparen, bei wiederkehrenden Leistungen jede Rate neu einklagen zu müssen, wurde mit den §§ 257–259 ZPO die Möglichkeit geschaffen, im Wege einer **Klage auf künftige Leistung** auch Forderungen einzuklagen, die erst nach Schluss der mündlichen Verhandlung fällig werden, sei es, zu einem Termin, sei es, zu mehreren Terminen. Einen Überblick über die dabei erforderlichen Voraussetzungen gibt Schema 4.3: 129

6 Zu Rückausnahmen BGH NJW-RR 1989, 318.
7 OLG Schleswig MDR 1982, 143; *Zimmermann* ZPO vor § 253 Rn. 23.
8 BGH NJW-RR 1993, 1129.
9 *Buß*, De minimis non curat lex, NJW 1998, 337; *Olzen/Kerfack*, Zur gerichtlichen Durchsetzung von Minimalforderungen, JR 1991, 133; *Schmieder*, De minimis non curat prätor, ZZP 120 (2007), 199; aA AG Stuttgart NJW 1990, 1054.

Klage auf künftige Leistung

Klage nach	**§ 257 ZPO**	**§ 258 ZPO**	**§ 259 ZPO**
Anspruch auf	Einmalige Zahlung von Geld oder Duldung Zwangsvollstreckung oder Räumung	Wiederkehrende Leistungen.	Leistungen aller Art.
Gegenleistung	Nicht geschuldet oder bereits erbracht.		*Unerheblich.*
Voraussetzung	Fälligkeit der Leistung kalendermäßig bestimmt oder bestimmbar.		Zu besorgen, dass Schuldner sich rechtzeitiger Leistung entziehen wird.
Beispiel	*Darlehensrückzahlung*	*Unterhaltszahlung*	*Ratenzahlung*

Schema 4.3: Klage auf künftige Leistung

Durch die Klage auf künftige Leistung kann der Kläger vorab einen Titel erwirken und bereits mit dem Eintritt der Fälligkeit vollstrecken, muss also auf die ihm zustehende Leistung nicht unnötig lange warten.[10]

- **§ 257 ZPO** ist anwendbar auf Ansprüche, die entweder auf (einmalige) Zahlung von Geld bzw. auf Duldung der Zwangsvollstreckung oder auf Räumung von Grundstücken bzw. Räumen (nicht von Wohnraum!) gerichtet sind.[11]
- **§ 258 ZPO** betrifft Ansprüche aller Art, soweit sie auf wiederkehrende Leistungen gerichtet und ihrer Höhe nach bestimmt oder bestimmbar sind. Alle diese Ansprüche dürfen nicht (mehr) von einer Gegenleistung oder einer Bedingung abhängig sein. Eine Klage auf künftige Leistung ist hier möglich, wenn die Leistung kalendermäßig bestimmt oder bestimmbar ist. Praktisch wichtigster Anwendungsfall sind **Unterhaltsansprüche**.
- **§ 259 ZPO** stellt einen Auffangtatbestand dar, der auf Leistungen aller Art angewandt werden kann, soweit der Anspruch zumindest dem Grunde nach schon entstanden ist, selbst wenn eine Gegenleistung noch aussteht oder eine Bedingung noch unklar ist. Eine Klage auf künftige Leistung ist möglich, wenn zu besorgen ist, dass der Schuldner im Zeitpunkt der Fälligkeit nicht wird bezahlen **wollen**. Steht zu befürchten, dass der Schuldner nicht wird bezahlen **können** (Besorgnis mangelnder Leistungs-/Vollstreckungsfähigkeit), so kommt eine Eilanordnung (Arrest, einstweilige Verfügung) in Betracht. Die Besorgnis mangelnder Leistungsbereitschaft ist regelmäßig schon dann erfüllt, wenn der Schuldner den Anspruch (im Prozess oder vorher) ernstlich bestreitet.

Bei den §§ 257–259 ZPO handelt es sich um **besondere Sachurteilsvoraussetzungen**. Fehlen sie, wird die Klage als unzulässig abgewiesen (→ Rn. 418).[12] Liegen sie vor und ist die Klage begründet, so lautet die Verurteilung auf Leistung zum – zu bezeichnenden – materiellen Fälligkeitszeitpunkt. Diese zeitliche Einschränkung stellt dann eine Vollstreckungsbedingung dar (§ 751 I ZPO).

10 *Peter*, Klage auf künftige Leistung von Miete, JuS 2011, 322.
11 BGH NZM 2003, 231 mAnm *Löhnig* JA 2003, 447.
12 Thomas/Putzo/*Reichold* ZPO § 257 Rn. 1; aA *Roth*, Die Klage auf künftige Leistung nach §§ 257–259 ZPO, ZZP 98 (1985), 287.

Beispiel: »Der Beklagte wird verurteilt, an den Kläger am 18.02. ... 14.500,– EUR zu zahlen.«

Ändern sich die der Verurteilung zu künftiger Leistung zugrunde gelegten tatsächlichen oder rechtlichen Verhältnisse zwischen Eintritt der Rechtskraft und dem Fälligkeitszeitpunkt, ist dagegen die **Abänderungsklage** (§ 323 ZPO) gegeben.[13] Dabei handelt es sich um eine prozessuale Gestaltungsklage, mit der die Rechtskraft des Urteils auf künftige Leistung für die Zeit nach Erhebung der Abänderungsklage durchbrochen wird.[14] 130

Durch die Klage auf künftige Leistung wird der Schuldner benachteiligt, weil er sich »im Voraus« verteidigen muss und er während des Verfahrens noch gar nicht weiß, welche Einwände gegen den Anspruch für ihn noch entstehen werden. Ihm muss Gelegenheit gegeben werden, trotz eingetretener Rechtskraft des Urteils nachträgliche Änderungen der die Verurteilung tragenden Umstände geltend zu machen. Entsprechendes gilt für den Gläubiger: Ergeben sich für diesen nachträglich Umstände, die einen höheren Anspruch rechtfertigen, darf ihm die Rechtskraft des Urteils auf künftige Leistung eine Nachforderung nicht verwehren. In beiden Fällen ist es zudem nicht erforderlich, den gesamten Prozess neu aufzurollen, es genügt, wenn die Auswirkungen der eingetretenen Änderungen auf das Urteil untersucht werden.

Die Abänderungsklage verdrängt die neue Leistungsklage auf Zahlung des Differenzbetrags,[15] es sei denn, darin liegt ein neuer Streitgegenstand oder die Klage auf künftige Leistung war ausdrücklich als Teilklage bezeichnet (Vorbehalt der Nachforderung). Tritt die Änderung vor Ablauf einer Rechtsmittelfrist ein, so hat die Partei ein Wahlrecht zwischen Rechtsmittel und Abänderungsklage.[16] Sehr streitig ist das Verhältnis zwischen § 323 ZPO und § 767 ZPO: Während die Rechtsprechung davon ausgeht, beide Klagen schlössen sich gegenseitig aus, weil mit ihnen unterschiedliche Rechtsschutzziele verfolgt würden (Abänderung des Titels aufgrund geänderter Voraussetzungen bzw. Beseitigung der Vollstreckbarkeit wegen materiellrechtlicher Einwendungen),[17] belässt die hL den Parteien ein Wahlrecht.[18]

b) Feststellungsklage

Gemäß § 256 ZPO ist **Gegenstand** der Feststellungsklage die Feststellung, dass ein gegenwärtiges Rechtsverhältnis besteht (= *positive Feststellungsklage*) oder nicht besteht (= *negative Feststellungsklage*). Um ein gegenwärtiges Rechtsverhältnis geht es immer, wenn die rechtlich geregelte Beziehung zwischen einer Person und einer anderen Person oder einer Sache in Frage steht. Unzulässig sind Feststellungsklagen damit, wenn der Kläger die Feststellung bloßer Tatsachen oder abstrakter Rechtsfragen begehrt.[19] 131

Gerichtet sein kann die Feststellungsklage **beispielsweise** auf das Bestehen eines Rechtsverhältnisses (Mietvertrag), einer gesetzlichen oder vertraglichen Verpflichtung (Ersatz eines eingetretenen Schadens, Gewährung von Versicherungsschutz), auf die Wirksamkeit eines Gesellschafterbeschlusses oder die Berechtigung zur Minderung oder die Unwirksamkeit einer Gläubigeranfechtung.
Kein die Feststellungsklage rechtfertigendes Rechtsverhältnis liegt vor bei reinen Tatsachen oder Wertungen (»Der Kläger ist kein alter Trottel«), bei bloßen Vorfragen von Rechtsverhältnissen (Schuldhaftigkeit oder Rechtswidrigkeit einer bestimmten Handlung) oder bei der Wirksamkeit von Willenserklärungen.

---

13 BGH NJW 2007, 1964, 1969, 2475 und 2921; *Braun*, Die Abänderungsklage auf dem Prüfstand der Kritik, NJW 1995, 936.
14 Zur Rechtsnatur als Gestaltungsklage → Rn. 15; zur Rechtskraftdurchbrechung → Rn. 489.
15 BGH NJW-RR 2005, 371; NJW 1961, 871.
16 OLG Rostock FamRZ 2002, 673.
17 BGH NJW 2008, 1446; 2005, 2313.
18 BLAH/*Hartmann* ZPO § 323 Rn. 4; Stein/Jonas/*Leipold* ZPO § 323 Rn. 41 ff.
19 BGH NJW 2008, 1303; 2000, 2280; zum Tatsachenbegriff → Rn. 346.

132 **Ziel** der Feststellungsklage ist ein Urteil, mit dem lediglich das (Nicht-)Bestehen des Rechtsverhältnisses festgestellt wird. Hinsichtlich dieses deklaratorischen Teils stimmen Leistungs- und Feststellungsurteil überein, sodass die Feststellungsklage der Leistungsklage gegenüber ein *minus* darstellt, das mangels staatlichen Leistungsbefehls (in der Hauptsache) nicht vollstreckbar ist.

133 Anders als bei der Leistungsklage ist bei der Feststellungsklage das Vorliegen eines **Rechtsschutzbedürfnisses** immer besonders zu prüfen. Es ist zu bejahen, wenn der Kläger ein rechtliches Interesse an der alsbaldigen Feststellung geltend machen kann.

Ausreichend ist dabei immer die Besorgnis der **Gefährdung** des geltend gemachten Rechts, zB durch drohende Verjährung oder Auswirkungen auf andere rechtliche Möglichkeiten des Klägers.[20] Für die in der Praxis recht häufige Klage auf Feststellung einer Schadensersatzpflicht reicht es aus, wenn künftige Schadensfolgen – sei es auch nur entfernt – zwar möglich, ihre Art, ihr Umfang und sogar ihr Eintritt aber noch ungewiss sind. Die Wahrscheinlichkeit einer Schadensentstehung gehört zur materiellen Klagebegründung und berührt somit die Begründetheit, nicht die Zulässigkeit einer Klage.[21]

Das Rechtsschutzbedürfnis fehlt dagegen, wenn dem Kläger eine **Leistungsklage** gleichermaßen **möglich** wäre, da er hierdurch mit gleichem Aufwand zu einem weiterreichenden Ziel gelangen könnte.[22] Ausnahmsweise lässt die Rechtsprechung trotz der Möglichkeit einer Leistungsklage eine Feststellungsklage zu,

- wenn die Leistungsklage nicht den vollen Anspruch umfassen würde (zB, weil nur ein Teil der Forderung bislang bezifferbar ist);[23]
- wenn mit der Feststellungsklage ein über den eigentlichen Streitgegenstand hinausgehender Konflikt beigelegt werden kann (zB im Rahmen von Dauerschuldverhältnissen);
- wenn vom Beklagten allein aufgrund der Feststellung freiwillige Erfüllung erwartet werden kann (zB bei juristischen Personen des öffentlichen Rechts).[24]

Praktisch häufig ist die Kombination von Leistungs- und Feststellungsklage.[25]

Ist dem Kläger der eingetretene Schaden nur teilweise bezifferbar, so hat er die Wahl, ob er Leistung des bezifferbaren Teils und nur im Übrigen Feststellung der Ersatzpflicht verlangt, oder insgesamt nur Feststellung. Muss wegen des nicht bezifferbaren Teils ohnehin ein Leistungsverfahren folgen, kann diesem auch der gesamte Schadensbetrag vorbehalten bleiben.[26]

Kann der Kläger Leistung wegen eines Zurückbehaltungsrechts des Beklagten nur Zug um Zug gegen Erbringung einer Gegenleistung verlangen, räumt der neben der Leistungsklage gestellte Antrag auf Feststellung, dass der Beklagte sich in Annahmeverzug befindet, die aus §§ 756, 765 ZPO zu erwartenden Schwierigkeiten in der Zwangsvollstreckung aus.

Wird Leistung aus einer vorsätzlich begangenen unerlaubten Handlung begehrt, kann durch die zusätzliche Feststellung dieses Rechtsgrunds der Vollstreckungsschutz des Schuldners beschränkt werden (§ 850 II ZPO).

Hat der Beklagte sich vorprozessual mit einem Gegenrecht verteidigt, kann dessen Nichtbestehen mit der negativen Feststellungsklage geltend gemacht werden.

---

20 BGH MDR 2012, 1055; NJW 2006, 2780; zur Abgrenzung BGH NJW 1993, 648.
21 BGH NJW-RR 2010, 750; 2007, 601 mit Bespr. *Wolf* JA 2007, 462; BGH NJW 2001, 1431.
22 BGH NJW-RR 2008, 1578; NJW 2000, 1256.
23 BGH NJW 1991, 788; NJW-RR 1988, 445 und 3268; OLG Düsseldorf WM 1989, 1370.
24 OLG Braunschweig NJW-RR 1994, 1447; zur Abgrenzung OLG Düsseldorf r+s 1995, 40.
25 *Kaiser*, Prozesstaktisch sinnvolle Feststellungsanträge, NJW 2015, 1286.
26 BGH NJW-RR 2016, 759.

Ist das Recht, aus dem Leistung verlangt wird, dem Grunde nach streitig, kommt neben dem Leistungsantrag ein Zwischenfeststellungsantrag in Betracht (Mietzinszahlung und Feststellung des Bestehens eines Mietverhältnisses; Herausgabe und Feststellung des bestehenden Eigentums).

Das Rechtsschutzbedürfnis ist während des Prozesses immer neu zu prüfen. Es reicht nicht aus, dass es bei Klageerhebung vorlag, sondern es muss während des gesamten Prozesses gegeben sein, da es nachträglich entfallen kann.[27]

Macht zum **Beispiel** der Beklagte einer negativen Feststellungsklage den Anspruch im Wege einer Leistungswiderklage geltend, entfällt das zunächst gegebene Rechtsschutzbedürfnis für die Feststellungsklage, sobald die Leistungsklage nicht mehr einseitig zurückgenommen werden kann (dh nachdem die Parteien hierüber verhandelt haben: § 269 I ZPO). Die Feststellungsklage muss für erledigt erklärt werden, will der Kläger eine Abweisung als unzulässig vermeiden. Dies gilt nur, wenn das Ziel der Feststellungsklage von der Leistungsklage erreicht wird. Soll mit der Klage festgestellt werden, dass der Kläger Eigentümer einer Sache ist, so entfällt die Zulässigkeit nicht durch die auf Herausgabe gerichtete Widerklage, da letztere nicht zwingend auf das Eigentum des Klägers gestützt werden muss.[28]

Abgesehen von der mangelnden Vollstreckungsmöglichkeit der Hauptsache hat die positive Feststellungsklage der Leistungsklage gegenüber nur wenige **Besonderheiten:** **134**

- Die *Klageschrift* muss – wie die der Leistungsklage auch – den Anforderungen des § 253 ZPO genügen (→ Rn. 140 ff.).

  Insbesondere für die Darlegungs- und Beweislast gelten die allgemeinen Grundsätze: Jede Partei muss die Voraussetzungen derjenigen Normen darlegen und beweisen, aus denen sie für sich materiell günstige Rechtsfolgen herleiten will. Günstig ist das Bestehen des Anspruchs für den (hier klagenden) Gläubiger, das Bestehen von Einwendungen oder Einreden ist günstig für den (hier beklagten) Schuldner.

- Auch für *Anhängigkeit*, *Rechtshängigkeit* und ihre Wirkungen gelten die Ausführungen zur Leistungsklage (→ Rn. 169).

  Wichtigste praktische Folge und häufig Anlass für die Feststellungsklage ist die Hemmung der Verjährung nach § 204 I Nr. 1 BGB.

- Der *Streitwert* kann nicht dem vollen Hauptsachewert entsprechen, weil das Feststellungsurteil nicht vollstreckbar ist und in seinen Wirkungen deswegen hinter einem Leistungsurteil zurückbleibt.

- In *Rechtskraft* erwächst bei Klagestattgabe die Feststellung, dass das Rechtsverhältnis besteht, im Fall der Klageabweisung, dass das Rechtsverhältnis nicht besteht.

27 BGH NJW-RR 1993, 391.

28 BGH NJW-RR 1990, 1532; *Macke*, Aufeinandertreffen von negativer und positiver Feststellungsklage im Schadensersatzprozess, NJW 1990, 1651.

Feststellungsklage

Art	**Positive**	**Negative**
Parteistellung	Gläubiger ./. Schuldner	Schuldner ./. Gläubiger
Besondere Zulässigkeitsvoraussetzungen	• Rechtsverhältnis • Rechtliches Interesse an alsbaldiger Feststellung • oder: Vorgreiflichkeit **= Zwischenfeststellungsklage**	
Folgen *Verjährung*	Wird gehemmt (§ 204 I Nr. 1 BGB)	Wird nicht gehemmt
Darlegungs-/Beweislast *- anspruchsbegr. Tatsache* *- Gegenrechte*	Gläubiger = Kläger Schuldner = Beklagter	Gläubiger = Beklagter Schuldner = Kläger
Streitwert	80% Wert Rechtsverhältnis	100% Wert Rechtsverhältnis
Rechtskraft *- bei Klagestattgabe* *- bei Klageabweisung*	Bestehen Rechtsverhältnis Nichtbestehen Rechtsverhältnis	Nichtbestehen Rechtsverhältnis Bestehen Rechtsverhältnis

Schema 4.4: Feststellungsklage

135 Weitergehende Besonderheiten gelten für die **negative Feststellungsklage**:[29]

- Die *Voraussetzungen* entsprechen denen der positiven Feststellungsklage: Gegenstand kann auch hier nur ein Rechtsverhältnis sein, der Kläger muss ein rechtliches Interesse daran haben, dessen Nichtbestehen feststellen zu lassen. Das Rechtsverhältnis, das negiert wird, muss so genau wie möglich umschrieben sein (§ 253 II Nr. 2 ZPO).

  Beispiel: Der bloße Antrag, »festzustellen, dass der Beklagte dem Kläger nichts schulde«, ist immer unzulässig.[30]

- Die *Darlegungs- und Beweislast* kehrt sich durch den Wechsel der Parteistellung nicht um, sondern bleibt wie bei der Leistungs- oder der positiven Feststellungsklage.[31] Die »Günstigkeit« ist materiell, nicht prozessual zu bestimmen. Günstig ist das Bestehen des Anspruchs für den (hier beklagten) Gläubiger, das Bestehen von Einwendungen oder Einreden ist günstig für den (hier klagenden) Schuldner.

  Beispiel: Wird auf das Nichtbestehen eines vertraglichen Erfüllungsanspruchs geklagt, so müssen die Voraussetzungen dieses vertraglichen Anspruchs (insbesondere das wirksame Bestehen eines Vertrages) vom Gläubiger bewiesen werden, auch wenn dieser hier Beklagter ist. Er – der Beklagte – will aus dem Bestehen des Anspruchs für sich materiell günstige Rechtsfolgen herleiten.
  Lässt sich das (Nicht-)Bestehen des Anspruchs nicht beweisen (non liquet), wird der Klage stattgegeben.

29 *Thole*, Aktuelle Entwicklungen bei der negativen Feststellungsklage, NJW 2013, 1192.
30 BGH NJW 1984, 1556; *Anders/Gehle* Assessorexamen ZivR Rn. 525.
31 BGH NJW 1993, 1716; 1992, 1101.

- Eine *Verjährungshemmung* zugunsten des verklagten Gläubigers nach § 204 I Nr. 1 BGB findet nicht statt.[32] Hierfür ist ein Tätigwerden des Gläubigers erforderlich, an der es bei der Klage des Schuldners fehlt.
- Auch die negative Feststellungsklage kann *teilweise begründet*, teilweise unbegründet sein.[33] Dann bedarf es im Tenor der sorgfältigen Beschreibung in welchem Umfang der Anspruch (un-)begründet ist.
- Anders als bei der positiven Feststellungsklage ist für den *Streitwert* ein Abschlag vom Wert der Leistung nicht zu machen. Einzusetzen ist der volle Wert der Leistung, da mit der Stattgabe der Klage das Nichtbestehen des Anspruchs uneingeschränkt in Rechtskraft erwächst, ein Unterschied zur Abweisung der Leistungsklage also nicht besteht.
- In *Rechtskraft* erwächst bei Klagestattgabe das Nichtbestehen des Rechtsverhältnisses, bei Klageabweisung dessen Bestehen.[34]

Eine privilegierte Form der Feststellungsklage stellt die sog. (positive oder negative) **Zwischenfeststellungsklage** nach § 256 II ZPO dar. Diese kann nicht isoliert, sondern nur zusätzlich in Form einer Klagehäufung oder einer Widerklage erhoben werden. Ein rechtliches Interesse an der Feststellung braucht nicht vorzuliegen. Anstelle dessen muss das festzustellende Rechtsverhältnis *vorgreiflich für die spätere Entscheidung* in der Hauptsache sein.[35] Hierdurch kann eine Ausdehnung der Rechtskraft auch auf sonst nicht erfasste entscheidungserhebliche Vorfragen erreicht werden. 136

Beispiel: Macht der Kläger im Wege der Leistungsklage nur einen Teil des ihm zustehenden Anspruchs geltend, so erfasst die Rechtskraft des Urteils den nicht eingeklagten Betrag nicht. Einen neuen Rechtsstreit kann der Beklagte vermeiden, wenn er widerklagend Feststellung begehrt, der Anspruch bestehe insgesamt nicht.

Vollstreckt werden kann ein auf die Feststellungsklage hin ergehendes Feststellungsurteil wegen der Kostenentscheidung. Die Hauptsache (Feststellung des Bestehens oder Nichtbestehens) ist nicht vollstreckbar, ihre Wirkung erschöpft sich in der Rechtskraft, insbesondere der Vorgreiflichkeit (→ Rn. 489, → Rn. 491). 137

c) Gestaltungsklage

Gegenstand der Gestaltungsklage ist eine zukünftige Rechtsänderung, die durch Rechtsgeschäft nicht herbeigeführt werden kann. Insoweit scheiden also die Gestaltungsrechte des BGB (Anfechtung, Kündigung, Rücktritt usw.) aus, die keiner Klage bedürfen, sondern mit Willenserklärungen ausgeübt werden (§ 143 BGB). Gestaltungsklagen sind nur dort statthaft, wo sie das Gesetz ausdrücklich vorschreibt (numerus clausus). 138

Beispiele: Nur im Wege der Gestaltungsklage kann dem Gesellschafter einer **Personenhandelsgesellschaft** (OHG, KG) nachträglich die Geschäftsführungs- oder Vertretungsbefugnis entzogen (§§ 117, 127 HGB) oder die Gesellschaft aufgelöst werden (§§ 131 I Nr. 4, 133, 161 II HGB). Um **zivilprozessuale** Gestaltungsklagen handelt es sich bei der Abänderungsklage (§ 323 ZPO), der Vollstreckungsgegenklage (§§ 767, 785 ZPO), der Klage gegen die Vollstreckungsklausel (§ 768 ZPO) oder der Drittwiderspruchsklage (§ 771 ZPO).

---

32 BGH MDR 2012, 1365.

33 BGHZ 31, 358 = NJW 1960, 669.

34 BGH NJW 2003, 3058; 1995, 1757; 1986, 2508; Thomas/Putzo/*Reichold* ZPO § 256 Rn. 23 f.; zT aA *Tiedtke*, Zur Rechtskraft eines die negative Feststellungsklage abweisenden Urteils, NJW 1990, 1697.

35 BGHZ 83, 251 = NJW 1983, 1790; BGHZ 69, 37; zur praktisch häufigen Form der Zwischenfeststellungs-Widerklage → Rn. 1243.

Die früher praktisch wichtigen Gestaltungsklagen auf Scheidung der Ehe (§ 1564 BGB) sind mit dem Inkrafttreten des FamFG dem entsprechenden »Antrag« gewichen, über den nicht durch Urteil, sondern durch Beschluss entschieden wird (§§ 133 ff. FamFG).

139 *Vollstreckt* werden Gestaltungsurteile nur hinsichtlich der Kostenentscheidung. In der Hauptsache tritt die Gestaltungswirkung mit Eintritt der formellen Rechtskraft automatisch ein.[36]

2. Klageschrift

140 Voraussetzung für die Ingangsetzung eines Prozesses ist die Zustellung einer den gesetzlichen Vorschriften entsprechenden Klageschrift.

Für den **Rechtsanwalt** ist die Klageschrift die wichtigste schriftliche Leistung im Zivilprozess.[37] Mit ihr setzt er das Ergebnis seiner Rechtsprüfung und Mandantenberatung praktisch um und trifft einige Grundentscheidungen für das Verfahren.

Für den **Richter** ist die Klage Grundlage des beginnenden Prozesses, wobei es für ihn (im Rahmen der entsprechenden Zulässigkeitsvoraussetzung)[38] zunächst genügt, zu prüfen, ob die Klage formal ordnungsgemäß erhoben ist. Eventuelle Mängel an anderen Zulässigkeitsvoraussetzungen oder an der Begründetheit der Klage können im weiteren Verlauf des Verfahrens behoben werden.

a) Anwaltliche Vorüberlegungen

141 Haben die materiellrechtlichen Überlegungen des Anwalts eine günstige Erfolgsprognose ergeben und hat sich der Mandant für eine gerichtliche Durchsetzung seines Rechts entschieden, so müssen einige Grundfragen für den einzuleitenden Prozess beantwortet werden. Dazu gehören:

142 (1) Bestimmung der an dem Verfahren zu beteiligenden **Personen**.

Hierzu gehören zunächst die Parteien selbst. Erforderlich ist, dass diese materiell und prozessual berechtigt sind (→ Rn. 54 ff.).[39] Beide Teilaspekte können bei Bedarf vor Klageerhebung umgestaltet werden. Soll der Rechtsinhaber als Zeuge gewonnen werden, kann ein Dritter Kläger werden, wenn ihm das Recht abgetreten oder er zur Prozessführung ermächtigt wird. Soll ein Zeuge auf Seiten des Gegners ausgeschaltet werden, kann dieser mitverklagt werden, auch wenn die Klage sachlich keine Aussicht auf Erfolg hat. Stehen auf Gläubiger- und/oder Schuldnerseite mehrere Personen, können diese als Streitgenossen in den Prozess einbezogen, aber auch ausgeklammert werden (etwa aus Kostengründen oder wenn eine Zwangsvollstreckung gegen sie aussichtslos erscheint). Durch Streitverkündung in den Prozess einbezogen werden können auch Dritte, die dadurch nicht Partei werden, wohl aber an das Ergebnis des Prozesses gebunden sind.

Beispiel: Werden Schadensersatzansprüche aus einem Verkehrsunfall geltend gemacht, sind für die Bestimmung der »richtigen« Parteien zahlreiche Überlegungen[40] zu berücksichtigen:

- Auch nach einer Leistung seiner Kaskoversicherung bleibt der Geschädigte trotz der Legalzession aus §§ 86 I VVG aktivlegitimiert.[41] Soll der Geschädigte als Zeuge gewonnen werden, kommt eine Abtretung seiner Ansprüche in Betracht. Abtretungen an Abschleppunternehmer, Ersatzfahrzeugvermieter, Sachverständige oder Werkstätten erfolgen meist nur sicherungshalber, sind

36 Zu den Urteilswirkungen → Rn. 478.
37 Dazu auch *Michel/von der Seipen* Schriftsatz.
38 BGH NJW 1992, 2099.
39 *Birkeneder,* Zur Aktiv- und Passivlegitimation bei Prozessen im Verkehrsschadensrecht, ZAP Fach 9, 865; *Schauseil,* Die Aktivlegitimation in Verkehrsunfallprozessen, MDR 2012, 446.
40 *Schneider*, Materielle und prozessuale Überlegungen im Zusammenhang mit einem Verkehrsunfall, JURA 2014, 323.
41 KG NZV 2009, 240.

mit einer gewillkürten Prozessstandschaft verbunden oder werden im Prozess schlicht nicht offengelegt. Werden Abtretungsempfänger Kläger, so muss darauf geachtet werden, dass der Umfang der Abtretung eindeutig bestimmt und die Grenzen zulässiger Rechtsdienstleistung (§§ 1, 2, 3, 5 RDG; § 138 BGB) nicht überschritten sind. Die Verteilung der Ansprüche zwischen Leasinggeber und Leasingnehmer richten sich nach dem Leasingvertrag, fehlen solche, kann der Leasinggeber nur Ansprüche aus Eigentum, der Leasingnehmer nur Ansprüche aus Besitz geltend machen.

- Als Beklagte kommen der Halter, der Fahrer und die Haftpflichtversicherung in Betracht. Die Klage gegen den Halter hat materiell die einfachsten Voraussetzungen (§ 7 I StVG), die Klage gegen den Fahrer (§ 18 StVG) schließt diesen als Zeugen aus, die Klage gegen die Versicherung (§ 3 Nr. 1 PflVG) hat wirtschaftlich die größte Erfolgsaussicht.

(2) Bestimmung des **Gerichts**, das mit der Klage befasst werden soll. 143

Erforderlich ist, dass das Gericht zuständig ist. Örtlich kann die Klage dabei entweder an ein (ggf. auszuwählendes) nach der gesetzlichen Zuständigkeitsordnung berufenes Gericht (→ Rn. 88 ff.) gerichtet oder die Zuständigkeit eines anderen Gerichts herbeigeführt werden (Gerichtsstandsvereinbarung, rügelose Einlassung, gerichtliche Zuständigkeitsbestimmung; → Rn. 1045 ff.).

(3) Bestimmung des **Streitgegenstands**, der mit der Klage geltend gemacht werden soll. 144

Dazu gehört zunächst die Frage nach Gegenstand und Ziel des Rechtsschutzes, also nach der richtigen Klageart, die zumindest in beschränktem Umfang zur Disposition des Klägers steht (→ Rn. 122 ff.). Auch den Umfang der Klage kann der Kläger häufig bestimmen. Mit einer Teilklage kann das Kostenrisiko begrenzt werden, es entstehen aber besondere Probleme beim Umfang der Rechtskraft und bei der Verjährungshemmung des nicht eingeklagten Teils.[42] Mit der objektiven Klagehäufung können mehrere Streitgegenstände im selben Prozess geltend gemacht werden, was unnötigen Aufwand verschiedener Prozesse vermeidet, aber eine sorgfältige Konstruktion des Verhältnisses der Ansprüche zueinander erfordert (kumulative, eventuelle oder alternative Klagehäufung).

(4) Bestimmung der **Verfahrensart**, in der verhandelt werden soll. 145

Neben dem allgemeinen Verfahren erster Instanz (§§ 253–510b ZPO) kommen dabei die besonderen Verfahrensarten der ZPO (zB Mahnverfahren, Urkundenverfahren, Eilverfahren) in Betracht.

b) Inhalt

Unter der Bezeichnung »*Ordnungsgemäße Klageerhebung*« ist im Rahmen der Zulässigkeitsvoraussetzungen zu prüfen, ob den gesetzlichen Erfordernissen Genüge getan ist. 146

§ 253 II ZPO enthält einige Formvorschriften, die jede Klage erfüllen *muss*. Dazu gehören die Bezeichnung der Parteien und des Gerichts sowie die bestimmte Angabe des Gegenstands und des Grunds des erhobenen Anspruchs sowie ein bestimmter Antrag. Konkretisiert werden diese Anforderungen durch die für alle Prozessschriftsätze geltende Vorschrift des allgemeinen Teils, § 130 ZPO.[43] Daneben enthalten die § 253 III, IV, V ZPO, § 12 GKG weitere, nicht zwingende Formerfordernisse.

Unklare, ggf. sogar fehlende Angaben muss das Gericht auslegen,[44] ist dies nicht möglich, muss der Kläger mit einem Hinweis (§ 139 I 2 ZPO) Gelegenheit zur Nachbesserung erhalten. Wird der Mangel weder nachträglich während des Prozesses behoben noch durch rügelose Einlassung des Gegners geheilt (§ 295 ZPO), so ist die Klage *unzulässig*.

Einen Überblick über die praktische Umsetzung dieser Anforderungen gibt Schema 4.5: 147

42 *Haunschild*, Mit Teilklagen Gebühren sparen, AnwBl. 1998, 509; *Heß*, Das (Teil-)Schmerzensgeld, NJW-Spezial 2004, 63; *Prechtel*, Chancen und Risiken einer Teilklage, ZAP (2010) Fach 13, 1621.

43 Die Rspr. sieht insoweit in § 130 ZPO keine bloße Soll-, sondern eine Muss-Vorschrift: BGH FamRZ 1988, 382.

44 BGH NJW-RR 2008, 582; 2006, 1569.

Inhalt der Klageschrift

1	Konrad Bauer Rechtsanwalt	
2	An das Landgericht Frankfurt am Main 60313 Frankfurt a.M.	§ 253 II Nr. 1 ZPO § 130 Nr. 1 ZPO
	Ort, Datum	
3	**Klage**	
	Namens	§ 253 II Nr. 1 ZPO
4	der Hausbau Haas GmbH,	§ 130 Nr. 1 ZPO
5	gesetzlich vertreten durch ihren Geschäftsführer Paul Haas,	
6	Schneeberger Straße 32, 63457 Hanau,	
7	– Klägerin –	
	Prozessbevollmächtigter RA Konrad Bauer, Hanau,	
3	erhebe ich Klage gegen	
4	die Frau Cornelia Lösch, Vereinsstraße 35, 60059 Frankfurt a.M., – Beklagte –	§ 253 II Nr. 1 ZPO § 130 Nr. 1 ZPO
8	wegen Erfüllung eines Kaufvertrages.	§ 130 Nr. 1 ZPO
9	Im Termin zur mündlichen Verhandlung werde ich beantragen, die Beklagte zu verurteilen, dem Kläger das Grundstück Grundbuch von Hanau-Wolfgang, Bd.7, Blatt 3456, aufzulassen.	§ 253 II Nr. 2 ZPO § 130 Nr. 2 ZPO
10	Der Wert des Streitgegenstandes beträgt 120.000,– EUR.	§ 253 III 1 ZPO
11	Begründung …	§ 253 II 2 ZPO § 130 Nr. 3–5 ZPO
12	Einer Entscheidung des Rechtsstreits durch den Einzelrichter stehen Gründe nicht entgegen.	§ 253 III 2 ZPO
13	Eine beglaubigte und eine einfache Abschrift der Klageschrift sind beigefügt.	§ 253 V ZPO § 130 Nr. 1 ZPO
14	Gerichtsgebühren in Höhe von 3.465,– EUR sind eingezahlt.	§ 12 I GKG
15	*Bauer* Rechtsanwalt	§ 130 Nr. 6 ZPO
12	2 Anlagen	§ 130 Nr. 1 ZPO

Schema 4.5: Inhalt der Klageschrift

Zu den Randziffern ist im Einzelnen anzumerken:

[1] Die Klageschrift ist nicht formularbedürftig, kann also auf einem eigenen Briefkopf verfertigt werden. 148

[2] Die Bezeichnung des **Gerichts** (§ 253 II Nr. 1 ZPO) im *organisatorischen* Sinn. 149

Das angerufene Gericht ist also sachlich und örtlich zu bezeichnen (§ 313 I Nr. 2 Alt. 1 ZPO) (»Amtsgericht Frankfurt am Main«). Praktisch genügt es, wenn das Gericht im Anschriftenfeld der Klage bezeichnet wird. Der Angabe des zuständigen Spruchkörpers oder der Organisationseinheit (»die 1. Zivilkammer des Landgerichts Frankfurt am Main«, »Abteilung 32«) bedarf es nicht, ist aber empfehlenswert bei speziellen funktionellen und inhaltlichen Zuständigkeiten (Mietsachen, Familiensachen), um eine richtige Behandlung der Klage im Geschäftsgang zu erreichen. Erforderlich ist die Angabe, dass vor der Kammer für Handelssachen verhandelt werden soll (§ 96 I GVG).

[3] Die **Klageschrift** muss nicht notwendig als solche bezeichnet werden, wohl aber zweifelsfrei erkennen lassen, dass Klage erhoben wird. 150

Wie jede ein Prozessrechtsverhältnis begründende Prozesshandlung ist auch die Klageerhebung bedingungsfeindlich.[45] Macht der Kläger eindeutig klar, dass er die Klage nur unter der Voraussetzung der Gewährung von Prozesskostenhilfe erheben will (zB durch Einreichung eines Antrags auf Gewährung von Prozesskostenhilfe und Beifügung eines nicht unterschriebenen Klageentwurfs), so ist die Klage noch nicht bei Gericht anhängig gemacht. Erforderlich für eine wirksame Klageerhebung ist dann, dass der Kläger nach der Entscheidung über den Prozesskostenhilfeantrag eindeutig zu erkennen gibt, dass er die Klage als erhoben ansehen will. Dies kann durch eine ausdrückliche Erklärung (»dem Verfahren Fortgang zu geben«, »die Klage nunmehr zuzustellen« oÄ), ggf. auch konkludent (Zahlung des Prozesskostenvorschusses nach Versagung der Prozesskostenhilfe) geschehen.[46]

[4] Die **Parteien** werden mit *Name* und Vorname bezeichnet. Akademische Titel sind anzugeben, soweit sie zum Namen gehören (Dr.) oder soweit dies üblich ist (Prof.), ansonsten (Dipl., LL.M.) ist ihre Angabe möglich, aber nicht zwingend und überwiegend ungebräuchlich. Wohnort ist der Name der Gemeinde, Parteistellung ist Kläger(in) oder Beklagte(r). Der ratio des § 130 Nr. 1 ZPO (eindeutige Individualisierung der Parteien[47]) entsprechend verzichtet die Praxis weitgehend auf eine Angabe von »Stand und Gewerbe« (dh insbesondere des Berufs) und verlangt stattdessen Postleitzahl, Straße und Hausnummer (»ladungsfähige Anschrift«). Weiterer individualisierender Angaben (»junior/senior«) bedarf es nur, soweit diese im Einzelfall – etwa wegen Verwechslungsgefahr aufgrund Namens- und Anschriftengleichheit – erkennbar erforderlich sind. 151

Bezeichnungsfehler sind durch Auslegung aus der Sicht des Gerichts und des Gegners zu beheben. Partei wird, wer nach dem Gesamtzusammenhang des klägerischen Vortrags erkennbar gemeint ist zum formellen Parteibegriff → Rn. 62 f.; zur Parteiberichtigung → Rn. 965 f.).[48]

Ausnahmsweise entbehrlich sind die Angabe der Anschrift des Beklagten, wenn die Voraussetzungen einer öffentlichen Zustellung (§ 185 ZPO) vorliegen (→ Rn. 229), des Namens des Beklagten, soweit die Namensermittlung einerseits unzumutbar, die Person andererseits zweifelsfrei bestimmbar ist.

> **Beispiel:** Zugelassen hat die Rechtsprechung die Klage gegen namentlich nicht bekannte Erben, Demonstranten auf einem Fabrikschornstein oder Insassen einer schwimmenden Rettungsinsel,

45 BGHZ 4, 54 (55) = NJW 1952, 102.

46 BGH NJW-RR 2003, 1558; BGHZ 7, 268 (270) = NJW 1952, 1375; BGHZ 4, 328 (334) = NJW 1952, 545; OLG Köln NJW 1994, 3360; Zöller/*Philippi* ZPO § 117 Rn. 8.

47 BGH NJW 2001, 885; OLG Bremen NJW-RR 1995, 1023; Zöller/*Greger* ZPO § 253 Rn. 8.

48 BGH NJW 2008, 582; NJW-RR 2006, 42; *Kempe/Antochewicz*, Haftungsfall oder Rettung möglich? – Die fehlerhafte Beklagtenbezeichnung in der Klageschrift, NJW 2013, 2797.

nicht indes gegen Hausbesetzer, wenn diese das Haus frei betreten und verlassen können.[49] Nicht als ausreichend angesehen wurden eine E-Mail-Anschrift, Telefonnummer, c/o-Anschrift oder ein Postfach.

Ausnahmsweise entbehrlich kann auch die Angabe der Anschrift oder sogar des Namens des Klägers sein, wenn hierfür ein berechtigtes Interesse besteht, wovon nur in seltenen Ausnahmefällen auszugehen ist.[50]

Beispiel: Klagt ein Arbeitnehmer gegen seinen Arbeitgeber auf Einrichtung eines Betriebsrates und muss deswegen Repressalien befürchten, so genügt es, wenn er seine Identität dem Gericht offenbart, einer Namhaftmachung gegenüber dem Beklagten bedarf es dann nicht.

Parteifähig sind auch *Minderjährige*. Da der Mangel der Prozessfähigkeit (und die Notwendigkeit einer gesetzlichen Vertretung) mit der Volljährigkeit entfällt, kann es sinnvoll sein, ihr Geburtsdatum ins Rubrum aufzunehmen.

Klage

des am … geborenen minderjährigen …
gesetzlich vertreten durch seine Eltern, Herrn … und Frau …

– Kläger –

Bei *juristischen Personen* tritt an die Stelle des Namens die Firma. Auch Einzelkaufleute können unter ihrer Firma den Prozess führen. Dabei ist grundsätzlich die korrekte Form der Handelsregistereintragung wiederzugeben, nicht eine bloße Abkürzung. Sind Gesellschaften des bürgerlichen Rechts als solche Partei, können sie unter der Bezeichnung angegeben werden, unter der sie am Rechtsverkehr teilnehmen oder unter dem Namen ihrer Gesellschafter. Abzugrenzen ist dies von den Fällen, in denen Partei des Rechtsstreits nicht die GbR selbst ist, sondern deren Gesellschafter verklagt werden.[51]

Klage

der XY-GbR bestehend aus … und …

– Klägerin –

gegen
… und … als Gesellschafter einer Gesellschaft bürgerlichen Rechts

– Beklagte –

Parteien kraft Amtes, also Insolvenzverwalter (§§ 6, 7 InsO), Nachlassverwalter (§ 1984 BGB), Testamentsvollstrecker (§§ 2212, 2213 BGB) und Zwangsverwalter (§ 152 ZVG) handeln zwar im eigenen Namen und werden deswegen selbst Partei. Weil sie aber für fremde Rechnung tätig werden, ist die von Ihnen repräsentierte Vermögensmasse zu bezeichnen.

Klage

des Rechtsanwalts …
als Insolvenzverwalter über das Vermögen des Kaufmanns …

– Klägers –

49 OLG Oldenburg NJW-RR 1995, 1164; *Christmann*, Klage gegen Unbekannt, DGVZ 1996, 81; *Prechtel*, Fehlerquellen bei der Parteibezeichnung, ZAP (2008) Fach 13, 1479; *Wehrberger*, Unzutreffende Parteibezeichnung – Haftungsrisiken und Rettungsmöglichkeiten, AnwBl. 2000, 684.

50 BVerfG NJW 1996, 1272; BGH NJW 1988, 2095; KG OLGZ 1991, 465; FG Hess NVwZ 1986, 968; *Mantz*, Klage gegen unbekannte Inhaber einer ausländischen Domain im Zivilprozess?, NJW 2016, 2845. *Nierwetberg*, Ladungsfähige Anschrift des Klägers als Erfordernis ordnungsgemäßer Klageerhebung?, NJW 1988, 2114.

51 *Gräve/Salten*, Neues Firmenrecht – Die Parteibezeichnung der Einzelkaufleute im Zivilprozess, MDR 2003, 1097; *Markgraf/Kießling*, Gesellschaften als Parteien im Zivilprozess, JuS 2010, 312.

Auch der **Prozessstandschafter** klagt im eigenen Namen, wird also selbst Partei. Dass er ein fremdes Recht geltend macht, wird lediglich aus der Formulierung von Antrag und Tenor deutlich, nach dem die Leistung nicht an den Kläger, sondern an einen Dritten (den Rechtsinhaber) zu erbringen ist.

Sind mehrere Personen auf einer Parteiseite beteiligt (**Streitgenossen**, §§ 59, 60 ZPO), sind alle anzugeben und als Kläger bzw. Beklagte (nicht als »Streitgenossen«) zu bezeichnen. Auf den Unterschied zwischen einfachen und notwendigen Streitgenossen kommt es dabei nicht an. Soweit die Streitgenossen nicht im Folgenden ausnahmslos zusammen behandelt werden (»die Kläger«), sind sie zu beziffern (»Kläger zu 1), Kläger zu 2)«), um sie im weiteren Verlauf des Prozesses zweifelsfrei benennen zu können. Zu weiteren Besonderheiten bei der Streitgenossenschaft → Rn. 993.

[5] Anzugeben sind die **gesetzlichen Vertreter** der Parteien (§ 313 I Nr. 1 Alt. 2 ZPO). Eine gesetzliche Vertretung ergibt sich nicht aus Vollmacht, sondern unmittelbar aus dem materiellen Recht (→ Rn. 81). 152

So werden Minderjährige gesetzlich vertreten durch ihre Eltern (§ 1629 BGB), ersatzweise durch den Vormund, unter Betreuung stehende Personen durch den Betreuer (§ 1902 BGB). Juristische Personen des Privatrechts werden durch ein Organ vertreten (§ 26 II BGB: Vorstand für den Verein; § 35 GmbHG: Geschäftsführer für die GmbH; § 78 AktG: Vorstand für die Aktiengesellschaft), für juristische Personen des öffentlichen Rechts ergibt sich die Vertretungsbefugnis aus Gesetz oder Satzung.

Für die Bezeichnung der gesetzlichen Vertreter gilt das zur Bezeichnung der Beteiligten selbst Gesagte entsprechend. Anzugeben sind grundsätzlich der volle Name des gesetzlichen Vertreters und seine ladungsfähige Anschrift; dafür kann die ladungsfähige Anschrift der Partei selbst entfallen. Die Praxis lässt wegen § 170 II ZPO verbreitet die bloße Bezeichnung der abstrakten Funktion (»vertreten durch den Vorstand«) genügen.[52] Der gesetzliche Vertreter ist bei der Partei aufzuführen und als solcher zu bezeichnen:

> Klage
>
> des minderjährigen …
>
> – Kläger –
>
> gesetzlich vertreten durch seine Eltern, Herrn … und Frau …

Möglich sind auch gestaffelte Vertretungen. Dies ist insbesondere bei der GmbH & Co KG zu beachten. Bei dieser handelt es sich um eine KG, die gesetzlich durch ihre Komplementärin vertreten wird, die als GmbH ihrerseits der Vertretung durch den Geschäftsführer bedarf.

> Klage
>
> der GmbH & Co KG
> gesetzlich vertreten durch die persönlich haftende Gesellschafterin …-GmbH,
>
> – Klägerin –
>
> diese gesetzlich vertreten ihren Geschäftsführer, Herrn …,

[6] Bezeichnet werden die Parteien mit ihrer **Parteistellung** im Prozess regelmäßig als »Kläger« und »Beklagter«. 153

Diese Parteistellung wird der Bezeichnung der Partei als Apposition beigefügt und von dieser durch Kommata, Klammern oder Gedankenstriche abgetrennt. Grammatikalisch steht eine Apposition grundsätzlich im gleichen Kasus wie das Satzglied, auf das sie sich bezieht, beim Kläger also im Genitiv, beim Beklagten im Akkusativ, zulässig ist aber auch der Nominativ. In besonderen Verfahrensarten oder -abschnitten führen die Parteien häufig andere Bezeichnungen (»Antragsteller«, »Antragsgegner«; »Gläubiger«, »Schuldner«; »Verfügungskläger«, »Verfügungsbeklagter«). Soweit eine solche besondere Bezeichnung sich nicht bereits aus dem Gesetz ergibt, ist die Praxis regional uneinheitlich.

52 BGH NJW 1993, 2811; 1989, 2689.

Klage

des …

– Klägers –

gegen
den …

– Beklagten –

154 [7] Anders als später im Urteil müssen in der Klageschrift die **Prozessbevollmächtigten** nicht angegeben werden, selbstverständlich aber ist dies möglich.

Wird die Klage durch einen Prozessbevollmächtigten des Klägers eingereicht, ergibt dieser sich ohne weiteres schon aus dem Briefkopf, selbstverständlich aber kann er auch bei der Partei wiederholt werden.

Die Angabe des Prozessbevollmächtigten des Beklagten ist entweder nicht möglich (weil dieser noch nicht bekannt ist) oder (wenn aus der vorprozessualen Korrespondenz bekannt) nicht sinnvoll, weil damit die wirksame Zustellung der Klage gefährdet wird.[53] Fehlerhaft ist diese, wenn das Gericht die Klage entgegen § 172 ZPO an den Beklagten selbst zustellt oder wenn der bisherige Bevollmächtigte des Beklagten sich als nicht zustellungsbevollmächtigt bezeichnet.

155 [8] Eine Bezeichnung des **Streitgegenstands** (»wegen«) ist nach § 253 IV ZPO iVm § 130 Nr. 1 ZPO möglich, zwingend ist sie nicht. Sinn macht die schlagwortartige Einordnung des Falles[54] nur, wenn sie über die bloß floskelhafte Beschreibung (»wegen Zahlung«, »wegen Forderung«) hinausgeht.

156 [9] Die Formulierung eines **bestimmten Antrags** (§ 253 II Nr. 2 ZPO). Mit dem Klageantrag bestimmt der Kläger Art (= Klageart) und Umfang des von ihm begehrten Rechtsschutzes.[55] Sein Inhalt und seine Formulierung ergeben sich aus dem materiellen Recht, das prozessual durchgesetzt werden soll.

53 BVerfG NJW 2007, 3486, 3488; BGH NJW-RR 2011, 997.
54 Prütting/Gehrlein/*Prütting* ZPO § 130 Rn. 6.
55 BGH NJW-RR 2017, 380; NJW 2003, 668; WM 2002, 1986; NJW-RR 1992, 1068.

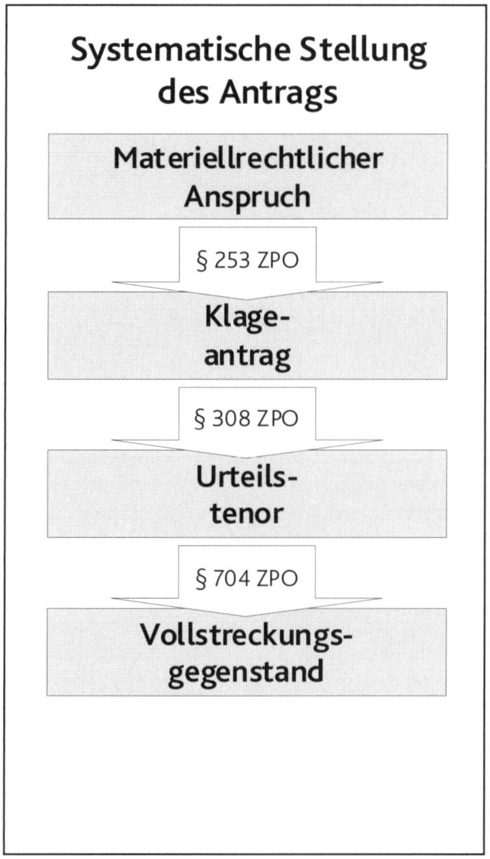

Schema 4.6: Systematische Stellung des Antrags

Will der Gläubiger ein ihm zustehendes materielles Recht prozessual durchsetzen, so muss er dieses (bei der Leistungsklage die Rechtsfolge einer Anspruchsgrundlage) in Form eines Antrags fassen. Dieser Antrag wird Grundlage des Verfahrens, bindet das Gericht und darf bei Abfassung des Tenors nicht überschritten werden (§ 308 I ZPO). Der Tenor bestimmt Art und Umfang der Zwangsvollstreckung (§ 704 ZPO).

Der Antrag ist damit Teil einer viergliedrigen Kette, bei der jedes Glied mit dem davor und dem danach eng verknüpft ist. Diese Kette stellt sicher, dass das am Beginn stehende Recht am Ende durch Zwangsvollstreckung verwirklicht werden kann.

Der Antrag muss »bestimmt« sein, kann zwar ausgelegt werden, muss aber klar und eindeutig sein und einen vollstreckungsfähigen Inhalt haben.[56] Sachdienlich (vgl. § 139 I 2 ZPO) ist ein Antrag, wenn er zum einen dem geltend gemachten Anspruch entspricht, zum anderen vollstreckungsfähig ist.

Zahlungsanträge müssen grundsätzlich beziffert sein, können aber auch auf ausländische Währung lauten.[57] Sie dürfen keinen Rechenvorgang enthalten (»zuzüglich Steuern«; »abzüglich Restwert«).

Eine unzulässige »**unabgegrenzte Teilklage**«[58] liegt vor, wenn mehrere Ansprüche in einer Klage geltend gemacht werden, der Antrag aber hinter der Gesamtsumme zurückbleibt und nicht erkennbar wird, welcher Anspruch zu welchem Teil geltend gemacht wird. Unzulässig ist auch die »**Saldoklage**«,[59] deren Klagebetrag sich aus nicht nachvollziehbaren Einzelforderungen zusammensetzt. Eine Ausnahme macht die Rechtsprechung für die Klage auf Zahlung von nach teilweiser Tilgung verbliebenen Mietrückständen. Keine unzulässige Saldoklage liegt vor, wenn der Gläubiger vor Klageerhebung materiell berechtigt saldiert hat (zB im Rahmen eines Kontokorrents). In allen Fällen ist die Darlegung der Einzelforderungen Voraussetzung für die Begründetheit der Klage.

Eine Klage auf Abgabe einer Willenserklärung muss diese im Antrag so exakt beinhalten, dass sie mit Eintritt der Rechtskraft des Urteils als abgegeben gelten kann (§ 894 I ZPO).[60]

---

56 BGH NJW 1999, 954.

57 §§ 244, 245 BGB; BGH NJW 1980, 2017; *Kaiser*, Typische Fehler in zivilprozessualen Anträgen, NJW 2017, 1223; *Schröer*, Klageantrag und Urteilsformel bei Zahlungsklagen, JA 1996, 407; *Schröer*, Urteilsformen und Klageanträge bei besonderen Zahlungsklagen, JA 1997, 873; zur Ausnahme des unbezifferten Antrags → Rn. 1065 ff.

58 BGH NJW 2014, 3298; NJW-RR 2013, 255; NJW 2000, 3718; Zöller/*Greger* ZPO § 253 Rn. 15.

59 BGH NJW 2013, 1367; *Einsiedler*, Saldoklagen und Klagen aus Salden, JURA 2013, 653.

60 BGH NJW 1995, 463.

Herausgabeklagen müssen den verlangten Gegenstand so genau bezeichnen, dass er von einem Dritten in der Zwangsvollstreckung von allen anderen Gegenständen zweifelsfrei abgegrenzt werden kann.[61]

Besondere Probleme bereitet regelmäßig der Unterlassungsantrag, der das zu verbietende Verhalten so exakt bezeichnen muss, dass nicht erst das Vollstreckungsgericht darüber entscheidet, was dem Beklagten verboten ist.[62] Die Bezugnahme auf gesetzliche Verbote (Straftatbestände) genügt.[63] Es empfiehlt sich, die Androhung von Ordnungsmitteln sogleich mit zu beantragen (§ 890 II ZPO).

Formulierungsbeispiel:
… den Beklagten zu verurteilen, es zu unterlassen, wörtlich oder sinngemäß zu behaupten, der Kläger sei vorbestraft. Für jeden Fall der Zuwiderhandlung wird dem Beklagten die Verhängung eines Ordnungsgelds bis zu einer Höhe von 250.000,– EUR oder, auch für den Fall, dass das Ordnungsgeld nicht beigetrieben werden kann, Ordnungshaft bis zu sechs Monaten angedroht.

Trotz des Erfordernisses der inhaltlichen Bestimmtheit und der Vollstreckungsfähigkeit können Anträge ausnahmsweise auch **unbestimmte Begriffe** enthalten, wenn dem Kläger präzisere Angaben nicht möglich oder zumutbar sind. Zur Fassung des unbezifferten Antrags → Rn. 1072.

Denkbar sind **bspw.** daher Anträge auf Leistung »handelsüblicher« Mengen, Herstellung eines »früheren« Zustands oder Abgabe der »erforderlichen« Erklärungen.[64] Möglich sind auch Bezugnahmen auf dem Antrag als Anlage beigefügte bildliche Darstellungen, auf »sinngemäße Erklärungen« oder »vergleichbares Verhalten« »mit Ausnahme künstlerischer Tätigkeit«.

Feststellungsanträge müssen das festzustellende Rechtsverhältnis unzweideutig beschreiben, **Gestaltungsanträge** orientieren sich an dem geltend gemachten Gestaltungsrecht.

Formulierungsbeispiele:
… festzustellen, dass die Beklagte verpflichtet ist, dem Kläger sämtliche Schäden aus dem Verkehrsunfall vom … zu ersetzen.

… festzustellen, dass das Mietverhältnis der Parteien über die Wohnung … durch die mündliche Kündigungserklärung des Beklagten vom … nicht beendet wurde.

… dem Beklagten die Geschäftsführungsbefugnis für die XY-OHG zu entziehen.

Das Antragserfordernis umfasst grundsätzlich nur die erstrebte Entscheidung über die **Hauptsache** (»Sachantrag«).

Anträge zu den Kosten sind nach § 308 II ZPO immer überflüssig, Anträge zur vorläufigen Vollstreckbarkeit sind erforderlich nur, soweit es sich um echte Vollstreckungsschutzanträge (§§ 712 I, 710, 711 S. 2 ZPO) handelt. In allen anderen Fällen sind sie überflüssig.

Erforderlich sein können auch sonstige Anträge zum Verfahren, so etwa der hilfsweise Antrag auf Erlass eines Versäumnisurteils im schriftlichen Vorverfahren (§ 331 III ZPO; → Rn. 1274). Hierher gehört auch der Antrag auf Anordnung einer Sicherheitsleistung nach § 283a ZPO. Damit kann der auf Räumung und Zahlung rückständiger Zinsen klagende Vermieter erreichen, dass der beklagte Mieter Sicherheit für die zwischen Rechtshängigkeit der Klage und Erlass der Sicherungsanordnung fällig gewordenen Geldforderungen (weitere Mietzinsraten) vorab Sicherheit leisten muss (→ Rn. 841a).

157 [10] § 253 III Nr. 2 ZPO verlangt die Angabe des **Werts des Streitgegenstands** nur, wenn hiervon die Zuständigkeit des Gerichts abhängt und der Streitgegenstand nicht in einer bestimmten Geldsumme besteht.

---

61 Zur Antragsfassung bei Unterlassungsklagen OLG Saarbrücken WuM 1995, 269.

62 BGH WRP 2009, 831; *Schmitt-Gaedke*, Die Antragsfassung bei Unterlassungsklage und Unterlassungsverfügung, JuS 2015, 126; *v. Ungern-Sternberg*, Grundfragen des Streitgegenstands bei wettbewerbsrechtlichen Unterlassungsklagen, GRUR 2009, 901; 1009.

63 BGH NJW 2009, 2528; OLG München WRP 2008, 1471.

64 BGH NJW 1999, 3638 und 1999, 954; 1998, 1005.

Nicht erforderlich ist die Angabe damit bei allen bezifferten Zahlungsklagen. Bei anderen Klagen bedarf es einer Angabe nur, wenn nicht auch ohne sie eindeutig ist, ob die sachliche Zuständigkeit des Amts- oder des Landgerichts gegeben ist.

[11] Die Angabe eines bestimmten **Klagegegenstands** und **Klagegrunds** (§ 253 II Nr. 2 ZPO). Der Kläger muss dabei angeben, welche Rechtsfolgen aus welchem Lebenssachverhalt er herleiten will. Erforderlich ist dabei die Einhaltung einer Reihe von Prinzipien des Tatsachenvortrags im Prozess:[65] **158**

- Vorzutragen sind Tatsachen (→ Rn. 348 f.), die den geltend gemachten (prozessualen) Anspruch (→ Rn. 178) so genau beschreiben, dass er von allen anderen denkbaren Ansprüchen eindeutig abgegrenzt werden kann. Dazu kann die Angabe **individualisierender** Details erforderlich sein (Daten, Beträge, Zeitpunkte).[66] **159**

  Zusammen mit dem Antrag wird so nach hM der Streitgegenstand bestimmt (→ Rn. 178 ff.). **160**

- Trägt der Kläger dabei objektiv vorliegende Tatsachen nicht vor, können diese vom Gericht für die Entscheidung nicht berücksichtigt werden. Hätten die Tatsachen eine für den Kläger materiell günstige Rechtsfolge ausgelöst (anspruchsbegründende oder anspruchserhaltende Tatsachen), so kann diese nicht eintreten. Der Kläger ist zum Vortrag solcher Tatsachen nicht verpflichtet, trägt aber den Nachteil aus dem Nichtvortrag (»**Darlegungslast**«). Praktisch folgt daraus, dass jede Partei im eigenen Interesse gehalten ist, diejenigen Tatsachen vorzutragen, aus denen sie für sich günstige Rechtsfolgen herleiten will (→ Rn. 206 ff.).[67]

  Abweichungen von diesem Grundsatz können sich aus dem Gesetz, aus von der Rechtsprechung entwickelten Instituten oder aus Parteivereinbarung ergeben (→ Rn. 196, 1319 ff.).

- **Schlüssig** ist der Vortrag, wenn die vorgetragenen Tatsachen geeignet sind, die begehrte Rechtsfolge herbeizuführen, wenn alle Voraussetzungen der Norm mit Tatsachen ausgefüllt sind. Dies ist (Mindest-)Voraussetzung für die Begründetheit der Klage (vgl. § 331 ZPO). Für deren Zulässigkeit genügt es, dass überhaupt Tatsachen vorgetragen werden, auch wenn diese einen Anspruch nicht begründen können (→ Rn. 429). **161**

  Erforderlich ist deswegen, dass der Anwalt sich über die geltend zu machende Anspruchsgrundlage klar wird und normadäquat vorträgt.[68]

- **Substanziiert** ist der Vortrag, wenn die Tatsachen mit der für die Prozessführung erforderlichen Detaillierung vorgetragen sind. Dabei kann die Frage nach dem erforderlichen Maß der Substanziierung nicht abstrakt/pauschal, sondern nur anhand der prozessualen Situation im Einzelfall beantwortet werden. Es hängt insbesondere von der Substanziierung der Einlassung des Gegners ab und kann sich im Laufe des Rechtsstreits ändern (→ Rn. 197 ff.).[69] **162**

  Die Instanzgerichte tendieren dazu, an die Substanziierungslast zu hohe Anforderungen zu stellen. Zu Unrecht verlangt wird häufig die Angabe der *Modalitäten* eines Geschehens, also wann,

65 *Seutemann*, Die Anforderungen an den Sachvortrag der Parteien, MDR 1997, 615.
66 BGH NJW 2015, 2407.
67 *Bischoff*, Tatsachenvortrag im Zivilprozess, JA 2010, 532.
68 *Gaier*, Strukturiertes Parteivorbingen im Zivilprozess, ZRP 2015, 101.
69 *Brose*, Substantiierungslast im Zivilprozess, MDR 2008, 1315; *Eschelbach*, Substanziierungslast des Klägers im Zivilprozess, ZAP (2010) Fach 13, 1669; *Gremmer*, Der unsubstanziierte Vortrag – ein Phantomproblem? MDR 2007, 1172; *Hansen*, Die Substanziierungslast, JuS 1991, 588; *Schultz*, Substanziierungsanforderungen an den Parteivortrag in der BGH-Rechtsprechung, NJW 2017, 16.

wo und wie sich ein Vorgang zugetragen hat. Erforderlich ist dagegen der Vortrag von Hilfstatsachen (Indizien), aus denen auf eine Haupttatsache geschlossen werden soll.

Praktisch häufig erfolgt der Vortrag der Parteien unter Verwendung von Begriffen, die sowohl Tatsachen als auch deren rechtliche Bewertung enthalten (»*Rechtstatsachen*«). Diese können als Vortrag ausreichen, wenn klar ist, welche Tatsachen damit behauptet werden sollen.

Beispiele: Macht der Kläger Gewährleistungsansprüche aus einem Kaufvertrag geltend, genügt es, wenn er zunächst nur vorträgt, er habe die Sache »gekauft« und diese sei »mangelhaft«. Wird der Abschluss des Kaufvertrages streitig, muss der Kläger den Begriff »Kauf« auflösen in die Tatsachen, aus denen das Vorliegen zweier sich deckender Willenserklärungen festgestellt werden kann. Wird die Mangelhaftigkeit der Sache streitig, muss der Kläger detaillieren, welche Beschaffenheit vereinbart wurde und welche in Abweichung davon tatsächlich gegeben ist, ggf. muss er sogar den Abschluss der Beschaffenheitsvereinbarung konkretisieren.

Anstelle konkreten Tatsachenvortrags sind *Bezugnahmen* oder Verweisungen auf Anlagen, sonstigen Akteninhalt oder Beiakten statthaft, wenn sie nicht bloß pauschal (»auf den gesamten bisherigen Vortrag«), sondern konkret auf bestimmte Objekte (»auf die Berechnung im vorprozessualen Schriftsatz vom ...«) bezogen sind. Vorsicht ist geboten, soweit die Bezugnahme jeglichen Tatsachenvortrag vollständig ersetzen und nicht nur daneben vorgetragene Tatsachen ergänzen soll (so zB bei der Klagebegründung durch Verweisung auf einen PKH-Antrag oder Mahnbescheid). Die hM lässt zu Recht auch solche Verweisungen zu, doch gibt es eine Reihe abweichender und differenzierender Ansichten.[70]

163 Soweit möglich soll auch die Klageschrift bereits eine Erklärung über die *tatsächlichen Behauptungen des Gegners* (§ 130 Nr. 4 ZPO) enthalten und *Beweismittel* bezeichnen (§ 130 Nr. 5 ZPO), Beweisurkunden bereits vorlegen (§ 131 ZPO).

Zu den Anforderungen an einen wirksamen Beweisantritt → Rn. 287 ff.

164 • Zu **Rechtsausführungen** ist der Kläger nach § 253 ZPO nicht verpflichtet (»iura novit curia«). Zulässig ist die Klage auch, wenn sie nicht angibt, auf welche materielle Anspruchsgrundlage der Kläger sein Begehr stützt.

Selbstverständlich aber ist entsprechendes Vorbringen nicht nur möglich, sondern praktisch auch sinnvoll, um sicherzustellen, dass das Gericht die von der Partei ins Auge gefasste rechtliche Lösung nicht übersieht.

Eine Verpflichtung zur rechtlichen Begründung der Klage besteht jedoch für den Prozessbevollmächtigten. Aus dem Anwaltsvertrag ist er seinem Mandanten nicht bloß zur formell ordnungsgemäßen Prozessführung verpflichtet, sondern dazu, alles zu unternehmen, was zur Erreichung des Prozessziels erforderlich und sinnvoll ist. Dazu gehört es auch, das Gericht nach Möglichkeit vom eigenen Rechtsstandpunkt zu überzeugen, was nur durch eigene Rechtsausführungen möglich ist.[71]

165 [12] Weitere Anforderungen an den Inhalt der Klageschrift ergeben sich aus § 253 III ZPO. Dazu gehören Angaben zum Streitwert (→ Rn. 157), zu bereits durchgeführten Versuchen einer *gütlichen Beilegung* des Konflikts und zu Umständen, die einem solchen Verfahren bzw. einer *Einzelrichterentscheidung* entgegenstehen. Da diese Angaben für die Zulässigkeit der Klage nicht erforderlich sind und mit ihnen die weitere Verfahrensgestaltung allenfalls mittelbar beeinflusst werden kann, werden sie praktisch vielfach weggelassen.

70 BGH NJW 2008, 1740; 1996, 1351; LG Frankfurt a.M. NJW-RR 2001, 589; *Fischer*, Bezugnahmen in Tatbeständen und Schriftsätzen im Zivilprozess, JuS 1995, 535 und 1995, 623 mit umfassenden Nachweisen.

71 BGH NJW 2009, 987; WuM 2008, 602; *Prechtel*, Prozesstaktische Pflichten des Anwalts, MDR 2010, 549.

13 Nach §§ 253 V, 133 ZPO sollen der Klage die für die Zustellung an den Gegner erforderlichen *Abschriften* beigefügt werden.[72] Wird auf *Anlagen* Bezug genommen, ist deren Zahl anzugeben (§ 130 I Nr. 1 ZPO). Das Fehlen von Abschriften oder Anlagen steht der Wirksamkeit der Klageerhebung nicht entgegen.[73] 166

14 Nach § 12 I GKG soll das Gericht erst tätig werden, insbesondere die Klage erst zustellen, nachdem die *Gebühr* für das Verfahren im Allgemeinen (Nr. 1210 des Kostenverzeichnisses [KV] = Anlage zu § 3 II GKG) bezahlt ist. 167

15 Die Einhaltung der **Schriftform** (§ 253 I, V ZPO). Diese soll gewährleisten, dass aus dem Schriftstück der Inhalt der Erklärung, die abgegeben werden soll, und die Person, von der sie ausgeht, hinreichend zuverlässig entnommen werden können. Außerdem muss feststehen, dass es sich bei dem Schriftstück nicht nur um einen Entwurf handelt, sondern dass es mit Wissen und Willen des Berechtigten dem Gericht zugeleitet worden ist. 168

Gewahrt wird die Schriftform grundsätzlich durch Einreichung eines *Schriftsatzes* im Original mit der *eigenhändigen Unterschrift* (§ 126 I BGB, §§ 129 I, 130 Nr. 6 ZPO) einer postulationsfähigen Person.[74]

Die *Unterschrift* unterscheidet den bloßen Entwurf von der rechtsverbindlichen Erklärung. Mit ihr übernimmt der Unterzeichner die volle Verantwortung für den Inhalt des Schriftstücks.[75] Erforderlich dafür ist eine erkennbar aus Buchstaben bestehende, wenn auch nicht notwendig lesbare handschriftliche Wiedergabe des vollständigen Namens.

Als Unterschrift nicht ausreichend sind damit **zB** abgekürzte Handzeichen und Paraphen, nicht erkennbar Buchstaben darstellende Striche, Kreise, Haken oder gekrümmte Linien und Unterschriftskopien durch Faksimilestempel oder Fotokopien.[76] Vertretungsverhältnisse sollten deutlich offen gelegt werden (»im Auftrag«, »in Vertretung«, »für …«).[77]

Gewahrt werden kann die Schriftform auch durch Telekommunikationsmittel, bei denen den Empfänger kein vom Versender eigenhändig und handschriftlich unterzeichnetes Original erreicht. Maßgeblich für Einhaltung der Schriftform ist nicht das Vorhandensein eines solchen Originals, sondern die auf seine Veranlassung am Empfangsort (Gericht) erstellte körperliche Urkunde. Zugelassen hat die Rechtsprechung deswegen

- das (ggf. auch nur telefonisch aufgegebene) *Telegramm*, wenn es den Namen des Erklärenden erkennen lässt,
- das *Fernschreiben*, wenn es von der Fernschreibstelle des Gerichts aufgenommen wurde und mit dem Namen des Erklärenden abschließt,

72 Fehlen diese, so kann das Gericht auf Kosten des Klägers Abschriften herstellen: BLAH/*Hartmann* ZPO § 253 Rn. 105.

73 BGH NJW 2013, 387.

74 Zur Abgrenzung von der Textform *Lützen*, »Schriftlichkeit« und »Schriftform« – der unbekannte Unterschied, NJW 2012, 1627.

75 BGH NJW 2015, 3104; NJW-RR 2015, 699; MDR 2012, 1114, 797 und 796; NJW-RR 2009, 933; 2008, 1020; BAG NJW 2015, 3533; *Prechtel*, Unterschriftsprobleme im Zivilprozess, ZAP (2007) Fach 13, 1421; *Schneider*, Anforderungen an die anwaltliche Unterschrift, ZAP (2006) Fach 13, 1361.

76 BVerfG NJW 1998, 1853; BGH NJW 2015, 3246; VersR 2013, 517; NJW-RR 2010, 358; *Greger*, Zur Frage des Unterschriftenerfordernisses trotz qualifizierter elektronischer Signatur, JZ 2010, 681; *Schneider*, Über gekrümmte Linien, Bogen, Striche, Haken und Unterschriften, NJW 1998, 1842.

77 BGH NJW-spezial 2014, 697; BGH NJW 2013, 237; OLG Düsseldorf NZKart 2016, 27; *Conrad*, Die Unterzeichnung zivilprozessualer bestimmender Schriftsätze für Andere, MDR 2014, 877.

- das *Telefax* unabhängig davon, ob es durch Kopieren eines beim Versender erstellten Originals oder durch Versendung einer elektronisch erstellten Textdatei mit eingescannter Unterschrift (»Computerfax«) erzeugt wurde.[78] Anders als beim Telegramm oder beim Fernschreiben genügt hier die bloße Wiedergabe des Namens in Computerschrift nicht, erforderlich ist das Abbild der Unterschrift.[79]
- den *E-Post-Brief* der Deutschen Post.[80]

In all diesen Fällen ist die Nachreichung eines unterschriebenen Originalschriftsatzes nicht erforderlich.[81]

Durch Übermittlung eines elektronischen Dokuments (*E-Mail*) kann der Schriftform nur unter den Voraussetzungen des § 130a ZPO[82] genügt werden, dh nach Erlass einer Rechtsverordnung, die die technischen Voraussetzungen regelt. Dies ist bislang nicht in allen Bundesländern uneingeschränkt möglich.[83]

> **Beispiel:** Eine formlos eingereichte E-Mail erfüllt die elektronische Form mangels qualifizierter Signatur nicht. Ist ihr als Anlage ein eingescannter unterschriebener Schriftsatz beigefügt, wird die Schriftform erfüllt, sobald dieser vom Gericht ausgedruckt wurde.[84]

Mündlich (persönlich, nicht telefonisch)[85] können Erklärungen dem Gericht gegenüber zu *Protokoll der Geschäftsstelle* (§ 129a ZPO) abgegeben werden, wo das Gesetz dies ausdrücklich zulässt.

---

78 GemSOGH NJW 2000, 2340 mAnm *Liwinska* MDR 2000, 1089; *Liwinska*, Übersendung von Schriftsätzen per Telefax – Zulässigkeit, Beweisbarkeit und Fristprobleme, NJW 2000, 1653; *Düwell*, Computerfax richterrechtlich zugelassen, NJW 2000, 3334. Die prozessuale Erklärung ist selbst dann wirksam, wenn sie aufgrund eines technischen Fehlers des Empfangsgeräts nur verstümmelt oder unlesbar zu den Akten gelangt: BGH NJW 1992, 244 und FamRZ 1991, 548; *Pape/Notthoff*, Prozessrechtliche Probleme bei der Verwendung von Telefax, NJW 1996, 417; *Peter*, Telefax im Prozessrecht, JA 1995, ÜBlRef 516; *Toussaint*, Form- und Fristwahrung durch Telefax im Zivilprozess, NJW 2015, 3207.

79 BGH NJW 2005, 2086.

80 OLG Hamm NJW 2016, 1896.

81 BGH NJW 1993, 3141.

82 § 130a stellt entgegen seinem Wortlaut keine bloße »Sollvorschrift« dar, ohne qualifizierte elektronische Signatur ist die Prozesshandlung unwirksam: BGH CR 2010, 299; *Wagner*, Das elektronische Dokument im Zivilprozess, JuS 2016, 29; für die materiellrechtlich vereinbarte Schriftform LG München I JA 2016, 464 mAnm *Stadler*.

83 Das »Gesetz zur Förderung des elektronischen Rechtsverkehrs« wurde bereits Ende 2013 verkündet, tritt aber nur schrittweise in Kraft und wird voraussichtlich erst ab 2022 eine umfassende Nutzung elektronischer Kommunikationsformen erlauben. BGH NJW-RR 2009, 357; *Bacher*, Elektronischer Rechtsverkehr in der Anwaltskanzlei, MDR 2015, 1053; *Bacher*, Der elektronische Rechtsverkehr im Zivilprozess, NJW 2015, 2753; *Bacher*, Das Gesetz zur Förderung des elektronischen Rechtsverkehrs, MDR 2014, 998; *Büttner*, Elektronischer Rechtsverkehr im Zivilprozess, MDR 2003, 181; *Ernst*, Beweisprobleme bei E-Mail und anderen online-Willenserklärungen, MDR 2003, 1091; *Gärtner*, Zur qualifizierten elektronischen Signatur, NJ 2010, 254; *Hähnchen/Hockenholz*, Praxisprobleme der elektronischen Signatur, JurPC 2008, Web-Dok. 39/2008; *Hansen*, Drei Jahre elektronischer Rechtsverkehr – Zwischenbilanz aus Anwendersicht, DRiZ 2010, 128; *Köbler*, Schriftsatz per E-Mail – Verfahrensrechtliche Fallen, MDR 2009, 357; *Mödl/Hadidi*, Die elektronische Einreichung zu den Gerichten, NJW 2010, 2097; *Müller*, eJustice – Die Justiz wird digital, JuS 2015, 609; *Reus*, E-Mails in der anwaltlichen Praxis, MDR 2012, 882; *Rossnagel*, Beweiswert von E-Mail, NJW 2003, 1209; *Skrobotz*, Zur elektronischen Form bestimmter Schriftsätze, MMR 2010, 504.

84 BGH NJW 2015, 1527; 2011, 1294 mAnm *Hamm*; *Köbler*, Willkommen »elektronischer Rechtsverkehr light«, AnwBl. 2015, 845.

85 BGH NJW-RR 2009, 852.

Dies ist der Fall für die Klageerhebung vor dem Amtsgericht (§ 496 ZPO), aber auch für die Klageänderung und die Widerklage (§§ 261 II, 297 ZPO).

3. Klageerhebung

Mit der Erhebung der Klage kommt das Prozessrechtsverhältnis zustande, beginnt der Prozess. Zu klären ist dabei, wann genau die Klage »erhoben« ist und welche konkreten Rechtsfolgen damit verbunden sind. 169

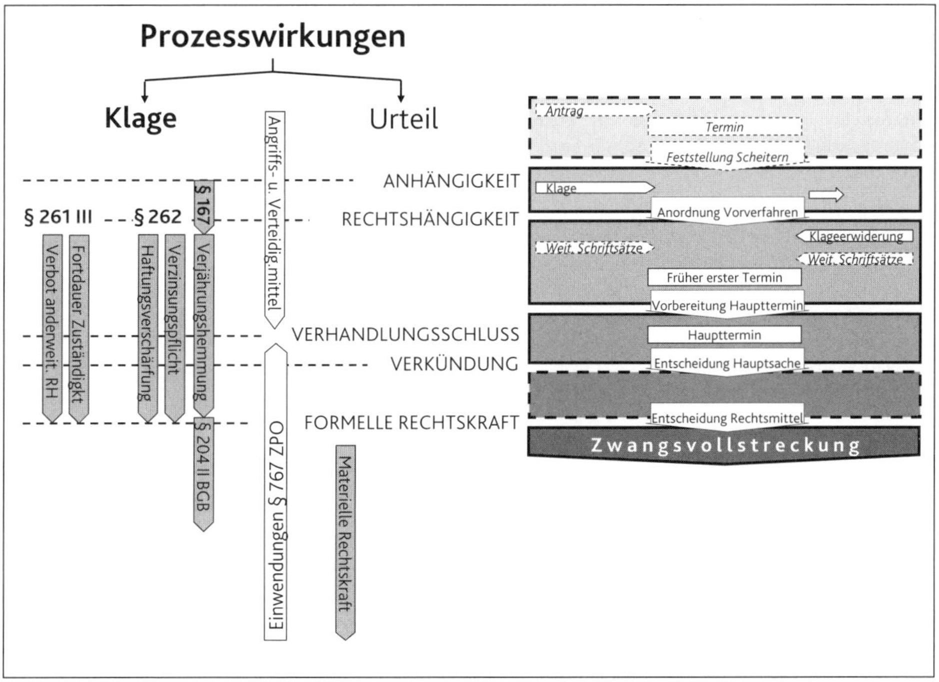

Schema 4.7: Wirkungen der Klage

a) Zeitpunkt

Für den Eintritt von Rechtswirkungen kann es nicht auf die Abgabe einer Erklärung oder deren Beantwortung durch den Empfänger ankommen, sondern allein auf den Zugang der Erklärung. Für die Klage kommen dabei der Zugang beim Gericht und der Zugang bei Beklagten in Betracht.

Die §§ 261 I, 253 I ZPO knüpfen die Erhebung der Klage an den Zeitpunkt, zu dem 170
dem Beklagten die Klageschrift zugestellt wird und bezeichnen diesen Zeitpunkt als »**Rechtshängigkeit**«.[86]

Rechtshängig ist der prozessuale Anspruch, solange hierüber ein kontradiktorisches Verfahren vor einem Gericht geführt wird. Mit der Rechtshängigkeit entsteht das Prozessrechtsverhältnis, erwächst die Entscheidungsbefugnis des Gerichts über die Sache.

Praktisch ergibt sich der Zeitpunkt der Rechtshängigkeit aus der Zustellungsurkunde der Klageschrift. Spätestens jetzt treten alle mit der Klageerhebung verbundenen Rechtsfolgen ein.

Prozessual bedeutsam kann aber bereits der Zugang der Klage beim Gericht sein. Hat 171
der Kläger seine Klage dort eingereicht, hat er alles seinerseits Erforderliche zur Klage-

86 *Kleinbauer*, Rechtshängigkeit im Zivilprozess, JA 2007, 416.

erhebung getan, ist der Prozess bereits in Gang gesetzt. Die Einbeziehung des Beklagten hängt jetzt nur noch vom Gericht ab. Diesen Zeitpunkt bezeichnet man (ohne Legaldefinition) als »**Anhängigkeit**«.

Die Anhängigkeit ist damit die Befassung des Gerichts mit dem Antrag des Klägers.

Dieser Zeitpunkt ist praktisch grundsätzlich anhand des Eingangsstempels auf der Klageschrift festzustellen. Mit der Anhängigkeit treten einzelne Wirkungen der Klageerhebung ein, damit den Kläger nicht die Nachteile einer zögerlichen Zustellung der Klage an den Beklagten treffen. Zu den bereits mit Anhängigkeit eintretenden Rechtsfolgen der Klageerhebung gehören die Verjährungshemmung und die Wahrung einer materiellrechtlichen Klagefrist (§ 167 ZPO).

172 Probleme ergeben sich bei Beurteilung der Frage, wann eine Klage »*eingereicht*« ist.

Eingereicht sein kann die Klage nur, wenn die Klageschrift den unbedingten Willen des Klägers, Klage zu erheben, unmissverständlich deutlich macht. Dies ist nicht der Fall, wenn die Klage »nur für den Fall der Gewährung von Prozesskostenhilfe« erhoben werden soll (→ Rn. 150).

Eingereicht ist die Klageschrift bei dem Gericht, wenn sie so in dessen Herrschaftsbereich gelangt ist, dass die Möglichkeit der Kenntnisnahme besteht und unter gewöhnlichen Umständen mit einer alsbaldigen Kenntnisnahme gerechnet werden darf.[87] Ein Schriftstück geht zu mit seinem Einwurf in Briefkasten oder der persönlichen Übergabe an den Richter oder Urkundsbeamten. Ein elektronisches Dokument (E-Mail, Fax) ist eingereicht, sobald es von der für den Empfang bestimmten Einrichtung des Gerichts aufgezeichnet wurde (§ 130a III ZPO). Erklärungen zu Protokoll der Geschäftsstelle werden wirksam erst mit Eingang des Protokolls bei dem Gericht, an das die Erklärung gerichtet ist (§ 129a II 2 ZPO).[88] Voraussetzung ist in allen Fällen eine formwirksame Erklärung (→ Rn. 168).

> An diesen Grundsätzen zu messen sind die Fälle, in denen die Klage persönlich bei Gerichtsbediensteten, Reinigungs- oder Wachpersonal abgegeben oder im Gerichtsgebäude zurückgelassen bzw. auf einem nicht vorgesehenen Weg ins Gericht gelangt ist (privates Faxgerät eines Bediensteten, Hindurchschieben unter der Tür).

Eingereicht werden muss eine Klageschrift. Die Einreichung eines PKH-Antrags reicht, wenn er mit einer unbedingten Klageerhebung (= unterschriebene Klageschrift!) verbunden war, auch wenn die Zustellung der Klage erst nach Bewilligung der PKH erfolgt. War die Klageerhebung dagegen nur für den Fall der PKH-Gewährung angekündigt (= nicht unterschriebener Klageentwurf), so ist die Klage erst eingereicht, wenn entweder eine unterschriebene Klage bei Gericht eingeht oder wenn – ohne neue Klageschrift – zur Hauptsache verhandelt und damit der Mangel der Schriftform nach § 295 ZPO geheilt wird.[89]

Eingereicht werden muss die Klage nicht notwendig beim zuständigen Gericht. Der Eingang einer Klage bei einem unzuständigen Gericht reicht aus, wenn die Klage demnächst zugestellt und unmittelbar danach an das zuständige Gericht verwiesen wird. Der Eingang beim unzuständigen Gericht reicht dagegen nicht aus, wenn der Rechtsstreit zunächst formlos an das zuständige Gericht abgegeben und erst von dort aus zugestellt wird.[90]

173 Kann die Klage als eingereicht angesehen werden, ist Voraussetzung für die Vorwirkung des § 167 ZPO, dass die Zustellung »*demnächst*« nach Ablauf der materiellrechtlichen Frist (nicht: nach Klageeinreichung!)[91] erfolgt.

Hierfür ist nicht auf den bloßen Zeitablauf abzustellen, sondern auch auf die Frage, wer eine Verzögerung zu vertreten hat. Die Rechtsprechung lässt jede innerhalb von zwei bis drei Wochen erfolgte

---

87 BVerfG NJW 1980, 580; BGH NJW 1981, 1216; BGHZ 67, 275; 137, 205 (208) = NJW 1998, 976; BGH NJW 2004, 1320.

88 *Toussaint*, Form- und Fristwahrung durch Telefax im Zivilprozess, NJW 2015, 3207.

89 BGHZ 7, 268 = NJW 1952, 1375; OLG Nürnberg NJW-RR 2000, 1453.

90 BGH MDR 2016, 1284 und 1028; BGH NJW 1984, 1559; OLG Hamburg MDR 2015, 792; *Loritz*, Unterbrechung der Verjährung durch Einreichen des Mahnantrags bei einem unzuständigen Gericht, JR 1985, 98.

91 BGH NJW 2010, 856; 1993, 2320.

Zustellung noch als demnächst erfolgt zu. Dauert die Zustellung zwei bis drei Monate, ist sie nur dann demnächst erfolgt, wenn der Kläger alles zur Zustellung Erforderliche getan, insbesondere die korrekte ladungsfähige Anschrift mitgeteilt und den Kostenvorschuss eingezahlt hatte. Eine Zustellung mehr als drei Monate nach Fristablauf kann nur ausnahmsweise noch als demnächst erfolgt angesehen werden, wenn der Kläger während dieser Zeit bei Gericht nach den Verzögerungsgründen nachgefragt und versucht hat, diese zu beschleunigen.[92]

Die Anhängigkeit **endet** mit Abgabe der Akten an ein anderes Gericht (zB nach Verweisung oder Rechtsmitteleinlegung, §§ 281 II, 541 ZPO). Die Rechtshängigkeit endet mit Eintritt der formellen Rechtskraft. Damit werden die Wirkungen der Klage von den Wirkungen des Urteils abgelöst (→ Rn. 484 ff.), wobei die zeitliche Grenze der materiellen Rechtskraft durch §§ 296a, 767 II ZPO konkretisiert wird.

Im Erkenntnisverfahren können Tatsachen nur bis zum Schluss der letzten mündlichen Verhandlung vorgetragen werden. Tatsachen, die erst danach entstanden sind, können mit der Vollstreckungsgegenklage geltend gemacht werden.

b) Rechtsfolgen

Die Erhebung einer Klage hat sowohl materiellrechtliche als auch prozessuale Auswirkungen. 174

Prozessual bewirkt die Rechtshängigkeit (§ 261 III ZPO), 175

- dass die Streitsache nicht vor einem anderen Gericht *anderweitig rechtshängig* gemacht werden kann (§ 261 III Nr. 1 ZPO). Hierbei handelt es sich um ein von Amts wegen zu beachtendes Prozesshindernis, das im Rahmen der Zulässigkeit der Folgeklage zu prüfen ist.[93]
- dass die einmal begründete (sachliche und örtliche) *Zuständigkeit des Prozessgerichts bestehen bleibt*, auch wenn sich die zuständigkeitsbegründenden Tatsachen (zB durch Wohnsitzwechsel des Beklagten oder Reduzierung der Klageforderung) ändern (sog. *perpetuatio fori*: § 261 III Nr. 2 ZPO; → Rn. 1056).
- dass die Dispositionsbefugnis des Klägers insoweit eingeschränkt wird, als er über den Streitgegenstand nur noch im Rahmen der Vorschriften über Klageänderung (§§ 263 ff. ZPO) oder Klagerücknahme (§ 269 ZPO) verfügen darf (→ Rn. 1154; → Rn. 1416).
- dass sich die *Rechtskraft* der Entscheidung dieses Verfahrens auch auf Personen erstreckt, die erst jetzt Rechtsnachfolger der ursprünglichen Partei werden (§§ 265 f., 325 ZPO).

Die sonstigen, **materiellrechtlichen** Wirkungen der Rechtshängigkeit sind (§ 262 ZPO): 176

- Der Schuldner hat Geldschulden auch ohne Verzug zu verzinsen (*Prozesszinsen* aus § 291 BGB).
- Es tritt eine *Haftungsverschärfung* zulasten des Schuldners ein (§§ 292, 818 IV, 987 ff. BGB).
- Die *Verjährung* der Forderung wird gehemmt (§ 204 I Nr. 1 BGB).

  Die Hemmung der Verjährung infolge prozessualer Rechtsverfolgung endet sechs Monate nach der Verfahrensbeendigung (§ 204 II BGB). Endet der Prozess mit einem rechtskräftigen Urteil

92 BGH NJW 2011, 1227; weitere Rechtsprechungsnachweise bei BLAH/*Hartmann* ZPO § 270 Rn. 18 ff.

93 *Kleinbauer*, Rechtshängigkeit im Zivilprozess, JA 2007, 416; Zur Behandlung ausländischer Rechtshängigkeit OLG Hamburg IPRax 1992, 38 mAnm *Rauscher* IPRax 1992, 14; *Schütze*, Die Wirkungen ausländischer Rechtshängigkeit in inländischen Verfahren, ZZP 104 (1991), 136.

oder einem Vergleich, beginnt eine neue, dreißigjährige Verjährungsfrist (§ 197 I Nr. 3, 4 BGB), die mit jeder Vollstreckungshandlung neu zu laufen beginnt (§ 212 I Nr. 2 BGB). Endet der Prozess anders, muss der Gläubiger rechtzeitig weitere verjährungsfristwahrende Handlungen vornehmen. Wird der Prozess nicht weiter betrieben, läuft die 6-Monatsfrist ab der letzten Verfahrenshandlung eines Beteiligten.[94]

- Eine eventuell laufende *Ausschlussfrist* (§§ 651g, 864 I, 1002 BGB) wird gewahrt.

c) Sonderfälle

177 Zweifelhaft kann der Eintritt der oben dargestellten Wirkungen einer Klage in einigen Sonderfällen sein.

- Nur ausnahmsweise wiegen formelle oder inhaltliche Mängel der Klage so schwer, dass sie bereits das Zustandekommen eines Prozessrechtsverhältnisses verhindern und die Klage als gänzlich ohne Wirkungen bleibend anzusehen ist. Regelmäßig führen solche Mängel lediglich zum Nichteintritt einzelner Klagewirkungen oder beim Eintritt aller Klagewirkungen zur bloßen Unzulässigkeit der Klage.

> **Beispiele:** Eine beim Landgericht ohne Anwalt eingereichte Klage darf bzw. muss nicht zugestellt werden,[95] eine dennoch zugestellte Klage löst allein die prozessualen, nicht die materiellrechtlichen Wirkungen der Klage aus (→ Rn. 76).
> Unwirksam ist auch die Klage ohne Angabe eines Beklagten, ohne Angabe des Streitgegenstands (= Fehlen von Antrag und Begründung) oder ohne erkennbaren Willen zur unbedingten Klageerhebung.

- Während bei der **negativen Feststellungsklage** eine Verjährungshemmung zugunsten des verklagten Gläubigers nicht stattfindet, können die übrigen Wirkungen ohne weiteres eintreten.[96]
- Im **Mahnverfahren** tritt eine Anhängigkeit bzw. Rechtshängigkeit ein, die Verjährung wird gehemmt (§ 204 I Nr. 3 BGB), ausnahmsweise auch eine Ausschlussfrist gewahrt.[97]
- Der Antrag auf **Arrest** bzw. auf **einstweilige Verfügung** lässt nur die Sicherung, nicht die Hauptsache selbst rechtshängig werden, entfaltet Wirkungen also auch nur in diesem beschränkten Umfang. Die Hemmung der Verjährung der Hauptforderung tritt nach § 204 I Nr. 9 BGB ein.
- Der Antrag auf Gewährung von **Prozesskostenhilfe**, die **Streitverkündung** des Gläubigers an den Schuldner und das **selbstständige Beweisverfahren** begründen keine Rechtshängigkeit und entfalten damit weder prozessuale noch materiellrechtliche Wirkungen.[98] Zu einer Hemmung der Verjährung nach § 204 I Nr. 14, 6, 7 BGB führen sie nur bei tatsächlicher Bekanntgabe an den Schuldner.

> **Beispiele:** Lässt der Gläubiger tatsächliche Voraussetzungen seines Anspruchs in einem selbstständigen Beweisverfahren klären, so kann er den Anspruch noch vor Abschluss dieses Verfahrens einklagen; eine anderweitige Rechtshängigkeit ist durch das Beweissicherungsverfahren nicht begründet worden. Weist das Gericht einen Prozesskostenhilfeantrag des Gläubigers zu-

---

94 BGH NJW-RR 1994, 889; *Regenfus*, Ungeschriebene Voraussetzung der Verjährungshemmung durch Rechtsverfolgung, NJW 2016, 2977; *Seibel*, Führt eine Klagerücknahme zum rückwirkenden Wegfall der Verjährungshemmung?, MDR 2015, 491.

95 BGH NJW-RR 1987, 322; *Klimke*, Die Folgen fehlender Postulationsfähigkeit des Klägers, ZZP 122 (2009), 107; Musielak/*Weth* ZPO § 78 Rn. 6.

96 BGH NJW 2012, 1365.

97 BGH NJW 2010, 1438; 1993, 1585.

98 BGH MDR 2012, 1184.

rück, ohne ihn zuvor dem Schuldner bekannt gegeben zu haben (§ 119 I 1 ZPO), tritt eine Hemmung der Verjährung nicht ein. [99] Eine unzulässige Streitverkündung entfaltet eine verjährungshemmende Wirkung nicht.[100]

4. Streitgegenstand

Seine individuelle Prägung erhält jeder Zivilprozess zum einen aus den an ihm beteiligten Parteien (= Prozesssubjekte), zum anderen aus dem Gegenstand, um den er geführt wird, dem sog. Streitgegenstand (= Prozessobjekt). Wie schon die Parteien wird auch der Streitgegenstand allein durch den Kläger bestimmt: Er hat in der Hand, inwieweit er ihm zustehende materielle Rechte zum Gegenstand eines Prozesses machen will. 178

a) Begriff

Das Gesetz nennt den Begriff »Streitgegenstand« nur vereinzelt (zB in §§ 2, 59, 81, 83 ZPO) und spricht ansonsten vom »**erhobenen Anspruch**« (§§ 253 II Nr. 2, 261 II, 313 II, 322 I ZPO), ohne diesen näher zu bestimmen. Dass der prozessuale Anspruch – entgegen der Auffassung des historischen Gesetzgebers[101] – nicht identisch sein kann mit dem in § 194 BGB definierten materiellrechtlichen, ist heute klar, weil das Bestehen (möglicherweise mehrerer) materieller Ansprüche im Prozess ja gerade überprüft werden soll.[102]

In der Lehre ist der Streitgegenstandsbegriff heftig umstritten.[103] Einigkeit besteht darin, dass der vom Kläger gestellte **Antrag** für die Bestimmung des Streitgegenstands von zentraler Bedeutung ist: Die hierin vom Kläger umschriebene Rechtsfolge umreißt sein Begehren und bestimmt so den Streitgegenstand. Während die Vertreter des sog. *eingliedrigen Streitgegenstandsbegriffs*[104] es hiermit bewenden lassen, ziehen die Vertreter eines heute ganz herrschenden sog. *zweigliedrigen Streitgegenstandsbegriffs*[105] ergänzend auch noch den vom Kläger zur Begründung vorgetragenen **Lebenssachverhalt** heran. Letzterer ist das tatsächliche Geschehen, das dem Klageantrag zugrunde liegt. Er umfasst den ganzen Bereich, der bei natürlicher Betrachtungsweise und nach der Verkehrsauffassung zu einem historischen Vorgang gehört. 179

Während eine **Änderung des Antrags** damit immer eine Änderung des Streitgegenstands darstellt, ist eine **Änderung des Lebenssachverhalts** nur nach dem zweigliedrigen Streitgegenstandsbegriff beachtlich. Abzugrenzen ist letztere von einem bloßen **Nachschieben von Gründen** für einen unverändert bleibenden Sachverhalt, das nach keiner Auffassung eine Streitgegenstandsänderung darstellt.[106]

---

99 BGH NJW 2008, 1939.

100 BGHZ 175, 1 = NJW 2008, 519; Schmidt, Zulässige Streitverkündung unter Gesamtschuldnern, JA 2015, 627.

101 Sog. »Matriellrechtliche Theorie«; *Musielak/Voit* GK ZPO Rn. 125.

102 BGH NJW-RR 1994, 61.

103 Dies – und der nachfolgend dargestellte Theorienstreit – gilt insbesondere für die Leistungsklage. Nach ganz überwiegender Auffassung reicht bei der Feststellungsklage der Antrag allein zur Streitgegenstandsbestimmung aus (eingliedriger Streitgegenstandsbegriff), während bei der Gestaltungsklage stets der Lebenssachverhalt hinzugenommen werden muß (zweigliedriger Streitgegenstandsbegriff: *Baumgärtel/Laumen/Prütting* Zivilprozessrechtsfall D. jeweils mwN). Zum Ganzen: *Althammer*, Die Streitgegenstandslehre Karl Heinz Schwabs im Zivilprozess des 21. Jahrhunderts – Retrospektive, Bestandsaufnahme und Fortentwicklung, ZZP 123 (2010), 163; *Detterbeck*, Streitgegenstand, Justizgewährungsanspruch und Rechtsschutzanspruch, AcP 192 (1992), 321; *Horn*, Die Lehre vom Streitgegenstand, JuS 1992, 680.

104 BGHZ 7, 371 = NJW 1953, 60; OLG München NJW-RR 1995, 740; *Schwab*, Der Streitgegenstand im Zivilprozess, 1954, 183 ff.

105 BGH NJW 2007, 1433; 2003, 3058; 2001, 157; Thomas/Putzo/*Reichold* Einl. II.

106 BGH NJW-RR 1994, 61; 1991, 1279.

Schwierigkeiten bei der Bestimmung des Streitgegenstands ergeben sich, wenn eine **einheitliche Rechtsfolge aus verschiedenen Lebenssachverhalten** hergeleitet werden kann. Zwei Streitgegenstände liegen nur nach dem zweigliedrigen Streitgegenstandsbegriff und auch danach nur dann vor, wenn sich die vorgetragenen Tatsachen so in zwei verschiedene Lebenssachverhalte aufteilen lassen, dass diese ohne Überschneidung die gewünschte Rechtsfolge ergeben.[107]

Beispiel: Verschiedene Streitgegenstände liegen danach vor, wenn ein Anspruch auf das Kausalgeschäft und ein abstraktes Schuldanerkenntnis gestützt wird, wenn der Kläger ein eigenes oder ein abgetretenes Recht geltend macht oder wenn ein dinglicher Anspruch mit Eigentum und mit Besitz begründet wird.[108]

180 Muss eine Entscheidung zwischen ein- und zweigliedrigem Streitgegenstandsbegriff getroffen werden, so empfiehlt sich für praktische Arbeiten, nicht zwingend immer dem einen oder dem anderen Dogma zu folgen, sondern für den Einzelfall vom Ergebnis her eine sinnvolle Lösung zu suchen und dann den Streitgegenstandsbegriff zugrunde zu legen, der zu dieser Lösung hinführt (sog. **relativer Streitgegenstandsbegriff**).[109]

b) Prozessuale Konsequenzen

181 Der Streitgegenstandsbegriff spielt eine wichtige Rolle bei Prüfung der **Zulässigkeit** der Klage und der Voraussetzungen einiger **besonderer Institute** des Prozessrechts.[110]

(1) Gemäß § 261 III Nr. 2 ZPO ist eine Klage unzulässig, wenn die Streitsache bereits **anderweitig rechtshängig** ist.

Vermieden werden soll hierdurch sowohl der im gleichzeitigen Betrieb mehrerer Prozesse liegende unnötige Aufwand, als auch die **Gefahr** verschiedener, sich **widersprechender Entscheidungen**. Dementsprechend müssen neben dem Streitgegenstand auch die Prozesssubjekte identisch sein, wobei hier – unabhängig von der konkreten Parteirolle – nicht nur die Parteien selbst, sondern auch Dritte erfasst werden, soweit sich die Rechtskraft einer späteren Entscheidung auf sie erstreckt.[111]

(2) Unzulässig ist eine Klage auch dann, wenn über ihren Streitgegenstand bereits eine **rechtskräftige Entscheidung** vorliegt (§ 322 ZPO).

Sinn der Rechtskraft ist es, endgültigen **Rechtsfrieden** herbeizuführen und jeden weiteren Streit über die konkrete Frage zu vermeiden. Dies schließt praktisch einen neuerlichen Prozess über die bereits in Rechtskraft erwachsenen Feststellungen zwischen den an diese Rechtskraft gebundenen Personen aus.

Ausnahmen können sich ergeben, wenn der alte Titel nicht wiederherstellbar ist, dessen Verjährung verhindert werden soll, oder aus den für die Durchbrechung der Rechtskraft in der ZPO vorgesehenen Instituten (→ Rn. 489 ff.).

(3) Ob das Begehren des Klägers nur einen oder mehrere Streitgegenstände darstellt, ist wichtig für die Frage, ob eine objektive **Klagehäufung** (§ 260 ZPO) vorliegt oder nicht (→ Rn. 1081).

(4) Ändert sich das klägerische Begehren während des Prozesses, so stellt dies eine **Klageänderung** (§§ 263 ff. ZPO) nur dar, wenn dadurch der Streitgegenstand verändert wurde (→ Rn. 1144).

---

107 *Musielak*, Der rechtskräftig entschiedene Lebenssachverhalt, NJW 2001, 3593.
108 BGH NJW 2008, 2922; 2005, 2004.
109 BGH WarnRspr 1970, 48; *Musielak/Voit* GK ZPO Rn. 130 ff. mwN.
110 *Stein*, Der Streitgegenstand im Zivilprozess, JuS 2016, 122.
111 VGH BW NJW 1996, 1298; zur ausnahmsweisen Zulässigkeit von Parallelverfahren BGH NJW 1994, 3107 und 1987, 2680.

§ 5 Verteidigung

1. Möglichkeiten des Beklagten

Nachdem der Kläger den Prozess durch Erhebung der Klage in Gang gesetzt hat, liegt es nun am Beklagten, hierauf in irgendeiner Form zu **reagieren**. Hierfür stehen ihm inhaltlich verschiedene Möglichkeiten zur Verfügung. 182

Auf zahlreiche im nachfolgenden Schema angesprochene Handlungsalternativen soll erst im Rahmen der Vertiefung eingegangen werden. Dies gilt auch für die in dieser Übersicht ausgeklammerten Möglichkeiten der Einbeziehung Dritter in den Rechtsstreit zB durch Drittwiderklage oder Streitverkündung (→ Rn. 1037 ff.; → Rn. 1236 ff.).

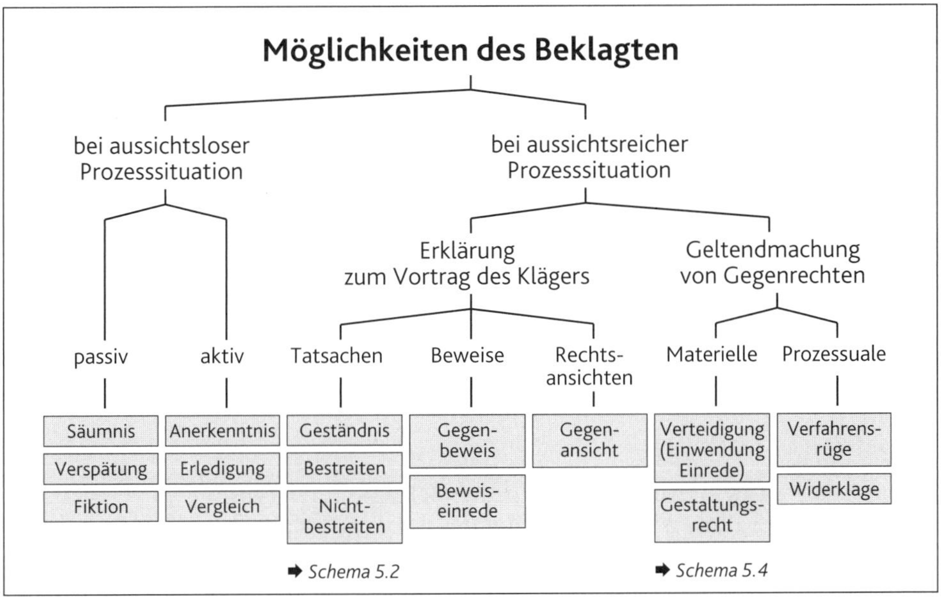

Schema 5.1: Möglichkeiten des Beklagten

Auch wenn der Beklagte keine Aussicht hat, den Prozess zu gewinnen, bleiben ihm verschiedene prozessuale Möglichkeiten, mit denen er zumindest versuchen kann, die anfallenden Kosten zu minimieren.[1] Der Beklagte kann sich dazu **passiv** verhalten, dh nichts tun. 183

Die ZPO begründet für die Parteien grundsätzlich keine Handlungspflichten, indem sie die Parteien durch Androhung von Sanktionen zur Vornahme von Prozesshandlungen zwänge. Vielmehr werden diese den Parteien freigestellt, mit ihrer Nichtvornahme aber nachteilige Folgen verknüpft, sodass das Tätigwerden im eigenen Interesse der Partei liegen muss. Das Prozessrecht kennt deswegen keine **Pflichten** der Parteien, sondern **Lasten**.[2]

Wirkt der Beklagte am Verfahren nicht in der Form mit, die erforderlich ist, um streitig zu verhandeln, findet ein **Säumnisverfahren** (→ Rn. 1271 ff.) nach § 331 I und III ZPO statt. Dies ist der Fall, wenn er im schriftlichen Vorverfahren seine Verteidigungsbereitschaft nicht anzeigt oder er beim

1 *Focken/Marten*, Kostengünstige Verfahrensbeendigung bei aussichtsloser Verteidigung, MDR 2005, 850; *Kapitza*, Anerkennen oder Versäumnisurteil erdulden?, JuS 2008, 882.
2 Echte Pflichten ergeben sich nur aus § 138 I ZPO (Wahrheitspflicht) und § 282 ZPO (Prozessförderungspflicht); *Rosenberg/Schwab/Gottwald* ZivilProzR § 2 III 2.

frühen ersten Termin nicht erscheint bzw. nicht verhandelt. Durch das Versäumnisurteil fallen weniger Kosten an als durch ein streitiges Urteil.

Lässt sich der Beklagte grundsätzlich auf das Verfahren ein, nimmt jedoch einzelne ihm obliegende Prozesshandlungen nicht vor, so bleibt er zumindest teilweise passiv. Lief für die nicht vorgenommene Prozesshandlung eine Frist, so ist der Beklagte nach deren Verstreichen allgemein mit der Prozesshandlung ausgeschlossen (§ 230 ZPO). **Verspätet** vorgebrachte Angriffs- und Verteidigungsmittel können zurückgewiesen werden (§ 296 ZPO; → Rn. 248, → Rn. 1254 ff.). Daneben können spezielle Folgen eintreten, insbesondere Kostennachteile und die **Fiktion** ungünstiger Prozesshandlungen.

Beispiele: Unterlässt es eine Partei, ihr günstige Tatsachen bereits in erster Instanz vorzubringen und obsiegt sie in zweiter Instanz aufgrund des nachgeholten Vortrags, so hat sie die Kosten des Rechtsmittelverfahrens zu tragen (§ 97 II ZPO). Unterlässt es der Beklagte, einer Klageänderung oder Klagerücknahme zu widersprechen, so wird seine Einwilligung hierzu fingiert (§§ 267, 269 ZPO). Unterlässt es der Beklagte, die Unzuständigkeit des angerufenen Gerichts zu rügen, so wird das Gericht zuständig (§ 39 ZPO).

184 Trotz aussichtsloser Prozesssituation kann der Beklagte auch **aktiv** am Prozess mitwirken.

Mit einem **Anerkenntnis** (§ 307 ZPO) unterwirft der Beklagte sich dem klägerischen Begehren, verzichtet auf eine Prüfung des geltend gemachten Anspruchs durch das Gericht und ist bereit, sich antragsgemäß verurteilen zu lassen. Die damit verbundene Ersparnis prozessualen Aufwands kann zu einer Befreiung von den Prozesskosten führen (§ 93 ZPO; → Rn. 1394 ff.).

Erfüllt der Beklagte materiell den gegen ihn erhobenen Anspruch, tritt prozessual eine **Erledigung** der Hauptsache ein, auf die hin das Gericht (mit Zustimmung des Beklagten) eine Entscheidung über die Kosten des Rechtsstreits nach billigem Ermessen trifft (§ 91a ZPO; → Rn. 1444 ff.).

Der Beklagte kann dem Kläger auch einen **Vergleich** (über die Hauptsache und die Kosten) vorschlagen, den dieser zur Vermeidung weiteren Prozessaufwands und -risikos möglicherweise akzeptiert (→ Rn. 1420 ff.).

185 Einen Erfolg in der Hauptsache kann der Beklagte erreichen, indem er entweder eigene Rechte im Prozess geltend macht oder dem Vorbringen des Klägers entgegentritt.

Hat der Kläger zur Begründung der Klage **Tatsachen** vorgetragen, hat der Beklagte sich dazu zu erklären, diese Tatsachen also zuzugestehen oder zu bestreiten (§ 138 II ZPO).

Hat der Kläger **Beweis** für seine Behauptungen angeboten, kann der Beklagte Gegenbeweise anbieten oder – soweit dies vor der Beweisaufnahme schon möglich ist – Beweiseinreden erheben (→ Rn. 327).

Rechtsansichten des Klägers kann der Beklagte eigene, ggf. widersprechende Rechtsansichten entgegensetzen. Zu solchen Rechtsausführungen ist der Beklagte genauso wenig verpflichtet wie der Kläger (→ Rn. 164), doch können sie für ihn praktisch genauso sinnvoll sein.

Beispiel: Ist der Hergang eines Verkehrsunfalls unstreitig, so könnte der Beklagte sich mit dem Einwand verteidigen, bei dem vom Kläger begehrten Nutzungsausfall handele es sich um einen nicht erstattungsfähigen, weil immateriellen Schaden (§ 253 BGB).[3]

186 Der Beklagte muss sich nicht damit begnügen, zum Vortrag des Klägers Stellung zu nehmen, sondern kann den Prozessstoff auch erweitern.

So kann der Beklagte **materiell** dem vom Kläger geltend gemachten Anspruch entgegentreten, indem er Einwendungen oder Einreden erhebt oder Gestaltungsrechte ausübt.

---

3 So *Larenz*, Lehrbuch des Schuldrechts, Bd. I Allgemeiner Teil, § 29 Abs. 2 c; aA die ganz hM: BGHZ 45, 212 = NJW 1966, 1260; BGHZ 40, 345 = NJW 1964, 542; Palandt/*Grüneberg* BGB Vorbem. § 249 Rn. 20 ff. w.

Prozessual kann der Beklagte Verfahrensrügen oder gar eine Widerklage erheben (→ Rn. 1221 ff.). Zu ersteren gehören dabei sowohl die Rüge der Verletzung einer das Verfahren, insbesondere die Form einer Prozesshandlung betreffenden Vorschrift (§ 295 ZPO) als auch die Geltendmachung von Verfahrensrechten, die nur auf besondere Geltendmachung durch eine Partei zu berücksichtigenden Verfahrensrechte (zB §§ 1032, 269 VI, 110, 88 I ZPO).

Regelmäßig wird der Beklagte hierzu neue Tatsachen vortragen müssen, die das Gegenrecht ausfüllen. Für diese, eine ihm günstige materielle Rechtsfolge enthaltenden Gegenrechte ist er darlegungsbelastet (→ Rn. 202 ff.).

Als (Angriffs- und) **Verteidigungsmittel** bezeichnet das Gesetz (§§ 146, 282 ZPO) 187
jedes sachliche und prozessuale Vorbringen, das der (Durchsetzung oder) Abwehr des geltend gemachten prozessualen Anspruchs dient.

Beispielhaft nennt § 282 ZPO dabei Behauptungen, Bestreiten, Einwendungen, Einreden, Beweismittel und Beweiseinreden des Beklagten. Materiellrechtlich bezeichnet man als Verteidigungsmittel im Unterschied dazu Einwendungen und Einreden.

2. Erklärung zu den vom Kläger vorgetragenen Tatsachen

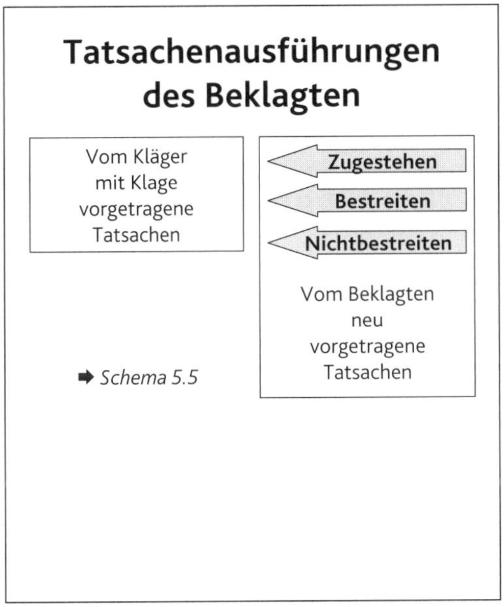

Schema 5.2: Tatsachenausführungen des Beklagten

Ob die vom Kläger vorgetragenen (anspruchsbegründenden) Tatsachen der Entscheidung im Prozess ohne weiteres zugrunde gelegt werden können, hängt von der Einlassung des Beklagten ab. Deswegen muss sich der Beklagte zu den vom Kläger behaupteten Tatsachen erklären (§ 138 II ZPO). Diese Tatsachen kann er zugestehen, sodass sie für die Entscheidung feststehen, oder er kann sie bestreiten, sodass eine Beweisaufnahme erforderlich wird. Gesetzlich geregelt sein muss zudem der Fall, dass der Beklagte sich nicht erklärt, eine Tatsache weder bestreitet noch zugesteht. Da auch hier für den weiteren Prozessverlauf klar sein muss, ob diese Tatsache des Beweises bedarf oder nicht, fingiert das Gesetz hier ein Geständnis (§ 138 III ZPO). 188

Darüber hinaus kann der Beklagte neue Tatsachen vortragen, die für ihn materiell günstige Gegenrechte ausfüllen.

a) Geständnis

Aus der Beibringungsmaxime folgt unter anderem, dass die von beiden Parteien 189
übereinstimmend vorgetragenen Tatsachen für das Gericht feststehen, eine Beweisaufnahme hierüber nicht mehr erforderlich ist. Von einem solch übereinstimmenden

Vortrag ist auszugehen, wenn eine Partei Tatsachen, die die andere Partei vorgetragen hat, nach § 288 ZPO förmlich zugesteht.[4]

Während das Geständnis nur einzelne Tatsachenbehauptungen erfasst und dazu führt, dass diese unstreitig werden (= Ausfluss der Beibringungsmaxime), unterwirft sich der Beklagte mit dem **Anerkenntnis** dem Klagebegehren, akzeptiert die beantragte Rechtsfolge, sodass auf der Grundlage der sich jetzt deckenden Begehren ein Anerkenntnisurteil ergehen kann (= Ausfluss der Dispositionsmaxime).

190 Das Geständnis unterliegt bestimmten **Formerfordernissen**: Es muss in mündlicher Verhandlung erklärt werden (§ 288 I ZPO). Nach § 160 III Nr. 3 ZPO ist es als wesentliche Förmlichkeit zu protokollieren, den Parteien vorzulesen und von ihnen zu genehmigen (§ 162 I ZPO). Keines dieser Formerfordernisse ist Wirksamkeitsvoraussetzung des Geständnisses: Allein die in der Antragstellung in mündlicher Verhandlung zu sehende Bezugnahme auf den bisherigen schriftsätzlichen Vortrag kann zur Wirksamkeit des bis dahin nur angekündigten Geständnisses führen, Protokollierungsfehler berühren die Beweisbarkeit des Geständnisses (§ 165 ZPO), nicht seine Wirksamkeit.[5] Nach überwiegender Ansicht unterliegt das Geständnis nicht dem Anwaltszwang, sodass die Partei selbst im Anwaltsprozess wirksam ein Geständnis abgeben kann.[6] Auch bedarf das Geständnis keiner bestimmten Formulierung, kann vielmehr im Rahmen einer Parteivernehmung oder ausnahmsweise sogar stillschweigend (konkludent), grundsätzlich jedoch nicht bei einer Parteivernehmung erklärt werden (→ Rn. 201).[7]

191 **Folge** des Geständnisses ist, dass die zugestandene Tatsache unstreitig wird, sie keines Beweises mehr bedarf und der Entscheidung durch das Gericht zugrunde gelegt werden muss. Gefährlich für die Parteien ist das Geständnis, weil es grundsätzlich auch für sie *Bindungswirkung* entfaltet: Nur unter den engen Voraussetzungen des § 290 ZPO kommt ein Widerruf noch in Betracht, wenn die gestehende Partei nachträglich dartun kann, das Geständnis sei nicht nur falsch, sondern auch durch einen Irrtum veranlasst worden.[8]

Das **bewusst wahrheitswidrige Geständnis** ist damit in jedem Fall unwiderruflich, nach einem **irrtümlichen Geständnis** kehrt sich die Beweislast praktisch um, weil nicht die darlegungspflichtige Partei die Richtigkeit ihrer Behauptung, sondern die gestehende Partei die Unrichtigkeit ihres Geständnisses beweisen muss.[9]

b) Bestreiten

192 Ist eine vom Gegner vorgetragene Tatsache unwahr, muss sie bestritten werden. Der so entstehende Streit über die Tatsache führt dazu, dass das Gericht sie einer Entscheidung erst zugrunde legen kann, wenn es sie nach einer *Beweisaufnahme* für wahr hält.

---

4 BGH NJW 2002, 1276; *Gehrlein*, Reichweite eines Geständnisses im Zivilprozess, MDR 2016, 1; *Orfanides*, Probleme des gerichtlichen Geständnisses, NJW 1990, 3174; *Orfanides*, Das vorweggenommene Geständnis, FS für Baumgärtel, 1990; *Schneider*, Das Geständnis im Zivilprozess, MDR 1991, 297.

5 BGH NJW-RR 1990, 1150; NJW 1990, 392; OLG Koblenz AnwBl. 1990, 166.

6 BGHZ 8, 235 = NJW 1953, 621.

7 BGH NJW-RR 1996, 699; NJW 1995, 1432; OLG Hamm NJW-RR 1997, 405; vgl. aber auch BGH NJW 1991, 1683; OLG Hamm WM 1996, 669; *Hülsmann*, Kein Geständnis während der Parteivernehmung, NJW 1997, 617.

8 BGH FamRZ 2005, 1667; *Pawlowski*, Keine Bindung an »Geständnisse« im Zivilprozess, MDR 1997, 7.

9 BGH NJW 2011, 2794.

(1) Bestreiten kommt in unterschiedlichen **Formen** vor. 193

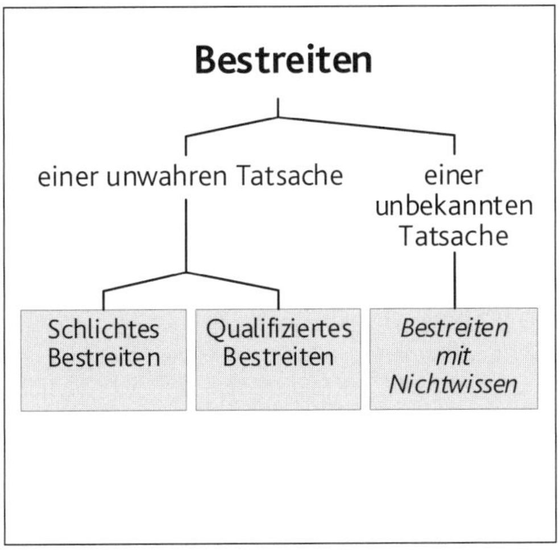

Schema 5.3: Formen des Bestreitens

Bestritten werden können zunächst Tatsachen, von denen man positiv weiß, dass sie unwahr sind (»*Bestreiten mit Besserwissen*«).

Dabei reicht es aus, die vom Gegner vorgetragenen Tatsachen schlicht zu leugnen, zu behaupten, sie träfen nicht zu (sog. »*schlichtes Bestreiten*« oder »Klageleugnen«).

Ein Bestreiten liegt auch dann vor, wenn den vom Gegner vorgetragenen Tatsachen eigene, widersprüchliche Tatsachen entgegengesetzt werden (sog. »*qualifiziertes Bestreiten*«).

Bestritten werden können auch Tatsachen, von denen man nicht genau weiß, ob sie zutreffen oder nicht. Will man diese im Prozess nicht ohne weiteres gegen sich gelten lassen, den Gegner also zwingen, sie zu beweisen, müssen sie bestritten werden (sog. »*Bestreiten mit [besser: wegen] Nichtwissen*«). Wegen der prozessualen Wahrheitspflicht ist dies nur bei Tatsachen möglich, die man nicht kennt und auch nicht kennen muss (§ 138 IV ZPO).[10]

Auch eigene Handlungen und Wahrnehmungen können wegen Nichtwissens bestritten werden, wenn die Partei glaubhaft macht, sich hieran trotz pflichtgemäßer Nachforschungsanstrengungen (etwa durch Einsicht in Urkunden oder Befragung Dritter) nicht mehr erinnern zu können.[11] Hat die Partei die Unkenntnis selbst herbeigeführt (etwa durch unterlassene Feststellung oder Dokumentation), kommt eine Beweisvereitelung in Betracht (→ Rn. 1372). Vorgänge im eigenen Geschäfts- oder Verantwortungsbereich stehen eigenen Handlungen und Wahrnehmungen der Partei gleich, wenn sie sich hiervon zumutbar Kenntnis verschaffen kann. Dies gilt insbesondere, aber nicht nur für eigene Organe.[12]

Tatsachen, die der Gegner noch nicht behauptet hat, können vorsorglich bestritten 194
werden (sog. »*vorweggenommenes Bestreiten*«).[13]

In der Praxis recht häufig sind die Fälle sog. »*pauschalen Bestreitens*«, in denen der 195
Beklagte mit einer salvatorischen Klausel versucht, alle nicht unmittelbar angesprochenen Tatsachen streitig zu stellen und den Gegner so zu zwingen, diese zu beweisen. Zwar ist im Einzelnen zweifelhaft, ob diese Form des Bestreitens unzulässig oder unsubstanziiert ist, doch kann dies dahinstehen, da Einigkeit darüber besteht, dass solche Formulierungen im Ergebnis unbeachtlich sind.[14]

---

10 BGH NJW 2009, 2894; 1999, 53; *Dötsch*, Die Erklärung mit Nichtwissen als »Substantiierungsfalle«, MDR 2014, 1364; *Lange*, Bestreiten mit Nichtwissen, NJW 1990, 3223; *Nicoli*, Die Erklärung mit Nichtwissen, JuS 2000, 584.

11 BGH NJW-RR 2002, 612.

12 BGH NZI 2010, 981; MDR 1995, 275.

13 BVerfG NJW 1992, 679; BGH NJW-RR 2001, 1294; *Gremmer*, Wechselhafter und widersprüchlicher Vortrag einer Partei, MDR 2010, 245.

14 BGHZ 12, 49 = NJW 1954, 600; *Doms*, Es wird alles bestritten, MDR 1991, 498; *Michel*, Der Schriftsatz des Anwalts im Zivilprozess, JuS 1983, 36 (38).

Beispiel: Trotz der Floskel »Der gegnerische Vortrag wird bestritten, soweit er nicht ausdrücklich zugestanden ist« in der Klageerwiderung werden die nicht ausdrücklich bestrittenen Tatsachen nicht streitig.

196 *Negativbehauptungen* können grundsätzlich nicht schlicht bestritten werden. Da die darlegungspflichtige Partei über die bloße Behauptung, die Tatsache liege nicht vor, hinaus zunächst nichts weiter vortragen kann, obliegt es dem Gegner im Rahmen qualifizierten Bestreitens, mögliche positive Tatsachen darzutun (*»sekundäre Darlegungslast«*).[15]

Beispielsfall: Macht der Kläger einen Bereicherungsanspruch aus § 812 BGB geltend, so reicht es aus, wenn er zum Fehlen des rechtlichen Grundes entweder überhaupt nicht oder nur die pauschale Behauptung vorträgt, ein solcher Rechtsgrund existiere nicht. Dem Beklagten obliegt es dann, den in diesem Fall denkbaren Rechtsgrund zu behaupten. Hierdurch wird die Beweislast nicht berührt: Lässt sich nicht klären, ob der – vom Beklagten vorgetragene – Rechtsgrund vorliegt oder nicht, wird die Klage wegen Beweisfälligkeit des Klägers abgewiesen.[16]

197 **(2)** Ob der Beklagte sich mit schlichtem Bestreiten begnügen darf oder ob er eigene Tatsachen entgegensetzen muss und wenn ja, in welchem Umfang, ist Frage der **Substanziierungslast** (→ Rn. 162). Der Vortrag einer Partei ist ausreichend *substanziiert*, wenn sie Tatsachen vorträgt, die in Verbindung mit einer Rechtsnorm geeignet sind, das geltend gemachte Recht als entstanden erscheinen zu lassen. *Unsubstanziiert* ist ein Vorbringen nur, wenn das Gericht aufgrund dieser Darstellung nicht beurteilen kann, ob die gesetzlichen Voraussetzungen der an die Behauptung geknüpften Rechtsfolge erfüllt sind.[17]

198 Je detaillierter der Vortrag des Behauptenden, umso detaillierter muss auch das Bestreiten ausfallen. Im Rahmen dieses Wechselspiels zwischen Behaupten und Bestreiten kann sich das Maß der Substanziierungslast im Laufe des Prozesses durch weiteren Vortrag des Gegners verändern, sodass es ständig neuer Prüfung bedarf, inwieweit der Vortrag beider Parteien ausreichend substanziiert ist.[18]

Beispiele: Zunächst sind die Anforderungen an die Substanziierung der Klage gering: Hier reicht ein pauschaler Vortrag, ggf. sogar die Verkürzung des Tatsachenvortrages in einem Rechtsbegriff (»Kaufvertrag«, »Eigentum«, »Schenkung«; → Rn. 358 f.).[19] Wird dieser Vortrag vom Beklagten bestritten – was zunächst ebenfalls recht pauschal in Form schlichten Bestreitens erfolgen kann –, obliegt es dem Kläger, seinen Vortrag zu präzisieren, Details nachzuliefern. Will der Beklagte diese neuen Tatsachen nicht unstreitig werden lassen, muss er nun auch sein Bestreiten näher substan-

---

15 BGH NJW-RR 2015, 127; zu dem gleichgelagerten Fall des Vortrags von Tatsachen aus der Sphäre des Gegners *Laumen*, Die sekundäre Behaupungslast im Rahmen der Eigentumsvermutung, MDR 2016, 370; *Hansen*, Die Substanziierungslast, JuS 1991, 588 mwN; BGH NJW 2009, 2894; 2005, 2614; 2001, 64.

16 *Baumgärtel/Laumen/Prütting*, Handbuch der Beweislast, Bd. I, 2009, § 5 Rn. 45, § 15; Palandt/*Sprau* BGB § 812 Rn. 107.

17 StRspr, zuletzt BGH NJW 2002, 1488; 1999, 579; OLG Koblenz NJW-RR 2001, 65; *Brose*, Substantiierungslast im Zivilprozess, MDR 2008, 1315; *Eschelbach*, Substanziierungslast des Beklagten im Zivilprozess, ZAP (2010) Fach 13, 1681; *Frohn*, Substanziierungspflicht der Parteien und richterliche Hinweispflicht nach § 139 ZPO, JuS 1996, 243; *Hansen*, Die Substanziierungslast, JuS 1991, 588; *Meyke*, Darlegen und Beweisen im Zivilprozess, 1998.

18 BGH NJW-RR 1992, 258; OLG Hamburg NJW-RR 1990, 63; *Hansen*, Die Substanziierungslast, JuS 1991, 588.

19 OLG Koblenz NJW-RR 1993, 571.

ziieren, insbesondere zu den vom Kläger vorgetragenen Details Stellung nehmen, ggf. indem er diese nun qualifiziert bestreitet.[20]
Beruft sich der aus einem Bauvertrag klagende Kläger für den Umfang des Auftrags auf eine nicht vorgelegte Leistungsbeschreibung, so genügt auf Seiten des Beklagten schlichtes Klageleugnen. Nachdem der Kläger dieses Verzeichnis vorgelegt hat, obliegt es dem Beklagten, einzelne Punkte hieraus aufzugreifen und konkrete Gegentatsachen darzutun.

Ihre *Grenzen* findet die Substanziierungslast in der Darlegungslast: Eine über die Pflicht zum substanziierten Bestreiten hinausgehende allgemeine Aufklärungspflicht besteht für die nicht darlegungspflichtige Partei nicht.[21]

Folge eines nicht hinreichend substanziierten Vorbringens ist in der Regel ein richter- 199
licher Hinweis nach § 139 ZPO.[22] Erst wenn auch daraufhin eine weitere Substanziierung unterbleibt, kann bei der Entscheidung davon ausgegangen werden, dass die Tatsache nicht vorgetragen wurde.

Ein unsubstanziiertes Vorbringen des Klägers hat dann die Unbegründetheit (nicht die Unzulässigkeit; → Rn. 158) der Klage zur Folge, ein unsubstanziiertes Bestreiten des Beklagten führt dazu, dass das Vorbringen des Klägers unbestritten bleibt.

Keine Konsequenzen hat es, wenn der Beklagte widersprüchlich vorträgt. Er kann seinen Vortrag im Laufe des Prozesses ändern, ihn gar in sein Gegenteil wenden. Bindungswirkung kann allein ein Geständnis entfalten (§ 290 ZPO; → Rn. 191).[23]

c) Nichtbestreiten

Erklärt sich die Partei zu einer vom Gegner vorgetragenen Tatsache nicht, so ist zu- 200
nächst unklar, ob diese streitig oder unstreitig ist. Da für den weiteren Prozessverlauf jedoch klar sein muss, ob die Tatsache des Beweises bedarf oder nicht, knüpft das Gesetz an dieses Untätigbleiben eine ungünstige **Fiktion**: Gemäß § 138 III ZPO gelten die nichtbestrittenen Tatsachen als zugestanden, sodass hier die Rechtsfolgen des *Geständnisses* greifen: Die Tatsache wird als unstreitig behandelt, eine Beweisaufnahme ist nicht erforderlich. Anders als beim echten Geständnis kann hier eine Bindung der Partei nicht eintreten: Das unterlassene Bestreiten kann – in den Grenzen der Verspätungsvorschriften (unten → Rn. 1254 ff.) – jederzeit nachgeholt werden.

Voraussetzung einer Anwendung des § 138 III ZPO ist, dass die Partei einerseits die 201
Möglichkeit zum Bestreiten hatte, ihr also rechtliches Gehör und ausreichend Zeit zur Erwiderung gewährt wurde, und sie andererseits den Vortrag des Gegners weder ausdrücklich noch konkludent bestritten hat. Insbesondere die Frage, ob eine (konkludente) Bestreitensabsicht aus den Erklärungen der Partei zu entnehmen ist, verlangt in der Regel eine Ausübung des richterlichen Fragerechts (§ 139 ZPO) und eine Auslegung des Gesamtvorbringens.[24]

Häufig nicht einfach ist die **Abgrenzung** zwischen echtem Geständnis und bloßem Nichtbestreiten. Formulierungen wie »... soll nicht bestritten werden ...« können nur durch Auslegung des übrigen Parteivorbringens im Einzelfall dem einen oder anderen Institut zugeordnet werden. Im Zweifel liegt

20 So zuletzt BGH NJW 1991, 2908; 1991, 2707.
21 BGH ZZP 104 (1991), 203 mAnm *Stürner* und *Schreiber* in JR 1991, 415.
22 BGH NJW-RR 1999, 605; OLG Saarbrücken MDR 2003, 1372.
23 *Gremmer*, Wechselhafter und widersprüchlicher Vortrag einer Partei, MDR 2010, 245.
24 BGH NJW-RR 1997, 984; Thomas/Putzo/*Reichold* ZPO § 138 Rn. 17.

immer einfaches Nichtbestreiten vor, da die Bindungswirkung des förmlichen Geständnisses nur bei eindeutigen Erklärungen der Partei gerechtfertigt ist.[25]

3. Vortrag neuer Tatsachen

202 Der Beklagte braucht sich im Rahmen seiner Verteidigung nicht auf den Umgang mit den vom Kläger vorgetragenen Tatsachen zu beschränken, sondern kann seinerseits neue, bislang nicht in den Prozess eingeführte Tatsachen vortragen. Geboten ist dies insbesondere zur Ausfüllung von **materiellen Verteidigungsmitteln**, Einwendungen und Einreden. Erstere werden von Amts wegen, letztere nur auf besondere Geltendmachung hin berücksichtigt.

Dieser Unterschied verschwindet im Zivilprozess häufig, da beide Arten von Verteidigungen nur Berücksichtigung finden können, wenn die entsprechenden Tatsachen von den Parteien vorgetragen wurden und im Vortrag der eine Verteidigung ausfüllenden Voraussetzungen meist auch deren Geltendmachung gesehen werden kann.[26]

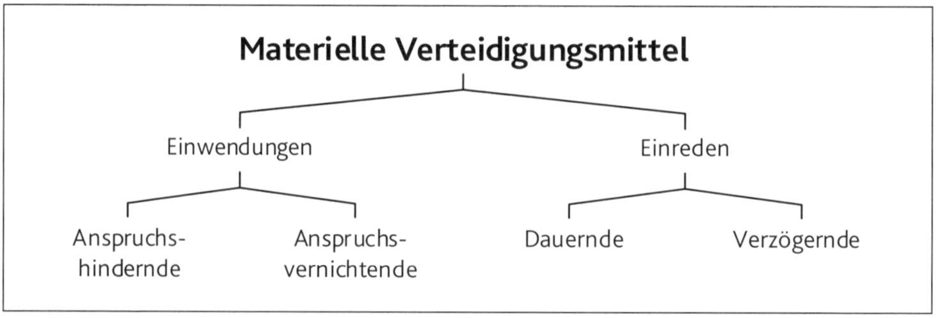

Schema 5.4: Materielle Verteidigungsmittel

203 Wichtiger ist die Unterscheidung der Verteidigungen nach ihren Wirkungen: Materiell können sie die Entstehung eines Anspruchs verhindern, einen bereits entstandenen Anspruch wieder vernichten oder die Durchsetzbarkeit des Anspruchs (dauernd oder vorübergehend) hemmen, prozessual können sie zur endgültigen oder nur vorübergehenden, zur vollständigen oder nur teilweisen Abweisung der Klage führen.

So führt **zB** die erfolgreiche Einrede der Verjährung zur endgültigen und vollständigen Abweisung der Klage, die Einrede der Vorausklage nur zur Abweisung als »derzeit« unbegründet,[27] die Einrede des nicht erfüllten gegenseitigen Vertrags nur zur Zug-um-Zug-Verurteilung und zur Abweisung der Klage im Übrigen (→ Rn. 436 ff.).

Zu den Verteidigungen gehören auch **Gestaltungsrechte**, die es dem Beklagten erlauben, durch einseitige Willenserklärung die Rechtslage zu seinen Gunsten zu ändern (Bsp.: Aufrechnung, Kündigung, Rücktritt, Minderung).

204 Die Voraussetzungen von Verteidigungen müssen nicht vom Beklagten, sondern können auch **vom Kläger** vorgetragen werden, der sich so seine Klage selbst unbegründet machen kann (sog. anspruchsfeindliche Tatsachen).

25 BGH NJW 1995, 1432; 1994, 3109; 1991, 1683 mAnm *Schmidt* JuS 1991, 861; OLG Köln NJW-RR 1997, 213.

26 *Knemeyer*, Die Behandlung von Einredetatsachen in der Relation, JA 1981, 277; *Medicus/Petersen*, Bürgerliches Recht, 24. Aufl. 2013, Rn. 731 ff.; *Kohler*, § 283 BGB im Prozeß, JuS 1991, 943 und 1992, 58; *Ulrici/Purrmann*, Einwendungen und Einreden, JuS 2011, 104.

27 BGH NJW-RR 2011, 1528.

Beispiel: Trägt der Kläger vor, er sei vor fünf Jahren vom Beklagten deliktisch geschädigt worden und der Beklagte habe sich vorprozessual bereits auf Verjährung berufen, so ist die Klage wegen Verjährung (§ 214 BGB) vollständig unbegründet, selbst wenn der Beklagte sich lediglich mit einem Bestreiten der Schadenshöhe verteidigt.

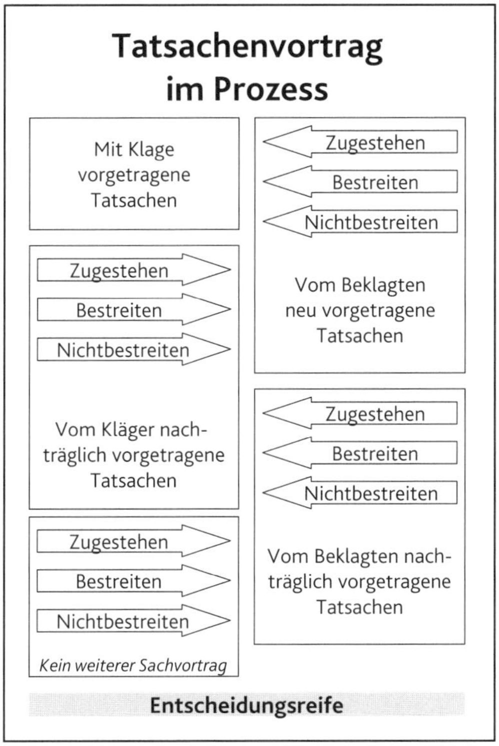

Schema 5.5: Tatsachenvortrag im Prozess

Zu den vom Beklagten neu vorgetragenen Tatsachen muss der Kläger rechtliches Gehör erhalten. Nun obliegt es ihm, diese Tatsachen zuzugestehen oder zu bestreiten. Trägt der Kläger weitere, neue Tatsachen vor, ist es wieder am Beklagten, sich hiergegen zu verteidigen. So ergibt sich das für den Zivilprozess typische wechselseitige Parteivorbringen. 205

Entscheidungsreife tritt erst ein, wenn eine Partei sich darauf beschränkt, zu den vom Gegner vorgetragenen Tatsachen Stellung zu nehmen und keine neuen Tatsachen mehr vorträgt, sodass kein weiteres rechtliches Gehör mehr gewährt werden muss.

4. Nicht vorgetragene Tatsachen

Aus dem Beibringungsgrundsatz (→ Rn. 30) folgt, dass das Gericht nur die Tatsachen berücksichtigen darf, die von den Parteien vorgetragen wurden. Sind Tatsachen vorgetragen, so werden sie im Prozess grundsätzlich berücksichtigt, unabhängig davon, von welcher Partei sie eingeführt wurden. Anspruchsbegründende Tatsachen werden berücksichtigt, auch wenn sie vom Beklagten vorgetragen wurden, anspruchsfeindliche Tatsachen werden berücksichtigt, auch wenn sie vom Kläger vorgetragen wurden. Fraglich ist, was mit den Tatsachen ist, die objektiv vorliegen (und damit hätten vorgetragen werden können), ohne dass eine der Parteien sie vorgetragen hat. Diese Frage beantwortet die **Darlegungslast**.[28] 206

Dabei sind zwei Teilaspekte zu unterscheiden:

- Kann die nicht vorgetragene Tatsache berücksichtigt und der Entscheidung zugrunde gelegt werden?
- Zu wessen Nachteil wirkt sich die (Nicht-)Berücksichtigung der Tatsache aus?

28 *Bischoff*, Tatsachenvortrag im Zivilprozess, JA 2010, 532.

a) Berücksichtigung

207 **Grundsätzlich** gilt die wegen ihrer Selbstverständlichkeit nirgends ausdrücklich normierte Regel der *negativen Fiktion:* Eine nicht vorgetragene Tatsache wird als nicht gegeben behandelt. Nur **ausnahmsweise** gilt eine *positive Fiktion*, wird die Tatsache also auch ohne Vortrag durch die Parteien für die Entscheidung als existent angesehen.

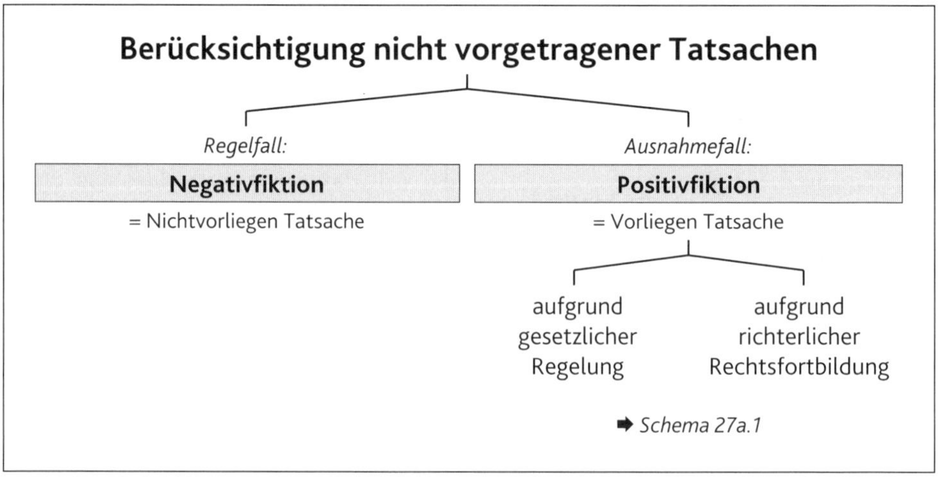

Schema 5.6: Berücksichtigung nicht vorgetragener Tatsachen

208 Solche Ausnahmen ergeben sich manchmal unmittelbar aus *speziellen Regelungen* des BGB.[29]

> **Beispiel:** Wer einen vollmachtlosen Vertreter in Anspruch nimmt, müsste grundsätzlich dartun, dass dieser keine Vertretungsmacht besaß. Vom Fehlen der Vollmacht ist indes auch ohne Vortrag der Parteien auszugehen, solange der Beklagte nicht das Vorliegen einer Vertretungsmacht dartut (§ 179 I BGB).
> Andere Fälle gesetzlicher Regelung der Darlegungslast enthalten die §§ 280 I 2, 345, 442, 542 III BGB.

209 Trotz Fehlens entsprechenden Parteivortrags werden im Prozess auch die Tatsachen als gegeben angesehen, für die eine *gesetzliche Vermutung* spricht. Hier reicht es aus (und ist erforderlich), dass der Anknüpfungstatbestand vorgetragen ist.

210 Neben den gesetzlich geregelten Fällen hat die Rechtsprechung im Rahmen *richterlicher Rechtsfortbildung* in weiteren Fällen das Vorliegen von Tatsachen auch ohne entsprechenden Vortrag bejaht (→ Rn. 1325 ff.).[30]

> Als **Fallgruppen** zu nennen sind hierbei die Produzentenhaftung, die Arzthaftung, die Anscheinsvermutung, die Beweisvereitelung, Sportunfälle oder auch das Versicherungsrecht. Diese spielen eine praktisch wichtige Rolle vor allem im Rahmen der mit der Darlegungslast identischen Beweislast, der Frage also, wie im Fall der Nichterweislichkeit einer Tatsache zu entscheiden ist, und sollen daher auch in diesem Zusammenhang besprochen werden.

---

29 *Baumgärtel/Laumen/Prütting*, Handbuch der Beweislast, Bd. I, 2009, § 8 Rn. 5 ff.
30 *Baumgärtel/Laumen/Prütting*, Handbuch der Beweislast, Bd. I, 2009, § 8 Rn. 24 ff.

b) Wirkung

Da das Gericht eine Entscheidung auch dann treffen muss, wenn eine Tatsache nicht vorliegt, muss die Darlegungslast darüber hinaus die Frage beantworten, **zu wessen Lasten** sich das Nichtvorliegen dieser Tatsache auswirkt. 211

Beispielsfall: Im Prozess um einen vertraglichen Erfüllungsanspruch hat keine der Parteien etwas zur Geschäftsfähigkeit der Beteiligten gesagt.
Hätte es dem Kläger oblegen, das Geburtsdatum (und damit das Vorliegen der Geschäftsfähigkeit) darzutun, so ist die Klage – weil jetzt von deren Nichtvorliegen auszugehen ist – abzuweisen.
Lag die Darlegungslast für das Geburtsdatum (und damit für das Vorliegen der Geschäftsunfähigkeit) beim Beklagten, so ist – vom Nichtvorliegen der Geschäftsunfähigkeit ausgehend – der Klage stattzugeben.

Die nahezu einhellige Auffassung geht heute davon aus, dass die Darlegungslast sich aus den Normen des materiellen Rechts, dessen Verwirklichung der Prozess ja dient, ergibt (sog. »**Normentheorie**«).[31] Im materiellen Recht lassen sich einerseits rechtsbegründende oder -erhaltende, andererseits rechtshemmende, -hindernde oder -vernichtende Tatsachen differenzieren, was für die materielle Rechtsfolge bedeutungslos, wichtig dagegen für die prozessuale Durchsetzung des Rechts ist. 212

Beispiele: Rechtshindernd wirken die Geschäftsunfähigkeit (§ 105 BGB), der Verstoß gegen gesetzliche Verbote (§ 134 BGB) oder die Sittenwidrigkeit (§ 138 BGB). Rechtsvernichtend wirken die Anfechtung (§ 142 BGB), die Erfüllung (§ 362 BGB) oder der Rücktritt (§ 346 BGB). Dauerhaft rechtshemmend wirkt die Verjährung (§ 214 I BGB), verzögerlich rechtshemmend wirken die Zurückbehaltungsrechte (§§ 273, 1000 BGB) oder die Einrede des nicht erfüllten Vertrages (§ 320 BGB).
Materiellrechtlich ist ein Vertrag unwirksam, egal, ob man das Fehlen der Geschäftsfähigkeit als anspruchsbegründende oder das Vorliegen der Geschäftsunfähigkeit als anspruchshindernde Tatsache ansieht.

Aus der Normentheorie lässt sich daher als **allgemeiner Grundsatz** der Darlegungslast ableiten: 213

Die Partei, deren Prozessbegehr ohne die Anwendung eines bestimmten Rechtssatzes keinen Erfolg haben kann, trägt die Darlegungslast für dessen tatsächliche Voraussetzungen. Oder kürzer: Jede Partei hat die Voraussetzungen der ihr materiell günstigen Normen (= der Normen, deren Rechtswirkung ihr zugute kommt), darzulegen.[32]

So hat der **Kläger** die Voraussetzungen der anspruchsbegründenden Normen, der **Beklagte** die der anspruchshindernden, anspruchsvernichtenden bzw. anspruchshemmenden Normen, danach der **Kläger** eventuell wieder die der anspruchserhaltenden Normen vorzutragen.

In vielen Fällen ist die gesetzliche Einteilung in Grundnorm und Ausnahme klar, sei es, dass hier systematisch mit Anspruchsgrundlage und Einwand gearbeitet, sei es, dass die Ausnahme sprachlich durch Wendungen wie »es sei denn« oder »wenn nicht« kenntlich gemacht wird (sog. »**Satzbaulehre**«). 214

---

31 Grundlegend *Rosenberg*, Die Beweislast, 5. Aufl. 1965.
32 StRspr: BGH NJW-RR 2005, 1183; 1992, 574; NJW 1991, 1052; 1989, 1729; *Baumgärtel/Laumen/Prütting*, Handbuch der Beweislast, Bd. I, 2009, § 5 Rn. 20; weitere Nachweise → Rn. 337 f.

Beispielsfälle: Ist jemand Eigentümer einer Sache, die ein anderer in Besitz hat, so kann er von diesem regelmäßig Herausgabe verlangen, nur ausnahmsweise steht dem Besitzer ein Recht zum Besitz zu. Dementsprechend müssen bei der Herausgabeklage grundsätzlich nur das Eigentum des Klägers und der Besitz des Beklagten als anspruchsbegründende Tatsachen vom Kläger vorgetragen werden (§ 985 BGB), während ein mögliches Recht zum Besitz vom Beklagten vorzutragen wäre (§ 986 BGB).
Wer einen vertraglichen Anspruch geltend macht, muss nichts zur Geschäftsfähigkeit des Vertragspartners vortragen, da diese regelmäßig vorliegt und ihr ausnahmsweises Fehlen vom Gegner dargetan werden muss.

215 In den verbleibenden *Zweifelsfällen* ist eine Aufteilung der Darlegungslast durch andere Methoden der Gesetzesauslegung vorzunehmen.[33]

5. Klageerwiderung

216 Die Verteidigungsmittel des Beklagten werden mit der Klageerwiderung ins Verfahren eingeführt.

Der Klageerwiderung hat im schriftlichen Vorverfahren auf Anforderung des Gerichts binnen einer Notfrist von zwei Wochen die Anzeige der Verteidigungsbereitschaft voranzugehen (§ 276 I 1 ZPO). Diese besteht inhaltlich lediglich aus einer Floskel (»... zeige ich die Vertretung des Beklagten an«; »Der Beklagte wird sich gegen die Klage verteidigen«), einer Begründung oder individueller Details bedarf sie nicht. Ein Antrag auf Klageabweisung ist möglich, wegen des damit verbundenen Verlusts der Kostenprivilegierung aus § 93 ZPO für den Fall eines späteren Anerkenntnisses aber nicht zu empfehlen (→ Rn. 1407).

Die für die Klageerwiderung laufende Frist wird vom Gericht bestimmt, muss aber mindestens vier Wochen ab Zustellung der Klage betragen (§ 276 I 2 ZPO).

33 *Gottwald*, Grundprobleme der Beweislastverteilung, JURA 1980, 225; *Musielak*, Die Beweislast, JuS 1983, 198; *Rosenberg/Schwab/Gottwald* ZivilProzR § 105 II 2; 118 II 2; zu Beispielen → Rn. 338.

Inhalt der Klageerwiderung

1	Susanne Hutter Rechtsanwältin	
2	An das Landgericht Frankfurt 60313 Frankfurt a.M.	§ 130 Nr. 1 ZPO
	Ort, Datum	
	In dem Rechtsstreit	§ 130 Nr. 1 ZPO
3	Hausbau Haas GmbH ./. Lösch	
4	– 1 O 234/12 –	
5	beantrage ich, die Klage abzuweisen.	§ 130 Nr. 2 ZPO
6	Begründung	§ 130 Nr. 4 ZPO
7	Die Behauptung des Klägers, die Beklagte habe auf sein Angebot hin erklärt »Damit bin ich einverstanden«, trifft nicht zu.	§ 130 Nr. 4 ZPO § 277 I 1 ZPO
8	Sollte ein Kaufvertrag dennoch zustande gekommen sein, ist er jedenfalls wegen Wuchers unwirksam.	§ 130 Nr. 3 ZPO § 277 I 1 ZPO
9	Den Kaufpreis, den der Kläger begehrt, hat die Beklagte unmittelbar bei Vertragsschluss bar bezahlt.	§ 130 Nr. 3 ZPO § 277 I 1 ZPO
10	Beweis: Vernehmung des Zeugen Friedrich Grün, Friedensstraße 2, 60123 Frankfurt a.M.	§ 130 Nr. 5 ZPO § 277 I 1 ZPO
11	Einer Entscheidung des Rechtsstreits durch den Einzelrichter stehen Gründe nicht entgegen.	§ 277 I 2 ZPO
12	*Hutter* Rechtsanwältin	§ 130 Nr. 6 ZPO
13	2 Anlagen	§ 130 Nr. 1 ZPO

Schema 5.7: Inhalt der Klageerwiderung

Form und Inhalt der Klageerwiderung richten sich nach den allgemeinen, für alle vorbereitenden Schriftsätze geltenden Vorgaben des § 130 ZPO. 217

1 Wie alle Schriftsätze ist auch die Klageerwiderung nicht formularbedürftig, kann also auch einem eigenen Briefkopf verfertigt werden.

2 Für die Bezeichnung des *Gerichts* gelten die Erläuterungen zur Klageschrift entsprechend.

[3] Die Bezeichnung der Parteien und ihrer Vertreter kann auf ein sog. »*Kurzrubrum*« beschränkt werden (»Müller ./. Meier«), wenn zusätzlich das Aktenzeichen angegeben wird.

[4] Der förmlichen Bestellung des *Prozessbevollmächtigten* dem Gericht gegenüber bedarf es genauso wenig, wie eines Nachweises der Vollmacht. Dass der Anwalt für die Partei auftritt, genügt (§ 88 II ZPO). Selbstverständlich aber ist eine entsprechende Floskel möglich.

Hiermit zeige ich an, dass ich die Beklagte vertrete.

[5] Der *Antrag* des Beklagten ist auf »Klageabweisung« gerichtet. Anträge zu den Kosten und zur vorläufigen Vollstreckbarkeit sind regelmäßig überflüssig, Anträge zum Verfahren nur erforderlich, wo deren Voraussetzungen bereits absehbar vorliegen (→ Rn. 156).

[6] Zu den inhaltlichen *Möglichkeiten des Beklagten* → Rn. 182 ff.

[7] Zu den Möglichkeiten und Anforderungen an die nach §§ 130 Nr. 4, 138 II ZPO gebotene *Erklärung über die tatsächlichen Behauptungen des Gegners*, insbesondere an ein wirksames Bestreiten → Rn. 192 ff.

[8] Eine prozessuale Verpflichtung zum Vortrag von *Rechtsansichten* besteht für den Beklagten genauso wenig wie für den Kläger, ergibt sich aber für den Rechtsanwalt seinem Mandanten gegenüber. Insoweit kann auf die Ausführungen zur Klageschrift verwiesen werden.

[9] Trägt der Beklagte neue, für ihn günstige *Tatsachen* (Einwendungen, Einreden) vor, gelten hierfür die gleichen Anforderungen (Darlegung, Schlüssigkeit, Substanziierung) wie für den Kläger.

[10] Wegen der Voraussetzungen eines wirksamen *Beweisantritts* → Rn. 287 ff.

[11] Wie der Kläger soll auch der Beklagte sich zu den Voraussetzungen einer *Einzelrichterbefassung* (§§ 248, 348a ZPO) äußern.

[12] Die Klageerwiderung bedarf der *Schriftform*. Auch insoweit kann auf die Ausführungen zur Klageschrift Bezug genommen werden (→ Rn. 168).

[13] Werden der Klageerwiderung Anlagen beigefügt, soll deren Zahl angegeben werden (§ 130 Nr. 1 ZPO).

§ 6 Verhandlung

Die grobe Einteilung des zivilprozessualen Verfahrens in Phasen wurde eingangs bereits dargestellt (→ Rn. 25). Im Folgenden sollen die einzelnen Prozessphasen näher betrachtet werden.

1. Vermeidungsphase

Die Lösung eines privaten Konflikts durch die Entscheidung eines Zivilrechtsstreits soll nach dem Willen des Gesetzgebers die Ausnahme sein und nur dort erfolgen, wo eine gütliche Einigung der Parteien nicht möglich ist. Vorrang vor dem Zivilprozess haben deswegen alternative Streitbeilegungsformen, von denen es inzwischen zahlreiche institutionalisierte Formen gibt (→ Schema 1.3).[1] 218

Der Gesetzgeber verspricht sich hiervon neben einer Entlastung der Ziviljustiz eine raschere und billigere Konfliktbereinigung und einen dauerhaften Rechtsfrieden. Der Gläubiger muss nachteilige Folgen nicht fürchten, da die Verjährung auch durch alternative Streitbeilegungsversuche gehemmt werden kann (§ 204 I Nr. 4 BGB).[2]

a) Außergerichtliches Güteverfahren

§ 15a EGZPO ermächtigt die einzelnen Länder, die Zulässigkeit der Klage von dem vorherigen Versuch einer einvernehmlichen Streitbeilegung vor einer Gütestelle abhängig zu machen. 219

Möglich ist ein solches Vorverfahren nur bei vermögensrechtlichen Streitigkeiten bis zu einem Wert von 750,– EUR, bei Nachbar- und bei Ehrstreitigkeiten (§ 15a I EGZPO). Es ist ausgeschlossen, wenn beide Parteien nicht im selben Bundesland wohnen (§ 15a II 2 EGZPO) oder sie einen Einigungsversuch bereits vor einer sonstigen Gütestelle unternommen haben (§ 15a III EGZPO). Nicht erforderlich ist das Vorverfahren auch, wenn für den Anspruch eine Klagefrist einzuhalten ist, er in einer familiengerichtlichen Streitigkeit, im Wege der Widerklage oder des Urkundenprozesses geltend gemacht wird oder – und das ist die praktisch wichtigste Ausnahme – ein Mahnverfahren vorangegangen ist (§ 15a II 1 EGZPO).[3]

Die Länder haben von dieser Ermächtigung nur zum Teil und inhaltlich unterschiedlich Gebrauch gemacht. Nicht immer wird der Rahmen voll ausgeschöpft, Gütestellen sind manchmal die Schiedsleute, manchmal Rechtsanwälte und Notare.[4]

---

1 BVerfG NJW-RR 2007, 1073; *Gaier*, Schlichtung, Schiedsgericht, staatliche Justiz – Drei Akteure in einem System institutioneller Rechtsverwirklichung, NJW 2016, 1367; *Jaeger*, Zukunft der Konfliktbeilegung: Schlichtung ist Rechtskultur, AnwBl. 2013, 406; *Wolf*, Zivilprozess versus außergewöhnliche Konfliktlösung, NJW 2015, 1656.

2 *Riehm*, Alternative Streitbeilegung und Verjährungshemmung, NJW 2017, 113.

3 LG München MDR 2003, 1313; LG Kassel NJW 2002, 2256; AG Halle NJW 2001, 2099; AG Rosenheim NJW 2001, 2030; *Deckenbrock/Jordans*, Neue Entwicklungen bei der obligatorischen Streitschlichtung nach § 15a EGZPO, MDR 2009, 1202; *Friedrich*, Aktuelle Entscheidungen zum obligatorischen außergerichtlichen Schlichtungsverfahren, NJW 2003, 3534; *Friedrich*, Zum Nachholen des obligatorischen außergerichtlichen Schlichtungsverfahrens gem. § 15a EGZPO nach Klageerhebung, NJW 2002, 798; *Hartmann*, Das neue Gesetz zur Förderung der außergerichtlichen Streitbeilegung, NJW 1999, 3745; *Rüssel*, Das Gesetz zur Förderung der außergerichtlichen Streitbeilegung – der Weg zu einer neuen Streitkultur, NJW 2000, 2800; *Stöber*, Das obligatorische Schlichtungsverfahren nach § 15a EGZPO, JA 2014, 607.

4 Ausführungsgesetze Nordrhein-Westfalen, Ges. v. 13.4.2000, GVBl. 476 und v. 15.11.2005, GVBl. 917 (dazu auch *Dieckmann*, Das nordrhein-westfälische Ausführungsgesetz zu § 15a EGZPO, NJW 2000, 2802); Bayern, Ges. v. 25.4.2000, GVBl. 268 und v. 24.12.2005, GVBl. 655; Baden Württemberg, Ges. v. 28.6.2000, GVBl. 470; Brandenburg, Ges. v. 5.10.2000, GVBl. 134, 182, 158 und v. 23.11.2005,

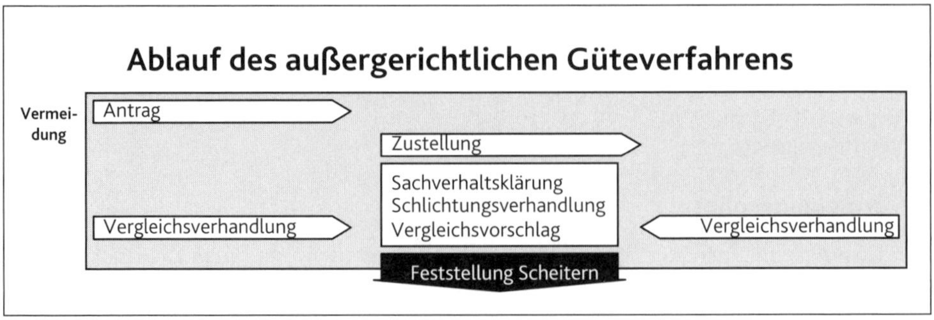

Schema 6.1: Ablauf des außergerichtlichen Güteverfahrens

Exemplarisch dargestellt ist hier das hessische Verfahren. Hier verweist das StrSchlG auf das Schiedsamtsgesetz. Danach ist ein Antrag des Klägers erforderlich (§ 14), mit der der Beklagte zu einer Schlichtungsverhandlung geladen wird (§ 17). Hier kann der Schiedsmann präsente Zeugen und Sachverständige (§ 23) hören, die Sache erörtern und einen Vergleichsvorschlag machen (§ 22). Bleibt der Vergleichsversuch erfolglos, so wird dies in einer Bescheinigung festgehalten (§ 29).

Das Vorverfahren bildet eine zusätzliche *Zulässigkeitsvoraussetzung* für Klagen nur, wenn und soweit der jeweilige Landesgesetzgeber von der ihm eingeräumten Ermächtigung des § 15a EGZPO Gebrauch gemacht hat.[5] Da die Länder keine einheitliche Regelung vorgenommen haben, ist insoweit eine bundesweit uneinheitliche und unübersichtliche Situation eingetreten.

219a Andere außergerichtliche Streitbeilegungsverfahren sind nicht obligatorisch, bilden aber in vielen Teilbereichen eine echte Alternative zum Zivilprozess (»Alternative Dispute Resolution«, ADR). Sie beruhen zum Teil auf gesetzlich eingerichteten Verfahren, zum Teil auf reiner Parteivereinbarung.

Verwiesen sei an dieser Stelle auf das Verfahren nach dem Verbraucherstreitbeilegungsgesetz (VSBG), das Streitigkeiten zwischen Verbrauchern und Unternehmern (§ 310 III BGB) kostenfrei und zeitnah aus der Welt schaffen kann.[6] Wegen des im unternehmerischen Bereich weit verbreiteten Schiedsverfahrens → Rn. 868.

b) Gerichtliche Güteverhandlung

220 Hat ein Einigungsversuch der Parteien vor einer außergerichtlichen Gütestelle nicht stattgefunden, so muss das Gericht eine Güteverhandlung durchführen (**§ 278 ZPO**).

Hiervon darf das Gericht nur absehen, wenn die Güteverhandlung **erkennbar aussichtslos** erscheint, so zB, wenn intensive vorprozessuale Vergleichsbemühungen der Parteien bereits gescheitert sind.

Zur Durchführung des Güteverfahrens kann das Gericht die Parteien vor einen Güterichter verweisen (§ 278 V ZPO) oder eine Mediation vorschlagen (§ 278a ZPO). Zu diesem Zweck kann das streitige Verfahren zum Ruhen gebracht werden.[7]

GVBl. 254; Hessen, Ges. v. 6.2.2001, GVBl. 98 und v. 2.12.2006, GVBl. 782; Saarland, Ges. v. 21.2.2001, ABl. 532 und v. 13.12.2005, ABl. 2055; Sachsen-Anhalt, Ges. v. 22.6.2001, GVBl. 214 und v. 8.12.2005, GVBl. 726; Schleswig-Holstein, Ges. v. 16.11.2001, GVBl. 361 und v. 9.12.2005, GVBl. 538.

5 OLG Saarbrücken BauR 2015, 121.

6 *Gössl*, Das Gesetz über die alternative Streitbeilegung in Verbrauchersachen – Chancen und Risiken, NJW 2016, 838.

7 *Ahrens*, Mediationsgesetz und Güterichter, NJW 2012, 2465; *Greger*, Verweisung vor den Güterichter und andere Formen konsensorientierter Prozessleitung, MDR 2014, 993; *Hartmann*, Media-

Die Güteverhandlung findet im ersten **Termin**, dh entweder im frühen ersten Termin oder – beim schriftlichen Vorverfahren – im Haupttermin statt (→ Rn. 233, → Rn. 257).[8] Zu diesem Termin ist das persönliche Erscheinen beider Parteien anzuordnen. Das Gericht hat den bisher erkennbaren Sach- und Streitstand mit den Parteien zu erörtern, ggf. Fragen zu stellen und Hinweise nach § 139 ZPO zu erteilen. Die Parteien sollen persönlich gehört werden, dh Gelegenheit erhalten, den Streit aus ihrer Sicht darzustellen. Auf dieser Grundlage soll das Gericht den Parteien einen begründeten Vergleichsvorschlag machen.

Erscheinen die Parteien zum Gütetermin nicht persönlich, so kommen im Rahmen des § 141 III ZPO Ordnungsmittel in Betracht. Sind beide Parteien säumig (dh weder persönlich erschienen noch vertreten), so wird das Ruhen des Verfahrens angeordnet (§§ 278 IV, 251 ZPO), ist nur eine Partei säumig, schließt sich regelmäßig sofort die mündliche Verhandlung an, in der es gegen die säumige Partei zu einer Säumnisentscheidung kommt (→ Rn. 1271 ff.). Sind beide Parteien anwesend und hat der Einigungsversuch Erfolg, so endet der Rechtsstreit durch einen Vergleich (→ Rn. 1420 ff.). Scheitert der Einigungsversuch, wird die mündliche Verhandlung (in Form des frühen ersten Termins oder des Haupttermins) fortgesetzt (§ 279 I ZPO).

2. Einleitungsphase

Die Grobstruktur des Verfahrensablaufs und dessen Einteilung in Einleitungs-, Vorbereitungs- und Hauptphase wurde bereits dargestellt (→ Rn. 25, → Rn. 46, insbesondere Schema 1.6); hierauf sei zunächst verwiesen.

a) Organisatorische Behandlung der Klage

Mit Eingang der Klage bei Gericht tritt der Prozess in seine Einleitungsphase, in der **221**
auch der Beklagte in das Prozessrechtsverhältnis einbezogen wird. Daneben muss eine Entscheidung darüber getroffen werden, wie der Prozess (in der folgenden Vorbereitungsphase) weitergehen soll. Es lassen sich damit in der Einleitungsphase des Zivilprozesses drei Schritte unterscheiden:

- *Einreichung* einer *Klageschrift* bei Gericht durch den Kläger gemäß § 253 II–V ZPO (→ Rn. 140 ff.);
- *Entscheidung über* die *Vorverfahrensart* durch das Gericht und ggf. Terminierung des frühen ersten Termins nach §§ 275, 216; 276 ZPO;
- *Zustellung* der *Klageschrift* und der gerichtlichen Entscheidung an den Beklagten durch das Gericht (§§ 270, 271 ZPO).

Mit dem Eingang der Klageschrift bei Gericht entsteht die Notwendigkeit, diese organisatorisch in den Geschäftsbetrieb des Gerichts einzugliedern. Hierzu wird sie von der **Briefeingangsstelle** des Gerichts zunächst zur **Geschäftsstelle** gebracht.[9]

---

tionsnovelle und Gericht, MDR 2012, 941; *Huber*, Grundwissen-Zivilprozessrecht: Güteverhandlung, JuS 2015, 210; *Jordans*, Das neue Mediationsgesetz, MDR 2012, 65; *Steffek*, Rechtsfragen der Mediation und des Güterichterverfahrens, ZWuP 2013, 528.

8 *Foerste*, Die Güteverhandlung im künftigen Zivilprozess, NJW 2001, 3103; *Wieser*, Rechtliche Probleme der Güteverhandlung nach § 278, MDR 2002, 10.

9 Zur technischen Behandlung der Klage *Kontusch*, Das Zivilverfahren I. Instanz am Landgericht, JA 2015, 210.

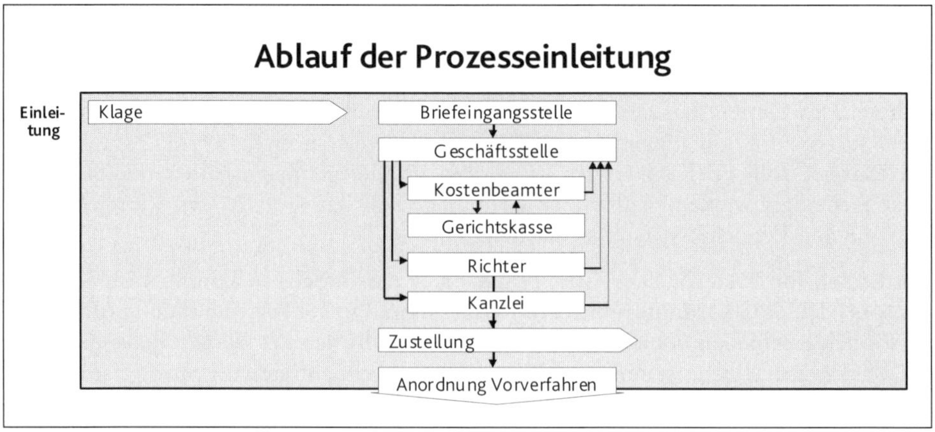

Schema 6.2: Ablauf der Prozesseinleitung

Hier wird jede neu eingehende Klage zunächst in das **Zivilprozessregister** eingetragen, ein Verzeichnis, in dem alle bei dem Gericht anhängig gewordenen Zivilprozesse chronologisch in der Reihenfolge ihres Eingangs erfasst und durchlaufend nummeriert werden. Aus dieser Nummer wird dann unter Hinzufügung des Registerzeichens und ggf. der Abteilungsnummer der Geschäftsstelle das **Aktenzeichen** gebildet, der **Aktendeckel** angelegt, die der statistischen Erfassung dienende **Zählkarte** ausgefüllt und eine Eintragung der Sache im **Namensverzeichnis** vorgenommen sowie eine **Aktenkontrolle** eingerichtet.[10]

Die Geschäftsstelle legt die Akte danach dem **Kostenbeamten** vor, der den Kostenvorschuss überprüft bzw. ihn anfordert, wobei er – zB beim Einzug von Schecks – mit der **Gerichtskasse** zusammenwirkt. Erst danach wird die Akte – wieder über die Geschäftsstelle, die alle büromäßigen Aufgaben und insbesondere die Aktenverwaltung wahrnimmt – dem **Richter** vorgelegt, der nun eine Entscheidung über die Wahl der Vorverfahrensart zu treffen hat. Ausgehende Schreiben werden – nach Rücklauf der Akte über die Geschäftsstelle – von der **Kanzlei** ausgefertigt.

Schon an dieser kurzen Zusammenstellung von Arbeitsschritten zu Beginn des Zivilprozesses wird deutlich, dass dieser noch weitgehend an **Organisationsstrukturen** aus dem 19. Jahrhundert anknüpft. Untersuchungen haben denn auch krasse Rückstände der Justizverwaltung anderen Bereichen der modernen Arbeitswelt gegenüber ergeben, die insbesondere in einer zeitverschwendenden Arbeitsteilung, ungenügender Anwendung von Informations- und Kommunikationstechniken und einer inadäquaten, demotivierenden Arbeitssituation für die Bediensteten gesehen wird.[11] An diesen Befunden hat sich trotz erheblicher Investitionen der Justizverwaltungen in den letzten Jahren nur wenig geändert.

b) Prozessbetrieb

222 Als Konsequenz aus den Grundsätzen von Parteiherrschaft und Beibringungsgrundsatz folgt zwanglos, dass die Parteien auch Gestaltung und Ablauf des Prozesses bestimmen. Diese – als Parteibetrieb bezeichnete – Ausgestaltung fand sich denn auch bei Inkrafttreten der ZPO und sollte unter anderem der »Reinhaltung des Richteramtes« von der Notwendigkeit organisatorischer Tätigkeiten dienen. Praktische Erfahrung lehrte bald, dass es in einer Vielzahl von Fällen zu unsachgemäßer Prozessführung oder gar zur Prozessverschleppung kam, sodass in mehreren Reformen sukzessive der Weg hin zum heute weitgehend verwirklichten **Amtsbetrieb** beschritten wurde.

10 Ausführlich *Pukall/Kießling* ZivilProz 4 ff.

11 *Strempel/Koetz/Götze*, Organisation der Amtsgerichte, DRiZ 1990, 121 (124).

Danach ist die technische Durchführung des Zivilprozesses Sache des Gerichts. Während die Parteien bestimmen, »ob«, »worüber« und »wie lange« ein Prozess geführt wird, bestimmt das Gericht von Amts wegen, »wie« der Prozess durchgeführt wird.

Im Rahmen der Prozessleitung hat das Gericht nur wenige **Pflichten** (zu Pflichten und Lasten allgemein → Rn. 183; → Rn. 1271): Es muss Termine bestimmen (§ 216 ZPO), die Beteiligten hierzu laden (§ 214 ZPO) und neben der Klageschrift auch Schriftsätze mit (neuen) Sachanträgen, Klagerücknahmen (§ 270 ZPO) und Urteile (§ 317 I ZPO) zustellen. 223

Daneben kann das Gericht sog. **prozessleitende Maßnahmen** anordnen. Hierzu gehören die Möglichkeiten

- Teile des Prozesses abzutrennen und als eigene Prozesse weiterzuführen (§ 145 ZPO),[12]
- die Verhandlung über den Prozessstoff vorläufig zu beschränken (§ 146 ZPO), insbesondere
  - auf die Zulässigkeit der Klage (§ 280 I ZPO) oder
  - auf einen Vorabstreit (§ 280 I ZPO),
- verschiedene Prozesse zu einem zu verbinden (§ 147 ZPO),
- die Verhandlung eines Prozesses zeitweise auszusetzen (§§ 148, 149, 152–154 ZPO),
- die bereits geschlossene mündliche Verhandlung eines Prozesses wiederzueröffnen und den (noch nicht entschiedenen) Prozess fortzusetzen (§ 156 ZPO).

Alle diese Maßnahmen werden durch Beschluss angeordnet und sind durch das Gericht jederzeit ohne weiteres wieder abänderbar (§ 150 ZPO).

c) Zustellungen

Wichtigste Maßnahme des Gerichts in der Einleitungsphase ist die Zustellung der Klage an den Beklagten (§ 271 I ZPO). 224

Auch im weiteren Verlauf des Prozesses müssen den Beteiligten Schriftstücke übergeben werden. Dies kann in der Regel formlos geschehen, meist durch Zusendung mit normaler Post. Unklar bleibt dann, ob und wann der Empfänger das Schriftstück tatsächlich erhalten hat. Dort, wo Tatsache und Zeitpunkt des Zugangs eines Schriftstücks zweifelsfrei feststehen müssen, verlangt das Gesetz eine **formelle Bekanntgabe**, eine Zustellung (§§ 166 ff. ZPO).[13]

Die Zustellung erfolgt regelmäßig **von Amts wegen** (§§ 166 ff. ZPO), nur ausnahmsweise (zB nach §§ 699 IV, 922 II ZPO) auf Betreiben der Parteien (§§ 191 ff. ZPO).

Eine Zustellung von Amts wegen ist **erforderlich** für die das Prozessrechtsverhältnis gestaltenden Schriftstücke (die Klage [§§ 253 I, 270 S. 1 ZPO], bestimmende Schriftsätze, dh solche, die den Streitgegenstand betreffen [zB Sachanträge, Klageerweiterung, Klageänderung; §§ 270 S. 1, 261 II ZPO], die einwilligungsbedürftige Klagerücknahme [§ 269 II 3 ZPO] und Urteile [§ 317 ZPO]) sowie für Verfügungen und Beschlüsse, die einen Termin bestimmen oder eine Frist in Lauf setzen (§ 329 II 2 ZPO). Alle anderen Schriftstücke im Prozess müssen zwar nicht, können aber zugestellt werden (§ 166 II ZPO).

---

12 OLG Düsseldorf NJW-RR 2011, 572.

13 *Hupka/Kämper*, Die Zustellung im Zivilverfahren, JA 2012, 448; *Stackmann*, Ordnungsgemäße Zustellung als Grundelement des Zivilprozesses, JuS 2007, 634.

225 **Zustellungsorgan** ist die *Geschäftsstelle* die die Zustellung selbst ausführen (§ 173 ZPO) oder sich der Hilfe der Post oder eines Justizbediensteten (Wachtmeister) bedienen kann (§ 168 I ZPO). Nur ausnahmsweise darf mit der Zustellung der Gerichtsvollzieher oder eine andere Behörde betraut werden (§ 168 II ZPO).

226 Die **Zustellung** erfolgt durch *Bekanntgabe*, regelmäßig durch Aushändigung (§§ 173, 177 ZPO) oder Übersendung des zuzustellenden Schriftstücks per Einschreiben (§ 175 ZPO) bzw. Übermittlung des elektronischen Dokuments (Fax, E-Mail; § 174 II und III ZPO).[14] Ist eine Übergabe nicht möglich, kann das Schriftstück in der Wohnung oder dem Geschäftsraum zurückgelassen (§ 179 ZPO) oder in den Briefkasten eingelegt werden (§ 180 ZPO) und nur wenn auch dies nicht ausführbar ist, kommt eine Niederlegung des Schriftstücks beim Amtsgericht oder bei der Post in Betracht (§ 181 ZPO).

227 **Zustellungsempfänger** ist die Person, der zugestellt werden soll, regelmäßig also die *Partei* selbst (§§ 173, 177 ZPO).[15] Hat die Partei einen gesetzlichen Vertreter oder einen rechtsgeschäftlich für die Zustellung oder für die Prozessführung Bevollmächtigten, so ist an diesen zuzustellen (§§ 170–172 ZPO). Ist dies nicht der Fall und wird die Person, der zugestellt werden soll, nicht angetroffen, so kann ersatzweise erwachsenen Familienangehörigen und ständigen Mitbewohnern in der Wohnung oder Bediensteten in der Wohnung bzw. in einem Geschäftslokal zugestellt werden (§ 178 ZPO).

Im Anwaltsprozess ist dem Anwalt auch dann zuzustellen, wenn er das Mandat niedergelegt hat oder die Instanz beendet ist, da hier die Vollmacht erst durch die Vertretungsanzeige eines anderen Rechtsanwalts erlischt (§ 87 I ZPO). Für die Wirksamkeit der Zustellung an einen Anwalt ist erforderlich, dass er **zur Entgegennahme** des Schriftstücks **bereit** ist; dies muss nicht bereits bei Zurücksendung des Empfangsbekenntnisses der Fall sein.[16]

228 Der **Zustellungsnachweis** wird durch eine *Zustellungsurkunde* (§ 182 ZPO) erbracht. Diese beweist als öffentliche Urkunde iSd § 418 I ZPO, dass, wann und wem das Schriftstück übergeben wurde. Erfolgt die Zustellung an eine Person, bei der von einer erhöhten Zuverlässigkeit ausgegangen werden kann (insbesondere Anwälte oder Behörden), genügt zum Nachweis der Zustellung auch deren schriftliches Empfangsbekenntnis (§ 174 ZPO). Ist die Zustellung durch Zusendung per Einschreiben erfolgt, erfolgt der Nachweis durch den Rückschein (§ 175 ZPO).[17]

229 **Sonderformen** der Zustellung gelten, wenn diese *im Ausland* erfolgen soll (§§ 183, 1067 ff. ZPO; → Rn. 279) oder wenn der Aufenthalt des Zustellungsempfängers unbekannt[18] und eine Ersatzzustellung nicht möglich ist. Dann erfolgt eine *öffentliche Zustellung* (§§ 185 ff. ZPO), indem eine Benachrichtigung an der Gerichtstafel

14 Eine elektronische Zustellung ist ab dem Jahr 2018 vorgesehen: §§ 169, 174, 182, 195 idF des Gesetzes über die Förderung des elektronischen Rechtsverkehrs vom 10.10.2013 (BGBl. I 3786); → Rn. 168.

15 BGH NJW 2001, 885.

16 StRspr; zuletzt BVerfG NJW 2001, 1563; BGH NJW-RR 2015, 953; NJW 2007, 600.

17 Zur Postzustellungsurkunde BGH NJW 2002, 3027; zum Empfangsbekenntnis BVerfG NJW 2001, 1563; BGH MDR 2012, 798; NJW 2009, 855; zum Einschreiben *Biehl*, Einschreibearten der Deutschen Post AG und ihre Bedeutung im Rechtsverkehr, JA 2002, 577; *Saenger/Gregoritza*, Der Beweiswert des Einwurf-Einschreibens, JuS 2001, 899; *Reichert*, Der Zugangsnachweis beim Einwurf-Einschreiben, NJW 2001, 2523.

18 Zu den Voraussetzungen hierfür BGH MDR 2013, 484; 2012, 1308; *Fischer*, Die öffentliche Zustellung im Zivilprozess, ZZP 107 (1994), 163.

ausgehängt und ggf. (nach Ermessen des Gerichts) in Zeitungen veröffentlicht wird. Die Zustellung gilt einen Monat nach dem Aushang als erfolgt.

Folge der Zustellung ist insbesondere der Eintritt der Rechtshängigkeit (§§ 253 I, 261 **230**
ZPO) oder der Beginn einer Frist (§ 221 ZPO). Wichtige materiellrechtliche Folgen der Zustellung (Fristwahrung und Verjährungsunterbrechung) treten nicht erst mit Zustellung, sondern bereits mit Eingang des Antrags bei Gericht ein, wenn die Zustellung demnächst erfolgt (§ 167 ZPO; → Rn. 173).

Voraussetzung hierfür ist die **Wirksamkeit** der Zustellung. Nicht jeder Verstoß gegen die (grundsätzlich zwingenden) Zustellungsvorschriften führt jedoch zur Unwirksamkeit der Zustellung. Zustellungsmängel können **geheilt** werden durch tatsächlichen Zugang des Schriftstücks bei einem möglichen Zustellungsempfänger (§ 189 ZPO).[19]

3. Vorbereitungsphase

a) Vorverfahren

Modellvorstellung des Gesetzes (= *Konzentrationsmaxime*) ist die Erledigung des Rechts- **231**
streits in einem einzigen Haupttermin (= Hauptphase des Prozesses): § 272 I ZPO.[20] Damit dies möglich ist, muss der Haupttermin gründlich und umfassend vorbereitet werden. Hierzu dient die **Vorbereitungsphase**, in der der Richter zur Sammlung des Prozessstoffs zwei Möglichkeiten hat (§ 272 II ZPO):

- Beim **frühen ersten Termin** erfolgt die Stoffsammlung im Rahmen eines mög- **232**
lichst kurzfristig anberaumten Verhandlungstermins, in dem die Sach- und Rechtslage mit den Parteien erörtert wird. Hier können die Parteien weiteren Sachvortrag halten, es können Fragen an sie gestellt und Hinweise erteilt werden, sodass in der Regel eine umfassende Klärung erreicht wird. Ein solcher früher erster Termin stellt einen vollwertigen, jeder anderen mündlichen Verhandlung im Prozess gleichwertigen Termin dar.[21] Wie der Haupttermin ist damit auch der frühe erste Termin durch sog. terminsvorbereitende Maßnahmen des Gerichts vorzubereiten (zB durch Beiladung von Zeugen), er läuft genauso ab, begründet für die Parteien die gleichen Lasten (auch hier sind die Präklusion verspäteten Vorbringens und der Erlass eines Versäumnisurteils möglich) und kann zu allen Formen der Erledigung führen (Vergleich, Erledigung, Urteil).
- Im Rahmen des **schriftlichen Vorverfahrens** erfolgt die Stoffsammlung durch Einreichung von Schriftsätzen seitens beider Parteien. Das Gericht muss die eingehenden Schriftsätze lesen und ständig neu prüfen, ob vom Gegner hierauf weiterer relevanter Vortrag zu erwarten ist, diesem ggf. Fristen zur Erwiderung setzen oder Fragen und Hinweise an beide Parteien ebenfalls schriftlich formulieren. Anerkenntnis- und Versäumnisurteil sind schon in diesem Stadium – dh ohne mündliche Verhandlung – möglich (§§ 307 I 2, 331 III ZPO).

Der **Ablauf** beider Vorverfahrensarten ist recht ähnlich. **233**

19 BGH MDR 2012, 1243; NJW-RR 2011, 417.

20 OLG Köln OLGR 2005, 311; OLG Düsseldorf OLGR 2005, 285; *Huber*, Früher erster Termin und schriftliches Vorverfahren, JuS 2009, 683.

21 BVerfGE 75, 310; BGHZ 88, 180; 86, 31 (36) = NJW 1983, 575; *Lange*, Der frühe erste Termin als Vorbereitungstermin, NJW 1986, 1728.

- Sie beginnen durch eine *Verfügung* des Gerichts. Dem Beklagten wird die Klage zugestellt (§ 271 I ZPO), er wird über die Folgen einer Fristversäumung und ggf. über den Anwaltszwang belehrt und aufgefordert, einen Anwalt zu bestellen (§§ 277 II, 271 II ZPO), außerdem wird ihm eine Frist zur Klageerwiderung gesetzt. Beim frühen ersten Termin wird ihm die Ladung zum Termin zugestellt (§ 274 ZPO), beim schriftlichen Vorverfahren eine Frist zur Anzeige der Verteidigungsbereitschaft gesetzt (§ 276 I ZPO). Der Kläger erhält entweder eine Ladung zum frühen ersten Termin oder eine Benachrichtigung von der Anordnung des schriftlichen Vorverfahrens.
- Im schriftlichen Verfahren muss der Beklagte seine *Verteidigungsbereitschaft anzeigen*, unterlässt er dies, ist ein Versäumnisurteil möglich (§§ 276 I, 331 III ZPO). Dies entspricht beim frühen ersten Termin der Notwendigkeit, im Termin zu erscheinen (§ 331 I ZPO).
- In beiden Alternativen erforderlich ist eine schriftliche *Klageerwiderung* des Beklagten (§§ 275 I 1, 276 I 2, 277 ZPO). Im schriftlichen Vorverfahren folgen die *Replik* des Klägers (§ 276 III ZPO) und der Wechsel *weiterer Schriftsätze* durch die Parteien (§ 129 ZPO), beim frühen ersten Termin ist dies zwar nicht zwingend, aber möglich und praktisch üblich.
- Obwohl der frühe erste Termin der Vorbereitung des Haupttermins dient (§ 273 II ZPO), handelt es sich auch bei ihm um einen vollwertigen Termin. Der Ablauf beider Terminsarten ist weitgehend gleich; es können alle Prozesshandlungen vorgenommen und alle Entscheidungen getroffen werden (→ Rn. 238, → Rn. 255 ff.).
- Am Ende des Vorverfahrens sollte in jedem Fall klar sein, welche Maßnahmen zur Vorbereitung des Haupttermins erforderlich sind, sodass dieser anberaumt und der Rechtsstreit dort entschieden werden kann (§§ 272, 279 ZPO).

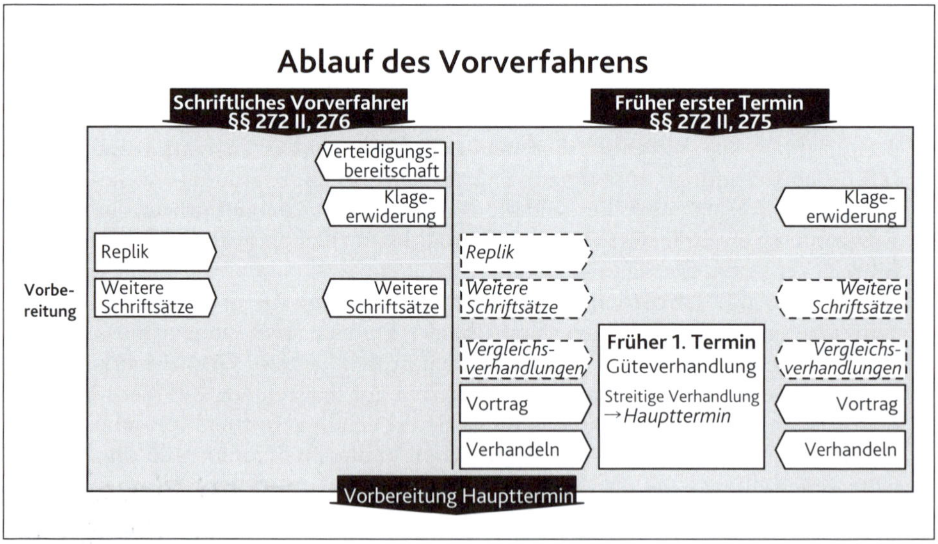

Schema 6.3: Ablauf des Vorverfahrens

234 Welche der beiden Vorverfahrensarten gewählt wird, steht im freien **Ermessen** des Gerichts.[22] §216 ZPO

22 Genauer: des Vorsitzenden (§ 216 II ZPO); BGHZ 98, 11; 86, 35 = NJW 1983, 1795.

Für ein *schriftliches Vorverfahren* eignen sich erfahrungsgemäß Rechtsstreite,

- in denen der Beklagte sich voraussichtlich nicht verteidigen wird, sondern es zu einem Anerkenntnis- oder Versäumnisurteil kommen wird,

  zum **Beispiel** Räumungsklagen wegen Nichtzahlung des Mietzinses;

- typische Prozesskonstellationen im Anwaltsprozess, weil hier von den Anwälten – auch ohne umfangreiche Hinweise durch das Gericht – ein vollständiger Vortrag erwartet werden kann,

  zum **Beispiel** Verkehrsunfälle.

Für einen *frühen ersten Termin* eignen sich Rechtsstreite,[23]

- an denen nicht auf beiden Seiten Rechtsanwälte beteiligt sind, weil hier ein sachgerechter und umfassender Vortrag selten gelingt;
- in denen es um komplexe Sachverhalte geht, die schriftlich nur bedingt darstellbar sind;
- in denen es möglich erscheint, die Parteien – zumindest hinsichtlich einzelner Teile – zu vergleichen;
- in denen der Kläger sich schon in der Klageschrift mit den Einwendungen des Beklagten auseinandergesetzt hat, weil hier neue Tatsachen vom Beklagten nicht zu erwarten sind;
- in denen erkennbar nur um Rechtsfragen gestritten wird, weil hier sofort Entscheidungsreife besteht;
- in denen eine beschleunigte Entscheidung ergehen soll,

  zum **Beispiel** in Arrest-, einstweiligen Verfügungs-, Urkunden-, Wechsel- oder Scheckverfahren.

Bei der Anordnung des Vorverfahrens handelt es sich um die erste »Entscheidung« **234a**
des Richters im Zivilprozess (→ Rn. 48). Da diese häufig und in der stets gleichen Form ergeht und umfangreiche Aufforderungen, Hinweise und Belehrungen erfordert, ergeht sie grundsätzlich unter Verwendung eines Formulars.

In diesem Formular wird die Zustellung der Klageschrift an den Beklagten (§ 271 I ZPO) sowie die Art des Vorverfahrens angeordnet (§ 272 I ZPO). Vor dem Landgericht wird der Beklagte aufgefordert, einen Rechtsanwalt zu bestellen (§ 271 II ZPO), beim Amtsgericht wird er darauf hingewiesen, dass die Vertretung durch einen Anwalt nicht erforderlich ist (§ 499 I ZPO) und über die Folgen eines Anerkenntnisses belehrt (§ 499 II ZPO). Zum frühen ersten Termin werden die Parteien geladen (§ 274 ZPO) und auf die Folgen der Versäumung eines Termins hingewiesen (§§ 214, 215 ZPO). Im schriftlichen Vorverfahren wird der Beklagte aufgefordert, wenn er sich gegen die Klage verteidigen will, dies binnen zwei Wochen schriftlich anzuzeigen (§ 276 I ZPO), über die Folgen einer Versäumung dieser Frist wird er belehrt (§ 276 III ZPO). Im schriftlichen Vorverfahren muss, beim frühen ersten Termin kann dem Beklagten eine Frist zur Klageerwiderung gesetzt werden (§§ 275 I 1, 276 I 2, 277 ZPO), über die Folgen einer Fristversäumung wird er belehrt (§ 277 II ZPO).

Ziel des Vorverfahrens – soweit nicht hier schon eine Erledigung erreicht werden **235**
kann – ist eine Entscheidung des Gerichts über den Inhalt des Haupttermins, insbesondere also darüber, ob die Parteien persönlich geladen werden sollen, welche Beweise zu erheben sind und inwieweit eine solche Beweisaufnahme schon vor dem Haupttermin durchzuführen ist (Einholung eines Sachverständigengutachtens oder

23 *Lange*, Der frühe erste Termin als Vorbereitungstermin, NJW 1986, 1728.

einer schriftlichen Zeugenaussage). In der Regel ergeht diese »zweite Entscheidung des Richters« (→ Rn. 49) in Form eines Beweisbeschlusses (→ Rn. 302), in dem auch der Haupttermin bestimmt wird und alle sonstigen vorbereitenden Anordnungen getroffen werden.

b) Termine

236 Als Termin bezeichnet man den Zeitpunkt des persönlichen Zusammentreffens des Gerichts mit den Parteien und ggf. Dritten (Zeugen, Sachverständigen) zum Zwecke der gemeinsamen Vornahme von Prozesshandlungen.[24] Je nach beabsichtigter Prozesshandlung lassen sich damit **unterscheiden**:[25]

- Termine zur *Güteverhandlung* (§ 278 ZPO);
- Termine zur mündlichen *Verhandlung* (§§ 128 ff., 272, 279 ZPO);
- Termine zur *Beweisaufnahme* (§§ 361 I, 367, 368, 370 ZPO);
- Termine zur *Verkündung* einer Entscheidung (§ 310 ZPO).

Erfolgt die Beweisaufnahme nicht in den Räumen des Gerichts, sondern außerhalb (zB an dem Ort, an dem sich das Beweismittel befindet), spricht man von einem **Ortstermin** (§ 219 ZPO). Wird der Beweis durch das Prozessgericht erhoben, wird im Termin stets auch mündlich verhandelt (§ 370 I ZPO).

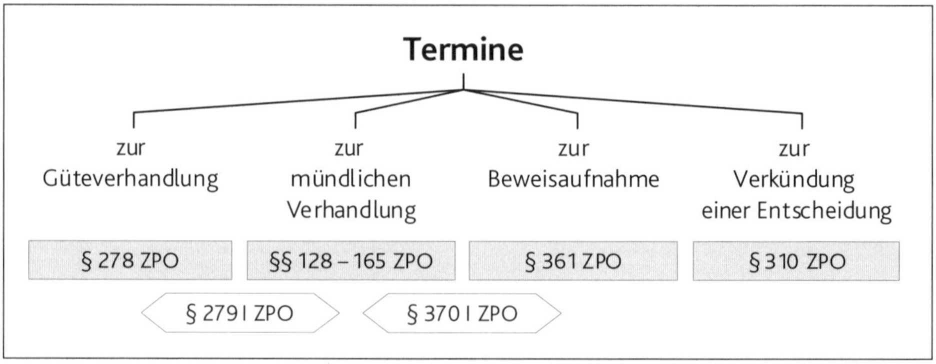

Schema 6.4: Arten von Terminen

237 Termine werden grundsätzlich durch den Vorsitzenden **bestimmt** (§ 216 ZPO) und können nachträglich **geändert** (§ 227 ZPO) werden

- durch *Aufhebung*, dh einen Widerruf der Terminsanberaumung vor dessen Beginn ohne neue Terminsbestimmung;[26]
- durch *Verlegung*, dh einen Widerruf der Terminsanberaumung vor dessen Beginn unter Anberaumung eines neuen Termins;
- durch *Vertagung*, dh einen Abbruch eines begonnenen Termins unter Anberaumung eines neuen Termins.

24 BLAH/*Hartmann* ZPO Übers. § 214 Rn. 1; *Rosenberg/Schwab/Gottwald* ZivilProzR § 71 I; *Volbers*, Fristen, Termine, Zustellungen, 10. Aufl. 2003.

25 Daneben sind auch andere Termine denkbar, so zB der Termin zur Verhandlung über einen Zwischenstreit (§ 366 II ZPO), über einen Einspruch (§ 341 ZPO) oder über eine Wiedereinsetzung in den vorigen Stand (§ 238 ZPO).

26 BVerwG NJW 1990, 2079.

Die Parteien haben einen Anspruch auf Verlegung eines in den Monaten Juli oder August anberaumten Termins, wenn sie dies binnen einer Woche ab Zugang der Terminsbestimmung beantragen (§ 227 III ZPO). Diese Regelung hat die früheren »*Gerichtsferien*« abgelöst und soll dem Umstand Rechnung tragen, dass viele Prozessbeteiligte in dieser Zeit urlaubsbedingt an einer Terminswahrnehmung gehindert sind.[27]

Der frühe erste Termin ist – wie der Haupttermin auch – normaler **Termin zur mündlichen Verhandlung**, auf den sich die Betrachtung zunächst beschränken soll.[28]

c) Terminsvorbereitende Maßnahmen

Die Parteien bereiten die mündliche Verhandlung durch **Schriftsätze** vor (§ 129 ZPO).[29] Damit wird der Vortrag in der mündlichen Verhandlung angekündigt und kann dort ggf. in Bezug genommen werden (oben → Rn. 258). Die formellen Anforderungen an Schriftsätze enthält § 130 ZPO (oben → Rn. 146). Nicht nur vorbereitend, sondern bestimmend sind Schriftsätze, die den Fortgang des Verfahrens unmittelbar beeinflussen. Die in ihnen enthaltenen Parteierklärungen bedürfen regelmäßig der Schriftform und sind nicht erst mit der nachfolgenden mündlichen Verhandlung, sondern bereits mit dem Eingang des Schriftsatzes vollzogen; sie bedürfen der Zustellung (§ 270 ZPO). **238**

Beispiele: Klage, Klageänderung, Klagerücknahme, Anerkenntnis, Rechtsbehelfseinlegungen, Streitverkündung.

Um der Konzentrationsmaxime entsprechend einen möglichst effizienten Verlauf der mündlichen Verhandlung zu gewährleisten und zusätzliche Termine nach Möglichkeit zu vermeiden, bedarf der Haupttermin einer gründlichen **Vorbereitung** durch das Gericht.[30] Nach der Stoffsammlung im Rahmen des Vorverfahrens steht weitgehend fest, worauf es in tatsächlicher Hinsicht ankommen wird, sodass insbesondere die Beweiserhebung angeordnet werden kann. Dies ist (sei es zur Vorbereitung des frühen ersten Termins, sei es im Anschluss an ein schriftliches Vorverfahren) auch ohne vorhergehende mündliche Verhandlung nach **§ 358a ZPO** möglich.

Daneben eröffnet insbesondere **§ 273 II ZPO** dem Gericht eine Reihe von Möglichkeiten: So können Parteien, Zeugen und Sachverständige geladen, amtliche Auskünfte eingeholt, Urkunden von den Parteien oder Dritten angefordert und Augenscheinseinnahmen durchgeführt werden (§§ 142, 144 ZPO).[31] Vorteil einer solchen Vorgehensweise ist, dass es keines förmlichen Gerichtsbeschlusses bedarf, **239**

27 Ausnahmsweise besteht ein Recht der Parteien auf Terminsänderung, neben den in § 227 ZPO genannten Fällen zB OLG Hamm NJW-RR 1992, 121; OLG Koblenz MDR 1991, 448; *Soehring*, Anspruch auf Terminsverlegung, NJW 2001, 3319; kein Anspruch auf Verlegung besteht bei konkretem Beschleunigungsbedarf: BGH MDR 2010, 1077; NJW 2009, 687.

28 Zum Beweisaufnahmetermin s. → Rn. 305 ff.; zum Verkündungstermin → Rn. 19; → Rn. 475.

29 *Stackmann*, Schriftsatz- und Schriftsatzfristprobleme im Zivilprozess, NJW 2011, 3537.

30 BVerfG NJW-RR 1995, 377; *Baur*, Richterliche Verstöße gegen die Prozessförderungspflicht, FS für Schwab, 1990, 53.

31 Zum Inhalt der möglichen Anordnungen *Born*, Auflage und Parteiprozess, NJW 1995, 571; *Schmitz/Ernemann/Frisch* Station in Zivilsachen 22 ff.

sondern die – formlose – Verfügung des Vorsitzenden (oder des Berichterstatters) ausreicht.[32]

Maßnahmen nach § 273 ZPO ersetzen nicht die **Beweisanordnung** des Gerichts, dh die Entscheidung, ob der Beweis erhoben werden soll, sondern schaffen nur die Voraussetzungen, damit er im Bedarfsfall erhoben werden kann. Dass möglicherweise Zeugen unnötig geladen werden, weil das Gericht deren Vernehmung dann doch nicht für nötig hält, muss hingenommen werden.[33]

240 Zu den terminsvorbereitenden Maßnahmen gehören auch die nach **§ 139 ZPO** gebotenen Hinweise (→ Rn. 260).

d) Ladungen

241 Um die Prozessbeteiligten von dem durch das Gericht festgesetzten Termin in Kenntnis zu setzen, werden diese (gemäß § 274 I ZPO durch die Geschäftsstelle) geladen (§ 214 ZPO).[34] Die Ladung beinhaltet die Aufforderung zum Erscheinen, hat eine Warnung vor den Folgen einer Säumnis zu enthalten (§ 215 ZPO) und muss – um eine Überrumpelung der Geladenen zu vermeiden – rechtzeitig vor dem Termin erfolgen (**Ladungsfrist**, § 217 ZPO, im Anwaltsprozess eine Woche, im Parteiprozess drei Tage, in Ausnahmefällen bis auf 24 Stunden verkürzbar).

e) Fristen

242 Hat das Gericht das schriftliche Vorverfahren angeordnet, so muss es den Parteien in der Regel Fristen zur Einreichung von Schriftsätzen setzen. Auch in anderen Prozessphasen kann die Vornahme einzelner Prozesshandlungen auf eine bestimmte **Zeitspanne**,[35] dh eine Frist beschränkt werden. Dies dient einerseits der Prozessbeschleunigung, andererseits der Prozessklarheit: Die Partei wird gezwungen, die Prozesshandlung rechtzeitig vorzunehmen. Ist sie innerhalb der Frist nicht erfolgt, kann für den weiteren Prozessverlauf von ihrem Nichtvorliegen ausgegangen werden.

> **Beispiel:** Der Eintritt der formellen Rechtskraft eines Urteils hängt davon ab, ob die Parteien hiergegen Rechtsmittel einlegen oder nicht. Dieser Schwebezustand kann nicht unbegrenzt dauern, daher lässt das Gesetz die Einlegung von Rechtsmitteln nur innerhalb bestimmter Fristen zu. Sind diese verstrichen, ist klar, ob Rechtskraft eingetreten ist oder ob das Verfahren in nächster Instanz weitergeht.

243 (1) Die verschiedenen **Arten** von Fristen sind aus Schema 6.5 ersichtlich:[36]

---

32 Zur Notwendigkeit, dem Zeugen das Beweisthema mitzuteilen, OLG Schleswig NJW 1991, 303; *Reinecke*, Die Information des Zeugen über das Beweisthema, MDR 1990, 1061; *Gießler*, Die Vernehmung des nicht geladenen Zeugen, NJW 1991, 2885.

33 BGH NJW 1975, 1741; OLG Köln NJW-RR 1997, 150.

34 Zur Abgrenzung der informellen Bekanntmachung (Mitteilung) von der förmlichen Ladung und den dabei einzuhaltenden Formalitäten: BLAH/*Hartmann* ZPO Übers. § 214 Rn. 2.

35 BGH VersR 1985, 574; *Schroeter*, Die Fristberechnung im bürgerlichen Recht, JuS 2007, 29; zu anderen zeitlichen Schranken → Rn. 1254; zu den rechtlich relevanten Zeitpunkten (Terminen) → Rn. 236.

36 *Gruschwitz*, Kleine Fristenkunde ZPO – Ein systematischer Überblick zum Fristensystem des Zivilprozessrechts, JuS 2012, 1090; zu der hier nicht vorgenommenen Unterscheidung in Handlungs- und Überlegungsfristen BLAH/*Hartmann* ZPO Übers. § 214 Rn. 10.

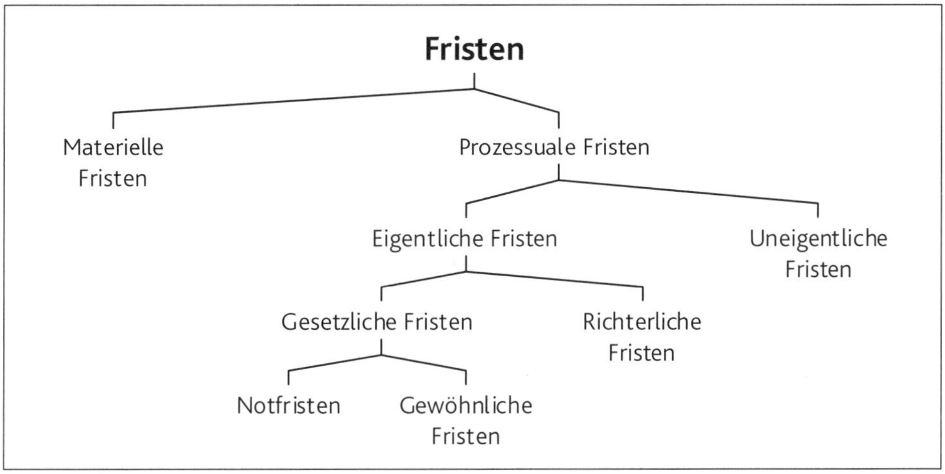

Schema 6.5: Arten von Fristen

Vielfach begründet bereits das **materielle** Recht **Fristen** zur Geltendmachung eines Rechts.

Für Ansprüche sind dies im Wesentlichen die Verjährungsfristen (§§ 195 ff. BGB), für andere Rechte existieren zahlreiche Ausschlussfristen (zB §§ 121, 124, 651g I, 864, 1944 BGB).

Prozessuale Fristen richten sich in der Regel an die Parteien. Insoweit spricht man von den sog. »**eigentlichen Fristen**«, für die die §§ 221 ff. ZPO uneingeschränkt gelten. Ausnahmsweise können Fristen auch für Prozesshandlungen des Gerichts laufen (sog. »**uneigentliche Fristen**«; zB in den §§ 234 III, 315 II 1, 320 II 3, 586 II 2 ZPO), für diese gelten die §§ 221 ff. ZPO (mit Ausnahme der Berechnungsvorschrift des § 222 ZPO iVm den §§ 187 ff. BGB) nicht.[37]

Der Lauf von Fristen kann einerseits aus dem Gesetz, andererseits aus richterlicher **244**
Anordnung folgen. Bei den **gesetzlichen Fristen** sind Beginn und Dauer im Gesetz vorgeschrieben, Abkürzungen oder Verlängerungen solcher Fristen kommen nur in Betracht, wo sie im Gesetz ausdrücklich zugelassen sind (so zB in § 134 II ZPO). Bei den **richterlichen Fristen** stehen Beginn und Dauer im freien Ermessen des Gerichts (so bei der Schriftsatznachlassfrist § 283 ZPO oder der Frist zur Behebung eines Beweishindernisses § 356 ZPO). Abkürzungen oder Verlängerungen sind hier nach Maßgabe der §§ 224 II, 226 ZPO jederzeit möglich.[38]

Sonderregeln enthält die ZPO für sog. **Notfristen.** Das sind nur diejenigen, die im **245**
Gesetz ausdrücklich als solche bezeichnet sind (§ 224 I 2 ZPO), also nur die §§ 276 I 1, 339 I, 517, 548, 569 I 1, 575 I 1, 586 I ZPO. Diese laufen auch bei Ruhen des Verfahrens (→ Rn. 1298)[39] weiter, sind niemals abkürzbar oder verlängerbar,

37 BGH NJW 1977, 718.

38 BVerfG NJW 2000, 944; BGH NJW-RR 1990, 67.

39 Bis zur Abschaffung der Gerichtsferien (§§ 199 ff. GVG aF) im Jahr 1997 liefen die Notfristen auch hier weiter, bis zur Reform des Zustellungsrechts zum 1.8.2002 war eine Heilung von Zustellungsmängeln nach § 187 ZPO aF nicht möglich, wenn eine Notfrist in Gang gesetzt werden sollte.

lassen dafür im Gegenzug – anders als die anderen Fristen – bei Versäumung eine Wiedereinsetzung in den vorigen Stand zu (§ 233 ZPO).

246 (2) Die **Berechnung** der Fristen erfolgt nach § 222 ZPO, §§ 187 ff. BGB. Fristen *beginnen* nach § 187 I BGB[40] mit dem im Gesetz bzw. in der richterlichen Anordnung beschriebenen Ereignis (häufig mit Zustellung der Entscheidung[41] bzw. Fristanordnung), wobei dieser Tag für die Fristberechnung nicht mitzuzählen ist. Fristen können nach Tagen, Wochen, Monaten oder Jahren bemessen werden.

Das BGB berechnet Fristen nicht in ihrer natürlichen Länge nach Stunden und Minuten, sondern immer nur nach vollen **Kalendertagen.** Die Frist läuft damit nicht zu einer bestimmten Tageszeit, sondern immer am Ende des Tages ab.[42] Dies hindert die Setzung von nach Stunden bemessenen Fristen im Ausnahmefall (zB nach § 222 III ZPO) nicht.

Beispiele: Wird in einem am 1.2. zugestellten Antrag auf Erlass einer einstweiligen Verfügung die Einlassungsfrist (§ 274 III ZPO) auf drei Tage abgekürzt, so beginnt sie, weil der Tag der die Frist in Gang setzenden Zustellung nicht mitzählt, am 2.2. um 0.00 Uhr und endet drei volle Tage später am 4.2. um 24.00 Uhr.
Die einen Monat betragende Berufungsfrist beginnt bei einem am 15.11. zugestellten Urteil am 16.11. um 0.00 Uhr und endet am 15.12. um 24.00 Uhr.

Während solche prozessualen Fristen sich in der Regel zweifelsfrei berechnen lassen, bergen die §§ 187 ff. BGB für die Berechnung **materiellrechtlicher Fristen** eine Vielzahl von Problemen,[43] die zwar auch im Zivilprozess zumindest mittelbar von Bedeutung sind (zB bei Berechnung der Verzugszinsen), auf die hier aber nicht näher eingegangen werden kann.

247 *Gewahrt* wird die Frist durch Vornahme der Prozesshandlung, regelmäßig dem Gericht gegenüber.

Bei schriftsätzlich vorzunehmenden Prozesshandlungen ist damit der **Eingang bei Gericht** entscheidend, wofür der Eingangsstempel (widerleglichen) Beweis erbringt.[44] Elektronisch eingereichte Dokumente (Fax, E-Mail) wahren die Frist mit ihrer Aufzeichnung durch die gerichtliche Empfangseinrichtung (§ 130a III ZPO).[45]

Beispiele: Der Eingang bei einer gemeinsamen Briefeingangsstelle verschiedener Justizbehörden ist nicht fristwahrend, wenn das Schreiben an die falsche Behörde adressiert ist.[46] Ein Telefax ist nicht erst mit dem Ausdruck bei Gericht, sondern bereits mit der Speicherung auf dem Empfangsgerät zugegangen.[47]

---

40 Der in § 187 II BGB vorgesehene Fall des Fristbeginns mit dem Beginn eines Tages, wie er zB für die Berechnung des Lebensalters gilt, spielt im Prozessrecht keine nennenswerte Rolle.

41 Auch dann, wenn zunächst nur ein vorab eingereichtes Fax zugestellt wird: OLG Frankfurt a.M. NJW 2000, 1653 oder später eine weitere Zustellung erfolgt: BGH NJW 2011, 522; NJW-RR 2006, 563.

42 Sog. Zivilkomputation; vgl. *Ziegeltrum*, Grundfälle zur Berechnung von Fristen und Terminen gem. §§ 187 ff. BGB, JuS 1986, 705.

43 Dazu *Ziegeltrum*, Grundfälle zur Berechnung von Fristen und Terminen gem. §§ 187 ff. BGB, JuS 1986, 705.

44 BGH NJW-RR 2012, 701; 2011, 495; 2006, 354.

45 *Toussaint*, Form- und Fristwahrung durch Telefax im Zivilprozess, NJW 2015, 3207.

46 BGH NJW 1998, 461; NJW-RR 1997, 865; 1996, 443.

47 BGH NJW 2008, 2649 unter Aufgabe der früheren Rechtsprechung (BGH NJW 2006, 2263; *Bacher*, Eingang von E-Mail-Sendungen bei Gericht, MDR 2002, 669).

Muss die Wahrung einer Frist geprüft oder in einer Entscheidung *begründet* werden, so bedarf es der Feststellung 248

- welche Frist einschlägig ist,
- wann diese begonnen hat,
- wie lange sie gelaufen ist,
- wann sie geendet hat,
- wodurch sie gewahrt wurde.

Beispiel: Der Beklagte hat die Einspruchsfrist (§ 339 ZPO) gewahrt. Diese Frist begann mit der Zustellung des Versäumnisurteils am 5.9., betrug zwei Wochen und endete am 19.9. Die Einspruchsschrift ist vor Ablauf dieser Frist am 18.9. bei Gericht eingegangen.

(3) Die **Versäumung** von Fristen im Prozess hat unterschiedliche Folgen:

- Die Versäumung einer *materiellen Ausschlussfrist* führt regelmäßig zum endgültigen und nicht heilbaren Rechtsverlust, die Versäumung einer materiellen Verjährungsfrist begründet für den Schuldner ein Leistungsverweigerungsrecht (§ 214 BGB).
- Die Versäumung rechtzeitigen Vortrags von *Angriffs- und Verteidigungsmitteln* führt unter den Voraussetzungen des § 296 ZPO zur Nichtbeachtung des Vortrags, kann aber durch genügende Entschuldigung oder sonstige Prozessstrategien verhindert werden (→ Rn. 1254 ff.). Nach Schluss der mündlichen Verhandlung können Angriffs- und Verteidigungsmittel überhaupt nicht mehr vorgebracht werden (§ 296a ZPO), es sei denn, die mündliche Verhandlung wird wiedereröffnet (§ 156 ZPO; → Rn. 262).
- Für die Versäumung von *prozessualen Fristen* sieht das Gesetz in einigen Fällen spezielle Folgen vor, so etwa Kostennachteile nach §§ 97 II, 344 ZPO, die Fiktion ungünstiger (§§ 138 III, 267, 269 II 4 ZPO) oder die Schaffung sonst nicht gegebener Prozesslagen (§ 39 ZPO).
- Die Versäumung *absoluter prozessualer Fristen*[48] hat zur allgemeinen Folge, dass die Partei mit der entsprechenden Prozesshandlung ausgeschlossen ist (§ 230 ZPO). Warum es zu dieser Fristversäumung gekommen ist und ob diese schuldhaft erfolgte, ist dabei unbeachtlich (§ 231 I ZPO). Um hier unzuträgliche Rechtsfolgen zu vermeiden, sieht das Gesetz als Rechtsbehelf gegen die Versäumung solcher Fristen ein eigenes Institut vor:

(4) Ist eine absolute Frist schuldlos versäumt worden, kann die Partei verlangen, wieder so gestellt zu werden, wie sie vor Verstreichen dieser Frist prozessual stand (**Wiedereinsetzung in den vorigen Stand**: §§ 233 ff. ZPO).[49] Die Wiedereinsetzung ist damit ein Rechtsbehelf gegen die Folgen der Versäumung einer Frist. Sie ist deswegen nach dem allgemeinen Schema für Rechtsbehelfe zu prüfen. 249

Dieses allgemeine Prüfungsschema für Rechtsbehelfe gilt für echte Rechtsmittel (Berufung, Beschwerde) genauso, wie für sonstige Rechtsbehelfe (Einspruch, Gehörsrüge usw.). Unterschiedlich sind allerdings die Anforderungen an die einzelnen Voraussetzungen (→ Rn. 1487 ff.).

48 Als solche bezeichnet man die in § 233 ZPO genannten Fristen, deren Versäumung zum unmittelbaren Prozessverlust führen: *Schafft/Schmidt*, Verspätungsfolgen, MDR 2001, 436 (437).

49 *Pentz*, Die Rechtsprechung des BGH zur Wiedereinsetzung in den vorigen Stand, NJW 2003, 858; *Kummer*, Wiedereinsetzung in den vorigen Stand, 2003.

Prüfungsschema Rechtsbehelf	
I. Zulässigkeit des Rechtsbehelfs	Die besonderen Zulässigkeitsvoraussetzungen des Rechtsbehelfs klären, ob die Maßnahme überprüft werden kann, ob ggf. das Verfahren zum Zweck der Überprüfung fortgesetzt wird.
1. Statthaftigkeit	Statthaft ist der Rechtsbehelf, wenn er gegen die angefochtene Maßnahme gesetzlich vorgesehen ist.
2. Form	Rechtsbehelfe bedürfen meist der Schriftform und weiterer Formvoraussetzungen.
3. Frist	Oft ist die Einlegung, manchmal unabhängig davon auch die Begründung fristgebunden.
4. Beschwer	Zur Einlegung eines Rechtsbehelfs ist nur befugt, wer von ihr nachteilig betroffen ist.
5. Zuständigkeit	Zuständig sein kann entweder das Gericht der Maßnahme oder das übergeordnete Gericht.
6. Prozesshandlungsvoraussetzungen	Für einen Rechtsbehelfs müssen die gleichen Voraussetzungen erfüllt sein, wie für jede Prozesshandlung.
II. Begründetheit des Rechtsbehelfs	Begründet ist ein Rechtsbehelf, wenn die angefochtene Maßnahme falsch ist. Insoweit sind die Voraussetzungen der Maßnahme nachzuprüfen.
1. Zulässigkeit der angefochtenen Maßnahme	Hat das Gericht falsch über die Zulässigkeit der Maßnahme entschieden (sie zu Unrecht bejaht oder verneint), ist der Rechtsbehelf begründet.
2. Begründetheit der angefochtenen Maßnahme	Begründet ist der Rechtsbehelf auch, wenn die Sachentscheidung des Erstgerichts unzutreffend ist.

Schema 6.6: Prüfungsschema Rechtsbehelf

250 Für die Wiedereinsetzung werden diese allgemeinen **Voraussetzungen** in den §§ 233 ff. ZPO konkretisiert:

- *Statthaft* ist der Wiedereinsetzungsantrag gegen die Versäumung einer der in § 233 ZPO besonders genannten absoluten Fristen. Das sind insbesondere alle Notfristen und die Rechtsmittelbegründungsfristen.
- Die Wiedereinsetzung erfolgt entweder auf Antrag der Partei, der dann in der *Form* der versäumten Prozesshandlung gestellt werden muss (§ 236 I ZPO), oder von Amts wegen (§ 236 II 2 ZPO).
- Der Antrag muss binnen einer *Frist* von zwei Wochen, bei Versäumung einer Rechtsmittelbegründungsfrist binnen eines Monats ab Beseitigung des Hindernisses, insbesondere also ab Kenntnis der Nichtrechtzeitigkeit der Prozesshandlung, vorgenommen werden, unabhängig von einer solchen Kenntnis spätestens innerhalb eines Jahres (§ 234 ZPO).
- Der Prüfung einer besonderen *Beschwer* bedarf es nicht, diese wird durch die mit der Fristversäumung verbundene Rechtsfolge (§ 230 ZPO) indiziert.

- *Zuständig* für die Entscheidung über den Wiedereinsetzungsantrag ist das Gericht, das auch über die versäumte Prozesshandlung zu befinden hat (also keine regelmäßige Überwälzung in die nächsthöhere Instanz, § 237 ZPO).
- Wie für jede Prozesshandlung müssen auch für den Wiedereinsetzungsantrag alle *Prozesshandlungsvoraussetzungen* (Parteifähigkeit, Prozessfähigkeit, Postulationsfähigkeit, Vertretungsmacht) vorliegen.
- **Begründet** ist der Wiedereinsetzungsantrag, wenn die Partei ohne ihr Verschulden an der Einhaltung der Frist verhindert war (§ 233 ZPO). Dabei steht der Wiedereinsetzung nicht nur ein Verschulden (§ 276 BGB) der Partei selbst entgegen, sondern auch ein solches ihres gesetzlichen Vertreters und ihres Bevollmächtigten (§ 85 II ZPO).[50] Nicht einstehen muss die Partei dagegen für das Verschulden des Gerichts oder eines Dritten. Zu letzteren gehören auch die Hilfspersonen, deren sich der Anwalt bedient, insbesondere sein Kanzleipersonal, aber auch Privatgutachter oder Detekteien. Hier hat sich inzwischen eine nahezu unüberschaubare Einzelfalljudikatur entwickelt, die sich nur bedingt in Fallgruppen fassen lässt:[51]

> Die **Partei** selbst bzw. ihr gesetzlicher Vertreter handelt *schuldhaft*, wenn sie einen angeforderten Kostenvorschuss nicht rechtzeitig einzahlt, ihren Anwalt nicht rechtzeitig oder vollständig informiert, Unterlagen nicht auffindet oder ihren Organisationsbereich nicht beherrscht (Bedienungsfehler des eigenen PC, Nichtkontrollieren des eigenen Kalenders). Schuldlos ist dagegen die sozialtypische (Urlaub) oder nicht vorhergesehene (Krankheit) Abwesenheit, wenn mit einer fristauslösenden Zustellung nicht gerechnet werden musste.[52]
> Der **Anwalt** handelt schuldhaft bei Unkenntnis einschlägiger Rechtsnormen bzw. Rechtsprechung,[53] Nichtbeschreiten des sichersten Wegs oder Delegation von Aufgaben, die nicht delegierbar sind (Bestimmung von Fristen, Fertigung von Schriftsätzen). Schuldhaft kann der Anwalt auch bei der Organisation seines Büros handeln, so etwa bei der unsorgfältigen Auswahl, Ausbildung bzw. Überwachung für die Mandatsbearbeitung eingesetzten Personals oder unzureichenden (generellen oder einzelfallbezogenen) Arbeitsanweisungen.
> **Unverschuldet** sind unvorhersehbar lange Postlaufzeiten (Zugang nicht bereits am nächsten Werktag),[54] unvorhergesehene Fehler sorgfältig ausgebildeten und überwachten Büropersonals, Vertrauen auf falsche Auskünfte des Gerichts oder nicht beherrschbare Übermittlungs- bzw. Empfangsstörungen eines Telefax.[55] Schuldlos handelt auch, wer eine Frist nicht einhalten kann, weil ihm die zur gerichtlichen Vorgehen erforderlichen wirtschaftlichen Mittel fehlen und das Gericht nicht sofort über die beantragte Prozesskostenhilfe entscheidet.

Unterbleibt die Einlegung eines Rechtsbehelfs, weil der Beteiligte mangels ordnungsgemäßer Belehrung (→ Rn. 734) keine Kenntnis von der Möglichkeit oder den Erfordernissen der Einlegung hatte, kann er Wiedereinsetzung in den vorigen Stand gegen die Versäumung der Rechtsbehelfsfrist verlangen (§ 233 ZPO). Dass ihn in diesem Fall an der Versäumung der Frist kein Verschulden trifft, wird nach § 233 S. 2 ZPO vermutet (→ Rn. 1326). Diese gesetzliche Vermutung ersetzt jedoch lediglich das Erfordernis des fehlenden Verschuldens des Antragstellers. Der er-

---

50 *Koehl*, Verschuldensbegriff bei Wiedereinsetzung in den vorigen Stand, JuS 2016, 1086; Thomas/Putzo/*Hüßtege* ZPO § 233 Rn. 12, 85 Rn. 12.
51 *Born*, Die Rechtsprechung des BGH zur Wiedereinsetzung in den vorigen Stand, NJW 2009, 2179; 2007, 2088; 2005, 2042.
52 BGH JurBüro 2007, 615; NJW-RR 2002, 137.
53 BGH NJW 2011, 386.
54 BVerfG NJW 2001, 744; 2009, 2379; 2008, 587; BGH NJW-RR 2008, 930.
55 *Klotz*, Wiedereinsetzung in den vorigen Stand bei fehlerhafter Telefax-Übermittlung fristgebundener Schriftsätze, MDR 2011, 581.

forderliche ursächliche Zusammenhang zwischen Belehrungsmangel und Fristversäumung muss auch in diesen Fällen vom Antragsteller vorgetragen und vom Gericht positiv festgestellt werden. Ausgeschlossen ist eine Wiedereinsetzung deswegen, wenn der Beteiligte wegen vorhandener Kenntnis über seine Rechtsmittel keiner Unterstützung durch eine Rechtsmittelbelehrung bedarf. Dies ist regelmäßig der Fall bei anwaltlich vertretenen Beteiligten[56] und führt praktisch dazu, dass das Fehlen einer Rechtsmittelbelehrung folgenlos bleibt, wenn die Partei anwaltlich vertreten ist. Auf eine vorhandene Belehrung darf der Anwalt aber grundsätzlich vertrauen, sodass es hier an der Ursächlichkeit zwischen Belehrungsmangel und Fristversäumung nur fehlt, wenn die erteilte Rechtsbehelfsbelehrung offenkundig falsch war und beim Anwalt nicht einmal den Anschein der Richtigkeit zu erwecken vermochte.[57]

- Die die Wiedereinsetzung begründenden Tatsachen sind vom Antragsteller **glaubhaft** zu machen (§§ 236 II 1, 294 ZPO). Tatsachenvortrag und Glaubhaftmachung haben innerhalb der Frist des § 234 ZPO zu erfolgen, sodass ein Nachschieben von Gründen nicht möglich ist.[58]

251 Eine **Entscheidung** über den Wiedereinsetzungsantrag ergeht nur ausnahmsweise (nach Beschränkung des Verfahrens) gesondert durch Zwischenurteil (§ 238 I 2 ZPO). In der Regel wird hierüber zusammen mit der Entscheidung über die Hauptsache in der dafür vorgesehenen Form entschieden (§ 238 I 1 ZPO).[59]

Beispielsfall: Hat der Berufungskläger gegen die Versäumung der Berufungsbegründungsfrist Antrag auf Wiedereinsetzung gestellt, so kann das Gericht hierüber ohne mündliche Verhandlung durch Beschluss nach § 522 ZPO oder aufgrund mündlicher Verhandlung durch Urteil entscheiden (→ Rn. 1529).

252 Die **Kosten** des Wiedereinsetzungsantrags sind im Fall der Gewährung der Wiedereinsetzung getrennt von den übrigen Kosten des Rechtsstreits[60] immer dem Antragsteller aufzuerlegen (§ 238 IV ZPO). Wird der Antrag zurückgewiesen, gehören die hierdurch entstandenen Kosten zu den allgemeinen Kosten des Rechtsstreits, über die nach §§ 91 ff. ZPO zu entscheiden ist.

253 Wird Wiedereinsetzung gewährt, hat dies zur **Folge**, dass die – objektiv verspätet vorgenommene – Prozesshandlung als fristgerecht angesehen wird. Zwischenzeitlich wegen der Verspätung ergangene Entscheidungen (zB ein Versäumnisurteil oder ein Beschluss über die Verwerfung eines Rechtsmittels) werden automatisch wirkungslos, doch empfiehlt sich hier häufig ein deklaratorischer Beschluss.

4. Hauptphase

254 Den Prozessmaximen von Öffentlichkeit, Mündlichkeit und Unmittelbarkeit folgend, kann Entscheidungsgrundlage nur werden, was dem zur Entscheidung berufenen Gericht in einer öffentlichen Verhandlung mündlich vorgetragen wurde. Eine solche mündliche Verhandlung hat auch heute noch – trotz mancher Ausnahmen und

56 BGH FamRZ 2012, 1287; 367.
57 BGH FamRZ 2012, 1287.
58 BGH NJW 1997, 2120; 1991, 1892; zu Ausnahmen BGH NJW 2016, 3312; *Koch*, Die Glaubhaftmachung beim Antrag auf Wiedereinsetzung, NJW 2016, 2994.
59 BGH NJW-RR 2016, 507.
60 Ausnahme vom Grundsatz der einheitlichen Kostenentscheidung; dazu → Rn. 529 ff.

Einschränkungen – grundsätzlich in jedem Verfahren stattzufinden[61] und stellt die Haupt- oder Durchführungsphase des Prozesses dar.

a) Mündliche Verhandlung

Die mündliche Verhandlung der Parteien vor dem Gericht erfolgt regelmäßig als Haupttermin (§§ 272 I, 278 ZPO). Zusätzlich ist sie zu dessen Vorbereitung als früher erster Termin auch schon im Vorverfahren möglich (§§ 272 II, 275 ZPO). Beide Termine unterscheiden sich inhaltlich nicht wesentlich.[62] 255

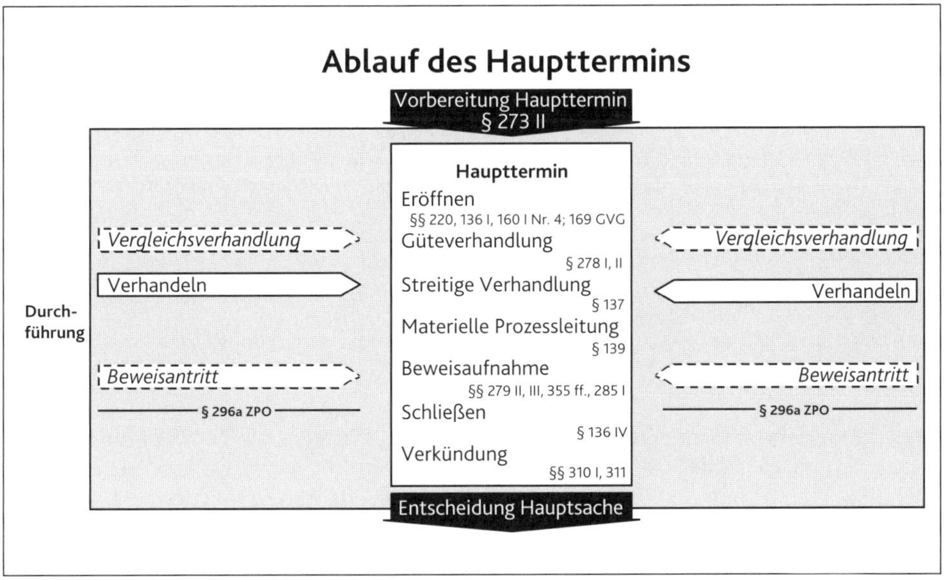

Schema 6.7: Ablauf des Haupttermins

(1) Nach dem Aufruf der Sache (§ 220 I ZPO)[63] und der **formalen** Eröffnung der Verhandlung durch den Vorsitzenden (§ 136 ZPO) ist die Präsenz der Beteiligten (Parteien, Prozessbevollmächtigte, Zeugen, Sachverständige) festzustellen und ins Protokoll aufzunehmen (§ 160 I Nr. 4 ZPO). Gegebenenfalls ist zu klären, inwieweit die Verhandlung öffentlich (§§ 169 ff. GVG) und ob dem entsprochen ist. 256

(2) Ist eine **Güteverhandlung** (oben → Rn. 219) erforderlich, so hat diese im ersten Termin der mündlichen Verhandlung voranzugehen, egal, ob es sich um den frühen ersten Termin oder um den Haupttermin handelt. Unabhängig von einer Güteverhandlung 257

61 Zur Bedeutung der mündlichen Verhandlung *Binnewies/Wollweber*, Die mündliche Verhandlung – lästige Pflicht oder lustvolle Kür?, NJW 2016, 283; *Hendel*, Wider den Niedergang der Kultur der mündlichen Verhandlung, DRiZ 1992, 91; zu den Ausnahmen → Rn. 35.

62 Die hier dargestellte Reihenfolge ist von der ZPO nicht zwingend vorgegeben, sondern kann – wo dies im Einzelfall sinnvoll scheint – modifiziert werden; *Breßler*, Der Referendar als Terminsvertreter im Zivilprozess, JuS 2004, 307; *Dimsic*, Die Terminswahrnehmung in der Zivilgerichtsbarkeit, JuS 2015, 414; *Emde*, Die Leitung der Zivilverhandlung durch einen Referendar, JURA 1995, 205; *Goldkamp*, Mündliche Verhandlung im Zivilprozess, ZAP Fach 13 (2015), 2023; *Oexmann*, Zeugenvernehmung und Fortsetzung der mündlichen Verhandlung durch den Referendar, JuS 1976, 36.

63 BVerfGE 42, 364 = NJW 1977, 1443.

handlung soll das Gericht in jeder Lage des Verfahrens auf eine gütliche Beilegung des Rechtsstreits bedacht sein (§ 278 I ZPO).[64]

258 (3) Die eigentliche **Verhandlung der Parteien** besteht im Stellen der Anträge (§ 137 I ZPO). Danach begründen die Parteien (vertreten durch ihre Prozessbevollmächtigten) ihre Anträge, indem sie die tatsächlichen und rechtlichen Aspekte des Streitverhältnisses aus ihrer Sicht mündlich vortragen (§ 137 II ZPO).[65] Praktisch wird dazu häufig (meist sogar konkludent) auf die bisher gewechselten Schriftsätze Bezug genommen (§ 137 III ZPO). Soweit die Parteien dies wünschen, muss ihnen auch persönlich Gelegenheit zur Äußerung gegeben werden (§ 137 IV ZPO).

259 **Sachanträge** werden nach § 297 ZPO grundsätzlich durch Verlesung, praktisch in der Regel durch Bezugnahme auf die vorbereitenden Schriftsätze *gestellt*. Ob eine Antragstellung erfolgte oder nicht, wird durch das Protokoll (§§ 160 III Nr. 2, 165 ZPO), bei dessen Schweigen auch durch den Urteilstatbestand (§ 314 ZPO) bewiesen. Schriftsätzlich angekündigte Sachanträge, die – trotz eines Hinweises nach § 139 ZPO – *nicht gestellt* wurden, bleiben für die Entscheidung unberücksichtigt.[66] Da sie anhängig geworden sind, ist zu klären, was mit ihnen geschehen soll. Das Verhalten des Klägers kann je nach den Umständen des Einzelfalles als Klagerücknahme oder als Erledigungserklärung ausgelegt werden. Fehlt es an jedweden Anhaltspunkten hierfür, so kommt nur die Annahme einer Säumnis in Betracht. Die Entscheidung des Gerichts hängt dann vom Verhalten des Beklagten ab: Stimmt dieser einer Klagerücknahme oder Erledigungserklärung zu, so endet die Rechtshängigkeit des Antrags, es ergeht lediglich noch eine Entscheidung über die Kosten. Stimmt der Beklagte nicht zu, ist die ohne Antrag gebliebene Klage ggf. als unzulässig abzuweisen.[67] Ist von einer Säumnis des Klägers auszugehen und gibt auch der Beklagte keine Erklärung zu dem Antrag ab, so kann das Gericht nur entscheiden, wenn die Voraussetzungen des § 251a ZPO vorliegen (zur beiderseitigen Säumnis → Rn. 1298 ff.).

260 (4) Das Gericht soll im offenen Gespräch mit den Parteien die entscheidungserheblichen rechtlichen oder tatsächlichen Gesichtspunkte erörtern und auf eine allseits sachdienliche Verfahrensführung hinwirken (**materielle Prozessleitung,** § 139 ZPO). Dies gilt in jeder Lage des Verfahrens, auch noch nach einer durchgeführten Beweisaufnahme (§ 279 III ZPO). Dazu hat das Gericht das Streitverhältnis mit den Parteien zu erörtern, Fragen zu stellen, die Ergänzung tatsächlichen Vorbringens und die Beibringung von Beweismitteln anzuregen und auf rechtliche Gesichtspunkte, die die Parteien erkennbar übersehen oder anders beurteilt haben, *hinzuweisen*.[68]

Das Gericht trägt damit im Interesse einer materiell gerechten Entscheidung eine Mitverantwortung für eine umfassende tatsächliche und rechtliche Klärung des Streitstoffs. Dabei ist es nicht Aufgabe des Gerichts, durch Fragen oder Hinweise neue Anspruchsgrundlagen, Einreden oder Anträge einzuführen, die im bisherigen Vortrag der Parteien nicht wenigstens andeutungsweise enthalten sind. Zu weit gehende Hinweise können für den Gegner die Besorgnis der Befangenheit des Richters begründen (§ 42 ZPO). Umfang und Grenzen der Hinweispflicht lassen sich deswegen nur schwer bestimmen.[69]

64 *Gottwald/Haft*, Verhandeln und Vergleichen als juristische Fertigkeiten, 2. Aufl. 1993; *Hager*, Konflikt und Konsens, 2001; *Huber*, Grundwissen – Güteverhandlung, JuS 2015, 210.

65 *Reinelt*, Plädoyer im Zivilprozess, ZAP Fach 14, 651.

66 BAG NZI 2007, 1450; LG Saarbrücken NJW-RR 1993, 830 mAnm *Deubner* JuS 1994, 596; MüKoZPO/*Prütting* § 297 Rn. 15 f.; Stein/Jonas/*Leipold* ZPO § 297 Rn. 17; *Jerger*, Der richtige Zeitpunkt prozessualer Antragstellung, selten beachtet, häufig verpasst, JR 2014, 47.

67 BGH NJW-RR 1991, 510.

68 BVerfG NJW-RR 1996, 253; 2011, 487; BGH NJW 2001, 2548 und 75; OLG Düsseldorf NJW-RR 1996, 1021 und 1992, 1268; OLG München NJW-RR 1992, 61.

69 BGH NJW 2004, 164; *Fischer*, Ausnahmen von der richterlichen Aufklärungs- und Hinweispflicht nach den §§ 139 I, 278 III ZPO, DRiZ 1995, 264; *Frohn*, Substanziierungspflicht der Parteien und richterliche Hinweispflicht nach § 139 ZPO, JuS 1996, 243; *Neuhaus*, Richterliche Hinweis- und Aufklärungspflicht der alten und neuen ZPO, MDR 2002, 438; *Oberheim*, Der Anwalt im Berufungsverfahren, 2003, Rn. 23 ff.

Eine Faustregel geht dahin, dass Hinweise auf Umstände, die im bisherigen Vortrag der Partei zumindest ansatzweise schon enthalten waren, geboten sind, während Hinweise auf Umstände, die im bisherigen Vortrag nicht erkennbar waren, verboten sind.

Die Hinweise sind – für eventuelle Rechtsbehelfe – *aktenkundig* zu machen, und zwar in Form eines schriftlichen Hinweisbeschlusses, eines Aktenvermerks, der Protokollierung oder im Urteilstatbestand. Kann die Partei auf den Hinweis nicht sofort reagieren, so ist ihr auf Antrag eine Frist zur schriftsätzlichen Stellungnahme einzuräumen (§ 139 V ZPO).[70]

(5) Hat der Vortrag der Parteien ergeben, dass diese über Tatsachen streiten, so erfolgt die dann notwendige Beweisaufnahme im Rahmen der mündlichen Verhandlung (→ Rn. 305 ff.).[71] Im Anschluss an die Beweisaufnahme ist der Sach- und Streitstand erneut mit den Parteien zu erörtern (§ 279 II ZPO), die Parteien haben erneut streitig zu verhandeln (§ 285 I ZPO). **261**

Hierbei müssen die Anträge nicht erneut gestellt werden, **schlüssiges Verhalten** reicht aus. Auch können die Parteien auf die erneute Verhandlung verzichten,[72] sie müssen im Rahmen der Gewährung rechtlichen Gehörs indes Gelegenheit hierzu gehabt haben.

(6) Die mündliche Verhandlung wird – wenn nicht eine weitere mündliche Verhandlung erforderlich ist – vom Vorsitzenden **geschlossen** (§ 136 IV ZPO). Auf diesen Zeitpunkt des Schlusses der letzten mündlichen Verhandlung ist die Sach- und Rechtsprüfung für die Entscheidung zu beziehen (→ Rn. 4 f.), nach diesem Zeitpunkt können die Parteien – soweit ihnen nicht ein Schriftsatznachlass eingeräumt ist (§ 283 ZPO)[73] – keine weiteren Angriffs- und Verteidigungsmittel mehr geltend machen (§ 296a ZPO).[74] Es erfolgt nur noch die **Verkündung** der Entscheidung des Gerichts, sei es im Termin bzw. an dessen Ende, sei es in einem besonders hierzu anberaumten Termin (§ 310 I 1 ZPO). **262**

Vor der Verkündung kann die mündliche Verhandlung **wiedereröffnet** werden (§ 156 ZPO). Hierzu ist das Gericht verpflichtet, wenn sich nachträglich herausstellt, dass es einen Verfahrensfehler begangen, insbesondere einen Hinweis nach § 139 ZPO oder die Gewährung rechtlichen Gehörs unterlassen hat.[75] Die Geltendmachung neuer Angriffs- und Verteidigungsmittel durch eine Partei rechtfertigt die Wiedereröffnung regelmäßig nicht (vgl. §§ 283, 296a ZPO),[76] es sei denn, hieraus ergibt sich ein Grund zur Wiederaufnahme des Verfahrens (§§ 579, 580 ZPO).

b) Verhandlungsleitung

Für Ablauf und Inhalt der Verhandlung ist der **Vorsitzende** verantwortlich (§ 136 ZPO). Er hat die Verhandlung zu eröffnen, zu leiten und zu schließen, bestimmt den konkreten Ablauf der Verhandlung und erteilt den übrigen Prozessbeteiligten das Wort. **263**

---

70 BGH NJW-RR 2011, 1556 und 1558.

71 OLG Düsseldorf NJW-RR 1996, 1021 und 1992, 1268.

72 BGH ZMGR 2007, 141; MDR 2002, 528; Stein/Jonas/*Leipold* ZPO § 285 Rn. 1.

73 *Dötsch*, Unmöglichkeit der Gewährung eines »doppelten« Schrifsatznachlasses?, MDR 2015, 564; *Schäfer*, Schriftsatznachlass zum Zwecke der Beweiswürdigung?, NJW 2013, 654; BGH NJW-RR 2011, 1558; *Katzenstein*, Der Schriftsatznachlass nach § 283 ZPO, ZZP 121 (2008), 41; *Prechtel*, Anträge auf Schriftsatznachlass, ZAP (2008) Fach 13, 1539.

74 BGH NJW-RR 2009, 853.

75 BGH NJW-RR 2015, 851.

76 BGH NJW 2002, 1426; *Fischer*, Die Berücksichtigung nachgereichter Schriftsätze im Zivilprozess, NJW 1994, 1315.

264 Zur Sicherstellung der Ordnung des Verfahrensablaufs stehen ihm Maßnahmen der **Sitzungspolizei** zur Verfügung (§§ 176 ff. GVG). Er kann die Beteiligten ermahnen, zur Unterlassung von Störungen auffordern, sie verwarnen oder ihnen das Wort entziehen (§§ 136 II, 157 II ZPO). Zeugen und Sachverständige (also nicht Prozessbevollmächtigte) kann er aus dem Sitzungssaal entfernen oder gegen sie Ordnungsgeld bzw. Ordnungshaft verhängen.[77]

c) Protokoll

265 Über den Inhalt der mündlichen Verhandlung und der Beweisaufnahme ist eine Niederschrift zu fertigen, das Protokoll (§ 159 ZPO).[78] Es wird grundsätzlich unter Verwendung eines Tonaufnahmegeräts (§ 160a ZPO) erstellt, ausnahmsweise auch durch Hinzuziehung eines **Urkundsbeamten** der Geschäftsstelle.

266 Den **Inhalt** des Protokolls regelt § 160 ZPO. Nach Abs. 1 gehören dazu zunächst einige formale Begleitumstände (Ort und Tag, Namen der Beteiligten), nach Abs. 3 einige enumerativ aufgeführte wesentliche Vorgänge (Sachanträge, Anerkenntnis, Verzicht, Rücknahme, Vergleich, Geständnis, Ergebnisse der Güteverhandlung und der Beweisaufnahme sowie getroffene Entscheidungen [»beschlossen und verkündet«, »b.u.v.«]). Abs. 2 schließlich enthält eine Generalklausel, nach der alle wesentlichen Vorgänge der Verhandlung (zB Hinweise des Gerichts nach § 139 ZPO) ins Protokoll aufzunehmen sind.[79] Ob und in welcher Formulierung etwas ins Protokoll aufgenommen wird, bestimmt allein der Vorsitzende. Die Parteien können auf Antrag eine Entscheidung des (kompletten) Gerichts herbeiführen, dessen Entscheidung dann jedoch nicht mehr anfechten (§ 160 IV ZPO).[80]

267 Bestimmte, besonders wichtige Prozesshandlungen der Parteien, insbesondere Vergleich, Geständnis, Rücknahme und Beweisergebnisse, sind den Beteiligten aus dem Protokoll vorzulesen und von ihnen ausdrücklich zu **genehmigen** (»Vorgelesen und genehmigt«, »v.u.g.«; § 162 ZPO).[81] Das Protokoll ist vom Vorsitzenden und vom Urkundsbeamten der Geschäftsstelle zu unterschreiben (§ 163 ZPO). Die Einhaltung dieser Formvorschriften ist für die **Wirksamkeit** der Prozesshandlungen grundsätzlich nicht von Bedeutung.[82] Eine Ausnahme gilt für den Prozessvergleich, der wirksam nur bei Einhaltung auch dieser Formvorschriften geschlossen werden kann (→ Rn. 1428).[83]

77 BVerfG NJW 2008, 977; NJW-RR 2007, 1053 und 1416; *Scheuerle*, 14 Tugenden für vorsitzende Richter, 1983.

78 Zu anderen Arten des Protokolls BLAH/*Hartmann* ZPO Einf. §§ 159–165 Rn. 1.

79 BGH NJW 2006, 60; Formulierungshilfen bei *Emde*, Die Leitung der Zivilverhandlung durch einen Referendar, JURA 1995, 205.

80 BGH NJW 2012, 2354; *Dötsch*, Antrag auf Aufnahme in das Protokoll, MDR 2014, 1122; OLG Köln NJW-RR 1999, 288; OLG Frankfurt a.M. NJW-RR 1990, 123.

81 *Leube*, Der Protokollierungsvermerk bei Prozessvergleichen, JuS 2016, 317.

82 BGHZ 142, 84 = NJW 1999, 2806; BGH NJW 1989, 1934.

83 BGHZ 14, 381 = NJW 1954, 1886; RGZ 142, 1; *Rosenberg/Schwab/Gottwald* ZivilProzR § 123 I 3; die Einhaltung der Formvorschriften des Protokolls erfüllt jedes andere (materiellrechtliche) Formerfordernis: § 127a BGB: BGHZ 105, 200; *Zempel*, Gerichtliche Protokollierung an Stelle notarieller Beurkundung, NJW 2015, 2859.

Inhalt des Protokolls

...-gericht ... Ort und Datum	§ 4 AktO § 160 I Nr. 1 ZPO
Geschäftsnummer ...	
Niederschrift über die öffentliche Verhandlung	§ 160 I Nr. 5 ZPO
Gegenwärtig: VorsRi'inLG ... -als Vorsitzende-	§ 160 I Nr. 2 ZPO
RiLG ... und ... -als Beisitzer-	
Justizangestellter ... -als Urkundsbeamter der Geschäftsstelle-	
Frau ... -als Dolmetscherin-	
In dem Rechtsstreit ... ./. ...	§ 160 I Nr. 3 ZPO
erscheinen bei Aufruf für den Kläger RA'in ...	§ 160 I Nr. 4 ZPO
für die Beklagte RA ...	
die Zeugen ...	
Die Güteverhandlung bleibt erfolglos.	§ 160 III Nr. 10 ZPO
Die Klägervertreterin stellt den Antrag aus der Klageschrift vom ...	§ 160 III Nr. 2 ZPO
Der Beklagtenvertreter beantragt, die Klage abzuweisen.	
Der Beklagtenvertreter erklärt:	§ 160 III Nr. 3 ZPO
Die Behauptungen des Klägers im Schriftsatz vom ... (Bl. ... d.A.) treffen zu.	
V.u.g.	§ 162 I ZPO
Die Klägervertreterin erklärt:	§ 160 III Nr. 8 ZPO
Ich nehme die Klage in Höhe eines Teilbetrages von ... EUR zurück.	
Der Beklagtenvertreter stimmt dem zu.	§ 162 I ZPO
V.u.g.	
Die Parteien werden darauf hingewiesen, dass Ansprüche auch aus Bereicherungsrecht in Betracht kommen.	§§ 160 II, 139 IV ZPO
B.u.v.	
1. Dem Kläger wird eine Frist bis zum ... gesetzt, in der er sich zum Vorbringen des Beklagten im Schriftsatz vom ... erklären kann.	§ 160 III Nr. 7 ZPO § 160 III Nr. 6 ZPO
2. Termin zur Verkündung einer Entscheidung wird bestimmt auf ...	
gez. ... (Vorsitzende) gez. ... (Urkundsbeamter)	§ 163 I ZPO

Schema 6.8: Inhalt des Protokolls

Ist das Protokoll unrichtig, kann es entweder von Amts wegen oder auf Antrag eines der Beteiligten jederzeit **berichtigt** werden (§ 164 ZPO).[84] **268**

84 BGH MDR 2005, 46; OLG Nürnberg 2003, 652.

269 Ansonsten entfaltet das Protokoll als öffentliche Urkunde vollen **Beweis** für die Einhaltung der Förmlichkeiten, insbesondere also für Ort und Tag der Verhandlung, ob sie öffentlich oder nichtöffentlich stattgefunden hat, welche Anträge gestellt und welche Entscheidungen verkündet wurden (§ 165 ZPO).[85] Der Inhalt von Parteierklärungen wird dagegen durch den Urteilstatbestand bewiesen (§ 314 ZPO),[86] sonstige Vorgänge nach §§ 415, 417 ff. ZPO.

5. Andere allgemeine Verfahrensarten

270 Die bislang dargestellten Grundsätze gelten für den Regelfall des **allgemeinen Verfahrens** (oben Schema 1.2), als den das Gesetz das Verfahren vor der Kammer des Landgerichts behandelt. Reguläre Alternativen hierzu sind das Verfahren vor dem Einzelrichter und vor dem Amtsgericht. Vor den Amts- und Landgerichten gleichermaßen sind daneben einige irreguläre Verfahrensarten (dazu → Rn. 1255) möglich, so das unter Verzicht auf eine mündliche Verhandlung ablaufende schriftliche Verfahren, das bei Teilnahmeverweigerung der anderen Partei ablaufende einseitige Versäumnisverfahren und das bei Säumnis einer oder beider Parteien mögliche Verfahren auf Erlass einer Entscheidung nach Lage der Akten.[87]

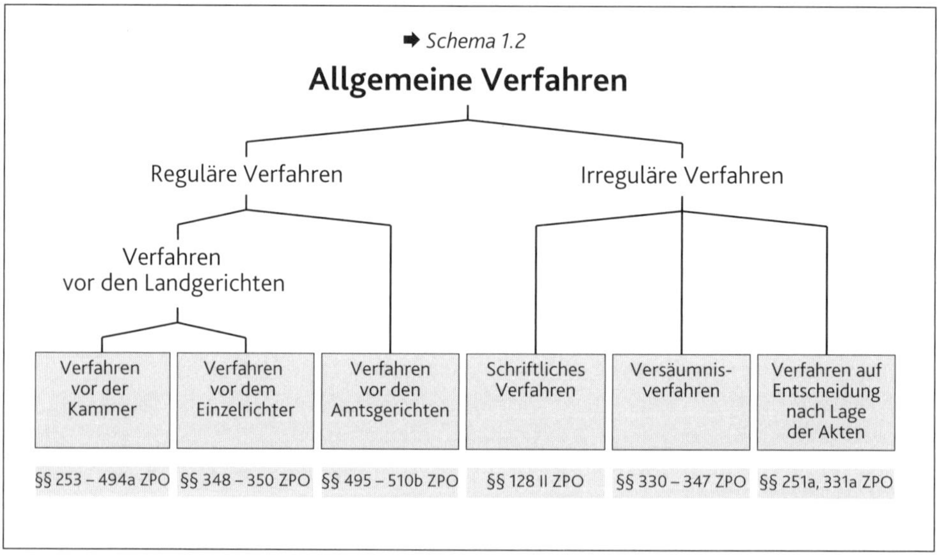

Schema 6.9: Allgemeine Verfahren

a) Verfahren vor dem Einzelrichter

271 Nicht immer muss das Verfahren vor der kompletten Kammer des Landgerichts durchgeführt werden. Effektiver und in der Regel auch schneller ist das Verfahren vor nur einem Kammermitglied als Einzelrichter.[88]

85 BGH FamRZ 2010, 1326; MDR 2008, 706; VersR 1985, 46.
86 BGH MDR 2013, 1115 und 2013, 671.
87 Zum Versäumnisverfahren und dem Verfahren nach Lage der Akten unten § 26.
88 *Stackmann*, Einzelrichterzuständigkeit an Kollegialgerichten im Zivilprozess, JuS 2008, 129; zu dem damit verbundenen Qualitätsverlust BGHZ (GrSZ) 37, 210 = NJW 1962, 1570.

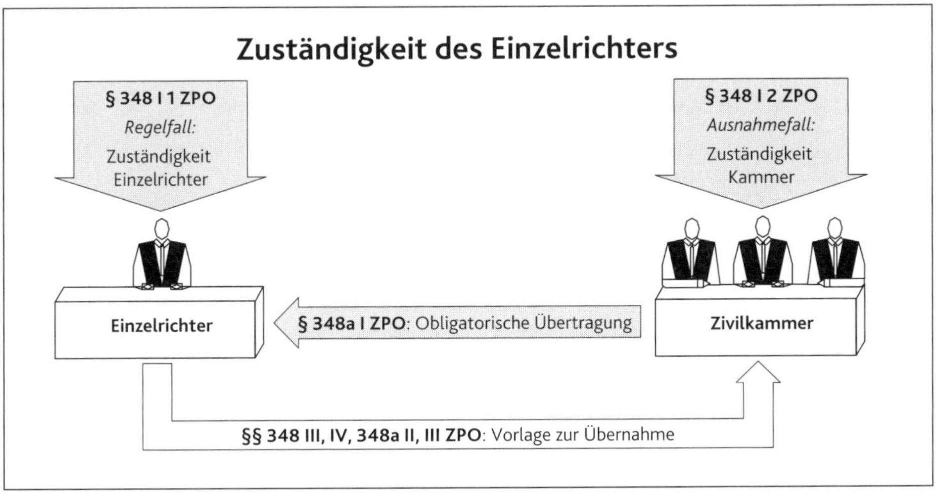

Schema 6.10: Entscheidender Richter

Nach **§ 348 I 1 ZPO** entscheidet die erstinstanzliche Zivilkammer grundsätzlich durch eines ihrer Mitglieder als Einzelrichter. Dieser ist kraft Gesetzes zuständig, ohne dass es einer Erklärung der Parteien oder einer Entscheidung der Kammer bedürfte (»*originärer Einzelrichter*«). Eine Ausnahme gilt nur, soweit ein Proberichter im ersten Jahr seiner zivilrichterlichen Tätigkeit zuständig wäre oder eine Sonderzuständigkeit der Kammer für bestimmte Rechtsmaterien gegeben ist. Die Kammer übernimmt den Rechtsstreit, wenn er besondere Schwierigkeiten rechtlicher oder tatsächlicher Art aufweist oder ihm grundsätzliche Bedeutung zukommt (§ 348 III ZPO).

Ist der Einzelrichter nicht schon kraft Gesetzes zuständig, so hat ihm die Kammer nach **§ 348a ZPO** den Rechtsstreit durch Beschluss zu übertragen (»*obligatorischer Einzelrichter*«). Eine solche Übertragung erfolgt, wenn die Sache keine besonderen Schwierigkeiten tatsächlicher oder rechtlicher Art aufweist, sie keine grundsätzliche Bedeutung hat und über sie nicht bereits im Haupttermin vor der Kammer verhandelt wurde,[89] ohne dass ein Vorbehalts-, Teil oder Zwischenurteil ergangen ist. Auf übereinstimmenden Antrag der Parteien oder bei wesentlicher Änderung der Sach- und Rechtslage hat der Einzelrichter der Kammer die Sache vorzulegen, die sie zurück übernehmen kann (§ 348a II ZPO).

Andere Voraussetzungen für die Einschaltung des Einzelrichters gelten bei der Kammer für Handelssachen (**§ 349 ZPO**), wo die Sachkunde der Handelsrichter genutzt werden soll und der Vorsitzende als Einzelrichter deswegen grundsätzlich nur vorbereitend (§ 349 II ZPO) oder bei weniger weit reichenden Entscheidungen (§ 349 III ZPO) tätig wird. Eine unbeschränkte Entscheidungsbefugnis hat er nur bei Einverständnis der Parteien (§ 349 III ZPO).[90] Auch im Berufungsrechtszug ist der Einsatz des Einzelrichters abweichend geregelt (**§§ 526 f. ZPO;** → Rn. 1518, → Rn. 1559).

89 Zur Bestimmung dieses Zeitpunkts OLG Saarbrücken NJW-RR 2016, 1205; Prütting/Gehrlein/*Kessen* ZPO § 348a Rn. 2.

90 *Schneider*, Übertragungspflicht und Zulassungsverbot für den Einzelrichter, ZAP (2003) Fach 13, 1213; *Schneider*, Über die Grenzen der Einzelrichterzuständigkeit, ZAP (2004) Fach 13, 1235.

Die Person des Einzelrichters bestimmt die kammerinterne Geschäftsverteilung (§ 21g III GVG). Die Entscheidungen über die Übertragung oder Nichtübertragung sind grundsätzlich unanfechtbar (§§ 348 II, 348a III ZPO).

272 Besonderheiten für das Verfahren vor dem Einzelrichter gibt es nicht, dieses folgt ausnahmslos den Vorschriften über das allgemeine Verfahren. Der Einzelrichter tritt an die Stelle der Kammer und wird damit Gericht im prozessualen Sinn. Er allein ist für das weitere Verfahren und die Entscheidung zuständig, eine Kontrolle durch die Kammer ist nicht möglich.[91] Die Entscheidungen des Einzelrichters unterliegen den gleichen Rechtsbehelfen wie die der Kammer (§ 350 ZPO).

b) Verfahren vor dem Amtsgericht

273 Wird der Rechtsstreit nicht vor dem Landgericht, sondern vor dem Amtsgericht verhandelt, so ergeben sich dem allgemeinen Verfahren gegenüber Unterschiede. Wegen des geringeren Streitwerts und der Möglichkeit, dass die Entscheidung mit einem Rechtsmittel nicht anfechtbar sein wird, ergeben sich **Erleichterungen** für die Parteien und für den Verfahrensablauf:[92]

274 • Die **Parteien** bedürfen grundsätzlich keines *Rechtsanwalts* (§§ 78, 79 ZPO). Anträge und Erklärungen (einschließlich der Klageerhebung) unterliegen erleichterten *Formvorschriften*, können auch mündlich zu Protokoll der Geschäftsstelle (§§ 496, 129a ZPO) oder in mündlicher Verhandlung zu Protokoll gegeben werden (§§ 510a, 160 IV ZPO). Das Gericht muss die Parteien stärker als sonst auf mögliche Rechtsnachteile *hinweisen*, so zB nach § 504 ZPO auf die zuständigkeitsbegründende Wirkung einer rügelosen Einlassung (§ 39 ZPO), nach § 510 ZPO auf die Anerkenntnisfiktion bei unterlassener Erklärung zur Echtheit einer Urkunde (§ 439 III ZPO), nach § 499 ZPO auf die Folge eines Anerkenntnisses (§ 307 ZPO) und nach § 232 ZPO auf die Möglichkeit der Anfechtung von Entscheidungen (→ Rn. 734). Gemäß § 510b ZPO können Ansprüche auf Vornahme einer Handlung, Fristsetzung und Zahlung von Schadensersatz in einem Prozess *verbunden* werden.

275 • Eine erhebliche Vereinfachung des **Verfahrens** lässt § 495a ZPO zu: Übersteigt der Streitwert 600,– EUR nicht (sog. »Bagatellverfahren«), so braucht das Gericht mündliche Verhandlung nur auf Antrag hin zu bestimmen und kann sein Verfahren nach billigem Ermessen bestimmen.

Dabei lassen sich feste Regeln kaum aufstellen: Nahezu jede gesetzliche oder gewohnheitsrechtliche Regel des Normalprozesses kann nach § 495a ZPO abgewandelt, aufgeschoben, vorweggenommen oder aufgehoben werden.[93] Eine **Grenze** bildet insoweit allerdings der Anspruch der Parteien auf Gewährung rechtlichen Gehörs, sodass jede rechtsverkürzende Abweichung vom allgemeinen Verfahren zumindest der vorherigen Ankündigung bedarf.[94]

91 *Ketelaer*, Der alleinentscheidende Einzelrichter des § 348 ZPO, Diss. Bonn 1985.

92 BGHZ 93, 245.

93 *Peglau*, Säumnis und kontradiktorisches Urteil im Verfahren nach § 495a ZPO, NJW 1997, 2222; *Städing*, Anwendung des § 495a ZPO in der Praxis, NJW 1996, 691; *Thum*, Der Antrag auf mündliche Verhandlung im Verfahren nach billigem Ermessen, NJW 2014, 3198; BLAH/*Hartmann* ZPO § 495a Rn. 12; kritisch *Fischer*, § 495a ZPO – eine Bestandsaufnahme des »Verfahrens nach billigem Ermessen«, MDR 1994, 978; *Kunze*, § 495a ZPO – mehr Rechtsschutz ohne Zivilprozessrecht?, NJW 1995, 2750; *Redecker*, Rechtsstaat in Gefahr, NJW 1996, 1870.

94 BVerfG NJW-RR 2009, 562.

Dieser Generalklausel gegenüber fallen weitere Möglichkeiten der Verfahrensvereinfachung (§§ 128 III, 217, 497, 329 II 2 ZPO) kaum ins Gewicht.

Das amtsgerichtliche Verfahren endet bei nachträglicher Erhöhung des die sachliche Zuständigkeit begründenden Streitwerts (§ 506 ZPO); insoweit liegt eine Ausnahme vom Grundsatz des § 261 III Nr. 2 ZPO vor (→ Rn. 1056; → Rn. 1153; → Rn. 1518). 276

Beispielsfall: Stellt der Kläger nach Erhöhung des Streitwerts auf über 5.000,– EUR einen Verweisungsantrag, so wird der Rechtsstreit an das LG verwiesen. Ohne einen solchen Verweisungsantrag kann das Amtsgericht – nach entsprechendem Hinweis (§ 504 ZPO) – infolge rügeloser Einlassung zuständig werden (§ 39 ZPO), andernfalls ist die Klage als unzulässig abzuweisen.

c) Schriftliches Verfahren

Ausnahmsweise kann auf eine mündliche Verhandlung verzichtet und eine Entscheidung ausschließlich aufgrund eines schriftlichen Verfahrens getroffen werden. Möglich ist dies entweder mit Zustimmung der Parteien (§ 128 II ZPO),[95] wenn – zB durch Schlussurteil – nur noch über die Kosten zu entscheiden ist (§ 128 III ZPO) oder die noch ausstehende Entscheidung nicht in Form eines Urteils, sondern als Beschluss oder Verfügung ergeht (§ 128 IV ZPO). Außerdem kann eine mündliche Verhandlung im vereinfachten Verfahren vor dem Amtsgericht (§ 495a ZPO) entfallen. 277

Im Fall des § 128 II ZPO erfolgt die **Anordnung** des schriftlichen Verfahrens durch Beschluss, in dem – außer der Anordnung des schriftlichen Verfahrens – ein Zeitpunkt, bis zu dem Schriftsätze eingereicht werden können (der damit dem Schluss der mündlichen Verhandlung entspricht),[96] und ein Termin zur Verkündung einer Entscheidung zu bestimmen sind. Zu diesem Verkündungstermin ist bei Entscheidungsreife des Rechtsstreits ein Urteil, ansonsten eine Verfügung oder ein Beschluss zu verkünden. In jedem Fall endet damit das angeordnete schriftliche Verfahren, sodass – falls das Verfahren weitergeht – entweder Termin zur mündlichen Verhandlung anberaumt oder ein neuerliches schriftliches Verfahren angeordnet werden muss.[97]

Die Entscheidung kann von dem jeweils mit der Sache befassten Richter getroffen werden, auch wenn dieser an einer vorher möglicherweise durchgeführten Verhandlung nicht teilgenommen hat. Der Grundsatz der **Unmittelbarkeit** aus § 309 ZPO gilt hier also nicht.[98]

In den Fällen der §§ 128 III, IV, 495a ZPO bedarf es einer Anordnung des schriftlichen Verfahrens nicht, hier wird auf die mündliche Verhandlung schlicht verzichtet.

d) EU-Verfahren

Die räumliche Beschränkung der Staatsgewalt macht es sowohl unmöglich, dass die deutschen Gerichte im Ausland tätig werden, als auch, dass ausländische Gerichte in der Bundesrepublik Deutschland tätig werden. Zivilrechtliche Ansprüche gegen Personen, die im Ausland leben, muss der Gläubiger in dem international zuständigen 278

95 BGH NJW 2001, 2479.

96 Dies ist aber keine Ausschlussfrist: Berücksichtigt werden müssen die Eingänge bis zum Erlass der Entscheidung, dh bis der Urkundsbeamte die Ausfertigung zur Zustellung hinausgibt: BVerfG NJW 1993, 51.

97 BGHZ 31, 210 = NJW 1960, 572.

98 BGH NJW-RR 1992, 1065.

Land nach dem dort vorgesehenen nationalen Verfahrensrecht durchsetzen. Zustellungen und Beweisaufnahmen können grenzüberschreitend nur im Wege der diplomatischen Rechtshilfe erfolgen. Muss der Titel in einem anderen Land vollstreckt werden, ist zusätzlich ein besonderes Zulassungsverfahren, die sog. Exequatur (für Deutschland gem. § 722 ZPO), erforderlich. Diese Beschränkungen sind durch die justizielle Zusammenarbeit der Mitgliedstaaten der Europäischen Union in den letzten Jahren zumindest in Teilbereichen entfallen.[99]

Dabei gelten die Erleichterungen sowohl für Personen, die in der Bundesrepublik Deutschland leben und in einem anderen Mitgliedstaat der EU tätig werden wollen, als auch umgekehrt für EU-Ausländer, die in der Bundesrepublik tätig werden wollen.

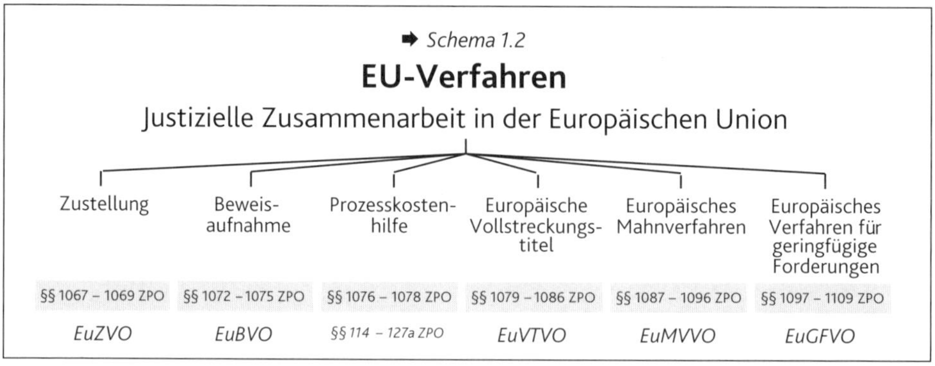

Schema 6.11: EU-Verfahren

279 **(1)** Häufigster Fall der Auslandsberührung ist die Notwendigkeit einer **Zustellung** an Personen, die im Ausland leben. Verfahrenseinleitende Schriftstücke im deutschen Verfahren müssen grundsätzlich förmlich zugestellt werden. Ist dies nicht möglich oder nicht erfolgversprechend, kommt eine öffentliche Zustellung in Betracht (§ 185 Nr. 3 ZPO).

Ins Nicht-EU-Ausland erfolgen Zustellungen nach **§ 183 ZPO** grundsätzlich gemäß den (bilateralen oder multilateralen) völkerrechtlichen Vereinbarungen.[100] Soweit diese durch die Post erfolgen dürfen, sind sie durch Einschreiben mit Rückschein zu bewirken, andernfalls müssen sie im Wege diplomatischer Rechtshilfe (dh entweder über einen deutschen Konsul oder über die nationalen Behörden des Fremdstaats) durchgeführt werden.

Rechtsgrundlage für Zustellungen ins EU-Ausland ist die **EuZVO**, eine EU-Verordnung,[101] die in den §§ 1067–1069 ZPO konkretisiert wird. Dabei wird das zuzustellende Schriftstück von dem die Zustellung betreibenden Gericht mit einem standardisierten Zustellungsformular unmittelbar an das im Empfängerland zuständige Zustellungsorgan übermittelt und nach den jeweiligen nationalen Vorschriften zugestellt.

99 *Stürner*, Die justizielle Zusammenarbeit im Privatrecht in der EU, JURA 2015, 813; *Wagner*, Aktuelle Entwicklungen in der justiziellen Zusammenarbeit in Zivilsachen, NJW 2016, 1774.

100 So zB das Haager Übereinkommen über die Zustellung gerichtlicher und außergerichtlicher Schriftstücke im Ausland in Zivil- oder Handelssachen vom 22.12.1977 (HZÜ; BGBl. II 1452); hierzu und zu weiteren Rechtsvorschriften http://www.rechtshilfe-international.de.

101 Verordnung (EG) Nr. 1393/2007/2004 vom 13.11.2007, ABl. EU Nr. I 324 S. 79; abrufbar über das Portal »EUR-Lex« (http://eur-lex.europa.eu/de/index.htm); BGH NJW 2011, 2218 und 3581; *Heß*, Die Zustellung von Schriftstücken im europäischen Justizraum, NJW 2001, 15.

(2) Praktisch bedeutsam sind auch die Möglichkeiten einer grenzüberschreitenden **Beweisaufnahme**[102] (zur Beweisaufnahme in Nicht-EU-Ländern → Rn. 1316). 280

Rechtsgrundlage ist die **EuBVO**, eine EU-Verordnung,[103] Ausführungsbestimmungen dazu finden sich in den §§ 1067–1069 ZPO.

Danach kann ein deutsches Gericht unmittelbar das Gericht eines anderen Mitgliedstaats der EU um die Durchführung einer Beweisaufnahme ersuchen (Art. 1–9 EuBVO, § 1072 ZPO). Dieses führt die Beweisaufnahme nach den Weisungen und unter Anwendung deutschen Rechts binnen 90 Tagen durch (Art. 10–16 EuBVO), wobei deutsche Richter und Verfahrensbeteiligte teilnehmen können (Art. 12 EuBVO, § 1073 ZPO). Das deutsche Gericht kann die Beweisaufnahme im Ausland nach vorheriger Ankündigung an diesen Staat auch selbst durchführen, darf dabei aber keine Zwangsmaßnahmen (zB gegen nicht erscheinende Zeugen) anordnen und muss gegebenenfalls die Teilnahme eines Richters dieses Staates dulden (Art. 17 EuBVO). Entsprechend erledigen umgekehrt deutsche Amtsgerichte die Beweisaufnahmeersuchen anderer Mitgliedstaaten (§§ 1074 f. ZPO).

(3) Der in der EMRK, der EU-Grundrechtscharta und dem GG gleichermaßen verankerte Grundsatz eines effektiven Rechtsschutzes beinhaltet die Notwendigkeit, den Zugang zu den Gerichten auch für Personen zu eröffnen, die über die dazu regulär erforderlichen finanziellen Mittel nicht verfügen. **Prozesskostenhilfe** muss deswegen auch grenzüberschreitend möglich sein.[104] 281

Die Gewährung von Prozesskostenhilfe ist nicht durch eine EU-VO geregelt. Die Richtlinie zur Vereinheitlichung der Regelungen in den Mitgliedstaaten[105] ist in der Bundesrepublik durch die §§ 1076–1078 ZPO umgesetzt, die EU-Ausländer den Inländern gleichstellen und deswegen die §§ 114–127a ZPO für anwendbar erklären. Ein Deutscher, der im Ausland klagen will, stellt bei seinem Wohnsitzamtsgericht einen entsprechenden Antrag, der an das zuständige ausländische Gericht übermittelt und dort beschieden wird.

Gemeinschaftsrechtlich ist dies nicht unproblematisch, weil die Richtlinie nur für Zivil- und Handelssachen und nur für natürliche, nicht auch juristische Personen gilt und damit viele Bereiche ausspart, auf die die §§ 114 ff. ZPO innerstaatlich anwendbar sind. Umgekehrt ist die in den § 114 I ZPO verlangte Prüfung der Erfolgsaussicht nicht vereinbar mit der Richtlinie, die eine Verweigerung der Prozesskostenhilfe nur in »offensichtlich unbegründeten« Fällen erlaubt.

(4) Ein in einem normalen deutschen Zivilprozess erwirkter Titel kann als **Europäischer Vollstreckungstitel** bestätigt werden und ist dann in den anderen Mitgliedstaaten vollstreckbar, ohne dass dort eine weitere Zulassungsprüfung erfolgt. 282

Rechtsgrundlage ist die **EuVTVO**, eine EU-Verordnung,[106] die in den §§ 1079–1086 ZPO zum einen für die Bestätigung inländischer Titel zur Vollstreckung im Ausland, zum anderen für die Vollstreckung ausländischer Titel im Inland konkretisiert wird. Es handelt sich dabei nicht um ein eigenständiges Erkenntnisverfahren zur Schaffung eines Titels, sondern lediglich um die Erweiterung der Vollstreckbarkeit eines bestehenden Vollstreckungstitels und den Verzicht auf ein besonderes vollstreckungsrechtliches Exequaturverfahren.

102 *Alio*, Änderungen im deutschen Rechtshilferecht – Beweisaufnahme nach der Europäischen Beweisaufnahmeverordnung, NJW 2004, 2706; *Dötsch*, Auslandszeugen im Zivilprozess, MDR 2011, 269; *Leitzen*, Die grenzüberschreitende Beweisaufnahme in Zivilsachen, JURA 2007, 201.

103 Verordnung (EG) Nr 1206/2001 des Rates vom 28.5.2001, ABl. EG 2001 Nr. L 174 S. 1; abrufbar über das Portal »EUR-Lex« (http://eur-lex.europa.eu/de/index.htm).

104 *Fischer*, Grenzüberschreitende Prozesskostenhilfe nach dem EG-Prozesskostenhilfegesetz, ZAP (2005) Fach 13, 1287; *Jastrow*, EG-Richtlinie 8/2003 – Grenzüberschreitende Prozesskostenhilfe in Zivilsachen, MDR 2004, 75.

105 Richtlinie 2003/8/EG vom 27.1.2003, ABl. EG Nr. L 26 S. 41, ABl. EU Nr. I 32 S. 15.

106 Verordnung (EG) Nr. 805/2004 vom 21.4.2004, ABl. EU Nr. I 143 S. 15; abrufbar über das Portal »EUR-Lex« (http://eur-lex.europa.eu/de/index.htm).

Bestätigt werden können gerichtliche Entscheidungen, gerichtliche Vergleiche und öffentliche Urkunden über unbestrittene Forderungen (Art. 3 I EuVTVO). Unbestritten sind Forderungen, die vor Gericht oder in einer öffentlichen Urkunde anerkannt wurden oder bei denen aus dem Verhalten des Schuldners im gerichtlichen Verfahren zu folgern ist, dass er die Forderung nicht (mehr) bestreitet, etwa indem er gegen einen Mahnbescheid keinen Widerspruch eingelegt hat oder er im allgemeinen Verfahren säumig geblieben ist. Weitere Voraussetzungen für die Bestätigung als europäischer Vollstreckungstitel ergeben sich aus Art. 6 EuVTVO. Zuständig für die Entscheidung über den – fristunabhängigen – Antrag des Gläubigers ist der Urkundsbeamte der Geschäftsstelle des Gerichts bzw. der Notar (§§ 1079, 724, 797 ZPO). Eine Anhörung des Schuldners erfolgt nicht (§ 1080 I 1 ZPO). Dem Gläubiger stehen die Rechtsbehelfe des Klauselverfahrens (§ 1080 II ZPO) sowie die Möglichkeit eines neuen Antrags zu (Art. 6 I EuVTVO), der Schuldner kann die Bestätigung als Europäischen Vollstreckungstitel unter den Voraussetzungen des Art. 10 berichtigen oder widerrufen lassen. Nur in Ausnahmefällen ist eine Überprüfung des Vollstreckungstitels selbst vorgesehen (Art. 19). Bei einer Vollstreckung in Deutschland stehen dem Schuldner die Rechtsbehelfe nach §§ 765a, 766, 775 und 767 ZPO.

Auch diese, seit 2004 existierende Möglichkeit wird praktisch kaum genutzt. Verfassungsrechtlich problematisch ist insbesondere der mit diesem Verfahren verbundene Verzicht auf den anerkennungsrechtlichen ordre public, dh auf die Gewährleistung grundlegender inländischer Wertvorstellungen.

283 **(5)** Unbestrittene Geldforderungen können schnell und kostengünstig im **europäischen Mahnverfahren**[107] tituliert werden.

Rechtsgrundlage ist die **EuMVVO**, eine EU-Verordnung,[108] die erforderlichen nationalen Durchführungsvorschriften enthalten die §§ 1087–1096 ZPO. Hiernach ist in Deutschland für die Bearbeitung von Anträgen im Europäischen Mahnverfahren allein das Amtsgericht Berlin-Wedding zuständig, soweit es nicht um arbeitsrechtliche Ansprüche geht. Die Anforderungen an eine automatisierte Bearbeitung regelt eine Verordnung des Landes Berlin.[109]

Das Antragsformular ist durch Ankreuzfelder anwenderfreundlich gestaltet. Es ist in einer der Sprachen auszufüllen, die das zu befassende Gericht anerkennt. Das Formblatt ist in allen Amtssprachen der EU erhältlich, sodass es auch ohne Sprachkenntnisse in der verlangten Sprache ausgefüllt werden kann.

Ist der Antrag nicht offensichtlich unbegründet, erlässt das Gericht den Zahlungsbefehl und stellt ihn dem Antragsgegner zu. Dieser hat dann die Möglichkeit, den Zahlungsbefehl entweder zu akzeptieren oder Einspruch einzulegen. Legt er innerhalb von 30 Tagen keinen Einspruch ein, erklärt das Gericht den Zahlungsbefehl automatisch für vollstreckbar. Der Zahlungstitel ist dann in jedem EU-Mitgliedstaat zwangsweise durchsetzbar. Im Fall eines Einspruchs des Antragsgegners beginnt ein gewöhnlicher Zivilprozess nach dem Recht des Mahngerichtsstaates.

284 **(6)** Überschreitet der Anspruch 2.000,– EUR nicht, kann der Gläubiger im sog. **Europäischen Bagatellverfahren** vorgehen.

Rechtsgrundlage ist die **EuGFVO**, eine EuGFVO,[110] die §§ 1097–1109 ZPO enthalten nur einige Anpassungen und Klarstellungen für den Gang des Verfahrens, insbesondere die Beweisaufnahme, und für die Zwangsvollstreckung. Damit ist (als erster Schritt eines angestrebten einheitlichen europäischen Zivilprozesses) die Möglichkeit eröffnet, in allen Mitgliedstaaten (außer Dänemark) nach denselben Regeln einen Titel zu erlangen, dessen Vollstreckung sich am europäischen Vollstreckungstitel (§§ 1079–1086 ZPO) orientiert.

---

107 *Salten*, Das neue europäische Mahnverfahren, MDR 2008, 1141.

108 Verordnung (EG) Nr. 1896/2006, abrufbar über das Portal »EUR-Lex« (http://eur-lex.europa.eu/de/index.htm).

109 Praktisch zugänglich ist das Verfahren über das Justizportal des Bundes und der Länder www.justiz.de.

110 Verordnung (EG) Nr. 861/2007, abrufbar über das Portal »EUR-Lex« (http://eur-lex.europa.eu/de/index.htm).

Zuständig ist das Gericht des Staates, in dem der Beklagte seinen Aufenthalt hat. Geführt werden kann das Verfahren in der Amtssprache dieses Gerichts oder in einer anderen Sprache, die das Gericht akzeptiert (Art. 6 I EuGFVO). Für die Verfahrenseinleitung durch den Kläger und die Erwiderung des Beklagten stehen standardisierte Formulare mit Ausfüllhinweisen zur Verfügung (Art. 4, 5 EuGFVO). Die Vertretung durch einen Rechtsanwalt ist nicht vorgeschrieben. Das Verfahren wird grundsätzlich schriftlich geführt, eine mündliche Verhandlung findet nur statt, wenn das Gericht sie für notwendig erachtet (Art. 5 I EuGFVO). Auch die Beweisaufnahme steht im Ermessen des Gerichts (Art. 9 EuGFVO). Das Urteil muss innerhalb von 30 Tagen nach der letzten Prozesshandlung (Klagebeantwortung, Beweisaufnahme, mündliche Verhandlung) ergehen (Art. 7 I EuGFVO). Eine Überprüfung ist entweder aus formalen Gründen (Art. 18 EuGFVO) oder nach den Regeln der innerstaatlichen Rechtsmittel möglich. Zugunsten der obsiegenden Partei werden die notwendigen Kosten des Verfahrens festgesetzt (Art. 16 EuGFVO). Das Urteil kann in jedem Mitgliedstaat ohne Anerkennungsverfahren wie ein inländischer Titel vollstreckt werden (Art. 20, 21 EuGFVO).[111]

Das seit 2009 existierende Verfahren hat praktisch bislang keine besondere Bedeutung erlangt. Das EU-Recht regelt das Verfahren nur fragmentarisch, bezieht subsidiär das jeweilige nationale Recht ein und erreicht damit nur bedingt eine Vereinheitlichung. Der große Ermessensspielraum für den Richter widerspricht deutschen Verfahrensgrundsätzen.

111 Praktisch zugänglich ist das Verfahren über das Justizportal des Bundes und der Länder www.justiz.de.

§ 7 Beweis

285 Nur ausnahmsweise ist im Prozess ohne weiteres klar, von welchem Geschehensablauf das Gericht für seine Entscheidung auszugehen hat.

Ausschließlich vom Vortrag des Klägers ist auszugehen, wenn der Vortrag des Beklagten wegen seiner Säumnis unberücksichtigt bleiben muss (§ 331 ZPO) oder vollständig unerheblich ist. Vom übereinstimmenden Vortrag beider Parteien ist auszugehen, wenn diese identische Tatsachen behaupten und ausschließlich über Rechtsfragen streiten.

Regelmäßig[1] steht das Gericht im Laufe des Prozesses vor zwei mehr oder weniger stark voneinander abweichenden Darstellungen des Geschehensablaufs. Um hier eine für die rechtliche Beurteilung sichere Tatsachengrundlage zu schaffen, bedarf es des Beweisverfahrens.

Beweis wird grundsätzlich nur über **Tatsachen** erhoben (→ Rn. 356).[2] Werturteile und Rechtsansichten können nicht auf ihren Wahrheitsgehalt, sondern allein auf ihre Richtigkeit überprüft werden. Rechtssätze hat das Gericht zu kennen (oder sich zu erarbeiten). Ausnahmsweise kann Beweis erhoben werden über Rechtsnormen des Auslands (§ 293 ZPO) oder von autonomen Verbänden (Statuten) sowie über Gewohnheitsrecht und Erfahrungssätze, zB über Verkehrssitten oder Handelsbräuche.[3]

Der Entscheidung kann eine vorgetragene Tatsache nur zugrunde gelegt werden, wenn sie wahr ist. Im zivilprozessualen Sinne ist eine Tatsache formell wahr, wenn sie von beiden Parteien übereinstimmend vorgetragen wird, sie also unstreitig ist (§ 288 ZPO), materiell wahr ist sie, wenn das Gericht von ihrer Richtigkeit überzeugt ist (§ 286 ZPO). Die Beweisaufnahme ist das Verfahren zur Herbeiführung dieser richterlichen Überzeugung von der materiellen Wahrheit einer Tatsache.

Zu prüfen ist dabei, ob die Voraussetzungen für die Durchführung einer Beweisaufnahme vorliegen, wie die Beweisaufnahme abzulaufen hat und wie die Ergebnisse einer solchen Beweisaufnahme für den weiteren Verlauf des Prozesses umgesetzt werden können. Einen Überblick[4] über die hierbei zu behandelnden Fragen gibt Schema 7.1:

---

1 Nach einer empirischen Untersuchung in ca. 70% aller Fälle: *Nack*, Der Indizienbeweis, MDR 1986, 366.

2 BGH NJW 1993, 2881; OLG Köln OLG-NL 1997, 58; BLAH/*Hartmann* ZPO Einf. § 284 Rn. 17.

3 *Baumgärtel/Laumen/Prütting*, Handbuch der Beweislast im Privatrecht, 9 Bände, 2. Aufl. 2009 ff.

4 *Kellermann-Schröder*, Der Beweis in der (Urteils-)Assessorexamensklausur, JA 2016, 137.

Beweis			
Parteivortrag			
⇩			
Beweis-voraus-setzungen	Beweis-antritt	(1) Beweiserhebungsantrag (2) Beweisführungslast (3) Ablehnung von Beweisanträgen	zB § 373 ZPO § 244 StPO analog
	Beweis-bedürftig-keit	Ist die Tatsache (1) streitig (2) erheblich (3) zu berücksichtigen, dh – nicht präkludiert – nicht bewusst unwahr vorgetragen – nicht schon erwiesen wahr	 zB § 288 ZPO zB § 296 ZPO § 138 I ZPO
	Beweis-zulässigkeit	Keine **Beweisverbote**: (1) Beweiserhebungsverbote (2) Beweisverwertungsverbote	
⇩			
Beweis-erhebung	Beweis-anordnung	Formlos: Terminsvorbereitende Verfügung Förmlich: Beweisbeschluss	§ 273 II ZPO §§ 358 ff. ZPO
	Beweis-aufnahme	Grundsätze: – (Partei-)**Öffentlichkeit** – **Unmittelbarkeit** – **Strengbeweis** (1) Zeugen (2) Parteivernehmung (3) Sachverständige (4) Augenschein (5) Urkunden	 § 357 ZPO § 355 ZPO § 284 ZPO §§ 394 ff. ZPO §§ 451 ff. ZPO §§ 407 ff. ZPO §§ 372 ff. ZPO §§ 425 ff. ZPO
	Beweis-verhandlung	Erörterung, Antragstellung Beweiseinreden	§§ 279 III, 285 ZPO
⇩			
Beweis-folgen	Beweis-würdigung	(1) Grundsätze **Vollbeweis** **Freie Beweiswürdigung** (2) Grundlage (3) Gliederung (4) Würdigung	auch Anscheinsbeweis § 286 ZPO
	Beweis-ergebnis	Tatsache widerlegt ← Non liquet → Tatsache bewiesen	
	Beweis-last	Grundsatz: **Günstigkeitsprinzip** Ausnahmen	
⇩			
Entscheidungsgrundlage			

Schema 7.1: Beweis

1. Beweisvoraussetzungen

286 Beweis wird grundsätzlich nur erhoben

- wenn ein statthafter Beweisantritt vorliegt,
- über Tatsachen, die beweisbedürftig sind und
- wenn die Beweisaufnahme nicht unzulässig ist.

a) Beweisantritt

287 Dem *Beibringungsgrundsatz* folgend, werden Beweise im Zivilprozess grundsätzlich nur insoweit erhoben, als sie von den Parteien angeboten sind. Dass es von diesem Grundsatz eine Ausnahme insoweit gibt, als außer der Zeugenvernehmung alle anderen Beweise auch von Amts wegen angeordnet werden können (§§ 142 ff., 273 II Nr. 2, 287 I 3, 448 ZPO), wurde bereits dargestellt (→ Rn. 31). Hiervon macht die Praxis nur selten Gebrauch.

288 (1) Der Beweisantrag der Parteien hat grundsätzlich eine **Tatsachenbehauptung** und ein hierauf bezogenes **Beweismittel** zu enthalten.

Dies erfolgt in der Regel durch Benennung der Beweismittel im Rahmen des tatsächlichen Vorbringens. Probleme können auftreten, wenn im Anschluss an mehrere verschiedene Tatsachen ein Beweismittel angegeben wird. Nur im Wege der Auslegung lässt sich hier klären, ob dieses nur in Bezug auf die letzte oder auf alle vorstehenden Tatsachen angegeben wurde. Ist eine Auslegung nicht möglich, fehlt ein wirksamer Beweisantritt wegen mangelnden *Bezugs zu* einer konkreten *Tatsachenbehauptung*. Die Bezugnahme auf einen vorher ausformulierten Beweisantrag (»Beweis wie vor«) ist grundsätzlich ausreichend.[5]

Beispiele: Wird die Augenscheinseinnahme angeboten, so ist der entsprechende Gegenstand zweifelsfrei zu konkretisieren (§ 371 I ZPO). Ein Urkundsbeweis wird nicht bloß durch Bezeichnung der Urkunde oder Ankündigung ihrer Vorlage angetreten, erforderlich ist die Vorlegung der Originalurkunde selbst (§ 420 ZPO). Eine Ausnahme gilt nur, wenn die Urkunde sich im Besitz Dritter befindet (§§ 421, 424, 428, 430, 432 I ZPO). Der Zeugenbeweis setzt Angabe von Namen und ladungsfähiger Anschrift des Zeugen voraus (§ 373 ZPO). Wird lediglich »**Zeugnis des N.N.**« angeboten, so stellt dies einen zulässigen Beweisantritt nur dann dar, wenn sich aus den Umständen ergibt, wer hier als Zeuge in Betracht kommt (zB der nur namentlich unbekannte Sachbearbeiter einer bestimmten Firma).[6] Ein Sachverständiger muss dagegen nicht benannt werden, er ist vom Gericht auszusuchen (§ 404 ZPO).

Wird die zu beweisende Tatsache nicht hinreichend bestimmt vorgetragen, sondern soll durch die Beweisaufnahme erst ermittelt werden, so handelt es sich um einen grundsätzlich unzulässigen **Ausforschungsbeweis.**[7] Sind die Beweistatsachen nur dem Gegner bekannt, so hat die beweisbelastete Partei gegebenenfalls einen Auskunftsanspruch, der vorab geltend gemacht werden muss, nur ausnahmsweise trifft den Gegner eine (sekundäre) Darlegungslast (→ Rn. 196).

5 BFH NJW 2007, 1615; OLG Celle NJW-RR 1992, 703.

6 BGH NJW 1998, 2368; OLG Koblenz MDR 2015, 975; OLG Koblenz OLGR 2008, 764; *Gottschalk*, Der Zeuge N.N., NJW 2004, 2939; *Reinecke*, Der Zeuge NN in der zivil- und arbeitsgerichtlichen Praxis, MDR 1990, 767; Zöller/*Greger* ZPO § 356 Rn. 4 mwN.

7 LG Köln NZM 1999, 404; *Chudoba*, Der ausforschende Beweisantrag, 1993; *Gremmer*, Der unsubstanziierte Vortrag – ein Phantomproblem?, MDR 2007, 1172; zum Beweisantritt über Tatsachen, die die Partei nicht zuverlässig kennt, → Rn. 295.

(2) Folge der Beibringungsmaxime im Zivilprozess ist die Last der Parteien, Tatsachen nicht nur darzulegen, sondern erforderlichenfalls auch zu beweisen. Subjektiv betrifft diese Beweislast die Frage danach, welche Partei den Beweis einer streitigen Tatsache führen muss, um den Prozessverlust zu vermeiden (»**Beweisführungslast**«), objektiv die Frage, welche Partei die Nachteile unzureichenden Vortrags bzw. Beweises treffen (→ Rn. 337). **289**

Das Prozessrecht zwingt keine der Parteien, Beweisanträge zu stellen, muss aber regeln, zu wessen Nachteil es wirkt, wenn ein notwendiger Beweis nicht angeboten wurde. Abgeschwächt wird diese Frage durch die (praktisch sehr selten genutzte) Möglichkeit der Beweisaufnahme von Amts wegen (§§ 142, 144, 273 II, 448 ZPO).

Abstrakt bestimmt die subjektive Beweisführungslast, welche Partei den Beweis anzutreten hat. Insoweit korrespondieren Darlegungs- und Beweislast, knüpfen beide an die Günstigkeit der Rechtswirkungen einer Tatsache an (→ Rn. 213). Ohne Beweisantritt der belasteten Partei unterbleibt eine Beweisaufnahme. **290**

Damit bleibt unklar, ob die Tatsache wahr ist oder nicht, nach dem Grundsatz der Negativfiktion (dazu → Rn. 336; → Rn. 207) kann sie einer Entscheidung nicht zugrunde gelegt werden. In diesem Fall ergeht eine Entscheidung nach den Regeln über die objektive Beweislast.

Ist eine Beweisaufnahme schon erfolgt, so wird sie verwertet, auch wenn ein wirksamer Beweisantritt zunächst nicht vorlag.[8]

Ist das Gericht nach einer Beweisaufnahme von einer Tatsache vorläufig überzeugt, kann den Gegner die konkrete Last zur Führung eines Gegenbeweises treffen. Diese konkrete Beweisführungslast hat damit keine dogmatische, sondern allein praktische Bedeutung.

(3) Allen Beweisanträgen der Parteien ist grundsätzlich zu entsprechen. Nur ausnahmsweise kommt eine **Ablehnung von Beweisanträgen** in Betracht.[9] **291**

Vermieden werden kann eine Ablehnung häufig durch Hinweise nach § 139 ZPO und Fristsetzungen nach § 356 ZPO.

Die Gründe für eine Ablehnung sind in der ZPO nicht ausdrücklich normiert, sie ergeben sich allein aus allgemeinen Überlegungen und einer teilweisen analogen Anwendung des § 244 III StPO:

- bei Unzulässigkeit der Beweiserhebung, zB wegen Vorliegens eines Beweiserhebungsverbots oder eines absehbaren Beweisverwertungsverbots (→ Rn. 297 ff.).[10]
- bei Überflüssigkeit der Beweiserhebung wegen Offenkundigkeit, zB wegen Eingreifens einer Beweiserleichterung (Offenkundigkeit, Schätzung, Vermutung, Beweisvertrag).
- bei Bedeutungslosigkeit der Tatsache, insbesondere wenn deren Beweisbedürftigkeit wegen Unstreitigkeit oder Unerheblichkeit fehlt (→ Rn. 292 ff.).
- bei Erwiesenheit der Tatsache aufgrund des bereits vorliegenden Beweisergebnisses; jedoch erlaubt dies nicht die Ablehnung eines Gegenbeweisantrags.

---

8 *Baumgärtel/Laumen/Prütting*, Handbuch der Beweislast im Privatrecht, 9 Bände, 2. Aufl. 2009 ff., E III; *Rosenberg/Schwab/Gottwald* ZivilProzR § 118 I 2 b).

9 BVerfG NJW 2003, 1655; NJW-RR 2001, 1006, BGH NJW-RR 2015, 1151; 2010, 1217; NJW 2000, 3718; OLG Jena MDR 2012, 542; *Störmer*, Beweiserhebung, Ablehnung von Beweisanträgen und Beweisverwertungsverbote im Zivilprozess, JuS 1994, 238 (241); 334.

10 BGH NJW 2004, 247; 1991, 2707; *Burkhard Schmidt*, Die Begründung der Ablehnung einer Parteivernehmung nach § 448 ZPO, MDR 1992, 637.

- bei Wahrunterstellung der Beweistatsache. So kann die Beweisaufnahme über vorgetragene Indizien unterbleiben, wenn diese in ihrer Gesamtheit den Schluss auf die Haupttatsache nicht zulassen.[11]
- bei Ungeeignetheit des Beweismittels.[12]

Vorsicht geboten ist hier vor einer nicht statthaften antizipierten Beweiswürdigung. Beweisanträge können daher nicht schon dann abgelehnt werden, wenn das Beweisthema bloß unwahrscheinlich oder das Beweismittel nur bedingt überzeugungskräftig ist, wohl aber, wenn die Lebenserfahrung die sichere Prognose zulässt, dass die Beweisaufnahme den beabsichtigten Beweis nicht erbringen kann.[13] Nicht ungeeignet sind Beweise auch dann, wenn sie bereits in einem anderen Verfahren (zB einem vorhergehenden Strafverfahren) erfolglos erhoben wurden, und Gegenbeweise, wenn das Gericht bereits von der Haupttatsache überzeugt ist.

> **Beispiele:** Ungeeignet ist die Vernehmung einer namentlich nicht genannten Bedienung einer Diskothek über einen für sie unbedeutenden, 9 Monate zurück liegenden Umstand, die Vernehmung eines nicht sachverständigen Zeugen zur Notwendigkeit einer stationären Behandlung, die Benennung des unfallaufnehmenden Polizeibeamten für den Hergang des Unfalls oder die Benennung eines Kleinkinds als Zeugen für einen komplexen Vorgang.

- bei Unerreichbarkeit des Beweismittels, zB unbekanntem Aufenthalt oder endgültiger Aussageunfähigkeit eines Zeugen oder einer endgültig unauffindbaren Urkunde.[14]
- bei Verspätung des Beweisantritts nach § 296 II, III ZPO (→ Rn. 1258).
- bei Unwirksamkeit des Beweisantrags, zB wegen unzureichender Bezeichnung des Beweisthemas (Ausforschung; Behauptung ins Blaue), unzureichender Bezeichnung des Beweismittels (Zeugnis NN) oder unzureichendem Bezug zwischen Beweismittel und Beweisthema (»Beweis für alles«).
- Bei eigener Sachkunde des Gerichts kann das Gericht auf die Einholung eines Sachverständigengutachtens verzichten, muss die eigene Sachkunde dann aber im Urteil belegen.[15]

Die Ablehnung erfolgt praktisch schlicht durch Nichterhebung des Beweises.

Eines besonderen Verfahrens oder einer Zwischenentscheidung bedarf die Ablehnung nicht. Eine Begründung in den Entscheidungsgründen ist nicht erforderlich, empfiehlt sich aber.

b) Beweisbedürftigkeit

292 Beweisbedürftig sind die Tatsachen,

- die zwischen den Parteien streitig sind,
- auf die es für die Entscheidung ankommt (= die erheblich sind),
- die im Prozess auch zu berücksichtigen sind und
- die nicht schon erwiesen sind.

293 (1) **Streitig** sind die Tatsachen, die von nur einer Partei vorgetragen und von dem Gegner ausdrücklich oder den Umständen nach zulässig bestritten sind. Hierunter fallen damit nicht die Tatsachen, die:

- ausdrücklich zugestanden wurden (§ 288 ZPO);

11 BVerfG NJW 1993, 254; BGH NJW 2005, 1051; 2000, 3718.
12 BGH MDR 2013, 486.
13 BVerfG NJW 2004, 1443; NJW-RR 2001, 1006; BGH NZM 2017, 29; MDR 2008, 1115; NJW 2007, 2122; MDR 2005, 164; NJW 2000, 3718.
14 BGH NJW 2006, 3416; OLG Köln MDR 2001, 109.
15 BGH NJW 2000, 1946; NJW-RR 1997, 1108.

- nicht bestritten wurden (§ 138 III ZPO);
- unzulässig bestritten wurden (zB nach § 138 IV ZPO; → Rn. 193).

Beweisbedürftig sind damit allein die **materiell streitigen** Tatsachen, nicht die bloß formell streitigen, die im Rahmen der Tatsachenfeststellung ermittelt werden (→ Rn. 372).

(2) **Erheblich** sind alle Tatsachen, die Anspruchsgrundlagen für den Kläger oder Gegenrechte des Beklagten ausfüllen. 294

Vor der Entscheidung über eine Beweisaufnahme ist damit der Rechtsstreit **relationstechnisch** zu prüfen, um festzustellen, auf welche Tatsachen es für die Entscheidung überhaupt ankommt und welche Tatsachen von Anfang an als unerheblich ausgesondert werden können (→ Rn. 398 ff.).

Beispielsfall: Behauptet der Kläger, der Beklagte habe sich bereit erklärt, einen gebrauchten PKW zum Preis von 7.000,– EUR zu kaufen und dabei ständig mit seiner Frau geflirtet, so kommt es für die Entscheidung der Kaufpreisklage zwar auf die Willenserklärung des Beklagten, nicht aber auf sein Flirten an. Selbst wenn der Beklagte dies im Prozess bestreitet, bedarf es hierüber keiner Beweisaufnahme.

(3) Ausnahmsweise werden streitige und für den Rechtsstreit auch erhebliche Tatsachen für die Entscheidung **nicht berücksichtigt.** Dies ist der Fall: 295

- Bei *präkludierten* Tatsachen, dh solchen, mit denen die Partei kraft gesetzlicher Anordnung ausgeschlossen ist, weil sie in einem früheren Verfahrensabschnitt hätten vorgebracht werden müssen (so zB bei §§ 296, 767 II ZPO; → Rn. 1254, → Rn. 1266).
- Bei *nicht ausreichend substanziierten*[16] Tatsachen (→ Rn. 197 ff.), soweit diese nicht schon im Rahmen der Erheblichkeitsprüfung ausgesondert wurden.
- Bei *bewusst unwahr* vorgetragenen Tatsachen, dh, bei einem Verstoß gegen die prozessuale Wahrheitspflicht nach § 138 I ZPO. Obwohl Einigkeit darüber besteht, dass solche Tatsachen für die Entscheidung unberücksichtigt zu bleiben haben,[17] ist diese Konsequenz praktisch kaum möglich, da die Unwahrheit einer streitigen Tatsache vor einer Beweisaufnahme in der Regel nicht feststellbar ist.

Praktisch relevant ist die **Behauptung ins Blaue hinein**, bei der die Partei willkürlich und ohne konkreten Anhaltspunkt eine Behauptung aufstellt, an die sie selbst nicht glaubt. Diese ist regelmäßig unbeachtlich.[18] Dennoch muss es einer Partei möglich sein, Aufklärung über Tatsachen zu erreichen, die ihr nicht sicher bekannt sind. Während ein Teil der Literatur hierzu das Verbot des Ausforschungsbeweises einschränkt und diesen für zulässig erachtet, schränkt die hM den Anwendungsbereich der Behauptung ins Blaue hinein ein und nimmt diese nur dort an, wo die Behauptung »aufs Geratewohl gemacht, gleichsam ›ins Blaue hinein‹ aufgestellt, also aus der Luft gegriffen ist und sich deshalb als Rechtsmissbrauch darstellt«.[19] Ein solcher Rechtsmissbrauch liegt nicht vor, wenn der Beweisführer plausible Anhaltspunkte für seine (vermutete) Darstellung bringt.

Einer Partei steht es damit **bspw.** frei, Tatsachen zu behaupten und unter Beweis zu stellen, die sie nur für möglich oder wahrscheinlich hält. Dies gilt vor allem für innere Tatsachen (Kenntnisse, Schuldformen), Kausalverläufe und für Tatsachen, die sich ihrer Wahrnehmung entziehen.

(4) Keines (weiteren) Beweises bedürfen auch die **schon bewiesenen Tatsachen.**[20] 296

16 BGH NJW 1993, 3135.
17 BGH LM § 832 BGB Nr. 10; Prütting/Gehrlein/*Prütting* ZPO § 138 Rn. 6.
18 BGH NJW-RR 2010, 1217; 1999, 361; NJW 1995, 2111; NJW-RR 1995, 722.
19 BGH NJW-RR 2015, 829; 2004, 337; 2003, 491; NJW 2003, 140; zur Kritik hieran *Baumgärtel*, Zwei wichtige BGH-Entscheidungen zu Ausforschungsbeweis und »Behauptung ins Blaue hinein«, MDR 1995, 987.
20 BLAH/*Hartmann* ZPO § 286 Rn. 28.

Beispielsfall: Benennt der Kläger für eine Behauptung 15 Zeugen, und ist das Gericht von der Wahrheit seiner Behauptung bereits nach der Vernehmung von 5 Zeugen überzeugt, so bedarf es der Vernehmung der weiteren Zeugen nicht mehr.

Vernommen werden müssen nach wie vor die zum Gegenbeweis benannten Zeugen. Während der **Hauptbeweis** die Tatbestandsmerkmale der anzuwendenden Rechtsnorm (Anspruch oder Gegenrecht) liefern soll und hierfür die volle Überzeugung des Gerichts von der Wahrheit der zu beweisenden Tatsache herbeigeführt werden muss, soll der **Gegenbeweis** die Unrichtigkeit dieser Tatsachen dartun. Hierzu reicht es aus, dass die Überzeugung des Gerichts erschüttert wird. Hiervon zu unterscheiden ist der **Beweis des Gegenteils**, mit dem das kontradiktorische Gegenteil des Hauptbeweises erst dann unter Beweis gestellt ist, wenn das Gericht von der Unwahrheit der Haupttatsache überzeugt ist.

c) Beweiszulässigkeit

297 Eine Beweisaufnahme ist grundsätzlich zulässig, es sei denn, ihr steht ausnahmsweise ein Beweisverbot entgegen. Solche Verbote können entweder die *Beweiserhebung* oder die *Beweisverwertung* betreffen.[21]

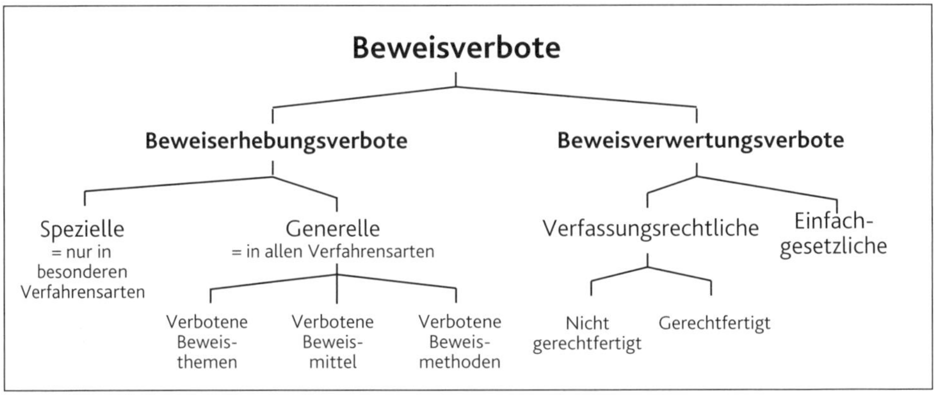

Schema 7.2: Beweisverbote

298 (1) Das Gesetz selbst kennt zahlreiche **Beweiserhebungsverbote.** Solche gelten insbesondere in den *besonderen Verfahrensarten*, wo bestimmte Formen der Beweiserhebung ausgeschlossen sind.

So dürfen zum **Beispiel** im Urkundenverfahren anspruchsbegründende Tatsachen nur mit Urkunden, andere Tatsachen nur mit Urkunden oder Parteivernehmung bewiesen werden (§ 595 II ZPO). Im Wiederaufnahmeverfahren dürfen die Restitutionsgründe nicht mit Parteivernehmung bewiesen werden (§ 581 II ZPO).

Andere gesetzliche Beweiserhebungsverbote gelten in *allen Verfahrensarten* gleichermaßen. Dabei muss sich das Verbot nicht notwendig aus der ZPO ergeben, kann vielmehr auch aus anderen Bereichen der Rechtsordnung herrühren.

- Verboten sein kann die Beweisaufnahme über bestimmte *Beweisthemen*.

21 Zum Ganzen *Balthasar*, Beweisverwertungsverbote im Zivilprozess, JuS 2008, 35; *Störmer*, Beweiserhebung, Ablehnung von Beweisanträgen und Beweisverwertungsverbote im Zivilprozess, JuS 1994, 238; 334.

> **Beispiel:** Wird ein Beamter als Zeuge vernommen und hat er nur eine eingeschränkte Aussagegenehmigung (§ 61 BBG, § 39 BRRG), so darf er über diese hinaus nicht befragt werden (§ 376 I ZPO), insoweit besteht ein unverzichtbares Vernehmungshindernis.[22]

- Verboten sein kann die Beweisaufnahme durch bestimmte *Beweismittel*.

> **Beispiel:** Eine Partei kann nicht als Zeuge vernommen werden,[23] im Wege der Parteivernehmung wird grundsätzlich der Gegner (§ 445 ZPO), nur ausnahmsweise der Beweisführer selbst (§§ 447, 448 ZPO), bei prozessunfähigen Parteien deren gesetzlicher Vertreter (§ 455 ZPO) vernommen.

- Verboten sein kann die Beweisaufnahme mittels bestimmter *Beweismethoden*.[24]

Die **ZPO** selbst schreibt die Methode der Beweisaufnahme für die einzelnen Beweismittel zwingend vor (Grundsatz des Strengbeweises). Hieraus ergibt sich zB die Notwendigkeit, bestimmte Zeugen vor ihrer Vernehmung über ihr Zeugnisverweigerungsrecht zu belehren (§ 383 II ZPO).

Aus dem **Verfassungsrecht** folgt das Gebot, Menschenwürde und Persönlichkeitsrechte (Art. 1, 2 GG) der Beteiligten zu schützen, sodass zB die Vernehmung von Zeugen unter Hypnose oder mittels Lügendetektor nur in engen Grenzen zulässig ist.[25]

Das Verbot bestimmter Beweismethoden kann sich schließlich auch aus anderen Bereichen der Rechtsordnung, insbesondere dem **Strafrecht**, ergeben. So dürfen Beweismittel nicht gestohlen, Zeugen nicht genötigt werden.[26] Die Beweisaufnahme darf auch nicht den Lebens- und Geheimbereich (§§ 201 ff. StGB) verletzen. Dies ist zB der Fall, wenn eine heimlich aufgenommene Tonbandaufnahme abgespielt werden soll, weil die Abspielung selbst gegen § 201 StGB verstößt.

Kein Beweis erhoben werden darf grundsätzlich auch dort, wo *Beweisvoraussetzungen* nicht vorliegen (→ Rn. 286 ff.). **299**

(2) Streitig ist, inwieweit für erhobene Beweise ein **Verwertungsverbot** besteht. In Betracht kommt ein solches für Beweise, die entweder rechtswidrig erlangt oder rechtswidrig erhoben wurden.

- Nur eine Mindermeinung (»*Verbotstheorie*«) nimmt ein prozessuales Verwertungsverbot ausnahmslos für alle rechtswidrig erlangten Beweismittel an, weil nach dem Grundsatz der Einheit der Rechtsordnung im Prozessrecht nicht zulässig sein könne, was nach materiellem Recht rechtswidrig sei. Um die rechtswidrige Beschaffung von Beweisen zu verhindern, sei das Beweisverwertungsverbot schon aus generalpräventiven Gründen erforderlich.[27]
- Nach der Gegenauffassung (»*Verwertungstheorie*«) existieren im Zivilprozess Beweisverwertungsverbote nicht, sodass alle erhobenen Beweise einschränkungslos zur Entscheidungsfindung verwendet werden dürfen. Der Schutz der Parteien vor einer Rechtsbeeinträchtigung bei der Beweisbeschaffung bzw. Beweiserhebung werde ausschließlich durch das materielle Recht gewährleistet.[28]

So wird eine Partei vor dem Diebstahl eines Beweismittels durch den Gegner durch das materielle Strafrecht geschützt und kann ein solchermaßen rechtswidrig erlangtes Beweismittel vom Gegner

---

22 Zöller/*Greger* ZPO § 376 Rn. 10; ähnlich § 383 III ZPO und OLG Köln NJW-RR 1993, 1073.
23 RGZ 29, 343.
24 Zur Grundrechtsverletzung beim Einsatz von Lügendetektoren BVerfG NJW 1998, 1988; 1982, 375; BGH JR 1999, 379.
25 BGH MDR 2003, 1127; OLG Düsseldorf NJW-RR 2001, 959; *Nestler*, Wer einmal lügt, dem glaubt man nicht – Falschaussage, Glaubhaftigkeit, Lügendetektor, JA 2017, 10.
26 *Kiethe*, Verwertung rechtswidrig erlangter Beweismittel im Zivilprozess, MDR 2006, 965.
27 LG Kassel NJW-RR 1990, 62.
28 *Dauster/Braun*, Verwendung fremder Daten im Zivilprozess und zivilprozessuale Beweisverbote, NJW 2000, 313.

nach § 823 BGB heraus verlangen oder deren Verwertung durch einen Unterlassungsanspruch verhindern.

- Die herrschende Meinung vertritt eine *vermittelnde Auffassung*, nach der ein Verwertungsverbot besteht, wenn das Beweismittel unter Verletzung verfassungsrechtlich geschützter Rechtspositionen erlangt wurde und dem Beweisführer ein Rechtfertigungsgrund nicht zusteht. Erforderlich ist hier eine Interessenabwägung im Einzelfall.[29]

Zu Recht geht diese Auffassung davon aus, dass das aus Art. 2 I, 20 III, 101 I 2, 103, 19 IV GG, Art. 6 I EMRK folgende Gebot effektiven Rechtsschutzes das Recht umfasst, eigene Behauptungen zu beweisen. Dieses verfassungsrechtliche Recht auf Beweisführung kann nur durch ein anderes Verfassungsrecht beschränkt werden. Als ein solches kommt vornehmlich Art. 2 GG in all seinen Teilaspekten (Recht am eigenen Bild, Recht am eigenen Wort, Recht auf informationelle Selbstbestimmung, Recht am eigenen DNA-Material), aber auch andere Grundrechte (zB Art. 14 GG) in Betracht.

Folgt man der hM, so können sich Beweisverwertungsverbote vor allem in folgenden **Fallgruppen** ergeben:[30]

- für ein ohne Zustimmung von Kindern und Ehefrau heimlich eingeholtes privates DNA-Gutachten zur Vorbereitung einer Vaterschaftsanfechtung.
- für heimlich, dh ohne Zustimmung des Betroffenen aufgenommene Lichtbilder, Videoaufzeichnungen (auch Dashcams) oder Gespräche.[31]
- für andere heimliche Überwachungsmaßnahmen (GPS-Ortung).
- für gestohlene Urkunden.
- für sog. »*Lauschzeugen*«, die auf Veranlassung des Beweisführers – sei es unter Benutzung eines Abhörgeräts, sei es unmittelbar, aber verborgen – ein Gespräch ohne Wissen der Gegenpartei belauscht haben.
- für höchstpersönliche Aufzeichnungen (Tagebuch) ohne Zustimmung des Berechtigten.

Während das Recht am eigenen Genmaterial so schwer wiegt, dass ein Verstoß hiergegen durch das Beweisrecht niemals gerechtfertigt sein kann, ist in anderen Fällen eine Abwägung der verletzten Verfassungsrechte erforderlich. Ein **Rechtfertigungsgrund** für die Verwertung rechtswidrig erlangter Beweismittel kann in Notwehr oder in der Wahrung überwiegender eigener Interessen liegen.[32] Im letzten Fall ist dabei eine Abwägung der Interessen beider Parteien erforderlich.

---

29 BVerfG JA 2003, 274 mAnm *Jenal*; BVerfG NJW 1973, 891; BGH JA 2003, 625 mAnm *Lemmers*; BGH NJW 1991, 1180 mAnm *Helle* JZ 1991, 929; BGH JZ 1988, 304; OLG Karlsruhe NJW 2002, 2799; *Balthasar*, Beweisverwertungsverbote im Zivilprozess, JuS 2008, 35; *Bartl*, Mitschneiden von Verkaufsgesprächen auf Tonband, WRP 1996, 386; *Heinemann*, Rechtswidrig erlangter Tatsachenvortrag im Zivilprozess, MDR 2001, 137.

30 BVerfG NJW 2007, 753 m. Bespr. *Wellenhofer* JuS 2007, 472; BGH NJW 2003, 1727; 1970, 1848; Anm. *Arzt* JZ 1971, 382; Anm. *Bökelmann* JR 1971, 65; OLG Karlsruhe NJW 2000, 1577; OLG Düsseldorf NJW 2000, 1578; OLG Hamm NJW-RR 1996, 735; BAG NJW 1983, 1691 (»Bürosprechanlagen-Urteil«); LAG Bremen MDR 1994, 597; LAG Köln NZW 1994, 48; *Helle*, Der Telefonzeuge im Zivilprozess, JR 2000, 353; *Kaiser*, Vom Mithörzeugen zur Dashcam – Aktuelle Beweisverwertungsfragen im Zivilprozess, NJW 2016, 2790; *Lenz*, Der heimliche Zeuge im Zivilprozess, MDR 2000, 73.

31 *Balzer/Nugel*, Minikameras im Straßenverkehr – Datenschutzrechtliche Grenzen und zivilprozessuale Vewertbarkeit der Videoaufnahmen, NJW 2014, 1622.

32 BAG NJW 2010, 104; BGH NJW 1982, 1397 und 277; OLG Düsseldorf NJW-RR 1998, 241; OLG Köln VersR 1994, 213; zu Widersprüchlichkeiten mit der strafrechtlichen V-Mann-Recht-

So kann **zB** in den Tonband- und Lauschzeugenfällen gegen eine Verwertung sprechen, dass ausdrücklich oder stillschweigend die Vertraulichkeit des Gesprächs vereinbart war und das Aufzeichnen oder der Einsatz technischer Geräte einen schwereren Eingriff in die Persönlichkeitssphäre darstellt als das bloße Mithören. Für eine Verwertung kann angeführt werden, dass auf andere Weise ein Angriff auf eigene Rechte nur schwer oder gar nicht abzuwehren ist oder das Gespräch in der Öffentlichkeit und nicht in der durch Wohn- oder Geschäftsräume vermittelten Atmosphäre der Abgeschlossenheit und Intimität geführt wurde. Das bloße Interesse an der Beschaffung eines Beweismittels zur Durchsetzung privater Ansprüche reicht jedenfalls nicht aus.[33]

(3) *Verstöße gegen Beweiserhebungs- oder Beweisverwertungsverbote* können nach § 295 I ZPO **geheilt** werden, indem beide Parteien ohne ausdrückliche Rüge des Verstoßes streitig zur Hauptsache verhandeln.[34] 300

Unzulässig ist die **Umgehung** von Erhebungs- oder Verwertungsverboten durch ein Ausweichen auf mittelbare Beweismittel.

Beispiel: Unverwertbar ist nicht nur die heimliche Videoaufnahme selbst, sondern auch die Vernehmung eines Zeugen, der die Aufnahme gesehen hat und über deren Inhalt berichten soll. Zulässig ist die Vernehmung eines Zeugen über eigene Wahrnehmungen, auch wenn er dabei unzulässige Aufnahmen gemacht hat.

2. Beweiserhebung

a) Beweisanordnung

Während die Ablehnung eines Beweisantrags in der Regel in den Gründen eines 301
Urteils erfolgt, ergeht die Entscheidung über die Durchführung der Beweisaufnahme im Laufe des Verfahrens. Zur Vorbereitung der Beweisaufnahme kann das Beweismittel für die mündliche Verhandlung bereitgestellt werden durch eine terminsvorbereitende Verfügung des Vorsitzenden nach § 273 II ZPO.[35] Ob der Beweis dann erhoben wird, kann das Gericht **formlos** (konkludent durch Erhebung des Beweises) oder förmlich durch einen **Beweisbeschluss** entscheiden.

Die Annahme einer konkludenten Beweisanordnung setzt voraus, dass die Beweisaufnahme tatsächlich durchgeführt wurde. Ob dies geschehen ist, lässt sich nicht immer einfach feststellen.

Ein Urkundsbeweis ist nicht bereits dann erhoben, wenn die Urkunde (mit einem Schriftsatz oder in der mündlichen Verhandlung) vorgelegt wurde. Vielmehr werden damit regelmäßig zunächst nur Existenz und Inhalt der Urkunde als Tatsache vorgetragen. Bleiben diese unstreitig, bedürfen sie des Beweises nicht.[36] Erst nach einem (substanziierten) Bestreiten muss das Gericht über den mit der Urkundenvorlegung verbundenen Beweisantritt (§ 420 ZPO) entscheiden. Die Beweisaufnahme ist tatsächlich erfolgt, wenn die Urkunde »zu Beweiszwecken« zum Gegenstand der mündlichen Verhandlung gemacht wurde.

---

sprechung zur Grundrechtsverletzung beim Einsatz von Lügendetektoren BVerfG NJW 1998, 1988; 1982, 375; BGH JR 1999, 379.

33 BVerfG NJW 2002, 3619; BGH NJW 1994, 2289 mAnm *Baumgärtel* MDR 1994, 766; LAG Bremen MDR 1994, 597.

34 BVerfG NJW 2008, 2243; BGH NJW-RR 2007, 162; Prütting/Gehrlein/*Deppenkemper* ZPO § 295 Rn. 7 mwN; *Schneider*, Beweisrechtsverstöße in der Praxis, MDR 1998, 997.

35 Zur Frage, ob ein zufällig in der Verhandlung anwesender, nicht geladener Zeuge vernommen werden darf OLG Schleswig NJW 1991, 303; *Gießler*, Vernehmung des nicht geladenen Zeugen, NJW 1991, 2885.

36 BGH NJW-RR 2016, 957.

Entsprechendes gilt für mündliche Angaben einer Partei im Termin, die als Parteianhörung Tatsachenvortrag oder als Parteivernehmung Beweiserhebung sein können.

Eines Beweisbeschlusses bedarf es zwingend, wenn die Beweisaufnahme bereits vor der mündlichen Verhandlung erfolgen soll (§ 358a ZPO), wenn diese einen besonderen Termin (dh einen weiteren Haupttermin) erfordert (§ 358 ZPO) oder wenn eine Parteivernehmung durchgeführt werden soll (§ 450 I 1 ZPO).

302 Die notwendigen Bestandteile eines Beweisbeschlusses enthält § 359 ZPO.

Inhalt des Beweisbeschlusses

1	...-gericht ... Geschäftsnummer ...	§ 4 AktO
2	**Beweisbeschluss**	
3	In dem Rechtsstreit Schneider ./. Krause.	
4	I. Es soll Beweis erhoben werden über	
7	1. die Behauptungen des Klägers	**§ 359 Nr. 1 ZPO**
5	a) ... b) ...	
7	2. die Behauptungen des Beklagten	
5	a) ... b) ... durch	**§ 359 Nr. 2 ZPO**
6	• Vernehmung der Zeugen	
7	a) ... benannt vom (Kläger/Beklagten) zu den Beweisthemen ...	**§ 359 Nr. 3 ZPO**
8	b) ... benannt vom (Kläger/Beklagten) zu den Beweisthemen ... • Einholung eines schriftlichen Sachverständigengutachtens angeboten vom (Kläger/Beklagten) zu den Beweisthemen ... • Inaugenscheinnahme des ... angeboten vom (Kläger/Beklagten) zu den Beweisthemen ...	
9	II. Zum Sachverständigen wird bestimmt ...	§ 404 I ZPO
10	III. Die Versendung der Akten an den Sachverständigen wird davon abhängig gemacht, dass der Kläger einen Auslagenvorschuss in Höhe von ... EUR einzahlt; hierfür wird ihm eine Frist gesetzt bis zum ...	§§ 402, 379 ZPO
11	IV. Die Vernehmung des Zeugen ... soll im Wege der Rechtshilfe durch das Amtsgericht ... erfolgen.	§ 362 ZPO
12	V. Termin zur Durchführung der Beweisaufnahme und zur Fortsetzung des mündlichen Verhandlung wird bestimmt auf ...	§ 370 ZPO
13	Ort, Datum gez. ... (Richter)	streitig

Schema 7.3: Inhalt des Beweisbeschlusses

Anmerkungen: 303

[1] Wie jedes gerichtliche Schriftstück enthält auch der Beweisbeschluss neben der Bezeichnung des Gerichts die Geschäftsnummer (§ 4 AktO).[37]

[2] Der Beweisbeschluss muss nicht als solcher bezeichnet werden, zur Klarstellung aber ist dies zu empfehlen. Anordnungen nach §§ 404 I, 402, 379, 362, 370 ZPO werden von der Überschrift »Beweisbeschluss« abgedeckt, andere Anordnungen (zB Hinweise nach § 139 ZPO) können eine andere Überschrift erforderlich machen (zB »Auflagen-, Hinweis- und Beweisbeschluss«).

[3] Eindeutig klargestellt werden muss, dass Beweis erhoben werden soll.

[4] Wie in jeder gerichtlichen Entscheidung ist der Rechtsstreit zu bezeichnen. Dabei genügt ein (aus dem Nachnamen der Parteien bestehendes) Kurzrubrum.

[5] Der Beweisbeschluss muss das *Beweisthema* erkennen lassen, dh die streitige, erhebliche Tatsache, über die Beweis erhoben werden soll (§ 359 Nr. 1 ZPO).[38] Wird über mehrere Themen Beweis erhoben, sind diese zu trennen um klarmachen zu können, zu welchem Beweisthema welches Beweismittel erhoben werden soll (unten Anm. 7).

[6] Der Beweisbeschluss muss auch das *Beweismittel* bezeichnen, mit dem der Beweis geführt werden soll (§ 359 Nr. 2 ZPO).

[7] Dabei ist eine Differenzierung nicht nur nach den einzelnen Beweismittelarten, sondern auch innerhalb dieser zu unterscheiden, wenn etwa mehrere Zeugen vernommen, mehrere Urkunden vorgelegt werden sollen. Die einzelnen Beweismittel sind den jeweiligen Beweisthemen eindeutig zuzuordnen.

[8] Schließlich muss der Beweisbeschluss auch den *Beweisführer* ausweisen, dh die Partei, die sich auf das Beweismittel berufen hat. Dies kann erfolgen durch Zuordnung des Beweismittels zu einer Partei (»vom Kläger benannt«) oder durch Zuordnung des Beweisthemas (»die Behauptung des Klägers«).[39]

[9] – [12] In der Praxis enthält der Beweisbeschluss darüber hinaus häufig *weitere*, für die Beweisaufnahme bzw. die Prozessfortsetzung wichtige *Anordnungen*, oder er wird mit anderen Beschlüssen kombiniert.

Hierzu gehören **beispielsweise** Angaben über die Art der Beweiserhebung (zB im Wege der Rechtshilfe, §§ 362, 363 ZPO), die Bestimmung eines Termins zur Durchführung der Beweisaufnahme (und damit in der Regel auch zur Fortsetzung der mündlichen Verhandlung: § 370 ZPO), die Anordnung eines Auslagenvorschusses für Zeugen oder Sachverständige (§ 379 ZPO), Auflagen an die Parteien (zB bestimmte Urkunden vorzulegen, ladungsfähige Anschriften mitzuteilen), Benennung von Sachverständigen (§ 404 ZPO), Ladungen von Prozessbeteiligten usw. Häufig ist auch eine Verbindung mit einem Hinweisbeschluss nach § 139 ZPO.[40]

---

37 Zurückgehend auf die Preußische Aktenordnung vom 28.11.1934 haben heute die einzelnen Bundesländer inhaltsgleiche Aktenordnungen für die Gerichte der ordentlichen Gerichtsbarkeit und die Staatsanwaltschaften.

38 *Reinecke*, Die Information des Zeugen über das Beweisthema, MDR 1990, 1061.

39 Zur Fassung bei einer ausnahmsweisen Beweiserhebung von Amts wegen BGH NJW-RR 2010, 1059.

40 Zu Formulierungsvorschlägen *Theimer/Theimer* Mustertexte ZivilProz § 2.

13 Der Beweisbeschluss bedarf der Schriftform, muss also *unterschrieben* werden. Streitig ist allerdings, ob dies durch den Vorsitzenden bzw. den Berichterstatter oder durch den kompletten Spruchkörper zu erfolgen hat.[41]

304 Der Beweisbeschluss kann nachträglich **abgeändert** oder aufgehoben werden, wenn das Gericht zu der Ansicht gelangt, eine Beweisaufnahme sei nicht (mehr) erforderlich. Nach einer mündlichen Verhandlung ist dies ohne weiteres möglich,[42] ohne erneute Verhandlung lediglich in den Grenzen des § 360 ZPO.

b) Beweisgrundsätze

Für die Beweisaufnahme gilt eine Reihe von **Grundsätzen** (zu weiteren Beweisgrundsätzen → Rn. 328 f.):

305 **(1)** Soweit die Beweisaufnahme Teil der mündlichen Verhandlung ist, erfolgt sie grundsätzlich **öffentlich**.

Dies gilt für alle Formen der Beweisaufnahme, also auch für Ortstermine (§ 219 ZPO) und Videokonferenzen (§ 128a II ZPO), für Beweisaufnahmen vor dem beauftragten oder ersuchten Richter (§§ 361, 362 ZPO) oder für Sachverhaltsfeststellungen durch den Sachverständigen.

Öffentlich sind diese Termine

- für die Allgemeinheit (§§ 169 ff. GVG), die sich ohne besondere Schwierigkeiten von dem Termin Kenntnis verschaffen können (Aushang) und freien Zutritt haben muss.

  Zum Schutz der Privatsphäre von Prozessbeteiligten oder Zeugen kann die Öffentlichkeit nach dem Ermessen des Gerichts ausgeschlossen werden. Der Ausschluss »soll« erfolgen, wenn Zeugen unter 18 Jahren vernommen werden, er »muss« erfolgen, wenn die Betroffenen dies beantragen (§ 171b GVG). Ausgeschlossen werden kann die Öffentlichkeit auch zum Schutz wichtiger Geschäfts-, Betriebs-, Erfindungs- oder Steuergeheimnisse (§ 172 GVG).

- für die Parteien und sonstigen Prozessbeteiligten (§ 357 ZPO), die – auch im Falle nichtöffentlicher Verhandlung – vom Termin benachrichtigt werden (§ 356 II ZPO) und daran teilnehmen können muss.

  Die Parteien müssen an der Beweisaufnahme nicht teilnehmen (§ 367 ZPO). Sie haben kein Recht auf Zutritt zu fremden Grundstücken (soweit nicht eine Anordnung nach § 144 II ZPO getroffen wird) oder Wohnungen; die Verweigerung durch den Gegner kann eine Beweisvereitelung darstellen.

  Begrenzt werden kann die Parteiöffentlichkeit insoweit ordnungspolizeilich (§ 177 GVG), zur Ermöglichung einer unbefangenen Aussage (§ 247 StPO analog), durch berechtigte Geheimhaltungsinteressen und das allgemeine Persönlichkeitsrecht. So ist es bei ärztlichen Untersuchungen Frage des Einzelfalls, wer an der Beweisaufnahme teilnehmen kann.[43]

---

41 Für die Notwendigkeit einer Unterschrift aller Mitglieder des Spruchkörpers OLG Düsseldorf MDR 1980, 943; aA RGZ 3, 400, wo die Unterschrift des Vorsitzenden bzw. Berichterstatters für ausreichend angesehen wird.

42 Erforderlich ist lediglich die Gewährung rechtlichen Gehörs: OLG Köln NJW-RR 1992, 719; *Mertens*, Förmlicher Beweisbeschluss – Abänderbarkeit ohne erneute mündliche Verhandlung, MDR 2001, 666.

43 BVerfG NJW 2000, 1175; BGH NJW 1992, 1817; OLG Köln NJW-RR 1996, 1277; *Kürschner*, Parteiöffentlichkeit vor Geheimnisschutz im Zivilprozess, NJW 1992, 1804; *Prütting/Weth*, Geheimnisschutz im Prozessrecht, NJW 1993, 576; *Völzmann-Stickelbrock*, Unmittelbarkeit der Beweisaufnahme und Parteiöffentlichkeit, ZZP 118 (2005), 359; zu Grenzen bei medizinischen Untersuchungen OLG Frankfurt a.M. MDR 2010, 652.

(2) Der Grundsatz der **Unmittelbarkeit** der Beweisaufnahme (§ 355 I ZPO) ist ein Unterfall des allgemeinen Grundsatzes der Unmittelbarkeit (→ Rn. 38), soll Informationsdefizite durch die Zwischenschaltung von Mittelspersonen vermeiden und verlangt rein *formell*, dass sich die zur Entscheidung berufenen Richter einen persönlichen Eindruck vom Ergebnis der Beweisaufnahme verschaffen. **306**

Unmittelbar sein muss die Beziehung zwischen Richter und Beweis,

- bei der Beweiserhebung, dh, der Beweis muss von dem für die Entscheidung zuständigen Spruchkörper (Kollegialgericht oder Einzelrichter) erhoben werden, Richter und Beweismittel müssen sich persönlich und gleichzeitig am Ort der Beweiserhebung aufhalten.
- bei der Beweiswürdigung, dh, der Beweis muss von dem für die Entscheidung zuständigen Spruchkörper (Kollegialgericht oder Einzelrichter) gewürdigt werden. Die Beweiswürdigung ist Teil der Hauptsacheentscheidung und obliegt den Richtern, die die Beweisaufnahme durchgeführt haben.

Ausnahmsweise kann die Beweisaufnahme durchgeführt werden von einem einzelnen Mitglied des Prozessgerichts, etwa dem Vorsitzenden einer Kammer für Handelssachen (§ 349 I 2 ZPO), einem beauftragten Kammermitglied (§§ 361, 375, 403, 405, 451, 527 II 2 ZPO) oder einem anderen, an der späteren Entscheidung nicht beteiligten Richter, etwa im Wege eines Rechtshilfeersuchens (§§ 362, 375, 403, 405, 451 ZPO), auch an ein ausländisches Gericht (§§ 1072 ff. ZPO, EuBewVO, HBÜ). Vor einem fremden Richter findet auch die Beweisaufnahme im selbstständigen Beweisverfahren (§§ 485 ff. ZPO, (→ Rn. 1301), nach einem Richterwechsel im Dezernat oder bei Übernahme von Beweisergebnissen aus der Vorinstanz (§ 529 I 1 ZPO) statt. In all diesen Fällen muss das Prozessgericht entscheiden, ob es das Beweisergebnis auch ohne unmittelbaren Eindruck von dem Verlauf der Beweisaufnahme sachgemäß würdigen kann (wobei allein die protokollierten Umstände berücksichtigt werden dürfen) oder ob eine erneute Beweisaufnahme (§§ 398, 412 ZPO) geboten ist.[44]

Unmittelbar sein muss nur die Beziehung zwischen Richter und Beweismittel, nicht auch materiell die Beziehung zwischen Beweismittel und Beweistatsache. Weder das Gericht noch die Parteien müssen deswegen aus mehreren Beweisen diejenigen auszuwählen, die möglichst unmittelbar über die zu beweisenden Tatsachen Aufschluss geben. Zulässig bleiben deswegen auch mittelbare Beweise (→ Rn. 38).[45]

Beispiele: So können auf Antrag der Parteien **Zeugen vom Hörensagen** vernommen oder anstelle der Vernehmung von Zeugen die **Protokolle** früherer Aussagen im Wege des Urkundenbeweises verwertet werden. Allerdings muss dann dem geringeren Beweiswert durch besonders sorgfältige Beweiswürdigung und Begründung Rechnung getragen werden.[46] Die beantragte Augenscheinseinnahme einer Örtlichkeit darf nicht zugunsten einer Inaugenscheinnahme von Skizzen oder **Lichtbildern** unterbleiben.[47] Unzulässig ist das Absehen von einer beantragten Zeugenvernehmung, weil die Aussagen aus einem anderen Verfahren gerichtsbekannt sind.[48]

(3) Nach dem Grundsatz des **Strengbeweises** ist die Beweisaufnahme weitgehend typisiert und beschränkt. Beweis kann nur in dem in der ZPO vorgeschriebenen **307**

---

44 BGH NJW-RR 2011, 568; NJW 2000, 2024; 1997, 1586; NJW-RR 1997, 152; NJW 1996, 983; 1991, 1302 mit Glosse *Büttner* FamRZ 1992, 394 und Anm. *Pantle* NJW 1991, 1279; *Völzmann-Stickelbrock*, Unmittelbarkeit der Beweisaufnahme und Parteiöffentlichkeit, ZZP 118 (2005), 359.

45 BVerfG NJW 1994, 2347; BGHZ 168, 79 = BeckRS 2006, 12211; *Weth*, Der Grundsatz der Unmittelbarkeit der Beweisaufnahme, JuS 1991, 34 mwN.

46 BGH NJW 2000, 1420; 1993, 2881; OLG Düsseldorf NJW-RR 1996, 638; *Huber*, Urkundenbeweis statt Zeugenvernehmung und Beweisantritt, JuS 2003, 907.

47 BGH NJW 1995, 2856; 1992, 2019; OLG Frankfurt a.M. OLG-Report 1992, 178; Zöller/*Greger* ZPO § 355 Rn. 4 mwN.

48 BGH NJW-RR 2011, 568.

Verfahren und mit den dort vorgesehenen Beweismitteln (= numerus clausus) geführt werden. In Betracht kommen nur die aus Schema 7.4 folgenden Beweismittel.

Beweismittel

	Zeuge	Partei-vernehmung	Sachver-ständiger	Augen-schein	Urkunde
Geregelt in	§§ 373 ff. ZPO	§§ 445 ff. ZPO	§§ 402 ff. ZPO	§§ 371 ff. ZPO	§§ 415 ff. ZPO
Beweiserhebung durch	Vernehmung einer natürlichen Person, die nicht Partei ist,	die Partei ist,	die nicht Partei ist und über besondere Sachkunde verfügt	sinnliche Wahrnehmung (Sehen, Hören, Riechen, Schmecken, Fühlen)	Lesen
über	eigene Wahrnehmung vergangener Tatsachen.		Tatsachen-feststellung oder -bewertung.	Person, Sache oder Zustand.	schriftlich verkörperte Gedanken-erklärung.

Schema 7.4: Beweismittel

c) Beweismittel

308 (1) **Zeuge** kann jede natürliche Person sein, die eigene Wahrnehmungen vergangener Tatsachen bekunden soll.[49] *Abzugrenzen* ist der Zeuge von den anderen zu Beweiszwecken anhörbaren Personen, den Sachverständigen und den Parteien.

- Der *Sachverständige* ist – da er nicht eigene Wahrnehmungen wiedergibt, sondern aufgrund seiner Sachkunde Schlussfolgerungen zieht – gegen jeden anderen Sachverständigen mit gleicher Sachkunde austauschbar. Er wird, anders als ein Zeuge, nicht von den Parteien benannt, sondern vom Gericht ausgesucht (§ 404 ZPO) und kann von den Parteien abgelehnt werden (§ 406 ZPO).

  Eine Mischform stellt insoweit der sog. **sachverständige Zeuge** nach § 414 ZPO dar. Dieser ist nicht beliebig austauschbar, weil er in einer einmaligen, nicht wiederholbaren Situation aufgrund seiner besonderen Sachkunde eigene Wahrnehmungen gemacht hat, so zB der Arzt an der Unfallstelle, der später über die Verletzungen befragt wird.[50]

- Im Wege der *Parteivernehmung* sind natürliche Personen zu vernehmen, die Partei oder gesetzlicher Vertreter der Partei sind.[51]

  Schwierigkeiten können hier auftreten bei den Vertretungsverhältnissen und den neben den Parteien am Prozess beteiligten Personen. So kann der Prozessbevollmächtige einer Partei als Zeuge vernommen werden, auch ohne dass er sein Mandat niederlegen oder sich während der Verneh-

49 *Musielak/Stadler*, Grundfragen des Beweisrechts, 1984, Rn. 59 ff.; Thomas/Putzo/*Reichold* ZPO Vorbem § 373 Rn. 1.

50 Zur Abgrenzung zum reinen Sachverständigen BVerwG NJW 1986, 2268; OVG NRW NVwZ-RR 2008, 214.

51 So zB der Bürgermeister einer Stadt: BGH LM § 374 Nr. 1 oder der Geschäftsführer einer GmbH: *Schmitz*, Die Vernehmung des GmbH-Geschäftsführers im Zivilprozeß, GmbHR 2000, 1140.

mung von einem anderen Rechtsanwalt vertreten lassen müsste.[52] Bei den Gesellschaftern von OHG und KG sind die vertretungsberechtigten Gesellschafter Partei, die nicht vertretungsberechtigten Gesellschafter Zeugen.[53] Der Streithelfer (Nebenintervenient, § 67 ZPO) ist immer Zeuge,[54] der Streitgenosse (§ 61 ZPO) kann – je nachdem, ob auch sein eigenes Prozessrechtsverhältnis betroffen wird – entweder Zeuge oder Partei sein (→ Rn. 995).

Ausnahmsweise kann eine **Partei** als Zeuge vernommen werden, wenn sie selbst **prozessunfähig** ist und als Partei nicht sie selbst, sondern ihr gesetzlicher Vertreter zu vernehmen wäre (§ 455 ZPO).

Die Eigenschaft als Zeuge oder Partei kann sich während des Prozesses **ändern**.

Beispielsfall: Scheidet der vertretungsberechtigte Komplementär einer KG während des Verfahrens aus der Gesellschaft aus, so kann er danach als Zeuge vernommen werden. Erfolgte die Vernehmung einer Person zunächst als Zeuge und wird diese (zB im Wege der Klageerweiterung) danach Partei, so ist dies im Wege der Beweiswürdigung zu berücksichtigen.[55]

Zeugnisfähig sind – unabhängig vom Alter – Personen, die Wahrnehmungen machen, diese in Erinnerung behalten und (ggf. auf ihm verständliche Befragung) wiederzugeben.

Zeugen obliegt die *Pflicht*, sich auf die Aussage durch Nachforschungen vorzuberei- 309
ten (§ 378 ZPO), zum Termin zu erscheinen (§ 380 ZPO), vollständig und wahrheitsgemäß auszusagen (§§ 390, 395 ZPO) und auf Verlangen den Eid zu leisten (§§ 390, 391 ZPO).[56]

Von diesen Pflichten gibt es **Ausnahmen**: Nicht erscheinen müssen der Bundespräsident, Minister und Abgeordnete (§§ 375 II, 382 ZPO), nicht aussagen müssen nahe Angehörige und Vertreter bestimmter Berufe, soweit ihnen ein Aussageverweigerungsrecht zusteht (§§ 383 ff. ZPO),[57] keinen Eid leisten müssen Jugendliche unter 16 Jahren (§ 393 ZPO).

Verstöße gegen diese Pflichten sind **sanktioniert**: Erscheint ein Zeuge unentschuldigt nicht, so sind ihm die Kosten des Ausbleibens sowie ein Ordnungsgeld, ersatzweise Ordnungshaft,[58] aufzuerlegen, im Wiederholungsfall kann seine Zwangsvorführung angeordnet werden (§ 380 ZPO). Nur bei rechtzeitiger genügender Entschuldigung können diese Maßnahmen nachträglich wieder aufgehoben werden (§ 381 ZPO). Ein Verstoß gegen die übrigen Pflichten führt nach §§ 378 II, 390 ZPO, soweit er ohne Angabe von Gründen erfolgt, zur Verhängung von Ordnungsmitteln, soweit er begründet wird, zu einem Zwischenstreit zwischen dem Zeugen und dem Beweisführer (§ 387 ZPO), in dem über die Berechtigung der Verweigerung zu entscheiden ist.[59]

Einen Überblick über den **Ablauf** der Zeugenvernehmung[60] gibt Schema 7.5. 310

52 BLAH/*Hartmann* ZPO Übers § 373 Rn. 21.
53 Str., Nachweise bei Thomas/Putzo/*Reichold* ZPO Vorbem § 373 Rn. 7.
54 Zöller/*Vollkommer* ZPO § 67 Rn. 1; anders der streitgenössische Nebenintervenient nach § 69 ZPO.
55 BGH NJW 1965, 2254; RGZ 49, 425.
56 *Schneider*, Haftung für falsche Zeugenaussagen, ZAP (2008) Fach 13, 1511; *Stackmann*, Nichterscheinen von Zeugen, JuS 2008, 974.
57 Zu sonstigen Aussageverweigerungsrechten *Kretschmer*, Das Bankgeheimnis in der deutschen Rechtsordnung, wistra 2009, 180; Prütting/Gehrlein/*Trautwein* ZPO § 383 Rn. 20.
58 Höhe nach Art 5 ff. EGStGB: 2,50 bis 500,– EUR, Haft von 1 Tag bis zu 6 Wochen.
59 OLG Frankfurt a.M. NJW-RR 2012, 832.
60 Dazu auch *Kassebohm*, Zeugen richtig befragen, NJW 2009, 200; *Oexmann*, Zeugenvernehmung und Fortsetzung der mündlichen Verhandlung durch den Referendar nach § 10 GVG, JuS 1976, 36.

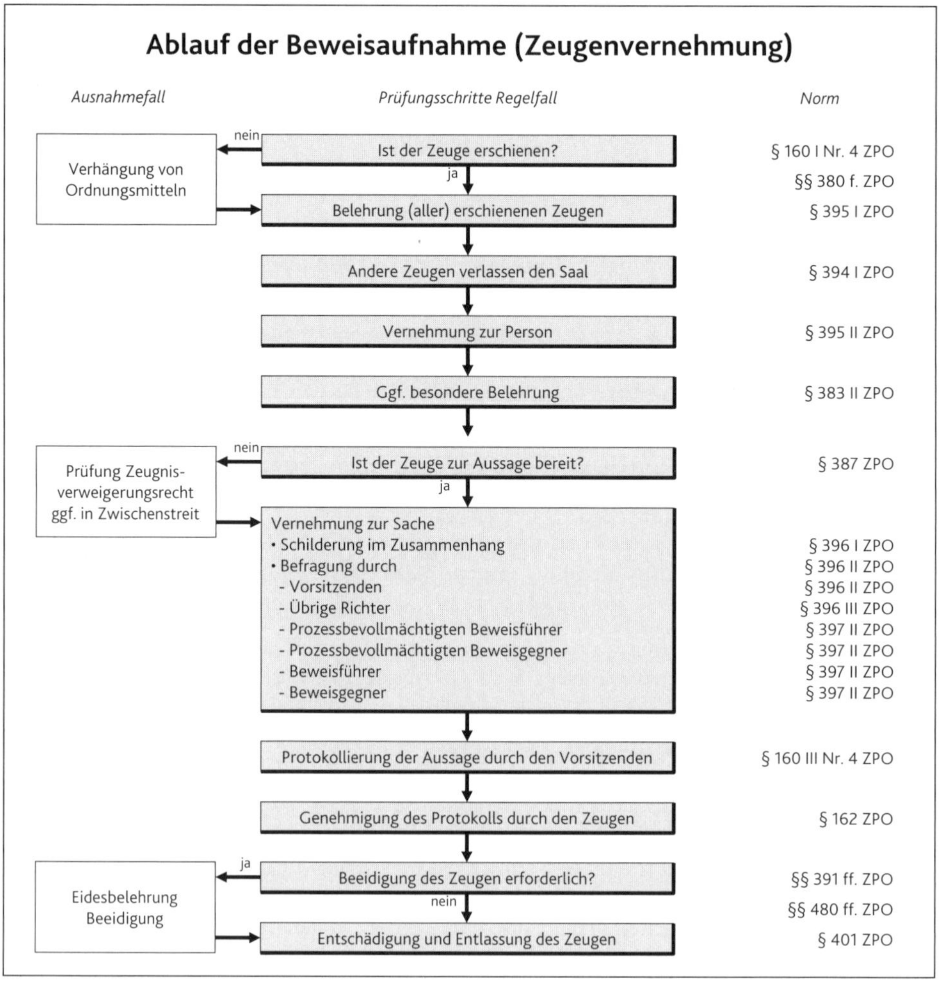

Schema 7.5: Ablauf der Beweisaufnahme – Zeugenvernehmung

311 (2) Natürliche Personen, die Partei oder gesetzlicher Vertreter der Partei sind, werden zu Beweiszwecken im Wege der **Parteivernehmung** vernommen (§§ 445 ff. ZPO). Um diese auch äußerlich von der (der Aufklärung nach § 139 ZPO dienenden) informellen Parteianhörung zu unterscheiden,[61] bedarf sie stets der förmlichen Anordnung durch Beweisbeschluss (§ 450 I ZPO).

61 BGH NJW-RR 2009, 1272; *Ahrens*, Parteiaussage und Parteivernehmung bei Beweisnot?, MDR 2015, 185; *Eschelbach/Geipel*, Parteianhörung, MDR 2012, 198; *Greger*, Die Partei als Erkenntnis- und Beweismittel im Zivilprozess, MDR 2014, 313; *Lange*, Parteianhörung und Parteivernehmung, NJW 2002, 476; *Noethen*, Parteivernehmung oder Parteianhörung, NJW 2008, 334; *Schöpflin*, Die Parteianhörung als Beweismittel, NJW 1996, 2134; *Stackmann*, Frei oder streng – Erhebung und Verwertung von Parteiangaben, NJW 2012, 1249; *Terbille*, Parteianhörung und Parteivernehmung im Rechtsstreit um die Leistungspflicht des Versicherers aus Diebstahlsversicherungsverträgen, VersR 1996, 408.

In Anbetracht des eigenen Interesses der Partei am Ausgang des Rechtsstreits und der daraus resultierenden Interessenkollision ist im Rahmen der Parteivernehmung nur selten eine vom bisherigen Parteivortrag abweichende Aussage zu erreichen, sodass es sich hier um das **schlechteste Beweismittel** überhaupt handelt. Aus diesem Grund ist die Parteivernehmung häufig unzulässig (so nach § 445 II ZPO, wenn das Gegenteil der zu beweisenden Tatsache bereits feststeht, nach § 592 ZPO im Urkundenprozess für die anspruchsbegründenden Tatsachen oder nach § 581 II ZPO im Wiederaufnahmeverfahren). Immer ist sie nur als *ultima ratio* in den Fällen statthaft, in denen Beweis mit anderen Beweismitteln nicht (mehr) geführt werden kann.

Um wenigstens ein Mindestmaß an Beweiswert sicherzustellen, wird im Wege der 312
Parteivernehmung grundsätzlich nur der *Gegner* des Beweisführers vernommen (§ 445 ZPO). Verweigert dieser die Aussage oder den Eid, so ist das Gericht im Rahmen der Beweiswürdigung frei, inwieweit es die Behauptungen des Gegners schon hierdurch als erwiesen ansehen will (§ 446 ZPO).

Eine Vernehmung der *beweisbelasteten Partei* selbst kommt nur ausnahmsweise in Betracht

- nach *§ 447 ZPO*, wenn der Gegner hierin *einwilligt*;
- nach *§ 448 ZPO* auch ohne eine solche Zustimmung von Amts wegen, wenn vorher schon ein *Anfangsbeweis* geführt wurde und damit für die zu beweisende Tatsache zwar eine gewisse Wahrscheinlichkeit spricht, die zum Beweis erforderliche Überzeugung des Gerichts aber noch nicht erreicht ist.[62]
- zur Wahrung der *Waffengleichheit* der Parteien, wenn dem Gegner aus einer zufälligen tatsächlichen Konstellation ein »in seinem Lager stehender« Zeuge zur Verfügung steht, der beweisbelasteten Partei aber nicht.

> Dies kommt **bspw.** in Betracht, wenn bei einem Verkehrsunfall in einem Fahrzeug ein Beifahrer war, im anderen nicht, oder wenn Vertragsverhandlungen auf der einen Seite durch die Partei, auf der anderen Seite durch einen Vertreter geführt wurden (»4-Augen-Gespräch«).[63]

(3) Der **Sachverständige** soll die Sachkunde des Gerichts um seine Spezialkenntnisse er- 313
weitern, er wird damit als Hilfsorgan des Gerichts im Prozess tätig (oben Schema 3.7).[64] Er kann eingesetzt werden, wenn es um die Feststellung von Tatsachen (sog. »*Befundtatsachen*«) geht, die nur mit besonderer Sachkunde ermittelt werden können, oder wenn aus feststehenden, ihm vorgegebenen Tatsachen (sog. »*Anknüpfungstatsachen*«) aufgrund abstrakter Erfahrungssätze Schlussfolgerungen gezogen werden sollen.[65]

62 BAG NJW 2002, 2196; BGH NJW 1999, 363; *Burkhard Schmidt*, Die Begründung der Ablehnung einer Parteivernehmung nach § 448 ZPO, MDR 1992, 637.

63 EuGH NJW 1995, 1413; BGH NJW 1999, 363; 2002, 2247; zu weitreichend BAG NJW 2009, 1019; *Bruns*, Gespräche unter 4 Augen im Zivil- und Arbeitsgerichtsprozess, MDR 2010, 417.

64 BGH NJW 2006, 3214; *Franzki*, Der Sachverständige Diener oder Herr des Richters?, DRiZ 1991, 314.

65 Thomas/Putzo/*Reichold* ZPO Vorbem § 402 Rn. 1.

Beispiel: Stellt der Sachverständige im Rahmen eines Unfallrekonstruktionsgutachtens die Länge des Bremswegs an der Unfallstelle selbst fest, handelt es sich um eine **Anknüpfungstatsache**, schließt er daraus und aus anderen Tatsachen auf die Geschwindigkeit der Fahrzeuge, stellt dies eine **Befundtatsache** dar.

314 Abzugrenzen ist das im Rahmen einer gerichtlichen Beweisaufnahme eingeholte Sachverständigengutachten von dem durch die Parteien vor oder während des Prozesses in Auftrag gegebenen *Privatgutachten*. Dieses ist im Prozess zunächst nur als Parteivortrag zu verwerten und kann dazu führen, dass sein Inhalt zwischen den Parteien unstreitig wird (so in der Regel beim Privatgutachten über den Umfang des Schadens nach einem Verkehrsunfall).[66] Hält das Gericht die Einholung eines Gutachtens für erforderlich, kann es das Privatgutachten verwerten (§ 411a ZPO).

315 Da der Sachverständige Hilfsorgan des Gerichts ist, wird er von diesem (ggf. auch ohne Beweisantrag der Parteien von Amts wegen, § 144 ZPO) ausgesucht[67] und bestellt, der Beweisantrag der Partei lautet lediglich auf Einholung eines Sachverständigengutachtens. Der Sachverständige kann wie das Gericht abgelehnt werden (§ 406 ZPO): Er wird grundsätzlich nur aufgrund freiwilliger Übernahme des Gutachtenauftrags tätig, dann aber hat er die Pflicht, das Gutachten rechtzeitig, richtig und unparteiisch zu erstatten (§§ 407, 411 II, 410 I 2 ZPO) und es zu beeiden (§ 410 ZPO). Der Sachverständige haftet für unmittelbar durch seine Tätigkeit entstandene Schäden, für solche, die durch ein falsches Gutachten entstanden sind, jedoch nur bei Vorsatz und grober Fahrlässigkeit (§ 839a BGB).[68]

Das Gericht kann eine *mündliche* oder (wie regelmäßig) *schriftliche* (§ 411 ZPO) Erstattung des Gutachtens und – soweit es das für erforderlich hält oder eine Partei Einwendungen erhebt (§ 411 IV ZPO) – dessen Erläuterung oder Ergänzung anordnen.

316 Ein weiteres Gutachten (»*Obergutachten*«), das von der mit dem Beweisergebnis nicht einverstandenen Partei häufig begehrt wird, ist nur ausnahmsweise einzuholen, nämlich nach § 412 I ZPO, wenn das Gericht das Gutachten für unzureichend erachtet[69] oder nach § 412 II ZPO, wenn der Gutachter erfolgreich abgelehnt wurde.

317 **(4)** Die Einnahme des **Augenscheins** erfasst nicht nur optische, sondern alle zu Beweiszwecken durchgeführten sinnlichen Wahrnehmungen durch das Gericht, also auch das Anhören von Geräuschen, die Aufnahme von Gerüchen oder das Verkosten von Lebensmitteln.[70]

---

66 BGH WM 2009, 1957; *Ghassemi-Tabar/Nober*, Der Privatgutachter im Zivilprozess, NJW 2016, 552; *Musielak/Stadler*, Grundfragen des Beweisrechts, 1984, Rn. 122.

67 *Neuhaus/Krause*, Die Auswahl des Sachverständigen im Zivilprozess, MDR 2006, 605; *Huber*, Das Gesetz zur Änderung des Sachverständigenrechts in der Praxis des Zivilprozesses, JuS 2017, 34; *Lüblinghoff*, Das Gesetz zur Änderung des Sachverständigenrechts, NJW 2016, 3329.

68 *Brückner/Neumann*, Die Haftung des Sachverständigen nach neuem Delikts- und Werkvertragsrecht, MDR 2003, 906; *Jaeger*, Sachverständigenhaftung nach Vertrags- und Deliktsrecht, ZAP (2004) Fach 2, 441; *Lehmann*, Die Haftung des Gerichtssachverständigen nach § 839a BGB, Der Bausachverständige 2015, 69.

69 BGH MDR 2010, 767; NJW 1996, 730.

70 *Geppert*, Der Augenscheinsbeweis, JURA 1996, 307.

Augenscheinsobjekte können von den Parteien bzw. von Dritten beigebracht werden (§ 144 ZPO), allgemein zugänglich (zB Straßenkreuzungen) oder Bestandteil der Akte sein. Im letzteren Fall ergeben sich häufig Abgrenzungsprobleme zu den Urkunden. Um solche handelt es sich nur bei schriftlich verkörperten Gedankenerklärungen, sodass im Rahmen der Augenscheinseinnahme all das zu verwerten ist, was nicht »gelesen« werden kann, zB Lichtbilder, Skizzen, technische Aufzeichnungen.

Elektronische Dokumente iSd § 126a BGB, § 130a ZPO (insbesondere E-Mails) wurden ursprünglich als Augenscheinsobjekte behandelt, nunmehr sind sie weitgehend Urkunden gleichgestellt (§ 371a ZPO).[71] Der Beweisantritt erfordert die Übermittlung der Datei oder deren Vorlegung auf einem Datenträger (§ 371 I 2 ZPO). Sind die Dokumente qualifiziert elektronisch signiert (was praktisch sehr selten der Fall ist), wird ihre Echtheit vermutet (§§ 371a, 371b, 437 ZPO). Der Ausdruck der E-Mail als Papierdokument ist entweder die Ankündigung des Beweisantritts, die das Gericht nach §§ 139, 356 ZPO zu einem Hinweis mit Fristsetzung verpflichtet, oder die Vorlage einer (Ersatz-)Urkunde (§ 420 ZPO). Eine besondere Urkundsbeweiskraft kommt dem Ausdruck nur bei öffentlichen elektronischen Dokumenten zu (§ 416a), nicht auch bei privaten Dokumenten, auf die mangels Unterschrift des Ausstellers nicht einmal § 416 ZPO Anwendung findet und die als einfaches Augenscheinsobjekt nach § 286 I ZPO frei zu würdigen sind.[72]

Weitgehend ungeklärt sind Fragen im Zusammenhang mit der Verwertung automatisch erhobener **Fahrzeugdaten**, also etwa Dash-Cams oder Datenrecordern.[73]

Ist das Augenscheinsobjekt *nicht frei zugänglich* (wird zB dem Gericht der Zugang zu einem Grundstück verweigert), so ist danach zu differenzieren, wer das der Beweisaufnahme entgegenstehende Hindernis zu vertreten hat. Ist es der Beweisführer selbst, so ist er beweisfällig geblieben, sodass – beim Fehlen anderer Beweismittel – eine Beweislastentscheidung ergeht. Verhindert der Beweisgegner die Augenscheinseinnahme, liegt ein Fall der Beweisvereitelung vor, bei dem der Beweis als erbracht angesehen werden kann (§ 371 III ZPO; → Rn. 1372 ff.). Geht das Beweishindernis auf einen Dritten zurück, so kommen gegen diesen Ordnungs- und Zwangsmittel in Betracht (§§ 144 II 2, 390 ZPO). 318

(5) Beweis durch **Urkunden** kann nur erbracht werden, wenn diese dem Gericht vorliegen. Regelmäßig sind sie mit dem Beweisantritt durch den Beweisführer vorzulegen (§ 420 ZPO), ist er nicht in deren Besitz, richtet sich die Beschaffung nach den §§ 421 ff., 142 ZPO.[74] 319

Die bloße Ankündigung der Vorlage der Urkunde oder die Vorlage einer Kopie der Urkunde ist im Prozess zwar sehr häufig, führt aber grundsätzlich nicht zu einer förmlichen Beweisaufnahme. Die Parteien vermeiden diese häufig, indem sie den Inhalt der Urkunden *unstreitig* werden lassen. Nach der Vorlage von Urkunden ist daher das Vorbringen des Gegners sorgfältig zu prüfen: Will dieser deren Inhalt wirklich bestreiten und hat er es substanziiert getan? Nur wenn diese Fragen eindeutig zu bejahen sind, kommt es zum Urkundenbeweisverfahren.[75]

71 BGH MDR 2010, 460; *Berger*, Beweisführung mit elektronischen Dokumenten, NJW 2005, 1016; *Roßnagel/Nebel*, Beweisführung mittels ersetzend gescannter Dokumente, NJW 2014, 886; *Sander*, E-Mails und die Beweisführung im Prozess, CR 2014, 292.

72 *Sander*, E-Mails und die Beweisführung im Zivilprozess, CR 2014, 292.

73 EuGH NJW 2015, 463; *Balzer/Nagel*, Das Auslesen von Fahrzeugdaten zur Unfallrekonstruktion im Zivilprozess, NJW 2016, 193; *Greger*, Kamera on board, NZV 2015, 114; *Kaiser*, Vom Mithören zur Dashcam – Aktuelle Beweisverwertungsfragen im Zivilprozess, NJW 2016, 2790; *Nugel*, Zur Verwertbarkeit von Aufnahmen aus Dashcams im Zivilprozess, ZfSchR 2016, 428; *Wirsching*, Dashcams – Datenschutz versus Beweisinteresse, NZV 2016, 13.

74 BGH NJW 2007, 155; *Hennigs/Feige*, Der Urkundenbeweis im Zivilprozess, JA 2012, 128.

75 OLG Naumburg OLG-NL 1995, 81.

320 *Urkunden* iSd ZPO sind – anders als im StGB – nur lesbare, schriftlich verkörperte Gedankenerklärungen.[76]

Auf die Beweisbestimmung, die Beweisgeeignetheit, die Erkennbarkeit des Ausstellers, das Vorhandensein einer Unterschrift, das Material und die Art der Herstellung kommt es dabei, anders als im Strafrecht, **nicht** an.[77] Daher können auch nicht unterschriebene, handschriftliche, gedruckte oder kopierte Texte eine Urkunde darstellen. Eine unbeglaubigte **Fotokopie** ist keine Urkunde, wenn sie die Gedankenerklärung nicht enthält, sondern nur abbildet. Soll sie die Erklärung darstellen oder ersetzen, handelt es sich dagegen um eine Urkunde.[78] Die Frage kann häufig dahinstehen: Auch wenn man die Urkundeneigenschaft bejaht, kommt der (unbeglaubigten) Kopie keine Beweiskraft zu (§§ 420, 435 ZPO). Körperliche Gegenstände, die nicht ohne Hilfsmittel gelesen werden können (Fahrtenschreiberscheiben, Lichtbilder, Mikrofilme, Computerdisketten), sind keine Urkunden, sondern **Augenscheinsobjekte**. Dies gilt auch für elektronische Dokumente iSd § 126a BGB, § 130 ZPO (→ Rn. 317).

321 Der *Ablauf* der Beweisaufnahme beim Urkundenbeweis ergibt sich aus Schema 7.6 und ist durch eine Zweiteilung geprägt:

76 BGHZ 136, 357 = NJW 1998, 58; BGHZ 65, 300 = NJW 1976, 294.

77 OLG Köln NJW 1992, 1774; *Zoller*, Die Mikro-, Foto- und Telekopie im Zivilprozess, NJW 1993, 429.

78 KG NJW-RR 1997, 123; OLG Düsseldorf JZ 1988, 572; BLAH/*Hartmann* ZPO Übers. § 415 Rn. 1; *Beck*, Kopien und Faxe im Urkundenstrafrecht, JA 2007, 423; *Engert/Franzmann/Herrschlein*, Fotokopien als Urkunde, JA 1997, ÜBlRef 31; *Zoller*, Die Mikro-, Foto- und Telekopie im Zivilprozess, NJW 1993, 429.

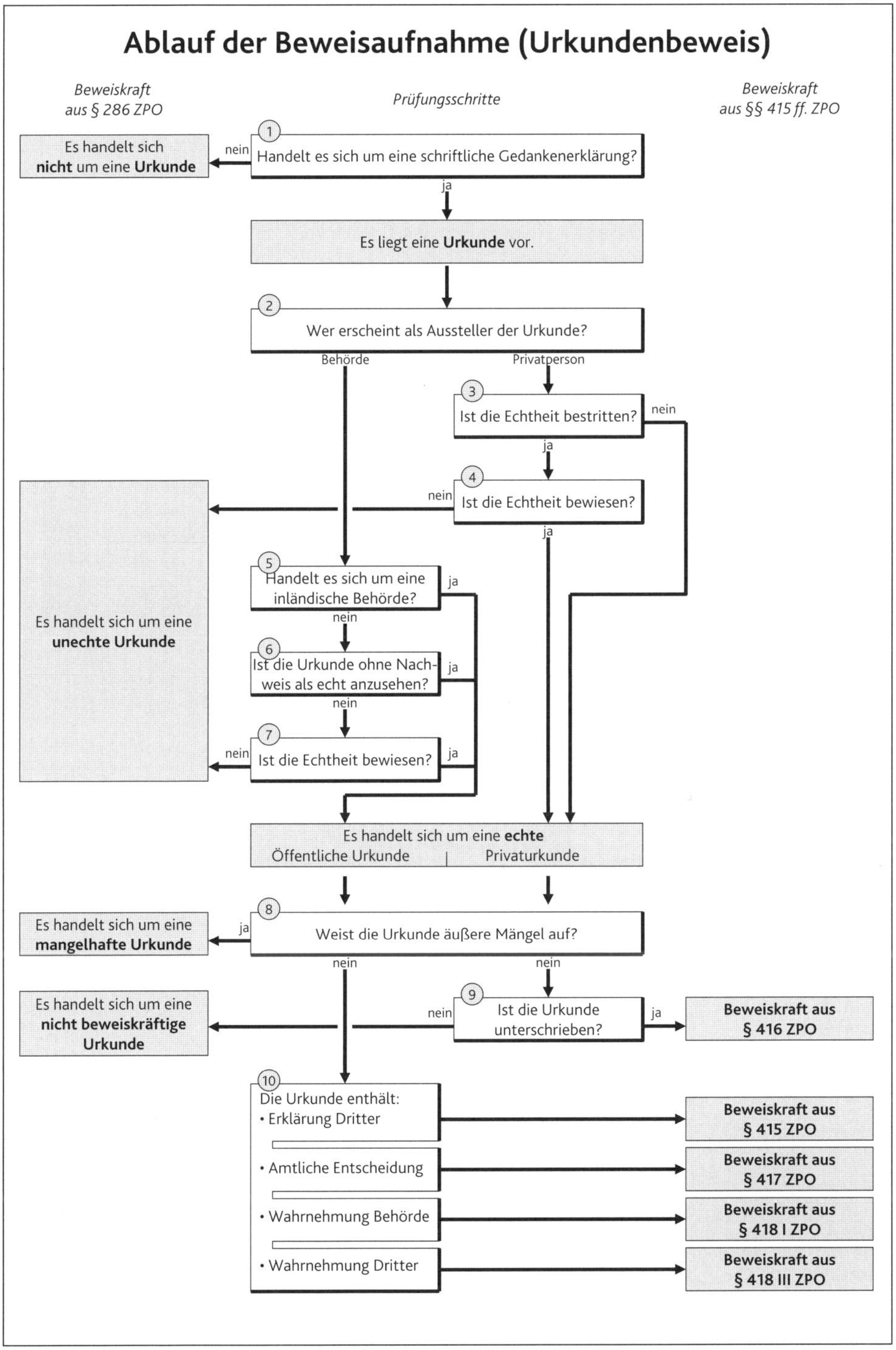

Schema 7.6: Ablauf der Beweisaufnahme – Urkundenbeweis

- Steht fest, dass eine Urkunde iSd ZPO vorliegt (Schema lfd. Nr. 1), so ist zunächst zu prüfen, ob die Urkunde *echt* ist oder nicht, da nur echten Urkunden Beweiskraft zukommen kann.[79]

322 Eine Urkunde ist echt, wenn sie vom Aussteller herrührt. Für die Echtheitsprüfung ist zunächst nach dem Aussteller der Urkunde zu fragen (lfd. Nr. 2).

Stammt die Urkunde von einer Privatperson (**Privaturkunde**), so untersteht ihre Echtheit der Dispositionsmaxime der Parteien. Der Gegner des Beweisführers muss sich zur Echtheit erklären (§ 439 ZPO; lfd. Nr. 3): Erkennt er die Echtheit ausdrücklich an, so gilt die Urkunde als echt. Das gleiche gilt für den Fall, dass die Echtheit nicht ausdrücklich oder zumindest konkludent bestritten wird (§ 439 III ZPO; vgl. § 138 III ZPO). Bestreitet der Gegner die Echtheit, so muss sie der Beweisführer nach allgemeinen Grundsätzen beweisen, zB mit Zeugen, einem graphologischen Gutachten oder anderen Urkunden (§§ 440–442 ZPO; lfd. Nr. 4).[80]

Die Erklärung zur Echtheit muss dabei grundsätzlich zu der unter der Urkunde befindlichen *Unterschrift* erfolgen (§ 439 II ZPO). Steht deren Echtheit nämlich fest, so wird dies für den gesamten Text der Urkunde fingiert (§ 440 II ZPO).[81]

Ein Problem ergibt sich dabei in den Fällen, in denen der Aussteller die Unterschrift blanko geleistet hat und das Formular danach abredewidrig ausgefüllt wurde (sog. »*Blankettmissbrauch*«). Da die Vermutung des § 440 II ZPO widerleglich ist, kann der Aussteller beweisen, dass die über der Unterschrift stehende Erklärung ausnahmsweise doch nicht von ihm herrührt, dh nicht echt ist. Praktisch muss damit der Aussteller die Unechtheit beweisen.[82]

Handelt es sich um **öffentliche Urkunden**, dh sind sie von einer Behörde oder einer Person öffentlichen Glaubens (Notar, Gerichtsvollzieher, Postbeamter) errichtet, so wird bei inländischen Ausstellern deren Echtheit (widerleglich: §§ 292, 437 II ZPO) vermutet (§ 437 I ZPO; lfd. Nr. 5), bei ausländischen Ausstellern steht es im freien Ermessen des Gerichts, ob es die Urkunde den inländischen gleichstellt (§ 438 ZPO; lfd. Nr. 6) und deren Echtheit ohne weiteres vermutet oder ob es hier den Beweis der Echtheit verlangt (lfd. Nr. 7).

Muss die Echtheit bewiesen werden, kann das Gericht die erforderliche Schriftvergleichung nach freiem Ermessen einem Schriftsachverständigen (§§ 402 ff. ZPO) überlassen oder selbst durchführen (§§ 441 f. ZPO).[83]

323
- Ist die Urkunde echt, so ist der Umfang der *Beweiskraft* zu prüfen, der bei den Urkunden vom Gesetz regelmäßig fest vorgegeben ist. Auch für die Beweiskraft ist nach dem Aussteller der Urkunde zu differenzieren.

Allen Arten von Urkunden kann Beweiskraft nur insoweit zukommen, als diese nicht erkennbar verfälscht oder manipuliert wurden (lfd. Nr. 8). Dementsprechend bestimmt § 419 ZPO, dass eine mit *äußeren Mängeln* (zB Durchstreichungen, Radierungen oder Einfügungen) behaftete Urkunde vom Gericht in ihrer Beweistauglichkeit nach freiem Ermessen (§ 286 ZPO) zu bewerten ist.[84]

Fehlen solche Mängel oder heben sie die Tauglichkeit der Urkunde zu Beweiszwecken nicht auf, so ist deren Beweiskraft vom Gesetz zwingend vorgegeben, insoweit gilt hier der Grundsatz freier Beweiswürdigung nicht, sodass das Gericht

79 BGHZ 104, 172 = NJW 1988, 2741.

80 *Becht*, Der Beweis der Echtheit einer Urkunde im Urkundenprozess, NJW 1991, 1995.

81 BGH NJW-RR 2015, 819; für Unterschriften, die räumlich oberhalb des Textes oder neben diesem stehen (»Ober-« bzw. »Nebenschriften«), gilt dies nicht: BGH NJW 1992, 829; 1991, 487; *Schubert*, Zur rechtlichen Beurteilung einer über dem Urkundentext geleisteten »Unterschrift«, JR 1991, 287.

82 BGH NJW-RR 2015, 819; NJW 2000, 1179; 1986, 3086.

83 OLG Koblenz NJW-RR 2014, 505.

84 OLG Köln NJW 1999, 1509.

von der *gesetzlichen Beweisregel* selbst dann auszugehen hat, wenn es hiervon nicht überzeugt ist.

Privaturkunden erbringen – soweit sie unterschrieben sind (lfd. Nr. 9) – nach § 416 ZPO Beweis dafür, dass die in ihnen enthaltenen Erklärungen vom Aussteller abgegeben wurden. Nicht bewiesen ist damit, wann, wie und wo sie abgegeben wurden, dass sie dem Empfänger zugegangen, sie inhaltlich richtig oder wirksam sind. All dies kann und muss nach § 286 ZPO gesondert bewiesen werden.[85] **324**

Hierher gehören zum **Beispiel** Vertragsurkunden, Quittungen, Rechnungen, Testamente oder Privatgutachten.

Eine wichtige Ausdehnung erfährt die Beweiskraft von Privaturkunden dadurch, dass bei diesen, soweit es sich um Vertragsurkunden handelt, **vermutet** wird, dass der schriftliche Vertragstext die Abreden der Parteien **vollständig und richtig** wiedergibt. Wer sich auf mündliche Nebenabreden beruft, muss daher beweisen, dass die Vereinbarung nicht vollständig oder nicht richtig fixiert wurde.[86]

Bei **öffentlichen Urkunden** ist hinsichtlich der Beweiskraft weiter nach dem Urkundeninhalt zu fragen (lfd. Nr. 10). **325**

Enthält die Urkunde Erklärungen Dritter und berichtet damit über irgendwelche Vorgänge (sog. *»Zeugnisurkunden«*), so erstreckt sich die Beweiskraft gemäß § 415 ZPO auf die Richtigkeit der Beurkundung, dh darauf, dass, wann, wo und wie die Erklärung abgegeben wurde. Nicht bewiesen ist auch hier zB die inhaltliche Richtigkeit der Erklärung oder die Identität der Erklärenden. Ein Gegenbeweis ist nach § 415 II ZPO möglich,[87] doch kann dieser mit bloßer Parteivernehmung nicht geführt werden.[88] Sonderregeln für die Möglichkeit eines Gegenbeweises gelten für das Gerichtsprotokoll (§ 165 S. 2 ZPO) und den Urteilstatbestand (§ 314 S. 2 ZPO).

Beispiele hierfür sind notariell beglaubigte Verträge, gerichtlich im Protokoll oder im Tatbestand beurkundete Erklärungen der Parteien oder die Eheschließungsbeurkundung durch den Standesbeamten.

Enthält die Urkunde eine amtliche Entscheidung, die sie selbst verkörpert (sog. *»Tatbestandsurkunden«*), so erbringt sie nach § 417 ZPO vollen Beweis für ihren Inhalt, dh dafür, dass, wann, wo, zwischen wem und mit welchem Inhalt sie ergangen ist. Nicht bewiesen wird hierdurch die inhaltliche Richtigkeit der Entscheidung. Ein Gegenbeweis ist hier ausgeschlossen.

Beispiele: Urteile, Verwaltungsakte.

Schließlich gibt es noch öffentliche Urkunden mit *sonstigem Inhalt*. Enthalten diese Wahrnehmungen der Behörde, so beweisen sie nach § 418 I ZPO die beurkundete Tatsache in vollem Umfang, wobei ein Gegenbeweis möglich bleibt (§ 418 II ZPO). Werden dagegen Wahrnehmungen Dritter beurkundet, folgt eine zwingende Be-

---

85 BGH NJW-RR 2003, 384 mAnm *Krauss* JA 2003, 627; BGH NJW-RR 1997, 177; 1993, 1379; OLG Düsseldorf NJW-RR 1996, 361; zu den Besonderheiten der Beweiskraft von ärztlichen Attesten in Arbeitsgerichtsverfahren LAG Berlin NZA 1991, 896; LAG München NZA 1991, 899.

86 BGH ZIP 2005, 391; NJW-RR 1998, 1470 und 1065; NJW 1992, 2489.

87 BVerfG NJW-RR 2002, 1008; BGH NJW-RR 1993, 1379.

88 BGH NJW 1965, 1714; *Rosenberg/Schwab/Gottwald* ZivilProzR § 122 III 2 a).

weiskraft gemäß § 418 III ZPO möglicherweise aus Spezialgesetzen (etwa §§ 60, 66 PStG), zivilprozessual gilt hier der Grundsatz freier Beweiswürdigung.

So beweist eine **Zustellungsurkunde** den beurkundeten Zustellungsvorgang, nicht indes, dass die Partei unter der angegebenen Anschrift auch wohnt. Hierfür gibt die Erklärung des Zustellungsbeamten ein Indiz ab, das der Zustellungsempfänger nur durch eine schlüssige und plausible Erklärung, er habe seinen Lebensmittelpunkt an einem anderen Ort, entkräften kann.[89] Andere **Beispiele** für beurkundete eigene Wahrnehmungen der Behörde sind Eingangsstempel, Registerauszüge und Rechtskraftzeugnisse, fremde Wahrnehmungen sind zB beurkundet in Personenstandsurkunden über Geburten und Todesfälle.[90]

d) Beweisverhandlung

326 Im Anschluss an die Durchführung der Beweisaufnahme haben die Parteien durch Stellen der Anträge erneut streitig zu verhandeln (§§ 279 III, 285 ZPO). Damit wird einerseits das Ergebnis der Beweisaufnahme in die Verhandlung der Parteien einbezogen, den Parteien insoweit rechtliches Gehör gewährt.[91]

Findet sich im Protokoll kein Hinweis darauf, dass die Parteien zum Beweisergebnis verhandelt haben, steht infolge der Beweiskraft gemäß §§ 165, 160 II ZPO ein Verstoß gegen die §§ 285 I, 279 III ZPO und mithin ein Verfahrensfehler fest, der in der Regel das Recht der Parteien auf rechtliches Gehör verletzt.[92]

327 Im Rahmen dieser Beweisverhandlung haben die Parteien auch die Möglichkeit,[93] **Beweiseinreden** vorzubringen, dh Tatsachen[94] zur Beweiswürdigung.

Beispielsfall: Hat der Beklagte etwa Kenntnis davon, dass ein vom Kläger benannter Zeuge von diesem bestochen worden ist, so ist dies für die Beweiswürdigung selbstverständlich von Interesse. Trägt er es vor und bestreitet der Kläger dies, so ist hierüber gegebenenfalls Beweis zu erheben. Im Rahmen der gutachtlichen Prüfung eines Falles kann sich so in der Beweisstation ein eigenes »Minigutachten« mit Schlüssigkeits-, Erheblichkeits- und Beweisstation bilden.

Von den *echten* Beweiseinreden zu unterscheiden sind die in der Praxis viel häufigeren *unechten* Beweiseinreden, mit denen die Parteien die erhobenen Beweise ohne neuen Tatsachenvortrag aus ihrer Sicht würdigen. Auf die vom Gericht vorzunehmende Beweiswürdigung haben solche Einlassungen keinen Einfluss, doch können sie Anlass bieten, sich mit den hier vorgebrachten Argumenten auseinanderzusetzen.

3. Beweisfolgen

a) Beweiswürdigung

(1) Für die Beweiswürdigung gelten zwei wichtige allgemeine **Grundsätze**.

---

89 BVerfG NJW-RR 1992, 1032; BGH NJW 2006, 150; zum Umfang der Beweiskraft bloßer Zustellungsvermerke bei fehlender Zustellungsurkunde OLG Düsseldorf OLGZ 91, 229; zur Eigenschaft der Post als öffentliche Behörde auch nach der Postreform OLG Frankfurt a.M. NJW 1996, 3159; BayObLG NJW 1993, 2947.

90 BGH NJW 2012, 701; NJW-RR 2001, 280; NJW 2000, 1872.

91 BGH ZMGR 2007, 141; *Schäfer*, Schriftsatznachlass zum Zwecke der Beweiswürdigung?, NJW 2013, 654.

92 BGH NJW 2012, 2354.

93 BGH NJW 2004, 1732; MDR 2002, 528; NJW 2001, 830.

94 Zu neuen Beweisangeboten BGH MDR 2013, 487; zu Hilfstatsachen BGH NJW 1993, 1391.

Nach dem Grundsatz des **Vollbeweises** ist ein Beweis erst dann erbracht, wenn das 328
Gericht von der Wahrheit einer Tatsache voll überzeugt ist. Einerseits nicht ausreichend ist damit die bloße (wenn auch überwiegende) Wahrscheinlichkeit einer Tatsache, andererseits nicht erforderlich ist die absolute Gewissheit, die jede andere Möglichkeit ausschließt. Ausreichend und erforderlich ist die persönliche Gewissheit, ein so hoher Grad an Wahrscheinlichkeit, dass vernünftige Zweifel an der Wahrheit nicht mehr bestehen.[95]

Für die Vaterschaftsfeststellung, bei der der Grad der Abstammungswahrscheinlichkeit naturwissenschaftlich exakt berechnet werden kann, verlangt die Rechtsprechung regelmäßig Werte von mehr als 99,95%, selbst ein Wert von 99,999% kann zu weiteren Beweiserhebungen zwingen.[96]

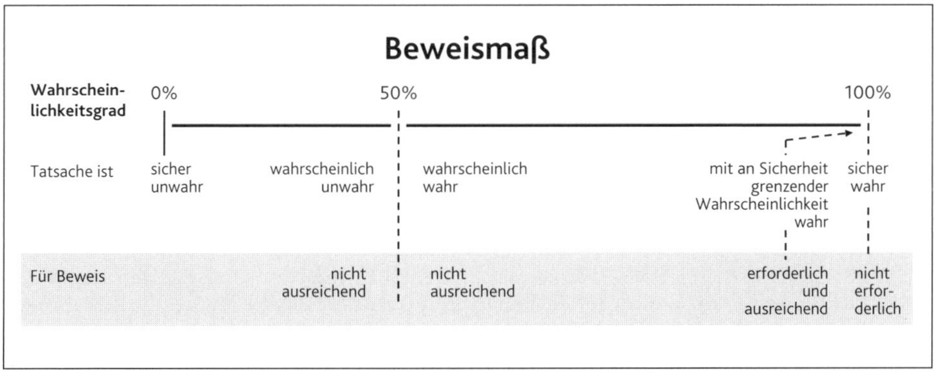

Schema 7.7: Beweismaß

Ein **gesteigertes** Beweismaß gilt, wo das Gesetz, (§§ 319 I, 562a S. 2, 660 I 2, 2155 III, 2217 I 1 BGB) oder die Rechtsprechung (zB bei Klagen gegen rechtskräftige Urteile, → Rn. 493) verlangt, dass eine Tatsache »offenbar« ist. **Herabgesetzt** ist das Beweismaß, wo das Gesetz eine Wahrscheinlichkeit, einen Anschein oder eine Vermutung genügen lässt, so zB in den §§ 252 S. 2, 651a II, 844 II BGB, vor allem aber bei der Glaubhaftmachung (§ 294 ZPO) und der Schätzung (§§ 3, 287 ZPO; → Rn. 1365 ff.).

Nach dem Grundsatz der **freien Beweiswürdigung** (§ 286 ZPO) ist das Gericht 329
prinzipiell frei in der Beurteilung des Werts und der Überzeugungskraft jedes einzelnen Beweismittels, kann und muss die Beweiswürdigung in jedem Einzelfall neu und aus dem Inbegriff des gesamten Prozessstoffs vornehmen.[97]

Dass hierbei Persönlichkeit, soziale Herkunft und Lebenserfahrung jedes einzelnen Richters in die Beweiswürdigung einfließen und diese damit nicht objektiv feststehenden Kriterien unterliegt, hat der Gesetzgeber bewusst in Kauf genommen.

Seine **Grenze** findet der Grundsatz freier Beweiswürdigung einmal in gesicherten naturwissenschaftlichen Erkenntnissen, die der Richter nicht außer Acht lassen darf (so zB der Feststellung, dass ab 1,1 ‰ Blutalkoholgehalt absolute Fahruntüchtigkeit vorliegt oder dass beim Abstammungsprozess biologische Vererbungsgesetze zugrunde zu legen sind), zum anderen in den allgemeinen Denk-

95 BGH NJW 1998, 2969; NJW-RR 1994, 567; OLG Düsseldorf NVersZ 1999, 39; *Huber*, Grundwissen – Beweismaß, JuS 2016, 980.

96 BGH NJW 2015, 412; 2006, 3416; zu speziellen Anforderungen beim Vaterschaftsbeweis BGH NJW 1991, 2961; BGHZ 61, 165 = NJW 1973, 1924; *Hummel/Mutschler*, Zum Umfang der Beweisaufnahme bei gerichtlicher Vaterschaftsfeststellung, NJW 1991, 2929.

97 BVerfG NJW 2001, 2531; BGH NJW 2003, 2527; *Rosenberg/Schwab/Gottwald* ZivilProzR § 113 Rn. 1.

gesetzen, die es ihm verbieten, logische Schlüsse falsch zu ziehen, und schließlich in der allgemeinen Lebenserfahrung, die es gebieten kann, bestimmte Anscheinsbeweise zu berücksichtigen.[98]

Eine echte Ausnahme vom Grundsatz der freien Beweiswürdigung gilt im Rahmen des Urkundenbeweises, wo die Beweiskraft mittels zwingender **gesetzlicher Beweisregeln** festgeschrieben ist (so zB in den §§ 165, 314, 415–418 ZPO) und so die der Entscheidung zugrunde zu legenden Tatsachen unabhängig von der Überzeugung des Gerichts vorgegeben sind.

330 (2) Die konkrete **Würdigung** der vorhandenen Beweise erfolgt in drei Schritten:[99]

- Zunächst ist der objektive *Beweisinhalt* festzustellen, dh zu klären, welche Erkenntnisse zur Klärung der zu beweisende Tatsache verfügbar sind.

  Grundlage der Beweiswürdigung sind nicht nur die erhobenen Beweise, sondern unabhängig von den Fragen nach Darlegungslast und eventueller Berechtigung einer durchgeführten Beweisaufnahme der gesamte Prozessstoff, soweit er Gegenstand der mündlichen Verhandlung war. Dazu gehören der Inhalt der Prozessakte (Schriftsätze, Anlagen hierzu, Protokolle usw.) und der Beiakten (vorausgesetzt, sie waren Gegenstand der mündlichen Verhandlung, dann jedoch unabhängig davon, ob sie »zu Beweiszwecken« oder bloß »informatorisch« beigezogen wurden) sowie sonstige Umstände (zB das nicht schriftlich fixierte Verhalten der Parteien während des Prozesses).[100] Nicht verwertet werden darf, was nicht Gegenstand der mündlichen Verhandlung war, insbesondere privates Wissen des Gerichts. Ferner dürfen Beweise nicht verwertet werden, hinsichtlich derer ein Beweisverwertungsverbot besteht (→ Rn. 297 ff.).

  Erforderlich ist dabei nicht eine Nacherzählung des Prozessstoffs, sondern die Herausarbeitung der Bedeutung dieser Umstände für die Beantwortung der Beweisfrage: Was steht in der Urkunde zur Erfüllung? Was hat der Zeuge zur Ampel gesagt?

- Es folgt die Feststellung der *Beweisergiebigkeit*, dh der Tauglichkeit zur Beantwortung der Beweisfrage, der Möglichkeit der Nutzbarmachung des Beweisinhalts für die Entscheidung.
  Zu klären ist, ob und inwieweit der Beweisinhalt etwas zur Klärung der beweisbedürftigen Tatsache beizutragen vermag, die Beweisfrage aus dem objektiven Beweisinhalt zu beantworten ist. Kann aus dem Urkundeninhalt auf eine Erfüllung geschlossen werden? Hat der Zeuge die Ampelfarbe gesehen?

- Letzter und entscheidender Schritt ist die Frage nach der *Beweisüberzeugung*, dh ob der Beweiswert zur Herbeiführung der erforderlichen Überzeugung für die Wahrheit der zu beweisenden Tatsache genügt.

  Diese Überzeugungsbildung ist die Beweiswürdigung im engeren Sinn. Ist das Gericht aufgrund der Urkunde davon überzeugt, dass von einer Erfüllung auszugehen ist? Hält das Gericht die Behauptung, die Ampel sei rot gewesen, für wahr? Diese Beweiswürdigung ist nicht nur auf die einzelnen Beweismittel zu beschränken, hier ist der gesamte Prozessstoff einzubeziehen (→ Rn. 330).

98 BGH MDR 2010, 1052; NJW 2004, 425;

99 *Hohlweck*, Die Beweiswürdigung im Zivilurteil, JuS 2001, 584; *Müller*, Würdigung von Sachverständigengutachten durch das Gericht, JuS 2015, 33; *Musielak/Stadler*, Grundfragen des Beweisrechts, 1984, Rn. 129 ff.

100 BGH NJW 2002, 1276; VRS 36, 189; NJW 1952, 305.

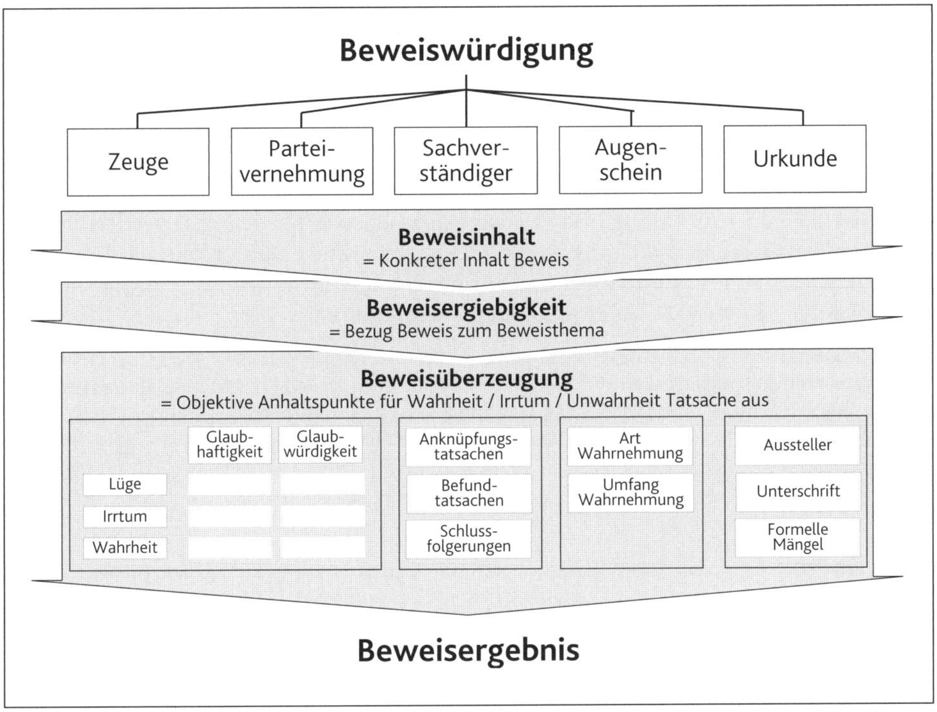

Schema 7.8: Beweiswürdigung

(3) Auch wenn die Beweiswürdigung individuell von jedem einzelnen Richter vorgenommen wird, muss die subjektive Überzeugung auf **objektiven Anhaltspunkten** beruhen, die diese Überzeugung rational begründbar machen. 331

Früher sah die Rechtsprechung in der Überzeugungsbildung allein die Gewinnung persönlicher Gewissheit des Richters. Erforderlich und ausreichend war eine rein **subjektive** Wertung. Entscheidend war, ob der Tatrichter die an sich möglichen Zweifel überwunden und sich von einem bestimmten Sachverhalt als wahr überzeugt hatte.[101] Wie und in welchem Ausmaß er zu seiner Überzeugung gelangt war blieb einer Überprüfung im Rechtsmittel weitgehend entzogen. Spätestens seit den 1970er Jahren begann der BGH, die allgemeine Lebenserfahrung zum Maßstab zu machen: Zweifel an der Überzeugung dürfen danach der Überzeugung nur entgegen gestellt werden, wenn sie nicht »bloß theoretisch«, »abstrakt«, »überspannt« oder »gedanklich« sind.[102] Etwa seit Beginn der 1990er Jahre verlangt der BGH zudem, dass die subjektive Überzeugung für eine Tatsachenfeststellung auf objektiven Anhaltspunkten beruht, die diese Überzeugung rational begründbar machen. Dies vertreten heute die Zivil- wie die Strafsenate des BGH, das BVerfG hat sich dem angeschlossen.[103]

Solche objektiven Umstände sind naturgemäß für die einzelnen Beweismittel sehr unterschiedlich.

Für Urkunden ergeben sie sich weitgehend aus dem Gesetz (öffentlicher oder privater Aussteller, Unterschrift, formelle Mängel). Bei Augenscheinseinnahmen ist auf Art und Umfang der gemachten Wahrnehmungen, ggf. auch auf damit verbundene Wahrnehmungsfehler abzustellen. Bei Sachver-

101 BGH NJW 1957, 1039.

102 BGH NJW 1970, 94 unter Bezugnahme auf BGH NJW 1951, 122; BGHZ 53, 245 = NJW 1970, 946 (»Anastasia«).

103 BGH StV 1993, 510; BVerfG NJW 2003, 2444; OLG Stuttgart Justiz 2004, 248.

ständigengutachten müssen sowohl die Anknüpfungs- als auch die Befundtatsachen und die gezogenen Schlussfolgerungen vollständig, schlüssig, nachvollziehbar und überzeugend sein, die gebotene Sachkunde dagegen kann regelmäßig vermutet werden.[104]

332 Bei dem in der Praxis besonders häufigen *Zeugenbeweis* (und weitgehend auch bei der ebenfalls aus einer Aussage bestehenden Parteivernehmung) existieren verschiedene Modelle zur Herausarbeitung objektiver Würdigungskriterien.

Das klassische, in Ausbildung und Praxis vorherrschende Modell differenziert hierbei zwischen der Glaubhaftigkeit der Aussage, zu der alle aus dem objektiven Inhalt der Aussage ableitbaren Kriterien zählen, und der Glaubwürdigkeit des Zeugen, mit der die subjektiven Merkmale der aussagenden Person erfasst werden sollen.[105]

Die **Glaubhaftigkeit** einer Aussage kann sich **zum Beispiel** ergeben aus ihrer Wahrscheinlichkeit (in Bezug auf die allgemeine Lebenserfahrung oder die Übereinstimmung mit anderen Beweisergebnissen), ihrem Reichtum an realitätstypischen Details oder einer erkennbaren und nachvollziehbaren emotionalen Beteiligung des Zeugen. Zu den **Glaubwürdigkeitskriterien** gehören insbesondere die Persönlichkeit des Zeugen (Charakter, früheres Verhalten), seine Motivation (eigenes Interesse am Ausgang des Prozesses, persönliche Beziehungen zu den Parteien) und sein Aussageverhalten (Mimik, Gestik, Körpersprache).

Andere Modelle verwenden entweder nur alternative Begriffe (Aussagetüchtigkeit, Aussageehrlichkeit), teilen diese weiter auf (Richtigkeit, Wahrheit, Motivation, Körpersprache, Aussageinhalt) oder differenzieren nach gänzlich anderen Kriterien (räumliche, zeitliche und sinnliche physische Beteiligung des Zeugen, seine psychische Beteiligung nach einer möglichen Bindung oder Ablehnung in emotionaler, sozialer oder kultureller Hinsicht). Solche Modelle sind für Ausbildung und Examen weniger geeignet.[106]

333 Ziel aller Aussageanalysemodelle ist die Suche nach Kriterien, anhand derer festgestellt werden kann, ob es sich dabei um eine Lüge, einen Irrtum oder um die Realität handelt. Solche Kriterien können sich ergeben aus der Person des Aussagenden, dem Inhalt der Aussage oder dem Verhalten des Aussagenden bei der Aussage.

Untaugliche Kriterien sind dagegen der soziale Status (»Zigeuner«) oder die berufliche bzw. gesellschaftliche Reputation (»Polizeibeamter«, »angesehener Mitbürger«, »Lüge zuzutrauen«).

333a • Dass es sich bei der Aussage um eine *Lüge* handelt, muss regelmäßig nicht festgestellt, sondern nur ausgeschlossen werden.

Während die wahre Aussage eine Rekonstruktion einer Wahrnehmung aus dem Gedächtnis darstellt, handelt es sich bei der unwahren Aussage um die Konstruktion einer Geschichte aus dem Allgemeinwissen des Aussagenden ohne eigene Wahrnehmungsgrundlage. Letztere ist deutlich schwieriger und stellt hohe Anforderungen an die kognitive Leistungsfähigkeit. Die Aussage muss erfunden und aufrechterhalten werden. Diese Probleme manifestieren sich häufig in einer auffälligen Unangepasstheit der Aussage an die konkrete Situation, je nach Persönlichkeit als erkennbare Verlegenheit des Zeugen, als auffällige Unsicherheit und Zurückhaltung, als Kargheit seiner Aussage, manchmal auch als Freudscher Versprecher, als erkennbare Tendenz zur Übertreibung, zur demonstrativen Bestimmtheit oder Aufdringlichkeit der Darbietung, manchmal mit dem Versuch zur Begründung der Aussage. Im Inhalt der Aussage sind nebensächliche Details, abgebrochene Handlungselemente, unerwartete Komplikationen oder vom Aussagenden unverstandene (aber sachverhaltstypische) Handlungselemente bei einer Lüge deutlich unwahr-

104 *Müller*, Würdigung von Sachverständigengutachten durch das Gericht, JuS 2015, 33.
105 BGH NJW 1995, 955; 1995, 966; 1991, 3284.
106 Zu den Anforderungen an ein – nur in seltenen Ausnahmefällen erforderliches – Glaubwürdigkeitsgutachten BGH NJW 1991, 3284.

scheinlicher. Der Aussagende wird um eigene Glaubwürdigkeit besonders bemüht sein, deswegen eher selten seine Aussage korrigieren, für sich nachteilige Details offenbaren oder Erinnerungslücken zugeben.

Persönliche Elemente, die auf eine Lüge schließen lassen, können sich ergeben aus der fehlenden allgemeinen, sprachlichen und intellektuellen Kompetenz für die gemachte Aussage, einem möglichen Motiv für eine Falschaussage, das sich etwa aus der negativen Einstellung des Zeugen einer Partei gegenüber, seinem Geltungsbedürfnis, seiner Absicht, einer Partei zu schaden (Rache) oder den Folgen einer Aussage für ihn selbst (Vorteile, Nachteile) ergeben kann.

Körpersprachliche Indizien für eine Falschaussage müssen mit großer Vorsicht behandelt werden. Zu Recht verwehrt die Rechtsprechung körperlichen Reaktionen bei der Aussage im Rahmen eines Lügendetektortests jeglichen Beweiswert.[107] Immer wieder zurückgegriffen wird dennoch auf verhaltensauffälliges Schwitzen, einen trockenen Mund, Farbwechsel im Gesicht, erhöhten Puls, Atemnot, die Vermeidung von Blickkontakt, eine Veränderung der Stimmlage, unmotiviertes Lächeln, oder eine Starrheit und bestimmte Gesten (zB Anfassung von Mund und Nase). Moderne amerikanische Ansätze arbeiten mit mikromimischen Details, die ohne besondere Befähigung und Schulung weder feststellbar noch bewertbar sind. Brauchbar sind allenfalls auffällige Veränderungen der Körpersprache innerhalb der Aussage.

Regelmäßig erstreckt sich die Lüge nur auf einen kleinen Teil der Aussage. Der Zeuge bleibt so lange bei der Wahrheit, wie er kann. Insoweit finden sich auch in der erlogenen Aussage zahlreiche Realitätskriterien. Auch lässt eine erkannte Lüge nicht den Schluss zu, dass damit die ganze Aussage unwahr wäre (»Wer einmal lügt, …«). Sind (wie meist) nur Teile der Aussage unwahr, zeigt sich dies häufig in einem Strukturbruch innerhalb der Aussage.

Das Vorhandensein von Lügenkriterien ist meist mehrdeutig und kann im Rahmen der Beweiswürdigung stets nur ein Warnsignal sein, das es zu entkräften gilt. Dass eine Lüge positiv vorliegt, kann (und braucht) meist nicht festgestellt werden.

- Besonders schwer festzustellen sind Aussagefehler, die auf einem *Irrtum* beruhen. **333b** Subjektiv sagt der Zeuge dabei die Wahrheit. Dass dies objektiv unrichtig ist, kann nur mit der Funktionsfähigkeit und Anfälligkeit der beteiligten biologischen Mechanismen begründet werden.

In Betracht kommen dabei Fehler bei der Wahrnehmung, der Erinnerung und der Wiedergabe. Diese Fehler können objektiv, subjektiv, individuell oder situativ begründet sein.

Wahrnehmungsfehler können verursacht werden durch objektiv physiologische Grenzen der Sinneswahrnehmung (Intensität des Reizes und des Kontrasts, beschränkte Leistungsfähigkeit der Wahrnehmungsorgane), durch objektiv situative Umstände (Lichtverhältnisse, Entfernung), objektiv individuelle Besonderheiten des Zeugen (Brille, Alkoholisierung, Übermüdung) oder durch die subjektiv individuelle Einstellung des Zeugen (körperliche, seelische, geistige Verfassung, Ablenkung).

Erinnert werden kann eine Wahrnehmung nur, wenn sie zunächst bewusst ins Kurzzeitgedächtnis gelangt und dauerhaft ins semantische, episodische oder prozedurale Langzeitgedächtnis übernommen wird. Dies trifft nur auf einen ganz geringen Teil aller Wahrnehmungen zu und bedarf eines nachvollziehbaren Grunds. Anlass zu Bedenken kann deswegen sowohl sein, dass der Zeuge etwas erinnert, als auch, dass er etwas nicht mehr erinnert. Die Wahrscheinlichkeit einer Erinnerung steigt mit der (insbesondere emotionalen) Bedeutung des Ereignisses für den Zeugen. Unerwartetes Vergessen von Wahrnehmungen kann hirnorganische (Amnesie, Verletzung, Krankheit) oder psychische Ursachen (Verdrängung, posttraumatische Belastungsstörung) haben. Regelmäßig sind (vor allem bereits »verblasste«) Erinnerungen »kontaminiert«, mit anderen Erinnerungen und eigenen Bewertungen untrennbar verschmolzen. Scheinerinnerungen an nicht reale Ereignisse können bei Routinehandlungen aus dem prozeduralen Gedächtnis konstruiert werden.

107 BGH NJW 2003, 2527; 1999, 657.

Die Wiedergabe setzt die Möglichkeit des Abrufs der Erinnerung aus dem Gedächtnis voraus, die Möglichkeit einer freien, unbeeinflussten Aussage, die Fähigkeit, die Wahrnehmung zu verbalisieren (Sprachkompetenz, Erfahrung) und die Bereitschaft zur Aussage (unwilliger Zeuge). Die Wiedergabe wird in starkem Maß auch durch die (selbst unbewussten) Erwartungen des Vernehmenden gesteuert (Suggestion, Konformitätsdruck). Zur Wiedergabe gehört auch die Rezeption der Aussage durch den Richter, die häufig durch ein unterschiedliches Sprachniveau behindert wird.

Zwischen der bewussten Falschaussage und dem bloßen Irrtum angesiedelt sind die Fälle, in denen der Zeuge aufgrund »eigener Indizienwürdigung« oder sonst eigener Überzeugung oder schlicht ins Blaue hinein von der Wahrheit einer Tatsache überzeugt ist und in seiner Aussage die eigene Schlussfolgerung als Wahrnehmung ausgibt (»es muss so gewesen sein«). Hierher gehört auch das Verschweigen von Wahrnehmungen, wenn man »nicht ganz sicher« ist oder sich vor den Konsequenzen scheut.

333c • Praktisch bedeutsam sind vor allem die auf die *Wahrheit* einer Aussage hindeutenden sog. Realkriterien.

Aus dem Inhalt der Aussage kann auf deren Wahrheit geschlossen werden, wenn die Angaben logisch konsistent, plausibel und widerspruchsfrei sind (wobei umgekehrt auch Widersprüche ein Realitätskriterium sein können). Ein komplexes Geschehen sollte qualitativ reich an (auch nebensächlichen) Details sein, diese wechselbezüglich darstellen und (unerwartete) Komplikationen des Geschehens einbeziehen. Die Aussage sollte individuell sein (Originalität der Schilderung, Einbeziehung erlebter Emotionen, deren Nachklang in der Vernehmung, Erkennbarkeit psychischer Folgewirkungen, Unverständnis für sachverhaltstypische Handlungselemente oder Mehrdeutigkeit von Angaben). Für die Wahrheit der Aussage sprechen deren Verflechtung mit eigenständig überprüfbaren Einzelheiten, ihre mangelnde Steuerung (dh eine ungeordnete, unzusammenhängende Schilderung des Geschehens bzw. zeitliche oder sachliche Brüche) und die Einheitlichkeit und Gleichgewichtigkeit aller Aussageabschnitte in Struktur, Tempo und Inhalt. Im Falle wiederholter Vernehmung sollten alle Aussagen in ihrem (aus der Sicht der Aussageperson zu bestimmenden) Kernbereich übereinstimmen und in Randbereichen aufgrund zu erwartender Erinnerungsfehler Widersprüche, Ergänzungen und Auslassungen aufweisen.

Für die Wahrheit der Aussage spricht es, wenn diese aus der allgemeinen, sprachlichen und intellektuellen Kompetenz des Zeugen sowie seiner Lebens- und Berufserfahrung und seiner Kenntnisse aus dem Bereich der Aussage erklärt werden kann. Wichtig ist auch die Motivation des Zeugen (eigenes persönliches oder wirtschaftliches Interesse, möglicher Grund zur Bevorzugung/Benachteiligung einer Partei, Bereitschaft zur Hinnahme eigener Nachteile).

Körpersprachliche Kriterien sind auch als Realkriterien nur sehr bedingt brauchbar. Wahrheitsgemäße Aussagen können sich auszeichnen durch eine gleich bleibende natürliche Auftretensweise des Zeugen, einen gefühlsmäßigen Nachklang des Geschehens in der Aussage, unwillkürliche Kopfbewegungen oder vorauseilende Gestik und Mimik.

Wegen Einzelheiten der Bedeutung solcher – häufig ambivalenter – Beurteilungskriterien muss auf die einschlägige Spezialliteratur verwiesen werden.[108]

334 (4) Ohne konkrete Anhaltspunkte steht weder die Wahrheit noch die Unwahrheit der Aussage fest (»**Nullhypothese**«). Es genügt nicht festzustellen, dass Anhaltspunkte für eine Unrichtigkeit der Aussage nicht vorliegen. Da vom Vorliegen der Beweistatsache nur ausgegangen werden kann, wenn die Aussage wahr ist, ist nach Anhaltspunkten für diese Wahrheit zu suchen. Lassen sich entsprechende Umstände nicht finden, ist der Beweis nicht geführt; es ergeht eine Beweislastentscheidung.

108 *Ahrens*, Der Beweis im Zivilprozess, 2015; *Balzer*, Beweisaufahme und Beweiswürdigung im Zivilprozess, 2011; *Bender/Nack/Treuer*, Tatsachenfeststellung vor Gericht, Bd. I, Glaubwürdigkeits- und Beweislehre, Bd. 2, Vernehmungslehre, 4. Aufl. 2014; *Geipel*, Handbuch der Beweiswürdigung, 2013; *Kirchhoff*, Zur Würdigung von Zeugenaussagen, MDR 2010, 791.

Praktisch wird dieser Grundsatz häufig missachtet, einem Zeugen meist geglaubt, soweit nicht überzeugende Symptome für eine Lüge oder einen Irrtum erkennbar werden. Zum Teil wird dies mit Art. 1 GG begründet: Die Menschenwürde gebiete es, von der Redlichkeit eines Zeugen auszugehen und ihm zu glauben. Überwiegend werden allein (sozio-empirisch vielfach nachgewiesene) praktische Erfahrungen geltend gemacht: Den Angaben anderer Menschen wird alltäglich und damit eben auch vor Gericht ganz überwiegend zunächst geglaubt.

Beweiswürdigungstechnisch ist dieser Ansatz falsch. Keinesfalls darf er in den Rang eines (apokryphen) Erfahrungssatzes erhoben werden. Ausgangspunkt hat eine neutrale Anfangswahrscheinlichkeit zu sein, allein das Fehlen von Unwahrheitskriterien begründet die Wahrheit nicht.

b) Beweisergebnis

§ 286 I 2 ZPO verlangt, dass die **Gründe** für die Überzeugungsbildung in den Urteilsgründen anzugeben sind. Dabei müssen diese Gründe (insbesondere für die unterliegende Partei und das Rechtsmittelgericht) nachvollziehbar, vollständig (dh alle Beweismittel und die die Überzeugung tragenden objektiven Umstände erschöpfend) und kritisch sein (sich also vor allem auch mit den dem Ergebnis widersprechenden Beweisen auseinandersetzen).[109] 335

Dabei muss das Gericht nicht auf alle Details, insbesondere nicht auf alle alternativen Würdigungsmöglichkeiten ausführlich eingehen. Es genügt, wenn die wesentlichen Elemente der eigenen Würdigung angesprochen werden.[110] Nicht ausreichend ist die bloße Wiedergabe des objektiven Beweisergebnisses (»Der Zeuge hat bekundet, …«), die Missachtung der Nullhypothese (→ Rn. 334a; »Anhaltspunkte dafür, dass die Aussage falsch war, liegen nicht vor«) oder die Verwendung bloßer Floskeln (»Bedenken bzgl. der Glaubhaftigkeit oder Glaubwürdigkeit bestehen nicht«).

Ein **Beispiel** zur Zeugenbeweiswürdigung findet sich im Beispielsurteil → Rn. 714 ff.

Ergebnis der Beweiswürdigung kann sein, 336

- dass die Tatsache *bewiesen* ist; dann ist sie wahr und der Entscheidung zugrunde zu legen.
- dass die Tatsache *widerlegt* ist; dann ist sie unwahr und kann der Entscheidung nicht zugrunde gelegt werden.
- dass die Tatsache *unklar* geblieben ist, dh weder eindeutig bewiesen noch widerlegt wurde (sog. *»non liquet«*). Für diese nicht bewiesenen Tatsachen gilt – wie für die nicht vorgetragenen Tatsachen auch – regelmäßig die *Negativfiktion*: Nicht dargelegte oder nicht bewiesene Tatsachen werden als nicht existent betrachtet und können einer Entscheidung nicht zugrunde gelegt werden. Zu wessen Nachteil dies wirkt, ist eine Frage der objektiven **Beweislast**.[111]

c) Beweislast

Lässt sich eine beweisbedürftige Tatsache nicht beweisen, stellt sich die Frage, welche Partei die hieraus entstehenden Nachteile zu tragen hat. Dies regelt die Beweislast. 337

Diese (auch als objektive oder materielle bezeichnete) Beweislast regelt damit in einem anderen Prozessstadium die gleiche Frage wie vorher die Darlegungs- und die Beweisführungslast, bei denen es darum ging, zu wessen Nachteil es wirkt, dass eine Tatsache erst gar nicht vorgetragen oder unter

109 BGH NZBau 2000, 248; NJW 1999, 1562; 1998, 2969; 1989, 2948; OLG Köln NJW-RR 1998, 2969.

110 BGH StV 2000, 243; BGHSt 52, 314.

111 *Hansen*, Die Substanziierungslast, JuS 1991, 588; *Rosenberg/Schwab/Gottwald* ZivilProzR § 118 I 2 a.

Beweis gestellt wurde (→ Rn. 206 ff., 289). Darlegungs-, Beweisführungs- und Beweislast sind grundsätzlich deckungsgleich, sie treffen stets die gleiche Partei.[112] Sie sind praktisch von enormer Bedeutung.

Im Entwurf zum BGB war dazu folgende Norm vorgesehen: »Wer einen Anspruch geltend macht, hat die zur Begründung desselben erforderlichen Tatsachen zu beweisen. Wer die Aufhebung eines Anspruchs und die Hemmung der Wirksamkeit desselben geltend macht, hat die Tatsachen zu beweisen, welche zur Begründung der Aufhebung oder Hemmung erforderlich sind«. Ins Gesetz übernommen wurde diese Regelung nur deswegen nicht, weil sie als selbstverständlich galt und durch die sprachliche Fassung und den Satzbau in die Einzelnormen des BGB Eingang fand (»Normentheorie«; → Rn. 212).

338 Grundsätzlich hat jede Partei die Beweislast für die tatsächlichen Voraussetzungen der Rechtsnormen, deren Rechtswirkungen ihr zugute kommen können (»**Günstigkeitsprinzip**«). Der Anspruchsteller hat die rechtsbegründenden Tatbestandsmerkmale, der Anspruchsgegner für die rechtshindernden, rechtsvernichtenden und rechtshemmenden Merkmale zu beweisen.[113]

Diese Günstigkeit ist nicht immer auf den ersten Blick zu erkennen.[114] Praktisch gibt es deswegen zahlreiche **Problemfälle**.[115]

Beispiele: Wendet der auf Darlehensrückzahlung in Anspruch genommene Beklagte ein, die Sache sei ihm geschenkt worden, muss der Kläger den Abschluss eines Darlehensvertrags (= anspruchsbegründende Tatsache) beweisen. Wendet der Beklagte ein, bei Abschluss des Vertrages noch minderjährig gewesen zu sein, trifft die Beweislast hierfür ihn (= anspruchshindernde Tatsache).
Die Höhe des eingeklagten Werklohns hat der Werkunternehmer zu beweisen, unabhängig davon, ob er die vereinbarte oder die übliche Vergütung verlangt. Dazu gehört der Beweis, dass eine vom Beklagten dargelegte niedrigere Vereinbarung nicht getroffen wurde. Wendet der Beklagte Mängel ein, muss vor Abnahme der Unternehmer die Mangelfreiheit, nach Abnahme der Besteller die Mangelhaftigkeit beweisen (§ 640 BGB).

Bei vielen Normen des BGB ist unklar (und im Ergebnis häufig umstritten), ob sie zu den vom Kläger zu beweisenden Voraussetzungen oder zu den vom Beklagten zu beweisenden Einwendungen gehören. Das Verteidigungsvorbringen des Beklagten kann dann entweder als Leugnen der Klagevoraussetzungen oder als Geltendmachung einer Einwendung angesehen werden.

Beispiele für die Klageleugnungstheorie und die Einwendungstheorie bietet nachstehendes Schema:

112 *Jauernig/Hess* ZivilProzR § 50 I; *Meyke*, Darlegen und Beweisen im Zivilprozess, 1998; *Schmidt*, Die Beweislast in Zivilsachen, JuS 2003, 1007; *Stein*, Die Darlegungs- und Beweislast im Zivilprozess, JuS 2016, 896.

113 BGH NJW-RR 2010, 1378.

114 Hierzu schon oben → Rn. 211 ff.

115 Weitere Beispiele bei *Kaiser*, Wichtige Beweislastfälle im Assessorexamen, JA 2016, 215.

Beweislast – Beispielsfälle zu Klageleugnungs- und Einwendungsfällen –		
Der Beklagte verteidigt sich mit der Behauptung,	Hierbei handelt es sich um	Die Beweislast trägt daher
es sei eine *aufschiebende* **Bedingung**[116] *bei Vertragsschluss* vereinbart worden.	das **Leugnen** der Anspruchsentstehung.	der **Kläger** für die bedingungslose Vereinbarung.
es sei eine *aufschiebende* Bedingung *nachträglich* vereinbart worden.	das Geltendmachen eines **Gegenrechts**.	der **Beklagte** für die Vereinbarung.
es sei eine *auflösende* Bedingung *bei Vertragsschluss* vereinbart worden.		
es sei eine *auflösende* Bedingung *nachträglich* vereinbart worden.		
es sei eine (unstreitig) vereinbarte *auflösende* Bedingung eingetreten.		der **Beklagte** für den Eintritt der Bedingung.
es sei eine (unstreitig) vereinbarte aufschiebende Bedingung nicht eingetreten.	das **Leugnen** der Anspruchsentstehung.	der **Kläger** für den Eintritt der Bedingung.
es sei *von Anfang an* eine **Stundung**[117] der Klageforderung vereinbart worden.	das **Leugnen** der Fälligkeit des Anspruchs.	der **Kläger** für den Eintritt der Fälligkeit.
es sei *nachträglich* eine Stundung der Klageforderung vereinbart worden.	das Geltendmachen eines **Gegenrechts**.	der **Beklagte** für die Stundungsvereinbarung.
es sei eine (unstreitig nicht eingehaltene) **Schriftform**[118] vereinbart worden	das Geltendmachen eines **Gegenrechts**.	der **Beklagte** für die Vereinbarung der Schriftform.
er oder der Kläger habe als **Vertreter**[119] eines Dritten gehandelt.	das Geltendmachen eines **Gegenrechts**.	der **Beklagte** für das Auftreten in fremdem Namen.

Schema 7.9: Beweislastverteilung nach der Klageleugnungs- und der Einwendungstheorie

Zur Vermeidung unbilliger Ergebnisse ergeben sich **Ausnahmen** vom Günstigkeitsprinzip aus zwingenden ausdrücklichen gesetzlichen Anordnungen (zB §§ 179, 280 I 2, 345, 363, 543 IV 2, 619a, 630h, 2336 III BGB; § 22 AGG, § 1 IV ProdHaftG, § 6 UmweltHG), aus widerleglichen gesetzlichen Tatsachen- (§§ 685 II, 1117 III, 1253 II, 2270 II BGB) und Rechtsvermutungen (§§ 891, 1006, 1362 I 1, 2365 BGB), die dem Vermutungsgegner den Beweis des Gegenteils zuweisen und aus von der Recht- **339**

116 BGH NJW 1985, 497; umfangreiche Nachweise bei *Baumgärtel/Laumen/Prütting*, Handbuch der Beweislast im Privatrecht, Bd. I, 2. Aufl. 2009, § 158 Rn. 5.

117 BGH NJW 1975, 206; *Baumgärtel/Laumen/Prütting*, Handbuch der Beweislast im Privatrecht, Bd. I, 2. Aufl. 2009, § 271 Rn. 2.

118 OLG München WM 1984, 469; Palandt/*Ellenberger* BGB § 127 Rn. 4; *Baumgärtel/Laumen/Prütting*, Handbuch der Beweislast im Privatrecht, Bd. I, 2. Aufl. 2009, § 125 Rn. 6.

119 BGH NJW 1995, 49; *Baumgärtel/Laumen/Prütting*, Handbuch der Beweislast im Privatrecht, Bd. I, 2. Aufl. 2009, § 164 Rn. 5.

sprechung entwickelten Fallgruppen, in denen sich die Beweislast praktisch umkehrt (tatsächliche Vermutung, Beweisvereitelung, Beweislastumkehr. Hierzu unten → Rn. 1319 ff.

Beispiele: Die Beweislast für die Voraussetzungen einer vertraglichen Pflichtverletzung trägt der Gläubiger; nach § 280 I 2 BGB obliegt (nur!) der Beweis des Nichtvertretenmüssens dem Schuldner. Verteidigt der Beklagte sich gegen eine Vindikationsklage aus § 985 BGB mit der Vermutung aus § 1006 I 1 BGB, so muss der Kläger das Abhandenkommen der Sache (§ 1006 I 2 BGB) oder seine Eigentümerstellung (Beweis des Gegenteils, § 292 ZPO) voll beweisen.
Hat der Beklagte Arzt einen groben Behandlungsfehler begangen, kehrt sich die Beweislast für den ursächlichen Zusammenhang zwischen dem Behandlungsfehler und dem Gesundheitsschaden zulasten des Beklagten um.

2. Abschnitt. Juristische Arbeitstechniken und Darstellungsformen

Die Tätigkeit eines Juristen ist prinzipiell in allen Bereichen gleich, unabhängig da- 340
von, ob er in der Zivil- oder Strafjustiz, in der Verwaltung oder in der Wirtschaft arbeitet.

Immer hat er in einem ersten Arbeitsschritt zunächst den **Sachverhalt** zu klären, also festzustellen, um welche Tatsachen es geht.

Daran schließt sich als zweiter Arbeitsschritt die **rechtliche Bewertung** dieser Tatsachen an, die einerseits durch die Suche nach der anzuwendenden Norm, andererseits durch die Subsumtion der Tatsachen unter diese Norm gekennzeichnet ist.

Abschließend wird das so gefundene Ergebnis in einem dritten Arbeitsschritt **praktisch umgesetzt.**

Schema 8.1: Juristische Arbeitstechniken

Tatsächlich können diese drei Arbeitsschritte **nicht isoliert** voneinander ablaufen, sondern bedingen sich gegenseitig: Tatsachen können sinnvoll nur im Hinblick auf eine bereits ins Auge gefasste Rechtsnorm festgestellt werden (»normadäquate Faktenselektion«), das Ergebnis einer Subsumtion bedarf der Kontrolle zB unter sozialen oder wirtschaftlichen Aspekten.

Für alle diese Arbeitsschritte haben sich – insbesondere im klassischen juristischen 341
Bereich – spezielle **Arbeitstechniken** entwickelt, die ihrerseits in die **Darstellung** der einzelnen Arbeitsergebnisse münden. Im Folgenden sollen diese unterschiedlichen »juristischen« Arbeitstechniken (nicht die organisatorischen wie zB die »Verfügungstechnik«) und Darstellungsformen bezogen auf den Zivilprozess dargestellt werden. Diese gelten nicht nur für die praktische Tätigkeit des Juristen, sondern auch für das Zweite Juristische **Staatsexamen.**

In dieser Berufszugangsprüfung sind die Kenntnisse und Fähigkeiten der juristischen Berufsausübung unter Beweis zu stellen. Im Klausurexamen geht es dabei um die bei Durchsetzung eines Rechts für einen Anwalt oder einen Richter anfallenden Tätigkeiten, dh um die Feststellung und Darstellung des Sachverhalts, dessen rechtliche Bewertung und seine Umsetzung in eine praktisch gebotene Handlung. Der relevante Unterschied zwischen den verschiedenen Aufgaben im Examen besteht damit nicht nur zwischen **Anwalts-und Gerichtsklausuren,**[1] sondern auch zwischen **ein- und zweiseitigen Aufgaben.**

342 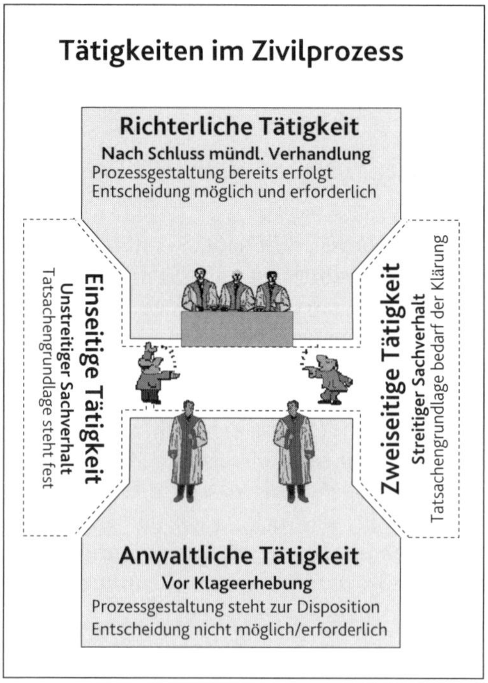

Schema 8.2: Ein- und zweiseitige Tätigkeiten

Die Tätigkeit des Richters ist grundsätzlich zweiseitig, weil er seiner Entscheidung das Vorbringen beider Parteien gleichermaßen zugrunde legt. Ausnahmsweise ist sie einseitig, etwa wenn bei Säumnis des Beklagten nur der Vortrag des Klägers zu berücksichtigen ist (§ 331 ZPO).

Während der Anwalt des Gläubigers seiner Tätigkeit regelmäßig nur dessen Angaben zugrunde legt (und damit einseitig tätig wird), muss der Anwalt des Schuldners auch das Vorbringen des Gegners einbeziehen, seine Tätigkeit ist zweiseitig.

Der Unterschied zwischen ein- und zweiseitiger Tätigkeit zeigt sich auf allen Ebenen juristischer Tätigkeit (zB unten Schema 9.2).

1 Diese Unterscheidung liegt den meisten Darstellungen der Klausurtechnik zugrunde, etwa *Grüneberg/Manteufel*, Die anwaltliche Relationsklausur, JuS 1996, 55; *Hecker/Temmen*, Die zivilrechtliche Anwaltsklausur im Zweiten Juristischen Staatsexamen, JuS 2000, 794; *Knemeyer*, Die zivilrechtliche Anwaltsklausur, JA 1996, 685; *Küpperfahrenberg/Lagadère*, Bearbeitung der Assessorklausur, JA 2008, 286; *Mürbe/Geiger/Wenz*, Die Anwaltsklausur in der Assessorprüfung, 3. Aufl. 1998.

343 Ausgangspunkt für den ersten Arbeitsschritt, die Feststellung des **Sachverhalts,** ist der (aktenmäßige und damit ungeordnete) Vortrag entweder nur einer Partei oder beider Parteien. Zu dessen Ordnung können Hilfsmittel (Aktenauszug, Zeittafel oÄ) verwendet werden. Die Darstellung des Ergebnisses erfolgt im Rahmen zweiseitiger Tätigkeit in Form eines Urteilstatbestands oder Sachberichts, ansonsten als Sachverhaltsschilderung.

In einem zweiten Arbeitsschritt wird der Sachverhalt **rechtlich bewertet,** das Ergebnis in einem entweder ein- oder zweiseitigen (= Relations-)Gutachten dargestellt.

Schließlich ist das Ergebnis **praktisch umzusetzen.** Im Rahmen zweiseitiger Tätigkeit bedeutet dies regelmäßig, eine Entscheidung in Form eines Urteils oder eines Beschlusses zu treffen und darzustellen, im Rahmen einseitiger Tätigkeiten kommen Schriftsätze (an den Mandanten, den Gegner, Dritte, das Gericht) oder sonstige Erklärungen (insbesondere Vertragsentwürfe) in Betracht.

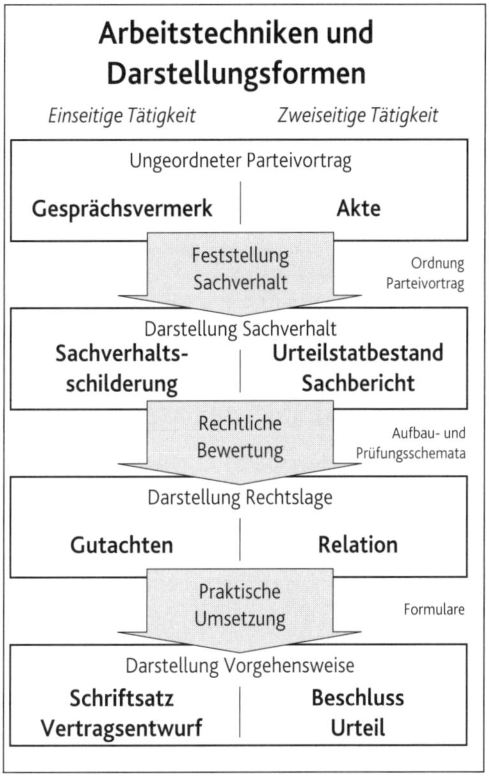

Schema 8.3: Arbeitstechniken und Darstellungsformen

Die einzelnen Arbeitsschritte können durch spezielle *Hilfsmittel* erleichtert werden (Aktenauszug, Prüfungsschema, Formular).

§ 8 Sachverhalt

344 Während in der juristischen Ausbildung bis hin zum ersten Staatsexamen ein feststehender Sachverhalt vorgegeben wird, ist dessen **Ermittlung** und seine verständliche **Darstellung** in der Praxis regelmäßig eines der zentralen Probleme. Die Erlangung der entsprechenden Fähigkeiten ist *das* Ausbildungsziel des Referendariats schlechthin.

Die besondere Schwierigkeit ergibt sich dabei regelmäßig daraus, dass die Informationen »aktenmäßig« vorgegeben sind. Bei der Akte handelt es sich um eine mehr oder weniger geordnete Sammlung wichtiger und unwichtiger schriftlicher Informationen aus verschiedenen Quellen. Daraus sind die für die eigene Tätigkeit relevanten Tatsachen herauszufiltern und in die für die weitere Bearbeitung erforderliche Form zu bringen.

1. Sachverhaltsfeststellung

345 Unabhängig davon, ob Sachvortrag nur von einer oder von beiden Parteien zu berücksichtigen ist, ist dieser oft ungeordnet, unlogisch, wirr, unvollständig oder mit unwesentlichen Nebenpunkten überfrachtet dargestellt. Wird hieraus der Sachverhalt nicht vollständig und zutreffend zusammengestellt, so steht für die weiteren Arbeitsschritte keine taugliche Grundlage zur Verfügung, Fehler in diesem ersten Arbeitsschritt setzen sich im weiteren Verlauf der Fallbehandlung fort.

a) Arbeitstechnik

346 Um vom ungeordneten Parteivorbringen, wie es sich aus der Akte oder einem Gesprächsvermerk ergibt, zu dessen klar gegliederter und bereinigter Darstellung zu kommen, ist eine systematische Vorgehensweise erforderlich.[1]

347 Für das **Lesen** der Akte empfiehlt es sich, die Erkenntnisse der modernen Lerntheorie[2] zu berücksichtigen, die es sicherstellen, dass der Text besser verstanden, behalten und bearbeitet werden kann. Dazu ist es erforderlich, den Text mehrfach in unterschiedlicher Form und mit unterschiedlicher Zielrichtung zu lesen. Der beschränkten Zeit und Aufgabenstellung entsprechend dürfte dabei eine Drei-Schritt-Methode genügen:

348 (1) Ein **erstes Lesen** dient dazu, sich einen Überblick über die Aufgabe zu verschaffen, sich über Art, Inhalt und Umfang der Aufgabe klar zu werden. Hier muss nicht jedes Wort gelesen und verstanden werden, es genügt, rasch diagonal über den Text zu fliegen, und nur den wesentlichen Inhalt zur Kenntnis zu nehmen. *Ziel* dieses ersten Schrittes ist das Erfassen des groben Akteninhalts (zB Anwalts- oder Gerichtsakte; Zahlung oder sonstiges Begehr) und des aktuellen Verfahrensstands (Prozessstadium, Divergenz zwischen Antrag in der Klageschrift und in der mündlichen Verhandlung).

---

1 Hierzu *Klamser*, Die bessere Zivilrechtsklausur im Zweiten, JA 2014, 526; *Pape*, Grundregeln für die systematische Bearbeitung zivilrechtlicher Akten in tatsächlicher Hinsicht, JuS 1993, 758, 848; *Puhle*, 13 Schritte zur Klausur, JuS 1987, 41; *Wimmer*, 10 Regeln der Klausurtechnik, JuS 1991, 496; *Wimmer*, Klausurtips für das Assessorexamen, 1991; *Wolf*, Sachverhaltsstrukturierung, JuS 2016, 309.

2 *Christmann/Groeben*, Die Psychologie des Lesens, 1999, 196.

- Bei der *praktischen Fallbearbeitung* muss zunächst der Verfahrensstand erfasst und der Grund für die Befassung mit dem Fall festgestellt werden.

  Grund für die Vorlage der Akte kann der Ablauf einer Frist sein, die es erforderlich macht, eine bestimmte fristwahrende Tätigkeit vorzunehmen. Grund sein kann auch die Vorbereitung eines Mandantengesprächs oder eines Verhandlungstermins. All dies macht das komplette Erfassen des Sachverhalts erforderlich.

  > **Beispiele:** Der Anwalt muss fristwahrend einen Schriftsatz fertigen, der Richter eine Entscheidung für den bevorstehenden Verkündungstermin fertigen.

  Muss der Sachverhalt vollständig erfasst werden, kann sich das vorliegende erste Lesen auf die (gezielt herauszusuchenden) Anträge der Parteien und die Suche nach Besonderheiten des Falles (zB Versäumnisurteil) beschränken.

  Nicht immer aber ist es erforderlich den gesamten Sachverhalt zu erfassen. Steht lediglich eine formelle verfahrensfördernde Maßnahme an, kommt es auf den Sachvortrag der Parteien nicht an. Hier genügt es, den aktuellen Verfahrensstand zu ermitteln. Dieser ergibt sich bei chronologisch geführten Anwalts- und Gerichtsakten aus den letzten Seiten. Hier empfiehlt es sich daher, die Akte *»von hinten nach vorne«* zu lesen.

  > **Beispiel:** Ist lediglich ein Posteingang an die gegnerische Partei bzw. den Mandanten weiterzuleiten, genügt es, diesen auf die Notwendigkeit sofortiger weiterer Handlungen durchzusehen; ein Lesen der Akte ist nicht erforderlich.

- Bei Bearbeitung einer *Examensklausur* ergibt sich die konkrete Aufgabenstellung aus dem Bearbeitungsvermerk. Mit ihm muss deswegen die Lektüre der Aufgabe ausnahmslos beginnen.[3]

  Aus dem Bearbeitungsvermerk ergibt sich, welche Arbeitsform zu erbringen ist (Entscheidung, Begutachtung, Vertragsentwurf oÄ) und welche Bestandteile sie zu enthalten hat (Sachverhalt, Nebenentscheidungen). Aus dem Bearbeitervermerk ergeben sich manchmal auch Sachverhaltsdetails, die für die Bearbeitung benötigt werden (zB Datum der Zustellung der Klage). Immer enthält der Bearbeitungsvermerk auch Hinweise, was zu tun ist, wenn die Aufgabe nach Auffassung des Bearbeiters zu viele oder zu wenige Informationen enthält (zB fehlende bzw. überflüssige Beweisaufnahme, fehlender Hinweis nach § 139 ZPO). Diese werden erst relevant, wenn eine entsprechende Situation während der Bearbeitung eintritt, bis dahin können sie zurückgestellt bleiben.

  Erst danach folgt ein kurzer Blick auf den Inhalt der Aufgabe. Nach Möglichkeit kann dabei schon festgestellt werden, wer was von wem will und ob die Aufgabe einen untypischen Inhalt hat.

  > **Beispiel:** Typisch für eine Anwaltsaufgabe ist ein Gesprächsvermerk mit Anlagen, für eine Gerichtsakte kann eine Antragsschrift, eine Erwiderung und ein Protokoll über die mündliche Verhandlung erwartet werden.

(2) Beim **zweiten Lesen** geht es darum, den Sachverhalt gründlich, umfassend und 349
zutreffend zu erfassen. Dazu ist die Akte sorgfältig von vorne nach hinten zu lesen, um den Inhalt vollständig und richtig zu verstehen. Hier gilt es, sich auf den Verfasser der Schriftsätze einzulassen, zu versuchen zu verstehen, was vorgetragen werden soll. *Ziel* dieses Schrittes ist das Erfassen der rechtlichen, wirtschaftlichen und sozialen Ziele der Parteien, der hierfür vorgetragenen relevanten Gesichtspunkte sowie des bisherigen (vorprozessualen und prozessualen) Geschehens.

Insoweit unterscheiden sich die Bearbeitung von praktischen Fällen und Examensklausuren nicht.

---

3 *Forster*, Fragen der Klausurtechnik, JuS 1992, 234; *Schumann*, Die Zivilprozessrechtsklausur, JuS 1974, 93.

Dieses Lesen sollte »wertungsfrei« (ohne vorschnelle rechtliche Bewertungen) erfolgen.[4] Die Einordnung des Rechtsstreits in eine bestimmte »**Lösungsschublade**« schon in diesem Stadium der Falllösung führt häufig zu einer Verengung des Blickes auf die Tatsachen, die für diesen Lösungsweg gebraucht werden, während andere Tatsachen schon hier ausgegrenzt werden. Damit besteht die Gefahr, dass Teilaspekte des Falles unberücksichtigt bleiben. Bevor nicht der Sachverhalt in Gänze bekannt ist, können Strukturierungen oder Bewertungen nicht vorgenommen werden. Weder ist es möglich, die Streitigkeit oder Erheblichkeit von Tatsachen zu beurteilen, noch, diese rechtlich zu bewerten. All dies muss dem dritten Lesen vorbehalten bleiben. Allenfalls können spontane Ideen in Form eines unstrukturierten »Brainstorming« auf einem Ideenblatt festgehalten werden, um sie für die spätere Bearbeitung nicht zu vergessen.

350 **(3)** Beim **dritten Lesen** der Aufgaben muss der Sachverhalt den prozessualen Erfordernissen entsprechend zusammengefasst und geordnet werden. Hier sind die Selektionen und Strukturierungen vorzunehmen, die dem Sachverhalt den gebotenen Inhalt und die vorgeschriebene Form geben. Insoweit kann auf die nachfolgenden Ausführungen (→ Rn. 352 ff.) Bezug genommen werden.

Dabei können verschiedene **Hilfsmittel** genutzt werden:

Mit einfachen *Textmarkierungen* (Unterstreichungen, farbliche Hervorhebungen, Randbemerkungen) können wichtige Gedanken und Formulierungen gekennzeichnet und nach formalen, inhaltlichen und arbeitstechnischen Gesichtspunkten strukturiert werden.

Je nach Fallgestaltung können bei einseitiger oder zweiseitiger Tätigkeit eine *Sachverhaltsstruktur* (Skizze der Rechtsbeziehungen zwischen den Prozessbeteiligten und Dritten), eine *Zeittafel* (chronologische Zusammenstellung der Sachverhaltsdaten) oder eine *Prozessgeschichte* (chronologische Zusammenstellung der relevanten Daten) in Betracht kommen.[5]

Bei zweiseitiger Tätigkeit ist der *Aktenauszug* sinnvoll, bei dem der wesentliche Vortrag der Parteien spaltenweise aufgelistet und zusammengehörige Tatsachen synoptisch gegenübergestellt werden.[6] Sinnvollerweise werden hier neben dem Tatsachenvortrag auch die Anträge, Beweisangebote, Rechtsansichten und die Prozessgeschichte mit den jeweiligen Seitenzahlen eingearbeitet und als solche kenntlich gemacht. Ein solcher Aktenauszug sollte immer – auch in zunächst einfach erscheinenden Fällen – erstellt werden, weil er zum einen die Gewähr dafür bietet, den Prozessstoff vollständig erfasst zu haben und er zum anderen bei nachträglich auftauchenden Fragen ein erneutes Studium der kompletten Akte entbehrlich macht.

Im Übrigen sind diese Hilfsmittel kein Selbstzweck, sondern machen nur Sinn, wenn sie bei Erfassung, Verständnis oder späterer Darstellung des Sachverhalts helfen. Es bedarf deswegen der kritischen Prüfung im Einzelfall, ob und ggf. welche Hilfsmittel sinnvoll sind. Weder in der Praxis noch im Examen werden solche Darstellungen als eigenständige Leistungen verlangt. Sie dienen ausschließlich dem eigenen Verständnis des Bearbeiters und der Vorbereitung einer formellen Darstellung des Sachverhalts, die regelmäßig als Urteilstatbestand, ausnahmsweise auch in anderen Formen erfolgt.

Soll der Sachverhalt lediglich begutachtet werden, bedarf es einer Darstellung des Sachverhalts nicht. Dann genügt es, den Sachverhalt vollständig erfasst und verstanden zu haben, einer Strukturierung und Ausformulierung bedarf es nicht. In diesem Fall wäre das »dritte Lesen« des Sachverhalts überflüssig.

---

4 BGH NJW 1983, 885; ZIP 1983, 864; *Fischer*, Vom Lesen einer Zivilrechtsklausur, JuS 2003, 375.

5 Zur Anlegung möglichst vieler Notizblätter zu allen denkbaren Problemkreisen (so *Wimmer*, 10 Regeln der Klausurtechnik, JuS 1991, 496) kann in Anbetracht der drohenden Unübersichtlichkeit nur im Umgang hiermit besonders erfahrenen Bearbeitern geraten werden.

6 *Anders/Gehle* Assessorexamen ZivR Rn. 23 mit einem Beispiel S. 145 ff.; *Baumfalk*, Die Arbeit am Sachverhalt in der zivilrechtlichen Klausur im Assessorexamen, JA 1984, ÜBlRef 72; *Pape*, Grundregeln für die systematische Bearbeitung zivilrechtlicher Akten in tatsächlicher Hinsicht, JuS 1993, 760 f.

(4) Für die **Klausurbearbeitung** stellen sich zwei weitere Fragen:[7] 351

- Die nach Erfassung des Sachverhalts noch ausstehenden Arbeitsschritte einer Klausur müssen **zeitlich geplant** werden.

Das Problem einer Klausur liegt regelmäßig nicht in ihrer materiellen oder prozessualen Schwierigkeit, sondern in der Beschränkung der zur Bearbeitung zur Verfügung stehenden Zeit. Es nützt nichts, am Ende der Bearbeitungsdauer gedanklich eine rechtlich perfekte Lösung gefunden zu haben, die Bewertung erfolgt ausschließlich aufgrund der ausformulierten Niederschrift. Um zu einem präsentablen Ergebnis zu gelangen ist es unbedingt erforderlich, sich Zeitlimits zu setzen und zu beachten.

Die Verteilung der zur Verfügung stehenden Gesamtzeit auf die einzelnen Arbeitsschritte ist je nach Aufgabe und persönlichem Arbeitsstil sehr unterschiedlich. Sie kann nicht pauschal Lehrbüchern entnommen, sondern muss durch ausreichend viele praktische Klausurübungen individuell ermittelt werden.

- Unterschiedlich wird die Frage beantwortet, wann der so festgestellte Sachverhalt **schriftlich ausformuliert** werden soll. In Betracht kommt, dies unmittelbar im Anschluss an das dritte Lesen der Akte zu tun oder es ans Ende der Klausurbearbeitung zu verschieben.

Dafür, den Sachverhalt (soweit erforderlich) sofort zu schreiben, spricht, dass es die logische Fortsetzung der bisherigen Arbeitsschritte darstellt und dann eine ausformulierte Sachverhaltsgrundlage für die rechtliche Bewertung vorliegt. Allerdings kann zu diesem Zeitpunkt noch nicht sicher beantwortet werden, ob eine Tatsache erheblich oder unerheblich ist. Deswegen muss ein so früh erstellter Sachverhalt nach der rechtlichen Bewertung überarbeitet werden (»Kongruenzprüfung«).

Dafür, den Sachverhalt erst nach den Entscheidungsgründen zu schreiben, spricht, dass dann eindeutig klar ist, auf welche Tatsachen es für die Entscheidung angekommen ist und auf welche nicht. Reicht die Zeit zur Fertigstellung der Klausur nicht aus, fehlt nur der weniger wichtige Tatbestand, während die wichtigen Entscheidungsgründe vollständig sind. Allerdings kann die rechtliche Bewertung dann nur auf die gedankliche Fassung des Sachverhalts oder auf den Aktenauszug gestützt werden.

7 *Forster*, Fragen der Klausurtechnik, JuS 1992, 234.

b) Prozessstoff

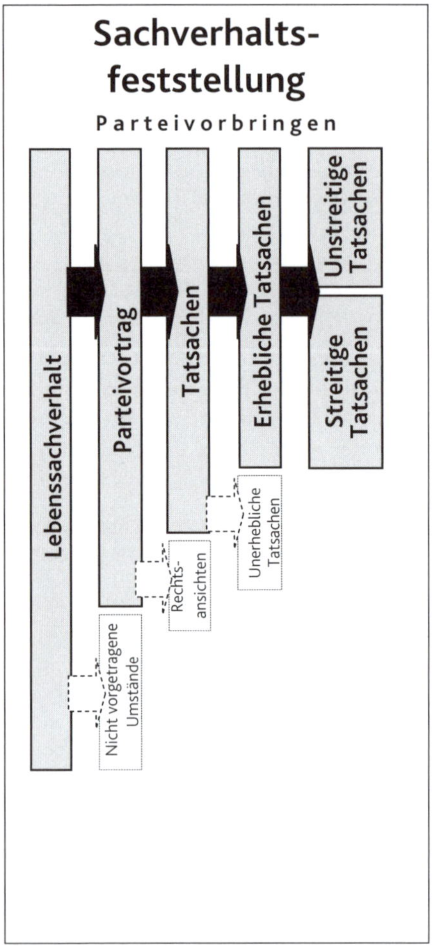

Schema 8.4: Sachverhaltsfeststellung

352 Gegenstand der zweiseitigen Sachverhaltsfeststellung ist grundsätzlich der Prozessstoff. **Ziel** der Sachverhaltsfeststellung ist es hier, diesen Prozessstoff zu erfassen, ihn den prozessualen Erfordernissen gemäß zu reduzieren und zu ordnen.

- Ausgangspunkt der Sachverhaltsfeststellung ist der *Lebenssachverhalt* in seiner Gesamtheit.
- Für die Entscheidung berücksichtigt werden können nur die von den Parteien *vorgetragenen* Umstände. Nicht vorgetragene Umstände bleiben für die Entscheidung auch dann unberücksichtigt, wenn sie dem Gericht anderweitig bekannt geworden sind.
- Gebunden ist das Gericht an die vorgetragenen *Tatsachen*, nicht dagegen an die vorgetragenen Rechtsansichten. Letztere werden daher regelmäßig aussortiert, während Tatsachen berücksichtigt werden müssen.
- Zu reduzieren ist der Vortrag der Parteien auf die für die Entscheidung *erheblichen* Tatsachen. Aussortiert wird dabei der unerhebliche Vortrag der Parteien, also derjenige, auf den es für die Entscheidung nicht ankommt.
- Eine Unterscheidung dieser erheblichen Tatsachen in unstreitige und streitige ist erforderlich, weil nur erstere eines Beweises bedürfen.

353 **(1)** Für die Entscheidung berücksichtigt werden dürfen nach der Beibringungsmaxime nur die von den Parteien vorgetragenen Tatsachen. **Parteivortrag** sind nicht nur die Umstände, die die Partei in einer mündlichen Verhandlung explizit behauptet hat, sondern auch diejenigen, auf die ausdrücklich oder stillschweigend Bezug genommen wurde.[8] Allein die Antragstellung beinhaltet immer eine solche stillschweigende *Bezugnahme* auf den bisherigen schriftsätzlichen Vortrag, dh auf die eigenen Schriftsätze einschließlich der Anlagen hierzu (§ 137 III ZPO).[9]

---

8 BGH NJW 2001, 2177; 2000, 1641; 1999, 1339; 1998, 2977; → Rn. 162, 258 f.

9 BGH NJW-RR 1996, 379; NJW 1994, 3295.

Damit sind als **Quellen** der Tatsachenfeststellung die Erklärungen der Parteien zu Protokoll, die Schriftsätze, die Anlagen hierzu sowie die auf ihren Antrag hin beigezogenen Urkunden und Beiakten heranzuziehen.

Bezug genommen werden kann – gegebenenfalls nur hilfsweise – auch auf das *Vorbringen des Gegners* oder das *Ergebnis einer Beweisaufnahme*. Dies muss nicht ausdrücklich, sondern kann auch konkludent geschehen. Eine am Prozessziel der Partei orientierte Auslegung des Parteivortrags führt regelmäßig dazu, dass sich jede Partei entsprechende Umstände schon dann zu eigen macht, wenn es für sie günstig ist (→ Rn. 1113).[10] 354

Solche Anhaltspunkte können **zB** darin liegen, dass die Partei die Aussage als glaubhaft oder den Zeugen als glaubwürdig bezeichnet.

Günstig ist der Partei gleichwertiges Vorbringen des Gegners. Solches liegt vor, wenn der Gegner Vortrag der Partei zwar bestreitet, gleichzeitig aber Tatsachen vorträgt, die deren Begehr aus anderen Gründen rechtfertigen. Macht die Partei sich diesen Vortrag zu eigen, kann der Klage ohne Beweisaufnahme stattgegeben werden.[11]

Beispiel: Nimmt der Kläger den Beklagten auf Zahlung von Kaufpreis in Anspruch und verteidigt sich der Beklagte mit dem Vortrag, er sei beim Kauf der Sache volltrunken gewesen, zudem habe er die Sache bereits zum gleichen Preis weiterverkauft, so bedarf der Anspruch aus § 433 BGB der Beweisaufnahme, ein Anspruch aus §§ 812, 816 BGB indes ist – wenn der Vortrag des Beklagten infolge hilfsweisen Zu-eigen-Machens durch den Kläger unstreitig wird – ohne Beweisaufnahme begründet.

Nicht zum Parteivortrag (zur Frage, inwieweit diese Punkte dennoch in eine Sachverhaltsdarstellung aufzunehmen sind, → Rn. 379, → Rn. 385 ff.) gehört der Prozessstoff, den die Parteien weder ausdrücklich noch durch Bezugnahme vorgetragen haben. 355

Dies sind die Prozessgeschichte, Angaben von Zeugen, der Inhalt von Amts wegen beigezogener Akten und Urkunden (§§ 142 f., 273 II ZPO) oder das private Wissen des Richters (Ortskenntnisse).

(2) **Tatsachen** sind dem Beweis zugängliche, konkrete, nach Zeit und Raum bestimmte, Geschehnisse oder Zustände.[12] 356

Beispiele: Hierzu gehören nicht nur für die Außenwelt wahrnehmbare Ereignisse (»äußere« Tatsachen), sondern auch »innere« Tatsachen (Kenntnisse, Absichten, das Wissen und Wollen des Erfolges beim Vorsatz, das Schmerzempfinden einer Person), »hypothetische« Tatsachen (das mutmaßliche Verhalten eines arglistig Getäuschten), »zukünftige« Tatsachen (Prognosen über die Gewinnentwicklung eines geschädigten Unternehmens), »negative« Tatsachen (das Nichtvorliegen oder die Unmöglichkeit einer Tatsache) und »Hilfstatsachen« (Indizien, dh Tatsachen, die nicht unmittelbar eine Normvoraussetzung betreffen, jedoch den Schluss darauf zulassen.

Nicht zum Tatsachenvortrag der Parteien gehören Werturteile, insbesondere von den Parteien geäußerte **Rechtsansichten**, dh bloße Beurteilungen von oder rechtliche Schlussfolgerungen aus Tatsachen.[13] Tatsachenbehauptungen muss das Gericht berücksichtigen, Rechtsansichten sind lediglich unverbindliche Hinweise oder Anregungen, die grundsätzlich nicht in die Sachverhaltsdarstellung aufgenommen werden (zu den [wichtigen!] Ausnahmen → Rn. 379). 357

10 BGH NJW-RR 2010, 495; NJW 2006, 63; 2001, 2177; 2000, 1641.
11 BGH NJW-RR 1994, 1405.
12 BGH NJW 1993, 930; 1992, 1314.
13 BGH JR 1969, 102; *Rosenberg/Schwab/Gottwald* ZivilProzR § 78 II.

Beispiel: Trägt der Beklagte unwidersprochen vor, der vertragliche Erfüllungsanspruch des Klägers sei bereits vor fünf Jahren entstanden, so handelt es sich dabei um eine für das Gericht bindende (§§ 138 III, 288 ZPO) Tatsache. Fügt er hinzu, die Forderung sei daher verjährt, so ist dies eine für das Gericht unbeachtliche Rechtsansicht. Ob Verjährung eingetreten ist, muss das Gericht auch dann prüfen, wenn die entsprechende Behauptung »unstreitig« bleibt.

358 Schwierig ist die Abgrenzung zwischen Tatsachen und Rechtsansichten bei den sog. **Rechtsbegriffen,**[14] mit denen (meist in verkürzter Form mehrere) Tatsachen vorgetragen und gleichzeitig rechtlich bewertet werden. Sie reichen als Tatsachenvortrag nur dann aus, wenn es sich bei ihnen um *Rechtsbegriffe des täglichen Lebens* handelt, sodass alle Beteiligten hierunter das gleiche verstehen, und keine Zweifel über die zugrunde liegenden Tatsachen bestehen.

Beispiele: Trägt der Kläger vor, er habe eine Sache »gekauft«, so steckt darin als tatsächlicher Kern die Behauptung, es seien sich deckende Willenserklärungen abgegeben worden. Dass hierdurch ein wirksamer Vertrag zustande gekommen sei, ist lediglich eine unverbindliche rechtliche Schlussfolgerung.
Andere zulässige Rechtsbegriffe des täglichen Lebens sind »Eigentum«, »Miete« oder »Darlehen«.

359 *Nicht ausreichend* sind sie,

- wenn gerade die ihnen zugrunde liegenden Tatsachen streitig sind.

  Beispiel: Ist streitig, ob ein Kaufvertrag zustande gekommen ist, genügt es nicht, dies unter Verwendung des Begriffes »Kaufvertrag« zu behaupten oder zu bestreiten. Erforderlich ist dann der Vortrag von Einzeltatsachen, aus denen das Zustandekommen des Vertrages festgestellt werden kann.

- wenn ihnen verschiedene Lebenssachverhalte zugrunde liegen können.

  Beispiel: »Verzug«, der durch Mahnung oder kalendermäßig bestimmte Leistung eingetreten sein kann.

- wenn zweifelhaft ist, ob beide Parteien den Begriff zutreffend verwenden.

  Beispiel: Abgrenzung zwischen »Miete« und »Leihe«.

- wenn es sich um unbestimmte Rechtsbegriffe handelt.

  Beispiele: »Fahrlässigkeit«, »Sittenwidrigkeit«, »Treu und Glauben«.

360 **(3)** Für die Entscheidung kommt es nicht auf alle von den Parteien vorgetragenen Tatsachen an. Regelmäßig enthält der Parteivortrag überflüssige Details oder Randgeschehnisse, die nur von untergeordneter Bedeutung sind. **Erheblich** für die Sachverhaltsfeststellung sind alle die Tatsachen, die zu den Voraussetzungen einer für die Entscheidung möglicherweise relevanten Rechtsnorm gehören oder den Parteien erkennbar so wichtig sind, dass sie erwarten dürfen, dass das Gericht sich mit ihnen auseinandersetzt.

Die solchermaßen erheblichen Tatsachen sind bei der späteren Darstellung des Sachverhalts besonders herauszustellen. Unerhebliche Tatsachen werden entweder nur über Verweisungen einbezogen oder bleiben unerwähnt.

361 **(4)** Für die vorgetragenen und erheblichen Tatsachen ist schließlich noch festzustellen, ob sie **streitig oder unstreitig** sind. Diese Unterscheidung ist für die prozessuale

---

14 BGH NZM 1998, 411; OLG Koblenz NJW-RR 1993, 571; *Büttner/Prior*, Grundfälle zur Relationstechnik, JuS 1978, 544; *Schuschke/Kessen/Höltje* Arbeitstechnik 17.

Behandlung der Tatsachen von Bedeutung: Unstreitige Tatsachen sind vom Gericht der Entscheidung unmittelbar zugrunde zu legen, streitige Tatsachen bedürfen, wenn es auf sie ankommt, des Beweises.

Zur Frage, wann Tatsachenvortrag streitig bzw. unstreitig ist → Rn. 372 f.

(5) Im Einzelfall ist das Parteivorbringen auch nach **weiteren Kriterien** zu differenzieren. 362

So kann es **bspw**. erforderlich sein, (möglicherweise) verspätetes und rechtzeitiges oder Haupt- und Hilfsvorbringen zu trennen.[15]

c) Einseitige Sachverhaltsfeststellung

Die Feststellung des Sachverhalts, der nur von einer Partei vorgetragen ist, bereitet in der Regel keine besonderen Probleme. 363

Eine solche Form der Sachverhaltsdarstellung kommt vornehmlich in Anwaltsschriftsätzen in Betracht.

Als Ausgangspunkt hierfür dient meist ein Schreiben oder ein Aktenvermerk über den mündlichen Vortrag der Partei, häufig mit anliegenden Urkunden. Anders als im laufenden Prozess wird der Sachverhalt hier regelmäßig in Teilbereichen noch »offen« sein, sodass auch solche Tatsachen zu berücksichtigen sind, die von der Partei nur für möglich gehalten oder vermutet werden.[16] Soweit die Unterscheidung zwischen Tatsachen und Rechtsansichten einerseits oder erheblichen und unerheblichen Tatsachen andererseits relevant wird, gelten die vorstehenden Ausführungen entsprechend.

Eine Unterscheidung in streitige und unstreitige Tatsachen ist hier nicht möglich. An deren Stelle kann die Differenzierung zwischen »sicheren« und »unsicheren« Tatsachen treten, dh Tatsachen, die voraussichtlich unbestritten bleiben oder sich sicher beweisen lassen werden. Die möglichen Beweise sind in jedem Fall mit zu erfassen.

2. Urteilstatbestand[17]

Reguläre Form der Sachverhaltsdarstellung im Zivilprozess ist der (zweiseitige) Urteilstatbestand. Grundsätzlich bedarf jedes Urteil einer solchen Darstellung des Sach- und Streitstands (§ 313 I Nr. 5 ZPO). 364

Ausnahmsweise kann er **wegbleiben** 365

- in einem Urteil, gegen das unzweifelhaft kein *Rechtsmittel* eingelegt werden kann (§ 313a I 1, II ZPO), soweit keine der Rückausnahmen des § 313a IV ZPO vorliegt.
- in einem *Versäumnis-*, *Anerkenntnis- und Verzichtsurteil* (§ 313b I 1 ZPO).
- in Examensarbeiten, soweit der *Bearbeitungsvermerk* dies zulässt.

Nachfolgend sollen Inhalt, Aufbau und Darstellungsform des Tatbestands im Allgemeinen dargestellt werden. Konkrete praktische Beispiele und zahlreiche Einzelfragen finden sich im Rahmen des Musterurteils, → Rn. 661 ff. 366

---

15 *Pape*, Grundregeln für die systematische Bearbeitung zivilrechtlicher Akten, JuS 1993, 758; → Rn. 361; → Rn. 1107 ff.; → Rn. 1286; → Rn. 1332.

16 BGH NJW-RR 2003, 69; 2000, 273.

17 *Huber*, Grundfragen des Tatbestands im Zivilurteil, JuS 1984, 615, 786, 950; *Schmitz/Frisch/Neumaier* Station in Zivilsachen 80 ff.; *Stein*, Die Abfassung des zivilrechtlichen Urteilstatbestands in Praxis und Examen – Ein Überblick, JuS 2014, 607; *Titz*, Der Tatbestand im Zivilurteil, JA 2003, 677; sowie die unter »Anleitungsbücher« im Literaturverzeichnis aufgeführte Literatur.

a) Inhalt

367 Die **Funktion** des Tatbestands in einem Zivilurteil wird deutlich, wenn man diesen einerseits von den Entscheidungsgründen, andererseits von den tatsächlichen Feststellungen in einem Strafurteil abgrenzt. Im Zivilurteil stellen Tatbestand und Entscheidungsgründe zwei auch durch entsprechende Überschriften voneinander abgegrenzte, eigenständige Bestandteile dar: Im *Tatbestand* wird das Parteivorbringen wertungsfrei dargestellt und den Parteien damit deutlich gemacht, inwieweit die von ihnen vorgetragenen Tatsachen vollständig und richtig erfasst wurden. In den *Entscheidungsgründen* dann werden diese Tatsachen bewertet, hier (und nur hier) findet eine eigene Stellungnahme des Gerichts ihren Platz. In einem *Strafurteil* sind die tatsächlichen Feststellungen und deren rechtliche Bewertung gleichwertige Teile der einheitlichen »Gründe«. Im tatsächlichen Teil der Gründe wird das vom Gericht aufgrund einer Wertung für wahr erachtete Geschehen mitgeteilt, sodass hier der Sachverhalt nicht dar-, sondern festgestellt wird.

368 **Gesetzlicher Anknüpfungspunkt** für Inhalt und Aufbau des Urteilstatbestands ist § 313 II ZPO. Wiedergegeben werden sollen danach die erhobenen Ansprüche, die dazu vorgebrachten Angriffs- und Verteidigungsmittel und die gestellten Anträge, seiner Form nach soll er knapp und auf die wesentlichen Inhalte beschränkt sein.[18]

Daher gehören in den Tatbestand grundsätzlich die von den Parteien **vorgetragenen, erheblichen Tatsachen** sowie die für die Entscheidung **relevante Prozessgeschichte** (Anträge, Beweisaufnahme). Sonstige Umstände (zB Rechtsansichten oder unerhebliche Tatsachen, weitere Prozessgeschichte) werden nur ausnahmsweise (→ Rn. 379, → Rn. 385 ff.) aufgenommen.

369 Die sich aus dem Erfordernis der Knappheit des § 313 II ZPO einerseits und der Beweiskraft des Tatbestands nach § 314 ZPO (nur was im Tatbestand steht, gilt als mündlich vorgebracht, ein Gegenbeweis kann nur durch das Protokoll geführt werden)[19] andererseits ergebende Antinomie wird durch die Möglichkeit der **Verweisung** gelöst: Das die Entscheidung tragende tatsächliche Geschehen gehört ausdrücklich in den Tatbestand, marginales Vorbringen kann durch Bezugnahme auf den schriftsätzlichen Vortrag der Parteien in der Akte einbezogen werden.

Soweit die Rechtsprechung tatsächliche Feststellungen auch in den Entscheidungsgründen oder im Protokoll zulässt und den Inhalt von Schriftsätzen auch dann als vorgetragen ansieht, wenn er weder im Protokoll noch im Urteil wiedergegeben wurde,[20] geht auf Besonderheiten des Rechtsmittelrechts zurück und darf bei erstinstanzlichen Urteilen nicht dazu führen, Tatbestände unvollständig oder unsorgfältig abzufassen.[21]

b) Aufbau

370 § 313 ZPO enthält keine zwingende Regelung über den Aufbau eines Tatbestands. Geht man davon aus, dass in ihm neben dem Tatsachenvortrag der Parteien, der der unterschiedlichen Behandlung im Prozess wegen in Streitiges und Unstreitiges zu gliedern ist, die Anträge (Rechtsschutzziel) und – soweit erforderlich – weitere Teile des Prozessgeschehens wiederzugeben sind, gibt es zu dem in der Praxis entwickelten Aufbaumodell aus Gründen der Verständlichkeit für den Leser keine echte Alterna-

18 BGH NJW 2004, 1876; 1999, 1229.
19 BGH MDR 2013, 671; BGH NJW-RR 1990, 1269.
20 BGH NJW 2007, 2414; 2004, 1876; 2152; 2155; 1996, 379; 1992, 2148 (2149).
21 *Gaier*, Der Prozessstoff des Berufungsverfahrens, NJW 2004, 110; *Oehlers*, Von dem, was der Revisionsrichter zu lesen und der Tatrichter zu schreiben hat, NJW 1994, 712.

tive. Einen Überblick über die Bestandteile des Urteilstatbestands gibt dabei Schema 8.5:

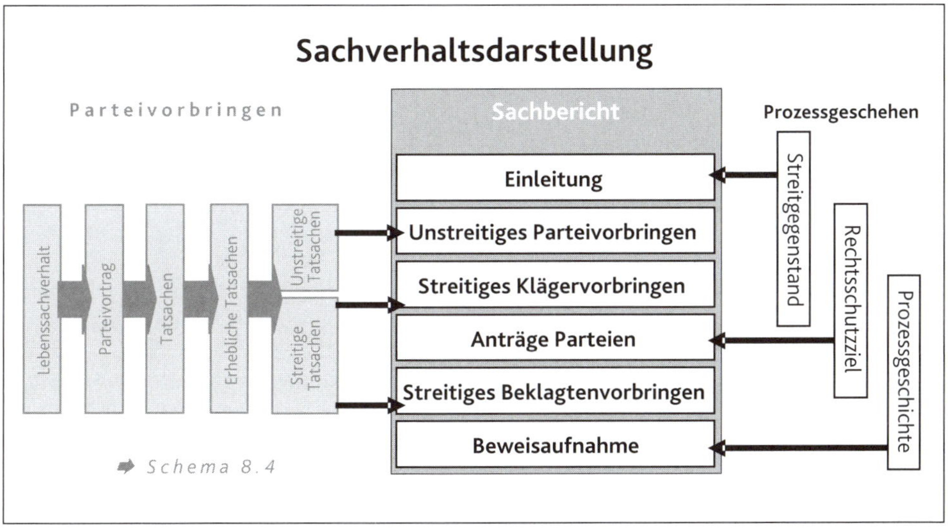

Schema 8.5: Sachverhaltsdarstellung

(1) Einleitungssatz. Um den Leser in die Problematik des Rechtsstreits einzuführen und ihm das Verständnis der nachfolgenden Ausführungen zu erleichtern, empfiehlt es sich häufig, einen kurzen Einleitungssatz zu bilden. 371

In diesem Einleitungssatz dürfen keine Tatsachen vorkommen, die nicht später wiederholt werden, weil sonst nicht klar ist, ob diese streitig oder unstreitig sind. Sinnvoll ist der Einleitungssatz daher nur bei nicht allzu kurzen Sachverhaltsdarstellungen, weil es sonst zu unnötigen Wiederholungen kommt.[22] Andererseits soll der Einleitungssatz den Streitstoff (bezüglich der Hauptsache, nicht hinsichtlich der Nebenansprüche) halbwegs erschöpfend behandeln, was bei sehr komplexen, umfangreichen Verfahren manchmal nur schwer möglich ist.

(2) Unstreitiges Parteivorbringen. Schwerpunkt des Tatbestands ist in der Regel die Wiedergabe des zwischen den Parteien unstreitigen Vorbringens in Form einer Geschichtserzählung. Unstreitig zwischen den Parteien ist, was sie übereinstimmend vorgetragen haben oder was von einer Partei vorgetragen und von der anderen Partei ausdrücklich (in Form eines gerichtlichen Geständnisses nach § 288 ZPO) oder fiktiv aufgrund eines Nichtbestreitens (§ 138 III ZPO) zugestanden wurde. 372

Weil bei Beurteilung der Frage, ob eine Tatsache streitig oder unstreitig ist, eine eigene Wertung nicht schon im Tatbestand, sondern erst in den Entscheidungsgründen vorgenommen werden darf, sind damit auch die Tatsachen (formell) streitig, die 373

- dem *Ergebnis* der *Beweisaufnahme entgegenstehen*, es sei denn, es ergeben sich aus dem Vorbringen der Partei ausnahmsweise Anhaltspunkte dafür, dass sie in Anbetracht des Beweisergebnisses ihren bisherigen Vortrag nicht mehr aufrechterhalten will.
- *unzulässig bestritten* wurden.

22 *Baur*, Typische Fehler in zivilrechtlichen Aufsichtsarbeiten der zweiten juristischen Staatsprüfung, JA 1980, 685; *Theimer/Theimer* Mustertexte ZivilProz § 4 III 2 a).

> **Beispiel:** Bestreiten unter Verstoß gegen das Verbot, Tatsachen, die Gegenstand eigener Wahrnehmung waren, mit Nichtwissen zu bestreiten (§ 138 IV ZPO).

- *unsubstanziiert bestritten* wurden (zur Substanziierung → Rn. 162, → Rn. 197 ff.).

Eine Ausnahme stellt hier das sog. *»pauschale Bestreiten«* dar, bei dem der Vortrag des Gegners undifferenziert und in Gänze in Abrede gestellt wird. Dabei handelt es sich nach überwiegender Ansicht nicht um ein Bestreiten, entsprechende Äußerungen entfalten überhaupt keine Wirkungen, führen also nicht zum Streitigwerden von Tatsachen.

> **Beispiele:** »Das übrige Vorbringen des Gegners wird bestritten, soweit es nicht ausdrücklich zugestanden wird.«
> »Es wird alles bestritten.«

374 Nicht zum prozessual beachtlichen Vortrag der Parteien und damit grundsätzlich nicht in den Tatbestand gehört Vorbringen, das – ohne Schriftsatznachlass nach § 283 ZPO – erst nach Schluss der letzten mündlichen Verhandlung erfolgt (§ 296a ZPO). Vorbringen, das vor Schluss der mündlichen Verhandlung iSd § 296 ZPO *verspätet* vorgebracht wurde, darf nicht zurückgewiesen werden, wenn es unstreitig ist; dann gehört es zum unstreitigen Parteivorbringen (zum streitigen verspäteten Vorbringen → Rn. 362).

375 Der *Aufbau* des unstreitigen Parteivorbringens erfolgt grundsätzlich chronologisch, zum besseren Verständnis kann im Einzelfall aber auch eine Gliederung nach Streitgegenständen oder Streitgenossen erfolgen. Eine Ausnahme gilt nur, wenn der Kläger durch Abstufung seines Vortrags in Haupt- und Hilfsvorbringen für das Gericht eine bestimmte Prüfungsreihenfolge vorgegeben hat; diese ist dann auch bei der Darstellung im Tatbestand einzuhalten (zu Hilfsanträgen und Hilfsvorbringen → Rn. 1093 ff., → Rn. 1107 ff.).

Typischer Aufbaufehler ist regelmäßig die unkritische Übernahme der Reihenfolge, in der die Parteien das Geschehen vortragen. Da dies aus deren subjektiver Sicht erfolgt, kann es geboten sein, die vom Beklagten vorgetragene Vorgeschichte vor die anspruchsbegründenden Tatsachen des Klägers zu ziehen.

376 Unstreitig sind häufig auch die Voraussetzungen von *Nebenansprüchen* (Zinsen, Kosten).

377 **(3) Streitiger Klägervortrag.** Hier sind die *Tatsachen* wiederzugeben, die von Seiten des Klägers vorgetragen werden und nicht schon im Unstreitigen dargestellt wurden. *Streitig* ist derjenige Teil des klägerischen Vortrags, der vom Beklagten wirksam bestritten wurde.

Ob eine zwischen den Parteien streitige Tatsache beim *Kläger- oder beim Beklagtenvortrag* wiederzugeben ist, hängt davon ab, welcher der Parteien die Darlegungslast obliegt (→ Rn. 383).

378 Auch der Klägervortrag wird grundsätzlich chronologisch *aufgebaut*, kann aber auch nach anderen Kriterien (Ansprüche, Beklagte) strukturiert werden.

379 Ausnahmsweise werden nicht nur die vorgetragenen Tatsachen in den Klägervortrag aufgenommen:

- *Rechtsansichten*[23] gehören grundsätzlich nicht in den Tatbestand. Von diesem Grundsatz gibt es allerdings zwei wichtige Ausnahmen.

  Der Grundsatz der Gewährung rechtlichen Gehörs verlangt, dass das Gericht auch die von den Parteien vorgetragenen Rechtsansichten für die Entscheidung berücksichtigt. Geht das Gericht auf den wesentlichen Kern des Vortrags einer Partei zu einer entscheidungserheblichen Frage in den Entscheidungsgründen nicht ein, so lässt dies auf die Nichtberücksichtigung des Vortrags schließen. Dies macht es erforderlich, Rechtsansichten der Parteien in den Tatbestand aufzunehmen (und sich in den Entscheidungsgründen mit ihnen auseinanderzusetzen), wenn ihnen aus der Sicht der Partei besondere Bedeutung zukommt und sie nicht aus der Sicht des Gerichts unerheblich oder aber offensichtlich unsubstanziiert sind.[24]

  Rechtsansichten müssen auch dann in den Tatbestand aufgenommen werden, wenn der Streit der Parteien sonst nicht verständlich würde, etwa weil der Sachverhalt weitgehend unstreitig ist und die Parteien ausschließlich oder überwiegend um Rechtsansichten streiten.

  Beide Ausnahmen sind insbesondere in Examensklausuren deutlich häufiger als in der Praxis. Werden Rechtsansichten in den Tatbestand aufgenommen, so sind sie als solche kenntlich zu machen und vom Tatsachenvortrag klar abzugrenzen

- *Unerledigte Beweisantritte* gehören grundsätzlich in den Tatbestand,[25] weil sie zum Vortrag der Parteien gehören und weil in den Entscheidungsgründen darzutun ist, warum das Gericht ihnen nicht entsprochen hat.

(4) Anträge. Wiederzugeben sind die von den Parteien in der letzten mündlichen Verhandlung gestellten Anträge. Da diese für den Rechtsstreit von besonderer Bedeutung sind, verlangt § 313 II ZPO deren *Hervorhebung*, was in der Praxis durch Einrücken erfolgt. Auch die Darstellung der Anträge im Tatbestand kann Probleme aufwerfen: **380**

- Vorsicht ist bei in irgendeiner Hinsicht *änderungsbedürftigen* Anträgen geboten: Grundsätzlich sollten diese in unveränderter Form wörtlich so wiedergegeben werden, wie sie von den Parteien gestellt wurden. Sind sie unklar oder gar falsch, und müssen sie daher ausgelegt werden, so erfolgt dies (als Wertung des Gerichts!) erst in den Entscheidungsgründen. Nur ausnahmsweise können offenbare (Schreib-)Fehler oder sprachliche Unebenheiten in engen Grenzen schon im Tatbestand zu einer berichtigten Wiedergabe führen.[26]
- *Überflüssige Anträge*,[27] dh solche, die sich auf von Amts wegen zu treffende Entscheidungen (Kosten, vorläufige Vollstreckbarkeit) beziehen, können im Tatbestand weggelassen werden.

  Im Bereich der vorläufigen Vollstreckbarkeit ist nicht immer klar, ob ein »*Antrag auf Vollstreckungsschutz*« ein solcher nach § 711 S. 1 ZPO ist, der weggelassen werden kann, oder ein solcher

---

23 BLAH/*Hartmann* ZPO § 313 Rn. 26; *Schuschke/Kessen/Höltje* Arbeitstechnik 222; zur Abgrenzung von Tatsachen → Rn. 350.

24 BVerfG NJW-RR 1995, 1033 (1034); NJW 1994, 2279; BVerfGE 86, 133.

25 AA *Anders/Gehle* Assessorexamen ZivR Rn. 53; *Siegburg* Urteilstechnik Rn. 139; zum Streit hierüber: *Puhle*, Der unerledigte Beweisantritt, JuS 1990, 296; *Rosenberg/Schwab/Gottwald* ZivilProzR § 59 II 2 d); *Schuschke/Kessen/Höltje* Arbeitstechnik 238; *Schellhammer* Arbeitsmethode Rn. 51; Thomas/Putzo/*Reichold* ZPO § 313 Rn. 18; *Weitzel*, Nochmals: Der unerledigte Beweisantritt, JuS 1990, 923.

26 BLAH/*Hartmann* ZPO § 313 Rn. 19; *Knöringer* ZivilProz § 5 I 1 (2); *Schuschke/Kessen/Höltje* Arbeitstechnik 230; *Theimer/Theimer* Mustertexte ZivilProz § 4 III 2 d).

27 BLAH/*Hartmann* ZPO § 313 Rn. 28; *Schellhammer* Arbeitsmethode Rn. 40; *Siegburg* Urteilstechnik Rn. 157; Thomas/Putzo/*Reichold* ZPO § 313 Rn. 19.

nach §§ 710, 711 S. 2 und 3, 712 ZPO (dazu → Rn. 555 ff.), der nach § 714 ZPO erforderlich ist und daher in den Tatbestand hinein gehört. Hier bedarf es vor Abfassung des Tatbestands bereits einer rechtlichen Qualifizierung des Antrags, in Zweifelsfällen empfiehlt es sich immer, ihn aufzunehmen.

- Grundsätzlich wegzulassen sind auch die *überholten Anträge*,[28] dh solche, die in einem früheren Prozessstadium zwar gestellt worden sind, zum Zeitpunkt der letzten mündlichen Verhandlung aber nicht mehr aufrecht erhalten werden, zB, weil inzwischen die Klage geändert oder insoweit zurückgenommen wurde. Ausnahmsweise werden solche Anträge doch noch erwähnt, wenn und soweit sie für die zu treffende Entscheidung noch von Bedeutung sind (häufig zB für die Kostenentscheidung) oder weil der aktuelle Antrag ohne sie nicht mehr verständlich wäre (so zB der Sachantrag nach einem klagestattgebenden Versäumnisurteil oder einer einseitigen Erledigungserklärung).
- Als *unvollständige Anträge*[29] bezeichnet man solche, die eine Verweisung auf bisherigen Vortrag der Parteien oder auf die Prozessgeschichte enthalten, zB den »Antrag aus dem Mahnbescheid« oder den Antrag auf Zahlung von Zinsen »seit Rechtshängigkeit«. Während für den erstgenannten Fall Einigkeit darüber besteht, dass dieser Antrag in vervollständigter Form in den Tatbestand zu übernehmen ist, dort also allein der dem Mahnbescheid entnommene Sachantrag steht, ist für den zweiten Fall zweifelhaft, ob hier das Datum der Rechtshängigkeit eingefügt werden darf. Sicherer scheint es, den Antrag in der gestellten Form in den Tatbestand aufzunehmen und im Rahmen der Prozessgeschichte die für die Bestimmung der Rechtshängigkeit wesentlichen Daten mitzuteilen, sodass die Formulierung des Tenors nachvollzogen werden kann.

381 **(5) Streitiger Beklagtenvortrag.** Hier sind die *Tatsachen* wiederzugeben, die von Seiten des Beklagten vorgetragen werden und nicht schon im Unstreitigen dargestellt wurden. *Streitig* ist derjenige Teil des Beklagtenvortrags, der vom Kläger wirksam bestritten wurde.

Für die Aufnahme von Rechtsansichten und unerledigten Beweisantritten in diese Station gilt das zum Klägervorbringen Gesagte entsprechend.

382 Der Aufbau des Beklagtenvorbringens erfolgt regelmäßig nicht chronologisch, sondern sachlich nach den einzelnen Verteidigungen. Zunächst ist das Vorbringen darzustellen, das für die Zulässigkeit der Klage von Bedeutung ist, danach folgt das zur sachlichen Verteidigung, wobei hier zunächst das Bestreiten der vom Kläger vorgetragenen Tatsachen und danach die neu vorgetragenen eigenen Tatsachen (Gegenrechte) wiederzugeben sind.

383 Dabei ist besonders darauf zu achten, dass *schlichtes Bestreiten*[30] (bloßes Leugnen) niemals in den Tatbestand gehört, weil sich allein aus der Einordnung der Behauptung des Gegners in den streitigen Vortrag ergibt, dass die Tatsache bestritten ist. Bestreiten des Beklagten findet Eingang in die Sachverhaltsdarstellung also nur, soweit es sich um qualifiziertes handelt, dh soweit über den Vortrag des Gegners hinaus weitere, eigene Tatsachen vorgebracht werden.

---

28 *Schellhammer* Arbeitsmethode Rn. 37; Thomas/Putzo/*Reichold* ZPO § 313 Rn. 19.
29 *Schuschke/Kessen/Höltje* Arbeitstechnik 231; *Siegburg* Urteilstechnik Rn. 156.
30 *Schellhammer* Arbeitsmethode Rn. 64.

Die Formulierung »Der Beklagte bestreitet, ...« ist damit regelmäßig ein Hinweis auf einen Aufbaufehler, weil qualifiziertes Bestreiten als Behauptung dargestellt wird. Ob eine zwischen den Parteien streitige Tatsache beim *Kläger- oder beim Beklagtenvortrag* wiederzugeben ist, hängt davon ab, welcher der Parteien die Darlegungslast obliegt.[31]

> **Beispielsfall:** Der Kläger hat vorgetragen, der Beklagte sei bei Vertragsschluss bereits volljährig gewesen. Dies hat der Beklagte bestritten. Da es sich bei der Geschäftsunfähigkeit um ein Gegenrecht handelt, das vom Beklagten darzulegen ist,[32] findet sich zu diesem Punkt im Tatbestand beim Klägervortrag kein Wort, während es beim Beklagtenvortrag heißt »Der Beklagte behauptet, er sei zum Zeitpunkt des Vertragsschlusses noch minderjährig gewesen.«

(6) Weiteres Parteivorbringen. Nur ganz ausnahmsweise wird im Anschluss an das Verteidigungsvorbringen des Beklagten nochmals auf das Vorbringen des Klägers einzugehen sein (sog. Replik). Erforderlich kann dies bei vom Beklagten erhobenen Gegenrechten (Einreden, Aufrechnung, Widerklage) werden, weil hier das (Verteidigungs-)Vorbringen des Klägers vorab nicht sinnvoll dargestellt werden könnte. **384**

Wo immer möglich, ist eine solche zusätzliche Station zu vermeiden. Dies gilt erst recht für weitere Darlegungsstationen (Replik, Duplik, Triplik usw.; dazu auch → Rn. 440).[33]

(7) Prozessgeschichte. Prozessgeschichte findet in den Tatbestand nur insoweit Eingang, als sie für die Entscheidung noch von Bedeutung ist. Dies ist grundsätzlich hinsichtlich der *Beweisaufnahme* der Fall. Dargestellt werden muss dabei dass, worüber (Beweisthema), wodurch (Beweismittel) und mit welchem Ergebnis Beweis erhoben wurde. **385**

Auch hier gilt es, weitest möglich von der Möglichkeit der *Verweisung* auf den Akteninhalt Gebrauch zu machen. Dabei muss sichergestellt werden, dass Beweisthema, Beweismittel und Beweisergebnis vollständig in Bezug genommen werden.

Ausnahmsweise können auch *andere Aspekte* der Prozessgeschichte für die Entscheidung noch von Bedeutung sein. **386**

> **Beispiele:** Klageänderungen, vorausgegangene Teil- oder Versäumnisurteile, Vollstreckungsbescheide, noch nicht beschiedene Prozessanträge oder Einverständnisse zu Entscheidungen durch Einzelrichter bzw. im schriftlichen Verfahren.

Was für die Entscheidung keine Rolle mehr spielt, bleibt *unerwähnt*. **387**

> **Beispiele:** Ein vorausgegangenes Mahnverfahren (ohne Vollstreckungsbescheid), die Art des Vorverfahrens, prozessleitende oder terminsvorbereitende Maßnahmen und Zwischenentscheidungen.[34]

Soweit Prozessgeschichte in den Tatbestand gehört, hat sie dort keinen allgemeingültigen *Platz*.[35] Je nach ihrem Inhalt kann sie eingefügt werden **388**

- im *unstreitigen Parteivorbringen*, wenn sie für das Verständnis des Sach- und Streitstands erforderlich ist (so zB bereits ergangene Vorbehalts-, Grund- oder Teilurteile und der Beitritt eines Nebenintervenienten).
- im *streitigen Klägervorbringen*, wenn sie für das Verständnis der Anträge erforderlich ist (so zB ein Versäumnisurteil oder eine Klageänderung).

31 *Anders/Gehle* Assessorexamen ZivR Rn. 51; *Siegburg* Urteilstechnik Rn. 261.
32 BGH NJW 1972, 681; Palandt/*Ellenberger* BGB § 104 Rn. 8.
33 *Schuschke/Kessen/Höltje* Arbeitstechnik 236.
34 *Schellhammer* Arbeitsmethode Rn. 52 ff.
35 *Anders/Gehle* Assessorexamen ZivR Rn. 67.

- am *Ende des Tatbestands* in allen anderen Fällen. Hier finden sich insbesondere die Beweisaufnahme,[36] die Zustimmung der Parteien zu bestimmten Verfahrensweisen und andere Prozessgeschichte, die keine unmittelbaren Auswirkungen auf vorangegangene Abschnitte des Tatbestands hat.

c) Sprache und Stil

389 Grammatikalisch und sprachlich sind die einzelnen Abschnitte des Tatbestands ihrem Inhalt gemäß entsprechend differenziert darzustellen.[37] Während die für die Entscheidung feststehenden Abschnitte (Einleitungssatz, Unstreitiges Parteivorbringen und Anträge) im Indikativ gehalten werden, erfolgt die seitens des Gerichts nötige Distanzierung von dem noch nicht feststehenden streitigen Parteivortrag durch den Konjunktiv. Zeitlich beziehen sich Einleitungssatz und Anträge auf den Schluss der letzten mündlichen Verhandlung, stellen also die prozessuale Gegenwart dar. Dies gilt auch für die Einleitungsfloskeln der streitigen Sachvorträge (»Der Kläger behauptet, ...«). Während das unstreitige Geschehen als Geschichtserzählung im Imperfekt wiedergegeben wird, erfolgt die Darstellung des streitigen Geschehens im Perfekt. Die Prozessgeschichte kann gegenwärtig (dann Präsens), vergangen (dann Perfekt) oder überholt sein (dann Plusquamperfekt), sie kann feststehen (wie die Tatsache, dass Beweis erhoben wurde; dann Indikativ) oder nicht (wie der Inhalt einer Zeugenaussage; dann Konjunktiv).

Grammatikalische Form des Tatbestands

Abschnitt	*Zeit-/Sprachform*	*Beispiel (auszugsweise)*
Einleitung	Präsens Indikativ	Der Kläger begehrt Rückzahlung eines Kaufpreises.
Unstreitiges Vorbringen beider Parteien	Imperfekt Indikativ	Am 1.12. schlossen die Parteien einen Kaufvertrag über einen Sarg Typ „Ruhe sanft"
Streitiges Vorbringen des Klägers	Präsens/Perfekt Konjunktiv	Der Kläger behauptet, der Beklagte habe ihm zugesichert, der Sarg habe eine Daunenfüllung.
Anträge beider Parteien	Präsens Indikativ	Der Beklagte beantragt, die Klage abzuweisen.
Streitiges Vorbringen des Beklagten	Präsens/Perfekt Konjunktiv	Der Beklagte behauptet, üblich sei eine Füllung mit Sägespänen.
Allgemeines Prozessgeschehen	Präsens Indikativ	Hilfsweise rechnet er mit einem Gegenanspruch wegen nicht erfolgter Grabpflege auf.
	Perfekt Indikativ	Das Gericht hat Beweis erhoben durch Vernehmung des Zeugen Gräber.
	Konjunktiv	Dieser hat bekundet, der Sarg sei schwer gewesen.
	Plusquamperfekt Indikativ	Der Kläger hatte zunächst beantragt, den Beklagten zur Abnahme des Sargs zu verurteilen.

Schema 8.6: Grammatikalische Form des Tatbestands

36 *Siegburg* Urteilstechnik Rn. 188 mwN.

37 *Siegburg* Urteilstechnik Rn. 135, 142, 155, 187.

3. Sonderformen der Sachverhaltsdarstellung

a) Sachbericht

Muss der (zweiseitige) Sachverhalt eines Rechtsstreits außerhalb eines Urteils dargestellt werden, eignet sich der Tatbestand hierzu häufig nicht. Soll eine bislang mit dem Prozess nicht vertraute Person mit dem Sachverhalt vertraut gemacht werden, ohne dass sie die Akte lesen muss, so sind Verweisungen, wie sie der Tatbestand in großem Umfang zulässt und fordert, nicht möglich. Andererseits können – falls Adressat der Darstellung ein Jurist ist – Fachausdrücke in größerem Umfang verwendet werden, als dies den Parteien gegenüber erlaubt ist. Trägt man diesen Unterschieden Rechnung, so ergibt sich anstelle des Tatbestands der ansonsten identisch aufgebaute Sachbericht.[38] 390

Der praktisch wichtigste Unterschied besteht damit in der Notwendigkeit, im Sachbericht auch das **Ergebnis** einer **Beweisaufnahme** nachvollziehbar darzustellen. Wird der Sachbericht mündlich vorgetragen, können Teile der tatsächlichen Darstellung auch in die rechtliche Bewertung verschoben werden, weil sie hier besser verständlich sind.

Die **Bedeutung** des Sachberichts liegt heute im mündlichen *Vortrag* eines Rechtsstreits, sei es im Rahmen des zweiten juristischen Staatsexamens, sei es im Rahmen der Beratung eines Spruchgremiums. Wird diese Beratung schriftlich vorbereitet, so findet sich der Sachbericht (praktisch häufig in unterschiedlichen Modifikationen) auch im *Votum* (dazu → Rn. 455). 391

b) Beschluss

Ergeht die Entscheidung des Gerichts nicht in Form eines Urteils, sondern eines Beschlusses, so hat auch dieser als Teil der »Gründe« eine Sachverhaltsdarstellung zu enthalten. Mangels gesetzlicher Vorgaben wendet die Praxis auf die Begründung von Beschlüssen die Regelungen für das Urteil entsprechend an (→ Rn. 739). 392

Unabdingbar ist eine solche, bei Beschlüssen, die mit der Rechtsbeschwerde anfechtbar sind. Zur Verzichtbarkeit in anderen Fällen → Rn. 745.

Sinnvoll, aber nicht zwingend geboten ist eine räumliche Trennung der Sachverhaltsdarstellung von der rechtlichen Begründung. Diese erfolgt regelmäßig durch die Unterteilung der einheitlichen »Gründe« in einen tatsächlichen (I.) und einen rechtlichen Teil (II.). Möglich (wenn auch nicht zu empfehlen) ist es auch, den Sachverhalt inzident im Rahmen der Subsumtion darzustellen. Zum Aufbau der Sachverhaltsdarstellung → Rn. 370 ff. Verzichtbar ist die Sachverhaltsdarstellung, wenn es auf Vorbringen oder Anträge der Parteien nicht ankommt und sich die prozessualen Voraussetzungen aus der Entscheidung selbst ergeben.

Die tatsächliche Begründung eines Beschlusses umfasst – wie die Sachverhaltsdarstellung des Urteils auch – den entscheidungsrelevanten Vortrag der Parteien und die zugehörige Prozessgeschichte. Sind damit Funktion und Inhalt identisch mit der Sachverhaltsdarstellung in einem Urteil, so kann es auch der Aufbau sein. Der Beschluss-Sachverhalt besteht deswegen grundsätzlich aus den gleichen Abschnitten wie der Urteilstatbestand (Einleitungssatz, Unstreitiges Parteivorbringen, Streitiger Klägervortrag, Anträge, Streitiger Beklagtenvortrag, Prozessgeschichte). Der beschränkten Bedeutung der Entscheidung wegen sind die einzelnen Abschnitte regelmäßig deutlich kürzer oder fallen manchmal völlig weg.[39] 393

38 *Schuschke/Kessen/Höltje* Arbeitstechnik 215.
39 *Anders/Gehle* Assessorexamen ZivR Rn. 240.

c) Anwaltlicher Schriftsatz

394 Sachverhaltsdarstellungen können auch im Rahmen anwaltlicher Schriftsätze erforderlich werden.[40] Für die gerichtlichen Schriftsätze folgt dies unmittelbar aus den §§ 253 II Nr. 2, 130 Nr. 3, 5 ZPO, für außerprozessuale Schriftsätze ist es häufig sachlich geboten.

Aus dem Beibringungsgrundsatz (§ 282 ZPO), nach dem jede Partei »ihre« Angriffs- und Verteidigungsmittel vorzutragen hat, folgt, dass in prozessualen Schriftsätzen regelmäßig keine zweiseitige Darstellung des Sach- und Streitstands erforderlich ist, sondern es ausreicht, die Position der eigenen Partei **einseitig** vorzutragen. Wegen der hierbei zu beachtenden inhaltlichen Anforderungen → Rn. 158; → Rn. 197 ff. Zwingende formelle Regeln für die Darstellung bestehen nicht.

Regelmäßig wird sich ein Einleitungssatz empfehlen, das eigentliche Vorbringen wird sinnvollerweise chronologisch oder sachlich geordnet aufgebaut und kann auf Anlagen verweisen. Beweisantritte müssen eingearbeitet werden. Rechtsansichten stellen die »Begründung« dar und sind deswegen getrennt von den Tatsachen darzustellen.

395 Manchmal kann sich auch in anwaltlichen Schriftsätzen die Notwendigkeit ergeben, eine **zweiseitige** Sachverhaltsdarstellung zu geben.

So zum **Beispiel** bei der Streitverkündung (§ 73 ZPO) oder bei außergerichtlichen Schriftsätzen an den Mandanten, den Gegner oder Dritte. In Anwaltsklausuren im zweiten Staatsexamen wird häufig eine »den Anforderungen des § 313 II ZPO entsprechende und der Verfahrenssituation Rechnung tragende Sachverhaltsschilderung« verlangt.[41]

396 In diesen Fällen ist eine dem Urteilstatbestand soweit als möglich entsprechende Form der Darstellung geboten, sodass auf die dazu gemachten Ausführungen Bezug genommen werden kann.

Beispielsweise können sich Abweichungen bezüglich der Anträge ergeben, die ggf. noch nicht gestellt, sondern nur angekündigt sind. Beweisantritte sind stets aufzunehmen, da deren Erheblichkeit noch nicht beurteilt werden kann.

d) Rechtsmittelentscheidung

397 Besondere Regeln müssen für die Darstellung des Sachverhalts in Rechtsmittelentscheidungen (Berufung, Revision, Beschwerde) gelten. Diese Besonderheiten ergeben sich zum Teil aus gesetzlichen Vorschriften (§ 540 I Nr. 1 ZPO), zum Teil aus dem Wesen der Rechtsmittelentscheidung. Insoweit sei auf die Darstellung der Rechtsbehelfe verwiesen (→ Rn. 1484 ff.).

40 *Buchwaldt*, Die zivilrechtliche Anwaltsexamensarbeit, JuS 1987, 634; *Gross*, Grundstrukturen erfolgreicher Schriftsätze, JuS 1999, 171; *Grüneberg/Manteufel*, Die anwaltliche Relationsklausur, JuS 1996, 55; *Knemeyer*, Die zivilrechtliche Anwaltsklausur, JA 1996, 685; *Michel/von der Seipen*, Schriftsatz; *Müller/Oelkers*, Anwaltliche Strategien im Zivilprozess, 4. Aufl. 2001.

41 *Diercks-Harms*, Anwaltsaufgaben im zweiten Staatsexamen, JA 2007, 285.

§ 9 Rechtliche Bewertung

Die rechtliche Bewertung eines juristischen Sachverhalts erfolgt – unabhängig davon, ob sie aus der Sicht des Gerichts oder des Rechtsanwalts erfolgt – stets in Form eines Gutachtens. Als Gutachten wird die (auch in anderen Wissenschaften verbreitete) deduktive Lösung eines Problems im Rahmen eines von einer Hypothese zum Ergebnis absteigenden Verstehensprozesses bezeichnet. 398

Regelmäßig ist die gutachtliche Prüfung nur Zwischenschritt auf dem Weg zur richtigen praktischen Lösung. In der Praxis und im Examen kommt sie aber auch als eigenständige Leistung in Betracht, insbesondere zur Begründung eines Entscheidungsvorschlags des Sachbearbeiters an den Entscheidungsträger (*Votum* oder *Vortrag* des berichterstattenden Richters an den Spruchkörper, *Vermerk* oder *Schreiben* des vorbereitenden Anwalts an den zuständigen Kollegen oder den Mandanten).

1. Allgemeines

Die **Arbeitsmethode** der rechtlichen Prüfung kann hier nicht explizit vorgestellt werden.[1] Diese richtet sich nach materiellem Recht und würde den Rahmen der vorliegenden Abhandlung sprengen. Entsprechendes gilt für die bei der Rechtsprüfung möglichen Hilfsmittel in Form von Aufbaustrukturen und anspruchsbezogenen Prüfungsschemata. Die nachfolgenden Ausführungen beschränken sich daher auf die möglichen Formen einer **Darstellung** des Gutachtens.

a) Gutachtenstil

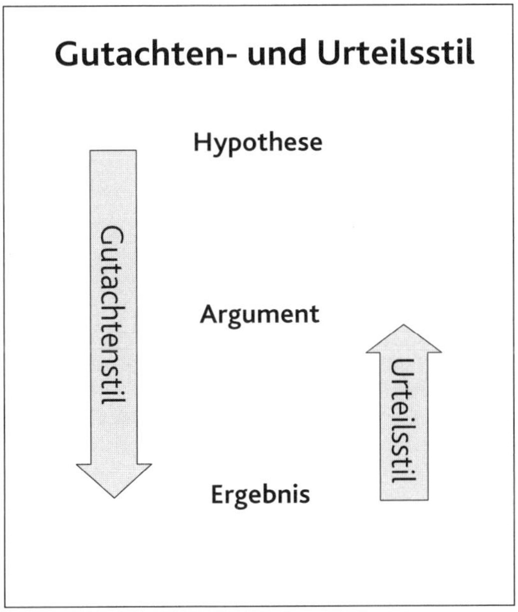

Schema 9.1: Gutachten- und Urteilsstil

Zur Beantwortung einer Rechtsfrage wird beim Gutachten zunächst eine mögliche Hypothese gebildet (»Der Kläger kann einen Anspruch haben«), dann untersucht, ob sich diese argumentativ belegen lässt (»Voraussetzung dafür ist, ...«) und letztlich einem Ergebnis zugeführt (»Also hat der Kläger einen Anspruch«). 399

Die Ausgangshypothese führt praktisch häufig zu einer sprachlichen Darstellung in der Möglichkeitsform (Konjunktiv), zwingend ist dies nicht. Argumente ergeben sich aus dem Gesetz, der juristischen Methodenlehre oder den Grundsätzen der Logik. Der argumentative Schluss von den Voraussetzungen auf das Ergebnis erfolgt nach den Grundsätzen des juristischen Syllogismus.

1 *Beyerbach*, Gutachten, Hilfsgutachten und Gutachtenstil – Bemerkungen zur juristischen Fallbearbeitung, JA 2014, 813; *Cristensen/Pötters*, Methodische Fehler in juristischen Prüfungen, JA 2010, 566.

Das Gutachten unterscheidet sich damit deutlich von einer Entscheidungsbegründung, die ebenfalls der argumentativen Herleitung eines Ergebnisses dient.[2] Die Unterschiede zwischen Gutachtenstil und Urteilsstil liegen nicht im grammatikalischen Modus, sondern in Adressat, Zweck, Methode und Inhalt.[3]

Während das Gutachten deduktiv über einen aufsteigenden Verstehensprozess von theoretischen Überlegungen zum Ergebnis gelangt, bildet dieses Ergebnis den Ausgangspunkt des Urteils und begründet dies induktiv durch einen absteigenden Verstehensprozess. Während deswegen beim Gutachten das Ergebnis als Zusammenfassung am Ende steht, beginnen die Entscheidungsgründe damit.

Formulierungen wie »denn, da, weil« machen deutlich, dass die Begründung dem Ergebnis folgt und stellen Urteilsstil dar, während Formulierungen »also, somit, daher« auf eine nachfolgende Schlussfolgerung und damit auf Gutachtenstil hindeuten.

Das Gutachten wendet sich an andere Juristen, will diesen unter Berücksichtigung aller auftauchenden Fragen mögliche Lösungswege aufzeigen. Die Entscheidungsgründe richten sich dagegen vornehmlich an die Parteien, die durch eine das Ergebnis tragende Begründung von der Richtigkeit der Entscheidung überzeugt werden sollen.

In einem Gutachten werden deswegen auch dann noch alternative Überlegungen angestellt, wenn ein Ergebnis bereits gefunden ist (zB konkurrierende Ansprüche). Entscheidungsbegründungen beschränken sich dagegen auf tragende Gründe, Doppelbegründungen unterbleiben.

Formulierungsbeispiel eines Gutachtenaufbaus:
Dem Kläger kann ein Anspruch auf Herausgabe aus § 985 BGB zustehen.
Voraussetzung dafür ist, dass er Eigentümer und der Beklagte Besitzer der Sache ist.
Der Kläger ist Eigentümer. …
Damit kann er Herausgabe gemäß § 985 BGB verlangen.
Dem Kläger kann ein weiterer Herausgabeanspruch zustehen aus …

Formulierungsbeispiel eines Urteilsaufbaus:
Der Kläger kann vom Beklagten Herausgabe aus § 985 BGB verlangen.
Er ist Eigentümer der Sache, der Beklagte ist deren Besitzer. …

b) Grundformen des Gutachtens

400 Aufgabe des Gutachtens ist die Prüfung aller im Zusammenhang mit einem Sachverhalt auftretenden rechtlichen Fragen. Für die Rechtsprüfung eines praktischen zivilrechtlichen Falles sind dabei über die in der universitären Ausbildung übliche Prüfung materieller Fragen hinaus einige grundsätzliche Überlegungen zu beachten.

- Praktische Gutachten erfordern ausnahmslos ein *Einbeziehen prozessualer Fragen*. Das Vorliegen der verfahrensrechtlichen Voraussetzungen der begehrten Sachentscheidung wird dabei der Prüfung der materiellen Fragen in einem eigenen Abschnitt (»Zulässigkeit«) vorangestellt.
- Praktische Gutachten können sich nicht mit abstrakten Ergebnissen zufrieden geben (»Der Kläger kann vom Beklagten Zahlung verlangen«), sondern müssen die

2 *Zuck*, Begründungen – ihre Gründe und Grenzen, NJW 2016, 3573.

3 *Beyerbach*, Gutachten, Hilfsgutachten und Gutachtenstil – Bemerkungen zur juristischen Fallbearbeitung, JA 2014, 813; *Cristensen/Pötters*, Methodische Fehler in juristischen Prüfungen, JA 2010, 566; *Jasper*, Die Sprache des Urteils, MDR 1986, 198 ff.; *Wieduwilt*, Die Sprache des Gutachtens, JuS 2010, 288; *Wolf*, Bemerkungen zum Gutachtenstil, JuS 1996, 30; zum Urteilsstil ausführlich → Rn. 507 ff.

erforderliche weitere konkrete Vorgehensweise erkennen lassen. Sie enden deswegen stets mit einem *praktischen Vorschlag*, der der besseren Verständlichkeit des Gutachtens wegen bereits einleitend mitgeteilt wird.
- Steht nach der Prüfung eines Abschnitts das Ergebnis des Prozesses bereits fest und kann dieses sich nicht mehr ändern, kann die Prüfung anderer Fragen oft unterbleiben. Insoweit dient das Gutachten praktisch der Arbeitsökonomie und verhindert unnötigen Prüfungsaufwand.[4]

> **Beispiel:** Hat die prozessrechtliche Prüfung aus der Sicht eines Richters ergeben, dass die Klage unzulässig ist und kann der Mangel nicht behoben werden, bedarf es einer Prüfung der materiellrechtlichen Fragen nicht mehr. An die Prozessstation schließt sich dann unmittelbar der abschließende Vorschlag an, die Klage abzuweisen.

Für die weiteren zu prüfenden Rechtsfragen ist die konkrete praktische Situation der Begutachtung zu berücksichtigen. Analog zu den unterschiedlichen Klausuraufgaben im zweiten juristischen Staatsexamen (→ Rn. 340 ff.) sind dabei vier verschiedene Grundformen von Gutachten auseinander zu halten: Die Rechtsprüfung kann aus Gerichts- oder Anwaltssicht erfolgen, sie kann ein- oder mehrstufig (relationstechnisch) aufgebaut werden. Der unterschiedliche Aufbau ergibt sich dabei aus der Funktion des Gutachtens einerseits und dem Zeitpunkt seiner Erstellung andererseits und muss sich grundsätzlich aus der gedanklichen Abfolge der Prüfung erklären. Ausführungen zum Aufbau (Erklärungen, warum welcher Aufbau gewählt wurde) sind – weil überflüssig – zu unterlassen.[5] 401

Gerichtliche und anwaltliche Rechtsprüfungen unterscheiden sich in zahlreichen Punkten. 402

- Der *Richter* erstellt sein Gutachten regelmäßig nach Schluss der letzten mündlichen Verhandlung, zu einem Zeitpunkt also, zu dem der Sachverhalt »abgeschlossen« ist, für die Entscheidung nicht mehr abgeändert werden kann (§ 296a ZPO). Er muss den Sachverhalt aus dem Parteivortrag, an den er gebunden ist, und dem Ergebnis einer Beweisaufnahme, dessen Würdigung ihm obliegt, feststellen und hat damit eine sichere tatsächliche Entscheidungsgrundlage. Ziel seines Gutachtens ist die Vorbereitung einer Entscheidung über den Streit der Parteien, wobei er bestrebt sein wird, eine objektiv richtige, möglichst gerechte Entscheidung zu treffen. Streitige Rechtsfragen kann und muss der Richter verbindlich entscheiden.
- Der *Anwalt* erstellt sein Gutachten zu einem sehr viel früheren Zeitpunkt, meist zur Vorbereitung der Klage. Hier sind Sachverhaltsdetails oft noch gar nicht klar. Was der Gegner vortragen oder eine Beweisaufnahme ergeben wird, ist völlig offen, kann allenfalls vermutet werden. Diese Unsicherheit des Sachverhalts bietet aber auch Gestaltungsmöglichkeiten: Noch nicht vorliegende günstige Tatsachen können noch geschaffen, ungünstige Tatsachen möglicherweise abgeändert werden. Die materielle Privatautonomie und die prozessuale Dispositionsbefugnis eröffnen dem Mandanten erhebliche Handlungsspielräume. Diese müssen erkannt, vorhandene Alternativen gegeneinander abgewogen und zwischen ihnen ausgewählt werden. Phantasie und Kreativität sind dabei in weitaus stärkerem Maß

4 *Siegburg* Urteilstechnik Rn. 225; zum Erfordernis eines Hilfsgutachtens → Rn. 451.
5 *Fleck/Arnold*, Die Klausur im Zivilrecht – Struktur, Taktik, Darstellung und Stil, JuS 2009, 881.

gefordert als bei gerichtlichen Fallbearbeitungen.[6] Offen bleiben muss, wie das Gericht einzelne Fragen entscheiden wird. Die Würdigung von Beweisergebnissen oder die Beantwortung streitiger Rechtsfragen ist dem Richter vorbehalten, der Anwalt kann diese Entscheidung nicht treffen, sondern sie allenfalls prognostizieren. Seine Aufgabe ist nicht die Entscheidung, sondern die Beratung seines Mandanten über Chancen und Risiken.[7]

Beispiel: Stellt der Richter fest, dass der Kläger nicht aktiv legitimiert ist, muss er die Klage abweisen. Hat der Kläger ein Gestaltungsrecht nicht ausgeübt, kann dieses für die Entscheidung nicht berücksichtigt werden, ist eine erforderliche Nachfrist nicht gesetzt, ist die Klage unbegründet.
Stellt der Anwalt fest, dass der Kläger nicht aktiv legitimiert ist, kann er versuchen, ihm das Recht (zB durch Abtretung) zu verschaffen. Bislang nicht abgegebene Gestaltungserklärungen (Kündigung, Anfechtung), oder Nachfristsetzungen können vor Klageerhebung nachgeholt werden.
Werden zu einer erheblichen Rechtsfrage unterschiedliche Auffassungen vertreten (»Theorienstreit«), kann und muss der Richter sich für diejenige Auffassung entscheiden, die er für richtig hält.[8] Der Anwalt dagegen wird diejenige Auffassung wählen, die seinem Mandanten im konkreten Fall die günstigere ist und wird versuchen, das Gericht von der Richtigkeit dieser Auffassung zu überzeugen, selbst wenn er persönlich anderer Meinung ist.

403 Unterschiede bestehen auch zwischen der **Rechtsprüfung unstreitiger und streitiger Sachverhalte.**

- *Unstreitige* Sachverhalte bieten eine verlässliche tatsächliche Grundlage bei der Subsumtion von Normvoraussetzungen.
- Bei *streitigen* Sachverhalten indes ist unklar, was nun der Subsumtion zugrunde zu legen ist. Ist die Abweichung im tatsächlichen Vortrag erheblich, kommt es bei Zugrundelegung der unterschiedlichen Parteivorträge zu unterschiedlichen Prozessergebnissen.

Gelöst werden kann das Problem nicht dadurch, dass vor der rechtlichen Begutachtung alle streitigen tatsächlichen Fragen geklärt werden. Dies würde dazu führen, dass sich die (mit großem Aufwand und erheblichen Kosten verbundene) Beweisaufnahme auch auf diejenigen streitigen Tatsachen erstrecken würde, auf die es für die Entscheidung gar nicht ankommt. Zu den Aufgaben des Gutachtens gehört es, die Entscheidungserheblichkeit von Tatsachen festzustellen und so zu klären, über welche Tatsachen Beweis erhoben werden muss und über welche Tatsachen nicht.

Beispiel: Steht fest, dass die Ampel für den Beklagten rot zeigte, als er sie überfuhr, handelte er schuldhaft. Bestreitet der Beklagte dagegen die entsprechende Behauptung des Klägers, führt die Zugrundelegung des Klägervortrags zu einer Klagestattgabe, die Zugrundelegung des Beklagtenvortrags zu einer Klageabweisung. In diesem Fall sind Beweisaufnahme und Beweiswürdigung erforderlich.

---

6 *Meurer*, Baumängelprozess – Verfahrensvorbereitung und Auswahl der richtigen Klageart, MDR 2000, 1041; *Fischer*, Zweckmäßigkeitsüberlegungen in der zivilrechtlichen Anwaltsklausur, JuS 1999, 900 und 1002; *Treffer*, Die Wahl der richtigen Verfahrensart, MDR 1999, 722.

7 BGH NJW 1996, 2649; 1996, 2931; 1995, 450; *Diercks-Harms*, Anwaltsaufgaben im zweiten Staatsexamen, JA 2007, 285; *Kaiser*, Die zivilrechtliche Anwaltsklausur aus Klägersicht, JA 2008, 721; *Kaiser*, Die zivilrechtliche Anwaltsklausur aus Beklagtensicht, JA 2009, 716; *Weimar*, Grundfragen der anwaltlichen Rechtsberatung, MDR 1998, 1009.

8 Eine Bindung an die Rechtsprechung übergeordneter Gerichte gibt es dabei nicht. Praktisch indes macht es oft wenig Sinn, von einer bereits bekannten Auffassung des Obergerichts abzuweichen, weil dieses auf die Einlegung von Rechtsmitteln durch die Parteien hin die Möglichkeit hat, das untergerichtliche Urteil abzuändern. Daraus resultiert die Tendenz der Gerichte, im Zweifel der Rechtsprechung der OLG und des BGH zu folgen.

Damit stehen die vier Grundformen des Gutachtens in der Klausur fest: das einseitige Gerichtsgutachten, das zweiseitige Gerichtsgutachten, das einseitige Anwaltsgutachten und das zweiseitige Anwaltsgutachten. Zu den sich aus vorstehenden Überlegungen ergebenden Besonderheiten des Aufbaus → Rn. 405 ff., zum Inhalt der einzelnen Prüfungsabschnitte → Rn. 413 ff. 404

Welche dieser vier Grundformen zu wählen ist, hängt von der Aufgabenstellung, insbesondere vom Bearbeitungsvermerk ab. Verlangt dieser eine »relationstechnische« Prüfung des Falles, muss ein mehrstufiger Aufbau gewählt werden, ist lediglich die »gutachtliche« Prüfung verlangt, gehört die Wahl der richtigen Form zur Aufgabe des Verfassers.

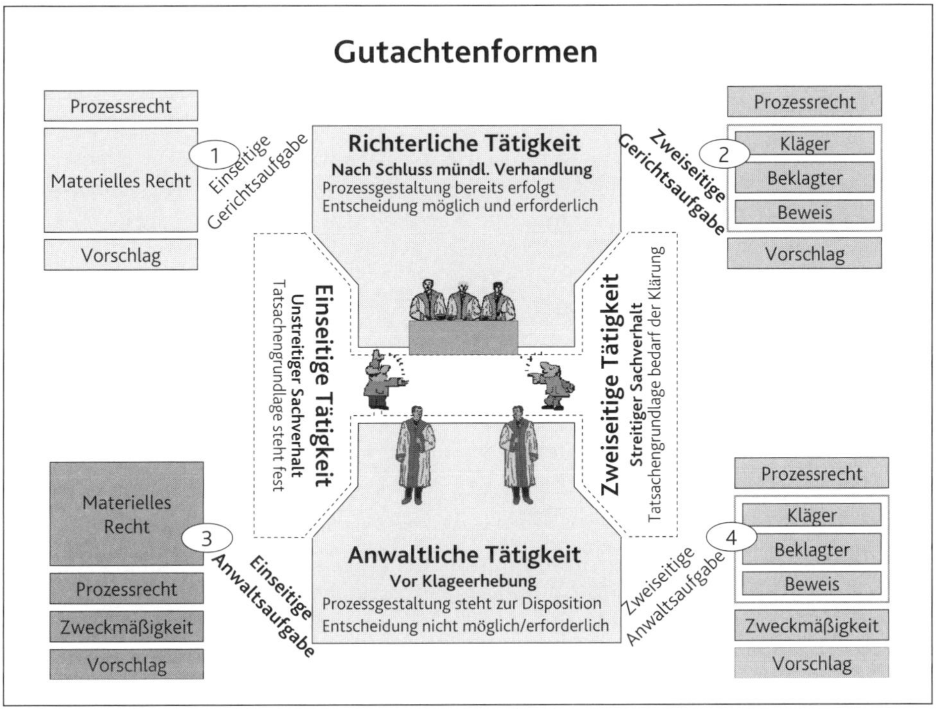

Schema 9.2: Gutachtenformen

(1) Einstufiges Gerichtsgutachten. Steht der Sachverhalt fest und ist er aus der Sicht des Richters zu prüfen, ergibt sich ein recht einfacher Aufbau des Gutachtens: Zu beginnen ist mit den prozessualen Fragen des Falles, weil über die Begründetheit der Klage nur bei Vorliegen der Zulässigkeitsvoraussetzungen entschieden werden kann. Den Hauptteil bildet die Prüfung der materiellrechtlichen Fragen, den Abschluss der konkrete Entscheidungsvorschlag. 405

Dieser Aufbau entspricht weitgehend dem Aufbau des Gutachtens in der universitären Ausbildung und liegt deswegen vielen Referendaren besonders nah. Eine solche Form des Gutachtens kommt für praktische Aufgabenstellungen an sich nur ausnahmsweise in Betracht, weil das Gericht grundsätzlich eine streitige Entscheidung trifft, der der Vortrag beider Parteien zugrunde zu legen ist. Eine bloß einseitige Entscheidung ergeht bei Säumnis des Beklagten, die zur Folge hat, dass Grundlage der Entscheidung des Gerichts ausschließlich der Vortrag des Klägers ist (§ 331 ZPO). Im Klausurexamen allerdings kommen (um eine Beweisaufnahme zu vermeiden) häufiger als in der Praxis Fälle vor, in denen der Vortrag der Parteien vollständig unstreitig ist und er deswegen einstufig geprüft werden kann.

Möglich ist ein einstufiges Gerichtsgutachten auch dann, wenn der Vortrag der Parteien nicht vollständig unstreitig ist, sondern nur ganz überwiegend. Dann kann innerhalb des einstufigen Aufbaus an der Stelle, an der die streitige Tatsache relevant wird, eine *»inzidente Teilrelation«* eingefügt werden.

Beispiel: Wird in einem einstufigen Gutachten ein Anspruch aus § 823 I BGB geprüft, kann allen Voraussetzungen der unstreitige Vortrag der Parteien zugrunde gelegt werden. Bestreitet der Beklagte die Behauptung des Klägers, er sei bei rot über die Ampel gefahren, kann es im Rahmen der Verschuldensprüfung heißen:

Formulierungsbeispiel: Der Beklagte muss auch schuldhaft gehandelt handelt haben. Der Kläger behauptet hierzu, der Beklagte sei bei rot über die Ampel gefahren. Trifft dies zu, so hat der Beklagte schuldhaft gehandelt. Der Beklagte bestreitet, dass die Ampel rot war. Dies ist erheblich, weil damit sein Verschulden entfällt. Zur Frage der Ampelstellung ist der Zeuge Müller vernommen worden. *[Es folgt eine Beweiswürdigung.]* Damit steht fest, dass die Ampel für den Beklagten rot war und er schuldhaft gehandelt hat.

406 **(2) Mehrstufiges Gerichtsgutachten: Gerichtsrelation.** Steht der vom Richter der Sachprüfung zugrunde zu legende Sachverhalt nicht fest, streiten die Parteien also um erhebliche Tatsachen, ist eine einheitliche Rechtsprüfung regelmäßig nicht möglich. Hier ist eine Sonderform des Gutachtens erforderlich, die Relation.

Die **praktische Bedeutung** der Relation ist heute nur noch gering, wenn man allein auf ihre schriftliche Ausformulierung abstellt. In dieser Form kommt sie außerhalb der Ausbildung (hier als eigenständige Leistung oder als »Hilfsgutachten«, → Rn. 451) allenfalls noch als Votum (dazu → Rn. 455 ff.) bei einem Oberlandesgericht vor. Unverzichtbar ist die Relation zumindest als gedankliches Prüfungsmodell in allen Prozessen: Von der Vorbereitung eines Termins über die Abfassung eines Beweisbeschlusses bis hin zum Urteil sind Maßnahmen im Prozess nur nach relationstechnischer Prüfung möglich. Relationstechnik ist damit – wie zB die Subsumtionstechnik auch – eine unverzichtbare Arbeitstechnik des Zivilrichters.[9]

Bei Begutachtung aus der Sicht des Gerichts ist die Relation die typische Darstellungsform.

407 Auch das Relationsgutachten muss prozessuale Fragen einbeziehen und zu einem konkreten praktischen Vorschlag führen. Der Unterschied zum einstufigen Gutachten zeigt sich bei der materiellrechtlichen Prüfung des Sachverhalts. Da dieser nicht feststeht, werden die verschiedenen Sachverhaltsalternativen getrennt geprüft. Zunächst wird der vom Kläger vorgetragene Sachverhalt geprüft, danach der vom Beklagten vorgetragene. Praktisch werden damit aus der einheitlichen, alle materiellrechtlichen Fragen umfassenden Begründetheitsprüfung des einseitigen Gutachtens drei Teilprüfungen:

- Zunächst wird allein der *Vortrag des Klägers* auf seine rechtliche Relevanz geprüft. Untersucht wird, ob er geeignet ist, die vom Kläger begehrte Rechtsfolge herbeizuführen, dh ob er schlüssig ist. Unterstellt, der Klägervortrag trifft zu, ist dem Kläger das zuzusprechen, was er beantragt hat?
- Erfüllt der Klägervortrag diese Anforderungen, so wird der *Vortrag des Beklagten* auf seine rechtliche Relevanz, dh seine Erheblichkeit hin geprüft. Hier wird untersucht, ob der Beklagtenvortrag, seine Richtigkeit unterstellt, geeignet ist, die Klage abzuweisen.

9 *Schellhammer*, Arbeitsmethode, Rn. 134 f.; vgl. auch die Diskussion um den Sinn der Relationstechnik *Grunsky*, Wert und Unwert der Relationstechnik, JuS 1972, 522, mAnm *Arndt* JuS 1972, 522; *Berg* JuS 1972, 523; *Müller* JuS 1974, 313; *Schmidt* JuS 1974, 414; *Steiner* JuS 1972, 520.

- Soweit es darauf ankommt, soweit also Kläger- und Beklagtenvortrag zu unterschiedlichen Ergebnissen führen, wird schließlich noch geprüft, inwieweit *Beweis* zu erheben ist bzw. bereits erhobene Beweise den streitigen Vortrag von Kläger oder Beklagtem bestätigen.

(3) Einseitiges Anwaltsgutachten. Den Besonderheiten der anwaltlichen Tätigkeit 408
(→ Rn. 402) muss durch einen von den Gerichtsgutachten abweichenden Aufbau Rechnung getragen werden.[10]

- Die dem Mandanten offen stehenden Möglichkeiten zur Gestaltung des Sachverhalts, die materiellrechtliche Privatautonomie und die prozessuale Dispositionsbefugnis eröffnen ihm regelmäßig ganz erhebliche Handlungsspielräume. Diese müssen erkannt, vorhandene Alternativen gegeneinander abgewogen und zwischen ihnen ausgewählt werden. Dies kann inzident zusammen mit der Prüfung der prozessualen und materiellen Fragen erfolgen. Verbreitet indes wird dazu ein eigener Abschnitt ins Gutachten eingefügt, die sog. »*Zweckmäßigkeitserwägungen*«. Üblicherweise erfolgt dies am Ende des Gutachtens, unmittelbar vor dem Vorschlag der weiteren Vorgehensweise.
- Die *prozessuale* Durchsetzbarkeit eines Anspruchs kann erst erörtert werden, wenn das Bestehen des Anspruchs feststeht. Ein Vorrang der Zulässigkeitsvoraussetzungen existiert insoweit nicht.

Aber auch die *anderen Stationen* (prozessuale Fragen, materielle Fragen, Vorschlag) 409
tragen dem Unterschied zwischen gerichtlicher und anwaltlicher Begutachtung Rechnung.

- Während das Begehr der Beteiligten für den Richter aus den Anträgen klar erkennbar ist, muss der Anwalt es manchmal erst ermitteln.
- Die Einhaltung eventueller Fristen spielt in der anwaltlichen Praxis eine ungleich größere Rolle als bei Gericht. Sowohl materielle (Verjährung) als auch prozessuale Fristen müssen aufgefunden, geprüft und gewahrt werden.
- In größerem Umfang als bei dem gerichtlichen Gutachten sind Hilfs- und Alternativüberlegungen anzustellen, da offen ist, wie das Gericht streitige Punkte behandeln wird.
- Der abschließende Vorschlag einer praktischen Umsetzung besteht nicht im Tenor einer Entscheidung, sondern meist im Antrag eines Schriftsatzes.

Während im Examen bei der Gerichtsklausur meist nur die Entscheidung zu fertigen ist und die gutachtliche Prüfung lediglich als vorbereitende Überlegung anzustellen ist, gehört ein schriftlich ausformuliertes Gutachten zum regelmäßigen Inhalt der im Rahmen einer Anwaltsklausur zu fertigenden Leistung. Typischerweise wird die Sachprüfung durch den Anwalt einseitig sein, weil (zunächst) nur der Vortrag des eigenen Mandanten bekannt ist.[11]

(4) Mehrseitiges Anwaltsgutachten: Anwaltsrelation. Hat der Rechtsanwalt in 410
seine Prüfung nicht nur den Vortrag seiner Partei, sondern auch den des Gegners einzubeziehen, ist die Prüfung der materiellrechtlichen Fragen regelmäßig nicht mehr

10 *Kaiser*, Die zivilrechtliche Anwaltsklausur aus Klägersicht, JA 2008, 721.
11 *Sarimehmetoglu*, Der Verkehrsunfall im zweiten Staatsexamen in der Anwaltsklausur aus Klägersicht, JA 2011, 127.

einstufig möglich. Erforderlich ist dann auch für den Anwalt eine zweiseitige relationstechnische Prüfung.[12]

Praktisch häufigster Fall ist hier die Prozessvertretung des Beklagten. Hier liegt bei Beauftragung des Anwalts bereits die dem Mandanten zugestellte Klageschrift des Gegners vor, der Vortrag des eigenen Mandanten kommt ergänzend hinzu.

411 Auch das zweiseitige Anwaltsgutachten muss Überlegungen zur Zweckmäßigkeit des Vorgehens enthalten. Nicht zwingend ist dagegen die Nachrangigkeit der prozessualen Fragen, sodass die Zulässigkeit der Klage hier genau wie beim Gerichtsgutachten vorab geprüft werden kann.

412 Die bei zweiseitigen Aufgaben anfallende Beweiswürdigung stellt den Anwalt vor besondere Probleme. Unabhängig davon, ob die Beweisaufnahme bereits durchgeführt ist oder nicht, kann er hier keine sichere Tatsachenfeststellung vornehmen, sondern kann das Ergebnis der dem Gericht vorbehaltenen Würdigung nur prognostizieren.

Beispiele: Bei der Vertretung eines Mandanten, der sich eines Anspruchs gegen einen Dritten berühmt, wird die Schlüssigkeitsprüfung mit einer Herausarbeitung des Begehrens des Mandanten beginnen und dann eine Subsumtion aller hierfür in Betracht kommenden Anspruchsgrundlagen umfassen. Im Rahmen der Erheblichkeitsprüfung sind alle bereits erkennbaren oder nach allgemeiner Lebenserfahrung nahe liegenden Verteidigungen des Gegners zu erörtern. In der Beweisstation sind die beiden Parteien absehbar zur Verfügung stehenden Beweismittel zusammenzustellen und deren wahrscheinlicher Beweisinhalt und Beweiswert gegeneinander abzuwägen. Danach ist unter Berücksichtigung der materiellen Beweislast ein Beweisergebnis zu prognostizieren. Ergibt die Sachprüfung bis dahin eine gewisse Erfolgsaussicht der Anspruchsverfolgung, schließt sich eine Erörterung prozessualer Fragen (Prozessstation) und Zweckmäßigkeitserörterungen (Kostenrisiko, Prozesskostenhilfe, Fristen, Vergleichsangebote) an. Den Abschluss bildet auch hier der Vorschlag einer konkreten Maßnahme (»Entscheidungsstation«, zB Klageerhebung), deren Inhalt dem Gutachten einleitend bereits vorangestellt wird (»Einleitungssatz«).
Wird der Mandant prozessual von einem Dritten in Anspruch genommen, wird die Prüfung mit der Prozessstation beginnen. Bei vorprozessualer Inanspruchnahme ist eine dahin gehende Prüfung obsolet. Dann erfolgt der Einstieg direkt in die Sachprüfung mit der Frage, inwieweit der gegnerische Anspruch schlüssig dargetan ist. Schwerpunkt ist dann die Untersuchung der Erheblichkeit einzelner Verteidigungsmöglichkeiten, der die Beweisprognose folgt. Am Ende stehen auch hier Zweckmäßigkeitserörterungen und der Vorschlag einer konkreten Maßnahme.

2. Die einzelnen Gutachtenstationen

413 Die verschiedenen Prüfungsabschnitte des Gutachtens werden herkömmlich als »**Stationen**« bezeichnet.

12 BGHZ 97, 380: »Beachtung der allgemeinen rechtswissenschaftlichen Methoden«; *Grüneberg/Manteufel*, Die anwaltliche Relationsklausur, JuS 1996, 55; *Kaiser*, Die zivilrechtliche Anwaltsklausur aus Beklagtensicht, JA 2009, 716.

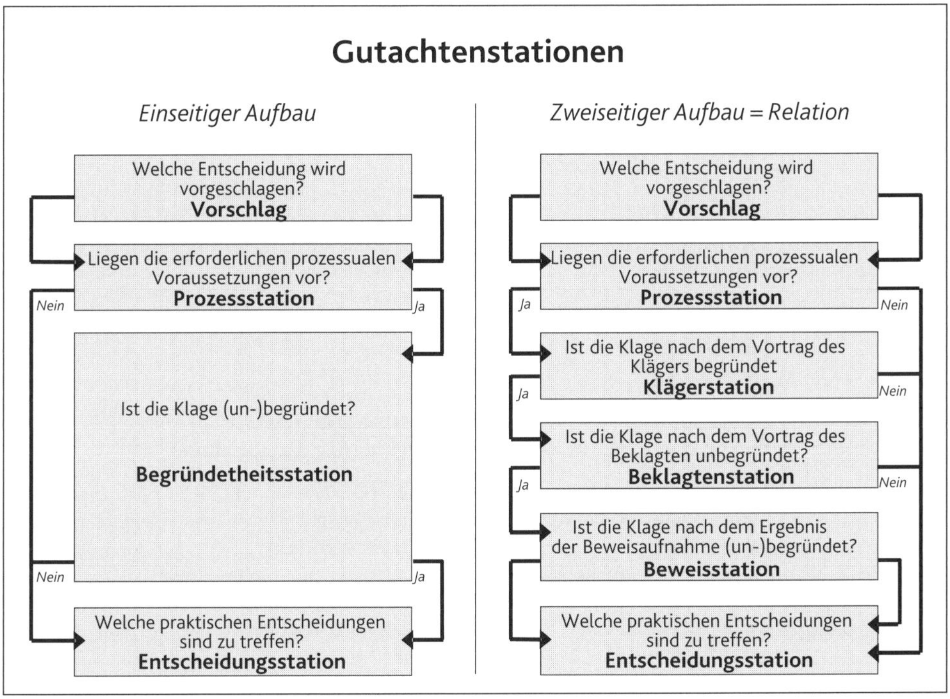

Schema 9.3: Gutachtenstationen

a) Vorschlag

Wie schon bei Darstellung des Tatbestands gesehen, wird dem Leser das Verständnis der folgenden Ausführungen erleichtert, wenn ihm bereits zu Beginn eine kurze Zusammenfassung gegeben wird. Es hat sich daher eingebürgert, das Gutachten mit der Vorwegnahme des Ergebnisses zu beginnen, in einem Satz also die vorzuschlagende Entscheidung zu umreißen.[13] 414

Ich schlage vor, der Klage stattzugeben.

Diese knappe Voranstellung des Ergebnisses findet sich bei allen Gutachtenformen gleichermaßen.

b) Prozessrechtliche Prüfung

Eine gerichtliche Sachentscheidung kann nur ergehen, wenn und soweit die prozessualen Voraussetzungen dafür vorliegen.[14] Diese sind grundsätzlich von Amts wegen (dh auch ohne Rüge der gegnerischen Partei) zu prüfen (vgl. § 56 I ZPO). 415

Der Richter muss das Vorliegen dieser Voraussetzungen vorab prüfen, für den Anwalt stellen sich die Fragen nach den zu erfüllenden prozessualen Anforderungen erst, wenn er in der Sache Aussicht auf Erfolg hat.

Der Grundsatz der Prüfung von Amts wegen besagt **nicht**, dass in diesem Bereich alle zur Beurteilung der Prozessvoraussetzung erforderlichen Tatsachen durch das Gericht von Amts wegen zu **ermitteln** wären. Er begründet lediglich die besondere Verpflichtung für das Gericht, »auf die Bedenken aufmerk-

13 *Schuschke/Kessen/Höltje* Arbeitstechnik 46; *Siegburg* Urteilstechnik Rn. 270.
14 BGH NJW 2000, 3718; *Lindacher*, Die Reihenfolge der Prüfung von Zulässigkeit und Begründetheit einer Klage im Zivilprozess, ZZP 90 (1977), 131.

sam zu machen«, die diesbezüglich bestehen (§ 139 III ZPO), und letztlich nur die von den Parteien vorgetragenen Tatsachen zu prüfen (Amtsprüfung, keine Amtsermittlung; → Rn. 31).[15]

Für die praktische Arbeit bedeutet dies, dass vom Vorliegen der prozessualen Voraussetzungen auszugehen ist, wenn sich aus den vorgetragenen Tatsachen keine Zweifel hieran ergeben. Bestehen solche Zweifel, muss das Gericht ihnen nachgehen und sie ggf. im Wege einer **Beweisaufnahme** klären. Lassen sich die Zweifel nicht ausräumen, ist die Klage unzulässig.[16] Streiten die Parteien um prozessuale Voraussetzungen, ist bereits in der Prozessstation eine »inzidente Teilrelation« mit Schlüssigkeits-, Erheblichkeits- und Beweisstation zu fertigen (→ Rn. 405).[17] Die Beweisbedürftigkeit kann durch Zugestehen oder Nichtbestreiten von Tatsachen nur dort beseitigt werden, wo eine Dispositionsbefugnis der Parteien besteht (so zB bei der rügelosen Einlassung oder dem Verzicht nach § 295 ZPO). Beweismittel und Beweisverfahren sind nach den Grundsätzen des Freibeweises ins Ermessen des Gerichts gestellt (dazu → Rn. 1348 ff.). Gelingt der Beweis nicht, muss nach den Grundsätzen der Beweislast davon ausgegangen werden, dass die Zulässigkeitsvoraussetzung nicht vorliegt, die Klage also unzulässig ist (→ Rn. 337).[18]

416 Eine Ausnahme vom Grundsatz der Klärung prozessrechtlich relevanter Tatsachen schon in der Prozessstation gilt für sog. »**doppelrelevante Tatsachen**«.[19]

Beispielsfall: Wird eine Klage auf Schadensersatz aus einem Verkehrsunfall im Gerichtsstand der deliktischen Handlung (§ 32 ZPO) erhoben und bestreitet der Beklagte, dass es einen solchen Unfall überhaupt gegeben hat, so ist die Tatsache »Unfall« von Bedeutung sowohl für die im Rahmen der Zulässigkeit zu prüfende örtliche Zuständigkeit als auch für die Begründetheit der Klage. Eine solche doppelrelevante Tatsache wird für die Zulässigkeit einfach unterstellt und erst im Rahmen der Beweisaufnahme zur Begründetheit geprüft: Ergibt sich dann, dass der Unfall stattgefunden hat, steht (nachträglich) die Zuständigkeit des Gerichts fest. Hat kein Unfall stattgefunden, geht dies allein zulasten des Klägers, der die Anrufung des falschen Gerichts zu verantworten hat, weil die Klage dann statt als unzulässig als unbegründet abgewiesen wird und damit eine weitergehende Rechtskraft entfaltet.

417 (1) Zu den zu prüfenden prozessualen Fragen gehören zunächst die sog. **Prozessfortsetzungsvoraussetzungen**. Als solche bezeichnet man diejenigen Voraussetzungen, die vorliegen müssen, damit ein Prozess fortgesetzt werden kann, obwohl bereits eine Sachentscheidung getroffen wurde.

Wichtigster praktischer Fall hierbei sind die besonderen Voraussetzungen von Rechtsbehelfen. Zu dem allgemeinen Prüfungsschema dafür → Rn. 249 und Schema 9.4.

Beispiel: Ist über den vom Kläger erhobenen Anspruch bereits durch Versäumnisurteil entschieden worden, wird der Prozess nur fortgesetzt, wenn die Voraussetzungen eines wirksamen Einspruchs vorliegen (→ Rn. 1286). Ist die erste Instanz durch streitiges Endurteil beendet worden, kommt eine Prozessfortsetzung vor dem Berufungsgericht nur bei zulässiger Berufung in Betracht (→ Rn. 1486 ff.). Zu den Prozessfortsetzungsvoraussetzungen kann auch die Wirksamkeit einer prozessbeendigenden Handlung (Klagerücknahme, Prozessvergleich oder übereinstimmende Erledigungserklärung) oder einer Rechtsnachfolge nach §§ 239 ff. ZPO gehören.[20]

---

15 BGH WM 2010, 2380; NJW 2004, 2523; 2000, 289.

16 BGH NJW 2000, 289; OLG Koblenz NJW-RR 2008, 148.

17 *Anders/Gehle* Assessorexamen ZivR Rn. 73; *Siegburg* Urteilstechnik Rn. 278.

18 BGH NJW 1996, 1059; *Musielak/Voit* GK ZPO Rn. 117.

19 Auch »Koinzidenz zulässigkeits- und anspruchsbegründender Tatsachen« genannt; StRspr seit RGZ 29, 371 und 158, 1; zuletzt BGH NJW 2010, 873; OLG Koblenz NJW-RR 2010, 1004; umfangreiche, nach einzelnen Zulässigkeitsvoraussetzungen geordnete Rechtsprechungsnachweise bei *Balzer*, Die Darlegung der Prozessführungsbefugnis und anderer anspruchsbezogener Sachurteilsvoraussetzungen im Zivilprozess, NJW 1992, 2721 ff.; *Wietz*, Die »doppelrelevante Tatsache« am Beispiel von Mischmietverhälnissen, NZM 2015, 145.

20 *Schumann*, Die Zivilrechtsklausur, JuS 1974, 367 (369 f.); 232 (233).

(2) Im Vordergrund der prozessualen Fragen stehen die **Zulässigkeitsvoraussetzungen.** Sie regeln, ob das Gericht zur Sachentscheidung überhaupt befugt ist. Fehlt eine von ihnen, ist die Klage als unzulässig abzuweisen.[21] 418

Fehlt eine der Zulässigkeitsvoraussetzungen, so kann dies dazu führen, dass ein Prozess erst gar nicht beginnt, dh die Klageschrift nicht zugestellt, ein Termin nicht bestimmt wird. Solche echten »**Prozessvoraussetzungen**« sind das Vorliegen der deutschen Gerichtsbarkeit, die funktionelle Zuständigkeit eines erstinstanzlichen Gerichts sowie die Ordnungsmäßigkeit der Klageerhebung. In der Regel verhindern Zulässigkeitsvoraussetzungen nicht die Durchführung eines Prozesses, sondern lediglich den Erlass eines Sachurteils, stellen insoweit bloße »**Sachentscheidungsvoraussetzungen**« dar. Fehlen diese, so ergeht ein Prozessurteil, dh, die Klage wird als unzulässig abgewiesen. Im Examen spielt diese Unterscheidung keine große Rolle, da ein klageabweisendes Prozessurteil auch dann ergeht, wenn das Gericht das Fehlen einer Prozessvoraussetzung zunächst übersehen und ein Verfahren begonnen hat.[22]

Der **Umfang** der Prüfung hat sich stets auf alle Zulässigkeitsvoraussetzungen zu erstrecken. Diese lassen sich entweder dem Gericht, den Parteien, der Klageschrift oder dem Streitgegenstand zuordnen. Hinzu kommen besondere Zulässigkeitsvoraussetzungen, die nur auf Einrede oder in bestimmten Prozesssituationen zu prüfen sind. Einen Überblick über die einzelnen Voraussetzungen[23] gibt Schema 9.4: 419

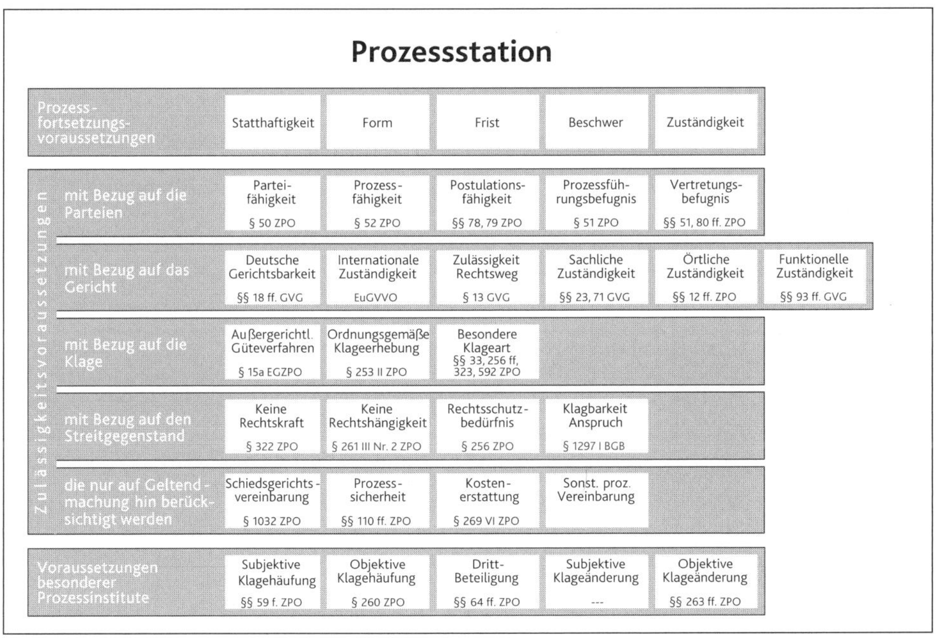

Schema 9.4: Prozessstation

21 BGH NJW 2008, 1227.

22 *Jauernig/Hess* ZivilProzR § 38 Abs. 2 2 b; *Schmitz*, Grundfälle zu den Sachurteilsvoraussetzungen des Zivilprozesses, JuS 1976, 441.

23 *Philipp/Rothermel*, Die Prüfung der Sachurteilsvoraussetzungen im Zivilprozess, JURA 2016, 232; *Schmitz*, Grundfälle zu den Sachurteilsvoraussetzungen des Zivilprozesses, JuS 1976, 441; *Schlosser*, Die Sachurteilsvoraussetzungen, JURA 1981, 648; zu Einzelheiten → Rn. 64 ff., → Rn. 90 ff., → Rn. 126, → Rn. 131, → Rn. 146 ff., → Rn. 219.

420 Die dargestellte **Reihenfolge** der einzelnen Zulässigkeitsvoraussetzungen ist nicht zwingend. Sollten in einem Fall mehrere Sachurteilsvoraussetzungen nebeneinander in Frage stehen, so gibt es einen logischen Vorrang einzelner Voraussetzungen vor anderen nicht.[24]

Allerdings kann es im Einzelfall sinnvoll sein, abweichend von der oben dargestellten Reihenfolge die echten Prozessvoraussetzungen vor den bloßen Sachurteilsvoraussetzungen zu prüfen (→ Rn. 418).

421 Unabhängig von der Notwendigkeit, immer alle Zulässigkeitsvoraussetzungen auf ihr Vorliegen hin zu kontrollieren, finden in einer (schriftlichen oder mündlichen) Darstellung des Gutachtens nur die Voraussetzungen **Erwähnung**, die im Einzelfall tatsächlich zweifelhaft sind.

Dies gilt für alle Zulässigkeitsvoraussetzungen, über deren Vorliegen die Parteien ausdrücklich streiten (Zulässigkeitsrüge), aber auch für diejenigen Voraussetzungen, an deren Vorliegen bei vernünftiger Betrachtung Zweifel bestehen müssen.

Bestehen Bedenken hinsichtlich irgendwelcher Zulässigkeitsvoraussetzungen (wie praktisch häufig) nicht, so hat auch die **floskelhafte** Feststellung der Zulässigkeit zu unterbleiben.

> Also nicht: »Bedenken an der Zulässigkeit der Klage bestehen nicht« oder »Die Klage ist zulässig«, wenn keine Begründung folgt.

422 Entscheidender **Zeitpunkt** für das Vorliegen der Zulässigkeitsvoraussetzungen ist grundsätzlich die letzte mündliche Verhandlung. Unerheblich ist es deswegen, wenn die Klage bei ihrem Eingang zunächst unzulässig war, dieser Mangel im Laufe des Verfahrens jedoch behoben und die Klage damit zulässig geworden ist.

Eine **Ausnahme** gilt insoweit für die Zuständigkeit des angerufenen Gerichts, bei der es ausreicht, dass sie irgendwann während des Verfahrens einmal vorgelegen hat, da nachträgliche Änderungen zuständigkeitsbegründender Tatsachen nach § 261 III Nr. 2 ZPO unbeachtet bleiben (sog. »perpetuatio fori«; → Rn. 1056).

423 **Ergebnis** der Prüfung ist in der Regel das Vorliegen der Zulässigkeitsvoraussetzungen, sodass dann zur Prüfung der materiellrechtlichen Fragen übergegangen werden kann. Ergibt sich ausnahmsweise, dass eine oder mehrere Voraussetzungen fehlen, so ist zunächst zu überlegen, ob dieser Mangel nicht zwischenzeitlich bereits geheilt wurde oder zumindest noch heilbar ist.

> So können zum **Beispiel** geheilt werden
> - Zustellungsmängel nach § 189 ZPO durch tatsächlichen Zugang,
> - Prozessunfähigkeit durch eine Pflegerbestellung,
> - Postulationsunfähigkeit durch Anwaltsbestellung,
> - nicht ordnungsgemäße Klageerhebung durch Nachbesserung,
> - Unzuständigkeit des Gerichts durch rügelose Einlassung (§ 39 ZPO) oder Verweisung des Rechtsstreits (§ 281 ZPO).

Im *Examen* kommt nur eine bereits eingetretene Heilung in Betracht, da Hinweise nicht mehr erteilt werden können. Nach den Weisungen der Prüfungsämter sind Hinweise als erteilt und reaktionslos geblieben zu unterstellen.

424 Fehlt eine Zulässigkeitsvoraussetzung, ist die Klage damit unzulässig, wird das Gutachten unmittelbar mit der Entscheidungsstation fortgesetzt und ein Prozessurteil vorgeschlagen. In diesem Fall muss sich die Frage anschließen, ob die nicht erörterten

24 Ganz überwiegende Auffassung, auch wenn im Einzelnen manches streitig ist: *Berg*, Zulässigkeitsvoraussetzungen im Zivilprozess, JuS 1969, 123.

prozessualen und materiellen Fragen jedenfalls im Rahmen eines »**Hilfsgutachtens**« zu prüfen sind (→ Rn. 451).[25] Liegen die Sachentscheidungsvoraussetzungen dagegen vor, so hat die Prüfung mit den folgenden Stationen weiterzugehen.

(3) Vorab zu erörternde prozessuale Fragen können schließlich auch noch die besonderen Voraussetzungen einzelner *Prozessrechtsinstitute* sein. Diese gehören nicht zu den Zulässigkeitsvoraussetzungen. **425**

Ob eine wirksame Streitgenossenschaft, eine Parteiänderung, eine objektive Klagehäufung oder eine Klageänderung vorliegt, muss **vorab** geprüft werden, weil erst danach klar ist, worauf sich die Entscheidung zu erstrecken hat. Das Fehlen der besonderen Zulässigkeitsvoraussetzungen solcher Institute führt nicht zur Abweisung der Klage, sondern zur Unzulässigkeit dieses Instituts, ggf. zur Abtrennung einzelner Teile des Rechtsstreits (§ 145 ZPO).

Soweit das Vorliegen eines prozessualen Instituts Auswirkungen auch auf die Zulässigkeit der Klage haben kann, muss dieses vor den Zulässigkeitsvoraussetzungen erörtert werden, ansonsten genügt die Prüfung zwischen Zulässigkeit und Begründetheit. **426**

Beispiel: Ist eine Parteiänderung wirksam geworden, müssen die parteibezogenen Zulässigkeitsvoraussetzungen auf Seiten der neuen Partei vorliegen. Ist die Parteiänderung unwirksam und soll der Prozess in diesem Fall mit den ursprünglichen Beteiligten fortgesetzt werden, ist auf die alte Partei abzustellen.

c) Materiellrechtliche Prüfung

(1) Beim **einschichtigen Gutachten** werden die materiellrechtlichen Fragen zusammenhängend in einem Abschnitt geprüft. **427**

Hier wird zunächst untersucht, ob der geltend gemachte Anspruch entstanden ist. Wird dies bejaht, erstreckt sich die Prüfung auf rechtshindernde Einwendungen, mögliche Erlöschenstatbestände (rechtsvernichtende Einwendungen) und Fragen der Durchsetzbarkeit des Anspruchs (rechtshemmende Einwendungen). Eine Trennung der Angriffs- und Verteidigungsmittel danach, von welcher Partei sie vorgetragen wurden, erfolgt nicht.[26]

Dieser Prüfungsaufbau entspricht dem universitärer zivilrechtlicher Gutachten und bereitet deswegen Referendaren erfahrungsgemäß keine besonderen Schwierigkeiten.

(2) Beim **Relationsgutachten** werden die materiellen Fragen zunächst unter Zugrundelegung des Klägervortrags geprüft **(Klägerstation)**. **428**

An dieser Stelle kann eine umfassende Darstellung der **Relationstechnik** nicht erfolgen, insoweit wird auf die zahlreiche Spezialliteratur verwiesen.[27] Versucht werden soll lediglich eine Darstellung des Prinzips und der Grundstrukturen.

Wie oben gesehen, ist die Sachprüfung in der Relation sowohl von Seiten des Klägers als auch von Seiten des Beklagten her durchzuführen, sodass im Regelfall zwei Sachstationen anfallen. Ziel dieser Darlegungsstationen ist es, rechtlich relevantes Vorbringen von irrelevantem zu unterscheiden und festzustellen, inwieweit das Vorbringen geeignet ist, das von der Partei angestrebte prozessuale Ziel zu erreichen.

---

25 *Siegburg* Urteilstechnik Rn. 273.

26 *Bitter/Rauhut*, Grundzüge zivilrechtlicher Methodik – Schlüssel zu einer gelungenen Fallbearbeitung, JuS 2009, 289.

27 Vgl. dazu die Kategorie »Anleitungsbücher« im Literaturverzeichnis; *Büttner/Prior*, Grundfälle zur Relationstechnik, JuS 1978, 244; 392; 543; 687; 831; 1979, 111; *Schellhammer*, Die Relationstechnik oder: Wie findet und formuliert man das Urteil im Zivilprozess, JURA 1987, 169.

429 **Gegenstand** der Prüfung in der Klägerstation ist das Vorbringen des Klägers (zu dem nicht nur der streitige Vortrag dieser Partei, sondern auch der unstreitige Vortrag beider Parteien gehört!). Dieses wird ohne weitere Prüfung als wahr unterstellt und geprüft, ob ausgehend davon das erstrebte Prozessziel (Klagestattgabe) erreicht werden kann. Ist dies der Fall, ist die Klage *schlüssig*.[28]

430 **Ausgangspunkt** hat dabei der *Antrag* des Klägers zu sein, der sein Begehren enthält, die gewünschte Rechtsfolge beschreibt und damit den Umfang der gerichtlichen Prüfung bestimmt (§ 308 I ZPO; dazu, dass der Streitgegenstand auch durch den Lebenssachverhalt bestimmt wird, → Rn. 179). Ist der Antrag unklar, so ist er ggf. vor Beginn der Sachprüfung *auszulegen*. Ist der Inhalt des Antrags für die Zulässigkeit der Klage von Bedeutung, so hat die Auslegung ausnahmsweise schon zu Beginn der Prozessstation zu erfolgen.[29]

Beispielsfall: Beantragt der Kläger, den Beklagten zu verurteilen, anzuerkennen, dass ein bestimmter Vertrag unwirksam sei, so liegt inhaltlich ein Feststellungsbegehren vor. Da für dieses ein Rechtsschutzbedürfnis erforderlich ist, muss die Auslegung schon in der Prozessstation geprüft werden.

Stellt der Kläger *mehrere Anträge*, so ist zu klären, wie diese sich zueinander verhalten.

So ist **beispielsweise** nach einer Klageänderung nur noch der aktuelle Antrag Prüfungsgegenstand. Liegt eine kumulative Klagehäufung (→ Rn. 1080 ff.) vor, so sind die einzelnen Anträge zu trennen und nacheinander zu behandeln. Dies gilt insbesondere für das Verhältnis von Haupt- und Nebenansprüchen (Zinsen, vorgerichtliche Kosten).

431 Steht das Begehren des Klägers fest, ist nach den hierauf gerichteten und möglicherweise in Betracht kommenden Rechtsgrundlagen zu suchen, bei Leistungsklagen nach *Ansprüchen* (»quae sit actio?«). Liegen solche vor, sind die vom Kläger vorgetragenen Tatsachen hierunter zu *subsumieren*. Die Anspruchsgrundlagen bestimmen damit den **Aufbau** der Schlüssigkeitsprüfung. Neben den hierbei möglichen materiellrechtlichen Problemen ist prozessual häufig zweifelhaft, ob der Tatsachenvortrag des Klägers inhaltlich ausreicht oder ob er zu pauschal ist.

Bei Auffinden und Subsumtion von Normen können **Prüfungsschemata** helfen. Sie stellen ein ökonomisches, systematisches Arbeiten sicher, ersparen Zeit und vermeiden Fehlerquellen. Sie dürfen aber nicht zu einem unkritischen Abhaken standardisierter und vereinfachter Punkte führen, müssen kritisch hinterfragt werden und können nur der Ausgangspunkt für eine methodengerechte Lösung des Einzelfalles sein.[30]

Der Kläger hat alle Tatsachen (→ Rn. 356) vorzutragen, die die Anspruchsgrundlage ausfüllen (**Darlegungslast**). Wie detailliert dieser Vortrag zu sein hat (**Substanziierungslast**), ist Frage des Einzelfalles und richtet sich vor allem nach dem Verhalten des Gegners (→ Rn. 162, → Rn. 197).

Hat der Kläger **Hilfstatsachen** (→ Rn. 1325 ff.) vorgetragen, so ist im Rahmen der Klägerstation die (immer zumindest konkludent mit vorgetragene) Haupttatsache auf ihre rechtliche Relevanz hin zu untersuchen. Ob aus den vorgetragenen Indizien der Schluss auf die Haupttatsache wirklich gezogen werden kann, wird erst im Rahmen der Beweiswürdigung untersucht, wenn auch feststeht, welche der Indizien bewiesen sind.

Aufbauprobleme können sich ergeben, wenn der Kläger sich vom Beklagten vorgetragene Tatsachen zu eigen macht.

---

28 BGH NJW-RR 1995, 1340; *Pulte/Leyendecker*, Zum Umfang der Schlüssigkeitsprüfung im Rahmen einer Relation, JuS 1995, 59.

29 BGH NJW 1992, 438; 2969.

30 *Rosenkranz*, Sinn und Unsinn des Erlernens von Prüfungsschemata, JuS 2016, 294.

Beispiel: Macht der Kläger sich Teile des Beweisergebnisses zu eigen, so sind diese – als Teil seines Parteivortrags zum Zeitpunkt der letzten mündlichen Verhandlung – bereits in der Schlüssigkeit zu prüfen. Ist absehbar, dass der primär auf einen vertraglichen Anspruch ausgerichtete Klägervortrag sich nicht beweisen lassen wird, so muss schon in der Schlüssigkeit auch ein möglicher Bereicherungsanspruch untersucht werden. Entsprechendes gilt, wenn vorweg feststeht, dass sich das Ergebnis der Beweisaufnahme weder mit dem Vorbringen des Klägers noch mit dem des Beklagten deckt (so häufig bei den Quotelungen nach § 17 StVG, § 254 BGB): Auch hier muss unter Hinweis auf das später darzustellende Beweisergebnis dessen rechtliche Bedeutung schon vorab in Schlüssigkeit oder Erheblichkeit geprüft werden.[31]

In der Klägerstation sind alle vom Kläger vorgetragenen Tatsachen zu prüfen, auch dann, wenn diese seinen Anspruch wieder zunichte machen (sog. »anspruchsfeindliche Tatsachen«).[32]

Beispiele: Bestreitet der Kläger einen Erfüllungseinwand des Beklagten nicht oder hält er ihn irrig für unerheblich, so ist die Klage bereits unschlüssig. Dies gilt auch dann, wenn sich aus dem Klägervortrag sowohl die Verjährung des Anspruchs als auch die Erhebung der Einrede durch den Beklagten ergeben.
Trägt der Kläger zwar den Ablauf der Verjährungsfrist, nicht aber die Geltendmachung der Einrede durch den Beklagten vor, so bleibt sein Vorbringen schlüssig, das (unvollständige) Gegenrecht wird erst in der Beklagtenstation untersucht. Entsprechendes gilt, wenn der Kläger lediglich mit Rechtsausführungen auf die vom Beklagten erhobene Verjährungseinrede reagiert hat.

Ergebnis der Schlüssigkeitsprüfung ist die Feststellung, ob, in welchem Umfang und aus welchem Rechtsgrund das Vorbringen des Klägers schlüssig, dh geeignet ist, die begehrte Rechtsfolge herbeizuführen.[33] Ergibt sich, dass das Vorbringen des Klägers vollständig unschlüssig ist, so ist der Rechtsstreit entscheidungsreif, weil die Klage insgesamt abgewiesen werden kann. Auf das Vorbringen des Beklagten kommt es hier genauso wenig an wie auf eine Beweisaufnahme. Ist das Vorbringen des Klägers dagegen zumindest zum Teil schlüssig, so ist mit der Prüfung der weiteren Stationen fortzufahren. 432

(3) Ist der Klägervortrag schlüssig, setzt sich das **Relationsgutachten** mit einer materiellrechtlichen Prüfung unter Zugrundelegung des Beklagtenvortrags fort (**Beklagtenstation).** 433

Gegenstand der Prüfung in der Beklagtenstation ist die Frage, inwieweit das Vorbringen des Beklagten (ebenfalls unter Einschluss des unstreitigen Parteivortrags) geeignet ist, die Ansprüche des Klägers zu Fall zu bringen, die Klage abzuweisen. Ist dies der Fall, ist das Vorbringen *erheblich*. 434

Nicht alles, was der Beklagte zu seiner Verteidigung vorbringt, wird in der Beklagtenstation geprüft. Erhebt der Beklagte *Zulässigkeitsrügen*, so sind diese in der Regel bereits in der Prozessstation zu prüfen.[34] Vom Beklagten geäußerte *Rechtsansichten* zur Schlüssigkeit des Klagevorbringens sind bereits in der Klägerstation zu berücksichtigen, wo die Rechtsfrage anzusprechen war.[35] In der Erheblichkeitsprüfung zu untersuchen ist damit das *Bestreiten* von Tatsachen und das Behaupten von *Gegenrechten*.

31 *Siegburg* Urteilstechnik Rn. 177.
32 BGH NJW 1999, 2120; 1984, 128; OLG Düsseldorf NJW 1991, 2089; Prütting/Gehrlein/*Czub* ZPO § 331 Rn. 10.
33 *Schellhammer* Arbeitsmethode Rn. 96.
34 *Siegburg* Urteilstechnik Rn. 288, 304.
35 *Proppe*, Häufige Fehler in der praktischen häuslichen Arbeit der zweiten juristischen Staatsprüfung, JA 1979, 297; *Schuschke/Kessen/Höltje* Arbeitstechnik 103, 200.

435 Grundsätzlich wäre auf der Grundlage des Beklagtenvorbringens ein vollwertiges zweites Sachgutachten zu erstellen. In der Regel ist es jedoch möglich, an die in der Schlüssigkeitsprüfung gefundenen Ergebnisse anzuknüpfen und nur noch zu untersuchen, inwieweit sich dieses ändert, wenn anstelle des dort zugrunde gelegten Klägervorbringens nun der Beklagtenvortrag unterstellt wird. Der **Ausgangspunkt** der Beklagtenstation kann damit je nach Anknüpfung an die Klägerstation unterschiedlich sein: Entweder wird nach den einzelnen Abweichungen im Tatsachenvortrag der Parteien gegliedert oder der Aufbau der Klägerstation beibehalten und hinsichtlich jeder schlüssigen Anspruchsgrundlage der jeweils abweichende Beklagtenvortrag geprüft.[36]

Beispiel: Ein Taxigast klagt gegen den Taxifahrer auf Schadensersatz aus einem Verkehrsunfall während der Fahrt. Der Kläger hat Ansprüche sowohl aus PFV (§ 280 BGB) als auch aus Delikt schlüssig vorgetragen, der Beklagte verteidigt sich mit der Behauptung, ein schuldhaftes Verhalten liege nicht vor, und mit der Verjährungseinrede. Für die Gliederung der Beklagtenstation gibt es dann zwei Möglichkeiten:

II. Erheblichkeit	II. Erheblichkeit
1. Gegenüber Anspruch aus PFV	1. Erheblichkeit Bestreiten schuldhafte Handlung
a) Bestreiten schuldhafte Handlung	a) Gegenüber Anspruch aus PFV
b) Verjährungseinrede	b) Gegenüber Anspruch aus § 823 BGB
2. Gegenüber Anspruch aus § 823 BGB	2. Erheblichkeit Erhebung Verjährungseinrede
a) Bestreiten schuldhafte Handlung	a) Gegenüber Anspruch aus PFV
b) Verjährungseinrede.	b) Gegenüber Anspruch aus § 823 BGB.

436 Der **Aufbau** der Beklagtenstation hängt vom Inhalt seines Vorbringens ab:

- Erfolgt die Verteidigung durch *Bestreiten* vom Kläger vorgetragener Tatsachen, so ist zu prüfen, ob dieses zulässig (zB nach § 138 IV ZPO), ausreichend substanziiert (was zB beim pauschalen Bestreiten fehlt) und erheblich ist, dh, die bestrittene Tatsache muss zu den vom Kläger vorgetragenen Anspruchsvoraussetzungen gehören und muss dazu führen, dass einzelne vom Kläger schlüssig vorgetragene Anspruchsgrundlagen wegfallen.

  Formulierungsbeispiel: Der Beklagte behauptet, die Ampel sei für ihn grün gewesen. Er bestreitet damit qualifiziert den Vortrag des Klägers, er sei bei rot in die Kreuzung eingefahren. Dies ist erheblich gegenüber den Ansprüchen aus PFV (§ 280 BGB) und aus § 823 BGB, da er dann die im Verkehr erforderliche Sorgfalt nicht außer Acht gelassen, er nicht fahrlässig gehandelt hat und somit das für beide Ansprüche erforderliche Verschulden entfällt. Dies hat zur Folge, dass dem Kläger Ansprüche nicht zustehen.

- Macht der Beklagte *Gegenrechte* geltend, so müssen diese schlüssig vorgetragen sein, dh, der Tatsachenvortrag des Beklagten muss sie auszufüllen imstande sein. Außerdem muss das Gegenrecht erheblich, dh geeignet sein, vom Kläger schlüssig vorgetragene Anspruchsgrundlagen entfallen zu lassen.[37]

  Formulierungsbeispiel: Der Beklagte behauptet, der Vorfall liege jetzt mehr als fünf Jahre zurück, deshalb werde er den Anspruch nicht mehr erfüllen.
  Dies kann erheblich sein gegenüber den Ansprüchen des Klägers aus PFV (§ 280 BGB) und aus § 823 BGB, wenn diese verjährt sind, weil dann der Beklagte berechtigt ist, die Leistung zu verweigern (§ 214 I BGB). Voraussetzung für eine Verjährung des Anspruchs aus PFV ist, …

36 *Anders/Gehle* Assessorexamen ZivR Rn. 107.
37 *Siegburg* Urteilstechnik Rn. 316 ff.

Wichtig ist dabei, dass vom *Umfang* her das gesamte Vorbringen des Beklagten dem gesamten Vorbringen des Klägers gegenübergestellt wird. 437

> **Beispiel:** Behauptet der Beklagte im vorstehenden Beispielsfall, er habe den Kläger nur aus Gefälligkeit mitgenommen, so liegt hierin das Bestreiten eines Beförderungsvertrages, was erheblich ist gegenüber dem Anspruch aus PFV (§ 280 BGB), nicht indes gegenüber dem Anspruch aus § 823 BGB. Insgesamt ist diese Verteidigung also unerheblich, weil sie eine Verurteilung nicht verhindert.

Nicht immer liegt die Erheblichkeit einer Verteidigung in der vollständigen Unbegründetheit der Klage; möglich ist auch ein nur teilweiser Erfolg. 438

> **Beispiel:** Macht der Beklagte dem Erfüllungsanspruchs des Klägers gegenüber die Einrede des nicht erfüllten Vertrages geltend, so ist dies erheblich mit der Folge, dass der Kläger Zahlung nur Zug um Zug verlangen kann (§ 322 BGB), die Klage im Übrigen abgewiesen wird.[38]

Ergebnis der Erheblichkeitsprüfung ist in jedem Fall die Feststellung, inwieweit das Vorbringen des Beklagten insgesamt erheblich, dh geeignet ist, die vom Kläger begehrte Rechtsfolge ganz oder teilweise nicht eintreten zu lassen. Ist das Beklagtenvorbringen unerheblich, steht fest, dass der Klage stattzugeben ist. Die Sachprüfung bricht hier ab, es folgt sofort die Darstellung der zu treffenden Entscheidung (»Tenorierungsstation«). Ist das Beklagtenvorbringen dagegen zumindest teilweise erheblich, muss im Stationenschema fortgefahren werden. 439

(4) Im Regelfall kann das Vorbringen von Kläger und Beklagtem in jeweils einer Station des **Relationsgutachtens** zusammengefasst werden. Nach der Erheblichkeitsprüfung noch einmal den Vortrag des Klägers zu prüfen, zeugt häufig von einer mangelhaften Zusammenfassung des Parteivorbringens und beruht auf einer unkritischen Übernahme der Reihenfolge, in der die Parteien die Tatsachen im Prozess vorbringen.[39] Nur ausnahmsweise ist es erforderlich, nach der Beklagtenstation noch einmal auf das Vorbringen des Klägers zurückzukommen oder gar wechselweise weitere Sachstationen zu bilden (**Replik, Duplik, Triplik**). Erweist sich das Vorbringen des Beklagten (vollständig oder teilweise) als erheblich und enthält es neue Tatsachen, die in der Schlüssigkeitsprüfung noch nicht berücksichtigt werden konnten, so erfordert der Grundsatz der Gewährung rechtlichen Gehörs, auch den Kläger hierzu nochmals zu Wort kommen zu lassen. 440

> Dies ist insbesondere der Fall, wenn der Beklagte durch **Aufrechnung** oder **Widerklage** einen Gegenanspruch in den Prozess einführt.

Inhalt und **Aufbau** der weiteren Sachstationen sind mit denen der Beklagtenstation identisch: Da in der vorhergehenden Station vom Gegner neue Tatsachen behauptet wurden, ist hier die Erheblichkeit der Verteidigung dagegen zu untersuchen,[40] die in einem Bestreiten oder in der Geltendmachung weiterer Gegenrechte bestehen kann, was zu weiteren Sachstationen führt. 441

Ergebnis der weiteren Darlegungsstationen ist die Feststellung, inwieweit die Verteidigung gegenüber dem in der vorhergehenden Station neu dargelegten, erheblichen Tatsachenvortrag erfolgreich ist. Hierbei kann Entscheidungsreife sowohl im Sinne 442

---

38 *Clasen/Scherz*, Zur Wirkungsweise von § 320 und § 273 BGB im Zivilprozess, JA 2011, 289.
39 *Theimer/Theimer* Mustertexte ZivilProz Bd. II § 16 I. 2. a).
40 *Siegburg* Urteilstechnik Rn. 329 ff.

einer Klagestattgabe als auch einer Klageabweisung eintreten oder sich die Notwendigkeit ergeben, im Stationenschema weiter zu gehen.

443 **(5) Relationsgutachten: Beweisstation.** In der Beweisstation wird untersucht, welcher der bisher für die Prüfung der rechtlichen Relevanz als wahr unterstellten Parteivorträge tatsächlich zutrifft, da die Entscheidung nicht mehr alternativ ergehen kann, sondern von einer feststehenden tatsächlichen Grundlage ausgehen muss. **Gegenstand** der Prüfung ist hier daher die Frage, welche Tatsachen der Entscheidung zugrunde gelegt werden können.

Rechtsfragen werden in der Beweisstation grundsätzlich nicht mehr geprüft. Diese sind in den vorhergehenden Abschnitten zu behandeln. Tauchen in der Beweisstation neue Tatsachen auf, so sind diese im Wege vorausschauenden Aufbaus schon in Schlüssigkeits- und Erheblichkeitsstation zu untersuchen.

444 Der Aufbau der Beweisstation erfolgt analog zum Ablauf des Beweisverfahrens (→ Rn. 285 ff.):

- **Beweisvoraussetzungen.** Am Beginn der Beweisstation hat die Zusammenstellung der beweiserheblichen Tatsachen zu stehen, dh derjenigen, auf die es für die Entscheidung ankommt. Diese ergeben sich aus den vorherigen Darlegungsstationen. Es sind die Tatsachen, die erheblich, streitig und zu berücksichtigen sind.

  Erheblich sind Tatsachen, die einen Anspruch begründen, vernichten oder erhalten. Streitig sind sie, wenn sie von den Parteien unterschiedlich vorgetragen werden. Zu *berücksichtigen* sind Tatsachen, wenn sie nicht präkludiert oder bewusst unwahr vorgetragen sind.

  Es empfiehlt sich, die Tatsachen, über die so Beweis zu erheben ist, in Form von **Beweisfragen** zusammenzustellen. Sinnvollerweise werden diese so formuliert: Was muss bewiesen sein, damit die in den Darlegungsstationen unterstellte Rechtsfolge eintritt?

  > **Beispielsfall:** Trägt der Kläger zur Begründung einer Kaufpreisklage vor, der Beklagte habe das Vertragsangebot mündlich angenommen und bestreitet der Beklagte dies, so hat die Beweisfrage zu lauten: »Hat der Beklagte das Angebot des Klägers mündlich angenommen?« Kann die Frage am Ende der Beweisstation mit »ja« beantwortet werden, so ist der Beweis geführt. Ist sie mit »nein« zu beantworten, so ist die beweispflichtige Partei beweisfällig geblieben, die Tatsache kann der Entscheidung nicht zugrunde gelegt werden.

- **Beweisaufnahme.** Sind die beweiserheblichen und beweisbedürftigen Tatsachen festgestellt, so ist zu klären, ob die hierfür angebotenen *Beweise bereits erhoben* sind oder nicht:
  Hat eine **Beweisaufnahme noch nicht** stattgefunden, so ist festzustellen, inwieweit die beweisbelastete Partei Beweis angeboten hat. Ist dies der Fall, so ist der Rechtsstreit regelmäßig noch nicht entscheidungsreif. In der Entscheidungsstation wird dann ein Beweisbeschluss vorzuschlagen sein. Fehlt es an einem entsprechenden Beweisantritt und greift auch keine Beweiserleichterung (→ Rn. 1319 ff.), wird eine Beweislastentscheidung erforderlich (→ Rn. 337).
  Sind alle **Beweise erhoben** worden, so sind diese zu würdigen.
  Dies gilt grundsätzlich nicht für eine **überflüssige Beweisaufnahme,** dh eine solche über Tatsachen, auf die es nach der vorangegangenen rechtlichen Prüfung nicht ankommt. Die Weisungen der Justizprüfungsämter sehen für diesen Fall regelmäßig ein Hilfsgutachten vor, mit dem auch diese Beweise gewürdigt werden.
- **Beweisfolgen.** Die Beweiswürdigung besteht nicht in einer Wiedergabe des Beweisergebnisses, sondern in einer *wertenden Überprüfung* dieses Ergebnisses mit

dem Ziel der Feststellung, ob der Beweis geführt ist, dh dem Gericht die Überzeugung von der Wahrheit der streitigen Tatsache verschafft hat (→ Rn. 332 ff.).[41] Dafür ist der gesamte Prozessstoff heranzuziehen, soweit er Gegenstand der mündlichen Verhandlung war, unabhängig davon, ob er zu Beweis- oder sonstigen Zwecken eingeführt wurde. Die einzelnen Beweismittel sind nach ihrem Beweisinhalt auszulegen, auf ihre Ergiebigkeit hin zu untersuchen und schließlich in ihrer Überzeugungskraft gegeneinander abzuwägen. Eine *Gliederung* erfolgt nicht nach Beweismitteln, sondern nach den eingangs formulierten Beweisfragen.

Während die *unechten* **Beweiseinreden**, mit denen die Parteien lediglich eine eigene Beweiswürdigung vornehmen, in der Regel unbeachtlich sind, müssen die *echten* Beweiseinreden, mit denen neue, für die Beweiswürdigung relevante Tatsachen vorgebracht werden, im Rahmen eines »Minigutachtens« auf ihre rechtliche Relevanz hin untersucht werden.

Das **Ergebnis der Beweisaufnahme** (→ Rn. 335 ff.) kann darin bestehen, dass die Beweisfragen **positiv** beantwortet sind. Die betreffende Tatsache kann damit der Entscheidung zugrunde gelegt werden. Je nachdem, ob es sich um anspruchsbegründende oder Einwendungs- bzw. Einredetatsachen handelt, ist die Klage dann begründet bzw. unbegründet. Das Ergebnis der Beweisaufnahme kann aber auch darin bestehen, dass die Beweisfragen **negativ** beantwortet wurden, sei es, weil das Gegenteil erwiesen wurde, sei es, weil die Beweisaufnahme kein klares Ergebnis erbracht hat. Hier hat die Tatsache für die Entscheidung unberücksichtigt zu bleiben. Es folgt dann als letzter Punkt die Frage nach der:

- **Beweislast**, dh danach, wer den Nachteil aus der Unerweislichkeit der Tatsache zu tragen hat (→ Rn. 337 f.). Da diese Frage bereits beim Aufbau der Darlegungsstationen (in Form der inhaltsgleichen Darlegungslast → Rn. 206 ff.) berücksichtigt wurde, treten hier keine besonderen Probleme mehr auf.

d) Praktische Vorschläge

(1) Zweckmäßigkeitserwägungen. Die dem Mandanten offen stehenden Möglich- 445
keiten zur Gestaltung des Sachverhalts, die materiellrechtliche Privatautonomie und die prozessuale Dispositionsbefugnis eröffnen ihm regelmäßig ganz erhebliche Handlungsspielräume. Diese müssen erkannt, vorhandene Alternativen gegeneinander abgewogen und zwischen ihnen ausgewählt werden. Dies geschieht regelmäßig in einem eigenen Abschnitt des Gutachtens, den sog. »*Zweckmäßigkeitserwägungen*«.

Soweit nicht schon in den anderen Stationen erörtert, bietet sich hier Gelegenheit, auf 446
die für die anwaltliche Tätigkeit wichtigen Fristen einzugehen, insbesondere also zu klären, bis zu welchem Zeitpunkt einzelne Handlungen vorzunehmen sind. Nur bezogen auf den Einzelfall lässt sich beantworten, was im Rahmen der von den Prüfungsämtern häufig geforderten »Zweckmäßigkeitserwägungen« darüber hinaus zu erörtern ist.[42]

> **Beispiele:** Ist ein Rechtsstreit noch nicht anhängig, so kann überlegt werden, ob ein solcher (zB durch Verzicht, Anerkenntnis oder Vergleich) vermieden werden kann oder ob anstelle des Gerichts andere Stellen angerufen werden können (zB ein Schiedsgericht oder eine Schlichtungsstelle).

41 *Theimer/Theimer* Mustertexte ZivilProz Bd. II § 16 I 5. d).

42 *Von Katte/Danfa*, Zweckmäßigkeitserwägungen in der Anwaltsklausur, JA 2016, 847 und 932; *Kapitzka/Kammer*, Zweckmäßigkeitserwägungen bei aussichtsloser Prozesssituation, JuS 2008, 882.

Ist ein Zivilprozess erforderlich, muss geprüft werden, ob zu dessen Vorbereitung materiellrechtlich oder prozessual weitere Maßnahmen erforderlich oder sinnvoll sind (zB Fristsetzung, Ausübung eines Gestaltungsrechts, Durchführung eines außergerichtlichen Güteverfahrens, Einholung der Deckungszusage einer Rechtsschutzversicherung). Zu den konkreten Vorüberlegungen einer Verfahrenseinleitung gehören die Wahl der Verfahrensart (PKH-Verfahren, Mahnverfahren, Eilverfahren, Urkundsverfahren, Selbstständiges Beweisverfahren, allgemeines Klageverfahren), die Bestimmung der Verfahrensbeteiligten (Aktiv-/Passivlegitimation, Prozesshandlungsvoraussetzungen, Streitgenossenschaft/Streitverkündung, Ausschaltung möglicher Gegenzeugen), des Gerichts (mögliche Zuständigkeiten) und des Streitgegenstands (Klageart, Antrag), wobei Kriterien für die Auswahl neben den Erfolgsaussichten auch die entstehenden Kosten sein können. Mögliche oder nahe liegende Einwände des Gegners sind genauso zu prognostizieren wie Beweisergebnisse.

Läuft der Prozess bereits, sind auf Seiten des Beklagten mögliche Alternativhandlungen abzugrenzen (Anerkenntnis oder Säumnis, Aufrechnung oder Widerklage).

Ist der Prozess bereits beendet, können verschiedene Rechtsbehelfe abzugrenzen (zB Berufung oder Abänderungsklage) oder Möglichkeiten der Zwangsvollstreckung herauszuarbeiten sein.

447 **(2) Vorschlag.** Am Ende des Gutachtens haben die Feststellung des Ergebnisses und dessen Umsetzung in eine praktische Entscheidung zu stehen. Gegenstand der Tenorierungsstation ist damit die Prüfung der Frage, welche (Haupt- und Neben-)Entscheidungen zu treffen sind und wie diese zu lauten haben. Vorgeschlagen wird deswegen der an das Gericht zu richtende Antrag in einem anwaltlichen Schriftsatz oder der vom Gericht zu erlassende Tenor einer gerichtlichen Entscheidung.

448 Die Entscheidung in der *Hauptsache* (→ Rn. 566 ff.) bereitet in der Regel keine besonderen Probleme. Zu klären ist, in welcher Form (Beschluss oder Urteil, ggf. in besonderer Form [Zwischenurteil, Vorbehaltsurteil]), in welchem Umfang (vollständige oder teilweise Entscheidungsreife) und mit welchem Inhalt sie zu ergehen hat.

449 Zu klären ist auch, welche *Nebenentscheidungen* (→ Rn. 501 ff., → Rn. 540 ff., → Rn. 562) zu treffen sind. Die Kostenentscheidung kann sich häufig in der Darstellung der zugrunde zu legenden Norm (§§ 91, 92 ZPO) erschöpfen, ist die vorzunehmende Quotelung nach § 92 I ZPO jedoch nicht ohne weiteres nachvollziehbar oder sind Sondertatbestände (§§ 93 ff. ZPO) anzuwenden, bedarf es hier umfangreicherer Darlegung, ggf. in Form nachvollziehbarer Berechnungen. Entsprechendes gilt für die Entscheidung zur vorläufigen Vollstreckbarkeit, wo zur Klärung der Voraussetzungen des § 708 Nr. 11 ZPO eine Berechnung der zu vollstreckenden Beträge erforderlich sein kann.

450 Den Abschluss des Gutachtens bildet die wörtliche Wiedergabe der Haupt- und Nebenentscheidungen (dh des *Tenors*, nicht des Sachverhalts oder der Gründe).

Formulierungsbeispiel: Ich schlage vor, Klage zum Landgericht Frankfurt a.M. zu erheben mit folgendem Antrag:

Der Beklagte wird verurteilt, an den Kläger 15.000,– EUR nebst Zinsen in Höhe von fünf Prozentpunkten über dem Basiszinssatz seit Rechthängigkeit zu zahlen.

Ich schlage folgendes Urteil vor:

Die Klage wird abgewiesen.

Die Kosten des Rechtsstreits hat die Klägerin zu tragen.

Das Urteil ist vorläufig vollstreckbar.

3. Hilfsgutachten

Ein Hilfsgutachten wird erforderlich, wenn die Hauptlösung es nicht erlaubt, zu allen rechtlichen Problemen des Falles Stellung zu nehmen.[43] 451

In der Praxis ergibt sich die Notwendigkeit eines Hilfsgutachtens oft daraus, dass nicht klar ist, ob das Spruchgremium (Kammer, Senat) dem Vorschlag des Gutachters folgen wird. Ist das Gremium in dem entscheidungstragenden Punkt anderer Auffassung, muss erkennbar sein, welche weiteren Fragen sich dann stellen und wie sie zu beantworten sind.

In einer Klausur des zweiten juristischen Staatsexamens ist ein Hilfsgutachten nur erforderlich, wenn und soweit der Bearbeitervermerk dies vorsieht. Dies kommt in Betracht für den Fall einer Entscheidung, die sich nur zur Zulässigkeit des Falles verhält, zu einem Urteil, das eine durchgeführte Beweisaufnahme nicht verwertet oder nur eine von mehreren möglichen Anspruchsgrundlagen abhandelt. Denkbar ist aber auch, dass das Prüfungsamt die Nichtbehandlung einzelner Fragen hinnimmt und deswegen ein Hilfsgutachten nicht fordert. Bevor zusätzlich zu der Hauptlösung der Klausur ein Hilfsgutachten erstellt wird, ist der diesbezügliche Bearbeitungsvermerk gründlich zu lesen.

Vereinzelt fordert der Bearbeitungsvermerk anstelle eines Hilfsgutachtens hilfsweise Entscheidungsgründe.

Das Hilfsgutachten geht von der Annahme aus, die Hauptlösung sei falsch und setzt die Prüfung der Rechtsfragen an dieser Stelle fort. Eine Einbeziehung der bereits für die Hauptlösung geprüften Rechtsfragen findet nicht statt, insoweit ist das Hilfsgutachten alleine kein vollständiges Gutachten, kann nur im Zusammenhang mit der Hauptlösung gesehen werden. Ob das Hilfsgutachten einseitig oder mehrseitig aufgebaut wird, hängt (wenn nicht der Bearbeitungsvermerk etwas anderes ausdrücklich vorschreibt, »Hilfsrelation«) davon ab, ob der der weiteren Prüfung zugrunde zu legende Sachverhalt feststeht oder nicht. Das Hilfsgutachten sollte als solches kenntlich gemacht werden. 452

Beispiele: Hält der Bearbeiter die Klage für unzulässig, so stellt das Prozessurteil nur eine fehlende Zulässigkeitsvoraussetzung dar; die übrigen Zulässigkeitsvoraussetzungen bleiben genauso unerörtert wie die Begründetheit. Für das Hilfsgutachten wird dann das Vorliegen der fehlenden Zulässigkeitsvoraussetzung unterstellt, sodass die weitere Zulässigkeit und die Begründetheit geprüft werden können. Dies erfolgt einseitig, wenn der zugrunde zu legende Sachverhalt unstreitig ist, ansonsten ist auch das Hilfsgutachten zweiseitig relationstechnisch aufzubauen. Eingeleitet werden kann das Hilfsgutachten mit der Floskel »Hilfsweise, für den Fall, dass der Annahme eines Fehlen der Zulässigkeitsvoraussetzung nicht gefolgt wird, gilt Folgendes.«
Entsprechendes gilt für andere Fälle der Unerheblichkeit von Rechtsfragen für die Hauptlösung. Bei der unschlüssigen Klage kommt es auf den Vortrag des Beklagten und auf Beweisfragen nicht an. Die Unbegründetheit der Klage wird mit dem Fehlen einer Anspruchsvoraussetzung belegt, die weiteren Voraussetzungen dieser Norm bleiben dahingestellt. Das Hilfsgutachten geht dann vom Vorliegen der fehlenden Voraussetzung aus und setzt mit der Prüfung der übrigen Anspruchsvoraussetzungen, der Verteidigungseinwände des Beklagten und der Beweisfragen fort.

Keines separaten Hilfsgutachtens bedarf es häufig, wenn die Hilfserwägungen kurz ausfallen und zum gleichen Ergebnis wie die Hauptlösung führen. Dann kann die entsprechende Frage entweder dahin stehen oder die Hilfserwägungen können inzident in das Hauptgutachten integriert werden. 453

43 *Beyerbach*, Gutachten, Hilfsgutachten und Gutachtenstil – Bemerkungen zur juristischen Fallbearbeitung, JA 2014, 813.

4. Entscheidungsvorschläge

454 Besondere Darstellungsformen der rechtlichen Bewertung sind der interne schriftliche und mündliche Vorschlag des Sachbearbeiters an den Entscheidungsträger.

a) Votum, Vermerk und Mandantenschreiben

455 Schriftlich begründete Entscheidungsvorschläge gibt es auf verschiedenen Ebenen. Das **Votum** erstellt der Berichterstatter eines Kollegialgerichts für die mitentscheidenden Richter zur Vorbereitung einer Beratung, einer mündlichen Verhandlung oder einer Entscheidung. Lässt der nach außen auftretende Rechtsanwalt die erforderlichen Maßnahmen von einem Kollegen vorbereiten, so berichtet dieser ihm in Form eines **Vermerks.**[44] Ist eine Entscheidung vom Mandanten zu treffen, so muss sie ihm begründet vorgeschlagen werden, meist erfolgt dies in Form eines **Mandantenschreibens.**

Alle diese Entscheidungsvorschläge beruhen auf einer umfassenden gutachtlichen Prüfung der einschlägigen Rechtsfragen und bleiben regelmäßig intern, werden Dritten also nicht zugänglich gemacht.

456 Für **Inhalt** und **Aufbau** solcher Entscheidungsvorschläge gibt es weder gesetzliche Vorschriften noch eine allgemein gebräuchliche Übung. Vielmehr weichen die praktisch zu beobachtenden Formen stark voneinander ab. Oft haben sich im Laufe der Zeit individuelle Besonderheiten herausgebildet, die einer verallgemeinernden Darstellung nicht zugänglich sind. Die nachfolgende Systematisierung kann deswegen nur eine an der Funktion solcher Vorschläge orientierte Aufbaugrundlage sein.

457 **(1) Formalia.** Zu Beginn des Vorschlags sind die erforderlichen oder sinnvollen *Formalia* einzuhalten.

Hierzu gehören beim Votum, das Aktenzeichen, ein (abgekürztes) Rubrum, der Termin, die Anträge der Parteien, die Prozessgeschichte, insbesondere Daten zur Einhaltung von Fristen und Formen. Entsprechendes gilt für den Vermerk. Beim Mandantenschreiben gehören hierher Anschrift, Betreff und Anrede.

458 **(2) Sachverhalt.** Der Vorschlag ist zunächst in tatsächlicher Hinsicht zu begründen. Dazu werden die erheblichen Tatsachen knapp zusammengefasst. Ist der Sachverhalt streitig, so ist eine dem Urteilstatbestand entsprechende Gliederung erforderlich. Notwendig ist auch die Schilderung von Tatsachen, die die eigene Lösung in Frage stellen, da der Entscheidungsträger nur dann die Möglichkeit einer eigenen Entscheidung hat.[45]

459 **(3) Vorschlag.** Regelmäßig wird der eigene Vorschlag der Begründung vorangestellt. Meist genügt es, das Ergebnis nur knapp zu umschreiben.

Beispiele: Vorgeschlagen werden kann, Klage zu erheben oder hiervon abzusehen, der Klage stattzugeben oder sie abzuweisen. Der Vorschlag kann sich auch auf den weiteren Verfahrensablauf beziehen (zB Vornahme von Handlungen, Erteilung von Hinweisen, Klärung von Sachfragen).

460 **(4) Rechtliche Bewertung.** Den Schwerpunkt der Ausführungen bildet die rechtliche Begründung. Ausführungen zu *prozessualen Fragen* sind nur angezeigt, wenn be-

44 *Hombrecher/Kiefmann*, Der juristische Vermerk – Praktische Hinweise zu Inhalt, Aufbau und Form, JA 2011, 367.

45 *Schellhammer* Arbeitsmethode Rn. 509.

gründete Zweifel an einzelnen Voraussetzungen bestehen. Bei gerichtlichen Vorschlägen werden sie vorangestellt, im anwaltlichen Bereich sind sie den *materiellrechtlichen Fragen* gegenüber nachrangig. Ausführungen zur Begründetheit sind grundsätzlich im Gutachtenstil zu halten, unproblematische Fragen können auch im Urteilstil erörtert werden. Einseitige und unstreitige Sachverhalte können im einseitigen Gutachten erörtert werden, streitige Sachverhalte verlangen einen zweiseitigen relationstechnischen Aufbau. Inwieweit Ausführungen zu weiteren Fragen (zB Nebenentscheidungen) erforderlich sind, ist Frage des Einzelfalles, im Examen Frage des Bearbeitungsvermerks.

(5) Sonstiges. Frage des Einzelfalls ist auch, ob dem Vorschlag konkrete praktische Umsetzungen beizufügen sind. In Betracht kommen insbesondere eine Ausformulierung der zu stellenden Anträge oder der zu treffenden Urteilsformel und auch Anhänge (Aktenauszüge, Hilfsmittel, Literaturangaben oÄ). 461

b) Vortrag

Wird der Entscheidungsvorschlag nicht schriftlich, sondern mündlich gemacht, nennt man dies Vortrag. In seiner klassischen Form setzt der **Berichterstatter** die übrigen Mitglieder des Spruchkörpers in einer Beratung über den Sach- und Streitstand sowie die sich daraus ergebenden Rechtsfolgen in Kenntnis und schlägt eine Entscheidung vor. Vorträge sind aber auch im anwaltlichen Bereich möglich.[46] 462

In den meisten Bundesländern wird ein Vortrag auch im **zweiten Staatsexamen** verlangt. Der Referendar soll dabei zeigen, dass er innerhalb vorgegebener Zeit (je nach Bundesland zwischen einer halben und zwei Stunden) in der Lage ist, einen praktischen Fall zu erfassen, einer Lösung zuzuführen und diese in überzeugender und ansprechender Weise mündlich darzustellen. Für diesen Examensvortrag gibt es besondere Weisungen der Prüfungsämter, die nachstehenden allgemeinen Ausführungen in jedem Fall vorgehen.

Inhalt und **Aufbau**[47] ergeben sich aus der Funktion des Vortrags und entsprechen weitgehend der des Votums: 463

(1) Formalia. Zur Einführung ist der Rechtsstreit kurz zu bezeichnen. In der Praxis reicht hier die Angabe der Parteien, im Examen sind zusätzlich der Entscheidungszeitpunkt und das erkennende Gericht zu benennen. 464

> Ich trage den Rechtsstreit Konrad gegen Schneider vor, der im Dezember 2006 vor dem Amtsgericht Hanau zur Entscheidung anstand.

(2) Sachverhalt. Der Sach- und Streitstand ist den oben dargestellten Grundsätzen entsprechend wie ein Urteilstatbestand darzustellen, noch stärker als dieser auf das *absolut Notwendige* zu konzentrieren, ohne dabei auf den Akteninhalt verweisen zu können. Für die eigene Entscheidung nicht erhebliche Tatsachen brauchen nur *angedeutet* zu werden. Will der Zuhörer auf sie eingehen, kann er später entsprechende Fragen stellen. Um den Zuhörer nicht zu überfordern, sind exakte *Details* (Zahlen, Daten usw.) wegzulassen oder zu pauschalieren, erforderlichenfalls können sie und insbesondere auch das Ergebnis einer etwaigen Beweisaufnahme später im Rahmen der rechtlichen Wertung nachgeholt werden. 465

46 *Formann/Schroeder*, Der zivilrechtliche Aktenvortrag aus Anwaltssicht, JA 2006, 47.

47 *Hartz/Streiter*, Mündliche Prüfung und Aktenvortrag, JuS 2001, 790; *Knappmann*, Hinweise zur Abfassung eines Aktenvortrags, JA-Sonderheft 3, 2. Aufl., 38; *Leist*, Der erfolgreiche juristische Vortrag, JuS 2003, 441; *Müller-Christmann*, Der Kurzvortrag in der Assessorprüfung, 1995.

Beispiel: Am 3. April 2006 lieh sich der Beklagte 3.182,56 EUR, am 1. Juli 2006 forderte der Kläger den Betrag zurück:

Formulierungsbeispiel: Im April 2006 lieh der Kläger dem Beklagten rund 3.000,– EUR, etwa drei Monate später forderte er den Betrag zurück.
Auf das Ergebnis der Beweisaufnahme komme ich, soweit erforderlich, später zurück.

466 **(3) Vorschlag.** Der Vorschlag entspricht dem des Votums.

Formulierungsbeispiel: Ich schlage vor, der Klage in vollem Umfang stattzugeben.

467 **(4) Rechtliche Bewertung.** Die rechtliche Beurteilung erfolgt grundsätzlich in der Form der *Entscheidungsgründe*, also einschichtig und nicht wie das Gutachten in verschiedene Sachstationen gegliedert. An den problematischen Stellen des Falles ist es häufig sinnvoll, in den *Gutachtenstil* zu wechseln, um hier die verschiedenen Lösungsansätze aufzeigen zu können und so dem Zuhörer die Möglichkeit eigener Entscheidung zu eröffnen. Allerdings liegt der Schwerpunkt nach wie vor auf der eigenen Lösung, Alternativen werden nur kurz aufgezeigt. Will der Zuhörer auf sie eingehen, kann er anschließend Fragen danach stellen. Ausführungen zu den *Nebenentscheidungen* (Kosten, vorläufige Vollstreckbarkeit) sind im Examen nach den Weisungen der Prüfungsämter meist erlassen.

468 **(5) Tenor.** Den Schluss des Vortrags bildet immer der vollständige *Wortlaut* der vorgeschlagenen Entscheidung/Maßnahme.

469 Der Vortrag sollte in der Regel nicht länger als 10, höchstens 15 Minuten dauern. Wichtig ist, dass er in **freier Rede** gehalten wird, lediglich Zitate, auf deren exakten Wortlaut es ankommt (Formulierungen, Anträge) dürfen aus der Akte verlesen werden. Die Verständlichkeit für den Zuhörer wird erleichtert, wenn man kurze Sätze in Umgangs-, nicht Schriftsprache bildet und eine lebendige Vortragsart (Pausen, Betonungen) erreicht.

§ 10 Praktische Umsetzung

Das Ergebnis der rechtlichen Bewertung eines Sachverhalts muss praktisch umgesetzt werden. Weder für den Anwalt noch für den Richter genügt es, festzustellen, dass eine Partei »Recht hat«. Erforderlich ist es, der Partei auf dem Weg zur Verwirklichung ihres Rechts weiterzuhelfen. 470

Schema 10.1: Praktische Umsetzungen – Aufbau

Praktische schriftliche Leistungen eines Juristen folgen grundsätzlich einem einheitlichen Schema: Eingebunden in einen formellen Rahmen wird zunächst das vorangestellte Ergebnis nachfolgend zunächst in tatsächlicher, dann in rechtlicher Hinsicht begründet. 471

Dieser Aufbau wurde bereits für die prozessualen Schriftsätze des Anwalts dargestellt. So ergeben sich die für die Klageschrift einzuhaltenden Formalia aus §§ 253, 130 ZPO, dem vorangestellten Antrag folgen die zur Begründung der Klage vorgetragenen Tatsachen, die abschließend rechtlich gewürdigt werden.

Auf Seiten des Gerichts kommt als praktische Umsetzung regelmäßig der Erlass einer Entscheidung, auf Seiten des Rechtsanwalts die Fertigung eines außerprozessualen Schreibens, eines prozessualen Schriftsatzes oder der Entwurf einer vom Mandanten abzugebenden Erklärung in Betracht (unten Schema 10.18). 472

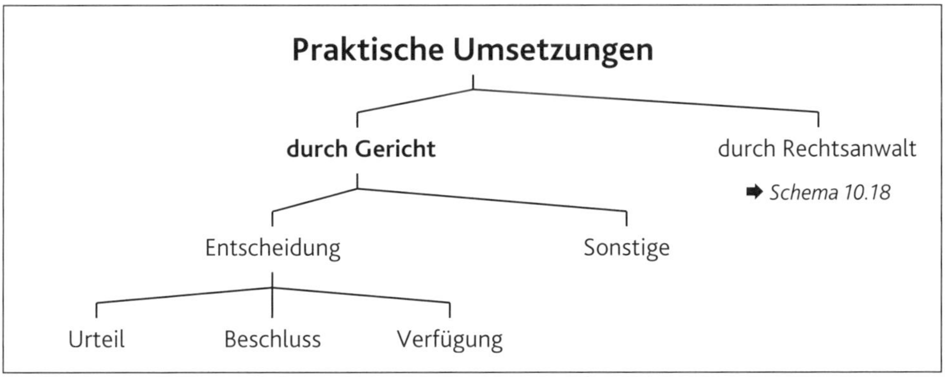

Schema 10.2: Praktische Umsetzungen durch das Gericht

Gerichtliche Entscheidungen können in verschiedenen Formen ergehen: 473

- **Verfügungen** (§ 329 ZPO) sind prozessleitende oder rein interne Anordnungen minderer Bedeutung. Sie können nicht nur durch das Gericht (dh den Spruchkörper), sondern auch durch den Vorsitzenden, den beauftragten Richter oder den Rechtspfleger ergehen und sind grundsätzlich nicht isoliert anfechtbar.

Beispiele hierfür sind die Terminsbestimmung (§ 216 ZPO) oder die Anordnung der Wiedervorlage der Akten.

- **Beschlüsse** (§ 329 ZPO) sind weniger formbedürftige Entscheidungen des Gerichts, die ohne notwendige mündliche Verhandlung ergehen können (§ 128 IV ZPO). Sie sind (teilweise) mit einem eigenen Rechtsmittel, der Beschwerde, anfechtbar.

In Form eines Beschlusses ergehen zum **Beispiel**
- die Entscheidung über die Ablehnung wegen Befangenheit eines Richters oder eines Sachverständigen (§§ 46 I, 406 IV ZPO);
- die Entscheidung über die Kosten des Rechtsstreits nach übereinstimmender Erledigungserklärung und Klagerücknahme (§§ 91a I 1, 269 IV ZPO);
- die Entscheidung im Verfahren über die Prozesskostenhilfe (§ 127 ZPO);
- die Feststellung des Zustandekommen eines Vergleichs außerhalb mündlicher Verhandlung (§ 278 VI 2 ZPO);
- die Verweisung des Rechtsstreits nach Unzuständigkeit (§ 281 I 1 ZPO);
- die Entscheidung über die Gehörsrüge (§ 321a ZPO);
- die Anordnung einer Beweiserhebung (§ 359 ZPO);
- die Entscheidung über einen Antrag im selbstständigen Beweisverfahren (§ 490 I ZPO);
- die Verwerfung oder Zurückweisung der Berufung ohne mündliche Verhandlung (§ 522 I 3, II ZPO);
- die Entscheidung über die Beschwerde (§§ 572 IV, 577 VI 1 ZPO);
- die Entscheidung über Arrest und einstweilige Verfügung, wenn nicht mündlich verhandelt wird (§ 922 I 1 ZPO).

Zur formellen Gestaltung von Beschlüssen → Rn. 737, zur Anfechtbarkeit → Rn. 1553 f., → Rn. 1565.

- **Urteile** (§§ 300–328 ZPO) sind streng formbedürftige Entscheidungen des Gerichts, die aufgrund notwendiger mündlicher Verhandlung (oder den sie ersetzenden schriftlichen Verfahren, vgl. → Rn. 35; → Rn. 277 f.) ergehen. Diese sind mit den Rechtsmitteln der Berufung und der Revision anfechtbar.

Das Urteil soll als Grundform der praktischen Umsetzung nachfolgend ausführlich besprochen werden.

474 Die **Abgrenzung** zwischen diesen Entscheidungsformen ist nicht immer zwingend, manchmal steht mit dem Ermessen, ob mündlich verhandelt werden soll oder nicht, auch die Wahl der Entscheidungsart im Ermessen des Gerichts, so zB bei Arrest und einstweiliger Verfügung (§§ 922 I, 936 ZPO).

1. Das Urteil

a) Arten

475 Urteile lassen sich nach einer ganzen Reihe von Kriterien in verschiedene **Urteilsarten** differenzieren.[1]

1 *Knöringer* ZivilProz § 7.

Urteilsarten

Einteilung nach:	*Einteilung in:*		
Gegenstand des Prozesses	**Leistungsurteile**	Feststellungsurteile	Gestaltungsurteile
Umfang der Entscheidung	**Vollurteile**		Teil- (Schluss-) urteile
Umfang der Sachprüfung bzw. der Rechtskraft	**Sachurteile**		Prozessurteile
Wirkung für die Instanz	**Endurteile**	Vorbehaltsurteile	Zwischen- / Grundurteile
Entscheidungsgrundlage	**Kontradiktorische Urteile**	Versäumnisurteile	Dispositionsurteile
	Normalfall	*Ausnahmefälle*	

Schema 10.3: Urteilsarten

(1) So wie der Gegenstand des Prozesses schon die Klageart bestimmt, lassen sich hiernach **Leistungsurteile, Feststellungsurteile** und **Gestaltungsurteile** unterscheiden (→ Rn. 122 ff.). **476**

Während Leistungsurteile damit über materiellrechtliche Ansprüche ergehen, wird in Feststellungsurteilen über das Bestehen oder Nichtbestehen von Rechtsverhältnissen entschieden, mit Gestaltungsurteilen werden Rechtsverhältnisse umgestaltet.

(2) Werden alle prozessualen Ansprüche vollständig vom Urteil erfasst, spricht man von einem **Vollurteil**, ansonsten liegt lediglich ein **Teilurteil** vor. **477**

Ein **Teilurteil** (§ 301 ZPO) ist erforderlich bei der Stufenklage, ansonsten ist es nach freiem Ermessen des Gerichts (§ 301 II ZPO) möglich über einen abtrennbaren Teil des Prozessstoffs, insbesondere über einen eigenen Streitgegenstand, so zB bei Klage und Widerklage, bei der objektiven Klagehäufung und der einfachen Streitgenossenschaft, nicht jedoch über eine von mehreren Anspruchsgrundlagen oder einzelne Angriffs- und Verteidigungsmittel.[2] Ein Teilurteil ist nicht möglich, wenn die Gefahr besteht, dass das Gericht (oder das Rechtsmittelgericht) sich bei einem später ergehenden weiteren Urteil in dieser Sache mit dem Teilurteil in Widerspruch setzt. Erforderlich ist also, dass die Entscheidung über den Teil unabhängig von der Entscheidung über den Rest des Streitgegenstands ergehen kann und der zur Entscheidung anstehende Teil von dem offen bleibenden Rest unter keinen Umständen mehr berührt werden kann. Für den entschiedenen und den noch offenen Teil dürfen nicht dieselben Vorfragen entscheidungserheblich sein.[3]

2 BGH NJW 2011, 273; MDR 2010, 944; NZI 2010, 901; NJW 2007, 156; 2004, 1452 und 1662; NJW-RR 2003, 1002; NJW 2000, 958; umfangreiche Kasuistik bei Prütting/Gehrlein/*Thole* ZPO § 301 Rn. 7.

3 BGH NJW 2009, 2814; ZIP 2008, 2215; NJW 2004, 1452 und 1662; 2000, 2512 und 958; *Gottwald*, Das Teilurteil, JA 1997, 573; umfangreiche Kasuistik bei Prütting/Gehrlein/*Thole* ZPO § 301 Rn. 12 ff.

> **Beispiel:** Macht der Kläger aus einem Verkehrsunfall neben der Zahlung von Schadensersatz auch die Feststellung einer weitergehenden Ersatzpflicht geltend, so ist der Anspruch dem Grunde nach für beide Anträge gleich. Denkbar wäre, dass ein Teilurteil über den Leistungsantrag unangefochten rechtskräftig wird, während gegen das Schlussurteil über den Feststellungsantrag Berufung eingelegt wird. Ist das Berufungsgericht jetzt zum Grund der Haftung anderer Ansicht, lägen zwei widersprüchliche Urteile vor.

Eine Kostenentscheidung ist grundsätzlich nicht möglich (zu den Ausnahmen → Rn. 517), eine Entscheidung über die vorläufige Vollstreckbarkeit dagegen in der Regel erforderlich Das letzte, den Streitgegenstand erschöpfende Teilurteil bezeichnet man als **Schlussurteil**.

478 **(3)** Hat das Gericht nur über die Zulässigkeit der Klage befunden, so liegt ein **Prozessurteil** vor, bei Entscheidung auch über die Begründetheit dagegen ein **Sachurteil.**

479 **(4)** Nach ihrer Wirkung für die Instanz lassen sich **Endurteile**, die über den Streitgegenstand ergehen, die Instanz abschließen und mit echten Rechtsmitteln angegriffen werden müssen, unterscheiden von **Vorbehaltsurteilen** und **Zwischenurteilen.**

Vorbehaltsurteile stehen unter der auflösenden Bedingung einer abweichenden Entscheidung des erkennenden Gerichts in einem späteren Verfahrensabschnitt (Nachverfahren). Sie sind möglich, wenn über eine vom Beklagten erklärte Aufrechnung noch nicht entschieden wurde (§ 302 ZPO) oder Verteidigungsmöglichkeiten des Beklagten im Vorverfahren beschnitten waren (Urkundenverfahren, § 599 ZPO; → Rn. 861), nicht aber im Fall eines Zurückbehaltungsrechts (dann Zug-um-Zug-Verurteilung).[4] Dem Beklagten bleibt die Ausführung seiner Rechte im Nachverfahren vorbehalten, das Gericht kann in dem im Nachverfahren ergehenden **Schlussurteil** seine eigene Entscheidung abändern. In Bezug auf die Rechtsmittel sind die Vorbehaltsurteile den Endurteilen gleichgestellt (§§ 302 III, 599 III ZPO).

Zwischenurteile[5] ergehen nicht über den Streitgegenstand, sondern über Vorfragen hierzu. Dabei kann es sich handeln um

- prozessuale Vorfragen (insbesondere die Zulässigkeit der Klage, § 280 II ZPO).
- prozessuale Zwischenstreite (§ 303 ZPO)
  - zwischen den Parteien (etwa über die Zulässigkeit einer Klageänderung oder die Wirksamkeit eines Prozessvergleichs);
  - zwischen einer Partei und einem Dritten (zB über die Zulässigkeit einer Nebenintervention oder die Berechtigung einer Zeugnisverweigerung).
- materiellrechtliche Vorfragen, insbesondere die Vorabentscheidung über den Grund des Anspruchs (sog. **Grundurteil**, § 304 ZPO),[6] während der Streit über die Höhe des Anspruchs ausgeklammert bleibt und im weiteren Verlauf des Verfahrens (»Betragsverfahren«) zu klären ist.

Ob das Gericht diese Vorfragen in Form eines Zwischenurteils entscheidet oder sie in den Gründen des Endurteils mitbehandelt, steht in seinem freien Ermessen. Zwischenurteile nach §§ 280 II, 304 ZPO sind selbstständig, solche nach § 303 ZPO nur zusammen mit der Hauptentscheidung anfechtbar. Alle Zwischenurteile enthalten grundsätzlich keine Entscheidung zu Kosten und vorläufiger Vollstreckbarkeit (zu den Ausnahmen → Rn. 517, → Rn. 544).

480 **(5)** Eine Unterteilung der Urteile kann auch nach deren Entscheidungsgrundlage erfolgen: **Kontradiktorische Urteile** ergehen auf der Grundlage des streitigen Parteivortrags.

---

4 BGH NJW 2005, 3574; zur Minderung OLG Celle NJW-RR 2005, 654.

5 BGH NJW 1998, 1230.

6 BGH NJW 2017, 265; BGH NJW 2001, 224; 1994, 319; *Keller*, Das Verfahren nach § 304 – Grund- und Schlussurteil, JA 2007, 433.

Regelfall ist hier die Entscheidung aufgrund mündlicher Verhandlung (§ 128 I ZPO), möglich sind daneben **Urteile im schriftlichen Verfahren** (§ 128 II und III ZPO) oder **Urteile nach Lage der Akten** *(§ 251a ZPO)*.

Entscheidungsgrundlage beim **Versäumnisurteil** gegen den Beklagten ist das einseitige Vorbringen des Klägers (§ 331 ZPO, → Rn. 1280), beim Versäumnisurteil gegen den Kläger ist es allein die Tatsache seiner Säumnis (→ Rn. 1284). **Dispositionsurteile** beruhen allein auf einer auf der Dispositionsbefugnis der Parteien basierenden prozessualen Erklärung. 481

Verzichtsurteil (→ Rn. 1412) und **Anerkenntnisurteil** (→ Rn. 1404) ergehen also unabhängig von der Schlüssigkeit oder Erheblichkeit des tatsächlichen Vorbringens der Parteien.

Regelfall des Zivilprozesses und damit Gegenstand der vorliegenden Betrachtung des »Normalfalles« ist die Kombination von Leistungs-, Voll-, Sach-, End- und kontradiktorischem Urteil aufgrund mündlicher Verhandlung. 482

b) Erlass des Urteils

Zuständig für den Erlass des Urteils sind die Richter, die an der letzten mündlichen Verhandlung teilgenommen haben (Grundsatz der Unmittelbarkeit, § 309 ZPO). Bei Kollegialgerichten hat dem Erlass des Urteils eine Beratung nach §§ 192 ff. GVG voranzugehen. Wirksam wird das Urteil nicht durch Beschlussfassung des Spruchkörpers oder durch seine schriftliche Abfassung, ja nicht einmal durch die Unterschrift der Richter, sondern erst durch **Verkündung**. 483

Die Verkündung ist die an besondere Formen gebundene **Bekanntmachung** der Entscheidung nach außen.[7] Sie kann in der mündlichen Verhandlung oder in einem eigens hierzu anberaumten (Verkündungs-)Termin erfolgen (§ 310 I ZPO) und geschieht durch Verlesung des Tenors, wenn niemand erschienen ist, auch durch bloße Bezugnahme hierauf (§ 311 II 2 ZPO). Ob und inwieweit das Gericht bei der Verkündung auch die Entscheidungsgründe mitteilen will, steht in seinem freien Ermessen (§ 311 III ZPO).

c) Wirkungen des Urteils

Urteile können ganz verschiedene Wirkungen entfalten.[8] 484

7 BGH NJW 2015, 2342; MDR 2012, 424; OLG München GWR 2015, 407.
8 *Lüke*, Die Bindungswirkung im Zivilprozess, JuS 2000, 1042.

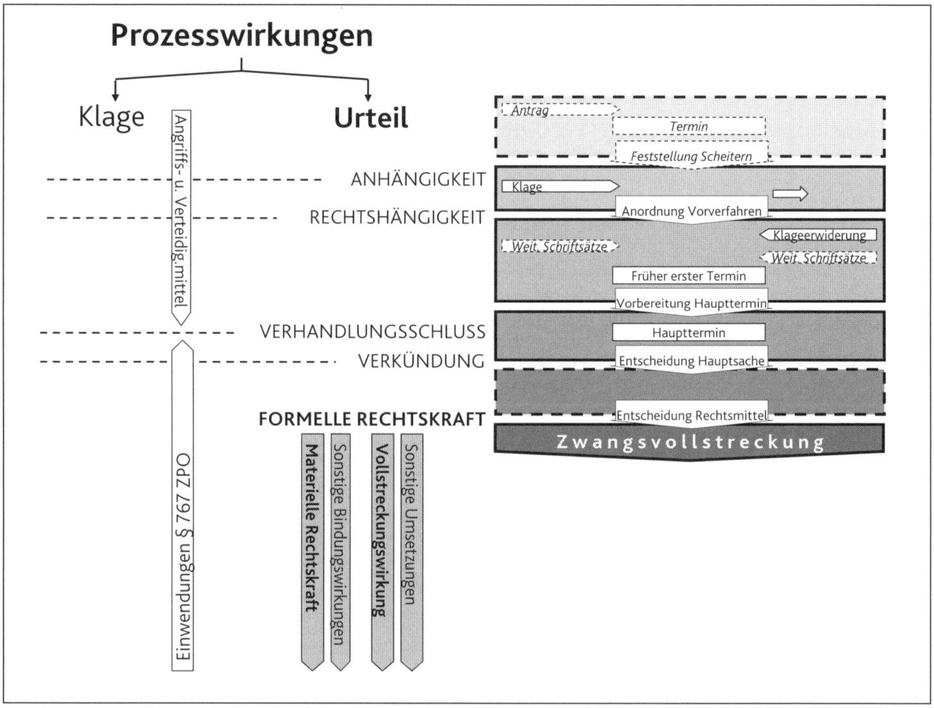

Schema 10.4: Wirkungen des Urteils

485 **(1)** Wirkungen entfaltet ein Urteil grundsätzlich erst dann, wenn feststeht, dass es Bestand haben wird und nicht mehr abgeändert werden kann, weil der Rechtsweg abgeschlossen ist. Dann ist das Urteil in **formeller Rechtskraft** erwachsen (§ 705 ZPO). Dies ist der Fall, wenn Rechtsmittel entweder überhaupt nicht mehr gegeben sind (so gegen die Berufungsurteile in Arrest- und einstweiligen Verfügungssachen, § 542 II ZPO), wenn die Frist zur Einlegung eines Rechtsmittels abgelaufen ist oder wenn beide Parteien auf die Einlegung eines Rechtsmittels verzichtet haben.

Nur ausnahmsweise können einzelne Wirkungen des Urteils aufgrund besonderer Anordnung bereits **vorher** eintreten. So darf zB schon vor Eintritt der formellen Rechtskraft aus dem Urteil vorläufig vollstreckt werden (§ 704 ZPO).

486 **(2)** Ist der Rechtsweg erschöpft, so muss der Streit ein Ende haben. Das Ergebnis des Prozesses muss für die Beteiligten (und ausnahmsweise auch für Außenstehende) verbindlich werden. Eine solche **Bindung** tritt ein für:

- Die Parteien (sog. **materielle Rechtskraft**, § 325 I Alt. 1 ZPO; → Rn. 489).
- Außenstehende, am Prozess nicht beteiligte Dritte, soweit ein Fall der **Rechtskrafterstreckung** vorliegt (zB § 325 I Alt. 2 ZPO).

  Einzelfragen zur materiellen Rechtskraft und zur Rechtskrafterstreckung sollen unten (d.) näher erörtert werden.

- Die Streithelfer (Nebenintervenient), die dem Rechtsstreit beigetreten sind (sog. »**Interventionswirkung**«, § 68 ZPO). Die gleiche Bindungswirkung erfasst diejenigen, denen der Streit von einer Partei verkündet wurde, ohne Rücksicht darauf, ob sie dem Rechtsstreit beigetreten sind oder nicht (§ 74 III ZPO; → Rn. 1032).

- Das Prozessgericht, das bei Fortdauer des Verfahrens an die bereits erlassenen eigenen Entscheidungen gebunden ist (sog. »**innerprozessuale Bindungswirkung**«, § 318 ZPO).

Hieraus folgt zunächst das grundsätzliche **Verbot**, verkündete Entscheidungen **nachträglich abzuändern**. Ausnahmen von diesem Verbot enthalten die Möglichkeiten von Tatbestands- und Urteilsberichtigung bzw. -ergänzung (§§ 319–321 ZPO; → Rn. 1567 ff.) sowie die der Abänderung von Entscheidungen aufgrund von Rechtsbehelfen der Parteien (Einspruch gegen Versäumnisurteil, § 340 ZPO) oder im Nachverfahren (zB im Urkundenverfahren, § 600 ZPO).

Darüber hinaus zwingt die innerprozessuale Bindungswirkung das Gericht, frühere **Teil-, Zwischen- oder Vorbehaltsurteile** für das weitere Verfahren zugrunde zu legen. Insoweit ist das Gericht nur an die Entscheidung selbst, nicht an dessen tatsächliche Feststellungen gebunden.

Beschlüsse entfalten eine Bindungswirkung grundsätzlich nicht (§ 572 I ZPO).[9] Streitig ist, welche Ausnahmen hievon zu machen sind. Die hM bejaht eine Bindung an Beschlüsse, wenn das Gesetz dies ausdrücklich bestimmt (so zB bei den Verweisungsbeschlüssen nach § 281 ZPO; → Rn. 1061) und für Beschlüsse, die der Rechtskraft fähig sind (so zB Vollstreckungsbescheide nach § 699 ZPO, Kostenfestsetzungsbeschlüsse nach § 104 ZPO, Kostenbeschlüsse nach § 91a ZPO oder Beschlüsse über die Verwerfung eines Rechtsmittels nach §§ 522, 552 ZPO).

- Ob und inwieweit die Entscheidung auch von anderen Gerichten oder Verwaltungsbehörden zu beachten ist, ist Frage der sog. »**außerprozessualen Bindungswirkung**«. Deren Inhalt und Umfang ist dogmatisch weitgehend ungeklärt. Nach hM tritt eine Bindung hier nur im Rahmen der Rechtskraft, dh insbesondere nur zugunsten bzw. zulasten der Parteien ein, nie für oder gegen Dritte.[10]

Dies gilt auch umgekehrt für die Bindung des Zivilgerichts an vorausgegangene Urteile in anderen Verfahren, etwa einem Strafprozess.[11]

(3) Daneben ist es erforderlich, dass die im Urteil festgestellte materielle Rechtslage auch tatsächlich **umgesetzt** wird. Dies kann auf unterschiedliche Art und Weise geschehen: **487**

- *Allen Urteilen* zukommen kann eine **Tatbestandswirkung.** So bezeichnet man es, wenn die Existenz des Urteils tatbestandliche Voraussetzung für eine andere Rechtsnorm ist. Hierdurch werden neue Anspruchsgrundlagen ausgefüllt, unmittelbare Rechtsfolgen treten nicht ein.

> **Beispiel:** Liegt ein Urteil des Gläubigers gegen den Bürgen vor, so kann dieser, wenn er sich im Auftrag des Hauptschuldners verbürgt hat, Befreiung von der Bürgschaft verlangen (§ 775 I Nr. 4 BGB).

- *Leistungsurteile* schaffen einen Titel und erlauben die Herstellung des im Urteil festgestellten Rechtsverhältnisses im Wege der Zwangsvollstreckung (sog. »**Vollstreckungswirkung**«, § 704 ZPO).[12]

> **Beispiel:** Der Kläger kommt zu seinem Geld nicht schon durch das obsiegende Urteil, sondern – wenn nicht freiwillig gezahlt wird – erst im Wege der Zwangsvollstreckung.

---

9 BGH NJW-RR 2006, 1554; Prütting/Gehrlein/*Thole* ZPO § 318 Rn. 14 mwN.

10 BGH NJW 2005, 748; ZMR 2004, 413; BGHZ 77, 341; BGH ZZP 89, 331; OLG Koblenz NJW-RR 1995, 727; OLG München NVwZ 1995, 198; BGH NJW 1992, 313; BayObLG NJW-RR 1992, 893; *Piekenbrock*, Bindungswirkung von Feststellungsurteilen im Schadensersatzprozess, NZG 1998, 259.

11 *Geipel*, Das Strafurteil im Zivilprozess, ZAP Fach 13, 1897.

12 BLAH/*Hartmann* ZPO § 894 Rn. 7.

- *Gestaltungsurteile* sind nicht vollstreckbar. Bei ihnen tritt die erstrebte **Gestaltungswirkung** unmittelbar und ohne weitere Maßnahmen mit der formellen Rechtskraft ein.

> **Beispiel:** Eine OHG ist mit dem Eintritt der formellen Rechtskraft des Urteils aufgelöst, ohne dass es hierzu weiterer Maßnahmen der Beteiligten oder eines Vollstreckungsorgans bedürfte (§§ 131, 133 HGB).

- *Feststellungsurteile* haben über die Rechtskraft hinaus keine weiteren Wirkungen.

Das Bestehen des Rechtsverhältnisses steht fest, wenn der positiven Feststellungsklage (→ Rn. 131 ff.) stattgegeben oder die negative abgewiesen wird, das Nichtbestehen, wenn die positive Feststellungsklage abgewiesen oder der negativen stattgegeben wird. Mit der Zwischenfeststellungsklage nach § 256 II ZPO kann die Rechtskraft über den Streitgegenstand der Leistungsklage hinaus ausgedehnt werden (→ Rn. 492).

488 (4) Grundsätzlich entfalten **Urteile** diese Wirkungen auch dann, wenn sie **fehlerhaft**, dh mit formellen oder inhaltlichen Mängeln behaftet sind. Im Interesse der Rechtssicherheit und des Rechtsfriedens sind auf Urteile die allgemeinen Grundsätze über fehlerhafte Staatsakte nicht anwendbar. Das umfassend ausgestaltete Rechtsbehelfssystem macht es möglich, Urteile bis zu ihrer Anfechtung als wirksam zu behandeln. Nur ganz ausnahmsweise, beim Vorliegen schwerster Mängel, ist es möglich, dass das Urteil wirkungslos ist. Es werden dabei folgende Fallgruppen unterschieden:

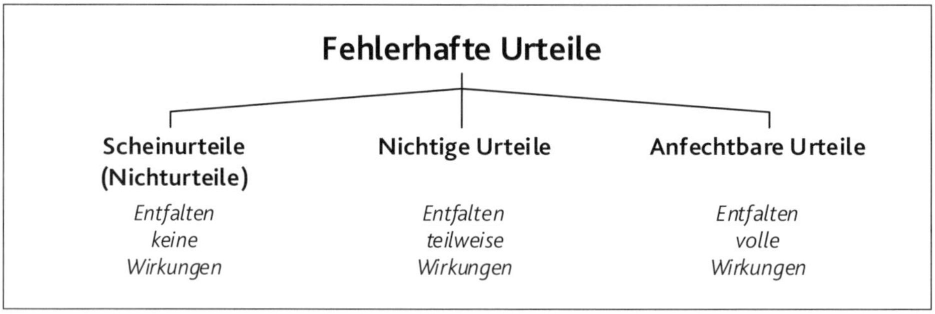

Schema 10.5: Fehlerhafte Urteile

- Von »**Schein-**« oder »**Nichturteilen**« spricht man, wenn die »Entscheidung« sich zwar äußerlich als solche darstellt, in Wirklichkeit aber gar keine ist. Diese »Urteile« entfalten keine der oben dargestellten Wirkungen, sie sind insbesondere weder der formellen noch der materiellen Rechtskraft fähig, eine Zwangsvollstreckung darf aus ihnen nicht stattfinden. Sie müssen daher auch nicht mit Rechtsbehelfen angefochten werden, doch sind solche zur Beseitigung ihres Rechtsscheins (ohne Einhaltung einer Frist) möglich.[13]

> Hierher gehören zum **Beispiel** die Fälle, in denen gar kein Gericht, sondern der Gerichtsvollzieher oder ein Landrat entschieden hat, in denen die Entscheidung überhaupt nicht verkündet oder versehentlich ein bloßer Urteilsentwurf zugestellt wurde.[14]

13 BGH NJW 1996, 1969; OLG Brandenburg NJW-RR 1996, 766; LG Köln NJW-RR 2014, 182; *Jauernig*, Nichturteile bei Mitwirkung von Nicht-(mehr-)richtern, DtZ 1993, 173.

14 BGH MDR 2012, 424; NJW 1999, 1192; OLG Frankfurt a.M. NJW-RR 1995, 511; Zöller/*Vollkommer* ZPO vor § 300 Rn. 13.

- Beim Vorliegen schwerster Mängel kann ein **nichtiges Urteil** vorliegen. Solche Urteile entfalten zwar keine materielle Rechtskraft (sodass zB eine neue Klage jederzeit möglich bleibt), keine Tatbestands- und keine Vollstreckungswirkung, sie binden aber das erkennende Gericht, sind Grundlage für einen Kostenerstattungsanspruch und können formell rechtskräftig werden. Aus diesem Grund müssen sie auch fristgemäß mit Rechtsbehelfen angegriffen werden.[15]

> **Beispiele** hierfür sind Entscheidungen trotz Fehlens der deutschen Gerichtsbarkeit oder der Rechtshängigkeit (Urteil ohne Klageerhebung oder nach Klagerücknahme) und solche, die eine gesetzes- bzw. sittenwidrige oder eine tatsächlich unmögliche Rechtsfolge tenorieren.[16]

- Alle anderen Urteile sind, auch wenn sie mit (ggf. sogar schweren) formellen oder materiellen Mängeln behaftet sind, zunächst voll wirksam. Diese Wirkungen können nur durch eine Anfechtung des Urteils mit den jeweils statthaften Rechtsbehelfen beseitigt werden (sog. **anfechtbare Urteile**).

> Hierher gehören **beispielsweise** Entscheidungen, die ohne rechtliches Gehör eines Beteiligten oder in falscher Gerichtsbesetzung ergangen sind.

d) Materielle Rechtskraft

(1) In materieller Rechtskraft[17] **erwachsen** grundsätzlich alle **Urteile**, die eine endgültige und vorbehaltlose Entscheidung über den erhobenen Anspruch enthalten. **489**

Dies trifft uneingeschränkt auf die Endurteile zu, unabhängig davon, ob es sich um Voll- oder Teilurteile handelt. **Teilurteile** lassen nur den in ihnen entschiedenen Teil des Rechtsstreits in materieller Rechtskraft erwachsen. Dies gilt auch für (Voll-)Urteile über bezifferte **Teilklagen**, unabhängig davon, ob das Geltendmachen nur einer Teilforderung für Gericht und Beklagten erkennbar ist (sog. »offene Teilklage«) oder nicht (sog. »verdeckte Teilklage«). Wurde der Anspruch dagegen unbeziffert geltend gemacht, so ist über ihn auch im Rahmen einer Teilklage in der Regel vollständig entschieden, sodass Nachforderungen ausgeschlossen sind.[18]

Unerheblich ist auch, ob es sich um Leistungs-, Feststellungs- oder Gestaltungsurteile handelt. **Feststellungsurteile** sind in der Hauptsache nicht vollstreckbar, sondern erschöpfen ihre Wirkung in der materiellen Rechtskraft. An das Bestehen des Rechtsverhältnisses sind die Parteien bei Stattgabe einer positiven Feststellungsklage genauso gebunden wie bei der Abweisung der negativen Feststellungsklage. Umgekehrt steht das Nichtbestehen des Rechtsverhältnisses bei Abweisung der positiven oder bei Stattgabe der negativen Feststellungsklage fest.[19] **Gestaltungsurteile** entfalten grundsätzlich nur Gestaltungswirkung, dh, die erstrebte Umgestaltung des Rechtsverhältnisses tritt mit formeller Rechtskraft automatisch ein. Ob darüber hinaus eine materielle Rechtskraft überhaupt eintreten kann, ist streitig. Die hM bejaht dies, um einen erneuten Prozess ausschließen zu können.[20]

Auch **Versäumnis-** und **Dispositionsurteile** (Anerkenntnis- und Verzichtsurteile) erwachsen in materieller Rechtskraft, soweit sie nicht ausnahmsweise keine endgültige Entscheidung enthalten.[21]

---

15 BGH NJW 1999, 1223; VersR 1987, 1195; BLAH/*Hartmann* ZPO Üb § 300 Rn. 18.

16 BGH NZI 2010, 99; BGHZ 47, 324; OLG Düsseldorf NJW-RR 1995, 895.

17 Zum Wesen der Rechtskraft und den hierzu vertretenen Auffassungen BGH NJW 1995, 2993; *Geipel*, Die Rechtskraft und Vorfragen im Zivilprozess, ZAP Fach 13, 1883; Prütting/Gehrlein/*Völzmann-Stickelbrock* ZPO § 322 Rn. 3 mwN; *Lüke*, Die Bindungswirkung der materiellen Rechtskraft, JuS 1996, 392.

18 BGH MDR 2015, 1094; 2013, 262; NJW 2008, 373; NJW-RR 2006, 712; NJW 2004, 1243; 2002, 2167; *Elzer*, Rechtskraft von Teilklagen, JuS 2001, 224.

19 BGH NJW 2008, 2716; *Piekenbrock*, Bindungswirkung von Feststellungsurteilen im Schadensersatzprozess, NZG 1998, 259.

20 Thomas/Putzo/*Reichold* ZPO Vorbem § 253 Rn. 6.

21 BGH NJW 2003, 1044 mAnm *Jäckel* JA 2003, 449 und *Just* NJW 2003, 2289; BGHZ 35, 338 = NJW 1961, 1969.

Während sich die Rechtskraft bei Sachurteilen auf die Entscheidung des Gerichts über den erhobenen materiellen Anspruch erstreckt, lassen **Prozessurteile** nur die behandelten prozessualen Fragen in Rechtskraft erwachsen. Eine neue Klage ist jederzeit möglich, da das Vorliegen der Sachentscheidungsvoraussetzungen in jedem Prozessrechtsverhältnis neu zu prüfen ist.[22]

Zwischenurteile können materielle Rechtskraft nur gegenüber einem insoweit eventuell beteiligten Dritten entfalten, nicht jedoch gegenüber den Parteien, da zwischen ihnen der Streit ja weitergeht. **Grundurteilen** kommt keine materielle Rechtskraft, sondern für das weitere Verfahren lediglich Bindungswirkung (§ 318 ZPO) zu.[23] **Vorbehaltsurteile** können nicht in materieller Rechtskraft erwachsen, da sie keine endgültige, sondern nur eine auflösend bedingte Entscheidung enthalten.[24]

Urteile, die nur über einen Rechtsbehelf entscheiden oder den Rechtsstreit an eine Vorinstanz zurückverweisen (→ Rn. 1290; → Rn. 1530, → Rn. 1550),[25] enthalten keine endgültige Entscheidung und entfalten daher keine materielle Rechtskraft.

490 **Nicht** in materieller Rechtskraft erwachsen Verfügungen und Prozessvergleiche.[26] **Beschlüsse** erwachsen in materieller Rechtskraft nur, wenn sie formell rechtskräftig werden können und streitentscheidenden Charakter haben.

Beispiele: Vollstreckungsbescheid (§ 699 ZPO; → Rn. 758),[27] Kostenfestsetzungsbeschluss (§ 104 ZPO), Beschluss über Arrest und einstweilige Verfügung (§§ 922, 936 ZPO; → Rn. 809).[28]

491 **(2) Folgen** der materiellen Rechtskraft sind:

- Die *Unzulässigkeit einer neuen Klage* über den gleichen Streitgegenstand zwischen denselben Parteien (»ne bis in idem«).[29]

  Streitig ist, warum diese Folge eintritt. Nach der **materiellen Theorie**[30] wird durch den Eintritt der Rechtskraft die materielle Rechtslage dem Inhalt des Urteils entsprechend umgestaltet, auch wenn dieses inhaltlich unrichtig ist, sodass spätere Prozesse ohnehin nur zu dem gleichen Ergebnis führen könnten. Nach der **prozessualen Theorie**[31] bleibt die materielle Rechtslage auch nach dem Urteil unverändert, doch darf eine dem existierenden Urteil widersprechende Entscheidung (auch wenn sie materiellrechtlich richtig wäre) nicht ergehen. Auf diesen Streit kommt es wegen des übereinstimmenden Ergebnisses praktisch nicht an.

  Ausnahmsweise ist trotz materiell rechtskräftiger Vorentscheidung eine **neue Klage** zulässig, wenn der Eintritt der Verjährung des alten Titels verhindert werden soll oder wenn der alte Titel verloren wurde und nicht wiederherstellbar ist (§ 733 ZPO).

  Unzulässig ist auch die Klage über das **kontradiktorische Gegenteil** der materiell rechtskräftigen Entscheidung, sodass zB keine Klage durch den ehemaligen Beklagten auf Rückzahlung des eingeklagten und bezahlten Betrags aus § 812 BGB möglich ist.[32]

---

22 Zöller/*Vollkommer* ZPO § 322 Rn. 1.
23 BGH NJW 2008, 436; BSG FamRZ 1991, 561; *Rosenberg/Schwab/Gottwald* ZivilProzR § 58, 4.
24 Prütting/Gehrlein/*Thole* ZPO § 302 Rn. 12.
25 BGH Betrieb 1973, 868.
26 BGH NJW 1982, 1047.
27 Jetzt hM: BGH NJW-RR 1990, 179; OLG Köln NJW-RR 1986, 1238; BLAH/*Hartmann* ZPO Einf. § 322 Rn. 13, § 322 Rn. 71; *Grün*, Notwendigkeit und Zulässigkeit der Rechtskraftbeschränkung beim Vollstreckungsbescheid, NJW 1991, 2860; aA noch BGH NJW-RR 1988, 757 mwN.
28 *Renaud/Bongen*, Zur materiellen Rechtskraft antragsabweisender Beschlüsse und Urteile im Arrestverfahren, NJW 1991, 2886.
29 BGH NJW 2004, 1252; 1986, 2833; BGHZ 93, 289.
30 Stein/Jonas/*Leipold* ZPO § 322 Rn. 23 ff. mwN.
31 BGHZ 34, 337 = NJW 1961, 917; Thomas/Putzo/*Reichold* ZPO § 322 Rn. 6 mwN.
32 BGH NJW 2003, 3058; 2000, 2022.

- Die Berücksichtigung der Entscheidung in einem späteren Prozess zwischen denselben Parteien über einen anderen Streitgegenstand, soweit sie hierfür vorgreiflich ist (sog. »*Präjudizialität*«).[33]

> **Beispiel:** Hat der Kläger gegen den Beklagten bereits einen Räumungstitel erwirkt und begehrt er jetzt Schadensersatz wegen verspäteter Räumung, so steht für den Folgeprozess fest, dass der Beklagte zur Räumung verpflichtet ist.[34]

Eine Bindung besteht insoweit nur an die im Vorprozess tenorierte **Rechtsfolge**, nicht an eine dort zur Entscheidungsfindung geklärte **Vorfrage**.

> **Beispiel:** Hat der Kläger in einem Vorprozess einen Zahlungstitel für die Mieten der Monate Januar bis März erstritten, und verlangt er jetzt Zahlung der Aprilmiete, so stellt das Bestehen eines wirksamen Mietverhältnisses für beide Prozesse lediglich eine Vorfrage dar; eine Bindungswirkung besteht nicht.

(3) Der **Umfang** der Rechtskraft ist subjektiv, objektiv und zeitlich beschränkt.[35] **492**

- Die **subjektiven Schranken** der Rechtskraft folgen aus §§ 325 ff. ZPO: Grundsätzlich wirkt das Urteil nur für und gegen die Parteien des Rechtsstreits (§ 325 I ZPO),[36] ausnahmsweise findet eine *Rechtskrafterstreckung* auf Dritte statt (→ Rn. 1185 ff.).

> **Beispiel:** Werden die Gesellschafter einer GbR aus ihrer persönlichen Haftung zur Leistung verurteilt, so steht die Rechtskraft dieses Urteils einer späteren Klage gegen die Gesellschaft auch dann nicht entgegen, wenn nunmehr die verurteilten Gesellschafter als Vertreter der GbR im Prozess auftreten.[37]

So sind an das Ergebnis des Prozesses zB die Personen gebunden, die nach Eintritt der Rechtshängigkeit **Rechtsnachfolger** einer der Parteien werden (§ 325 I ZPO), sei es im Wege der Gesamtrechtsnachfolge (Erbschaft), sei es im Wege der Einzelrechtsnachfolge (Veräußerung der streitbefangenen Sache, § 265 ZPO). Analog werden diese Vorschriften auf die Parteien kraft Amtes (zB den Insolvenzverwalter) angewandt, die ihr Amt nach Eintritt der Rechtshängigkeit antreten.

Eine Rechtskrafterstreckung kann ferner stattfinden für und gegen bestimmte **Einzelpersonen** (zB auf den Rechtsinhaber bei der gewillkürten Prozessstandschaft) oder nur für (nicht auch gegen) **Dritte** (zB nach § 326 I ZPO, § 768 I BGB, § 124 VVG).

- Die **objektiven Schranken** der Rechtskraft folgen aus § 322 ZPO: Grundsätzlich erwächst in materieller Rechtskraft nur die im Tenor festgestellte Rechtsfolge, wobei zur Auslegung die übrigen Urteilsbestandteile (Tatbestand, Entscheidungsgründe), ggf. sogar das Parteivorbringen heranzuziehen ist.[38]

Nicht in **Rechtskraft** erwachsen die festgestellten Tatsachen oder die rechtlichen Beurteilungen in den Entscheidungsgründen. Grundsätzlich unbeachtlich ist daher, ob materiellrechtliche Fragen übersehen oder falsch entschieden wurden. Eine Ausnahme gilt insoweit nur für die Aufrechnungsforderung des Beklagten, die nach § 322 II ZPO in Rechtskraft erwächst, und die Zwischen-

33 *Loyal*, Zur Auslegung von Präjudizien, JURA 2016, 1181; *Rösler*, Präjudizienwirkung im deutschen Zivilprozessrecht, ZZP 2013, 295; OLG München JuS 2016, 1035.

34 BGH NJW 2006, 1118; 2003, 3058; NJW-RR 2002, 516; *Musielak*, Der rechtskräftig entschiedene Lebenssachverhalt, NJW 2000, 3593.

35 BGH NJW 2010, 2210.

36 BGH NJW 2005, 338; 1996, 395.

37 BGH NJW 2011, 2048.

38 BGH NJW 2008, 2716; NZM 1999, 138; NJW-RR 1999, 1006.

feststellungs-(wider-)klage, mit der vorgreifliche Rechtsverhältnisse rechtskräftig festgestellt werden können (§ 256 II ZPO).[39]

Andererseits darf die Rechtskraft der Entscheidung nicht mit dem Vorbringen ausgehöhlt werden, ein Urteil gründe sich auf unrichtige Tatsachen. In einem Folgeprozess, der auf eine von der rechtskräftig festgestellten abweichende Rechtsfolge gerichtet ist, sind daher alle **Tatsachen präkludiert**, die zu dem Sachkomplex gehört hätten, unabhängig davon, ob sie tatsächlich vorgetragen worden sind oder nicht.[40]

- Die **zeitlichen Schranken**[41] der Rechtskraft sind in der ZPO nicht geregelt. Grundsätzlich ist jede Änderung tatsächlicher oder rechtlicher Umstände nach Verkündung des Urteils unbeachtlich. Haben sich nach dem Schluss der mündlichen Verhandlung neue Tatsachen ergeben, so ist eine neue Klage immer dann zulässig, wenn dadurch ein neuer Streitgegenstand geschaffen wurde. Wann dies der Fall ist, kann hier dahinstehen, da das Gesetz eine Reihe von Ausnahmen zulässt, durch die nachträgliche tatsächliche Änderungen berücksichtigt werden können.

Eine solche Durchbrechung der zeitlichen Grenze der Rechtskraft lassen zu

- die **Abänderungsklage** (§ 323 ZPO; → Rn. 130), durch die eine Verurteilung zu künftigen, wiederkehrenden Leistungen wesentlichen Veränderungen der Umstände angepasst werden kann;
- die **Vollstreckungsgegenklage** (§ 767 ZPO), mit der nachträglich entstandene rechtsvernichtende oder rechtshemmende Einwendungen gegen den materiellrechtlichen Anspruch geltend gemacht werden können;[42]
- die **Leistungsklage** aus § 812 BGB, mit der aufgrund nachträglich geänderter tatsächlicher Umstände zu Unrecht bereits vollstreckte oder gezahlte Beträge zurückverlangt werden können.

493 **(4)** Eine allgemeine **Durchbrechung der Rechtskraft** ist durch mehrere Institute der ZPO möglich:[43]

- Mit der *Wiedereinsetzung in den vorigen Stand* (§ 233 ZPO; → Rn. 249 ff.) kann die schuldlose Versäumung einer Rechtsmittelfrist kompensiert und damit trotz zunächst eingetretener formeller Rechtskraft noch ein Jahr lang (§ 234 III ZPO) ein Rechtsmittel eingelegt werden.
- Mit der *Wiederaufnahme des Verfahrens* (§§ 578 ff. ZPO; → Rn. 1574 f.) kann ein formell rechtskräftig abgeschlossenes Verfahren bei schwersten Verfahrensverstößen bzw. Verfälschungen der Entscheidungsgrundlage bis zu fünf Jahren nach Eintritt der formellen Rechtskraft (§ 586 II 2 ZPO) neu aufgerollt werden.
- Mit der *Klage aus § 826 BGB* kann (nach Auffassung der Rspr.)[44] zeitlich unbeschränkt ausnahmsweise Unterlassung der Zwangsvollstreckung, Herausgabe des Titels, Rückzahlung eines bereits vollstreckten Betrags oder Zahlung von Schadensersatz verlangt werden.

---

39 BGH JuS 2015, 845; MDR 1979, 746; *Heiderhoff*, Der entschiedene Lebenssachverhalt und die Rechtskraftsperre bei klageabweisenden Urteilen, ZZP 118 (2005), 185.

40 BGH NJW-RR 1996, 826; NJW 1993, 2684; OLG Hamm NJW-RR 1999, 1589; *Deubner*, Aktuelles Zivilprozessrecht, JuS 1995, 242.

41 BGH NJW 1982, 1147; OLG Stuttgart NJW-RR 1999, 1590; *Schellhammer* ZivilProz Rn. 859 ff.

42 BGH WM 2008, 1806.

43 Vgl. die Übersichten unten § 30; *Prüth/Weth*, Rechtskraftdurchbrechung bei unrichtigen Titeln, 2. Aufl. 1994.

44 StRspr seit RGZ 155, 55, zuletzt BGH NJW 2005, 2991; Nachweise – auch zur Kritik in der Lehre – bei *Klados*, § 826 BGB – Ein legitimes Mittel zur Durchbrechung der Rechtskraft?, JuS 1997, 705; *Musielak*, Zur Klage nach § 826 BGB gegen rechtskräftige Urteile, JA 1982, 7.

Von der sittenwidrigen Ausnutzung eines formell einwandfrei erwirkten, rechtskräftigen Urteils geht die Rechtsprechung aus, wenn
- das Urteil inhaltlich unrichtig ist,
- der Gläubiger die Unrichtigkeit kennt,
- besondere Umstände hinzukommen, die das Gebrauchmachen von dem Urteil im Einzelfall als sittenwidrig erscheinen lassen.

Praktisch wichtigster Fall ist die Durchbrechung der Rechtskraft des **Vollstreckungsbescheids**, insbesondere aus **sittenwidrigen Ratenkreditverträgen** (→ Rn. 785 ff.).

2. Die Entscheidung über die Hauptsache

Zentraler Teil der gerichtlich zu treffenden Entscheidung ist die über den vom Kläger gestellten Sachantrag. **494**

(1) Die Entscheidung über die Hauptsache richtet sich nach **materiellem Recht**. Erfolg hat die Partei insoweit, wenn das gerichtlich geltend gemachte Recht besteht. **495**

Die Leistungsklage ist begründet, wenn dem Kläger ein durchsetzbarer Anspruch gegen den Beklagten zusteht. Für die Leistungsklage muss das festzustellende Recht bestehen bzw. nicht bestehen, bei der Gestaltungsklage müssen die Voraussetzungen des Gestaltungsrechts gegeben sein.

Zur Hauptsache gehören auch **Nebenforderungen**, die der Kläger geltend macht, insbesondere Zinsen und Kosten. **496**

Auf Geldforderungen werden regelmäßig Zinsen verlangt. Ein entsprechender Anspruch besteht aus § 288 BGB, sobald der Schuldner sich in Verzug befindet, auch ohne Verzug aus § 291 BGB ab Rechtshängigkeit (dh dem auf die Zustellung der Klage folgenden Tag, § 187 I BGB analog). Unabhängig davon, ob dem Gläubiger hierdurch ein entsprechender Schaden entstanden ist oder nicht, sind Geldforderungen grundsätzlich mit fünf Prozentpunkten[45] über dem (variablen: § 247 BGB) Basiszinssatz zu verzinsen. Einen höheren Zinsschaden kann der Gläubiger geltend machen, wenn die Forderung aus einem Rechtsgeschäft herrührt, an der kein Verbraucher beteiligt war (§ 288 II BGB), bei Vorliegen einer Individualabrede (§ 288 III BGB) oder auf den konkreten Nachweis eines höheren Schadens (auch entgangenen Gewinns) hin (§ 288 IV BGB).[46]

Als Verzugsschaden geltend gemacht werden können auch die Kosten der Versuche vorprozessualer Anspruchsdurchsetzung (§§ 280 I und II, 286 BGB). Allerdings müssen diese sachdienlich, dh erfolgversprechend gewesen sein. Hierunter fallen die Kosten von Mahnschreiben nach Eintritt des Verzugs (weswegen die Kosten der ersten, verzugsbegründenden Mahnung nicht erstattungsfähig sind[47]), die konkret darzulegen sind. Eine Pauschalierung ist nicht möglich. Die Kosten eines Inkassobüros können bis zur Höhe der Kosten einer Anspruchsdurchsetzung durch einen Rechtsanwalt (RVG-Sätze) verlangt werden.[48]

Wird der Anwalt zunächst nicht mit der gerichtlichen Geltendmachung beauftragt, entsteht für ihn nur eine 0,5–2,5-fache Geschäftsgebühr nach Nr. 2300–2303 VV-RVG. Wird das Mandat später auf die Vertretung in einem Güteverfahren ausgedehnt, steht dem Anwalt eine (weitere) 1,5-fache Geschäftsgebühr nach Nr. 2303 VV-RVG zu. Mit dem Prozessmandat entstehen die Gebühren nach Nr. 3100

---

45 Dahingehend ist auch der Antrag auf Zahlung von »5% Zinsen über dem Basiszinssatz« zu verstehen: BGH NJW-RR 2013, 511.

46 Zu einigen typischen materiellrechtlichen Problemen der Nebenforderungen: *Braun*, Zinstitel und Abänderungsklage, ZZP 108 (1995), 319; *Gottwald*, Verzugszinsen als schadensrechtliches Problem, JA 1997, 800; *Holthaus/Bünnemann*, Die Zinsentscheidung im Assessorexamen, JA 2017, 56; *Saenger*, Die Geltendmachung von Zinsansprüchen für verauslagte Gerichts- und Anwaltskosten, MDR 2014, 192; *Schmitz*, Zinsen für die Zukunft, JA 1993, 140; *Zimmermann*, Der Zins im Zivilprozess, JuS 1991, 229; 583; 674; 758.

47 BGH NJW 1985, 324.

48 Palandt/*Grüneberg* BGB § 286 Rn. 49.

(1,3-fache Verfahrens- und 1,2-fache Terminsgebühr). Wenn und soweit es um denselben Gegenstand geht, werden die früheren Gebühren grundsätzlich zur Hälfte auf die späteren Gebühren angerechnet (Anmerkung zu 2303 und Vorbemerkung 3 IV VV-RVG). Der im Rahmen der Kostenfestsetzung am Ende des gerichtlichen Verfahrens nicht erstattete Teil der Geschäftsgebühr kann in Form eines materiellen Schadensersatzanspruchs als Nebenforderung geltend gemacht werden. Bis 2009 führte eine verfehlte Auslegung der Anrechnungsvorschriften durch den BGH[49] dazu, dass die gerichtliche Verfahrensgebühr in Höhe der Anrechnung als materielle Nebenforderung eingeklagt werden musste. Mit der Einführung des § 15a RVG ist diese Notwendigkeit entfallen, geblieben ist die (praktisch häufig genutzte) Möglichkeit, den nicht angerechneten Teil der Geschäftsgebühr mit einzuklagen.[50]

Einen materiellen Verzugsschadensersatzanspruch hat der Kläger nur, wenn der Schuldner sich bei Beauftragung des Anwalts bereits in Verzug befand und die außergerichtliche Einschaltung eines Rechtsanwalts erforderlich war. Letzteres ist nicht der Fall, wenn der Schuldner die Erfüllung bereits ernsthaft und endgültig verweigert hat, es sich um einen einfachen Fall handelt, bei dessen Durchsetzung es anwaltlicher Hilfe nicht bedarf, oder dem Kläger aufgrund seiner Kenntnisse, Fähigkeiten und Ausstattung (Jurist, eigene Rechtsabteilung) die eigene Durchsetzung möglich ist. Hat der Mandant die Rechnung des Anwalts über die außergerichtliche Geschäftsgebühr bereits beglichen, kann er vom Gegner Zahlung verlangen. Ist die Rechnung noch offen, geht sein Anspruch auf Freistellung.[51]

497 (2) Der **Umfang** der Sachentscheidung hat sich innerhalb der durch den Antrag gezogenen Grenzen zu halten (→ Rn. 156; Schema 4.5). Dies bedeutet zunächst, dass **nichts anderes** zugesprochen werden darf, als beantragt wurde.

> **Beispiel:** Das Gericht darf nicht zur Zahlung der Wiederherstellungskosten verurteilen, wenn der Kläger auf Naturalrestitution geklagt hat.[52]

498 Es darf auch **nicht mehr** zugesprochen werden als beantragt wurde (§ 308 I ZPO, »*ne ultra petita*«).[53]

> **Beispielsfall:** Verlangt der Kläger als Folge eines Verkehrsunfalls 5.000,– EUR Schadensersatz für seinen beschädigten PKW und weitere 5.000,– EUR als Schmerzensgeld und ergibt die Beweisaufnahme, dass der Schadensersatzanspruch nur in Höhe von 4.000,– EUR begründet ist, während als Schmerzensgeld ein Betrag von 7.000,– EUR angemessen wäre, so dürfen dem Kläger insgesamt nur 9.000,– EUR zugesprochen werden: Mehr als 4.000,– EUR Schadensersatz sind nicht bewiesen, mehr als 5.000,– EUR Schmerzensgeld will der Kläger nicht haben (§ 308 ZPO). Eine Verrechnung zwischen den Einzelpositionen ist nicht möglich, weil es sich hier um verschiedene Streitgegenstände handelt.
> Eine **Saldierung** ist dagegen möglich, wenn keine objektive Klagehäufung vorliegt, wenn also nicht verschiedene Streitgegenstände nebeneinander geltend gemacht werden, sondern wenn ein einheitlicher Anspruch aus verschiedenen, unselbstständigen Rechnungspositionen zusammengesetzt ist. Dies ist zB der Fall, wenn der Kläger zur Begründung seines Schadensersatzanspruchs eine Werkstattrechnung vorlegt, in der die einzelnen beschädigten Teile differenziert ausgewiesen sind. Ergibt die Beweisaufnahme jetzt, dass eine Schadensposition überhöht, eine andere dagegen zu gering angesetzt ist, kann eine Verrechnung erfolgen.[54]

---

49 BGH NJW 2007, 2049; 2050; 3500; 2008, 1323; NJW-RR 2008, 1095; NJW 2008, 1888; 2008, 3641, *Fölsch*, RVG-Anrechnung im Kostenfestsetzungsverfahren, MDR 2008, 847.

50 BGH MDR 2010, 471; *Becker/Kohlmann*, Zur Reichweite von § 15a RVG, EWiR 2010, 165; *Fölsch*, Die aktuelle Rechtslage zur Anrechnung der anwaltlichen Geschäftsgebühr, MDR 2009, 1137; *Hunecke*, Ersatzfähigkeit außergerichtlicher Rechtsanwaltskosten, NJW 2015, 3745; *Kovacevic/Wichardt*, Rechtsverfolgungskosten in der Assessorklausur, JA 2011, 131.

51 *Schweer/Todorow*, Prozessuale Durchsetzung von Freistellungsansprüchen, NJW 2013, 2072 und 3004.

52 RG WarnRspr 14 Nr. 173; andere Fälle eines aliud gegenüber dem Antrag: OLG München NJW-RR 1990, 1237.

53 BGH NJW 2003, 2317; 2002, 140; 2001, 157; 1999, 61; *Melissinos*, Die Bindung des Gerichts an die Parteianträge nach § 308 ZPO, 1982; auch die Aberkennung eines nicht gestellten Antrags stellt eine Verletzung des § 308 ZPO dar: BGH NJW 1991, 1683 mAnm *Müller* JR 1991, 509; zur Ausnahme beim unbezifferten Antrag → Rn. 1076.

54 StRspr seit RGZ 2, 243; 14, 289; zuletzt BGH MDR 2013, 262.

Grundsätzlich darf die Sachentscheidung auch **nicht weniger** enthalten als der Antrag. Das bedeutet selbstverständlich nicht, dass nicht weniger zugesprochen werden könnte als beantragt. Erforderlich ist, dass der Antrag vollständig ausgeschöpft wird, gegebenenfalls durch Abweisung der Klage im Übrigen. Es dürfen nicht Teile des Antrags ohne Entscheidung bleiben. 499

Von einem Teilunterliegen geht die Rechtsprechung **beispielsweise** auch aus,
- wenn die vom Kläger erhobene Leistungsklage unbegründet ist und das Gericht anstelle dessen eine Feststellung ausspricht;
- wenn zu einer künftigen statt zur sofortigen Leistung verurteilt wird;
- wenn zur Leistung Zug um Zug gegen Erbringung der Gegenleistung statt zur unbedingten Leistung verurteilt wird.[55]

Wird der Antrag bewusst nicht vollständig ausgeschöpft, so liegt ein **Teilurteil** vor. Wurde ein Teil versehentlich übergangen, ist eine **Urteilsergänzung** nach § 321 ZPO erforderlich.

Hat das Gericht gegen § 308 ZPO **verstoßen**, so kann hiergegen mit den normalen Rechtsmitteln vorgegangen werden, nach Erschöpfung des Rechtswegs mit der Verfassungsbeschwerde.[56] Ob daneben in analoger Anwendung der §§ 767, 321 ZPO die Vollstreckungsgegenklage oder die Urteilsabänderung möglich ist, ist zwar streitig,[57] wird aber im Interesse eines lückenlosen Rechtsschutzes wohl zu bejahen sein. 500

3. Die Entscheidung über die Kosten des Rechtsstreits[58]

Im Rahmen der Betrachtung zur Kostenentscheidung lassen sich drei Fragen unterscheiden: 501

a) Welche Kosten entstehen im Zivilprozess?
b) Wer hat diese Kosten zu tragen und wie können sie durchgesetzt werden?
c) Wie lautet die Kostenentscheidung im Einzelfall?

a) Prozesskosten

Kosten entstehen im Zivilprozess zum einen unmittelbar durch die Inanspruchnahme des **Gerichts**, zum anderen bei den Parteien selbst (= außergerichtliche Kosten), wobei hier insbesondere[59] die dem eigenen **Rechtsanwalt** zu zahlenden Beträge ins Gewicht fallen. In beiden Bereichen werden Gebühren (= Entgelt für das Tätigwerden) und Auslagen (= erstattungsfähige Aufwendungen zum Betrieb des Prozesses) unterschieden. 502

Auf Seiten des Gerichts entsprechen die erhobenen Kosten überwiegend nicht dem tatsächlichen Aufwand. Die Tätigkeit des Gerichts ist Teil der allgemeinen (und damit bereits steuerfinanzierten) Staatsaufgaben, der Justizgewährungsanspruch kann nicht mit einem unzumutbaren Kostenrisiko verknüpft werden. Dies gilt nicht für Rechtsanwälte, die einen Anspruch auf eine angemessene Honorierung haben, für die die Ermittlung des konkreten Aufwands aber häufig nicht oder nur mit

55 BGH NJW 1995, 2848; 1984, 2295; *Arz*, Das sofortige Anerkenntnis im Rahmen von Zug-um-Zug-Verurteilungen, NJW 2014, 2828; *Hensen*, Die Kostenlast beim Zug-um-Zug-Urteil, NJW 1999, 395; Stein/Jonas/*Leipold* ZPO § 308 Rn. 7; *Womelsdorf*, Die Fassung des Tenors im Zivilurteil, JuS 1983, 855.

56 BVerfGE 28, 385: wegen Verletzung von Art. 103 I GG.

57 Stein/Jonas/*Leipold* ZPO § 308 Rn. 11.

58 *Breidenstein*, Grundzüge der Kostenentscheidung im Assessorexamen, JA 2011, 771; *Fischinger*, Examensrelevante Probleme des zivilrechtlichen Kostenrechts, JA 2009, 49; *Lahusen/Ritter*, Kostenrecht für Referendare, JA 2017, 127; sowie die unter »Anleitungsbücher« im Literaturverzeichnis aufgeführte Literatur.

59 Zu den Parteikosten BLAH/*Hartmann* ZPO Übers § 91 Rn. 21.

unverhältnismäßigem Aufwand möglich wäre. Bei ihnen wird eine Kostendeckung angestrebt, wegen der auch hier geltenden Pauschalierung aber nicht immer erreicht.

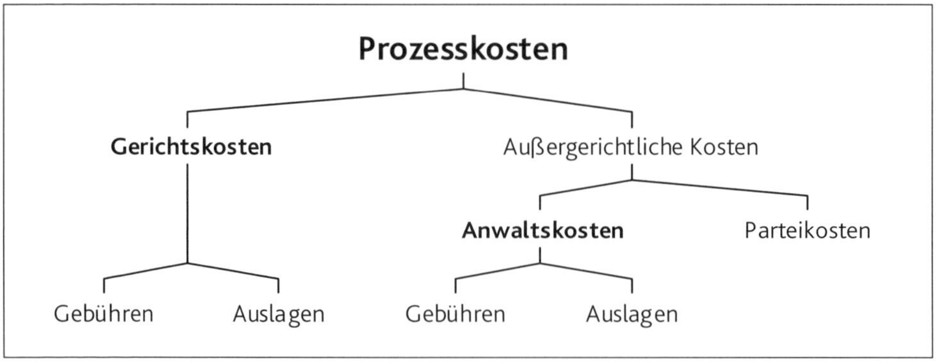

Schema 10.6: Prozesskosten

503 Die **Auslagen** sowohl des Gerichts als auch des Rechtsanwalts sind grundsätzlich in der tatsächlich entstandenen Höhe zu erstatten. Ist deren Ermittlung zu aufwändig, kommt auch eine Pauschalierung in Betracht.

Der **Rechtsanwalt** kann insbesondere die ihm entstandenen Schreibauslagen (Nr. 7000 VV) und Reisekosten (Nr. 7003 ff. VV) sowie Postgebühren verlangen. Letztere können konkret berechnet (Nr. 7001, was wegen des damit verbundenen Aufwands so gut wie nie vorkommt) oder pauschal mit 20% der verdienten Gebühren abgegolten werden und dürfen dann 20,– EUR nicht übersteigen (Nr. 7002 VV). Alle Auslagen sind – wie die Gebühren – umsatzsteuerpflichtig (Nr. 7008).[60]

Viele regelmäßig anfallenden Auslagen des **Gerichts** (Kosten der Zustellung der Klageschrift, Telefongebühren) sind in den Gebühren berücksichtigt und durch sie bereits mit abgegolten. Andere Auslagen sind stets zu erstatten, so Schreibkosten (Nr. 9000 KV) pauschal mit 0,50 EUR pro Seite, sonstige Telekommunikationsdienstleistungen (Nr. 9001 KV), zusätzliche Zustellungen (Nr. 9002 KV), Zeugen- und Sachverständigenentschädigungen (Nr. 9005 KV) oder Reisekosten des Justizpersonals (Nr. 9006 KV), jeweils in voller Höhe.

504 Für die **Gebühren** ist der mit der Durchführung eines Zivilprozesses tatsächlich anfallende Aufwand nur schwer zu ermitteln. Sie werden daher weitgehend unabhängig von dem tatsächlichen Aufwand *pauschaliert*. Diese Pauschalierung knüpft zum einen an den Verlauf des Prozesses an (je weiter er voranschreitet, umso mehr Gebühren entstehen dem Grunde nach), zum anderen an den Wert der Sache, um die gestritten wird (je höher der Streitwert, umso höher sind diese einzelnen Gebühren).

505 (1) Bei der **Pauschalierung dem Grunde nach** entstehen einzelne Gebühren, sobald es zu bestimmten, gesetzlich vorgesehenen Prozesshandlungen (= Kostentatbeständen) kommt. Dabei kann jede Gebühr pro Instanz nur einmal entstehen. Andere Prozesshandlungen sind durch die Gebührentatbestände abgegolten und können nicht gesondert abgerechnet werden.

Sowohl beim Gericht als auch bei den Rechtsanwälten fällt nicht für jeden Tätigkeitsschritt eine eigene Gebühr an. Verschiedene Tätigkeiten werden zusammengefasst und durch eine an die jeweils erste Teiltätigkeit anknüpfende, erhöhte Gebühr gemeinsam abgegolten.

60 Zu den Anwaltskosten *Wolf*, RVG-Navigator, 2004; *Hartung*, Das neue Rechtsanwaltsvergütungsgesetz, NJW 2004, 1409; *Kilian*, Einführung in das Anwaltsgebührenrecht, JuS 1998, 253; 350; *Vogeler*, Das anwaltliche Erfolgshonorar, JA 2011, 321.

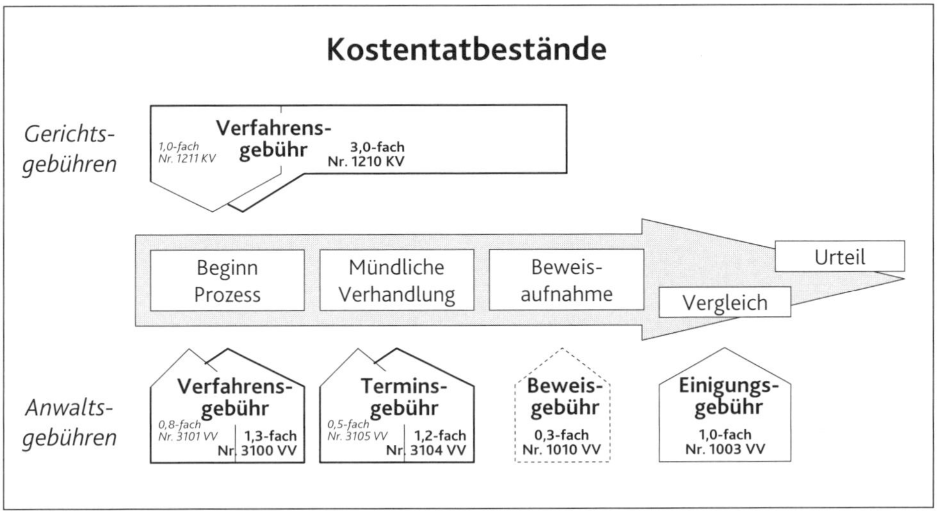

Schema 10.7: Kostentatbestände

Der *Rechtsanwalt* erhält für seine Tätigkeit im Zivilprozess die Gebühren aus §§ 2 II, 13 RVG iVm Nr. 3000 ff. VV. Im Einzelnen können dies sein: 506

- Die 1,3-fache Verfahrensgebühr für das Betreiben des Geschäfts einschließlich der Information (Nr. 3100 VV).

  Die Verfahrensgebühr ist spätestens mit der ersten Prozesshandlung verdient, zB der Einreichung der Klageschrift oder der Klageerwiderung. Wird der Auftrag beendet, bevor ein Schriftsatz mit Anträgen gefertigt wurde, reduziert sie sich auf 0,8.

- Die 1,2-fache Terminsgebühr für die Vertretung der Partei in einem Termin (Nr. 3104 VV).

  Unerheblich ist dabei, ob es sich um einen Verhandlungs-, Erörterungs- oder Beweisaufnahmetermin handelt. Erfasst werden auch außergerichtliche Termine zur Besprechung mit dem Gegner oder mit Dritten ohne Beteiligung des Gerichts, wenn diese der Vermeidung oder Erledigung des Verfahrens dienen. Nicht erfasst wird ein bloßer Verkündungstermin. Findet nur eine Verhandlung statt, in der der Gegner säumig ist, ermäßigt sich die Gebühr auf 0,5. Dies gilt nicht, wenn davor oder danach eine streitige Verhandlung stattfindet, dann bleibt es bei der vollen Terminsgebühr, eine zusätzliche Gebühr für die Säumnisverhandlung entsteht in diesem Fall nicht (Nr. 3105 VV).

- Die 0,3-fache Zusatzgebühr für besonders umfangreiche Beweisaufnahmen (Nr. 1010 VV).

  Besonders umfangreich ist eine Beweisaufnahme nur dann, wenn in mindestens drei Terminen Zeugen oder Sachverständige vernommen werden.

- Die 1,0-fache Einigungsgebühr für die Mitwirkung beim Abschluss eines Vergleichs (Nr. 1003 VV).

  Zwar fällt die Einigungsgebühr grundsätzlich in 1,5-facher Höhe an (Nr. 1000 VV), doch ermäßigt sie sich auf 1,0, wenn über den Gegenstand bereits ein gerichtliches Verfahren anhängig ist, sodass der Prozessvergleich für den Rechtsanwalt weniger lukrativ ist als ein vorgerichtlicher Vergleich.

Je nach den im Verfahren erreichten Prozessstadien erhält der Rechtsanwalt im Zivilprozess also 0,8 (Beendigung ohne eigenen Antragsschriftsatz), 1,3 (Beendigung ohne 507

Termin), 1,8 (Beendigung nach Säumnis Gegner), 2,5 (Beendigung nach Termin), 2,8 (Beendigung nach umfangreicher Beweisaufnahme) oder 3,8 Gebühren (Beendigung nach Termin mit umfangreicher Beweisaufnahme durch Vergleich).

Eine Erhöhung der Gebühren tritt ein bei mehreren Auftraggebern (§ 7 RVG; Nr. 1008 VV) und im Rechtsmittelverfahren (Nr. 3200 ff. VV). Die in der früheren BRAGO vorgesehene Beweisgebühr ist ersatzlos entfallen. Der Rechtsanwalt kann seine Vergütung mit der Partei auch unabhängig von diesen gesetzlichen Vergütungssätzen frei vereinbaren (§ 4 RVG), was im Zivilprozess nur ausnahmsweise vorkommt. Eine solche Vereinbarung führt allein zu einem höheren Gebührenanspruch des Rechtsanwalts gegen seinen Mandanten, nicht zu einem höheren Erstattungsanspruch der Partei gegen den Gegner (§ 91 I 1 ZPO; → Rn. 511 ff.).[61]

508 Die Gebühren des *Gerichts* ergeben sich aus § 3 GKG iVm Nr. 1210 KV. Um eine mehrfache Abrechnung mit den Parteien zu vermeiden, deckt die mit Einleitung des Verfahrens entstehende Gebühr in 3,0-facher Höhe alle auf Seiten des Gerichts möglichen Tätigkeiten ab. Diese Verfahrensgebühr ist bei Einreichung der Klage als Vorschuss zu entrichten (§ 12 GKG).

Weitere Gebühren entstehen nicht mehr, unabhängig davon, wie der Prozess verläuft. Stellt sich heraus, dass der Prozess weniger Aufwand verursacht als üblich (zB, weil er durch ein nicht zu begründendes Urteil oder einen Vergleich endet), so ermäßigt sich das Entgelt auf eine Gebühr (Nr. 1211 KV). Keine Ermäßigung tritt ein, wenn die nichtstreitige Erledigung nur einen Teil des Streitgegenstands betrifft, wenn ein Versäumnisurteil ergeht oder die Parteien den Rechtsstreit übereinstimmend für erledigt erklären.

509 (2) Die **Pauschalierung der Höhe nach** geht von der Überlegung aus, dass die einzelnen kostenauslösenden Prozesshandlungen umso arbeitsintensiver sind, je höher der Streitwert ist (§§ 3 I, 34 GKG, §§ 2 I, 13 RVG). Zugrunde zu legen ist hier der sog. »*Kostenstreitwert*«, der bereits oben in Abgrenzung zum Zuständigkeitsstreitwert dargestellt wurde (→ Rn. 103).

Der **Kostenstreitwert** wird (auch für die Anwaltsgebühren, § 23 I RVG) primär nach den §§ 39–59 GKG berechnet, nur hilfsweise finden die §§ 2–9 ZPO hierauf Anwendung (§ 48 I GKG). Im Gegensatz zum Zuständigkeitsstreitwert wird für den Kostenstreitwert zur Klageforderung der Wert einer Widerklage oder einer Hilfsforderung (Hilfsantrag und Hilfsaufrechnung, § 45 GKG) addiert (zu weiteren Beispielen Schema 3.5).

510 Die in den § 34 GKG, § 13 I RVG durch eine Berechnungsformel geregelte Höhe der einzelnen Gebühren ergibt sich übersichtlicher aus Gebührentabellen, wie sie als Anlage dem GKG und dem RVG beigefügt oder sonst zusammengestellt sind.[62]

Dabei ist das Verhältnis zwischen Streitwert und Gebühr nicht linear. Während der Anteil der Gebühr am Streitwert bei niedrigem Streitwert recht hoch ist, sinkt er mit zunehmendem Streitwert (sog. »**degressive Gebührenstaffelung**«). Bei einem Streitwert von 300,– EUR beträgt eine Gebühr aus § 34 I GKG, § 13 I RVG je 25,– EUR = 8%. Dieser Anteil reduziert sich bei einem Wert von 3.000,– EUR auf 2,9% (GKG) bzw. 6,3% (RVG), bei einem Wert von 30.000,– EUR auf 1,2% bzw. 2,5%, bei einem Wert von 300.000,– EUR auf 0,7% bzw. 0,8%.

b) Kostenerstattungsansprüche

511 Zwischen den am Prozess Beteiligten gibt es verschiedene Kostenerstattungsansprüche und jeweils eigene Verfahren zur Durchsetzung dieser Kosten.[63]

61 *Fölsch*, Aktuelle Entwicklungen zur anwaltlichen Vergütungsvereinbarung, MDR 2016, 133.

62 Zum Beispiel als Anhang zu *Schönfelder*, Deutsche Gesetze.

63 *Fischer*, Materieller und prozessualer Kostenerstattungsanspruch, JuS 2013, 694; *Stoffregen*, Der zivilprozessuale Kostenerstattungsanspruch und seine Durchsetzung nach den §§ 103 ff. ZPO, JuS 2010, 401.

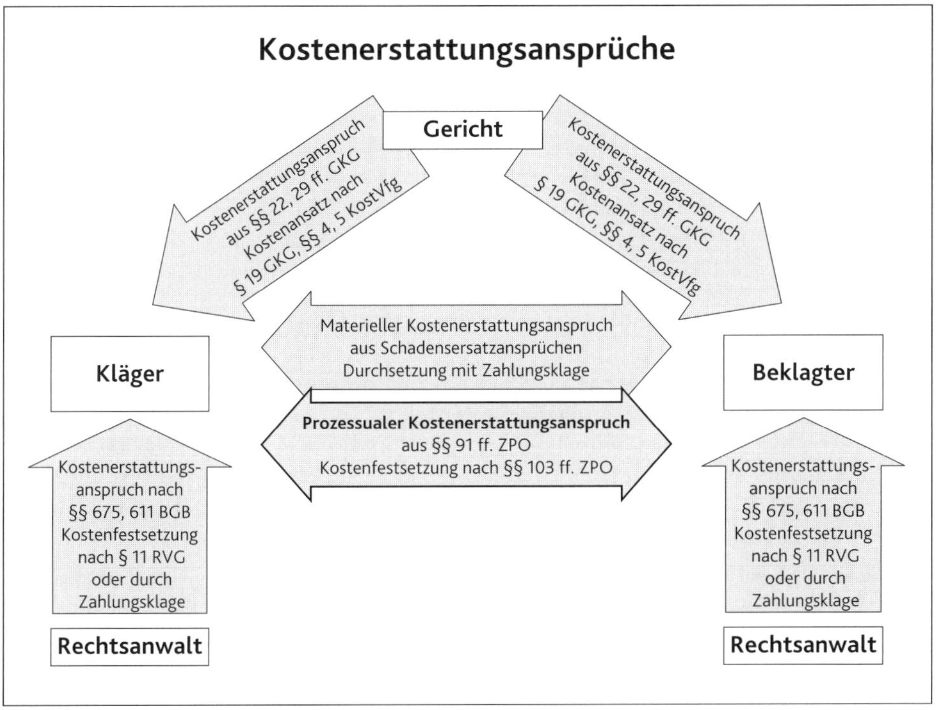

Schema 10.8: Kostenerstattungsansprüche

Jedem **Rechtsanwalt** steht gegen die ihn beauftragende Partei ein Kostenerstattungs- 512
anspruch aus dem materiellrechtlich geschlossenen Anwaltsvertrag zu. Hierbei handelt es sich um einen auf die Erbringung einer Dienstleistung gerichteten Geschäftsbesorgungsvertrag iSd §§ 675, 611 BGB.[64] Einen Anspruch gegen den Gegner seiner Partei hat er auch dann nicht, wenn dieser in die Kosten des Rechtsstreits verurteilt wird. Vom Gegner bekommt der Rechtsanwalt Geld nur, wenn er sich die Ansprüche seines Mandanten abtreten lässt.

Zur Durchsetzung des Anspruchs gegen den Mandanten dient zunächst das **Kostenfestsetzungsverfahren** nach § 11 RVG, in dem der Rechtspfleger auf Antrag des Rechtsanwalts die diesem zustehenden gesetzlichen Gebühren und Auslagen berechnet und in einem Beschluss festsetzt, mit dem die Vollstreckung betrieben werden kann (§ 794 I Nr. 2 ZPO). Erhebt der Mandant allerdings Einwendungen oder Einreden, die ihren Ursprung nicht im Gebührenrecht haben (verneint zB einen wirksamen Vertragsschluss oder rechnet wegen Schlechterfüllung des Anwaltsvertrags mit eigenen Schadensersatzansprüchen auf), so kann eine Festsetzung nicht erfolgen; es bedarf dann einer Honorarklage.[65]

Die **Honorarklage** ist ein normaler, auf die verdienten Gebühren gerichteter Zivilprozess, für dessen Zulässigkeit zwei Besonderheiten gelten:

- Die sachliche und örtliche Zuständigkeit richtet sich – unabhängig vom Streitwert – nach dem Gericht des Hauptprozesses (§ 34 ZPO), dh, dort, wo der Rechtsanwalt den Mandanten vertreten hat, wird auch um die Gebühren gestritten.
- Das Rechtsschutzbedürfnis für eine solche Klage ist nur gegeben, wenn eine Kostenfestsetzung nach § 11 RVG nicht möglich ist, weil der Mandant nicht-gebührenrechtliche Einwendungen/Einreden bereits erhoben hat oder sie zumindest jetzt im Prozess noch erhebt.

64 *Würdinger/Perchatscheck*, Der Vergütungsanspruch des Rechtsanwalts gegenüber seinem Mandanten, JA 2007, 401.

65 *Hansens*, Die Durchsetzung des anwaltlichen Vergütunganspruchs, RVGreport 2015, 87.

513 Zwischen dem **Gericht** und den Parteien besteht kein privatrechtliches, sondern ein gesetzliches Schuldverhältnis: Nach § 22 I GKG hat der Kläger als Veranlasser des Verfahrens die hierdurch entstandenen Kosten zu tragen, nach § 29 GKG hat auch der Beklagte die Kosten zu tragen, wenn ihm die Kosten vom Gericht auferlegt sind oder er sie (zB in einem Vergleich) freiwillig übernommen hat. Gemäß § 31 I GKG haften dann beide Parteien als Gesamtschuldner, doch soll primär der in Anspruch genommen werden, dem die Kosten auferlegt wurden (§ 31 II GKG).

Da es sich hier um den öffentlich-rechtlichen Anspruch einer Behörde handelt, bedarf es zu dessen Durchsetzung keines Titels, ausreichend ist ein (Justiz-)Verwaltungsakt, ein sog. **Kostenansatz** (§§ 4, 5 KostVfg;[66] § 19 GKG). Bei diesem handelt es sich um die Aufstellung einer Kostenrechnung an den Kostenschuldner im Umfang der Kostengrundentscheidung. Vollstreckt wird er nach der Justizbeitreibungsordnung.

514 Am wichtigsten ist die Frage nach der Kostentragungspflicht zwischen den **Parteien**. Hier existiert zunächst ein sog. *materiellrechtlicher Kostenerstattungsanspruch*, dh ein dem materiellen Recht entstammender (Schadensersatz-)Anspruch (zB aus §§ 280 ff., 823 BGB): Jede unberechtigte Nichtzahlung oder unberechtigte Inanspruchnahme stellt eine schadensersatzpflichtige Handlung dar, wobei als Schaden die entstandenen Prozesskosten verlangt werden können.[67]

Beispiel: Zahlt der Schuldner schon die Hauptsumme nicht freiwillig, so wird er auch die Prozesskosten nicht freiwillig zahlen, sodass ein zweiter Prozess erforderlich wird, in dem die Kosten des ersten eingeklagt werden, danach ein dritter Prozess auf die Kosten des zweiten usw.; eine Kette ohne Ende.

515 Um hier Abhilfe zu schaffen, hat der Gesetzgeber eine zweite Möglichkeit geschaffen, die Kosten ersetzt zu bekommen, den sog. »**prozessualen Kostenerstattungsanspruch**«. Hierbei handelt es sich um den Anspruch einer Partei gegen die andere auf Erstattung der ihr durch den Prozess entstandenen Kosten, der sowohl hinsichtlich seiner Voraussetzungen als auch hinsichtlich seiner Durchsetzung ausschließlich im Prozessrecht (§§ 91–107 ZPO) geregelt ist. Dieser Anspruch entsteht

- für beide Parteien mit Rechtshängigkeit der Klage zunächst unter der *aufschiebenden Bedingung*, dass der Gegner in die Kosten verurteilt wird oder deren Übernahme freiwillig verspricht;
- für die erstinstanzlich obsiegende Partei bei vorläufiger Vollstreckbarkeit der Kostenentscheidung unter der *auflösenden Bedingung*, dass die Entscheidung rechtskräftig wird;
- für die letztendlich obsiegende Partei mit Rechtskraft der Entscheidung *unbedingt*.[68]

Wo der prozessuale Kostenerstattungsanspruch geltend gemacht werden kann, entfällt das **Rechtsschutzbedürfnis** für den materiellrechtlichen Kostenerstattungsanspruch, da dort ein einfacherer, schnellerer und billigerer Weg zur Erreichung des gleichen Ziels gegeben ist. Raum für den materiellrechtlichen Kostenerstattungsanspruch bleibt nur, wo der prozessuale nicht besteht,

---

66 Die Kostenverfügung ist eine bundeseinheitlich geltende Durchführungsverordnung der einzelnen Länder; abgedruckt bei *Hartmann*, Kostengesetze, Abschn. VII.

67 BGH NJW 2008, 1323; 2006, 2560; NJW-RR 1995, 495 mAnm *Becker-Eberhard*, Zum Neben- und Gegeneinander von materiellrechtlicher und prozessualer Kostenhaftung, JZ 1995, 814; BGH NJW 1990, 2062; ZZP 101 (1988), 298 mAnm *Becker-Eberhard*; *Bauerschmidt*, Der materielle Anspruch auf Erstattung von Rechtsanwaltskosten, JuS 2011, 601; *Becker-Eberhard*, Grundlagen der Kostenerstattung bei der Verfolgung zivilrechtlicher Ansprüche, 1985; *Jerger/Zehentbauer*, Grundlage und Geltendmachung von Schäden im Zusammenhang mit der Finanzierung des Zivilprozesses, NJW 2016, 1353; *Loritz*, Die Konkurrenz materiellrechtlicher und prozessualer Kostenerstattung, 1981.

68 BGH NJW 1992, 2575; 1988, 3205.

so zB, weil es überhaupt nicht zum Prozess kommt (etwa nach einem selbstständigen Beweisverfahren, §§ 485 ff. ZPO) oder dieser ohne Kostenentscheidung endet (etwa wegen Klagerücknahme infolge Erledigung vor Rechtshängigkeit).[69]

Der prozessuale Kostenerstattungsanspruch **umfasst** die notwendigen Kosten der 516
Rechtsverfolgung bzw. Rechtsverteidigung (§ 91 ZPO). Dazu können auch außergerichtliche Kosten (zB Inkassokosten) gehören,[70] nicht aber über die gesetzlichen Gebühren hinausgehende Kosten einer anwaltlichen Gebührenvereinbarung.

Durchgesetzt wird der prozessuale Kostenerstattungsanspruch im **Kostenfestsetzungsverfahren.** Dieses läuft in vier Abschnitten ab:

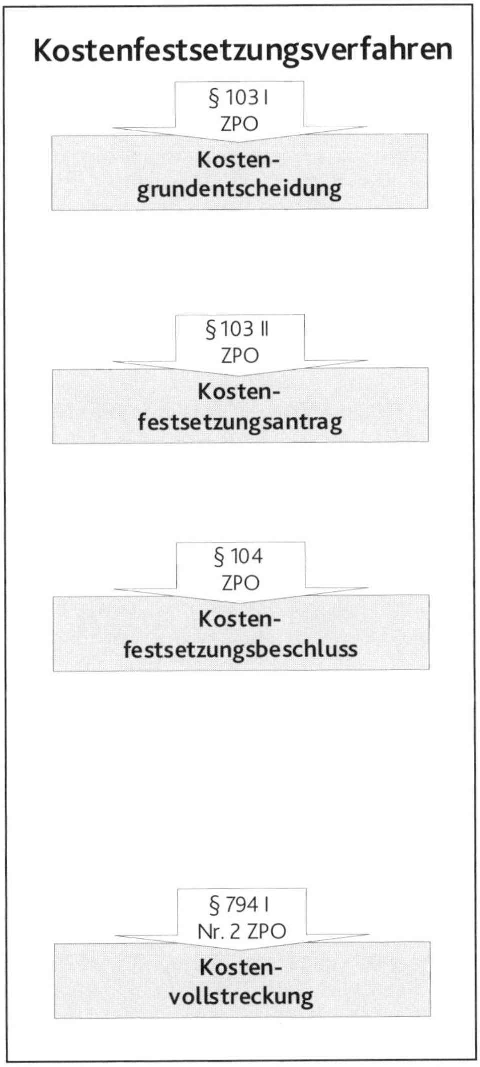

Schema 10.9: Kostenfestsetzungsverfahren

- Voraussetzung für die Durchführung des Kostenfestsetzungsverfahrens ist das Vorliegen einer *Kostengrundentscheidung*, einer Entscheidung des Gerichts also darüber, welche Partei dem Grunde nach (evtl. auch, mit welcher Quote, nicht aber, mit welchem konkreten Betrag) die Kosten des Rechtsstreits zu tragen hat. Hierdurch tritt zugunsten der obsiegenden Partei die Bedingung ein, ihr prozessualer Kostenerstattungsanspruch entsteht.
- Nun hat der Kostengläubiger bei Gericht eine Aufstellung der ihm durch den Prozess entstandenen (außergerichtlichen) Kosten einzureichen (§§ 103 II, 104 II ZPO), sog. *Kostenfestsetzungsantrag*.
- Dieser Antrag wird vom Rechtspfleger (§ 21 I Nr. 1 RPflG) daraufhin geprüft, ob und inwieweit es sich um erstattungsfähige Kosten handelt. Gemäß § 91 I 1 Hs. 2 ZPO sind die Kosten zu erstatten, die zur zweckentsprechenden Rechtsverfolgung oder -verteidigung notwendig waren. Hierzu gehören insbesondere die gesetzlichen Gebühren und Auslagen des Rechtsanwalts (§ 91 II 1 ZPO), nicht also darüber hinaus aufgrund einer Gebührenvereinbarung gezahlte Beträge. Der Rechtspfleger rechnet den Gesamtbetrag der entstandenen Kosten unter Einbeziehung einer eventuellen Quote aus und stellt die Höhe der zu erstattenden Kosten in einem besonderen Beschluss, dem sog. *Kostenfestsetzungsbeschluss* (§ 104 I ZPO) fest, häufig nur in Form eines Vermerks (Stempel) auf dem Urteil und seinen Ausfertigungen (§ 105 ZPO).
- Der Kostenfestsetzungsbeschluss stellt einen *Vollstreckungstitel* dar (§§ 103 I, 794 I Nr. 2 ZPO), sodass der Kostengläubiger hieraus seine Kosten in der Regel zusammen mit der Hauptsache vollstrecken kann.

69 BGH NJW 2012, 1291; Stein/Jonas/*Leipold* ZPO vor § 91 Rn. 17 mit weiteren Beispielen.
70 *Woitkewitsch*, Ersatzpflicht für außergerichtliche Rechtsanwalts- und Inkassokosten, MDR 2012, 500.

Die Parteien müssen die auf sie entfallenden Kosten nicht selbst tragen, wenn sie eine besondere **Rechtsschutzversicherung** abgeschlossen haben. Empirische Untersuchungen[71] haben ergeben, dass das weitverbreitete Vorurteil, rechtsschutzversicherte Parteien klagten häufiger (insbesondere in Bagatellsachen), hartnäckiger und weniger erfolgreich nur in Teilbereichen, vor allem bei Verkehrsunfallsachen, zutrifft.

c) Kostenentscheidung

517 **(1) Erforderlichkeit einer Kostenentscheidung.** Grundsätzlich ist eine Kostenentscheidung bei jeder verfahrensbeendenden gerichtlichen Entscheidung erforderlich (§ 308 II ZPO).[72] Ausnahmsweise **keiner Kostenentscheidung** bedürfen die Entscheidungen, mit denen das Verfahren nicht oder nicht vollständig beendet wird und so unklar bleibt, wie die vollständige Hauptsacheentscheidung aussehen wird. Hierher gehören die Teil-, Grund- und Zwischenurteile, bei denen die Kostenentscheidung regelmäßig dem Schlussurteil vorbehalten werden muss.

Eine **Rückausnahme** gilt für diejenigen Teil- und Zwischenurteile, die – wenn auch nur für einzelne Beteiligte – eine endgültige Verfahrensbeendigung herbeiführen:[73]

- Alle Zwischenurteile mit Drittbeteiligung (§§ 71, 135 II, 387, 402 ZPO) enthalten eine Entscheidung über die außergerichtlichen Kosten des Dritten.
- Alle Teilurteile, die das Verfahren für einzelne Streitgenossen beenden, enthalten eine Entscheidung über die außergerichtlichen Kosten dieses Streitgenossen.

Beispielsfall: Wird die Klage gegen einen Streitgenossen vollständig abgewiesen, während die gegen den anderen noch nicht entscheidungsreif ist, so ist der Prozess für den einen Streitgenossen beendet. Seine außergerichtlichen Kosten sind ihm in jedem Fall vom Kläger zu erstatten, was im Teilurteil auszusprechen ist. Wie die außergerichtlichen Kosten des Klägers und des anderen Beklagten sowie die Gerichtskosten zu verteilen sein werden, hängt von der Schlussentscheidung ab, muss also im Teilurteil noch offen bleiben.[74]

518 **(2) Grundsatz der Kosteneinheit.** Von zentraler Bedeutung für die Kostenentscheidung ist der Grundsatz der **Einheit.**[75] Dieser besagt, dass über die »Kosten des Rechtsstreits« nur als Einheit entschieden werden darf, einzelne Kostenteile (Kosten einzelner Prozesshandlungen, Prozessgegenstände, Prozessbeteiligter, Zeitspannen oder Verfahrensabschnitte) können nicht herausgenommen und separat verteilt werden.

Beispielsfall: Werden in einem Verfahren sowohl der auf 8.000,– EUR gerichteten Klage als auch der Widerklage auf den gleichen Betrag voll stattgegeben, so darf die Kostenentscheidung nicht etwa lauten: »Die Kosten der Klage hat der Beklagte, die Kosten der Widerklage hat der Kläger zu tragen.«[76]

---

71 *Bühren*, Rechtsschutzversicherungen – Fluch oder Segen?, AnwBl. 2001, 97; *Jagodzinski/Raiser/Riehl*, Rechtsschutzversicherung und Rechtsverfolgung, Bonn 1994; *Peters*, Rechtsschutzversicherung und prozessuale Konsequenzen, ZZP 118 (2005), 47.

72 OLG Frankfurt a.M. NJW-RR 1998, 1536; BLAH/*Hartmann* ZPO Übers § 91 Rn. 37.

73 BGH NJW 1960, 484; Stein/Jonas/*Leipold* ZPO § 91 Rn. 7.

74 Zu der dann erforderlichen sog. »Baumbach'schen Formel« → Rn. 1001 ff.

75 BGH FamRZ 2006, 1268; *Rosenberg/Schwab/Gottwald* ZivilProzR § 87 IV 1; BLAH/*Hartmann* ZPO § 91 Rn. 23; Thomas/Putzo/*Hüßtege* ZPO § 92 Rn. 3.

76 Zutreffend müssen die Kosten hier mit jeweils 1/2 zulasten beider Parteien gequotelt oder gegeneinander aufgehoben werden.

Der **Grund** hierfür liegt zum einen darin, dass die Gebührentatbestände in einem Prozess nur einmal verwirklicht werden können, zum anderen in der degressiven Gebührenstaffelung. 519

> **Beispiel:** Werden mit Klage und Widerklage jeweils 4.000,– EUR geltend gemacht, so betrügen die Kosten bei isolierter Betrachtung jeweils 1.928,– EUR (Gerichtsgebühren 3 x 127,– EUR, 2 x Anwaltsgebühren 2,5 x 252,– EUR zuzüglich Auslagenpauschale und MWSt.), für Klage und Widerklage zusammen also 3.856,– EUR. Richtigerweise dagegen fallen alle Gebühren nur einmal aus dem addierten Streitwert 8.000,– EUR an (Gerichtsgebühren 3 x 203,– EUR, 2 Anwaltsgebühren 2,5 x 456,– EUR zuzüglich Auslagenpauschale und MWSt.) und belaufen sich auf 3.369,80 EUR.

Die ZPO kennt auch einige **Ausnahmen** vom Grundsatz der einheitlichen Kostenentscheidung. Einige im Prozess entstehende Kosten werden nicht zu den »Kosten des Rechtsstreits« gerechnet, sondern unabhängig hiervon gesondert auf die Parteien verteilt. 520

Hierher gehören insbesondere die Kosten der Anrufung des unzuständigen Gerichts, die immer dem Kläger zur Last fallen (**§ 281 III 2 ZPO**) und die Kosten, die durch die Säumnis einer Partei entstanden sind, die diese immer selbst zu tragen hat (**§ 344 ZPO**). Weitere Ausnahmen enthalten die §§ 75, 94–97, 100 III, 101 und 238 IV ZPO.

Liegt eine solche Ausnahme vor, so wird nach allgemeinen Grundsätzen zunächst über die »normalen« Kosten des Rechtsstreits und dann in einem Zusatz über die besonderen Kosten entschieden:

> Die Kosten des Rechtsstreits hat der Beklagte zu ¾, der Kläger zu ¼ zu tragen. Hiervon ausgenommen sind die durch die Säumnis des Klägers im Termin vom … entstandenen Kosten; diese hat er alleine zu tragen.

(3) Kostentragungspflicht. Für die Kostenverteilung gilt in der ZPO der **Grundsatz**, dass die Kosten von der Partei zu tragen sind, die den Prozess veranlasst hat. Im Regelfall ist dies die **unterliegende Partei.**[77] 521

Aus dem Veranlasserprinzip folgt auch, dass es Fälle gibt, in denen ausnahmsweise nicht die Partei, sondern ein **Dritter** die Kosten zu tragen hat. Ist die Klage für die Partei von einem Vertreter ohne Vertretungsmacht erhoben worden, so hat nicht die Partei, sondern der Vertreter den Prozess veranlasst, wenn er seine fehlende Legitimation kennt oder infolge groben Verschuldens nicht kennt. Dann sind ihm die Kosten aufzuerlegen.[78] Die Kosten können einer Partei auch dann nicht auferlegt werden, wenn sie gar nicht existiert (→ Rn. 65).[79]

> **Beispiele:** Stellt sich im Laufe des Prozesses heraus, dass die Klägerin (eine angebliche juristische Person ausländischen Rechts) gar nicht existiert, hat die Kosten die natürliche Person zu tragen, die den Prozess initiiert hat.[80] Klagt jemand gegen eine bereits im Handelsregister gelöschte GmbH, und verteidigt sich deren ehemaliger Geschäftsführer, so kann dieser als Handelnder anstelle der nicht mehr vorhandenen GmbH Ersatz der ihm entstandenen Kosten verlangen.[81]

Daneben kann die Kostentragungspflicht ausnahmsweise auch unabhängig vom Ausgang der Hauptsacheentscheidung ergehen. 522

---

77 BGHZ 94, 318.

78 BGH NJW 2008, 527; BGHZ 121, 400; OLG Frankfurt a.M. NJW-RR 2016, 1270; 1997, 31; OLG-Report 1996, 200 und 1997, 291; OLG Karlsruhe FamRZ 1996, 1335 (auch zur prozessualen Stellung des falsus procurator) mAnm *Vollkommer/Schwaiger*; *Emde/Vollkommer*, Kostentragungspflicht des vollmachtlos Vertretenen nach Klagerücknahme, MDR 1997, 1003.

79 BGH NJW-RR 2011, 487; NJW 1993, 1865; OLG München NJW-RR 1999, 1264.

80 OLG Frankfurt a.M. OLG-Report 1997, 291.

81 *Saenger*, Die im Handelsregister gelöschte GmbH im Prozess, GmbHR 1994, 300.

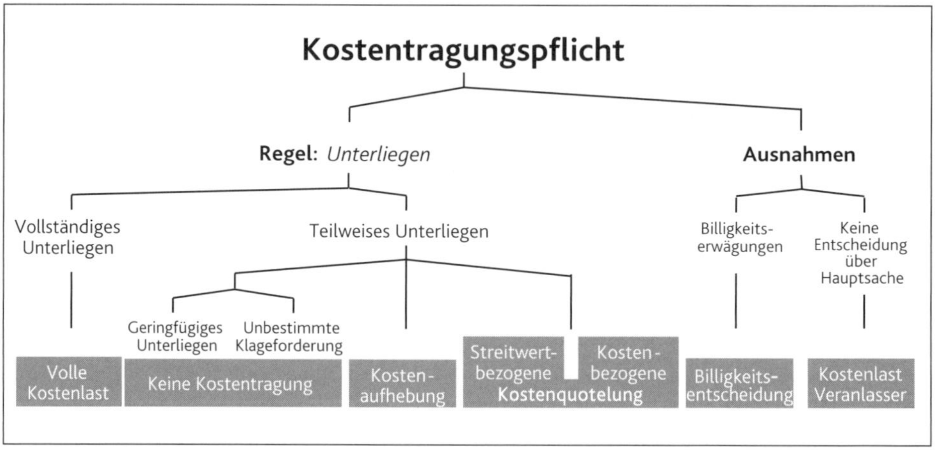

Schema 10.10: Kostentragungspflicht

523 Ergeht die Kostenentscheidung nach dem Grundsatz, dass bezahlt, wer verliert, so ist lediglich nach dem Umfang des Unterliegens zu differenzieren:

524 **Unterliegt** eine Partei **voll**, so hat sie auch die Kosten voll zu tragen (§ 91 I 1 Hs. 1 ZPO), ohne Rücksicht auf den Grund des Unterliegens, insbesondere also auch dann, wenn das Unterliegen »schuldlos« erfolgte.[82]

Beispiel: Der Kläger hat die Kosten des Rechtsstreits nach § 91 ZPO auch dann zu tragen, wenn seine Klage wegen einer vom Beklagten im Rechtsstreit zum ersten Mal geltend gemachten Aufrechnung abgewiesen wird.

525 **Unterliegt** eine Partei nur **teilweise**, so ergeben sich aus § 92 ZPO drei Möglichkeiten der Kostenverteilung:

- Gemäß § 92 II ZPO muss die teilweise unterlegene Partei an den **Kosten nicht** beteiligt werden, wenn sie die Höhe der Klageforderung bei Klageerhebung noch nicht exakt absehen konnte (zB, weil diese abhängig vom Ermessen des Gerichts ist) oder wenn sie nur mit einem geringfügigen Teil ihrer Forderung unterlegen ist und hierdurch keine oder nur geringfügig höhere Kosten verursacht wurden.

  Wann ein Unterliegen noch »**verhältnismäßig geringfügig**« ist, lässt sich nicht klar abgrenzen. Die Praxis nimmt Geringfügigkeit bis zu einem Unterliegensanteil von rund 10% an, stellt aber immer auf die gesamten Umstände des Einzelfalles ab.[83]

  Die Zuvielforderung hat **höhere Kosten** immer dann verursacht, wenn wegen ihr ein eigener Gebührentatbestand angefallen ist oder wenn sie zum Überschreiten einer Grenze bei der Wertberechnung der Gebühren geführt hat. Für die Geringfügigkeit der durch die Mehrforderung bedingten Kosten kann ebenfalls auf die 10%-Grenze abgestellt werden.

  Beispielsfall: Werden dem Kläger statt der begehrten 9.100,– EUR nach einer (nicht umfangreichen) Beweisaufnahme nur 8.900,– EUR zugesprochen, so unterliegt er geringfügig, weil mit weniger als 10% seiner Forderung. Tatsächlich sind aus einem Streitwert bis 10.000,– EUR an Gerichts- und Anwaltskosten 4.090,70 EUR entstanden. Hätte der Kläger nur den zugesprochenen

82 OLG Hamm MDR 1982, 676; OLG München Rpfleger 1970, 290.

83 OLG Düsseldorf NJW 1991, 3040; BLAH/*Hartmann* ZPO § 92 Rn. 49; Thomas/Putzo/*Hüßtege* ZPO § 92 Rn. 8, jeweils mwN.

> Betrag verlangt, wären alle Gebühren aus der niedrigeren Streitwertkategorie bis 9.000,– EUR und damit nur in Höhe von 3.730,25 EUR entstanden. Die Mehrkosten betragen mit rund 360,– EUR weniger als 10% der Gesamtkosten und sind daher gerade noch geringfügig.

- Gemäß § 92 I 1 Alt. 1 ZPO können die Kosten **gegeneinander aufgehoben** werden mit der Folge, dass jede Partei ihre außergerichtlichen Kosten selbst trägt und die Gerichtskosten hälftig geteilt werden.[84] Ausgehend von der Überlegung, dass auch diese Alternative im Rahmen des sich aus den §§ 91 ff. ZPO ergebenden Grundsatzes der Kostengerechtigkeit zu sehen ist, kommt eine Kostenaufhebung nur in Betracht, wenn beide Parteien in etwa dem gleichen Verhältnis unterlegen sind und in etwa die gleichen außergerichtlichen Kosten hatten.

> **Beispielsfall:** Ist in einem Prozess vor dem Amtsgericht eine Partei anwaltlich vertreten, die andere nicht, so würde durch die Kostenaufhebung bei hälftigem Obsiegen beider Parteien die eine Partei mit deutlich höheren Kosten belastet als die andere.

- Regelfall der Kostenverteilung bei beiderseitigem Unterliegen ist nach § 92 I 1 Alt. 2 ZPO die **Kostenquotelung**, dh, die Parteien haben die Kosten in dem Verhältnis zu tragen, in dem sie bezüglich der Hauptsache unterlegen sind.

526 (4) **Kostenquotelung.** Die im Tenor festzulegende Kostenquote ist der Teil an den Gesamtkosten, der von der Partei zu tragen ist:

$$\text{Kostenquote} = \frac{\text{von der Partei zu tragende Kosten}}{\text{Gesamtkosten}}$$

527 Allerdings ist die Ermittlung der tatsächlich entstandenen Partei- bzw. Gesamtkosten mit erheblichem Aufwand verbunden. Da die Höhe dieser Kosten von der Höhe des Streitwerts abhängt, kann die Quote auch unmittelbar aus den entsprechenden Streitwertanteilen ermittelt werden (sog. »**streitwertbezogene Quotelung**«):

$$\text{Kostenquote} = \frac{\text{von der Partei zu tragende Kosten}}{\text{Gesamtkosten}} = \frac{\text{Streitwert des Teils, mit dem die Partei unterlegen ist}}{\text{Gesamtstreitwert}} = \frac{\text{Verlustteil}}{\text{Streitwert}}$$

> **Beispielsfall:**
>
> Verlangt der Kläger Zahlung von 10.062,– EUR und erhält er 8.944,– EUR, so lassen sich die Kosten wie folgt berechnen:
>
> - Für den Kläger:
>
> $$\frac{\text{Verlustteil}}{\text{Streitwert}} = \frac{(10.062 - 8.944 =)\ 1.118}{10.062} = \frac{1}{9}$$
>
> - Für den Beklagten:
>
> $$\frac{\text{Verlustteil}}{\text{Streitwert}} = \frac{8.944}{10.062} = \frac{8}{9}$$

Praktisch reicht es aus, die Kostenquote nur einer Partei zu berechnen, da die andere sich auf 1/1 aufrunden lässt. Ob die Kostenquote in **Brüchen** oder in **Prozenten** ausgedrückt wird, ist nicht festgeschrieben und hängt häufig von der Art der Berechnung ab: Im Kopf lassen sich leichter Brüche, mit einem Taschenrechner leichter Prozentwerte berechnen.

---

84 OLG Hamm Rpfleger 1982, 80; 1979, 142.

528 In schwierigeren Fällen können die Werte »Verlust« und »Streitwert« mittels einer **Tabelle**[85] ermittelt werden. Für jeweils eine Partei wird hier – getrennt nach prozessualen Ansprüchen – festgelegt, wie hoch der Einzelstreitwert ist und inwieweit die Partei diesbezüglich obsiegt hat bzw. unterlegen ist.

Kläger	obsiegt mit	unterliegt mit	von insgesamt	bezüglich
				(1) … (2) …
				Insgesamt

Beispielsfall:

Verlangt der Kläger vom Beklagten
a) Zahlung von vier rückständigen Mieten à 750,– EUR;
b) Räumung und Herausgabe einer Wohnung;
c) Auskunft über für ihn entgegengenommene Zahlungen;
d) Herausgabe eines unberechtigt entfernten wertvollen Ofens,

so beträgt der Streitwert:

a) Verlangter Betrag = 4 x 750,– EUR	= 3.000,– EUR
b) Jahresmietzins (§ 41 II GKG)	= 9.000,– EUR
c) Ca. 25% des erhofften Leistungsanspruchs	= 1.000,– EUR
d) Verkehrswert der Sache	= 2.000,– EUR

Verurteilt das Gericht den Beklagten zur Zahlung einer Monatsmiete sowie zur Herausgabe des Ofens und weist die Klage im Übrigen ab, so sieht die Tabelle wie folgt aus:

Kläger	obsiegt mit	unterliegt mit	von insgesamt	bezüglich
	750,–	2.250,–	3.000,–	(a) Zahlung
	0,–	9.000,–	9.000,–	(b) Räumung
	0,–	1.000,–	1.000,–	(c) Auskunft
	2.000,–	0,–	2.000,–	(d) Herausgabe
	2.750,–	12.250,–	15.000,–	Insgesamt

Kostenquote des Klägers

$$\frac{\text{Verlustteil}}{\text{Streitwert}} = \frac{12.250,–}{15.000,–} = \frac{12,25}{15} = \frac{5}{6} = 81,67\%$$

529 Nicht immer kann als »Gesamtstreitwert« der nach den §§ 39 ff. GKG berechnete Kostenstreitwert eingesetzt werden. Bei diesem haben nämlich nach § 43 GKG Nebenforderungen, insbesondere Zinsen, unberücksichtigt zu bleiben. Praktisch kommen Fälle vor, in denen die Zinsforderung einen so hohen Anteil am wirtschaftlichen Gesamtwert ausmacht, dass deren Nichtberücksichtigung bei der Kostenquotelung zu unbefriedigenden Ergebnissen führen würde. Im Interesse einer am wirtschaftlichen Wert des Streits gemessen gerechten Kostenentscheidung ist damit anstelle des echten Kostenstreitwerts ein »**Kostenquotelungsstreitwert**« oder »fiktiver Streitwert« einzusetzen, bei dem die Nebenforderungen eingerechnet sind, wenn diese einen erheblichen Anteil am Gesamtwert ausmachen. Wann dies der Fall ist, lässt sich

85 In Anlehnung an *Olivet*, Die Kostenverteilung im Zivilurteil, 2. Aufl. 1988.

nur den Umständen des Einzelfalles entnehmen, doch tendiert die Praxis hier zu einer bei etwa 20% verlaufenden Grenze.[86]

Beispielsfall:

Verlangt der Kläger Zahlung von 20.000,– EUR zuzüglich 20% Zinsen für die zurückliegenden zwei Jahre, und obsiegt er mit 15.000,– EUR zuzüglich 4% Zinsen für ein Jahr, so lautet die Kostenquotelung ohne Berücksichtigung der Zinsforderung:

Kostenquote des Klägers

$$\frac{\text{Verlustteil}}{\text{Streitwert}} = \frac{5.000,–}{20.000,–} = \frac{5}{20} = \frac{1}{4} = 25\%$$

Rechnet man die Zinsen ein, so ergibt sich:
Kostenquote des Klägers

$$\frac{\text{Verlustteil}}{\text{Streitwert}} = \frac{5.000,– + 7.400,–}{20.000,– + 8.000,–} = \frac{12,4}{28} = \frac{4}{9} = 44\%$$

530 Die auf einer Gleichsetzung von Streitwert- und Kostenquoten beruhende streitwertbezogene Kostenquotelung funktioniert nur, wenn der Streitwert für alle Gebührentatbestände gleich hoch war und nicht einzelne Gebühren gesondert verteilt werden. Hat sich der Streitwert während des Verfahrens reduziert, so fallen nach der Reduzierung entstehende Gebühren nur aus dem geringeren Wert an, eine gemeinsame streitwertbezogene Quotelung aller Gebühren ist dann nicht mehr möglich.

Beispielsfall: Der Kläger verlangt vom Beklagten zunächst Zahlung von 10.000,– EUR, nimmt die Klage aber vor der mündlichen Verhandlung in Höhe von 4.000,– EUR zurück. Der Beklagte wird zur Zahlung von 4.000,– EUR verurteilt, im Übrigen wird die Klage abgewiesen.
Hier sind die vor der Rücknahme angefallenen Gebühren (Verfahrensgebühren des Gerichts und der Rechtsanwälte) aus 10.000,– EUR, die danach angefallenen Gebühren (Terminsgebühren der Rechtsanwälte) aus 6.000,– EUR entstanden. Hiervon muss der Beklagte nur den seinem Unterliegen entsprechenden Teil zahlen, der Rest entfällt wegen der teilweisen Rücknahme (§ 269 III 2 ZPO) bzw. wegen des teilweisen Unterliegens (§ 92 ZPO) auf den Kläger.

531 Entsprechendes gilt, wenn einzelne Gebühren vom Rest der Kostenentscheidung getrennt verquotelt werden sollen (zB nach § 96 ZPO). In all diesen Fällen ist eine Gleichstellung des Verhältnisses von Parteikosten zu Gesamtkosten mit dem Verhältnis Verluststreitwert zu Gesamtstreitwert nicht möglich. Will man nicht im Tenor der Kostenentscheidung die Quote jeder einzelnen Gebühr aufführen, kommt man zu einer einheitlichen Quote nur durch eine sog. »**kostenbezogene Quotelung**«.[87] Dazu ist es erforderlich, alle im Rechtsstreit angefallenen Kosten konkret auszurechnen und sie einzeln auf die Parteien zu verteilen. Für die Berechnung bleibt es bei der Formel:

$$\text{Kostenquote} = \frac{\text{von der Partei zu tragende Kosten}}{\text{Gesamtkosten}} \quad \text{oder kürzer} \quad = \frac{\text{Parteikosten}}{\text{Gesamtkosten}}$$

532 Die Kostenquote ist dabei in zwei Schritten zu ermitteln:

(1) Welche Kosten sind insgesamt tatsächlich entstanden (= **Gesamtkosten**)? Diese sind nach Gebühr und Streitwert exakt zu berechnen.

86 BGH NJW 1988, 2173; OLG Saarbrücken NJW-RR 2007, 426; *Siegburg* Urteilstechnik Rn. 63.
87 Zu den dabei möglichen Methoden *Anders/Gehle* Assessorexamen ZivR Rn. 166; *Siegburg* Urteilstechnik Rn. 70, jeweils mwN und Beispiel.

(2) Welche Kosten hat jede Partei zu tragen (= **Parteikosten**)? Hierzu werden insbesondere bei der teilweisen Klagerücknahme verschiedene Ansichten vertreten:
- Eine Möglichkeit besteht darin, jede einzelne Gebühr zwischen den Parteien entsprechend ihrem Unterliegen zu verquoteln (§ 92 ZPO).
- Denkbar ist daneben, dem Beklagten all die Kosten aufzuerlegen, die auch ohne anfängliche Zuvielforderung des Klägers entstanden wären (§§ 91, 269 ZPO; = **hypothetische Kosten**). Diese Berechnungsmethode ist vorzuziehen, weil der Beklagte aufgrund der Mehrforderung des Klägers keine kostenmäßige Besserstellung erfahren darf.[88]

Für den vorstehenden **Beispielsfall** gilt damit:

zu (1): Tatsächlich entstanden sind insgesamt:

Bei *Gericht*:			
• Verfahrensgebühr	aus 10.000,– EUR (3 x 241,– EUR)	=	723,00 EUR
Beim *Klägeranwalt*:			
• Verfahrensgebühr	aus 10.000,– EUR (1,3 x 558,– EUR)	=	725,40 EUR
• Terminsgebühr	aus 6.000,– EUR (1,2 x 354,– EUR)	=	424,80 EUR
• Auslagenpauschale und MWSt.		=	238,54 EUR
Beim *Beklagtenanwalt*:			
• Verfahrensgebühr	aus 10.000,– EUR (1,3 x 558,– EUR)	=	725,40 EUR
• Terminsgebühr	aus 6.000,– EUR (1,2 x 354,– EUR)	=	424,80 EUR
• Auslagenpauschale und MWSt.		=	238,54 EUR
= *Insgesamt*		=	3.500,48 EUR

zu (2): Ohne Zuvielforderung des Klägers wären entstanden:

Bei *Gericht*:			
• Verfahrensgebühr	aus 4.000,– EUR (3 x 127,– EUR)	=	381,00 EUR
Beim *Klägeranwalt*:			
• Verfahrensgebühr	aus 4.000,– EUR (1,3 x 252,– EUR)	=	327,60 EUR
• Terminsgebühr	aus 4.000,– EUR (1,2 x 252,– EUR)	=	302,40 EUR
• Auslagenpauschale und MWSt.		=	139,70 EUR
Beim *Beklagtenanwalt*:			
• Verfahrensgebühr	aus 4.000,– EUR (1,3 x 252,– EUR)	=	327,60 EUR
• Terminsgebühr	aus 4.000,– EUR (1,2 x 252,– EUR)	=	302,40 EUR
• Auslagenpauschale und MWSt.		=	139,70 EUR
= *Insgesamt*		=	1.880,40 EUR

(3): Kostenquote = $\frac{\text{Parteikosten (2)}}{\textit{Gesamtkosten (1)}}$

Beklagter: $\frac{1.880,–}{3.500,–} = \frac{19}{35} = \frac{9}{17} = 54\%$

Kläger: $\frac{3.500,– \text{ ./. } 1.880,– = 1.620,–}{3.500,–} = \frac{16}{35} = \frac{8}{17} = 46\%$

533 (5) **Ausnahmsweise Kostenverteilung.** Nicht immer folgt die Kostenentscheidung dem Unterliegen in der Hauptsache. Manchmal ist das Verfahren von der obsiegenden Partei veranlasst, manchmal stellt das Gesetz **Billigkeitserwägungen** in den Vordergrund und verteilt die Kosten unabhängig vom Erfolg der Klage.[89]

88 *Anders/Gehle* Assessorexamen ZivR Rn. 166 mwN.

89 *Lahusen/Ritter*, Kostenrecht für Referendare, JA 2017, 127; *Bischoff*, Besondere Kostenentscheidungen im Zivilprozess, JuS 2016, 608.

Den praktisch wichtigsten Fall enthält **§ 93 ZPO**, der es erlaubt, die Kosten dem obsiegenden Kläger vollständig aufzuerlegen, wenn der Beklagte die Forderung sofort anerkannt und keine Veranlassung zur Klageerhebung gegeben hat (→ Rn. 1407).

Die Kostenentscheidung am Unterliegen zu orientieren, ist nicht möglich, wenn eine **534** Entscheidung des Gerichts, aus der das Unterliegen folgen könnte, nicht ergeht. Hier legt das Gesetz entweder dem Kläger als Veranlasser des Verfahrens die Kosten auf (so bei der Klagerücknahme, § 269 III 2 ZPO) oder es fordert eine hypothetische Prüfung der Erfolgsaussichten bei Fortdauer des Verfahrens (so bei der übereinstimmenden Erledigungserklärung, § 91a ZPO; → Rn. 1418; → Rn. 1444 f.).

(6) Darstellung der Kostenentscheidung. In den *Tenor* wird lediglich das Ergebnis **535** der Kostenentscheidung aufgenommen, das in den *Entscheidungsgründen* dann *kurz* begründet wird. Eine über die bloße Feststellung der Voraussetzungen der einschlägigen Gesetzesgrundlage hinausgehende Begründung ist nur ausnahmsweise erforderlich, zB bei Mischentscheidungen mit Billigkeitserwägungen im Rahmen des § 91a ZPO.[90]

Formulierungsbeispiel Tenor: Von den Kosten des Rechtsstreits haben der Kläger ¼, der Beklagte ¾ zu tragen.

Formulierungsbeispiel Entscheidungsgründe: Die Kostenentscheidung beruht auf § 92 I 1 Alt. 1 ZPO und folgt dem Verhältnis von Obsiegen und Unterliegen der Parteien hinsichtlich der Hauptsache.

d) Prozesskostenhilfe

Grundsätze des Verfassungsrechts (Justizgewährungsanspruch, Prinzip der Waffen- **536** gleichheit, Sozialstaatsprinzip) zwingen dazu, es auch der wirtschaftlich nicht leistungsfähigen Partei zu ermöglichen, einen Prozess zu führen.[91] Die ZPO sieht hierfür das Institut der Prozesskostenhilfe (§§ 114 ff. ZPO) vor, das praktisch große Bedeutung hat: Jährlich werden hierfür mehrere hundert Mio. EUR aufgewandt.

Das **Verfahren**[92] setzt zunächst einen Antrag voraus. **537**

Der **Antrag** kann vom Kläger zusätzlich zur Klageerhebung (in der Klageschrift oder einem nachfolgenden Schriftsatz) oder selbstständig vorab gestellt werden, wobei die Klage nur für den Fall der Gewährung der Prozesskostenhilfe erhoben werden soll. Im letzteren Fall muss die Antragsschrift den Anforderungen des § 253 II ZPO genügen, was auch dann der Fall ist, wenn die beabsichtigte Klage im Entwurf beigefügt wird. Der Beklagte wird den Antrag in einem regulären Schriftsatz stellen. Der Antrag kann den beizuordnenden Anwalt vorschlagen. Die Vermögensverhältnisse des Antragstellers sind auf einem entsprechenden Formblatt darzulegen, die Erfolgsaussichten werden in der Regel durch eine Bezugnahme auf die Klagebegründung bzw. -erwiderung dargetan.

Dem Gegner ist Gelegenheit zur Stellungnahme auf die zur Erfolgsaussicht vorgetragenen Tatsachen (nicht auch auf die Vermögensverhältnisse: § 117 II 2 ZPO) zu geben, eine mündliche Verhandlung ist freigestellt. Die Entscheidung ergeht durch Beschluss (§ 127 I 1 ZPO) und wirkt jeweils nur für diese Instanz.

90 *Schuschke/Kessen/Höltje* Arbeitstechnik 258; *Schellhammer* Arbeitsmethode Rn. 326; *Schmitz/Frisch/Neumaier* Station in Zivilsachen 61 ff.; *Socha*, Die Kostengrundentscheidung in der Assessorklausur, JA 2000, 316, jeweils mit Beispielsformulierungen.

91 BVerfG NJW 1997, 311; BGH FamRZ 2007, 381; *Zuck*, Verfassungsrechtliche Rahmenbedingungen der zivilprozessualen Prozesskostenhilfe, NJW 2012, 37.

92 *Nickel*, Aktuelle Entwicklungen in der Rechtsprechung zur Prozesskostenhilfe, MDR 2010, 1227; *Niebling*, Aktuelle Fragen zur Prozesskostenhilfe, JA 2009, 630; *Stackmann*, Prozesskostenhilfe im Zivilprozess, JuS 2006, 233; zur Zuständigkeit *Saenger*, Sachliche Zuständigkeit für den Antrag auf Prozeßkostenhilfe, MDR 1999, 850; *Gsell/Mehring*, Kompetenzkonflikte bei PKH-Verfahren vor Zivilgerichten, NJW 2002, 1991.

538 **Voraussetzung** für die Gewährung von Prozesskostenhilfe ist zum einen, dass die Partei die Kosten der Prozessführung nicht oder nicht vollständig aufbringen kann, zum anderen eine hinreichende Erfolgsaussicht und fehlende Mutwilligkeit der beabsichtigten Rechtsverfolgung bzw. -verteidigung.[93]

Vor der Gewährung von Prozesskostenhilfe muss die Partei ihr **Einkommen** abzüglich Steuern, Versicherungsbeiträgen, Werbungskosten, notdürftigem Lebensbedarf, Unterkunft und besonderen Belastungen (§ 115 I ZPO, §§ 28 II, 82 II SGB XII) einsetzen sowie ihr **Vermögen** soweit ihr das zumutbar ist (§ 115 ZPO, § 90 SGB XII).

Aussicht auf Erfolg hat das beabsichtigte prozessuale Vorgehen bereits dann, wenn die Entscheidung von schwierigen Rechts-und Tatfragen abhängt, wobei eine Beweisprognose möglich ist.[94] **Mutwilligkeit** fehlt, wenn auch eine bemittelte Partei, die ihre Prozessaussichten unter Berücksichtigung des Kostenrisiko vernünftig abwägt, so vorgehen würde. Die Entscheidung über die Prozesskostenhilfe ergeht durch Beschluss und kann (innerhalb eines Monats) mit der sofortigen Beschwerde angegriffen werden (§ 127 ZPO).[95]

539 Wird Prozesskostenhilfe gewährt, so hat dies zur **Folge**, dass die Partei und der Gegner (§ 122 II ZPO) von den Gerichtsgebühren, insbesondere allen Vorschusspflichten, befreit sind (§ 122 I 1 ZPO). Der Partei wird ein Rechtsanwalt ihrer Wahl beigeordnet und aus der Staatskasse bezahlt (§ 121 II und III ZPO). Wird die Partei in die Kosten des Rechtsstreits verurteilt, so muss sie die außergerichtlichen Kosten des Gegners aus eigener Tasche bezahlen, diese werden nicht erstattet (§ 123 ZPO).[96] Das Risiko, bei einer vergleichsweisen Regelung einen Teil der Gerichtskosten selbst tragen zu müssen, ist der bedürftigen Partei mit § 31 IV GKG abgenommen.[97]

Verjährungswahrend wirkt nicht bereits die Stellung des Antrags, sondern erst dessen Bekanntgabe an den Gegner (§ 204 I Nr. 14 ZPO; → Rn. 177).[98] Besonderheiten der Prozesskostenhilfe für EU-Ausländer enthalten die §§ 1076 ff. ZPO (→ Rn. 281).

4. Die Entscheidung über die vorläufige Vollstreckbarkeit[99]

540 Kann nach dem erstinstanzlichen Urteil die eine Partei von der anderen etwas verlangen (Hauptforderung oder Kosten), so kann sie dies im Wege der Zwangsvollstreckung grundsätzlich erst nach Eintritt der formellen Rechtskraft durchsetzen. Die Notwendigkeit, diese abzuwarten, kann in Anbetracht der zum Teil recht langen Verfahrensdauer und des möglichen Risikos, dass der Schuldner insolvent wird, für den Gläubiger eine erhebliche Belastung darstellen. § 704 ZPO lässt es daher zu, dass das Gericht eine

93 BVerfG NJW 1992, 889; *Dörndorfer*, Prozesskostenhilfe für Anfänger, 2. Aufl. 1995; *Fischer*, Prozesskostenhilfe für einstweiligen Rechtsschutz und Hauptsache, MDR 2011, 642; *Glaremin*, Prozesskostenhilfe, JA 1990, 186.

94 BVerfG NJW 2010, 1647; FamRZ 2009, 191; NJW 2008, 1060; BGH FamRZ 2007, 1006.

95 Zur Begründungspflicht BVerfG NJW-RR 2016, 1264.

96 *Socha*, Die Entscheidung über den Antrag auf Prozesskostenhilfe, JA 2003, 682; Zu den unterschiedlichen Belastungen von Kläger und Beklagtem BVerfG MDR 1999, 1089 mAnm *Schneider* (1089) und *Schütt* (1405); OLG Nürnberg NJW 2000, 370; OLG Karlsruhe NJW 2000, 1121.

97 *Dölling*, Der Vergleich mit dem PKH-berechtigten Beklagten nach neuem Recht, MDR 2013, 1009; *Fischer*, RVG – Die wichtigsten Änderungen zur Rechtsanwaltsvergütung, MDR 2013, 881.

98 BGH NJW 2008, 1939.

99 *Gottwald*, Der Ausspruch zur vorläufigen Vollstreckbarkeit im Zivilurteil, JA 1997, 486; *Schilken*, Grundfragen der vorläufigen Vollstreckbarkeit, JuS 1990, 641; *Nöhre*, Der Ausspruch zur vorläufigen Vollstreckbarkeit – eine Aktualisierung, JA 2004, 644; *Schröer*, Die vorläufige Vollstreckbarkeit des Zivilurteils, JA 1990, 105; sowie die unter »Anleitungsbücher« im Literaturverzeichnis aufgeführte Literatur.

Vollstreckung auch schon **vor Eintritt der Rechtskraft** anordnet (= sog. vorläufige Vollstreckbarkeit). Hiermit sind allerdings entsprechende Risiken auf Seiten des Schuldners verbunden, der die Leistung zunächst erbringen muss und Gefahr läuft, sie später nicht zurück zu bekommen. Die Abwägung der beiderseitigen Risiken ist daher wesentlicher Bestandteil der Entscheidung zur vorläufigen Vollstreckbarkeit.

Die vorläufige Vollstreckbarkeit steht unter der **auflösenden Bedingung** der Aufhebung der Entscheidung. Wird vor Eintritt der Bedingung vollstreckt, so ist diese Vollstreckung endgültig und führt zur Befriedigung des Gläubigers. Nach Eintritt der Bedingung ist eine Vollstreckung nicht mehr möglich (§ 717 I ZPO). Stellt sich die Vollstreckung nachträglich als unrechtmäßig heraus, erwachsen dem Schuldner Schadensersatzansprüche (§ 717 II ZPO).[100] Zahlt der Schuldner zur Abwendung der Zwangsvollstreckung, so führt dies nicht zum Erlöschen des Anspruchs, da eine solche Zahlung nicht erfüllend wirkt.[101]

Wie die Entscheidung über die vorläufige Vollstreckbarkeit im Einzelfall auszusehen 541
hat, lässt sich anhand eines fünfstufigen **Prüfungsschemas** ermitteln:

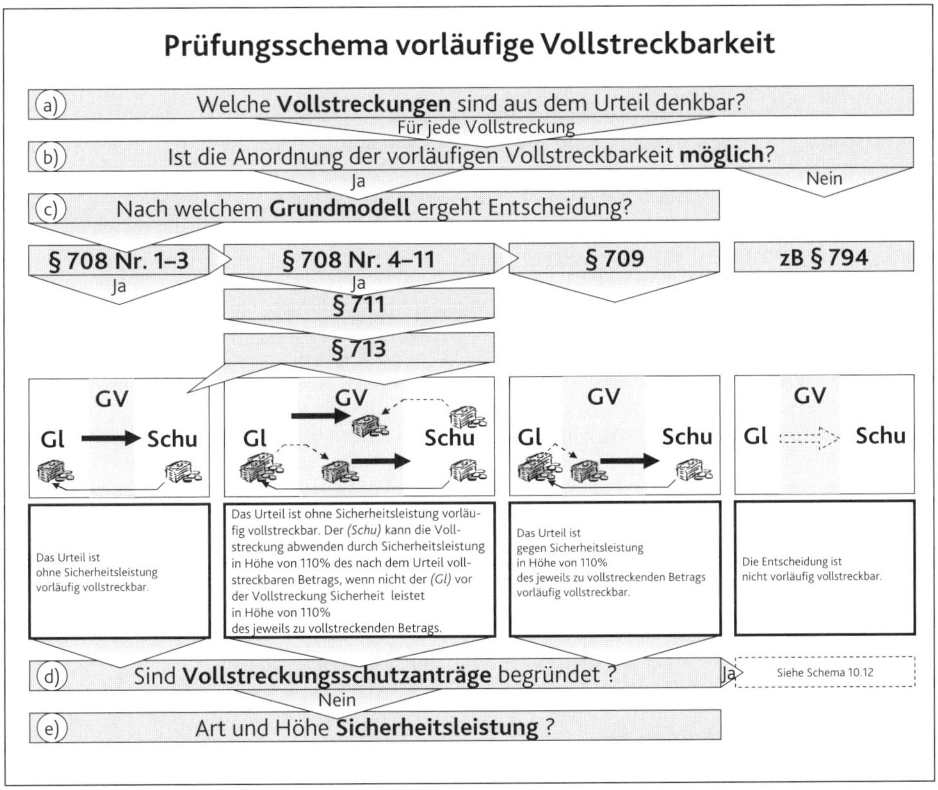

Schema 10.11: Prüfungsschema vorläufige Vollstreckbarkeit

100 BGH MDR 2015, 999; *Krafft*, Die Schadensersatzpflicht aus § 717 Abs. 2 ZPO, JuS 1997, 734; bei Wegfall der vorläufigen Vollstreckbarkeit aus Urteilen der Oberlandesgerichte entstehen nur Bereicherungsansprüche: § 717 III ZPO.

101 So die hM: BGH MDR 1976, 1005; BGHZ 86, 270.

a) Vollstreckungsverhältnisse

542 Vorab muss geklärt werden, wer aus dem Urteil was gegen wen vollstrecken kann. Aus einem Urteil sind mehrere Vollstreckungsverhältnisse denkbar, für jedes von ihnen muss entschieden werden, ob und wie es vorläufig durchgesetzt werden kann (= Grundsatz der **Trennung der Vollstreckungsverhältnisse**). Eine Verrechnung der gegenseitigen Ansprüche ist im Erkenntnisverfahren nicht möglich.

Wird einer Leistungsklage vollständig stattgegeben, so vollstreckt nur der Kläger gegen den Beklagten die Hauptforderung und seine Kosten. Bei der teilweise begründeten Leistungsklage vollstreckt der Kläger Hauptforderung und Kosten in dem ihm zugesprochenen Umfang. Aus dem gleichen Urteil vollstreckt aber auch der Beklagte den ihm zugesprochenen Teil seiner Kosten, sodass hier bereits zwei Entscheidungen zur vorläufigen Vollstreckbarkeit erforderlich sind. Mit zunehmender Zahl von Parteien steigt auch die Zahl möglicher Vollstreckungsverhältnisse: Ist die Klage eines Klägers gegen zwei Beklagte nur teilweise erfolgreich, sind bis zu vier Vollstreckungsverhältnisse möglich.

Da somit in der Zwangsvollstreckung jede Partei **Gläubiger** und **Schuldner** sein kann, bezeichnet das Gesetz die Parteien hier auch nur noch so. Für die Entscheidung jedoch ist die Bezeichnung als Kläger/Beklagter beizubehalten, also umzusetzen, wer jeweils Gläubiger bzw. Schuldner ist.

Sind mehrere Vollstreckungsverhältnisse zu tenorieren, ist es erforderlich, diese zu differenzieren. Hierzu empfiehlt sich eine Benennung des jeweiligen Gläubigers:

> Das Urteil ist für den Kläger ... vorläufig vollstreckbar, für den Beklagten ...

543 Ist aus einem Urteil keine Vollstreckung möglich, bedarf es einer Entscheidung über die vorläufige Vollstreckbarkeit nicht (→ Rn. 545).

Die Hauptsacheentscheidung ist nur bei klagestattgebenden Leistungsurteilen **vollstreckungsfähig**, Nicht vollstreckbar ist die Hauptsacheentscheidung bei klageabweisenden Leistungsurteilen, bei Feststellungsurteilen und – in der Regel – bei Gestaltungsurteilen. Letztere bewirken jedoch nach **§ 775 Nr. 1 ZPO** in der Hauptsache eine vorläufige Einstellung der Zwangsvollstreckung, soweit es sich um prozessuale Gestaltungsklagen aus §§ 767, 768, 771 ZPO handelt. Nicht vorläufig vollstreckbar sind grundsätzlich auch die auf Abgabe einer Willenserklärung gerichteten Leistungsurteile, da hier die Willenserklärung erst mit Eintritt der Rechtskraft als abgegeben gilt (§ 894 ZPO). Ausnahmsweise kann eine vorläufige Wirkung bei Abgabe einer auf eine Grundbucheintragung gerichteten Willenserklärung eintreten, weil hier nach **§ 895 ZPO** durch die vorläufige Vollstreckbarkeit eine Vormerkung eingetragen werden kann.

Ein vollstreckungsfähiger Inhalt des Urteils fehlt jedoch nicht schon dann, wenn die Hauptsache nicht vollstreckbar ist. Einer Entscheidung zur vorläufigen Vollstreckbarkeit bedarf es bereits bei einer vollstreckungsfähigen Kostenentscheidung. Überhaupt keinen vollstreckungsfähigen Inhalt haben damit nur die ohne Kostenentscheidung ergehenden Urteile (→ Rn. 517), zB ein auf Feststellung lautendes Teilurteil.

b) Möglichkeit der Anordnung

544 Grundsätzlich sind alle Endurteile für vorläufig vollstreckbar zu erklären. Hiervon gibt es nur wenige Ausnahmen. Nicht für vorläufig vollstreckbar erklärt werden können:

- **Beschlüsse.** Dabei handelt es sich um sonstige Titel iSd § 794 ZPO, auf die die §§ 708 ff. ZPO nicht anwendbar sind (§ 795 ZPO).
- **Zwischenurteile**, insbesondere Grundurteile. Vorbehaltsurteile dagegen sind den Endurteilen gleichgestellt (§ 302 III ZPO) und damit für vorläufig vollstreckbar zu erklären.

- Urteile, mit denen ein **Arrest oder eine einstweilige Verfügung** angeordnet oder aufrechterhalten wird. Als Eilentscheidungen sind sie gemäß §§ 928 ff. ZPO auch ohne entsprechenden Ausspruch sofort vollstreckbar.[102] Dies gilt nicht für Urteile, die eine Eilanordnung (ganz oder teilweise) aufheben oder abändern; diese sind nach § 708 Nr. 6 ZPO für vorläufig vollstreckbar zu erklären.
- Urteile, die bereits **mit der Verkündung rechtskräftig** werden. Diese sind sofort endgültig vollstreckbar.

  Mit Verkündung **rechtskräftig** werden Urteile, gegen die ein Rechtsmittel grundsätzlich nicht mehr statthaft ist, insbesondere also Berufungsurteile der Oberlandesgerichte bei Arrest und einstweiliger Verfügung (§ 542 II ZPO) und Revisionsurteile des Bundesgerichtshofs. Rechtskräftig sind auch die Urteile, bei denen beide Parteien vor der Verkündung wirksam auf Rechtsmittel verzichtet haben.

  Nicht mit Verkündung **rechtskräftig** werden Urteile, gegen die ein Rechtsmittel grundsätzlich zwar noch statthaft, dieses aber offensichtlich unzulässig oder unbegründet wäre, so zB wenn ein Rechtsmittelwert nicht erreicht wird. In diesen Fällen können die sonst zugunsten des Schuldners zu treffenden Schutzanordnungen aus §§ 711, 712 ZPO entfallen (§ 713 ZPO; → Rn. 552).
- Urteile, wenn ein vom Vollstreckungsschuldner gestellter **Vollstreckungsschutzantrag nach § 712 I 2 ZPO** begründet ist.

Dieser soll zusammen mit den anderen Vollstreckungsschutzanträgen unter c) behandelt werden.

Ist eine Anordnung der vorläufigen Vollstreckbarkeit nicht möglich, so kann ein Ausspruch hierüber im Tenor schlicht entfallen. In Zweifelsfällen ist es besser, zur Klarstellung zu tenorieren: 545

Das Urteil ist nicht vorläufig vollstreckbar.

c) Grundmodelle

Das mit der vorläufigen Vollstreckbarkeit verbundene **Risiko** kann unterschiedlich **verteilt** werden: 546

- Kann aus dem Urteil vor Eintritt der Rechtskraft überhaupt nicht vorläufig vollstreckt werden, trägt allein der *Gläubiger* das Risiko, sein Geld dann noch zu bekommen.

  Diese Alternative wählt die ZPO in den Fällen, in denen das Urteil nach obigem Prüfungsschritt b) überhaupt nicht für vorläufig vollstreckbar erklärt wird.
- Kann aus dem Urteil unbeschränkt vorläufig vollstreckt werden, trägt allein der *Schuldner* das Risiko, nach Rechtskraft eines abändernden Urteils sein Geld zurückzubekommen.

  Das Gesetz übernimmt diese Form in den Fällen des § 708 Nr. 1–3 ZPO, in denen der Schuldner ausnahmsweise nicht schutzbedürftig ist.

  Die grafische Darstellung in Schema 10.11 (links) zeigt, dass der Gläubiger (Gl) durch die Vollstreckungsorgane (insbesondere den Gerichtsvollzieher, GV) unbedingt vollstrecken lassen kann (⇨) und der Erlös hieraus ihm zufließt (←).
- Das *Risiko* kann nahezu *ausgeschlossen* werden, wenn vor der vorläufigen Vollstreckung Sicherheit für den dadurch möglicherweise entstehenden Schaden geleistet wird. Aus dem als Sicherheit beim Gericht hinterlegten Geldbetrag können

102 BLAH/*Hartmann* ZPO § 922 Rn. 3.

eventuelle Schadensersatzansprüche abgedeckt werden. Dabei kann die mit der Verpflichtung zur Sicherheitsleistung verbundene Belastung dem Gläubiger oder dem Schuldner auferlegt werden.

Grundsätzlich wird das Schutzbedürfnis des Schuldners überwiegen. Da der Gläubiger entscheiden kann, ob er vorläufig vollstrecken will und er hieraus einen Vorteil zieht, hat grundsätzlich er die Sicherheit zu erbringen. Dies sieht das Gesetz als Regelfall vor (**§ 709 ZPO**).

Überwiegen ausnahmsweise die Interessen des Gläubigers die des Schuldners, so kann er den Schuldner zwingen, die Sicherheit zu leisten. Das Gesetz realisiert dies, indem es dem Gläubiger nach seiner Wahl[103] eine Vollstreckung nach vorheriger Sicherheitsleistung oder eine Vollstreckung ohne Sicherheitsleistung gestattet. Wählt der Kläger die zweite Alternative, kann der Schuldner durch eigene Sicherheitsleistung die Vollstreckung verhindern (**§§ 708 Nr. 4–11, 711 ZPO**).

Im Schema 10.11 (dritte Alternative von links) wird deutlich, dass der Gläubiger (Gl) hier in Vorleistung treten muss, er aus seinem Vermögen den zu vollstreckenden Betrag (bei der hier den Vollstreckungsorganen [GV] zugerechneten Hinterlegungsstelle) hinterlegen muss (→), bevor (§ 751 II ZPO) er vollstrecken lassen kann (⇨) und den Erlös daraus erhält (←). Wirtschaftlich führt diese Form der vorläufigen Vollstreckung dazu, dass der zu vollstreckende Betrag dem Vermögen des Schuldners (Schu) für die weitere Verfahrensdauer bereits entzogen ist, der Gläubiger aber zunächst noch keinen Vermögenszuwachs erlangt, sondern allenfalls seine vorweg geleistete Sicherheit ausgeglichen wird.[104] Der hinterlegte Betrag kann nach rechtskräftigem Abschluss des Verfahrens an die obsiegende Partei herausgegeben werden, sodass ein Insolvenzrisiko nicht mehr besteht.

547 Für die Frage, welchem dieser Grundmodelle die Entscheidung über die vorläufige Vollstreckbarkeit des Urteils folgt, sind vor dem Regelfall (§ 709 ZPO) die möglichen Ausnahmen (§ 708 ZPO) zu prüfen:

548 (1) **§ 708 Nr. 1–3 ZPO**[105] enthält die Fälle, in denen der Schuldner aufgrund eigenen Verhaltens nicht schutzbedürftig bzw. nicht schutzwürdig ist, so, weil er die Klageforderung anerkannt bzw. hierauf verzichtet hat oder er säumig war. In diesen Fällen ist eine Vollstreckung gegen ihn ohne weitere Voraussetzungen statthaft, die Entscheidung lautet dann schlicht:

Das Urteil ist vorläufig vollstreckbar.

Oder zur Klarstellung besser:

Das Urteil ist ohne Sicherheitsleistung vorläufig vollstreckbar.

549 (2) **§ 708 Nr. 4–11 ZPO** erfasst die Fälle, in denen die Interessen des Gläubigers an einer vorläufigen Vollstreckung die des Schuldners an einem Unterbleiben überwiegen

Beispiele:
- Urteile, die einen evidenten Anspruch titulieren (Urkunden-, Wechsel- und Scheckprozess, Nr. 4, 5);
- Urteile über Leistungen, auf die der Gläubiger dringend angewiesen ist (Unterhaltsurteile, Nr. 8);
- Urteile, bei denen das Vollstreckungsrisiko objektiv gering ist, weil die Entscheidung vermutlich richtig ist (Berufungsurteile, Nr. 10) oder weil der drohende Vollstreckungsschaden nur gering ist (Bagatellurteile, Nr. 11).

103 LG Heidelberg MDR 1993, 272.

104 Dies kann einen wirtschaftlichen Vermögenszuwachs für den Gläubiger dann bewirken, wenn die Sicherheitsleistung in Form einer Bankbürgschaft erbracht wurde (dazu → Rn. 559).

105 Einen Überblick über die einzelnen Fallgruppen des § 708 ZPO bietet *Schilken*, Grundfragen der vorläufigen Vollstreckbarkeit, JuS 1990, 641.

Praktisch wichtigster Anwendungsfall ist **§ 708 Nr. 11 ZPO**. Hierunter fallen vermögensrechtliche Streitigkeiten, die nicht schon im § 708 Nr. 1–10 ZPO erfasst sind (»andere Urteile«!) und bei denen der Wert der zu vollstreckenden Hauptsache (ohne Nebenforderungen wie Zinsen und Kosten) 1.250,– EUR nicht übersteigt oder bei denen nur die Kosten vollstreckt werden können und diese nicht höher als 1.500,– EUR sind.[106] Letzteres ist (ohne besondere Kosten etwa für eine Beweisaufnahme) für den Kläger als Vollstreckungsgläubiger bis zu einem Streitwert von rund 5.000,– EUR, für den Beklagten als Vollstreckungsgläubiger bis zu einem Streitwert von rund 8.000,– EUR der Fall.

Wie in den anderen Fällen des § 708 ZPO auch kann der Gläubiger hier zunächst ohne weiteres vollstrecken, sodass die Entscheidung wieder lautet: 550

> Das Urteil ist vorläufig vollstreckbar.

Besser ist auch hier der klarstellende Zusatz:

> Das Urteil ist ohne Sicherheitsleistung vorläufig vollstreckbar.

Im Unterschied zu den Fällen der Nr. 1–3 ist hier von Amts wegen zusätzlich immer **§ 711 ZPO** zu berücksichtigen: Der Schuldner kann diese Vollstreckung des Gläubigers abwenden, indem er vor der Vollstreckung Sicherheit leistet (zur Sicherheitsleistung → Rn. 559 ff.). Dem Gläubiger steht es frei, vor der Vollstreckung seinerseits Sicherheit zu leisten. Diese Vollstreckung kann der Schuldner dann nicht mehr abwenden. Die Entscheidung zur vorläufigen Vollstreckbarkeit ist daher um den Zusatz zu ergänzen: 551

> Der (Vollstreckungsschuldner = Kläger/Beklagter) kann die Vollstreckung durch Sicherheitsleistung in Höhe von 110% des nach dem Urteil vollstreckbaren Betrags abwenden, wenn nicht der (Vollstreckungsgläubiger = Kläger/Beklagte) vor der Vollstreckung Sicherheit in Höhe von 110% des jeweils zu vollstreckenden Betrags leistet.

Ausnahmsweise keine Anwendung findet § 711 ZPO, wenn die Voraussetzungen, unter denen ein Rechtsmittel stattfindet, unzweifelhaft nicht vorliegen (**§ 713 ZPO**). Dies ist der Fall, wenn der Rechtsmittelwert nicht erreicht ist oder beide Parteien auf ein Rechtsmittel verzichtet haben. Damit soll der Anreiz für die Einlegung eines von vornherein erfolglosen Rechtsmittels nur zum Zwecke des Hinausschiebens der Vollstreckung genommen werden. Liegen die Voraussetzungen des § 713 ZPO vor, so entfällt der aus § 711 ZPO stammende Zusatz, es bleibt bei der Grundentscheidung aus § 708 ZPO: 552

> Das Urteil ist ohne Sicherheitsleistung vorläufig vollstreckbar.

(3) § 709 ZPO stellt den Auffangtatbestand dar: Alle nicht unter § 708 ZPO fallenden Urteile dürfen nur gegen vorherige Sicherheitsleistung des Gläubigers vorläufig vollstreckt werden. Hier stehen damit die Interessen des Schuldners im Vordergrund. Der Tenor lautet dann: 553

> Das Urteil ist gegen Sicherheitsleistung in Höhe von 110% des jeweils zu vollstreckenden Betrags vorläufig vollstreckbar.

106 *Dölling*, Die Vollstreckbarerklärung der Kostenentscheidung im Zivilurteil, NJW 2014, 2468.

554 Einen Sonderfall regelt **§ 709 S. 3 ZPO**: Wurde im Verlauf des Prozesses ein Versäumnisurteil erlassen, so ist dieses gemäß § 708 Nr. 2 ZPO ohne Sicherheitsleistung vorläufig vollstreckbar. Wird dieses Versäumnisurteil jetzt aufrechterhalten, so würde damit auch die Entscheidung zur vorläufigen Vollstreckbarkeit fortbestehen, was mit dem Grundgedanken des § 709 ZPO nicht mehr vereinbar wäre, da die Aufrechterhaltung nicht mehr in einem Versäumnisurteil, sondern in einem streitigen Endurteil erfolgt. Nach § 709 S. 3 ZPO ist daher in der Entscheidung ausdrücklich klarzustellen, dass die Vollstreckung aus dem Versäumnisurteil nur gegen die jetzt festzusetzende Sicherheitsleistung fortgesetzt werden darf.[107]

d) Vollstreckungsschutzanträge

555 Die Anordnung der vorläufigen Vollstreckbarkeit kann für den Schuldner und/oder den Gläubiger eine Belastung bedeuten: Der Schuldner kann die Vollstreckung überhaupt nicht beeinflussen (§ 708 Nr. 1–3 ZPO) oder kann sie trotz eigener Sicherheitsleistung nicht verhindern (§§ 708 Nr. 4–11, 711 ZPO). Der Gläubiger kann nur nach eigener Sicherheitsleistung vollstrecken (§ 709 ZPO). Liegen im Einzelfall besondere Umstände vor, die eine solche Belastung als unzumutbar erscheinen lassen, so kann das Gericht von den Grundmodellen abweichen.

556 Erforderlich hierzu ist zunächst der hierauf gerichtete **Antrag** einer Partei (§ 714 ZPO). Er ist bis zum Schluss der mündlichen Verhandlung möglich, gehört in den Tatbestand und muss die vorgebrachten Tatsachen glaubhaft machen.

Abzugrenzen ist der echte vom **unechten Vollstreckungsschutzantrag** nach § 711 S. 1 ZPO. Letzterer ist zwar nicht erforderlich, weil § 711 S. 1 ZPO von Amts wegen zu prüfen ist, wird aber – weil die ZPO früher auch hier einen Antrag erforderte – häufig trotzdem noch gestellt. Ob es sich bei einem »Antrag auf Vollstreckungsschutz« um einen überflüssigen nach § 711 S. 1 ZPO oder um einen nach § 714 ZPO handelt, kann nur im Wege der Auslegung im Einzelfall ermittelt werden: Von einem Antrag nach § 714 ZPO ist auszugehen, wenn der Antrag besonders begründet ist und eigene Tatsachen dazu vorgetragen werden.

107 *Mertins*, Die vorläufige Vollstreckbarkeit aus § 709 S. 2 ZPO, DRiZ 1983, 228.

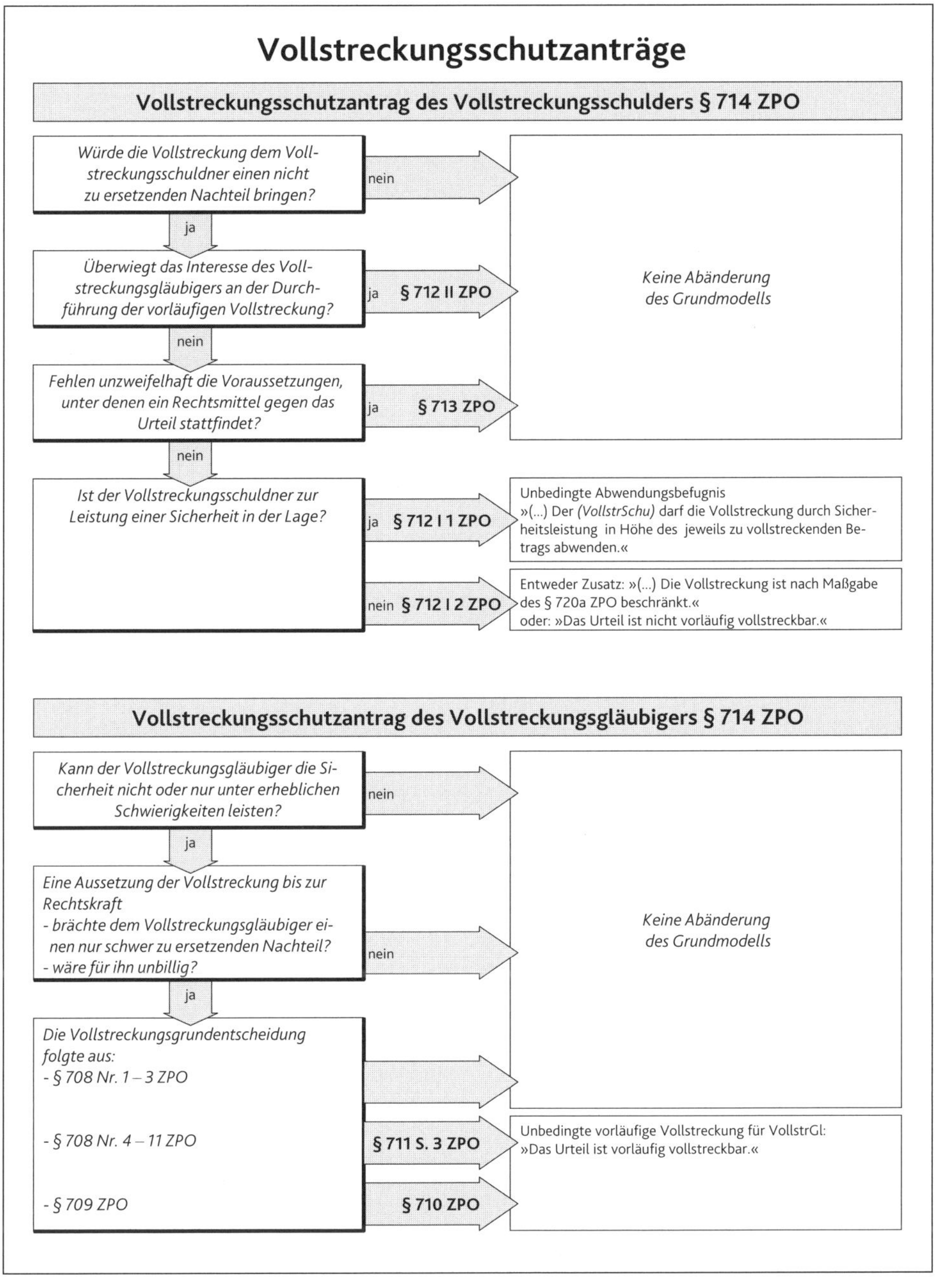

Schema 10.12: Vollstreckungsschutzanträge

Der **Vollstreckungsschuldner** kann Anträge nach § 712 I 1 oder 2 ZPO stellen. **557**

Voraussetzung ist, dass die Vollstreckung ihm einen **nicht** zu ersetzenden Nachteil brächte, sein Interesse am Unterbleiben der Vollstreckung das des Gläubigers an einer Durchführung überwiegt (§ 712 II ZPO) und die Voraussetzungen, unter denen ein Rechtsmittel stattfindet, nicht unzweifelhaft fehlen (§ 713 ZPO). Ist der Vollstreckungsschuldner dann zur Leistung einer Sicherheit in der

Lage, so wird ihm eine unbedingte Abwendungsbefugnis zugebilligt, dh, er kann jede Vollstreckung des Gläubigers (auch die nach Sicherheitsleistung!) durch eigene Sicherheitsleistung abwenden (§ 712 I 1 ZPO). Kann der Schuldner eine Sicherheit nicht leisten, so wird die Zwangsvollstreckung entweder nach Maßgabe des § 720a ZPO auf sichernde Maßnahmen beschränkt oder auf die Anordnung einer vorläufigen Vollstreckbarkeit völlig verzichtet.

558 Der **Vollstreckungsgläubiger** kann auf Antrag eine unbedingte vorläufige Vollstreckung ohne Sicherheitsleistung erreichen (§§ 711 S. 3, 710 ZPO).

Voraussetzung ist, dass er die ihm auferlegte Sicherheit nicht oder nur unter erheblichen Schwierigkeiten leisten kann und ihm eine Aussetzung der Vollstreckung bis zur Rechtskraft der Entscheidung einen nur **schwer** zu ersetzenden Nachteil brächte oder für ihn unbillig wäre.

e) Sicherheitsleistung

559 Sicherheitsleistungen können für den Gläubiger (§§ 709, 712 II, 711 ZPO) oder für den Schuldner (§§ 711, 712 I ZPO) erforderlich sein. Die **Art** einer solchen Sicherheit regeln die § 108 ZPO, §§ 234 f. BGB: Im Regelfall ist eine Bankbürgschaft zu leisten oder Geld bei der Gerichtskasse (Hinterlegungsstelle) zu hinterlegen.

Der Bürgschaftsvertrag zwischen dem Bürgen und dem Sicherungsnehmer (= Vollstreckungsgegner) kommt nach hM im Wege des Kontrahierungszwangs allein durch das Angebot des Bürgen zustande, einer Annahme durch den Sicherungsnehmer bedarf es nicht, da sonst zB der Schuldner die Vollstreckung des Gläubigers verhindern könnte.

560 Die **Höhe** der Sicherheit richtet sich nach dem durch eine unberechtigte Vollstreckung drohenden Schaden, muss also einen eventuellen Schadensersatzanspruch des Schuldners aus § 717 II 1 ZPO abdecken. Wird – wie regelmäßig – eine Geldforderung vollstreckt, so ist eine konkrete Bezifferung nicht mehr erforderlich, vielmehr genügt es, die Höhe in einem bestimmten *Verhältnis zur Höhe des Vollstreckungsbetrages* anzugeben. Für den Gläubiger kann dabei auf den »jeweils zu vollstreckenden Betrag« abgestellt werden, was ihm die Möglichkeit von Teilvollstreckungen eröffnet (§ 709 S. 2 ZPO). Für den Schuldner dagegen ist eine Teilsicherheit nicht möglich, er kann die Vollstreckung des Gläubigers nur abwenden, wenn er Sicherheit in Höhe des gesamten »aufgrund des Urteils vollstreckbaren Betrages« leistet (§ 711 S. 2 ZPO). Dieser setzt sich aus den zugesprochenen Teilen der Hauptforderung, der Nebenforderungen (Zinsen, vorgerichtliche Kosten) und der Prozess- und Vollstreckungskosten (§ 788 ZPO) zusammen. Da der aus einer unberechtigten Vollstreckung mögliche Schaden (zB wegen des Verlusts der Kreditwürdigkeit) größer sein kann als der Vollstreckungsbetrag, muss für die Höhe der Sicherheit ein Zuschlag zu diesem gemacht werden, den die Praxis meist mit 10–20% bemisst.[108]

Formulierungsbeispiel: Das Urteil ist gegen Sicherheitsleistung in Höhe von 110% des jeweils zu vollstreckenden Betrages vorläufig vollstreckbar.
Der Beklagte kann die Vollstreckung gegen Sicherheitsleistung in Höhe von 110% des aufgrund des Urteils vollstreckbaren Betrages abwenden, wenn nicht der Kläger vor der Vollstreckung Sicherheit in Höhe von 110% des jeweils zu vollstreckenden Betrags leistet.

561 Besteht die zu vollstreckende Leistung nicht in einer Geldforderung, muss die Höhe der Sicherheitsleistung konkret angegeben werden. Regelmäßig wird der entsprechende

108 OLG Celle NJW 2003, 73; *König*, Die vorläufige Vollstreckbarkeit nach der ZPO-Reform, NJW 2003, 1372.

Betrag für die Hauptforderung dann nach § 3 ZPO zu schätzen sein. Streitigkeiten über die Höhe der Sicherheit müssen die Parteien im Zwangsvollstreckungsverfahren (§§ 751 II, 766 ZPO) austragen.

In den **Entscheidungsgründen** wird die Entscheidung zur vorläufigen Vollstreckbarkeit nur *kurz* – dh in der Regel nur durch Angabe der konkreten gesetzlichen Grundlagen – begründet. Insbesondere die Höhe der Sicherheitsleistung wird nicht vorgerechnet. Ausführlicher begründet werden muss ggf. die Entscheidung über einen Vollstreckungsschutzantrag.[109] **562**

5. Weitere Entscheidungen

Ausnahmsweise können über die Hauptsache, die Kosten und die vorläufige Vollstreckbarkeit hinaus weitere Entscheidungen zu treffen sein. **563**

a) Die Entscheidung über die Zulassung der Berufung

Übersteigt der Wert der Beschwer 600,– EUR nicht, so hat das erstinstanzliche Gericht auch ohne besonderen Antrag der Parteien über die Zulassung der Berufung zu entscheiden (§ 511 IV ZPO).[110] Diese erfolgt, wenn die Sache grundsätzliche Bedeutung hat oder wenn die Fortbildung des Rechts oder die Sicherung einer einheitlichen Rechtsprechung eine Entscheidung des Berufungsgerichts erfordert.

Für die Zulassung ist ein fester Platz im Urteil nicht vorgeschrieben. Sie kann in den Gründen erfolgen, vorzuziehen ist die Aufnahme in den Tenor:[111]

> Die Berufung wird zugelassen.

Das Fehlen einer ausdrücklichen Entscheidung stellt regelmäßig eine Nichtzulassung dar (deswegen muss die Nichtzulassung nicht ausdrücklich ausgesprochen werden), kann aber auch als konkludente Zulassung zu verstehen sein.[112] Die Zulassung ist für die Parteien unanfechtbar und für das Berufungsgericht bindend, gegen die Nichtzulassung ist kein Rechtsbehelf gegeben.

b) Vorbehalt

Ergeht das Urteil unter Vorbehalt (§§ 302, 599 ZPO; → Rn. 861), so ist dieser im Tenor auszusprechen. Dies erfolgt unmittelbar im Anschluss an die Hauptsacheentscheidung:

> Dem Beklagten bleibt die Ausführung seiner Rechte im Nachverfahren vorbehalten.

c) Die Entscheidung über die Befriedigung aus einer Sicherheitsleistung

Hat das Gericht während des Verfahrens eine Sicherungsanordnung nach § 283a ZPO erlassen (→ Rn. 156, 841a), ist im Fall der Klagestattgabe im Urteil auszusprechen, dass der Kläger berechtigt ist, sich aus der Sicherheit zu befriedigen (§ 283a III ZPO).

---

109 *Schuschke/Kessen/Höltje* Arbeitstechnik 258; *Schellhammer* Arbeitsmethode Rn. 326.

110 Der aufgrund des nach der ZPO-Reform misslungenen Wortlauts von § 511 II und IV ZPO zunächst bestehende Streit, ob eine Zulassungsentscheidung auch bei einem Wert der Beschwer von mehr als 600,– EUR erforderlich sei, ist durch eine zwischenzeitliche Gesetzesänderung beseitigt. BVerfG NJW 2011, 1276.

111 BGH NJW 2016, 1179.

112 BGH NJW-RR 2013, 131; NJW 2011, 926 und 2974.

6. Förmlichkeiten des Urteils

a) Grundsätze

564 Die notwendigen Bestandteile eines Urteils[113] ergeben sich aus nachstehender Übersicht.

Inhalt des Urteils

Rn.	Inhalt	Vorschrift
		§ 4 AktO
1	Gericht	
2 / 3	Geschäftsnummer … Verkündet am …	§§ 315 III, 706, 734 ZPO
4	**Im Namen des Volkes**	§ 311 I ZPO
5	Versäumnis- / Anerkenntnis- / Verzichts- **URTEIL**	§ 313b I 2 ZPO
6	In dem Rechtsstreit	
7 8 9	des … - Klägers -	
10	(Prozessbevollmächtigter …)	§ 313 I Nr. 1 ZPO
	gegen	
	die … - Beklagte -	
	(Prozessbevollmächtigter …)	
12	hat das …-gericht …	§ 313 I Nr. 2 ZPO
13	durch den/die Richter(in/nen) …	§ 313 I Nr. 3 ZPO
14	aufgrund der mündlichen Verhandlung vom …	
15	für Recht erkannt:	
16	Tenor	§ 313 I Nr. 4 ZPO
17 18	• zur Hauptsache	
19	• zu den Kosten des Rechtsstreits	
20	• zur vorläufigen Vollstreckbarkeit	
21	• *zur Zulassung der Berufung*	§ 511 II Nr. 2, IV ZPO
22	Tatbestand	§ 313 I Nr. 5, II ZPO
30	Entscheidungsgründe	§ 313 I Nr. 6, III ZPO
49	Unterschrift	§ 315 I ZPO

Schema 10.13: Inhalt des Urteils

113 Einen vergleichenden Überblick zu verwaltungs- und strafgerichtlichen Urteilen bietet *Hamann*, Per Anhalter durch die Urteilsformalien – ein vergleichendes Muster für Referendare, JA 2016, 450.

(1) Der *Urteilseingang*, auch **Rubrum** genannt,[114] enthält neben der Bezeichnung der aktenführenden Behörde und der Geschäftsnummer (§ 4 AktO) die Eingangsformel (»Im Namen des Volkes«, § 311 ZPO),[115] die Bezeichnung der Prozessbeteiligten auf Seiten der Parteien (einschl. gesetzlicher Vertreter und Bevollmächtigter) und des Gerichts (einschl. der Namen der entscheidenden Richter) sowie den Tag der letzten mündlichen Verhandlung (§ 313 I Nr. 3 ZPO). **565**

Zu Einzelheiten dieser Formalia vgl. die Anmerkungen [1] bis [15] zum Beispielsurteil (→ Rn. 589 ff.).

(2) Mit der *Urteilsformel*, auch **Tenor** genannt, wird dem Urteil das knapp und präzise formulierte Verfahrensergebnis voran gestellt (§ 313 I Nr. 4 ZPO). Der Tenor ist der für die mit dem Rechtsstreit erstrebten Folgen wesentliche Teil des Urteils: Er bestimmt Art und Umfang der Vollstreckung, der Rechtskraft und der Gestaltungswirkung. Er hat sich auf die Entscheidung über die *Hauptsache*, die *Kosten* des Rechtsstreits und die Möglichkeit einer *vorläufigen Vollstreckbarkeit* des Urteils, ausnahmsweise auch über die Zulassung eines Rechtsmittels oder eventuelle *Vorbehalte* zu erstrecken. **566**

Insoweit ist der Urteilstenor Teil der viergliedrigen Kette, die vom materiellen Recht in die Zwangsvollstreckung führt (Schema 4.6). Die Fassung des Tenors hängt einerseits vom Antrag des Klägers, andererseits von der zu erwartenden Zwangsvollstreckung ab.

Zu den sich aus dem Klägerantrag ergebenden inhaltlichen Schranken des Tenors nach § 308 I ZPO → Rn. 498. Ungeschriebenes Gebot bei der formellen Abfassung des Tenors ist, diesen knapp, präzise und vollstreckbar zu formulieren.[116] **567**

- **Knapp** ist die Urteilsformel, wenn sie sich auf das objektive Ergebnis des Prozesses beschränkt und keine überflüssigen Bestandteile enthält.

  Überflüssig sind insbesondere Angaben zum Rechtsgrund des Anspruchs, zum Grund der Entscheidung oder zum Umfang der Rechtskraft. Diese gehören ausschließlich in die Entscheidungsgründe, die in Zweifelsfällen zur Auslegung des Tenors herangezogen werden können.

  > **Beispiele:**
  > »Der Beklagte wird verurteilt, an den Kläger 1.000,– EUR **Schmerzensgeld** zu zahlen.«
  > »Die Klage wird **wegen der Aufrechnung des Beklagten** abgewiesen.«
  > »Die Klage wird **als unzulässig** abgewiesen.«

  Eine Ausnahme[117] ergibt sich insoweit aus § 597 II ZPO, der die Abweisung der Klage »als im Urkundenprozess unstatthaft« verlangt. Auch die Kenntlichmachung von Nebenforderungen stellt eine Begründung des Anspruchs dar, die wegen der Nichtberücksichtigung beim Streitwert (§ 4 ZPO, § 43 GKG) geboten sein kann. Streitig ist, ob Ausnahmen auch in weiteren Fällen geboten sind. § 850f II ZPO schränkt den Vollstreckungsschutz ein, wenn eine Verurteilung aus vorsätzlich begangener unerlaubter Handlung vollstreckt wird. Weil insoweit auch eine titelergänzende Feststellungsklage möglich wäre, lässt die Praxis verbreitet auf Antrag die Aufnahme des Grunds der Verurteilung bereits in den Zahlungstitel zu.[118] Ergeht ein Urteil ohne Tatbestand und Entscheidungsgründe (§§ 313a, 495a ZPO), lässt sich ihm der Umfang der Rechtskraft nicht ent-

114 Weil dieser für Rechtskraft und Vollstreckung besonders wichtige Teil des Urteils früher mit roter Tinte geschrieben (»rubriziert«) wurde.

115 *Müller-Graff*, Zur Geschichte der Formel »Im Namen des Volkes«, ZZP 88 (1975), 442.

116 BGH NJW-RR 1994, 1185; NJW 1992, 1700.

117 *Knöringer* ZivilProz § 2 II; *Siegburg* Urteilstechnik Rn. 37; aA *Schellhammer* Arbeitsmethode Rn. 191; zu möglichen weiteren Ausnahmen → Rn. 503.

118 BGH NJW 2006, 2922; 2003, 515; *Kaiser*, Typische Fehler in zivilprozessualen Anträgen, NJW 2017, 1223.

nehmen. Auch hier wird deshalb vertreten, den Streitgegenstand im Tenor zu benennen.[119] Richtigerweise bleibt der Tenor in beiden Fällen frei von begründenden Zusätzen, da zu seiner Auslegung die übrigen Urteilsteile, bei deren Fehlen die Akte zur Verfügung steht und nach deren Vernichtung in Streitfällen der Beweis des Streitgegenstands eben anderweitig geführt werden muss.

- **Präzise** ist die Urteilsformel, wenn sie die Rechtsfolge klar und unmissverständlich formuliert, aus sich selbst heraus verständlich und vollstreckbar ist. Letzteres macht es erforderlich, Gegenstände und Sachverhalte so exakt zu beschreiben, dass sie von allen anderen eindeutig abgegrenzt werden können.

  Besondere Probleme bereitet die Beschreibung vorzunehmender, zu unterlassender oder zu duldender Handlungen, herauszugebender Sachen oder abzugebender Willenserklärungen. Dies kann es im Einzelfall erforderlich machen, Lichtbilder, Patentbeschreibungen oder ganze Vertragstexte in den Tenor aufzunehmen.

- In jedem Fall muss der Tenor so gefasst sein, dass die mit dem Urteil erstrebten Wirkungen erreichbar sind. Soll aus dem Urteil vollstreckt werden, so muss **vorausschauend** die mögliche Art und Weise der Zwangsvollstreckung bedacht und deren Anforderungen entsprochen werden. Der Gerichtsvollzieher erhält zum Zwecke der Zwangsvollstreckung eine »vollstreckbare Ausfertigung« des Urteils, die nach §§ 724, 317 II ZPO in der Regel nur Rubrum, Tenor und die Unterschriften enthält, nicht Tatbestand und Entscheidungsgründe. Was vollstreckt werden soll, muss sich also im Regelfall aus dem Tenor ergeben und darf nicht erst aus Tatbestand oder Entscheidungsgründen verständlich werden.[120]

  Beispielsfall: Beantragt der Kläger die Herausgabe von Hausratsgegenständen, so müssen diese im Tenor einzeln und so konkret bezeichnet werden, dass der Gerichtsvollzieher, der sie dem Schuldner wegzunehmen hat (§ 883 ZPO), sie zweifelsfrei konkretisieren und von den anderen dort vorhandenen, nicht mitzunehmenden Sachen unterscheiden kann.

568 Bestandteile und Formulierungen des Tenors im Normalfall ergeben sich aus nachstehender Übersicht.

119 Zöller/*Vollkommer* ZPO § 313a Rn. 3; *Heiderhoff*, Der entschiedene Lebenssachverhalt und die Rechtskraftsperre bei klageabweisenden Urteilen, ZZP 118 (2005), 185.

120 *Siegburg* Urteilstechnik Rn. 35; *Theimer/Theimer* Mustertexte ZivilProz § 4 II; zur ausnahmsweisen Notwendigkeit einer Auslegung unter Heranziehung anderer Urteilsteile und der Akte → Rn. 492.

Inhalt der Urteilsformel

Entscheidung über	Begründete Klage	Teilweise begründete Klage	Unbegründete Klage
Hauptsache	»Der Beklagte wird verurteilt, …« »Es wird festgestellt, dass …« *(Je nach Gestaltungsrecht)*	**Begründeter Teil** wie ⇦ **Unbegründeter Teil** wie ⇨ durch Zusatz: *»Im Übrigen wird die Klage abgewiesen«*	»Die Klage wird abgewiesen.«
Kosten	»Die Kosten des Rechtsstreits hat der Beklagte zu tragen.«	»Von den Kosten des Rechtsstreits haben der Kläger …, der Beklagte … zu tragen.«	»Die Kosten des Rechtsstreits hat der Kläger zu tragen.«
Vorläufige Vollstreckbarkeit	*Je nach Grundmodell:* »Das Urteil ist vorläufig vollstreckbar.« »Das Urteil ist vorläufig vollstreckbar. Der … kann die Vollstreckung durch Sicherheitsleistung in Höhe von 110% des nach dem Urteil vollstreckbaren Betrags abwenden, wenn nicht der … vor der Vollstreckung Sicherheit in Höhe von 110% des jeweils zu vollstreckenden Betrags leistet.« »Das Urteil ist gegen Sicherheitsleistung in Höhe von 110% des jeweils zu vollstreckenden Betrags vorläufig vollstreckbar.« »Das Urteil ist nicht vorläufig vollstreckbar.«		
Soweit erforderlich: **Zulassung Berufung**	*Je nach Voraussetzungen:* »Die Berufung wird zugelassen.« »Die Berufung wird nicht zugelassen.«		

Schema 10.14: Inhalt der Urteilsformel

Ausnahmen von den vorstehend dargestellten Grundsätzen ergeben sich in zahlreichen Fällen: 569

Beispiele: Zusätzliche Anordnungen in der Hauptsacheentscheidung können den Vorbehalt einer weiteren Entscheidung (§§ 302, 599 ZPO) oder die Androhung von Zwangsgeld (§ 890 II ZPO) betreffen. Liegt eine Ausnahme vom Grundsatz der einheitlichen Kostenentscheidung vor, so muss diese um eine separate Entscheidung über den entsprechenden Kostenteil ergänzt werden (§§ 344,

281 III 2 ZPO). Im Rahmen der Entscheidung über die vorläufige Vollstreckbarkeit ist eine konkrete Bestimmung der Höhe der Sicherheitsleistung erforderlich, wenn nicht wegen einer Geldforderung zu vollstrecken ist (§ 709 S. 2 ZPO). Alle Entscheidungen werden anders formuliert, wenn bereits eine noch nicht rechtskräftige Entscheidung existiert (Versäumnisurteil).

570 Weist der Tenor Fehler auf, so kann dies dazu führen, dass der mit dem Prozess verfolgte Zweck nicht erreicht werden kann, der Rechtsstreit insgesamt nutzlos war.[121] Unpräzise Tenorierungen sind nicht oder nur unter großen Schwierigkeiten vollstreckbar und müssen – in der Praxis wie im Examen – in der Regel als unbrauchbare Leistung angesehen werden.

Beispiele:
»Der Klage wird stattgegeben.«
»Der Beklagte wird verurteilt, an den Kläger die Klagesumme zu zahlen.«
»Der Beklagte wird verurteilt, den streitbefangenen PKW herauszugeben.«

Zu weiteren Einzelheiten des Tenors vgl. die Anmerkungen [16] bis [21] zum Beispielsurteil (→ Rn. 624 ff.).

571 (3) Der **Tatbestand** gibt den Sach- und Streitstand wieder, stellt die erhobenen Ansprüche und die dazu vorgebrachten Angriffs- und Verteidigungsmittel unter Hervorhebung der gestellten Anträge dar (§ 313 I Nr. 5, II ZPO).

Der Urteilstatbestand wurde bereits behandelt (→ Rn. 344 ff.), wegen weiterer Einzelheiten vgl. die Anmerkungen [22] bis [29] zum Beispielsurteil (→ Rn. 661 ff.).

572 (4) Die **Entscheidungsgründe** erläutern, auf welchen tatsächlichen und rechtlichen Grundlagen die Entscheidung beruht (§ 313 I Nr. 6, III ZPO).

Eine solche Begründung eigener Maßnahmen gehört zu den **wichtigsten** Aufgaben eines Juristen in allen Rechtsgebieten und in allen Berufsrollen. Im Zivilprozess muss der Rechtsanwalt seine Anträge begründen, der Richter seine Entscheidungen. Ein Ergebnis begründen zu können, gehört damit zu den unverzichtbaren Fähigkeiten, denen im Examen zentrale Bedeutung zukommt.

Die Begründung betrifft grundsätzlich nur den konkreten Einzelfall, dient hier der Selbstkontrolle, macht die Maßnahme für Dritte überprüfbar und soll andere überzeugen. Nur bei obergerichtlichen Verfahren kommen allgemeine Zwecke wie die Fortbildung des Rechts hinzu. Die Notwendigkeit einer Begründung staatlicher Entscheidungen ergibt sich grundsätzlich bereits aus verfassungsrechtlichen Vorgaben (Art. 3 I, 20 III, 19 IV, 103 I GG) und ist im Gesetz an vielen Stellen ausdrücklich geregelt (zB §§ 313, 922 ZPO). Unterbleiben kann eine Begründung bei Entscheidungen, die unanfechtbar oder alternativlos sind, etwa weil sie unmittelbar aus dem Gesetz oder einer gefestigten Rechtsprechung folgen.

573 Ein erstinstanzliches Urteil bedarf der Begründung grundsätzlich immer (§ 313 I Nr. 6 ZPO). Ausnahmsweise keiner Begründung bedürfen Urteile

- nach *§ 313a I 2, II ZPO*, wenn unzweifelhaft kein Rechtsmittel gegen die Entscheidung eingelegt werden kann und die Parteien innerhalb von einer Woche

121 *Schröer*, Klageantrag und Urteilsformel bei Zahlungsklagen, JA 1996, 407; *Schröer*, Urteilsformen und Klageanträge bei besonderen Zahlungsklagen, JA 1997, 873; *Wallisch/Spinner*, Die Tenorierung zivil- und arbeitsgerichtlicher Entscheidungen, JuS 2000, 64; 377; *Womelsdorf*, Die Fassung des Tenors im Zivilurteil, JuS 1983, 855.

nach Schluss der mündlichen Verhandlung auf die Begründung verzichten und keine Rückausnahme nach Abs. 4 vorliegt;[122]
- nach *§ 313b I 1 ZPO*, die aufgrund einer Säumnis, eines Anerkenntnisses oder eines Verzichts ergehen;
- nach *§§ 540 I, 564 ZPO* im Rechtsmittelverfahren.

Entscheidungsgründe müssen eine kurze Zusammenfassung der Erwägungen enthalten, auf denen die Entscheidung in tatsächlicher und rechtlicher Hinsicht beruht (§ 313 III ZPO).[123] Damit soll die unterlegene Partei[124] überzeugt und von einer Rechtsmitteleinlegung abgehalten bzw., falls dies nicht gelingt, für das Berufungsgericht nachvollziehbar werden, ob die Partei zu Recht unterlegen ist.[125]

Für den **Aufbau** der Gründe gelten zunächst einige allgemeine Überlegungen.

Ein Sachurteil kann nur bei Vorliegen der Sachentscheidungsvoraussetzungen ergehen. Auch andere prozessuale Fragen (Prozessfortsetzungsvoraussetzungen und Voraussetzungen besonderer Prozessinstitute) gehen den materiellen Überlegungen regelmäßig vor, während die Nebenentscheidungen nur von untergeordneter Bedeutung sind und vom Ergebnis der Sachentscheidung abhängen, deswegen erst am Ende der Begründung erörtert werden. Daraus ergibt sich die grobe **Reihenfolge** der Prüfung. **574**

Zur Reihenfolge der Darstellung prozessualer Fragen → Rn. 417 ff. Die materiellen Ausführungen beginnen mit dem begründeten Teil, bevor auf den unbegründeten eingegangen wird und umfassen neben der Haupt- auch die Nebenforderungen (→ Rn. 494 ff.). Nebenentscheidungen zu Kosten, vorläufiger Vollstreckbarkeit und ggf. Rechtsmittelzulassung beschränken sich auf rudimentäre Ausführungen (→ Rn. 535, 562 ff.).

Adressat der Begründung ist in erster Linie die unterlegene Partei. **575**

Der obsiegenden Partei genügt regelmäßig das Ergebnis, sie hat keine Veranlassung sich mit den Gründen dafür auseinanderzusetzen. Das Rechtsmittelgericht hat im Rahmen seiner Kompetenz eine eigene rechtliche Prüfung durchzuführen, ist allenfalls an tatsächliche Feststellungen (§§ 529 I Nr. 1, 559 ZPO), nicht aber an rechtliche Bewertungen gebunden.

Dem unterlegenen Beklagten muss deshalb dargelegt werden, dass eine auf das Begehr des Klägers gerichtete Rechtsnorm erfüllt ist und Gegenrechte nicht durchgreifen. Dem unterlegenen Kläger muss dargelegt werden, dass keine auf sein Begehr gerichtete Rechtsnorm eingreift oder dass eine solche aufgrund eines durchgreifenden Gegenrechts ausscheidet.

Die Begründung muss diejenigen Umstände umfassen, auf die es aus Sicht des Gerichts für die Entscheidung ankommt, die nicht hinweggedacht werden können, ohne dass das konkrete Entscheidungsergebnis nach dem in der Entscheidung zum Ausdruck gekommenen Gedankengang entfällt (»**tragende Gründe**«).[126] **576**

---

122 BGH MDR 2012, 1362.

123 BVerfG NJW 1997, 122; BGH DB 1978, 979 mAnm *Schneider*; *Balzer*, Schlanke Entscheidungen im Zivilprozess, NJW 1995, 2448; *Christensen/Kudlich*, Theorie richterlichen Begründens, 2001; *Koch/Helmut Rüßmann*, Juristische Begründungslehre, 1982; *Neumann*, Juristische Argumentationslehre, 1986.

124 Vgl. BVerfGE 51, 126 = NJW 1980, 278; BVerfGE 47, 182 = NJW 1978, 989.

125 BVerfGE 49, 24 = NJW 1978, 2235; BVerfGE 6, 32 = NJW 1957, 297; → Rn. 42; *Zuck*, Begründungen – ihre Gründe und Grenzen, NJW 2016, 3573.

126 BVerfG NJW 2006, 1191.

Insoweit muss die Begründung grundsätzlich vollständig sein, auch solche Umstände umfassen, die zwischen den Parteien unstreitig oder aus Sicht des Gerichts unproblematisch sind.

Erforderlich ist daneben eine Auseinandersetzung mit den von den Parteien vorgetragenen Angriffs- und Verteidigungsmitteln. Dies folgt aus dem Grundsatz rechtlichen Gehörs, der das Gericht verpflichtet, das Vorbringen der Parteien zur Kenntnis zu nehmen und in Erwägung zu ziehen.[127]

Weil dies grundsätzlich vermutet werden kann, liegt eine Verletzung rechtlichen Gehörs wegen unzureichender Begründung erst vor, wenn sich im Einzelfall aus besonderen Umständen ergibt, dass Vortrag unberücksichtigt geblieben ist.[128] Es muss deswegen nicht auf alle Argumente der Parteien ausdrücklich eingegangen werden, sondern nur auf diejenigen Angriffs- und Verteidigungsmittel, die die unterlegene Partei erkennbar ins Zentrum ihres Vorbringens gestellt hat (»zentrale Gesichtspunkte des Parteivortrags«). Diese bedürfen auch dann einer ausdrücklichen Behandlung, wenn sie aus Sicht des Gerichts unbegründet oder sogar fernliegend (»abwegig«) sind. In Examensaufgaben sollte dies für alle Punkte des Vortrags der unterlegenen Partei gelten.

Die Auseinandersetzung mit den erfolglos gebliebenen Angriffs- und Verteidigungsmitteln der unterlegenen Partei kann in einem eigenen Abschnitt nach der Darstellung der die Entscheidung tragenden Ausführungen erfolgen und mit dem Obersatz eingeleitet werden »Dem stehen die Ausführungen des … nicht entgegen«. Möglich ist aber auch ein einschichtiger Aufbau, bei dem das Vorbringen der unterliegenden Partei innerhalb der tragenden Gründe bei einem der dort dargestellten Punkte dargestellt wird.

Beispiele: Im obigen Beispiel wurde die Rechtsansicht des Beklagten, es habe sich bei der Äußerung des Klägers nicht um eine Willenserklärung, sondern um eine invitatio gehandelt, im Zusammenhang mit der Voraussetzung »Angebot« abgehandelt.
Verteidigt der Beklagte sich mit der Verjährungseinrede, findet sich hierfür ein passender Anknüpfungspunkt in den tragenden Gründen nicht, diese kann erst abgelehnt werden, nachdem das Bestehen des Anspruchs vollständig begründet wurde.

577 Nicht zu den tragenden Gründen und damit nicht in die Begründung gehören überflüssige Ausführungen (»obiter dicta«). Dies gilt insbesondere für unerhebliche Umstände, die sich auf das Ergebnis nicht auswirken, lehrbuchhafte Erörterungen allgemeiner Rechtsprobleme, die nicht unmittelbar zur Lösung des konkreten Einzelfalles gehören, und alternative Begründungen, die auf anderem Weg zum gleichen Ergebnis führen (Doppelbegründung).[129]

So kann es zum **Beispiel** dahinstehen, ob dem Kläger ein Anspruch zusteht, wenn dieser in jedem Fall verjährt wäre.
Nicht dahinstehen kann dagegen die Zulässigkeit der Klage bei schon feststehender Unbegründetheit oder das Bestehen der Klageforderung, wenn eine vom Beklagten erklärte Hilfsaufrechnung durchgreift, da diese Hilfsaufrechnung nur für den Fall begründeter Klageforderung erklärt ist (→ Rn. 1218).

Soll die Einbeziehung auch solcher Umstände in die Überlegungen des Gerichts dokumentiert werden, können sie ausdrücklich dahin gestellt bleiben.[130]

578 Nach § 313 III ZPO bedarf die Entscheidung einer **rechtlichen und tatsächlichen Begründung**. In rechtlicher Hinsicht muss die angewandte Norm benannt, in tat-

127 BVerfG FamRZ 2013, 1953.

128 BVerfG FA 2010, 213; NJW 1997, 2310; NJW-RR 1995, 1033 (1034); NJW 1994, 2279; BVerfGE 86, 133 = BeckRS 9998, 155340.

129 BVerfG NJW 2006, 1191.

130 Beispiel: BGH NJW 1975, 1786; zu der Notwendigkeit, in einer Klausur ggf. ein Hilfsgutachten zu fertigen, *Huber*, Grundfragen der Entscheidungsgründe im Zivilurteil, JuS 1987, 296.

sächlicher Hinsicht dargelegt werden, dass deren Voraussetzungen durch Tatsachen ausgefüllt werden, die der Entscheidung zugrunde gelegt werden können.

Zu bezeichnen sind nicht nur Anspruchsgrundlagen, Einwendungen und Einreden, sondern alle angewandten Rechtsvorschriften. Diese sind so exakt wie möglich zu zitieren (Absatz, Satz, Alternative).

Der Entscheidung zugrunde gelegt werden können nur diejenigen von den Parteien vorgetragenen Tatsachen, die entweder unstreitig oder bewiesen sind. Soweit Normvoraussetzungen mit streitigen Tatsachen begründet werden, muss dargelegt werden, dass und warum dies der Fall ist. Bei unstreitigen Tatsachen ist dies nur ausnahmsweise erforderlich, etwa bei unwirksam bestrittenen Tatsachen (→ Rn. 193 ff.). Dass eine Tatsache bewiesen ist, kann nur durch eine aufwändige Beweiswürdigung begründet werden (→ Rn. 328 ff.). Die Beweisaufnahme wird in den Gründen damit nicht in einem separaten Abschnitt zusammenhängend behandelt, sondern auf einzelne Beweisthemen beschränkt bei der jeweils darzustellenden Normvoraussetzung.

Für ein bestehendes Recht müssen alle Voraussetzungen festgestellt werden, bei einem verneinten Recht genügt eine fehlende Voraussetzung, die übrigen Voraussetzungen können als unerheblich dahin stehen (→ Rn. 577).

Aus den dargestellten Überlegungen ergibt sich folgender grundsätzlicher **Aufbau**: 579

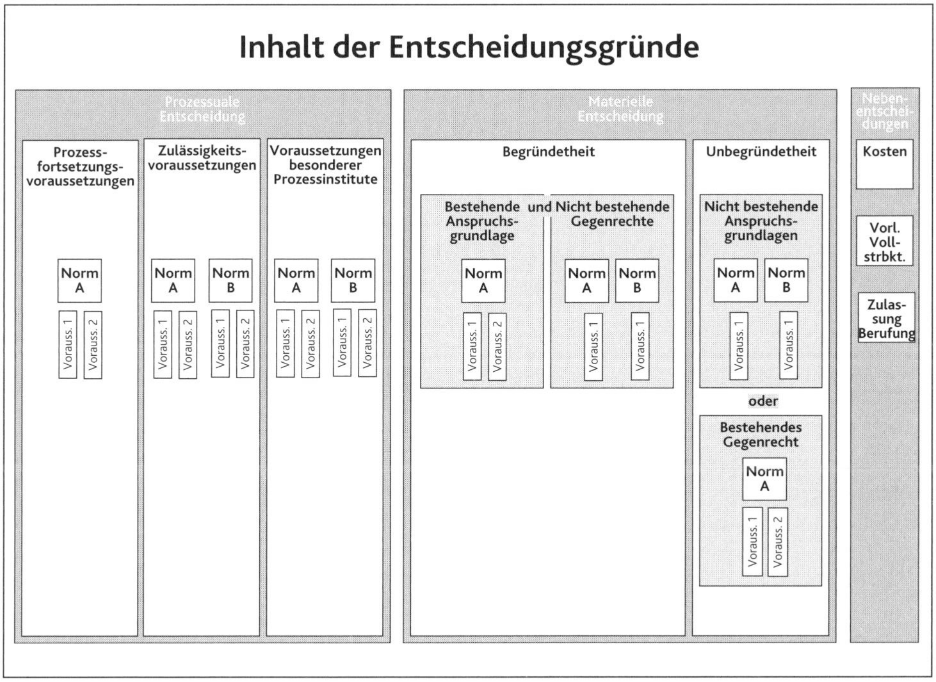

Schema 10.15: Inhalt der Entscheidungsgründe

Am Beginn stehen – soweit hierzu begründeter Anlass besteht – die Ausführungen zu den **prozessualen Voraussetzungen** der Klage, dh zu den Prozessfortsetzungsvoraussetzungen, den Zulässigkeitsvoraussetzungen und den Voraussetzungen besonderer prozessualer Institute. Dazu (und zur Reihenfolge der Darstellung) → Rn. 425.

Bei der begründeten Klage werden mehrere problematische Zulässigkeitsvoraussetzungen oder Prozessinstitute nebeneinander mit all ihren jeweiligen Voraussetzungen dargestellt. Bei der unzulässigen Klage genügt die Darstellung einer fehlenden Voraussetzung einer einzigen Zulässigkeitsvoraussetzung.

Den Hauptteil der Gründe bilden die Ausführungen zur **Begründetheit**, die nach Anspruchsgrundlagen gegliedert werden:

- Ist die Klage *begründet*, so werden zunächst die Haupt- und danach die Nebenforderungen abgehandelt, wobei jeweils nur eine Anspruchsgrundlage, diese jedoch mit allen Voraussetzungen dargestellt wird.[131] Erörtert werden müssen zudem alle Verteidigungseinwände des Beklagten, wobei es genügt, deren mangelnden Erfolg mit jeweils einem Argument zu begründen.

  Dem Beklagten muss deutlich gemacht werden, warum er verurteilt wurde. Dazu ist es erforderlich, dass alle Voraussetzungen einer Anspruchsnorm erfüllt sind. Das Vorliegen oder Nichtvorliegen weiterer Anspruchsgrundlagen ändert am Ergebnis nichts und kann daher unerörtert bleiben. Zusätzlich zum Vorliegen der Anspruchsnorm muss die Unerheblichkeit aller Verteidigungseinwände des Beklagten begründet werden, die schon dann gegeben ist, wenn es an nur einer Voraussetzung des Gegenrechts fehlt. Ob weitere Voraussetzungen vorliegen oder ebenfalls fehlen, ändert am Ergebnis nichts und kann daher unerörtert bleiben.

- Soweit die Klage *unbegründet* ist, braucht nur auf die Hauptforderung eingegangen zu werden, da die Nebenforderungen damit automatisch entfallen. Diesbezüglich sind alle in Betracht kommenden Anspruchsgrundlagen anzusprechen, bei jeder aber nur eine Tatbestandsvoraussetzung darzustellen, an der der Anspruch scheitert.[132]

  Hier muss dem Kläger deutlich gemacht werden, warum seine Klage abgewiesen wurde. Dies erfolgte, weil alle denkbaren Anspruchsgrundlagen zwar geprüft wurden, keine aber vollständig erfüllt ist, dh mindestens eine Voraussetzung fehlt. Das Vorliegen oder Nichtvorliegen der übrigen Voraussetzungen dieser Normen ändert am Ergebnis nichts und kann daher unerörtert bleiben.

  Grund für die Klageabweisung kann aber auch sein, dass ein Gegenrecht des Beklagten durchgreift. Dann muss dieses mit all seinen Voraussetzungen festgestellt werden, dafür kann das Vorliegen der Anspruchsvoraussetzungen ggf. dahinstehen.

- Ist die Klage *teilweise begründet*, teilweise unbegründet, so ist zunächst der begründete (sowohl Haupt- als auch Nebenforderungen), danach der unbegründete Teil der Klage darzustellen, wobei für beide Teile die oben gemachten Ausführungen gelten.[133]

Den Schluss der Entscheidungsgründe bilden immer die Ausführungen zu den **Nebenentscheidungen**, dh die Entscheidungen über die Kosten und die vorläufige Vollstreckbarkeit, ggf. auch die Zulassung der Berufung.

Dabei reicht es in der Regel aus, die jeweilige Rechtsgrundlage zu erwähnen und sehr kurz zu begründen.[134]

580 Auch für die **Ausformulierung** der Gründe innerhalb dieses Rahmens existieren allgemeine Regeln. Diese werden – anders als das Gutachten – im sog. **»Urteilsstil«** abgefasst.[135] Dieser ist vom sog. »Gutachtenstil« abzugrenzen (→ Rn. 399; Schema 9.1).

---

131 *Huber*, Grundfragen der Entscheidungsgründe im Zivilurteil, JuS 1987, 296; *Schuschke/Kessen/Höltje* Arbeitstechnik 260; *Schellhammer* Arbeitsmethode Rn. 317; *Siegburg* Urteilstechnik Rn. 209 ff.

132 OLG Köln ZIP 1983, 1388; *Siegburg* Urteilstechnik Rn. 213 ff.

133 *Siegburg* Urteilstechnik Rn. 217.

134 *Schuschke/Kessen/Höltje* Arbeitstechnik 258; *Schellhammer* Arbeitsmethode Rn. 326; Thomas/Putzo/*Reichold* ZPO § 313 Rn. 35; → Rn. 514 ff., → Rn. 549 ff.

135 *Jasper*, Die Sprache des Urteils, MDR 1986, 198.

Prägend für den Urteilstil ist die **Voranstellung des Ergebnisses** (»Die Klage ist begründet«) und nachfolgend der damit konditional verknüpften Begründung (»weil dem Kläger ein Anspruch zusteht«). 581

Aufbautechnisch bezeichnet man das vorangestellte Ergebnis auch als Obersatz, die nachfolgende Begründung als Untersatz. Der Obersatz enthält regelmäßig die eintretende Rechtsfolge, knüpft also unmittelbar an die zugrunde gelegte Rechtsnorm an. Konditionalverknüfungen erfolgen durch Konjunktionen (»denn«, »da«, »weil«) und unterscheiden sich damit schon sprachlich deutlich von den in einem Gutachten erforderlichen Schlussfolgerungen (»also«, »damit«, »sodass«). Der folgende Untersatz greift die gesetzliche Voraussetzung der Rechtsfolge auf.

Ist die mit dem Untersatz gemachte Begründung noch zu abstrakt, wird sie durch eine weitere Begründung konkretisiert, sodass **»Begründungsketten«** entstehen. 582

Enthält der erste Untersatz zunächst nur die gesetzliche Voraussetzung, muss der nächste zumindest diejenige Tatsache darlegen, in der das Gericht die Voraussetzung als erfüllt ansieht. Folgende Untersätze können erforderlich sein, um darzulegen, warum von der Tatsache ausgegangen werden kann (Beweiswürdigung) oder warum das Gericht sie so versteht (Auslegung). Im Rahmen der Begründungskette geht damit die rechtliche Begründung bruchlos in die tatsächliche über.

Beispiel:
(1) Der Beklagte wird verurteilt, an den Kläger 1.000,– EUR zu zahlen.
(2) (Denn:) Die Klage ist begründet.
(3) (Denn:) Der Kläger kann die Zahlung von 1.000,– EUR verlangen.
(4) (Denn:) Ihm steht ein Anspruch aus § 433 II BGB zu.
(5) (Denn:) Zwischen den Parteien ist ein Kaufvertrag zustande gekommen.
(6) (Denn:) Der Kläger hat dem Beklagten angeboten, sein Auto zum Preis von 1.000,– EUR zu erwerben.

Dem Obersatz (1) folgen hier die kausal miteinander verknüpften Begründungen (2) bis (6). Dabei stellen die Sätze (2) bis (5) ihrerseits gleichzeitig Obersätze für die ihnen jeweils nachfolgenden weiteren Begründungen dar. Der Obersatz (1) ist bereits Bestandteil des Tenors, sodass die Entscheidungsgründe erst mit dem Obersatz (2) beginnen. In der Praxis erfolgt der Einstieg häufig sogar erst mit (4), weil die – selbstverständlichen – Sätze (2) und (3) ebenfalls weggelassen werden können.

Wie tief eine Begründungskette ins Detail gehen muss, ist Frage des Einzelfalles, insbesondere der Substanziierung des Vortrags und des Bestreitens durch die Parteien. 583

Ist im **vorliegenden Beispiel** das Zustandekommen des Kaufvertrags unstreitig (weil nur über Mängel gestritten wird), kann die Begründungskette ggf. bereits bei (5) enden. Hat der Beklagte die Auffassung vertreten, die Äußerung des Klägers habe lediglich eine unverbindliche invitatio ad offerendum dargestellt, muss ggf. an (6) noch angehängt werden:
(7) (Denn:) Er hat zum Beklagten gesagt: »Ich will für mein Auto 7.000,– EUR haben.«
(8) (Denn:) Dabei handelt es sich um eine Willenserklärung.
(9) (Denn:) Der Kläger handelte insoweit in der Absicht, eine auf den Abschluss eines Kaufvertrags gerichtete Erklärung abzugeben. Ihm war bewusst, dass der Beklagte dies als Angebot verstehen musste und er wollte dies auch.

Während das Unstreitigsein oder Zugestehen einer Tatsache einer besonderen Begründung nur ausnahmsweise bedarf, muss das Bewiesensein ausführlich dargelegt werden. Dies macht eine weitere Fortführung der Begründungskette erforderlich.

Obiges **Beispiel** könnte nach (6) wie folgt fortgeführt werden:
(7) (Denn:) Dies steht nach dem Ergebnis der Beweisaufnahme fest.
(8) (Denn:) Das Gericht folgt insoweit den Bekundungen des Zeugen Müller.
(9) (Denn:) Dessen Aussage war glaubhaft. …

Muss das im Obersatz enthaltene Ergebnis durch mehrere kumulative Argumente begründet werden, so stehen mehrere Untersätze »nebeneinander«. Strukturell ergibt sich dann ein hierarchischer Aufbau der Gründe.

Im obigen **Beispiel** bedarf der Obersatz (5) nicht nur des Untersatzes (6), sondern eines weiteren Untersatzes, weil das Zustandekommen eines Vertrages nicht nur ein Angebot, sondern auch eine Annahme voraussetzt. Der im hierarchischen Aufbau des Urteils gleichrangig neben dem Untersatz (6) stehende Untersatz »denn der Beklagte hat das Angebot angenommen« kann erst angesprochen werden, wenn die Begründungskette für den Untersatz (6) zu Ende geführt ist, im obigen Beispiel also frühestens nach Beendigung der mit (7) begonnenen Beweiswürdigung.

584 Die Voranstellung des Ergebnisses macht die Verwendung von Gliederungspunkten und/oder Überschriften überflüssig. Die Struktur der Entscheidungsgründe wird durch die Obersätze deutlich und kann durch eine sachlich angemessene Absatzbildung unterstützt werden.

585 **Argumente** zur Begründung müssen nachvollziehbar und überzeugend sein. Sie ergeben sich aus dem Gesetz, der juristischen Methodenlehre und den Grundsätzen der Logik.

Nicht ausreichen können der bloße Gesetzeswortlaut, Textbausteine oder Musterbegründungen, Verweisungen auf außerhalb der Entscheidung liegende Urkunden (Parallelurteil) oder die Übernahme von Parteivortrag.[136] Floskeln deuten oft gerade auf das Gegenteil hin (wo etwas »offenbar« oder »zweifelsfrei« ist, sind häufig besondere Zweifel angebracht), Zitate können eigene Begründungen nie ersetzen.[137] Eine »hM« belegt nur, dass eine Vielzahl von Personen zum gleichen Ergebnis kommt, nicht dass dieses auch richtig ist.

Die Unterordnung des Sachverhalts unter die Rechtsnorm erfolgt durch Subsumtion, die sprachliche Aneinanderreihung von zueinander in einer Folgerungsbeziehung stehenden Aussagen führt logisch von den Voraussetzungen zum Ergebnis (Syllogismus), für den Urteilsstil folgt die Begründung dem Ergebnis. Die Auslegung von Normen oder Willenserklärungen muss erkennen lassen, dass die anerkannten Kriterien angewandt wurden, die Ausnutzung gesetzlicher eingeräumter Freiheiten durch das Gericht (Ermessen, Schätzung) muss nachvollziehbar machen, von welchen Überlegungen das Gericht sich dabei hat leiten lassen, die durch eine Beweisaufnahme gewonnene Überzeugung vom (Nicht-)Vorliegen einer Tatsache muss die objektiven Umstände bezeichnen, aus denen die subjektive Gewissheit hergeleitet wird (→ Rn. 333).

Vertretbar sind Argumente, wenn Normen und anerkannte Methoden richtig angewandt wurden, sie sich innerhalb eines in Rechtsprechung und Lehre akzeptierten Rahmens halten und letztlich zu einem richtigen, gerechten Ergebnis führen. Dass sich dabei für Rechtsanwalt und Richter Spielräume ergeben, liegt im Wesen der Rechtsanwendung.[138]

Das gilt auch im Examen: Soweit die Richtigkeit oder Angemessenheit von Lösungen wegen der Eigenart der Prüfungsfrage nicht eindeutig bestimmbar sind, die Beurteilung vielmehr unterschiedlichen Ansichten Raum lässt, gebührt zwar dem Prüfer ein Bewertungsspielraum, andererseits muss aber auch dem Prüfling ein angemessener Antwortspielraum zugestanden werden. Eine vertretbare und mit gewichtigen Argumenten folgerichtig begründete Lösung darf nicht als falsch gewertet werden.[139]

136 OLG München NJW-RR 2008, 1091.

137 *Gast*, Vom juristischen Stil, BB 1987, 1.

138 *Meier/Jocham*, Wie man Argumente gewinnt, JuS 2015, 490; *Neupert*, Was macht Rechtsauffassungen vertretbar?, JuS 2016, 489.

139 BVerfG NJW 1991, 2005; BayVGH BeckRS 2010, 48860 Rn. 24; VG Bremen BeckRS 2015, 54016 Rn. 34; *Niehues/Fischer*, Prüfungsrecht, 5. Aufl. 2010, Rn. 634 mwN.

Nicht alle Fragen müssen in der gleichen Argumentationstiefe begründet werden. Diese richtet sich nach der Komplexität des Problems. Insoweit ist es erforderlich, erkennbar **Schwerpunkte** zu setzen, unproblematische Punkte kurz, problematische Punkte ausführlich zu behandeln.[140] **586**

Problematisch ist eine Frage, wenn sie abstrakt vernünftigerweise unterschiedlich beantwortet werden kann, oder wenn die Parteien konkret um sie streiten. Nachvollziehbar und überprüfbar muss das Urteil für die Parteien genauso sein, wie für Dritte. Je offener eine Frage ist, je größer die Differenzen im Verständnis sein können oder konkret sind, desto größer muss der argumentative Aufwand ausfallen.

Die dargestellten Aufbauprinzipien sind **sprachlich** angemessen umzusetzen. Die Entscheidungsgründe müssen die sichere Überzeugung des Gerichts vermitteln, auch für Nichtfachleute verständlich sein und die für einen Hoheitsakt gebotene Zurückhaltung wahren. **587**

Begründet wird das Ergebnis, zu dem das Gericht gekommen ist. Grammatikalisch erfolgt dies als apodiktische Feststellung im Indikativ. Eventuelle Zweifel sind überwunden und finden keinen Eingang mehr.

Fachausdrücke (vor allem lateinische) oder Abkürzungen sind genauso zu vermeiden wie unnötige Wertungen, Herabsetzungen, Polemiken, Ratschläge oder Übertreibungen.[141] Dies gilt sowohl zulasten der Prozessbeteiligten (Parteien, Prozessbevollmächtigte, Zeugen) als auch zulasten Dritter oder der »Vorderrichter«.

Die strenge Kausalverknüpfung der Begründungsketten (»denn«) muss sprachlich aufgelockert werden, um das Urteil lesbar zu machen. Zwischen den Anforderungen der Urteilstechnik und der sprachlichen Eleganz sind immer wieder Kompromisse erforderlich.

Lautet das als Obersatz voranzustellende Gesamtergebnis »Die Klage ist zulässig und begründet«, müsste die folgende Begründung der Zulässigkeit mit dem Obersatz »Die Klage ist zulässig« eingeleitet werden. Die in dem unmittelbaren Aufeinanderfolgen der Zulässigkeit liegende sprachlich unschöne Redundanz kann vermieden werden, indem entweder der erste oder der zweite Satz ersatzlos wegfällt und darauf vertraut wird, dass der Leser die Struktur auch so versteht. Ob in solchen Fällen der dogmatischen Struktur oder der sprachlichen Eleganz Vorrang gegeben wird, ist Frage des persönlichen Stils.

In dem nachfolgend ausformulierten Beispielsurteil finden sich Erläuterungen zu den Entscheidungsgründen in den Anmerkungen 30–48 (→ Rn. 698 ff.).

(5) Originalurteile[142] enthalten darüber hinaus den **Verkündungsvermerk**, mit dem der Urkundsbeamte der Geschäftsstelle den Tag der Verkündung beurkundet (§ 315 III ZPO), soweit erforderlich eine Rechtsbehelfsbelehrung (→ Rn. 734) und die **Unterschriften** der an der Entscheidung beteiligten Richter (§ 315 I ZPO).[143] **588**

140 *Schafranek*, Zweite juristische Staatsprüfung: Was macht eine gute Klausur aus?, JA 2016, 765; *Küpperfahrenberg/Lagardère*, Bearbeitungshinweise für die Assessorklausur, JA 2008, 289.

141 *Jasper*, Die Sprache des Urteils, MDR 1986, 198; *Müller*, Sprachliche Ausdrucksweise in schriftlichen Examensarbeiten, JuS 1996, L 49; *Schnapp*, Was Juristen aus Stillehren lernen können und was nicht, JURA 2015, 130; vgl. die Faustregeln bei *Schellhammer* Arbeitsmethode Rn. 309.

142 Nicht solche, die im Rahmen der Ausbildung oder des Examens zu entwerfen sind.

143 BGH NJW-RR 1998, 1065; *Felix*, Unterschriften mit Vornamen, NJW 1996, 1723; *Fischer*, Unterschriften der Richter nach Verkündung des Urteils im Zivilprozess, DRiZ 1994, 95.

b) Beispielsurteil

Anm.	Beispielsurteil
01	Landgericht Frankfurt am Main
02	1 O 234 / 10
03	
04	Im Namen des Volkes
05	**URTEIL**
06	In dem Rechtsstreit
07	der Frau Gertrud Müller, Güllgasse 14b in 63457 Hanau,
09	– Klägerin –
10	(Prozessbevollmächtigte Rechtsanwältin Dr. Proppa, Nussallee 2, 63450 Hanau)
	g e g e n
07	die Meier-Elektro-GmbH,
08	gesetzlich vertreten durch ihren Geschäftsführer Albert Meier, Ludwigstrasse 7 in 60315 Frankfurt am Main,
09	– Beklagte –
10	(Prozessbevollmächtigter Rechtsanwalt Brüggemann, Gerichtsstraße 12, Frankfurt am Main)
11	
12	hat das Landgericht Frankfurt am Main – 1. Zivilkammer –
13	durch die Vorsitzende Richterin am Landgericht Dr. Schmidt den Richter am Landgericht Schneider und den Richter Schulze
14	aufgrund der mündlichen Verhandlung vom 18.06.2010
15	f ü r R e c h t e r k a n n t :
16	
17	Der Beklagte wird verurteilt, an den Kläger 5.100,– EUR nebst Zinsen in Höhe von 5 Prozentpunkten über dem Basiszinssatz seit dem 17.01.2010 zu zahlen. Im Übrigen wird die Klage abgewiesen.
18	

19 Die Kosten des Rechtsstreits hat die Beklagte zu tragen.

20 Das Urteil ist gegen Sicherheitsleistung in Höhe von 110% des jeweils zu vollstreckenden Betrags vorläufig vollstreckbar.

21

22 **Tatbestand**

23 Die Klägerin nimmt den Beklagten aus der mangelhaften Montage eines Fernsehgeräts in Anspruch.

24 Die Klägerin kaufte sich am 10.01.2010 in einem Elektrogroßmarkt eine TV-Anlage mit Großbild-Plasma-Bildschirm zum Preis von 4.950,– EUR. Am 11.01.2010 beauftragte sie die Beklagte mit der Wandmontage und der Installation und der Einrichtung des Geräts. Die Arbeiten wurden am 14.01.2010 durch den Mitarbeiter der Beklagten, Herrn Nöske durchgeführt. Die Klägerin überließ Herrn Nöske die Montageanleitung des Herstellers, in dem für Wandbefestigung Dübel und Schrauben mit einem Durchmesser von 8 mm vorgesehen waren. Herr Nöske schraubte das Gerät mittels der mit dem Gerät gelieferten Befestigungsvorrichtung an die Wand. Die Beklagte berechnete der Klägerin für die Montage 150,– EUR, die die Klägerin an den Monteur Nöske zahlte.

In der Nacht zum 17.01.2010 brach das Gerät ohne äußere Einwirkung von der Wand und fiel herab, wobei es vollständig und irreparabel zerstört wurde.

Die Klägerin verlangt Rückerstattung der Kosten für die Montage und sowie Ersatz der Kosten für das TV-Gerät und einen Glastisch.

25 Die Klägerin behauptet, der Monteur habe bei der Montage Dübel und Schrauben mit einem Durchmesser von lediglich 6 mm Durchmesser verwendet. Hierin liege die Ursache des Ausbrechens der Halterung. Der Glastisch habe unter dem Fernsehgerät gestanden und sei bei dessen Herabfallen zerstört worden. Er habe einen Wert von 200,– EUR gehabt.

26 Die Klägerin beantragt,

den Beklagten zu verurteilen, an sie 5.300,– EUR zuzüglich Zinsen in Höhe von fünf Prozentpunkten über dem Basiszinssatz seit Klagezustellung zu zahlen.

Der Beklagte beantragt,

die Klage abzuweisen.

27 Die Beklagte behauptet, bei Herrn Nöske handele es sich einen zuverlässigen und seit Jahren beanstandungsfrei für sie tätigen Mitarbeiter. Sie ist der Ansicht, eventuelle Ansprüche seien durch Abnahme und Bezahlung der Arbeiten verjährt. Für den Glastisch hafte sie überhaupt nicht.

28

29 Die Klage wurde dem Beklagten am 17.02.2010 zugestellt. Das Gericht hat Beweis erhoben gemäß Beweisbeschluss vom 15.03.2010 (Bl. 75 d. A.). Wegen des Beweisergebnisses wird Bezug genommen auf das schriftliche Gutachten des Sachverständigen Kunze (Bl. 80 d. A.) und die Sitzungsniederschrift vom 18.06.2010 (Bl. 95 d. A.).

30 **Entscheidungsgründe**

31 Die Klage ist zulässig, aber nur zum Teil begründet.

32

33 Die Klage ist zulässig. Das angerufene Landgericht ist gem. §§ 23, 71 GVG sachlich zuständig, weil der Streitwert aller geltend gemachten Ansprüche, die nach § 5 ZPO zusammen zu rechnen sind, 5.000,- EUR übersteigt.

34 Die Klägerin kann auch sämtliche Ansprüche im vorliegenden Rechtsstreit geltend machen, weil für alle Ansprüche das Prozessgericht zuständig und das allgemeine Prozessverfahren erster Instanz gegeben ist (§ 260 ZPO)

35 Die Klage ist in Höhe eines Teilbetrags von 5.100,– EUR begründet. Die Klägerin kann von der Beklagten Rückzahlung der Montagekosten in Höhe von 150,– EUR und des Kaufpreises für das Fernsehgerät in Höhe von 4.950,– EUR als Schadensersatz statt der vertraglich vereinbarten Leistung aus §§ 634 Nr. 4, 280 I und III, 283 BGB verlangen.

36 Zwischen den Parteien ist ein Werkvertrag i.S.d. § 631 I BGB zustande gekommen, indem die Beklagte sich auf die Anfrage der Klägerin hin bereit erklärte, das Fernsehgerät zu montieren. Dies ist zwischen den Parteien unstreitig.

Die Beklagte hat die ihr aus diesem Vertrag obliegende Pflicht zur mangelfreien Erbringung der Werkleistung (§ 633 I BGB) dadurch verletzt, dass ihr Mitarbeiter Nöske das Gerät mit zu schwachen Schrauben befestigte. Er handelte fahrlässig, indem er dünnere als die in der Montageanleitung angegebenen Schrauben verwendete, wobei dahin stehen kann, ob er bewusst von der Vorgabe abwich oder diese erst gar nicht las, weil er in beiden Fällen die bei der Montage eines Geräts zu beachtende Sorgfalt nicht beachtet hat (§ 276 BGB). Dass er statt der erforderlichen Schrauben mit 8 mm Durchmesser nur solche mit 6 mm Durchmesser verwendete und dass dies die Ursache für das Herabfallen des Geräts wenige Tage später war, steht zur Überzeugung des Gerichts nach dem Ergebnis der Beweisaufnahme fest.

37 Das Gericht folgt insoweit den Bekundungen des Zeugen, der als Nachbar der Klägerin bei der Montage dabei war und dem Monteur Nöske half, das schwere Gerät in die Halterung zu heben. Dabei fiel ihm auf, dass die Schrauben deutlich kleiner waren als die vorgebohrten Löcher in der Halterung. Diese Aussage ist glaubhaft, weil der Zeuge die Möglichkeit hatte, die Schrauben zu sehen, und hierauf auch besonders achtete, weil er als engagierter Heimwerker nach eigenem Bekunden von dem Profi noch etwas lernen wollte. Der Zeuge konnte sich an das nur wenige Wochen zurückliegende Geschehen noch gut erinnern und hat dieses schlüssig, nachvollziehbar und widerspruchsfrei geschildert. Bedenken an der Glaubwürdigkeit des Zeugen bestehen nicht. Mangels irgendwelcher persönlichen oder wirtschaftlichen Beziehungen zu einer der Parteien hat er kein erkennbares Motiv für eine Falschaussage. Er hat seine Aussage offen und überzeugend gemacht und dabei keine Anhaltspunkte für eine Falschaussage erkennen lassen.

38 Gestützt wird diese Aussage von den Bekundungen des Sachverständigen Kunze. Dieser hat festgestellt, dass die in der Wand noch vorhandenen Bohrlöcher Dübel und Schrauben nur bis zu einem Durchmesser von 6 mm aufnehmen konnten, 8 mm-Dübel also nicht zum Einsatz gekommen sein können. Er hat ferner ausgeführt, dass das Fernsehgerät auf die Befestigung eine Zugkraft von 32 Kilopond ausübte, die in der verputzten Wand von vier Dübeln erst ab einem Durchmesser von 7 mm gehalten werden konnte. Das Gericht hat keine Bedenken, diesen Feststellungen uneingeschränkt zu folgen. Der Sachverständige hat die seit dem Geschehen unverändert gebliebene Wand sowie die Reste des Fernsehgeräts einschließlich der Befestigungsvorrichtung untersucht. Als Statiker mit jahrzehntelanger Berufserfahrung verfügt er über die für diese Feststellungen erforderliche Sachkunde. Seine Ergebnisse hat er schlüssig, nachvollziehbar und für das Gericht überzeugend dargetan.

39 Das Verschulden ihres Mitarbeiters ist der Beklagten zuzurechnen wie eigenes Verschulden, weil Herr Nöske für sie als Erfüllungsgehilfe (§ 278 BGB) tätig war. Die Beklagte erfüllte die übernommene Pflicht zur Montage des TV-Geräts nicht selbst, sondern setzte hierfür ihren Mitarbeiter ein.

40 Dabei kann dahin stehen, ob es sich – wie die Beklagte behauptet – bei Herrn Nöske um einen zuverlässigen und seit Jahren beanstandungsfrei tätigen Mitarbeiter handelt. Auch wenn man das zugunsten der Beklagten unterstellt, steht es der Zurechnung des Verschuldens nicht entgegen. Durch Wahrung der im Verkehr erforderlichen Sorgfalt bei der Auswahl und Überwachung des Gehilfen kann der Geschäftsherr lediglich die Zurechnung unerlaubter Handlungen, nicht aber gegen die Zurechnung vertraglicher Pflichtverletzungen verhindern.

41 Durch die Verwendung zu kleiner Schrauben ist der Klägerin ein Schaden in Höhe der Montagekosten in Höhe von 150,– EUR und des Kaufpreises für das Fernsehgerät in Höhe von 4.950,– EUR entstanden. Um diese Positionen ist ihr Vermögen nur deswegen nachteilig verändert, weil die Werkleistung durch den Beklagten mangelhaft erbracht wurde.

Der Setzung einer Frist für die Beklagte zur Nacherfüllung durch die Klägerin (§ 281 I BGB) bedurfte es nicht (§ 283 BGB), weil eine Beseitigung des Mangels oder eine Neuvornahme der Montage (§ 635 I BGB) unmöglich ist (§ 275 I BGB). Das Fernsehgerät ist durch den Sturz von der Wand vollständig zerstört worden und kann nicht neu montiert werden.

42 Der Gewährleistungsanspruch der Klägerin ist nicht deswegen ausgeschlossen, weil sie die Leistung vorbehaltlos abgenommen hat. Anhaltspunkte dafür, dass die Klägerin dabei die Verwendung der zu schwachen Schrauben gekannt hätte (§ 640 II BGB), sind nicht ersichtlich.

Der Anspruch der Klägerin ist auch nicht verjährt. Die Frist zur Verjährung der werkvertraglichen Gewährleistungsansprüche beträgt nach § 634a I Nr. 1 BGB zwei Jahre, begann mit der Abnahme (§ 634a II BGB) am 14.01.2010 und ist bislang noch nicht verstrichen.

43	Auf sämtliche Schadensersatzbeträge kann die Klägerin Zahlung von Zinsen in Höhe von fünf Prozentpunkten über dem Basiszinssatz verlangen, weil der Beklagte sich nach Erhebung der Klage (§ 261 ZPO) in Verzug befand (§§ 280 I und II, 286 I 2 BGB).
44	Im Übrigen ist die Klage unbegründet. Die Klägerin kann von der Beklagten Ersatz für einen zerstörten Glastisch im Wert von 200,– EUR nicht verlangen.
45	Ein dahin gehender Anspruch steht der Klägerin weder unter dem Gesichtspunkt des Schadensersatzes wegen Verletzung der Pflicht zur Erbringung einer mangefreien Leistung (§§ 634 Nr. 4, 280 I und III, 283, 241 I BGB) noch unter dem Gesichtspunkt des Schadensersatzes wegen Verletzung der allgemeinen nichtleistungsbezogenen Pflicht, das Vermögen des Schuldners im Rahmen der Vertragserfüllung nicht zu schädigen (§§ 280 I, 241 II BGB) oder unter dem Gesichtspunkt des Verbots deliktischer Handlungen (§ 823 I BGB) zu. Voraussetzung für alle diese Ansprüche ist, dass der Klägerin ein Schaden durch die Beschädigung des Glastisches entstanden ist. Hiervon kann nicht ausgegangen werden, weil die Klägerin für ihren entsprechenden Vortrag nach dem Bestreiten durch die Beklagte trotz des entsprechenden Hinweises in der mündlichen Verhandlung (§ 139 I 2 ZPO) Beweis nicht angetreten hat.
46	Die Kosten des Rechtsstreits hat die Beklagte zu tragen, da die Zuvielforderung der Klägerin verhältnismäßig geringfügig ist und keine höheren Kosten veranlasst hat (§ 92 II Nr. 1 ZPO).
47	Das Urteil ist gegen Sicherheitsleistung für vorläufig vollstreckbar zu erklären, weil ein Fall des § 708 ZPO nicht vorliegt.
48	Einer Entscheidung über die Zulassung der Berufung bedarf es nicht, weil der Wert der Beschwer für den Beklagten 600,- EUR übersteigt (§ 511 IV ZPO).
49	
50	*Schmidt* *Schneider* *Schulze*

Schema 10.16: Beispielsurteil

c) Urteilseingang

589 01 Die Bezeichnung des **Gerichts** und der **Geschäftsnummer** ist nach § 4 AktO erforderlich. Anschrift, Telefonnummer oder andere Angaben zum Gericht sind weder erforderlich noch üblich.

590 Die Bezeichnung des Gerichts (nicht des Aktenzeichens) wird häufig auch in die Überschriftszeilen integriert. Nur vereinzelt vertreten wird, dass durch die Angabe des Gerichts bereits hier im Urteilseingang die erneute Bezeichnung im Rubrum entbehrlich wird (→ Rn. 613).

1 O 234 / 10

LANDGERICHT FRANKFURT AM MAIN

Im Namen des Volkes

URTEIL

in dem Rechtsstreit

...

02 Originalurteile enthalten regelmäßig **Vermerke** über die Verkündung (§ 315 III 1 ZPO) und die Rechtskraft des Urteils (§ 706 I ZPO) oder über die Erteilung vollstreckbarer Ausfertigungen (§ 734 ZPO). Diese werden auf dem Urteil erst nach der Verkündung und durch den Urkundsbeamten der Geschäftsstelle angebracht. Bei dem in Ausbildung und Prüfung zu fertigenden Entscheidungsentwurf bleiben sie weg, weil hier das Urteil nur insoweit zu entwerfen ist, als der Richter es zur Verkündung vorbereitet. 591

Verkündet am ...
Rechtskräftig seit ...
Vollstreckbare Ausfertigung erteilt an Kläger am ...

03 Ein **Landeswappen** ist bei den meisten Gerichten üblich, gesetzlich erforderlich ist es nicht. In der Ausbildung kann es als Grafikdatei (diese findet sich regelmäßig in den Internetauftritten der Gerichte und Justizverwaltungen im Internet) hinzugesetzt werden, wenn der Urteilsentwurf mit einer Textverarbeitungssoftware erstellt wird, im Examen bleibt es weg. 592

04 Ausnahmslos erforderlich ist die Floskel »**Im Namen des Volkes**« (§ 311 I ZPO). Dokumentiert wird damit, dass es sich beim Urteil um einen Akt der rechtsprechenden Gewalt handelt, die – wie alle Staatsgewalt (Art. 20 II 1 GG) – vom Volk ausgeht. 593

05 Auch wenn es einer **Bezeichnung des Urteils** als »Urteil« grundsätzlich nicht bedarf, ist eine solche praktisch gebräuchlich. Ausnahmsweise erforderlich (weil die Begründung ersetzend, § 313b ZPO) ist die Bezeichnung als 594

Versäumnisurteil
Anerkenntnisurteil
Verzichtsurteil

Nicht erforderlich, aber praktisch gebräuchlich ist die Bezeichnung eines Urteils als 595

- »Teilurteil«, wenn lediglich über einen Teil des Streitgegenstands entschieden wird (§ 301 ZPO);
- »Schlussurteil« für das letzte in einer Reihe von Teilurteilen.
- »Vorbehaltsurteil«, wenn die Verurteilung unter dem Vorbehalt einer weiteren Entscheidung in der gleichen Sache steht (§§ 302, 599 ZPO);
- »Zwischenurteil«, wenn nicht über die Hauptsache, sondern lediglich über einen Zwischenstreit entschieden wird (§ 303 ZPO);

- »Grundurteil«, wenn lediglich über den Grund, nicht auch über die Höhe eines geltend gemachten Anspruchs entschieden wird (§ 304 ZPO).

596 Besondere Sorgfalt ist bei Mischformen von Urteilen geboten (»Teilversäumnis- und Schlussurteil«). Hier sollte, um keine unnötige Fehlerquelle zu schaffen, die Bezeichnung als »Urteil« genügen. Nur vereinzelt örtlich üblich sind die Bezeichnungen »Läuterungs-« oder »Nachurteil« für das Urteil im Nachverfahren. Andere Bezeichnungen wie Leistungs-, Feststellungs- und Gestaltungsurteil, Vollurteil, Sach- und Prozessurteil oder kontradiktorisches Urteil sind ungebräuchlich.

597 In Ausbildung und Prüfung wird durch die Urteilsbezeichnung eine Fehlerquelle geschaffen, die bei Beschränkung auf die gesetzlich notwendigen Fälle weitgehend vermieden werden kann.

598 06 Der **Urteilseingang** (§ 313 I Nr. 1–3 ZPO) wird überwiegend sprachlich in einem Satz zusammengefasst. Zwingend ist dies nicht. Es gibt auch Gerichte, die die Bezeichnung der Parteien isoliert voranstellen und den Eingangssatz erst mit der Bezeichnung des Gerichts beginnen:

> In dem Rechtsstreit
>
> der … , Klägerin,
> gegen
> die … , Beklagte.
>
> Die 9. Zivilkammer des Landgerichts …
> hat unter Mitwirkung der Vorsitzenden Richtern am Landgericht …und der Richter am Landgericht … und …
> aufgrund der mündlichen Verhandlung vom …
>
> für Recht erkannt:

599 Möglich ist auch folgende Formulierung:

> In dem Rechtsstreit
>
> der … , Klägerin,
> gegen
> die … , Beklagte.
>
> erlässt das Landgericht … – … Zivilkammer –
> unter Mitwirkung der Vorsitzenden Richtern am Landgericht …und der Richter am Landgericht … und …
>
> aufgrund der mündlichen Verhandlung vom …
>
> folgendes
>
> URTEIL

600 Mit dem Begriff »Rechtsstreit« werden allgemein alle streitigen Verfahren der ZPO bezeichnet. In besonderen Verfahren ist es nicht ungebräuchlich, hier die spezielle Bezeichnung zu verwenden.

> **Formulierungsbeispiele:**
> In dem Verfahren auf Erlass einer einstweiligen Verfügung …
>
> In dem Urkundsverfahren …

07 Die **Bezeichnung der Parteien** (§ 313 I Nr. 1 Alt. 1 ZPO) hat so zu erfolgen, dass ihnen das Urteil zugestellt und aus dem Urteil vollstreckt werden kann. Es bedarf also eines »vollen Rubrums«, das eine zweifelsfreie Individualisierung aller Prozessbeteiligten ermöglicht. 601

Partei des Rechtsstreits ist, von wem bzw. gegen wen Rechtsschutz begehrt wird. 602
Dies bestimmt sich nach dem »formellen Parteibegriff« aus der Bestimmung durch den Kläger in der Klageschrift. Insoweit kann auf die dort zur Bezeichnung der Parteien gemachten Ausführungen Bezug genommen werden (→ Rn. 151).

Anzugeben sind die am Schluss des Verfahrens beteiligten Parteien, unabhängig davon, 603
ob sie von Anfang an beteiligt waren oder nachträglich beteiligt wurden. Nach einer Parteiberichtigung, dh der bloßen Berichtigung der Bezeichnung einer ansonsten unverändert bleibenden Partei, wird nur die neue Bezeichnung ins Rubrum übernommen. Neu hinzugekommene Parteien werden aufgenommen, ohne kenntlich zu machen, dass sie nicht von Anfang an beteiligt waren. Sind Beteiligte im Laufe des Verfahrens ausgeschieden, bleiben sie unberücksichtigt, es sei denn, die Entscheidung erstreckt sich (teilweise, insbesondere bezüglich der Kosten des Rechtsstreits) auch noch auf sie:

> In dem Rechtsstreit
>
> des … – Ehemaliger Kläger –
> und des … – Kläger –

Nachträglich Partei des Rechtsstreits werden auch Personen, die im Rahmen einer 604
Drittwiderklage nur am Prozessrechtsverhältnis der Widerklage, nicht auch an dem der Klage beteiligt sind:

> In dem Rechtsstreit
>
> der … – Klägerin und Widerbeklagte zu 1) –
> und des … – Widerbeklagten zu 2) –
>
> gegen
>
> die … – Beklagte und Widerklägerin –

Nehmen am Verfahren Personen teil, ohne Partei geworden zu sein (Streithelfer, 605
§§ 64 ff. ZPO), werden diese als solche bezeichnet und bei der Partei aufgeführt, auf deren Seite sie am Verfahren teilnehmen:

> In dem Rechtsstreit
>
> des … – Kläger –
> und des … – Streithelfer des Klägers –

Nicht angegeben werden Personen, die am Verfahren nicht teilnehmen. Hierzu ge- 606
hört der Streitverkündete, der dem Prozess nicht beigetreten ist (§ 74 II ZPO).

08 Anzugeben sind die **gesetzlichen Vertreter** der Parteien (§ 313 I Nr. 1 Alt. 2 607
ZPO). Auch insoweit kann auf die zur deren Darstellung in der Klageschrift gemachten Ausführungen verwiesen werden (→ Rn. 152).

09 Bezeichnet werden die Parteien mit ihrer **Parteistellung** im Prozess, regelmäßig 608
als »Kläger« und »Beklagter«. Hierfür und für Sonderfälle gelten die zur Klageschrift gemachten Ausführungen entsprechend (→ Rn. 153). Weitere Beteiligte (→ Rn. 603) werden mit ihrer Prozessstellung bezeichnet (»Streithelfer des Klägers«).

609 Nimmt eine Partei in mehreren Funktionen am Rechtsstreit teil, wird sie im Rubrum mit allen Funktionen bezeichnet, in Tatbestand und Entscheidungsgründen allerdings erfolgt die Bezeichnung nur noch mit einer Funktion. Zur Drittwiderklage → Rn. 604.

> **Formulierungsbeispiel:**
> In dem Rechtsstreit
>
> der … – Klägerin und Widerbeklagte –
>
> gegen
>
> die … – Beklagte und Widerklägerin –
> und den … – Streithelfer der Widerklägerin –

610 [10] Sind die Beteiligten im Verfahren von einem Rechtsanwalt oder einer anderen vertretungsbefugten Person rechtsgeschäftlich (§§ 78 ff. ZPO) vertreten worden, so sind auch diese **Prozessbevollmächtigten** im Urteilseingang zu benennen (§ 313 I Nr. 1 Alt. 3 ZPO). Um die grammatikalische Form eines Satzes im Urteilseingang beizubehalten, werden die Prozessbevollmächtigten durch Kommata, Gedankenstriche oder Klammern abgetrennt als Parenthese eingefügt.

611 Erforderlich ist lediglich die Angabe des Namens des Verfahrensbevollmächtigten, eine ladungsfähige Anschrift (Gerichtspostfach, postalische Anschrift) ist zwar nicht zwingend, für die spätere Zustellung aber sinnvoll. Bei Anwaltssozietäten (§ 59a I BRAO) bedarf es an sich der Angabe aller Sozien, bei Großkanzleien genügt der Name, unter dem diese am Rechtsverkehr teilnimmt, der Name nur der ersten und/oder nur des handelnden Sozius, ggf. mit dem Zusatz »u.a.« oder »und Sozien«. Die Angabe eines beim Verfahrensbevollmächtigten geführten Aktenzeichens des Verfahrens ist nicht vorgeschrieben, als »Serviceleistung der Justiz« aber sinnvoll.

> **Formulierungsbeispiel:**
> – Prozessbevollmächtigte Rechtsanwälte Kunze u.a.,
> Gerichtsstraße 1, 60313 Frankfurt am Main, Az. 09/23-Ka –

612 [11] Einer Bezeichnung des **Streitgegenstands** (»wegen …«) bedarf es (anders als in anwaltlichen Schriftsätzen: § 130 Nr. 1 ZPO) nicht, auch nicht im Hinblick auf eine Sonderzuständigkeit des Rechtsmittelgerichts.

613 [12] Das tätig gewordene **Gericht** ist sachlich und örtlich zu bezeichnen (§ 313 I Nr. 2 Alt. 1 ZPO) (»Amtsgericht Frankfurt am Main«). Nur vereinzelt wird die Angabe an dieser Stelle für entbehrlich gehalten, weil das Gericht bereits eingangs bezeichnet wurde (→ Rn. 589).

614 Der ergänzenden Angabe des Spruchkörpers oder der Organisationseinheit (»die 1. Zivilkammer des Landgerichts Frankfurt am Main«) bedarf es nicht, allerdings ist diese praktisch verbreitet und unschädlich. Geht man davon aus, dass der Organisationseinheit keine Subjektsqualität zukommt, nach außen hin nur »das Landgericht« auftreten kann, stellt die Aufnahme des Spruchkörpers in eine nachgestellte Parenthese einen nicht zu beanstandenden Kompromiss dar.

> **Formulierungsbeispiel:**
> …
> hat die 1. Zivilkammer des Landgerichts Frankfurt am Main …
>
> *oder:*
> hat das Landgericht Frankfurt am Main – 1. Zivilkammer –

[13] Anzugeben sind auch die Namen der **Richter**, die bei der Entscheidung mitgewirkt haben (§ 313 I Nr. 2 Alt. 2 ZPO). Dies sind die Richter, die sich aus dem Protokoll der letzten mündlichen Verhandlung ergeben. Früher tätig gewordene Richter bleiben genauso unerwähnt wie Richter, die nur an der Verkündung beteiligt waren. **615**

Die Richter sind so genau zu bezeichnen, dass kein Zweifel an ihrer Identität aufkommen kann. Hierzu genügt grundsätzlich der Nachname, die Angabe des Vornamens ist nicht erforderlich. Die hier angegebenen Namen müssen identisch sein mit denjenigen, die als Unterschrift (→ Rn. 735) unter der Entscheidung erscheinen. **616**

Hinzuzufügen ist die Amtsbezeichnung, (»Vorsitzender Richter am Landgericht«, § 19a DRiG), um dem Rechtsmittelgericht die Überprüfung der ordnungsgemäßen Gerichtsbesetzung zu ermöglichen. »Richter« ist als Dienstbezeichnung nur für Richter auf Probe vor der Ernennung auf Lebenszeit richtig. **617**

> **Formulierungsbeispiel:**
> …
> durch den Vorsitzenden Richter am Landgericht …,
> den Richter am Landgericht …
> und die Richterin …
>
> durch den weiteren aufsichtsführenden Richter am Amtsgericht
>
> durch den Richter am Amtsgericht …

Die Angabe der Funktion, in der Richter an der Entscheidung mitgewirkt haben (»als Vorsitzender«, »als beisitzende Richter«, »als Einzelrichter«), ist – anders als in anderen Verfahrensordnungen – nicht erforderlich. **618**

[14] Anders als in anderen Verfahrensordnungen müssen nicht alle Termine angegeben werden, in denen mündlich verhandelt wurde, es genügt der Tag, an dem die **mündliche Verhandlung geschlossen** worden ist (§ 313 I Nr. 3 ZPO). Nur dieser ist für die zeitliche Grenze der materiellen Rechtskraft von Bedeutung (vgl. §§ 323 II, 296a, 767 II ZPO). Er ist nicht unbedingt identisch mit dem Tag der Verkündung der Entscheidung (§ 310 I 1 ZPO). **619**

Die praktisch gebräuchliche Formulierung »aufgrund der mündlichen Verhandlung vom …« ist zwar ungenau, weil die Entscheidung nicht nur aufgrund der letzten, sondern auch aufgrund aller vorangegangenen Verhandlungen ergeht, in der Praxis aber weit verbreitet und im Ergebnis unschädlich. Manche Gerichte formulieren deswegen näher am Gesetz: **620**

> **Formulierungsbeispiel:**
> … nach Schluss der mündlichen Verhandlung am …

Wird ohne mündliche Verhandlung (§ 128 II und III ZPO) oder nach Lage der Akten (§§ 251a, 331a ZPO) entschieden, muss dieser Passus abgeändert werden. **621**

> **Formulierungsbeispiel:**
> … im schriftlichen Verfahren nach Einreichung von Schriftsätzen bis zum …
>
> *oder:*
> … nach Lage der Akten am …

622 [15] Mit dem Prädikat »**für Recht erkannt**« schließt der Urteilseingang. Diese Tätigkeitsbeschreibung des Gerichts hat keine gesetzliche Grundlage, ist aber in allen Gerichtsbarkeiten für Urteile praktisch zwingend.

623 Nicht zu verwechseln ist diese Floskel mit der nur bei Revisionsurteilen gebräuchlichen (und ebenfalls nur historisch gewachsenen) Floskel »Von Rechts wegen.« am Ende der Urteilsformel.

d) Urteilsformel

624 [16] Wegen der grundsätzlichen Anforderungen an die **Urteilsformel** (= Tenor; § 313 I Nr. 4 ZPO) → Rn. 566 ff.

625 [17] Die Formulierung der **Hauptsacheentscheidung** hängt vom Erfolg der Klage ab: Im Fall der erfolglosen Klage lautet die Entscheidung:

> Die Klage wird abgewiesen.

626 Eine Ausnahme gilt, wenn im früheren Verlauf des Prozesses **bereits eine Hauptsacheentscheidung ergangen** ist (Vollstreckungsbescheid, Versäumnisurteil, erstinstanzliches Endurteil). Lautet diese bereits auf Klageabweisung, so wird sie nunmehr lediglich aufrechterhalten bzw. der Rechtsbehelf dagegen zurückgewiesen. Lautet die frühere Entscheidung auf Klagestattgabe, so muss sie aufgehoben und durch eine Klageabweisung ersetzt werden.

> **Formulierungsbeispiele:**
> Das Versäumnisurteil des AG Nürnberg vom ... – Aktenzeichen ... – wird aufrechterhalten.
>
> Die Berufung des Klägers gegen das Urteil des Landgerichts Freiburg vom ... – Aktenzeichen ... – wird zurückgewiesen.
>
> Der Vollstreckungsbescheid des Amtsgerichts Heidelberg vom ... – Aktenzeichen ... – wird aufgehoben und die Klage abgewiesen.

627 Hat die Klage Erfolg, ist nach der Klageart zu unterscheiden. Eine **stattgebende Leistungsklage** wird mit der Formulierung eingeleitet »Der Beklagte wird verurteilt, ...«. Dem folgt die Leistung, die der Beklagte zu erbringen hat.[144]

> **Formulierungsbeispiele:**
> Der Beklagte wird verurteilt, an den Kläger 15.000,– EUR zu zahlen.
>
> Der Beklagte wird verurteilt, das Fernsehgerät ... an den Kläger herauszugeben.
>
> Der Beklagte wird verurteilt, es zu unterlassen, seinen PKW in der Garageneinfahrt des Beklagten abzustellen.

628 Erfolgt die Verurteilung befristet (§§ 259 ff. ZPO) oder bedingt, muss dies dem Tenor zweifelsfrei zu entnehmen sein (§§ 751, 756, 765 ZPO). Dies gilt auch für eine Räumungsfrist (§ 721 ZPO).

> **Formulierungsbeispiele:**
> Der Beklagte wird verurteilt, an den Kläger am ... 25.000,– EUR zu zahlen.
>
> Der Beklagte wird verurteilt, dem Kläger das Grundstück ... Zug um Zug gegen Zahlung von 180.000,– EUR aufzulassen.

144 Umfangreiche Beispiele hierzu bei *Schellhammer* Arbeitsmethode Rn. 272 ff.; *Schröer*, Klageantrag und Urteilsformel bei Zahlungsklagen, JA 1996, 407; *Siegburg* Urteilstechnik Rn. 38 ff.; *Theimer/Theimer* Mustertexte ZivilProz § 4 Muster Nr. 73 ff.

Der Beklagte wird verurteilt, die Wohnung ... zu räumen und an den Kläger herauszugeben. Dem Beklagten wird hierzu eine Frist bis zum ... gewährt.

629 Zu bezeichnen ist grundsätzlich der Gläubiger der Leistung. Ist dies ausnahmsweise nicht der Kläger (so insbesondere in den Fällen der Prozessstandschaft oder der Freistellung), muss er so exakt bezeichnet werden, dass kein Zweifel an seiner Identität besteht.

Formulierungsbeispiele:
Der Beklagte wird verurteilt, an die ... -Bank, ... 15.000,– EUR zu zahlen.

Der Beklagte wird verurteilt, den Kläger von der Forderung der Fa. ... aus der Rechnung ... über 15.000,– EUR freizustellen.

630 Bei Streitgenossen muss der Tenor erkennen lassen, ob diese auf Klägerseite Teil- oder Gesamtschuldner, auf Beklagtenseite Mit- oder Gesamtschuldner sind. Auch ohne Gesamtschuldnerschaft gibt es Fälle, in denen der Gläubiger von zwei Schuldnern nur einmal Leistung verlangen kann, so insbesondere bei der Inanspruchnahme von Hauptschuldner und Bürge oder Personengesellschaft und Gesellschafter.

Formulierungsbeispiele:
Gesamtgläubiger, Gesamtschuldner:
Die Beklagten werden verurteilt, als Gesamtschuldner an die Kläger als Gesamtgläubiger 15.000,– EUR zu zahlen.

Verurteilung von Hauptschuldner und Bürge als Streitgenossen:
Die Beklagten werden verurteilt, an die Klägerin wie Gesamtschuldner 15.000,– EUR zu zahlen.

631 Hat der Kläger mehrere Zahlungsansprüche geltend gemacht, so können diese im Tenor saldiert werden.[145] Hat der Kläger für jeden Zahlungsanspruch einen eigenen Antrag formuliert, ist es praktisch gebräuchlich, dies auch so in den Tenor zu übernehmen und nicht zu saldieren. Sinnvoll (aber nicht zwingend) ist dies insbesondere, wenn aus unterschiedlichen Teilen der Hauptforderung unterschiedliche Nebenforderungen (Zinsen) geltend gemacht werden. Nebenforderungen dürfen der Hauptforderung nicht hinzugerechnet werden. Keine Saldierung ist auch möglich, wenn der Kläger einen Zahlungsantrag »abzüglich am ... gezahlter ...« gestellt hat, da hier eine Verrechnung mit den Nebenforderungen (insbesondere Zinsen) nach § 366 II BGB zu erfolgen hat.

Formulierungsbeispiele:
Der Beklagte wird verurteilt, an den Kläger 15.000,– EUR sowie 10,– EUR vorgerichtliche Kosten zu zahlen.

Der Beklagte wird verurteilt an den Kläger 10.000,– EUR zuzüglich Zinsen in Höhe von 5 Prozentpunkten über dem Basiszinssatz seit dem 1.1. zu zahlen. Der Beklagte wird ferner verurteilt, an den Kläger weitere 5.000,– EUR zuzüglich Zinsen in Höhe von 5 Prozentpunkten über dem Basiszinssatz seit dem 1.7. zu zahlen.

Der Beklagte wird verurteilt, an den Kläger 15.000,– EUR zuzüglich Zinsen in Höhe von 5 Prozentpunkten über dem Basiszinssatz aus 10.000,– EUR seit dem 1.1. und aus weiteren 5.000,– EUR seit dem 1.7. zu zahlen.

145 BGH MDR 2013, 262.

632 Keine Saldierung ist möglich bei Klage und Widerklage. Hier muss jedes der beiden Prozessrechtsverhältnisse nach allgemeinen Grundsätzen eigenständig tenoriert werden.

> **Formulierungsbeispiele:**
> Der Beklagte wird verurteilt, an den Kläger 15.000,– EUR zu zahlen.
>
> Der Kläger wird verurteilt, an den Beklagten 15.000,– EUR zu zahlen.

633 Sind Grund und Höhe des Leistungsanspruchs streitig, kann über den Grund vorab entschieden werden (Grundurteil). Wird der Anspruch dem Grunde nach nur teilweise für gerechtfertigt erklärt, muss der nicht gerechtfertigte Teil zugleich der Höhe nach abgewiesen werden (Grund- und Teilurteil), um Widersprüche zu späteren Entscheidungen zu verhindern.

> **Formulierungsbeispiele:**
> Die Klage ist dem Grunde nach gerechtfertigt.
>
> Die Klage ist dem Grunde nach zur Hälfte gerechtfertigt. In Höhe von 7.500,– EUR wird die Klage abgewiesen.

634 Bei der **Feststellungsklage** entfällt der Leistungsbefehl, ausgesprochen wird nur die Feststellung, wobei diese entweder isoliert steht (»Die Hauptsache ist erledigt«) oder – besser – mit der Formulierung »Es wird festgestellt, dass …« eingeleitet wird.

635 Eine stattgebende Feststellungsklage ist mit der Floskel »Es wird festgestellt, dass …« einzuleiten, hinzuzufügen ist die zu treffende Feststellung.

> **Formulierungsbeispiele:**
> Es wird festgestellt, dass der Beklagte verpflichtet ist, dem Kläger sämtliche zukünftig entstehenden Schäden aus dem Verkehrsunfall … zu ersetzen.
>
> Es wird festgestellt, dass die Beklagte verpflichtet ist, dem Kläger Deckung aus der Haftpflichtversicherung … für den Vorfall … zu gewähren.
>
> Es wird festgestellt, dass das Mietverhältnis der Parteien … durch das Schreiben des Beklagten vom … nicht beendet wurde.
>
> *§ 256 II ZPO:*
> Es wird festgestellt, dass dem Kläger aus dem zwischen ihm und dem Beklagten am … geschlossenen Vertrag über … ein die Klageforderung übersteigender Anspruch nicht zusteht.

636 Bei **Gestaltungsklagen** gibt es eine feststehende Einleitungsfloskel nicht. Hier muss der Tenor die im Gesetz vorgesehene Gestaltungswirkung beschreiben, sodass klar ist, welche Wirkung mit der formellen Rechtskraft eintritt. Die Formulierung der stattgebenden Urteilsformel ist der gesetzlichen Regelung des Gestaltungsrechts zu entnehmen.

> **Formulierungsbeispiele:**
> *§ 127 HGB:*
> Dem Beklagten wird die Befugnis zur Vertretung der XY-OHG entzogen.
>
> *§ 771 ZPO:*
> Die Zwangsvollstreckung des Beklagten in … wird für unzulässig erklärt.

637 Auch bei der begründeten Klage gilt – unabhängig von der Klageart – eine Ausnahmeformulierung des Tenors, wenn im früheren Verlauf des Prozesses **bereits eine Hauptsacheentscheidung ergangen** ist (Vollstreckungsbescheid, Versäumnisurteil,

Vorbehaltsurteil, erstinstanzliches Endurteil). Lautet diese bereits auf Klagestattgabe, so wird sie nunmehr lediglich aufrechterhalten bzw. der Rechtsbehelf dagegen zurückgewiesen; ein Vorbehaltsurteil wird für vorhaltlos erklärt. Lautet die frühere Entscheidung auf Klageabweisung, so muss sie aufgehoben und durch eine Klagestattgabe ersetzt werden. Zu der hier nicht weiter dargestellten Tenorierung von Rechtsmittelentscheidungen unten → Rn. 1493, → Rn. 1528 ff., → Rn. 1550.

Formulierungsbeispiele:
Der Vollstreckungsbescheid des AG ... vom ... – Az. ... – wird aufrechterhalten.

Das Versäumnisurteil vom ... wird aufgehoben. Die Beklagte wird verurteilt, ...

Das Vorbehaltsurteil vom ... wird für vorbehaltlos erklärt.

Bei der **teilweise begründeten**, teilweise unbegründeten Klage wird der begründete Teil vorstehenden Grundsätzen entsprechend tenoriert und die Klage »im Übrigen« (ohne nähere Konkretisierung) abgewiesen. 638

Formulierungsbeispiel: Der Beklagte wird verurteilt, an den Kläger 15.000,– EUR zu zahlen. Im Übrigen wird die Klage abgewiesen.

Bei einem **Teilurteil** wird der entschiedene Teil des Streitgegenstands den vorstehenden Grundsätzen entsprechend formuliert. Eines Hinweises auf den noch ausstehenden Teil bedarf es in der Hauptsache nicht (zur Kostenentscheidung → Rn. 517). Dies gilt auch bei der Stufenklage. 639

Hat der Kläger neben dem Haupt- auch einen **Hilfsantrag** gestellt, beginnt der Tenor mit dem begründeten Antrag, egal ob dies der Haupt- oder der Hilfsantrag war. Im Übrigen ist die Klage zusätzlich nur abzuweisen, wenn dem Hilfsantrag stattgegeben wurde. Ist der Hauptantrag erfolgreich, entfällt die Rechtshängigkeit des Hilfsantrags, sodass über ihn nicht mehr zu entscheiden ist. 640

Formulierungsbeispiele:
Erfolgreicher Hauptantrag:
Der Beklagte wird verurteilt, ... (wie Hauptantrag).

Erfolgloser Hauptantrag, erfolgreicher Hilfsantrag:
Der Beklagte wird verurteilt, ... (wie Hilfsantrag)
Im Übrigen wird die Klage abgewiesen (betrifft Hauptantrag).

Erfolgloser Hauptantrag, erfolgloser Hilfsantrag:
Die Klage wird abgewiesen (betrifft beide Anträge).

Will man ausnahmsweise **Begründungselemente** in den Tenor aufnehmen (etwa nach § 597 II, § 850 f II, §§ 313a, 313b, § 4 ZPO; dazu → Rn. 567), so sind diese auf den Zweck des Zusatzes zu beschränken. 641

Formulierungsbeispiele:
§ 597 II ZPO:
Die Klage wird als in der gewählten Prozessart unstatthaft abgewiesen.

§ 850f II ZPO:
Der Beklagte wird wegen vorsätzlicher unerlaubter Handlung verurteilt, an den Kläger 15.000,– EUR zu zahlen.

§§ 313a, 313b ZPO:
Die Klage auf Rückerstattung des Kaufpreises aus dem Kaufvertrag ... wird abgewiesen.

> *§ 4 ZPO, § 43 GKG:*
> Der Beklagte wird verurteilt, an den Kläger 15.000,– EUR zuzüglich 10,– EUR vorgerichtliche Kosten zu zahlen.

642 Zum Tenor gehören neben der Entscheidung über die Hauptforderung auch die Entscheidungen zu den **Nebenforderungen** (vorgerichtliche Kosten, Zinsen). Für diese gelten die oben gemachten Ausführungen entsprechend. Herkömmlicherweise werden geltend gemachte vorgerichtliche Kosten im Tenor begründend als solche bezeichnet, um klarzustellen, dass sie nach § 4 ZPO nicht streitwerterhöhend wirken.

> **Formulierungsbeispiel:** Der Beklagte wird verurteilt, an den Kläger 1.000,– EUR zuzüglich 30,– EUR vorgerichtliche Kosten zu zahlen.

643 Wird der Klage nicht in voller Höhe, sondern nur *zum Teil stattgegeben*, so erfolgt hinsichtlich dieses Teils zunächst eine normale klagestattgebende Tenorierung. Daran anzuschließen hat sich der Zusatz »Im Übrigen wird die Klage abgewiesen«.

644 [18] Erforderlich kann es sein, prozessuale Ergänzungen der Hauptsacheentscheidung in die Urteilsformel aufzunehmen.

645 Ergeht die Entscheidung unter **Vorbehalt**, so ist dieser in der Urteilsformel auszusprechen.

> **Formulierungsbeispiele:**
> *§ 302 ZPO:*
> Dem Beklagten bleibt die Aufrechnung mit seiner Forderung … vorbehalten.
>
> *§ 599 ZPO:*
> Dem Beklagten bleibt die Ausführung seiner Rechte im Nachverfahren vorbehalten.

Hat das Gericht während des Verfahrens eine Sicherungsanordnung nach § 283a ZPO erlassen (→ Rn. 156, 841a), ist im Fall der Klagestattgabe im Urteil auszusprechen, dass der Kläger berechtigt ist, sich aus der Sicherheit zu befriedigen (§ 283a III ZPO).

> **Formulierungsbeispiel:** Der Kläger ist berechtigt, sich aus der aufgrund der Sicherungsanordnung vom … geleisteten Sicherheit zu befriedigen.

646 Soweit beantragt, kann bei Unterlassungs- und Duldungsklagen die **Androhung des Zwangsmittels** bereits im Urteil erfolgen.

> **Formulierungsbeispiel:** Für jeden Fall der Zuwiderhandlung werden der Beklagten ein Ordnungsgeld von bis zu 250.000,– EUR ersatzweise Ordnungshaft bis zu sechs Monaten Dauer angedroht.

647 [19] Eine **Kostenentscheidung** ist grundsätzlich bei allen verfahrensbeendenden Entscheidungen erforderlich. Dazu gehören auch Versäumnis- und Vorbehaltsurteile.

Keine Kostenentscheidung enthält das Teilurteil.

> **Formulierungsbeispiel:** Die Kostenentscheidung bleibt dem Schlussurteil vorbehalten.

648 Die Kostenentscheidung sollte eigenständig ergehen und nicht mit der Hauptsacheentscheidung (»Der Beklagte wird kostenpflichtig verurteilt, …«).

649 Für die Kostenentscheidung gilt der Grundsatz der Kosteneinheit. Danach wird regelmäßig über »die Kosten des Rechtsstreits« entschieden. Diese hat die in der Hauptsache unterlegene Partei zu tragen, im Fall beiderseitigen Unterliegens erfolgt eine Entscheidung nach § 92 ZPO, regelmäßig eine Quotelung der Kosten. Diese kann in Brüchen oder in Prozentwerten erfolgen. Die praktisch häufigste Formulie-

rung geht mit § 91 I 1 ZPO dahin, dass die Partei die Kosten »zu tragen hat« (nicht: »trägt«). Eine gesetzliche Grundlage finden aber auch Formulierungen »werden auferlegt« und »fallen zur Last«.

> **Formulierungsbeispiele:**
> *§ 91 ZPO:*
> Die Kosten des Rechtsstreits hat der Kläger (der Beklagte) zu tragen.
>
> *§ 92 I ZPO:*
> Von den Kosten des Rechtsstreits werden dem Kläger ¼ (25%), dem Beklagten ¾ (75%) auferlegt.

Eine gesonderte Verteilung einzelner Teile der Gesamtkosten des Rechtsstreits ist grundsätzlich nicht möglich. Dies gilt für die »Kosten einzelner Ansprüche« (auch des Hilfsanspruchs), die »Kosten der Widerklage« oder die »Kosten der Klagerücknahme«. Sollen die auf diesen Teil des Rechtsstreits entfallenden Kosten der im Übrigen obsiegenden Partei auferlegt werden, muss ihr Anteil an den Gesamtkosten ausgerechnet und als Quote der Kosten des Rechtsstreits ausgeurteilt werden. 650

Zu den Kosten des Rechtsstreits können auch Kosten eines früheren Verfahrensabschnitts gehören, über die bislang noch nicht entschieden ist, so zB nach einem vorangegangenen Teilurteil oder einer Aufhebung und Zurückverweisung eines Urteils durch die Rechtsmittelinstanz. Dies kann (nicht muss) zur Klarstellung mit aufgenommen werden. 651

> **Formulierungsbeispiel:** Die Kosten des Rechtsstreits einschließlich der Kosten des Berufungsverfahrens fallen der Beklagten zur Last.

Eine separate Entscheidung über einzelne Kostenteile ist nur dort möglich, wo das Gesetz dies vorsieht. Wichtigste Fälle sind hier die Kosten der Säumnis (§ 344 ZPO), die Kosten der Anrufung eines unzuständigen Gerichts nach Verweisung (§ 281 III 2 ZPO) und die Kosten der Streithilfe (§ 101 ZPO). Weitere Fälle enthalten die §§ 75, 94–97, 100 III und 238 IV ZPO. 652

> **Formulierungsbeispiele:**
> *§ 344 ZPO:*
> Die Kosten des Rechtsstreits hat der Kläger zu tragen. Hiervon ausgenommen sind die Kosten der Säumnis im Termin am …; diese hat der Beklagte zu tragen.
>
> *§ 101 ZPO:*
> Die Kosten des Rechtsstreits hat der Beklagte zu tragen. Die Kosten der Streithilfe hat der Streithelfer zu tragen.

Besteht der kostentragungspflichtige Teil aus mehreren Personen, bedarf es einer zusätzlichen Entscheidung über die Kostenverteilung im Innenverhältnis (§ 100 ZPO). 653

> **Formulierungsbeispiel:**
> *§ 100 II ZPO:*
> Von den Kosten des Rechtsstreits haben der Beklagte zu 1) 1/3, der Beklagte zu 2) 2/3 zu tragen.

20 Eine **Entscheidung über die vorläufige Vollstreckbarkeit** ist dagegen für jede aus dem Urteil mögliche Vollstreckung gesondert zu treffen. Während bei begründeter Klage nur der Kläger gegen den Beklagten, bei unbegründeter Klage nur der Beklagte gegen den Kläger vollstrecken kann, sind bei teilweise begründeter Klage schon zwei gegeneinander gerichtete Vollstreckungen möglich. Bei Streitgenossen kann die Zahl möglicher Vollstreckungen aus einem Urteil weiter steigen. Für jedes der denkbaren Vollstreckungsverhältnisse ist eine eigene Entscheidung über die vorläufige Vollstreckung erforderlich. 654

655 Inhaltlich richtet sich die Entscheidung nach den §§ 708 ff. ZPO. Formal sind drei verschiedene Formulierungen möglich:

> **Formulierungsbeispiele:**
> *§ 708 Nr. 1–3 ZPO:*
> Das Urteil ist ohne Sicherheitsleistung vorläufig vollstreckbar.
>
> *§§ 708 Nr. 4–11, 711 ZPO:*
> Das Urteil ist ohne Sicherheitsleistung vorläufig vollstreckbar. Der (Vollstreckungsschuldner = Kläger/Beklagter) kann die Vollstreckung durch Sicherheitsleistung in Höhe von 110% des nach dem Urteil vollstreckbaren Betrags abwenden, wenn nicht der (Vollstreckungsgläubiger = Kläger/Beklagte) vor der Vollstreckung Sicherheit in Höhe von 110% des jeweils zu vollstreckenden Betrags leistet.
>
> *§ 709 ZPO:*
> Das Urteil ist gegen Sicherheitsleistung in Höhe von 110% des jeweils zu vollstreckenden Betrags vorläufig vollstreckbar.

656 Die nach § 709 ZPO und § 711 ZPO erforderlichen Sicherheitsleistungen können bei Zahlungsklagen abstrakt bestimmt werden, doch sind die Bezugsgrößen (§ 709 ZPO »jeweils zu vollstreckender Betrag«, § 711 ZPO »nach dem Urteil vollstreckbarer Betrag«) verschieden, sodass die früher gebräuchliche Formulierung der Abwendungsbefugnis »soweit nicht der Schuldner vor der Vollstreckung Sicherheit in gleicher Höhe leistet« nicht mehr korrekt ist.

657 Bei Klagen, die nicht auf Zahlung gerichtet sind, muss die Höhe der Sicherheit konkret benannt werden. Dazu muss der Wert der Hauptsache regelmäßig nach § 3 ZPO geschätzt und um die zu vollstreckenden Kosten erhöht werden.

> **Formulierungsbeispiel:** Das Urteil ist gegen Sicherheitsleistung in Höhe von 2.500,– EUR vorläufig vollstreckbar.

658 Besondere Formulierungen der Vollstreckbarkeitsentscheidung können sich aus den §§ 710 ff. ZPO ergeben, sind aber praktisch sehr selten.

659 [21] Einer **Entscheidung über die** Zulassung der Berufung bedarf es nur, wenn durch das Urteil eine Partei mit nicht mehr als 600,– EUR beschwert wird (§ 511 IV Nr. 2 ZPO). Eine Zulassung erfolgt, wenn die Sache grundsätzliche Bedeutung hat oder wenn die Fortbildung des Rechts oder die Sicherung einer einheitlichen Rechtsprechung eine Entscheidung des Berufungsgerichts erfordert (§ 511 IV Nr. 1 ZPO).

> **Formulierungsbeispiel:** Die Berufung wird zugelassen.

660 Die Nichtzulassung kann ausdrücklich ausgesprochen werden, häufiger erfolgt sie schlicht durch Weglassen der Zulassungsentscheidung.

> **Formulierungsbeispiel:** Die Berufung wird nicht zugelassen.

e) Tatbestand

661 [22] Der Tatbestand besteht grundsätzlich aus den in → Rn. 370 dargestellten Abschnitten (Einleitungssatz, unstreitiges Vorbringen beider Parteien, streitiges Vorbringen des Klägers, Anträge von Kläger und Beklagtem, streitiges Vorbringen des Beklagten, Prozessgeschichte). Diese Abschnitte werden nicht durch Überschriften

oder Gliederungspunkte getrennt. Eine Strukturierung ist allein durch Absatzbildung und sprachliche Floskeln (»Der Kläger behauptet …«) möglich. Innerhalb der einzelnen Abschnitte werden die einzelnen Tatsachen regelmäßig chronologisch geordnet.

Umfasst der Rechtsstreit mehrere Streitgegenstände (objektive Klagehäufung, »Punktesachen«), können diese innerhalb der einzelnen Abschnitte nacheinander dargestellt werden. Bei einer großen Zahl von Streitgegenständen ist es aber auch möglich, die Sachdarstellung nach diesen zu gliedern und für jeden Streitgegenstand einen eigenen Tatbestand zu fertigen. Dabei kann angegeben werden, welcher Teil der Anträge sich auf diesen Streitgegenstand bezieht, erforderlich ist aber auch die Angabe der (Gesamt-)Anträge. 662

Einleitungssatz

Unstreitiges Parteivorbringen
- zum Streitgegenstand 1
- zum Streitgegenstand 2

Streitiger Klägervortrag
- zum Streitgegenstand 1
- zum Streitgegenstand 2

Anträge

Streitiger Beklagtenvortrag
- zum Streitgegenstand 1
- zum Streitgegenstand 2

Prozessgeschichte

Einleitungssatz

Streitgegenstand 1
- Unstreitiges Parteivorbringen
- Streitiger Klägervortrag
- (Teilanträge)
- Streitiger Beklagtenvortrag
- Prozessgeschichte

Streitgegenstand 2
- Unstreitiges Parteivorbringen
- Streitiger Klägervortrag
- (Teilanträge)
- Streitiger Beklagtenvortrag
- Prozessgeschichte

(Gesamt-)Anträge

Prozessgeschichte

[23] Regelmäßig enthält der Tatbestand einen **Einleitungssatz**, der in direkter Rede und im Präsens den Streitgegenstand beschreibt und einem nichtjuristischen Leser das Verständnis des im Folgenden in mehrere Teile zerlegten Sachverhalts erleichtern soll. Zwingend ist ein solcher Satz nicht, vereinzelt wird er grundsätzlich als entbehrlich angesehen. Jedenfalls dann, wenn der Sachverhalt zu komplex ist, um ihn in einem Satz zusammenzufassen, oder so einfach, dass der Leser ihn mit dem Beginn des unstreitigen Parteivortrags versteht, kann der Einleitungssatz weg bleiben. 663

Der Einleitungssatz soll nicht in einer bloßen Floskel bestehen (»Der Kläger verlangt vom Beklagten Zahlung«), darf andererseits aber auch keine Details (Beträge, Daten) und keine rechtlichen Wertungen des Parteivortrags (Vertragstyp) enthalten. Alle angesprochenen Tatsachen müssen im Sach- oder Streitstand wiederholt werden, weil nur so klar wird, ob sie streitig oder unstreitig sind. 664

Formulierungsbeispiele:
Die Parteien streiten um Schadensersatz aus einem Verkehrsunfall.

Der Kläger verlangt vom Beklagten Zahlung von Werklohn.

[24] Das **unstreitige Parteivorbringen** (der »Sachstand«) wird in direkter Rede und im Imperfekt dargestellt und besteht aus den übereinstimmend vorgetragenen, ausdrücklich zugestandenen (§ 288 ZPO) und den nicht bestrittenen (§ 138 III ZPO) Tatsachen. 665

666 Entscheidend ist, ob die Tatsache am Schluss der letzten mündlichen Verhandlung unstreitig ist. Ist eine Tatsache erst nachträglich unstreitig geworden, kann es erforderlich sein, diese als Prozessgeschichte mitzuteilen.

Formulierungsbeispiel: Nachdem der Beklagte zunächst bestritten hatte, bei rot über die Ampel gefahren zu sein, hat er dies nach Durchführung der Beweisaufnahme ausdrücklich eingeräumt.

667 Das unstreitige Parteivorbringen wird grundsätzlich chronologisch, ausnahmsweise (etwa bei der Klagehäufung) sachlich nach Streitgegenständen oder Streitgenossen geordnet (dazu → Rn. 662).

668 Parteivortrag kann – je nach Relevanz und Umfang – als wörtliches Zitat, in indirekter Rede oder durch Verweisung auf den Akteninhalt wiedergegeben werden. Nach zutreffender Ansicht dürfen Verweisungen, sollen sie einen Sinn behalten, nie pauschal in Form sog. »salvatorischer Klauseln« erfolgen (zB »Wegen des übrigen Parteivorbringens wird auf den Inhalt der gewechselten Schriftsätze Bezug genommen«), sondern haben stets konkret auf bestimmten Vortrag oder auf bestimmte Schriftsätze zu erfolgen.[146]

Formulierungsbeispiel: Der Kläger erklärte dem Beklagten gegenüber: »Zum Preis von 15.000,– EUR kannst Du mein Auto haben«.
Der Kläger bot dem Beklagten sein Auto zum Preis von 15.000,– EUR zum Kauf an.

Die Parteien sprachen über den Ankauf des Autos des Klägers. Wegen des genauen Wortlauts der Erklärungen wird auf S. 3 der Klageschrift (Bl. 5 d.A.) Bezug genommen.

669 Ist im Prozess ein Versäumnisurteil ergangen, so kann dieses am Ende des Sachstands dargestellt werden.

Formulierungsbeispiel: Im Termin vom ... ist gegen den Beklagten ein Versäumnisurteil auf Zahlung von 22.000,– EUR zuzüglich Zinsen in Höhe von fünf Prozentpunkten über dem Basiszinssatz seit dem ... ergangen. Gegen dieses ihm am ... zugestellte Urteil hat der Beklagte am ... Einspruch eingelegt.

670 Nicht zwingend, aber häufig geschickt ist es, am Ende unstreitigen Parteivorbringens den Streitgegenstand zu konkretisieren (»erhobener Anspruch«). Dies gilt insbesondere in den Fällen der Klagehäufung und der Teilklage.

Formulierungsbeispiel: Mit der vorliegenden Klage macht der Kläger 80% des unfallbedingten Reparaturaufwands (3.000,–EUR) und des Nutzungsausfallschadens (3 Tage à 100,– EUR) geltend.

671 [25] Der **streitige Klägervortrag** enthält in indirekter Rede und im Perfekt die vom Kläger vorgetragenen und vom Beklagten bestrittenen Tatsachen. Auch hier ist grundsätzlich eine chronologische Ordnung angebracht, wenn nicht ausnahmsweise eine andere Gliederung sinnvoll ist, so etwa nach Streitgegenständen oder nach Haupt- und Hilfsvorbringen. Ob eine zwischen den Parteien streitige Tatsache beim Kläger- oder beim Beklagtenvortrag wiederzugeben ist, hängt davon ab, welcher der Parteien die Darlegungslast obliegt.

---

146 OLG Hamburg NJW 1988, 267; LG München I NJW 1990, 1488; *Fischer*, Bezugnahmen in Tatbeständen und Schriftsätzen im Zivilprozess, JuS 1995, 535 und 623; *Pielke*, Verweisungen im Tatbestand eines zivilgerichtlichen Urteils, JA 2006, 202; *Rosenberg/Schwab/Gottwald* ZivilProzR § 59 II 2 d); *Schellhammer* Arbeitsmethode Rn. 298; *Schwöbbermeyer*, Die Bedeutung der salvatorischen Klauseln in revisiblen Berufungsurteilen, NJW 1990, 1451; aA *Huber*, Grundfragen des Tatbestands im Zivilurteil, JuS 1984, 786.

Werden ausnahmsweise Rechtsansichten aufgenommen, so sind sie vom Tatsachenvortrag klar abzugrenzen und als solche kenntlich zu machen. 672

Formulierungsbeispiel: Der Kläger behauptet, er habe auf die Beule am Fahrzeug ausdrücklich hingewiesen. Er ist der Ansicht, auf diesen Mangel könne ein Gewährleistungsanspruch deswegen nicht gestützt werden.

Verspätet vorgetragene Tatsachen können im streitigen Parteivortrag oder in der Prozessgeschichte dargestellt werden. Ersteres empfiehlt sich, wenn der Vortrag berücksichtigt werden soll, letzteres, wenn eine Zurückweisung beabsichtigt ist. 673

Formulierungsbeispiel:
Der Kläger behauptet, ...
Nachdem dem Kläger eine Frist zur Erwiderung auf den Vortrag des Beklagten im Schriftsatz vom ... bis zum ... gesetzt worden ist, hat er mit erst am ... bei Gericht eingegangenem Schriftsatz darüber hinaus behauptet, ...

Unerledigte Beweisantritte gehören zum Parteivortrag. In den Tatbestand (ggf. in Form einer Verweisung) aufgenommen werden sie nur, wenn sie sich auf erhebliche Tatsachen beziehen und die Nichterhebung dieser Beweise später (in den Entscheidungsgründen) begründet wird. 674

Formulierungsbeispiel:
Der Kläger behauptet, ... (Beweis: Zeugnis der Frau Müller).

Wegen der hierzu angebotenen Beweise wird auf den Schriftsatz vom ... (Bl. ... d.A.) Bezug genommen.

Nehmen auf Seiten des Klägers mehrere Personen am Rechtsstreit teil, wird deren Vorbringen zusammen dargestellt, soweit es übereinstimmt. Divergierendes Vorbringen wird nacheinander dargestellt. Dies gilt für Streitgenossen genauso, wie für Streithelfer. 675

Formulierungsbeispiel:
Die Kläger behaupten, ...

Der Kläger und sein Streithelfer behaupten, ...

Der Kläger zu 1) behauptet, ...
Der Kläger zu 2) behauptet, ...
Der Streithelfer der Kläger behauptet, ...

26 Wiederzugeben sind die **Anträge der Parteien** und – soweit vorhanden – ihrer Streithelfer. Die von § 313 II ZPO geforderte besondere Hervorhebung erfolgt dabei durch Einrückung der Anträge nach rechts. 676

Formulierungsbeispiel:
Der Kläger zu 1) beantragt,
    den Beklagten zu verurteilen, an ihn 15.000,– EUR zu zahlen.

Der Kläger zu 2) beantragt,
    den Beklagten zu verurteilen, an ihn folgende Unterlagen herauszugeben: ...

Der Streithelfer der Kläger beantragt,
    festzustellen, dass der Beklagte verpflichtet ist, ihm sämtliche aus dem Vorfall ... zukünftig entstehenden Schäden zu ersetzen.

Prozessanträge gehören in den Tatbestand, wenn über sie (noch) zu entscheiden ist. Dies ist nicht der Fall bei bereits beschiedenen oder sonst überholten Anträgen und 677 solchen, die nur für den Fall einer tatsächlich nicht eingetretenen Prozesslage (»Erlass eines Versäumnisurteils bei nicht rechtzeitiger Anzeige der Verteidigungsbereitschaft im schriftlichen Vorverfahren«) gestellt wurden.

> **Formulierungsbeispiel:**
> Der Beklagte beantragt,
> ihm Wiedereinsetzung gegen die Versäumung der Frist zur Einlegung des Einspruchs gegen das Versäumnisurteil zu gewähren,
> das Versäumnisurteil aufzuheben und die Klage abzuweisen.

678 Noch nicht beschiedene Sachanträge gehören in den Tatbestand, auch wenn mit dem vorliegenden Urteil über sie nicht entschieden wird, etwa, weil es sich um ein Teilurteil handelt. Bereits beschiedene Anträge gehören nicht mehr zu den Anträgen, sondern zur Prozessgeschichte.

679 Nimmt die Partei in ihrer Antragsformulierung Bezug auf andere Teile der Akte, stellt zB den »Antrag aus der Klageschrift« oder »aus dem Mahnbescheid«, wird dieser Verweisung gefolgt und in den Tatbestand ein vollständiger Sachantrag aufgenommen. Uneinheitlich ist die Praxis bei dem Antrag auf Zahlung von Zinsen »seit Rechtshängigkeit«. Während ein Teil der Praxis stillschweigend das Datum der Rechtshängigkeit in den Tatbestand übernimmt, behalten andere Gerichte die Formulierung »seit Rechtshängigkeit« im Antrag bei, erwähnen dann aber im Rahmen der Prozessgeschichte den Zeitpunkt der Klagezustellung. Diese Alternative dürfte in Ausbildung und im Examen die bessere sein.

680 Werden mehrere Anträge gestellt, so werden alle wiedergegeben und zur besseren Unterscheidung in den Entscheidungsgründen durchnummeriert.

> **Formulierungsbeispiel:**
> Der Kläger beantragt,
> 1) den Beklagten zu verurteilen, an ihn 12.000,– EUR zu zahlen, und
> 2) festzustellen, dass der Beklagte verpflichtet ist, ihm auch sämtliche zukünftig entstehende Schäden aus dem Verkehrsunfall … zu ersetzen.

681 Hat der Kläger Ansprüche saldiert,[147] macht er also mehrere Ansprüche in einer addierten Gesamtsumme geltend (»verdeckte Klagehäufung«), erscheint auch im Tatbestand nur die verlangte Gesamtsumme.

682 Hat die Partei einen Antrag nur hilfsweise gestellt, muss dies im Tatbestand erkennbar werden. Ist die Bedingung des Hilfsantrags ausformuliert, gehört auch diese in den Tatbestand.

> **Formulierungsbeispiel:**
> Der Kläger beantragt,
> den Beklagten zu verurteilen, an ihn den PKW … herauszugeben,
> hilfsweise (oder: für den Fall, dass sich die Herausgabe als unmöglich erweisen sollte) an ihn 15.000,– EUR zu zahlen.

683 Anträge, die sich auf von Amts wegen zu treffende Entscheidungen (Kosten, vorläufige Vollstreckbarkeit) beziehen, sind überflüssig und deswegen nicht in den Tatbestand aufzunehmen. Ein früher gestellter Antrag ist grundsätzlich prozessual überholt und wird in den Tatbestand nur dann aufgenommen, wenn ohne ihn der

147 BGH MDR 2013, 262; *Einsiedler*, Saldoklagen und Klagen aus Salden, JURA 2013, 653.

aktuelle Antrag nicht verständlich ist (so zB nach einer einseitigen Erledigungserklärung oder einem klagestattgebenden Versäumnisurteil) oder der frühere Antrag für die Entscheidung (insbesondere über die Kosten des Rechtsstreits) noch eine Rolle spielt.

> **Formulierungsbeispiel:**
> Der Kläger, der zunächst beantragt hat, den Beklagten zur Zahlung von 15.000,– EUR zu verurteilen, beantragt nunmehr,
> den Beklagten zu verurteilen, an ihn 12.000,– EUR zu zahlen.

Hat der Beklagte Widerklage erhoben, muss der Tatbestand die Anträge auch hierzu ausweisen. Dabei wird der Antrag des Klägers auf Abweisung der Widerklage sinnvollerweise erst nach dem Sachantrag des Beklagten dargestellt. 684

> **Formulierungsbeispiel:**
> Der Kläger behauptet, ... (zur Klage).
>
> Der Kläger beantragt,
> den Beklagten zu verurteilen, an ihn 15.000,– EUR zu zahlen.
>
> Der Beklagte beantragt,
> die Klage abzuweisen
> und den Kläger zu verurteilen, an ihn 12.000,– EUR zu zahlen.
>
> Der Beklagte behauptet, ... (zu Klage und Widerklage).
>
> Der Kläger beantragt,
> die Widerklage abzuweisen
>
> Der Kläger behauptet, ... (zur Widerklage).

Nicht zu den Anträgen gehören Angriffs- und Verteidigungsmittel, insbesondere materielle Gestaltungsrechte wie Aufrechnung, Kündigung, Rücktritt oder Anfechtung. Diese werden als Parteivortrag dargestellt (vgl. → Rn. 686). 685

[27] Wegen des **streitigen Beklagtenvorbringens** kann zunächst auf die Ausführungen zum streitigen Klägervortrag verwiesen werden. 686

Anders als der Klägervortrag wird der des Beklagten regelmäßig nicht chronologisch, sondern sachlich geordnet. Den Rügen zur Zulässigkeit der Klage folgen die Abweichungen vom Klägervortrag. Dabei ist darauf zu achten, dass schlichtes Bestreiten (bloßes Leugnen) niemals in den Tatbestand gehört, weil sich allein aus der Einordnung der Behauptung des Gegners in den streitigen Vortrag ergibt, dass die Tatsache bestritten ist. Wiedergegeben wird nur das qualifizierte Bestreiten, weil hier über den Vortrag des Gegners hinaus weitere, eigene Tatsachen vorgebracht werden. Den Schluss des Beklagtenvorbringens bilden die erhobenen Gegenrechte und – soweit geboten – die Rechtsansichten des Beklagten. 687

Hat der Beklagte ein materielles Gestaltungsrecht ausgeübt, ist die entsprechende Erklärung meist unstreitig, der damit im Zusammenhang stehende Sachverhalt häufig streitig. Dementsprechend kann die Erklärung im unstreitigen Parteivortrag dargestellt werden, der Sachverhalt im streitigen Parteivortrag. Zum besseren Verständnis kann der Gesamtkomplex aber auch ausnahmsweise vollständig und zusammenhängend in einem der beiden Teile dargestellt werden. 688

> **Formulierungsbeispiele:**
> *Im unstreitigen Parteivorbringen:*
> Der Beklagte ficht seine Erklärung an und behauptet dazu – insoweit vom Kläger bestritten – er sei davon ausgegangen, hierdurch nicht zu einer Leistung verpflichtet zu werden.
>
> *Im streitigen Beklagtenvortrag:*
> Der Beklagte behauptet, er sei davon ausgegangen, durch die Erklärung dem Kläger gegenüber nicht zur Leistung verpflichtet zu werden und ficht seine Erklärung deswegen – insoweit unstreitig – an.

689 [28] Nur ganz ausnahmsweise wird im Anschluss an das Verteidigungsvorbringen des Beklagten nochmals auf das Vorbringen des Klägers einzugehen sein (sog. **Replik**). Erforderlich kann dies werden bei erheblichem Vortrag des Klägers zu vom Beklagten erhobenen Gegenrechten (Einreden, Aufrechnung, Widerklage, → Rn. 671), der in der Klägerstation nicht sinnvoll dargestellt werden konnte. Wo immer möglich, ist eine solche zusätzliche Station zu vermeiden. Dies gilt erst recht für weitere Darlegungsstationen (Replik, Duplik, Triplik usw.).

> **Formulierungsbeispiel:**
> Der Kläger behauptet, ... (zur Klageforderung).
>
> Der Kläger beantragt,
> den Beklagten zu verurteilen, an ihn 15.000,– EUR zu zahlen.
>
> Der Beklagte beantragt,
> die Klage abzuweisen.
>
> Der Beklagte behauptet, ... (zur Klageforderung).
>
> Der Beklagte erklärt – insoweit unstreitig – die Aufrechnung mit einer Forderung aus ... und behauptet hierzu, ... (zur Aufrechnungsforderung).
>
> Der Kläger behauptet, ... (zur Aufrechnungsforderung).

690 [29] **Prozessgeschichte** wird regelmäßig am Ende des Tatbestands in direkter Rede und im Perfekt dargestellt, Beweisergebnisse in indirekter Rede und ggf. im Plusquamperfekt.

691 Sie wird (nur) insoweit wiedergegeben, als sie für die anstehende Entscheidung noch eine Rolle spielt. Dies ist nicht der Fall bezüglich eines vorausgegangenen Mahnverfahrens (ohne Vollstreckungsbescheid), der Art des Vorverfahrens, oder prozessleitender bzw. terminsvorbereitender Maßnahmen und Zwischenentscheidungen.

692 Keine Rolle spielt auch die Streitverkündung, die im Vorprozess keine Wirkungen entfaltet (§ 74 II ZPO). Aufzunehmen ist dagegen der Beitritt des Streitverkündeten, der damit Nebenintervenient wird. Aufzunehmen ist auch die Streitverkündung, die in einem früheren Prozess erfolgt ist und im vorliegenden Rechtsstreit Interventionswirkung entfaltet.

693 Ausnahmsweise muss die Prozessgeschichte in das unstreitige oder streitige Parteivorbringen vorgezogen werden, wenn dies für das Verständnis erforderlich ist. Dies gilt zB für überholte Sachanträge, die im Zusammenhang mit den aktuellen Anträgen dargestellt werden (→ Rn. 677), und im Laufe des Verfahrens bereits ergangene Hauptsacheentscheidungen (Vorbehalts-, Grund- oder Teilurteil; Versäumnisurteil) oder den Beitritt eines Nebenintervenienten, die bereits im unstreitigen Parteivorbringen ihren Platz finden.

Formulierungsbeispiel:
Mit zwischenzeitlich rechtskräftig gewordenem Urteil vom ... hat die Kammer die Klage dem Grunde nach für gerechtfertigt erklärt.
Der Architekt ist dem Beklagten als Streithelfer beigetreten.

Stets am Ende des Tatbestands wiederzugebende Prozessgeschichte ist eine eventuelle Beweisaufnahme. Anzugeben ist hier dass, worüber, wodurch und mit welchem Ergebnis Beweis erhoben wurde. **694**

Formulierungsbeispiel: Das Gericht hat Beweis erhoben über die Behauptung des Klägers, der Beklagte habe die Bescheinigung vom ... unterschrieben, durch Einholung eines Gutachtens des Sachverständigen ... sowie durch uneidliche Vernehmung des Zeugen ...
Der Zeuge Schneidmüller hat bekundet, bei dem Gespräch am ... sei es zunächst um das gemeinsame Schreiben aller Geschädigten an die Fa. XY gegangen. Der Beklagte habe dies für eine gute Idee gehalten und gemeint, je mehr Leute unterschrieben, umso besser. Der Kläger habe dem Beklagten auch Vorwürfe gemacht. Der Beklagte sei sehr darum bemüht gewesen, den Kläger zu beruhigen und habe gesagt, er sehe ein, dass ihn ein Mitverschulden treffe, er sei auch bereit, seinen Teil beizutragen. Irgendwann habe der Beklagte auch ein ihm vom Kläger vorgelegtes Blatt Papier unterschrieben. Den Text habe er nicht gelesen, ob es sich um den gemeinsamen Brief an Henke oder etwas anderes gehandelt habe, wisse er nicht.
Der Sachverständige ... hat bei der physikalischen Untersuchung der Unterschrift Anhaltspunkte für eine Fälschung nicht gefunden. Der graphische Befund sei nicht eindeutig, da eine überdurchschnittliche Variationsbreite der Unterschrift des Beklagten vorliege. Trotz einer Vielzahl von Übereinstimmungen sei er eine Urheberschaft des Beklagten »mit ganz überwiegender«, nicht aber mit »an Sicherheit grenzender Wahrscheinlichkeit« anzunehmen.

In aller Regel wird zumindest wegen des Beweisergebnisses, häufig aber auch wegen des Beweisthemas und der Beweismittel Gebrauch von der Möglichkeit einer Verweisung auf den Akteninhalt (§ 313 II 2 ZPO). **695**

Formulierungsbeispiel: Das Gericht hat Beweis erhoben gemäß Beweisbeschluss vom ... (Bl. ... d.A.). Wegen des Ergebnisses der Beweisaufnahme wird auf das schriftliche Gutachten vom ... (Bl. ... d.A.) und die Sitzungsniederschrift vom ... (Bl. ... d.A.) Bezug genommen.

Zur relevanten Prozessgeschichte kann der Zeitpunkt der Rechtshängigkeit gehören (vgl. → Rn. 679) oder die Zustimmung der Parteien zu abweichenden Verfahrensgestaltungen. **696**

Formulierungsbeispiele:
§ 261 I ZPO:
Die Klage ist dem Beklagten am ... zugestellt worden.

§ 128 II ZPO:
Mit Zustimmung beider Parteien hat das Gericht das schriftliche Verfahren angeordnet.

Muss Parteivortrag unberücksichtigt bleiben, weil er erst nach Ablauf einer hierfür gesetzten Frist oder nach Schluss der mündlichen Verhandlung erfolgt ist, wird im Tatbestand die prozessuale Verspätung dargestellt. Dies kann am Ende des Tatbestands oder bereits im streitigen Parteivortrag erfolgen. **697**

Formulierungsbeispiel: Mit nicht nachgelassenem, bei Gericht am ... eingegangenem Schriftsatz hat der Beklagte weitere Angriffs- und Verteidigungsmittel geltend gemacht (wegen der auf Bl. ... d.A. Bezug genommen wird).

f) Entscheidungsgründe

698 [30] Die Entscheidungsgründe enthalten eine kurze Zusammenfassung der Erwägungen, auf denen die Entscheidung in rechtlicher und tatsächlicher Hinsicht beruht (§ 313 I Nr. 6, III ZPO).[148] Wegen des grundsätzlichen Aufbaus sei zunächst auf → Rn. 576 verwiesen. Umfasst der Rechtsstreit mehrere Streitgegenstände (objektive Klagehäufung, »Punktesachen«) oder mehrere Parteien (Streitgenossen), können diese innerhalb der einzelnen Abschnitte nacheinander dargestellt werden (zum analogen Aufbau des Tatbestands → Rn. 662). Entsprechendes gilt für Klage und Widerklage, die nacheinander geprüft werden, wobei ausnahmsweise mit der Widerklage begonnen werden kann, wenn deren Streitgegenstand der weitergehende ist. Im Falle von Haupt- und Hilfsantrag müssen die Entscheidungsgründe zunächst die Unbegründetheit des Hauptantrags ausführen, bevor zum Hilfsantrag übergegangen wird.

Prozessuale Fragen
- zum Streitgegenstand/Streitgenossen 1
- zum Streitgegenstand/Streitgenossen 2

Begründeter Teil der Klage
- zum Streitgegenstand/Streitgenossen 1
- zum Streitgegenstand/Streitgenossen 2

Unbegründeter Teil der Klage
- zum Streitgegenstand/Streitgenossen 1
- zum Streitgegenstand/Streitgenossen 2

Nebenentscheidungen

Zum Streitgegenstand/Streitgenossen 1
- Prozessuale Fragen
- Begründeter Teil der Klage
- Unbegründeter Teil der Klage

Zum Streitgegenstand/Streitgenossen 2
- Prozessuale Fragen
- Begründeter Teil der Klage
- Unbegründeter Teil der Klage

Nebenentscheidungen

699 Ist eine Auslegung des Klagebegehrens erforderlich, erfolgt diese zu Beginn der Entscheidungsgründe. Ist die Auslegung nur für die Begründetheit der Klage von Bedeutung, kann sie auch an den Beginn dieses Teils der Gründe verschoben werden.

Formulierungsbeispiel: Der Kläger verlangt vom Beklagten Zahlung von 15.678,– EUR. Soweit der Klageantrag auf 16.578,– EUR lautet, liegt erkennbar ein Schreibfehler vor. Dies folgt aus einer Addition der Einzelforderungen, die der Kläger geltend macht und die in der Klagebegründung einzeln beziffert und dort zutreffend mit 15.678,– EUR addiert werden.

700 [31] Die Entscheidungsgründe beginnen mit dem das Ergebnis beschreibenden Obersatz. Da dabei das bereits im Tenor vorweggenommene Ergebnis (»Die Klage wird abgewiesen«) nicht wiederholt zu werden braucht, erfolgt der Einstieg in die Zulässigkeit oder sofort in die Begründetheit. Der Obersatz sollte alle nachfolgenden Abschnitte des Urteils zur Hauptsache umfassen. Will man dabei auftretende Wiederholungen vermeiden, ist auch das Weglassen eines unmittelbar nachfolgenden Untersatzes möglich.

Formulierungsbeispiel:
Die Klage ist zulässig, aber nur teilweise begründet.
Die Klage ist zulässig. …
Die Klage ist teilweise begründet. …

148 *Huber*, Grundfragen der Entscheidungsgründe im Zivilurteil, JuS 1987, 213; 296; 464; *Schmitz/Frisch/Neumaier* Station in Zivilsachen 86 ff.; *Stein*, Aufbau und Inhalt der Entscheidungsgründe im Zivilurteil – Ein Überblick, JuS 2014, 320; Thomas/Putzo/*Reichold* ZPO § 313 Rn. 27 ff.; sowie die unter »Anleitungsbücher« im Literaturverzeichnis aufgeführte Literatur.

> Im Übrigen ist die Klage unbegründet. …
>
> Die Klage ist zwar zulässig, aber unbegründet.
> (… zur Zulässigkeit …)
> Die Klage ist unbegründet. …

[32] Ausführungen zu prozessualen Voraussetzungen werden nur gemacht, wenn und soweit dies erforderlich ist, andernfalls kann dieser Abschnitt vollständig entfallen und sofort mit der (Un-)Begründetheit begonnen werden. 701

Zu beginnen ist dabei mit der Darlegung der sog. **Prozessfortsetzungsvoraussetzungen,** dh den besonderen Voraussetzungen der Zulässigkeit von Rechtsbehelfen, aufgrund derer das durch eine bereits vorliegende Entscheidung an sich abgeschlossene Verfahren fortgesetzt werden kann. Zu prüfen sind dabei die Statthaftigkeit des Rechtsbehelfs, Form und Frist von Einlegung und Begründung. Wichtigster Fall einer Prozessfortsetzung im erstinstanzlichen Verfahren ist der Einspruch gegen ein Versäumnisurteil oder einen Vollstreckungsbescheid, bei dem sich die zu prüfenden Voraussetzungen praktisch auf Form und Frist der Einlegung reduzieren. 702

> **Formulierungsbeispiel:** Der Prozess ist durch das Versäumnisurteil vom … nicht beendet worden. Er war in die Lage zurückzuversetzen, in der er sich vor Eintritt der Säumnis im Termin am … befand, weil der Beklagte gegen das an diesem Tag ergangene Versäumnisurteil wirksam Einspruch eingelegt hat (§ 342 ZPO). Der Einspruch war insbesondere fristgerecht, weil er am … und damit vor Ablauf der mit der Zustellung des Versäumnisurteils am … in Gang gesetzten und am … endenden Zwei-Wochen-Frist des § 339 ZPO bei Gericht eingegangen ist.

[33] Den Hauptteil der Prozessfragen bilden die echten **Zulässigkeitsvoraussetzungen.** Für diese gibt es eine zwingende Prüfungsreihenfolge nicht. Will man in Ausbildung und Prüfung in unproblematischen Fällen auf diesen Abschnitt nicht völlig verzichten, ist eine kurze Darlegung der örtlichen und sachlichen Zuständigkeit regelmäßig vertretbar. 703

> **Formulierungsbeispiel:** Die Klage ist zulässig. Das angerufene Gericht ist nach §§ 12, 13 ZPO örtlich zuständig, weil der Beklagte seinen Wohnsitz im Bezirk des angerufenen Gerichts hat. Die sachliche Zuständigkeit des Amtsgerichts folgt aus § 23 GVG, weil der Streitwert 5.000,– EUR nicht übersteigt.

[34] Danach folgen die prozessualen **Voraussetzungen besonderer prozessualer Institute,** die nicht zu den Zulässigkeitsvoraussetzungen gehören, weil ihr Fehlen nicht zu einer Abweisung der Klage, sondern zB zu einer Abtrennung einzelner Fragen führt (§ 145 ZPO). Hierzu gehören insbesondere die subjektive und die objektive Klagehäufung sowie die Partei- und die Klageänderung. Sind für die neue Partei oder die neue Klage weitere Zulässigkeitsfragen zu erörtern, erfolgt die Prüfung der Voraussetzungen der Änderung bereits vor der Zulässigkeitsprüfung. 704

> **Formulierungsbeispiele:**
> *§§ 59, 60 ZPO:*
> Der Kläger kann beide Beklagte gemeinschaftlich verklagen, weil sie den Vertrag, aus dem Ansprüche geltend gemacht werden, zusammen abgeschlossen haben (§ 59 Alt. 2 ZPO).
>
> *§ 260 ZPO:*
> Der Kläger kann seinen Leistungs- und seinen Feststellungsantrag gegen den Beklagten im gleichen Prozess verfolgen, weil das Prozessgericht für beide Anträge zuständig ist und beide im allgemeinen Verfahren geltend gemacht werden (§ 260 ZPO).

705 Gehört zu den prozessualen (oder später zu den materiellen) Voraussetzungen die Einhaltung einer Frist, so muss die Begründung ergeben, um welche Frist es sich handelt, wie lange sie dauerte, wann sie begann, wann sie endete und wodurch sie gewahrt wurde.

> **Formulierungsbeispiel:** Die Gehörsrüge ist auch rechtzeitig. Die Frist zur Einlegung betrug zwei Wochen, begann am 1.3. und lief damit bis zum 15.3. Sie wurde durch Eingang des die Rügeschrift enthaltenden Telefax am 14.3. rechtzeitig gewahrt.

706 Die Wiedereinsetzung in den vorigen Stand gegen die Versäumung einer Frist wird nicht separat, sondern inzident dort geprüft, wo die Einhaltung der Frist zu den Voraussetzungen der Prozessfortsetzung oder der Zulässigkeit der Klage gehört.

> **Formulierungsbeispiel:** Die Gehörsrüge ist auch rechtzeitig. Die Frist zur Einlegung betrug zwei Wochen, begann am 1.3. und lief damit bis zum 15.3. Diese Frist hat der Beklagte durch Eingang des die Rügeschrift enthaltenden Telefax am 16.3. versäumt. Auf seinen Antrag hin war dem Beklagten gegen die Versäumung dieser Frist Wiedereinsetzung in den vorigen Stand zu gewähren, weil er an der Einhaltung der Frist ohne sein Verschulden verhindert war (§ 234 ZPO). Dass der erste Übermittlungsversuch des Telefax am späten Abend des 15.3. scheiterte, hat der Beklagte nicht zu vertreten …

707 [35] Die Ausführungen zur begründeten Klage (bzw. zum begründeten Teil der Klage) beginnen mit einem Obersatz, der an den das Urteil einleitenden Obersatz [31] anknüpft. Insbesondere in den Fällen, in denen dem materiellen Anspruch nicht in vollem Umfang stattgegeben wird (Teilklage, teilweise begründete Klage, Stufenklage) muss erkennbar werden, wie weit die Klagestattgabe reicht.

> **Formulierungsbeispiel:** In Höhe von 35.000,– EUR ist die Klage begründet.

708 Da die Entscheidungsgründe sich an die unterliegende Partei wenden, muss bei der begründeten Klage dem Beklagten dargelegt werden, dass er verurteilt wurde, weil es für das klägerische Begehren eine materielle Anspruchsgrundlage gibt, die mit all ihren Voraussetzungen vorliegt. Überflüssig sind Ausführungen zu alternativen Anspruchsgrundlagen, unabhängig davon, ob sie begründet wären oder nicht. Außerdem muss dargelegt werden, warum die vom Beklagten geltend gemachten Gegenrechte nicht greifen. Dabei genügt es, wenn das Scheitern jedes Gegenrechts auf einen Grund gestützt wird, zusätzlicher Begründungen bedarf es nicht.

709 Die Begründung der erfolgreichen Klage beginnt also mit der Benennung einer Anspruchsgrundlage (wobei allzu lange und dadurch unverständlich werdende Paragrafenketten zu vermeiden sind) und der Subsumtion ihrer Voraussetzungen. Dazwischen kann sich zur besseren Verständlichkeit der Gründe für Nichtjuristen eine Erläuterung des Inhalts der Norm einschieben:

> **Formulierungsbeispiel:** Der Kläger kann vom Beklagten Zahlung von 31.000,– EUR aus § 433 II BGB verlangen. Nach dieser Vorschrift kann der Verkäufer vom Käufer Zahlung des Kaufpreises verlangen, wenn zwischen den Parteien ein Kaufvertrag zustande gekommen ist. Zwischen den Parteien ist ein Kaufvertrag zustande gekommen …

710 [36] Ist die Begründungskette über die Rechtsfolge und die Benennung der Anspruchsgrundlage hinweggeführt, ist darzulegen, dass die einzelnen Voraussetzungen dieser Norm vorliegen. Die **Subsumtion** besteht darin, dass das abstrakte gesetzliche Tatbestandsmerkmal mit einer konkreten, von den Parteien vorgetragenen Tatsache ausgefüllt wird.

Grundsätzlich müssen die dabei herangezogenen Tatsachen sich aus dem Tatbestand ergeben. Nur ausnahmsweise können tatsächliche Feststellungen ausschließlich in den Entscheidungsgründen getroffen werden. 711

Mit der Subsumtion geht die rechtliche Begründung, die mit der Benennung der zu prüfenden Norm und der Darlegung der hierfür erforderlichen Voraussetzungen begonnen hat, in die tatsächliche Begründung über. 712

Eine (von den Parteien vorgetragene) Tatsache kann der Subsumtion zugrunde gelegt werden, wenn sie entweder unstreitig oder bewiesen ist. Das Unstreitigsein einer Tatsache kann in den Gründen dargelegt werden, erforderlich ist dies praktisch meist nicht, sodass die apodiktische Behauptung der Tatsache genügt. 713

> **Formulierungsbeispiel:** Die Ampelanlage war zu diesem Zeitpunkt außer Betrieb. Dies ist zwischen den Parteien unstreitig.
> *Oder nur:*
> Die Ampelanlage war zu diesem Zeitpunkt außer Betrieb.

37 Ist eine **Beweiswürdigung** erforderlich, so erfolgt diese nicht als isolierter Teil der Entscheidungsgründe, sondern ist Teil der Begründungskette und legt dar, warum eine streitige Tatsache zur Ausfüllung eines Tatbestandsmerkmals herangezogen werden konnte. 714

Bewiesen (und damit »wahr«) ist eine Tatsache, wenn sie zur freien Überzeugung des Gerichts nach dem Ergebnis der Beweisaufnahme feststeht. Dabei hat das Gericht den gesamten Inhalt der Verhandlungen und das Ergebnis einer etwaigen Beweisaufnahme zu berücksichtigen. In den Entscheidungsgründen sind die Gründe anzugeben, die für die richterliche Überzeugung leitend gewesen sind (§ 286 I ZPO). 715

Die Beweiswürdigung muss nachvollziehbar, vollständig und kritisch sein. Dies ist sie nur, wenn sie alle Beweismittel umfasst, sich auch mit den Argumenten der unterliegenden Partei und den gegen die Auffassung des Gerichts sprechenden Umständen auseinandersetzt und diese abwägt. 716

Bei dem praktisch dominierenden Zeugenbeweis ist es erforderlich, erkennbar zwischen den objektiven Inhalten der Sachdarstellung (»Glaubhaftigkeit der Aussage«) und den subjektiven, auf die Person des Aussagenden bezogenen Umständen (»Glaubwürdigkeit des Zeugen«) zu unterscheiden. Argumente für diese beiden Kriterien können sich ergeben durch die Prüfung der Möglichkeit, der Fähigkeit und der Bereitschaft, die bekundete Tatsache wahrzunehmen, sie zu behalten und sie in der Aussage wiederzugeben. Die Glaubhaftigkeit einer Aussage kann sich zum Beispiel ergeben aus ihrer Plausibilität und Wahrscheinlichkeit (in Bezug auf die allgemeine Lebenserfahrung oder die Übereinstimmung mit anderen Beweisergebnissen und dem Parteivortrag), ihrem Reichtum an realitätstypischen Details, einer erkennbaren und nachvollziehbaren emotionalen Beteiligung des Zeugen. Zu den Glaubwürdigkeitskriterien gehören insbesondere die Persönlichkeit des Zeugen (Charakter, gesellschaftliches Ansehen), seine Motivation (eigenes Interesse am Ausgang des Prozesses, persönliche oder wirtschaftliche Beziehungen zu den Parteien) und sein Aussageverhalten (Mimik, Gestik, Körpersprache, offenes und selbstsicheres Auftreten, erkennbares Bemühen um differenzierte Darstellung). 717

Formulierungsbeispiel: Der Beklagte hat die Werkleistung der Klägerin abgenommen. Er hat deren Bauleiter gegenüber bei der gemeinsamen Schlussbegehung geäußert, er sei sehr zufrieden mit der Verlegung der Kacheln und werde den vereinbarten Werklohn in den nächsten Tagen überweisen. Dies steht zur Überzeugung des Gerichts nach dem Ergebnis der Beweisaufnahme fest.
Dabei folgt das Gericht den Bekundungen des Zeugen Groß, dem Bauleiter der Beklagten. Dieser hat die entsprechende Äußerung des Beklagten ausdrücklich bestätigt. Diese Aussage ist glaubhaft. Unstreitig fand eine Schlussbegehung der Baustelle statt, an der der Zeuge und der Beklagte teilnahmen. Dabei wurden insbesondere die verlegten Kacheln intensiv geprüft. Hieran kann der Zeuge sich noch gut erinnern, weil es die letzte Abnahme war, die er vor seinem Eintritt in den Altersruhestand für die Beklagte durchgeführt hat. Dies stützt auch die Glaubwürdigkeit des Zeugen, weil dieser zumindest jetzt in keinem Abhängigkeitsverhältnis zur Beklagten mehr steht, die ihn zu einer Falschaussage veranlassen könnten. Zudem hat der Zeuge den Ablauf des Gesprächs offen, widerspruchsfrei und nachvollziehbar geschildert und dabei auf das Gericht einen in jeder Hinsicht uneingeschränkt überzeugenden Eindruck gemacht.
Für die Richtigkeit der Aussage spricht auch das Abnahmeprotokoll, das zahlreiche Mängelrügen dokumentiert, nicht aber eine solche zur Verlegung der Kacheln.
Dem steht die Aussage der Zeugin Klein nicht entgegen. Soweit diese bekundet hat, der Beklagte habe Kritik an den Kacheln geübt und die Leistung der Beklagten für mangelhaft gehalten, vermag das Gericht dem nicht zu folgen. Gegen die Glaubhaftigkeit der Aussage spricht, dass die Zeugin bei dem Gespräch nicht selbst anwesend war, sondern ihr Wissen nur aus späteren Erzählungen des Beklagten herleitet. Zudem ist die Aussage vage und lässt nicht erkennen, woran die angebliche Kritik festgemacht worden sein soll und worin die Mängel gelegen haben sollen. Bedenken bestehen auch an der Glaubwürdigkeit der Zeugin, da diese als Lebensgefährtin des Beklagten nicht bloß ein persönliches, sondern auch ein wirtschaftliches Interesse am Ausgang des Rechtsstreits hat und nicht ausgeschlossen werden kann, dass sie deswegen eine Falschaussage gemacht hat. Zudem kann die Zeugin nicht erklären, warum die angeblichen Mängel nicht in das Abnahmeprotokoll aufgenommen wurden.

718 [38] Die für die Würdigung von Zeugenaussagen geltenden Grundsätze können auch bei der Würdigung einer Parteivernehmung herangezogen werden. Für **andere Beweismittel** dagegen müssen andere Überlegungen greifen.

719 Für den Sachverständigenbeweis ist nicht das schriftlich erstellte Gutachten, sondern auch ein eventuelles Ergänzungsgutachten oder eine mündliche Anhörung zu berücksichtigen. Bei der Würdigung ist darauf abzustellen, ob der Sachverständige von zutreffenden Anknüpfungstatsachen ausgegangen ist, ob er über die erforderliche Sachkunde verfügt (was im Zweifel vermutet werden kann), ob die von ihm gezogenen Schlussfolgerungen schlüssig, nachvollziehbar und überzeugend sind und ob sie das Beweisthema erschöpfen. Eine Auseinandersetzung ist stets auch erforderlich mit den Einwendungen, die die Parteien gegen das Gutachten vorgebracht haben (§ 411 IV ZPO), insbesondere dann, wenn diese in Form eines Privatgutachtens konkretisiert sind. Zu achten ist darauf, dass eine Tatsache nicht deswegen erwiesen ist, weil sie vom Sachverständigen festgestellt wurde. Erforderlich ist eine Feststellung durch das Gericht, das sich dabei der besonderen Sachkunde des Gutachters bedient.

Formulierungsbeispiel: Zur Behebung des Schadens ist ein Betrag in Höhe von 1.500,– EUR erforderlich. Dies steht zur Überzeugung des Gerichts fest. Dabei folgt das Gericht den Feststellungen, die der Sachverständige Roth in seinem Gutachten gemacht hat. Der Sachverständige hat den erforderlichen Zeitaufwand mit 20 Stunden ermittelt und ist von einem durchschnittlichen Stundensatz von 75,– EUR ausgegangen. Beide Beträge hält das Gericht für zutreffend. Als Architekt mit langjähriger Berufserfahrung verfügt der Sachverständige über die erforderliche Sachkunde. Nachvollziehbar und überzeugend hat der Sachverständige die einzelnen durchzuführenden Arbeits-

> schritte differenziert und die für jeden einzelnen Schritt erforderliche Arbeitszeit unter Zugrundelegung der vom Hersteller des PKW für Vertragswerkstätten vorgegeben Arbeitswerttabelle eingesetzt. Einwendungen hiergegen hat auch der Beklagte nicht vorgebracht. Dass pro Arbeitsstunde 75,– EUR aufzuwenden sind, hat der Sachverständige durch eine Umfrage unter fünf verschiedenen Fachwerkstätten ermittelt. Dieser Betrag entspricht auch dem, was das Gericht in gleich gelagerten Fällen kennen gelernt hat.

Eine Augenscheinseinnahme bedarf regelmäßig keiner besonderen Beweiswürdigung. 720
Was das Gericht selbst sinnlich wahrgenommen (gesehen, gehört, gerochen, gefühlt) hat, steht für es damit fest. Eventuelle Wahrnehmungsfehler sind bereits bei der Beweisaufnahme selbst zu berücksichtigen, Wiedergabefehler nicht vorstellbar. Es genügt deswegen grundsätzlich die Wiederholung des protokollierten Beweisergebnisses als Tatsachenfeststellung, ohne dass es einer weiteren kritischen Auseinandersetzung damit bedarf.

> **Formulierungsbeispiel:** Die Zweige des Baums auf dem Grundstück des Beklagten reichen auf das Grundstück des Klägers herüber. Dies steht nach dem Ergebnis der Beweisaufnahme fest. Das Gericht hat dies bei der Inaugenscheinnahme der Grundstücksgrenze festgestellt.

Im Rahmen des Urkundenbeweises ist zunächst zu prüfen, ob überhaupt eine Ur- 721
kunde (oder nicht bloß ein Augenscheinsobjekt) vorliegt, ob diese echt ist (wofür zwischen öffentlichen und Privaturkunden zu unterscheiden ist und worüber häufig eine eigene Beweisaufnahme erforderlich ist), welche (gesetzlich geregelte, und deswegen nicht von einer Überzeugungsbildung des Gerichts abhängige) Beweiskraft ihr zukommt und ob diese im Rahmen des § 286 ZPO erweitert werden kann (etwa durch die Vermutung der Vollständigkeit und Richtigkeit von Vertragsurkunden). Praktisch ist der förmliche Urkundenbeweis recht selten, da die Vorlage von Urkunden meist dazu führt, dass ihr Inhalt unstreitig wird und deswegen einer Beweisaufnahme nicht mehr bedarf.

> **Formulierungsbeispiel:** Zwischen den Parteien ist ein Vertrag zustande gekommen, mit dem der Beklagte den PKW vom Kläger zum Preis von 15.000,– EUR gekauft hat. Beide Parteien haben eine auf den Abschluss eines solchen Vertrags gerichtete Willenserklärung abgegeben. Dies steht nach dem Ergebnis der Beweisaufnahme gemäß § 416 ZPO fest. Das Gericht geht dabei von der durch den Kläger vorgelegten schriftlichen Vertragsurkunde vom 15.2. aus, die eine entsprechende Vereinbarung enthält, und die als echt anzusehen ist, weil der Beklagte dies anerkannt hat (§ 439 ZPO).

[39] Regelmäßig hat eine Norm **mehrere Voraussetzungen**, die im hierarchischen 722
Aufbau der Entscheidungsgründe nicht innerhalb derselben Begründungskette, sondern nebeneinander stehen.

Wie tief ins Detail eine Begründungskette reichen muss (»**Substanziierung**«), ist 723
Frage des Einzelfalles. Unstreitige Tatbestandsvoraussetzungen können zusammengefasst und pauschal bejaht werden (»Vertrag«). Streitige Tatsachenkonglomerate müssen in Einzeltatsachen aufgelöst und isoliert dargelegt werden.

Grundsätzlich sollten auch unstreitige Tatbestandsmerkmale angesprochen werden, 724
können aber deutlich kürzer und oberflächlicher begründet werden als streitige Tatbestandsmerkmale.

[40] Bei der begründeten Klage müssen die Gründe auch ergeben, warum die vom 725
Beklagten geltend gemachten **Gegenrechte** eine Abweisung der Klage nicht rechtfertigen. Diese Gegenrechte können manchmal **inzident** im Zusammenhang mit einer

der für die Anspruchsgrundlage zu prüfenden Voraussetzung geprüft werden. Ob dies möglich ist, hängt vom jeweiligen Gegenrecht und dem Vortrag der Parteien im Einzelfall ab.

> **Formulierungsbeispiel:** Die Klage ist begründet. Der Kläger kann vom Beklagten Zahlung von 400,– EUR aus § 823 I BGB verlangen. Nach dieser Vorschrift ist derjenige, der vorsätzlich und widerrechtlich den Körper eines anderen verletzt, zum Ersatz des daraus entstandenen Schadens verpflichtet.
> Der Beklagte hat den Körper des Klägers verletzt, indem er ihm mit einem Bierglas so fest auf den Kopf schlug, dass hierdurch eine Platzwunde entstand. Dies ist zwischen den Parteien unstreitig.
> Dabei hat der Kläger vorsätzlich gehandelt, weil er wusste, dass der Schlag den Kläger verletzen würde und dies auch bewusst wollte.
> Dass sein Tun widerrechtlich war, wird vermutet, weil Gründe, die es rechtfertigen könnten, nicht ersichtlich sind. Entgegen der Ansicht des Beklagten war sein Schlag nicht durch Notwehr gerechtfertigt, weil vom Kläger kein gegenwärtiger Angriff ausging …
> Der Schaden des Klägers beläuft sich auf 500,– EUR. Diesen Betrag musste der Kläger zur Behandlung seiner Verletzung aufwenden. Soweit der Kläger die Höhe dieses Betrags bestritten hat, steht sie nach dem Ergebnis der Beweisaufnahme zur Überzeugung des Gerichts fest. Das Gericht folgt dabei der Aussage des Zeugen …, der bekundet hat, den Kläger als Arzt behandelt, diesen Betrag dafür in Rechnung gestellt und zwischenzeitlich auch erhalten zu haben. Diese Aussage ist glaubhaft, weil sie durch die schriftliche Rechnung vom 15.9. und den Überweisungsbeleg vom 1.10. gestützt wird. An der Glaubwürdigkeit des Zeugen bestehen keine Bedenken, da er kein erkennbares Motiv für eine mögliche Falschaussage hat und bei seiner Aussage einen überzeugenden Eindruck gemacht hat.

726 [41] Wurden Gegenrechte inzident geprüft, dürfen die **weiteren**, bislang nicht behandelten **Anspruchsvoraussetzungen** nicht vergessen werden.

727 [42] Ist eine Inzidentprüfung von **Gegenrechten** nicht möglich oder nicht gewollt, können die entsprechenden Ausführungen auch nach Prüfung der letzten Anspruchsvoraussetzung **angehängt** werden. Dabei empfiehlt es sich, mit denjenigen Gegenrechten zu beginnen, die zu einer vollständigen Abweisung der Klage hätten führen können (zB Erfüllung oder Verjährung) und danach die lediglich eine Teilabweisung rechtfertigenden Gegenrechte (zB die Einrede des nicht erfüllten Vertrags oder die Einrede der Vorausklage) zu behandeln. Hat der Beklagte hilfsweise aufgerechnet, darf die Hilfsaufrechnung erst dargestellt werden, wenn alle anderen Gegenrechte erschöpft sind.

> **Formulierungsbeispiel:** Die Klage ist begründet. Der Kläger kann vom Beklagten Herausgabe des Fahrzeugs aus § 985 BGB verlangen.
> Der Kläger ist Eigentümer des Fahrzeugs. …
> Der Beklagte ist Besitzers des Fahrzeugs. …
> Ein Recht zum Besitz steht dem Beklagten nicht zu. …
> Der Anspruch des Klägers ist nicht durch Erfüllung erloschen (§ 362 BGB). Entgegen seiner Behauptung hat der Beklagte das Fahrzeug bislang nicht an den Kläger herausgegeben …
> Der Beklagten ist zur Verweigerung der Herausgabe nicht berechtigt (§ 214 I BGB). Der Herausgabeanspruch des Klägers ist noch nicht verjährt (§§ 197, 200 BGB). …
> Der Anspruch des Klägers ist auch durch Aufrechnung nicht erloschen (§ 389 BGB). Die entsprechende Aufrechnungserklärung des Beklagten war zu berücksichtigen, nachdem die damit verknüpfte Bedingung eingetreten ist. Die übrige Verteidigung des Beklagten rechtfertigt eine Klageabweisung nicht. Dem Beklagten steht ein zur Aufrechnung geeigneter Anspruch gegen den Kläger nicht zu. …

[43] Die Entscheidungsgründe müssen auch die **Nebenforderungen** (Zinsen, außergerichtliche Kosten) umfassen. Die Begründung folgt dabei den zur Hauptsache gemachten Prinzipien, geht aber deutlich weniger stark ins Detail und bleibt damit erheblich kürzer. 728

Formulierungsbeispiel: Der geltend gemachte Zinsanspruch ist unter dem Gesichtspunkt des Verzugsschadensersatzes aus §§ 280, 286 BGB begründet.

[44] Die Ausführungen zum unbegründeten Teil der Klage (bzw. diejenigen der gänzlich unbegründeten Klage) beginnen mit einem Obersatz, der an den das Urteil einleitenden Obersatz [31] anknüpft. Umfasst die Klageabweisung bei der teilweise begründeten Klage den gesamten Rest des geltend gemachten Anspruchs, genügt eine pauschale Formulierung. 729

Formulierungsbeispiele:
In Höhe weiterer 12.000,– EUR wird die Klage abgewiesen.

Im Übrigen wird die Klage abgewiesen.

[45] Im Fall der unbegründeten Klage muss dem Kläger dargelegt werden, warum eine Verurteilung des Beklagten nicht möglich ist. Dazu müssen alle in Betracht kommenden Anspruchsgrundlagen angesprochen werden, wobei es jedoch genügt, für jede von ihnen das Fehlen nur einer Voraussetzung oder das Durchgreifen nur eines Gegenrechts zu begründen. Auf die übrigen Anspruchsvoraussetzungen oder Gegenrechte kommt es dann nicht an, sie bleiben entweder gänzlich unerwähnt oder bleiben ausdrücklich dahin gestellt. 730

Formulierungsbeispiel: Die Klage ist unbegründet. Die Kläger können von der beklagten Bank Rückerstattung der Leistungen, die sie auf das Darlehen erbracht haben, nicht verlangen.
Ein dahingehender Anspruch steht ihnen nicht aus § 812 I 1 BGB zu. Nach dieser Vorschrift ist zurückzugewähren, was ohne Rechtsgrund erlangt wurde. Die Beklagte hat die Zins- und Tilgungsleistungen der Kläger nicht ohne Rechtsgrund erlangt. Ein solcher Rechtsgrund liegt im Darlehensvertrag vom ... Dass dieser zwischen den Parteien wirksam zustande gekommen ist, ist unstreitig.
Ein Anspruch steht den Klägern auch nicht aus §§ 346, 357, 355, 312 BGB zu. Danach kann eine Partei einen Vertrag widerrufen und ihre auf den Vertrag erbrachten Leistungen zurückfordern, wenn sie den Vertrag in ihrer Wohnung abgeschlossen hat. Eine solche Rückabwicklung des Darlehensvertrags kommt nicht in Betracht. Dabei kann dahinstehen, ob die Kläger bei Abschluss dieses Vertrages in einer Haustürsituation überrumpelt wurden. Selbst wenn man dies zu ihren Gunsten unterstellt, ist der von ihnen erklärte Widerruf unwirksam, weil er entgegen § 355 I, II BGB nicht innerhalb von zwei Wochen nach Aushändigung der Widerrufsbelehrung erfolgt ist. Diese Belehrung haben die Kläger unstreitig am 15.9. erhalten, erklärt haben sie ihren Widerruf indes erst am 15.10.
Ein Anspruch steht den Klägern letztlich auch aus §§ 280, 311 II BGB nicht zu.
Die Beklagte hat bei Anbahnung des Vertrags gegen keine ihr obliegende Aufklärungspflicht verstoßen. Eine kreditgewährende Bank ist grundsätzlich nicht verpflichtet, den Kreditnehmer auf Risiken hinzuweisen, die sich aus der Verwendung des Darlehens ergeben können.
Ob den Klägern gegenüber falsche Angaben über mögliche Mieteinnahmen aus der zu erwerbenden Wohnung durch den Anlagevermittler gemacht wurden, kann dahin stehen. Auch wenn dies der Fall sein sollte, muss die Beklagte sich diese Erklärungen nicht zurechnen lassen. Der Vermittler war Erfüllungsgehilfe der Bank nur, soweit es um die Vermittlung des Darlehensvertrags und um Erklärungen hierzu ging (§ 278 BGB). Sein Tätigwerden bei Vermittlung des Kaufvertrags und seine Erklärungen zur verkauften Wohnung sind allein der Verkäuferin, nicht der Beklagten zuzurechnen.

731 [46] Das Ende der Entscheidungsgründe bildet die Begründung der prozessualen Nebenentscheidungen. Hierzu gehört die Entscheidung über die **Kosten des Rechtsstreits.**

> **Formulierungsbeispiele:** Die Kosten des Rechtsstreits hat gemäß § 91 ZPO die Klägerin zu tragen, da sie in vollem Umfang unterlegen ist.
> Die Kosten des Rechtsstreits haben die Parteien in dem Verhältnis zu tragen, in dem sie bezüglich der Hauptsache unterlegen sind (§ 92 I ZPO).

732 [47] Begründet werden muss auch die Entscheidung zur **vorläufigen Vollstreckbarkeit.**

> **Formulierungsbeispiele:** Das Urteil ist gem. §§ 708 Nr. 11, 711 ZPO gegen Sicherheitsleistung für vorläufig vollstreckbar zu erklären, da nur die Entscheidung über die Kosten vollstreckbar ist und eine Vollstreckung von nicht mehr als 1.500,– EUR ermöglicht.
> Das Urteil ist ohne Sicherheitsleistung vorläufig vollstreckbar, weil ein Fall des § 708 ZPO nicht vorliegt (§ 709 ZPO).

733 [48] Da die **Entscheidung über die Zulassung der Berufung** für das Berufungsgericht bindend und für die Parteien nicht anfechtbar ist, bedarf sie grundsätzlich keiner Begründung. Möglich ist eine Begründung indes stets, geboten ist sie, wenn mit der Entscheidung einer ausdrücklichen Anregung einer Partei nicht gefolgt wird. In diesen Fällen genügt eine Wiedergabe des Wortlauts der Normalternative, auf die die Entscheidung gestützt wird.

> **Formulierungsbeispiele:** Die Berufung ist zuzulassen, weil die Rechtsfrage obergerichtlich bislang nicht geklärt und in der Lehre umstritten ist (§ 511 IV Nr. 1 ZPO).
> Eine Zulassung der Berufung kommt nicht in Betracht, weil die Sache keine grundsätzliche Bedeutung hat (§ 511 IV Nr. 1 ZPO).

g) Sonstiges

734 [49] Jede anfechtbare gerichtliche Entscheidung hat eine Rechtsbehelfsbelehrung zu enthalten (§ 232 S. 1 ZPO), unabhängig davon, in welcher Form sie ergeht (Urteil, Beschluss, Verfügung) und von wem sie auf Seiten des Gerichts erlassen wird (Richter, Rechtspfleger, Urkundsbeamter).[149]

Ausgenommen sind Verfahren, in denen sich die Parteien durch einen Rechtsanwalt vertreten lassen müssen, grundsätzlich also in Verfahren vor den Landgerichten, Oberlandesgerichten oder dem Bundesgerichtshof (§ 78 I ZPO, nicht jedoch in den Ausnahmefällen § 78 II, III ZPO und gegenüber der trotz Anwaltszwangs nicht anwaltlich vertretenen Partei[150]). Auch hier muss indes belehrt werden über die Möglichkeiten eines Einspruchs, Widerspruchs oder eines Rechtsbehelf für Zeugen oder Sachverständigen. Unerheblich ist, ob die Partei tatsächlich anwaltlich vertreten war.

Belehrt werden muss über das mögliche Rechtsmittel (Berufung, Revision, sofortige Beschwerde, Rechtsbeschwerde) bzw. den möglichen Einspruch, Widerspruch oder die Erinnerung. Nicht belehrt werden muss über die Möglichkeit der Sprungrevision

149 *Hartmann*, Die neue Rechtsbehelfsbelehrung im Zivilprozess, MDR 2013, 61; *Hartmann*, Rechtsbehelfsbelehrung trotz Unanfechtbarkeit?, NJW 2014, 117; *Huber*, Grundwissen-Zivilprozessrecht: Rechtsbehelfsbelehrung (§ 232 ZPO), JuS 2014, 972.

150 BGH NJW 2016, 1827.

und sonstiger Rechtsbehelfe (Ablehnung, Wiedereinsetzung, Gegenvorstellung, Dienstaufsichtsbeschwerde, Verfassungsbeschwerde), die Möglichkeit der Beseitigung von Entscheidungen in einem neuen Verfahren (Abänderungsklage, Vollstreckungsgegenklage) und die Möglichkeiten zur Beseitigung formeller Entscheidungsfehler (Berichtigung, Ergänzung).

Examensrelevant ist die erstinstanzlich erforderliche Belehrung:

- Gegen Entscheidungen des Amts- oder Landgerichts
  - in Form eines Arrest- (bzw. einstweiligen Verfügungs-)beschlusses (Widerspruch; → Rn. 823)
  - in Form eines Versäumnisurteils (Einspruch; → Rn. 1281).
- Gegen Entscheidungen nur des Amtsgerichts
  - in Form eines Urteils (Berufung);
  - in Form eines Beschlusses (sofortige Beschwerde; → Rn. 747).

Formal muss die Belehrung Teil der Entscheidung und von der Unterschrift gedeckt sein, räumlich also vor dieser stehen.[151] Inhaltlich belehrt werden muss über den statthaften Rechtsbehelf, das Gericht, bei dem er einzulegen ist einschließlich der vollständigen Anschrift, sowie über die einzuhaltende Form und Frist. Hinzu kommen muss erforderlichenfalls der Hinweis auf einen Anwaltszwang,[152] nicht indes auf die Erfordernisse einer Begründung.[153] Die Rechtsbehelfsbelehrung muss aus sich heraus verständlich sein und eine nicht anwaltlich vertretene Partei in die Lage versetzen, ohne Mandatierung eines Rechtsanwalts einen Rechtsbehelf wirksam einzulegen.

> **Formulierungsbeispiel:** Gegen dieses Urteil ist das Rechtsmittel der Berufung statthaft. Diese muss durch eine Rechtsanwältin oder einen Rechtsanwalt binnen eines Monats nach Zustellung des Urteils schriftlich beim Landgericht (Ort und Anschrift) eingelegt werden. Die Berufungsschrift muss das Urteil bezeichnen, gegen das die Berufung sich richtet, und die Erklärung enthalten, dass dagegen Berufung eingelegt werde.

Ist ein Rechtsbehelf gegen die Entscheidung nicht gegeben, erfolgt zwar keine Belehrung, wohl aber eine Begründung (»Einer Rechtsmittelbelehrung bedarf es nicht, weil die Entscheidung unanfechtbar ist«).

Eine fehlende oder fehlerhafte Rechtsbehelfsbelehrung hindert weder das In-Gang-Setzen einer Rechtsbehelfsfrist noch den Eintritt der Rechtskraft. Unterbleibt die Einlegung eines Rechtsbehelfs, weil der Beteiligte mangels ordnungsgemäßer Belehrung keine Kenntnis von der Möglichkeit oder den Erfordernissen der Einlegung hatte, kann er Wiedereinsetzung in den vorigen Stand gegen die Versäumung der Rechtsbehelfsfrist verlangen (§ 233 ZPO). Dass ihn in diesem Fall an der Versäumung der Frist kein Verschulden trifft, wird nach § 233 S. 2 ZPO vermutet (§ 292 ZPO; → Rn. 250).

50 Nach § 315 I 1 ZPO ist das Urteil von allen Richtern, die bei der Entscheidung **735**
mitgewirkt haben, zu unterschreiben. Damit wird der bloße Entwurf zum Urteil. In Ausbildung und Examen wird regelmäßig erwartet, dass die Notwendigkeit der Un-

151 BGH NJW 1992, 829; BGHZ 113, 48 = NJW 1991, 487.
152 BGH NJW 2011, 2887; NJW-RR 2010, 1297.
153 BAG ZIP 2003, 1850; deutlich zu weit gehend *Fölsch*, Formulierungshilfen zur Rechtsbehelfsbelehrung im Zivilprozess, NJW 2013, 970.

terschrift deutlich gemacht wird. Hierzu genügt die Wiedergabe des Namens der Richter oder die bloße Floskel »**Unterschrift der Richter**«.

736 Ist ein Richter an der Unterschriftsleistung verhindert, so wird dies mit dem Verhinderungsgrund in einem – vom Vorsitzenden zu unterschreibenden – Vermerk festgehalten (§ 315 I 2 ZPO).

Formulierungsbeispiel: Richter am Landgericht Meier ist urlaubsbedingt an der Unterschriftsleistung verhindert, gez. Müller, Vorsitzender Richter am Landgericht.

7. Sonstige praktische Umsetzungen

a) Beschluss

737 Richterliche Entscheidungen können auch in Form eines Beschlusses ergehen (→ Rn. 473). Beschlüsse können prozessleitende Zwischenentscheidungen treffen oder verfahrensbeendend wirken, sie können nach mündlicher Verhandlung ergehen oder ohne eine solche.

738 **Existent** werden Beschlüsse, wenn sie den inneren Bereich des Gerichts verlassen, und von diesem nicht mehr verändert werden können.[154] Bei Beschlüssen, die aufgrund einer mündlichen Verhandlung ergehen, ist dies die Verkündung, ansonsten die Bekanntgabe an die Parteien. Mit ihrer Existenz entfalten Beschlüsse Bindungswirkung und sind mit der Beschwerde anfechtbar. **Wirksam** werden Beschlüsse mit ihrer Bekanntmachung den Parteien gegenüber.[155] Hierzu bedarf es in den gesetzlich angeordneten Fällen (zB § 329 II 2 ZPO) einer förmlichen Zustellung. Wirksame Beschlüsse entfalten die bestimmungsgemäßen Rechtsfolgen.

739 § 329 ZPO erklärt für Beschlüsse eine Reihe von Urteilsvorschriften für **entsprechend anwendbar**. Diese Aufzählung ist indes nicht abschließend. Im Wesentlichen gelten die Bindung an Parteianträge (§ 308 ZPO), das Gebot der Unmittelbarkeit (§ 309 ZPO), die Möglichkeit der Anberaumung eines besonderen Verkündungstermins (§ 310 I ZPO), die Form der Verkündung (§ 311 II–IV ZPO) und der Zustellung (§ 317 ZPO), die Berichtigung und Ergänzung (§§ 319 ff. ZPO). Eine Bindung des Gerichts an die eigene Entscheidung (§ 318 ZPO) tritt nur ein, soweit der Beschluss formell rechtskräftig (→ Rn. 490) oder bereits ausgeführt ist.

Nicht anwendbar sind insbesondere die § 311 I ZPO (Ergehen der Entscheidung »Im Namen des Volkes«) und §§ 708 ff. ZPO (vorläufige Vollstreckbarkeit).

154 BGH NJW-RR 2000, 877; 2004, 1575.
155 BGH NJW 2005, 3724.

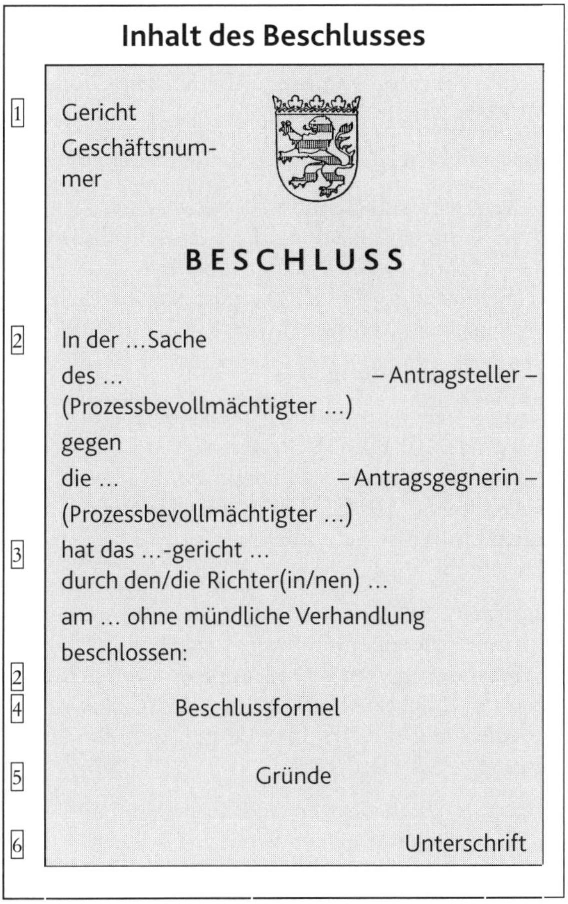

Schema 10.17: Inhalt des Beschlusses

Regelungen über die grundsätzliche **äußere Gestaltung** von Beschlüssen enthält die ZPO nicht. Deswegen wird insoweit § 313 ZPO entsprechend angewandt.[156] Inhalt und Aufbau des Beschlusses entsprechen regelmäßig dem von Urteilen. Dabei gelten folgende Besonderheiten: 740

1 Der Beschlusseingang kann weitgehend dem des Urteils entsprechend gestaltet werden. 741

Gericht und Geschäftsnummer sind bei allen gerichtlichen Schriftstücken erforderlich (§ 4 AktO). Ein Landeswappen ist möglich, die Angabe der Entscheidungsform kann zur Abgrenzung vom Urteil sinnvoll sein. Die Floskel »Im Namen des Volkes« ist nicht statthaft.

2 Beschlusssachen werden einleitend häufig nicht als »Rechtsstreit«, sondern nach 742
dem Gegenstand (»In dem Verfahren auf Erlass einer einstweiligen Verfügung«) bezeichnet. Auch das Prädikat lautet nicht »für Recht erkannt«, sondern »beschlossen«. Da eine mündliche Verhandlung regelmäßig nicht stattfindet, wird der Tag der Beschlussfassung angegeben.

3 Im **Rubrum** bezeichnet werden müssen die Beteiligten, die in den selbstständigen 743
Sachen nicht Kläger und Beklagter heißen, sondern etwa Antragsteller und Antragsgegner. Gericht und Namen der Richter sind nicht erforderlich, können sich entweder aus dem Rubrum oder schlicht aus der Wiedergabe der Namen bei der Unterschrift ergeben.

156 BGH NJW 2001, 1653.

Urteilsvertretende, verfahrensbeendende und vollstreckbare Beschlüsse, die Wirkungen entfalten, müssen die Parteien wie in der Klageschrift und im Urteil umfassend bezeichnen. Eine Kurzbezeichnung (abgekürztes Rubrum, »In Sachen Müller ./. Meier«) genügt, wenn die Beteiligten anderweitig feststehen.[157]

744 [4] Auch dem Beschluss wird das Ergebnis in Form einer **Formel** (Tenor) vorangestellt.

Bei vollstreckbaren Beschlüssen muss diese verständlich und vollstreckbar sein. Verfahrensbeendende Beschlüsse enthalten eine Kostenentscheidung. Eine Entscheidung über die vorläufige Vollstreckbarkeit ergeht nicht, da §§ 708 ff. ZPO nur für Urteile gelten und sich die Vollstreckbarkeit von Beschlüssen aus § 794 ZPO ergibt. Erforderlich sein kann eine Entscheidung über die Zulassung einer Rechtsbeschwerde (§ 574 III ZPO)

745 [5] Beschlüsse bedürfen grundsätzlich einer **Begründung**.[158]

Dies folgt auch ohne ausdrückliche prozessuale Anordnung grundsätzlich aus verfassungsrechtlichen Gründen (Art. 3 I, 20 III, 103 I GG). Praktisch unterbleibt eine Begründung häufig in den Fällen, in denen sie sich unmittelbar aus dem Gesetz ergibt (zB Rechtsfolgen nach Berufungsrücknahme, § 516 III ZPO), auf ständiger Rechtsprechung beruht oder dem Streitstoff unmittelbar zu entnehmen ist.[159] Die Parteien können auf eine Begründung auch verzichten.

Die häufig anzutreffende Praxis, anfechtbare Beschlüsse nicht zu begründen, beruht auf § 572 ZPO: Ist gegen den Beschluss die sofortige Beschwerde statthaft, so hat das den Beschluss erlassende Gericht zunächst darüber zu befinden, ob es der Beschwerde abhilft. In dieser Entscheidung über die (Nicht-)Abhilfe kann die zunächst unterlassene Begründung für die Parteien (die dann die Beschwerde ggf. zurücknehmen können) und das Rechtsmittelgericht *nachgeholt* werden.[160]

746 Die Begründung wird nicht durch separate Überschriften und Tatbestand und Entscheidungsgründe unterteilt, sondern einheitlich mit »Gründe« überschrieben.

Sinnvoll, aber nicht zwingend geboten ist eine räumliche Trennung der Sachverhaltsdarstellung von der rechtlichen Begründung. Diese erfolgt regelmäßig durch die Unterteilung der »Gründe« in einen tatsächlichen (I.) und einen rechtlichen Teil (II.). Möglich (wenn auch nicht zu empfehlen) ist es auch, den Sachverhalt inzident im Rahmen der Subsumtion darzustellen. Zum Aufbau der Sachverhaltsdarstellung → Rn. 370. Verzichtbar ist die Sachverhaltsdarstellung, wenn es auf Vorbringen oder Anträge der Parteien nicht ankommt und sich die prozessualen Voraussetzungen aus der Entscheidung selbst ergeben. Unabdingbar ist eine Sachverhaltsdarstellung bei Beschlüssen, die mit der Rechtsbeschwerde anfechtbar sind. Die rechtliche Begründung ist in keinem Fall entbehrlich.

747 [6] Wegen der Notwendigkeit einer **Rechtsbehelfsbelehrung** bei Beschlüssen des Amtsgerichts kann auf die Ausführungen zum Urteil verwiesen werden (oben → Rn. 734).

---

157 BGH NJW-RR 2008, 367; NJW 2003, 3136; OLG Brandenburg Rpfleger 1998, 208.

158 BGH NJW-RR 2014, 1531; NJW 2010, 1582; 2009, 857; FamRZ 2006, 1030.

159 OLG Karlsruhe FamRZ 1991, 90; BayObLG NJW-RR 1991, 187; OLG Frankfurt a.M. Rpfleger 1984, 477.

160 Zur Beschwerde → Rn. 1561; zur Erforderlichkeit, Beschlüsse im einstweiligen Rechtsschutz zu begründen, *Nägele*, Muß der einen Arrest oder eine einstweilige Verfügung anordnende Beschluss begründet werden?, NJW 1993, 1045 und → Rn. 807.

Zwingend erforderlich ist auch die **Unterschrift** des/der Richter(s).

Dies folgt aus §§ 329 I 2, 317 II ZPO. Streitig ist allerdings, ob bei Kollegialgerichten die Unterschrift aller mitwirkenden Richter erforderlich ist (§ 315 I ZPO) oder ob die Unterschrift des Vorsitzenden oder des Berichterstatters genügt.

b) Anwaltliche Darstellungsformen

Schema 10.18: Praktische Umsetzung

748 Auf Seiten des Rechtsanwalts fallen im Zivilprozess keine Entscheidungen im klassischen Sinn an. Schon hingewiesen wurde darauf, dass wegen der Möglichkeit der Parteien, den Rechtsstreit inhaltlich zu gestalten (Dispositionsmaxime), die Bandbreite der praktischen Möglichkeiten deutlich größer ist als bei gerichtlichen Fallbearbeitungen, sodass Phantasie und Kreativität – im prozessrechtlich zulässigen Rahmen – in weitaus stärkerem Maß gefordert sind (→ Rn. 402). Regelmäßig handelt es sich bei den in Frage kommenden praktischen Umsetzungen formal um prozessuale Schriftsätze oder außerprozessuale Schreiben, ggf. auch um den Entwurf von materiellrechtlichen Erklärungen, die die Partei abgeben will.

749 (1) **Prozessuale Schriftsätze** werden unterteilt in *vorbereitende*, die erst durch eine Wiederholung in einer nachfolgenden mündlichen Verhandlung Wirkung entfalten (§ 137 ZPO), und *bestimmende*, die bereits unmittelbar eine Parteiprozesshandlung vollziehen sollen,[161] sei es die Einleitung eines Verfahrens, sei es dessen Fortsetzung, Änderung oder Beendigung. Vorbereitung und Bestimmung schließen sich dabei nicht aus, die meisten bestimmenden Schriftsätze bereiten eine mündliche Verhandlung zugleich vor.[162]

161 BGHZ 92, 253.
162 BLAH/*Hartmann* ZPO § 129 Rn. 7; Zöller/*Greger* ZPO § 129 Rn. 4.

- **Bestimmende Schriftsätze** sind im Gesetz regelmäßig besonders geregelt. Aus diesen Vorschriften ergeben sich Form und notwendiger (Muss-)Inhalt, häufig wird ergänzend auf die allgemeinen (Soll-)Anforderungen der §§ 129 ff. ZPO verwiesen. Bezug genommen werden kann hierzu auf die Darstellung dieser besonderen Schriftsätze, insbesondere der Klageschrift (§ 253 ZPO: → Rn. 146) und der besonderen Formen der Verfahrenseinleitung wie die Klagebegründung nach vorangegangenem Mahnverfahren (§ 697 I ZPO; → Rn. 769), der Prozesskostenhilfeantrag (§ 117 ZP; → Rn. 537) oder der Antrag auf Durchführung des selbstständigen Beweisverfahrens (§ 487 ZPO; → Rn. 1302). Bestimmend sind daneben die Änderungen (§ 263 ZPO; → Rn. 964, 1143) und Rücknahmen (§§ 91a, 269, 346, 516 ZPO; → Rn. 1413, 1437, 1511) der Klage. Auf eine Fortsetzung des Verfahrens gerichtet sind die Rechtsbehelfseinlegungen (§§ 236, 340, 518, 553, 569, 924 ZPO; → Rn. 249 f.; → Rn. 825; → Rn. 1285; → Rn. 1302; → Rn. 1486 ff.).[163]
- Die (Soll-)Anforderungen an **vorbereitende Schriftsätze** folgen im Wesentlichen aus den §§ 129 ff. ZPO. Als Grundfall wurden insoweit die Klageschrift (für die diese Vorschriften ergänzend gelten; → Rn. 146) und die Klageerwiderung dargestellt (→ Rn. 186).[164]

750 (2) **Außerprozessuale Schreiben** des Anwalts kommen mit einer Vielzahl denkbarer Inhalte in Betracht.

> **Beispielsweise** können Dritten gegenüber Ansprüche geltend gemacht oder zurückgewiesen werden, Mandanten können über Prozesssituationen aufgeklärt oder zu bestimmten Handlungen oder Entscheidungen aufgefordert werden.

Diese Vielfalt möglicher, vor allem auch materiellrechtlicher Inhalte und das Fehlen allgemeiner formeller oder inhaltlicher Vorgaben machen eine systematische Darstellung kaum möglich.[165]

751 (3) Nicht dargestellt werden können an dieser Stelle auch die im Entwurf materiellrechtlicher Erklärungen (»**Vertragsgestaltung**«) bestehenden praktischen Umsetzungen des Rechtsanwalts. Zwar spielen solche kautelarjuristischen Tätigkeiten in der täglichen Arbeit vieler Anwälte eine wichtige Rolle, sie liegen aber außerhalb des auf die prozessuale Behandlung streitiger Zivilrechtsfälle beschränkten Gegenstands der vorliegenden Abhandlung.

Soweit entsprechende Aufgaben als Anwaltsklausur im Zweiten Juristischen Staatsexamen vorkommen, sei auf die entsprechende Speziallitertur hierzu verwiesen.[166]

---

163 *Diercks-Harms/Lemke-Küch* Rechtsanwaltsstation 156 ff., 217 ff.

164 *Michel/von der Seipen*, Schriftsatz; *Gross*, Grundstrukturen erfolgreicher Schriftsätze, JuS 1999, 171.

165 *Gross*, Grundstrukturen erfolgreicher Schriftsätze, JuS 1999, 171.

166 *Däubler*, Verhandeln und gestalten, 2003; *Diercks-Harms* Anwaltsklausur; *Diercks-Harms*, Neuer Prüfungsstoff im Zweiten Juristischen Staatsexamen: Rechtsgestaltende Anwaltsklausuren, JA 2013, 801; *Eiden*, Vertragsgestaltung in Klausur und Praxis, JuS 2014, 496; *Graf Wolfskeel v. Reichenberg*, Gesellschaftsrecht in der Kautelarklausur, JA 2017, 51; *Graf Wolfskeel v. Reichenberg*, Grundstücksrecht in der Kautelarklausur, JA 2016, 453; *Hagedorn/Danowski*, Vorweggenommene Erbfolge in der Kautelarklausur, JA 2016, 370; *Kornexl*, Vertragsgestaltung 1.0: Grundlagen; *Langenfeld*, Vertragsgestaltung; *Rehbinder*, Vertragsgestaltung; *Ritterhaus/Teichmann*, Anwaltliche Vertragsgestaltung; *Sikora/Mayer* Kaut. Klausuren; *Zankl*, Die anwaltliche Praxis in Vertragssachen, 1990. Kurzdarstellungen: *Hagspiel*, Die Bearbeitung der kautelarjuristischen Klausur im Zweiten Juristischen Staatsexamen, JuS 2003, 482; *Langenfeld*, Einführung in die Vertragsgestaltung, JuS 1998, 33; 131; 224; 321; 417; 521; 621.

2. Teil. Vertiefung

Im Rahmen des Vertiefungsteils sollen die bisher dargestellten allgemeinen Grund- 752
begriffe aufgegriffen und durch Darstellung der in Praxis und Examen typischen besonderen Probleme vertieft werden.

1. Abschnitt. Prozess

Gegenstand der Betrachtung unter dem einleitenden Begriff »*Prozess*« war das allge- 753
meine Verfahren des zweiten Buchs der ZPO. Daneben gibt es eine Reihe besonderer Verfahrensarten innerhalb und außerhalb der ZPO.[1]

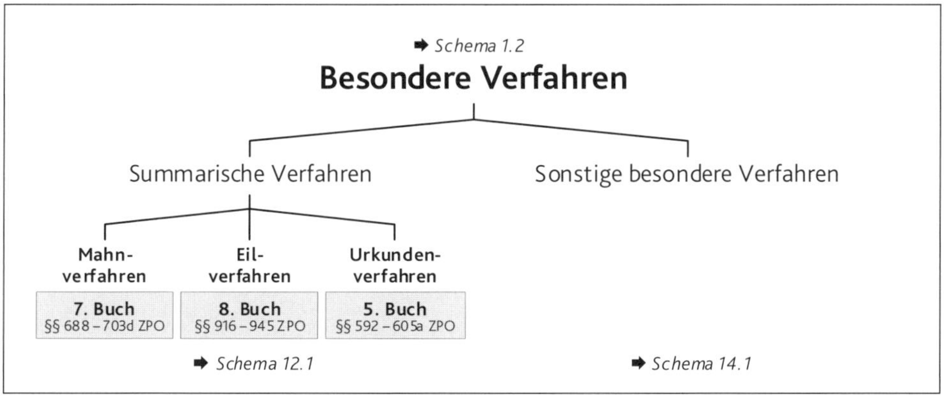

Schema 11.1: Besondere Verfahren

Besondere Verfahren sind zunächst die »**summarischen Verfahren**«, zu denen das 754
Mahnverfahren (→ Rn. 756 ff.), die *Eilverfahren* (→ Rn. 792 ff.) und das *Urkundenverfahren* (→ Rn. 842 ff.) gehören. Gemeinsam ist ihnen, dass sie den allgemeinen Verfahren gegenüber schneller, einfacher und häufig auch billiger ablaufen, keine umfassende Rechtsprüfung zum Gegenstand haben und im Interesse des Klägers rasch zu einer vollstreckbaren Entscheidung führen.

Grund für ein Absehen von den Regeln des allgemeinen Verfahrens ist, dass der zugrunde liegende Anspruch unstreitig (Mahnverfahren), schutzbedürftig (Eilverfahren) oder in hohem Maß wahrscheinlich begründet ist (Urkundenverfahren). Die **Verfahrensbeschleunigung** wird beim Mahnverfahren durch einen Verzicht auf eine Sachprüfung erreicht, bei den Eilverfahren kann auf die mündliche Verhandlung oder jegliches rechtliches Gehör verzichtet werden, zudem sind die Möglichkeiten der Beweisführung erleichtert. Beim Urkundenverfahren sind die Verteidigung des Beklagten und die Beweismittel beschränkt. Die durch die Verfahrensbeschleunigung erhöhte Gefahr einer materiell unrichtigen Entscheidung wird – soweit eine Partei dies will – durch ein **ergänzendes allgemeines Verfahren** kompensiert (Abgabe an das Prozessgericht im Mahnverfahren, Fristsetzung zur Hauptsacheklage im Eilverfahren, Nachverfahren im Urkundenverfahren).

1 Vgl. Schemata 1.2 und 6.7; die nach Schema 1.2 den Zwangsvollstreckungsverfahren zuzuordnenden Eilverfahren sind hier aus systematischen Gründen eingefügt.

755 Sonstige besondere Verfahren (→ Rn. 867 ff.) sind in der ZPO (**schiedsrichterliche Verfahren**), im FamFG (**Verfahren in Familiensachen** und **Verfahren in Angelegenheiten der freiwilligen Gerichtsbarkeit)** oder in anderen Gesetzen geregelt (**Adhäsionsverfahren** und **Musterklageverfahren**).

§ 11 Mahnverfahren

1. Verfahren[1]

a) Ablauf

Wer einen Anspruch hat, den der Schuldner nicht freiwillig erfüllt, wird diesen im Wege der Zwangsvollstreckung durchsetzen und bedarf hierzu nach § 704 ZPO grundsätzlich eines Urteils. Alternativ zum Urteil kennt die ZPO weitere Vollstreckungstitel, so nach § 794 I Nr. 4 ZPO den Vollstreckungsbescheid. Dieser kommt nicht aufgrund eines regulären Erkenntnisverfahrens zustande, sondern in einer besonderen Verfahrensart, dem Mahnverfahren. **756**

Das Mahnverfahren ist vornehmlich für Ansprüche[2] bestimmt, gegen die sich der Gegner **nicht verteidigen** wird. Hier kann es zu einer Vereinfachung, Verkürzung und Verbilligung des Verfahrens führen, weil das Gericht dann ohne jede Sachprüfung auf die bloße Behauptung des Antragstellers hin einen Titel schafft.[3] Widerspricht der Gegner dem, so wird das Mahnverfahren in das normale streitige Erkenntnisverfahren übergeleitet. **757**

Das Mahnverfahren spielt **praktisch** eine enorme Rolle: vier von fünf Anspruchsdurchsetzungen beginnen im Mahnverfahren, nur jedes fünfte Verfahren wird mit einer Klageschrift eingeleitet. Das Mahnverfahren erspart ein ansonsten evtl. erforderliches außergerichtliches Güteverfahren (§ 15a II Nr. 5 EGZPO; → Rn. 219).

Das Mahnverfahren beginnt nach § 690 ZPO mit einem entsprechenden **Antrag** des Gläubigers. Ausschließlich zuständig ist das Amtsgericht, bei dem der Antragsteller seinen allgemeinen Gerichtsstand hat (§ 689 II ZPO).[4] Das Mahngericht prüft den Antrag nur formell, nicht inhaltlich[5] und erlässt ggf. den **Mahnbescheid** (§ 692 ZPO). Macht der Antragsgegner von der Möglichkeit, hiergegen Widerspruch einzulegen, keinen Gebrauch, so ergeht auf neuerlichen Antrag hin (§ 699 I ZPO) der **Vollstreckungsbescheid**, der einem Versäumnisurteil gleichsteht (§ 700 I ZPO) und – wenn er rechtskräftig geworden ist, weil der Gegner keinen Einspruch eingelegt hat – Grundlage für die sich anschließende Zwangsvollstreckung wird (§ 794 I Nr. 4 ZPO). **758**

Dieser Teil des Mahnverfahrens ist formularbedürftig (§ 703c ZPO)[6] und wird überwiegend elektronisch bearbeitet (§ 690 III ZPO). Anwälte müssen bereits den Antrag in elektronischer Form stellen (§ 690 III 2 ZPO).[7]

1 *Chab*, Vor- und Nachteile gerichtlicher Mahnverfahren, AnwBl. 2002, 717; *Coester-Waltjen*, Das Mahnverfahren nach der Reform durch das Rechtspflege-Vereinfachungsgesetz, JURA 1991, 660; *Conrad*, Das zivilprozessuale Mahnverfahren, JuS 2009, 1; *Nistler*, Mahnverfahren oder ordentliches Klageverfahren, JuS 2011, 990.

2 Zu den nicht im Mahnverfahren durchsetzbaren Ansprüchen vgl. § 688 II ZPO.

3 Die Titulierung ohne Sachprüfung eröffnet auch Missbrausmöglichkeiten: *Minwegen*, Widerrechtliche Ausnutzung des gerichtlichen Mahnverfahrens und Verteidigungsmöglichkeiten, ZAP Fach 13, 2059.

4 *Cuypers*, Das zuständige Gericht in Zivilsachen – Mahnverfahren, ZAP Fach 13, 1871; *Cuypers*, Die Titulierung überhöhter Rechtsverfolgungskosten im Mahnverfahren, VuR 2015, 48.

5 *Wedel*, Die Prüfungsbefugnis des Rechtspflegers im gerichtlichen Mahnverfahren, JurBüro 1994, 325.

6 BGH NJW-RR 2001, 1320; *Holch*, Geändertes Mahnverfahren – neue Vordrucke, NJW 1991, 3207.

Die Bearbeitung ist ausschließlich dem Rechtspfleger übertragen (§ 20 Nr. 1 RPflG), der Richter wird hiermit nur ausnahmsweise im Rahmen eines Rechtsbehelfs befasst, sodass hierauf im Rahmen der vorliegenden Betrachtung nicht weiter eingegangen zu werden braucht.

Gegen die Zurückweisung des Mahnantrags ist nur ausnahmsweise die **sofortige Beschwerde** statthaft, dann nämlich, wenn der Antrag abgelehnt wird, weil er in ungeeigneter maschinenlesbarer Form gestellt wurde (§ 691 III 1 ZPO). Soweit § 691 III 2 ZPO die Zurückweisung im Übrigen für unanfechtbar erklärt, eröffnet § 11 II 1 RPflG die **befristete Erinnerung**, über die nach Nichtabhilfe durch den Rechtspfleger der Richter abschließend entscheidet (→ Rn. 1572 f.). Die Zurückweisung des Mahnantrags steht weder der Stellung eines neuen Mahnantrags noch einer Klageerhebung entgegen.

759 In die ausschließliche Zuständigkeit des Richters gelangt das Verfahren, wenn der Antragsgegner sich an irgendeiner Stelle des Mahnverfahrens **verteidigt**. Dies ist möglich, indem er entweder gegen den Mahnbescheid Widerspruch oder gegen den Vollstreckungsbescheid Einspruch einlegt.

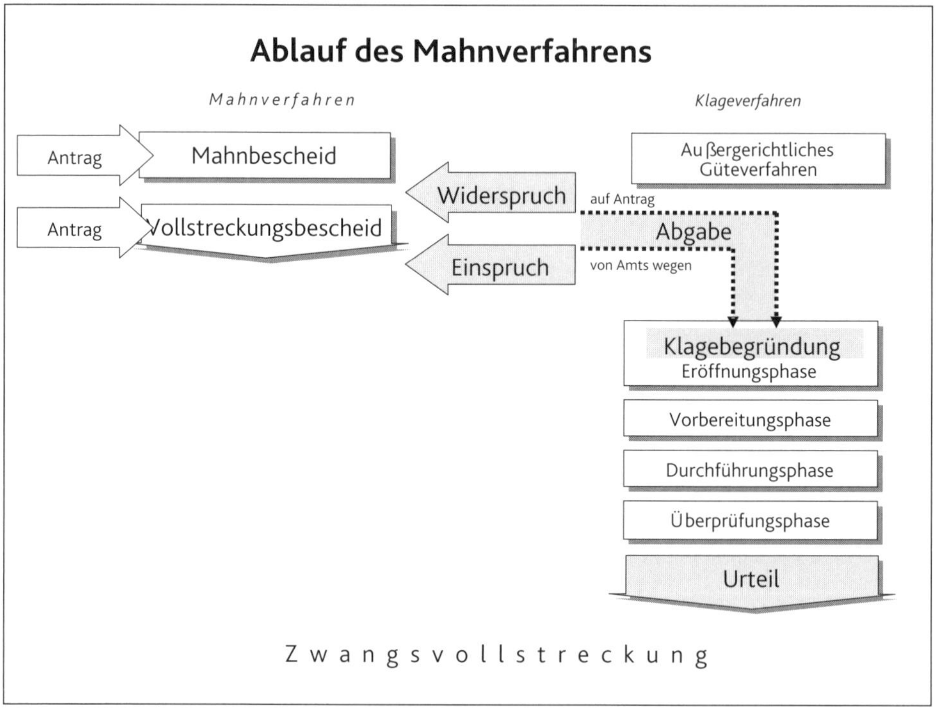

Schema 11.2: Ablauf des Mahnverfahrens[8]

Rund 75–80% aller Mahnanträge führen zum Erlass eines Vollstreckungsbescheids, etwa 10% werden (meist aufgrund eines Widerspruchs, nur selten erst nach Einspruch) in ein normales Klageverfahren übergeleitet.

7 Dies ist zB möglich über das elektronische Gerichts- und Verwaltungspostfach (EGVP) oder über das sog. Barcodeverfahren, bei dem im Internet (zB www.online-mahnantrag.de) ein Mahnformular ausgefüllt, in Form eines Barcodes ausgedruckt und so bei Gericht eingereicht wird, wo es mit einem speziellen Scanner in die EDV eingelesen wird. *Draznin*, Überblick über das neue elektronische Mahnverfahren, ZAP (2008) Fach 14, 591; *Messias*, Das elektronische Mahnverfahren ab 1.12.2008, 571.

8 Zur Erläuterung des hier schematisch dargestellten streitigen Verfahrens → Rn. 45; → Rn. 218 ff.

b) Widerspruch

Der Schuldner kann, nachdem ihm der Mahnbescheid zugestellt wurde, der Fortsetzung des Mahnverfahrens widersprechen. Hierzu hat er sich grundsätzlich des dafür eingeführten Formulars zu bedienen, das ihm zusammen mit dem Mahnbescheid übersandt wurde (§§ 692 Nr. 5, 703a II ZPO). Nach hM sind indes auch formlose Erklärungen beachtlich.[9] **760**

Anwaltszwang besteht nicht (§§ 702 I 1, 78 III 2 ZPO). Auch im automatisierten Verfahren ist eine schriftliche Einreichung des Widerspruchs erforderlich.

Widerspruch kann der Antragsgegner einlegen, bis der Vollstreckungsbescheid verfügt ist (§ 694 I ZPO). Ergeht ein Vollstreckungsbescheid also zunächst nicht, gibt es auch für den Widerspruch keine Fristbegrenzung. Da dem Antragsgegner im Mahnbescheid zwei Wochen zur Begleichung der Schuld eingeräumt werden (§ 692 Nr. 3 ZPO) und der Antrag auf Erlass eines Vollstreckungsbescheids nicht vor Ablauf dieser Frist gestellt werden kann (§ 699 I 2 ZPO), beträgt die **Widerspruchsfrist** mindestens zwei Wochen. **761**

»**Verfügt**« ist ein Vollstreckungsbescheid bei manueller Bearbeitung, wenn er vom Rechtspfleger unterschrieben wurde und eine gewisse Außenwirkung erlangt hat, etwa indem er zur Geschäftsstelle gelangt ist oder zumindest dorthin auf den Weg gebracht wurde (zB durch Einlegung ins Postausgangsfach).[10] Bei maschineller Bearbeitung muss auf den Zeitpunkt abgestellt werden, zu dem die Software Ausdruck und Versendung des Vollstreckungsbescheids veranlasst.[11]

Wird Widerspruch **verspätet**, dh erst eingelegt, nachdem der Vollstreckungsbescheid bereits verfügt wurde, so gilt er als Einspruch hiergegen (§ 694 II ZPO). War der Widerspruch rechtzeitig, erging jedoch trotzdem Vollstreckungsbescheid, so gilt § 694 II ZPO analog. In diesem Fall dürfen den Antragsgegner sonstige nachteilige Folgen des Vollstreckungsbescheids nicht treffen, insbesondere kann gegen ihn im Fall der Säumnis in der Einspruchsverhandlung kein zweites, sondern nur erstes Versäumnisurteil ergehen.[12] **762**

Der Widerspruch kann auch auf Teile des Mahnbescheids **beschränkt** werden, sodass dann Vollstreckungsbescheid bezüglich des nicht angegriffenen Teils ergeht, während der Rest des Anspruchs im normalen streitigen Verfahren behandelt wird. Entsprechendes gilt im Fall der (teilweisen) **Rücknahme** des Widerspruchs (§ 697 IV ZPO): Hinsichtlich diesen Teils ergeht kein Urteil, sondern (durch den Rechtspfleger des Prozessgerichts) Vollstreckungsbescheid.[13] **763**

Legt der Antragsgegner gegen den Mahnbescheid Widerspruch ein (§ 694 ZPO), so wird das Verfahren – wieder nur auf Antrag des Antragstellers (§ 696 ZPO) – an das Prozessgericht abgegeben. **764**

9 Prütting/Gehrlein/*Sommer* ZPO § 62 Rn. 14; *Fischer*, Probleme bei Widerspruch und Einspruch im Mahnverfahren, MDR 1998, 885.

10 BGH NJW 1982, 888.

11 Prütting/Gehrlein/*Sommer* ZPO § 694 Rn. 12; aA BLAH/*Hartmann* ZPO § 694 Rn. 12.

12 BGH NJW 1983, 633; OLG Düsseldorf OLGR 2002, 171; OLG Frankfurt a.M. OLGR 1997, 60.

13 OLG Frankfurt a.M. NJW-RR 1990, 767; *Fischer*, Antragsrücknahme im Mahnverfahren und ihre Folgen, MDR 1994, 124; Thomas/Putzo/*Hüßtege* ZPO § 694 Rn. 5; § 697 Rn. 16.

c) Einspruch

765 Ist ein Vollstreckungsbescheid ergangen, so steht dieser einem **Versäumnisurteil** im allgemeinen Erkenntnisverfahren gleich.[14] Will der Antragsgegner ihn nicht rechtskräftig werden lassen, muss er hiergegen – wie gegen ein Versäumnisurteil – Einspruch einlegen (§§ 700 I, 338 ZPO).

Der Einspruch muss schriftlich innerhalb einer Notfrist von zwei Wochen ab Zustellung des Vollstreckungsbescheids eingelegt werden. Gegen die Versäumung der Frist ist eine Wiedereinsetzung möglich. Ein Formular dafür ist nicht eingeführt, sodass formell die Anforderungen an einen regulären Prozessschriftsatz (§ 130 ZPO) zu beachten sind (dazu → Rn. 217). Anwaltszwang besteht nicht (§§ 702 I 1, 78 III 2 ZPO). Besonderheiten folgen aus § 340 ZPO, der verlangt, dass die Einspruchsschrift die Erklärung enthält, dass Einspruch eingelegt wird und den Vollstreckungsbescheid bezeichnet, gegen den er sich richtet. An die Einhaltung dieser Formalia dürfen keine überspannten Anforderungen gestellt werden, stets ist eine Auslegung erforderlich. Eine Begründung ist (anders als beim Einspruch gegen ein Versäumnisurteil, § 340 III ZPO) nicht erforderlich (§ 700 III 3 ZPO).

766 Wird ein Einspruch eingelegt, so wird der Rechtsstreit – von Amts wegen – an das Prozessgericht abgegeben, wo über diesen Einspruch zu verhandeln ist (§§ 700 III 1, 341a ZPO).

d) Abgabe

767 Der Übergang vom Mahn- ins Urteilsverfahren erfolgt im Wege der Abgabe:

- Nach Widerspruch gemäß § 696 I ZPO aufgrund eines Antrags auf Durchführung des streitigen Verfahrens, weil es dem Antragsteller überlassen bleiben soll, ob er einen Prozess durchführen will oder nicht.[15]
- Nach Einspruch gemäß § 700 III ZPO von Amts wegen, weil hier mit dem Vollstreckungsbescheid bereits ein Titel existiert, dessen Rechtmäßigkeit auf den Rechtsbehelf des Antragsgegners hin überprüft werden muss.

768 Die Abgabe erfolgt an das vom Gläubiger im Mahnbescheid bezeichnete Gericht (§ 692 I Nr. 1 ZPO). Dieses muss nicht mehr der allgemeine Gerichtsstand des Antragstellers sein (§ 690 I Nr. 5 ZPO). Verlangen beide Parteien übereinstimmend die Abgabe an ein anderes Gericht (zB wegen einer Gerichtsstandsvereinbarung), so wird dorthin abgegeben. Eine Prüfung der Zuständigkeit durch das Mahngericht erfolgt in keinem Fall, sodass danach eine Verweisung an ein anderes Gericht nach § 281 ZPO möglich bleibt.[16]

e) Klagebegründung

769 Unabhängig davon, ob die Abgabe nach Widerspruch oder nach Einspruch erfolgte, fordert das Prozessgericht den Kläger auf, seinen Anspruch binnen zwei Wochen[17] in einer der Klageschrift entsprechenden Form zu begründen (§ 697 ZPO). Die Begründung erfolgt in einem Prozessschriftsatz, der förmlich lediglich den allgemeinen Anforderungen des § 130 ZPO genügen und eine Begründung im Sinne des § 253 II Nr. 2 ZPO enthalten muss (»Gegenstand und Grund des erhobenen Anspruchs«).

14 *Fischer*, Probleme bei Widerspruch und Einspruch im Mahnverfahren, MDR 1998, 885; zum Versäumnisverfahren → Rn. 1271 ff.

15 OLG Köln JurBüro 1988, 616.

16 BGH NJW 2009, 1213; 2002, 3634; → Rn. 1064.

17 *Hogenschurz*, Fristverlängerung zur Anspruchsbegründung nach Widerspruch gegen den Mahnbescheid?, MDR 2014, 1055.

Der weiteren formellen Voraussetzungen der Klageschrift (Bezeichnung der Parteien und des Gerichts, bestimmter Antrag) bedarf dieser Schriftsatz nicht notwendig, da diese Angaben bereits im Mahnbescheid enthalten sind. Auch die Individualisierung des Anspruchs sollte bereits erfolgt sein.

Wegen der inhaltlichen Anforderungen an die Klagebegründung (schlüssiger und substanziierter Tatsachenvortrag) kann auf die zur Klageschrift gemachten Ausführungen verwiesen werden.

Nach Eingang der Klagebegründung nimmt das Verfahren den gleichen Verlauf wie 770
nach unmittelbarer Erhebung der Klage.

Der Vorsitzende hat ein schriftliches Vorverfahren anzuordnen oder einen frühen ersten Termin zu bestimmen und die Klagebegründung unter Setzung einer Erwiderungsfrist an den Beklagten zuzustellen.[18] Im Vorverfahren haben beide Parteien die Möglichkeit, ihre Angriffs- und Verteidigungsmittel vorzutragen, im Haupttermin wird die Sache mündlich verhandelt und (im Regelfall) durch streitiges Urteil entschieden.

Geht innerhalb der Zwei-Wochenfrist eine Klagebegründung nicht ein, wird (nur) auf Antrag des Gegners Termin bestimmt und dem Kläger eine erneute Frist zur Klagebegründung gesetzt (§§ 697 III, 700 V ZPO). Bleibt auch diese ungenutzt, wird die Klage im Termin abgewiesen. Streitig ist dabei, ob die Klage als unzulässig abgewiesen wird (so die hM[19]) oder (überzeugender) als unbegründet.[20]

f) Verfahren

Nach der Abgabe findet vor dem Prozessgericht ein reguläres Streitverfahren statt. 771

(1) Ist im Mahnverfahren lediglich ein **Mahnbescheid** ergangen und wurde das Ver- 772
fahren auf einen Widerspruch des Schuldners hin fortgesetzt, so ergeben sich für den Verfahrensablauf Besonderheiten nicht. Die Parteien verhandeln mit den üblichen Sachanträgen (Verurteilung, Klageabweisung), es gelten die allgemeinen Verfahrensvorschriften.

(2) Ist im Mahnverfahren ein **Vollstreckungsbescheid** ergangen und wurde das Ver- 773
fahren auf einen (zulässigen) Einspruch des Schuldners hin fortgesetzt, so beginnt das normale Erkenntnisverfahren nicht völlig von vorn, sondern in einer speziellen prozessualen Lage, die dem nach einem bereits erlassenen Versäumnisurteil entspricht (§ 700 I ZPO).

Das Mahnverfahren hat damit zu einer verfahrensrechtlichen Situation geführt, die für den weiteren Verlauf des Prozesses von Bedeutung ist: Es muss zunächst über den Einspruch verhandelt werden (§§ 341, 341a ZPO), dabei müssen die Anträge der Parteien auf Aufrechterhaltung des Vollstreckungsbescheids bzw. auf dessen Aufhebung und Abweisung der Klage lauten (§ 343 ZPO). Die Säumnis im Einspruchstermin führt zum Erlass eines zweiten Versäumnisurteils (§§ 700 VI, 345 ZPO), doch werden hierfür anders als nach vorangegangenem Versäumnisurteil Zulässigkeit und Schlüssigkeit der Klage noch geprüft, weil im Mahnverfahren anders als im Säumnisverfahren eine richterliche Prüfung nicht stattgefunden hat (→ Rn. 1287 ff.).

Ist der Einspruch zulässig, so wird der Prozess in die Lage zurückversetzt, in der er 774
sich vor Erlass des Vollstreckungsbescheids befand (§ 342 ZPO). Vor dem Prozessgericht wird weiterverhandelt, als hätte es nur einen Widerspruch gegen den Mahn-

18 Wegen der Besonderheiten der dabei erforderlichen Belehrungen Zöller/*Vollkommer* ZPO § 697 Rn. 9.

19 OLG München NJW-RR 1989, 1405; Thomas/Putzo/*Hüßtege* ZPO § 697 Rn. 8; MüKoZPO/*Schüler* § 697 Rn. 6.

20 Zöller/*Vollkommer* ZPO § 697 Rn. 10; Musielak/*Voit* ZPO § 697 Rn. 6.

bescheid gegeben. Noch im Einspruchstermin wird mündlich über die Hauptsache verhandelt.

Dies bedeutet nicht, dass durch den zulässigen Einspruch der Vollstreckungsbescheid beseitigt worden wäre. Dieser besteht fort, erwächst allerdings nicht in Rechtskraft (§ 705 S. 2 ZPO) und bindet das Gericht für das weitere Verfahren nicht (§ 318 ZPO).[21] Die vorläufige Vollstreckbarkeit (§§ 700 I, 708 Nr. 2 ZPO) besteht fort, kann aber nach §§ 719, 707 ZPO einstweilen eingestellt werden.

g) Urteil

775 Nach Abgabe auf den Widerspruch oder (zulässigen) Einspruch des Schuldners findet vor dem Prozessgericht ein reguläres Erkenntnisverfahren statt, das im Regelfall mit einem streitigen Urteil endet (§ 300 ZPO). Für dieses Urteil können sich Besonderheiten aus dem vorangegangenen Mahnverfahren ergeben.

776 (1) Ist im Mahnverfahren lediglich ein **Mahnbescheid** ergangen und wurde das Verfahren auf einen Widerspruch des Schuldners hin fortgesetzt, so stellt das Mahnverfahren lediglich eine besondere Form der Einleitung des nachfolgenden Klageverfahrens dar, die als Prozessgeschichte im Zeitpunkt des Urteilserlasses überholt und damit unbeachtlich geworden ist. Dass das Mahnverfahren stattgefunden hat, spielt für den weiteren Verlauf des Prozesses keine Rolle. Es wird daher grundsätzlich weder im Tatbestand eines späteren Urteils erwähnt noch in den Entscheidungsgründen in irgendeiner Form gewürdigt. Eine Ausnahme muss gelten, wenn es (etwa für den Zinsanspruch oder die Hemmung der Verjährung) auf den Zeitpunkt des Eintritts der Rechtshängigkeit ankommt und dieser nicht mit dem der Zustellung der Klagebegründung identisch ist (dazu → Rn. 783).

777 (2) Ist im Mahnverfahren ein **Vollstreckungsbescheid** ergangen und wurde das Verfahren auf einen (zulässigen) Einspruch des Schuldners hin fortgesetzt, so muss das Urteil dem Umstand Rechnung tragen, dass es mit dem Vollstreckungsbescheid bereits einen Titel gibt. Dies macht sich an verschiedenen Stellen des Urteils bemerkbar.

778 Im *Rubrum* gibt es Besonderheiten nicht. Die Parteien werden als Kläger und Beklagter bezeichnet.

779 Im *Tenor* muss über die Aufrechterhaltung oder die Aufhebung des Vollstreckungsbescheids entschieden werden.

- Wird der Vollstreckungsbescheid *aufrechterhalten*, so bedarf es eines Ausspruchs der Leistungspflicht des Beklagten nicht mehr. Die Aufrechterhaltung erfasst auch die Verpflichtung des Beklagten, die Kosten zu tragen. Davon erfasst sein können indes nur die bis zum Erlass des Vollstreckungsbescheids angefallenen Kosten, über alle weiteren Kosten bedarf es einer zusätzlichen Entscheidung. Nach § 709 S. 3 ZPO ist auszusprechen, dass die Vollstreckung nur gegen Leistung der erforderlichen Sicherheit fortzusetzen ist, wenn ein Fall des § 708 nicht vorliegt.

  Streitig ist, ob dies nur gilt, wenn der neue Inhalt des abschließenden Urteils nicht unter § 708 ZPO fällt, insbesondere die weiteren Kosten die Grenze des § 708 Nr. 11 ZPO übersteigen, oder schon dann, wenn die im Vollstreckungsbescheid titulierte Forderung nicht unter § 708 ZPO fällt.[22]

21 BGH NJW 2006, 2124 (2125).

22 Zum Streit Prütting/Gehrlein/*Kroppenberg* ZPO § 709 Rn. 6; Zöller/*Herget* ZPO § 709 Rn. 8.

Formulierungsbeispiel: Der Vollstreckungsbescheid des AG … vom …, Az. …, wird aufrechterhalten. Die Beklagte hat auch die weiteren Kosten des Rechtsstreits zu tragen. Das Urteil ist gegen Sicherheitsleistung in Höhe von 120% des jeweils zu vollstreckenden Betrags vorläufig vollstreckbar. Die Vollstreckung aus dem Vollstreckungsbescheid darf nur gegen Leistung dieser Sicherheit fortgesetzt werden.

- Wird der Vollstreckungsbescheid aufgehoben, bedarf es einer Entscheidung über Hauptsache, Kosten und vorläufige Vollstreckbarkeit nach den allgemeinen Grundsätzen.

Formulierungsbeispiel: Der Vollstreckungsbescheid des AG … vom …, Az. …, wird aufgehoben. Die Klage wird abgewiesen. Die Kosten des Rechtsstreits hat der Kläger zu tragen. Das Urteil ist gegen Sicherheitsleistung in Höhe von 120% des jeweils zu vollstreckenden Betrags vorläufig vollstreckbar.

Im *Tatbestand* gehört der Vollstreckungsbescheid zur darzustellenden Prozessgeschichte. 780

Da von dieser Prozessgeschichte das Verständnis der Anträge abhängt, gehört sie vor diese entweder ans Ende des unstreitigen Parteivortrags oder ins streitige Klägervorbringen.

Formulierungsbeispiel: Auf Antrag des Klägers hat das Amtsgericht … am … unter dem Az. … gegen den Beklagten einen Vollstreckungsbescheid über 15.000,– EUR zuzüglich Zinsen in Höhe von fünf Prozentpunkten über dem Basiszinssatz seit dem … erlassen. Gegen diesen, ihm am … zugestellten Bescheid hat der Beklagte Einspruch eingelegt, der am … bei Gericht eingegangen ist.

In den *Entscheidungsgründen* muss zunächst die Zulässigkeit des Einspruchs festgestellt werden. Diese gehört zu den Prozessfortsetzungsvoraussetzungen und wird deswegen noch vor der Zulässigkeit der Klage erörtert. 781

Zu den verschiedenen Prozessvoraussetzungen → Rn. 417.

Formulierungsbeispiel: Der Prozess war ohne Rücksicht auf den Vollstreckungsbescheid fortzusetzen, weil der Beklagte gegen diesen ihm am … zugestellten Bescheid wirksam Einspruch eingelegt hat (§§ 700 I, 342 ZPO). Der Einspruch war insbesondere fristgerecht, weil er am … und damit vor Ablauf der mit der Zustellung des Versäumnisurteils am … in Gang gesetzten und am … endenden Zwei-Wochen-Frist des § 339 ZPO bei Gericht eingegangen ist.

In den Ausführungen zur Begründetheit der Klage spielt der Vollstreckungsbescheid – soweit es nicht auch hier auf die Folgen von Anhängigkeit oder Rechtshängigkeit ankommt – keine Rolle. 782

2. Einzelfragen

a) Anhängigkeit und Rechtshängigkeit

Wann ein Anspruch im Mahnverfahren geltend gemachter Anspruch anhängig bzw. rechtshängig wird, ist für die vielfältigen damit verbundenen materiellrechtlichen und prozessualen Folgen (→ Rn. 169 ff.) sowie für die Frage wichtig, ob eine Erledigung der Hauptsache eintreten kann (→ Rn. 1481). Anders als bei der Klage geht die Befassung des Streitgerichts mit dem Antrag des Klägers (Anhängigkeit) der Einbeziehung des Gegners in das Prozessrechtsverhältnis (Rechtshängigkeit) nicht voran, sondern folgt dieser nach. 783

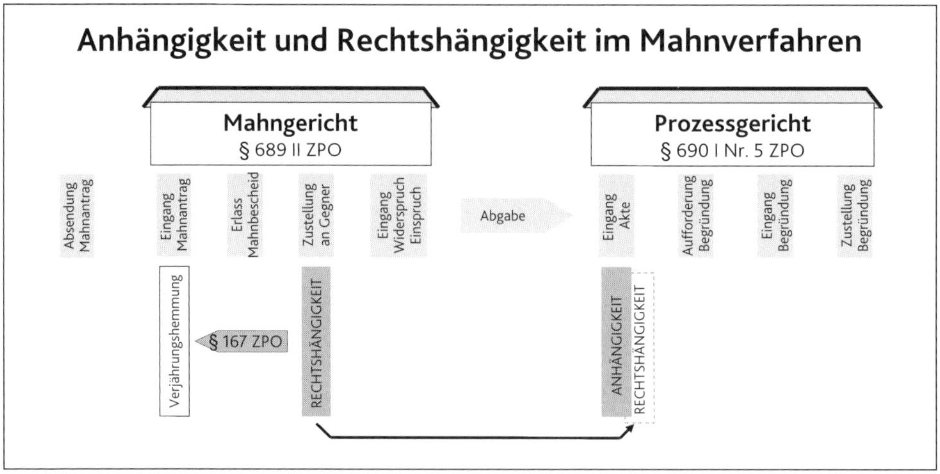

Schema 11.3: Anhängigkeit und Rechtshängigkeit im Mahnverfahren

- **Anhängig** wird der Rechtsstreit nach §§ 696 I 4, 700 III ZPO erst mit Abgabe an das Prozessgericht, dh mit Eingang der Akten bei dem Gericht, bei dem das streitige Verfahren beginnt, unabhängig davon, ob dieses Gericht den Rechtsstreit nach § 281 ZPO weiter verweist oder nicht.
- **Rechtshängigkeit** tritt nach §§ 700 II, 696 III ZPO mit Zustellung des Mahnbescheids ein, wenn entweder nach Einlegung eines Widerspruchs *alsbald* an das Streitgericht abgegeben wird oder wenn kein Widerspruch eingelegt wird und daher Vollstreckungsbescheid ergeht. Eine Fristwahrung, insbesondere eine **Verjährungshemmung**, kann nach § 167 ZPO[23] bereits mit Eingang des Mahnantrags beim Mahngericht eintreten, wenn dieser *demnächst* zugestellt wird.

»**Alsbald**« iSd § 696 III ZPO ist identisch mit »**demnächst**« iSd § 167 ZPO, bedeutet also insbesondere, dass der Antragsteller alles zur Abgabe Erforderliche (Antragstellung, Vorschussleistung) getan haben muss (→ Rn. 173).[24]

Besonderer Prüfung bedarf dabei stets, ob die geltend gemachte Forderung hinreichend individualisiert ist, im Mahnbescheid also so genau bezeichnet ist, dass sie von anderen Forderungen abgegrenzt werden kann.[25]

Streitig war lange, wann Rechtshängigkeit (und damit auch die Verjährungshemmung) eintritt, wenn die Abgabe an das Prozessgericht nach Widerspruch nicht alsbald erfolgt: Während eine Mindermeinung die allgemeinen Regeln (§§ 261, 253 ZPO) anwenden und Rechtshängigkeit erst mit Zustellung der Klagebegründung an den Beklagten eintreten lassen wollte, folgt die ganz hM heute dem BGH, wendet auch insoweit § 696 III ZPO an und nimmt Rechtshängigkeit zusammen mit der Anhängigkeit, dh mit Eingang der Akten beim Prozessgericht an.[26]

23 BGH NJW 2001, 305; *Ebert*, Verjährungshemmung durch Mahnverfahren, NJW 2003, 732; zur Antragstellung vor Verjährungsbeginn BGH NJW 1995, 3380.

24 BGH NJW 2008, 1672; 1999, 253; 1993, 2230.

25 BGH NJW 2015, 2415 und 90; WuM 2010, 583; *Grothe*, Verjährungshemmung durch Mahnbescheid bei mehreren Mängeln, NJW 2015, 17.

26 BGH NJW 2009, 1213; 1995, 2230.

Voraussetzung dafür, dass im Mahnverfahren die mit An- bzw. Rechtshängigkeit verbundenen Folgen eintreten, ist, dass der Anspruch hinreichend genau bestimmt ist und er von anderen Ansprüchen zweifelsfrei abgegrenzt werden kann (§ 690 I 3 ZPO). Die Anforderungen hieran richten sich nach den Umständen des Einzelfalles.[27] **784**

b) Rechtskraft des Vollstreckungsbescheids

Dass auch der Vollstreckungsbescheid der materiellen Rechtskraft fähig ist und danach jede inhaltliche Prüfung der sachlichen Richtigkeit verhindert, ist heute weitgehend anerkannt (→ Rn. 490). Problematisch ist dies, weil eine solche inhaltliche Prüfung vor Erlass des Vollstreckungsbescheids überhaupt nicht stattgefunden hat: Der Rechtspfleger prüft den Mahnantrag nur in formeller Hinsicht (§ 691 I ZPO; vgl. auch § 692 I Nr. 2 ZPO). Während die Rechtskraft beim Urteil damit die *erneute* Sachprüfung ausschließt, verhindert sie beim Vollstreckungsbescheid sogar die *erstmalige* Prüfung. **785**

Diese Problematik ist verhältnismäßig **neu**:

Bei ihrem Inkrafttreten stellte die ZPO den (damals noch »Vollstreckungsbefehl« genannten) Vollstreckungsbescheid nicht nur hinsichtlich seiner Wirkungen (§ 700 I ZPO), sondern auch in Bezug auf seine Voraussetzungen einem Versäumnisurteil gleich: Der Mahnantrag musste begründet werden, diese Begründung wurde vom Richter einer **Schlüssigkeitsprüfung** unterzogen. Ein Titel gegen den untätig gebliebenen Gegner erging also im Klage- wie im Mahnverfahren erst, nachdem das Gericht das Vorbringen des Gläubigers auf seine inhaltliche Stimmigkeit hin untersucht hatte.

Im Rahmen einer umfassenden **Novellierung** des Mahnverfahrens wurde diese Schlüssigkeitsprüfung **1976**[28] abgeschafft, um eine automatische Bearbeitung der Mahnanträge mittels EDV zu ermöglichen. Die Natur des Vollstreckungsbescheids als rechtskraftfähiger Vollstreckungstitel blieb indes unangetastet.[29] Damit war es jetzt zum ersten Mal möglich, ohne jede sachliche Überprüfung durch ein unabhängiges Gericht allein aufgrund eines unbegründeten Antrags des Gläubigers einen rechtskräftigen Vollstreckungstitel zu erhalten. Den Gegner traf jetzt die Pflicht, sich in jedem Fall verteidigen zu müssen: Während sein bloßes Untätigbleiben materiellrechtlich keinerlei Rechtsfolgen auslöste und im Klageverfahren zumindest erst nach Prüfung der Schlüssigkeit des Klagevorbringens zu einer Verurteilung führte, musste er jetzt auch aufgrund eines völlig unbegründeten Antrags eine Vollstreckung und den Verlust jeglicher Verteidigungsmöglichkeit befürchten.

Beispielsfall:[30] Schickt der A dem B unbestellt eine Sache mit der Erklärung zu, er gehe davon aus, dass ein Kaufvertrag zustande komme, wenn die Sache nicht binnen 10 Tagen zurückgesandt werde, so hat dies materiellrechtlich keine Folgen: Bloßes Schweigen stellt keine Willenserklärung dar. Versucht der A, seine »Forderung« einzuklagen, wird er auch im Fall der Säumnis des B keinen Erfolg haben, da der Vortrag des A eine Verurteilung nicht rechtfertigt (§ 331 II ZPO). Beantragt A dagegen einen Mahnbescheid über den »Kaufpreis«, so muss B, wenn er untätig bleibt, befürchten, dass gegen ihn vollstreckt und ihm eine Verteidigung wegen der eingetretenen Rechtskraft abgeschnitten wird.

Praktisch große Bedeutung hat insbesondere die Geltendmachung von Rückzahlungsansprüchen aus **sittenwidrigen Ratenkreditverträgen** erlangt.

---

27 BGH NJW 2011, 613; NJW-RR 2010, 1455; NJW 2008, 1220.

28 Gesetz zur Vereinfachung und Beschleunigung gerichtlicher Verfahren vom 3.12.1976, BGBl. I 3281.

29 Amtl. Begründung BT-Drs. 7/2729, 46.

30 Nach *Braun*, Die materielle Rechtskraft des Vollstreckungsbescheids – Ein juristisches Lehrstück, JuS 1992, 177.

786 Im Rahmen der Diskussion um eine Lösung dieser allgemein als unbefriedigend empfundenen Situation sind zwei für den Rechtsstaat grundlegende Prinzipien gegeneinander abzuwägen: Zum einen müssen vom Staat geschaffene und vollstreckbare Titel auch materiellrechtlich in irgendeiner Form legitimiert sein (**Gerechtigkeitsprinzip**). Titel, die keinerlei gerichtliche Prüfung durchlaufen haben, können Urteilen aufgrund eines ordentlichen Klageverfahrens nicht gleichstehen. Zum anderen muss in allen auf Erlass eines Titels gerichteten Verfahren eine endgültige Beendigung des Parteienstreits möglich sein (**Rechtssicherheitsprinzip**).

787 Gesetzgeber, Rechtslehre und Rechtsprechung haben zur Lösung dieses Konflikts unterschiedliche Ansatzpunkte entwickelt:

788 **(1)** Mit der Einführung des (heute in die §§ 488 ff. BGB integrierten) Verbraucherschutzes im Kreditrecht ist die Möglichkeit der Geltendmachung von **Kreditrückzahlungsansprüchen** in Mahnverfahren deutlich eingeschränkt worden.[31]

Gemäß § 690 I Nr. 3 ZPO müssen im Mahnantrag das Vertragsdatum und der effektive Jahreszins angegeben werden. Übersteigt letzterer den damaligen Diskontsatz der Bundesbank um mehr als 12%, so ist das Mahnverfahren ausgeschlossen (§ 688 II Nr. 1 ZPO).

Ratio dieser Regelung ist der Versuch, solche Forderungen, die in der Vergangenheit trotz Sittenwidrigkeit des Ratenkreditvertrages häufig im Mahnverfahren tituliert worden waren, immer dann zwingend einer gerichtlichen Sachprüfung zu unterwerfen, wenn die Möglichkeit einer Sittenwidrigkeit besteht.

789 **(2)** Liefert der Antragsteller freiwillig eine Begründung seines Mahnantrags (verpflichtet hierzu ist er nicht: § 690 I Nr. 3 ZPO verlangt nur eine »Bezeichnung« des Anspruchs), so kann diese nach heute verbreiteter Auffassung in Rechtsprechung und Schrifttum vom Rechtspfleger einer sog. **»eingeschränkten Schlüssigkeitsprüfung«** unterzogen werden.[32]

Umstritten ist innerhalb der Vertreter dieser Ansicht, ob der Rechtspfleger einen unschlüssigen Antrag zurückweisen muss oder ob dies lediglich in seinem Ermessen steht[33] und ob eine Zurückweisung bei allen Schlüssigkeitsmängeln in Betracht kommt oder nur bei »offensichtlich unberechtigten« Forderungen.[34]

790 **(3)** Der Schwerpunkt der Problemlösung liegt in der von der Rechtsprechung zugelassenen Beseitigung der Rechtskraft durch eine **Klage nach § 826 BGB**.

Die **Voraussetzungen** einer solchen Klage (→ Rn. 493) gegen Vollstreckungsbescheide werden deutlich großzügiger gehandhabt als gegen Urteile. »Besondere Umstände« liegen nach Auffassung der Rechtsprechung vor, wenn dem Antragsteller subjektiv ein Vorwurf daraus gemacht werden kann, dass er sich des Mahnverfahrens bedient und damit die Schlüssigkeitsprüfung vermieden hat: Wusste er oder hätte er wissen können, dass er bei einer solchen Prüfung einen Titel nicht bekommen hätte, ist die Arglistklage begründet.

31 *Scholz*, Geändertes Mahnverfahren für Verbraucherkredite, Betr. 1992, 127.

32 BGH NJW 2008, 3498; *Wedel*, Die Prüfungsbefugnis des Rechtspflegers im gerichtlichen Mahnverfahren, JurBüro 1994, 325; zur Kritik hieran *Braun*, Die materielle Rechtskraft des Vollstreckungsbescheids, JuS 1992, 177; Stein/Jonas/*Schlosser* ZPO § 691 Rn. 3.

33 AG Bremen Rpfleger 1993, 117; AG Walsrode Rpfleger 1983, 359; *Zimmermann* ZPO § 690 Rn. 2.

34 OLG Hamburg MDR 1982, 502; Zöller/*Vollkommer* ZPO § 691 Rn. 1.

Erfasst werden damit vor allem die Titel von Gläubigern, die eine Vielzahl gleich gelagerter, rechtlich zweifelhafter Ansprüche durchzusetzen haben, zB Teilzahlungsbanken oder Partnerschaftsagenturen.[35] Allerdings ist es der Rechtsprechung bislang nicht gelungen, inhaltlich überzeugende allgemeine Voraussetzungen für alle Fallgruppen zu bilden.[36] Derzeit beschäftigen die Praxis keine aktuellen Fallgruppen, sodass das Problem an den Rand des allgemeinen Interesses getreten ist.

3. EU-Mahnverfahren

Sind Gläubiger und Schuldner in verschiedenen Mitgliedstaaten der Europäischen Union ansässig, kann eine unbestrittene Geldforderung schnell und kostengünstig im **europäischen Mahnverfahren** tituliert werden. Für dieses gelten nicht die §§ 688 ff. ZPO, sondern eine besondere EU-VO und die §§ 1087–1096 ZPO. **791**

Dazu → Rn. 283.

35 LG Essen NJW-RR 1990, 1208; AG Bad-Schwalbach NJW 1991, 2426; vgl. auch BGH NJW 1990, 2550.

36 *Braun*, Die materielle Rechtskraft des Vollstreckungsbescheids, JuS 1992, 177.

§ 12 Eilverfahren

792 Muss befürchtet werden, dass sich die Möglichkeiten der Zwangsvollstreckung bei Abwarten der für das allgemeine Erkenntnisverfahren erforderlichen Zeit wesentlich verschlechtern, so besteht Anlass, die Durchsetzung des materiellen Anspruchs möglichst rasch durch vorläufige Maßnahmen zu sichern.[1]

793 Die naturgemäß gebotene **Verfahrensbeschleunigung** wird dabei durch eine Vereinfachung der Beweisvorschriften und einen fakultativen Verzicht auf die mündliche Verhandlung, möglicherweise sogar auf das vorhergehende rechtliche Gehör des Antragsgegners erreicht.

794 Die Eilverfahren können stets nur der Sicherung, nie der Erfüllung des materiellen Anspruchs dienen (»**vorläufiger Rechtsschutz**«). Wegen der daraus resultierenden Besonderheiten der *Zwangsvollstreckung* (§§ 928 ff. ZPO) sind die Eilverfahren insgesamt, dh auch hinsichtlich ihrer Voraussetzungen, im 8. Buch der ZPO geregelt (§§ 916 ff. ZPO). Da es nur um Sicherung, nicht um Befriedigung des Gläubigers geht, sind auch die *Streitgegenstände* von Hauptsache- und Eilverfahren nicht identisch.

Eilverfahren und Hauptsacheverfahren können deswegen gleichzeitig betrieben, aber nicht in einem Verfahren verbunden werden (§ 260 ZPO; → Rn. 1084).[2] Die Rechtskraft der Entscheidung in einem der beiden Verfahren steht einem folgenden anderen Verfahren weder entgegen noch ist sie für dieses bindend (→ Rn. 491).[3]

795 Die ZPO kennt verschiedene **Arten** von Eilverfahren:[4]

(1) Geldforderungen können mittels **Arrest** gesichert werden, und zwar

- durch Arrestierung (Pfändung) von Schuldnervermögen (*Dinglicher Arrest*, § 917 ZPO).

  Eine Verwertung des Vermögens bzw. Auskehr an den Gläubiger findet nicht statt. Durch die Pfändung verliert der Schuldner die Möglichkeit über diesen Teil seines Vermögens zu verfügen, sein Wert steht damit auch nach Abschluss eines Hauptsacheverfahrens für die Zwangsvollstreckung des Gläubigers noch zur Verfügung.

- durch Beschränkung der persönlichen Freiheit des Schuldners (Haft) (*Persönlicher Arrest*, § 918 ZPO).

  Auch hierdurch soll der Schuldner daran gehindert werden, sein Vermögen dem Zugriff des Gläubigers zu entziehen. Verfassungsrechtliche Prinzipien beschränken diese Form der Sicherung auf sehr seltene Ausnahmefälle.

(2) Andere, nicht auf Zahlung gerichtete Rechte können mittels **einstweiliger Verfügung** gesichert werden, und zwar

- durch jede Maßnahme, die das Gericht zur Sicherung des Rechts für erforderlich hält. (*Sicherungsverfügung*, §§ 935, 938 ZPO).

---

1 Zur verfassungsrechtlichen Notwendigkeit von Eilverfahren BVerfGE 46, 166 = NJW 1978, 693; allgemein zu den Eilverfahren: *Ebmeier/Schöne*, Der einstweilige Rechtsschutz, 1997; *Wahle*, Fälle zum einstweiligen Rechtsschutz, JA 2003, 791.

2 OLG Frankfurt a.M. MDR 2015, 671.

3 Zur Zulässigkeit erneuter Eilanordnungen in derselben Sache → Rn. 797.

4 *Mertins*, Der dingliche Arrest, JuS 2008, 692; *Mertins*, Die einstweilige Verfügung, JuS 2009, 911.

Je nach Inhalt des zu sichernden Rechts muss im Einzelfall eine geeignete Form der Sicherung gefunden werden. Bewegliche Sachen können dem Schuldner weggenommen und durch einen Dritten verwahrt werden (Sequestration), unbewegliche Sachen können dinglich belastet werden, dem Schuldner kann ein bestimmtes Verhalten geboten oder verboten werden (§ 136 BGB).

- durch die vorläufige Regelung eines Rechtsverhältnisses (*Regelungsverfügung*, § 940 ZPO).

In Betracht kommen hier vor allem Rechte, die keine Ansprüche sind, insbesondere solche aus Dauerschuldverhältnissen (Arbeitsrecht, Mietrecht, Gesellschaftsrecht, laufende Geschäftsbeziehungen). Durch die gerichtliche Anordnung werden hier vorläufige Regelungen geschaffen.

- durch die sofortige Erfüllung des Rechts (*Leistungs- oder Befriedigungsverfügung*).

Hier beschränkt sich die Eilmaßnahme nicht auf die bloße Sicherung. In Betracht kommt dies nur, wenn eine Sicherung nicht möglich oder nicht ausreichend ist und das Interesse des Gläubigers an der Leistung die für den Schuldner begründete Gefahr unberechtigter Leistung (und uneinbringlicher Rückforderung) übersteigt.

Diese von der Rechtsprechung über die gesetzlich geregelten Fälle hinaus entwickelte Alternative findet Anwendung auch auf Zahlungsansprüche.

(3) **Spezielle Institute** existieren daneben

- zur Sicherung eines mietrechtlichen Nutzungsentgelts (*Sicherungsanordnung*, § 283a ZPO; → Rn. 841a).
- zur Sicherung von Beweisen (*Selbstständiges Beweisverfahren*, §§ 485 ff. ZPO; → Rn. 1301 ff.).

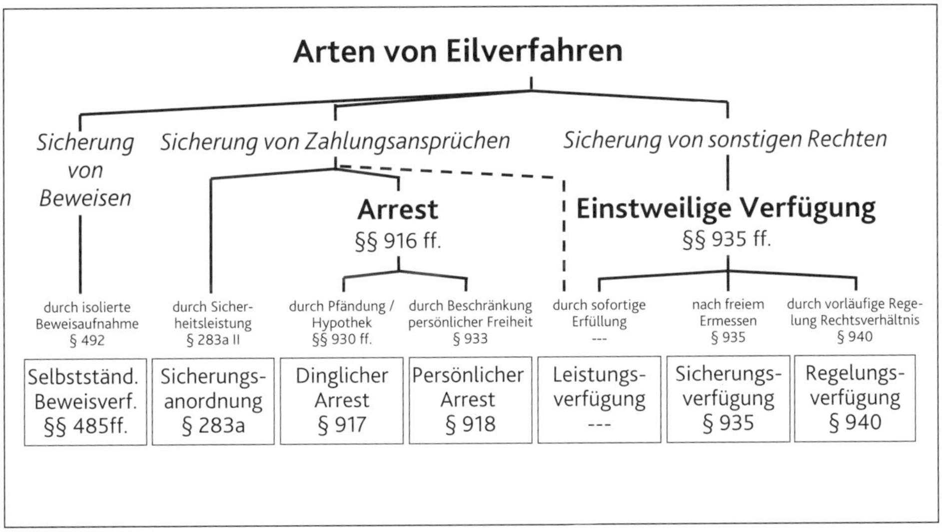

Schema 12.1: Eilverfahren

Arrest und einstweilige Verfügung dienen damit verschiedenen Zwecken und schließen sich gegenseitig grundsätzlich aus. Da nahezu jeder Anspruch in einen Zahlungsanspruch übergehen kann (vgl. das Beispiel → Rn. 799), erfolgt die Abgrenzung nicht nach dem Inhalt des Anspruchs, sondern danach, ob der Gläubiger sein Erfüllungs- oder sein Schadensersatzinteresse sichern will. Wählt der Gläubiger die falsche Verfahrensart, ist der Antrag unzulässig, jedoch ist ihm Gelegenheit zur Berichtigung zu geben, gegebenenfalls ist der Antrag umzudeuten oder die Verfahrensart nach §§ 263 ff. ZPO zu wechseln.[5]

1. Arrest

a) Antrag

796 Es muss ein ordnungsgemäßes **Arrestgesuch** vorliegen. Dieser Antrag muss wie alle verfahrenseinleitenden Schriftsätze den Anforderungen des § 253 II ZPO entsprechen. Insoweit kann auf die zur Klageschrift gemachten Ausführungen, insbesondere auf das Schema 4.5 verwiesen werden. Besonderheiten ergeben sich aus § 920 ZPO und aus dem Wesen des Eilverfahrens:

- Die Antragsschrift muss eindeutig erkennen lassen, dass nicht Leistung, sondern *Sicherung* des Anspruchs begehrt wird.

  Dies kann bereits in der Überschrift (Schema 4.5 Zeile [3]) deutlich gemacht werden, wenn dort statt »Klage« die Bezeichnung »Eilantrag«, »Arrestantrag« oÄ verwendet wird, kann sich aber auch allein aus dem Antrag ergeben.

- Die *Parteien* werden regelmäßig als »Antragsteller/-gegner« oder als »Gläubiger/Schuldner« bezeichnet.
- Der *Antrag* lautet auf Anordnung des dinglichen Arrests »in das Vermögen« des Antragsgegners zur Sicherung eines genau zu bezeichnenden Anspruchs, ggf. zuzüglich eventueller Nebenforderungen (Zinsen, vorgerichtliche Kosten).

  Typische Fehler dabei sind der Antrag auf Anordnung des Arrests in einen bereits konkret angegeben Vermögensgegenstand und die mangelnde Individualisierung des zu sichernden Anspruchs.

- Die *Begründung* des Antrags muss die prozessualen und materiellen Voraussetzungen des Arrests umfassen, also darlegen und glaubhaft machen, dass dem Gläubiger gegen den Schuldner der zu sichernde Anspruch (»Arrestanspruch«) zusteht und dass ein Grund zur Sicherung des Anspruchs (»Arrestgrund«) vorliegt.

  Insoweit sei auf die nachstehenden Ausführungen zur Begründetheit des Arrestantrags verwiesen. Für die Zulässigkeit des Antrags genügt dabei die bloße Angabe entsprechender Tatsachen. Deren Schlüssigkeit und Wahrheit wird erst im Rahmen der Begründetheit geprüft.

- Als *Kostenvorschuss* (§ 12 GKG) ist eine 1,5-fache Gebühr erforderlich (Nr. 1410 KV), der Streitwert wird regelmäßig mit 1/3 der zu sichernden Forderung bemessen (§ 53 I GKG, § 3 ZPO).

b) Zulässigkeit und Begründetheit

797 Die Voraussetzungen für die **Zulässigkeit** eines Arrestantrags entsprechen grundsätzlich denen der regulären Klage. Dabei gelten indes einige Besonderheiten:

- Zu den Anforderungen an eine **ordnungsgemäße Antragsschrift** → Rn. 796.

  Insbesondere das Erfordernis, den zu sichernden Anspruch zu bezeichnen, einen Arrestgrund darzulegen und beides glaubhaft zu machen, zeigt, dass sich Zulässigkeit und Begründetheit bei den Eilverfahren nur schwer voneinander trennen lassen. Zulässig ist der Antrag, wenn Tatsachen

---

5 OLG Jena OLGR 1997, 96; OLG Düsseldorf NJW 1991, 2028; *Schellhammer* ZivilProz Rn. 1609 ff.

zu Bestehen eines Anspruchs und zur Notwendigkeit seiner Sicherung vorgetragen sind und ein Mittel der Glaubhaftmachung bezeichnet wird. Schlüssigkeit und Wahrheit des Vortrags sowie die Überzeugungskraft der Glaubhaftmachung werden erst im Rahmen der Begründetheit geprüft.

- Im Rahmen der **Prozesshandlungsvoraussetzungen** (§§ 50 ff., 78, 79 ZPO)[6] ist zu beachten, dass der Antrag auch in Verfahren vor dem Landgericht ohne Rechtsanwalt gestellt werden kann (§§ 78 III, 920 III ZPO).
- Ausschließlich (§ 802 ZPO) **zuständig** ist wahlweise entweder das Gericht, das über den Anspruch auch in der Hauptsache zu entscheiden hätte, oder das Amtsgericht, in dessen Bezirk sich der mit dem Arrest zu belegende Gegenstand befindet (§ 919 ZPO).[7]
- Das **Rechtsschutzbedürfnis** fehlt, wenn der Gläubiger bereits *anderweitig* ausreichend *gesichert* ist.

> Dies kann **zB** der Fall sein, wenn der Gläubiger einen Eigentumsvorbehalt, ein Pfandrecht oder Sicherungseigentum an Sachen des Schuldners oder gar einen vollstreckbaren Titel gegen ihn hat und hiermit der gleiche Schutz wie durch den Arrest erreicht werden kann (§§ 923, 777 ZPO).[8]

- Zum Verbot **anderweitiger Rechtshängigkeit** → Rn. 802. Streitig ist, inwieweit die **Rechtskraft** einer früheren Eilanordnung einem neuen Eilantrag entgegenstehen kann. Bejaht man mit der hM, dass Entscheidungen im Eilverfahren überhaupt in materieller *Rechtskraft* erwachsen können, dann ist eine erneute Eilanordnung in der gleichen Sache zulässig, wenn die einmonatige Vollzugsfrist des § 929 II ZPO verstrichen und die abermalige Sicherung erforderlich ist, weitere Nachteile des Antragstellers zu vermeiden, deren Gewicht das für den Erlass einer Erstanordnung Erforderliche übersteigt.[9]

Begründet ist der Arrest, wenn Arrestanspruch und Arrestgrund schlüssig vorgetragen und glaubhaft gemacht sind. **798**

(1) Der **Arrestanspruch** muss ein materieller Anspruch sein, der unmittelbar auf Zahlung von Geld gerichtet ist oder in einen solchen Zahlungsanspruch übergehen kann (§ 916 ZPO). **799**

Keine Rolle spielt dabei, ob dieser Anspruch schon fällig ist, unter einer Bedingung steht oder noch von einer Gegenleistung abhängt. Nicht ausreichend sind nur Ansprüche, die noch nicht entstanden oder zumindest noch nicht klagbar sind.[10]

In einen Geldzahlungsanspruch übergehen können andere Ansprüche zB im Falle der Nicht- oder Schlechterfüllung (zB nach §§ 280 ff. BGB) oder im Wege der Zwangsvollstreckung (§§ 888, 893 ZPO).

---

6 Thomas/Putzo/*Reichold* ZPO § 916 Rn. 2, § 920 Rn. 4.
7 *Cuypers*, Das zuständige Gericht in Zivilsachen – Arrest, einstweilige Verfügung, ZAP Fach 13, 1945.
8 Nicht der gleiche Schutz besteht, wenn der Titel nur bedingt, insbesondere gegen Sicherheitsleistung vorläufig vollstreckbar ist. OLG Karlsruhe NJW-RR 1996, 960; OLG Oldenburg NJW 1991, 2031; *Kannowski*, Arrest und einstweilige Verfügung neben einem bereits vorliegenden Titel, JuS 2001, 482.
9 OLG Köln NJW-RR 1996, 368; KG NJW-RR 1992, 318; *Bongen/Renaud*, Zur materiellen Rechtskraft antragsabweisender Beschlüsse und Urteile im Arrestverfahren, NJW 1991, 2886; *Jauernig/Berger*, Zwangsvollstreckungs- und Konkursrecht, 28. Aufl. 2010, § 35 III 3; Stein/Jonas/*Grunsky* ZPO vor § 916 Rn. 11; zur Versäumung der Zustellungsfrist des § 929 III 2 ZPO OLG Hamburg MDR 2012, 1249.
10 Thomas/Putzo/*Reichold* ZPO § 917 Rn. 5.

Beispielsfall: Muss der Käufer einer Sache befürchten, dass der Verkäufer die Sache nicht ihm, sondern einem Dritten übereignet, so kann er seinen Verschaffungsanspruch (§ 433 I BGB) durch eine einstweilige Verfügung sichern. Da sein Verschaffungsanspruch jedoch in einen Schadensersatzanspruch übergehen kann (§§ 280 ff. BGB), kann der Käufer auch einen Arrest beantragen. Mit der einstweiligen Verfügung kann die Übereignung, mit dem Arrest lediglich die spätere Schadensersatzzahlung gesichert werden.

800 **(2)** Für die Voraussetzungen eines **Arrestgrunds** unterscheidet das Gesetz zwischen den beiden möglichen Formen der Anspruchssicherung:

- Bei dem (praktisch sehr seltenen) *persönlichen* Arrest erfolgt die Sicherung des Anspruchs durch Beschränkung der Bewegungsfreiheit des Schuldners, insbesondere durch Haft (§§ 933, 904 ff. ZPO). Eine solche Form des Arrestes ist als ultima ratio nur statthaft, wenn die Sicherung des Anspruchs anders nicht erreicht werden kann (§ 918 ZPO), insbesondere nicht durch einen dinglichen Arrest.[11]

  In Betracht kommt der persönliche Arrest **zB**, um zu verhindern, dass der Schuldner sein in Deutschland an einem unbekannten Ort befindliches Vermögen ins Ausland verschafft.[12]

- Der *dingliche* Arrest gestattet eine Sicherungsvollstreckung in das Vermögen des Schuldners (§§ 928, 904 ff. ZPO). Er ist immer dann statthaft, wenn zu besorgen ist, dass ohne seine Verhängung die Vollstreckung vereitelt oder wesentlich erschwert würde (§ 917 ZPO).[13]

  Erforderlich ist immer eine **drohende Verschlechterung** der Durchsetzbarkeit des Anspruchs. Dies ist vor allem der Fall, wenn unlautere Handlungen des Schuldners zu befürchten sind (Beiseiteschaffen oder Verschleudern von Vermögenswerten, beabsichtigter Aufenthaltswechsel, insbesondere mit unbekanntem Ziel oder ins Ausland), denkbar sind auch verschuldensunabhängige Gründe (langfristige Krankheit, Boykott seines Gewerbebetriebs).

  Streitig ist, inwieweit ein Arrestgrund besteht, wenn die Vermögenslage des Schuldners bereits schlecht ist und mit dem Arrest lediglich der Vollstreckung anderer Gläubiger zuvorgekommen werden soll (sog. »**Gläubigerkonkurrenz**«). Während ein Teil der Literatur dies ausreichen lässt, da auch dann die Durchsetzung des Anspruchs gefährdet ist, lehnt die Rechtsprechung den Erlass eines Arrests unter Hinweis auf den Wortlaut des § 917 ZPO und zur Vermeidung unerwünschter Eilverfahren ab.[14]

801 **(3)** Um eine möglichst rasche Entscheidung zu ermöglichen, findet eine förmliche Beweisaufnahme nicht statt. Arrestanspruch und Arrestgrund sind vielmehr – unabhängig davon, ob sie streitig werden oder nicht – **glaubhaft** zu machen (§§ 920 II, 294 ZPO).

Zur Glaubhaftmachung → Rn. 1365 ff. Die Glaubhaftmachung kann nur mit präsenten, dh in einer eventuellen mündlichen Verhandlung sofort verfügbaren Beweismitteln[15] oder – häufiger – mit einer eidesstattlichen Versicherung erfolgen, die auch vom Antragsteller selbst herrühren kann. Gelungen ist die Glaubhaftmachung bereits, wenn dem Gericht die Behauptung als überwiegend wahrscheinlich erscheint. Erhält der Gegner rechtliches Gehör, kann auch er seinen Vortrag glaubhaft machen, was bei widerstreitenden eidesstattlichen Versicherungen dazu führen kann, dass die Glaubhaftmachung des Antragstellers misslungen ist.

---

11 OLG Bamberg OLGR 2005, 206 (207); OLG München NJW-RR 1988, 382.

12 OLG Karlsruhe NJW-RR 1997, 450.

13 OLG Düsseldorf NJW-RR 1999, 1592; OLG Stuttgart NJW-RR 1996, 1516; OLG Karlsruhe NJW 1996, 1017; *Mathäser*, Der Arrestgrund, JuS 1995, 442; *Mertins*, Der dingliche Arrest, JuS 2008, 692.

14 BGH NJW 1996, 321; *Foerste*, Vollstreckungsvorsprung durch einstweiligen Rechtsschutz, ZZP 106 (1993), 143; MüKoZPO/*Drescher* § 917 Rn. 8.

15 *Krüger*, Das Privatgutachten im Verfahren der einstweiligen Verfügung, WRP 1991, 68.

c) Verfahren

Mit Eingang des Antrags bei Gericht tritt nicht bloß Anhängigkeit, sondern sogleich auch **Rechtshängigkeit** ein. 802

Dies gilt für die Sicherung des Anspruchs, nicht für den Anspruch selbst. Eine Entscheidung des Gerichts über den einstweiligen Rechtsschutz ist auch ohne vorherige Beteiligung des Schuldners möglich,[16] das Verbot anderweitiger Anhängigkeit und die Fortdauer der einmal begründeten Zuständigkeit (§ 261 III ZPO) greifen sofort. Materielle Haftungsverschärfungen (§§ 989, 818 IV BGB) dagegen knüpfen nicht an die Sicherung, sondern an die Geltendmachung des Anspruchs an und setzen Kenntnis des Schuldners voraus. Auch eine Hemmung der Verjährung tritt nach § 204 I Nr. 9 BGB nur (ggf. aber rückwirkend) ein, wenn der Antrag oder zumindest die gerichtliche Eilanordnung zugestellt werden.

Einer **Vorbereitungsphase**, in der auch der Gegner Gelegenheit zum Vortrag erhält, bedarf es nicht notwendig.

Gefährdet eine Anhörung des Antragsgegners die notwendige Sicherung, kann sie unterbleiben, eine Entscheidung allein auf Grundlage des Antragstellervortrags ergehen. Auch in diesen Fällen erfolgt eine Einbeziehung des gegnerischen Vortrags, wenn dieser prophylaktisch in Form einer Schutzschrift vorgebracht wurde (→ Rn. 830).

Auf das Arrestgesuch hin erlässt das Gericht bereits in der Eröffnungsphase des Prozesses einen Beschluss (= sog. **Beschlussverfahren**). Je nach dessen Inhalt gibt es für den weiteren Ablauf des Verfahrens drei verschiedene Varianten: 803

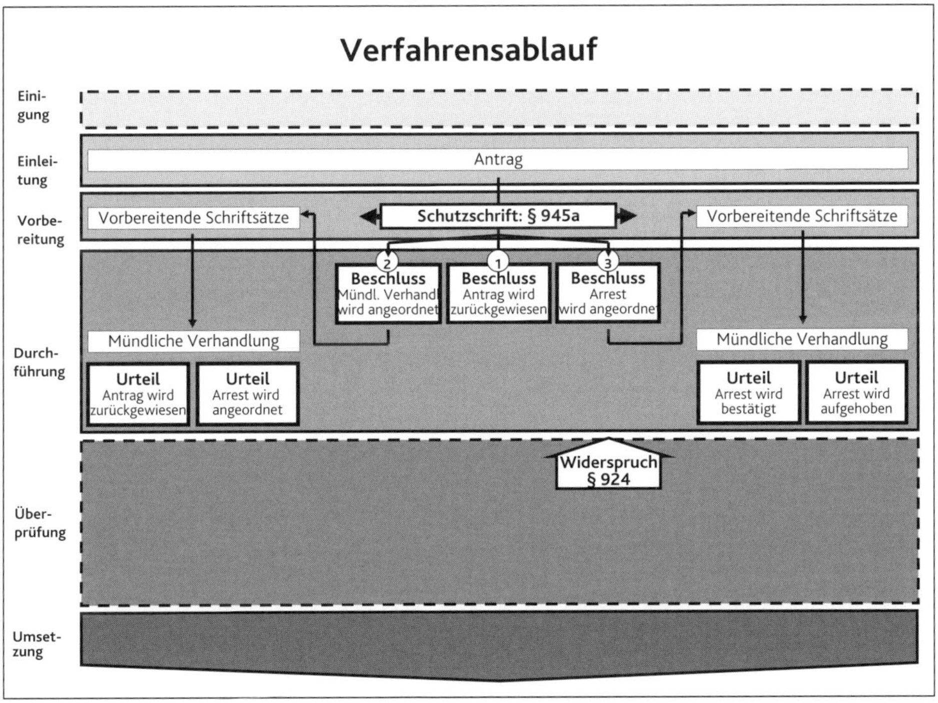

Schema 12.2: Ablauf des Eilverfahrens

16 KG MDR 2009, 765; OLG Stuttgart NJW-RR 2007, 527; OLG Hamburg MDR 2000, 786.

804 **(1)** Liegen die Voraussetzungen für den Erlass eines Arrests nicht vor, so kann der *Antrag* mittels Beschluss sofort *zurückgewiesen* werden (§ 922 III ZPO).

Der Gläubiger kann dagegen schnell eine Entscheidung des Beschwerdegerichts herbeiführen und behält die Möglichkeit einer Überraschungsentscheidung, weil dem Schuldner die Zurückweisungsentscheidung nicht mitgeteilt wird (§ 922 III ZPO).[17]

805 **(2)** Das Gericht kann mittels Beschluss auch eine *mündliche Verhandlung anordnen* (§ 922 I ZPO). Ob es das tun will, steht in seinem freien Ermessen (§ 128 IV ZPO).

Wegen der mit der Schaffung eines eventuell unrichtigen Titels verbundenen Gefahren sollte *grundsätzlich* eine mündliche Verhandlung durchgeführt und nur in dringenden Fällen per Beschluss entschieden werden.[18]

806 **(3)** Schließlich kann das Gericht auch die *Eilanordnung* selbst schon durch Beschluss *erlassen* (§ 922 I und II ZPO). Das Verfahren geht hier nur dann weiter, wenn der Antragsgegner **Widerspruch** (§ 924 ZPO) einlegt. Das Gericht muss darauf eine mündliche Verhandlung durchführen (§ 924 II 2 ZPO), in der das vor Erlass des Arrestbeschlusses unterlassene rechtliche Gehör des Antragsgegners nachgeholt wird.[19]

Um den Sicherungszweck nicht zu gefährden, braucht der Antrag dem Gegner vor der Entscheidung nicht zugestellt, dieser nicht gehört zu werden. Rechtshängigkeit muss daher schon mit Eingang des Antrags bei Gericht eintreten.[20]

Der Widerspruch ist unbefristet möglich, auch eine Verwirkung ist nur ausnahmsweise möglich.[21] Er soll, muss aber nicht begründet werden. Gründe können jederzeit nachgeschoben werden.

807 Findet aufgrund der gerichtlichen Anordnung oder aufgrund des Widerspruchs eine *mündliche Verhandlung* statt, so gelten hierfür die allgemeinen Grundsätze jeder mündlichen Verhandlung. Ausnahmen können sich aus dem Wesen der Eilverfahren ergeben.

Die Ladungsfrist (§ 217 ZPO) muss beachtet werden, nicht jedoch die nur für das normale Erkenntnisverfahren geltende Einlassungsfrist (§ 274 ZPO). Es kann eine Beweisaufnahme durchgeführt werden, aber nur mit präsenten Beweismitteln (§ 294 II ZPO). Ausgeschlossen ist die Widerklage, auch in Form eines Wider-Arrestantrags (→ Rn. 1232).[22]

808 Aufgrund der mündlichen Verhandlung ergeht immer ein *Urteil*, weshalb man bei diesem Verfahrensabschnitt auch vom sog. »**Urteilsverfahren**« spricht.

Der **Hauptsachetenor** eines solchen Urteils hängt vom vorangegangenen Verfahrensablauf ab: Ist im Beschlussverfahren nur die mündliche Verhandlung angeordnet worden, muss der Arrest jetzt erlassen oder der Antrag zurückgewiesen werden. Wurde der Arrest bereits mit Beschluss erlassen, so ist er jetzt auf den Widerspruch des Gegners hin entweder zu bestätigen, abzuändern oder aufzuheben.

Bei Vorliegen der entsprechenden Voraussetzungen kann das Urteil mit diesen Inhalten auch als Verzichts-, Anerkenntnis- oder **Versäumnisurteil** ergehen.[23]

Erledigt sich das Sicherungsinteresse des Gläubigers, finden die Regelungen der **Erledigung** der Hauptsache entsprechende Anwendung (dazu → Rn. 1480).[24]

---

17 Prütting/Gehrlein/*Fischer* ZPO § 922 Rn. 5.
18 BVerfGE 57, 346 = NJW 1981, 2111; OLG Koblenz NJW-RR 1987, 511; BLAH/*Hartmann* ZPO § 921 Rn. 1.
19 BVerfGE 57, 346 = NJW 1981, 2111; BVerfGE 9, 98.
20 OLG Hamburg VersR 1989, 1164; OLG Düsseldorf NJW 1981, 2824.
21 BVerfG NJW 1972, 675; BGH NJW 1992, 2297.
22 OLG Frankfurt a.M. GRUR-Prax 2011, 88 mAnm *Gramsch* GRUR-Prax 2011, 44; aA *Dötsch*, Statthaftigkeit einer Gegenverfügung, MDR 2012, 623.
23 Thomas/Putzo/*Reichold* ZPO § 922 Rn. 1.
24 OLG Karlsruhe MDR 2012, 540.

d) Entscheidung

Unabhängig davon, ob die Entscheidung über den Arrest per Beschluss oder per Urteil ergeht, gelten hierfür einige **Besonderheiten.**[25] 809

Inhalt des Arrests

1 Gericht
Geschäftsnummer

BESCHLUSS

2

3 In der Arrestsache
4 des … – Antragsteller –
(Prozessbevollmächtigter …)
gegen
die … – Antragsgegnerin –
(Prozessbevollmächtigter …)
hat das …-gericht …
5 durch den/die Richter(in/nen) …
6 am … ohne mündliche Verhandlung
beschlossen:

7 1. Wegen der Forderung des Antragstellers gegen den Antragsgegner aus dem Kaufvertrag vom … in Höhe von …EUR nebst 4% Zinsen seit dem … wird
8 der dingliche Arrest in das Vermögen des Antragsgegners in Höhe dieser Forderung sowie einer Kostenpauschale von … EUR angeordnet.
9 2. *Die Vollziehung des Arrests wird gehemmt und der Antragsgegner kann die Aufhebung des vollzogenen Arrests beantragen gegen Hinterlegung von …*
10 *EUR.*
11 3. Die Kosten des Arrestverfahrens hat der Antragsgegner zu tragen.
12 4. *Der Streitwert wird auf … EUR festgesetzt.*

13 Gründe
…

14 Rechtsbehelfsbelehrung
15 Unterschrift

Schema 12.3: Inhalt des Arrests

1 Unabhängig davon, ob die Entscheidung als Beschluss oder als Urteil ergeht, hat sie die *Bezeichnung* des Gerichts und die Geschäftsnummer zu enthalten (§ 4 AktO). 810

25 *Schellhammer* Arbeitsmethode Rn. 388 f.; *Theimer/Theimer* Mustertexte ZivilProz Muster 134 ff.

811 [2] Während die *Überschrift* »Urteil« oder »Beschluss« grundsätzlich entbehrlich ist, sollte sie im Eilverfahren verwendet werden, um Klarheit über die Entscheidungsform (und damit über die Anfechtungsmöglichkeiten) zu schaffen. Wird durch Urteil entschieden, bedarf es zusätzlich der Floskel »Im Namen des Volkes« (§ 311 I ZPO).

812 [3] In der den Urteilseingang einleitenden *Bezeichnung der Sache* wird diese nicht als »Rechtsstreit«, sondern als Eilverfahren bezeichnet (»Arrestverfahren«, »Verfahren auf Erlass eines Arrests/einer einstweiligen Verfügung«, »Eilsache«).

813 [4] Die *Parteien* sind der gesetzlichen Terminologie folgend nicht als »Kläger« und »Beklagter«, sondern als »Antragsteller/-gegner«, nach mündlicher Verhandlung als »Arrestkläger/-beklagter« (»Verfügungskläger/-beklagter«) zu bezeichnen.

814 [5] Eine *mündliche Verhandlung* geht der Entscheidung nur im Fall der Entscheidung durch Urteil voraus. Wird durch Beschluss entschieden, heißt statt »aufgrund der mündlichen Verhandlung vom …« dann »am … ohne mündliche Verhandlung«.

815 [6] Auch das *Prädikat* des Rubrums lautet »für Recht erkannt« nur bei Urteilen. Bei Beschlüssen lautet es »beschlossen«.

816 [7] Im Tenor ist die zu sichernde *Arrestforderung* einschließlich eventueller Nebenforderungen und Kostenpauschalen exakt zu bezeichnen. Dazu gehört die Bezifferung des Anspruchs genauso, wie die Angabe des konkreten Rechtsgrunds der Forderung (Individualisierung). Die Sicherung von Nebenansprüchen ist dabei nur im Rahmen der gestellten Anträge möglich, erfolgt also nicht von Amts wegen.

817 [8] Der *dingliche* Arrest wird »in das Vermögen« des Antragsgegners, nicht in konkret bezeichnete Vermögensgegenstände angeordnet.

818 [9] Im Arrest ist ein Betrag festzusetzen, durch dessen Hinterlegung der Gegner die Vollziehung des Arrests *abwenden* kann (§ 923 ZPO).

Mit der freiwilligen Hinterlegung dieses Betrags ist das Sicherungsinteresse des Antragstellers befriedigt, einer Zwangsvollstreckung bedarf es dann nicht mehr.

819 [10] Die *Kostenentscheidung* der Eilanordnung ergeht nach allgemeinen Grundsätzen, richtet sich also nach dem Unterliegen der Beteiligten (§§ 91 ff. ZPO).

820 [11] Eine Entscheidung zur vorläufigen Vollstreckbarkeit ergeht nur, wenn der Antrag durch Urteil zurückgewiesen wird (dann nach § 708 Nr. 6 ZPO); erfolgt die Zurückweisung mittels Beschluss, ist dieser ohnehin nach § 794 ZPO vollstreckbar, wird der Arrest angeordnet, ergibt sich die Vollstreckbarkeit auch ohne Ausspruch aus der Natur als Eilentscheidung (→ Rn. 543).

821 [12] Nach §§ 62 f. GKG ist der Streitwert festzusetzen, wobei dessen Höhe sich nach den § 53 I GKG, § 3 ZPO bestimmt (→ Rn. 104). Die Festsetzung ergeht durch Beschluss, kann in den Arrestbeschluss integriert werden, muss aber neben einem Urteil separat ergehen.

822 [13] Ergeht die Entscheidung als Urteil, enthält sie *Tatbestand* und *Entscheidungsgründe* nach allgemeinen Grundsätzen. Ergeht die Entscheidung als Beschluss, so bedarf sie, wie sich aus einem Umkehrschluss zu § 922 I 2 ZPO ergibt, einer Begründung nur, wenn der Antrag abgelehnt wird oder eine Vollstreckung im Ausland beab-

sichtigt ist.[26] Bei Anordnung des Arrests kann die Begründung auf den Widerspruch hin im folgenden Urteilsverfahren nachgeholt werden.

Dass im **Examen** alle Arrestbeschlüsse zu begründen sind, dürfte sich auch ohne entsprechenden Bearbeitervermerk von selbst verstehen.

[14] Ergeht die Entscheidung in Form eines Beschlusses, ist sie mit dem Widerspruch angreifbar (→ Rn. 828). Über diese Möglichkeit muss der Antragsgegner (auch vom Landgericht) belehrt werden (§ 232 ZPO). Zum Inhalt der Belehrung → Rn. 734; zu den Folgen einer Verletzung der Belehrungspflicht → Rn. 250. **823**

[15] Das Erfordernisses einer *Unterschrift* ergibt sich für Urteile aus § 315 I ZPO, für Beschlüsse aus §§ 329 I 2, 317 II ZPO (→ Rn. 588, → Rn. 734 und → Rn. 747).

Die **Vollziehung** des Arrests[27] richtet sich nach den allgemeinen Vorschriften über die Zwangsvollstreckung (§ 928 ZPO), doch enthalten die §§ 929 ff. ZPO hierfür einige spezielle Regelungen. **824**

Die Entscheidungen müssen im Parteibetrieb zugestellt werden, sie sind sofort (dh auch ohne Anordnung vorläufiger Vollstreckbarkeit und ohne Vollstreckungsklausel), ggf. sogar vor Zustellung, maximal einen Monat lang vollstreckbar.

e) Rechtsbehelfe

Nur auf den ersten Blick unübersichtlich ist das System der Rechtsbehelfe im Eilverfahren. Erforderlich ist zunächst eine Differenzierung nach der Form der Entscheidung (oben Schema 11.2): **825**

26 OLG Köln MDR 1998, 432; *Herr*, Keine Begründungspflicht für Arrest oder Einstweilige Verfügung anordnende Beschlüsse, NJW 1993, 2287; *Lippold*, Nochmals: Begründungspflicht für Arrest oder einstweilige Verfügung anordnende Beschlüsse, NJW 1994, 1110; *Zimmermann* ZPO § 922 Rn. 4; aA BLAH/*Hartmann* ZPO § 922 Rn. 1; *Nägele*, Muß der einen Arrest oder eine einstweilige Verfügung anordnende Beschluss begründet werden?, NJW 1993, 1045.

27 MüKoZPO/*Drescher* § 938 Rn. 36 ff.

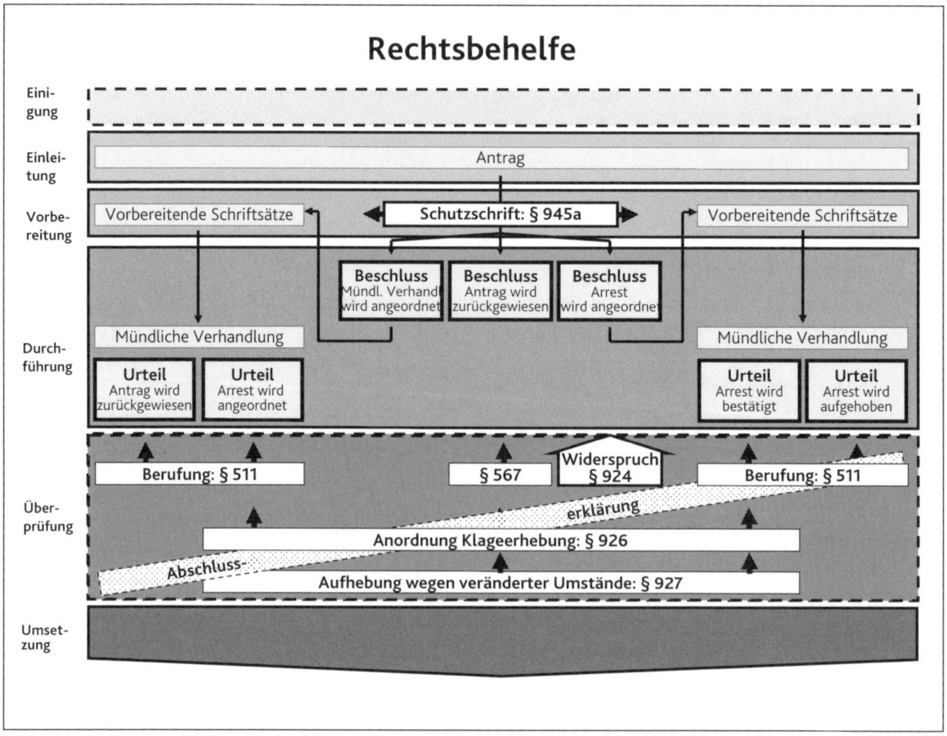

Schema 12.4: Rechtsbehelfe im Eilverfahren

826 (1) Wurde der Antrag auf Erlass eines Arrests mit Beschluss zurückgewiesen, so steht dem Gläubiger hiergegen die **sofortige Beschwerde** zu (§ 567 I Nr. 2 ZPO; → Rn. 1553).[28]

Streitig ist, ob die Beschwerdeeinlegung dem Anwaltszwang unterliegt[29] und ob die Berufungssumme (600,– EUR) analog § 511 II Nr. 1 ZPO erreicht sein muss.[30]

827 (2) Jedes aufgrund mündlicher Verhandlung ergangene streitige Urteil kann – unabhängig davon, ob es den Antrag zurückweist, den Arrest anordnet, bestätigt, abändert oder aufhebt – als normales Endurteil mit der Berufung angegriffen werden (§ 511 ZPO). Gegen die Berufungsentscheidungen des Landgerichts und des Oberlandesgerichts findet ein Rechtsmittel nicht mehr statt (§ 542 II ZPO).

Hier ist streitig, ob das Berufungsgericht an die tatsächlichen Feststellungen des Erstgerichts gebunden ist (§ 529 ZPO) und inwieweit neue Angriffs- und Verteidigungsmittel geltend gemacht werden können (§ 531 ZPO).[31]

28 Thomas/Putzo/*Reichold* ZPO § 922 Rn. 6 mwN.

29 Für Anwaltszwang OLG Hamm MDR 2008, 708; OLG Frankfurt a.M. MDR 2004, 221; Prütting/Gehrlein/*Fischer* ZPO § 922 Rn. 10 mwN; gegen Anwaltszwang OLG Celle NJW-RR 2009, 977; *Teplitzky*, Wettbewerbsrechtliche Ansprüche und Verfahren, 9. Aufl. 2007, Kap. 55 Rn. 7.

30 Für eine analoge Anwendung des § 511 II Nr. 1 ZPO: LG Köln MDR 2003, 831; Musielak/*Huber* ZPO § 922 Rn. 10 mwN; dagegen LG Zweibrücken NJW-RR 1987, 1199; Thomas/Putzo/*Reichold* ZPO § 922 Rn. 7 mwN.

31 *Dötsch*, Besonderheiten im Berufungsverfahren bei Arrest und einstweiliger Verfügung, MDR 2010, 1429 mwN.

Erging aufgrund mündlicher Verhandlung ein Versäumnisurteil, so steht der hierdurch beschwerten Partei der **Einspruch** zu (§ 338 ZPO).

(3) Die Anordnung des Arrests durch Beschluss kann nur durch Widerspruch angegriffen werden (§ 924 ZPO),[32] Rechtsmittel sind nur gegen die aufgrund der (dann zwingend stattfindenden) mündlichen Verhandlung ergehenden Entscheidungen möglich (oben Schema 12.2). **828**

(4) Gegen alle den Arrest (teilweise) anordnenden oder bestätigenden Urteile sind zwei besondere Rechtsbehelfe möglich: **829**

- Gemäß § 926 ZPO hat das Arrestgericht (hier der Rechtspfleger: § 20 Nr. 14 RPflG) dem Gläubiger aufzugeben, binnen bestimmter Frist die **Hauptsacheklage** zu erheben. Kommt der Gläubiger dem nicht nach, kann der Arrest durch Endurteil aufgehoben werden.[33]
- Gemäß § 927 ZPO kann der Schuldner die **Aufhebung** des Arrests beantragen, wenn sich die bei Erlass maßgeblichen tatsächlichen **Umstände geändert** haben.

> Sinn macht dies **zB**, wenn der Arrestanspruch durch Erfüllung erloschen oder der Arrestgrund weggefallen ist, weil der Gläubiger inzwischen ein obsiegendes Urteil in der Hauptsache erwirkt hat und somit anderweitig gesichert ist.[34]

(5) Praktisch bedeutsam sind darüber hinaus: **830**

- Die »**Schutzschrift**«, die der Schuldner prophylaktisch bereits vor dem erwarteten Antrag des Gläubigers bei Gericht einreicht und in der er sich gegen diesen verteidigt (§ 945a ZPO). Er kann damit verhindern, dass das Gericht den Arrest ohne Berücksichtigung seines Vorbringens erlässt.[35]

  Die Schutzschrift muss in elektronischer Form bei dem zentralen länderübergreifenden Schutzschriftenregister (ZSSR) eingereicht werden. Jedes Gericht prüft vor der Entscheidung über einen Eilantrag, ob hier eine Schutzschrift hinterlegt ist, zieht diese ggf. bei und muss sie bei der Entscheidung berücksichtigen.

- Die »**Abschlusserklärung**«, mit der der Schuldner – meist auf Aufforderung des Gläubigers – seinen Verzicht auf Rechtsbehelfe gegen die einstweilige Anordnung (nur selten beim Arrest) erklärt und damit ein Hauptsacheverfahren überflüssig macht.[36]

(6) Erweist sich die Anordnung des Arrests nachträglich als ungerechtfertigt, steht dem Schuldner ein **Schadensersatzanspruch** zu (§ 945 ZPO). **831**

---

32 BGH NJW 2003, 1531.

33 BGH NJW 1974, 503; 1973, 1329; OLG Frankfurt a.M. NJW 1972, 1330.

34 BGH NJW 2009, 3303; OLG Stuttgart OLGR 2008, 924; OLG Frankfurt a.M. OLGR 2006, 206.

35 OLG Hamburg NJW-RR 1995, 444; *Bacher*, Das elektronische Schutzschriftenregister, MDR 2015, 1329; *Deutsch*, Die Schutzschrift in Theorie und Praxis, GRUR 1990, 327; *Schmidt-Gaedke*, Die Schutzschrift im einstweiligen Rechtsschutz, ZAP Fach 13, 2091; *Wilke*, Abmahnung und Schutzschrift, 1991.

36 BGH NJW 2015, 3244; WRP 2010, 1035; NJW 2009, 3303; *Conrad*, Das Abschlussverfahren nach Erlass einer einstweiligen Verfügung im Zivilprozess, MDR 2017, 68; BLAH/*Hartmann* ZPO § 93 Rn. 77 mwN.

Dass die Eilanordnung (un-)gerechtfertigt war, kann für den Schadensersatzprozess **rechtskräftig** aufgrund der Entscheidung über einen Rechtsbehelf oder über die Hauptsache bereits feststehen.[37]

2. Einstweilige Verfügung

832 Ist der zu sichernde Anspruch nicht auf Zahlung von Geld gerichtet, so kann er nicht mittels Arrest, sondern nur durch eine einstweilige Verfügung gesichert werden. Diese unterscheidet sich vom Arrest ausschließlich hinsichtlich ihrer Voraussetzungen. Verfahren, Form der Entscheidung und Rechtsbehelfe sind identisch, sie sollen deswegen nicht erneut dargestellt werden. Bei der einstweiligen Verfügung werden verschiedene Arten unterschieden, das Gesetz differenziert zwischen Sicherungs- und Regelungsverfügung, die Rechtsprechung hat darüber hinaus als Sonderform noch die Leistungsverfügung entwickelt.[38]

a) Sicherungsverfügung

833 (1) Die Sicherungsverfügung ist in § 935 ZPO geregelt. Ihre **Voraussetzungen** sind weitgehend mit denen des Arrests identisch:

- *Verfügungsanspruch* kann jeder auf individuelle Leistung – jedoch nicht auf eine Geldzahlung – gerichtete Anspruch sein;

  Hierunter fallen zum **Beispiel** Ansprüche auf Herausgabe oder Lieferung von Sachen, auf Duldung, Unterlassung oder Vornahme von Handlungen usw.[39]

  Zweifelhaft ist, ob es eine »**Feststellungsverfügung**« geben kann, mit der nicht Ansprüche, sondern Rechtsverhältnisse vorläufig gesichert werden. Die Rechtsprechung bejaht dies zum Teil bei der Feststellung der Unwirksamkeit von Aufsichtsratsbeschlüssen oder der Verpflichtung zum Schadensersatz bei Wettbewerbsverstößen, die Lehre hat sich hiermit bislang kaum befasst.[40]

- *Verfügungsgrund* ist die Gefahr, dass die Verwirklichung des Rechts vereitelt oder wesentlich erschwert wird (§ 935 ZPO).

  Dies kann zum **Beispiel** der Fall sein bei drohender Veräußerung oder Zerstörung der Sache, bei drohender Zuwiderhandlung oder abzusehender Nichtvornahme der Handlung usw.

834 (2) Hinsichtlich des **Verfahrens** und der Vollziehung unterscheiden sich einstweilige Verfügung und Arrest grundsätzlich nicht (§ 936 ZPO).

Es gelten deswegen die Ausführungen → Rn. 796 ff. Abweichend von § 919 ZPO ist für den Erlass der einstweiligen Verfügung jedoch regelmäßig das Gericht der Hauptsache (§ 937 ZPO) und nur in dringenden Fällen das Amtsgericht der belegenen Sache zuständig (§ 942 ZPO).[41]

835 (3) Beim Inhalt der **Entscheidung** ist das Gericht an den Antrag nicht zwingend gebunden: es kann nach freiem Ermessen bestimmen, welche Anordnungen zur Erreichung des erstrebten Zwecks erforderlich sind (§ 938 I ZPO).[42] Zulässig sind alle auf *Sicherung* des Anspruchs gerichteten Maßnahmen.

---

37 BGH NJW 1993, 2685; *Damrau*, Die Erstattung außergerichtlicher und gerichtlicher Kosten bei unberechtigtem Arrest bzw. einstweiliger Verfügung, ZAP Fach 13, 1937.

38 *Mertins*, Die einstweilige Verfügung, JuS 2009, 911.

39 Thomas/Putzo/*Reichold* ZPO § 935 Rn. 5.

40 *Vogg*, Einstweilige Feststellungsverfügung?, NJW 1993, 1357 mwN.

41 *Cuypers*, Das zuständige Gericht in Zivilsachen – Arrest, einstweilige Verfügung, ZAP Fach 13, 1945.

42 Beispiele bei Thomas/Putzo/*Reichold* ZPO § 938 Rn. 8.

Eine wichtige Form der Sicherung (insbesondere für Herausgabeansprüche) liegt in der **Sequestration,** dh in der Verwahrung und Verwaltung einer (beweglichen oder unbeweglichen) Sache durch einen Vertrauensmann (§§ 938 II, 848, 857 IV ZPO), häufig den Gerichtsvollzieher.[43] Darüber hinaus kommen insbesondere Veräußerungs- oder Verfügungs- oder Erwerbsverbote in Betracht.[44]

Eine Erfüllung des zu sichernden Anspruchs, eine endgültige Befriedigung des Gläubigers, darf grundsätzlich nicht angeordnet werden, das Eilverfahren ist auf Sicherung des Anspruchs gerichtet und kann die **Hauptsache nicht vorwegnehmen.**[45]

Die einstweilige Verfügung darf sich auch immer nur an den Antragsgegner, **nie an Dritte** richten. Soll zB eine Vormerkung im Grundbuch eingetragen werden, kann das Grundbuchamt um die Eintragung nur »ersucht«, hierzu nicht »angewiesen« werden.

b) Regelungsverfügung

Während mit Arrest und Sicherungsverfügung die Durchsetzbarkeit von Ansprüchen gesichert werden kann, dient die Regelungsverfügung (§ 940 ZPO) der vorläufigen Regelung eines streitigen Rechtsverhältnisses.[46] Statt eines *Verfügungsanspruchs* muss ein **Rechtsverhältnis** vorliegen, der *Verfügungsgrund* muss in der Notwendigkeit der Regelung **zur Abwehr von Nachteilen** bestehen. 836

Geregelt werden können zum **Beispiel** alle Arten von Dauerschuldverhältnissen, die Rechtsverhältnisse zwischen Miteigentümern, Miterben, Gesellschaftern, Mietern oder Nachbarn. Für den Verfügungsgrund müssen Vor- und Nachteile beider Seiten aufgrund objektiver Betrachtungsweise gegeneinander abgewogen werden. Er fehlt, wenn der Antragsteller trotz ursprünglich bestehenden Regelungsbedürfnisses zu lange zugewartet hat, bevor er den Antrag auf Erlass einer einstweiligen Verfügung stellt.[47]

Für den Inhalt der **Entscheidung** gilt ebenfalls § 938 ZPO, dh, das Gericht bestimmt die erforderlichen Anordnungen nach freiem Ermessen. 837

Nach dem Grundsatz des Verbots der Vorwegnahme der Hauptsache im Eilverfahren dürfen auch durch die Regelungsverfügung **keine endgültigen Regelungen** des Rechtsverhältnisses angeordnet werden. Nach dem Wegfall der Regelungsverfügung muss – ohne dass es dann weiterer Änderungen bedarf – der frühere Rechtszustand automatisch wieder eintreten. Angeordnet werden können so zB ein (befristetes) Verbot, bestimmte Räume zu betreten (§ 1004 BGB, § 890 ZPO) oder der vorläufige Entzug der Geschäftsführungsbefugnis (§§ 117, 127 HGB).[48]

c) Leistungsverfügung

Eilverfahren können den gefährdeten Anspruch grundsätzlich nur sichern, eine **Erfüllung** muss dem Hauptsacheverfahren vorbehalten bleiben. In einigen Fällen allerdings kann die Sicherung nur durch eine mit der materiellen Rechtsfolge der Norm 838

43 BGH NJW 2008, 487; 2001, 434; MüKoZPO/*Drescher* § 938 Rn. 23 ff.; *Saenger*, Macht und Ohnmacht der Gerichte bei der eiligen Durchsetzung von Herausgabeansprüchen, JZ 1999, 970 (974).

44 BGH NJW 2008, 376; OLG Hamm NJW-RR 2001, 1086.

45 BGH NJW 2007, 2485; OLG Dresden NJW 2001, 1433; zur ausnahmsweisen Erfüllung durch die Befriedigungsverfügung → Rn. 820.

46 Zu den Schwierigkeiten einer Abgrenzung der Regelungs- von der Sicherungsverfügung Stein/Jonas/*Grunsky* ZPO vor § 935 Rn. 30 mwN.

47 Sog. »Selbstwiderlegung«: OLG Düsseldorf BauR 2015, 140; OLG Bremen WRP 2015, 919; OLG Hamm NJW-RR 2007, 108; KG NJW-RR 2001, 1201; diese Frist wird von der Rechtsprechung sehr unterschiedlich bemessen (zwischen einem und sechs Monaten): Prütting/Gehrlein/*Fischer* ZPO § 940 Rn. 3.

48 BGHZ 33, 107.

übereinstimmende Maßnahme ergehen. Hier muss eine einstweilige Verfügung in der Regel unterbleiben. Würde die Versagung vorläufigen Rechtsschutzes indes zu einem irreparablen Schaden beim Antragsteller führen, der auch im späteren Hauptsacheverfahren nicht mehr ausgeglichen werden kann, so muss es – will man den Antragsteller nicht völlig rechtlos stellen – ausnahmsweise möglich sein, durch einstweilige Verfügung die Erfüllung des Anspruchs anzuordnen.

Beispiel: Droht eine Veröffentlichung ehrenrühriger Behauptungen durch den Antragsgegner, so kann der Antragsteller den Eintritt des immateriellen Schadens nur vermeiden, indem er eine einstweilige Verfügung auf Unterlassung erwirkt.

839 Die Rechtsprechung hat diesen Überlegungen durch die Zulassung einer sog. Befriedigungs- oder Leistungsverfügung Rechnung getragen.

Dabei kann im Ergebnis dahinstehen, ob man diese als Sonderfall der Regelungsverfügung aus § 940 ZPO, aus einer Analogie zu Spezialvorschriften (zB § 247 FamFG, § 25 UWG) oder aus richterlicher Rechtsfortbildung **herleitet**.[49]

840 Ein **Verfügungsgrund** besteht hier also, wenn dem Antragsteller ohne die einstweilige Verfügung ein nicht wieder gutzumachender, existenzgefährdender Schaden droht und auf Seiten des Antragsgegners vergleichbare Nachteile nicht drohen.[50]

841 Der **Verfügungsanspruch** darf nur durch die Befriedigung des Antragstellers gesichert werden können. Dabei lassen sich – je nach Anspruchsinhalt – folgende *Fallgruppen* unterscheiden:

- Einstweilige Verfügungen auf *Zahlung von Geld* wurden (soweit sie nicht zB im FamFG spezialgesetzlich geregelt sind) zunächst insbesondere im Bereich des Unterhaltsrechts entwickelt, sind heute darüber hinaus zur Sicherung aller denkbaren Ansprüche anerkannt, die zur Behebung einer existentiellen Notlage dienen können.

  Hierher gehören zum **Beispiel** Unterhaltsansprüche aus §§ 1360 ff., 1569 ff., 1601 ff. BGB, deliktische Ansprüche auf Zahlung von Unterhaltsrente (§§ 843, 844 BGB; § 11 StVG) oder Ansprüche auf Arbeitsentgelt, ausnahmsweise auch auf Zahlung von Schmerzensgeld.[51]

- Einstweilige Verfügungen auf *Herausgabe einer Sache* an den Antragsteller sind möglich, wenn dieser der Sache zur Aufrechterhaltung seiner Lebensgrundlage dringend bedarf.[52]

  So **beispielsweise** die Herausgabe zu Unrecht zurückbehaltener Arbeitspapiere oder zur Berufsausübung erforderlicher Arbeitsgeräte.[53] Fehlt es an der gegenwärtigen Existenzgefährdung, lassen sich Herausgabeansprüche häufig durch Verfügungsverbote oder Verwahrung durch einen Dritten sichern, ohne sie sofort zu erfüllen (→ Rn. 835).

49 Nachweise zu den einzelnen Auffassungen bei MüKoZPO/*Drescher* § 938 Rn. 14.
50 OLG Jena NJW-RR 2012, 862.
51 OLG Nürnberg NJW 1998, 3787; OLG Karlsruhe NJW 1995, 1908; OLG Düsseldorf NJW-RR 1991, 1028; OLG Celle VersR 1990, 212; weitere Rechtsprechungsnachweise bei MüKoZPO/*Drescher* vor § 935 Rn. 17; Stein/Jonas/*Grunsky* ZPO vor § 935 Rn. 38 ff.; *Neuner*, Das Schmerzensgeld, JuS 2013, 577; *Thran*, Leistungsverfügung und Sozialhilfe, FamRZ 1993, 1395.
52 BGH NJW 2007, 2487; *Saenger*, Macht und Ohnmacht der Gerichte bei der eiligen Durchsetzung von Herausgabeansprüchen, JZ 1999, 970.
53 OLG Köln NJW-RR 1998, 1097; 1997, 57.

Besonderheiten gelten für den Herausgabeanspruch wegen *verbotener Eigenmacht* (§ 861 BGB). Diese können durch einstweilige Verfügung durchgesetzt werden, auch wenn eine existentielle Notlage des Antragstellers nicht vorliegt. Zum einen ergibt sich schon aus der gesetzlichen Regelung der Besitzschutzansprüche, dass diese schnell und unmittelbar durchgesetzt werden sollen (vgl. § 863 BGB), zum anderen könnte der Antragsteller sich auch im Wege der Selbsthilfe den Besitz wiederverschaffen (§ 859 I BGB), und mit der Inanspruchnahme gerichtlicher Hilfe muss zumindest das gleiche Ergebnis erreicht werden.[54]

> **Beispielsfall:** Tauscht der Vermieter während der Abwesenheit des Mieters die Schlösser an der Wohnungstür aus, um diesen nicht mehr hereinzulassen, so kann der Mieter mittels einstweiliger Verfügung wieder Zutritt zu der Wohnung erhalten, obwohl dadurch sein Anspruch auf Überlassung der Räume (§ 535 BGB) (zumindest für einen gewissen Zeitraum) endgültig erfüllt wird.
>
> Der umgekehrte Fall ist im Gesetz ausdrücklich geregelt: Auf die Räumung von Wohnraum darf mit einstweiliger Verfügung nur wegen verbotener Eigenmacht, bei einer konkreten Gefahr für Leib oder Leben oder bei Missachtung einer Sicherungsverfügung nach § 283a ZPO erkannt werden (**§ 940a I, III ZPO**).[55]

- Einstweilige Verfügungen auf *Unterlassen bestimmter Handlungen* werden von der Rechtsprechung häufig zugelassen, weil jede Unterlassungsanordnung zumindest für den Zeitraum ihrer Wirksamkeit endgültige Verhältnisse schafft und damit regelmäßig befriedigend wirken muss (»Alles oder nichts«).

> Praktische **Beispiele** für eine Befriedigungsverfügung finden sich insbesondere bei Unterlassungsansprüchen aus dem Wettbewerbs- (zB § 25 UWG) und dem Persönlichkeitsrecht.[56]

Allerdings gibt es häufig auch Möglichkeiten der **Sicherung** ohne Befriedigung, indem nicht die Handlung selbst, sondern lediglich deren nachteilige Bestandteile, Ausübungsformen, Zeitpunkte oder Begleitumstände untersagt werden. Kein Raum für eine Befriedigungsverfügung ist auch, wenn die drohende Handlung zwar einen Schaden verursachen kann, dieser aber durch spätere Schadensersatzansprüche ausgleichbar ist.[57]

- Einstweilige Verfügungen auf *Abgabe einer Willenserklärung* oder auf *Vornahme sonstiger Handlungen* sind teilweise im Gesetz selbst vorgesehen, ansonsten sind sie wegen der grundsätzlich Rechtskraft voraussetzenden vollstreckungsrechtlichen Vorschriften (§§ 887, 888; 894 ZPO) nur in extremen Ausnahmesituationen denkbar.[58]

> **Beispiele:** Gesetzlich geregelt ist die Eintragung einer Vormerkung bzw. eines Widerspruchs im Grundbuch nach §§ 885, 899 BGB.
> Von der Rechtsprechung zugelassen sind Befriedigungsverfügungen auf Belieferung mit Gas, Wasser und Strom oder mit Waren, die für den Antragsteller zur Sicherung seiner Existenz unverzichtbar sind.[59]

---

54 OLG Köln JMBl. NRW 1990, 178; OLG Frankfurt a.M. BB 1981, 148; LG Hamburg NJW-RR 1993, 1233.

55 Zur Frage, inwieweit dies auch einem gewalttätigen Mitbewohner der Wohnung gegenüber gilt, *Helle*, Der schlagende Mitbewohner – Schutz durch einstweilige Verfügung?, NJW 1991, 212; *Stellwaag*, Vorläufiger Rechtsschutz gegen einen gewalttätigen Wohnungs(mit-)inhaber, ZMR 1991, 289.

56 BGH NJW-RR 2006, 1477; NJW 2005, 3141; 1982, 2246; 1980, 2802; OLG München NJW 1991, 499.

57 MüKoZPO/*Drescher* vor § 935 Rn. 24.

58 OLG Zweibrücken OLGR 2008, 939; OLG Koblenz VersR 2005, 392; OLG Köln NJW-RR 1997, 59.

59 AG Leipzig NZM 1998, 716; *Brox/Walker*, Zwangsvollstreckungsrecht, 3. Aufl. 1990, Rn. 1624; Stein/Jonas/*Grunsky* ZPO vor § 935 Rn. 54.

Unzulässig sind einstweilige Verfügungen zB auf vorläufigen Widerruf unwahrer Tatsachenbehauptungen oder auf Auskunftserteilung.[60]

- Daneben wurden Sicherungsverfügungen in zahlreichen *sonstigen Bereichen* zugelassen, die sich einer Systematisierung weitgehend entziehen.

Beispiele:[61] Im Arbeitsrecht kann der Arbeitnehmer vorläufige Weiterbeschäftigung, der Arbeitgeber das Unterlassen von Nebentätigkeiten verlangen.
Einer Bank gegenüber kann die Nichtinanspruchnahme einer Bürgschaft oder vorläufige Fortsetzung eines gekündigten Girovertrages durchgesetzt werden, einer Versicherung gegenüber die Gewährung von (privatem) Krankenversicherungsschutz.
Der Bauunternehmer kann seinen Anspruch auf Eintragung einer Sicherungshypothek (§ 648 BGB) durch eine Vormerkung aufgrund einer einstweiligen Verfügung sichern.

3. Sicherungsanordnung

841a Ansprüche auf Zahlung eines Nutzungsentgelts für gekündigte Räumlichkeiten, die nach Rechtshängigkeit einer Klage auf Räumung und Herausgabe fällig geworden sind, können durch eine Sicherungsanordnung (§ 283a ZPO) gesichert werden.[62] Auf Antrag des Klägers muss der beklagte Mieter Sicherheit leisten, wenn die Räumungsklage »hohe Aussicht auf Erfolg« hat und seine Interessen im Rahmen einer Abwägung hinter denen des Klägers zurückbleiben. Erbringt der Mieter die angeordnete Sicherheit nicht, kann die Räumung aufgrund einer einstweiligen Verfügung durchgeführt werden (§ 940a III ZPO).

841b Sowohl gegen die Stattgabe als auch gegen die Ablehnung des Antrags ist nur die sofortige Beschwerde statthaft (§§ 283a I 2, 567 ZPO).

---

60 Thomas/Putzo/*Reichold* ZPO § 940 Rn. 17.

61 LAG Köln NZA 1991, 396; BAG NJW 1985, 2968; BGH NJW 2001, 282; OLG Brandenburg OLGR 2001, 57; OLG München VersR 2010, 755; OLG Hamm NJW-RR 2004, 379.

62 *Emmerich*, Die Sicherungsanordnung nach § 28a ZPO, NZM 2014, 881.

§ 13 Urkundenverfahren

Die Möglichkeit, schnell zu einem vollstreckbaren Titel zu kommen, besteht nicht 842
nur in den Eilverfahren. Wer eine Urkunde in Händen hält, aus der sich ergibt, dass er von einem anderen Zahlung verlangen kann, kann seinen Anspruch verhältnismäßig einfach beweisen. Aufgrund des Vorliegens der Urkunde kann das Bestehen des Anspruchs auch ohne vollständige Beweisaufnahme vermutet werden. Das Gesetz sieht für diese Fälle in den §§ 592 ff. ZPO eine besondere Art des Verfahrens vor, das Urkundenverfahren.[1]

Dieses ist geprägt von einer *Zweiteilung*: 843

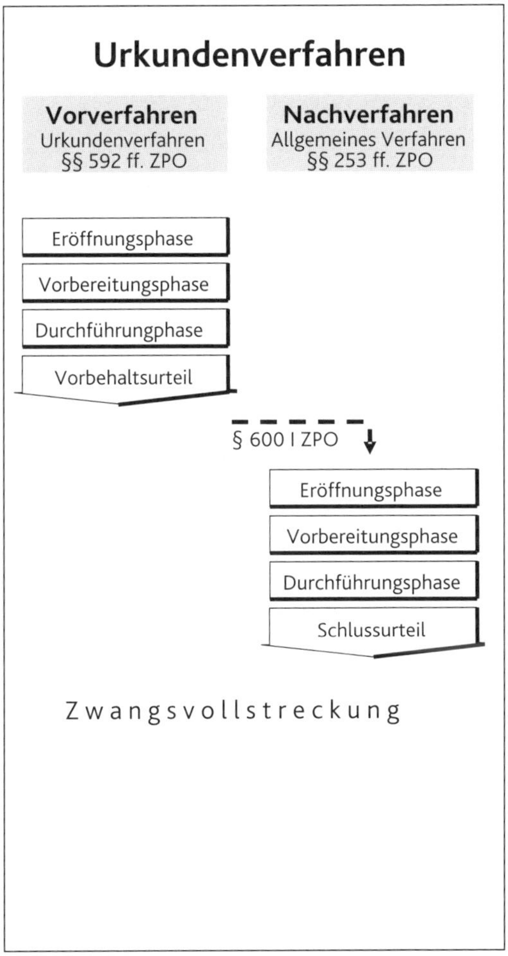

Schema 13.1: Ablauf des Urkundenverfahrens

(1) Zunächst geht es darum, aufgrund vorläufiger Prüfung der Urkunde in einem vereinfachten und beschleunigten (= summarischen) Verfahren einen Titel zu schaffen, aus dem der Kläger vorab vollstrecken kann. Dass hierbei die Rechte des Beklagten beschränkt werden, wird infolge der sich aus der Urkunde ergebenden Wahrscheinlichkeit für das Bestehen des Anspruchs hingenommen. Dieser Verfahrensabschnitt wird als **Vorverfahren** bezeichnet, für ihn gelten die Besonderheiten der §§ 592 ff. ZPO.

(2) Danach wird in einem zweiten Verfahrensabschnitt – dem sog.
Nachverfahren – nach den allge- 844
meinen Regeln über das Erkenntnisverfahren die Berechtigung des vorläufigen Titels überprüft. Erst hier also kann der Beklagte alle ihm zustehenden Verteidigungsmöglichkeiten geltend machen.

Für das Verständnis des Urkundenprozesses ist es erforderlich, Vor- und Nachverfahren als Einheit, als zwei nacheinander folgende Stadien desselben Prozesses zu begreifen.[2]

1 *Eickmann/Oellerich*, Grundzüge des Urkundenprozesses, JA 2007, 43; *Hövelberndt*, Grundzüge des Urkunden-, Wechsel- und Scheckprozesses, JuS 2003, 1105; *Lepczyk*, Das Urkundenverfahren, JuS 2010, 30; *Schröer*, Besonderheiten des Urkunden- und Wechselprozesses, JA 1993, ÜBlRef 230.
2 Thomas/Putzo/*Reichold* ZPO § 600 Rn. 1.

1. Vorverfahren

a) Klageschrift

845 Wie alle gerichtlichen Verfahren bedarf auch das Urkundenverfahren eines verfahrenseinleitenden Schriftsatzes des Klägers. Für diesen gelten die formellen Vorgaben der Klageschrift, insoweit kann auf → Rn. 146 Bezug genommen werden. Über die dort genannten Voraussetzungen hinaus sind die nachstehenden Besonderheiten zu beachten, die auch als **besondere Zulässigkeitsvoraussetzungen** des Urkundenverfahrens bezeichnet werden.

846 **(1)** Die Klage muss **auf** die **Zahlung von Geld** gerichtet sein (§ 592 ZPO).

Dabei kommen alle Zahlungsansprüche in Betracht, auch Mietzins- und Nebenkostenansprüche,[3] noch nicht fällige Ansprüche (Urkundenklage auf künftige Leistung) oder einredebehaftete Ansprüche (Zug um Zug gegen Erbringung der Gegenleistung).[4] Statthaft, praktisch aber selten, sind auch Klagen auf Leistung vertretbarer Sachen und Wertpapiere und aus Grund- bzw. Schiffspfandrechten.

847 **(2)** Die Klage muss die (ausdrückliche oder konkludente) **Erklärung** enthalten, dass im Urkundenprozess vorgegangen werden soll (§ 593 I ZPO).

Wird das Urkundenverfahren nicht mit einer Klageschrift, sondern durch einen **Mahnbescheid** eingeleitet, so ist dieser besonders zu bezeichnen (Urkunden-, Wechsel- oder Scheckmahnbescheid; § 703a ZPO).

848 **(3)** Die anspruchsbegründenden Tatsachen müssen durch **Urkunden** bewiesen werden.[5]

Urkunden sind verkörperte Gedankenerklärungen, die zum Beweis geeignet und bestimmt sind. Sie können nach § 593 II ZPO entweder im **Original** oder in (nicht unbedingt beglaubigter) Abschrift (**Fotokopie**) vorgelegt werden.[6] Die Nichtvorlage vor der mündlichen Verhandlung kann durch rügelose Einlassung des Beklagten geheilt werden (§ 295 ZPO).

849 Nach dem Wortlaut des § 592 S. 1 ZPO sind grundsätzlich alle anspruchsbegründenden Tatsachen mittels Urkunden zu beweisen. Dies deckt sich nicht mit dem Wortlaut des § 597 II ZPO, nach dem der Urkundenprozess erst unstatthaft ist, wenn der Kläger einen ihm obliegenden Beweis nicht mit Urkunden zu führen vermag. Zweifelhaft ist deswegen, ob der Kläger auch *unstreitige Tatsachen* mit Urkunden zu belegen hat.

850 In Anlehnung an die – jüngst allerdings wieder in Streit geratene[7] – Rechtsprechung des BGH[8] müssen nur beweisbedürftige Tatsachen (mit Urkunden) bewiesen werden.

---

3 BGH NJW 2009, 3099; 2005, 2701; 1999, 1408; *Blank*, Der Urkundenprozeß in Mietsachen, NZM 2000, 1083; *Burbulla*, Der Urkundenprozess im Mietprozess, MietRB 2015, 149; *Schmid*, Urkundenprozess bei rückständigen Mietnebenkosten, MDR 2013, 1266.

4 Thomas/Putzo/*Reichold* ZPO § 592 Rn. 3.

5 *Prechtel*, Der Beweisantritt beim Urkundenbeweis, ZAP (2009) Fach 13, 1571.

6 Zum Urkundenbegriff → Rn. 320; *Zoller*, Die Mikro-, Foto- und Telekopie im Zivilprozess, NJW 1993, 429; ausreichend ist auch ein Telefax: OLG Köln NJW 1992, 1774; aA OLG Düsseldorf AnwBl. 1988, 411.

7 OLG Schleswig NJW 2014, 945; *Leidig/Jöbges*, Sämtliche sind ausnahmslos alle – Zur Zulässigkeit des Urkundsprozesses, NJW 2014, 892.

8 BGH NJW 1974, 1199 mwN; BGHZ 62, 286 = NJW 1974, 1199; OLG München MDR 2012, 186; *Schellhammer* ZivilProz Rn. 1533 f.

Für den Urkundenprozess ist es unabhängig davon begrifflich erforderlich, dass der Kläger mindestens eine Urkunde vorlegt, auch dann, wenn alle Tatsachen zwischen den Parteien unstreitig bleiben sollten.

Ist der *Beklagte* im Termin zur mündlichen Verhandlung *säumig*, so gilt die normale Fiktion des § 331 I 1 ZPO, nach der der Vortrag des Klägers als zugestanden anzunehmen ist, im Urkundenprozess nicht (§ 597 II ZPO): Der Kläger muss dann alle Tatsachen mit Urkunden beweisen; gelingt ihm dies nicht, ist die Klage mittels unechtem Versäumnisurteil abzuweisen.[9]

Die vorzulegende Urkunde muss dabei in einer gewissen Beziehung zum geltend **851**
gemachten Anspruch stehen, wobei wieder zwischen der Zulässigkeit und der Begründetheit der Klage zu unterscheiden ist.

- Regelmäßig werden sog. »*Anspruchsurkunden*« vorgelegt, bei denen das Recht selbst in der Urkunde verkörpert wird oder sich zumindest unmittelbar aus ihr ergibt. Solche Urkunden genügen für die Zulässigkeit der Klage stets, für die Begründetheit der Klage zumindest meistens.

  Beispiel: Vertrag, Schuldanerkenntnis, Wertpapier.

- Ausreichend für die Zulässigkeit sind auch sog. »*Indizurkunden*«, aus denen auf das Bestehen des Anspruchs rückgeschlossen werden kann.[10] Im Rahmen der Begründetheit stellen diese Urkunden bloße Hilfstatsachen dar, aus denen auf das Bestehen des Anspruchs nur im Einzelfall geschlossen werden kann.

  Beispiel: Lieferschein, Rechnung, Mahnung.

- Schon für die Zulässigkeit ungenügend sind sog. »*Ersatzurkunden*«, die nur eine andere Beweisform ersetzen sollen.[11]

  Beispiel: Schriftliches Sachverständigengutachten, schriftliche Zeugenaussage.

b) Verfahren

Im Urkundenprozess gelten dem allgemeinen Verfahren gegenüber einige Besonder- **852**
heiten.

(1) Streitig ist, inwieweit im Urkundenprozess der **Vorrang** der **Sachurteilsvoraus-** **853**
setzungen zwingend ist.

Beispielsfall: Kann der auf Rückzahlung eines Darlehens Klagende die streitige Kündigung des Darlehens nicht mit Urkunden beweisen, ist die Klage unzulässig. Lässt der Kläger gleichzeitig die Behauptung des Beklagten, der Darlehensbetrag sei bereits zurückbezahlt, unbestritten, so ist die Klage auch unbegründet. Die überwiegende Ansicht will hier ausnahmsweise kein Prozessurteil nach § 597 II ZPO, sondern ein Sachurteil nach § 597 I ZPO zulassen, weil schon jetzt die materielle Unbegründetheit der Klage feststeht und kein Grund besteht, das Nachverfahren durchzuführen.[12]

(2) Die den Parteien zur Verfügung stehenden **Beweismittel** sind **beschränkt** (§ 595 II ZPO) auf:

---

9 BGHZ 62, 290; → Rn. 1282.

10 BGH NJW 1985, 2953.

11 BGH NJW 2008, 523.

12 BGH LM § 597 ZPO Nr. 3; OLG Jena OLG-NL 1999, 67; Stein/Jonas/*Schlosser* ZPO § 597 Rn. 9; Thomas/Putzo/*Reichold* ZPO § 597 Rn. 6; aA BLAH/*Hartmann* ZPO § 597 Rn. 4; *Rosenberg/Schwab/Gottwald* ZivilProzR § 164 III 5 c.

- Den *Urkundenbeweis*. Dieser kann nur durch Vorlage der Originalurkunde (§§ 420, 434 ZPO) geführt werden, selbst wenn sich die Urkunde in den Händen Dritter befindet.[13] Anträge auf Vorlegung nach den §§ 421, 428, 429, 432 ZPO sind also unzulässig (§ 595 III ZPO).

Ausschließlich mit Urkunden können die **anspruchsbegründenden Tatsachen** bewiesen werden. Für das übrige Vorbringen beider Parteien (Einwendungen, anspruchserhaltende Tatsachen, Streit um Echtheit von Urkunden usw.)[14] gibt es die Möglichkeit der Beweisführung auch durch:

- Die *Parteivernehmung*, und zwar sowohl die des Gegners (§ 445 ZPO) als auch die des Beweisführers selbst, soweit der Gegner zustimmt (§ 447 ZPO). Eine Parteivernehmung von Amts wegen nach § 448 ZPO ist ausgeschlossen.[15]

854 **(3)** Der Beklagte kann nur die **Einwendungen** geltend machen, die er mit diesen eingeschränkten Beweismitteln beweisen kann (§ 598 ZPO). Alle übrigen Einwendungen sind ihm im Vorverfahren abgeschnitten, sie können erst im Nachverfahren geltend gemacht werden.[16]

Kann der Beklagte nur seine **Hilfsverteidigung**, nicht auch seine primäre Verteidigung mit Urkunden/Parteivernehmung beweisen, so soll nach hM § 597 II ZPO analoge Anwendung finden, die Klage somit als in der gewählten Prozessart unstatthaft abgewiesen werden: Zwar ist sicher, dass die Klage unbegründet ist, über die Hilfsverteidigung des Beklagten darf rechtskräftig (§ 322 II ZPO) aber erst entschieden werden, wenn die Erfolglosigkeit der Hauptverteidigung feststeht, letztere indes kann im Urkundenprozess nicht geprüft werden.[17]

855 **(4)** Eine **Widerklage** ist im Urkundenprozess **ausgeschlossen** (§ 595 I ZPO), weil hierdurch die beabsichtigte Verfahrensbeschleunigung nicht eintreten könnte. Eine dennoch erhobene Widerklage wird nicht als unzulässig abgewiesen, sondern nach § 145 II ZPO abgetrennt und als eigenständige Klage behandelt.[18]

856 **(5)** Zwischen den einzelnen Verfahrensarten kann **gewechselt** werden, doch müssen hier verschiedene Fallkonstellationen auseinander gehalten werden.

Schema 13.2: Wechsel der Verfahrensart

- Den Übergang vom Urkunden- zum normalen Prozess lässt § 596 ZPO in erster Instanz ohne weitere Voraussetzungen jederzeit zu. Erfolgt der Übergang erst in der Berufungsinstanz, verliert der Beklagte für seine im Urkundenverfahren unzu-

13 OLG Düsseldorf JZ 1988, 572.
14 BGH NJW 1986, 2767; 1985, 2953.
15 BLAH/*Hartmann* ZPO § 595 Rn. 3.
16 Zum Einwendungsausschluss aus materiellrechtlichen Gründen BGH NJW 1994, 380.
17 BGHZ 80, 99.
18 *Schellhammer* ZivilProz Rn. 1541; aA Zöller/*Greger* ZPO § 595 Abs. 1 S. 1.

lässigen Verteidigungsmöglichkeiten eine Instanz. Daher wendet die Rechtsprechung hier §§ 263 ff. ZPO analog an und stellt auf die Sachdienlichkeit ab.[19]
- Der Übergang vom normalen Zivilprozess zum Urkundenprozess ist im Gesetz nicht besonders geregelt. Auch hier kann es zu einer Benachteiligung des Beklagten kommen, sodass für die Zulässigkeit nach §§ 263 ff. ZPO eine Zustimmung des Beklagten oder (praktisch jedoch kaum denkbar) Sachdienlichkeit erforderlich ist.[20]
- Nicht geregelt ist auch der Übergang zwischen Wechsel- oder Scheckprozess und allgemeinem Urkundenprozess. Weil es hier zu einer Benachteiligung des Beklagten nicht kommen kann, ist dieser ohne weiteres zulässig, eine analoge Anwendung der §§ 263 ff. ZPO kommt nicht in Betracht.[21]

Ein bloß **hilfsweise** (zB für den Fall, dass eine Tatsache streitig werden sollte, die der Kläger mit Urkunden nicht beweisen kann) gestellter Antrag auf Wechsel der Verfahrensart ist grundsätzlich unzulässig.[22] Soll nur ein **Teil** des Rechtsstreits im Urkundenverfahren verhandelt werden, ist streitig, ob es einer vorherigen Verfahrenstrennung durch das Gericht nach § 145 ZPO bedarf oder ob es durch den Wechsel der Verfahrensart automatisch zu einer Verfahrenstrennung kommt.[23]

c) Wechsel- und Scheckprozess

Zwei in der Praxis häufig vorkommende **Sonderformen** des Urkundenprozesses regelt das Gesetz besonders, nämlich den Wechselprozess (§§ 602 ff. ZPO) und den Scheckprozess (§ 605a ZPO). Die genannten Normen enthalten über die §§ 592 ff. ZPO – die auch hier gelten – hinaus Sondervorschriften, um eine noch schnellere Abwicklung des Vorverfahrens zu ermöglichen: **857**

- Nach §§ 604 I, 605a ZPO muss die *Erklärung*, dass im Wechsel- bzw. Scheckprozess geklagt werden soll, bereits *in* der *Klageschrift* (bzw. im Mahnbescheid, § 703a ZPO) enthalten sein.
- Nach §§ 602, 605a ZPO können in diesen Verfahrensarten *nur Ansprüche* geltend gemacht werden, die sich *aus dem Wertpapier* herleiten. Hierzu gehören nur die Zahlungs- und Rückgriffsansprüche sowie die Nebenforderungen (Art. 48 SchG), nicht dagegen Kausalforderungen oder Verzugszinsen aus § 288 BGB.
- Gestützt werden können diese Verfahren nur auf die Vorlage des Wechsels bzw. des Schecks im Original.
- Nach § 95 I Nr. 2, 3 GVG gehören diese Verfahren (auf Antrag) vor die *Kammer für Handelssachen*.
- Nach § 604 II und III ZPO ist die *Ladungsfrist* (§ 217 ZPO) *verkürzt*, die *Einlassungsfrist* (§ 274 III ZPO) kann nach § 226 ZPO abgekürzt werden.

---

19 BGH MDR 2012, 1184 und 986; NJW 2011, 2796; aA *Vollkommer*, Aufrechnung nach Abstandnahme vom Urkundenprozeß in der Berufungsinstanz, NJW 2000, 1682.
20 BGHZ 69, 66 = NJW 1977, 1883; Thomas/Putzo/*Reichold* ZPO § 593 Rn. 1.
21 BGH NJW 1993, 3136.
22 BGH NJW 1982, 2823; 2258 und 523; OLG Jena OLG-NL 1999, 67.
23 BGH NJW 2003, 2386; Musielak/*Voit* ZPO § 596 Rn. 4.

d) Urteil

858 Die Entscheidung im Urkundenprozess ergeht in Form eines Urteils. Dessen Inhalt hängt vom Ergebnis des Prozesses ab. Erfolg hat die Klage, wenn sie zulässig und begründet ist.

Zulässig ist die Klage nur, wenn neben den *allgemeinen* Zulässigkeitsvoraussetzungen, wie sie für jede Klage vorliegen müssen (dazu → Rn. 419), auch die *besonderen* Zulässigkeitsvoraussetzungen des Urkundenprozesses vorliegen (dazu → Rn. 845). Fehlt *eine* allgemeine Zulässigkeitsvoraussetzung, so ergeht ein normales, klageabweisendes Prozessurteil,[24] fehlt eine besondere *Zulässigkeitsvoraussetzung*, so ergeht ein klageabweisendes Prozessurteil, in dessen Tenor auf den Grund der Abweisung hinzuweisen ist (§ 597 II ZPO).[25]

859 **Begründet** ist die Klage, wenn der geltend gemachte Anspruch zur Überzeugung des Gerichts besteht. Ist die Klage unbegründet, so ergeht ein normales, klageabweisendes Sachurteil (§ 597 I ZPO). Ist die Klage begründet, so ergeht im Regelfall ein **Vorbehaltsurteil**: Da die Rechte des Beklagten im Vorverfahren beschränkt waren, muss ihm die Möglichkeit eingeräumt werden, diese unbeschränkt in einem Nachverfahren geltend zu machen (§ 599 ZPO).[26] Die jetzt ergehende Entscheidung steht damit unter der auflösenden Bedingung einer abweichenden Entscheidung im Nachverfahren.[27]

860 Ausnahmsweise kann auch im Vorverfahren ein **nicht kontradiktorisches Urteil** ergehen:

- Erkennt der Beklagte die Forderung des Klägers an, so kann er dies unter Vorbehalt seiner Rechte im Nachverfahren oder ohne einen solchen Vorbehalt tun. Danach richtet sich, ob das *Anerkenntnisurteil* mit oder ohne Vorbehalt ergeht.[28]
- Ist eine der Parteien säumig, so ergeht gegen sie *Versäumnisurteil* immer ohne Vorbehalt.[29]

---

24 BGH MDR 1986, 130.

25 Zur Rechtskraftwirkung RGZ 148, 201.

26 Dies muss im Tenor geschehen: RGZ 47, 364; eines ausdrücklichen Vorbehalts des Beklagten bedarf es insoweit nicht, der bloße Klageabweisungsantrag reicht aus: OLG Frankfurt a.M. MDR 1982, 415.

27 BGH NJW 1978, 43.

28 OLG München MDR 1963, 603; *Hall*, Vorbehaltsanerkenntnis und Anerkenntnisvorbehaltsurteil im Urkundenprozess, 1992; *Schellhammer* ZivilProz Rn. 1549 mwN; *Schwarz*, Anerkenntnis und Vorbehalt im Urkundenprozess; JR 1995, 1; Thomas/Putzo/*Reichold* ZPO § 307 Rn. 3; § 599 Rn. 1, 5; grundsätzlich gegen die Möglichkeit eines Anerkenntnisurteils im Urkundenverfahren: OLG Karlsruhe OLGZ 86, 124; *Rosenberg/Schwab/Gottwald* ZivilProzR § 164 III 5 d).

29 Zöller/*Greger* ZPO § 599 Rn. 6; zu den Voraussetzungen des Versäumnisurteils → Rn. 1274 ff.; zu den Besonderheiten bei Säumnis des Beklagten im Urkundenverfahren → Rn. 851.

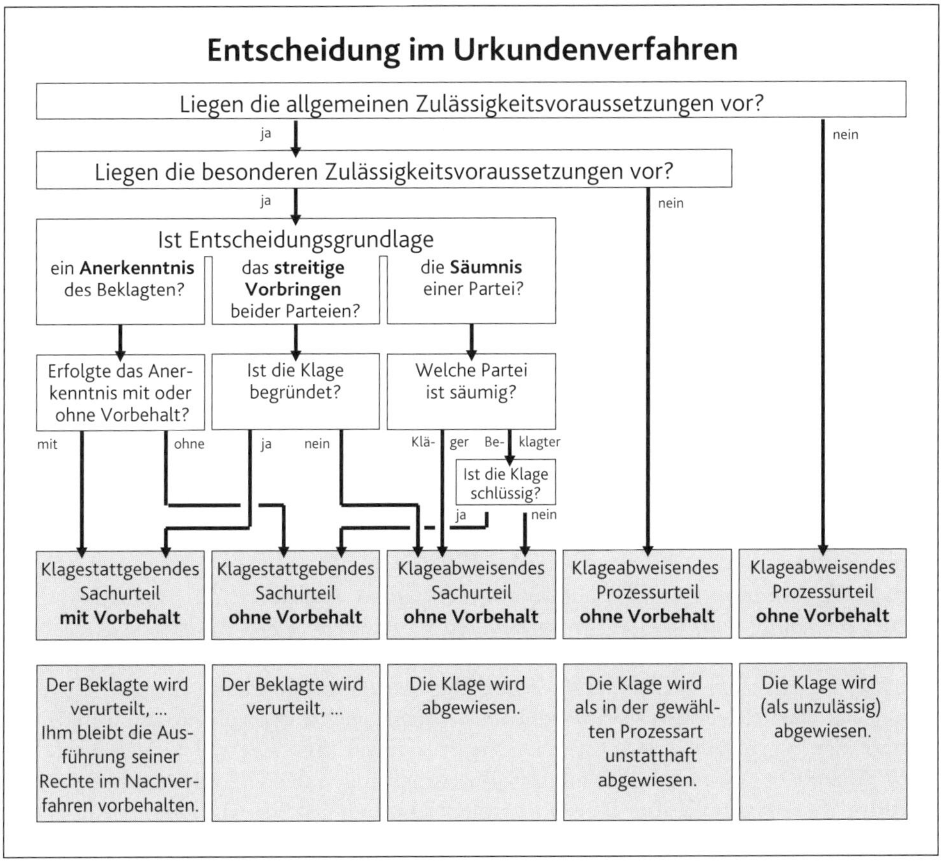

Schema 13.3: Entscheidung im Urkundenverfahren

Das **Vorbehaltsurteil** weist Besonderheiten im Rubrum nicht auf, der Tenor wird nach der *Hauptsacheverurteilung* ergänzt um den Satz »Dem Beklagten bleibt die Ausführung seiner Rechte im Nachverfahren vorbehalten«. Für die *Kostenentscheidung* gelten in allen Fällen die normalen Grundsätze (§§ 91 ff. ZPO), bei der Entscheidung zur *vorläufigen Vollstreckbarkeit* ist zu beachten, dass das Vorbehaltsurteil für die Zwangsvollstreckung einem Endurteil gleichsteht (§ 599 III ZPO), eine Entscheidung also in der Regel erforderlich ist, dann immer ohne Sicherheitsleistung und mit Abwendungsbefugnis ergeht (§§ 708 Nr. 4, 711 ZPO).[30] Im *Tatbestand* ist zum Ausdruck zu bringen, dass der Beklagte seiner Verurteilung widersprochen hat. Die *Entscheidungsgründe* folgen den allgemeinen Grundsätzen, Besonderheiten ergeben sich hier nicht. Im Rahmen der Nebenentscheidungen ist die Rechtsgrundlage für den Vorbehalt anzugeben (§ 599 ZPO). 861

Rechtsmittel gegen das Vorbehaltsurteil ist die Berufung (§§ 599 III, 511 ZPO). Ansonsten erwächst es lediglich in formeller, nie in materieller Rechtskraft, hat aber für das Nachverfahren Bindungswirkung (→ Rn. 486).[31] 862

30 Zur Abwendungsbefugnis bei Anerkenntnisurteilen OLG Koblenz NJW-RR 1991, 512.

31 BGH NJW 2009, 2886.

2. Nachverfahren

a) Verfahren

863 Ist dem Beklagten die Ausführung seiner Rechte im Nachverfahren vorbehalten worden, so muss der Prozess mit diesem Nachverfahren fortgesetzt werden.

Dies gilt auch dann, wenn das Vorbehaltsurteil noch nicht rechtskräftig, sondern mit der Berufung angefochten ist. Nicht zum Nachverfahren kommt es, wenn das Urkundenverfahren durch ein (Sach- oder Prozess-)Urteil ohne Vorbehalt beendet wurde.

Der Prozess bleibt dazu nach Erlass des Vorbehaltsurteils weiter anhängig (§ 600 I ZPO) und wird auf Antrag[32] durch Bestimmung eines Termins zur mündlichen Verhandlung fortgesetzt. Bei dem Nachverfahren handelt es sich um ein allgemeines Verfahren, für das nicht die besonderen Vorschriften der §§ 592 ff. ZPO, sondern die allgemeinen Vorschriften der §§ 253 ff. ZPO gelten (→ Rn. 218 ff.).

Der Grundsatz, dass es sich bei Vor- und Nachverfahren um ein und dasselbe Verfahren handelt, macht klar,

- dass *zuständig* für das Nachverfahren das Gericht bleibt, das das Vorbehaltsurteil erlassen hat.
- dass *Klageänderung* und *Widerklage* auch noch im Nachverfahren möglich sind.[33]
- dass *bindende Prozesslagen* fortwirken, ein Geständnis (§ 288 ZPO) also seine Bindungswirkung behält, eine mangels Geltendmachung verlorene Rüge (§ 295 ZPO) nicht neu erhoben werden kann. Zweifelhaft ist die Fortwirkung für die Möglichkeit der Zurückweisung verspäteten Vorbringens nach § 296 ZPO (dazu unten).
- 864 dass das Vorbehaltsurteil für das Nachverfahren *Bindungswirkungen* entfaltet (§ 318 ZPO), soweit es nicht auf den Beschränkungen des Urkundenprozesses beruht. Alles, was im Vorverfahren im vollen Umfang geprüft werden musste, damit das Vorbehaltsurteil ergehen konnte, steht für das Nachverfahren fest.[34]

> So zum **Beispiel** die Zulässigkeit der Klage, die Schlüssigkeit der Klage, die Passivlegitimation des Beklagten, die Zulässigkeit des Vorbehalts, die Unerheblichkeit der Einwendungen des Beklagten, soweit diese nicht nach § 598 ZPO mangels zulässigen Beweisantritts zurückgewiesen wurden.[35]

Keine Bindung besteht an Fragen, die im Vorverfahren wegen der Beschränkung der Beweismittel nicht (umfassend) geprüft werden konnten.

> So wird zum **Beispiel** der Erfüllungseinwand des Beklagten, den dieser mit einer Quittung nicht beweisen konnte, im Nachverfahren nochmals geprüft, wenn hier Zeugenbeweis angeboten wird.

Keine Bindung besteht auch an die Fragen, die im Vorverfahren zwar hätten geprüft werden können, mangels ausreichenden Vortrags des Beklagten aber nicht geprüft wurden. Neuer Sachvortrag

---

32 BGHZ 86, 267 = NJW 1983, 1111; Musielak/*Voit* ZPO § 600 Rn. 2; aA (Nachverfahren ohne Antrag von Amts wegen) MüKoZPO/*Braun* § 600 Rn. 4.

33 BGHZ 17, 31 = NJW 1955, 790.

34 BGH WM 1993, 99; NJW 1988, 1468; OLG Düsseldorf NJW 1999, 68; zur Kritik der neueren Literatur an dieser von der hM angenommenen Bindungswirkung Prütting/Gehrlein/*Hall* ZPO § 600 Rn. 8 mwN.

35 BGH NJW-RR 2002, 387; NJW 1993, 668; BGHZ 158, 69 = NJW 2004, 1159; *Schellhammer* ZivilProz Rn. 1553.

des Beklagten bleibt damit auch im Nachverfahren möglich. Es gibt keine Pflicht des Beklagten, bereits im Vorverfahren alle denkbaren sachlichen Verteidigungsmöglichkeiten auszuschöpfen.[36]

> **Beispielsfall:** Hat der Beklagte einen Erfüllungseinwand, den er ausschließlich mit einer Quittung beweisen will, im Vorverfahren nicht erhoben, so ist er damit im Nachverfahren nicht ausgeschlossen.

Hat das Gericht im Vorverfahren einen Fehler gemacht, so lässt sich die Bindungswirkung des Vorbehaltsurteils nur mittels Rechtsmittel gegen das Vorbehaltsurteil beseitigen.

b) Urteil

Das Nachverfahren endet mit einem **Schlussurteil**. 865

Wird darin der *Klage* insgesamt *stattgegeben*, so ist in der Hauptsachetenorierung das Vorbehaltsurteil für vorbehaltlos zu erklären, die Kostenentscheidung betrifft nur die weiteren Kosten des Rechtsstreits, das Urteil ist immer ohne Sicherheitsleistung und mit Abwendungsbefugnis vorläufig vollstreckbar (§§ 708 Nr. 5, 711 ZPO).

Wird die *Klage* insgesamt *abgewiesen*, so lautet der Tenor auf Aufhebung des Vorbehaltsurteils und Abweisung der Klage. In diesem Fall muss über die gesamten Kosten des Rechtsstreits entschieden werden (§§ 91 ff. ZPO), die Entscheidung über die vorläufige Vollstreckbarkeit richtet sich nach den allgemeinen Grundsätzen (§§ 708, 709 ZPO).

Seinen in diesem Fall gegebenen Anspruch auf Ersatz des Vollstreckungsschadens (§§ 600 II, 302 IV 3 ZPO) kann der Beklagte im gleichen Verfahren geltend machen.

36 BGH WM 1993, 99; BGHZ 82, 115 = NJW 1982, 183; OLG Köln VersR 1993, 901.

Entscheidung im Nachverfahren

Entscheidung über die	Die Klage ist begründet	unbegründet
Hauptsache	Das Vorbehaltsurteil ... wird für vorbehaltlos erklärt. *(vgl. § 708 Nr. 5 ZPO)*	Das Vorbehaltsurteil ... wird aufgehoben. Die Klage wird abgewiesen. *§§ 600 II, 302 IV 2 ZPO*
Kosten	Die weiteren Kosten des Rechtsstreits hat der Beklagte zu tragen. *§ 91 ZPO*	Die (Alle) Kosten des Rechtsstreits hat der Kläger zu tragen. *§ 91 ZPO*
Vorläufige Vollstreckbarkeit	Das Urteil ist ohne Sicherheitsleistung vorläufig vollstreckbar. Der Beklagte kann die Vollstreckung durch Sicherheitsleistung in Höhe von 110% des aufgrund des Urteils vollstreckbaren Betrags abwenden, wenn nicht der Kläger vor der Vollstreckung Sicherheit in Höhe von 110% des jeweils zu vollstreckenden Betrags leistet. *§§ 708 Nr. 5, 711 ZPO*	< Entscheidung nach allgemeinen Grundsätzen > *§ 708 Nr. 11 ZPO oder § 709 ZPO*

Schema 13.4: Entscheidung im Nachverfahren

866 Im *Tatbestand* eines Urteils im Nachverfahren gehört das Vorbehaltsurteil als Prozessgeschichte vor die aktuellen Anträge der Parteien.

Formulierungsbeispiel: Der Kläger hat zunächst im Wechselprozess beantragt, den Beklagten zur Zahlung von ... EUR zu verurteilen. Dem hat das Gericht am ... durch klagestattgebendes Wechselvorbehaltsurteil entsprochen. Nunmehr beantragt der Kläger,

das Vorbehaltsurteil aufrechtzuerhalten.

Der Beklagte beantragt,

das Vorbehaltsurteil aufzuheben und die Klage abzuweisen.

§ 14 Sonstige Verfahren

Der Durchsetzung privatrechtlicher Ansprüche dienen auch sonstige Verfahren. Zumindest teilweise in der ZPO geregelt ist das Schiedsrichterliche Verfahren (unten 1.). Familiensachen und Angelegenheiten der freiwilligen Gerichtsbarkeit werden nach dem FamFG verhandelt (unten 2.), teilweise sind auf sie stattdessen Vorschriften der ZPO anwendbar. Der durch eine Straftat Verletzte kann seine Entschädigungsansprüche bereits im Strafverfahren (»Adhäsionsverfahren«) und damit nach der StPO durchsetzen, für rechtlich und tatsächlich weitgehend gleichgelagerte Ansprüche kommt ein Musterverfahren in Betracht, das im KapMuG geregelt ist (unten 3.). 867

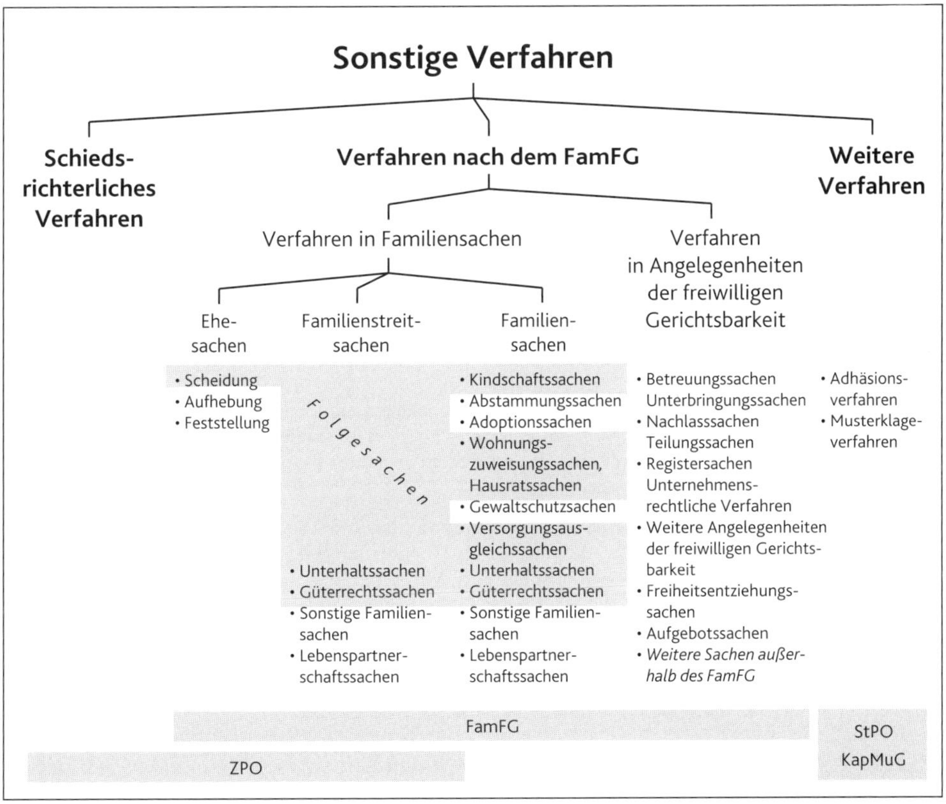

Schema 14.1: Sonstige Verfahren

1. Schiedsrichterliches Verfahren

Privatrechtliche Konflikte müssen nicht zwingend vor einem staatlichen Gericht ausgetragen werden (→ Rn. 10, Schema 1.3). Im 10. Buch sieht die ZPO hierzu eine eigenständige Alternative vor: das Schiedsgericht. Dabei handelt es sich um ein priva- 868 tes Gericht, das aufgrund einer privatautonomen Vereinbarung der Parteien anstelle des staatlichen Zivilgerichts entscheiden soll.[1]

Das Verfahren vor einem solchen privaten Schiedsgericht kann den konkreten Erfordernissen des Einzelfalles flexibler angepasst werden als das Prozessverfahren. Das Gericht kann zB anstelle von Juristen mit Fachleuten einschlägiger Spezialfragen besetzt sein, das Verfahren kann insgesamt einfacher, schneller, billiger und – häufig besonders wichtig – vertraulich, dh unter Ausschluss der Öffentlichkeit ausgestaltet werden. Auch wenn diese Vorteile nicht immer zu verwirklichen sind, sich manchmal sogar in Nachteile umkehren können,[2] spielt das Schiedsverfahren in der nationalen und insbesondere in der internationalen Praxis eine große Rolle.

869 Die **§§ 1025 ff. ZPO** sind auf das Schiedsverfahren anwendbar, wenn die Parteien dies ausdrücklich vereinbart oder ohne Vereinbarung einer anderen Verfahrensordnung einen Schiedsort innerhalb der Bundesrepublik bestimmt haben (lex loci arbitrii; §§ 1025, 1043 ZPO). Nur diese sind Gegenstand der nachfolgenden Darstellung.

870 Voraussetzung für das Tätigwerden des Schiedsgerichts ist eine **Schiedsvereinbarung** der Parteien (§§ 1029–1033 ZPO). Diese kann sich auf jeden vermögensrechtlichen Anspruch beziehen und muss grundsätzlich schriftlich erfolgen.[3]

Das **Schiedsverfahren** beruht ausschließlich auf einer Vereinbarung der Parteien (»Schiedsvereinbarung«). In dieser einigen die Parteien sich nicht nur darüber, dass ein solches Verfahren stattfindet, sondern auch über den Streitgegenstand, Ort und Besetzung des Gerichts und das von diesem einzuhaltende Verfahren. Ist den Parteien die Schaffung einer komplexen Verfahrensordnung zu aufwändig, können sie die Geltung nationaler gesetzlicher oder von privaten Institutionen geschaffener Schiedsgerichtsregelungen vereinbaren. Letztere werden etwa von der Deutschen Institution für Schiedsgerichtsbarkeit (DIS), der American Arbitration Association (AAA) oder der International Chamber of Commerce (ICC) angeboten.[4] Denkbar ist auch die Übernahme von Detailregelungen zu Einzelfragen, etwa der Rules on the Taking of Evidence in International Arbitration der International Bar Association.

Wird die Schiedsvereinbarung nachträglich für eine bereits entstandene Streitigkeit in einem speziell darauf gerichteten Vertrag geschlossen, spricht man von einer »**Schiedsabrede**«, ist die Vereinbarung Teil eines anderen Vertrags und soll nur für den Fall einer daraus eventuell entstehenden Streitigkeit gelten, liegt eine »**Schiedsklausel**« vor.

Abzugrenzen ist die Schiedsgerichtsvereinbarung von der bloßen Schiedsgutachtervereinbarung. Während der Schiedsrichter anstelle des staatlichen Gerichts abschließend entscheiden soll, soll der Schiedsgutachter lediglich Tatsachen feststellen oder Vorfragen klären, die für eine spätere Entscheidung bedeutsam sind. Ein bloßes Schiedsgutachten liegt insbesondere dann vor, wenn lediglich die Höhe eines Schadens oder eines Anspruchs festgestellt werden soll.[5]

871 Ist die Schiedsvereinbarung wirksam getroffen, so begründet sie für das Verfahren vor den staatlichen Gerichten ein *Prozesshindernis*, dh, auf Geltendmachung der Vereinbarung durch eine Partei hin wird eine Klage dort als unzulässig abgewiesen (§ 1032 I ZPO).[6] Das gilt nur für die Hauptsache, nicht auch für Eilanordnungen

1 *Hamann/Lennarz*, Schiedsverfahren oder staatliche Gerichtsverfahren – Was ist besser?, JA 2012, 801; *Rudkowski*, Einführung in das Schiedsverfahrensrecht, JuS 2013, 398; *Schlüter*, Einführung in das Schiedsverfahrensrecht, JURA 2016, 1115; *Wolf*, Grundzüge des Schiedsverfahrensrechts, JuS 2008, 108.

2 *Markgraf*, Die Schiedsgerichtsbarkeit – Eine echte Alternative zur staatlichen Gerichtsbarkeit?, JuS 2013, 1090 (1092).

3 BGH WM 2010, 2025; OLG Karlsruhe MDR 2012, 996.

4 Zum Verfahren nach den ICC-Rules *Rudkowski*, Einführung in das Schiedsverfahrensrecht, JuS 2013, 398.

5 OLG München NJW 2016, 1964.

6 BGH MDR 2009, 883; zur internationalen Wirkung der Einrede BGH MDR 2009, 645.

(Arrest, einstweilige Verfügung), die nicht nur vor dem Schiedsgericht (§ 1041 ZPO), sondern stets auch vor einem staatlichen Gericht beantragt werden können.

Im streitigen Verfahren ist die Wirksamkeit der Schiedsvereinbarung deswegen häufig als Zulässigkeitsvoraussetzung der Klage zu prüfen. Im Unterschied dazu führt das Nichtvorliegen eines vereinbarten Schiedsgutachtens (nach Setzung einer Frist zur Beibringung des Gutachtens) lediglich zur Abweisung der Klage als »derzeit unbegründet«.

Das **Schiedsgericht** (§§ 1034–1039 ZPO) ist, soweit die Parteien nichts anderes ver- 872
einbart haben, mit drei Schiedsrichtern besetzt, von denen je einer durch jede Partei, der dritte durch diese beiden Schiedsrichter bestimmt wird. Hilfsweise werden die Schiedsrichter durch das zuständige Oberlandesgericht bestimmt.[7] Die Schiedsrichter können abgelehnt werden.[8]

Über seine Zuständigkeit entscheidet das Schiedsgericht genauso selbst, wie über die 873
Gültigkeit der Schiedsvereinbarung (sog. »Kompetenz-Kompetenz«, § 1040 ZPO). Für die Durchführung des **Verfahrens** sind die Grundsätze der Gleichbehandlung der Parteien, der Gewährung rechtlichen Gehörs und der Möglichkeit einer Vertretung durch Rechtsanwälte zwingend vorgegeben (§ 1042 I und II ZPO), die übrigen Verfahrensvorschriften (§§ 1042–1050 ZPO) sind dispositiv (§ 1042 III ZPO). In weiten Bereichen existieren gesetzliche Verfahrensvorgaben überhaupt nicht, hier bestimmt das Schiedsgericht den Verfahrensablauf nach freiem Ermessen (§ 1042 IV ZPO). *Materiellrechtlich* hat das Schiedsgericht das von den Parteien vereinbarte, hilfsweise dasjenige Recht anzuwenden, mit dem der Verfahrensgegenstand die engsten Verbindungen aufweist. Eine reine Billigkeitsentscheidung ohne Bindung an materielles Recht ist nur mit Zustimmung der Parteien zulässig (§ 1051 ZPO).

Einigen sich die Parteien im Verfahren, so schließen sie einen *Schiedsvergleich*, der 874
(weil international nur Schiedssprüche vollstreckbar sind) als sog. »Schiedsspruch mit vereinbartem Wortlaut« schriftlich fixiert wird (§ 1053 ZPO). Ohne Einigung erlässt das Schiedsgericht einen **Schiedsspruch** (§ 1054 ZPO). Dieser ist schriftlich zu begründen und kann mit einem Antrag auf gerichtliche Aufhebung angefochten werden (§ 1063 ZPO). Schiedssprüche können für vollstreckbar erklärt werden und stellen dann einen vollstreckungsfähigen *Titel* dar (§ 794 Nr. 4a ZPO).

2. Verfahren nach dem FamFG

Das Gesetz über das Verfahren in Familiensachen und in den Angelegenheiten der freiwilligen Ge- 875
richtsbarkeit (FamFG) hat zum 1.9.2009 das frühere Gesetz über die Angelegenheiten der freiwilligen Gerichtsbarkeit (FGG) abgelöst und gleichzeitig das (früher noch zum Teil der Zivilgerichtsbarkeit zugehörige) Verfahren in Familiensachen vollständig einbezogen.[9]

Familiensachen und freiwillige Gerichtsbarkeit sind keine eigenständige Gerichtsbarkeit iSd Art. 95 GG, sondern sind neben den bürgerlichen Rechtsstreitigkeiten Zivilsachen, die zusammen mit den Strafsachen vor die ordentlichen Gerichte gehören (§ 13 GVG). Das FamFG regelt dabei diejenigen Verfahren, in denen das gesteigerte öffentliche Interesse eine erhöhte gerichtliche Verfahrensverantwortung begründet. Es erlaubt einerseits eine einfache und rasche Erledigung in nichtstreitigen Angelegen-

7 BGH NJW-RR 2010, 425; KG NJW 2008, 2719.
8 BGH NJW 1999, 2370.
9 *Fest*, Zwei Jahre Reform des familiengerichtlichen Verfahrens: Eine Zwischenbilanz, NJW 2011, 2611.

heiten und stellt andererseits in streitig verlaufenden Angelegenheiten die Beachtung rechtsstaatlicher Verfahrensgarantien sicher.[10]

a) Allgemeines

876 Zahlreiche Verfahrensfragen sind im FamFG weitgehend der ZPO entsprechend geregelt. Hier bedingen die Verfahrensgegenstände nur marginale Unterschiede. Dazu gehören zum Beispiel

- die Möglichkeit der Verweisung oder Abgabe an das zuständige Gericht (§§ 3 f. FamFG – § 281 ZPO; → Rn. 1057 ff.);
- die Möglichkeit der Bestimmung des zuständigen Gerichts durch das übergeordnete gemeinsame Gericht (§ 5 FamFG – § 36 ZPO; → Rn. 1055);
- die Ausschließung und Ablehnung von Gerichtspersonen (§ 6 FamFG – §§ 41 ff. ZPO; → Rn. 113);
- die Fristen und die Wiedereinsetzung in den vorigen Stand (§§ 16 ff. FamFG – §§ 221 ff., 233 ff. ZPO; → Rn. 249 ff.);
- die Trennung, Verbindung und Aussetzung von Verfahren (§§ 20 f. FamFG – §§ 145 ff. ZPO);[11]
- die formelle Rechtskraft von Entscheidungen (§ 45 FamFG – § 705 ZPO; → Rn. 485);
- die Verfahrens- bzw. Prozesskostenhilfe (§§ 76 ff. FamFG – §§ 114 ff. ZPO; → Rn. 536 ff.).

877 In anderen Bereichen dagegen bestehen erhebliche Unterschiede zwischen dem Verfahren nach der ZPO und dem nach dem FamFG.

878 (1) Allgemeine Unterschiede bestehen vornehmlich hinsichtlich der Zuständigkeiten und der Beteiligten.

879 (a) Von besonderer Bedeutung in den FamFG-Verfahren sind die **Zuständigkeiten**. Diese sind grundsätzlich *ausschließlich*, Vereinbarungen hierüber damit unzulässig.[12]

880 In Verfahren mit **internationalem** Bezug gelten grundsätzlich völkerrechtliche Vereinbarungen und Rechtsakte der EU (§ 97 FamFG). Nur soweit solche nicht einschlägig sind, regeln die §§ 98 ff. FamFG, unter welchen Voraussetzungen die deutschen Gerichte zuständig sind. Besondere Bedeutung kommt dabei den §§ 107 ff. FamFG zu, die die Anerkennung und Vollstreckbarkeit ausländischer Entscheidungen in der Bundesrepublik Deutschland ermöglichen.

881 Sachlich sind die gerichtlichen Aufgaben in den FamFG-Verfahren erstinstanzlich den **Amtsgerichten** zugewiesen (§ 23a I GVG).

Dort werden zum Teil besondere Abteilungen eingerichtet, die eigenständige Bezeichnungen führen (§ 23b GVG: Familiengericht; § 23c GVG: Betreuungsgericht; § 2 LwVfG: Landwirtschaftsgericht), zum Teil wird mit besonderen Bezeichnungen nur das für diese Angelegenheit örtlich zuständige Amtsgericht bezeichnet (§§ 342 I Nr. 9, 348, 355, 454 FamFG, §§ 1944, 1960, 1961, 2353 BGB: Nachlassgericht; §§ 379 ff. FamFG: Registergericht). Das frühere Vormundschaftsgericht ist durch das FamFG abgeschafft worden.

---

10 BT-Drs. 16/6308, 163.
11 OLG Koblenz NJW-RR 2014, 507.
12 Schulte-Bunert/Weinreich/*Schöpflin*, FamFG, 4. Aufl. 2013, § 1 Rn. 41 ff.; Ausnahme § 106 FamFG.

Für die **örtliche** Zuständigkeit sind allgemein nur der Vorrang des erstbefassten Gerichts und die Fortdauer der einmal begründeten Zuständigkeit sowie die Wirksamkeit der vom unzuständigen Gericht vorgenommenen Handlungen geregelt (§ 2 FamFG). Im Übrigen ist die örtliche Zuständigkeit für die einzelnen Sachen jeweils speziell geregelt. 882

Ehesachen § 122 FamFG; Kindschaftssachen § 152 FamFG; Abstammungssachen § 170 FamFG; Adoptionssachen § 187 FamFG; Wohnungszuweisungs- und Hausratssachen § 201 FamFG; Gewaltschutzsachen § 211 FamFG; Versorgungsausgleichssachen § 218 FamFG; Unterhaltssachen § 232 FamFG; Güterrechtssachen § 262 FamFG; Sonstige Familiensachen § 267 FamFG; Betreuungssachen § 272 FamFG; Unterbringungssachen § 313 FamFG; Zuweisungssachen § 341 FamFG; Nachlasssachen § 343 FamFG; Unternehmensrechtliche Verfahren §§ 376 f. FamFG; Weitere Angelegenheiten § 411 FamFG; Freiheitsentziehungssachen § 416 FamFG; Aufgebotssachen §§ 442, 446 II, 447, 452, 454, 466 FamFG. Anknüpfungspunkt ist vornehmlich der gewöhnliche Aufenthaltsort eines Beteiligten, häufig die bereits begründete Zuständigkeit eines anderen Gerichts, ausnahmsweise auch ein anderer Umstand (Handlungsort, Niederlassungsort, Ort der Belegenheit der Sache).

Funktionell ist bei den Gerichten grundsätzlich der *Richter* zuständig, an seiner Stelle ausnahmsweise der *Rechtspfleger*. Die Entgegennahme von Erklärungen (§§ 25, 180 FamFG) ist Aufgabe des *Urkundsbeamten*, Zustellungen obliegen dem *Gerichtsvollzieher* (§ 214 FamFG) oder anderen Zustellungsorganen (§ 15 II FamFG, §§ 166 ff. ZPO). Außerhalb der Gerichte sind zudem Notare und andere Organe zuständig. 883

Die Übertragung von Angelegenheiten auf den **Rechtspfleger** erfolgt durch das RPflG, das hierbei verschiedene Formen kennt:

- *Ausnahmslos* übertragen sind dem Rechtspfleger zB die Grundbuchsachen, die Aufgebotssachen und die weiteren Angelegenheiten der freiwilligen Gerichtsbarkeit (§ 3 Nr. 1 RPflG).
- *Grundsätzlich*, aber mit Ausnahme einiger dem Richter vorbehaltener Bereiche (§§ 14–19a RPflG) übertragen sind dem Rechtspfleger zB Kindschafts- und Adoptionssachen, Betreuungssachen, Nachlass- und Teilungssachen (§ 3 Nr. 2 RPflG).
- Nur *ausnahmsweise* (nämlich nur im Rahmen des Katalogs der §§ 20 ff. RPflG) übertragen sind dem Rechtspfleger Geschäfte in Familiensachen und Angelegenheiten der freiwilligen Gerichtsbarkeit (§ 3 Nr. 3 RPflG).

In Baden-Württemberg wird anstelle des Amtsgerichts in einigen Angelegenheiten der beamtete **Notar** tätig, und zwar in Baden der Notar (Nachlass- und Grundbuchsachen), in Württemberg der Bezirksnotar (Grundbuch-, Vormundschafts- und Nachlasssachen).[13] Im Übrigen gehören in die Zuständigkeit der Notare vornehmlich Beurkundungen (§ 1 BeurkG, § 20 BNotO), daneben einige weitere Tätigkeiten (§§ 20 ff. BNotO).

Sonstige Organe der freiwilligen Gerichtsbarkeit sind

- die *Jugendämter*, die als Hilfsorgane des Familiengerichts tätig werden,
- die *Standesämter*, die für Beurkundungen nach dem PStG zuständig sind,
- die *Konsuln* des Bundes, die nach dem Konsulargesetz Anträge entgegennehmen und Beurkundungen bzw. Beglaubigungen vornehmen können,
- die *Bürgermeister*, die befugt sind, Nottestamente aufzunehmen (§ 2249 BGB),
- die *Gerichtsbeamten* (Art. 79 WG), *Katasterämter* und anderen Behörden, die ebenfalls in beschränktem Umfang Beurkundungen vornehmen können.

(b) Deutliche Unterschiede zwischen ZPO und FamFG bestehen auch hinsichtlich der Regelungen über die **Verfahrensbeteiligten** (§§ 7–12 FamFG). Anders als im streitigen Zivilprozess muss im Verfahren der freiwilligen Gerichtsbarkeit nicht not- 884

13 Baur/Wolf, Grundbegriffe des Rechts der freiwilligen Gerichtsbarkeit, 2. Aufl. 1980, 37.

wendigerweise eine Person eigene Rechte gegen eine andere Person durchsetzen. Trotzdem muss auch hier klar sein, wer (zB durch Rechtsbehelfseinlegung) am Verfahren teilnehmen darf bzw. beteiligt werden muss (insbesondere durch Gewährung rechtlichen Gehörs).[14] Die Prozesssubjekte werden im FamFG nicht als Parteien, sondern als Beteiligte bezeichnet. Dabei wird zwischen den Beteiligten *kraft Gesetzes* und *kraft Hinzuziehung* unterschieden.

Beteiligter nach § 7 I FamFG ist zunächst der Antragsteller. Dies rechtfertigt sich zum einen aus seiner formellen Stellung, regelmäßig aber auch aus der mit dem Antrag verfolgten materiellen Stellung. Stets hinzugezogen werden müssen nach § 7 II FamFG diejenigen, deren Recht durch das Verfahren unmittelbar betroffen wird oder die kraft Gesetzes zu beteiligen sind. Nach dem Ermessen des Gerichts hinzugezogen werden können nach § 7 III FamFG Personen, deren Hinzuziehung das Gesetz zulässt. Gesetzliche Regelungen über die Muss- und Kann-Hinzuziehung finden sich zum einen in den Besonderen Teilen des FamFG (zB §§ 172, 188, 204, 212, 219, 274, 315, 345, 412, 418 FamFG), zum anderen in weiteren Gesetzen (zB § 92 GBO).

Kann-Beteiligte sind von dem Verfahren zu benachrichtigen und über ihr Antragsrecht zu belehren. Beantragen sie ihre Hinzuziehung, bedarf die Ablehnung eines besonderen Beschlusses, der mit der sofortigen Beschwerde nach §§ 567 ff. ZPO anfechtbar ist (§ 7 III und IV FamFG).

885 Ähnlich wie beim Parteibegriff des Zivilprozesses sind auch mit dem Beteiligtenbegriff in der freiwilligen Gerichtsbarkeit einige Sachentscheidungsvoraussetzungen verbunden.

- *Beteiligten*(Partei-)*fähig* sind natürliche und juristische Personen, Vereinigungen, Personengruppen und Einrichtungen, soweit diesen ein Recht zustehen kann, und Behörden (§ 8 FamFG).
- *Verfahrens*(Prozess-)*fähig* sind nicht nur die unbeschränkt Geschäftsfähigen, sondern auch beschränkt Geschäftsfähige im Rahmen ihrer Geschäftsfähigkeit (§§ 112 f. BGB) und gesetzlich zugelassene Personen (zB §§ 275, 316 FamFG).
- Nicht verfahrensfähige Personen bedürfen der gesetzlichen *Vertretung* (§ 9 II–V FamFG). Die Möglichkeit gewillkürter Vertretung durch Beistände oder Bevollmächtigte folgt aus § 10 FamFG, eine Vollmacht ist stets von Amts wegen zu prüfen (§ 11 FamFG). *Anwaltszwang* besteht in den Verfahren vor dem Familiengericht (§ 114 FamFG).

886 (2) Die **Verfahren** nach dem FamFG beginnen nicht mit einer Klage, sondern entweder auf Antrag oder von Amts wegen. Hieraus folgt die Unterteilung in *Antrags-* und *Amtsverfahren*.

Von Amts wegen erfolgt **zB** die Löschung einer unzulässigen Registereintragung (zB § 395 I FamFG), wahlweise von Amts wegen oder auf Antrag wird etwa das Betreuungsverfahren eingeleitet (zB § 1896 I 1 BGB). Nur auf Antrag eingeleitet wird **beispielsweise** das Erbscheinsverfahren (§ 2353 BGB).

Die formellen Mindestanforderungen des Antrags ergeben sich aus § 23 I FamFG.

887 Auch gilt in den Verfahren nach dem FamFG nicht die Beibringungs-, sondern die Inquisitionsmaxime.[15] Das Gericht hat die zur Feststellung der entscheidungserheblichen Tatsachen *von Amts wegen zu ermitteln* (§ 26 FamFG), die Beteiligten trifft daneben lediglich eine Mitwirkungspflicht (§ 27 FamFG).

14 Schulte-Bunert/Weinreich/*Schöpflin*, FamFG, 4. Aufl. 2013, § 7 Rn. 1.
15 Schulte-Bunert/Weinreich/*Schöpflin*, FamFG, 4. Aufl. 2013, Einl. Rn. 38.

Nur ausnahmsweise sind für die Entscheidung allein die von den Parteien vorgetragenen Tatsachen zu berücksichtigen (so zB im Grundbuchverfahren, §§ 13, 19 GBO).

Für die *Beweisaufnahme* gelten die Beschränkungen des Strengbeweisverfahrens grundsätzlich nicht. Das Gericht erhebt die erforderlichen Beweise in der ihm geeignet erscheinenden Form (sog. »Freibeweis«, § 29 FamFG). Eine den Vorschriften der ZPO entsprechende förmliche Beweisaufnahme muss nur in den gesetzlich angeordneten Fällen erfolgen, im Übrigen steht sie im Ermessen des Gerichts (§ 30 FamFG). 888

Das Freibeweisverfahren (→ Rn. 1348 ff.) lässt etwa die informelle persönliche, telefonische oder schriftliche Befragung von Auskunftspersonen und die Beiziehung von Akten zu. Geständnisse oder Nichtbestreiten binden das Gericht nicht, doch können die Parteien Beweisanträge stellen, die das Gericht nur mit besonderer Begründung ablehnen kann.

Hinsichtlich der Beweiswürdigung gelten Besonderheiten dem streitigen Verfahren gegenüber nicht (→ Rn. 305 ff., → Rn. 328 ff.). Auch hier ist der Beweis grundsätzlich erst geführt, wenn das Gericht von der Wahrheit der Tatsache voll überzeugt ist (Vollbeweis), ein geringerer Wahrscheinlichkeitsgrad genügt ausnahmsweise dort, wo das Gesetz Glaubhaftmachung ausreichen lässt (zB § 31 FamFG; §§ 1953 III, 1994 II, 2010 BGB). Feste Beweisregeln gibt es nicht, auch in der freiwilligen Gerichtsbarkeit gilt der Grundsatz freier richterlicher Beweiswürdigung (§ 37 FamFG).

Wegen des Amtsermittlungsprinzips gibt es in den Verfahren der freiwilligen Gerichtsbarkeit eine formelle Beweis(führungs)last nicht, dh, keiner der Beteiligten muss die tatsächlichen Voraussetzungen einer ihm günstigen Norm beweisen, auch ohne Beweisantritt ist kein Beteiligter »beweisfällig«. Allerdings kann es auch hier zu einem non liquet kommen, wenn eine Tatsache sich (von Amts wegen) nicht beweisen ließ. Für die Frage, wer hieraus die Nachteile zu tragen hat (materielle Beweislast), gelten in den Antragsverfahren die allgemeinen Grundsätze des streitigen Zivilprozesses, dh, bei Nichterweislichkeit einer antragsbegründenden Tatsache wird der Antrag zurückgewiesen. Zum gleichen Ergebnis gelangt man in den Amtsverfahren: Weil die Voraussetzungen für die herbeizuführende Rechtsfolge nicht feststellbar sind, kann die Maßnahme nicht angeordnet werden.

Eine *mündliche Verhandlung* muss nicht, kann aber stattfinden (§ 32 FamFG). 889

Eine Pflicht zur mündlichen Verhandlung kann sich aus speziellen Vorschriften ergeben (zB § 15 LwVfG). Zu der Verhandlung kann das persönliche Erscheinen der Beteiligten angeordnet werden (§ 33 FamFG), eine persönliche Anhörung (§ 34 FamFG) zwingt nicht zu einer mündlichen Verhandlung. Wird verhandelt, so gibt es kein Säumnisverfahren (anders nur bei den Familienstreitverfahren; → Rn. 917).

Ordnet das Gericht die Mitwirkung von Beteiligten am Verfahren an, kann dies durch *Zwangsmittel* durchgesetzt werden (§ 35 FamFG). 890

Hierunter fallen zB die Auskunft in Versorgungsausgleichssachen (§ 220 FamFG), die Ablieferung von Testamenten (§ 358 FamFG) und die Aushändigung von Unterlagen (§§ 404, 405 II FamFG). Daneben existieren zahlreiche spezielle Regelungen, so zB in Registersachen (§§ 388 ff. FamFG), in Vormundschafts- (§§ 1788, 1837 III BGB) oder Pflegschaftssachen (§ 1915 BGB).

Überall dort, wo die Beteiligten über den Gegenstand des Verfahrens verfügen können, ist eine gütliche Einigung zwischen ihnen in Form eines **Vergleichs** möglich (§ 36 FamFG). 891

Dies ist in Amtsverfahren regelmäßig gar nicht, in Antragssachen nicht immer der Fall. So können die Beteiligten sich zwar über den Zeitpunkt der Beendigung des Amts eines Testamentsvollstreckers, nicht aber über den Inhalt eines Erbscheins vergleichen.

Möglich sind auch andere **alternative Formen der Verfahrensbeendigung**. 892

- In Antragssachen kann der Antrag *zurückgenommen* werden. Folge ist dann das sofortige Ende des Verfahrens. In den Familienstreitverfahren ist eine solche

Rücknahme nur unter den Voraussetzungen des § 269 ZPO analog möglich, dh nach mündlicher Verhandlung von der Zustimmung des Gegners abhängig. In Amtsverfahren ist eine Antragsrücknahme unbeachtlich.
- Nur in den Familienstreitsachen sind auch *Anerkenntnis* und *Verzicht* möglich und schaffen wie im streitigen Verfahren eine für das Gericht bindende neue Entscheidungsgrundlage. In den Amtsverfahren können solche Erklärungen der Parteien wegen des Inquisitionsgrundsatzes allenfalls in (nicht bindende) Zugeständnisse von Tatsachen umgedeutet werden; weitergehende Bedeutung haben sie hier nicht.
- Sowohl in Amts- wie in Antragsverfahren kann sich die Hauptsache *erledigen.*[16]

> **Beispiele:** Versterben eines Ehegatten während des Hausratsverteilungsverfahrens oder des Elternteils, dem die Personensorge entzogen werden soll.

Amtsverfahren enden durch den Eintritt des erledigenden Ereignisses ohne weiteres, bei den Antragssachen sind entsprechende Erledigungserklärungen erforderlich. Erfolgen diese übereinstimmend, so sind sie für das Gericht bindend, es ergeht eine Entscheidung nur noch über die Kosten (§ 83 II FamFG).

893 **(3)** Eine besondere Rolle spielen im FamFG-Verfahren die **Zwischenentscheidungen**, die während des laufenden Verfahrens ergehen, dieses aber nicht beenden. Sie können dazu dienen, das Verfahren zu gestalten, Hindernisse für die Endentscheidung zu beheben oder Voraussetzungen für diese zu schaffen.

Soweit das Gesetz sie nicht ausdrücklich für unanfechtbar erklärt, werden solche Zwischenentscheidungen bei Anfechtung der Endentscheidung im Beschwerdeverfahren mit geprüft (§ 58 II FamFG). Nur vereinzelt lässt das Gesetz eine isolierte Anfechtung zu. Diese erfolgt dann durch die ZPO-Beschwerde (§§ 567 ff. ZPO), die anders als die FamFG-Beschwerde binnen zwei Wochen einzulegen ist und grundsätzlich vor dem Einzelrichter verhandelt wird. Einzig gegen die Zwischenentscheidung in Registersachen (§ 382 IV FamFG) ist die FamFG-Beschwerde statthaft.

894 Entfaltet die endgültige Entscheidung sofort weit reichende Rechtswirkungen, so kann das Gericht den Beteiligten ausnahmsweise mit einem sog. »**Vorbescheid**« den Inhalt der geplanten Entscheidung ankündigen und ihnen die Möglichkeit geben, schon hiergegen einen Rechtsbehelf einzulegen. Praktisch können damit Entscheidungen des Rechtspflegers durch den Richter überprüft werden, bevor sie wirksam werden.

Erforderlich ist ein solcher Vorbescheid im Erbscheinsverfahren (§ 352 FamFG), weil durch den öffentlichen Glauben eines unrichtigen Erbscheins ein erheblicher Schaden entstehen könnte.[17] Bei der Genehmigung von Rechtsgeschäften ist ein Vorbescheid entbehrlich, weil diese (abweichend vom Grundsatz des § 40 I FamFG) erst mit Eintritt der Rechtskraft wirksam wird (§ 40 II FamFG).

895 **Endentscheidungen** ergehen in den FamFG-Verfahren grundsätzlich in Form eines *Beschlusses.*[18]

Abzugrenzen sind die Entscheidungen von der bloß passiven Entgegennahme von Parteierklärungen (zB die Ausschlagung einer Erbschaft, § 1945 BGB) und vom rein tatsächlichen Handeln des Gerichts

---

16 Schulte-Bunert/Weinreich/*Brinkmann*, FamFG, 4. Aufl. 2013, § 22 Rn. 18 ff.

17 BGHZ 20, 255 = NJW 1956, 987; OLG Hamm OLGZ 1970, 117; *Nußstein*, Die Entscheidungsmöglichkeiten des Nachlassgerichts in Erbscheinssachen, JA 2000, 584; *Nußstein*, Das Erbscheinsverfahren im Spiegel materiellen Erbrechts, JA 1995, 134; *Pentz*, Der Vorbescheid im Erbscheinsverfahren, NJW 1996, 2559.

18 Schulte-Bunert/Weinreich/*Oberheim*, FamFG, 3. Aufl. 2012, § 38 Rn. 5 ff.

(zB Überprüfung der Rechnungslegung des Vormunds nach § 1843 BGB) sowie den Beurkundungen. Alle diese Handlungen enthalten keine Anordnung einer Rechtsfolge durch das Gericht, stellen somit keine Entscheidungen dar.

Die Regelungen des Beschlusses entsprechen weitgehend denen der Entscheidungen in der streitigen Gerichtsbarkeit: Er besteht aus einem Eingang mit einer Bezeichnung der Beteiligten, ihrer gesetzlichen Vertreter und Bevollmächtigten sowie einer Bezeichnung des Gerichts und der Namen der Gerichtspersonen, die bei der Entscheidung mitgewirkt haben, der Beschlussformel und ist grundsätzlich (in tatsächlicher und rechtlicher Hinsicht) zu begründen (§ 38 FamFG – § 313 ZPO). An die Stelle der Verkündung tritt die »Bekanntgabe« durch Zustellung, Verlesen oder Übersendung (§ 41 FamFG). Unrichtigkeiten können berichtigt (§ 42 FamFG – § 319 ZPO), übergangene Punkte ergänzt werden (§ 43 FamFG – § 321 ZPO). Bei Verletzung des Anspruchs auf rechtliches Gehör wird das Verfahren fortgesetzt (§ 44 FamFG – § 321a ZPO). Der Beschluss erwächst in formeller Rechtskraft (§ 45 FamFG – § 705 ZPO).

Unterschiede zum streitigen Verfahren liegen in der Erforderlichkeit einer Rechtsbehelfsbelehrung (§ 39 FamFG), dem Wirksamwerden des Beschlusses nicht erst mit der formellen Rechtskraft, sondern bereits mit der Bekanntmachung (§ 40 FamFG) und der beschränkten materiellen Rechtskraft. Wird durch den Beschluss die Geschäftsfähigkeit festgestellt, hat dessen Aufhebung auf die Wirksamkeit zwischenzeitlich vorgenommener Rechtsgeschäfte keinen Einfluss (§ 47 FamFG). Beschlüsse mit Dauerwirkung kann das erstinstanzliche Gericht (anders als nach § 318 ZPO) bei nachträglicher wesentlicher Änderung der Sach- oder Rechtslage wieder aufheben (§ 48 I FamFG). In der freiwilligen Gerichtsbarkeit kommt dem Grundsatz der materiellen Richtigkeit damit Vorrang vor dem der Beständigkeit zu.[19]

(4) Unabhängig von der Hauptsache können im Wege der **einstweiligen Anordnung** 896
vorläufige Maßnahmen angeordnet werden (§§ 49 ff. FamFG). Inhaltlich sind diese an die einstweilige Verfügung des ZPO-Verfahrens (§§ 935, 916 ff. ZPO) angelehnt.

Der Grundtatbestand der §§ 49 ff. FamFG wird durch zahlreiche besondere Regelungen über einstweilige Anordnungen in bestimmten Angelegenheiten ergänzt (§§ 119, 157, 214, 226, 242, 246 ff., 300 ff., 331 ff., 427 FamFG).

Nach den für das Rechtsverhältnis maßgebenden Vorschriften gerechtfertigt (§ 49 I 897
FamFG) ist eine solche Anordnung, wenn Tatsachen feststehen oder glaubhaft gemacht sind, aufgrund derer eine spätere Hauptsacheentscheidung gleichen materiellrechtlichen Inhalts wahrscheinlich ist (»*Anordnungsanspruch*«). Ein dringendes Bedürfnis für ein sofortiges Tätigwerden liegt vor, wenn ein Abwarten der Hauptsacheentscheidung erhebliche Nachteile brächte (»*Anordnungsgrund*«).

Die einstweilige Anordnung kann der Sicherung von Rechten genauso dienen wie der 898
vorläufigen Regelung eines Zustands. Grundsätzlich unzulässig ist die Vorwegnahme der Hauptsache, die einstweilige Anordnung darf also keine endgültige Rechtsgestaltung herbeiführen. Etwas anderes gilt für die auf Leistung gerichteten besonderen einstweiligen Anordnungen, insbesondere die in Unterhaltssachen (§§ 246 ff. FamFG).

Die Vollstreckung erfolgt nach § 53 FamFG und kann nach § 55 FamFG ausgesetzt 899
oder beschränkt werden. Die einstweilige Anordnung unterliegt der Aufhebung oder Abänderung durch das erstinstanzliche Gericht (§ 54 FamFG) und kann durch die Beschwerde nur im Rahmen des § 57 FamFG angefochten werden. Sie tritt spätestens mit dem Wirksamwerden einer späteren Entscheidung (insbesondere einer Hauptsacheentscheidung) außer Kraft (§ 56 FamFG).

---

19 *Baur/Wolf*, Grundbegriffe des Rechts der freiwilligen Gerichtsbarkeit, 2. Aufl. 1980, 95; Schulte-Bunert/Weinreich/*Oberheim*, FamFG, 3. Aufl. 2012, § 40 Rn. 1 ff.

900 **(5)** Gegen erstinstanzliche Endentscheidungen der Amts- und Landgerichte findet das **Rechtsmittel** der Beschwerde statt (§§ 58 ff. FamFG).

§ 382 IV FamFG erstreckt die Statthaftigkeit der Beschwerde auf Zwischenverfügungen in Registersachen. Alle anderen Zwischen- und Nebenentscheidungen sind grundsätzlich überhaupt nicht, ausnahmsweise mit der sofortigen Beschwerde nach §§ 567 ff. ZPO anfechtbar. Gegen Rechtspflegerentscheidungen ist die Erinnerung nach § 11 II RPflG gegeben, gegen die Zwangsgeldfestsetzung der Einspruch (§§ 388 ff. FamFG). Widerspruch kann im Amtslöschungsverfahren (§§ 393 ff. FamFG) und im Dispacheverfahren[20] (§§ 406 f. FamFG) eingelegt werden. Widerspruch und Einspruch führen zu einer Prüfung der Rechtmäßigkeit der Maßnahme durch das Organ, das die Entscheidung erlassen hat, Erinnerung oder Beschwerde sind erst gegen die zurückweisende Entscheidung möglich.[21]

901 *Beschwerdeberechtigt* ist gemäß § 59 FamFG jeder, der durch den Beschluss in seinen Rechten beeinträchtigt ist.

Die Beteiligtenstellung ist damit für die Beschwerdeberechtigung weder erforderlich noch ausreichend. Ein Recht iSd § 59 FamFG liegt vor, wenn die Norm zumindest auch dem Schutz der Interessen des Beschwerten dient.[22]

Beispiel: Die in §§ 1643, 1821, 1822 BGB vorgesehene Genehmigung durch das Familiengericht dient dem Schutz des Mündels, das damit (durch die gesetzlichen Vertreter) beschwerdebefugt ist. Nicht geschützt – und damit nicht rechtsmittelberechtigt – ist der Geschäftspartner.

Wird in Antragssachen der Antrag zurückgewiesen, ist beschwerdeberechtigt nur der Antragsteller (§ 59 II FamFG), Behörden sind nur aufgrund besonderer gesetzlicher Ermächtigung beschwerdeberechtigt (so zB aufgrund der §§ 162 III, 176 II, 194 II, 205 II FamFG), Minderjährige unabhängig vom Willen des Vertreters (§ 60 FamFG).

902 In vermögensrechtlichen Angelegenheiten muss der *Wert* des Beschwerdegegenstands 600,– EUR übersteigen oder die Beschwerde muss vom Erstgericht *zugelassen* sein (§ 61 FamFG).

903 Die Beschwerde ist beim Ausgangsgericht einzulegen und soll (nicht: muss) begründet werden. Sie muss binnen einer bestimmten *Frist* eingelegt werden. Diese beginnt mit der schriftlichen Bekanntgabe des Beschlusses, spätestens fünf Monate nach dessen Erlass und beträgt grundsätzlich einen Monat, bei der Anfechtung von einstweiligen Anordnungen und Beschlüssen, die die Genehmigung eines Rechtsgeschäfts zum Gegenstand haben, zwei Wochen (§ 63 FamFG).

904 Hält das Ausgangsgericht die Beschwerde für begründet, hat es ihr *abzuhelfen* (§ 68 FamFG), andernfalls legt es sie dem Beschwerdegericht vor. Dies ist grundsätzlich das Oberlandesgericht (§ 119 I Nr. 1 FamFG), lediglich für personenbezogene Angelegenheiten (Freiheitsentziehungssachen, Betreuungs- und Unterbringungssachen) führt der *Instanzenzug* zum Landgericht (§ 71 I GVG). In beiden Fällen ist nicht der Einzelrichter, sondern der komplette Spruchkörper zuständig.

905 *Begründet* ist die Beschwerde, wenn die angegriffene Entscheidung unzutreffend ist. Um dies festzustellen, wird das gesamte Verfahren in tatsächlicher und rechtlicher

20 Beschließt ein Kapitän, dem Schiff oder der (Güter-)Ladung (zB durch Über-Bord-Werfen oder absichtliche Strandung) vorsätzlich Schaden zuzufügen, um Schiff, Mannschaft und übrige Ladung aus einer gemeinsamen Gefahr zu retten (»Große Haverei«), so wird der Schaden durch einen Sachverständigen in einer Urkunde (»Dispache«) festgestellt und auf die Beteiligten verteilt (§§ 700 ff. HGB).

21 Zur Ablehnung von Gerichtspersonen wegen Befangenheit → Rn. 113; zur Wiedereinsetzung in den vorigen Stand wegen Versäumung einer Frist → Rn. 249; zur Wiederaufnahme des Verfahrens nach Eintritt der formellen Rechtskraft → Rn. 1574 f.

22 BGH NJW 1991, 771; BayObLG NJW-RR 1991, 1505.

Hinsicht wiederholt.[23] Neue Tatsachen und Beweise können vorgetragen werden (§ 65 III FamFG) bzw. sind von Amts wegen zu ermitteln (§ 26 FamFG). Nach hM[24] gilt das Verbot der reformatio in peius in der freiwilligen Gerichtsbarkeit nicht, sodass die Entscheidung auch zuungunsten des Beschwerdeführers möglich ist. Das Beschwerdegericht entscheidet durch (regelmäßig begründeten) Beschluss (§ 69 FamFG), mit dem entweder die Beschwerde (als unzulässig) verworfen bzw. (als unbegründet) zurückgewiesen wird oder mit dem die angefochtene Entscheidung aufgehoben und durch eine eigene Sachentscheidung ersetzt wird. Bei Registereintragungen wird das erstinstanzliche Gericht angewiesen, die begehrte Eintragung vorzunehmen.

Die *Rechtsbeschwerde* zum Bundesgerichtshof ist nur nach einer Zulassung durch das 906
Beschwerdegericht statthaft (§§ 70 ff. FamFG).

(6) In Familiensachen muss, in den sonstigen Sachen kann das Gericht über die **Kos- 907
ten** entscheiden. Diese bestehen aus den Gerichtskosten (Gebühren und Auslagen), die in Familiensachen nach dem FamGKG, in den übrigen Sachen nach der KostO anfallen. Die Kostenentscheidung wird in der Endentscheidung getroffen und ergeht grundsätzlich nach billigem Ermessen (§ 81 I FamFG), das in § 81 II–IV FamFG konkretisiert wird.

(7) Wegen des rechtsgestaltenden Charakters vieler Entscheidungen der freiwilligen 908
Gerichtsbarkeit bedürfen diese einer zwangsweisen Durchsetzung (**Vollstreckung**) nicht. Die Gestaltungswirkung tritt hier mit Wirksamkeit der Entscheidung automatisch ein. In Familiensachen erfährt die Vollstreckung von Entscheidungen über die Herausgabe von Personen und die Regelung des Umgangs eine besondere Regelung (§§ 88 ff. FamFG). Im Übrigen können auch für die FamFG-Sachen die Regeln der ZPO gelten (§§ 95 f. ZPO).

b) Familiensachen

Familiensachen sind alle Verfahren über Rechtsbeziehungen aus dem Familienrecht.[25] 909
Diese umfassen nur ausnahmsweise Streitgegenstände, die der Dispositionsmacht der Parteien unterliegen und keinen besonderen grundgesetzlichen Schutz genießen und auf die deswegen die Verfahrensmaximen der ZPO, insbesondere der Beibringungsgrundsatz, Anwendung finden können. Überwiegend besteht an Familiensachen (zumindest auch) ein öffentliches Interesse, trifft das Gericht deswegen eine gesteigerte Fürsorgepflicht für die Beteiligten und eine besondere Verantwortung für die materielle Richtigkeit der Entscheidung. Dies setzt die Geltung des Amtsermittlungsgrundsatzes voraus.

Dieser unterschiedlichen Interessenlage trägt das FamFG durch ein Zweiteilung Rechnung: Auf die meisten Familiensachen finden die Verfahrensregeln der freiwilligen Gerichtsbarkeit, dh das FamFG Anwendung, auf einige streitige Angelegenheiten (»Familienstreitsachen«, § 112 FamFG) indes die ZPO-Regeln (§ 113 FamFG). Zu letzteren gehören die Ehesachen (insbesondere die Scheidung) und die meisten Unterhalts- und Güterrechtssachen.

---

23 Anders die Rechtsbeschwerde, bei der ausschließlich das Vorliegen einer Rechtsverletzung geprüft wird.

24 BGH NJW 1988, 1982; BayObLGZ 2000, 76; Friederici/Kemper/*Klüßmann*, Familienverfahrensrecht, 2009, § 69 Rn. 13; *Gutjahr*, Rechtsmittel in Familiensachen, FPR 2006, 433; Schulte-Bunert/Weinreich/*Unger*, FamFG, 4. Aufl. 2013, § 69 Rn. 33 ff. mwN.

25 Zu den materiellrechtlichen Fragen *Preisner*, Examenstypische Klausurenkonstellationen des Familien- und Erbrechts, JA 2010, 424; 505 und 584.

910 Für alle Familiensachen ist sachlich heute grundsätzlich das **Familiengericht** ausschließlich zuständig. Dabei handelt es sich um eine Abteilung des Amtsgerichts (§ 23b GVG), sodass stets nur ein Einzelrichter in grundsätzlich nichtöffentlicher Sitzung (§ 170 GVG) entscheidet. Anders als beim Amtsgericht in Zivilsachen besteht hier weitgehend Anwaltszwang, wobei zusätzlich eine qualifizierte Vollmacht erforderlich ist (§ 114 FamFG). Gegen Entscheidungen des Familiengerichts ist die Beschwerde zum Oberlandesgericht und ggf. die Rechtsbeschwerde zum Bundesgerichtshof gegeben (§ 119 I Nr. 1a, § 133 GVG).

Nachdem das Familiengericht nunmehr auch für zahlreiche Verfahren mit Bezug zu Ehe und Familie zuständig ist, die zuvor vor den Zivilgerichten oder Vormundschaftsgerichten zu führen waren, spricht man insoweit auch vom »großen Familiengericht«.

911 **(1)** Familiensachen sind zunächst die **Ehesachen** (§§ 121 ff. FamFG). Dies sind nach § 121 FamFG vor allem die Scheidungsverfahren, praktisch kaum relevant sind die Verfahren auf Aufhebung der Ehe (§§ 1313 ff. BGB) und auf Feststellung des (Nicht-)Bestehens einer Ehe.

912 Für Ehesachen gelten anstelle zahlreicher Vorschriften aus dem allgemeinen Teil des FamFG diejenigen über das erstinstanzliche Verfahren vor den Landgerichten *§§ 1–494a ZPO*. Nicht anwendbar sind die besonderen Vorschriften für das Verfahren vor dem Amtsgericht (§§ 495–510b ZPO) sowie einige weitere Regelungen:

- Es findet weder ein Vor- noch ein Güteverfahren statt, auch eine Klageerwiderung ist nicht erforderlich (§§ 275 ff. ZPO).
- Nicht bestrittene Tatsachen gelten nicht als zugestanden (§§ 138 III, 439 ZPO), ein Geständnis führt nicht dazu, dass Tatsachen keines Beweises bedürfen (§ 288 ZPO), ein Anerkenntnis (§ 307 ZPO) ist nicht möglich.
- Eine Klage kann auch ohne Zustimmung des Gegners und ohne Sachdienlichkeitsbejahung durch das Gericht geändert werden (§ 263 ZPO).
- Auf die Beeidigung einer vernommenen Partei, eines Zeugen oder eines Sachverständigen können die Beteiligten nicht verzichten (§§ 452 III, 391, 410 ZPO).
- Die Vollstreckung erfolgt ausschließlich nach den Vorschriften der ZPO, besondere Voraussetzungen existieren nur für die Einstellung oder Beschränkung der Vollstreckung (§ 120 FamFG).

Wo erforderlich, treten an die Stelle der ZPO-Terminologie die Begriffe des FamFG (§ 113 V FamFG). So wird aus dem durch die »Klage« eingeleiteten »Rechtsstreit« das mit einem »Antrag« begonnene »Verfahren«, aus den »Parteien (Kläger und Beklagter)« werden »Beteiligte (Antragsteller und Antragsgegner)«.

913 Aus den anwendbar bleibenden *allgemeinen Vorschriften des FamFG* folgt insbesondere,

- dass verspätete Angriffs- und Verteidigungsmittel abweichend von § 296 ZPO nur zurückgewiesen werden können, wenn ihre Zulassung die Erledigung des Verfahrens verzögern würde und die Verspätung auf grober Nachlässigkeit beruht (§ 115 FamFG);
- dass Endentscheidungen ausschließlich in Form eines Beschlusses ergehen, der mit einer Rechtsmittelbelehrung zu versehen ist und nicht bereits mit Bekanntgabe, sondern erst mit Rechtskraft wirksam werden (§§ 38 f., 116 FamFG);
- dass einstweilige Anordnungen nach §§ 49 ff. FamFG ergehen können;

- dass Entscheidungen mit der Beschwerde zum Oberlandesgericht und ggf. der Rechtsbeschwerde zum BGH angefochten werden können, wobei sowohl ein bestimmter Antrag als auch (innerhalb von zwei Monaten) eine Begründung erforderlich und zahlreiche Berufungsvorschriften entsprechend anwendbar sind (§§ 58 ff., 117 FamFG);
- dass die internationale Zuständigkeit aus den §§ 97 f. FamFG folgt, ausländische Entscheidungen nach § 107 FamFG anerkannt werden können.

Darüber hinaus existieren zahlreiche *besondere Regelungen* für Ehesachen: 914

- Das Verfahren beginnt mit einem Scheidungsantrag, der den Anforderungen einer Klageschrift entsprechen muss (§ 124 FamFG).
- Der Amtsermittlungsgrundsatz gilt nur beschränkt, dh, von den Parteien nicht vorgetragene, sondern vom Gericht selbst ermittelte Tatsachen darf das Gericht nur berücksichtigen, wenn diese der Aufrechterhaltung der Ehe dienen, Scheidungsvoraussetzungen müssen von den Parteien vorgetragen werden (§ 127 FamFG).
- Die Parteien sollen persönlich angehört werden (§ 128 FamFG).
- Ist der Antragsteller säumig, ergeht eine Versäumnisentscheidung dahin, dass der Antrag als zurückgenommen gilt. Gegen den Antragsgegner ist weder eine Versäumnisentscheidung noch eine Entscheidung nach Lage der Akten möglich. Ist das Verfahren entscheidungsreif, ergeht eine Endentscheidung, ansonsten muss neuer Termin bestimmt werden (§ 130 FamFG).

Nur für *Scheidungs- und Folgesachen* gelten die §§ 133 ff. FamFG. Folgesachen sind 915 die im Zusammenhang mit der Scheidung anfallenden weiteren familienrechtlichen Regelungen, also der Versorgungsausgleich, der Unterhalt füreinander oder für ein gemeinschaftliches Kind, die Zuweisung der Wohnung und die Verteilung des Hausrats sowie Ansprüche aus dem ehelichen Güterrecht, insbesondere der Zugewinnausgleich, ggf. auch das Sorge- und Umgangsrecht für ein gemeinsames Kind (§ 137 FamFG). Kommt eine gütliche Einigung hierüber trotz der Bemühungen des Gerichts (§ 135 FamFG) nicht zustande, bilden Scheidung und Folgesachen einen Verbund, werden gemeinsam verhandelt und entschieden.

Formulierungsbeispiel (Beschlusstenor im Verbundverfahren):

1. Die am ... vor dem Standesbeamten in ... geschlossene Ehe der Parteien wird geschieden.
2. Bei der Landesversicherungsanstalt Hessen werden vom Konto des Antragstellers Nr. ... Rentenanwartschaften in Höhe von monatlich ... EUR – bezogen auf den Stichtag ... – auf das Konto der Antragsgegnerin Nr. ... übertragen.
3. Die elterliche Sorge über das am ... geborene Kind ... wird auf die Antragsgegnerin übertragen.
4. Der Antragsteller wird verurteilt, an das gemeinsame Kind zu Händen der Antragsgegnerin monatlich im Voraus ... EUR zu zahlen.
5. Der Antragsteller wird verurteilt, an die Antragsgegnerin monatlich im Voraus ... EUR zu zahlen.
6. Die Kosten des Verfahrens werden gegeneinander aufgehoben.

Die *Kosten* der Scheidung und Folgesachen werden gegeneinander aufgehoben (§ 150 916 FamFG). Der Streitwert für die Ehesache richtet sich nach den Vermögens- und Einkommensverhältnissen der Ehegatten und darf nicht unter 3.000,– EUR bzw. nicht über 1 Mio. EUR liegen. Er erhöht sich für jede Kindschaftssache um 20% (§§ 43 f. FamGKG).

(2) Folgesachen können, wie andere Familiensachen ebenfalls, auch isoliert geltend 917 gemacht werden. Teilweise folgen die Verfahren dann ausschließlich dem FamFG, teilweise sind auf sie – wie auf die Ehesachen auch – die ZPO-Vorschriften anwendbar. Die letztgenannten Verfahren bezeichnet das Gesetz als »**Familienstreitsachen**« (§ 112 FamFG).

918 Zu den Familienstreitsachen gehören die wichtigsten Unterhalts-, Güterrechts- und sonstigen Familiensachen.[26]

919 Auch auf Familienstreitsachen sind anstelle der allgemeinen Vorschriften des FamFG die Vorschriften über das erstinstanzliche Verfahren vor den Landgerichten (§§ 1–494a ZPO) anzuwenden (§ 113 I FamFG), daneben zusätzlich die Vorschriften über den Urkunden- und Wechselprozess (§§ 592–605a ZPO) sowie über das Mahnverfahren (§§ 688–703d ZPO). Aus den anwendbar bleibenden *allgemeinen Vorschriften des FamFG* folgt über die für bereits für die Ehesachen dargestellten Besonderheiten (→ Rn. 911 ff.) hinaus, dass neben einstweiligen Anordnungen auch Arreste angeordnet werden können (§§ 119, 49 ff. FamFG).

920 **(3) Kindschaftssachen** (§§ 151 ff. FamFG) betreffen vornehmlich die elterliche Sorge, das Umgangsrecht, die Kindesherausgabe, die Vormundschaft und die Pflegschaft. Soweit Kindschaftssachen den Aufenthalt, das Umgangsrecht, die Herausgabe oder die Gefährdung des Kindeswohls betreffen, sind sie vorrangig und beschleunigt durchzuführen (§ 155 FamFG), wobei das Gericht vornehmlich auf eine einvernehmliche Regelung hinzuwirken hat (§§ 156, 165 FamFG). Das Kind kann einen eigenen Verfahrensbeistand erhalten (§ 158 FamFG), ist grundsätzlich anzuhören und zu informieren (§§ 159, 160 FamFG).

921 **(4) Abstammungssachen** (§§ 169 ff. FamFG) sind die Verfahren auf Feststellung des Bestehens oder Nichtbestehens eines Eltern-Kind-Verhältnisses, die Wirksamkeit oder Unwirksamkeit einer Vaterschaftsanerkennung (§§ 1594 ff. BGB), die Vaterschaftsanfechtung (§§ 1600 ff. BGB) und die Ersetzung der Einwilligung in eine genetische Abstammungsuntersuchung. Abstammungsuntersuchungen können zwangsweise durchgesetzt werden (§ 178 FamFG).

Wegen der möglichen Dispositionen über die Vaterschaft gilt der Amtsermittlungsgrundsatz nur eingeschränkt: Von den Beteiligten nicht vorgetragene (von Amts wegen ermittelte) Tatsachen dürfen nur berücksichtigt werden, wenn sie geeignet sind, dem Fortbestand der Vaterschaft zu dienen oder der die Vaterschaft Anfechtende einer Berücksichtigung nicht widerspricht. Über streitige Tatsachen findet kein Freibeweis-, sondern ein förmliches Beweisverfahren statt (§ 177 FamFG).

922 **(5) Adoptionssachen** (§§ 186 ff. FamFG) sind vor allem Verfahren auf Annahme als Kind, unabhängig davon, ob ein Minderjähriger oder ein Volljähriger angenommen wird (§§ 1741 ff. BGB).

923 **(6) Wohnungszuweisungssachen und Hausratssachen** (§§ 200 ff. FamFG) finden ihre materielle Grundlage in den §§ 1361a, 1361b BGB und in der HausratsVO und regeln, welchem Ehegatten nach der Scheidung die bisherige Ehewohnung zugewiesen wird und wie der eheliche Hausrat zu verteilen ist.

924 **(7) Gewaltschutzsachen** (§§ 210 ff. FamFG) sind die Verfahren nach §§ 1, 2 Gewaltschutzgesetz, betreffen also die gerichtlichen Maßnahmen zum Schutz vor Gewalt

---

26 Einige praktische seltene Unterhalts-, Güterrechts- und sonstigen Familiensachen behandelt das Gesetz dagegen als normale Familiensachen; zum Inhalt der einzelnen Sachen und zu der Unterscheidung → Rn. 927, → Rn. 931, Rn. → 933.

und Nachstellungen innerhalb von Beziehungen im häuslichen bzw. privaten Umfeld. Hervorzuheben ist hier die besondere Möglichkeit zum Erlass (teilweise erfüllender) einstweiliger Anordnungen (§ 214 FamFG).[27]

(8) Versorgungsausgleichssachen sind die Verfahren nach §§ 1587 ff. BGB, bei denen im Rahmen der Scheidung der während der Ehezeit von den Eheleuten erworbenen Anwartschaften und Aussichten auf eine Versorgung wegen Alters oder verminderter Erwerbsfähigkeit ausgeglichen werden. 925

(9) Besondere Bedeutung kommt den **Unterhaltssachen** zu (§§ 231 ff. FamFG). Hierunter fallen alle auf Verwandtschaft und Ehe beruhenden Unterhaltsansprüche (§§ 1360, 1361, 1570 ff., 1601 ff. BGB). 926

Beispiele: Der Unterhaltsanspruch eines Kindes gegen seine Eltern, unabhängig davon, ob die Eltern miteinander verheiratet sind oder nicht. Der Unterhaltsanspruch gegen den Vater vor Feststellung der Vaterschaft unter den Voraussetzungen des § 237 FamFG. Der Unterhaltsanspruch pflegebedürftiger Eltern gegen ihre volljährigen Kinder, selbst dann, wenn dieser infolge der Gewährung von Sozialleistungen auf den Sozialträger übergegangen ist. Der Unterhaltsanspruch der Ehegatten untereinander, unabhängig davon, ob die Ehe noch besteht, beide getrennt leben oder geschieden sind. Der Unterhaltsanspruch einer nicht verheirateten Mutter gegen den Vater ihres Kindes.

Unterhaltssachen sind regelmäßig Familienstreitsachen iSd § 112 FamFG (→ Rn. 917 ff.), Angelegenheiten der freiwilligen Gerichtsbarkeit sind lediglich die Unterhaltssachen nach dem Bundeskindergeld- und Einkommensteuergesetz (§ 231 II FamFG). 927

Nur für die Streitsachen gelten die §§ 235–245 FamFG. § 232 I FamFG enthält eine ausschließliche örtliche Zuständigkeit für Kindesunterhalt. Nach § 235 FamFG kann das Gericht von den Beteiligten Auskünfte über die zur Bemessung des Unterhalts relevanten Umstände verlangen, kommen sie dem nicht nach, können Auskünfte und Belege auch von Dritten angefordert werden (§ 236 FamFG). Unterhaltstitel können nach §§ 238 ff. FamFG abgeändert werden, wenn eine wesentliche Veränderung der zugrunde liegenden tatsächlichen oder rechtlichen Verhältnisse eingetreten ist. Die Kosten sind stets nach billigem Ermessen zu verteilen, wobei die Rechtsgedanken der §§ 91, 92 und 93 ZPO zu berücksichtigen sind (§ 243 FamFG). 928

Der Unterhaltsanspruch kann auch im (formularabhängigen: § 259 FamFG) sog. **»vereinfachten Unterhaltsverfahren«** nach §§ 249 ff. FamFG tituliert werden. Statthaft ist dieses Verfahren insbesondere zur erstmaligen Festsetzung des Unterhalts eines minderjährigen Kindes (§ 249 FamFG). Auf einen den Anforderungen des § 250 FamFG entsprechenden Formularantrag hin kann der Rechtspfleger (§ 20 Nr. 10 RPflG) den Unterhalt bis zum 1,2-fachen des Regelbetrages nach der Regelbetragsverordnung festsetzen (§ 253 FamFG). Da der Antragsgegner in diesem Verfahren nur beschränkt Einwendungen erheben kann (§ 252 FamFG), kann das vereinfachte Verfahren auf Antrag jeder Partei in das streitige Verfahren vor dem Richter übergeleitet werden (§ 255 FamFG), wo alle Einwendungen möglich sind. 929

In Erweiterung der allgemeinen Bestimmung der §§ 49 ff. FamFG, die nur eine vorläufige Regelung bzw. Sicherung von Rechten zulassen, kann das Gericht als Vorwegnahme bzw. Erfüllung der Hauptsache die Verpflichtung zur Zahlung von Unterhalt auch durch **einstweilige Anordnung** regeln (§§ 246 ff. FamFG). 930

27 *Müller*, Das neue Gewaltschutzgesetz, FF 2002, 43.

931 (10) **Güterrechtssachen** (§§ 261 ff. FamFG) sind Verfahren, die Ansprüche aus dem ehelichen Güterrecht (§§ 1363 ff. BGB) betreffen, auch dann, wenn Dritte an dem Verfahren beteiligt sind. Hierzu gehört insbesondere der Zugewinnausgleich im Fall der Scheidung (§ 1378 I BGB). Auch diese stellen grundsätzlich Familienstreitsachen dar (→ Rn. 917 ff.), nur weniger wichtige Verfahren (zB aus §§ 1365 II, 1369 II, 1382, 1383 BGB) sind Angelegenheiten der freiwilligen Gerichtsbarkeit.

932 (11) Als **sonstige Familiensachen** (§§ 266 ff. FamFG) bezeichnet das Gesetz allgemeine Zivilverfahren, die sich durch eine besondere Sachnähe zu Regelungsgegenständen des Familienrechts auszeichnen und die deshalb in die Zuständigkeit des Familiengerichts fallen sollen. Dazu gehören Ansprüche, die entweder unmittelbar aus familienrechtlichen Rechtsverhältnissen (Verlöbnis, Ehe, Eltern-Kind-Verhältnis) herrühren oder mit der Beendigung eines solchen Rechtsverhältnisses zusammenhängen.

> **Beispiele:** Ersatzansprüche nach einem Rücktritt vom Verlöbnis, unabhängig davon, ob diese vom Verlobten oder von dritten Personen geltend gemacht werden (§§ 1298, 1299 BGB). Ansprüche auf Mitwirkung bei der gemeinsamen steuerlichen Veranlagung (§ 1353 BGB). Ehestörungsansprüche gegen den Ehegatten oder einen Dritten (§ 823 I BGB). Auseinandersetzungsansprüche zwischen einem Ehegatten und den Eltern des anderen bei der Scheidung. Schadensersatzansprüche aus der Verwaltung des Kindesvermögens oder der Nichteinhaltung von Umgangsregelungen. Nicht um eine sonstige Familiensache handelt es sich, wenn das Arbeits-, Wohnungseigentums- oder Erbrecht betroffen ist.

933 Sonstige Familiensachen sind Familienstreitsachen (→ Rn. 917 ff.). Familiensache ist lediglich das Verfahren über einen Antrag auf Beschränkung der Schlüsselgewalt nach § 1357 II BGB.

934 (12) **Lebenspartnerschaftssachen** (§§ 269 f. FamFG) umfassen analog zu den Ehe- und Familiensachen die Angelegenheiten der Lebenspartnerschaft im eigentlichen Sinn (§ 269 I FamFG) und die sonstigen Lebenspartnerschaftssachen (§ 269 II FamFG), dh zivilrechtliche Ansprüche, die in einem Zusammenhang zur Lebenspartnerschaft stehen. Auf sie finden die Vorschriften über Ehe- und Familiensachen – insbesondere die Unterteilung in Familien- und Familienstreitsachen – weitgehend entsprechende Anwendung (§ 270 FamFG).

c) Angelegenheiten der freiwilligen Gerichtsbarkeit

935 Der **Begriff** »freiwillige Gerichtsbarkeit« entstammt der wörtlichen Übersetzung einer Stelle aus dem corpus iuris civilis, die besagt, dass das Gericht bei Adoptionen keinen Streit entscheide, sondern »jurisdictionem voluntariam« ausübe.[28] Diese Bezeichnung hat sich erhalten, obwohl von einer freiwilligen Inanspruchnahme heute nur noch in einem kleinen Teilbereich gesprochen werden kann.

936 Wann eine Angelegenheit in der streitigen und wann in der freiwilligen Gerichtsbarkeit zu behandeln ist, lässt sich nicht materiell, sondern allein formell anhand der **gesetzlichen Zuweisung** abgrenzen: Zur freiwilligen Gerichtsbarkeit gehören alle diejenigen Sachen, die ihr gesetzlich zugewiesen sind.

> So hat der Gesetzgeber in den letzten Jahren zum **Beispiel** die Wohnungseigentumssachen aus der freiwilligen Gerichtsbarkeit herausgenommen, die Aufgebotssachen hinzugenommen.

28 D. 1.16.2.pr.; *Wacke*, Ursprung der freiwilligen Gerichtsbarkeit, DNotZ 1988, 732.

Die Angelegenheiten der freiwilligen Gerichtsbarkeit sind zum Teil im FamFG, zum Teil in anderen Gesetzen geregelt, die das FamFG ganz oder teilweise in Bezug nehmen (zB § 21 Staatsangehörigkeitsgesetz, § 4 Transsexuellengesetz, § 51 Personenstandsgesetz, § 30 II Infektionsschutzgesetz, § 89 II Asylverfahrensgesetz, § 106 II Aufenthaltsgesetz, §§ 1 II, 4 II, 5 I, 12c III, 36 I, 73 II Grundbuchordnung, § 9 Landwirtschaftsverfahrensgesetz, § 35 III Verschollenheitsgesetz, § 7 III Erbbaurechtsverordnung).

937 (1) Zuständig für **Betreuungs- und Unterbringungssachen** (§§ 271 ff. FamFG) ist eine besondere Abteilung des Amtsgerichts, das Betreuungsgericht (§ 23c GVG).

938 Betreuungssachen (§§ 271 ff. FamFG) betreffen die Verfahren im Zusammenhang mit der rechtlichen Betreuung eines Volljährigen, der aufgrund einer Krankheit oder Behinderung seine Angelegenheiten nicht selbst besorgen kann (§§ 1896 ff. BGB). In diesem Verfahren ist der Betroffene ohne Rücksicht auf seine Geschäftsfähigkeit verfahrensfähig (§ 275 FamFG), erhält aber einen Verfahrenspfleger, soweit dies erforderlich ist (§ 276 FamFG). Es ist ein Gutachten einzuholen, zu dessen Vorbereitung der Betroffene untersucht, ggf. sogar vorübergehend untergebracht werden kann. In dringenden Fällen kann ein Betreuer vorläufig bestellt oder entlassen werden (§§ 300 f. FamFG).

939 Unterbringungssachen (§§ 312 ff. FamFG) betreffen die aufgrund Krankheit oder Behinderung erforderliche dauerhafte Unterbringung eines Betreuten (§ 1906 BGB) oder die öffentlich-rechtliche Unterbringung eines psychisch kranken Volljährigen aufgrund eines Landesgesetzes. Die einstweilige Anordnung der Unterbringung ist unter den Voraussetzungen der §§ 331 f. FamFG möglich.

940 Pflegschaftsverfahren werden als betreuungsgerichtliche Zuweisungssachen nach §§ 340 f. FamFG ebenfalls von den Betreuungsgerichten wahrgenommen.

941 (2) Als **Nachlasssachen** (§§ 342 ff. FamFG) bezeichnet man die gerichtlichen Aufgaben aus dem Bereich des Erbrechts (insbesondere die Verwahrung und Eröffnung von Testamenten und Erbverträgen, die Sicherung des Nachlasses, die Erbenermittlung, die Entgegennahme der Erbschaftsausschlagungserklärung, die Erteilung des Erbscheins, die Testamentsvollstreckung und die Nachlassverwaltung). Hierher gehören auch die Aufgaben des Gerichts bei der Auseinandersetzung einer Gesamthandsgemeinschaft in Form einer erbrechtlichen Erbengemeinschaft oder einer familienrechtlichen Gesamtgutsgemeinschaft (**Teilungssachen,** §§ 363 ff. FamFG).[29]

942 (3) **Registersachen** sind alle das Handelsregister, das Genossenschaftsregister, das Partnerschaftsregister, das Vereinsregister und das Güterrechtsregister betreffenden Angelegenheiten. Sie sind zusammen mit den **unternehmensrechtlichen Verfahren** (Handelssachen) in den §§ 374 ff. FamFG geregelt. Auf sie sind die Vorschriften des Allgemeinen Teils nicht in vollem Umfang anwendbar, besondere Regelungen gelten für die Form der Entscheidung (die nicht in Form eines Beschlusses, sondern durch Registereintragung erfolgt, § 382 FamFG) und deren Wirksamwerden. Für unternehmensrechtliche Verfahren ist häufig erstinstanzlich das Landgericht zuständig (§ 71 I GVG).

29 *Dillberger/Fest*, Vorgehen gegen einen unrichtigen Erbschein, JuS 2009, 1099; *Kroiß*, Die Erbscheinsklausur nach dem FamFG, JA 2009, 882; *Zimmermann*, Das Erbscheinsverfahren im FamFG, JuS 2009, 817; zu den materiellrechtlichen Fragen *Preisner*, Examenstypische Klausurenkonstellationen des Familien- und Erbrechts, JA 2010, 424; 505 und 584.

943 (4) Als **weitere Angelegenheiten der freiwilligen Gerichtsbarkeit** fasst das FamFG in den §§ 410 ff. ZPO einige weniger bedeutsame Sachen zusammen, so die Abgabe einer nichtvollstreckungsrechtlichen eidesstattlichen Versicherung (insbesondere nach §§ 259, 260 BGB), die Bestellung eines Sachverständigen oder Verwahrers und den Pfandverkauf nach § 1246 II BGB.

944 (5) **Freiheitsentziehungssachen** (§§ 415 ff. FamFG) betreffen die bundesrechtlich angeordnete Freiheitsentziehung gegen den Willen des Betroffenen oder bei dessen Willenslosigkeit. Nicht hierunter fallen die zivil- oder öffentlich-rechtliche Unterbringung, die Unterbringung psychisch Kranker nach Landesrecht oder die strafrechtliche Freiheitsentziehung.

945 (6) **Aufgebotssachen** (§§ 433 ff. FamFG)[30] sind öffentliche gerichtliche Aufforderungen an unbekannte Personen zur Anmeldung von Ansprüchen oder Rechten. Wird eine solche Anmeldung unterlassen, hat dies einen Rechtsnachteil zur Folge. Mangels Gegner findet hier keine streitige Verhandlung statt.[31] Aufgebotsverfahren finden nur in den gesetzlich besonders bestimmten Fällen statt, für die jeweils eigene Verfahrensnormen gelten. So geregelt sind:

- Die Ausschließung von Grundeigentümern nach § 927 BGB: §§ 422 ff. FamFG.
- Die Ausschließung von Hypotheken-, Grundschuld- und Rentenschuldgläubigern nach §§ 1170, 1171 BGB: §§ 447 ff. FamFG.
- Die Ausschließung von Nachlassgläubigern nach § 1970 BGB: §§ 454 ff. FamFG.
- Die Kraftloserklärung von Urkunden: §§ 466 ff. FamFG.

946 Zuständig für die Aufgebotsverfahren ist das Amtsgericht (§ 23 Nr. 2h GVG), das auf einen Antrag nach § 434 FamFG hin zunächst den *Aufgebotsbeschluss* erlässt.

In diesem werden alle Berechtigten zur Anmeldung ihrer Rechte binnen einer bestimmten Frist (§ 437 FamFG) aufgefordert und die ihnen bei Nichtanmeldung drohenden Rechtsnachteile in Aussicht gestellt. Der Aufgebotsbeschluss wird durch Anheftung an die Gerichtstafel und im Internet *öffentlich bekannt gemacht* (§ 435 FamFG).

947 Nach Ablauf der Frist erlässt das Gericht – wenn keine Anmeldung der Rechte Dritter erfolgt ist – einen *Ausschließungsbeschluss* (§ 439 FamFG), dessen konkrete Formulierung sich nach der das Aufgebotsverfahren zulassenden materiellrechtlichen Norm richtet. Ist die Anmeldung eines Rechts erfolgt, und würde dieses Recht das Recht des Antragstellers beschränken, so ergeht der Ausschließungsbeschluss unter dem Vorbehalt des angemeldeten Rechts (§ 440 FamFG).[32] Würde das angemeldete Recht das Recht des Antragstellers vollständig ausschließen, so muss das Aufgebotsverfahren ausgesetzt und das Bestehen des angemeldeten Rechts in einem normalen Erkenntnisverfahren geprüft werden: Es findet dann also ein reguläres Streitverfahren um das von beiden Parteien in Anspruch genommene Recht statt, erst nach dessen Abschluss kann über das Aufgebotsverfahren entschieden werden. Bezüglich der nicht angemeldeten Rechte sind die angedrohten Nachteile auszusprechen.

---

30 *Heinemann*, Das neue Aufgebotsverfahren nach dem FamFG, NotBZ 2009, 300.
31 LG Frankenthal Rpfleger 1983, 413.
32 BGHZ 76, 170.

Formulierungsbeispiel (Beschlussformel bei der Ausschließung von Nachlassgläubigern nach §§ 454 ff. FamFG):
Folgenden Nachlassgläubigern werden ihre angemeldeten Forderungen gegen den Nachlass des am ... in ... verstorbenen V vorbehalten:
1. Dem A eine Forderung in Höhe von ... aus ...
2. Dem B eine Forderung ...
Die übrigen Nachlassgläubiger können, soweit nicht ihre Rechte nach dem Gesetz unberührt bleiben, unbeschadet des Rechts, vor den Verbindlichkeiten aus Pflichtteilsrechten, Vermächtnissen und Auflagen befriedigt zu werden, von den Erben nur insoweit Befriedigung verlangen, als sich nach Befriedigung der nicht ausgeschlossenen Gläubiger noch ein Überschuss ergibt.
Die Kosten des Verfahrens hat der Antragsteller zu tragen.

Gegen den Ausschließungsbeschluss ist die Beschwerde (§§ 58 ff. FamFG) gegeben, 948
die nicht vom Erreichen des Beschwerdewerts abhängig ist (§ 439 III FamFG). Erhält der Anfechtungsberechtigte erst nach Ablauf der einmonatigen Beschwerdefrist (§ 63 FamFG) Kenntnis von dem Beschluss, kann er binnen fünf Jahren Wiedereinsetzung in den vorigen Stand und binnen zehn Jahren Wiederaufnahme des Verfahrens beantragen (§§ 439 IV FamFG).

3. Weitere Verfahren

a) Adhäsionsverfahren

Der durch eine Straftat Verletzte kann seine Entschädigungsansprüche bereits im 949
Strafverfahren geltend machen, sodass ein nachfolgender Zivilprozess entbehrlich wird. Das Adhäsionsverfahren (§§ 403 bis 406c StPO) bietet damit eine Möglichkeit, einfach und kostengünstig an einen vollstreckbaren Titel zu kommen.[33]

Eingeleitet wird das Adhäsionsverfahren durch Stellung eines Antrags des Opfers in 950
einem laufenden Strafverfahren. Dieser Antrag muss formal weitgehend der zivilprozessualen Klage entsprechen, insbesondere »Gegenstand und Grund des Anspruchs bestimmt bezeichnen« (§ 404 I StPO; → Rn. 158 ff.).[34]

Nicht erforderlich ist, dass der Verletzte einen Strafantrag gestellt oder sich als Nebenkläger angeschlossen hat bzw. anschließen könnte (§§ 395 ff. StPO).[35] Die Ansprüche können nur gegen den Angeklagten gerichtet werden, Dritte (zB die Haftpflichtversicherung) können in das Verfahren nicht einbezogen werden. Geltend gemacht werden können nur vermögensrechtliche Ansprüche gegen den Beschuldigten, die aus der Straftat erwachsen und noch nicht anderweitig gerichtlich geltend gemacht sind. Typischerweise sind dies Schadensersatz- und Schmerzensgeldansprüche (die auch unbeziffert geltend gemacht werden können) einschließlich eventueller Zinsen. Verschuldensunabhängige Ansprüche (Gefährdungshaftung) können nicht geltend gemacht werden.

Unerheblich ist die zivilprozessuale Streitwertgrenze, sodass auch 5.000,– EUR übersteigende Ansprüche beim Amtsgericht geltend gemacht werden können. Beim Adhäsionsverfahren vor dem Landgericht besteht kein Anwaltszwang. Beiden Parteien kann Prozesskostenhilfe gewährt werden (§ 404 V StPO).

Zur Begründung kann häufig auf den durch die Anklageschrift bereits zusammengestellten Sachverhalt Bezug genommen werden, dort nicht festgestellte Schlüssigkeitsvoraussetzungen müssen jedoch dargelegt werden.

---

33 *Haller*, Das »kränkelnde« Adhäsionsverfahren – Indikator struktureller Probleme der Strafjustiz NJW 2011, 970; *Köckerbauer*, Die Geltendmachung zivilrechtlicher Ansprüche im Strafverfahren – der Adhäsionsprozeß, NStZ 1994, 307; *Markert/Trautmann*, Der Adhäsionsantrag im Strafverfahren, JuS 2017, 319; *Prechtel*, Das Adhäsionsverfahren, ZAP (2005) Fach 22, 399.
34 Meyer-Goßner/Schmitt/*Meyer-Goßner*, StPO, 60. Aufl. 2017, StPO § 404 Rn. 3.
35 Meyer-Goßner/Schmitt/*Meyer-Goßner*, StPO, 60. Aufl. 2017, StPO § 403 Rn. 2.

Der Antrag hat dieselben Wirkungen wie die Erhebung einer Zivilklage (insbes. Rechtshängigkeit und Verjährungshemmung). Diese treten bereits mit Eingang des Antrags bei Gericht ein (§ 404 II 2 StPO).

Für die Verhandlung gelten grundsätzlich die strafprozessualen Vorschriften. Zivilprozessuale Vorschriften finden nur Anwendung, wenn sie damit nicht kollidieren und auf den Anspruch beschränkt bleiben (zB §§ 139, 287, 308 I ZPO). Ein Versäumnisverfahren (§ 331 ZPO) ist genauso ausgeschlossen wie das Unstreitigwerden von Tatsachen beim Schweigen des Angeklagten (§ 138 III ZPO).

951 Ist der Antrag unzulässig, unbegründet oder eignet er sich (zB wegen der Schwierigkeit der zivilrechtlichen Fragen[36]) nicht für das Adhäsionsverfahren, wird er nicht abgewiesen, vielmehr sieht das Gericht nach **§ 406 StPO** lediglich von einer Entscheidung über den Zivilanspruch ab.[37]

Der Beschluss kann vom Antragsteller mit der sofortigen Beschwerde angefochten werden, (§§ 406 V 2; 406a I StPO). Mangels (rechtskraftfähiger) Klageabweisung kann der Verletzte seine Ansprüche noch vor einem Zivilgericht geltend machen (§ 406 III 3 StPO). Dort entfaltet die Entscheidung im Adhäsionsverfahren weder Rechtskraft noch sonstige Bindungswirkungen.[38]

952 Wird der Angeklagte wegen der Straftat schuldig gesprochen, auf die der Anspruch gestützt ist, verurteilt das Gericht ihn neben der Strafe auch zur Zahlung.

Das Gericht ist dabei an den Antrag gebunden (§ 308 ZPO) und spricht den Anspruch zu, soweit er – ganz oder teilweise – begründet ist (§ 406 I StPO). Möglich ist auch ein Grund- und Teilurteil[39] (bei dem die Höhe des Anspruchs einem Betragsverfahren vor dem Zivilgericht überlassen bleibt) oder ein Anerkenntnisurteil. Die Kostentragungspflicht regelt § 472a StPO. Das Strafurteil stellt einen Titel dar, der nach den allgemeinen Vorschriften der ZPO rechtskräftig[40] und vollstreckt werden kann (§ 406b StPO). Hierzu ist es nach den entsprechenden zivilprozessualen Vorschriften auch für vorläufig vollstreckbar zu erklären (§ 406 III 2 StPO).

Gegen den stattgebenden zivilrechtlichen Teil des Urteils kann allein der Angeklagte – auch ohne den strafrechtlichen Teil des Urteils anzufechten – die strafprozessualen Rechtsmittel (Berufung und Revision) einlegen (§ 406a II u. III StPO). Dem Antragsteller, der Staatsanwaltschaft und einem Privat- oder Nebenkläger fehlt die Beschwer für ein Rechtsmittel (§ 406a I 2 StPO).[41]

953 Auch im Adhäsionsverfahren können die Parteien sich über den zivilrechtlichen Anspruch vergleichen.

Häufig wird dabei die besondere Zwangssituation des Täters zu einer für den Gläubiger günstigeren Regelung als im separaten Zivilprozess führen. Dies gilt insbesondere, wenn das Strafgericht die Erfüllung des zivilrechtlichen Anspruchs zur Auflage bei einer Einstellung gem. § 153a StPO oder zur Bewährungsauflage (§ 56b StGB) macht, was selbst nach Verjährung des zivilrechtlichen Anspruchs möglich ist. Möglich ist auch, dass der Verletzte sich vergleichsweise zur Rücknahme des Strafantrags verpflichtet, was jedenfalls außerhalb der Offizialdelikte zu einer Beendigung des Strafverfahrens führt (§ 77d StGB).[42]

---

36 BGH StV 2004, 61; *Wohlers*, Die Zurückweisung eines Adhäsionsantrages wegen Nichteignung des geltend gemachten Anspruchs, MDR 1990, 763.

37 BGH NStZ 2003, 565.

38 BGH NJW 2013, 1163.

39 BGH NJW 2002, 3560.

40 BGH MDR 2015, 1094.

41 *Effer-Uhe*, Rechtsschutz im Adhäsionsverfahren und nach dessen Abschluss unter besonderer Berücksichtigung zivilprozessualer Rechtsbehelfe, StV 2015, 510; Meyer-Goßner/Schmitt/*Meyer-Goßner*, StPO, 60. Aufl. 2017, StPO § 406a Rn. 4.

42 Palandt/*Sprau* BGB § 779 Rn. 8; Thomas/Putzo/*Hüßtege* ZPO § 794 Rn. 16.

b) Musterklage

Allgemeine Regeln zur Bewältigung einer Vielzahl rechtlich und tatsächlich weitgehend gleich gelagerter Fälle enthält unsere Rechtsordnung nicht. Grundsätzlich ist es deswegen erforderlich, jedes Verfahren gesondert zu betreiben. 954

Nur dies entspricht dem individualistisch geprägten deutschen Privat- und Prozessrecht, das eine Rechtskrafterstreckung auf Nichtverfahrensbeteiligte, wie sie die amerikanische »class action« oder die englische »group litigation« vorsehen, ausschließt. Der Gesetzesvorschlag zur einheitlichen Regelung von Verbands-, Sammel- und Musterklagen seitens des Bundesverbraucherschutzministeriums vom 17.1.2005 wurde bis zum Vorliegen hinreichender Erfahrungen nach dem KapMuG zurückgestellt.[43]

Die einzige von der ZPO für Sammelklagen vorgesehene Erleichterung bietet die Streitgenossenschaft (§§ 59, 60 ZPO), die es zulässt, die Klagen mehrerer Kläger in einem Verfahren zusammen zu betreiben. In echten Massenverfahren bringt dies keine Erleichterung. Dies ist spätestens klar, seit mehr als 15.000 Anleger vor dem Landgericht Frankfurt a.M. in weit über 2.000 anhängigen Verfahren gegen die Deutsche Telekom AG wegen einer Prospekthaftung nach §§ 44, 45 BörsenG aus möglicherweise falschen Angaben von Immobilienwerten bei der Ausgabe neuer Aktien auf Schadensersatz klagten.[44]

(1) Für Schadensersatzansprüche wegen falscher, irreführender oder unterlassener öffentlicher Kapitalmarktinformationen besteht deswegen seit dem 1.11.2005 nach dem zum 1.11.2012 reformierten Gesetz zur Einführung von Kapitalanleger-Musterverfahren **(KapMuG)** unter bestimmten Voraussetzungen die Möglichkeit der Führung eines erstinstanzlichen Musterverfahrens vor dem OLG. 955

Im Musterverfahren wird über Tatsachen oder Rechtsfragen entschieden, auf die es in verschiedenen separaten, auf Schadensersatz geführten Zivilprozessen gleichermaßen ankommt. Nicht entschieden wird über die Begründetheit der einzelnen Ausgangsverfahren selbst (§ 2 I 1 KapMuG).[45] Streng genommen schafft das KapMuG damit eigentlich kein Musterverfahren, sondern ein Gruppenverfahren, bei dem sich die Rechtswirkungen der auf einige Vorfragen begrenzten Entscheidung auf sämtliche Gruppenmitglieder erstreckt.[46] Sachlich zuständig für die Klärung dieser Vorfragen ist das OLG, dem die entsprechenden Fragen vorzulegen sind.

Das Musterverfahren hat sich praktisch als wenig geeignet erwiesen und ist deswegen auf sehr wenige Fälle beschränkt geblieben.[47]

Ein Musterfeststellungsantrag kann nach § 1 I 1 und 2 KapMuG sowohl vom Kläger als auch Beklagten in einem erstinstanzlichen Verfahren gestellt werden, in dem entweder ein Schadensersatzanspruch wegen falscher, irreführender oder unterlassener öffentlicher Kapitalmarktinformation oder ein Erfüllungsanspruch aus Vertrag, der auf einem Angebot nach dem WpÜG beruht, geltend gemacht wird. 956

In dem Musterfeststellungsantrag müssen die Feststellungsziele und die öffentlichen Kapitalmarktinformationen, die Tatsachen und Beweismittel angegeben und die Bedeutung über den Einzelfall hinaus dargelegt werden (§ 1 II 1 KapMuG). Das Feststellungsziel ist die abstrakt formulierte Frage der Erfüllung eines Tatbestandsmerkmals bezüglich einer öffentlichen Kapitalmarktinformation.

---

43 *Zypries*, Ein neuer Weg zur Bewältigung von Massenprozessen, ZRP 2004, 179; *Hess*, »Private law enforcement« und Kollektivklagen, JZ 2011, 66.

44 *Kranz*, Kapitalanleger-Musterverfahrensgesetz – Die Einführung eines Musterverfahrens im Zivilprozess, MDR 2006, 1021.

45 BGH WM 2008, 1353; *Schwintowski*, Bankrecht, 3. Aufl. 2011, § 13 Rn. 88.

46 *Wolf/Lange* NJW 2012, 3751.

47 *Stackmann*, Fünf Jahre Kapitalanleger-Musterverfahrensgesetz, NJW 2010, 3185.

Formulierungsbeispiele:[48] Es wird festgestellt, dass sich aus der Klausel ... »Alle etwaigen Schadensersatzansprüche aus der Beteiligung verjähren mit Ablauf von sechs Monaten seit Kenntniserlangung des Anlegers von den unzutreffenden und/oder unvollständigen Angaben, spätestens jedoch drei Jahre nach Beitritt zu der Beteiligungsgesellschaft« in dem am ... über die Beteiligung an der ...-fonds GmbH & Co KG herausgegebenen Prospekt keine Verjährungseinrede und kein Ausschluss des Schadensersatzanspruchs ergibt.
Es wird festgestellt, dass die Ad-hoc-Mitteilung vom 22.3.2000 unrichtig war.

Es wird festgestellt, dass das vorzeitige Ausscheiden des S. bereits im Mai 2005 feststand und daher als Insidertatsache bereits zu diesem Zeitpunkt zu veröffentlichen gewesen wäre.

957 Ein zulässiger Musterfeststellungsantrag ist vom Prozessgericht im elektronischen Bundesanzeiger (www.ebundesanzeiger.de) öffentlich bekannt zu machen (§§ 3 II 4 KapMuG). Damit wird das Verfahren unterbrochen (§ 5 KapMuG). Werden innerhalb von vier Monaten nach Bekanntmachung eines zeitlich ersten Musterfeststellungsantrags in neun weiteren Verfahren (ggf. auch vor anderen Gerichten)[49] gleichgerichtete, auf dem gleichen Lebenssachverhalt beruhende Musterfeststellungsanträge gestellt, so legt das zuerst befasste Prozessgericht die Sache nach Anhörung des Antragsgegners durch Beschluss seinem im Rechtszug übergeordneten Oberlandesgericht vor (§ 6 KapMuG).

Der Vorlagebeschluss hat nach § 6 III KapMuG das Feststellungsziel, die bezeichneten Beweismittel und eine knappe Darstellung des wesentlichen Inhalts der erhobenen Ansprüche und der dazu vorgebrachten Angriffs- und Verteidigungsmittel zu enthalten. Er wird im Klageregister öffentlich bekannt gemacht. Der Vorlagebeschluss ist gemäß § 6 I 2 KapMuG unanfechtbar und für das Oberlandesgericht bindend. Wie weit diese Bindung reicht, ist umstritten. Sie besteht wohl nicht an einen rechtswidrigen Vorlagebeschluss und nicht an in sich unschlüssige Darstellungen des Sach- und Streitstandes.

Kommt es indes nicht zu den zehn Musterfeststellungsanträgen, weist das Prozessgericht den Musterfeststellungsantrag zurück und setzt das Verfahren fort (§ 6 V KapMuG).

958 Das eigentliche Musterverfahren vor dem Oberlandesgericht beginnt mit der Bestimmung der Beteiligten am Musterverfahren.

Beteiligte des Musterverfahrens sind nach § 9 I KapMuG der Musterkläger, der Musterbeklagte und die Beigeladenen. Den Musterkläger bestimmt das Gericht nach billigem Ermessen aus den Klägern bei dem Gericht, bei dem der erste Musterfeststellungsantrag gestellt worden ist durch unanfechtbaren Beschluss. Die Beklagten bleiben alle verfahrensbeteiligt, weil hier die Zahl der Parteien naturgemäß beschränkt ist. Alle nicht ausgewählten Kläger werden Beigeladene. Es folgen die öffentliche Bekanntmachung des Musterverfahren im Klageregister (§ 10 S. 1 KapMuG) durch das Oberlandesgericht.

Für das Musterverfahren vor dem OLG gelten die §§ 253 ff. ZPO (§ 11 I 1 KapMuG), allerdings mit einigen Besonderheiten. Einem Vergleich müssen neben den Parteien mindestens 30% der Beigeladenen zustimmen, einzelne Beigeladene können austreten (§§ 17–19 KapMuG). Der Einzelrichter ist ausgeschlossen. Die Rücknahme des Musterfeststellungsantrags bleibt folgenlos, die Rücknahme der Klage durch den Musterkläger führt zur Bestimmung eines neuen Musterklägers (§ 13 KapMuG).

Das größte praktische Problem des Musterverfahrens ist die Gewährleistung des rechtlichen Gehörs für alle Verfahrensbeteiligten des Musterverfahrens, insbesondere für die zahlreichen Beigeladenen. § 11 II KapMuG lässt die Zustellung von Terminsladungen an Beigeladene durch Eintragung in das Klageregister zu. Schriftsätze werden in einem elektronischen Informationssystem, das nur den Beteiligten zugänglich ist, bekannt gegeben.

48 BGH NZG 2013, 76; BGHZ 190, 383 = NZG 2011, 1117; BGH VersR 2008, 1658.
49 BGH NJW 2008, 2187.

Das Oberlandesgericht beendet das Musterverfahren nach mündlicher Verhandlung (und erforderlicher Beweisaufnahme) durch einen Beschluss, den Musterentscheid (§ 16 I KapMuG). **959**

Die Entscheidung über die im Musterverfahren angefallenen Kosten bleibt den Prozessgerichten der ausgesetzten Verfahren vorbehalten (§ 16 II KapMuG).

Gegen den Musterentscheid findet die Rechtsbeschwerde zum BGH statt (§ 20 I 1 KapMuG). **960**

Beschwerdeberechtigt sind alle Beteiligten nach § 9 I KapMuG, also auch die Beigeladenen.

Nach Rechtskraft des Musterentscheids werden die Ausgangsverfahren (nach den normalen Regeln der ZPO, nicht nach dem KapMuG) fortgesetzt. Dabei bindet der Musterentscheid die Prozessgerichte insoweit, als über den Streitgegenstand des Musterverfahrens entschieden ist (§ 22 I 1 KapMuG). **961**

(2) Musterverfahren kommen auch außerhalb des Anwendungsbereichs des KapMuG vor. Zwischen denselben Parteien kann bereits die **Teilklage** als Musterprozess geführt werden, dh die auf einen Teil des Streitgegenstands beschränkte Klage. Mustercharakter kann auch die **Einzelklage** haben, dh der nur von einzelnen Gläubigern oder gegen einzelne Schuldner geführte Prozess. **962**

In beiden Fällen wirkt die Rechtskraft nur teilweise, erfasst entweder objektiv nicht den ganzen Streitgegenstand oder subjektiv nicht alle Beteiligten (§ 325 ZPO). Häufig genügt diese beschränkte Rechtskraft, weil die Beteiligten bereit sind zu akzeptieren, dass andere Verfahren genauso entschieden werden würden und es deswegen nicht auf einen Folgeprozess ankommen zu lassen. Ist dies nicht der Fall, können die Beteiligten die Erstreckung der Rechtskraft auf die prozessual nicht einbezogenen Streitgegenstandsteile oder Parteien vertraglich vereinbaren.[50]

Weil dem Musterprozess Wirkung über den konkreten Einzelfall hinaus zukommen soll, hat er grundsätzliche Bedeutung. Daraus können sich die erstinstanzliche Kammerzuständigkeit beim Landgericht und die Zulässigkeit von Berufung und Revision ergeben (§§ 511 IV Nr. 1; 522 II Nr. 2; 543, 566 IV Nr. 1 ZPO).[51] Allerdings laufen bei solchen Musterklagen etwaige Ausschluss- und Verjährungsfristen für nicht rechtshängig gemachte Ansprüche grundsätzlich weiter.[52] Dies gilt auch, wenn von mehreren nur eines als Musterverfahren weiterbetrieben wird und die anderen Verfahren in Stillstand geraten (§ 204 II BGB).[53] Auch insoweit können die Parteien vertraglich etwas anderes vereinbaren.[54] **963**

---

50 Zöller/*Vollkommer* ZPO § 325 Rn. 43b.

51 BGH NJW 2003, 65 (68); aber BGH NJW-RR 1998, 1445: Nichtzulassung der Revision in einem Musterprozess ist keine greifbare Gesetzwidrigkeit.

52 BGH NJW 1993, 1779.

53 BGH NJW 1983, 2496; MDR 2005, 766; NJW 2005, 1947; Palandt/*Ellenberger* BGB § 204 Rn. 47; Zöller/*Greger* ZPO § 148 Rn. 5, § 249 Rn. 2; aA LG Freiburg NJW 2003, 3424.

54 Palandt/*Ellenberger* BGB § 202 Rn. 1, § 205 Rn. 2.

2. Abschnitt. Partei

In Abweichung vom Grundfall der Beteiligung zweier Parteien, nämlich Kläger und Beklagtem, an einem Verfahren soll hier untersucht werden, welche Besonderheiten zu beachten sind, wenn hinsichtlich der ursprünglich am Prozess beteiligten Parteien eine Änderung eintritt (→ Rn. 964 ff.) oder eine Mehrheit von Verfahrensbeteiligten auftritt (→ Rn. 988 ff.).

§ 15 Parteiänderung

964 Im Rahmen des Grundbegriffs »Partei« wurde unter dem Stichwort »**formeller Parteibegriff**« dargelegt, dass Partei im Zivilprozess unabhängig von der materiellen Rechtslage wird, wer bzw. gegen wen Rechtsschutz begehrt wird, wer somit im Rubrum formell als Partei bezeichnet ist. Erkennt der Kläger später, dass er hierbei Fehler gemacht hat, so muss er nicht unbedingt die Klage zurücknehmen und eine neue Klage erheben. Aus prozessökonomischen Gründen muss es möglich sein, den »richtigen« Beteiligten in den Prozess einzubeziehen. Dies kann im Wege einer Parteiänderung erfolgen.[1] Änderungen dieser ursprünglichen Bezeichnung der Partei während des Prozesses können zu unterschiedlichen prozessualen Instituten führen.

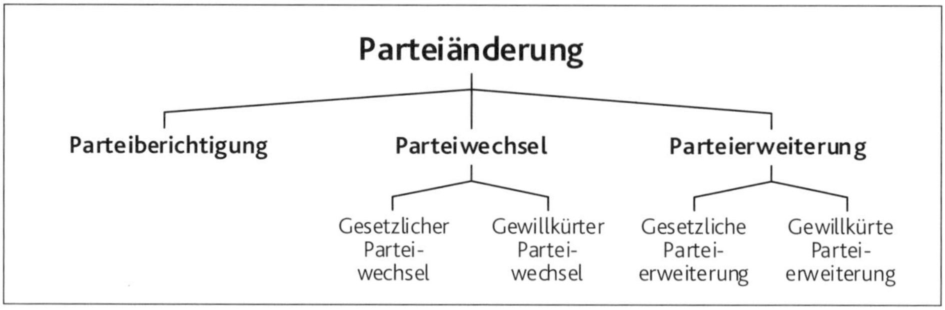

Schema 15.1 Parteiänderung

1. Berichtigung der Parteibezeichnung

965 Unproblematisch ist während des Prozesses eine bloße Berichtigung der Parteibezeichnung. Wie andere offenbare Unrichtigkeiten kann auch die Parteibezeichnung berichtigt werden (vgl. §§ 164, 319, 320 ZPO).

Eine solche kann zum **Beispiel** erforderlich werden, weil ein Schreibfehler in der Klageschrift richtig gestellt werden soll, weil die Partei dort irrtümlich falsch bezeichnet wurde (indem etwa der Insolvenzverwalter fälschlich als Vertreter des Gemeinschuldners und nicht selbst als Partei bezeichnet wurde) oder weil die Partei infolge Eheschließung ihren Namen geändert hat.

1 *Gruschwitz*, Die Parteiänderung im Zivilprozess, JA 2012, 689; zur Möglichkeit der nachträglichen Einbeziehung von Personen durch Nebenintervention bzw. Streitverkündung → Rn. 1023 ff.

Voraussetzung der Parteiberichtigung ist, dass die Identität der Partei von Anfang an feststeht oder durch Auslegung ermittelt werden kann und durch die Berichtigung nicht geändert werden soll.[2] 966

Beispiele: Der Vermieter hat von Elisabeth H. Zahlung rückständiger Mieten für ein Ladenlokal verlangt und in erster Instanz obsiegt. Nach Zustellung des Urteils teilt er mit, er habe nunmehr festgestellt, dass der Mietvertrag nicht von Elisabeth H., sondern von deren Schwiegertochter Marlies H. im Namen, aber ohne Wissen der Elisabeth H., abgeschlossen worden sei. Das Rubrum sei daher auf Marlies H. abzuändern.
Hier soll erkennbar gegen eine andere Person vorgegangen werden, sodass eine Parteiberichtigung nicht möglich ist. Erforderlich wäre – ggf. nach Berufungseinlegung – ein Parteiwechsel.[3]
Ein Parteiwechsel und keine bloße Parteiberichtigung liegt auch dann vor, wenn anstelle der Gesellschaft die Gesellschafter Partei werden sollen, anstelle der einzelnen Wohnungseigentümer die Gemeinschaft oder anstelle einer existierenden GmbH eine namensähnliche andere GmbH.[4]
Wird über den Inhalt der Klageschrift und etwaigen Anlagen unzweifelhaft deutlich, dass sich die Klage nicht gegen die im Rubrum benannte Muttergesellschaft (AG), sondern gegen eine Tochtergesellschaft (GmbH) richtet, ist von Anfang an die GmbH verklagt und nur falsch bezeichnet; hier genügt eine Parteiberichtigung.[5]

Liegen die Voraussetzungen einer Parteiberichtigung vor, muss das Gericht die neue Bezeichnung der Partei berücksichtigen, ohne dass es hierzu einer förmlichen Entscheidung bedarf. Nur wenn die Berichtigung erst nach Rechtskraft beantragt wird, erfolgt sie in Form eines besonderen Beschlusses.[6] 967

Ansonsten erfolgt die Berücksichtigung schlicht dadurch, dass im Rubrum nur die berichtigte Parteibezeichnung erscheint. Einer Begründung in Tatbestand und/oder Entscheidungsgründen bedarf dies nur ausnahmsweise.

2. Parteiwechsel

Soll dagegen die ursprüngliche Partei ausscheiden und durch eine bisher am Rechtsstreit nicht beteiligte Person ersetzt werden, handelt es sich um einen Parteiwechsel. Ein solcher kann aufgrund Gesetzes oder aufgrund entsprechender Erklärungen der Parteien eintreten. In beiden Fällen muss unterschieden werden zwischen den Voraussetzungen, unter denen der Parteiwechsel erfolgen kann, und den Folgen, die ein solcher entfaltet. 968

a) Gesetzlicher Parteiwechsel

(1) In einigen Fällen ordnet das Gesetz an, dass eine neue Partei anstelle der bisherigen den Prozess übernehmen und fortführen muss. Auch hier lassen sich zwei Fallgruppen unterscheiden: 969

2 BGH MDR 2013, 420; NJW 2007, 518; 2004, 1528; 2003, 1043; OLG Koblenz MDR 2015, 1323; OLG Schleswig NJW-RR 2013, 1151; OLG Köln NJW-RR 2003, 431; *Burbulla*, Parteiberichtigung, Parteiwechsel und Verjährung, MDR 2007, 439; *Clasen*, Berichtigungsmöglichkeiten bei fehlerhafter Auswahl der Beklagten, NJW 2007, 2887.

3 Anders das LG im Originalfall: OLG Düsseldorf, MDR 1990, 930 m. zT satirischen Anm. *Teubner*, Die unerhörte Marlies, ZAP (1990) Fach 19, 869; *Oellers*, Marlies vor Salomo, FS für Egon Schneider, 1992, 54; *Vollkommer*, Unzulässige »Berichtigung« des Rubrums, MDR 1992, 642.

4 BGH NJW 2011, 1453; 2010, 2132; vgl. aber zu den Möglichkeiten einer Auslegung der Parteibezeichnung → Rn. 63.

5 BGH NJW-RR 2008, 582.

6 BGH NJW 1981, 1454; *Rosenberg/Schwab/Gottwald* ZivilProzR § 41 III.

- Gesetzlich **zwingend angeordnet** ist der Parteiwechsel in den Fällen der §§ 239–242 ZPO.[7] Liegen die dort genannten Voraussetzungen vor, so tritt der Parteiwechsel automatisch und unabhängig davon ein, ob die Parteien dies wollen oder nicht.

Beispielsfälle: Stirbt eine Partei nach Eintritt der Rechtshängigkeit, so treten ihre Erben automatisch in den Prozess ein *(§ 239 ZPO)*. Hierzu wird der Prozess zunächst unterbrochen, die Erben haben Gelegenheit, sich zu melden und den Prozess aufzunehmen. Tun sie dies nicht, müssen sie vom Gegner ermittelt und auf seinen Antrag hin durch das Gericht geladen werden. Folgen sie dieser Ladung und erscheinen im Termin, so wird zunächst über die Rechtsnachfolge verhandelt, hierüber ggf. durch Zwischenurteil entschieden, bevor der Rechtsstreit in der Hauptsache fortgesetzt wird. Folgen sie der Ladung nicht, so sind sie säumig: Dann wird ihre Rechtsnachfolge fingiert (§ 239 IV ZPO), in der Hauptsache kann gegen sie Versäumnisurteil ergehen (§§ 330, 331 ZPO). Eine Unterbrechung des Verfahrens tritt nicht automatisch ein, wenn die Partei vor ihrem Tod anwaltlich vertreten war (§§ 246, 86 ZPO). Dann kann der Anwalt eine Unterbrechung zumindest beantragen.[8]

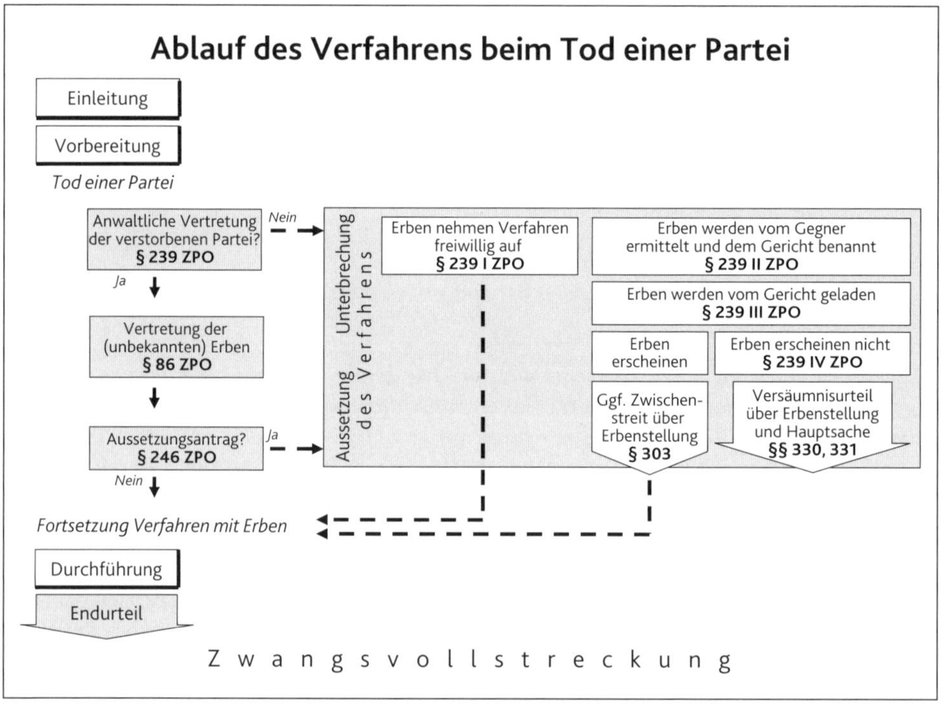

Schema 15.2: Ablauf des Verfahrens beim Tod einer Partei

Mit Eröffnung des **Insolvenzverfahrens** (auch des Verbraucherinsolvenzverfahrens)[9] verliert der Gemeinschuldner die Prozessführungsbefugnis über den zur Insolvenzmasse gehörenden Anspruch, an seiner Stelle tritt der Insolvenzverwalter in den Prozess ein (**§ 240 ZPO**). Hier wird das

7 Zum Verfahren und zu dessen Voraussetzungen *Schink*, Rechtsnachfolge und Zivilprozess, JURA 1985, 291; zum Parteiwechsel eines Streitgenossen BGH NJW 2007, 156; OLG Koblenz BB 2010, 1610.

8 *Knodel*, Anwaltliche Pflichten und Rechte beim Tod des Mandanten, MDR 2006, 121.

9 BGH NJW-RR 2004, 48.

Verfahren in jedem Fall (auch bei anwaltlicher Vertretung) unterbrochen und muss vom Insolvenzverwalter gemäß §§ 85 f. InsO wieder aufgenommen werden.[10]

- In einigen anderen Fällen **erlaubt** das Gesetz bei Vorliegen bestimmter Voraussetzungen den Austausch der Parteien, zwingt diese aber nicht hierzu, sondern macht den tatsächlichen Wechsel von ihrem Willen abhängig, erfordert also eine hierauf gerichtete Erklärung. 970

  Beispiele hierfür sind der Prätendentenstreit (§ 75 ZPO), die Urheberbenennung (§§ 76, 77 ZPO) und die Veräußerung der streitbefangenen Sache (§§ 265, 266 ZPO; → Rn. 1042 ff.; → Rn. 1174 ff.).

(2) Dass in allen Fällen gesetzlichen Parteiwechsels die neue Partei den Rechtsstreit in 971
der Situation übernehmen muss, in der sie ihn vorfindet, sie somit **an** die geschaffenen **Prozesslagen** (zB Beweisergebnisse, Geständnisse, Anerkenntnisse) **gebunden** ist, findet seine Rechtfertigung in der zwischen Vorgänger und Nachfolger existierenden Rechtsbeziehung und der insoweit klaren gesetzlichen Anordnung.

b) Gewillkürter Parteiwechsel

Der Parteiwechsel allein aufgrund Parteiwillens ist im Gesetz nicht vorgesehen. Weil 972
die von einer oder gegen eine falsche Partei geführte Klage als unbegründet abgewiesen werden muss und damit eine neue Klage zu erwarten ist, spricht der Grundsatz der Prozessökonomie[11] dafür, die bezüglich des Streitgegenstands bereits erreichten Prozessergebnisse auch für das neue Prozessrechtsverhältnis nutzbar zu machen, dh die Parteien nicht erst zu zwingen, einen vollständig neuen Prozess zu führen, sondern den alten Rechtsstreit mit den neuen Parteien fortzusetzen.

Beispiele: Nach Beendigung einer gewillkürten Prozessstandschaft will der Rechtsinhaber selbst in den Prozess eintreten. Nach Auflösung einer OHG wollen deren Gesellschafter den Prozess im eigenen Namen fortführen.
Ein Bedürfnis für einen gewillkürten Parteiwechsel besteht auch, wenn irrtümlich eine materiellrechtlich falsche Person als Partei bezeichnet wurde (Klage des Gemeinschuldners statt des Insolvenzverwalters; Klage des gesetzlichen Vertreters statt des Minderjährigen selbst; Klage gegen Organ persönlich statt gegen juristische Person; → Rn. 59 ff.).[12]

Einigkeit besteht heute daher, dass der gewillkürte Parteiwechsel praeter legem zuzulassen ist. Streitig sind jedoch sowohl die Voraussetzungen als auch die sich daraus ergebenden Wirkungen.[13]

(1) Die **Wirksamkeit** der gewillkürten Parteiänderung hängt insbesondere davon ab, 973
wie man diese rechtlich qualifiziert. Hierzu werden im Wesentlichen zwei Auffassungen vertreten:

Nach Auffassung der *Rechtsprechung*[14] sind auf den gewillkürten Parteiwechsel die Vorschriften über die *Klageänderung* entsprechend anzuwenden: Diese regeln eine Änderung des Prozessobjekts, des Streitgegenstands, und enthalten eine sachgerechte

10 BGH NJW-RR 2010, 1053 und 1351; 2009, 566.
11 *Mettenheim*, Der Grundsatz der Prozessökonomie im Zivilprozess, 1970.
12 Nachw. bei MüKoZPO/*Lüke* § 263 Rn. 86.
13 *Fischer*, Parteiwechsel auf Klägerseite, JuS 2008, 38; *Heinrich*, Der gewillkürte Parteiwechsel, 1990; *Kohler*, Die gewillkürte Parteiänderung, JuS 1993, 315; *Roth*, Gewillkürter Parteiwechsel und Bindung an Prozesslagen, NJW 1988, 2977.
14 BGH NJW 1976, 239; 1962, 347; BGHZ 17, 340 = NJW 1955, 1393; RGZ 157, 369; 108, 350.

Interessenabwägung auch für den Fall einer Änderung der Prozesssubjekte, eben den Parteiwechsel.

Nach Auffassung der überwiegenden *Literatur*[15] ist eine solche Analogie wegen grundsätzlicher Unterschiede beider Institute nicht möglich. Der gewillkürte Parteiwechsel muss als prozessuales *Institut sui generis* betrachtet werden, Voraussetzungen und Rechtsfolgen können nur aus allgemeinen Grundsätzen des Prozessrechts[16] abgeleitet werden.

Dieser Streit wirkt sich auf die für die Wirksamkeit eines gewillkürten Parteiwechsels zu fordernden Voraussetzungen nur teilweise aus. Einigkeit besteht, dass der gewillkürte Parteiwechsel wegen der Dispositionsmaxime grundsätzlich von der Zustimmung der Parteien abhängt.

- Ein *bisheriger Kläger* kann gegen seinen Willen aus dieser Parteistellung nicht verdrängt werden, sodass die Partei, die als Kläger ausscheiden soll, zustimmen muss.
- Kläger kann nur werden, wer dies will. Gegen seinen Willen wird niemand Kläger. Zustimmen muss damit auch ein *neuer Kläger*.
- Ein *bisheriger Beklagter* muss der Rücknahme einer gegen ihn gerichteten Klage zustimmen, wenn er zur Hauptsache mündlich verhandelt hat (§ 269 ZPO). Vor einer solchen Verhandlung ist seine Einwilligung nicht erforderlich.[17]
- Streitig ist damit allein, ob auch ein *neuer Beklagter* zustimmen muss. Nach Auffassung der Literatur muss er nicht zustimmen, weil er sich gegen eine neu erhobene Klage auch nicht wehren könnte. Nach Auffassung der Rechtsprechung ist seine Zustimmung erforderlich, weil es sich um einen Fall der Klageänderung handelt (§ 263 ZPO). Allerdings kann seine Zustimmung durch rügelose Einlassung des Beklagten oder durch Bejahung der Sachdienlichkeit seitens des Gerichts ersetzt werden (§§ 267, 263 ZPO).

Die **Sachdienlichkeit** ist dabei objektiv zu beurteilen: Entscheidend ist die Prozesswirtschaftlichkeit, dh, die Zulassung ist sachdienlich, wenn hierdurch der mit der Führung eines neuen Prozesses verbundene Aufwand reduziert werden kann, insbesondere weil die im bisherigen Prozess erreichten Prozesslagen fortdauern. Keine Rolle spielen die subjektiven Interessen der Parteien oder die Frage einer möglichen Verzögerung der Erledigung.[18]

974 Je nachdem, ob der Beklagte oder der Kläger[19] ausgewechselt werden sollen, müssen damit zustimmen:

15 *Jauernig/Hess* ZivilProzR § 86 II; *Rosenberg/Schwab/Gottwald* ZivilProzR § 42 III 2; Stein/Jonas/*Schumann* ZPO § 264 Rn. 100, alle mwN.

16 Insbesondere aus §§ 265 II 2, 269 I, 263, 91a ZPO.

17 BGH NJW 1981, 989; OLG Hamm NJW-RR 1991, 60; Stein/Jonas/*Schumann* ZPO § 264 Rn. 109.

18 BGH NJW 2001, 1210; NJW-RR 1987, 58; OLG Hamm FamRZ 2000, 1173.

19 OLG München NJW-RR 1998, 788. Eine Auswechslung des Klägers ist in der Praxis selten, da die Parteien hier eher zu der einfacheren Abtretung der Klageforderung greifen werden, sodass der bisherige Kläger im Prozess verbleiben kann.

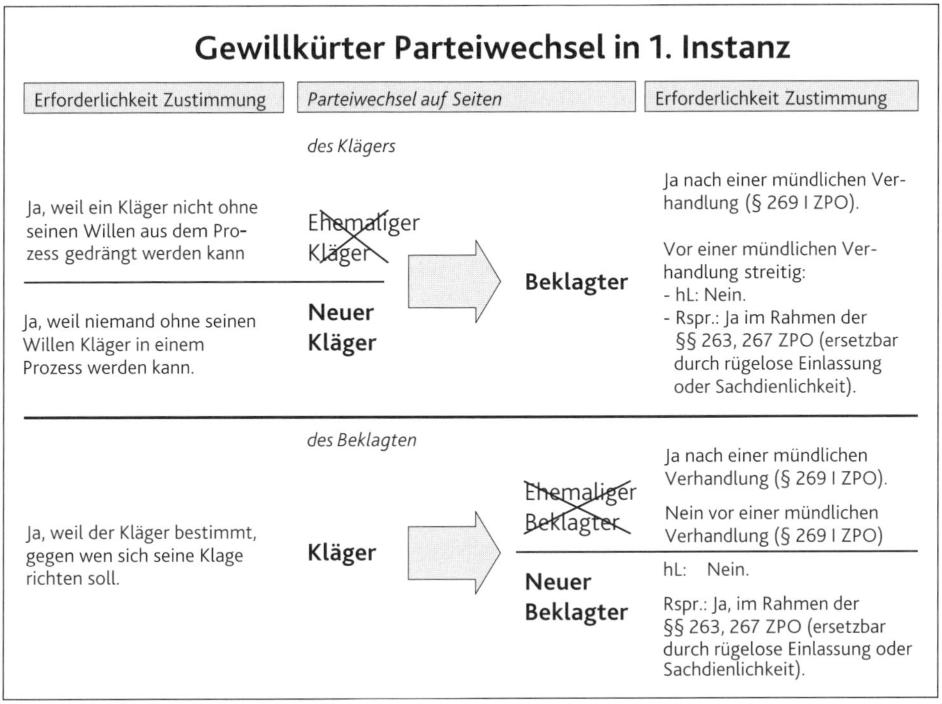

Schema 15.3: Gewillkürter Parteiwechsel – I. Instanz

975 Der **Parteiwechsel in II. Instanz** folgt grundsätzlich den für die I. Instanz aufgestellten Prinzipien.[20] Abweichungen ergeben sich insoweit nur für den Wechsel auf Beklagtenseite: Da der neue Beklagte hier bei seinem Eintritt in den Prozess eine Instanz verliert, bedarf es sowohl nach Auffassung der Literatur als auch der der Rechtsprechung[21] seiner ausdrücklichen Zustimmung. Diese kann durch rügelose Einlassung oder Bejahung der Sachdienlichkeit nicht ersetzt werden.

Während die Literatur mit der **dogmatischen Begründung** dieser Voraussetzung keine Schwierigkeiten hat, kann die Rechtsprechung diese Abweichung von den §§ 263 ff. ZPO nur vom Ergebnis her, nicht auch theoretisch begründen.[22]

Der ausdrücklichen Zustimmung des neuen Beklagten bedarf es ausnahmsweise nicht, wenn sich die Verweigerung der Zustimmung als **Rechtsmissbrauch** darstellen würde.

> Dies hat die Rechtsprechung **zB** bejaht, wenn in I. Instanz die Ehefrau verklagt war, der Prozess für sie ausschließlich von ihrem Ehemann geführt wurde und dieser nun in II. Instanz anstelle seiner Frau in den Prozess eintreten soll, dem aber nicht zustimmt.[23]

976 **(2)** Ist der Parteiwechsel wirksam, so ist fraglich, welche **Wirkungen** er hat, insbesondere, inwieweit die neuen Parteien **an** die bereits geschaffenen **Prozesslagen gebunden** sind. Die Beantwortung dieser Frage hängt ebenfalls von der dogmatischen

20 Für den Klägerwechsel BGH NJW 2003, 2172.
21 BGH NJW 1998, 1496; BGHZ 91, 132 = NJW 1984, 2104; BGH NJW 1981, 989.
22 Vgl. BGHZ 21, 285 = NJW 1956, 1598 (zur Parteierweiterung); BGH NJW 2003, 2172.
23 BGH NJW-RR 2008, 176; NJW 1987, 1946; BGHZ 91, 132 = NJW 1984, 2104; BGH NJW 1981, 989.

Qualifizierung des gewillkürten Parteiwechsels ab, ist also zwischen Rechtsprechung und Lehre umstritten.

- Da nach Auffassung der *Rechtsprechung* der alte Prozess mit den neuen Parteien fortgesetzt wird, dauern auch die bisherigen Prozesslagen prinzipiell fort.

  Dies ist unproblematisch beim Eintritt eines neuen Klägers, da dieser seinem Eintritt zugestimmt haben muss und er deswegen weiß, an welche bisherigen Ergebnisse er damit gebunden wird.

  Der Grundsatz der Bindung bedarf jedoch der *Einschränkung* bei Eintritt eines neuen Beklagten: Würde dieser an Geständnisse oder Anerkenntnisse seines Vorgängers gebunden, wäre seine Rechtsposition möglicherweise in unerträglicher Weise verschlechtert, weil er gegen seinen Willen in den Prozess einbezogen werden kann. Wie die noch zulässige Bindung von der schon unzulässigen abzugrenzen ist, ist weitgehend ungeklärt. Die Rechtsprechung hat hier bisher lediglich isolierte Einzelfallentscheidungen getroffen, ohne dass hieraus eine klare Systematisierung ableitbar wäre.[24]

  Vertreten werden zwei **Lösungswege**: Zum Teil wird versucht, die von der Rechtsprechung gemachten Ausnahmen vom Grundsatz der Bindung an die Prozesslagen in Fallgruppen zu fassen. Besser erscheint es, die Bejahung der Sachdienlichkeit restriktiv zu handhaben und hier bereits die drohende Bindung des Beklagten an die konkreten Prozesslagen einzubeziehen, die Sachdienlichkeit also zu verneinen, wenn eine Bindung des Beklagten im Einzelfall unbillig wäre.

- Folgt man der Auffassung der *Literatur* und sieht im gewillkürten Parteiwechsel ein eigenständiges Prozessrechtsinstitut, so stellen sich Probleme von anderer Seite: Ein neuer Beklagter kann in den Prozess ohne jede Voraussetzung eintreten, da er ja auch ohne weiteres hätte von Anfang an verklagt werden können. Wird der neue Beklagte damit so behandelt, als sei mit ihm ein neues Prozessrechtsverhältnis entstanden, so tritt eine Bindung an Prozesslagen grundsätzlich nicht ein.[25] Auch dies ist unbefriedigend, da Grund für die Schaffung des Instituts ja gerade die Überlegung war, Prozessergebnisse für die neuen Parteien nutzbar zu machen. Eine gewisse Bindung muss also doch eintreten.[26]

  Ungeklärt ist auch hier, wie diese Bindungswirkung **abzugrenzen** ist: Eine Bindung wird zB bejaht für den Fall der Zustimmung des neuen Beklagten (sei es in den Parteiwechsel, sei es in die Verwertung von Prozessergebnissen), nur für den im Prozess verbleibenden Kläger oder aufgrund von Fallgruppen.[27]

977 Ist die Partei wirksam geändert worden, erscheint im *Rubrum* nur noch die neue Partei. Über ihren Antrag wird im *Tenor* entschieden. *Tatbestand* und *Entscheidungsgründe* müssen auf die Änderung nur ausnahmsweise eingehen (etwa beim Streit über den Umfang der Bindungswirkung).

978 Unabhängig von einer Bindung an Prozesslagen ist zu beachten, dass die materiellen und prozessualen **Wirkungen der Klage** erst ab dem Zustandekommen des Prozessrechtsverhältnisses zwischen den neuen Parteien (Zustellung des den Parteiwechsel enthaltenden Schriftsatzes an den [neuen] Beklagten) eintreten können.

---

24 BGH NJW 2003, 2172; 1962, 347.

25 So in reiner Form noch *Kisch*, Parteiänderung und Zivilprozess, 1912, 59 ff.

26 So die heute hL, vgl. Stein/Jonas/*Schumann* ZPO § 264 Rn. 100 mwN.

27 Stein/Jonas/*Schumann* ZPO § 264 Rn. 125; *Roth*, Gewillkürter Parteiwechsel und Bindung an Prozesslagen, NJW 1988, 2977.

Dies gilt zum **Beispiel** für die Hemmung der Verjährung nach § 204 BGB, den Beginn der Zinspflicht aus § 291 BGB oder auch die Frage, ob eine erneute Säumnis zu einem ersten oder einem zweiten Versäumnisurteil führt (→ Rn. 1294 ff.).[28]

(3) Ist der Parteiwechsel unwirksam, ist im Wege der Auslegung zu ermitteln, ob der Prozess infolge Rücknahme der Klage im ursprünglichen Prozessrechtsverhältnis beendet ist oder ob dieses hilfsweise aufrechterhalten werden sollte (→ Rn. 1156 f.). **979**

3. Parteierweiterung (Parteibeitritt)

Dritte Möglichkeit der Parteiänderung ist die Parteierweiterung, bei der die bisherige Partei unverändert weiter am Prozess teilnimmt, neben sie eine weitere, neue Partei tritt. Auch die Parteierweiterung kann aufgrund Gesetzes oder aufgrund Parteiwillens eintreten. **980**

a) Gesetzliche Parteierweiterung

Das Gesetz kennt mit § 856 II ZPO nur einen einzigen Fall, in dem der bereits im Prozess befindlichen Partei nachträglich eine weitere zur Seite gestellt wird. **981**

Beispielsfall: Klagt ein Gläubiger gegen einen Drittschuldner auf Hinterlegung und entschließt sich ein weiterer Gläubiger später, dies auch zu tun, so muss er sich der schon anhängigen Klage anschließen. Eine eigene Klage wäre unzulässig, wobei streitig ist, ob es dann dafür am Rechtsschutzbedürfnis fehlte[29] oder ob der Einwand anderweitiger Rechtshängigkeit (§ 261 III Nr. 1 ZPO) entgegenstünde.[30]

In diesem Fall müssen weder der bisherige Kläger noch der Beklagte dem Beitritt zustimmen. Der neue Kläger wird notwendiger Streitgenosse und ist an alle bisherigen Prozesslagen gebunden.

b) Gewillkürte Parteierweiterung

Praktisch ergibt sich häufig der Wunsch, die Klage auf weitere Personen auszudehnen, **beispielsweise**, weil deren Verpflichtung sich im Laufe des bisherigen Verfahrens erst herausgestellt hat oder weil sie als Zeugen ausgeschlossen werden sollen. Auf Klägerseite ist das Hinzutreten weiterer Personen etwa erforderlich, wenn irrtümlich nicht alle materiellrechtlich notwendigen Streitgenossen die Klage erhoben haben.

Für den gewillkürten Parteibeitritt gelten die zum gewillkürten Parteiwechsel aufgestellten Grundsätze entsprechend.[31] Unterschiede ergeben sich daraus, dass die bisherige Partei nicht ausscheidet, sondern im Prozess verbleibt und durch den Eintritt der neuen Partei ein zusätzliches Prozessrechtsverhältnis geschaffen wird. Dieses steht unabhängig neben dem bisherigen, die bisher vorhandene Person auf derselben Parteiseite ist hieran nicht beteiligt, muss also grundsätzlich auch nicht zustimmen. In dem alten Prozessrechtsverhältnis geschaffene Prozesslagen entfalten grundsätzlich keine Wirkungen für das neue Prozessrechtsverhältnis. **982**

Für die **Voraussetzungen** (insbesondere die Frage, wer zustimmen muss) und für die **Wirkungen** (insbesondere die Frage, inwieweit die neue Partei an die bisherigen **983**

28 BGH NJW 1987, 1946; KG ZMR 2006, 549; OLG Karlsruhe NJW-RR 1993, 383.
29 BLAH/*Hartmann* ZPO § 856 Rn. 2.
30 Stein/Jonas/*Münzberg* ZPO § 856 Rn. 3; Thomas/Putzo/*Seiler* ZPO § 856 Rn. 2.
31 BGH JR 1973, 18 mAnm *Fenge*; BGHZ 40, 189.

Ergebnisse gebunden ist) kommt es auf die **dogmatische Konstruktion** des gewillkürten Parteibeitritts an, die auch hier streitig ist:

984 • Die *Rechtsprechung* sieht in der Parteierweiterung einen Unterfall des Parteiwechsels und behandelt sie ebenfalls analog den Vorschriften über die Klageänderung (§§ 263 ff. ZPO):[32]

Der *Beitritt* eines neuen *Klägers* setzt dessen Zustimmung (Antrag) voraus, weil niemand gegen seinen Willen Kläger wird. Außerdem bedarf es der Zustimmung des Beklagten nach § 263 ZPO, wobei diese durch rügelose Einlassung oder Bejahung der Sachdienlichkeit ersetzt werden kann (§§ 263, 267 ZPO). Der alte Kläger muss nicht zustimmen, weil sein Prozessrechtsverhältnis unberührt bleibt.

Auch der *Beitritt* eines neuen *Beklagten* erfolgt nur auf Antrag des Klägers und ist von einer Zustimmung des bisherigen Beklagten, dessen Prozessrechtsverhältnis nicht betroffen wird, unabhängig. Der neue Beklagte muss zustimmen (§ 263 ZPO), wobei dies ersetzt werden kann (s. oben).

985 • Die *herrschende Lehre* will die Parteierweiterung dagegen als einen Fall nachträglich eingetretener Streitgenossenschaft ansehen und sie ausschließlich an den §§ 59, 60 ZPO messen. Voraussetzungen sind danach:

Beim *Beitritt* eines neuen *Klägers* dessen Antrag. Eine Zustimmung des Beklagten ist nicht erforderlich, weil dieser sich gegen eine eigene Klage des neuen Klägers auch nicht hätte wehren können. Eine Zustimmung des alten Klägers ist ebenfalls nicht erforderlich, weil dessen Prozessrechtsverhältnis nicht betroffen wird.

Der *Beitritt* eines neuen *Beklagten* erfolgt nur auf Antrag des Klägers. Eine Zustimmung des bisherigen Beklagten ist nicht erforderlich, weil dessen Prozessrechtsverhältnis nicht betroffen wird. Eine Zustimmung des neuen Beklagten ist nicht erforderlich, weil dieser gegen seinen Willen auch neu hätte verklagt werden können.

In beiden Fällen müssen die allgemeinen Voraussetzungen der Streitgenossenschaft nach §§ 59, 60 ZPO vorliegen (→ Rn. 990).

32 BGH NJW 2003, 2172; 1989, 3225; 1975, 1228.

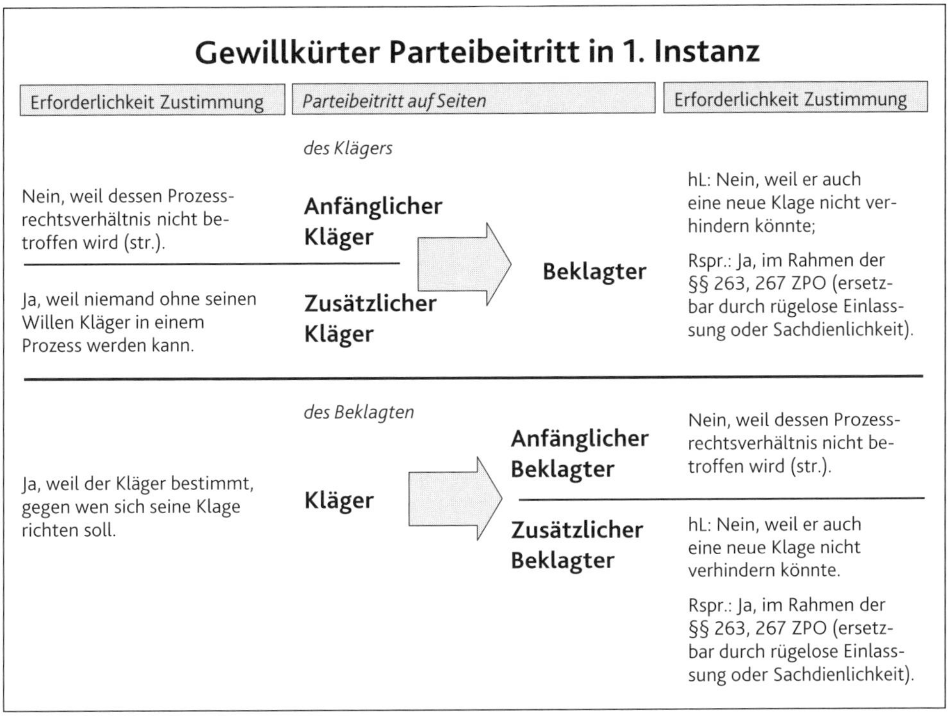

Schema 15.4: Gewillkürter Parteibeitritt – I. Instanz

Ob ein Parteibeitritt in **II. Instanz** überhaupt möglich ist, ist streitig. Ein Teil der Literatur verneint dies unter Hinweis auf die fehlende funktionelle Zuständigkeit des Berufungsgerichts zur Neubegründung eines Prozessrechtsverhältnisses. Wird die Möglichkeit eines solchen Beitritts bejaht, so ist nach allen Auffassungen beim Klägerbeitritt die (nicht ersetzbare!) Zustimmung des bisherigen Beklagten, beim Beklagtenbeitritt die (nicht ersetzbare!) Zustimmung des neuen Beklagten erforderlich, weil in dem neu begründeten Prozessrechtsverhältnis eine Instanz verloren geht.[33] **986**

Ist der Parteibeitritt wirksam, liegt ein Fall **nachträglicher Streitgenossenschaft** vor, auf die (→ Rn. 989) wegen der Darstellung in *Rubrum*, *Tatbestand* und *Entscheidungsgründen* Bezug genommen werden kann. **987**

33 BGH NJW 1997, 2885; 1989, 3225; NJW-RR 1985, 356; OLG Koblenz VersR 2014, 711.

§ 16 Mehrheit von Parteien

988 Bisher wurde als Regelfall vom Auftreten je einer Person auf Seiten des Klägers und des Beklagten ausgegangen. Ausnahmsweise ist es möglich, dass sich weitere Personen an dem Rechtsstreit beteiligen.[1]

Schema 16.1: Mehrheit von Parteien

Beteiligen können sich weitere Personen als zusätzliche Hauptparteien. Als Kläger und/oder Beklagter treten dann mehrere Personen nebeneinander auf. Die ZPO spricht hier von »**Streitgenossenschaft**«, in der Lehre ist wegen der dann vorliegenden Mehrheit von Prozesssubjekten auch die Rede von »subjektiver Klagehäufung«.

Beteiligen können sich weitere Personen auch als Dritte, dh, sie werden weder Kläger noch Beklagter, sondern nehmen am Prozess in einer eigenen Rechtsform als »Nebenpartei« teil. Im Fall einer solchen Beteiligung Dritter am Rechtsstreit spricht die ZPO von »**Intervention**«.

1. Subjektive Klagehäufung: Streitgenossenschaft

a) Allgemeines

989 (1) Die Streitgenossenschaft lässt sich nach mehreren Gesichtspunkten **einteilen**:

- Treten mehrere Personen auf Klägerseite auf, spricht man von *»aktiver Streitgenossenschaft«*, treten sie auf Beklagtenseite auf, von *»passiver Streitgenossenschaft«*.
- Besteht die Streitgenossenschaft bereits bei Klageerhebung, liegt eine *»anfängliche«* vor, entsteht sie erst im Laufe des Prozesses (zB durch Parteibeitritt oder Klageverbindung), handelt es sich um eine *»nachträgliche«*.[2]
- Regelmäßig werden mehrere Klagen (Prozessrechtsverhältnisse) allein zur Vermeidung unnötigen Mehrfachaufwands organisatorisch zur gemeinsamen Verhandlung, Beweisaufnahme und Entscheidung zu einem einheitlichen Verfahren verbunden. Dann liegt eine *einfache Streitgenossenschaft* vor. Eine *notwendige Streitgenossenschaft* ist ausnahmsweise gegeben, wenn die Prozessrechtsverhältnisse rechtlich so eng miteinander verbunden sind, dass die Sachentscheidung allen Streitgenossen gegenüber notwendig nur einheitlich ergehen kann. Die Notwendigkeit einheitlicher Sachentscheidung kann sich entweder aus Prozessrecht oder aus materiellem Recht ergeben.

1 Zum Ganzen *Coester-Waltjen*, Streitgenossen und Nebenintervenienten, JURA 1989, 611.
2 BGH NJW 1975, 1228; 1966, 1028; zum Parteibeitritt → Rn. 980.

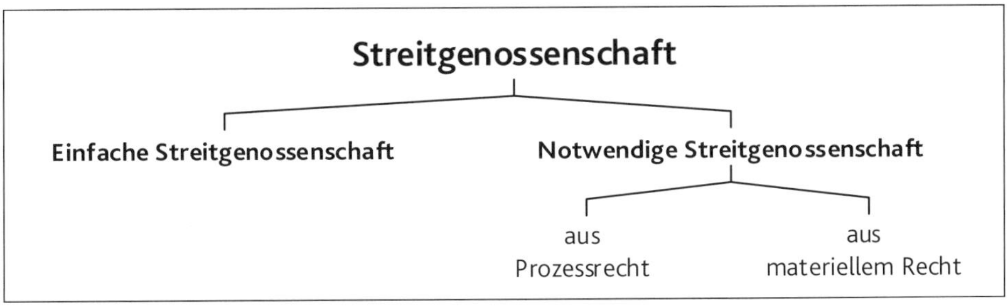

Schema 16.2: Streitgenossenschaft

(2) Die **Zulässigkeit** der Streitgenossenschaft, dh die Frage, unter welchen Voraussetzungen mehrere Personen gemeinsam klagen bzw. verklagt werden dürfen, ergibt sich in den Fällen materiellrechtlich notwendiger Streitgenossenschaft schon aus dem materiellen Recht selbst: Wenn die Streitgenossen dort gezwungen werden, gemeinsam vorzugehen, muss dies prozessual auch ohne weitere Voraussetzungen statthaft sein.[3] Zu prüfen sind die prozessualen Zulässigkeitsvoraussetzungen also nur dort, wo die Streitgenossen auch alleine vorgehen könnten, dh bei der einfachen und der notwendigen Streitgenossenschaft aus Prozessrecht. Hier lassen die §§ 59, 60 ZPO unterschiedliche Fälle zu: 990

- § 59 Alt. 1 ZPO: Rechtsgemeinschaft hinsichtlich des materiellen Rechts, um das gestritten wird.

  Beispiele: Miteigentümer, Miterben, Gesamtschuldner oder Hauptschuldner und Bürge.

- § 59 Alt. 2 ZPO: Berechtigung bzw. Verpflichtung aus demselben rechtlichen Grund.

  Zum **Beispiel** aus einem gemeinsamen Vertrag oder einer gemeinsam begangenen unerlaubten Handlung.

- § 60 ZPO: Gleichartige Ansprüche (Streitgegenstände).

  Hierbei handelt es sich um eine weit gefasste **Generalklausel**, die zudem extensiv auszulegen ist, weil die Streitgenossenschaft im Interesse der Prozessökonomie grundsätzlich zulässig sein soll, wo immer sie zweckmäßig scheint. Bejaht wird dies in der Regel schon, wenn tatsächliche oder rechtliche Gemeinsamkeiten vorliegen.[4] Eine Ausnahme muss nur dort gelten, wo die Streitgenossenschaft den Prozess unnötig verzögert oder verkompliziert und so im Interesse des Gegners oder des Gerichts nicht in Betracht kommt.

Weil auch die Streitgenossenschaft eine Klagehäufung, eben bezüglich der Prozesssubjekte, darstellt, ist sie nach hM auch nur unter der sich aus einer **analogen** Anwendung des **§ 260 ZPO** ergebenden Voraussetzung der gleichen Prozessart für alle Prozessrechtsverhältnisse zulässig.[5] 991

Bei den Voraussetzungen der Streitgenossenschaft handelt es sich **nicht** um echte **Sachurteilsvoraussetzungen**. Liegen die Voraussetzungen der §§ 59, 60 ZPO nicht vor, so erfolgt keine Abweisung der Klage als unzulässig, sondern die Prozesse wer- 992

3 OLG Düsseldorf NJW-RR 2011, 572; *Lindacher*, Die Streitgenossenschaft, JuS 1986, 379.
4 BLAH/*Hartmann* ZPO Übers § 59 Rn. 5; *Gottwald*, Grundprobleme der Streitgenossenschaft, JA 1982, 64 (65); Thomas/Putzo/*Hüßtege* ZPO §§ 59, 60 Rn. 1.
5 *Jauernig/Hess* ZivilProzR § 81 I; Stein/Jonas/*Leipold* ZPO Vorbem. § 59 Rn. 7.

den (auch ohne Antrag der Parteien) gemäß § 145 ZPO getrennt und gesondert verhandelt und entschieden. Besteht Anlass zur Prüfung dieser Normen in einem Gutachten oder einem Urteil, so erfolgt diese unabhängig von der Zulässigkeit in einem besonderen Abschnitt der Prozessstation (→ Rn. 425).

993 **(3) Formal** führt die Streitgenossenschaft zur Benennung aller Streitgenossen im Rubrum von Klage und Urteil, der Darstellung des Vortrags aller Streitgenossen im Tatbestand und der Darlegung der rechtlichen Verhältnisse jedes Streitgenossen in den Gründen. Soweit sich Vortrag und rechtliche Bewertung decken, können die Streitgenossen zusammen behandelt werden, ansonsten ist eine klare Abgrenzung erforderlich.

Getrennte Darstellung	*Gemeinsame Darstellung*
Klage des Karl Schneider — Kläger zu 1) und des Paul Müller — Kläger zu 2)	gegen die Eheleute Karl und Maria Schneider Beklagte
Der Kläger zu 1) behauptet, … Der Kläger zu 2) behauptet, …	Die Beklagten behaupten, …
Die Klage ist begründet. Der Kläger zu 1) kann verlangen … Der Kläger zu 2) kann verlangen …	Die Klage ist begründet. Der Kläger kann von den Beklagten als Gesamtschuldner verlangen …

b) Einfache Streitgenossenschaft

994 Die **einfache Streitgenossenschaft** ist die bloß organisatorische Verbindung mehrerer Klagen (Prozessrechtsverhältnisse) zu einem einheitlichen Verfahren zwecks gemeinsamer Verhandlung, Beweisaufnahme und eventuell (aber nicht zwingend einheitlicher) Entscheidung. Sie dient ausschließlich der Verfahrensökonomie und soll die mehrfache Vornahme identischer Prozesshandlungen in verschiedenen Verfahren vermeiden. Die Verbindung der Klagen ist damit nur zufällig, lose und jederzeit wieder aufhebbar. Dogmatisch liegen hierbei jeweils eigene Prozessrechtsverhältnisse zugrunde (→ Rn. 11 ff.; Schema 1.4). Für deren Verhältnis zueinander gelten folgende Grundsätze:

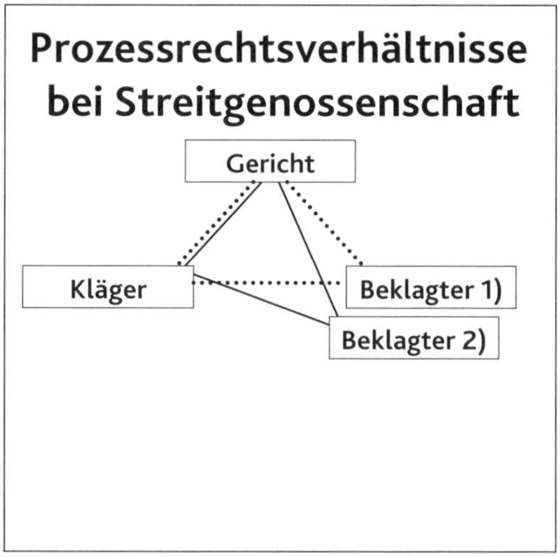

Schema 16.3: Prozessrechtsverhältnisse bei der Streitgenossenschaft

- Die Prozessrechtsverhältnisse bleiben grundsätzlich *selbstständig*, werden also behandelt, als seien es unterschiedliche Verfahren.[6]
- Nur wo die Prozessökonomie dies erfordert, muss hiervon eine Ausnahme gemacht und die *Gemeinsamkeit* des Prozessbetriebs beachtet werden.

(1) Aus dem Grundsatz der **Selbstständigkeit der Prozessrechtsverhältnisse** folgt im Einzelnen: 995

- *Zulässigkeitsvoraussetzungen* sind für jedes Prozessrechtsverhältnis *gesondert* zu prüfen. Ist eine der Klagen unzulässig, so hat dies keine Auswirkungen auf die übrigen.[7]

Probleme bereiten hier bei der Streitgenossenschaft auf Beklagtenseite häufig die **sachliche** und die **örtliche Zuständigkeit**. Sachlich werden die Werte der einzelnen Prozessrechtsverhältnisse addiert (§ 5 S. 1 ZPO). Haben die Beklagten keinen gemeinsamen Gerichtsstand, so kann der Kläger sich nach § 36 Nr. 3 ZPO einen solchen durch das Gericht festsetzen lassen (→ Rn. 1055).

- *Handlungen* des einen Streitgenossen gereichen den anderen *weder* zum *Vorteil noch* zum *Nachteil* (§ 61 ZPO), dh, jeder handelt selbstständig und mit Wirkung nur in seinem Prozessrechtsverhältnis. Prozessuale Lasten muss jeder Streitgenosse selbst erfüllen.[8]

> **Beispiele:** Wo aufgrund eines Verhandelns zur Hauptsache ein **Rügeverzicht** fingiert wird, (zB in den §§ 39, 267, 295 ZPO), wirkt dieser nur im Prozessrechtsverhältnis des jeweiligen Streitgenossen.
> Setzt das Gericht den Streitgenossen eine **Frist**, die mit Zustellung des Beschlusses beginnt, so läuft die Frist für jeden ab der Zustellung an ihn, unabhängig davon, wann die Zustellung an die anderen erfolgt.
> Alle Streitgenossen müssen zur mündlichen Verhandlung *erscheinen*. Erscheint ein Streitgenosse nicht und ist er auch nicht ordnungsgemäß (etwa durch einen gemeinsamen Prozessbevollmächtigten) vertreten, so ergeht gegen ihn auf Antrag **Versäumnisurteil**. Von dem erschienenen Streitgenossen wird der nicht erschienene nur dann vertreten, wenn er diesem Prozessvollmacht erteilt hat (anders nur bei der notwendigen Streitgenossenschaft, § 62 ZPO).

- Dies gilt auch für *Angriffs- und Verteidigungsmittel*, die jeder Streitgenosse unabhängig vom Vortrag der übrigen mit Wirkung grundsätzlich nur für seine Klage vorbringen kann. Allerdings muss nicht jeder einzelne Streitgenosse separat vortragen, möglich ist es auch, sich dem Vortrag eines anderen Streitgenossen anzuschließen, diesem praktisch die Prozessführung alleine zu überlassen.

Jeder Streitgenosse kann also selbstständig **bestreiten** oder **nicht bestreiten** bzw. ein **Geständnis** abgeben oder **Beweise** anbieten.[9] Im Prozessrechtsverhältnis der übrigen Streitgenossen wird dies nur berücksichtigt, wenn diese sich dem Vorbringen ausdrücklich oder konkludent anschließen.

Ein solches Zu-eigen-Machen des Vortrags eigener Streitgenossen kann, soweit sich nicht aus den Umständen etwas anderes ergibt, regelmäßig vermutet werden, wenn dem Streitgenossen zwar nicht ausdrücklich Prozessvollmacht erteilt, ihm aber faktisch die aktive Prozessführung überlas-

6 BGHZ 8, 72 = NJW 1953, 420; *Lindacher*, Die Streitgenossenschaft, JuS 1986, 379.
7 BGH NJW-RR 2006, 286; NJW 1994, 3102.
8 BGH NJW 1990, 190; VersR 1988, 417; *Lindacher*, Die Streitgenossenschaft, JuS 1986, 379; Zöller/*Vollkommer* ZPO § 61 Rn. 8.
9 BGH NJW 2003, 1002 und 1344; Zur möglichen Indizwirkung von Nichtbestreiten und Geständnis auf das Prozessrechtsverhältnis des Streitgenossen Stein/Jonas/*Leipold* ZPO § 61 Rn. 9; Thomas/Putzo/*Hüßtege* ZPO § 61 Rn. 11.

sen wird.[10] Tatsachenvortrag, Beweisantritte und Anträge wirken damit auch zugunsten/zulasten der Streitgenossen, die nicht erkennbar etwas anderes vortragen wollen.

Haben sich die übrigen Streitgenossen dem Angriffs- oder Verteidigungsmittel nicht angeschlossen, so kann es in ihrem Prozessrechtsverhältnis zumindest im Rahmen freier Beweiswürdigung berücksichtigt werden.

> **Beispiel:** Ist eine Tatsachenbehauptung des Klägers vom Beklagten zu 1) zugestanden, vom Beklagten zu 2) dagegen bestritten, so muss auf das Bestreiten hin eine Beweisaufnahme durchgeführt werden. Bei Würdigung der erhobenen Beweise kann das Geständnis des Beklagten zu 1) als Umstand für die Richtigkeit der klägerischen Behauptung gewertet werden.

- Wird Beweis über eine Tatsache erhoben, die nur das Prozessrechtsverhältnis eines Streitgenossen betrifft, so kann der andere diesbezüglich als *Zeuge* vernommen werden. Betrifft die Tatsache dagegen auch das eigene Prozessrechtsverhältnis, muss der Streitgenosse als *Partei* gehört werden.[11]

> **Beispielsfall:** Nimmt der Kläger den Beklagten zu 1) aus Darlehensvertrag, den Beklagten zu 2) aus Bürgschaft in Anspruch und sind sowohl die Darlehensgewährung als auch die Bürgschaftserklärung streitig, so können beide Beklagte zu der Darlehensgewährung lediglich als Partei vernommen werden, da beider Haftung hiervon abhängt (§§ 607, 767 I BGB). Über die Bürgschaftserklärung dagegen kann der Beklagte zu 1) als Zeuge vernommen werden, weil dies seine eigene Haftung in keiner Weise berührt.

- Jeder Streitgenosse ist frei auch in seiner Befugnis zur *Disposition* über den Streitgegenstand.

Insbesondere kann jeder Streitgenosse ohne Zustimmung der übrigen die Klage **ändern** oder **zurücknehmen**, einen **Vergleich** schließen oder **Anerkenntnis, Verzicht** und **Erledigung** erklären. In allen Fällen bleibt das Verfahren der anderen Streitgenossen hiervon unberührt und geht selbstständig weiter.[12]

- Die *Entscheidungen* können den einzelnen Streitgenossen gegenüber *unterschiedlich* ergehen.

Dies macht ja gerade den Unterschied zwischen der einfachen und der notwendigen Streitgenossenschaft aus. Möglich sind damit insbesondere auch gleichzeitige oder nacheinander ergehende **Teilurteile** den einzelnen Streitgenossen gegenüber (§ 301 ZPO), soweit nicht die Gefahr widersprüchlicher Entscheidungen besteht (→ Rn. 477).[13]

- *Rechtsmittel* müssen von jedem Streitgenossen gesondert eingelegt werden, die Entscheidungen können den Streitgenossen gegenüber unterschiedlich *rechtskräftig* werden.[14]

> **Beispiele:** Legt nur ein Streitgenosse Rechtsmittel ein, wird die Entscheidung dem anderen Streitgenossen gegenüber rechtskräftig. Dies hindert eine Abänderung der Kostenentscheidung auch zu seinen Ungunsten nicht.[15]

---

10 BGH LM Nr. 1 zu § 61 ZPO; BLAH/*Hartmann* ZPO § 61 Rn. 6; Stein/Jonas/*Leipold* ZPO § 61 Rn. 9; Thomas/Putzo/*Hüßtege* ZPO § 61 Rn. 11.

11 BGH NJW 2007, 2257; MDR 1999, 47; NJW-RR 1991, 256; *Rosenberg/Schwab/Gottwald* ZivilProzR § 49 III 1c.

12 Zöller/*Vollkommer* ZPO § 61 Rn. 8 mwN.

13 BGH NJW 2004, 1452; 1999, 1638; Thomas/Putzo/*Hüßtege* ZPO § 61 Rn. 14.

14 BGH NJW 2003, 3203; NJW-RR 1989, 1099; Stein/Jonas/*Leipold* ZPO § 61 Rn. 4.

15 BGH MDR 1981, 928.

Ausnahmen vom Grundsatz der Selbstständigkeit der einzelnen Prozessrechtsverhältnisse sind nur dort geboten, wo rechtliche Gründe zur Berücksichtigung von Tatsachen in allen Prozessrechtsverhältnissen zwingen: 996

> **Beispiele:** Bei der Klage gegen Gesamtschuldner befreit die Leistung des einen Streitgenossen auch die anderen Streitgenossen (§ 422 I BGB). Bei der Klage von Gesamtgläubigern macht die Befriedigung des einen Streitgenossen auch die übrigen Klagen unbegründet (§ 428 BGB). In allen Fällen notwendiger Streitgenossenschaft kann die Sachentscheidung nur einheitlich ergehen.

(2) Der Grundsatz der **Gemeinsamkeit des Prozessbetriebs** gewährleistet die prozessökonomischen Vorteile der Verfahrensverbindung. 997

- Die den technischen Ablauf des Verfahrens betreffenden *Prozesshandlungen* können für alle Prozessrechtsverhältnisse *gemeinsam* erfolgen.

> **Beispiele:** Das **Gericht** hat Zustellungen an alle Streitgenossen vorzunehmen, alle *Termine* finden gemeinsam statt, sämtliche Streitgenossen sind hierzu zu laden. *Rechtliches Gehör* ist zu allen Tatsachen zu gewähren, nicht nur zu den das eigene Prozessrechtsverhältnis betreffenden. Die Entscheidung ergeht formal gemeinsam in einem Urteil, wenn auch nicht notwendig sachlich identisch.
> Die **Parteien** müssen nicht für jedes Prozessrechtsverhältnis gesondert vortragen, der Vortrag eines Streitgenossen oder einem Streitgenossen gegenüber gilt im Zweifel auch für oder gegen die anderen (→ Rn. 995).

- Für den *Wert der Beschwer* in der Rechtsmittelinstanz reicht es aus, wenn der Wert der Beschwer nur durch Addition der Einzelwerte aller Rechtsmittelführer erreicht wird.[16]

(3) Zu einer **Kollision der beiden Grundsätze** kommt es, wenn eine Beweisaufnahme nur in einem Prozessrechtsverhältnis erforderlich ist und ihr Ergebnis sich mit dem im anderen Prozessrechtsverhältnis unstreitigen Tatsachenvorbringen der Parteien nicht deckt. 998

> **Beispielsfall:** Gesteht der Darlehensnehmer die Darlehensgewährung förmlich zu (§ 288 ZPO), während der als Streitgenosse ebenfalls in Anspruch genommene Bürge sie bestreitet, so steht diese Tatsache im ersten Prozessrechtsverhältnis für die Beteiligten fest, während im zweiten Prozessrechtsverhältnis über sie Beweis erhoben werden muss.
> Ergibt die Beweisaufnahme, dass das Darlehen tatsächlich gewährt wurde, decken sich Geständnis und Beweisergebnis, beiden Klagen wird stattgegeben, die Kosten der Beweisaufnahme gehen allein zulasten des Bürgen (§ 96 ZPO).
> Hat die Beweisaufnahme kein klares Ergebnis (non liquet), so wird der Darlehensnehmer aufgrund des Geständnisses verurteilt, die Klage gegen den Bürgen wegen Beweisfälligkeit des Klägers abgewiesen. Hier ergehen zwar unterschiedliche Sachurteile, aber nicht auf widersprüchlicher Tatsachengrundlage, da im Prozessrechtsverhältnis des Bürgen die Darlehensgewährung offen bleibt und die Entscheidung auf die Nichterweislichkeit der Tatsache gestützt wird.
> Anders dagegen, wenn die Beweisaufnahme ergibt, dass das Darlehen nicht gewährt wurde: Jetzt kann nicht in einem Urteil als feststehend sowohl die Gewährung als auch die Nichtgewährung des Darlehens zugrunde gelegt werden. In diesen Fällen geht die aus dem Ergebnis der Beweisaufnahme folgende materielle Wahrheit der aus den gesetzlichen Fiktionen (Geständnis, Nichtbestreiten) folgenden formellen Wahrheit vor: Zugrunde gelegt wird dem Urteil für alle Prozessrechtsverhältnisse nur das Ergebnis der Beweisaufnahme, die gesetzlichen Fiktionen gelten nicht, sodass im Beispielsfall beide Klagen abzuweisen sind.[17]

---

16 KG WuM 1993, 149.
17 BLAH/*Hartmann* ZPO § 61 Rn. 13.

999 (4) Für die **Entscheidung über die Kosten** enthält zunächst § 100 ZPO einige Sonderregelungen. Diese Norm erfasst nur den Fall gemeinsamen vollständigen oder teilweisen Unterliegens aller Streitgenossen (nach §§ 91, 92 ZPO) und bestimmt dann, wie die Kosten im Innenverhältnis zwischen den Streitgenossen zu verteilen sind. Hierbei gibt es vier Möglichkeiten:

- Im Regelfall (§ 100 I ZPO) haben die Streitgenossen die auf sie entfallenden Kosten – auch ohne ausdrückliche Quotelung im Tenor – als *Teilschuldner* zu tragen.[18]

  Beispiel: Lautet die Kostenentscheidung »Die Kosten des Rechtsstreits haben die Beklagten zu tragen«, so entfällt auf jeden der Streitgenossen der gleiche Kostenteil.

- Werden die Streitgenossen als *Gesamtschuldner* in Anspruch genommen, so haben sie auch die auf sie entfallenden Kosten als Gesamtschuldner zu tragen, selbst wenn das Gericht dies nicht ausdrücklich bestimmt (§ 100 IV ZPO).[19]
- *Unterschiedliche* Kostenteile haben die Streitgenossen zu tragen, wenn sie zu unterschiedlichen Teilen am Prozess *beteiligt* waren (§ 100 II ZPO).[20]

  War ein Streitgenosse nur mit einem verhältnismäßig geringen Teil am Gesamtstreitwert beteiligt, so kann (= freies Ermessen) das Gericht die Kostenquote im Innenverhältnis der Streitgenossen besonders festsetzen. Dies muss dann im Tenor ausdrücklich klargestellt werden:

  Von den Kosten des Rechtsstreits haben der Beklagte zu 1) 1/10, der Beklagte zu 2) 9/10 zu tragen.

- *Unterschiedliche Kostenteile* haben die Streitgenossen auch dann zu tragen, wenn von Einzelnen vorgebrachte Angriffs- und Verteidigungsmittel besondere Kosten verursacht haben (§ 100 III ZPO).

  Beispielsfall: Hat nur ein Streitgenosse eine Tatsache bestritten und hierdurch eine Beweisaufnahme erzwungen, so hat er – bei Erfolglosigkeit – die hierdurch entstandenen Kosten alleine zu tragen, der nicht bestreitende Streitgenosse wird hiermit nicht belastet. Dies steht zwar nicht mehr im Ermessen des Gerichts, sondern ist zwingend angeordnet, bedarf aber dennoch der ausdrücklichen Klarstellung im Kostentenor. Da es sich hierbei um eine Ausnahme vom Grundsatz der einheitlichen Kostenentscheidung handelt, muss nicht geklärt werden, wie hoch dieser Kostenteil ist. Es genügt, ihn pauschal von den übrigen Kosten des Rechtsstreits zu trennen:
  Die Kosten des Rechtsstreits haben die Beklagten zu tragen. Hiervon ausgenommen sind die durch die Beweisaufnahme entstandenen Kosten. Diese hat der Beklagte zu 1) alleine zu tragen.[21]

1000 Nicht in § 100 ZPO geregelt ist das *volle Obsiegen* der Streitgenossen. Dieses ist unproblematisch, weil dann die Kosten grundsätzlich vom Gegner und nicht von den Streitgenossen zu tragen sind (§ 91 ZPO).[22]

1001 Nicht in § 100 ZPO geregelt ist auch das (vollständige oder teilweise) Obsiegen einzelner und Unterliegen anderer Streitgenossen bzw. das *Unterliegen der Streitgenossen zu unterschiedlichen Teilen*. Hier ist die Kostengrundentscheidung ausgehend von den §§ 91, 92 ZPO zu treffen und zu beachten, dass jeder Streitgenosse (und der

---

18 KG Rpfleger 1975, 143; BLAH/*Hartmann* ZPO § 100 Rn. 28.

19 Zur fehlerhaften Einordnung der Streitgenossen als Gesamtschuldner BLAH/*Hartmann* ZPO § 100 Rn. 42.

20 Auch nach Erledigung bezüglich eines Streitgenossen: BGH LM § 4 ZPO Nr. 9.

21 BLAH/*Hartmann* ZPO § 100 Rn. 40.

22 Thomas/Putzo/*Hüßtege* ZPO § 100 Rn. 12; der den einzelnen Streitgenossen zustehende Kostenerstattungsanspruch bemisst sich regelmäßig nach Kopfteilen: OLG Köln NJW 1991, 3156.

Gegner) Kosten nur im Verhältnis des jeweiligen Unterliegens trägt. Da die Gerichtskosten für das gesamte Verfahren einheitlich, die außergerichtlichen Kosten aber bei jedem Streitgenossen (und dem Gegner) nur bezüglich des jeweiligen Prozessrechtsverhältnisses angefallen sind, kann eine gerechte Kostenverteilung nur bei Differenzierung dieser Kostenarten erfolgen. Zwischen den Streitgenossen besteht kein Prozessrechtsverhältnis (→ Rn. 11 ff.), sodass in diesem Verhältnis auch keine Kostentragungspflicht besteht. Während diese Ausgangssituation weitgehend unstreitig ist, besteht Streit über die konkrete Berechnung und die Fassung des Kostentenors in diesen Fällen.[23] Praktisch dominiert hier eindeutig die sog. »**Baumbach'sche Kostenformel**«,[24] die gerichtliche und außergerichtliche Kosten mit jeweils eigenen Quoten verteilt.

Unter Verwendung des oben (→ Rn. 528) dargestellten Schemas kann das Verhältnis **1002**
von Obsiegen und Unterliegen in den einzelnen Prozessrechtsverhältnissen mittels einer Tabelle ermittelt werden, in die – jeweils für eine Partei – eingetragen wird, inwieweit sie bezüglich der Einzelforderung (Spalte 3) obsiegt hat (Spalte 1) bzw. unterlegen ist (Spalte 2). In den verschiedenen Reihen können dabei die unterschiedlichen Unterliegensanteile bezogen auf die einzelnen Prozessrechtsverhältnisse und den Gesamtprozess abgelesen werden.

Bei der streitwertbezogenen Quotelung der einzelnen Kostenpositionen ist dann zu **1003**
beachten, dass diese aus unterschiedlichen Streitwerten entstanden sind. Während für die Gerichtskosten und die außergerichtlichen Kosten von dem addierten Wert aller Prozessrechtsverhältnisse auszugehen ist, ist für die Berechnung der außergerichtlichen Kosten der Streitgenossen nur der Wert ihres jeweiligen Prozessrechtsverhältnisses zugrunde zu legen. Die Kostenquote jeder Partei muss also aus ihrem Unterliegen bezogen auf den Wert ihrer jeweiligen Prozessbeteiligung berechnet werden.

Beispielsfall:

Begehrt der Kläger vom Beklagten zu 1) Zahlung von 8.000,– EUR, vom Beklagten zu 2) 10.000,– EUR und werden ihm gegen den Beklagten zu 1) 2.000,– EUR, gegen den Beklagten zu 2) 4.000,– EUR zugesprochen, so sieht die Tabelle wie folgt aus:

Kläger	obsiegt mit	unterliegt mit	von insgesamt	bezüglich
	2.000,–	6.000,–	8.000,–	Bekl. zu 1)
	4.000,–	6.000,–	10.000,–	Bekl. zu 2)
	6.000,–	12.000,–	18.000,–	Insgesamt

Da die **Gerichtskosten** für das gesamte Verfahren einheitlich angefallen sind, sind die Quoten aus dem Gesamtstreitwert (18.000,– EUR) zu berechnen. Daran sind unterlegen der Kläger mit 6.000,– EUR + 6.000,– EUR = 12.000,– EUR, der Beklagte zu 1) mit 2.000,– EUR und der Beklagte zu 2) mit 4.000,– EUR.

---

23 Zöller/*Herget* ZPO § 100 Rn. 7.

24 BLAH/*Hartmann* ZPO § 100 Rn. 52; *Gemmer*, Die Baumbach'sche Kostenformel im Zivilurteil, JuS 2012, 702; *Herr*, Die Baumbach'sche Formel – ein Anachronismus?!, DRiZ 1989, 86; *Loibl*, Die Baumbach'sche Kostenformel, JA 1998, 56; *Stegemann-Boehl*, Die Baumbach'sche Formel in der Kostengrundentscheidung, JuS 1991, 320; außerhalb der Klausur ist hier der Einsatz von Computerprogrammen sinnvoll: *Schuster*, Zivilprozessuale Berechnungen mit Mitteln der objektorientierten Programmierung bewältigen – Am Beispiel der Baumbach'schen Kostenformel in Java, JurPC Web-Dok. 189/2014; *Viefhues/Viefhues*, Kostenentscheidungen und Sicherheitsleistungen im Zivilprozeß – Lösungen der Baumbach'schen Formel mit elektronischen Hilfsmitteln, JuS 1992, 944.

Die gleiche Quotelung ergibt sich für die außergerichtlichen Kosten des Klägers, die ebenfalls aus dem Gesamtwert des Prozesses angefallen sind, da der Kläger an allen Prozessrechtsverhältnissen beteiligt war.
Die außergerichtlichen Kosten der beiden Beklagten sind dagegen nur aus dem Wert ihres jeweiligen Prozessrechtsverhältnisses entstanden und nur unter Zugrundelegung dieses Werts zu quoteln.
Insgesamt ergeben sich damit folgende Quoten:

Kostenpositionen		Kostenschuldner		
		Kläger	Bekl 1)	Bekl 2)
Gerichtskosten angefallen aus dem kumulierten Wert des Gesamtprozesses = 18.000,– EUR		$\frac{12}{18}$	$\frac{2}{18}$	$\frac{4}{18}$
Außergerichtliche Kosten	des Klägers angefallen aus dem kumulierten Wert des Gesamtprozesses = 18.000,– EUR	$\frac{12}{18}$	$\frac{2}{18}$	$\frac{4}{18}$
	des Beklagten zu 1) angefallen aus dem Einzelwert seines Prozessrechtsverhältnisses = 8.000,– EUR	$\frac{6}{8}$	$\frac{2}{8}$	–
	des Beklagten zu 2) angefallen aus dem Einzelwert seines Prozessrechtsverhältnisses = 10.000,– EUR	$\frac{6}{10}$	–	$\frac{4}{10}$

Die – in den Brüchen gekürzte – Kostenentscheidung lautet dann:
»Von den Gerichtskosten und den außergerichtlichen Kosten des Klägers haben der Kläger 2/3, der Beklagte zu 1) 1/9 und der Beklagte zu 2) 2/9 zu tragen. Von den außergerichtlichen Kosten des Beklagten zu 1) hat der Kläger 3/4, von denen des Beklagten zu 2) 3/5 zu tragen. Im Übrigen haben die Parteien ihre außergerichtlichen Kosten selbst zu tragen.«

1004 (5) Besonderheiten ergeben sich bei der Streitgenossenschaft auch hinsichtlich der **weiteren Nebenentscheidungen**.

1005 Bei der Entscheidung über die **vorläufige Vollstreckbarkeit** muss im Rahmen der für die Ermittlung des Grundmodells zu beantwortenden Frage nach den Vollstreckungsmöglichkeiten (»Wer vollstreckt was gegen wen?«) der Grundsatz der Trennung der Prozessrechtsverhältnisse beachtet werden, sodass sich jetzt aus einem Urteil nicht nur bis zu zwei, sondern deutlich mehr Vollstreckungsmöglichkeiten ergeben können. Diese einzelnen Vollstreckungsverhältnisse sind dann – ohne weitere Besonderheiten – nach allgemeinen Grundsätzen zu tenorieren.

1006 Kommt es auf die Höhe der angefallenen **Kosten** an, so ist zu beachten, dass jeder Streitgenosse einen eigenen *Rechtsanwalt* haben kann und jeder dann die vollen jeweils verdienten Gebühren und Auslagen erhält.[25] Haben die Streitgenossen einen gemeinsamen Rechtsanwalt, so erhält dieser die Gebühren nur einmal, die Verfahrensgebühr wird um 3/10 pro vertretenem Streitgenossen erhöht (Nr. 1008 RVG-VV).

c) Notwendige Streitgenossenschaft

1007 Notwendig ist eine Streitgenossenschaft, wenn rechtliche Gründe dazu zwingen, allen Streitgenossen gegenüber sachlich einheitlich zu entscheiden. Innerhalb der notwendigen Streitgenossenschaft wird weiter danach differenziert, ob die Streitgenossen nur zusammen oder auch alleine prozessieren können.

25 KG MDR 1984, 852 mwN; BVerfGE 81, 390.

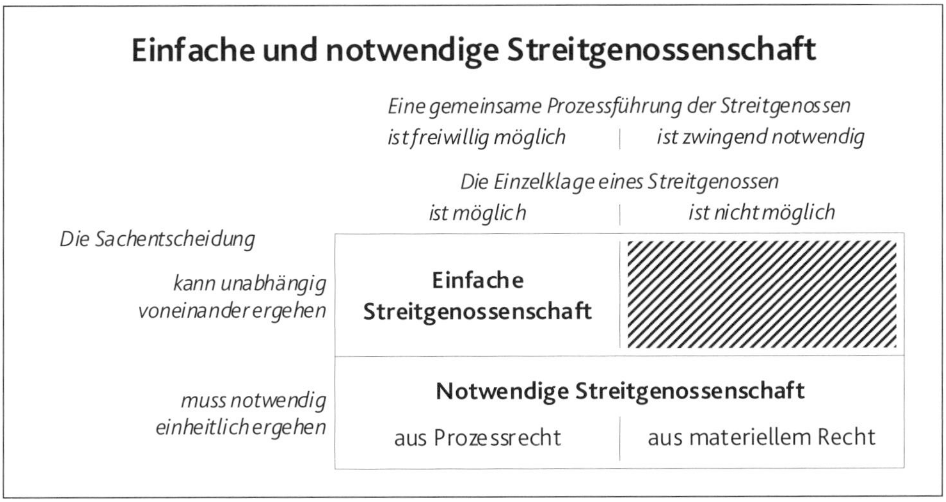

Schema 16.4: Einfache und notwendige Streitgenossenschaft

(1) Aus **prozessualen** Gründen (§ 62 I Alt. 1 ZPO) ist eine einheitliche Sachentscheidung zwingend, wenn die einer Person gegenüber ergehende Entscheidung auch einer anderen Person gegenüber wirkt, wenn also entweder die Rechtskraft oder die Gestaltungswirkung sich auf Dritte erstreckt. Dem Dritten gegenüber könnte in einem späteren Prozess wegen der Bindungswirkung keine andere Entscheidung ergehen, sodass eine inhaltlich gleiche Entscheidung auch dann ergehen muss, wenn die Entscheidungen gleichzeitig ergehen.[26] 1008

Dabei spielt es keine Rolle, ob die Rechtskrafterstreckung nur zugunsten, nur zulasten oder in beiden Richtungen wirkt, da in jedem Fall entgegenstehende Entscheidungen ausgeschlossen sind.[27]

Beispielsfall: Ficht ein Aktionär einen Beschluss der Hauptversammlung an (§§ 245, 246 AktG), so wirkt das hierauf ergehende Urteil für und gegen alle Aktionäre, auch für diejenigen, die nicht Partei des Rechtsstreits geworden sind (§ 248 I AktG). Entschließt sich später ein weiterer Aktionär zu einer Anfechtung desselben Beschlusses, bindet die erstreckte Rechtskraft des schon existierenden Urteils die Parteien. Die Sachentscheidung des Gerichts (sofern es hierzu wegen der entgegenstehenden Rechtskraft überhaupt kommt) muss notwendig identisch sein mit der früheren Entscheidung.
Klagen nun zwei Aktionäre gleichzeitig gegen denselben Beschluss, so sind sie Streitgenossen, und zwar notwendige, weil auch in den beiden gleichzeitig ablaufenden Verfahren keine sich widersprechenden rechtskräftigen Urteile ergehen können.[28]

In den Fällen der Erstreckung prozessualer Wirkungen müssen die Streitgenossen nicht zusammen klagen: Tun sie es, sind sie notwendige Streitgenossen, tun sie es nicht, sind die Einzelklagen ohne weiteres zulässig. Es muss daher keine Streitgenossenschaft bestehen, wenn sie jedoch besteht, ist sie eine notwendige. 1009

26 BGH NJW 1985, 385; *Wieser*, Gründe gemeinschaftlicher Prozessführung, JuS 2000, 997; *Wieser*, Notwendige Streitgenossenschaft, NJW 2000, 1163; Zöller/*Vollkommer* ZPO § 62 Rn. 2.

27 *Gottwald*, Grundprobleme der Streitgenossenschaft, JA 1982, 67; *Schellhammer* ZivilProz Rn. 1352 ff.; Stein/Jonas/*Leipold* ZPO § 62 Rn. 5.

28 BGH NJW 1993, 1976; OLG Stuttgart NZG 2001, 522.

Notwendige Streitgenossen wegen Erstreckung von Rechtskraft oder Gestaltungswirkung sind zum **Beispiel:**
Erbe und Testamentsvollstrecker, wenn ihnen gegenüber ein gegen den Nachlass gerichteter Anspruch geltend gemacht wird (§ 2213 I BGB, § 327 II ZPO);
- Mehrere Abkömmlinge eines verstorbenen Ehegatten bei der Klage gegen den überlebenden Ehegatten auf Aufhebung der fortgesetzten Gütergemeinschaft (§§ 1494, 1496 BGB);
- Mehrere Erben, die den Erbschaftserwerb eines Dritten wegen Erbunwürdigkeit anfechten (§§ 2342, 2344 BGB);
- Mehrere Pfändungsgläubiger, die aus einer gepfändeten und überwiesenen Forderung gemeinsam gegen den Drittschuldner klagen (§ 856 ZPO);
- Mehrere Gesellschafter, Geschäftsführer oder Mitglieder des Aufsichtsrats bei der Klage auf Feststellung der Nichtigkeit einer GmbH (§ 75 GmbHG);
- Mehrere Insolvenzgläubiger bei der Klage gegen den Insolvenzverwalter auf Feststellung einer bestrittenen Forderung (§§ 179, 183 I InsO).

1010 Keine notwendige Streitgenossenschaft aus Prozessrecht besteht, wenn in nachfolgenden Einzelprozessen einzelner Streitgenossen eine *abweichende Entscheidung möglich* wäre, weil diesen Streitgenossen eigene Einwendungen zustehen.

Beispiele: Hierher gehören Gesamtschuldner,[29] OHG und Gesellschafter bzw. KG und Komplementäre[30] oder GbR und Gesellschafter,[31] Hauptschuldner und Bürge[32] oder Versicherer und Versicherungsnehmer bei der Haftpflichtversicherung (trotz der Rechtskrafterstreckung aus § 124 VVG).[33]

1011 Streitig ist, ob eine notwendige Streitgenossenschaft aus Prozessrecht über die Fälle der Rechtskrafterstreckung hinaus immer dann anzunehmen ist, wenn das zugrunde liegende *Recht materiell unteilbar* ist. Die überwiegende Literatur bejaht dies, weil Mitberechtigte gemeinsam klagen können (nicht müssen) und dann über das Recht nur einheitlich entschieden werden kann,[34] während die Rechtsprechung es unter Hinweis auf die fehlende Rechtskrafterstreckung verneint.[35]

Beispiele für diese streitige Fallgruppe sind Mitgläubiger (§ 432 BGB), Miteigentümer (§ 1011 BGB) oder Miterben (§ 2039 BGB).

1012 (2) Aus **materiellrechtlichen Gründen** (= sonstigen Gründen iSd § 62 I Alt. 2 ZPO) muss die Sachentscheidung notwendig einheitlich sein, wenn die Verfügungsbefugnis mehreren Personen gemeinsam zusteht und sie deswegen gemeinsam klagen oder verklagt werden müssen. Klagen durch oder gegen nur einzelne Berechtigte sind unstatthaft.[36] Hier muss also immer eine Streitgenossenschaft bestehen, Einzelklagen sind nicht möglich. Eine Systematisierung einzelner *Fallgruppen* ist nur bedingt möglich.

- Eine materiellrechtlich notwendige Streitgenossenschaft auf *Kläger- oder Beklagtenseite* liegt vor, wenn mit der Leistungsklage ein Recht geltend gemacht wird, das von mehreren gemeinschaftlich verwaltet wird.

29 OLG Hamm NJW-RR 1997, 90.
30 BGH NJW 1970, 1740.
31 BGH NJW 2001, 1056.
32 BGH NJW 1970, 279.
33 Streitig; wie hier: BGH NJW 1982, 996; 1974, 2124; KG VersR 1975, 350; *Rosenberg/Schwab/Gottwald* ZivilProzR § 50 II 2; *Schellhammer* ZivilProz Rn. 1357; aA: OLG Frankfurt a.M. NJW 1974, 1473; Thomas/Putzo/*Hüßtege* ZPO § 62 Rn. 8.
34 *Lindacher*, Die Streitgenossenschaft, JuS 1986, 379 mwN
35 BGH NJW 1997, 2115; BGHZ 92, 351 (354) = NJW 1985, 385.
36 BGH NJW 1985, 385; Stein/Jonas/*Leipold* ZPO § 62 Rn. 14.

Danach sind zum **Beispiel** notwendige Streitgenossen
- die in ehelicher Gütergemeinschaft lebenden Ehegatten (§§ 1450, 1472 BGB);[37]
- mehrere gemeinschaftlich bestellte Testamentsvollstrecker (§§ 2212, 2213, 2224 BGB).[38]

- Materiell notwendige Streitgenossen bilden bei der Leistungsklage auf *Klägerseite* Mitberechtigte, insbesondere Gesamthänder.

Danach sind zum **Beispiel** notwendige Streitgenossen
- mehrere klagende Gesellschafter einer Innen-GbR (§§ 714, 709 BGB);[39]
- mehrere klagende Mitglieder eines nicht rechtsfähigen Vereins (§ 54 BGB);
- mehrere klagende Bruchteilseigentümer (§ 744 BGB).

Keine notwendigen Streitgenossen aus materiellem Recht sind Mitberechtigte, die kraft Gesetzes **alleine klagen** dürfen. Darunter fallen klagende Miterben (§ 2039 BGB), Mitgläubiger (§ 432 BGB) und Miteigentümer (§ 1011 BGB). Nach Auffassung der Rechtsprechung handelt es sich – wenn diese gemeinsam vorgehen – um einfache Streitgenossen, nach Auffassung der hL um notwendige Streitgenossen aus Prozessrecht (→ Rn. 1011).[40]

Keine notwendigen Streitgenossen aus materiellem Recht sind auch mehrere gemeinsam klagende Gesellschafter einer Außen-GbR, weil diese Form der GbR selbst parteifähig ist[41] und deswegen die Gesellschafter nicht gemeinsam klagen oder verklagt werden müssen.

- Auf *Beklagtenseite* liegt eine notwendige Streitgenossenschaft aus materiellem Recht vor, wenn Mitberechtigte in Anspruch genommen werden, die nur gemeinsam leisten dürfen.

Danach sind zum **Beispiel** notwendige Streitgenossen
- gemeinsam verklagte Miterben (§ 2039 BGB);
- gemeinsam verklagte Miteigentümer (§ 1011 BGB).

Kein Fall der notwendigen Streitgenossenschaft liegt vor, wenn eine gemeinsame Klage von mehreren oder gegen mehrere bzw. eine einheitliche Sachentscheidung wünschenswert oder sinnvoll wäre, weder aus materiellrechtlichen noch aus prozessualen Gründen aber zwingend geboten ist. **1013**

Dies gilt insbesondere für **Gesamtschuldner**: Da diese eine Forderung alleine erfüllen dürfen (§ 422 I BGB), müssen sie nicht gemeinsam verklagt werden. Werden sie dennoch gemeinsam verklagt, sind sie nur einfache, nicht notwendige Streitgenossen.

Haben zum **Beispiel** Ehegatten gemeinschaftlich eine Wohnung gemietet und klagt der Vermieter gegen sie auf Räumung und Herausgabe, so stellen sie im Prozess nur einfache Streitgenossen dar.[42]

Eine materiell notwendige Streitgenossenschaft kommt nicht nur bei der Leistungsklage in Betracht. **1014**

37 MüKoBGB/*Kanzleiter*, 6. Aufl. 2013, § 1450 Rn. 22.
38 Thomas/Putzo/*Hüßtege* ZPO § 62 Rn. 8.
39 BGH NJW 2001, 1056; ausnahmsweise alleine klagen kann ein Gesellschafter jedoch unter den Voraussetzungen der actio pro socio.
40 BGH NJW 1969, 839; 1958, 1723.
41 BGH NJW 2011, 683; 2001, 1056.
42 BGH VersR 1987, 989; BLAH/*Hartmann* ZPO § 62 Rn. 8, 11; *Rosenberg/Schwab/Gottwald* ZivilProzR § 108 III 1b zur Abgrenzung von der Gesamthandsklage *Schellhammer* ZivilProz Rn. 1346.

Mehrere Kläger oder Beklagte einer **Gestaltungsklage** sind materiellrechtlich notwendige Streitgenossen, wenn ihnen das Gestaltungsrecht nur gemeinschaftlich zusteht.

> **Beispiele:** Auf Auflösung einer OHG (§ 133 HGB), Ausschluss eines Mitgesellschafters (§ 140 HGB) oder Entziehung von Geschäftsführungs- und Vertretungsbefugnis (§§ 117, 127 HGB) können nur alle (Mit-)Gesellschafter zusammen klagen. Im Prozess sind sie damit materiellrechtlich notwendige Streitgenossen.
> Widerspricht ein Gesellschafter der Auflösung der Gesellschaft (§ 133 HGB), muss er gegen alle Mitgesellschafter gemeinsam klagen, die dann notwendige Streitgenossen sind.[43]

Für die **Feststellungsklage** gelten die Ausführungen zur Leistungsklage entsprechend: Soll ein Recht festgestellt werden, das mehreren gemeinsam zusteht und nur gemeinschaftlich geltend gemacht werden kann, handeln diese im Prozess als materiellrechtlich notwendige Streitgenossen.[44]

1015 **(3)** Die besonderen **Wirkungen** der notwendigen Streitgenossenschaft sind darauf gerichtet, Prozesslagen zu vermeiden, die eine widersprüchliche Sachentscheidung zur Folge hätten. Dem trägt *§ 62 ZPO* Rechnung.

Wahrt einer der Streitgenossen eine prozessuale **Frist**, so gilt die Prozesshandlung als von allen Streitgenossen rechtzeitig vorgenommen. **Versäumnisurteil** gegen die Streitgenossen kann nur ergehen, wenn alle säumig sind, da einzelne nicht erschienene Streitgenossen als von den erschienenen *vertreten* gelten. In diesem Fall gelten sämtliche Prozesshandlungen des Erschienenen auch für den Säumigen, solange dieser nicht ausdrücklich widerspricht.[45]

1016 Die gesetzliche Regelung ist jedoch lückenhaft. Ihr kann nicht verallgemeinernd entnommen werden, dass stets eine übereinstimmende Beurteilung aller Prozesshandlungen der Streitgenossen oder den Streitgenossen gegenüber vorzunehmen ist. Eine »einheitliche Streitpartei« gibt es nicht. Vielmehr bleiben die Streitgenossen auch hier selbstständige Streitparteien in jeweils besonderen Prozessrechtsverhältnissen zum gemeinsamen Gegner. Ob die Prozesshandlung eines Streitgenossen oder gegenüber einem Streitgenossen Wirkung auch im Verhältnis zu den anderen Streitgenossen entfaltet, ist daher eine Frage des einzelnen Regelungsproblems, die differenzierend unter Berücksichtigung des Zwecks der notwendigen Streitgenossenschaft und des Grundsatzes der Selbstständigkeit der Streitgenossen zu beurteilen ist.[46]

> Deswegen hemmt zum **Beispiel** die Klageerhebung gegen einen Streitgenossen die Verjährung gegen andere notwendige Streitgenossen nicht.

1017 Besondere Bedeutung kommt über die in § 62 ZPO ausdrücklich geregelten Punkte hinaus praktisch folgenden Einzelwirkungen zu:[47]

- Die *Zulässigkeitsvoraussetzungen* sind für jedes Prozessrechtsverhältnis gesondert zu prüfen. Fehlen sie für einzelne Streitgenossen, so ist zu unterscheiden:

43 BGH LM § 133 HGB Nr. 3; Stein/Jonas/*Leipold* ZPO § 62 Rn. 15; Zöller/*Vollkommer* ZPO § 62 Rn. 19.

44 Prütting/Gehrlein/*Gehrlein* ZPO § 62 Rn. 14, 16.

45 BGH NJW 2016, 716; VIZ 2001, 499; *Lindacher*, Die Streitgenossenschaft, JuS 1986, 379 (384); *Rosenberg/Schwab/Gottwald* ZivilProzR § 50 IV 3 b; Stein/Jonas/*Leipold* ZPO § 62 Rn. 39; Thomas/Putzo/*Hüßtege* ZPO § 62 Rn. 20 f.

46 BGH NJW 1996, 1060.

47 *Mayer*, Die notwendige Streitgenossenschaft – ein Blick auf die Fallbearbeitung, JURA 2015, 1095.

Bei der aus prozessrechtlichen Gründen notwendigen Streitgenossenschaft ergeht – soweit keine Heilung oder Verweisung möglich ist – (Teil-)Prozessurteil, bezüglich der übrigen Prozessrechtsverhältnisse Sachurteil, weil diese von Anfang an auch alleine anhängig gemacht hätten werden können und der Grundsatz der einheitlichen Sachentscheidung ein abweichendes Prozessurteil nicht ausschließt.

Bei der aus materiellrechtlichen Gründen notwendigen Streitgenossenschaft können die nach Unzulässigkeit eines Prozessrechtsverhältnisses verbleibenden Klagen alleine keinen Erfolg haben, da hier nur die von allen Streitgenossen gemeinsam erhobene Klage begründet sein kann.[48]

- *Prozesshandlungen* nimmt jeder Streitgenosse nur für sein Prozessrechtsverhältnis vor.

> **Beispiele:** Jeder Streitgenosse muss einen eigenen Anwalt bestellen (der aber für alle derselbe sein kann), Zustellungen müssen an jeden Streitgenossen bewirkt werden, die rügelose Einlassung eines Streitgenossen hindert die anderen nicht daran, die Zuständigkeit des Gerichts zu rügen (§ 39 ZPO), einer Klageänderung oder -rücknahme des Gegners zu widersprechen (§§ 263, 269 ZPO), Verfahrensfehler oder Zuständigkeitsmängel zu rügen (§§ 295, 282 II ZPO).

- *Angriffs- und Verteidigungsmittel* kann grundsätzlich jeder Streitgenosse selbstständig geltend machen oder unterlassen und sich damit notfalls auch in Widerspruch zu anderen Streitgenossen setzen.

> **Beispiele:** Jeder Streitgenosse kann frei eigene **Behauptungen** aufstellen, Tatsachenvortrag des Gegners **bestreiten** bzw. **zugestehen** oder **Beweise antreten**, was zu einer für den Gesamtprozess beachtlichen Beweisaufnahme führt. Deren Ergebnis geht gesetzlichen Fiktionen aufgrund des **Nichtbestreitens** oder **Geständnisses** der Tatsache durch andere Streitgenossen immer vor, doch können solche Prozesshandlungen als Indizien im Rahmen der Beweiswürdigung nach § 286 ZPO eine Rolle spielen (→ Rn. 995, → Rn. 998).[49]

Notwendige Streitgenossen können immer nur als **Partei**, nie als **Zeuge** vernommen werden, da alle im Prozess behandelten Fragen für die einheitliche Sachentscheidung zugrunde gelegt werden und damit für alle Prozessrechtsverhältnisse von Bedeutung sind.

- Für die *Dispositionsakte* einzelner notwendiger Streitgenossen ist zu unterscheiden:

Soweit eine *neue Entscheidungsgrundlage* geschaffen werden soll, geht dies nur durch alle Streitgenossen gemeinsam.

Dies gilt für **Klageänderung, Anerkenntnis, Verzicht**, und **einseitige Erledigungserklärung.**

Soweit die *Rechtshängigkeit beendet* werden soll, kommt es auf die Form der notwendigen Streitgenossenschaft an.

Aus Prozessrecht notwendige Streitgenossen können solche Erklärungen unbedenklich abgeben, da dann über die restlichen Klagen immer noch sachlich entschieden werden kann.[50]

Für materiellrechtlich notwendige Streitgenossen ist die Wirksamkeit entsprechender Erklärungen streitig: Während eine Auffassung sie unter Hinweis auf die auch einzelnen Streitgenossen zuste-

48 BGH NJW 1985, 385; zur Frage, wann die verbleibenden Klagen als unzulässig und wann als unbegründet abzuweisen sind, MüKoZPO/*Schultes* § 62 Rn. 47.

49 BLAH/*Hartmann* ZPO § 62 Rn. 18; Zöller/*Vollkommer* ZPO § 62 Rn. 24.

50 *Gottwald*, Grundprobleme der Streitgenossenschaft, JA 1982, 70; *Rosenberg/Schwab/Gottwald* ZivilProzR § 50 IV 1 a.

hende prozessuale Dispositionsfreiheit bejaht,[51] lehnt sie eine andere wegen der materiellrechtlichen Bindungen der Streitgenossen im Innenverhältnis ab.[52]

> **Beispiele** für solche Prozesshandlungen sind die **Klagerücknahme**, die Zustimmung zur Klagerücknahme des Gegners oder die **übereinstimmende Erledigungserklärung**

Soweit die Prozesshandlung eine *materiellrechtliche Verfügungsbefugnis* voraussetzt, kann sie wirksam nur von dem oder den Berechtigten vorgenommen werden.

> Hierzu zählen **Vergleich** und **Aufrechnungserklärung**, die von einzelnen Streitgenossen nur im Fall einer Einzelvertretungsmacht erklärt werden können.

- Die *Entscheidung* kann den einzelnen Streitgenossen gegenüber nur einheitlich ergehen. Hier liegt gerade das Abgrenzungskriterium zur einfachen Streitgenossenschaft. Teilurteile sind grundsätzlich unzulässig, weil hier die Gefahr abweichender Entscheidungen besteht (→ Rn. 475).[53]
- *Rechtsmittel* können von jedem Streitgenossen gesondert eingelegt werden. Die Einlegung eines einzigen Rechtsmittels hindert den Eintritt der *Rechtskraft* für alle Streitgenossen, die dann in II. Instanz zwar Partei, nicht aber Rechtsmittelführer sind.[54]

d) Aufbaufragen

1018 Im Rahmen einer **Fallbearbeitung** sollten folgende Fragen beachtet werden:[55]

1019 (1) Handelt es sich um eine subjektive Klagehäufung?

Damit werden die Fälle der Streitgenossenschaft insbesondere von denen der Intervention abgegrenzt.

1020 (2) Ist die subjektive Klagehäufung zulässig (= Liegen die Voraussetzungen der §§ 59, 60 ZPO vor)?

Dies sollte auch in den Fällen geprüft werden, in denen eine notwendige Streitgenossenschaft aus materiellem Recht gegeben sein könnte, da die Voraussetzungen der §§ 59, 60 ZPO sehr viel leichter zu bejahen sind und die Frage der notwendigen Streitgenossenschaft dann dahinstehen kann.

1021 (3) Müssen einfache und notwendige Streitgenossenschaft unterschieden werden, dh, kommt es für den konkreten Fall darauf an, ob die eine oder andere Art der Streitgenossenschaft vorliegt?

> Dies ist zum **Beispiel** der Fall bei Säumnis eines Streitgenossen, Unzulässigkeit eines Prozessrechtsverhältnisses, Anerkenntnis, Verzicht oder Vergleich und (streitig) Klagerücknahme oder Erledigungserklärung nicht aller Streitgenossen sowie, wenn unterschiedliche Sachentscheidungen anstehen.

---

51 OLG Brandenburg NZV 2001, 213; OLG Rostock NJW-RR 1995, 381; *Gottwald*, Grundprobleme der Streitgenossenschaft, JA 1982, 70; Stein/Jonas/*Leipold* ZPO § 62 Rn. 35, § 91a Rn. 15; Zöller/*Vollkommer* ZPO § 62 Rn. 25.

52 RGZ 78, 104; BLAH/*Hartmann* ZPO § 62 Rn. 20; *Göppinger*, Die Erledigung des Rechtsstreits in der Hauptsache, 1958, 85; *Jauernig/Hess* ZivilProzR § 82 IV 3; *Rosenberg/Schwab/Gottwald* ZivilProzR § 50 IV 1a; Thomas/Putzo/*Hüßtege* ZPO § 62 Rn. 17.

53 BGH NJW 1996, 1060; 1991, 101.

54 BGH NJW 1991, 101; Prütting/Gehrlein/*Gehrlein* ZPO § 63 Rn. 24.

55 *Lindacher*, Die Streitgenossenschaft, JuS 1986, 540.

In allen **übrigen Fällen** hat eine Entscheidung über die Art der Streitgenossenschaft zu unterbleiben, weil es hierauf nicht ankommt, die Unterscheidung im Einzelfall schwer zu begründen ist und hierdurch unnötige Fehlerquellen geschaffen werden.[56]

In einem **Urteil** erscheinen alle Streitgenossen als Partei im Rubrum, die Kostenent- 1022
scheidung entspricht der bei der einfachen Streitgenossenschaft (ist in der Regel aber wegen der einheitlichen Sachentscheidung deutlich einfacher), Besonderheiten bei der Entscheidung zur vorläufigen Vollstreckbarkeit gibt es nicht. Im Tatbestand empfiehlt sich manchmal die Erwähnung eines eventuell zwischen den Streitgenossen bestehenden Rechtsverhältnisses (»Die Kläger bilden eine Gesellschaft bürgerlichen Rechts«), gegebenenfalls sind die unterschiedlichen Tatsachenvorträge der Streitgenossen deutlich zu machen.

Diese Besonderheiten sind im Musterurteil dargestellt (→ Rn. 630, → Rn. 675, → Rn. 698, → Rn. 704).

2. Beteiligung Dritter am Rechtsstreit: Intervention

Beteiligen sich Dritte am Rechtsstreit ohne Kläger oder Beklagter zu werden, so kann 1023
dies in verschiedenen Formen[57] erfolgen,

- als Nebenintervention oder Streithilfe,
- als Streitverkündung oder
- in sonstigen Formen.

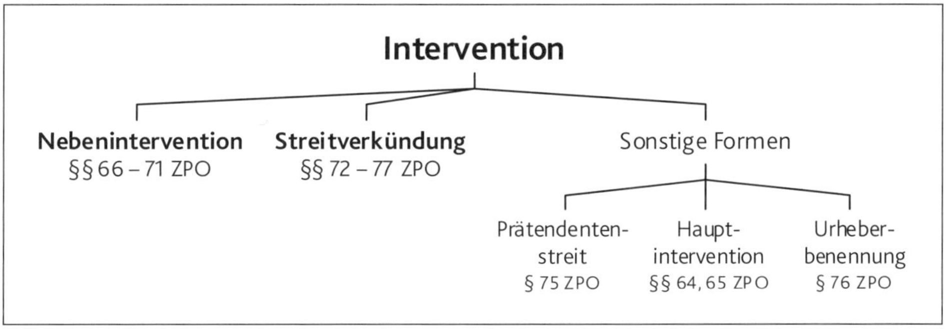

Schema 16.5: Beteiligung Dritter am Rechtsstreit

56 Deswegen lehnt die Praxis häufig das Vorliegen einer notwendigen Streitgenossenschaft auch zu Unrecht ab: Thomas/Putzo/*Hüßtege* ZPO § 62 Rn. 5.

57 *Luckey*, Der Dritte im Bunde (und im Zivilprozess), ProzRB 2004, 247; *Schäfer*, Nebenintervention und Streitverkündung usw, 1990; *Schultes*, Beteiligung Dritter am Zivilprozess, 1994.

a) Nebenintervention

1024 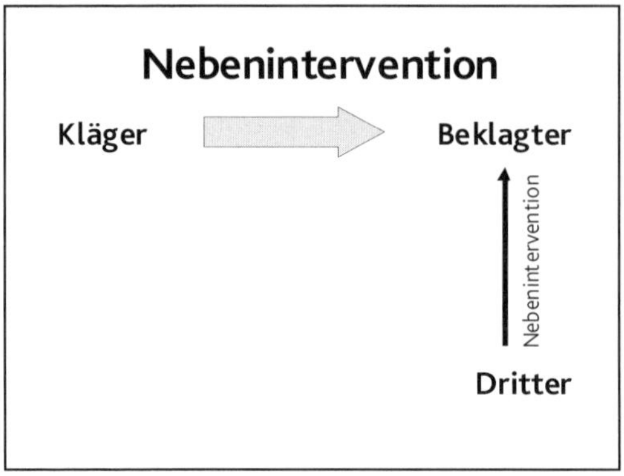

Schema: 16.6: Nebenintervention

Die Nebenintervention ist der freiwillige Beitritt eines Dritten zur Unterstützung einer Partei in einem bereits anhängigen Prozess. Sie wird auch als »Streithilfe« bezeichnet.

Ein Nebenintervenient – gleich ob als einfacher oder streitgenössischer Streithelfer – beteiligt sich, auch wenn er dabei in eigenem Namen und kraft eigenen (prozessualen) Rechts neben der Hauptpartei handelt, mit der aus seiner Stellung und seinem Auftreten heraus zum Ausdruck kommenden prozessualen Erklärung, die Hauptpartei unterstützen zu wollen, an einem fremden Prozess, ohne selbst Partei zu werden. Ob der Streithelfer dabei als einfacher oder als streitgenössischer Streithelfer auftritt, ist deshalb keine Frage seiner Parteistellung im Prozess, sondern betrifft allein Art und Umfang der ihm dabei nach §§ 66 II, 67 ZPO zukommenden Befugnisse.[58]

1025 (1) **Zulässig** ist eine solche Nebenintervention nach § 66 ZPO,[59]

- wenn der Rechtsstreit (schon und noch) *anhängig* ist,

  Der Begriff des Rechtsstreits ist weit auszulegen und umfasst zB auch das Mahnverfahren, das selbstständige Beweisverfahren, die Eilverfahren und das Urkundsverfahren.[60] Anhängigkeit des Verfahrens tritt mit dem Eingang des verfahrenseinleitenden Antrags bei Gericht ein und dauert bis zur Beendigung des Verfahrens (Urteil, Klagerücknahme, Erledigung, Vergleich) fort. Eine Rechtshängigkeit (Zustellung an den Gegner) ist nicht erforderlich.[61]

- wenn auf Seiten des Nebenintervenienten die *Prozesshandlungsvoraussetzungen* erfüllt sind;

  Insbesondere also muss der Nebenintervenient in Verfahren vor dem Landgericht anwaltlich vertreten sein.[62]

58 BGH JuS 2017, 76.

59 BGH NJW 1978, 643 mAnm *Häsemeyer*, 1165 und *Schubert* JR 1978, 330; *Haertlein*, Beteiligung Dritter am Rechtsstreit – Streithilfe und Nebenintervention, JA 2007, 10; *Prechtel*, Die Streitverkündung in der Praxis, ZAP (2006) Fach 13, 1315; *Servatius*, Die zivilprozessuale Nebenintervention, JA 2000, 690; *Wilke*, Zur Streitverkündung und Nebenintervention im Bauprozess, BauR 1995, 465; *Windel*, Zur prozessualen Stellung des einfachen Streithelfers, ZZP 104 (1991), 321.

60 BGH NJW 2006, 700; 2006, 773; OLG Köln NJW-RR 2010, 1679 (1681).

61 BGH NJW 1985, 328.

62 *Prechtel*, Anwaltszwang für den Streithelfer?, DRiZ 2008, 84.

- wenn der Beitretende ein *rechtliches Interesse am Obsiegen der Hauptpartei* hat,[63]

  Ein solches rechtliches Interesse ist immer schon gegeben, wenn die Entscheidung (oder ihre Vollstreckung) auf Rechte des Nebenintervenienten einwirkt.[64] Dies ist weit auszulegen.

  Ein Interventionsinteresse ist **beispielsweise** zu bejahen, wenn sich Rechtskraft oder Gestaltungswirkung des Urteils auf den Beitretenden erstrecken oder er abhängig vom Ausgang des Rechtsstreits Regress nehmen oder auf Regress in Anspruch genommen werden kann. Kein Interventionsgrund liegt vor, wenn der Ausgang des Rechtsstreits ohne rechtliche Auswirkungen auf den Intervenienten bleibt. Unzulässig ist deswegen der Beitritt zu einem Verfahren in der Absicht, später aus dem gleichen Lebenssachverhalt fließende eigene Ansprüche geltend zu machen (Musterprozess).

- und wenn ein Schriftsatz eingereicht wird, der den Anforderungen des *§ 70 I ZPO* entspricht, insbesondere also die Parteien des Rechtsstreits bezeichnet, die Erklärung enthält, dass und auf welcher Parteiseite dem Rechtsstreit beigetreten werden soll und das Interventionsinteresse darlegt.

  Wegen der formellen Anforderungen an einen solchen Schriftsatz kann auf die Ausführungen zu Prozessschriftsätzen im Allgemeinen (→ Rn. 216) Bezug genommen werden.[65]

Von Amts wegen geprüft wird dabei nur das Vorliegen der Prozesshandlungsvoraussetzungen des Beitretenden. Alle übrigen Voraussetzungen werden nur auf »Antrag«, dh auf ausdrücklichen Widerspruch einer Partei gegen den Beitritt (§ 71 ZPO) geprüft. Ein solcher Widerspruch führt zu einem Zwischenstreit über die Zulässigkeit der Nebenintervention und endet entweder mit einem Zwischenurteil oder wird im Endurteil mit entschieden. In beiden Fällen kann die Entscheidung über die Nebenintervention nur mit der sofortigen Beschwerde angegriffen werden.[66] **1026**

Das Zwischenurteil ist ein Feststellungsurteil, das auf Zulassung oder Zurückweisung der Nebenintervention lautet.

(2) Für die **Rechtsstellung** des Nebenintervenienten sind zwei Unterformen der Streithilfe auseinander zu halten. Im Normalfall handelt es sich lediglich um eine unselbstständige oder **einfache Nebenintervention**. Für diese gilt der Grundsatz, dass der Streithelfer weder Partei noch Parteivertreter ist, sondern bloß deren Gehilfe, er aber insoweit im eigenen Namen und kraft eigenen Rechts handelt.[67] Der Nebenintervenient kann damit alle Prozesshandlungen selbst im gleichen Umfang wirksam vornehmen, wie die Partei dies auch könnte. Beschränkt sind seine Befugnisse nur durch die vorrangigen Kompetenzen der Hauptpartei: Besteht ein Widerspruch zwischen Prozesshandlungen des Nebenintervenienten und der Partei, so gehen die der Partei immer vor (§ 67 Hs. 2 ZPO).[68] **1027**

Angriffs- und Verteidigungsmittel (dh Tatsachen behaupten, bestreiten oder beweisen) kann der Nebenintervenient geltend machen, soweit nicht die Hauptpartei ausdrücklich ein anderes vorgetragen hat.

---

63 OLG Frankfurt a.M. OLG-Report 2/94, 8.

64 BGH WRP 2011, 900; WM 2006, 1252.

65 *Wehrberger*, Besonderheiten der Streitverkündung aus Sicht des Streitverkünders, AnwBl. 2001, 683.

66 BGH NJW-RR 2013, 490; NJW 2006, 773; *Kittner*, Streithilfe und Streitverkündung, JuS 1985, 703; JuS 1986, 131 mwN.

67 RGZ 64, 68; BLAH/*Hartmann* ZPO § 67 Rn. 1; Stein/Jonas/*Leipold* ZPO § 67 Rn. 1.

68 OLG Hamm NJW-RR 1997, 156 und 1156; *Kittner*, Streithilfe und Streitverkündung, JuS 1986, 131; *Windel*, Zur prozessualen Stellung des einfachen Streithelfers (§§ 67, 71 III ZPO), ZZP 104 (1991), 321.

Der Nebenintervenient kann auch selbstständig **Anträge** stellen, dabei aber nicht über den Streitgegenstand disponieren.[69] Unzulässig sind daher Klagerücknahme, Klageänderung, Verzicht, Erledigungserklärung, Anerkenntnis oder Vergleich. Auch materiellrechtliche Erklärungen (zB Gestaltungsrechte oder Einreden) kann nur die Partei als Rechtsinhaber, nicht der Nebenintervenient abgeben.

Der Nebenintervenient kann **prozessuale Lasten** für die Partei erfüllen. Ist er, nicht aber die Partei anwesend, kann kein Versäumnisurteil ergehen, er kann von der Partei versäumte Fristen einhalten. Dabei ist der Nebenintervenient allerdings an die bisherige Prozesslage gebunden, muss also zB eine frühere rügelose Einlassung (§ 39 ZPO) oder eine bereits erfolgte Beweisaufnahme gegen sich gelten lassen.[70]

1028 Die Handlungen des Nebenintervenienten wirken im Prozessrechtsverhältnis der Hauptpartei, Handlungen eines Streitgenossen beziehen sich dagegen nur auf das eigene Rechtsverhältnis. Deswegen kann es im Einzelfall auch für eine Partei sinnvoll sein, einem Streitgenossen zusätzlich als Streithelfer beizutreten.

> **Beispielsfall:** Aus einem Verkehrsunfall sind Halter und Haftpflichtversicherung verklagt. Während dem Halter wegen der Freistellung durch die Versicherung der Prozessausgang gleichgültig sein kann und er deswegen den Prozess nicht betreibt, ist die Versicherung wegen der Rechtskrafterstreckung aus § 124 VVG an einem Obsiegen des Versicherungsnehmers interessiert. Tritt sie dem Halter als Streithelfer bei, kann sie den Prozess auch mit Wirkung für ihn gestalten.[71]

1029 **(3)** Ausnahmsweise liegt keine gewöhnliche, sondern eine sog. selbstständige oder **streitgenössische Nebenintervention** vor (§ 69 ZPO). Wie der Name bereits erkennen lässt, ist der Streithelfer dann selbstständiger als im Normalfall, er hat mehr eigene Befugnisse, ist weniger durch Handlungen der Partei beschränkt und steht damit im Prinzip einem Streitgenossen gleich.[72]

1030 Insbesondere kann der streitgenössische Nebenintervenient[73]

- Prozesshandlungen auch dann wirksam vornehmen, wenn sie im Widerspruch zu solchen der unterstützten Partei stehen.
- nur als Partei, nicht als Zeuge vernommen werden.
- Prozesshandlungen in für ihn eigenständig laufenden Fristen vornehmen.
- in Teile der Prozesskosten verurteilt werden, da für die hier zu treffende Kostenentscheidung nicht § 101 I ZPO, sondern – wie für den Streitgenossen – § 100 ZPO gilt (§ 101 II ZPO).

Der streitgenössische Nebenintervenient kann dagegen **nicht** über den Streitgegenstand disponieren. Verwehrt sind ihm damit Klagerücknahme und Erledigungserklärung einschließlich eines Widerspruchs gegen entsprechende Erklärungen der Hauptpartei.[74]

1031 Eine streitgenössische und nicht bloß eine einfache Nebenintervention liegt immer dann vor, wenn die Rechtskraft der Entscheidung zwischen den Parteien sich auch auf den Nebenintervenienten erstreckt (§ 69 ZPO). Diesbezüglich kann auf die zur notwendigen Streitgenossenschaft aus Prozessrecht gemachten Ausführungen verwiesen werden.[75]

---

69 BGH MDR 2013, 1240; NJW 1993, 2944; OLG Düsseldorf MDR 2015, 178.
70 BGH MDR 2012, 1056.
71 BGH MDR 2012, 181; OLG Frankfurt a.M. NJW-RR 2010, 140; VersR 1996, 212.
72 BGH NJW-RR 1999, 285; OLG Schleswig NJW-RR 1993, 930; *Zimmermann* ZPO § 69 Rn. 3.
73 BGH NJW-RR 1999, 285; RGZ 108, 135; OLG Hamm FamRZ 1978, 305; *Rosenberg/Schwab/Gottwald* ZivilProzR § 47 V 2 b.
74 BGH NJW 1965, 760; OLG München MDR 2000, 1152.
75 Die Fälle des § 69 ZPO decken sich mit denen des § 62 ZPO: RGZ 108, 132; Stein/Jonas/*Leipold* ZPO § 69 Rn. 8.

(4) Unabhängig von der Art der Nebenintervention tritt als Folge des Beitritts regelmäßig die »**Interventionswirkung**« (§ 68 ZPO) ein, mit der der Nebenintervenient an die Ergebnisse des Prozesses gebunden wird und mit der erreicht werden soll, dass in einem möglicherweise folgenden Regressprozess zwischen dem Streithelfer und der Partei nicht dieselben Fragen nochmals geklärt werden müssen.[76] § 68 ZPO bestimmt hierzu, dass der Nebenintervenient im Verhältnis zur Hauptpartei mit der Behauptung, der Vorprozess sei falsch entschieden, nicht gehört wird. 1032

Die Bindungswirkung unterliegt dabei sachlichen und persönlichen **Grenzen**. Sie folgt nur aus rechtskräftigen Sachurteilen, nicht also aus Prozessurteilen oder Vergleichen.[77] Auch besteht sie nur zwischen dem Streithelfer und »seiner« Partei, nicht etwa zugunsten oder zulasten des Gegners.[78] Streitig ist, ob Bindungswirkung nur zugunsten der Hauptpartei eintritt oder auch zu deren Lasten. Die Rechtsprechung[79] lässt die Interventionswirkung nur für die Partei wirken, weil der Nebenintervenient, wenn er eine für ihn günstige Bindungswirkung erreichen will, ja Partei werden könnte.

Die Interventionswirkung geht im Ergebnis *weiter als die Rechtskraft*: Sie erfasst neben der tenorierten Rechtsfolge alle entscheidungserheblichen Einzeltatsachen und deren rechtliche Bewertung, soweit die Entscheidung darauf beruht. 1033

Damit können **bindend** für den Folgeprozess feststehen der Ablauf von Vertragsverhandlungen, der Hergang eines Unfalls, die Gültigkeit eines Vertrages oder das Eigentum an einer Sache. Wurde nur ein Teil der Forderung anhängig gemacht, erfasst die Interventionswirkung die gesamte Forderung.[80]

Nicht unter die Interventionswirkung fallen sog. »obiter dicta«, Ausführungen des Gerichts, die zur Entscheidung des konkreten Falles nicht erforderlich gewesen wären.[81] Nicht von der Interventionswirkung erfasst wird auch das Gegenteil der festgestellten Tatsachen: Muss die im Vorprozess unterlegene Partei im Folgeprozess das Gegenteil der ursprünglichen Tatsache beweisen und gelingt ihr das nicht, so unterliegt sie erneut. Die Interventionswirkung ändert die Beweislastverteilung nicht.[82] Eine Bindungswirkung für den Folgeprozess tritt auch dann nicht ein, wenn dieser in einem anderen Gerichtsbarkeitszweig stattfindet.[83]

Die Interventionswirkung ist *von Amts wegen zu beachten*. Dabei wird die Wirksamkeit bzw. Zulässigkeit des Beitritts nicht mehr geprüft, dies erfolgte ja bereits im Vorprozess (→ Rn. 1026).[84] 1034

Gegen die Interventionswirkung ist lediglich die *Einrede der mangelhaften Prozessführung* (§ 68 Hs. 2 ZPO) möglich: Vermag der frühere Nebenintervenient darzulegen und zu beweisen, dass er im Vorprozess Angriffs- und Verteidigungsmittel nicht geltend machen konnte (zB, weil die Hauptpartei dem ausdrücklich widersprochen hat) oder dass die Partei selbst dort absichtlich oder grob schuldhaft Angriffs- und Verteidigungsmittel nicht geltend machte, die ihm – dem Nebenintervenienten – 1035

76 *Kittner*, Streithilfe und Streitverkündung, JuS 1986, 624; zur Möglichkeit der gewillkürten Herbeiführung der Interventionswirkung OLG Düsseldorf NJW-RR 1993, 1471.

77 BGH BB 2005, 1762; OLG Koblenz OLGR 2001, 243.

78 BGH NJW 2015, 1824; 1993, 122; 1985, 386; 1983, 821.

79 So BGH NJW 1997, 2385; NJW-RR 1990, 121; OLG Saarbrücken NJW 2010, 3662; aA Stein/Jonas/*Leipold* ZPO § 68 Rn. 12.

80 BGH NJW 1992, 1698; OLG Köln NJW-RR 1992, 119.

81 BGH FamRZ 2008, 1435; MDR 2004, 464; NJW 1983, 820.

82 BGHZ 85, 252 = NJW 1983, 820; zur Interventionswirkung beim non-liquet OLG Düsseldorf NJW 1992, 366.

83 BGH NJW 1993, 2539.

84 BGH NJW 1987, 1894; WM 1976, 56; Stein/Jonas/*Leipold* ZPO § 74 Rn. 2; Zöller/*Vollkommer* ZPO § 68 Rn. 5.

damals nicht bekannt waren, so sind diese im Folgeprozess nicht ausgeschlossen.[85] Zusätzliche, im Gesetz nicht ausdrücklich erwähnte Voraussetzung ist, dass die Angriffs- und Verteidigungsmittel auch erheblich, dh geeignet waren, im Vorprozess eine andere Entscheidung herbeizuführen.[86]

1036 (5) Für die **Entscheidung** sind folgende Punkte zu beachten:

- Im *Rubrum* wird der Nebenintervenient nach der Partei aufgeführt, der er beigetreten ist und besonders bezeichnet.

> **Formulierungsbeispiel:**
> Klage des ... (Klägers)
> und des ... (Nebenintervenienten)
> gegen den ...

- Verurteilt werden kann nur der Beklagte, Leistung kann nur der Kläger verlangen. Der Streithelfer taucht im *Tenor* zur Hauptsache nicht auf.
- Für die *Kostenentscheidung* enthält § 101 ZPO eine Ausnahme vom Grundsatz der einheitlichen Kostenentscheidung: Die Kosten der Nebenintervention sind von den Kosten des Rechtsstreits zu trennen und gesondert zu verquoteln, wobei erstere zwischen dem Streithelfer und dem Gegner, letztere zwischen den Parteien zu verteilen sind.[87]

> **Beispielsfall:** Ist der Streithelfer dem auf Zahlung von 12.000,– EUR verklagten Beklagten beigetreten und wurde der Klage in Höhe von 9.000,– EUR stattgegeben, so lautet die Kostenentscheidung:

> **Formulierungsbeispiel:** Der Kläger hat die Kosten des Rechtsstreits und die Kosten der Nebenintervention zu jeweils ¼ zu tragen. Die weiteren Kosten des Rechtsstreits hat der Beklagte, die weiteren Kosten der Nebenintervention der Nebenintervenient zu tragen.

- Im *Tatbestand* kann es erforderlich sein, das Vorbringen von Partei und Streithelfer gesondert darzustellen, wenn es hierbei Unterschiede gibt. Der Beitritt selbst gehört als Prozessgeschichte in der Regel ans Ende des unstreitigen Teils, ggf. auch zur übrigen Prozessgeschichte ganz ans Ende des Tatbestands.
- In den *Entscheidungsgründen* werden – soweit erforderlich – die Prozesshandlungsvoraussetzungen auf Seiten des Nebenintervenienten geprüft. Weitere Voraussetzungen des Beitritts, insbesondere das Vorliegen des Interventionsinteresses, werden nur erörtert, wenn der Gegner dem Beitritt widersprochen hat (§ 71 ZPO) und ein Zwischenurteil nicht ergangen ist.

Ein ausdrücklicher Ausspruch der (Nicht-)Zulassung der Nebenintervention im Tenor ist möglich, aber nicht zwingend. Ausführungen in den Gründen genügen. Diese finden sich meist zwischen der Zulässigkeit und Begründetheit der Klage bei den Voraussetzungen besonderer prozessualer Institute (→ Rn. 425).

85 BGH NJW 1982, 281; OLG Hamm NJW-RR 1996, 1145; Stein/Jonas/*Leipold* ZPO § 67 Rn. 5.
86 *Rosenberg/Schwab/Gottwald* ZivilProzR § 47 IV 6 d.
87 BGH NJW 2011, 3721; OLG Köln NJW-RR 1995, 1251; OLG Düsseldorf AnwBl. 1995, 320; OLG München NJW-RR 1995, 1405; *Jungemeyer/Teichmann*, Die unterbliebene Kostengrundentscheidung in Fällen einer Nebenintervention, MDR 2011, 1019; *Prechtel*, Kostenrisiken für den Streithelfer, ZAP (2010) Fach 13, 1665; *Schmeel*, Die Ermittlung des Streitwerts der Nebenintervention, MDR 2012, 13.

b) Streitverkündung

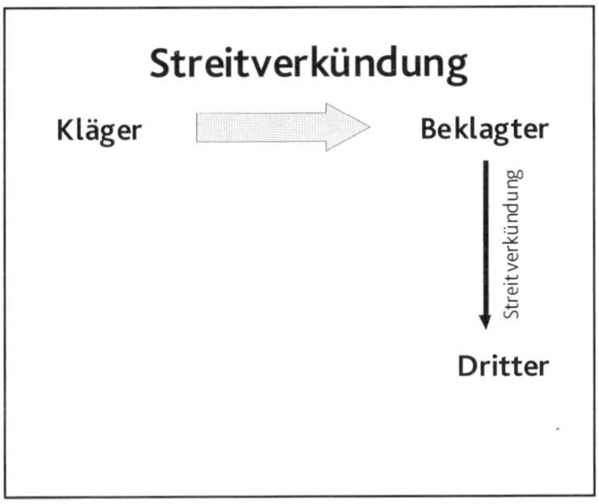

Schema: 16.7: Streitverkündung

Die Streitverkündung ist die förmliche Benachrichtigung eines Dritten von einem anhängigen Prozess durch eine der Parteien.[88] Der Dritte erhält damit Kenntnis von dem Prozess und kann überlegen, ob er diesem als Nebenintervenient beitreten will. Der Streitverkünder stellt sicher, dass der Dritte an das Prozessergebnis gebunden wird und nicht verschiedene Gerichte über denselben Sachverhalt unterschiedlich urteilen. 1037

(1) Die Voraussetzungen der Streitverkündung entsprechen weitgehend denen der Nebenintervention (dazu → Rn. 1025). Erforderlich ist damit 1038

- die *Anhängigkeit* eines Rechtsstreits,
- das Vorliegen der *Prozesshandlungsvoraussetzungen* auf Seiten des Streitverkündeten,
- für den Fall des Unterliegens im vorliegenden Rechtsstreit das Bestehen eines Anspruchs der streitverkündenden Partei gegen den Streitverkündeten oder umgekehrt eines Anspruch des Streitverkündeten gegen die Partei (§ 72 I ZPO; »*Streitverkündungsgrund*«).

  Ansprüche, die nur bei Obsiegen der Partei bestehen, genügen nicht. Erforderlich ist nicht, dass die Ansprüche tatsächlich bestehen, es genügt, dass sie als möglich erscheinen.

  Klagt der Gläubiger nur gegen einen von mehreren Gesamtschuldnern, so kann er den übrigen nicht den Streit verkünden, sondern muss – wenn er die Verjährung wahren will – auch diese verklagen. Dagegen kann der verklagte Gesamtschuldner zur Wahrung seines Anspruchs auf Gesamtschuldnerausgleich anderen Gesamtschuldnern den Streit verkünden.[89]

  Sinnvoll kann eine Streitverkündung auch bei alternativer Verpflichtung sein: Ist der Gläubiger nicht sicher, ob eine ihm gegenüber als Vertreter eines Dritten aufgetretene Person Vertretungsmacht hatte, so kann er den Vertreter als falsus procurator aus § 179 BGB verklagen und dem vertretenen Dritten den Streit verkünden.[90]

- Die Streitverkündung darf sich nur gegen »*Dritte*« richten, nicht also gegen Sachverständige und Richter (§ 72 II ZPO), wohl aber gegen Prozessbevollmächtigte.[91]

---

88 *Bischof*, Praxisprobleme der Streitverkündung, MDR 1999, 787; *Ghassemi-Tabar/Eckner*, Streitverkündung – Rechtsprechungsüberblick zu Möglichkeiten, Wirkungen und Kosten, MDR 2012, 1136; *Haertlein*, Beteiligung Dritter am Rechtsstreit – Streithilfe und Streitverkündung, JA 2007, 10; *Knöringer*, Die Streitverkündung, JuS 2007, 335; *Krüger/Rahlmeyer*, Die Streitverkündung im Zivilprozess, JA 2014, 202; *Wilke*, Zur Streitverkündung und Nebenintervention im Bauprozess, BauR 1995, 465.

89 BGH MDR 2015, 667 mAnm *Hubert Schmidt* JA 2015, 629.

90 Nur diese Reihenfolge ist für den Kläger zweckmäßig, weil die zweifelhafte Vertretungsmacht dann im Erstprozess vom Beklagten zu beweisen ist und im eventuellen Folgeprozess aufgrund der Interventionswirkung feststeht: *Oberheim* Taktik im Zivilproz Rn. 540.

91 BGH NJW 2011, 1078; 2006, 3214 mAnm *Kaiser* NJW 2007, 123.

- Die Streitverkündung erfolgt gemäß § 73 ZPO durch Einreichung eines *Schriftsatzes* bei Gericht.

  Die Streitverkündungsschrift muss den Rechtsstreit und seine derzeitige Lage bezeichnen und den Streitverkündungsgrund angeben.[92] Im Übrigen kann auf die Ausführungen zu Prozessschriftsätzen im Allgemeinen (→ Rn. 216) Bezug genommen werden.

1039 (2) Für die **Wirkungen** der Streitverkündung kommt es auf das Verhalten des Streitverkündeten nur teilweise an.

- Tritt der Dritte dem Rechtsstreit nach der Streitverkündung (auch auf Seiten des Gegners)[93] bei, so wird er Nebenintervenient (§ 74 I ZPO). Voraussetzungen und Folgen ergeben sich dann allein aus den oben dargestellten Grundsätzen, die Voraussetzungen der Streitverkündung werden durch die der Nebenintervention verdrängt.[94]

  Das Urteil enthält dann Ausführungen zu den Prozesshandlungsvoraussetzungen des Nebenintervenienten. Weitere Voraussetzungen des Beitritts werden nur erörtert, wenn der Gegner diesem widersprochen hat (→ Rn. 1026).

- Lehnt der Dritte den Beitritt ab oder erklärt er sich hierzu nicht (wie in der Praxis meist), so wird der Rechtsstreit ohne Rücksicht auf die Streitverkündung fortgesetzt.

  Da der Dritte nicht Verfahrensbeteiligter wird, wird er nicht zu Terminen geladen, werden ihm weitere Schriftsätze der Parteien nicht zugeleitet, erhält er kein rechtliches Gehör und wird auch von Entscheidungen nicht in Kenntnis gesetzt.

  Im Urteil taucht die Streitverkündung nicht auf. Der Dritte wird nicht im Rubrum erwähnt, zur Streitverkündung ergehen weder Hauptsache- noch Nebenentscheidungen, im Tatbestand wird die Streitverkündung nicht erwähnt. In den Entscheidungsgründen wird die Zulässigkeit der Streitverkündung, insbesondere der Streitverkündungsgrund, nicht geprüft.

1040 In beiden Fällen, dh unabhängig davon, ob der Dritte auf die Streitverkündung reagiert oder nicht, tritt zu seinen Lasten die *Interventionswirkung* ein (§ 74 II und III ZPO). Der Dritte muss sich damit die Prozessergebnisse in einem eventuellen Folgeprozess entgegenhalten lassen, ist daran gebunden.

Erst im Folgeprozess zwischen dem Streitverkünder und dem Dritten erlangt die Streitverkündung prozessuale Beachtlichkeit. Da hier die Voraussetzungen der Interventionswirkung zu prüfen sind,[95] muss im Tatbestand erwähnt werden, dass es einen Vorprozess gab und dort eine Streitverkündung erfolgte. In den Entscheidungsgründen ist das Vorliegen des Streitverkündungsgrunds und ggf. der weiteren Voraussetzungen der Streitverkündung festzustellen. Erweist sich die Streitverkündung als wirksam, greift die Bindungswirkung, sodass die damit bereits feststehenden Umstände nicht erneut geprüft und entschieden werden.

1041 *Materiellrechtlich* tritt durch die (wirksame) Streitverkündung eine Verjährungshemmung ein (§ 204 I Nr. 6 BGB).[96]

---

92 Beispiele bei *Kittner*, Streithilfe und Streitverkündung, JuS 1985, 703; 1986, 624.

93 BGH NJW 1983, 820; Stein/Jonas/*Leipold* ZPO § 47 Rn. 1 und § 66 Rn. 3.

94 BGH WM 1976, 56; Prütting/Gehrlein/*Gehrlein* ZPO § 74 Rn. 2.

95 BGH NJW 2011, 1078; *Bischof*, Praxisprobleme der Streitverkündung, MDR 1999, 788; Zöller/*Vollkommer* ZPO § 72 Rn. 1.

96 BGH MDR 2015, 667; NJW 2012, 674.

c) Sonstige Formen

Andere Formen der Beteiligung Dritter am Rechtsstreit kommen in der Praxis so gut wie nicht vor. Nur der Vollständigkeit halber seien sie kurz angesprochen:

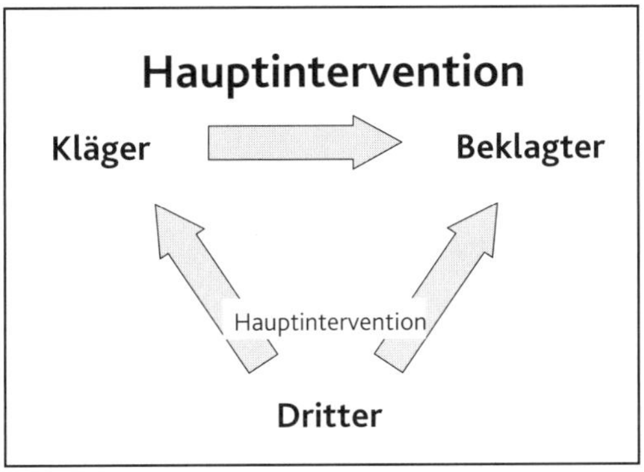

Schema: 16.8: Hauptintervention

(1) Von einer **Hauptintervention** (§ 64 ZPO) spricht man bei der Klage eines Dritten gegen beide Parteien eines anhängigen Verfahrens mit dem Vortrag, die Sache bzw. das Recht, um das dort gestritten wird, werde für sich selbst in Anspruch genommen.[97] 1042

Beispielsfall: Verlangt der Kläger vom Beklagten Herausgabe einer Sache, von der ein Dritter meint, sie gehöre ihm, so kann er im Wege der Hauptintervention gegen beide Parteien vorgehen.

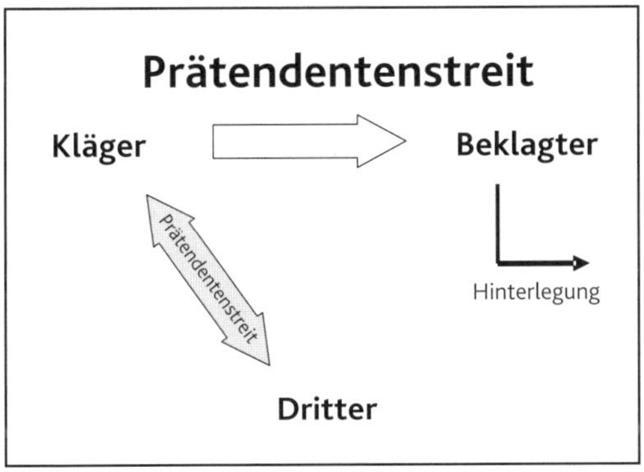

Schema: 16.9 Prätendentenstreit

(2) Im Wege des **Prätendentenstreits** (§ 75 ZPO) streiten zwei Kläger um die Gläubigerstellung eines materiellrechtlichen Anspruchs.[98] 1043

Ist in obigem **Beispiel** dem Beklagten klar, dass er die Sache herausgeben muss, weiß er nur nicht, ob an den Kläger oder an den Dritten, so kann er die Sache hinterlegen und dem Dritten den Streit verkünden. Tritt dieser ein, so wird der Beklagte aus dem Rechtsstreit entlassen, der Prozess zwischen dem Kläger und dem Dritten fortgesetzt.

97 OLG Frankfurt a.M. NJW-RR 1994, 957 mit wichtiger Anmerkung von *Deubner*, Aktuelles Zivilprozessrecht, JuS 1994, 781; *Koussoulis*, Aktuelle Probleme der Hauptintervention, ZZP 100 (1987), 211; *Pfeiffer*, Rechtsberühmung oder Schlüssigkeit als Zulässigkeitsvoraussetzung der Hauptintervention, ZZP 111 (1998), 131.

98 BGH NJW 1996, 1673; *Könen*, Der Prätendentenstreit und die Blockierstellung im Assessorexamen, JA 2016, 132; *Kruse*, Freigabeklage in einem Prätendentenstreit, JuS 2009, 424; *Stoffregen*, Hinterlegungsfälle im Assessorexamen – Unterscheidung typischer Verfahrenskonstellationen beim Streit von Forderungsprätendenten, JuS 2009, 421.

1044 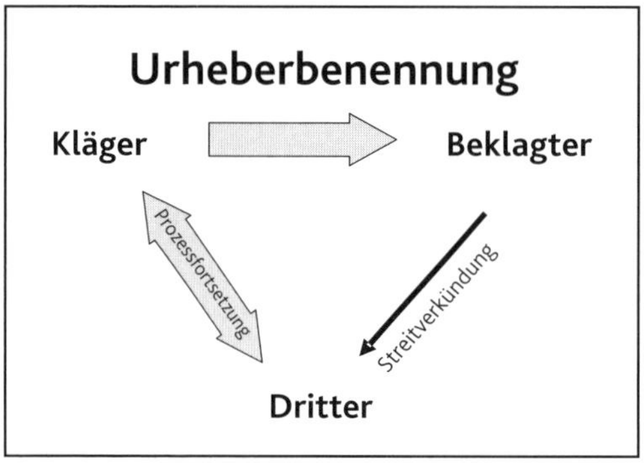

Schema: 16.10: Urheberbenennung

(3) Bei der **Urheberbenennung** (§§ 76, 77 ZPO) handelt es sich um den Streit zweier Beklagter um ein dem Kläger entgegenzusetzendes Recht.

Beispielsfall: Leitet der auf Herausgabe in Anspruch genommene Beklagte ein Recht zum Besitz von einem Dritten ab (der die Sache zB vom Kläger geliehen und an den Beklagten weiter verliehen hat), so kann er diesem Dritten den Streit verkünden. Tritt der Dritte in den Prozess ein, so wird der Prozess zwischen ihm und dem Kläger fortgesetzt (§ 76 III und IV ZPO). Tritt er nicht ein, so kann der Beklagte an den Kläger herausgeben, ohne hieraus dem Dritten zu haften (§ 76 II ZPO).

3. Abschnitt. Gericht

Der Grundbegriff »Gericht« diente im ersten Teil dazu, die gesetzliche Kompetenzverteilung im Zivilprozess darzustellen.

§ 17 Schaffung und Änderung von Zuständigkeiten

Zuständigkeitsprobleme können sich daraus ergeben, dass die gesetzlichen Gerichtsstände den Bedürfnissen der Parteien nicht entsprechen und deshalb zusätzliche Zuständigkeiten geschaffen werden sollen oder dass sich während des Prozesses die Zuständigkeit des Gerichts ändert.

Geht der Kläger nicht in einer gesetzlichen, sondern einer gewillkürten Zuständigkeit vor, so bedarf es in der **Klageschrift** regelmäßig der Darlegung der Voraussetzungen hierfür. In einer nachfolgenden gerichtlichen **Entscheidung** sind diese Tatsachen in den Tatbestand aufzunehmen, in den Entscheidungsgründen ist im Rahmen der Zulässigkeit auf die Zuständigkeit besonders einzugehen.

1. Schaffung von Zuständigkeiten

Ausfluss der den Parteien zustehenden Verfahrensherrschaft (= Dispositionsmaxime) **1045**
ist, dass sie auch weitgehend bestimmen können, *wo* der Prozess stattfindet. Existiert kein ihren Wünschen entsprechender gesetzlicher Gerichtsstand, so können sie einen solchen durch eigenes Verhalten schaffen.[1] Folge ist dann, dass ein – nach den gesetzlichen Regeln an sich unzuständiges – Gericht zuständig wird.

Bedeutung kommt diesen Möglichkeiten in der Anwaltsklausur zu, wo im Rahmen der Zweckmäßigkeitserwägungen alle möglichen Zuständigkeiten festgestellt und gegeneinander abgewogen werden müssen.

Keine Möglichkeit der Abänderung gesetzlicher Zuständigkeiten besteht für die Par- **1046**
teien dort, wo der Gesetzgeber eine **ausschließliche Zuständigkeit** angeordnet hat. Hier verdrängen übergeordnete Erwägungen die Dispositionsfreiheit der Parteien.

Immer ausschließlich sind die Zulässigkeit des Rechtswegs und die funktionelle Zuständigkeit, zum Teil ausschließlich sind die internationale, die sachliche und die örtliche Zuständigkeit (zB §§ 24 I, 29a, 29c I 2, 32a, 32b, 486 I und II, 584, 689 II, 802 ZPO).

1 *Möller*, Der gesetzliche Richter im Zivilprozess – Anwaltliche Wahl- und Gestaltungsmöglichkeiten, NJW 2009, 3632 und 3769.

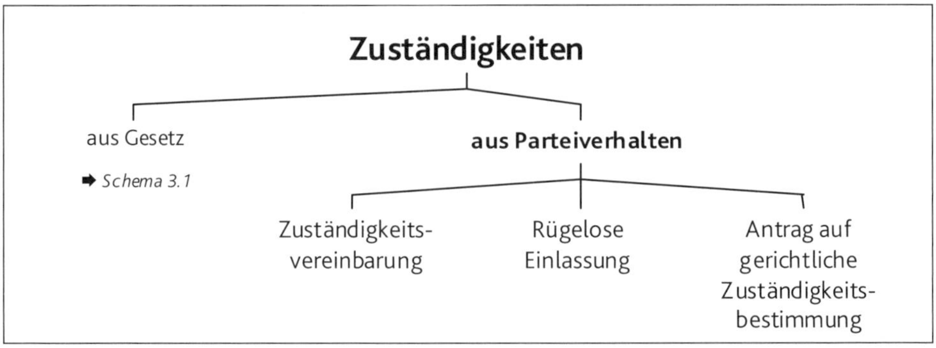

Schema: 17.1: Zuständigkeiten

a) Zuständigkeitsvereinbarung

Aus den Grundsätzen der Privatautonomie im materiellen Recht und der Parteiherrschaft im Prozessrecht folgt, dass die Parteien auch Vereinbarungen darüber frei abschließen können, wo sie einen Prozess führen wollen. Dementsprechend ließ die ZPO bei ihrem Inkrafttreten Zuständigkeitsvereinbarungen weitestgehend zu. Mit den aus dem Missbrauch wirtschaftlicher Macht resultierenden Einschränkungen der Vertragsfreiheit, insbesondere durch das Gesetz über die Allgemeinen Geschäftsbedingungen, ist 1974 auch die Freiheit der Parteien zum Abschluss von Vereinbarungen über die Zuständigkeit des Gerichts enorm eingeschränkt[2] und vom Grundsatz her sogar in ihr Gegenteil verkehrt worden:

1047 Zuständigkeitsvereinbarungen sind heute grundsätzlich unzulässig und **nur ausnahmsweise** noch statthaft (§ 38 ZPO).

Die Einschränkungen gelten auch für die Vereinbarung von Erfüllungsorten, sodass eine Umgehung über § 29 ZPO nicht möglich ist (§ 29 II ZPO).[3]

Vereinbart werden kann neben der **sachlichen** und der **örtlichen** insbesondere auch die **internationale** Zuständigkeit eines Gerichts,[4] sodass die häufig verwendete Bezeichnung Gerichtsstandsvereinbarung zu kurz greift. Nicht vereinbart werden kann dagegen die gesetzliche, gerichts- oder spruchkörperinterne Geschäftsverteilung.

1048 **Voraussetzung** für eine wirksame Gerichtsstandsvereinbarung ist,

- dass die Vereinbarung[5] sich auf ein *bestimmtes Rechtsverhältnis* bezieht (§ 40 I ZPO),

> **Unzulässig** sind damit **zB** Vereinbarungen über die Zuständigkeit eines Gerichts für »alle künftigen Klagen« oder »für alle Klagen aus dem gesamten Geschäftsverkehr der Parteien«. Zulässig sind Vereinbarungen über »alle Klagen aus demselben Rechtsverhältnis«.[6]

2 *Fischer*, Gerichtsstandsvereinbarungen in AGB – Gerichtliche Zuständigkeit und Verweisungen, MDR 2000, 682; *Huber*, Grundwissen Zivilprozessrecht: Sachliche Zuständigkeit und Prorogation, JuS 2012, 974; *Keller*, Die Gerichtsstandsvereinbarung gem. §§ 38 ff. ZPO, JURA 2008, 523; *Pfeiffer*, Die kaufmännische Prorogation, JA 2005, 369; *Rauscher*, Gerichtsstandsbeeinflussende AGB im Geltungsbereich des EuGVÜ, ZZP 104 (1991), 271.

3 BGH NJW-RR 2005, 929; BLAH/*Hartmann* ZPO § 30 Rn. 36.

4 BGH NJW 1997, 2885; *Mark/Gärtner*, Gerichtsstandsvereinbarungen zwischen Kaufleuten im internationalen Rechtsverkehr, MDR 2009, 837.

5 Der Streit, ob es sich bei dieser Vereinbarung um einen materiellrechtlichen (so die hM: BGH NJW 1986, 1439) oder um einen Prozessvertrag handelt (so *Vollkommer*, Urteilsanmerkung, NJW 1974, 196 mwN), spielt praktisch keine Rolle: Thomas/Putzo/*Hüßtege* ZPO Vorbem § 38 Rn. 2.

6 BLAH/*Hartmann* ZPO § 40 Rn. 1.

- dass sie eine *vermögensrechtliche* oder eine in die Zuständigkeit der Amtsgerichte fallende nichtvermögensrechtliche *Streitigkeit* betrifft (§ 40 II ZPO),
- dass keine *ausschließliche Zuständigkeit* begründet ist (§ 40 II ZPO).

Liegen diese allgemeinen Voraussetzungen vor, so muss weiter geprüft werden, ob die Vereinbarung die Interessen der Beteiligten angemessen berücksichtigt. Das Gesetz differenziert hier zum einen nach dem **Zeitpunkt** der Vereinbarung, zum anderen nach den **Vertragspartnern**: 1049

- Wurde die Vereinbarung *vor* Entstehen der Streitigkeit geschlossen, so ist sie für die Beteiligten gefährlich, weil sie zu diesem Zeitpunkt noch nicht wissen, auf was sie sich einlassen. Wurde sie *nach* Entstehen der Streitigkeit geschlossen,[7] so bestehen besondere Bedenken an der Wirksamkeit nicht.
- Wurde die Vereinbarung zwischen *Privatpersonen* geschlossen, so sind diese in der Regel schutzbedürftig, weil sie häufig die Folgen einer Zuständigkeitsvereinbarung nicht klar übersehen und weil bei ihnen der Bedarf an einer solchen Vereinbarung nicht sehr groß ist. *Kaufleute* dagegen haben in der Regel ein großes Interesse an Zuständigkeitsvereinbarungen und können die damit verbundenen Gefahren weit besser abschätzen, sind generell also weniger schutzbedürftig.

Den Kaufleuten **gleichgestellt** sind die juristischen Personen des öffentlichen Rechts (zB Gebietskörperschaften oder öffentlich-rechtliche Rundfunkanstalten) und die öffentlich-rechtlichen Sondervermögen (Bundespost, Bundesbahn).

Für die sich so ergebenden Kombinationen sieht § 38 ZPO weitere **Wirksamkeitsvoraussetzungen** für die Zuständigkeitsvereinbarung vor; diese ergeben sich aus Schema 17.2: 1050

7 Zur Zuständigkeitsvereinbarung nach Rechtshängigkeit → Rn. 1056.

Zuständigkeitsvereinbarungen

Grundsatz: **Unzulässig**

Ausnahme: **Zulässig**, wenn
- die Vereinbarung sich auf ein bestimmtes Rechtsverhältnis bezieht (§ 40 II ZPO);
- die Vereinbarung eine vermögensrechtliche Streitigkeit betrifft (§ 40 II ZPO);
- keine ausschließliche Zuständigkeit gegeben ist (§ 40 II ZPO);
- und außerdem

die Vereinbarung getroffen wurde:	vor Entstehen der Streitigkeit	nach Entstehen der Streitigkeit
zwischen Kaufleuten	**§ 38 I ZPO** Vereinbarung formlos möglich	
zwischen Privatleuten	**§ 38 II ZPO** wenn eine Partei ohne inländischen Wohnsitz ist und die Ver-Vereinbarung schriftlich erfolgte. **§ 38 III Nr. 2 ZPO** wenn die Vereinbarung für den Fall späterer Wohnsitzverlegung ins Ausland, schriftlich und ausdrücklich erfolgte.	**§ 38 III Nr. 1 ZPO** wenn die Vereinbarung schriftlich und ausdrücklich erfolgte.

Schema 17.2: Zuständigkeitsvereinbarungen

Im Prozess muss die Gerichtsstandsvereinbarung vorgetragen und später in den Tatbestand (als Parteivortrag, nicht als Prozessgeschichte) aufgenommen werden.

b) Rügelose Einlassung

1051 Um die örtliche, sachliche oder internationale[8] Zuständigkeit eines an sich unzuständigen Gerichts zu begründen, bedarf es nicht unbedingt einer ausdrücklichen Vereinbarung der Parteien. Nach § 39 ZPO reicht es aus, wenn der Kläger die Klage vor einem unzuständigen Gericht erhebt und der Beklagte, ohne die Unzuständigkeit geltend zu machen, zur Hauptsache verhandelt.

Damit zeigt sich, dass die Zuständigkeit des Gerichts einer besonderen **Prüfung** erst bedarf, wenn der Beklagte sie gerügt hat. Schwierige Zuständigkeitsprobleme können häufig dahinstehen, weil das angerufene Gericht zumindest unter dem Gesichtspunkt rügeloser Einlassung in jedem Fall zuständig geworden ist.

1052 Besonders sorgfältiger Prüfung bedarf die Frage, ob der Beklagte **zur Hauptsache mündlich verhandelt** hat.

Möglich ist dies grundsätzlich nur in einem Termin zur mündlichen Verhandlung iSd § 128 ZPO. Dabei kann es sich um den frühen ersten Termin genauso handeln wie um den Haupttermin. Verhandelt werden kann auch im schriftlichen Verfahren nach § 128 II und III ZPO (hier tritt an die Stelle der mündlichen Verhandlung die Einreichung eines Schriftsatzes zur Sache) und in einem Verfahren nach Lage der Akten nach §§ 251a, 331a ZPO. Nicht ausreichend ist eine bloße Gütever-

8 BGH NJW 1993, 1270; 1993, 1073; OLG Frankfurt a.M. OLGZ 83, 101.

handlung (§ 278 II ZPO), das schriftliche Vorverfahren (§ 276 ZPO) oder ein Verkündungstermin (§ 310 ZPO).

Verhandeln bedeutet regelmäßig Stellen der Sachanträge (§ 137 I ZPO), liegt aber auch ohne Stellung der Anträge schon dann vor, wenn die Beteiligten Sachfragen erörtern.

Die Einführung in den Sach- und Streitstand alleine durch das Gericht genügt nicht, wohl aber dessen Erörterung unter Beteiligung der Parteien. Vergleichsverhandlungen können genügen, wenn in dessen Rahmen auch die Parteien Erwägungen zur Sache angestellt haben. In der Zustimmung des Beklagten zur Erledigungserklärung des Klägers liegt ein Verhandeln, nicht aber in der Erhebung einer Widerklage, da damit nur ein neues Prozessrechtsverhältnis begründet, jedoch nicht zur Klage verhandelt wird (streitig).[9]

Nicht ausreichen kann die Erörterung reiner Verfahrensfragen oder die vorprozessuale Ankündigung, sich rügelos einlassen zu wollen.

Kompliziert ist die Lage im **Säumnisverfahren**: 1053

- Ist der *Beklagte* säumig, verhandelt er nicht zur Hauptsache. Der Vortrag des Klägers zur Zuständigkeit gilt auch nicht wegen der Säumnis als zugestanden (§ 331 I 2 ZPO), sodass ein Versäumnisurteil nur ergehen kann, wenn das angerufene Gericht gesetzlich zuständig ist.
- Ist der *Kläger* säumig, kann sich der Beklagte auf eine Zuständigkeitsrüge beschränken. Dann wird die Klage durch Prozessurteil als unzulässig abgewiesen (»unechtes Versäumnisurteil«): Beantragt der Beklagte Erlass eines Versäumnisurteils, stellt dies ein Verhandeln zur Hauptsache dar, sodass das gesetzlich nicht zuständige Gericht nach § 39 ZPO zuständig wird und ein Versäumnisurteil erlassen kann. Legt der Kläger danach Einspruch ein, wird der Prozess in die Lage zurückversetzt, in der er sich vor Eintritt der Säumnis befand. Damit lebt dann auch die Befugnis des Beklagten zur Zuständigkeitsrüge im Einspruchstermin wieder auf.

Soll das **Amtsgericht** für eine Klage zuständig werden, die nach der gesetzlichen 1054
Regelung vor das Landgericht oder ein anderes Amtsgericht gehört hätte, so tritt die zuständigkeitsbegründende Wirkung der rügelosen Einlassung erst ein, wenn der Amtsrichter den Beklagten hierüber besonders belehrt hat (§§ 39 S. 2, 504 ZPO).[10]

Eine rügelose Einlassung ist nicht möglich, wenn das Gesetz eine ausschließliche Zuständigkeit vorschreibt (§ 40 II ZPO).

Im **Tatbestand** eines Urteils gehört die rügelose Einlassung zur Prozessgeschichte.

c) Antrag auf gerichtliche Bestimmung des zuständigen Gerichts

Ist ein zuständiges Gericht aus rechtlichen oder tatsächlichen Gründen nicht fest- 1055
stellbar, kann die Zuständigkeit auf Antrag durch ein Obergericht bestimmt werden (§§ 36, 37 ZPO).[11]

> **Beispiel:** Hat der Kläger eine Sache verliehen und ist diese vom Entleiher an einen Dritten weitergegeben worden, so kann der Kläger von beiden Herausgabe verlangen (§§ 604, 985 BGB). Wohnen beide an verschiedenen Orten, so existiert ein gemeinsamer Gerichtsstand nicht. Um dennoch

9 Musielak/*Heinrich* ZPO § 39 Rn. 4; Prütting/Gehrlein/*Wern* ZPO § 39 Rn. 5 mwN; aA Zöller/*Vollkommer* ZPO § 39 Rn. 7; Thomas/Putzo/*Hüßtege* ZPO § 39 Rn. 7.

10 LG Hannover MDR 1985, 772.

11 BGH MDR 2011, 558; NJW-RR 1996, 254; *Cuypers*, Gerichtsbestimmung für mehrere Beklagte, MDR 2009, 657; *Kappus*, Das Schiedsverfahrens-Neuregelungsgesetz, NJW 1998, 582.

gegen beide in nur einem Prozess vorgehen zu können, kann er sich – wenn sachlich ein LG zuständig ist – vom OLG des erstbefassten Gerichts das zuständige Gericht bestimmen lassen (§ 36 Nr. 3 ZPO).

2. Änderung von Zuständigkeiten

a) Nachträgliche Änderung zuständigkeitsbegründender Tatsachen

1056 Anders als die übrigen Zulässigkeitsvoraussetzungen, die zum Zeitpunkt der letzten mündlichen Verhandlung vorliegen müssen, reicht es für Zuständigkeiten aus, dass diese irgendwann während des Prozesses einmal vorgelegen haben. Dies folgt aus § 261 III Nr. 2 ZPO, der jede nachträgliche Änderung von Umständen, die für die Zuständigkeit von Bedeutung sind, für unbeachtlich erklärt (sog. perpetuatio fori). War die Zuständigkeit des Gerichts bei Rechtshängigkeit gegeben oder trat sie irgendwann im Verlauf des Prozesses ein, so dauert sie fort, auch wenn die zuständigkeitsbegründenden Umstände sich ändern und das Gericht im Zeitpunkt der letzten mündlichen Verhandlung eigentlich nicht mehr zuständig wäre.

Beispiel: Ist die Klage dem Beklagten an seinem Wohnsitz zugestellt worden, ist die örtliche Zuständigkeit des Gerichts begründet worden. Zieht der Beklagte nun in einen anderen Gerichtsbezirk um, wird die örtliche Zuständigkeit davon nicht berührt, das zunächst angerufene Gericht bleibt zuständig.

Sinn dieser Regelung ist es, bislang erzielte Prozessergebnisse nicht in Frage zu stellen, weil die Sacharbeit durch alle Gerichte gleichermaßen geleistet werden kann (vgl. die entsprechenden Regelungen in §§ 513 II, 545 II ZPO; § 17 I GVG).

§ 261 III Nr. 2 ZPO erfasst die internationale, die örtliche und die sachliche Zuständigkeit[12] und gilt selbst dann, wenn durch die neuen Umstände eine ausschließliche Zuständigkeit begründet wird.[13]

Keine Auswirkungen auf diese Zuständigkeiten haben neben dem Wohnsitzwechsel des Beklagten zum **Beispiel** auch die Ermäßigung der Klage nach §§ 264, 269 ZPO unter die Streitwertgrenze des § 23 GVG, eine Änderung der gesetzlichen Zuständigkeitsregeln oder eine Änderung der Rechtsprechung. Die Rücknahme der Klage lässt die aus § 33 ZPO hergeleitete Zuständigkeit des Gerichts für die Widerklage unberührt.[14] Nach überwiegender Ansicht kann auch eine nach Eintritt der Rechtshängigkeit der Klage wirksam getroffene Zuständigkeitsvereinbarung die einmal begründete Zuständigkeit des Gerichts nicht mehr beseitigen.[15]

Eine Ausnahme vom Grundsatz des § 261 III Nr. 2 ZPO enthält § 506 ZPO: Steigt der Streitwert nachträglich auf über 5.000,– EUR, so wird das Landgericht zuständig.[16] Die Zuständigkeit dauert auch dann nicht fort, wenn der Streitgegenstand ausgewechselt wird oder die gerichtsinterne Zuständigkeit sich ändert.[17] § 261 III Nr. 2 ZPO bewirkt auch nicht die Fortdauer einer einmal anfänglichen Unzuständigkeit des Gericht, hier kommt eine Verweisung in Betracht.

Regelmäßig sind die zuständigkeitsbegründenden Umstände und ihre Änderung als Prozessgeschichte in den Tatbestand aufzunehmen.

---

12 BGHZ 44, 46 = NJW 1965, 1665; BayObLG FamRZ 1993, 1469; auch bei ausschließlicher Zuständigkeit: BGH NJW 2001, 433.
13 BGH NJW 2001, 2477.
14 BGHZ 70, 295 = NJW 1978, 949; BLAH/*Hartmann* ZPO § 261 Rn. 28 f.
15 BGH NJW 1976, 626; BGHZ 44, 46 = NJW 1965, 1665; LG München I NJW 1978, 953.
16 Dazu → Rn. 276; → Rn. 1163a; zur Klageerweiterung erst in der Berufungsinstanz → Rn. 1522.
17 BGH NJW 1990, 53; 1981, 2464.

b) Verweisung

Ist das angerufene Gericht (endgültig) örtlich oder sachlich unzuständig,[18] so kann der Kläger eine Abweisung seiner Klage als unzulässig umgehen, wenn er den Rechtsstreit an das zuständige Gericht verweisen lässt. Die Möglichkeit hierzu bietet **§ 281 ZPO.** 1057

Voraussetzung ist zunächst, dass der Rechtsstreit bereits **rechtshängig** ist.[19] 1058

Beispiel: Konnte die Klage dem verzogenen Beklagten im Gerichtsbezirk schon nicht mehr zugestellt werden, so ist die Klage zunächst an die neue Anschrift zuzustellen, bevor verwiesen werden kann. Vor einer Zustellung der Klage ist nur die formlose Abgabe an das zuständige Gericht möglich.

Eine Verweisung ist auch schon im **Prozesskostenhilfe- oder Eilverfahren** möglich, wirkt dann aber nur in diesem, nicht auch in einem nachfolgenden Erkenntnis- bzw. Hauptsacheverfahren.[20]

Voraussetzung ist ferner ein **Verweisungsantrag** des Klägers, der dem Anwaltszwang nicht unterliegt (§§ 281 II 1, 78 III ZPO) und auch hilfsweise für den Fall gestellt werden kann, dass das Gericht sich der Ansicht des Klägers nicht anschließt und die Klage mangels Zuständigkeit für unzulässig hält.[21] 1059

Da die Verweisung durch Beschluss erfolgt, bedarf sie zwar **keiner mündlichen Verhandlung** (§ 128 IV ZPO), wohl aber der Gewährung rechtlichen Gehörs durch Anhörung des Beklagten. 1060

Der **Verweisungsbeschluss** entfaltet Bindungswirkung für alle Beteiligten:[22] 1061

- Für das verweisende Gericht ist der Beschluss bindend.[23]
- Für die Parteien ist der Beschluss unanfechtbar (§ 281 II 2 ZPO).
- Für das Gericht, an das verwiesen wird, ist der Beschluss bindend (§ 281 II 4 ZPO), eine Weiterverweisung ist grundsätzlich nicht statthaft.[24]

  Hier wird das Verfahren fortgesetzt, nicht neu begonnen. Die Wirkungen der Rechtshängigkeit bleiben erhalten, Anträge und Erklärungen bestehen weiter, Prozesskostenhilfegewährung und Einzelrichterzuweisung dauern fort.[25]

Diese Bindungswirkungen treten nur ein, soweit das verweisende Gericht auch binden **wollte.**[26]

---

18 § 281 ZPO gilt also nicht bei internationaler oder funktioneller Unzuständigkeit: BGH NJW 2006, 2782; NJW-RR 2001, 60; OLG Rostock OLGR 2007, 287; Thomas/Putzo/*Hüßtege* ZPO § 281 Rn. 1.

19 OLG Hamburg FamRZ 1989, 200; MDR 1986, 679.

20 BGH NJW 1994, 706; NJW-RR 1992, 59; 1991, 1342.

21 BGHZ 63, 218; zum »Antrag« des Beklagten OLG Oldenburg FamRZ 1981, 186; BLAH/*Hartmann* ZPO § 281 Rn. 18 f.; zum verspäteten Antrag *Gergen*, Zuständigkeitsrüge und Verweisungsantrag nach Ablauf der Klageerwiderungsfrist, JuS 2003, 486.

22 Zur Bindungswirkung des die Verweisung ablehnenden Beschlusses *Deubner*, Aktuelles Zivilprozessrecht, JuS 1992, 230 mwN.

23 Wobei darüber gestritten wird, ob dies aus einer entsprechenden Anwendung der innerprozessualen Bindungswirkung aus § 318 ZPO oder aus dem Wesen des Verweisungsbeschlusses folgt: Prütting/Gehrlein/*Thole* ZPO § 318 Rn. 14.

24 BGH MDR 2013, 481; NJW 1997, 869; OLG München MDR 2013, 243; OLG Hamm NJW-RR 2012, 1464; MDR 2012, 1367 und 800; OLG Brandenburg NJW-RR 2011, 1213; *Scherer*, Anfechtbarkeit und Bindungswirkung von Verweisungsbeschlüssen, ZZP 110 (1997), 167.

25 BGHZ 97, 155 = NJW 1986, 2255; OLG Frankfurt a.M. OLGR 2003, 340; OLG Zweibrücken OLGR 1998, 130; OLG Düsseldorf NJW-RR 1991, 63; zu Besonderheiten des Anwaltszwangs bei der Verweisung zwischen Amts- und Landgericht *Saenger/Sandhaus*, Fehlende Postulationsfähigkeit und Verweisung bei Unzuständigkeit, NJW 2014, 417.

Beispiel: Hat das verweisende Gericht erkennbar nur die sachliche Zuständigkeit geprüft und die Verweisung ausschließlich hierauf gestützt, so ist eine Weiterverweisung an das örtlich zuständige Gericht noch möglich.

Die Bindungswirkung **entfällt** bei schwersten Verfahrensfehlern,[27] die nicht bloß zur Rechtswidrigkeit, sondern zur Nichtigkeit des Verweisungsbeschlusses führen.

Verneint hat die Rechtsprechung eine Bindungswirkung zum **Beispiel** in den Fällen der Willkür (ggf. schon bei Fehlen einer nachvollziehbaren Begründung, jedenfalls aber, wenn er unverständlich und offensichtlich unhaltbar ist),[28] des Fehlens einer Rechtsgrundlage (etwa beim Rückverweisungsbeschluss)[29] oder auch bei der Versagung rechtlichen Gehörs (Verweisung ohne vorherige Anhörung der Parteien),[30] nicht schon beim bloßen Rechtsirrtum[31] oder beim Übersehen der eigenen Zuständigkeit.[32]

Erfolgt eine Verweisung vom Amts- an das Landgericht, wird die ohne Anwalt erhobene Klage dadurch nicht unzulässig, jedoch muss für den weiteren Prozessverlauf ein Anwalt bestellt werden, der die bisherigen Angriffs- und Verteidigungsmittel (einschließlich der Klagebegründung) neu vornehmen oder genehmigen muss, was allerdings konkludent möglich ist (→ Rn. 76).[33]

1062 Durch die Anrufung des unzuständigen Gerichts können zusätzliche **Kosten** entstehen (zB, weil der Beklagte sich einen ortsansässigen Rechtsanwalt genommen hat und er vor dem zuständigen Gericht einen anderen Rechtsanwalt braucht). Die Zusatzkosten trägt unabhängig vom Ausgang des Rechtsstreits in der Hauptsache immer allein der Kläger, weil er hierfür alleine verantwortlich ist (§ 281 III 2 ZPO).[34]

Die Kostenentscheidung ergeht nicht schon im Verweisungsbeschluss, sondern erst in der das Verfahren beendenden Entscheidung. Dabei handelt es sich um eine **Ausnahme** vom Grundsatz der **einheitlichen Kostenentscheidung**, es bedarf also keiner konkreten Prüfung, ob und in welcher Höhe solche Kosten entstanden sind: Die verweisungsbedingten Mehrkosten werden abgetrennt und dem Kläger gesondert auferlegt.[35]

Formulierungsbeispiel: Die Kosten des Rechtsstreits hat der Beklagte zu tragen. Hiervon ausgenommen sind die Kosten, die durch die Anrufung des unzuständigen LG München entstanden sind; diese hat der Kläger zu tragen.

1063 Diese Erforderlichkeit einer Entscheidung über die Kosten der Verweisung macht es erforderlich, die Verweisung als Prozessgeschichte in den Tatbestand aufzunehmen.

---

26 BGH NJW-RR 1998, 1219; BayObLG NJW-RR 1996, 956; OLG Zweibrücken NJW-RR 2000, 590.

27 BGH FamRZ 1993, 50; NJW-RR 1992, 383; FamRZ 1988, 155; *Fischer*, Zur Bindungswirkung rechtswidriger Verweisungsbeschlüsse im Zivilprozess gemäß § 281 II 5 ZPO, NJW 1993, 2417.

28 BVerfGE 29, 45 und 22, 254; BGH NJW-RR 2008, 370; MDR 2002, 1450; KG NJW 2000, 801; BayObLG NZI 2001, 372; *Fischer*, Willkürliche Verweisungsbeschlüsse – Aktuelle Rechtsprechung zur Bindungswirkung, MDR 2002, 1401; 2005, 1091 und 2009, 486.

29 BGH DtZ 1991, 439; NJW-RR 1990, 505; 708.

30 BVerfGE 61, 40; BGH NJW-RR 1992, 258; FamRZ 90, 1225.

31 BGH NJW-RR 2002, 1498; 1992, 902.

32 BGH NJW-RR 2015, 1016; 2011, 1364.

33 *Klimke*, Die Folgen fehlender Postulationsfähigkeit des Klägers, ZZP 122 (2009), *107; Saenger/Sandhaus*, Fehlende Postulationsfähigkeit und Verweisung bei Unzuständigkeit, NJW 2014, 417.

34 BLAH/*Hartmann* ZPO § 281 Rn. 54.

35 Wegen der Formulierung der Kostenentscheidung → Rn. 531.

Ist das Gericht zwar für einige, nicht aber für alle denkbaren Anspruchsgrundlagen zuständig, so kommt eine **teilweise Verweisung** des Rechtsstreits nur in Betracht, soweit es sich um verschiedene, trennbare Streitgegenstände handelt, die nach § 145 ZPO abgetrennt werden können.

Möglich ist eine teilweise Verweisung in den Fällen der objektiven Klagehäufung und der Widerklage.[36]

Abzugrenzen ist die Verweisung nach § 281 ZPO von **1064**

- Verweisungen zwischen verschiedenen Gerichtsbarkeiten nach § 17a II GVG (→ Rn. 96),[37]
- Verweisungen zwischen den für Familiensachen, Angelegenheiten der freiwilligen Gerichtsbarkeit und bürgerlichen Rechtsstreitigkeiten zuständigen Spruchkörpern innerhalb der ordentlichen Gerichtsbarkeit nach § 17a II und VI GVG,
- Verweisungen zwischen Zivilkammer und Kammer für Handelssachen nach §§ 97 ff. GVG (→ Rn. 116),
- Verweisungen vom Amts- zum Landgericht bei nachträglicher Klageerweiterung nach § 506 ZPO (→ Rn. 276).

Abzugrenzen sind die Verweisungen auch von den bloßen Abgaben. Diese sind formlos möglich und entfalten keine Bindungswirkungen. Relevant sind dabei die

- Abgaben vom Mahn- an das Prozessgericht nach §§ 696 I, 698, 700 III ZPO,[38]
- Abgaben vor Rechtshängigkeit, die gesetzlich nicht geregelt, aus Gründen der Prozessökonomie aber anerkannt sind.[39]

36 BGH NJW 1971, 564; OLG Frankfurt a.M. ZIP 1982, 1247.
37 BGH NJW-RR 2011, 1497.
38 BGH NJW 1993, 2810.
39 BGH NJW-RR 1997, 1161.

4. Abschnitt. Klage

Abweichungen vom Grundfall der Erhebung einer normalen Klage können sich ergeben, wenn mit der Klage der Streitgegenstand nicht bestimmt bezeichnet (unbeziffert) ist, wenn mit der Klage mehrere Streitgegenstände verfolgt werden, sei es kumulativ, eventuell (Hilfsantrag) oder sukzessive (Stufenklage), oder wenn sich der mit der Klage geltend gemachte Streitgegenstand nachträglich ändert, sei es aufgrund eines neuen Begehrens des Klägers (Klageänderung), sei es durch den Wegfall der Sachlegitimation einer Partei (Veräußerung der streitbefangenen Sache).

§ 18 Unbezifferter Klageantrag

1065 Aus § 253 II Nr. 2 ZPO, nach dem jede Klage einen bestimmten Antrag enthalten muss, folgt für Leistungsklagen, dass der Antrag hier grundsätzlich beziffert sein muss. Bei dieser Bezifferung ist für den Kläger Sorgfalt geboten: Verlangt er zuviel, muss er einen Teil der Prozesskosten tragen (§ 92 ZPO), verlangt er zuwenig, kann ihm mehr nicht zugesprochen werden (§ 308 I ZPO). Beide Risiken sind im Normalfall ohne Einschränkung vom Kläger zu tragen, weil nur über die Bezifferung eine Bestimmung des Streitgegenstands möglich ist und weil der Beklagte nur hierdurch weiß, was gegen ihn geltend gemacht wird.[1] Ausnahmsweise kann eine Abwägung dieser widerstreitenden Interessen ergeben, dass dem Kläger eine Bezifferung nicht abverlangt wird, er also auch einen unbezifferten Antrag stellen kann. Dies hat die Rechtsprechung schon frühzeitig anerkannt[2] und bis heute daran festgehalten,[3] sodass man heute von einer Zulässigkeit des unbezifferten Antrags kraft Gewohnheitsrecht sprechen kann.[4] Während die Fälle des unbezifferten Klageantrags früher recht großzügig gehandhabt und allenfalls anhand weit gefasster Fallgruppen auf ihre Zulässigkeit hin untersucht wurden, stellt die Rechtsprechung in jüngerer Zeit zunehmend restriktive Kriterien auf.[5]

1. Voraussetzungen

a) Statthaftigkeit

1066 Nur wenn dem Kläger die **Bezifferung** seines Anspruchs **unmöglich oder unzumutbar** ist, besteht Anlass, einen unbezifferten Antrag zuzulassen.[6] Dass dies immer dann der Fall ist, wenn die Höhe des Anspruchs vom *Ermessen des Gerichts* abhängt, ist allgemein anerkannt.

Vom Ermessen des Gerichts abhängig ist insbesondere die Höhe eines Schmerzensgeldanspruchs.

1 Dazu → Rn. 156; → Rn. 182; BGH NJW 1983, 1056.
2 RGZ 21, 382; 12, 388; 10, 356.
3 Vgl. die Nachweise bei *Fuchs*, Die Kostenentscheidung bei unbeziffertem Klageantrag, JurBüro 1990, 552.
4 BLAH/*Hartmann* ZPO § 253 Rn. 56.
5 Zur Kritik hieran Stein/Jonas/*Schumann* ZPO § 253 Rn. 81, Fn. 72 mwN.
6 BGH NJW 1967, 1420.

Nach § 253 II BGB kann für die dort genannten immateriellen Schäden eine »billige Entschädigung in Geld« verlangt werden. Das Schmerzensgeld soll die Verletzung ausgleichen und dem Verletzten Genugtuung verschaffen. Maßgebend für seine Bemessung sind Umstände in der Person des Verletzten (Art, Ausmaß und Dauer der Verletzung und der persönlichen Beeinträchtigung) und der des Verletzers (Ausmaß des Verschuldens), aber auch Umstände sonstiger Art, wobei dem Grundsatz eines annähernd gleichen Schmerzensgelds für vergleichbare Verletzungen besonderes Gewicht zukommt.[7] Zwar gibt es inzwischen allgemein anerkannte Zusammenstellungen einschlägiger Entscheidungen, aus denen wie aus einem Tabellenwerk Größenordnungen für Schmerzensgelder bei bestimmten Verletzungen entnommen werden können,[8] doch kann der Kläger nicht wissen, ob sich das Gericht an solchen Vorentscheidungen orientieren wird und wo es seinen Fall einzuordnen gedenkt. Häufig klaffen bei der Schmerzensgeldklage Wunschvorstellung des Klägers und Entscheidung des Gerichts weit auseinander.[9]

Weitere Fälle, in denen der Kläger seinen Anspruch nicht beziffern muss, weil dessen Bemessung von gerichtlichem Ermessen abhängt, sind

- die Klage auf Bestimmung einer Vertragsleistung (§§ 315 III 2, 319 I 2 BGB) oder eines dem Zweck nach angeordneten Vermächtnisses (§ 2156 BGB) nach billigem Ermessen;
- die Klage auf Herabsetzung einer unverhältnismäßig hohen Vertragsstrafe auf den angemessenen Betrag (§ 343 BGB);
- die Klage auf Zahlung einer angemessenen Entschädigung wegen nutzlos aufgewendeter Urlaubszeit (§ 651f II BGB);
- die Klage auf Auseinandersetzung einer Erbengemeinschaft nach billigem Ermessen (§ 2048 BGB).

Diese Aufzählung ist nicht abschließend. Andere Fälle, in denen die Rechtsprechung einen unbezifferten Klageantrag für zulässig gehalten hat, enthalten zB die § 660 BGB, § 113 BetrVG, § 38 ArbNErfG. Die Rechtsprechung lässt unbezifferte Anträge auch bei Klage auf Entschädigung nach enteignungsrechtlichen Grundsätzen zu.[10]

Zulässig soll der unbezifferte Antrag ferner sein, wenn die Höhe des Betrages erst **durch** eine **Beweisaufnahme**, vor allem durch die Einschaltung eines Sachverständigen, oder durch Schätzung des Gerichts nach § 287 ZPO bestimmt werden kann.[11] **1067**

Zugelassen hat der BGH den unbezifferten Antrag **zB**, wenn die Höhe des geltend gemachten Erwerbsschadens eines freiberuflich Tätigen oder des entgangenen Verdiensts durch den zeitweiligen Ausfall eines unfallbeschädigten Taxifahrzeugs nur durch Schätzung nach § 287 ZPO festzustellen war.

Schwierig ist hier die **Abgrenzung** zu den – sicher unzulässigen – Fällen, in denen der Kläger auf eine Bezifferung wegen erkennbarer Beweisschwierigkeiten und zur Vermeidung des Kostenrisikos verzichtet.[12] Ausreichen lassen hat die Rechtsprechung einen Antrag auf »Verurteilung zu der durch einen Sachverständigen zu ermittelnden Summe«.[13]

---

7 BGH VersR 1970, 281; OLG Oldenburg NJW-RR 2007, 1468.

8 ZB *Hacks/Ring/Böhm*, Schmerzensgeldtabelle; *Slizyk/Schlindwein*, Beck'sche Schmerzensgeldtabelle; *Slyzik/Schlindwein*, Schmerzensgeld-Datenbank (CD-ROM); *Jaeger/Luckey*, Schmerzensgeld.

9 *Neuner*, Das Schmerzensgeld, JuS 2013, 577.

10 BGH NJW 1999, 353; VersR 1975, 856; LG Hannover NJW 1989, 1936.

11 BGH WRP 2009, 745; *Oberheim*, Beweiserleichterungen im Zivilprozess, JuS 1996, 636; kritisch *Dunz*, Der unbezifferte Leistungsantrag nach der heutigen Rechtsprechung des BGH NJW 1984, 1734.

12 BGH JR 1982, 156.

13 RGZ 140, 211.

1068 Nicht statthaft ist der unbezifferte Antrag dagegen, wenn die Bezifferung bloß aufwändig wäre.

So **zum Beispiel**, wenn die Höhe der Klageforderung in einem vertraglich vorgesehenen Taxwertverfahren festzustellen ist.[14]

b) Darlegung von Bezifferungstatsachen

1069 Wird dem Kläger die Notwendigkeit einer Bezifferung seines Antrags erlassen und setzt stattdessen das Gericht einen angemessenen Betrag fest, so geht dies nur, wenn der Kläger zumindest alle für die Bemessung seines Anspruchs relevanten Tatsachen umfassend vorgetragen hat. Fehlen die zur Feststellung des Betrages erforderlichen tatsächlichen Grundlagen, so ist die Klage unzulässig.[15] Sie können auch weder durch den Antrag auf Ermittlung durch einen Sachverständigen ersetzt noch im Laufe des Prozesses nachgeholt werden.[16]

Beispiel: So müssen bei der Schmerzensgeldklage Art und Schwere der Verletzungen, Dauer und Intensität von Schmerzen, Inhalt und Umfang ärztlicher Maßnahmen, bisheriger und voraussichtlicher weiterer Heilungsverlauf, Wahrscheinlichkeit von Spätfolgen, Dauerschäden usw. angegeben werden.

c) Angabe der Betragsvorstellung

1070 Wo der unbezifferte Klageantrag zugelassen wird, ergeben sich Probleme[17]

- bei Bestimmung des **Zuständigkeits-** und des **Kostenstreitwerts**.

  Ist für die unbezifferte Klage das Amts- oder das Landgericht zuständig? Aus welchem Betrag errechnen sich die Gebühren von Gericht und Rechtsanwälten?

- bei Abfassung der **Hauptsacheentscheidung**.
- bezüglich der Frage, bis zu welchem Betrag der Beklagte verurteilt werden kann.
- bei Feststellung eines **Teilunterliegens** des Klägers.

  Muss die Klage bei Zuerkennen eines niedrigen Betrages im Übrigen abgewiesen werden? Muss der Kläger einen Teil der Kosten tragen? Ist der Kläger beschwert, sodass er Rechtsmittel einlegen kann?

1071 All diese Fragen lassen sich sachgerecht allein durch eine Festsetzung des Werts durch das Gericht nicht lösen. Erforderlich hierzu ist vielmehr eine Vorgabe durch den Kläger, aus der erkennbar wird, was er sich in etwa an Erfolg seiner Klage vorgestellt hat. Daher verlangt die Rechtsprechung im Rahmen der Zulässigkeit des unbezifferten Antrags stets die Angabe des ungefähren Betrages, der mit der Klage geltend gemacht werden soll.[18]

Nicht erforderlich ist, dass dieser Betrag **ausdrücklich** benannt wird, ausreichend ist eine – ggf. sogar konkludente – Angabe des Streitwerts oder sonstiger Umstände, aus denen sich eine solche Betragsvorstellung ableiten lässt.

---

14 BGH NJW 1993, 324.

15 BGH VersR 1984, 538; 1984, 739; NJW 1982, 340.

16 BGH MDR 1975, 741; Stein/Jonas/*Schumann* ZPO § 253 Rn. 86.

17 *Lindacher* Beschwer und Beschwerdesumme beim unbezifferten Klagantrag, AcP 182 (1982), 275 mwN.

18 BGH NJW 1984, 540.

Die Betragsangabe kann erfolgen, indem der Kläger

- einen bestimmten **Mindestbetrag** fordert und zum Ausdruck bringt, sich mit weniger nicht zufrieden geben zu wollen.[19]
- einen **Zirkabetrag** angibt, wobei er Abweichungen sowohl nach oben als auch nach unten hin akzeptieren will.[20]
- den **Höchstbetrag** angibt, über den hinaus er seinen Anspruch nicht geltend machen will. Dies wird, weil es den Interessen des Klägers grundsätzlich nicht entspricht, nur ausnahmsweise in Betracht kommen.
- einen **Rahmen** angibt und damit den Mindest- und den Höchstbetrag nennt.

Liegen die beiden Eckpunkte hier sehr weit auseinander (mehr als +/- 20% vom Mittelwert), kann hierin ein Verstoß gegen das Gebot der Angabe einer konkreten Betragsvorstellung liegen. Dann ist die Voraussetzung der Angabe einer Betragsvorstellung entweder nicht erfüllt, oder das Gericht kann den Mittelwert des Rahmens als Zirkabetrag behandeln. Wegen der Limitierung des zuzusprechenden Betrags kommt auch diese Alternative grundsätzlich nicht in Betracht.

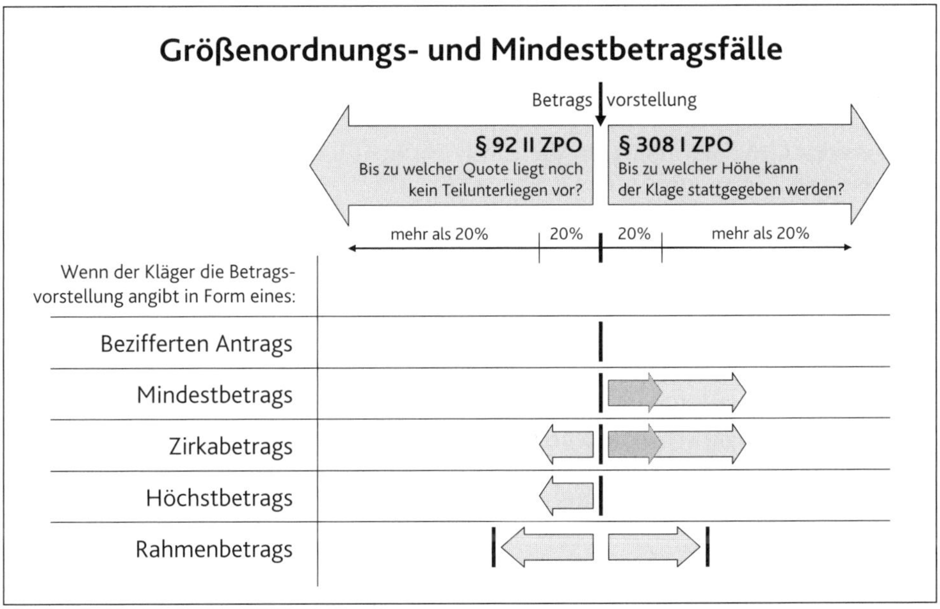

Schema 18.1: Größenordnungs- und Mindestbetragsfälle

2. Folgen

a) Antrag

Hängt die ziffernmäßige Festlegung einer Forderung entscheidend von der Ausübung des richterlichen Ermessens ab, muss der Kläger in der Klageschrift seinen auf die Zahlung von Geld gerichteten Antrag nicht beziffern. Es genügt, wenn er klarstellt, dass er Zahlung begehrt und die Höhe seines Anspruchs ins Ermessen des Gerichts stellt. Die Angabe des Rechtsgrunds des Anspruchs ist praktisch gebräuchlich, zwingend erforderlich ist sie nicht.[21] 1072

19 BGH NJW 1992, 311.

20 BGH VersR 1984, 739; NJW 1982, 340; VersR 1982, 96.

21 *Kaiser*, Typische Fehler in zivilprozessualen Anträgen, NJW 2017, 1223.

Formulierungsbeispiel: Der Beklagte wird verurteilt, an den Kläger ein Schmerzensgeld zu zahlen, dessen Höhe ins Ermessen des Gerichts gestellt wird.

b) Werte und Beträge

1073 Alle vom Gericht zu treffenden Betragsentscheidungen orientieren sich an der Betragsvorstellung des Klägers. Dabei geht die hM[22] davon aus, dass der unbezifferte Klageantrag für den Kläger **keine** völlig **unbeschränkte Privilegierung** bringt, sondern ihm nur gewisse **Margen** einräumt, innerhalb derer er einerseits vom Kostenrisiko befreit ist und ihm andererseits ohne Verstoß gegen § 308 ZPO weitere Beträge zugesprochen werden können. Der unbezifferte Antrag ist damit ein (zwar nicht exakt punktuell, aber zumindest innerhalb eines gewissen Spielraums) bestimmter Antrag, wobei eine Über- bzw. Unterschreitung der Grenzen dieses Spielraums die gleichen Konsequenzen hat wie eine Abweichung von dem konkreten Betrag beim bezifferten Antrag.

Wie groß diese Margen sind, lässt sich nicht allgemein beantworten. Die Rechtsprechung tendiert hier zur Eröffnung eines Spielraums **bis zu 20%**,[23] doch kann dies keine für alle Fälle verbindliche Obergrenze darstellen. Für den zuzusprechenden Betrag hat der BGH eine Begrenzung völlig abgelehnt.

1074 (1) Der **Zuständigkeitsstreitwert** orientiert sich in allen Fällen an der vom Kläger angegebenen Größenordnung. Ist diese in Form eines Rahmens angegeben, der unter- und oberhalb der Streitwertgrenze liegt, so ist unter Zugrundelegung des Höchstbetrags das Landgericht zuständig.[24]

Hält das angerufene Gericht sich für sachlich unzuständig, weil es den Zuständigkeitsstreitwert anders beurteilt als der Kläger, kommt eine Verweisung nach § 281 ZPO in Betracht. Im Verweisungsbeschluss wird dann der Wert inzident festgesetzt. Diese Entscheidung ist unanfechtbar. In allen anderen Fällen ergeht eine Entscheidung des Gerichts über den Zuständigkeitsstreitwert – soweit überhaupt erforderlich – erst in den Gründen des Endurteils.

1075 (2) Bei Schätzung des **Kostenstreitwerts** ist grundsätzlich der vom Gericht auf der Grundlage des klägerischen Begehrens für angemessen gehaltene Betrag zugrunde zu legen. Nach zutreffender Ansicht wird dieser Betrag sowohl nach oben als auch nach unten durch den vom Kläger angegebenen Betrag begrenzt: Er kann nicht geringer sein als ein angegebener Mindestbetrag, nicht höher als ein angegebener Höchstbetrag. Ist die untere Grenze offen gelassen, so kann sich der Gebührenstreitwert nur um höchstens 20% von dem genannten Betrag entfernen.[25] Ist die obere Grenze offen

---

22 BGH VersR 1977, 861; *Butzer*, Probleme beim unbezifferten Klageantrag, MDR 1992, 539 mwN; zu anderen Auffassungen: *Röttger*, Die Bindung des Gerichts an den unbezifferten Zahlungsantrag, NJW 1994, 368.

23 OLG Düsseldorf NJW-RR 1995, 955; OLG Karlsruhe Die Justiz 1990, 330; OLG Koblenz DAR 1990, 138. Der BGH hat diese Frage bislang nicht endgültig entschieden, vgl. zuletzt BGH NJW 1992, 311; umfangreiche Nachweise bei *Dunz*, Der unbezifferte Leistungsantrag nach der heutigen Rechtsprechung des BGH, NJW 1984, 1734 (1736) mwN.

24 *Butzer*, Probleme beim unbezifferten Klageantrag, MDR 1992, 539.

25 BGH VersR 1979, 472; OLG Karlsruhe Die Justiz 1990, 330; OLG Koblenz VersR 1990, 402; BayObLG JurBüro 1989, 681; MüKoZPO/*Wöstmann* § 3 Rn. 31; Stein/Jonas/*Schuman* ZPO § 2 Rn. 98; Thomas/Putzo/*Hüßtege* ZPO § 3 Rn. 63, § 253 Rn. 12; *Steinle*, Kostenrisiko beim unbezifferten Klageantrag, VersR 1992, 425; *Wurm*, Der unbezifferte Klageantrag, JA 1989, 65; aA OLG Frankfurt a.M. MDR 1982, 674; *Fuchs*, Die Kostenentscheidung beim unbezifferten Klageantrag, JurBüro 1990, 559.

gelassen und spricht das Gericht mehr als den vorgestellten Betrag zu, so entspricht der Kostenstreitwert dem Verurteilungsbetrag.

Sind streitwertabhängige Kosten vor dem Urteil fällig (so insbesondere der Kostenvorschuss nach § 12 I GKG), kann das Gericht den Kostenstreitwert vorläufig festsetzen (§ 63 GKG, § 32 RVG). Auch diese Entscheidung ist grundsätzlich nicht isoliert anfechtbar.

(3) Hat der Kläger im Rahmen seiner Betragsvorstellung eine **Höchstgrenze** angegeben, so kann der Beklagte darüber hinaus nicht **verurteilt** werden (§ 308 I ZPO). Enthält die Betragsvorstellung eine solche Höchstgrenze nicht (Mindest- oder Zirkabetrag), so ist streitig, bis zu welchem Betrag eine Verurteilung erfolgen kann. Während Rechtsprechung und Lehre bislang überwiegend von einer Beschränkung im Rahmen der 20%-Grenze ausgingen, eine Verurteilung also nur bis zu 120% der Betragsvorstellung zuließen,[26] hat der BGH[27] eine unbeschränkte Verurteilung zugelassen. 1076

Nach Auffassung des BGH ist Zweck des unbezifferten Antrags, dem Kläger den nach Auffassung des Gerichts angemessenen Betrag zukommen zu lassen, die Betragsvorstellung bezwecke lediglich die Information des Gerichts über die Vorstellungen des Klägers und stelle eine Hilfe bei der Ermittlung des angemessenen Betrags und bei der Festlegung des Streitwerts dar, nicht jedoch eine Obergrenze. Das Gebot prozessualer Rechtssicherheit erfordere keine Begrenzung bei der Zusprechung des Schmerzensgelds, da der Beklagte durch einen Antrag auf Streitwertfestsetzung die Vorstellung des Gerichts und damit sein Risiko in Erfahrung bringen könne.

(4) Ein zur (teilweisen) **Klageabweisung** und zur (anteiligen) **Kostentragungslast** führendes (Teil-)Unterliegen und damit auch eine zur Rechtsmitteleinlegung berechtigende **Beschwer** liegt immer dann vor, wenn ein mitgeteilter Mindestbetrag unterschritten wird.[28] Ist die Mindestgrenze offen gelassen, so liegt ein Unterliegen jedenfalls dann vor, wenn der genannte Betrag um mehr als 20% hinter dem angegebenen Betrag zurückbleibt.[29] Ein für die genannten Bereiche relevantes Unterliegen liegt auch dann vor, wenn der zugesprochene Betrag um weniger als 20% hinter der Betragsvorstellung zurückbleibt, weil sich vom Kläger vorgetragene Tatsachen nicht beweisen ließen oder weil den Kläger nach Auffassung des Gerichts ein Mitverschulden trifft.[30] 1077

Beispiel: Spricht das Gericht statt des vorgestellten Schmerzensgeldes von 10.000,– EUR nur 8.500,– EUR mit der Begründung zu, den Kläger treffe ein Mitverschulden und der von ihm behauptete Verletzungsumfang habe sich nicht voll beweisen lassen, so ist der Kläger mit 15% an den Kosten zu beteiligen und kann gegen das Urteil Berufung einlegen.[31]

---

26 OLG München VersR 1996, 63; OLG Nürnberg ZfS 1995, 452; OLG Düsseldorf NJW-RR 1995, 955; *Butzer*, Probleme beim unbezifferten Klageantrag, MDR 1992, 539 mwN.

27 BGH NJW 1996, 2425 mAnm *Frahm* VersR 1996, 1212 und *Probst* JR 1997, 154; so auch BLAH/*Hartmann* ZPO § 308 Rn. 4; MüKoZPO/*Musielak* § 308 Rn. 1; *Röttger*, Die Bindung des Gerichts an den unbezifferten Zahlungsantrag, NJW 1994, 368.

28 BGH NJW 2004, 863; 2002, 212.

29 BGH NJW 1993, 2875; OLG Naumburg MedR 2014, 667 mAnm *Jaeger*; *Steinle*, Kostenrisiko bei unbeziffertem Schmerzensgeldantrag, VersR 1992, 425; aA *Schellhammer* ZivilProz Rn. 946.

30 KG MDR 1970, 152; Thomas/Putzo/*Reichold* ZPO Vorbem § 511 Rn. 23; Zöller/*Herget* ZPO § 3 Rn. 16, vor § 511 Rn. 15.

31 OLG Köln VersR 1993, 616.

<table>
<tr><th colspan="6">Berechnungsprobleme beim unbezifferten Klageantrag</th></tr>
<tr><th rowspan="2">Berechnungsproblem</th><th colspan="5">Art der vom Kläger angegebenen Betragsvorstellung</th></tr>
<tr><th>Bezifferter Antrag</th><th>Mindestbetrag</th><th>Zirkabetrag</th><th>Höchstbetrag</th><th>Rahmenbetrag</th></tr>
<tr><td>Zuständigkeitsstreitwert</td><td colspan="4">Angegebener Betrag.</td><td>Angegebener Höchstbetrag.</td></tr>
<tr><td rowspan="3">Kostenstreitwert</td><td rowspan="3">Angegebener Betrag.</td><td colspan="4">Vom Gericht bei Unterstellung des klägerischen Vortrags für angemessen gehaltener Betrag,</td></tr>
<tr><td>mindestens der angegebene Betrag.</td><td colspan="2">mindestens 80% des angegebenen Betrags.</td><td>mindestens der angegebene Mindestbetrag.</td></tr>
<tr><td colspan="2">ohne Beschränkung nach oben.</td><td>höchstens der angegebene Betrag.</td><td>höchstens der angegebene Höchstbetrag.</td></tr>
<tr><td>Höchstbetrag Verurteilung</td><td>Angegebener Betrag.</td><td colspan="2">Unbeschränkt.</td><td>Angegebener Betrag.</td><td>Angegebener Höchstbetrag.</td></tr>
<tr><td>Teilunterliegen und Beschwer</td><td colspan="2">Bei jeder Unterschreitung des angegebenen Betrags.</td><td colspan="2">Bei jeder Unterschreitung des angegebenen Betrags wegen Nichterweislichkeit von Tatsachen oder wegen Mitverschulden; ansonsten bei Unterschreitung des angegebenen Betrags um mehr als 20%.</td><td>Bei jeder Unterschreitung des angegebenen Mindestbetrags.</td></tr>
</table>

Schema 18.2: Berechnungsprobleme beim unbezifferten Antrag

1078 **Berechnungsbeispiele** für den Fall, dass das Gericht den Grund des Anspruchs voll bejaht, bieten nachstehende schematische Fälle:

Der Kläger beantragt, den Beklagten zur Zahlung eines angemessenen Schmerzensgeldes zu verurteilen und stellt sich dabei einen Betrag von »**mindestens 10.000,– EUR**« vor.

Gericht hält für angemessen	*Zuständigkeitsstreitwert*	*Kostenstreitwert*	*Verurteilung des Beklagten*		*Wert der Beschwer*
			in Hauptsache	*in Kosten*	
15.000,–	*10.000,–*	*15.000,–*	*15.000,–*	*15/15*	*0,–*
9.500,–	*10.000,–*	*10.000,–*	*9.500,– iÜ abgew.*	*9,5/10*	*500,–*

Der Kläger beantragt, den Beklagten zur Zahlung eines angemessenen Schmerzensgeldes zu verurteilen und stellt sich dabei einen Betrag von »**ca. 10.000,– EUR**« vor.

Gericht hält für angemessen	*Zuständigkeitsstreitwert*	*Kostenstreitwert*	*Verurteilung des Beklagten*		*Wert der Beschwer*
			in Hauptsache	*in Kosten*	
15.000,–	*10.000,–*	*15.000,–*	*15.000,–*	*15/15*	*0,–*
8.000,–	*10.000,–*	*8.000,–*	*8.000,–*	*8/8*	*0,–*
5.000,–	*10.000,–*	*8.000,–*	*5.000,– iÜ abgew.*	*5/8*	*3.000,–*

Der Kläger beantragt, den Beklagten zur Zahlung eines angemessenen Schmerzensgeldes zu verurteilen und stellt sich dabei einen Betrag von »**zwischen 8.000,– EUR und 12.000,– EUR**« vor.

Gericht hält für angemessen	*Zuständigkeitsstreitwert*	*Kostenstreitwert*	*Verurteilung des Beklagten*		*Wert der Beschwer*
			in Hauptsache	*in Kosten*	
15.000,–	*12.000,–*	*12.000,–*	*12.000,–*	*12/12*	*0,–*
8.000,–	*12.000,–*	*8.000,–*	*8.000,–*	*8/8*	*0,–*
5.000,–	*12.000,–*	*8.000,–*	*5.000,– iÜ abgew.*	*5/8*	*3.000,–*

c) Urteil

Für das auf eine Klage mit unbeziffertem Antrag hin ergehende Urteil gelten folgende Besonderheiten: 1079

- Im **Tenor** ist der Betrag, zu dem der Beklagte verurteilt wird, zu beziffern. Hier ergeben sich dem bezifferten Klageantrag gegenüber keinerlei Besonderheiten.

  Der Rechtsgrund des Anspruchs (»Schmerzensgeld«) wird auch dann nicht in den Tenor aufgenommen, wenn er im Antrag des Klägers benannt war.

- Im **Tatbestand** wird der Antrag des Klägers so wiedergegeben wie er gestellt wurde, also unbeziffert. In die Darstellung des Klägervortrags müssen die besonderen Bezifferungstatsachen und die Betragvorstellung aufgenommen werden.

  Formulierungsbeispiel:
  Der Kläger beantragt,
  den Beklagten zur Zahlung eines Schmerzensgelds an ihn zu verurteilen, dessen Höhe er ins Ermessen des Gerichts stellt.

- In den **Entscheidungsgründen** wird die Statthaftigkeit des unbezifferten Antrags im Rahmen der Zulässigkeitsvoraussetzung »Ordnungsgemäße Klageerhebung« erörtert, die Betragsvorstellung kann im Rahmen der sachlichen Zuständigkeit eine Rolle spielen. Im Rahmen der Begründetheit der Klage kann die Nichtverletzung der Bindung an den Antrag (§ 308 I ZPO) sowie die Frage zu erörtern sein, ob die Klage durch genügende Bezifferungstatsachen hinreichend substanziiert ist. Ob ein Teilunterliegen des Klägers vorliegt, ist für die Kostenentscheidung von Bedeutung (§ 92 ZPO).

  Formulierungsbeispiel:
  Die Klage ist zulässig.
  Sie ist insbesondere ordnungsgemäß erhoben worden. Dazu bedurfte es der Bezifferung des geltend gemachten Anspruchs ausnahmsweise nicht, weil diese vom Ermessen des Gerichts abhängt (§ 253 II BGB) und dem Kläger damit unmöglich ist. In diesem Fall ist in Rechtsprechung und Lehre allgemein anerkannt, dass der Kläger die Bezifferung nicht selbst vornehmen muss, sondern diese dem Gericht überlassen kann.
  Das angerufene Gericht ist auch sachlich zuständig, weil der Wert des geltend gemachten Anspruchs 5.000,– EUR nicht übersteigt. Dies folgt aus der Betragsvorstellung des Klägers, der mit der Klage ein Schmerzensgeld von circa 3.000,– EUR erstrebt.
  Die Klage ist begründet. …
  Das dem Beklagten zustehende Schmerzensgeld ist mit 3.500,– EUR zu bemessen. Damit wird dem Kläger nicht mehr zugesprochen als er beantragt hat (§ 308 I ZPO), weil Sinn des unbezifferten Antrags ist, dem Kläger unabhängig von der Schranke des Antrags dasjenige zukommen zu lassen, was das Gericht für angemessen hält. Das Gericht hält diesen Betrag für angemessen, weil …

§ 19 Objektive Klagehäufung

1080 Versteht man unter »Klagehäufung« das Zusammentreffen mehrerer Klagen (= Prozessrechtsverhältnisse) in einem Prozess, so kann diese durch eine Mehrheit von Prozesssubjekten entstehen (»subjektive Klagehäufung«; dazu → Rn. 988 ff.) oder durch eine Mehrheit von Prozessgegenständen (Streitgegenständen). Letztere ist Gegenstand der nachfolgenden Betrachtung.

1. Allgemeines

a) Begriff und Bedeutung

1081 Die objektive Klagehäufung setzt eine **Mehrheit von Streitgegenständen** voraus. Wann eine solche vorliegt, wird von den unterschiedlichen zum Streitgegenstandsbegriff vertretenen Auffassungen verschieden beantwortet.

- Sowohl der eingliedrige als auch der zweigliedrige Streitgegenstandsbegriff (→ Rn. 178 ff.) nehmen eine Mehrheit von Streitgegenständen an, wenn **mehrere Anträge** gestellt werden. In diesen Fällen kann der zugrunde zu legende Streitgegenstandsbegriff dahin stehen.

> **Beispiele:** Verlangt der Kläger nach Beendigung eines Mietvertrages Herausgabe einer Sache und Zahlung von Schadensersatz wegen deren Beschädigung, so liegt eine Klagehäufung vor, weil aus demselben Sachverhalt zwei Anträge hergeleitet werden.
> Kein Fall der Klagehäufung ist dagegen gegeben, wenn lediglich materiellrechtliche Anspruchskonkurrenz vorliegt, wenn sich der geltend gemachte Schadensersatzanspruch sowohl aus § 280 BGB als auch aus § 823 BGB ergeben kann.

- Nur nach dem herrschenden zweigliedrigen, nicht aber nach dem eingliedrigen Streitgegenstandsbegriff liegt eine Mehrheit von Streitgegenständen vor, wenn zur Begründung nur eines Antrags **mehrere Lebenssachverhalte** vorgetragen werden. In diesen Fällen muss entschieden werden, welcher Streitgegenstandsbegriff zugrunde gelegt werden soll.

> **Beispiel:** Verlangt der Kläger Zahlung eines Betrages sowohl aus dem obligatorischen Grundgeschäft als auch aus einem sicherungshalber gegebenen Wechsel, so stellt er nur einen Sachantrag, begründet diesen aber mit unterschiedlichen Lebenssachverhalten. Diese Fallgruppe ist praktisch selten und unterscheidet sich – wenn man mit der hM eine Klagehäufung annimmt – nur marginal von der Antragsmehrheit.[1]

1082 Die objektive Klagehäufung kann *von Anfang an* bestehen, wenn der Kläger bereits bei Klageerhebung mehrere Streitgegenstände anhängig macht, oder sie kann erst *nachträglich* durch Klageerweiterung oder Prozessverbindung seitens des Gerichts entstehen. Unterschiede in der Behandlung dieser Fälle bestehen nicht.[2] *Beendigt* werden kann die objektive Klagehäufung durch teilweise Klagerücknahme, Teilurteil oder Trennungsbeschluss des Gerichts.

1083 Die **Funktion** der objektiven Klagehäufung erschließt sich aus der Prozessökonomie: Verhandlung, Beweisaufnahme und Entscheidung über die einzelnen Streitgegenstände müssen nicht mehrfach erfolgen, sondern können in einem Verfahren zusam-

1 *Rosenberg/Schwab/Gottwald* ZivilProzR § 100 V.
2 Entsteht die Klagehäufung durch eine Klageänderung, müssen kumulativ auch die Voraussetzungen der §§ 263 ff. ZPO vorliegen: BGH NJW 2007, 2414.

mengefasst werden. Dabei darf nicht übersehen werden, dass es sich nach wie vor um eigenständige Verfahren handelt. Wie schon bei der subjektiven Klagehäufung (→ Rn. 994) gelten damit auch hier zwei Grundsätze:

(1) Aus dem Grundsatz der **Selbstständigkeit der Prozessrechtsverhältnisse** folgt, dass die Parteien über jeden Anspruch unabhängig von den anderen Ansprüchen frei disponieren können (Klagerücknahme, Anerkenntnis, Verzicht, Vergleich, Erledigungserklärung), dass prozessuale und materielle Voraussetzungen für jeden Anspruch getrennt zu prüfen sind und die Entscheidung über einen Anspruch unabhängig von der Entscheidung über die anderen Ansprüche ist, insbesondere also auch Teilurteile ergehen können (§ 301 ZPO). Rechtsmittel können auf einzelne Streitgegenstände beschränkt werden.

(2) Der Grundsatz der **Gemeinsamkeit des Prozessbetriebs** führt dazu, dass die den technischen Ablauf des Verfahrens betreffenden Prozesshandlungen für alle Prozessrechtsverhältnisse gemeinsam erfolgen können. Vorgetragen, verhandelt, Beweis erhoben und entschieden wird über alle Streitgegenstände zusammen.

b) Zulässigkeit

Voraussetzungen für die Zulässigkeit der objektiven Klagehäufung sind nach **§ 260 ZPO** **1084**

- die Identität der Parteien bezüglich der verschiedenen Streitgegenstände, dh, diese müssen zwischen gleichem Kläger und Beklagten geltend gemacht werden.

  Hierdurch wird die objektive von der subjektiven Klagehäufung abgegrenzt.

- die Zuständigkeit des Prozessgerichts für alle Ansprüche.[3]

  Dabei handelt es sich um keine besondere, sondern um die **allgemeine Zulässigkeitsvoraussetzung**, die jedoch – wie alle anderen Zulässigkeitsvoraussetzungen auch – für jeden Anspruch getrennt geprüft werden muss.

  Besonderheiten bei der Zuständigkeitsprüfung mehrerer Ansprüche können sich ergeben aus **§ 5 ZPO**, der für den Zuständigkeitsstreitwert eine Addition der Ansprüche vorschreibt, und aus **§ 25 ZPO**, der bei Verbindung von dinglicher und schuldrechtlicher Klage einen besonderen Gerichtsstand einräumt.

- die gleiche Prozessart für alle anhängigen Ansprüche.

  Nur wenn auf alle Ansprüche die gleichen **Verfahrensregeln** anzuwenden sind, können sie gemeinsam verhandelt und entschieden werden. Ansonsten tritt durch die Verbindung eine Verfahrensvereinfachung nicht ein.

  Einer Klagehäufung stehen nicht unterschiedliche **Klagearten**, sondern nur unterschiedliche Verfahrensarten entgegen. Damit können Leistungs- und Feststellungsklage ohne weiteres gemeinsam erhoben werden, nicht dagegen eine Klage im Urkundenprozess mit einer solchen im normalen Zivilprozess. Besondere Verfahrensarten (Mahn-, Eil-, Urkunden-, Status- oder sonstige Verfahren) können weder mit einem allgemeinen Verfahren noch untereinander verbunden werden.[4]

- das Fehlen ausdrücklicher Verbindungsverbote.

  Beispiele: Nach § 578 II ZPO dürfen Wiederaufnahme- und Restitutionsklage nicht gemeinsam verhandelt und entschieden werden.

---

3 OLG Düsseldorf FamRZ 1980, 794.

4 BGH NJW 1981, 2418; OLG Frankfurt a.M. MDR 2015, 671.

1085 Diese Voraussetzungen stellen keine echten Sachurteilsvoraussetzungen dar. Fehlen sie, so kommt es in der Regel nicht zu einem Prozessurteil, sondern zur Abtrennung und ggf. (auf Antrag) Verweisung eines Anspruchs an das zuständige Gericht. Aufbaumäßig werden sie deswegen in einem besonderen Abschnitt der Prozessstation (entweder vor oder nach den echten Zulässigkeitsvoraussetzungen, jedenfalls aber vor den materiellen Fragen) geprüft.

c) Arten

1086 Je nachdem, wie der Kläger die Streitgegenstände geltend machen will, lassen sich verschiedene Unterarten der objektiven Klagehäufung unterscheiden:

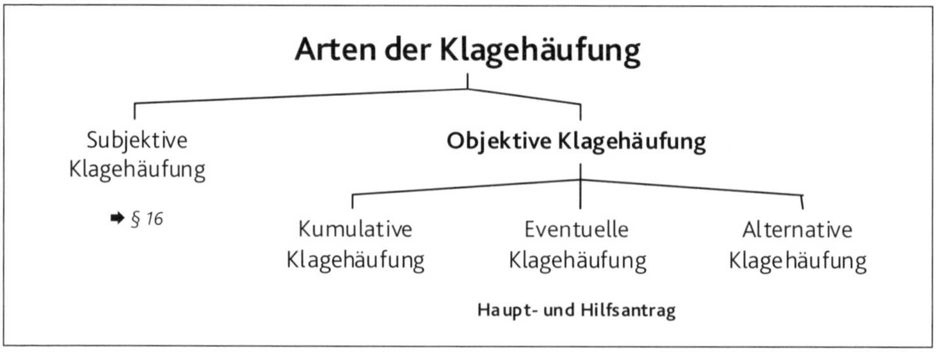

Schema 19.1: Arten der Klagehäufung

- Von einer **kumulativen** Klagehäufung spricht man, wenn der Kläger die Anträge bedingungslos nebeneinander stellt, er sie also gleichermaßen realisieren will.
- Von einer **eventuellen** Klagehäufung spricht man, wenn der Kläger primär nur einen Antrag entschieden haben will und die anderen unter eine Bedingung (meist die Erfolglosigkeit des vorgehenden Antrags) stellt. Diese Form der Klagehäufung ist auch unter der Bezeichnung **Haupt- und Hilfsantrag** bekannt.
- Von einer **alternativen** Klagehäufung spricht man, wenn der Kläger nur einen von verschiedenen Anträgen durchsetzen will, er die Wahl aber nicht selbst trifft, sondern sie dem Gegner oder dem Gericht überlässt.

2. Kumulative Klagehäufung

1087 *Normalfall* der Klagehäufung ist die kumulative Häufung, bei der mehrere selbstständige Ansprüche in einem Verfahren zusammengefasst sind, um verschiedene Prozesse zwischen denselben Parteien zu vermeiden (Grundsatz der Prozessökonomie).

> Hauptanwendungsfall in der Praxis sind die sog. **Punktesachen**, **zB** Bauprozesse, in denen um eine Vielzahl von Mängeln gestritten wird oder Prozesse nach Beendigung eines Mietverhältnisses, wo rückständige Miete und Nebenkosten, Räumung und Herausgabe, Schadensersatz und Kautionsrückzahlung gleichzeitig begehrt werden.

1088 Besteht die Klagehäufung aus mehreren auf unterschiedliche Rechtsfolgen gerichteten Anträgen (Herausgabe und Schadensersatz), ist das Vorliegen einer Klagehäufung ohne weiteres erkennbar (»**offene** Klagehäufung«). Lauten die verschiedenen Anträge auf dieselbe Rechtsfolge oder wird nur ein Antrag aus verschiedenen Lebenssachverhalten geltend gemacht, ist das Vorliegen einer Klagehäufung schwer feststellbar (»**verdeckte** Klagehäufung«)

Werden mehrere Ansprüche nur teilweise geltend gemacht, so muss eindeutig erkennbar sein, welcher Anspruch in welcher Höhe geltend gemacht wird. Ansonsten liegt eine sog. »**unabgegrenzte Teilklage**« vor, die mangels bestimmten Klageantrags als unzulässig abzuweisen ist.[5] **1089**

> **Beispielsfall:** Verlangt der Kläger Zahlung von insgesamt 12.000,– EUR und trägt er zur Begründung einen Kaufpreisanspruch über 10.000,– EUR und einen Werklohnanspruch über 8.000,– EUR vor, so muss er klarstellen, welcher Anspruch in welcher Höhe eingeklagt werden soll. Nur dann ist klar worüber das Gericht verhandeln und entscheiden muss, welcher Anspruch in welcher Höhe in Rechtskraft erwächst.

Der **Zuständigkeits-** und der **Kostenstreitwert** berechnen sich durch *Addition* aller Einzelansprüche (§ 5 ZPO; § 39 I GKG, § 23 I RVG), soweit diese nicht ausnahmsweise wirtschaftlich identisch sind.[6]

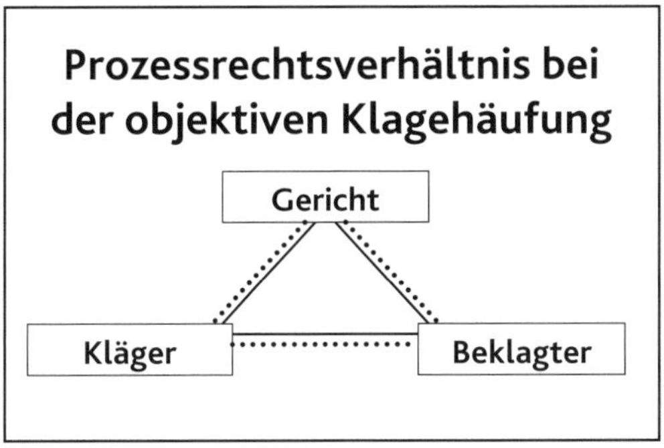

Schema 19.2: Prozessrechtsverhältnisse bei der objektiven Klagehäufung

Bei der kumulativen Klagehäufung besteht für jeden Streitgegenstand ein eigenes Prozessrechtsverhältnis zwischen Gericht, Kläger und Beklagtem. Rechtlich werden sie behandelt wie eigenständige Prozesse (Selbstständigkeit der Prozessrechtsverhältnisse), organisatorisch werden sie zur Vermeidung unnötigen Aufwands gemeinsam betrieben. **1090**

Rechtlich stellt die objektive Klagehäufung damit weniger ein prozessuales Problem als vielmehr eine reine Fleißarbeit dar. Es ist notwendig, nicht nur einen Prozess, sondern gleichzeitig mehrere zu bearbeiten.

Je mehr Streitgegenstände zusammentreffen, umso häufiger resultieren hieraus praktisch Fehler. Anwälte übersehen die Notwendigkeit, zu einzelnen Streitgegenständen vorzutragen, Richter übersehen die Beweisbedürftigkeit einzelner Streitgegenstände oder übergehen diese bei der Entscheidung, was eine Urteilsergänzung erforderlich machen kann. Umfangreiche Klagehäufungen werden deswegen häufig durch Teilurteile abgeschichtet.

Probleme können sich beim **Aufbau** von Tatbestand und Urteil ergeben. Hier bietet es sich an, danach zu differenzieren, ob zwischen den einzelnen Anträgen ein Sachzusammenhang besteht oder nicht. **1091**

> Ein Sachzusammenhang besteht **zum Beispiel**, wenn der Kläger sowohl Zahlung einer bezifferten Schadensersatzforderung als auch Feststellung begehrt, dass der Beklagte daneben zum Ersatz zukünftiger Schäden aus dem gleichen Schadensereignis verpflichtet sei. Kein Zusammenhang zwischen den Anträgen besteht zB, wenn der Kläger Erfüllung aus zwei verschiedenen Verträgen begehrt.

5 BGH MDR 2013, 262; NJW 1984, 2346; BGH LM § 253 ZPO Nr. 8, Nr. 24.
6 Teleologische Reduktion des zu weiten Wortlauts der genannten Normen: BGH NJW-RR 1991, 186.

1092 Besteht ein *Zusammenhang*, so empfiehlt sich ein »*einstufiger*« Aufbau, dh, innerhalb der einzelnen Gliederungsabschnitte werden die verschiedenen Streitgegenstände nacheinander abgehandelt. Besteht ein *Zusammenhang* zwischen den geltend gemachten Streitgegenständen *nicht*, so kann es im Interesse der Verständlichkeit sinnvoll sein, einen »*mehrstufigen*« Aufbau zu wählen, dh zunächst nach Streitgegenständen zu gliedern und jeden Streitgegenstand für sich »klassisch« aufzubauen.[7]

Der **Tatbestand** sieht dann wie folgt aus:

Einstufiger Aufbau

- Einleitungssatz
- *Unstreitiges Parteivorbringen*
  - zum gemeinsamen Lebenssachverhalt
  - zum Streitgegenstand 1
  - zum Streitgegenstand 2
- *Streitiges Klägervorbringen*
  - zum gemeinsamen Lebenssachverhalt
  - zum Streitgegenstand 1
  - zum Streitgegenstand 2
- Anträge
  - des Klägers
    - zum Streitgegenstand 1
    - zum Streitgegenstand 2
  - des Beklagten
    - zum Streitgegenstand 1
    - zum Streitgegenstand 2
- Streitiges Beklagtenvorbringen
  - zum gemeinsamen Lebenssachverhalt
  - zum Streitgegenstand 1
  - zum Streitgegenstand 2
- Prozessgeschichte

Mehrstufiger Aufbau

- Einleitungssatz
- *(soweit möglich:)* Unstreitiges Parteivorbringen zu allen Streitgegenständen
- Streitgegenstand 1
  - Unstreitiges Parteivorbringen
  - Streitiges Klägervorbringen
  - Streitiges Beklagtenvorbringen
- Streitgegenstand 2
  - Unstreitiges Parteivorbringen
  - Streitiges Klägervorbringen
  - Streitiges Beklagtenvorbringen
- Anträge
  - des Klägers
  - des Beklagten
- Prozessgeschichte

Entscheidungsgründe haben dann folgenden Aufbau:

Einstufiger Aufbau

I. Zulässigkeit der Klage
II. Begründeter Teil der Klage
  1. Streitgegenstand 1
  2. Streitgegenstand 2
III. Unbegründeter Teil der Klage
  1. Streitgegenstand 1
  2. Streitgegenstand 2
IV. Nebenentscheidungen

Mehrstufiger Aufbau

I. Zulässigkeit der Klage
II. Streitgegenstand 1
  - Begründeter Teil
  - Unbegründeter Teil
III. Streitgegenstand 2
  - Begründeter Teil
  - Unbegründeter Teil
IV. Nebenentscheidungen

3. Eventuelle Klagehäufung

1093 Ist sich der Kläger nicht sicher, dass er mit seinem Antrag obsiegt, so kann er für diesen Fall einen weiteren Anspruch erheben. Der zweite Antrag ist dann nur für den Fall gestellt, dass der erste Antrag unzulässig oder unbegründet ist, steht damit also

7 *Anders/Gehle* Assessorexamen ZivR Rn. 412; *Siegburg* Urteilstechnik Rn. 159.

unter einer Bedingung. Praktisch wird dies kenntlich gemacht, indem der zweite Anspruch nur »**hilfsweise**« gestellt wird.

Ein solcher Hilfsantrag kann **offen** gestellt werden, indem der Kläger ausdrücklich zwei Anträge formuliert und den zweiten nur »hilfsweise« stellt. Ist der Hilfsantrag auf die gleiche Rechtsfolge wie der Hauptantrag gerichtet, wird er häufig nicht ausformuliert. Nur aus den Gründen ergibt sich hier, dass diese Rechtsfolge primär aus einem, hilfsweise aus einem anderen Lebenssachverhalt begehrt wird (sog. »**verdeckter** Hilfsantrag«).[8]

> **Beispiel:** Der Kläger stellt nur den Antrag, den Beklagten zur Zahlung von 10.000,– EUR zu verurteilen. Zur Begründung trägt er vor, der Anspruch werde in erster Linie auf eigenes Recht, hilfsweise auf einen von einem Dritten abgetretenen Anspruch gestützt.

a) Zulässigkeit

(1) **Bedingung.** Mit der eventuellen Klagehäufung macht der Kläger die **Entscheidung** über seinen Hilfsantrag vom Eintritt der gestellten Bedingung abhängig, hieran ist das Gericht nach § 308 I ZPO gebunden.[9] 1094

Ein Antrag kann – wie jede Prozesshandlung – unter einer Bedingung nur dann gestellt werden, wenn deren (Nicht-)Eintritt nicht von einem künftigen tatsächlichen Ereignis (= echte materielle Bedingung iSd § 185 BGB), sondern von einem rein innerprozessualen Ereignis (= **Rechtsbedingung**) abhängig ist. Vom Erfolg des Hauptantrags kann der Hilfsantrag damit ohne weiteres abhängig gemacht werden.

Nicht unter eine Bedingung stellen kann der Kläger den Ablauf der der Entscheidung vorangehenden **Verhandlung**: Wenn im Interesse der Verfahrensökonomie mehrere Anträge verbunden werden, über die das Gericht ggf. gemeinsam entscheiden soll, muss es dem Gericht freigestellt sein, inwieweit es über den Haupt- und/oder Hilfsantrag verhandelt. Daraus folgt, dass der Hilfsantrag sofort, aber *auflösend bedingt* rechtshängig wird. Damit kann das Gericht sofort über ihn verhandeln, insbesondere auch hierüber Beweise erheben, nur entscheiden darf es über ihn erst nach Klarheit über den Bedingungseintritt.[10] 1095

Der Kläger kann die Bedingung, unter die der Antrag gestellt werden soll, ausdrücklich formulieren. Tut er dies nicht und stellt den Antrag nur »**hilfsweise**«, ist davon auszugehen, dass über den Hilfsantrag (nur) dann entschieden werden soll, wenn der Hauptantrag vollständig erfolglos bleibt. 1096

Diese Auslegung bezeichnet man als »eigentliche Eventualhäufung«. In den meisten Fällen wird damit dem Interesse des Klägers hinreichend Rechnung getragen. Über den Hilfsantrag wird dann entschieden, wenn sich der Hauptantrag als unzulässig oder unbegründet erwiesen hat.

Steht nur die Zulässigkeit oder nur die Begründetheit des Hauptantrags im Zweifel, kann der Kläger seine Bedingung darauf beschränken, also etwa den Hilfsantrag nur für den Fall der Unzulässigkeit oder nur für den Fall der Unbegründetheit des Hauptantrags stellen. Vorteile hat eine solche Beschränkung für ihn nicht.

---

8 BGH NJW 1985, 1841.

9 BGH WM 1992, 308; Thomas/Putzo/*Reichold* ZPO § 260 Rn. 17.

10 *Siegburg* Urteilstechnik Rn. 374; *Anders/Gehle* Assessorexamen ZivR Rn. 411; hieraus zu folgern, die Entscheidungsbefugnis des Gerichts über den Hilfsantrag stehe unter einer aufschiebenden Bedingung (so zB *Knöringer* ZivilProz § 8 Abs. 3 1. b), führt zu unnötiger Verwirrung bei Abgrenzung von der auflösenden Bedingung, unter der der Hilfsantrag steht.

Probleme kann es geben, wenn der Hauptantrag nur teilweise erfolglos ist. Ohne nähere Vorgaben des Klägers ergeht eine Entscheidung über den Hilfsantrag dann nicht.[11] Will der Kläger bereits bei teilweiser Erfolglosigkeit des Hauptantrags eine Entscheidung über den Hilfsantrag, so muss er zusätzlich klarstellen, ob der Hilfsantrag dann den Hauptantrag nur (etwa bis zur beantragten Zahlungssumme) auffüllen oder vollständig an dessen Stelle treten soll.

Denkbar, praktisch aber sehr selten ist auch, dass der Kläger eine Entscheidung über den Hilfsantrag nur will, wenn schon der Hauptantrag erfolgreich war, sodass bei Stattgabe des Hauptantrags kumulativ auch über den Hilfsantrag zu befinden ist (sog. »*uneigentliche Eventualhäufung*«).

Wichtigstes **Beispiel** hierfür ist die Stufenklage, wo der Leistungsantrag nur gestellt werden soll, falls dem Auskunftsanspruch stattgegeben wurde.[12]

Der Anwalt ist deswegen bei Abfassung einer Klageschrift gut beraten, einen Hilfsantrag nicht nur »hilfsweise« zu stellen, sondern konkret anzugeben, unter welchen Voraussetzungen und in welchem Umfang eine Entscheidung über diesen Antrag begehrt wird.

Formulierungsbeispiel: Der Kläger beantragt, festzustellen, dass der Beklagte dem Kläger aus dem zwischen den Parteien am … geschlossenen Vertrag … 5.000,– EUR schuldet,
hilfsweise, dh für den Fall, dass dieser Antrag unzulässig ist, den Beklagten zur Zahlung von 5.000,– EUR zu verurteilen.

1097 Tritt die Bedingung ein, erlischt die Rechtshängigkeit des Hilfsantrags rückwirkend, die hiermit verbundenen Folgen entfallen grundsätzlich ex tunc.

Damit würde an sich rückwirkend auch die Hemmung der Verjährung entfallen, die durch die gerichtliche Geltendmachung des Anspruchs mit dem Hilfsantrag eingetreten ist (§ 204 BGB). Abhilfe schafft hier § 204 II BGB, wonach die verjährungshemmende Wirkung erhalten bleibt, wenn der Hilfsantrag binnen sechs Monaten mit einer neuen Klage wieder rechtshängig gemacht wird.[13]

1098 **(2) Konnexität.** Umstritten ist, ob die Zulässigkeit des Hilfsantrags davon abhängt, dass zwischen ihm und dem Hauptantrag ein innerer **Zusammenhang** besteht. Die hM bejaht dies, stellt an diesen Zusammenhang aber keine besonderen Anforderungen und lässt jeden rechtlichen, tatsächlichen oder wirtschaftlichen Zusammenhang ausreichen, sodass schon die Verfolgung eines ähnlichen Ziels oder die Gleichartigkeit der geltend gemachten Ansprüche[14] ausreichen. Haupt- und Hilfsantrag dürfen einander widersprechen oder sich sogar gegenseitig ausschließen.[15]

Soweit die ältere Literatur verlangte, dass die Ansprüche sich gegenseitig ausschließen, der Kläger rechtslogisch also nur das eine oder das andere verlangen kann, wird dies heute nicht mehr vertreten.

1099 **(3) Zuständigkeit.** Da über Haupt- und Hilfsantrag nur sukzessive entschieden werden kann, braucht das zunächst mit der Klage befasste Gericht nicht unbedingt auch für den Hilfsantrag zuständig zu sein.[16]

Der **Zuständigkeitsstreitwert** bestimmt sich, da Haupt- und Hilfsantrag zwar beide sofort rechtshängig, aber nach § 5 ZPO nicht addiert werden, weil der Kläger wirtschaftlich ja nur Haupt- oder Hilfsantrag realisieren will, nach dem höheren Einzelwert von Haupt- oder Hilfsantrag. Nach Entscheidung über den Hauptantrag ändert sich die Zuständigkeit durch isolierte Betrachtung des Hilfsantrags nicht, da die einmal begründete Zuständigkeit nach § 261 III Nr. 2 ZPO bestehen bleibt.

---

11 BGH NJW 1996, 3147.

12 OLG Köln VersR 1995, 679; *Lüke/Kerwer*, Eine neuartige Klagenhäufung, NJW 1996, 2121.

13 BGH NJW 1968, 693; Palandt/*Ellenberger* BGB § 209 Rn. 3; *Seibel*, Führt eine Klagerücknahme zum rückwirkenden Wegfall der Verjährungshemmung?, MDR 2015, 491.

14 *Rosenberg/Schwab/Gottwald* ZivilProzR § 100 III 3; *Knöringer* ZivilProz § 8 Abs. 3 2 (B); aA *Anders/Gehle* Assessorexamen ZivR Rn. 406.

15 BGH MDR 2014, 1043.

16 *Fleischmann*, Sachliche Zuständigkeit bei Haupt- und Hilfsantrag, NJW 1993, 506.

Beispielsfall: Macht der Kläger mit dem Hauptantrag einen in die Zuständigkeit des Landgerichts fallenden Anspruch, mit dem Hilfsantrag einen in die ausschließliche Zuständigkeit eines anderen Gerichts (zB des Amtsgerichts nach § 29a ZPO, des Familiengerichts oder des Arbeitsgerichts) fallenden Anspruch geltend, so entscheidet das Landgericht durch Teilurteil nur über den Hauptanspruch und verweist den Rechtsstreit im Übrigen an das zuständige Gericht (an das Amtsgericht nach § 281 ZPO, an das Familiengericht nach § 17a II, VI, an das Arbeitsgericht nach § 17a II GVG).[17]
Ist die Zuständigkeit für den Hilfsantrag nicht ausschließlich, so kann die Zuständigkeit des Gerichts auch für den Hilfsantrag durch rügelose Einlassung nach § 39 ZPO begründet werden.

b) Entscheidung

Besonderheiten für die Entscheidung folgen aus der bedingten Entscheidungsbefugnis des Gerichts: Zunächst muss der Hauptantrag erschöpfend behandelt werden, erst wenn feststeht, dass dieser erfolglos bleibt, ist eine Entscheidung auch über den Hilfsantrag möglich. Diese zwingende Prüfungsreihenfolge muss auch der Aufbau der Entscheidung widerspiegeln.[18] 1100

Ist der **Hauptantrag erfolgreich**, so ist die Bedingung für den Hilfsantrag eingetreten, dessen Rechtshängigkeit rückwirkend erloschen und eine *Entscheidung* des Gerichts über den Hilfsantrag damit nicht mehr möglich. Der *Tenor* gibt dem Hauptantrag statt. Die *Kosten* des Rechtsstreits hat der voll unterlegene Beklagte zu tragen (§ 91 ZPO), der Kostenstreitwert bestimmt sich ausschließlich nach dem Wert des Hauptantrags (§ 45 I 2 GKG). Im *Tatbestand* werden Haupt- und Hilfsantrag wiedergegeben, auch wenn über letzteren keine Entscheidung ergeht. Grundsätzlich muss das Vorbringen der Parteien zu beiden Anträgen dargestellt werden, doch können die zum Hilfsantrag geltend gemachten Angriffs- und Verteidigungsmittel kurz gefasst, ggf. auf eine bloße Verweisung beschränkt werden, wenn eine Entscheidung hierüber nicht ergeht. Die *Entscheidungsgründe* legen den Erfolg des Hauptantrags dar, auf den (weggefallenen) Hilfsantrag gehen sie entweder überhaupt nicht oder (vor den Nebenentscheidungen) nur mit einem Satz ein. 1101

Formulierungsbeispiel: Wegen des Vorbringens des Klägers zum Hilfsantrag wird auf die Ausführungen auf Bl. … der Klageschrift Bezug genommen.
Einer Entscheidung über den Hilfsantrag bedurfte es nicht, da dessen Rechtshängigkeit mit dem Erfolg des Hauptantrags entfallen ist.

Ist der **Hauptantrag** dagegen **erfolglos**, so tritt die den Hilfsantrag beseitigende Bedingung nicht ein, das Gericht muss hierüber entscheiden. Je nach Erfolg des Hilfsantrags sind dabei zwei Fallgruppen denkbar: 1102

Ist der **Hilfsantrag** ebenfalls **erfolglos**, so lautet der *Tenor* auf Klageabweisung. Inhaltlich umfasst er dabei Haupt- und Hilfsantrag, ohne dass dies in der Formulierung deutlich wird. Die *Kosten* des Rechtsstreits hat der voll unterlegene Kläger zu tragen (§ 91 ZPO), der Kostenstreitwert ergibt sich aus einer Addition von Haupt- oder Hilfsantrag (§ 45 I 2 GKG). Im *Tatbestand* werden beide Anträge und die zu ihnen vorgebrachten Angriffs- und Verteidigungsmittel umfassend dargestellt. Die *Entscheidungsgründe* können (soweit geboten) Ausführungen zur Zulässigkeit der Klagehäufung und zum Vorliegen der Zulässigkeitsvoraussetzungen beider Anträge 1103

17 BGH NJW 1981, 2417; 1980, 1283; Thomas/Putzo/*Reichold* ZPO § 281 Rn. 9; Zöller/*Greger* ZPO § 281 Rn. 8.

18 BGH NJW 1998, 1140; *Schuschke/Kessen/Höltje* Arbeitstechnik 146; zu weiteren Aufbaumustern *Anders/Gehle* Assessorexamen ZivR Rn. 411 ff.; *Schröer*, Haupt- und Hilfsvorbringen, JA 1990, 231.

enthalten. Materiell ist zunächst die Erfolglosigkeit des Hauptantrags und danach die Erfolglosigkeit auch des Hilfsantrags darzulegen.

1104 Ist der **Hilfsantrag** dagegen **erfolgreich**, so wird ihm im *Tenor* entsprochen, im Übrigen (betreffend den erfolglosen Hauptantrag) ist die Klage abzuweisen. Die *Kosten* sind nach § 92 ZPO zu verteilen, für den der Quotelung zugrunde zu legenden Kostenstreitwert sind Haupt- und Hilfsforderung zu addieren (§ 45 I 2 GKG). Im *Tatbestand* werden beide Anträge und die zu ihnen vorgebrachten Angriffs- und Verteidigungsmittel umfassend dargestellt. Die *Entscheidungsgründe* umfassen in ihrem prozessualen Teil beide Anträge. Dem Gebot folgend, mit dem erfolgreichen Teil der Klage zu beginnen, geht der Obersatz vom begründeten Hilfsantrag aus. Als erste Voraussetzung für dessen Behandlung folgt dann aber gleich zu Beginn die Erfolglosigkeit des Hauptantrags.

Formulierungsbeispiel: Die Klage hat nach dem Hilfsantrag Erfolg. Über den Hilfsantrag ist zu entscheiden, weil die Bedingung dafür eingetreten, der Hauptantrag erfolglos geblieben ist. Leistung aus dem Hauptantrag kann der Kläger nicht verlangen, weil …

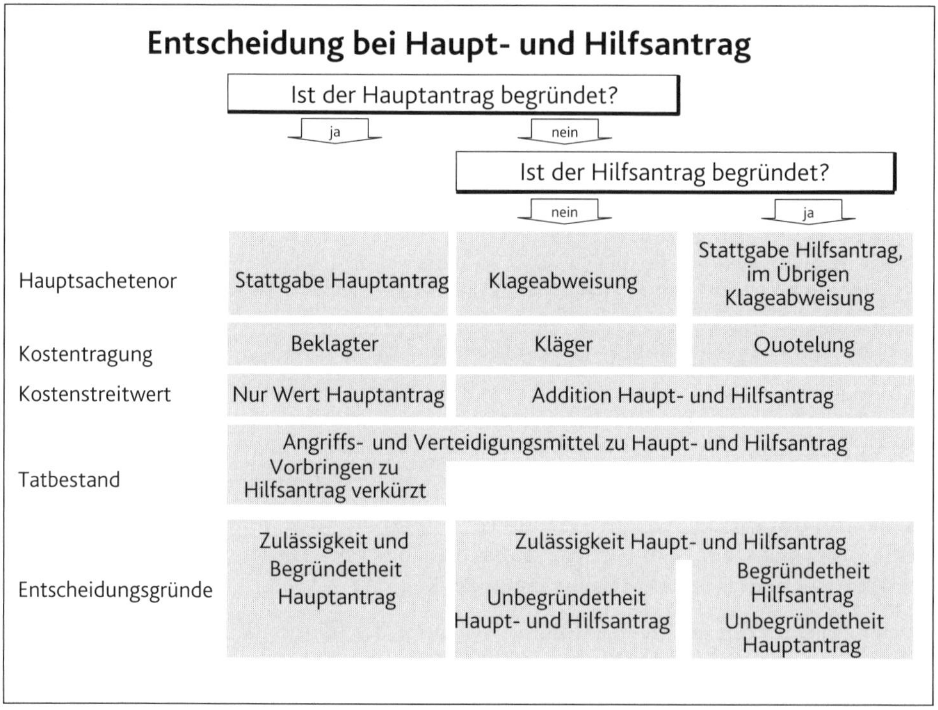

Schema 19.3: Entscheidung bei Haupt- und Hilfsantrag

4. Alternative Klagehäufung

1105 Stellt der Kläger mehrere Anträge, von denen er nur einen entschieden haben will, ohne jedoch selbst anzugeben, wann der eine und wann der andere beschieden werden soll, so ist die Klage wegen Verstoßes gegen § 253 II ZPO grundsätzlich unzulässig.[19]

19 BGH NJW-RR 1990, 122.

Die Bestimmung des Streitgegenstands gehört zwingend zu den Aufgaben des Klägers und kann weder auf das Gericht noch auf den Beklagten übertragen werden.

> **Beispiele:** Kann der Kläger vom Beklagten Zahlung des eingeklagten Betrages sowohl aus einem Kaufvertrag als auch aus einer deliktischen Handlung verlangen und trägt er beide Ansprüche im Rechtsstreit gleichberechtigt nebeneinander vor, so ist die Klage unzulässig.
> Der Kläger muss sich entscheiden, ob er Rücktritt oder Minderung will, ob er Erfüllung oder Schadensersatz begehrt.

Eine **Ausnahme** gilt für die Wahlschuld (§ 262 BGB),[20] bei der nicht der Kläger, sondern der Beklagte aufgrund materiellrechtlicher Regelung die Leistung bestimmt. Nur eine unechte Ausnahme stellen die Fälle dar, in denen der Schuldner eine Ersetzungs- und Abwendungsbefugnis kraft Gesetzes (§§ 251 II, 257 S. 2, 528 I 2, 775 II, 1992 S. 2 BGB) oder Parteivereinbarung hat, weil hier nur ein prozessualer Anspruch geltend gemacht wird.[21] 1106

Zweifelhaft ist, ob eine Ausnahme auch in den Fällen gilt, in denen der Kläger Zahlung eines Betrages zwar nur einmal, aber aus verschiedenen, selbstständigen Klagegründen verlangen kann. Weil diese Ansprüche trotz der Unterschiedlichkeit der Streitgegenstände das gleiche prozessuale Ziel verfolgen und nicht miteinander konkurrieren, gehen die hL und ein Teil der Rechtsprechung davon aus, dass das Rechtsschutzziel des Klägers nur dahin verstanden werden könne, das Gericht solle seine Klage alternativ unter beiden Gesichtspunkten prüfen. 1107

> **Beispiele:** Schadensersatzansprüche wegen Vertiefung des Nachbargrundstücks können dem Kläger (verschuldensabhängig) aus dem Deliktsrecht und (verschuldensunabhängig) aus dem nachbarrechtlichen Gemeinschaftsverhältnis zustehen. Beide Ansprüche stellen unterschiedliche Streitgegenstände dar und können alternativ mit einer Klage geltend gemacht werden. Entsprechendes gilt für den Anspruch aus dem kausalen Grundgeschäft neben dem aus einem Wechsel.[22]

Praktisch läuft die Zulassung der alternativen Klagehäufung durch die Rechtsprechung letztlich darauf hinaus, dass die Abweisung der Klage als unzulässig vermieden wird. Als sicherster Weg des Anwalts ist es geboten, solche Ansprüche im Wege von Haupt- und Hilfsantrag geltend zu machen.

Ist die alternative Klagehäufung unzulässig, so muss das Gericht zunächst versuchen, den Kläger durch einen **Hinweis** nach § 139 ZPO zur Klarstellung zu bewegen oder sein Vorbringen als Haupt- und Hilfsantrag **auszulegen**. 1108

5. Sonderfälle

a) Gesetzliche Klagehäufung

In einigen Fällen sieht schon das Gesetz Klagehäufungen vor und stellt hierfür eigene Voraussetzungen auf. 1109

Kann der Kläger dem Beklagten materiellrechtlich eine Frist zur Erfüllung des Hauptanspruchs setzen (so zB nach den §§ 281, 323 BGB), so kann er unter den Voraussetzungen der **§§ 255, 510b ZPO**, § 61 II ArbGG diese *Fristsetzung* und eventuell sogar Zahlung der bei ergebnislosem Verstreichen der Frist zu zahlenden *Ent-* 1110

20 RGZ 53, 81.
21 *Schellhammer* ZivilProz Rn. 1325.
22 BGH NJW-RR 1997, 1374; MüKoZPO/*Becker-Eberhard* § 260 Rn. 24 f.

schädigung vorsorglich bereits im Hauptprozess mit verlangen. Hierdurch soll ein ansonsten erforderlicher Folgeprozess vermieden werden. Die genannten Vorschriften erlauben nicht nur das Geltendmachen mehrerer Anträge nebeneinander und damit einen Fall der Klagehäufung, sondern sogar die bedingte Verurteilung des Beklagten.[23] Die Vollstreckung hängt von der Nichterfüllung der Hauptleistung und damit nicht bloß von einer prozessualen, sondern einer materiellen Bedingung ab.

> **Beispielsfall:** Wird der vor dem Amtsgericht auf Beseitigung eines Werkmangels in Anspruch genommene Beklagte antragsgemäß verurteilt, so kann das Gericht ihm auf entsprechenden Antrag des Klägers hin hierfür gleichzeitig eine Frist setzen und ihn für den Fall der Nichterfüllung zur Zahlung eines bestimmten Schadensersatzbetrages verurteilen (§§ 634 Nr. 4, 280 ff. BGB; § 510b ZPO).

1111 Einen anderen Fall der gesetzlich vorgesehenen Klagehäufung enthält die *Stufenklage* (**§ 254 ZPO**), die Gegenstand besonderer Betrachtung sein soll (→ Rn. 1118 ff.).

b) Hilfsvorbringen

1112 Während ein zusätzlicher Antrag stets eine Klagehäufung begründet (»offene Klagehäufung«), ist bei zusätzlich vorgetragenen Tatsachen zweifelhaft, ob sie lediglich der Substanziierung des bereits vorliegenden Lebenssachverhalts dienen oder ob sie einen neuen Streitgegenstand ausfüllen. Nur im letzten Fall liegt eine (verdeckte) Klagehäufung vor.

1113 Die Abgrenzung kann nicht immer danach vorgenommen werden, ob die zusätzlichen Tatsachen im Widerspruch zum bisher vorgetragenen Lebenssachverhalt stehen. Die Parteien nämlich können im Prozess auch unterschiedliche Tatsachen nebeneinander vortragen. Solche Tatsachen können sich widersprechen, möglicherweise sogar gegenseitig ausschließen.[24] Gegen die prozessuale Wahrheitspflicht (§ 138 I ZPO) verstößt ein solcher Vortrag erst, wenn eine der Möglichkeiten bewusst unwahr vorgetragen wird, die Partei also sicher ist, dass sie nicht stimmt.[25] Diesen Vorwurf kann die Partei regelmäßig dadurch vermeiden, dass sie die widersprüchliche Tatsache nur hilfsweise (für den Fall, dass das Hauptvorbringen nicht zu dem gewünschten prozessualen Erfolg führt) vorträgt (sog. »**Hilfsvorbringen**«).

23 BGH NJW 1999, 954; OLG Köln NJW-RR 1998, 1682; *Wieser*, Gleichzeitige Klage auf Leistung und auf Schadensersatz aus § 281 BGB, NJW 2003, 2432; *Wieser*, Bedingtes Schadensersatzverlangen nach § 281 BGB, NJW 2003, 3458.

24 BGHZ 19, 387 = NJW 1956, 631; *Schellhammer* Arbeitsmethode Rn. 418; *Schröer*, Haupt- und Hilfsvorbringen, JA 1990, 231.

25 Zöller/*Greger* ZPO § 138 Rn. 4.

Hilfsantrag und Hilfsvorbringen

	Offener Hilfsantrag	Verdeckter Hilfsantrag	Hilfsvorbringen
Inhalt			
Der Kläger	stellt einen zusätzlichen Antrag.	begründet einen Antrag mit einem zusätzlichen Lebenssachverhalt.	trägt zusätzliche Details zu dem bereits vorliegenden Lebenssachverhalt vor.
Beispiel	*Der Kläger verlangt Herausgabe einer Sache, hilfsweise Zahlung von Schadensersatz.*	*Der Kläger verlangt Zahlung aus einem kausalen Grundgeschäft, hilfsweise aus einem zahlungshalber gegebenen, nicht eingelösten Scheck.*	*Der Kläger verlangt Zahlung aus einem Vertrag und behauptet, dieser sei am 1.3., hilfsweise am 1.4. geschlossen worden.*
Folgen			
Ein Teilurteil	über den Hauptantrag ist möglich.		über das Hauptvorbringen ist nicht möglich.
Eine Klageabweisung im Übrigen	• ist bezüglich des Hauptantrags erforderlich, wenn nur dem Hilfsantrag stattgegeben wird. • ist bezüglich des Hilfsantrags nicht erforderlich, wenn dem Hauptantrag stattgegeben wird.		ist weder bezüglich des Hilfs- noch des Hauptvorbringens erforderlich.
Eine nachträgliche Geltendmachung	ist nur unter den Voraussetzungen der Klageänderung (§§ 263 ff. ZPO) möglich, kann aber nicht als verspätet zurückgewiesen werden (§ 296 ZPO).		ist auch ohne die Voraussetzungen der Klageänderung möglich, kann aber als verspätet zurückgewiesen werden.

Schema 19.4: Hilfsantrag und Hilfsvorbringen

Solches Hilfsvorbringen ist praktisch nur schwer von einem verdeckten Hilfsantrag 1114 zu unterscheiden. Einer Abgrenzung bedarf es, weil sich Hilfsantrag und Hilfsvorbringen in mehrfacher Hinsicht **unterscheiden**: Da beim Hilfsvorbringen nur ein einziger Streitgegenstand vorliegt, kann die Partei dem Gericht eine bestimmte Prüfungsreihenfolge nicht zwingend vorgeben, das Gericht ist frei, über welches Vorbringen es verhandeln, Beweis erheben oder entscheiden will.[26] Ein *Teilurteil* über das Hauptvorbringen ist nicht möglich, eine *Klageabweisung im Übrigen* bei Klagestattgabe aus dem Hilfsvorbringen nicht nötig.[27] Das nachträgliche Geltendmachen oder Ändern von Hilfsvorbringen stellt *keine Klageänderung* iSd §§ 263 ff. ZPO dar, unterliegt jedoch (anders als der Hilfsantrag) den *Präklusionsmöglichkeiten* des § 296 ZPO (→ Rn. 1144; → Rn. 1258).

Ein weiterer Streitgegenstand (und damit ein Hilfsantrag) liegt vor, wenn die hierzu 1115 vorgetragenen Tatsachen für sich allein und ohne Rückgriff auf Tatsachen des anderen Lebenssachverhalts einen eigenen materiellen Anspruch ergeben. Ein bloßes Hilfsvorbringen ist anzunehmen, wenn es sich lediglich um Ergänzungen oder teilweise Alternativen zum vorliegenden Sachverhalt handelt, ein Anspruch sich also nur unter Zuhilfenahme von Tatsachen auch aus dem schon vorliegenden Vortrag ergibt (→ Rn. 179).

In den Prozess eingebracht werden kann das Hilfsvorbringen entweder schon in der 1116 Klageschrift (wenn der Kläger sich hier mit vermuteten Einwendungen des Beklagten

26 Etwas anderes gilt, wenn aus dem Hilfsvorbringen weniger zugesprochen werden kann als aus dem Hauptvorbringen, dann muss letzteres vorab geklärt werden.

27 *Schröer*, Haupt- und Hilfsvorbringen, JA 1990, 231.

auseinandersetzt) oder nachträglich während des Verfahrens (wenn der Kläger auf Verteidigungsvorbringen des Beklagten oder auf eine seinen bisherigen Vortrag nicht bestätigende Beweisaufnahme reagiert). Unproblematisch ist es, wenn der Kläger diese neuen Tatsachen ausdrücklich vorträgt. Tut er dies nicht, führt eine am Prozessziel der Partei orientierte Auslegung des Parteivortrags nach hM dazu, dass sich jede Partei entsprechende Umstände regelmäßig schon dann **hilfsweise zu eigen** macht, wenn es für sie günstig ist.[28]

Beispiel: Der Kläger trägt Rechtsansichten zu diesen Tatsachen vor, oder er macht sie stillschweigend zur Grundlage seines weiteren Vortrags.
Der Beklagte bestreitet das vom Kläger zum Neubeginn der Verjährung vorgetragene Anerkenntnis und behauptet, er habe mit dem Kläger bis zur Klageerhebung über den Anspruch verhandelt. Zu einer Einigung sei es nicht gekommen.

c) Hilfsprozessantrag

1117 Hilfsweise können nicht nur Sach-, sondern auch Prozessanträge gestellt werden, wenn klar ist, wie die Bedingung lautet und wie das Verfahren ohne den Hilfsantrag weitergehen soll.[29]

Einen wichtigen Anwendungsfall bildet der hilfsweise Antrag auf **Verweisung**, den der die Zuständigkeit des angerufenen Gerichts bejahende Kläger für den Fall stellt, dass das Gericht sich für unzuständig hält, um einer Abweisung seiner Klage zu entgehen (→ Rn. 1059).[30] Denkbar ist auch eine hilfsweise Erklärung zur **Erledigung** der Hauptsache oder ein hilfsweise gestellter Antrag auf **Wiedereinsetzung** in den vorigen Stand.[31]

28 BGH NJW-RR 2010, 495; NJW 2006, 63; 2001, 2177; 2000, 1641; NJW-RR 1995, 684; 1990, 507; aA *Anders/Gehle* Assessorexamen ZivR Rn. 112; *Schuschke/Kessen/Höltje* Arbeitstechnik 85; *Schröer*, Haupt- und Hilfsvorbringen, JA 1990, 231 (233 f.); *Siegburg* Urteilstechnik Rn. 323, 234.
29 OLG Jena OLG-NL 1999, 67.
30 Thomas/Putzo/*Reichold* ZPO § 281 Rn. 7.
31 BGH NJW 2000, 2280; → Rn. 250; → Rn. 1478 f. mwN.

§ 20 Stufenklage

Da eine ordnungsgemäße Klageerhebung einen bestimmten Antrag voraussetzt, ist es vorprozessual Aufgabe des Klägers, sich die zur Bestimmung seines **Leistungsantrags** erforderlichen Kenntnisse zu verschaffen. Gelingt ihm dies nicht, weil er hierzu der Mitwirkung des potentiellen Beklagten bedarf, so steht ihm gegen diesen möglicherweise ein materiellrechtlicher Anspruch auf **Auskunftserteilung** oder Rechnungslegung zu, der, falls er nicht freiwillig erfüllt wird, klageweise geltend zu machen ist. Ist der Kläger mit der erteilten Auskunft nicht zufrieden, weil sie seiner Ansicht nach unsorgfältig erstellt oder unvollständig ist, so kann der Kläger ebenfalls im Wege der Klage vom Beklagten die **eidesstattliche Versicherung** der Richtigkeit verlangen. 1118

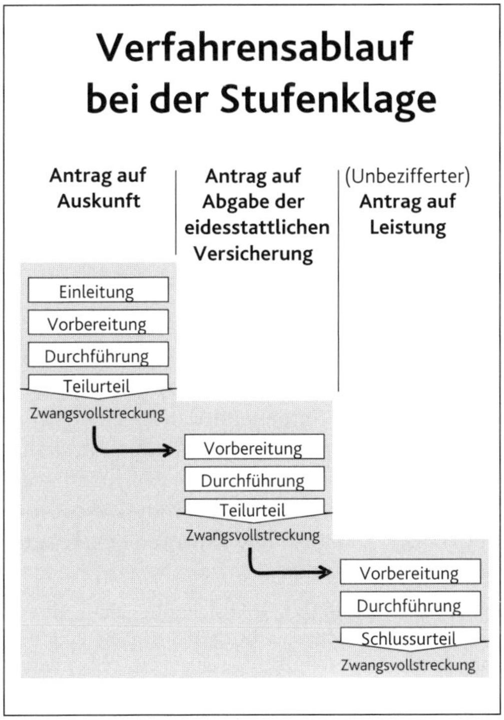

Schema 20.1: Verfahrensablauf bei der Stufenklage

Insgesamt sind damit bis zu drei Verfahren nötig, um den Zahlungsanspruch durchzusetzen. Diesen mit dem Grundsatz der *Verfahrensökonomie* nicht zu vereinbarenden Aufwand hilft die Stufenklage (§ 254 ZPO) zu vermeiden, indem sie die Verbindung aller drei Ansprüche in einem einzigen Verfahren zulässt. Über die Anträge wird dann sukzessive verhandelt und entschieden, damit der Leistungsantrag, der bei Klageerhebung noch nicht bezifferbar ist, nach Auskunftserteilung und ggf. Abgabe der eidesstattlichen Versicherung beziffert werden kann.[1]

Reduziert werden durch die Stufenklage also der prozessuale Aufwand, die Kosten und das Risiko des Klägers: Die Bezifferung des Leistungsantrags erst nach Erteilung der Auskunft stellt sicher, dass weder zu viel noch zu wenig gefordert wird.

1. Klageschrift

Für den Kläger stellt die Stufenklage eine Möglichkeit dar, Auskunfts- und Leistungsanspruch in einem Verfahren zu verbinden. Er spart damit Aufwand, Kosten und Zeit. 1119

Die Klageschrift muss nicht als Stufenklage bezeichnet werden, doch empfiehlt sich dies, um klarzumachen, dass die prozessualen Privilegierungen des § 254 ZPO in

1 *Assmann*, Das Verfahren der Stufenklage, 1990; *Kellermann-Schröder*, Die Stufenklage in der zivilrechtlichen Assessorexamensklausur, JuS 2015, 998; *Lüke*, Die Stufenklage, JuS 1995, 143; *Roth*, Prozesstaktiken bei der pflichtteilsrechtlichen Stufenklage, NJW-Spezial 2015, 615; *Sarres*, Die (Pflichtteils-)Stufenklage: Vor- und Nachteile einer Standardklage, ZEV 2015, 75; *Schäuble*, Die Stufenklage gem. § 254 ZPO, JuS 2011, 506.

Anspruch genommen werden sollen. Erforderlich und ausreichend ist eine Klage mit mindestens einem Auskunfts- und einem Leistungsanspruch. Dazwischen kann sich ein Antrag auf Versicherung der Richtigkeit der Auskunft schieben.

Formulierungsbeispiel (nach §§ 2314, 260, 2303 BGB):
Der Kläger beantragt, den Beklagten zu verurteilen,
1. ihm Auskunft zu erteilen über den Bestand des Nachlasses der am ... verstorbenen Frau ..., ein Bestandsverzeichnis vorzulegen und den Wert der Nachlassgegenstände zu ermitteln,
2. die Richtigkeit und Vollständigkeit seiner Auskunft an Eides statt zu versichern,
3. an ihn einen noch zu beziffernden Betrag in Höhe der Hälfte des sich nach der Auskunftserteilung ergebenden Werts des Nachlasses zuzüglich Zinsen in Höhe von fünf Prozentpunkten über dem Basiszinssatz seit dem ... zu zahlen.

Keine Stufenklage liegt vor, wenn lediglich Auskunft beantragt wird. Dies gilt auch dann, wenn mitgeteilt wird, dass die Auskunft der Vorbereitung einer Leistungsklage dient oder der Leistungsantrag im Wege einer Klageerweiterung in Aussicht gestellt wird. Keine Stufenklage liegt schließlich dann vor, wenn sich Auskunft und Leistung gegen verschiedene Personen (Streitgenossen) richten.

1120 Prozessuale Besonderheiten der Stufenklage ergeben sich daraus, dass es sich bei ihr zum einen um einen Fall **objektiver Klagehäufung** handelt, weil Auskunfts-, Versicherungs- und Leistungsantrag zusammen geltend gemacht werden, und sie zum anderen einen **unbezifferten Klageantrag** enthält, weil der Leistungsantrag bei Klageerhebung noch nicht bezifferbar ist.

a) Objektive Klagehäufung

1121 Streitig ist nicht nur, ob die Stufenklage einen Fall **kumulativer** oder (uneigentlicher) **eventueller** Klagehäufung darstellt,[2] sondern auch, ob deswegen die Voraussetzungen des § 260 ZPO vorliegen müssen.[3] Dieser Streit kann weitgehend dahinstehen, weil klar ist, dass alle Stufen zusammen eine einheitliche Leistungsklage darstellen und alle Anträge zwar sofort rechtshängig werden,[4] über sie aber nur sukzessive, eben stufenweise, verhandelt und entschieden werden darf.[5] Dies ist unabhängig davon, ob der Kläger in der mündlichen Verhandlung von Anfang an alle Anträge der Klageschrift[6] oder jeweils nur den Antrag der nächsten Stufe stellt.

Die Einheit der Stufenklage bewirkt etwa, dass die Gewährung von Prozesskostenhilfe sich unabhängig davon, wann sie erfolgt, auf alle Stufen erstreckt. Folge der sofortigen Rechtshängigkeit auch des Leistungsantrags ist die **Verjährungshemmung** nach § 204 I Nr. 1 BGB. Diese tritt ein, selbst wenn über diesen während der Verjährungsfrist nicht mehr verhandelt wird. Gehemmt wird die Verjährung allerdings nur in dem Umfang, in dem der Anspruch später beziffert wird.[7]

1122 Wegen des auch hier geltenden Grundsatzes der Selbstständigkeit der Prozessrechtsverhältnisse muss jeder Antrag die **Sachurteilsvoraussetzungen** erfüllen. Aus dem Wesen der Stufenklage folgt jedoch die alle Anträge erfassende einheitliche örtliche Zuständigkeit des für den Leistungsanspruch zuständigen Gerichts.

---

2 OLG Köln NJW-RR 1992, 1480.
3 Die hM verneint eine Anwendung des § 260 ZPO: OLG Naumburg NJW-RR 2002, 1704; Musielak/*Foerste* ZPO § 254 Rn. 3; aA Wieczorek/Rössler/Schütze/*Schütze* ZPO § 254 Rn. 5.
4 BGH NJW-RR 1995, 513; OLG Stuttgart NJW-RR 1990, 766; OLG Hamm NJW-RR 1990, 709.
5 BGH NJW-RR 2015, 188.
6 Was nach hM zulässig ist: BLAH/*Hartmann* ZPO § 254 Rn. 12 mwN.
7 BGH NJW-RR 1995, 770; NJW 1992, 2575 und 2563; OLG Brandenburg NJW-RR 2005, 871; Zöller/*Greger* ZPO § 254 Rn. 1.

Für die sachliche Zuständigkeit werden die Werte der einzelnen Anträge nach § 5 ZPO addiert.[8]

(1) Über den Wortlaut des § 254 ZPO hinaus können alle diejenigen **Auskunftsansprüche** Gegenstand einer Stufenklage sein, die Aufklärung über den Umfang des Hauptanspruchs geben und nicht lediglich der Erleichterung seiner Durchsetzung oder der Feststellung seines Bestehens dienen.[9] 1123

Solche Auskunftsansprüche ergeben sich aus Vertrag oder aus speziellen materiellrechtlichen Anspruchsgrundlagen (zB §§ 402, 740 II BGB), insbesondere im Familien- und Erbrecht (zB §§ 1379, 1605, 1840, 2027, 2057, 2127, 2314 BGB). Daneben hat die Rechtsprechung einen allgemeinen Auskunftsanspruch aus § 242 BGB hergeleitet, der den Schuldner zur Auskunft immer dann verpflichtet, wenn die Voraussetzungen eines Leistungsanspruchs nicht dem Gläubiger, wohl aber dem Schuldner bekannt sind, der Gläubiger sie sich anders als durch die Auskunft nicht verschaffen kann und ein spezieller Auskunftsanspruch nicht existiert.[10] Ansprüche auf **Rechenschaftslegung** können sich nur aufgrund besonderer gesetzlicher Anordnung ergeben (zB §§ 666, 675, 681, 1890 BGB, § 87c HGB), eine allgemeine Pflicht gibt es hier nicht.

Besonderer Prüfung bedarf bei solchen Auskunftsansprüchen immer die Frage, ob sie nicht vielleicht schon **erfüllt** sind. Als Erfüllung ist in der Regel jede Antwort auf das Auskunftsbegehren anzusehen, die inhaltlich bestimmt und nachvollziehbar ist. Der Umfang der geschuldeten Auskunft bestimmt sich über den speziellen Anspruch hinaus aus §§ 259, 260 BGB, einer besonderen Form bedarf die Auskunft normalerweise nicht.[11]

Vollstreckt wird der Anspruch auf Erteilung der Auskunft regelmäßig nach § 888 ZPO durch Zwangsgeld oder Zwangshaft, weil es sich um eine nicht vertretbare Handlung handelt, deren Vornahme ausschließlich vom Willen des Schuldners abhängt. Dies (und nicht § 883 ZPO) gilt auch für die Herausgabe von Belegen.

(2) Hat der Kläger Grund zu der Annahme, dass die Auskunft nicht mit der erforderlichen Sorgfalt erteilt wurde, so kann er vom Beklagten verlangen,[12] dass dieser die **Richtigkeit der Auskunft an Eides Statt versichert** (§§ 259 II, 260 II, 261 BGB). 1124

Ob dies der Fall ist, kann erst nach Erteilung der Auskunft beurteilt werden, sodass es sich empfiehlt, einen solchen Antrag nicht schon in der Klageschrift unbedingt anzukündigen. Sinnvoller ist es, ihn bei Bedarf erst nach Auskunftserteilung im Wege nachträglicher Klagehäufung (= gemäß § 264 Nr. 2 ZPO zulässige Klageänderung) nachzuschieben.[13] Eine Stufenklage iSd § 254 ZPO liegt auch dann vor, wenn dieser Antrag weder gestellt noch angekündigt wird.

Kein **Rechtsschutzbedürfnis** für einen solchen Antrag besteht, wenn der Kläger Klarstellung anders erreichen kann, zB, wenn er einen Anspruch auf Bucheinsicht hat (so etwa in § 87c HGB). Auch in Angelegenheiten von geringer Bedeutung ist die Abgabe der eidesstattlichen Versicherung ausgeschlossen (§§ 259 III, 260 III BGB).

Auch der Anspruch auf Abgabe der eidesstattlichen Versicherung wird nach § 888 ZPO (und nicht nach § 894 ZPO) **vollstreckt.**[14]

---

8 MüKoZPO/*Becker-Eberhard* § 254 Rn. 6; Stein/Jonas/*Schumann* ZPO § 254 Rn. 45.
9 BGH NJW 2000, 1645; OLG Hamm OLGR 2008, 342; *Lüke*, Die Stufenklage, JuS 1995, 143.
10 BGHZ 95, 279 (288); 81, 24; *Lorenz*, Auskunftsansprüche im Bürgerlichen Recht, JuS 1995, 569; Palandt/*Grüneberg* BGB § 261 Rn. 8.
11 BGH NJW 1987, 876; 1986, 423.
12 Der Vortrag entsprechender Tatsachen gehört zur Schlüssigkeit der Klage: BGHZ 89, 137 = NJW 1984, 484; OLG Köln NJW-RR 1998, 126.
13 OLG Köln FamRZ 1990, 1128.
14 OLG Köln FamRZ 1990, 1128.

1125 **(3)** Hinsichtlich des **Leistungsantrags** ergeben sich Besonderheiten – abgesehen von der zunächst fehlenden Bezifferung – nicht. In Betracht kommt hier nahezu jeder Zahlungs- oder Herausgabeanspruch des materiellen Rechts.

Denkbar ist eine Stufenklage ausnahmsweise auch, wenn anstelle des Leistungsantrags ein Feststellungs- oder Gestaltungsantrag gestellt wird oder die dritte Stufe völlig fehlt (»verkürzte Stufenklage«).[15]

b) Unbezifferter Klageantrag

1126 § 254 ZPO erlaubt es ausdrücklich, die nach § 253 II Nr. 2 ZPO erforderliche bestimmte Angabe der Leistungen, die der Kläger verlangt, vorzubehalten, bis die Auskunft erteilt worden ist. Es handelt sich daher um einen gesetzlich zulässigen Fall des unbezifferten Klageantrags.[16]

1127 Auf diesen finden die oben dargestellten Grundsätze über den unbezifferten Klageantrag grundsätzlich Anwendung, doch ergeben sich wesentliche Abweichungen daraus, dass der Antrag vor der Entscheidung dann noch beziffert wird.[17]

Eine **Betragsvorstellung** ist zumindest erforderlich zur Bestimmung der sachlichen Zuständigkeit des angerufenen Gerichts. Nur teilweise lassen sich Kostenstreitwert, Höchstbetrag der Verurteilung, Ausmaß des Teilunterliegens und Wert der Beschwer durch Abstellen auf den vor Schluss der mündlichen Verhandlung formulierten konkreten Antrag ermitteln.

Nicht erforderlich ist dagegen die Angabe präziser **Schätzungstatsachen**, da hier die Anspruchshöhe nicht vom Ermessen des Gerichts abhängt.

Die Stufenklage setzt nicht zwingend voraus, dass der Kläger seinen Leistungsanspruch erst nach Entscheidung der übrigen Anträge präzisiert. Der Kläger kann bereits bei Klageerhebung einen bestimmten Betrag fordern[18] und diesen – nach den Grundsätzen der Klageänderung – im Laufe des Verfahrens an die Ergebnisse der anderen Stufen anpassen.

2. Entscheidung

1128 Weitere Besonderheiten der Stufenklage ergeben sich aus der ihr immanenten Notwendigkeit, über die einzelnen Anträge sukzessive zu verhandeln und zu entscheiden.[19]

Weil die Stufenklage gerade für Fälle konzipiert ist, in denen die Voraussetzungen späterer Stufen erst durch die Entscheidung über vorhergehende Stufen geklärt werden sollen, müssen die einzelnen Stufen grundsätzlich nacheinander entschieden werden. Verhandlung und Entscheidung über die einzelnen Anträge erfolgen nicht wie bei der regulären Klagehäufung gleichzeitig, sondern stufenweise. In der ersten mündlichen Verhandlung wird deswegen grundsätzlich nur über den Auskunftsanspruch verhandelt (= nur dieser Antrag gestellt) und nur über ihn (durch Teilurteil) entschieden. Dass die Parteien bereits alle Anträge stellen, schadet nicht.

a) Nichtstreitige Verfahrensbeendigung

1129 Die Parteien können über die Stufenklage genauso **disponieren**, wie über jede andere Klage auch. Besonderer Prüfung bedarf dabei stets die Frage, ob sich entsprechende Prozesshandlungen allein auf eine Stufe beziehen oder auf die Klage insgesamt.

---

15 BGH NJW 2003, 2748; KG FamRZ 1997, 503; Stein/Jonas/*Schumann* ZPO § 254 Rn. 3, 35.
16 BGH NJW-RR 2015, 155.
17 BGH NJW-RR 2015, 188; NJW 2003, 2478.
18 BGH WM 1972, 1121.
19 BGH NJW-RR 2015, 155; 1996, 833; BGHZ 10, 385 = NJW 1954, 70; OLG Karlsruhe NJW 1985, 349.

Beispiele: Der Beklagte kann den Anspruch anerkennen, der Kläger kann auf ihn verzichten oder die Klage zurücknehmen, die Parteien können sich vergleichen. Gerichtet sein können solche Erklärungen allein auf den Auskunfts-, Versicherungs- oder Leistungsanspruch oder auf alle mit der Stufenklage geltend gemachten Ansprüche zusammen.

Ist der Kläger **säumig**, wird er mit der Klage insgesamt (dh mit allen Stufen) abgewiesen (§ 330 ZPO),[20] ist der Beklagte säumig, wird er bei Schlüssigkeit des Klägervortrags im Wege eines Versäumnisurteils zur jeweils nächsten Stufe verurteilt (§ 331 ZPO).[21]

Besondere Bedeutung kommt der **Erledigungserklärung** des Klägers zu, die sich auf einzelne Stufen oder die Gesamtklage erstrecken, einseitig bleiben oder vom Beklagten übereinstimmend abgegeben werden kann.

Bei Erhebung der Klage kann der Kläger noch nicht absehen, welches Ergebnis die begehrte Auskunft haben wird. Hiervon aber hängt der materielle Erfolg der weiteren Anträge ab. Nur wenn die Auskunft unvollständig oder unrichtig erteilt wird, besteht der Anspruch auf Abgabe der eidesstattlichen Versicherung, nur wenn die Auskunft einen Anspruch des Klägers ergibt, kann Leistung verlangt werden. Erfüllen sich die entsprechenden Erwartungen des Klägers nicht, muss er zur Vermeidung einer Klageabweisung entweder die Klage zurücknehmen oder sie – wenn er auch die Kostenlast vermeiden will – für erledigt erklären.

- Erklärt der Kläger den Auskunfts- oder den Versicherungsanspruch (dh die **erste oder** die **zweite Stufe**) für erledigt, weil der Beklagte die begehrte Auskunft zwischen Klageerhebung und Auskunftsurteil freiwillig abgegeben hat oder Unvollständigkeit bzw. Unrichtigkeit der Auskunft nicht zu befürchten ist, so wird das Verfahren – ohne irgendeine Entscheidung – mit der nächsten Stufe fortgesetzt. Dies gilt auch dann, wenn der Beklagte der Erledigung widerspricht, weil für die Feststellung der Erledigung ein Rechtsschutzbedürfnis nicht besteht und über die Kosten des erledigten Teils erst am Schluss des Verfahrens entschieden wird.[22]
- Ergibt die Auskunft, dass ein Leistungsanspruch nicht besteht, stellt dies keine Erledigung der **dritten Stufe** dar. Der Leistungsanspruch erweist sich vielmehr als von Anfang an unbegründet, sodass die Klage abzuweisen ist.[23] Möglich bleibt selbstverständlich die übereinstimmende Erledigungserklärung, die dann zu einem Kostenbeschluss nach § 91a ZPO führt.

b) Teilurteile

Da über die geltend gemachten Ansprüche bei der Stufenklage nicht zusammen, **1130**
sondern nur nacheinander entschieden werden darf, kann prinzipiell kein umfassendes Vollurteil ergehen, erforderlich sind vielmehr Teilurteile über die einzelnen Stufen.[24]

---

20 OLG Stuttgart NJW-RR 1990, 766.

21 Zu den Wirkungen eines gleichwohl ergangenen Voll-Versäumnisurteils RGZ 84, 370; Zöller/*Greger* ZPO § 254 Rn. 5; Stein/Jonas/*Schumann* ZPO § 254 Rn. 34.

22 Zöller/*Greger* ZPO § 254 Rn. 12; aA Prütting/Gehrlein/*Geisler* ZPO § 254 Rn. 13; beide mwN; zur einheitlichen Kostenentscheidung → Rn. 1135.

23 BGH NJW 1994, 2895 mwN; aA zT OLG Düsseldorf MDR 2012, 1492; OLG Karlsruhe NJWE-FER 1999, 163; *Kassebohm*, Die Kostenentscheidung bei der Stufenklage, NJW 1994, 2728 mwN; *Lüke*, Die Stufenklage, JuS 1995, 143.

24 BGH WM 1979, 17; zu den Ausnahmen → Rn. 1131.

Der Erlass solcher Teilurteile steht hier, anders als im Regelfall des § 301 ZPO, nicht im Ermessen des Gerichts, sondern ist **zwingend.**[25]

Fraglich ist, inwieweit ein vom Gericht erlassenes Teilurteil **Bindungswirkung** (§ 318 ZPO) für die später zu verhandelnden Stufen entfaltet.

> **Beispielsfall:** Der testamentarische Erbe klagt gegen den Erbschaftsbesitzer auf Auskunft (§ 2027 BGB) und Herausgabe (§ 2018 BGB). Das Gericht erlässt aufgrund eines vorgelegten Testaments ein dem Auskunftsantrag stattgebendes Teilurteil, danach findet der Beklagte ein neueres Testament, das ihn als Erben ausweist. Wird das Gericht die für die erste Stufe geprüfte Frage der Erbenstellung neu prüfen oder ist es insoweit an die eigene Feststellung gebunden?

Nur eine Mindermeinung befürwortet hier eine volle Bindung des Gerichts an alle das Teilurteil tragenden Gründe. Die hM beschränkt die Bindungswirkung auf die tenorierte Rechtsfolge und lässt eine neue Verhandlung und Beweisaufnahme über alle entscheidungserheblichen Vorfragen zu.[26]

1131 Steht die **erste oder zweite Stufe** zur Entscheidung an, so ergeht hierüber – soweit sie begründet ist – ein nur dieser Stufe stattgebendes Teilurteil, das zwar keine Entscheidung über die Kosten, wohl aber eine solche über die vorläufige Vollstreckbarkeit enthält. Ist der Antrag der jeweiligen Stufe unbegründet, so ist für den Inhalt der Entscheidung zu differenzieren:

- Regelmäßig wird eine Aussage nur über den einzelnen Antrag möglich sein. Dann ergeht über diesen ein *Teilurteil*, ohne Kosten- und (mangels vollstreckungsfähigen Inhalts) auch ohne Vollstreckbarkeitsentscheidung.
- Ausnahmsweise kann sich schon hier ergeben, dass nicht nur der einzelne Anspruch, sondern auch der Leistungsanspruch unbegründet ist, weil eine für beide Ansprüche gleichermaßen erforderliche Voraussetzung fehlt, so zB, wenn es an einem Rechtsverhältnis zwischen den Parteien fehlt. Da dann schon jetzt klar ist, dass auch die späteren Stufen unbegründet sein werden, wäre die Entscheidung in verschiedenen Stufen unnötige Förmelei. Ausnahmsweise ergeht daher *Vollurteil*, die Klageabweisung erfasst nicht nur den Auskunftsanspruch, sondern alle Anträge.[27]

1132 Auf der **letzten Stufe** ergeht immer ein *Schlussurteil* (= Teilurteil über den nach mindestens einem vorangegangenen Teilurteil noch verbliebenen Rest des Streitgegenstands). Besonderheiten einem normalen Endurteil gegenüber ergeben sich hierbei nicht. Dieses Urteil hat die bisher unterbliebene Kostenentscheidung zu enthalten, für die Entscheidung über die vorläufige Vollstreckbarkeit gelten die allgemeinen Grundsätze.

25 OLG Celle NJW-RR 1996, 430.

26 GSOBG BGHZ 60, 396; BGH FamRZ 1989, 849; *Tiedtke*, Das unzulässige Zwischenurteil, ZZP 89 (1980), 64 jeweils mwN.

27 BGH NJW 2002, 71; OLG Celle NJW-RR 1996, 430.

Entscheidungsumfang bei der Stufenklage

Der Antrag der jeweiligen Stufe ist

	begründet	unbegründet	
1. Stufe Antrag auf Auskunft	**Teilurteil** Verurteilung zur Erteilung Auskunft Keine Kostenentscheidung Entscheidung zur vorl. Vollstr.	**Teilurteil** Abweisung Klage auf Auskunft Keine Kostenentscheidung Keine Entscheidung zur vorl. Vollstr.	**Vollurteil** Abweisung der gesamten Klage (Gesamt)Kostenentscheidung Entscheidung zur vorl. Vollstr.
2. Stufe Antrag auf Abgabe e.V.	**Teilurteil** Verurteilung zur Abgabe e.V. Keine Kostenentscheidung Entscheidung zur vorl. Vollstr.	**Teilurteil** Abweisung Klage auf Abgabe e.V. Keine Kostenentscheidung Keine Entscheidung zur vorl. Vollstr.	
3. Stufe Antrag auf Leistung	**Schlussurteil** Verurteilung zur Leistung (Gesamt-)Kostenentscheidung Entscheidung zur vorl. Vollstr.	**Schlussurteil** Abweisung Klage auf Leistung (Gesamt)Kostenentscheidung Entscheidung zur vorl. Vollstr.	

Schema 20.2: Entscheidungsumfang bei der Stufenklage

Bei Abfassung der einzelnen Urteile gilt es nur wenige Punkte besonders zu beachten: 1133

- In den **Tatbestand** der späteren Teilurteile gehört der Inhalt der bereits erlassenen Teilurteile als *Prozessgeschichte* vor die Anträge der Parteien, dh ans Ende des streitigen Klägervorbringens, weil er zum Verständnis des jetzt gestellten Antrags erforderlich ist. Ist die Kenntnis der Teilurteile schon für das streitige Klägervorbringen nötig, so kann die diesbezügliche Prozessgeschichte auch schon im unstreitigen Parteivorbringen dargestellt werden.
- In den **Entscheidungsgründen** ist vor allem bei Klageabweisung besondere Sorgfalt darauf zu verwenden, darzustellen, wie weit diese reicht, dh, ob hiervon nur ein Antrag betroffen ist oder ob die Klage insgesamt abgewiesen werden soll.

Rechtsmittel gegen jedes einzelne Teilurteil ist zunächst die Berufung. Das Berufungsgericht kann, auch wenn nur ein Teilurteil über die erste Stufe ergangen und angefochten ist, die Klage insgesamt abweisen, wenn deren Unbegründetheit feststeht.[28] Hat das erstinstanzliche Gericht bereits die gesamte Klage abgewiesen und hält das Berufungsgericht zumindest die Entscheidung über die letzte Stufe für falsch, so kann es das Urteil insoweit aufheben und an die Vorinstanz zurückverweisen.[29] 1134

c) Nebenentscheidungen

Der Grundsatz der Einheitlichkeit der Kostenentscheidung verbietet eine Kostenentscheidung in den einzelnen Teilurteilen. Die Entscheidung über alle Kosten des Rechtsstreits ergeht in dem letzten, das Verfahren beendenden (Schluss-)Urteil. Probleme[30] ergeben sich dabei zum einen bei Ermittlung des Kostenstreitwerts (1), zum anderen bei einer eventuell notwendigen Quotelung (2) und der Kostenlast nach Erteilung einer keine Leistung rechtfertigenden Auskunft (3). 1135

28 BGH NJW-RR 1987, 1029.
29 BGHZ 30, 213 = NJW 1959, 1824; Prütting/Gehrlein/*Oberheim* ZPO § 538 Rn. 26.
30 *Anders/Gehle* Assessorexamen ZivR Rn. 490 ff.; *Kassebohm*, Die Kostenentscheidung bei der Stufenklage, NJW 1994, 2728; *Schneider*, Kostenentscheidung bei Stufenklagen, ErbR 2015, 190.

1136 (1) Während § 5 ZPO für den **Zuständigkeits-** und **Rechtsmittelstreitwert**[31] eine Additon aller Einzelansprüche verlangt, gilt bezüglich des **Kostenstreitwerts** § 44 GKG, nach dem nur der jeweils höchste Einzelwert zugrunde zu legen ist.[32]

Allerdings gilt auch bei der Stufenklage **§ 36 I GKG**, wonach für Handlungen, die nur einen Teil des Streitgegenstands betreffen, die Gebühren auch nur nach diesem Teil zu berechnen sind. Wird daher nur über den Auskunfts-, nicht über den Leistungsantrag verhandelt, so wird die Terminsgebühr lediglich aus dem niedrigeren Wert des Auskunftsanspruchs berechnet. Deswegen und weil die Stufenklage ausnahmsweise auch ohne Entscheidung über alle Stufen zu Ende gehen kann, müssen die Kostenstreitwerte der einzelnen Anträge getrennt ermittelt werden.[33]

1137 Der Kostenstreitwert des *Leistungsanspruchs* darf nicht ausschließlich an der vor Schluss der letzten mündlichen Verhandlung vom Kläger vorgenommenen Bezifferung bemessen werden, weil nach § 40 GKG auf den Zeitpunkt der Klageerhebung abzustellen ist. Abzustellen ist damit grundsätzlich auf die vom Kläger bei Klageerhebung angegebene Betragsvorstellung, ausnahmsweise auf den bezifferten Leistungsantrag, wenn dieser höher ist.

1138 Der Kostenstreitwert des *Auskunftsanspruchs* ist an dem des Leistungsanspruchs zu orientieren: Da die Auskunft die Leistung nur vorbereiten soll, ist das Interesse des Klägers proportional zu seinem Interesse an der Leistung. Welchen Bruchteil hiervon es ausmacht, lässt sich nicht verbindlich feststellen, die Praxis neigt dazu, den Auskunftsanspruch mit 1/10 bis 1/4 des Leistungsanspruchs zu bemessen,[34] lässt aber sowohl nach oben als auch nach unten hin Ausnahmen zu.[35]

Im Unterschied dazu wird für den Wert der Beschwer des zur Auskunft verurteilten Beklagten auf den Aufwand abgestellt, der mit der Erteilung der Auskunft verbunden ist.[36]

1139 Der Kostenstreitwert des *Anspruchs auf eidesstattliche Versicherung* ist, da er lediglich die Richtigkeit der erteilten Auskunft absichern soll, am Wert des Auskunftsanspruchs zu bemessen und wird überwiegend mit rund der Hälfte dessen Werts angesetzt.[37]

1140 (2) Obsiegt keine Partei voll, so sind die **Kosten** des Rechtsstreits in der Regel zu **quoteln**, wobei für die Ermittlung die einzelnen Stufen getrennt zu betrachten sind.

Beispielsfall:

Erhebt ein Pflichtteilsberechtigter gegen den Erben Klage auf Auskunft, eidesstattliche Versicherung und Zahlung und erklärt dabei, er erwarte sich einen Wert der Erbschaft von etwa 100.000,– EUR, wovon ihm ¼ als Erbschaft zustehe, so ergeben sich folgende Kostenstreitwerte:

- Für den Leistungsantrag: voller Wert der erhofften Leistung = 25.000,– EUR
- Für den Auskunftsantrag: 25% des Werts des Leistungsantrags = 6.250,– EUR
- Für den Versicherungsantrag: 50% des Werts des Auskunftsantrags = 3.125,– EUR

Gibt der Erbe bei seiner Auskunft Nachlassgegenstände im Wert von 80.000,– EUR an, versichert dies an Eides Statt und kann seinen Einwand, auf den Pflichtteilsanspruch bereits 7.000,– EUR gezahlt zu

31 BGH NJW-RR 1994, 1145; OLG Rostock NJW-RR 2013, 1015; Stein/Jonas/*Schumann* ZPO § 254 Rn. 49.
32 OLG Koblenz NJW-RR 2015, 83.
33 *E. Schneider*, Streitwert und Gebühren bei der Stufenklage, Rpfleger 1977, 92.
34 Zum Wert der Beschwer BGH NJW-RR 1994, 898.
35 BGH NJW 1991, 1833.
36 OLG Koblenz MDR 2015, 355.
37 *E. Schneider*, Streitwert und Gebühren bei der Stufenklage, Rpfleger 1977, 92 mwN.

haben, beweisen, so wird das Gericht der Klage in Höhe von 13.000,– EUR stattgeben und sie im Übrigen abweisen. Während der Kläger bezüglich Auskunfts- und Versicherungsantrag mit je 20% unterlegen ist, ist er bezüglich des Leistungsantrags mit 12.000,– EUR von 25.000,– EUR unterlegen. Die Kostenquote lässt sich somit unter Zuhilfenahme des oben entwickelten Schemas wie folgt ermitteln:

Kläger	obsiegt mit	unterliegt mit	von insgesamt	bezüglich
	80 % = 5.000,–	20 % = 1.250,–	6.250,–	Auskunft
	80 % = 2.500,–	20 % = 625,–	3.125,–	Eidesstattl. Vers.
	13.000,–	12.000,–	25.000,–	Zahlung
	20.500,–	13.875,–	34.375,–	Insgesamt

Kostenquote des Klägers

$$\frac{\text{Verlustteil}}{\text{Streitwert}} = \frac{13.875,–}{34.375,–} = \frac{14}{35} = \frac{2}{5} = 40\%$$

Eine solche streitwertbezogene Quotelung ist nicht möglich, wenn einzelne Gebühren nur in einzelnen Stufen angefallen sind. Dann bedarf es auch hier der aufwändigeren **gebührenbezogenen Quotelung** (→ Rn. 530 f.). Bei Ermittlung der einzelnen Gebühren darf dann nicht übersehen werden, dass diese zwar auf jeder Stufe erneut (aus den jeweiligen Kostenstreitwerten) anfallen, die degressive Gebührenstaffelung aber nicht dazu führen darf, dass der Gesamtwert der Einzelgebühren den einer einzigen Gebühr aus dem Gesamtstreitwert übersteigt. Hätte das Gericht im obigen Beispielsfall über die drei Stufen nacheinander mündlich verhandelt, so wären für die Anwälte drei Terminsgebühren angefallen, und zwar:

Beispielsfall:

– aus	6.250,– EUR	1,2 x 338,–	=	405,60 EUR
– aus	3.125,– EUR	1,2 x 217,–	=	260,40 EUR
– aus	25.000,– EUR	1,2 x 686,–	=	823,20 EUR
insgesamt also Terminsgebühren von			=	1.489,20 EUR

Gemäß §§ 36 III GKG, 15 III RVG darf die Summe der Teilgebühren den Betrag einer Gebühr aus der (fiktiven) Gesamtsumme aller Ansprüche nicht übersteigen, hier also eine Terminsgebühr

– aus 34.375,– EUR 1,2 x 830,– = 996,– EUR

(3) Hat der Kläger bei Erhebung der Stufenklage berechtigte Aussicht auf einen Prozesserfolg, ergibt sich nach Erteilung der Auskunft aber die Unbegründetheit des Leistungsanspruchs (**»steckengebliebene Stufenklage«**), so wird überwiegend vertreten, dass der Beklagte auch die Kosten des (letztlich unbegründeten) Leistungsantrags zu tragen hat. Streitig ist indes, wie dies begründet werden kann. **1141**

Eine einseitige Erledigungserklärung des Klägers (§ 91a ZPO) kommt nicht in Betracht, weil der Leistungsantrag schon bei Klageerhebung unbegründet war. Vertreten wird, dass sich die Kostenlast des Beklagten ergibt

- aus § 91 ZPO, weil die Stufenklage insgesamt auch dann Erfolg hat, wenn Auskunft keinen Leistungsanspruch ergibt, sich der Leistungsanspruch damit prozessual erledigt;[38]
- aus § 93 ZPO analog, wenn der Kläger sofort nach Auskunftserteilung auf die Leistung verzichtet;[39]
- aus § 269 III 3 ZPO analog, wenn der Kläger den Leistungsantrag zurücknimmt;[40]
- aus einem materiellrechtlichen Kostenerstattungsanspruch, wenn der Kläger seinen ursprünglichen Leistungsantrag in einen Antrag auf Feststellung abändert, der Beklagte sei zur Tragung der Kosten der Stufenklage verpflichtet.[41]

38 Zöller/*Vollkommer* ZPO § 91a Rn. 58.
39 *Lüke*, Die Stufenklage, JuS 1995, 143.
40 Zöller/*Vollkommer* ZPO § 91a Rn. 58.
41 BGH NJW 1994, 2895.

1142 (4) Erklären die Parteien den Rechtsstreit übereinstimmend für **erledigt**,[42] nachdem die Auskunft des Beklagten ergeben hat, dass ein Leistungsanspruch nicht besteht, tendiert die hM dazu, die Kosten dem Beklagten aufzuerlegen, da der Kläger nicht schlechter gestellt werden darf als bei Erhebung einer isolierten Auskunftsklage.[43]

(5) Die Entscheidung über die **vorläufige Vollstreckbarkeit** ergeht nach den §§ 708 ff. ZPO, wobei es sich bei der Stattgabe der beiden ersten Stufen nicht um vermögensrechtliche Streitigkeiten iSd §§ 708 Nr. 11 ZPO und nicht um Geldforderungen iSd § 709 S. 2 ZPO handelt, sodass die Sicherheitsleistung nach § 709 S. 1 ZPO anhand des zu schätzenden voraussichtlichen Aufwands an Zeit und Kosten der Auskunftserteilung bzw. entsprechend den Angaben der eidesstattlichen Versicherung zu bestimmen ist.

42 Zur einseitigen Erledigungserklärung → Rn. 1129.

43 Bei einer solchen wäre der Beklagte voll unterlegen, eine Leistungsklage hätte der Kläger nach dem Ergebnis der Auskunft nicht erhoben: OLG Nürnberg NJW-FER 2001, 187; OLG Jena NJW 1996, 220; *Kassebohm*, Die Kostenentscheidung bei der Stufenklage, NJW 1994, 2728 mwN; aA OLG Koblenz NJW-RR 1997, 7.

§ 21 Klageänderung

Tritt nach Rechtshängigkeit der Klage eine Änderung des Streitgegenstands ein, so handelt es sich um eine objektive Klageänderung.[1] 1143

Nach Rechtshängigkeit hat der Beklagte ein schützenswertes Interesse an einer rechtskräftigen Abweisung der Klage, sodass der Kläger nicht mehr alleine über den Streitgegenstand disponieren kann. Lässt sich der prozessuale Aufwand eines absehbaren neuen Prozesses durch Fortsetzung des bereits laufenden Prozesses über den neuen Streitgegenstand jedoch reduzieren, sprechen Gründe der Prozessökonomie für eine Zulassung der Klageänderung.

1. Allgemeines

a) Streitgegenstandsänderung

Ähnlich wie die Klagehäufung ist auch die Klageänderung entscheidend von dem zugrunde gelegten Streitgegenstandsbegriff abhängig (→ Rn. 178 ff.).[2] Vertritt man mit der hM einen zweigliedrigen Streitgegenstandsbegriff, so liegt eine Klageänderung vor 1144

- wenn unter Beibehaltung des bisherigen Sachvortrags ein **neuer Antrag** gestellt wird.

  So zum **Beispiel**, wenn statt Zahlung jetzt Zustimmung zur Auszahlung des hinterlegten Betrags begehrt oder von der Feststellungs- zur Leistungsklage übergegangen wird.

- wenn der bisherige Antrag mit einem völlig **neuen Sachverhalt** begründet wird.

  So zum **Beispiel**, wenn die Zahlungsklage statt auf das Grundgeschäft nun auf ein abstraktes Schuldanerkenntnis gestützt oder statt aus eigenem aus abgetretenem Recht vorgegangen wird.[3]

- wenn ein **neuer Antrag** gestellt **und** zu dessen Begründung ein **neuer Lebenssachverhalt** vorgetragen wird.

  So zum **Beispiel**, wenn der Kläger statt 3.000,– EUR aus einem Kaufvertrag nun 5.000,– EUR aus einem Werkvertrag fordert.

Das Gesetz stellt unterschiedliche Anforderungen an die Zulässigkeit dieser Fälle. Wird bei unverändert bleibendem Sachverhalt nur der Antrag geändert, dient dies der prozessökonomischen Erledigung des Rechtsstreits und ist ohne weiteres zuzulassen. Eine Änderung des Sachverhalts dagegen ist mit zusätzlichem Prozessaufwand verbunden und deswegen nur bei Vorliegen besonderer Voraussetzungen möglich. 1145

Zumindest die Rechtsprechung nimmt eine Klageänderung auch dann an,

- wenn sich nicht der (objektive) Streitgegenstand, sondern eine (subjektive) **Prozesspartei** ändert.

  Diese sog. Parteiänderung wurde bereits dargestellt (→ Rn. 964 ff.), sie kann hier deswegen unerörtert bleiben.

---

1 BGH NJW-RR 1987, 125; *Bernreuther*, Die Klageänderung, JuS 1999, 478; *Gottwald*, Die Klageänderung im Zivilprozess, JA 1998, 219; in Abgrenzung zur subjektiven Klageänderung, der Parteiänderung → Rn. 964 ff.

2 BGH NJW 2008, 3570; 2007, 2414.

3 BGH NJW 2015, 1608.

b) Klageänderung

1146 Als Regelfall der objektiven Klageänderung behandelt das Gesetz die Änderung des Sachverhalts. Diese kommt in zwei Formen vor:

- In Form eines **Klagewechsels**, wenn der bisherige Streitgegenstand vollständig gegen einen anderen ausgetauscht wird.

> **Beispiel:** Der Kläger hat zunächst vorgetragen, ihm stünden eigene Ansprüche gegen den Beklagten zu. Nachdem sich dies als unbegründet erweist, trägt er vor, er habe sich Ansprüche von einem Dritten abtreten lassen und macht nunmehr diese geltend.

- In Form einer (nachträglichen) **Klagehäufung**, wenn der bisherige Streitgegenstand beibehalten und um einen weiteren Streitgegenstand ergänzt wird.[4]

> **Beispiel:** Der Kläger hat zunächst lediglich eigene Ansprüche aus einem Reisemangel eingeklagt. Nach erfolgreich verlaufener Beweisaufnahme erweitert er die Klage um an ihn abgetretene Ansprüche seiner Ehefrau.

1147 Nicht den allgemeinen Regeln der Klageänderung unterfallen die Fälle, in denen der Lebenssachverhalt unverändert bleibt.[5]

- Besonders gesetzlich geregelt (§ 264 Nr. 1 ZPO) ist zunächst der Fall einer bloßen Bereinigung von Unklarheiten in Antrag oder Lebenssachverhalt (**Klageberichtigung**). Da hier weder der zugrunde liegende Lebenssachverhalt noch der Antrag geändert, sondern lediglich ein Bezeichnungsfehler korrigiert wird, liegt eine Änderung des Streitgegenstands und damit eine Klageänderung nicht vor.[6]

> Hierunter fallen zum **Beispiel** die Berichtigung offensichtlicher Unrichtigkeiten (Klarstellung von Schreib- oder Darstellungsfehlern) ebenso wie das Nachschieben von Details des Lebenssachverhalts (Darlegung einer Mahnung, Nachfristsetzung, Kündigung oder Anfechtung).

- Eine bloße Antragsänderung liegt vor, wenn der Kläger den Umfang seiner Klage erweitert (**Klageerweiterung**) oder reduziert (**Klagebeschränkung**, § 264 Nr. 2 ZPO). Eine solche Änderung des Umfangs der Klage liegt nicht nur bei *quantitativen*, sondern auch bei *qualitativen* Klageänderungen vor.[7]

> **Beispiele:** Um eine Klageerweiterung handelt es sich, wenn der Kläger nach durchgeführter Beweisaufnahme die bisher erhobene Teilklage erweitert und statt 3.000,– EUR jetzt 5.000,– EUR verlangt. Das gleiche gilt, wenn er von der Feststellungs- zur Leistungsklage übergeht oder statt eines Befreiungs- einen Leistungsantrag stellt.

- Eine Antragsänderung kann auch wegen nach Rechtshängigkeit eingetretenen tatsächlichen Veränderungen erforderlich werden (so bei der **Klageanpassung**, § 264 Nr. 3 ZPO, und der **Veräußerung der streitbefangenen Sache**, §§ 265, 266 ZPO).[8]

---

4 BGH NJW-RR 1990, 318; OLG Bamberg NJW-FER 2000, 296; da hier nachträglich eine objektive Klagehäufung begründet wird, müssen zusätzlich die Voraussetzungen des § 260 ZPO gegeben sein (→ Rn. 1080 ff.).

5 BGH NJW 2007, 83.

6 BGH NJW-RR 2006, 253 und 390; 2004, 167; BauR 2002, 1831.

7 BGH NJW-RR 2005, 955; 2002, 283; NJW 1994, 944; 1985, 1784.

8 OLG Saarbrücken OLGR 2008, 943; OLG Hamm NJW-RR 2001, 142; zur Veräußerung der streitbefangenen Sache → Rn. 1174 ff.; zur Auswechslung des Klagegrundes bei gleichbleibendem Antrag LG Köln NJW-RR 1990, 419.

Beispiele: Eine Klageanpassung wird erforderlich, wenn sich während des Verfahrens herausstellt, dass die beantragte Herausgabe einer Sache nicht mehr möglich ist, weil diese untergegangen ist. Hier kann der Kläger seinen Antrag auf Schadensersatz (zB nach §§ 989, 990 BGB) umstellen.
Hat der Kläger nach Rechtshängigkeit den streitgegenständlichen Anspruch abgetreten, so darf er den Prozess zwar fortführen, muss aber Leistung an den Rechtsnachfolger statt Leistung an sich selbst verlangen (→ Rn. 1184, → Rn. 1191).

Damit ergibt sich folgender Überblick über die Arten der objektiven Klageänderung: **1148**

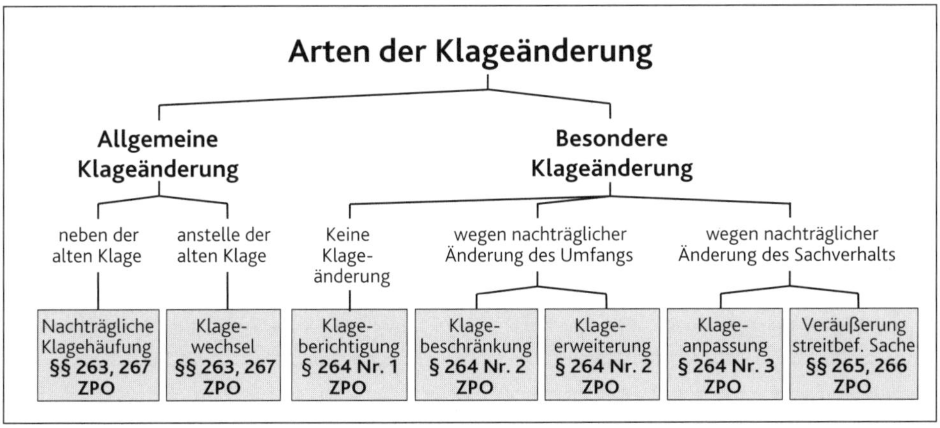

Schema 21.1: Arten der Klageänderung

c) Änderungserklärung

Die Änderung der Klage erfolgt grundsätzlich durch Einreichung eines Schriftsatzes, **1149**
der den neuen Antrag und/oder die neue Klagebegründung enthält.

Dieser Schriftsatz muss die formellen Voraussetzungen der Klageschrift nur insoweit erfüllen, als die dort gemachten Angaben geändert werden, regelmäßig also den neuen Antrag und Gegenstand und Grund des erhobenen Anspruchs bezeichnen (§ 261 II ZPO). Der Schriftsatz ist dem Beklagten zuzustellen.

In der mündlichen Verhandlung kann die Klageänderung auch durch Verlesung eines zu Protokoll zu reichenden Schriftsatzes, ggf. sogar durch bloße Erklärung zu Protokoll erklärt werden (§ 297 I ZPO).

Da die Klageänderung kein Angriffs- und Verteidigungsmittel darstellt, sondern einen neuen Angriff, kann sie nicht wegen Verspätung zurückgewiesen werden und ist bis zum Schluss der letzten mündlichen Verhandlung möglich.[9] Dem Beklagten ist rechtliches Gehör zu gewähren.

2. Zulässigkeit

Über den geänderten Streitgegenstand darf nur bei Vorliegen der gesetzlichen Vor- **1150**
aussetzungen entschieden werden,[10] sodass es sich bei der Zulässigkeit der Klageänderung um eine echte (besondere) **Sachentscheidungsvoraussetzung** handelt. Diese Voraussetzungen sind unterschiedlich, je nach Art der Klageänderung.

9 BGH NJW-RR 97, 1486.
10 BGH LM Nr. 1 zu § 268 ZPO.

Wird die Klageänderung zugelassen, muss der neue Streitgegenstand auch alle regulären Zulässigkeitsvoraussetzungen erfüllen.

1151 Zulässig sein kann die Klageänderung kraft Gesetzes, aufgrund einer Einwilligung des Beklagten oder nach gerichtlicher Entscheidung.

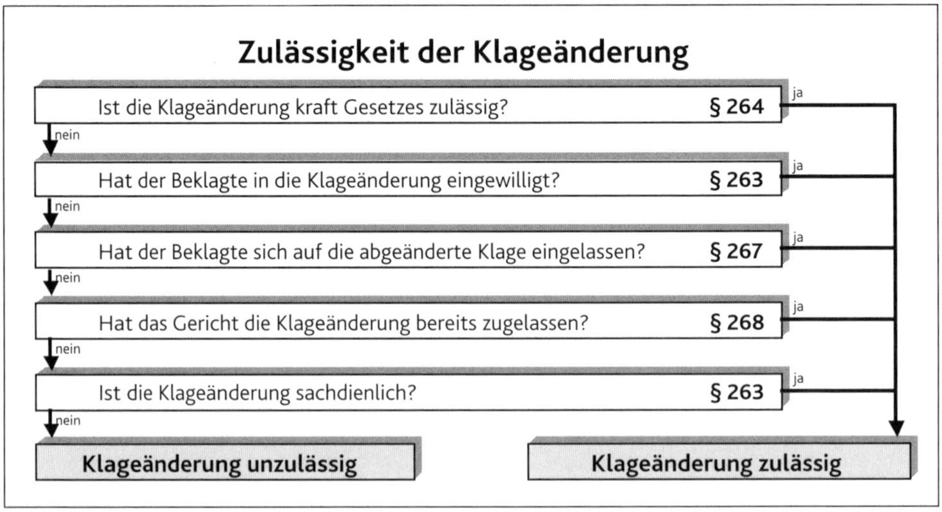

Schema 21.2: Zulässigkeit der Klageänderung

a) Gesetzlich zulässige Klageänderung

1152 In den Fällen der §§ 264–266 ZPO ist eine Klageänderung kraft Gesetzes ohne weiteres zulässig, insbesondere also ist weder eine Zustimmung des Beklagten noch eine Bejahung der Sachdienlichkeit durch das Gericht erforderlich.

Ohne zusätzlichen Aufwand kann so der Streitstoff zwischen den Parteien endgültig erledigt werden. Dies gilt für die **Klageberichtigung** (§ 264 Nr. 1 ZPO), die **Klageerweiterung** und die **Klagereduzierung** (§ 264 Nr. 2 ZPO), für die **Klageanpassung** (§ 264 Nr. 3 ZPO) sowie für die **Veräußerung der streitbefangenen Sache** (§ 265 ZPO; → Rn. 1174 ff.).

1153 Dass hier eine Änderung der Klage ohne besondere Zulässigkeitsvoraussetzungen zulässig ist, darf nicht den Blick darauf verstellen, dass der neue Streitgegenstand die allgemeinen Zulässigkeitsvoraussetzungen erfüllen muss. Dies gilt insbesondere für die Zuständigkeit des Gerichts. Zu beachten ist, dass sich bei der Klageerweiterung, nicht aber bei der Klagereduzierung die *sachliche Zuständigkeit* ändern kann (→ Rn. 1163a).

b) Einwilligung des Beklagten

1154 Keine Bedenken gegen die Zulässigkeit der Klageänderung bestehen, wenn der Beklagte darin einwilligt. Ähnlich wie die Klagerücknahme (§ 269 ZPO) ist daher auch die Klageänderung grundsätzlich von einer **Zustimmung des Beklagten** abhängig (§ 263 ZPO).

Streitig ist, ob es dieser Einwilligung entsprechend § 269 I ZPO dann nicht bedarf, wenn die Klage vor Beginn der mündlichen Verhandlung des Beklagten zur Hauptsache geändert wird.[11]

11 So OLG Hamm VersR 1992, 736; Prütting/Gehrlein/*Geisler* ZPO § 263 Rn. 13.

(1) Diese Einwilligung kann **ausdrücklich** erfolgen. 1155

Die Einwilligung ist Prozesshandlung, bedarf aber keiner besonderen Form und kann deswegen schriftlich oder mündlich erfolgen.

(2) Die Einwilligung kann aber auch **konkludent** erfolgen. Nach § 267 ZPO wird eine Einwilligung des Beklagten in die Klageänderung vermutet, wenn der Beklagte sich, ohne der Klageänderung zu widersprechen, in einer mündlichen Verhandlung auf die neue Klage eingelassen hat. 1156

Eine solche Einlassung liegt insbesondere dann vor, wenn der Beklagte Abweisung der geänderten Klage beantragt hat.[12] Dies gilt selbst dann, wenn der Beklagte von dieser Wirkung seiner Handlungen gar nichts weiß.[13] Außerhalb einer mündlichen Verhandlung ist eine konkludente Zustimmung zur Klageänderung nach § 263 ZPO möglich, wenn der Beklagte neuen Tatsachenvortrag bestreitet.[14]

Will der Beklagte die Klageänderung nicht wirksam werden lassen, muss er ihr damit ausdrücklich widersprechen, da jeder Fall bloßen Untätigbleibens als konkludente Einwilligung verstanden werden dürfte. 1157

(3) Die ausdrückliche Verweigerung der Einwilligung kann unbeachtlich sein, wenn sie sich als **rechtsmissbräuchlich** darstellt.

Dies kommt insbesondere bei der subjektiven Klageänderung in Betracht, wenn ein Ersatz der Einwilligung durch das Gericht ausscheidet (dazu → Rn. 975).

c) Zulassungsentscheidung durch das Gericht

Hat der Beklagte der Klageänderung widersprochen, bedarf es einer Entscheidung des Gerichts über die Zulassung der Klageänderung. 1158

(1) Formal kann diese Entscheidung 1159

- separat des Prozesses durch **Zwischenurteil** ergehen (§ 303 ZPO).

  Dies ist praktisch sehr selten. Ist mit dem Zwischenurteil festgestellt, dass eine Klageänderung nicht vorliege oder dass diese zuzulassen sei, ist hiergegen ein Rechtsmittel nicht gegeben. Auch das Gericht selbst ist an seine Entscheidung gebunden (§ 318 ZPO), sodass nochmalige Überprüfung der Zulässigkeit der Klageänderung nicht stattfindet.

- zusammen mit der Hauptsacheentscheidung im **Endurteil** getroffen werden. Hier ergeht sie nicht im Tenor, sondern in den Entscheidungsgründen, wo das Vorliegen der Voraussetzungen der §§ 263 ff. ZPO im Rahmen der Zulässigkeit der Klage zu erörtern sind. 1160

  Ist das Vorliegen dieser Voraussetzungen zweifelsfrei (etwa, weil der Beklagte ausdrücklich eingewilligt hat), kann die Erörterung der Zulässigkeit auch unterbleiben. Die Zulassung der Klageänderung erfolgt dann konkludent durch Sachentscheidung über den neuen Streitgegenstand.

(2) Inhaltlich zuzulassen ist die Klageänderung, wenn sie nach Auffassung des Gerichts **sachdienlich** ist. Nur dann, wenn die Verhandlung über den neuen Streitgegenstand durch Fortsetzung des bereits laufenden Prozesses weniger Aufwand bedeutet als der Beginn eines neuen Prozesses, müssen die Interessen des Beklagten zurücktreten. 1161

12 BGH NJW 1990, 2682.
13 BayObLGE 4, 712.
14 BGH NJW-RR 2005, 437; NJW 1992, 2236.

Die Sachdienlichkeit ist daher objektiv im Hinblick auf die **Prozesswirtschaftlichkeit** und nicht allzu restriktiv zu beurteilen. Dabei kann es nicht ausreichen, wenn durch die Zulassung der Klageänderung ein neuer Rechtsstreit vermieden werden kann, weil ein Vorteil in der Fortsetzung des bisherigen Prozesses gegenüber der Anstrengung eines neuen nur dann liegt, wenn aus dem bisherigen Verfahren gewonnene Prozessergebnisse auch für den neuen Streitgegenstand nutzbar gemacht werden können, in einem neuen Verfahren also nicht wiederholt werden müssen.[15]

Beispiel: Zu bejahen ist die Sachdienlichkeit, wenn Teile des bisherigen Parteivortrags oder des Beweisergebnisses auch für den neuen Streitgegenstand verwendet werden können.[16] Der Sachdienlichkeit steht nicht entgegen, dass eine Instanz teilweise oder (bei Klageänderung in der Berufungsinstanz) ganz verloren geht. Nicht sachdienlich ist die Klageänderung, wenn sie auf völlig neuen Prozessstoff gestützt wird.

1162 Soll die Klage erst in **zweiter Instanz** geändert werden, dürfen zur Begründung neue Tatsachen nur in beschränktem Umfang geltend gemacht werden (§ 533 ZPO; → Rn. 1522 ff.), es sei denn, es liegt ein Fall des § 264 ZPO vor.[17]

1163 Ist die Klageänderung zulässig, muss der neue Streitgegenstand alle Zulässigkeitsvoraussetzungen erfüllen.

Dies gilt insbesondere für die Zuständigkeit des Gerichts (zur sachlichen Zuständigkeit → Rn. 1163a).

d) Sachliche Zuständigkeit

1163a Ändert sich durch die Klageänderung der **Zuständigkeitsstreitwert**, so ist zu unterscheiden:

- Sinkt der Wert in einer beim Landgericht anhängigen Sache auf unter 5.000,– EUR, so ändert dies an der sachlichen Zuständigkeit des Landgerichts nichts (§ 261 III Nr. 2 ZPO; → Rn. 1056).
- Das gleiche gilt, wenn beim Amtsgericht ein zusätzlicher neuer Streitgegenstand geltend gemacht wird, dessen Wert alleine 5.000,– EUR nicht übersteigt, der sich aber mit dem bereits rechtshänigen Anspruch auf mehr als 5.000,– EUR addiert (§ 5 ZPO); auch hier bleibt die einmal begründete sachliche Zuständigkeit des Gerichts unberührt (§ 261 III Nr. 2 ZPO).
- Wird beim Amtsgericht ein zusätzlicher neuer Streitgegegnstand geltend gemacht, dessen Wert 5.000,– EUR übersteigt, so ist für diesen das Amtsgericht nicht mehr zuständig (§ 260 ZPO). Wird die Zuständigkeit nicht durch eine rügelose Einlassung begründet (§§ 39, 504 ZPO), so muss der Anspruch abgetrennt und an das Landgericht verwiesen werden (§ 281 ZPO).
- Entsprechendes gilt, wenn der Streitgegenstand einer beim Amtsgericht anhängigen Sache unverändert bleibt und lediglich dessen Wert auf über 5.000,– EUR erweitert wird (§ 264 Nr. 2, 3 ZPO). Nach § 506 ZPO erfolgt auf Antrag einer Partei (wenn also eine rügelose Einlassung nicht erfolgt) eine Verweisung an das Landgericht, § 506 ZPO.

e) Verhältnis zur Klagerücknahme

1164 Klagewechsel, Klagebeschränkung und Klageanpassung können prozessual auch als (teilweise) Rücknahme der alten Klage verstanden werden. § 269 ZPO setzt hierfür

15 BGH NJW 2001, 1210; NJW-RR 1987, 58; OLG Hamm FamRZ 2000, 1173.
16 BGH NJW 2000, 800; NJW-RR 1990, 506.
17 BGH MDR 2006, 565.

nach mündlicher Verhandlung notwendig eine Einwilligung des Beklagten voraus, auf die auch bei Sachdienlichkeit nicht verzichtet werden kann. Fraglich ist deswegen, wie sich die Voraussetzungen der Klageänderungen zu denen der Klagerücknahme verhalten.

Praktisch wird diese Frage nur, wenn über die alte Hauptsache mündlich verhandelt worden ist, der Beklagte der Klageänderung widerspricht und die Klageänderung sachdienlich wäre.

Während eine Meinung hier Klageänderung und Klagerücknahme als gleichermaßen gegeben ansieht und deswegen ohne Einwilligung des Beklagten das Ausscheiden des alten Streitgegenstands nicht zulässt,[18] sieht die Gegenmeinung in den §§ 263 ff. ZPO eine spezielle, die Voraussetzungen des § 269 ZPO verdrängende Regelung und kommt so auch ohne Zustimmung des Beklagten zu einer wirksamen teilweisen Klagerücknahme.[19] Für die letztgenannte Auffassung sprechen nicht nur die besseren dogmatischen Argumente, sondern auch die sinnvolleren praktischen Ergebnisse. **1165**

3. Endentscheidung

a) Umfang

Über den **neuen Streitgegenstand** wird verhandelt und entschieden, wenn die Klageänderung *zulässig* ist. Ist sie *unzulässig*, so wird die neue Klage durch Prozessurteil als unzulässig abgewiesen. **1166**

Über den **alten Streitgegenstand** muss zusätzlich auch entschieden werden, wenn der Kläger seine ursprüngliche Klage erweitert oder im Wege nachträglicher Klagehäufung einen zusätzlichen Streitgegenstand geltend gemacht hat und diese Klageänderung zulässig ist. **1167**

In den Fällen des Klagewechsels, der Klageanpassung und der Klagebeschränkung dagegen will der Kläger eine Entscheidung nur noch über den neuen Streitgegenstand. Ist die Klageänderung zulässig, so ergeht eine Entscheidung über den alten Streitgegenstand nicht mehr, insoweit endet die Rechtshängigkeit mit dem Wirksamwerden der Klageänderung.[20] **1168**

Hat der Beklagte in die Klageänderung eingewilligt, so endet die Rechtshängigkeit mit der Zustimmungserklärung, lässt das Gericht die Klageänderung als sachdienlich zu, so endet die Rechtshängigkeit erst mit der Rechtskraft der Entscheidung.

Ist die Klageänderung in Form eines Klagewechsels, einer Klageanpassung oder einer Klagebeschränkung dagegen unzulässig, so ist fraglich, was mit dem alten Antrag geschehen soll.[21] Entscheidend hierfür ist, was der Kläger insoweit will. Soll durch die Klageänderung endgültig nur noch der neue Streitgegenstand verfolgt werden, so kann sie als Rücknahme, Verzicht oder Erledigungserklärung bezüglich des alten Streitgegenstands ausgelegt werden. Soll der alte Streitgegenstand für den Fall der Erfolglosigkeit der Klageänderung beibehalten werden, so ist fraglich, ob er als Hilfsantrag beibehalten wurde oder ob der Kläger insoweit mangels Antragstellung säumig **1169**

18 BLAH/*Hartmann* ZPO § 264 Rn. 9; Thomas/Putzo/*Reichold* ZPO § 264 Rn. 6.
19 BGH LM Nr. 8, 11 und 13 zu § 264 ZPO; OLG Hamm OLGR 2005, 556; *Walther*, Klageänderung und Klagerücknahme, NJW 1994, 423; *Rosenberg/Schwab/Gottwald* ZivilProzR § 102 II 3; *Schellhammer* ZivilProz Rn. 1409.
20 BGH NJW 1990, 2682.
21 BGH NJW 1988, 128.

ist. Was der Kläger im Einzelfall will ist – gegebenenfalls nach einem Hinweis gemäß § 139 ZPO – durch Auslegung festzustellen.

Beispiele: Reduziert der Kläger, weil er erkennt, dass er von Anfang an zuviel gefordert hatte, so liegt eine Klagerücknahme nahe. Erfolgt die Reduzierung aufgrund eines nach Rechtshängigkeit eingetretenen Ereignisses (zB Teilzahlung durch den Beklagten), kommt eine Erledigungserklärung in Betracht. Ist der Kläger dagegen im Zweifel, ob seine Klageänderung zulässig ist, wird er den alten Antrag hilfsweise aufrechterhalten.

1170 Die Entscheidung über den alten Antrag ist abhängig vom Ergebnis dieser Auslegung. Nach einer Rücknahme ergeht eine Sachentscheidung nicht mehr. Nimmt man eine Erledigungserklärung des Klägers an und stimmt der Beklagte zu, so liegt eine übereinstimmende Erledigungserklärung vor, die zu einem Kostenbeschluss nach § 91a ZPO führt. Widerspricht der Beklagte der Erledigung des alten Antrags, so ist durch streitiges Urteil festzustellen, ob Erledigung eingetreten ist. Geht man davon aus, dass der alte Antrag zwar noch rechtshängig, aber nicht gestellt ist, so wird er durch Versäumnisurteil abgewiesen. Nur für den Fall, dass der alte Antrag hilfsweise aufrechterhalten wurde, ergeht hierüber ein Sachurteil.

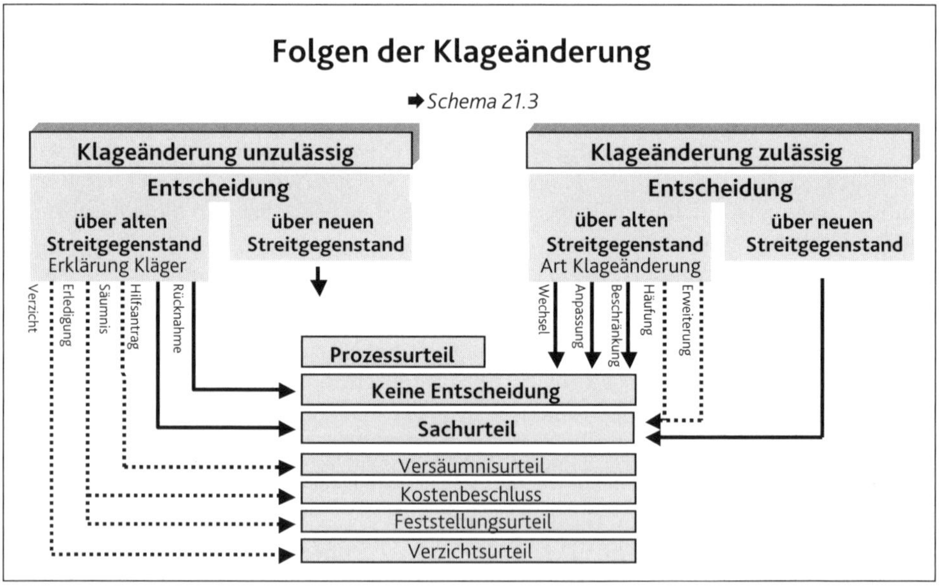

Schema 21.3: Folgen der Klageänderung

1171 Soweit der alte Streitgegenstand besondere **Kosten** verursacht hat, muss hierüber mit entschieden werden. Dies wird regelmäßig im Rahmen des Instituts möglich sein, nach dem der nicht weiter verfolgte Antrag behandelt wird. Auch kann ein Fall des § 96 ZPO vorliegen, wenn bestimmte Prozesskosten nur in Bezug auf den alten Streitgegenstand entstanden sind. Soweit diese ausscheidbar sind, hat sie allein der Kläger zu tragen.[22] Soweit die einzelnen Gebühren durch die Klageänderung aus

22 BGH NJW-RR 1996, 256; Zu weiteren kosten- und gebührenrechtlichen Fragen *Liebheit*, Streitwert nach Klageänderung, JuS 2001, 687; Zöller/*Greger* ZPO § 263 Rn. 17 ff.

unterschiedlichen Kostenstreitwerten entstanden sind, kommt nur eine kostenbezogene Quotelung in Betracht (zur Berechnung → Rn. 531).

Geht man davon aus, dass bezüglich des alten Streitgegenstands eine Rücknahme, ein Verzicht oder Säumnis vorliegt, hat der Kläger die hierdurch entstandenen Kosten zu tragen (§§ 91, 269, 344 ZPO). Nimmt man eine Erledigung oder einen Hilfsantrag an, kommt je nach den Umständen auch eine Kostenlast des Beklagten in Betracht (§§ 91/92, 91a ZPO).

Beispielsfall: Hat der Kläger ursprünglich 8.000,– EUR aus Kaufvertrag verlangt, die Klage nach einer für ihn unbefriedigenden Beweisaufnahme auf Zahlung von 8.000,– EUR aus einem Werkvertrag umgestellt und bleibt dieser neue Anspruch tatsächlich unstreitig, so hat der Kläger die Kosten der Beweisaufnahme nach § 96 ZPO auch dann zu tragen, wenn er mit dem neuen Anspruch obsiegt.

b) Darstellung

Im **Tatbestand** gehört die Tatsache der Klageänderung als Prozessgeschichte entweder ins unstreitige Partei- oder ins streitige Klägervorbringen, jedenfalls vor die jetzt gestellten Anträge. Der Vortrag der Parteien zu dem alten Antrag gehört in den Tatbestand nur insoweit, als darüber noch zu entscheiden ist (zB im Rahmen der Kostenentscheidung). In der Regel wird dies im Wege der Verweisung einbezogen werden können. **1172**

Nach der Klageänderung ergeht eine **Entscheidung** grundsätzlich nur noch über den neuen Streitgegenstand. Auf ihn bezieht sich zunächst die Prüfung sämtlicher Zulässigkeitsvoraussetzungen. Ist über die Zulässigkeit der Klageänderung nicht bereits durch Zwischenurteil entschieden, muss diese zusätzlich im Endurteil festgestellt werden. **1173**

Eine Sachprüfung darf nur ergehen, wenn die Klageänderung zulässig ist. Erweist sie sich als unzulässig, wird die Klage durch Prozessurteil abgewiesen.[23]

Gegenstand der Begründetheit ist regelmäßig allein der neue Streitgegenstand. Der alte Antrag kann nur dann noch beschieden werden, wenn eine Auslegung des Klägervorbringens ergibt, dass dieser aufrechterhalten werden sollte (→ Rn. 1170).

23 BGH LM § 268 aF Nr. 1.

§ 22 Veräußerung der streitbefangenen Sache

1. Einführung

a) Problemstellung

1174 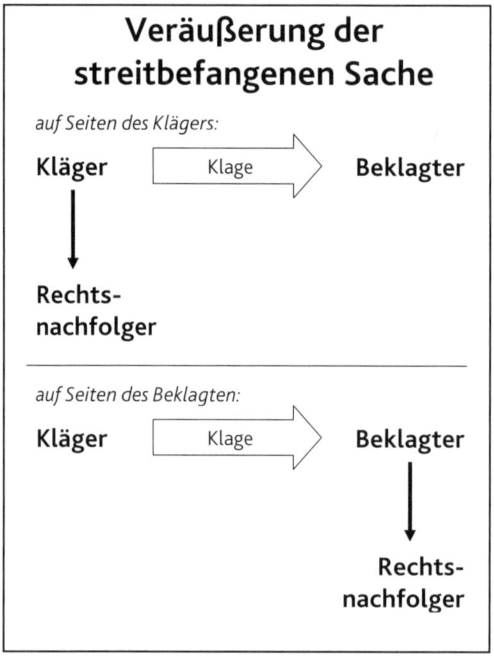

Schema 22.1: Veräußerung der streitbefangenen Sache

Die Notwendigkeit, die Klage oder den Eilantrag auf Erlass eines Arrests bzw. einer einstweiligen Verfügung[1] veränderten tatsächlichen Umständen anzupassen, kann sich auch daraus ergeben, dass Kläger und/oder Beklagter den in Streit befindlichen Gegenstand nach Eintritt der Rechtshängigkeit veräußern. Durch den Verlust der Sachlegitimation des Veräußerers wird die Klage unbegründet, der Kläger verliert durch eine Veräußerung zudem die Prozessführungsbefugnis, sodass die Klage auch unzulässig wird.

Insoweit stellt die Veräußerung der streitbefangenen Sache einen Sonderfall der (gesetzlich zugelassenen) Klageänderung dar (oben Schema 21.1).

1175 **Beispielsfall:** Der Verkäufer eines unter Eigentumsvorbehalt gelieferten Kühlschranks tritt vom Vertrag zurück und klagt auf Herausgabe.
Verkauft der Kläger nach Zustellung der Klage den Kühlschrank unter Abtretung seines Herausgabeanspruchs an einen Dritten (§ 931 BGB), so macht er mit dem Herausgabeanspruch im Prozess das nun dem Dritten zustehende Eigentumsrecht und damit ein ihm fremdes Recht im eigenen Namen geltend. Dies ist mangels Prozessführungsbefugnis grundsätzlich unzulässig. Zudem ist die Klage unbegründet, weil eine der Anspruchsvoraussetzungen aus § 985 BGB (Eigentum des Klägers) fehlt.
Verkauft der Beklagte die Sache einem Dritten und übergibt sie ihm (§ 929 BGB), ist er bei Schluss der letzten mündlichen Verhandlung nicht mehr Besitzer der Sache, sodass die Klage wegen Fehlens dieser Voraussetzung des § 985 BGB unbegründet ist.

1176 Grundsätzlich wäre damit ein neuer Prozess unter Beteiligung der jeweiligen Rechtsnachfolger zu führen. Da es in diesem weitgehend um die gleichen Sach- und Rechtsfragen ginge, versucht die ZPO auch hier im Interesse der Prozessökonomie den bisherigen Prozess fortzusetzen und ihn den veränderten Umständen anzupassen.[2]

1 *Loritz*, Rechtsnachfolge und Umschreibung der Vollstreckungsklausel in den Verfahren des einstweiligen Rechtsschutzes, ZZP 106 (1993), 3.
2 OLG Hamm NJW-RR 1991, 20; OLG Koblenz NJW-RR 1990, 1023; BayVGH NVwZ-RR 1990, 172; Thomas/Putzo/*Reichold* ZPO § 265 Rn. 1.

b) Gesetzliche Regelung

Verliert eine Partei ihre Sachlegitimation durch Rechtsübergang im Rahmen einer **Gesamtrechtsnachfolge**, so findet ein gesetzlicher Parteiwechsel statt: Der Rechtsnachfolger tritt anstelle der bisherigen Partei in den Prozess ein (→ Rn. 969).[3] 1177

So zum **Beispiel** beim Tod einer als Partei auftretenden natürlichen Person nach § 239 ZPO.

Findet der Rechtsübergang dagegen im Rahmen einer **Einzelrechtsnachfolge** statt, so kommt es zu einem solchen Parteiwechsel nicht, weil der Beklagte es ansonsten in der Hand hätte, einer Verurteilung zu entgehen und durch ständige Veräußerungen praktisch jede Sachentscheidung verhindert werden könnte.[4] 1178

Denkbar wäre es, den Parteien nach Eintritt der Rechtshängigkeit jede Verfügung über die streitbefangene Sache zu untersagen, sodass jede Veräußerung materiell unwirksam wäre. Diese Lösung schließt § 265 I ZPO ausdrücklich aus und lässt die Veräußerung der streitbefangenen Sache auch nach Rechtshängigkeit noch zu.

Die ZPO wählt eine rein prozessrechtliche Lösung. Der Prozess wird trotz der Veräußerung grundsätzlich mit dem Rechtsvorgänger fortgeführt (**§ 265 II 1 ZPO**), Rechtskraft, (**§ 325 ZPO**) und Vollstreckbarkeit (**§ 727 ZPO**) werden nach Möglichkeit auf den Rechtsnachfolger erstreckt, sodass der Gegner die Vorteile eines Prozesserfolgs praktisch nutzen kann. 1179

2. Voraussetzungen

Voraussetzung für die Anwendung der §§ 265, 325 ZPO ist, dass die streitbefangene Sache nach Eintritt der Rechtshängigkeit veräußert wurde.

a) Streitobjekt

Streitbefangen ist eine **Sache**, wenn auf der rechtlichen Beziehung zu ihr die Sachlegitimation der Parteien beruht, dh die Sache oder das Recht an ihr, das für den Kläger die Aktiv-, für den Beklagten die Passivlegitimation begründet.[5] 1180

Eine **Sache** ist streitbefangen, wenn im Prozess das Eigentum oder ein dingliches Recht an ihr geltend gemacht wird, wenn es also zB um Ansprüche aus §§ 861, 862, 894, 905 ff., 985, 1004, 1065, 1133, 1147, 1227 BGB geht.[6] Möglich ist, dass für beide Parteien dieselbe Sache streitbefangen ist (zB beim Anspruch aus § 985 BGB) oder dass es sich um unterschiedliche Sachen handelt (zB beim Anspruch aus § 917 BGB [Notwegerecht], wo für jede der Parteien ihr eigenes Grundstück streitbefangen ist).[7]

Streitbefangen kann auch der geltend gemachte **Anspruch** sein, dh das der Klage zugrunde liegende subjektive Recht. 1181

Hierunter fallen alle subjektiven Rechte, insbesondere also Leistungsansprüche iSd § 194 BGB und die sog. Herrschaftsrechte, kurz, **alle Rechtsfolgen** eines geltend gemachten Tatbestands, sodass § 265 ZPO nicht nur bei Leistungs-, sondern auch bei Feststellungs- und Gestaltungsklagen anwendbar ist.[8]

---

3 *Schink*, Rechtsnachfolge und Zivilprozess, JURA 1985, 291.
4 BGHZ 72, 241; Stein/Jonas/*Schumann* ZPO § 265 Rn. 9.
5 BGHZ 39, 21 = NJW 1963, 813; BLAH/*Hartmann* ZPO § 265 Rn. 4; *Gottwald*, Die Veräußerung der streitbefangenen Sache, JA 1999, 486; *Schink*, Rechtsnachfolge und Zivilprozess, JURA 1985, 291.
6 BGHZ 18, 223 = NJW 1955, 1719; Stein/Jonas/*Schumann* ZPO § 265 Rn. 11.
7 BGH Betrieb 1976, 2398.
8 BGH MDR 2002, 1185; Stein/Jonas/*Schumann* ZPO § 265 Rn. 15.

Im **Eingangsbeispiel** war streitbefangen für den Kläger das Eigentum am Kühlschrank, für den Beklagten dessen Besitz. Klagt der Verkäufer nicht auf Rückgabe der Sache, sondern auf Zahlung des Kaufpreises, so ist streitbefangen für den Gläubiger die Berechtigung, für den Schuldner die Verpflichtung aus dem Kaufpreisanspruch. Zur Anwendung des § 265 ZPO ist im ersten Fall eine Verfügung über Eigentum bzw. Besitz an der Sache erforderlich, im zweiten Fall eine Abtretung des Anspruchs aus § 433 II BGB durch den Kläger bzw. eine befreiende Schuldübernahme auf Seiten des Beklagten.[9]

b) Veräußerung/Abtretung

1182 Veräußerung bzw. Abtretung sind nicht im engen Sinn des BGB zu verstehen, sondern erfassen jede **Einzelrechtsübertragung** unter Lebenden, durch die die Aktiv- oder Passivlegitimation sich ändert.[10]

Beispiele: Hierunter können die rechtsgeschäftliche Übereignung einer Sache nach §§ 929 ff. BGB oder die Abtretung einer Forderung nach § 398 BGB genauso fallen wie der Rechtsübergang kraft Gesetzes (zB nach §§ 426 II, 774 BGB) oder staatlicher Übertragung (zB Überweisung einer Forderung aufgrund einer Pfändung, § 835 ZPO).[11]

1183 Der Rechtsübergang muss **nach Eintritt** der **Rechtshängigkeit** (= Zustellung der Klage an den Beklagten, § 261 ZPO) vollzogen, dh wirksam geworden sein.

Unschädlich ist, wenn einzelne Akte bereits **vorher** vorgenommen wurden: Stand die Veräußerung unter einer aufschiebenden Bedingung, reicht es aus, dass diese erst während des Prozesses eingetreten ist. Eine Rechtsnachfolge iSd § 265 ZPO liegt auch vor, wenn eine auflösende Bedingung nach Rechtshängigkeit eintritt.[12]

3. Folgen

Schema 22.2: Folgen der Veräußerung der streitbefangenen Sache

Für die Folgen der Veräußerung der streitbefangenen Sache ist zu differenzieren:

Rechtsvorgänger und Gegner führen den Prozess grundsätzlich untereinander fort, müssen aber ggf. ihre Anträge der geänderten materiellrechtlichen Situation anpassen

Der Rechtsnachfolger kann sich an diesem Verfahren beteiligen, unabhängig davon wird er an die Wirkungen des Urteils (Rechtskraft, Vollstreckbarkeit) zwischen den Parteien gebunden, wenn er nicht gutgläubig war.

9 Letzteres ist streitig: vgl. die Nachw. bei *Rosenberg/Schwab/Gottwald* ZivilProzR § 103 II 2.
10 *Rosenberg/Schwab/Gottwald* ZivilProzR § 103 II 3; *Schink*, Rechtsnachfolge und Zivilprozess, JURA 1985, 291 mwN.
11 BGH NJW-RR 2009, 660; NJW 2002, 2102; KG MDR 2008, 1269; BLAH/*Hartmann* ZPO § 265 Rn. 9 ff.
12 BGH NJW 1998, 156; OLG Celle NJW-RR 1998, 206.

a) Folgen für den Rechtsvorgänger

Aus § 265 II 1 ZPO folgt zunächst, dass weder das Fehlen der Prozessführungsbefugnis noch das von Aktiv- bzw. Passivlegitimation zu einer klageabweisenden Entscheidung führen darf. Die genannte Norm begründet damit für den Rechtsvorgänger eine **gesetzliche Prozessstandschaft.**[13] Er bleibt Partei und darf den Prozess im eigenen Namen fortsetzen. 1184

Der Rechtsvorgänger ist alleine zur Vornahme aller Prozesshandlungen **befugt**, auch zu einem Vergleich, einem Anerkenntnis bzw. einen Verzicht oder einer Klagerücknahme. Nur auf seine Person kommt es für Prozesskostenhilfe oder Widerklage an.[14]

b) Folgen für den Rechtsnachfolger

(1) **Erstreckung von Vollstreckbarkeit und Rechtskraft.** Der Rechtsnachfolger wird an die Ergebnisse des Prozesses gebunden, indem zwei wesentliche Wirkungen des Urteils auch ihn erfassen, die Rechtskraft und die Vollstreckbarkeit. 1185

Grundsätzlich wirkt die Rechtskraft eines Urteils nur zwischen den am Rechtsstreit als Partei beteiligten Personen (§ 322 I ZPO). Dass es von diesem Grundsatz Ausnahmen auch in subjektiver Hinsicht gibt, sich die **Rechtskraft** also auch auf nicht am Rechtsstreit beteiligte Dritte **erstrecken** kann, wurde bereits ausgeführt (→ Rn. 492).[15] Eine dieser Ausnahmen stellt § 325 ZPO für die Rechtsnachfolger der Parteien und die unmittelbaren Besitzer der streitbefangenen Sache dar.

Tritt eine Rechtskrafterstreckung ein, so kann der **Titel** auf den Rechtsnachfolger **umgeschrieben** werden (§ 727 ZPO, ggf. durch Klauselerteilungsklage nach § 731 ZPO) und aus dem Urteil von dem oder gegen den Rechtsnachfolger unmittelbar vollstreckt werden.[16] 1186

Wichtig ist die Rechtskrafterstreckung auch für die Frage, ob von dem oder gegen den **Rechtsnachfolger** eine **erneute Klage** über denselben Streitgegenstand erhoben werden darf. Dies ist nicht der Fall, wenn Rechtskrafterstreckung eintritt, weil dann auch im Verhältnis zum Rechtsnachfolger der Einwand einer bereits existierenden rechtskräftigen Entscheidung (§ 322 I ZPO)[17] begründet ist.

Ratio des § 325 ZPO ist, dass derjenige, der eine im Streit befangene Sache erwirbt, das Prozessrisiko kennt und damit einkalkulieren muss.[18] Kennt der Rechtsnachfolger das Prozessrisiko nicht, weil er von dem Prozess nichts weiß, so können ihn hieraus nachteilige Folgen nicht treffen. Allerdings besteht kein Grund, ihm nicht auch dann mögliche günstige Rechtsfolgen aus der Rechtskrafterstreckung zuteil werden zu lassen. Dem trägt **§ 325 II ZPO** Rechnung, indem er auf die Vorschriften des bürgerlichen Rechts über den Gutglaubenserwerb verweist. Ist der Rechtsnachfolger nach diesen Vorschriften bezüglich des rechtshängigen Prozesses **gutgläubig,** so kann die Rechtskrafterstreckung nur zu seinen Gunsten, nicht jedoch zu seinen Un- 1187

---

13 BGH NJW 2001, 3339; Stein/Jonas/*Schumann* ZPO § 265 Rn. 39.

14 BGH NJW-RR 1987, 307; BLAH/*Hartmann* ZPO § 265 Rn. 19.

15 *Marotzke*, Urteilswirkungen gegen Dritte und rechtliches Gehör, ZZP 100 (1987), 165.

16 *Lackmann*, Zwangsvollstreckungsrecht, 10. Aufl. 2013, 254 f.

17 Bzw. der Einwand anderweitiger Rechtshängigkeit (§ 261 III Nr. 1 ZPO), soweit die neue Klage noch während der Rechtshängigkeit der alten erhoben wird; zur Unzulässigkeit eines weiteren selbstständigen Beweisverfahrens durch den Rechtsnachfolger BGH NJW-RR 2012, 224.

18 *Jauernig*, Subjektive Grenzen der Rechtskraft und Recht auf rechtliches Gehör, ZZP 101 (1988), 361.

gunsten stattfinden. War er dagegen nicht gutgläubig, so ist er an die Rechtskraft des Urteils auch dann gebunden, wenn es für ihn nachteilig ist.[19]

Welcher **Maßstab** für die **Gutgläubigkeit** anzulegen ist, ergibt sich dabei aus dem materiellen Recht: Je nach Art der streitbefangenen Sache ist ein Gutglaubenserwerb (nur) möglich nach §§ 932, 936, 892 BGB, § 366 HGB. Der Rechtsnachfolger einer beweglichen Sache ist damit nicht gutgläubig, wenn ihm der Prozess bekannt oder infolge grober Fahrlässigkeit unbekannt ist. Dem Rechtsnachfolger eines Grundstücks fehlt der gute Glaube nur bei positiver Kenntnis des Prozesses. Der Erwerber einer Forderung kann überhaupt nicht gutgläubig sein.

Erwirbt der Rechtsnachfolger die streitbefangene Sache vom Berechtigten, so muss sich die Gutgläubigkeit nur auf die Tatsache der Rechtshängigkeit beziehen, erwirbt er vom Nichtberechtigten, so muss sich die Gutgläubigkeit sowohl auf die Rechtshängigkeit der streitbefangenen Sache als auch auf das Eigentum des Veräußerers erstrecken (sog. **doppelter guter Glaube**).[20]

Aus § 325 ZPO lässt sich damit als **Ergebnis** festhalten:

- Zugunsten des Rechtsnachfolgers wirkt die Rechtskrafterstreckung immer.
- Zulasten des Rechtsnachfolgers wirkt die Rechtskrafterstreckung nur, wenn er nicht gutgläubig war, dh beim Erwerb einer Forderung immer, beim Erwerb einer beweglichen Sache, wenn er vom Prozess positiv Kenntnis oder grob fahrlässig keine Kenntnis hat, beim Erwerb eines Grundstücks nur, wenn er vom Prozess positiv Kenntnis hat.

1188 (2) **Prozessbeteiligung des Rechtsnachfolgers.** Da der Rechtsvorgänger kraft gesetzlicher Prozessstandschaft handelt, fehlt dem Rechtsnachfolger die Prozessführungsbefugnis: Obwohl der Rechtsnachfolger materieller Rechtsinhaber ist, darf er dieses Recht prozessual nicht geltend machen.

§ 265 II 1 ZPO verhindert nicht, dass der Rechtsnachfolger sich in den Prozess des Rechtsvorgängers einschaltet. Für ein Aktivwerden des Rechtsnachfolgers spricht, dass häufig nicht mehr die bisherige Partei, sondern er ein Interesse am Ausgang des Prozesses hat.

1189 Der Rechtsnachfolger kann sich zunächst wie jeder Dritte am Verfahren beteiligen,

- indem er **Nebenintervenient** wird (§§ 66 ff. ZPO). Dann kann er nach § 265 II 3 ZPO – obwohl die Voraussetzungen des § 69 ZPO ja gemäß § 325 ZPO vorliegen – nicht streitgenössischer, sondern nur einfacher Nebenintervenient werden, hat somit nur eingeschränkte Befugnisse.
- indem er **Hauptintervenient** wird (§ 64 ZPO). Hierzu bedarf er der Zustimmung des Gegners (§ 265 II 2 ZPO), der sich gegen seinen Willen auf eine neue Hauptpartei nicht einlassen muss.

1190 Darüber hinaus bietet § 265 ZPO eine weitere, spezielle Möglichkeit der Beteiligung des Rechtsnachfolgers am Prozess,[21]

- indem er den Prozess als **Hauptpartei** anstelle der bisherigen Partei übernimmt (§ 265 II 2 ZPO). Hierbei handelt es sich um den Fall eines gesetzlich zugelassenen Parteiwechsels (→ Rn. 970),[22] der nur mit Zustimmung des Rechtsnachfolgers, des

19 Zu den Rückausnahmen des § 325 III ZPO Stein/Jonas/*Leipold* ZPO § 325 Rn. 44; Thomas/Putzo/*Reichold* ZPO § 325 Rn. 9.

20 StRspr seit RGZ 79, 165; BGHZ 4, 285.

21 BGH NJW 1996, 2799; wegen der Möglichkeit einer eigenen Klage des Rechtsnachfolgers s. → Rn. 1195.

22 Dazu BGH NJW 1996, 2799; OLG Koblenz OLGR 2004, 357; OLG Celle NJW-RR 1998, 206.

Rechtsvorgängers und des Gegners möglich ist. Folge dieses Parteiwechsels ist, dass der Rechtsvorgänger ohne besondere Entscheidung des Gerichts[23] aus dem Prozess ausscheidet, der Rechtsnachfolger für ihn eintritt und dann an die bisherigen Prozessergebnisse – weil er freiwillig eintrat – voll gebunden ist.

In den Fällen des **§ 266 ZPO** (Veräußerung eines streitbefangenen Grundstücks bzw. Schiffs) ist der Erwerber ohne Zustimmung des Gegners berechtigt, auf dessen Antrag hin sogar verpflichtet, den Rechtsstreit in der Lage, in der er sich gerade befindet, zu übernehmen, weil dem Gegner an der Fortsetzung des Prozesses mit dem Veräußerer nicht mehr gelegen sein kann.[24]

c) Folgen für das Verfahren

(1) Antrag und Tenor. Streitig ist, ob und inwieweit Klageantrag und Entscheidung den veränderten tatsächlichen Verhältnissen angepasst werden müssen. Während die Verfechter der sog. »*Irrelevanztheorie*«,[25] ausgehend vom Wortlaut des § 265 II 1 ZPO, jede inhaltliche Änderung ablehnen, will die herrschende »*Relevanztheorie*« diese Norm teleologisch reduzieren und verlangt für den Fall einer Veräußerung durch den Kläger eine Anpassung des Klageantrags, indem auf Leistung an den jetzigen Rechtsinhaber geklagt wird.[26] **1191**

Die Antragsänderung durch den Kläger stellt eine nach § 264 Nr. 3 ZPO kraft Gesetzes zulässige **Klageänderung** dar. Ändert der Kläger seinen Antrag – trotz entsprechenden Hinweises des Gerichts – nicht, so ist die Klage mangels materiellrechtlicher Aktivlegitimation als unbegründet abzuweisen. Ein solches Urteil entfaltet dem Rechtsnachfolger gegenüber keine Rechtskraft.[27]

Bei einer Veräußerung durch den Beklagten kann der Kläger nicht eine Verurteilung des Rechtsnachfolgers beantragen, es sei denn, dieser ist nach § 265 II 2 ZPO oder im Wege der Parteiänderung Hauptpartei geworden.[28] **1192**

(2) Weiterer Prozessverlauf. Hat der *Kläger* die streitbefangene Sache veräußert und ist sein Rechtsnachfolger an die Rechtskraft der im vorliegenden Verfahren ergehenden Entscheidung (zB wegen Gutgläubigkeit) nicht gebunden, so muss der Beklagte damit rechnen, vom Rechtsnachfolger erneut in Anspruch genommen zu werden: Der Einwand rechtskräftiger Vorentscheidung greift dann nicht. In diesem Fall lässt sich ein zweiter Prozess durch Fortsetzung des ersten nicht vermeiden, sodass es hier dem Beklagten freisteht, die mangelnde Aktivlegitimation des bisherigen Klägers zu rügen (§ 265 III ZPO). Die Klage ist dann als unbegründet abzuweisen.[29] **1193**

---

23 BGH NJW 2006, 1351; seine bisher entstandenen Kosten muss der Rechtsvorgänger im Wege des materiellrechtlichen Kostenerstattungsanspruchs geltend machen.

24 BGH WM 2009, 756; *Rosenberg/Schwab/Gottwald* ZivilProzR § 103 III 2.

25 Zu den einzelnen Theorien *Grunsky*, Die Veräußerung der streitbefangenen Sache, 1968, 101 ff. mwN.

26 BGH NJW-RR 2006, 275; OLG Nürnberg NJW-RR 1995, 262; Stein/Jonas/*Schumann* ZPO § 265 Rn. 36.

27 BGH WM 1982, 1313; OLG Düsseldorf FamRZ 1981, 697; Stein/Jonas/*Schumann* ZPO § 265 Rn. 44 mwN.

28 RGZ 121, 379; 60, 247; 56, 244.

29 RGZ 49, 366.

1194 Für eine Veräußerung durch den *Beklagten* gilt dies nicht. Hier kann der Kläger[30]

- die Klage nach § 264 Nr. 3 ZPO dahin ändern, dass er vom bisherigen Beklagten statt der bisherigen Leistung das Surrogat begehrt (§§ 285, 816 BGB).
- die Klage zurücknehmen und eine neue Klage gegen den Rechtsnachfolger anstrengen.
- die Hauptsache für erledigt erklären. Eine neue Klage gegen den Rechtsnachfolger ist unbeschränkt nur im Fall übereinstimmender Erledigungserklärung möglich, da ansonsten der Rechtsnachfolger sich ggf. auf ein ihm günstiges klageabweisendes Urteil berufen kann.
- den Prozess unverändert weiter betreiben (§ 265 II 1 ZPO) und später dann gegen den Beklagten oder – falls ein Fall der Rechtskrafterstreckung vorliegt – gegen den Rechtsnachfolger vollstrecken (§§ 727, 731 ZPO).

1195 **(3) Urteil.** In *Rubrum* und *Tenor* erscheinen grundsätzlich nur die bisherigen Parteien, der Rechtsnachfolger bleibt hier unerwähnt. Allerdings sind Ausnahmen von diesem Grundsatz nicht selten. Der Rechtsnachfolger wird im Rubrum aufgenommen, wenn er den Rechtsstreit als Hauptpartei übernommen oder sich am Verfahren als Haupt- bzw. Nebenintervenient beteiligt hat. Im Tenor als Schuldner verurteilt wird er nur, wenn er Hauptpartei geworden ist, als Gläubiger bezeichnet wird er, wenn er Hauptpartei geworden ist oder der Kläger Leistung an den Rechtsnachfolger beantragt hat.

Formulierungsbeispiel: Der Beklagte wird verurteilt, den PKW … an Herrn … herauszugeben.

Im *Tatbestand* ist die die Veräußerung nach Rechtshängigkeit als Prozessgeschichte darzustellen. Sinnvollerweise geschieht dies im unstreitigen Parteivorbringen. Dabei ist anzugeben, ob der Rechtsnachfolger hinsichtlich der Rechtshängigkeit gutgläubig war oder nicht. Hat sich der Rechtsnachfolger am Verfahren beteiligt, ist sein Vorbringen nach den Regeln der Beteiligungsform aufzunehmen. Besonderer Beachtung bedarf, ob der Kläger seinen Antrag auf Leistung an den Rechtsnachfolger umgestellt hat.

In den *Entscheidungsgründen* ist die Rechtsnachfolge auf Klägerseite im Rahmen der Zulässigkeit der Klage unter dem Aspekt der Prozessführungsbefugnis zu erörtern, die Rechtsnachfolge auf Beklagtenseite ist insoweit regelmäßig problemlos. Sie wird – wie die Rechtsnachfolge auf Klägerseite auch – im Rahmen der Begründetheit der Klage bei dem Tatbestandsmerkmal Aktiv- bzw. Passivlegitimation behandelt.

30 OLG Brandenburg NJW-RR 1996, 724; *Schilken*, Veränderungen der Passivlegitimation im Zivilprozess – Studien zur prozessualen Bedeutung der Rechtsnachfolge auf Beklagtenseite außerhalb des Parteiwechsels, 1987; Stein/Jonas/*Schumann* ZPO § 265 Rn. 45.

5. Abschnitt. Verteidigung

Zu den Möglichkeiten des Beklagten, sich gegen den in der Klage liegenden Angriff des Klägers zu verteidigen (oben Schema 5.1), gehört auch die Geltendmachung von Gegenansprüchen, sei es im Wege der Aufrechnung (→ Rn. 1196 ff.), sei es im Wege der Widerklage (→ Rn. 1221 ff.). Hier behandelt werden soll zudem die Möglichkeit, verspätetes Vorbringen zurückzuweisen, auch wenn dies nicht nur Verteidigungsvorbringen des Beklagten, sondern auch Angriffsmittel des Klägers betrifft (→ Rn. 1254 ff.).

§ 23 Aufrechnung

Will der Beklagte eine ihm gegen den Kläger zustehende Gegenforderung nur vertei- **1196**
digungsweise nutzen, so kann er mit ihr gegen die Forderung des Klägers aufrechnen.

Ist der **Kläger** ausnahmsweise Schuldner der streitbefangenen Forderung, so kann auch er sich durch Aufrechnung mit einer eigenen Forderung verteidigen.[1]

> **Beispiel:** Mit der negativen Feststellungsklage begehrt der Kläger Feststellung, dass dem Beklagten die von diesem behauptete Forderung nicht zusteht. Für den Fall, dass die Forderung des Beklagten doch besteht, erklärt er hilfsweise die Aufrechnung mit einer ihm zustehenden Gegenforderung.[2]

1. Doppeltatbestand

a) Allgemeines

Häufig wird der Beklagte die Aufrechnung bereits vorprozessual geltend machen. Er **1197**
übt dabei ein **materiellrechtliches Gestaltungsrecht** durch eine einseitige Willenserklärung aus. Trägt er die erklärte Aufrechnung dann im Prozess vor, liegt darin ein mittels einer **Prozesshandlung** geltend gemachtes Verteidigungsmittel (Erfüllungseinwand). Während sich Voraussetzungen und Folgen des materiellen Rechtsgeschäfts aus dem BGB ergeben (§§ 387 ff. BGB), richten sich Wirksamkeit und Konsequenzen der prozessualen Verteidigung nach der ZPO.

Die vorliegenden Ausführungen gelten nur für die Aufrechnung nach §§ 387 ff. BGB, nicht für die Verrechnung unselbstständiger Rechnungsposten oder die Ausübung des Zurückbehaltungsrechts.[3]

Wird die Aufrechnung erstmals im Prozess erklärt, so ist sie gleichermaßen materiel- **1198**
les Rechtsgeschäft wie Prozesshandlung, sie stellt insoweit einen **Doppeltatbestand**

---

1 Zur Klägeraufrechnung BGH NJW 1992, 982; 1990, 48; OLG Koblenz NJW-RR 1997, 1426; *Foerste*, Lücken der Rechtskraft zivilgerichtlicher Entscheidungen über die Aufrechnung, NJW 1993, 1183; *Pawlowski*, Die Gegenaufrechnung des Klägers im Prozess, ZZP 104 (1991), 249; zur Abgrenzung von der Geltendmachung einer Gegenforderung im Wege der Widerklage → Rn. 1221; *Möller*, Die Prozessaufrechnung, JA 2001, 49; *Tiedtke*, Aufrechnung und Rechtskraft, NJW 1992, 1473; *Zeuner*, Zum Umfang der Rechtskraft bei Aufrechnung durch den Kläger, NJW 1992, 2870.

2 Eine ähnliche Konstellation ergibt sich auch bei der Vollstreckungsgegenklage aus § 767 ZPO.

3 BGH NJW-RR 2004, 1715; NJW 2002, 900.

dar.[4] Voraussetzungen und Folgen ergeben sich dann kumulativ aus dem materiellen und aus dem Prozessrecht.

Voraussetzungen und Folgen der Prozessaufrechnung

Geltendmachung	Prozessaufrechnung als materiellrechtliches Gestaltungsrecht durch Willenserklärung	Prozessaufrechnung als prozessuales Verteidigungsmittel durch Prozesshandlung
Voraussetzungen	**§§ 1, 104 ff., 164 ff. BGB:** Materielle Handlungsvoraussetzungen **§ 387 BGB:** Aufrechnungslage **§ 388 BGB:** Aufrechnungserklärung (zB § 393 BGB): Keine Aufrechnungsverbote	**§§ 50 ff., 78 ff. ZPO:** Prozesshandlungsvoraussetzungen **§ 253 II ZPO analog:** Bestimmtheit **§ 13 GVG:** Zulässigkeit Rechtsweg (zB § 533 ZPO): Besondere Voraussetzungen
Folgen	**§ 389 BGB** Erlöschen beider Forderungen	**§ 322 II ZPO** Rechtskraft auch bezüglich Aufrechnungsforderung

Schema 23.1: Voraussetzungen und Folgen der Prozessaufrechnung

b) Voraussetzungen

1199 (1) **Materiellrechtlich** setzt eine Aufrechnung nach § 388 BGB eine Aufrechnungserklärung (dh eine einseitige, empfangsbedürftige Willenserklärung), das Fehlen von Aufrechnungsverboten (zB nach § 393 BGB) und eine Aufrechnungslage nach § 387 BGB voraus.

Letztere liegt vor, wenn Haupt- und Aufrechnungsforderung auf gleichartige Leistungen gerichtet und beide Leistungen erfüllbar, voll wirksam und gegenseitig sind.

1200 (2) **Prozessual**[5] setzt eine Aufrechnung wie jede Prozesshandlung zunächst das Vorliegen der allgemeinen *Prozesshandlungsvoraussetzungen* (Parteifähigkeit, Prozessfähigkeit, Postulationsfähigkeit, Vertretungsmacht) voraus. Ferner muss eine ordnungsgemäße Aufrechnungserklärung gegeben sein. In analoger Anwendung des § 253 II ZPO ist hier erforderlich, dass die Aufrechnungsforderung *hinreichend bestimmt* und *schlüssig und substanziiert dargelegt* wird.

Beispiel: Die bloße Aufrechnung mit »einer Kaufpreisforderung« lässt nicht mit der für den späteren Eintritt der Rechtskraft (§ 322 II ZPO) erforderlichen Genauigkeit erkennen, welche Forderung

4 *Buß*, Prozessaufrechnung und materielles Recht, JuS 1994, 147; aA die prozessuale Theorie, zB *Varvitsiolis*, Einführung in die Rechtsnatur der Aufrechnungseinrede im Zivilprozess, 1987.

5 Hierzu allgemein *Huber*, Prozessaufrechnung des Beklagten, JuS 2008, 1050; *Feser*, Die Aufrechnung im Prozess – eine Frage des Zeitpunkts, JA 2008, 525; *Musielak*, Die Aufrechnung des Beklagten im Zivilprozess, JuS 1994, 817; *Prechtel*, Die Prozessaufrechnung in der Praxis, ZAP (2006) Fach 13, 1367; *Schröer*, Die Aufrechnung im Zivilprozess, JA 1991, ÜBlRef 192; *Wolf*, Die Prozessaufrechnung, JA 2008, 673 und 753.

gemeint ist. Werden mehrere Forderungen zur Aufrechnung gestellt, die in ihrer Summe die Klageforderung übersteigen, so muss klar sein, in welcher Reihenfolge bzw. mit welchen Teilbeträgen die einzelnen Forderungen zur Aufrechnung gestellt werden.[6] Ohne klärende Angabe des Klägers können die §§ 396 I 2, 366 II BGB als Auslegungshilfe dienen.

Ist über die Aufrechnungsforderung eine streitige Entscheidung erforderlich, so kann diese durch das Prozessgericht nur ergehen, wenn der *Rechtsweg* zu den ordentlichen Gerichten gegeben ist.[7] 1201

Beispiel: Erklärt die vor einem Zivilgericht von einem Privatmann auf Zahlung in Anspruch genommene Gemeinde die Aufrechnung mit einer streitigen öffentlich-rechtlichen Forderung, so darf das Zivilgericht hierüber keine Entscheidung treffen. Ist die Forderung im Verwaltungsrechtsweg dagegen bereits rechtskräftig festgestellt, kann sie im Zivilprozess zur Aufrechnung gestellt werden. Möglich ist die Aufrechnung auch dann, wenn das Bestehen der Forderung zwischen den Parteien unstreitig ist. Auch dann ist eine Entscheidung des Zivilgerichts über die öffentlichrechtliche Forderung nicht erforderlich.

Auch die **internationale** Zuständigkeit muss gegeben sein.[8] Dagegen sind die **örtliche** und **sachliche Zuständigkeit** unbeachtlich.[9] Diese Regelungen gelten nur für die Klage-, nicht auch für die Aufrechnungsforderung. Sowohl der Gerichtsstand als auch der Zuständigkeitsstreitwert werden allein durch die Klageforderung bestimmt. Durch die im Prozess erklärte Aufrechnung ändert sich die Zuständigkeit des angerufenen Gerichts in keinem Fall.

Schließlich kennt die ZPO für Aufrechnungen in speziellen Prozesskonstellationen *besondere Zulässigkeitsvoraussetzungen*:[10]

- Im *Berufungsverfahren* ist eine neu erklärte Aufrechnung nur statthaft, wenn der Gegner einwilligt oder das Gericht die Aufrechnung für sachdienlich hält, zudem dürfen neue Tatsachen zur Begründung der Aufrechnung nur in beschränktem Umfang geltend gemacht werden (§ 533 ZPO; → Rn. 1522).
- Bei der *Vollstreckungsgegenklage* ist die Aufrechnung ausgeschlossen, wenn die Aufrechnungslage schon vor Abschluss des Vorprozesses bestand (§ 767 II ZPO).
- Im *Betragsverfahren* (§ 304 ZPO) ist die Aufrechnung ausgeschlossen, wenn die Aufrechnungslage bereits im Grundverfahren bestand.[11]

Ein rechtlicher **Zusammenhang** zwischen Klageanspruch und Gegenforderung ist nicht erforderlich. Fehlt er jedoch, so kann das Gericht den Streit um die Aufrechnungsforderung abtrennen und separat verhandeln (§ 145 III ZPO).

Grenzen sind auch der Aufrechnung mit Kostenerstattungsansprüchen gesetzt (§ 126 ZPO).[12]

6 BGH NJW 1993, 1393; OLG Celle NdsRPfl 1985, 278.

7 BAG NJW 2008, 1020; OLG Dresden VIZ 2001, 54; LG Saarbrücken MDR 2012, 669; Thomas/Putzo/*Reichold* ZPO § 145 Rn. 22 ff.; *Rupp*, Aufrechung mit rechtswegfremden Forderungen im Prozess, NJW 1992, 3274 mwN; für eine Aufrechnung auch mit rechtswegfremden Forderungen HessVGH NJW 1994, 1488 und *Schenke/Ruthig*, Die Aufrechnung mit rechtswegfremden Forderungen im Prozess, NJW 1993, 1374 sowie NJW 1992, 2505; zur Notwendigkeit der Prüfung der internationalen Zuständigkeit BGH NJW 1993, 2753 und *Busse*, Aufrechnung bei internationalen Prozessen vor deutschen Gerichten, MDR 2001, 729.

8 OLG Jena NJW 2009, 689.

9 Zur ausnahmsweisen Gleichstellung der ausschließlichen sachlichen Zuständigkeit mit der Zulässigkeit des Rechtswegs BAG NJW 2002, 317; AG Meldorf NJW-RR 2011, 142.

10 Zu den Voraussetzungen einer Aufrechnung im Urkundenprozess BGH NJW 1986, 2767.

11 BGH NJW-RR 1990, 1470.

12 *Kruse*, Das Aufrechnungsverbot aus § 126 ZPO, JuS 2014, 123.

1202 (3) **Formell** erfolgt die Aufrechnung durch einen normalen Schriftsatz der Partei, die keinen besonderen Antrag erfordert, sondern die Aufrechnungsforderung hinreichend bezeichnen und die zweifelsfreie Erklärung enthalten muss, dass mit dieser aufgerechnet werden soll.

c) Folgen

1203 (1) **Materiellrechtlich** führt eine wirksame Aufrechnung zum *Erlöschen* von Klage- und Aufrechnungsforderung (§ 389 BGB).

1204 (2) **Prozessual** erwächst die Entscheidung über den Aufrechnungsanspruch genauso in *Rechtskraft* wie der Ausspruch zur Klageforderung (§ 322 II ZPO),[13] allerdings nur bis zur Höhe des Betrages, für den die Aufrechnung geltend gemacht worden ist.

Der Wortlaut des § 322 II ZPO ist dabei missverständlich: In Rechtskraft erwächst nicht nur »die Entscheidung, dass die Gegenforderung nicht besteht«, sondern auch die Entscheidung über deren Bestehen.[14]

> **Beispiel:** Rechnet der Beklagte gegen eine Forderung in Höhe von 11.000,– EUR mit einer Gegenforderung von 14.000,– EUR auf und hält das Gericht die Gegenforderung insgesamt für unbegründet, so ist die Aufrechnungsforderung dennoch nur in Höhe von 11.000,– EUR rechtskräftig abgewiesen. Den weitergehenden Betrag hat das Gericht zwar geprüft und verneint, dennoch erstreckt sich die Rechtskraft auf diesen Teil nicht.

Werden mehrere Forderungen zur Aufrechnung gestellt, so kann über jede einzelne bis zur Höhe der Klageforderung rechtskräftig entschieden werden.

1205 Nach hM wird die zur Aufrechnung gestellte Forderung *nicht rechtshängig*, da § 261 ZPO sich nur auf Klage- und Widerklageforderung bezieht,[15] sodass einer gleichzeitigen eigenen Klage des Beklagten zunächst nichts im Wege steht. Mit einer Entscheidung über die Aufrechnung erlischt die Forderung, die hierauf gestützte Klage wird unbegründet bzw. unzulässig, sobald die Entscheidung über die Aufrechnungsforderung in Rechtskraft erwachsen ist (§ 322 II ZPO).[16]

1206 Ist nach einer Aufrechnung zunächst nur die Entscheidung über die Klageforderung möglich, so kann diese in Form eines Vorbehaltsurteils nach § 302 ZPO ergehen.[17]

d) Wirksamkeit

Aus der Doppelnatur der Prozessaufrechnung ergeben sich Probleme, wenn materiellrechtliche und prozessuale Voraussetzungen oder Folgen sich nicht decken.

1207 (1) Der **Widerruf** einer Aufrechnungserklärung ist prozessual wirksam, materiellrechtlich dagegen nicht.

Da die Aufrechnung als Prozesshandlung keine unmittelbare Umgestaltung des Prozessrechtsverhältnisses bewirkt, sondern nur »Erwirkungshandlung« ist, kann sie grundsätzlich frei widerrufen

---

13 BGH MDR 2015, 179; BGHZ 89, 349 = NJW 1984, 1356; *Foerste*, Lücken der Rechtskraft zivilgerichtlicher Entscheidungen über Aufrechnung, NJW 1993, 1183; *Tiedtke*, Aufrechnung und Rechtskraft, NJW 1992, 1473; *Zeuner*, Zum Umfang Umfang der Rechtskraft bei Aufrechnung durch den Kläger, NJW 1992, 2870.

14 BGHZ 36, 319; Thomas/Putzo/*Reichold* ZPO § 322 Rn. 48.

15 BGH NJW 1999, 1779; OLG Dresden NJW 1994, 139.

16 Zur Frage der Aussetzung des Aufrechnungs- oder des Klageprozesses *Skamel* NJW 2015, 2460.

17 Zum rechtlichen Zusammenhang iSd § 302 I ZPO OLG Düsseldorf NJW 1990, 2000.

werden. Etwas anderes gilt für die materiellrechtliche Aufrechnungserklärung, die als Gestaltungsrecht grundsätzlich unwiderruflich ist.

Sinn macht die Prozessaufrechnung für die Partei nur, wenn sie sowohl in materieller als auch in prozessualer Hinsicht gleichermaßen wirksam ist.[18]

(2) Stehen **materielle Gründe** der Wirksamkeit der Aufrechnung entgegen, so kann **1208**
die materielle Folge der Aufrechnung nicht eintreten, die Klageforderung kann nicht erlöschen. Der Beklagte hat dann mit der Aufrechnung keinen Erfolg, auch prozessual bleibt die Aufrechnung ohne Wirkungen.[19] Im Urteil wird dann lediglich die materielle Unwirksamkeit der Aufrechnungserklärung festgestellt, Aussagen zum (Nicht-) Bestehen der Klageforderung erfolgen nicht. Damit behält der Beklagte seine Gegenforderung, eine rechtskraftfähige Entscheidung über sie ergeht nicht.

> **Beispiel:** Der Beklagte rechnet auf gegen eine deliktische Klageforderung.
> Obwohl beide Parteien vertraglich vereinbart haben, eine Forderung nicht gerichtlich geltend zu machen, rechnet der Beklagte mit ihr auf.
> In diesen Fällen bleibt die Aufrechnung nicht nur materiellrechtlich, sondern auch prozessual folgenlos.

(3) Stehen der Aufrechnung **prozessuale Gründe** entgegen, so muss wegen der Fol- **1209**
gen differenziert werden:

- Wird die Aufrechnungsforderung nicht hinreichend *individualisiert*, bleibt also unklar, welche Forderung der Beklagte überhaupt zur Aufrechnung stellen will, so ist die Aufrechnung prozessual – wie es auch die Klage in einem solchen Fall wäre – unzulässig. Materiell kann die Erklärung mangels Bestimmtheit ebenfalls keine Wirkungen entfalten. In den Entscheidungsgründen kann lediglich die Aufrechnungserklärung als unzulässig bezeichnet werden, Ausführungen zum (Nicht-) Bestehen der Klageforderung unterbleiben. Weder erlöschen durch eine solche Erklärung Klage- und Aufrechnungsforderung noch erstreckt sich die Rechtskraft des Urteils auf die Aufrechnungsforderung.

  > **Beispiel:** Der Beklagte erklärt die Aufrechnung mit einem Gegenanspruch »aus Kaufvertrag«, ohne diesen näher zu konkretisieren. In diesen Fällen bleibt die Aufrechnung nicht nur materiellrechtlich, sondern auch prozessual folgenlos.

- Ist klar, welche Forderung zur Aufrechnung gestellt werden soll, fehlt es aber an einer *schlüssigen und substanziierten Darlegung* der bestrittenen Aufrechnungsforderung, so kann das Gericht nicht sicher feststellen, ob die Forderung begründet ist. Das Bestehen der Aufrechnungsforderung muss daher – wie bei einer Klageforderung auch – verneint werden. In diesem Fall wird die Aufrechnungsforderung rechtskraftfähig abgewiesen, die Klageforderung bleibt davon unberührt fortbestehen.[20]

  > **Beispiel:** Hat der Beklagte mit einer exakt bezeichneten Forderung aufgerechnet, die Forderung trotz Bestreitens durch den Kläger aber nicht näher begründet, so gibt das Gericht der Klage bei Bestehen der Klageforderung statt und stellt fest, dass dem Beklagten eine Aufrechnungsforderung nicht zusteht.

---

18 BGH NJW 2009, 1071; OLG Schleswig NJW-RR 2010, 216; *Leichsenring*, Die Rücknahme der Prozessaufrechnung, NJW 2013, 2155 für eine vollständige Unwirksamkeit des Widerrufs Zöller/*Greger* ZPO § 145 Rn. 11

19 Thomas/Putzo/*Reichold* ZPO § 145 Rn. 18.

20 BGH NJW 2001, 3616 mAnm *Wankner* JA 2002, 185.

- Ist die *Aufrechnungserklärung* aus prozessualen Gründen unwirksam und kann deswegen nicht berücksichtigt werden, so steht der materiellen Wirksamkeit der Aufrechnungserklärung nichts entgegen. Der Beklagte läuft damit Gefahr, seine Aufrechnungsforderung rechtskräftig aberkannt zu bekommen und dennoch aus der Klageforderung verurteilt zu werden. Die hM hält in diesen Fällen in *analoger* Anwendung des *§ 139 BGB* die Aufrechnung insgesamt, dh sowohl in prozessualer wie in materiellrechtlicher Hinsicht für unwirksam, sodass der Mangel der Prozesshandlung auch das materielle Rechtsgeschäft erfasst und die Prozessaufrechnung insgesamt unwirksam ist.[21]

Beispiele: Die Aufrechnung wird im Anwaltsprozess nur durch die Partei, nicht durch den Rechtsanwalt erklärt.
Die Aufrechnungserklärung erfolgt verspätet und wird nach § 296 ZPO zurückgewiesen.

2. Primäraufrechnung

1210 Für die *Kostenentscheidung*, den *Streitwert* sowie den *Aufbau* von Gutachten und Entscheidungsgründen ist danach zu differenzieren, ob der Beklagte die Aufrechnung unbedingt geltend macht oder ob er zunächst anderweitig versucht, die Klageforderung zu Fall zu bringen. Dementsprechend werden die Primär- und die Hilfsaufrechnung unterschieden.

a) Voraussetzungen

1211 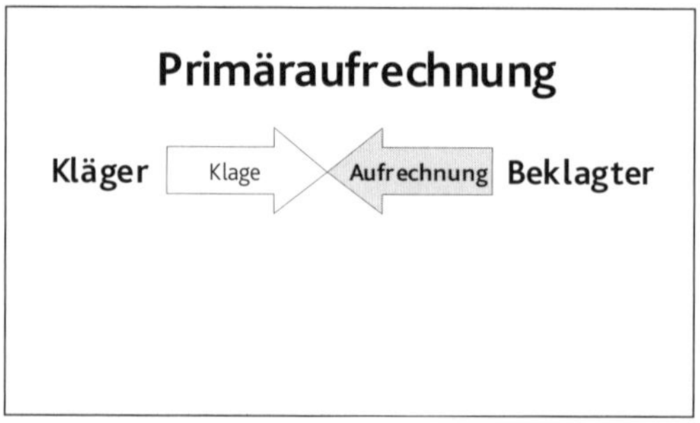

Schema 23.2: Primäraufrechnung

Von einer Primäraufrechnung spricht man, wenn der Beklagte gegen die Klageforderung mit einer Gegenforderung aufrechnet, ohne sich sonst gegen die Klageforderung zu verteidigen. Hier bleibt die Klageforderung unstreitig, der Prozess dreht sich allein um die Aufrechnungsforderung.[22]

Praktisch ist diese Form der Aufrechnung sehr selten.

Streitig ist, ob eine Primäraufrechnung auch vorliegen kann, wenn der Beklagte das Bestehen der Hauptforderung zwar bestreitet, er dies aber dahinstehen lassen will, weil er in jedem Fall die Aufrechnung erklärt. Während eine Ansicht dies für unmöglich hält, weil das Bestehen der Klageforderung nach § 389 BGB Voraussetzung für eine wirksame Aufrechnung ist,[23] will eine andere Auffassung es unter Hinweis auf die Dispositionsmaxime zulassen, die es erlaubt, bei übereinstimmendem Parteivortrag auf eine Klärung der Klageforderung zu verzichten.[24]

---

21 Palandt/*Grüneberg* BGB § 388 Anm. 2; *Rosenberg/Schwab/Gottwald* ZivilProzR § 106 III 2; zum gleichen Ergebnis gelangt der BGH unter Abstellung nicht auf § 139 BGB, sondern auf § 322 II ZPO: BGH NJW 1984, 128.

22 BGH NJW-RR 1996, 699.

23 *Siegburg* Urteilstechnik Rn. 321; Thomas/Putzo/*Reichold* ZPO § 145 Rn. 15.

24 *Anders/Gehle* Assessorexamen ZivR Rn. 352; *Schuschke/Kessen/Höltje* Arbeitstechnik 112.

b) Folgen

Der **Tenor** verhält sich ausschließlich zur Klageforderung: Dieser wird stattgegeben oder sie wird abgewiesen. Ein Ausspruch zur Aufrechnungsforderung ergeht im Tenor nicht. 1212

Der **Streitwert** bestimmt sich immer ausschließlich nach dem Wert der Klageforderung, auch wenn die Aufrechnungsforderung höher ist, weil die Entscheidung hierüber gemäß § 322 ZPO immer auf den Wert der Klageforderung beschränkt ist. Dies gilt gleichermaßen für den *Zuständigkeits-* wie für den *Kostenstreitwert*, da die Parteien wirtschaftlich nur um die Aufrechnungsforderung, nicht auch noch zusätzlich um die Klageforderung streiten, der Höchstbetrag des Streitwerts aber durch den Klageantrag bestimmt wird. Umstritten ist die Bestimmung des *Rechtsmittelstreitwerts*.

Gibt das Gericht der unbestrittenen Klageforderung trotz einer Primäraufrechnung des Beklagten statt, so soll der Beklagte nach einer Auffassung[25] nur in Höhe der Verurteilung beschwert sein. Nach anderer Auffassung[26] soll der Wert der Beschwer durch eine Addition von Klage- und Aufrechnungsforderung zu bestimmen sein.

Für die **Kostenentscheidung** ist ausschließlich auf die Klageforderung abzustellen, ohne dass sich aus der Aufrechnung diesbezüglich Besonderheiten ergeben.[27] 1213

> **Beispiel:** Wird die Klage abgewiesen, so hat der Kläger die Kosten des Rechtsstreits zu tragen. Dass die **Klageforderung** begründet war und nur wegen der ebenfalls begründeten Aufrechnungsforderung abgewiesen wurde, führt nicht zu einer Kostenteilung, da die Parteien ja nur um eine dieser Forderungen gestritten haben.

Im **Tatbestand** eines Urteils ist zu beachten, dass die Aufrechnung bloß Verteidigungsmittel ist und deswegen lediglich im Rahmen des Tatsachenvortrags erwähnt wird, nicht im Antrag, der lediglich Klageabweisung lautet. Die Aufrechnungserklärung ist in der Regel unstreitig, die Aufrechnungsforderung streitig. Die Aufrechnungsforderung findet sich dann im streitigen Beklagtenvortrag. Bliebe das Verteidigungsvorbringen des Klägers hierzu unverständlich, wenn es in der Klägerstation vorweggenommen würde, kann es erforderlich sein, den Vortrag des Klägers in einer Replik, dh einer weiteren Sachstation nach der Beklagtenstation darzustellen. 1214

Für die **Entscheidungsgründe** kann eine Ausnahme vom Verbot des »Zwar-aber-Aufbaus« gemacht werden. 1215

Da die Entscheidungsgründe nur die die Entscheidung tragenden Gründe enthalten, ist der gedanklich dem »zwar« folgende Teil der Gründe in der Regel entbehrlich. Gestützt wird die Entscheidung letztlich allein auf den »Aber«-Teil.[28]

Weil bei der Aufrechnung das Bestehen der Klageforderung vor dem Durchgreifen der die Klageabweisung rechtfertigenden Aufrechnung geprüft werden muss, kann hier formuliert werden:

> Die Klage ist unbegründet. Zwar steht dem Kläger die Klageforderung zu … (wird ausgeführt), diese ist aber durch die Aufrechnung des Beklagten erloschen … (wird ausgeführt).

25 BGHZ 57, 301 = NJW 1972, 257.
26 *Rosenberg/Schwab/Gottwald* ZivilProzR § 137 Fn. 27.
27 KG MDR 1976, 846.
28 *Balzer*, Schlanke Entscheidungen im Zivilprozess, NJW 1995, 2448.

Will man dies nicht, kann unter Beibehaltung klassischer Aufbauprinzipien auch wie folgt gegliedert werden:

> Die Klage ist unbegründet, weil der Beklagte die Aufrechnung erklärt hat. Diese ist wirksam, weil eine Aufrechnungslage bestand. Dem Kläger stand eine Forderung zu aus … Der Beklagte hatte eine Gegenforderung aus …[29]

3. Hilfsaufrechnung

a) Inhalt

1216 

Schema 23.3: Hilfsaufrechnung

Im Regelfall wird der Beklagte die Klageforderung nicht unstreitig stellen, sondern sich in irgendeiner Form hiergegen verteidigen und die Aufrechnung nur für den Fall erklären, dass die übrige Verteidigung nicht zum Erfolg führt. Die zur Aufrechnung gestellte Forderung will der Beklagte nur dann opfern, wenn feststeht, dass seine übrige Verteidigung erfolglos ist, er ohne die Aufrechnung also verurteilt würde. Die Aufrechnung wird damit nur hilfsweise erklärt.[30]

Wie jede Hilfserklärung steht damit auch die Hilfsaufrechnung unter einer Bedingung. Da es sich hier nicht um eine echte, tatsächliche Bedingung iSd § 158 BGB, sondern um eine innerprozessuale oder Rechtsbedingung handelt, ist dies sowohl im Hinblick auf die Prozesshandlung (→ Rn. 18; → Rn. 1093 ff.) als auch im Hinblick auf das materiellrechtliche Gestaltungsrecht (ohne Verstoß gegen § 388 S. 2 BGB) möglich.[31] Inhaltlich handelt es sich um eine auflösende Bedingung, sodass die Aufrechnung entfällt, wenn die übrige Verteidigung gegen die Klageforderung Erfolg hat.

Regelmäßig liegt eine Hilfsaufrechnung auch dann vor, wenn dem Klageanspruch nur rechtliche Argumente entgegengesetzt werden. Für eine Primäraufrechnung genügt nicht das Zugestehen (ggf. auch aller) klagebegründenden Tatsachen, erforderlich ist ein Anerkenntnis der Klageforderung, das diese jeder Nachprüfung durch das Gericht entzieht.

b) Aufbaufragen

1217 Für Tenor, Tatbestand und Entscheidungsgründe gelten die Ausführungen zur Primäraufrechnung (→ Rn. 1212 ff.) entsprechend.

1218 Zusätzlich zu beachten ist die Nachrangigkeit der Aufrechnung. Dadurch, dass der Beklagte die Entscheidungsbefugnis des Gerichts von einer innerprozessualen Bedingung abhängig macht, zwingt er das Gericht, das Vorliegen dieser Bedingung festzu-

29 Zum Erfordernis, diese gedanklichen Kausalverknüpfungen sprachlich zu glätten, s. → Rn. 587.

30 So die »Beweiserhebungstheorie« im Gegensatz zu der heute nicht mehr vertretenen »Klageabweisungstheorie«; vgl. Nachw. bei *Rosenberg/Schwab/Gottwald* ZivilProzR § 106 II 2.

31 Palandt/*Ellenberger* BGB Einf. v. § 158 Rn. 13, § 388 Rn. 3.

stellen, bevor es sich mit der Aufrechnung befassen darf. Dies hat unmittelbare Konsequenzen für den Aufbau: Die Hilfsaufrechnung darf nur geprüft werden, wenn die Hauptverteidigung erfolglos ist. Dies gilt für das **Gutachten** genauso wie für den **Tatbestand** und die **Entscheidungsgründe**.[32]

c) Streitwert und Kosten

Während der **Zuständigkeitsstreitwert** wie bei der Primäraufrechnung unabhängig von der Aufrechnungsforderung ausschließlich nach der Klageforderung berechnet wird, ist der Beklagte aus der Summe von Haupt- und Aufrechnungsforderung beschwert (**Rechtsmittelstreitwert**), wenn der Klage stattgegeben wird, weil die Aufrechnungsforderung unbegründet ist.[33] Für den **Kostenstreitwert** enthält § 45 III GKG eine Sonderregelung: Wenn und soweit über die Hilfsaufrechnung entschieden wird, ist deren Wert zu dem der Klage zu addieren. 1219

Beispielsfall: Gibt das Gericht der auf Zahlung von 6.000,– EUR gerichteten Klage in Höhe von 4.000,– EUR mit der Begründung statt, der Anspruch des Klägers bestehe lediglich in Höhe von 5.000,– EUR und sei infolge der Hilfsaufrechnung des Beklagten mit einem Anspruch über 8.000,– EUR in Höhe von 1.000,– EUR erloschen, so beträgt der Kostenstreitwert 11.000,– EUR: 6.000,– EUR aus der Klageforderung und 5.000,– EUR aus der Aufrechnungsforderung, weil diese zwar in voller Höhe vom Gericht geprüft wird, in die Streitwertberechnung aber maximal mit der Höhe der (begründeten) Klageforderung eingehen kann.

Für die **Kostenentscheidung** muss berücksichtigt werden, dass die Parteien sowohl über die Klage- als auch über die Aufrechnungsforderung streiten: Die Beurteilung des Obsiegens bzw. Unterliegens hat sich damit auf beide Forderungen zu erstrecken.[34] 1220

Beispielsfall: Verlangt der Kläger Zahlung von 3.000,– EUR und unterliegt er allein aufgrund einer Hilfsaufrechnung des Beklagten mit einer Forderung in gleicher Höhe, so lässt sich die Kostenquote der Parteien aus der bereits dargestellten Tabelle ableiten:

Kläger	obsiegt mit	unterliegt mit	von insgesamt	bezüglich
	3.000,–	0,–	3.000,–	Klageforderung
	0,–	3.000,–	3.000,–	Aufrechnungs-forderung
	3.000,–	3.000,–	6.000,–	Insgesamt

Kostenquote des Klägers

$$\frac{\text{Verlustteil}}{\text{Streitwert}} = \frac{3.000,-}{6.000,-} = \frac{3}{6} = \frac{1}{2} = 50\%$$

Streitig ist allerdings, ob für die Kostenquotelung der echte Kostenstreitwert oder ein fiktiver Kostenquotelungswert zugrunde zu legen ist, mit dem den Sonderfällen Rechnung getragen werden kann, in denen die Parteien wirtschaftlich um eine die Klageforderung übersteigende Aufrechnungsforderung streiten und das Gericht diese auch in voller Höhe überprüft.[35]

32 *Schuschke/Kessen/Höltje* Arbeitstechnik 96.
33 BGH NJW 2009, 231; Zöller/*Heßler* ZPO vor § 511 Rn. 24a.
34 *Schellhammer* Arbeitsmethode Rn. 395.
35 OLG Schleswig JurBüro 1986, 1064.

So muss das Gericht in dem oben zum Streitwert dargestellten **Beispielsfall** die Aufrechnungsforderung in voller Höhe überprüfen, sodass eine wirtschaftlich gerechte Kostenverteilung wie folgt aussehen müsste:

Kläger	obsiegt mit	unterliegt mit	von insgesamt	bezüglich
	5.000,–	1.000,–	6.000,–	Klageforderung
	7.000,–	1.000,–	8.000,–	Aufrechnungsforderung
	12.000,–	2.000,–	14.000,–	Insgesamt

Kostenquote des Klägers

$$\frac{\text{Verlustteil}}{\text{Streitwert}} = \frac{2.000,–}{14.000,–} = \frac{2}{14} = \frac{1}{7} = 14\%$$

Legt man dagegen der Kostenentscheidung den echten Kostenstreitwert zugrunde, so kommt man zu folgender Berechnung:

Kläger	obsiegt mit	unterliegt mit	von insgesamt	bezüglich
	5.000,–	1.000,–	6.000,–	Klageforderung
	4.000,–	1.000,–	5.000,–	Aufrechnungsforderung
	9.000,–	2.000,–	11.000,–	Insgesamt

Kostenquote des Klägers

$$\frac{\text{Verlustteil}}{\text{Streitwert}} = \frac{2.000,–}{11.000,–} = \frac{2}{11} = \quad = 18\%$$

§ 24 Widerklage[1]

1. Allgemeines

a) Begriff

Der Beklagte braucht sich nicht auf eine bloße Verteidigung gegen den in der Klage liegenden Angriff zu beschränken, sondern kann – soweit ihm gegen den Kläger ein eigener Anspruch zusteht – gegen diesen seinerseits Klage erheben und damit zum **Gegenangriff** übergehen. Auch hier erlaubt der Grundsatz der Prozessökonomie unter bestimmten Voraussetzungen die Verhandlung beider Klagen in einem Prozess, um die doppelte Vornahme von Prozesshandlungen[2] und damit auch sich widersprechende Entscheidungen zu vermeiden.[3] 1221

Die Widerklage führt einen neuen Streitgegenstand in den Prozess ein und begründet damit ein neues Prozessrechtsverhältnis. Sie stellt daher einen eigenständigen **Angriff**, kein bloßes Verteidigungsmittel dar, sodass insbesondere die §§ 146, 282, 296, 296a, 530 ZPO hierauf nicht anwendbar sind.[4]

Anders als die **Aufrechnung**, die bloßes Verteidigungsmittel ist, macht die Widerklage den Gegenanspruch des Beklagten rechtshängig und führt in jedem Fall zu einer Entscheidung hierüber, ggf. zu einer vollstreckbaren Verurteilung des Klägers. Ob der Beklagte einen eigenen Anspruch in der einen oder anderen Weise in den Prozess einbringen will, steht ihm frei. Manchmal ist auch eine Kombination beider Institute sinnvoll (→ Rn. 1239).

b) § 33 ZPO

Eine umfassende gesetzliche Regelung des Instituts Widerklage existiert nicht. Die ZPO enthält lediglich eine **Teilregelung** in § 33 ZPO, der die Widerklage von einem Zusammenhang zwischen dem mit ihr und dem mit der Klage geltend gemachten Anspruch abhängig macht. 1222

Nach hM soll es sich dabei um einen rechtlichen, nicht bloß um einen tatsächlichen **Zusammenhang** handeln, da letzterer bereits durch die Identität der Parteien gegeben wäre.[5] Ein rechtlicher Zusammenhang liegt vor, wenn die Ansprüche demselben Rechtsverhältnis entstammen, zB die wechselseitigen Schadensersatzansprüche aus einem Verkehrsunfall oder die beiderseitigen (Erfüllungs- oder sonstigen) Ansprüche aus einem Vertrag. Insoweit besteht weitgehende Übereinstimmung mit dem im Rahmen eines Zurückbehaltungsrechts nach § 273 BGB zu prüfenden Merkmal der Konnexität.

Streitig ist der **Regelungsinhalt** des § 33 ZPO: 1223

- Nach einer älteren, aber immer noch vertretenen Auffassung handelt es sich hierbei um eine *besondere Zulässigkeitsvoraussetzung*. § 33 ZPO ist damit in allen Fällen der Widerklage zu prüfen, fehlt die erforderliche Konnexität, so ist die Widerklage unzulässig.[6]

---

1 *Wagner*, Die Widerklage, JA 2014, 655.

2 BGHZ 40, 185 = NJW 1964, 44; *Schneider*, Prozeßtaktischer Einsatz der Widerklage, MDR 1998, 21.

3 Thomas/Putzo/*Hüßtege* ZPO § 33 Rn. 2.

4 Allerdings müssen auch neue Sachanträge vor Schluss der mündlichen Verhandlung gestellt werden, um prozessual noch beachtlich zu sein: BGH NJW-RR 1992, 1085; → Rn. 1254; *Rosenberg/Schwab/Gottwald* ZivilProzR § 99 II 2 a; Zöller/*Vollkommer* ZPO § 33 Anm. 1 b.

5 BGHZ 53, 168; *Lorff*, Die Widerklage, JuS 1979, 569; Stein/Jonas/*Schumann* ZPO § 33 Rn. 17.

6 BGH NJW 1981, 1217; 1975, 1228; BGH LM § 1025 ZPO Nr. 7; *Rosenberg/Schwab/Gottwald* ZivilProzR § 99 II 2 c.

- Die heute herrschende Meinung dagegen sieht in § 33 ZPO lediglich einen *besonderen Gerichtsstand*, prüft die Konnexität daher nur im Rahmen der örtlichen Zuständigkeit und lässt die Widerklage, wenn ein anderer Gerichtsstand gegeben ist, auch ohne Vorliegen eines rechtlichen Zusammenhangs zu.[7]

Dieser Streit kann praktisch meist **dahinstehen:**[8] Liegt ein rechtlicher Zusammenhang zwischen Klage und Widerklage vor, so ist letztere nach beiden Auffassungen zulässig. Fehlt er und ist auch sonst keine örtliche Zuständigkeit begründet, so ist die Widerklage unstreitig unzulässig. Zu unterschiedlichen Ergebnissen gelangen die Auffassungen damit nur, wenn eine Konnexität nicht gegeben ist, das Gericht der Klage aber nach anderen Vorschriften auch für die Widerklage zuständig ist.

Der Mangel des rechtlichen Zusammenhangs kann nach beiden Auffassungen noch **geheilt** werden durch rügelose Einlassung, sei es gemäß § 295 ZPO (so die Mindermeinung), sei es nach § 39 ZPO (so die hM).[9]

c) Rechtsnatur

1224 Durch die Widerklage wird ein **neues Prozessrechtsverhältnis** (→ Rn. 11) geschaffen.[10] Es ist in seinen Voraussetzungen, seinen Wirkungen und seinem Bestand von dem der Klage unabhängig.

> Damit müssen zum **Beispiel** die Zulässigkeitsvoraussetzungen für beide Klagen getrennt geprüft werden, die Entscheidungen sind unabhängig voneinander. Ist die Klage unzulässig, die Widerklage dagegen zulässig, so wird die Klage mittels Teilprozessurteil abgewiesen, die Widerklage bleibt anhängig, über sie ergeht später Sachurteil. Nimmt der Kläger die Klage zurück, so hat dies auf die (bereits erhobene: → Rn. 1235) Widerklage keinen Einfluss.

2. Zulässigkeit

1225 Die Widerklage wird grundsätzlich genauso erhoben, wie die Klage auch, dh durch Einreichung eines den Anforderungen des § 253 II ZPO entsprechenden Schriftsatzes. Auch die Anforderungen an die Zulässigkeit und Begründetheit sind grundsätzlich die gleichen. Anders als bei der Klage tritt die Widerklage aber zu einem bereits bestehenden Prozessrechtsverhältnis hinzu. Einerseits können deswegen die Anforderungen an einige **allgemeine** Zulässigkeitsvoraussetzungen herabgesetzt werden, anderseits müssen einige zusätzliche, **besondere** Zulässigkeitsvoraussetzungen vorliegen.

a) Allgemeine Prozessvoraussetzungen

1226 Da es sich bei der Widerklage um eine vollwertige Klage handelt, müssen hierfür grundsätzlich die **normalen Sachentscheidungsvoraussetzungen** jeder Klage vorliegen. Insoweit kann auf die entsprechenden Ausführungen zur Klage verwiesen werden (→ Rn. 418).[11] Zu beachten sind dabei folgende **Besonderheiten:**

---

7 BGH NJW 2009, 148; NJW-RR 2008, 1516 mwN; BLAH/*Hartmann* ZPO § 33 Rn. 1; *Deckenbrock/Dötsch*, Amtliche Überschriften und § 33 ZPO, JA 2003, 208; Stein/Jonas/*Schumann* ZPO § 33 Rn. 7 mwN; Thomas/Putzo/*Hüßtege* ZPO § 33 Rn. 1; Zöller/*Vollkommer* ZPO § 33 Anm. I 2.

8 So bislang auch meist der BGH: BGHZ 53, 166 = NJW 1970, 707; BGHZ 40, 185 = NJW 1964, 44.

9 BGH LM § 1025 ZPO Nr. 7; Stein/Jonas/*Schumann* ZPO § 33 Rn. 20; Zöller/*Vollkommer* ZPO § 33 Rn. 3.

10 BGH NJW 2003, 140.

11 Thomas/Putzo/*Hüßtege* ZPO § 33 Rn. 17.

- Eine *ordnungsgemäße Klageerhebung* kann nicht nur durch Zustellung eines Schriftsatzes nach § 261 II Alt. 2 ZPO iVm § 253 II 2 ZPO erfolgen, sondern auch in mündlicher Verhandlung durch Verlesung des Antrags aus einem vorbereitenden Schriftsatz (§§ 261 II Alt. 1, 297 ZPO).

Daneben kann eine Widerklage auch durch einen Beschluss des Gerichts entstehen, mit dem zwei bis dahin selbstständige Klagen **verbunden** werden. Welche der beiden Klagen dann Haupt-, welche Widerklage wird, ist ohne Bedeutung und wird vom Gericht nach freiem Ermessen (häufig nach Datum der Anhängigkeit) bestimmt.

- Die *örtliche Zuständigkeit* kann sich aus dem besonderen Gerichtsstand des § 33 ZPO ergeben.

So zumindest die heute herrschende Meinung (→ Rn. 1223). Voraussetzung ist zum einen das Bestehen eines rechtlichen Zusammenhangs zwischen Klage- und Widerklageforderung, zum anderen darf für die Widerklage keine ausschließliche Zuständigkeit begründet sein (§§ 33 II, 40 II ZPO).

- Für die *sachliche Zuständigkeit* enthält § 33 ZPO keine Regelung. Diese ist ausschließlich nach allgemeinen Grundsätzen zu beurteilen. Eine *Addition* von Klage und Widerklage findet *nicht* statt (§ 5 S. 2 ZPO). 1227

Beispielsfälle: Wird vor dem **Amtsgericht** Widerklage mit einer Forderung erhoben, die in die Zuständigkeit des Landgerichts gehört, so müssen die Parteien belehrt werden. Auf ihren Antrag hin erfolgt Verweisung des gesamten Rechtsstreits (Klage und Widerklage) an das Landgericht (§ 506 ZPO), ohne Verweisungsantrag liegt möglicherweise eine zuständigkeitsbegründende rügelose Einlassung nach § 39 ZPO vor.
Wird vor dem **Landgericht** Widerklage mit einer Forderung erhoben, die in die Zuständigkeit des Amtsgerichts fällt, so ist das Landgericht für die Widerklage auch dann zuständig, wenn der Widerbeklagte sich hierauf nicht rügelos eingelassen hat (arg. § 10 ZPO aF).[12]

- *Funktionell* ist grundsätzlich die Zivilkammer zuständig, unabhängig davon, ob eine oder gar beide Klagen Handelssachen sind. Die Kammer für Handelssachen ist nur zuständig, wenn beide Klagen Handelssachen sind und eine Partei die Verhandlung vor der Kammer für Handelssachen beantragt. 1228

Beispiel: Wird vor der **Kammer für Handelssachen** Widerklage mit einer Nicht-Handelssache erhoben, ist der Rechtsstreit insgesamt an die Zivilkammer zu verweisen (§ 99 GVG). Die vor einer Zivilkammer erhobene Widerklage mit einer Handelssache ändert an der Zuständigkeit nichts.

- Die für die Klage erteilte *Prozessvollmacht* erstreckt sich auch auf die Widerklage (§ 81 ZPO). 1229
- Die *Prozessfähigkeit* muss für die Widerklage nicht in vollem Umfang vorliegen: Auch eine nach § 50 II ZPO nur passiv prozessfähige Partei (zB ein nicht rechtsfähiger Verein) kann Widerklage erheben.
- Ein *Vorschuss* auf die Verfahrensgebühr (§ 12 II Nr. 1 GKG) ist genauso wenig zu leisten wie eine Sicherheit für die Prozesskosten des Gegners (§ 110 II Nr. 3 ZPO).

---

12 Bis zur ZPO-Reform 2002 sah § 10 ZPO aF vor, dass ein Urteil des Landgerichts nicht mit der Begründung angefochten werden konnte, zuständig sei ein Amtsgericht gewesen. Diese Regelung ist im heutigen § 513 II ZPO aufgegangen. HM: Zöller/*Vollkommer* ZPO § 33 Rn. 12; aA *Mayer*, Sachliche Zuständigkeit des Landgerichts für Widerklagen bis zu DM 6.000,–, JuS 1991, 678; zur Zuständigkeit bei fehlender sachlicher Zuständigkeit des Amtsgerichts für eine hilfsweise erhobene Widerklage OLG Celle NJW-RR 2009, 1512.

- Eine *Einlassungsfrist* muss nicht gewahrt werden.
- Der mit der Widerklage geltend gemachte Streitgegenstand darf nicht mit dem der Klage identisch sein, weil er ansonsten bereits *anderweitig rechtshängig*, die Widerklage damit unzulässig ist. Eine teilweise Identität der Streitgegenstände schadet dabei nicht, es reicht aus, dass zumindest ein Teil der Widerklage über die Klage hinausgeht.

> **Beispiele:** Zulässig ist damit die das Nichtbestehen der Gesamtforderung feststellende Widerklage gegenüber der auf teilweise Geltendmachung eines Leistungsanspruchs gerichteten Klage.[13] Begehrt der Kläger Feststellung, er sei Eigentümer einer Sache und stellt der Beklagte widerklagend den Antrag auf Feststellung seines Eigentums, so sind die Streitgegenstände nicht identisch, da mit der Abweisung der Klage nur feststünde, dass der Kläger kein Eigentum hat, nicht dagegen, dass dies dem Beklagten zusteht.

b) Besondere Prozessvoraussetzungen

Nicht für die normale Klage, wohl aber für eine Widerklage gelten darüber hinaus einige weitere Voraussetzungen:

1230 • Widerklage kann nur erhoben werden, wenn und solange die Klage **rechtshängig** ist.[14]

> **Beispiel:** Nicht möglich ist die Widerklage, wenn bezüglich der Hauptklage bislang nur Mahnbescheid erlassen oder ein PKH-Antrag eingereicht ist. Unzulässig ist die Erhebung einer Widerklage auch, wenn die Klage bereits zurückgenommen oder rechtskräftig entschieden ist.

Wird die Widerklage zu einem Zeitpunkt erhoben, zu dem die Hauptklage noch nicht oder nicht mehr rechtshängig ist, so wird sie als **eigenständige Klage** anhängig. Ist sie zunächst wirksam als Widerklage im Hauptprozess erhoben worden und entfällt danach die Rechtshängigkeit der Hauptklage, so bleibt die Widerklage rechtshängig, wird ihrerseits zur Hauptklage, da die Existenz der Hauptklage Voraussetzung nur für die Erhebung, nicht auch für den Fortbestand der Widerklage ist.[15]

1231 • Die Klage muss grundsätzlich noch in **I. Instanz** anhängig sein.

Ist sie bereits in der **Berufungsinstanz** anhängig, macht § 533 I ZPO die Zulässigkeit der Widerklage davon abhängig, dass der Gegner einwilligt oder das Gericht sie zumindest für sachdienlich hält, zudem dürfen neue Tatsachen, auf die die Widerklage gestützt wird, nur in beschränktem Umfang geltend gemacht werden.[16] In der **Revisionsinstanz** ist eine Widerklage grundsätzlich ausgeschlossen.

1232 • Die **Prozessart** der Klage muss eine Widerklage zulassen.

Dies ist grundsätzlich der Fall, wenn für Klage und Widerklage das allgemeine Verfahren gegeben ist. Im **Urkundenprozess** ist eine Widerklage ausgeschlossen (§ 595 I ZPO).[17] Bei den Eilverfahren (Arrest, einstweilige Verfügung, selbstständiges Beweisverfahren) ergibt sich der Ausschluss der Widerklage aus dem Beschleunigungsgebot.[18]

---

13 BGHZ 53, 92 = NJW 1970, 425; RGZ 126, 238; MüKoZPO/*Patzina* § 33 Rn. 9.
14 BGH NJW-RR 2001, 60; NJW 2000, 2512; OLG Frankfurt a.M. OLGR 2007, 512.
15 LG München NJW 1978, 953; Stein/Jonas/*Schumann* ZPO § 33 Rn. 11; Zöller/*Vollkommer* ZPO § 33 Anm. 1 b.
16 BGH VersR 1967, 477; OLG Düsseldorf NJW-RR 1999, 244; → Rn. 1522.
17 Umgekehrt verbietet § 595 I ZPO es nicht, in einem allgemeinen Erkenntnisverfahren Widerklage mit einer Klage im Urkundenprozess zu erheben: Stein/Jonas/*Schumann* ZPO § 33 Rn. 13.
18 OLG München MDR 1993, 380.

- Die Widerklage muss zwischen den bisherigen **Parteien** der Klage erhoben werden. 1233

Klagebefugt ist der Beklagte, bei Streitgenossen jeder einzelne, nicht aber der bloße Streithelfer. Verklagt werden kann grundsätzlich der Kläger, ggf. auch ein anderer Prozessbeteiligter (Streitgenosse, Nebenintervenient). Die Einbeziehung bislang nicht prozessbeteiligter Dritter in den Rechtsstreit ist im Rahmen der sog. parteierweiternden oder Drittwiderklage möglich (→ Rn. 1236 ff.).

- Zwischen Klage- und Widerklageforderung muss nicht unbedingt ein **rechtlicher Zusammenhang** bestehen (§ 33 ZPO). 1234

Nach heute hM (→ Rn. 3, auch zur Mindermeinung) begründet § 33 ZPO lediglich eine besondere örtliche Zuständigkeit, sodass die Widerklage, wenn das angerufene Gericht für die Widerklage nach anderen Vorschriften zuständig ist, auch ohne einen solchen Zusammenhang erhoben werden kann.

Fehlt eine dieser besonderen Voraussetzungen der Widerklage, so wird diese nicht als 1235
unzulässig abgewiesen, sondern abgetrennt und als eigenständige Klage behandelt.

3. Sonderformen der Widerklage

a) Drittwiderklage

Praktisch hält sich die Widerklage nicht immer im Rahmen der durch die Klage vor- 1236
gegebenen Prozesssubjekte, sondern wird manchmal auch gegen einen bzw. von einem bislang am Prozess nicht beteiligten Dritten erhoben. Sinnvollerweise unterscheidet man die Fälle, in denen der Dritte isoliert handelt, und solche, in denen er zusammen mit einer bisherigen Partei handelt. Berücksichtigt man ferner, dass der Dritte auf Kläger- oder auf Beklagtenseite auftreten kann, so ergeben sich folgende Fallgruppen:[19]

19 Zu einer hier nicht behandelten Sonderform: *Köhler*, Widerklage und Erweiterungsklage unter Streitgenossen, ZZP 123 (2010), 473.

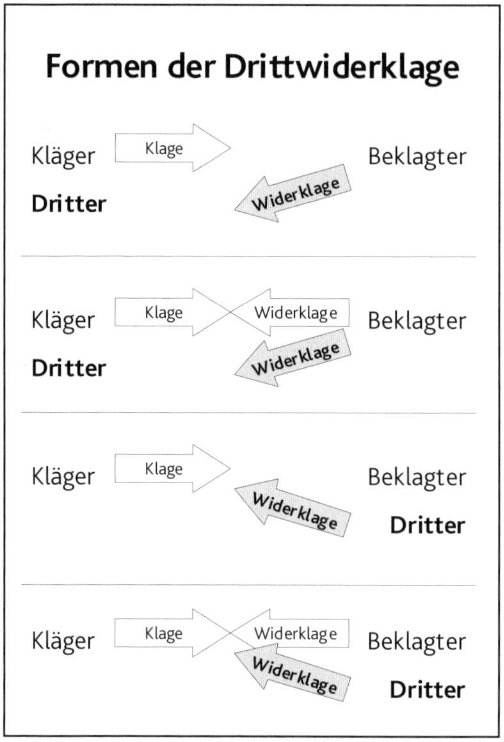

(1) Die Widerklage nur gegen einen Dritten.

(2) Die Widerklage gegen den bisherigen Kläger und einen Dritten.

(3) Die Widerklage ausgehend nur von einem Dritten.

(4) Die Widerklage des bisherigen Beklagten und eines Dritten.

Schema 24.1: Formen der Drittwiderklage

1237 Über die **Zulässigkeit** solcher parteierweiternder Widerklagen besteht Streit.[20]

In der *Literatur* werden zur Zulässigkeit der Drittwiderklage unterschiedliche Ansichten vertreten:

- Eine Auffassung[21] will den Kreis der möglichen Drittwiderkläger bzw. -beklagten nach den subjektiven Grenzen der Rechtskraft bestimmen: Danach kann sich nur der Dritte an einer Widerklage beteiligen, der an die Rechtskraft der Entscheidung zwischen den Parteien ohnehin gebunden wäre (so zB der Rechtsnachfolger einer der Parteien, § 325 ZPO), dann aber unabhängig davon, ob auch eine bisherige Hauptpartei an der Widerklage beteiligt ist.
- Eine andere Auffassung will die parteierweiternde Widerklage unabhängig von der Beteiligung einer bisherigen Partei immer dann zulassen, wenn die Voraussetzungen des Parteibeitritts, der Streitgenossenschaft (§§ 59, 60 ZPO) und der Widerklage vorliegen, bei letzterer indes § 33 ZPO nicht anwenden, sodass eine örtliche Zuständigkeit des Gerichts aus anderen Gründen gegeben sein muss.[22]

20 *Koch*, Wider- und Drittwiderklage, JA 2013, 95; *Mantzouranis*, Die Widerklage mit Drittbeteiligung als Mittel zur Ausschöpfung des historischen Sachverhalts, ZZP 127 (2014), 375; *Riehm/Bucher*, Die Drittwiderklage, ZZP 123 (2010), 34; *Uhlmannsiek*, Die Widerklage gegen Dritte – zulässig trotz Zeugenausschaltung?, MDR 1996, 114.

21 *Rosenberg/Schwab/Gottwald* ZivilProzR § 99 II 4 mwN.

22 Stein/Jonas/*Schumann* ZPO § 33 Rn. 29 ff. mwN; → Rn. 980 ff.

- Eine dritte Auffassung schließlich sieht in der Drittwiderklage überhaupt keinen Sonderfall der Widerklage und beurteilt die Zulässigkeit der Verbindung solcher Klagen ausschließlich nach den Grundsätzen des Parteibeitritts.[23]

Nach Auffassung der *Rechtsprechung* sind grundsätzlich diejenigen Drittwiderklagen möglich, in denen der Dritte zusammen mit einer bisherigen Partei klagt bzw. verklagt wird (oben Fallgruppen 2 und 4), weil hier ein neues Prozessrechtsverhältnis zwischen den bisherigen Prozessbeteiligten geschaffen wird, das die Privilegierung auch dann verdient, wenn Dritte hierin einbezogen werden.[24]

Diese Fälle sind dann nicht nur den Voraussetzungen der Widerklage, sondern auch denen der Streitgenossenschaft (§§ 59, 60 ZPO) und des Parteibeitritts[25] zu unterwerfen, weil hier auf Seiten des Klägers bzw. des Beklagten nachträglich eine weitere Person als Streitgenosse hinzutritt. Insbesondere prüft die Rechtsprechung, die den Parteibeitritt als Fall der Klageänderung nach § 263 ZPO ansieht, die Drittwiderklage unter dem Gesichtspunkt der Sachdienlichkeit. Damit können dann auch unbillige Beeinträchtigungen des Dritten durch Bindung an die bereits erreichten Prozessergebnisse vermieden werden.[26]

Dagegen sind die Fälle, in denen der Dritte – sei es auf Kläger-, sei es auf Beklagtenseite – allein handelt (sog. »**isolierte Drittwiderklage**«, oben Fallgruppen 1 und 3), grundsätzlich unzulässig, weil die Widerklage eine Privilegierung nur im Verhältnis zwischen den bereits am Verfahren beteiligten Parteien darstellt und die Zulassung einer solchen Drittwiderklage das Verfahren nicht ökonomischer gestalten, sondern im Gegenteil unnötig komplizieren würde.[27] Hiervon macht der BGH eine Ausnahme in den Fällen, in denen die Widerklage sich gegen den Zedenten der Klageforderung richtet.[28]

Beispiel: Der Geschädigte tritt Schadensersatzansprüche an seine Ehefrau ab, die sie einklagt und im Prozess den Geschädigten als Zeugen benennt. Um den Ehemann als Zeugen »auszuschalten«, erhebt der Beklagte (nur) gegen ihn Widerklage mit dem Antrag, festzustellen, dass ihm Ansprüche nicht zustehen. Der Drittwiderbeklagte ist hier nur deshalb nicht selbst Kläger, weil er die Forderung abgetreten hat. Hätte er selbst die Klage erhoben, wäre die Widerklage zulässig gewesen. An der Möglichkeit, gegen ihn Widerklage zu erheben, darf sich durch die Abtretung nichts ändern. Im Ergebnis wird dem Beklagten damit auch eine Möglichkeit eingeräumt, sich gegen willkürlich verschaffte Zeugen zu wehren.[29]

23 Thomas/Putzo/*Hüßtege* ZPO § 33 Rn. 11.

24 BGH NJW 1996, 196 mAnm *Maihold* JA 1996, 444; BGH NJW 1991, 2838 (auch zur eventuell notwendigen Bestimmung der örtlichen Zuständigkeit nach § 36 ZPO); *Lühl*, Die Rechtsprechung des Bundesgerichtshofs zur Drittwiderklage, JA 2015, 374.

25 Zur Streitgenossenschaft → Rn. 989 ff.; zum Parteibeitritt → Rn. 980 ff.

26 BGH NJW 1996, 196 mAnm *Teubner* JuS 1996, 241; zur Bindung der neuen Partei → Rn. 976 f.

27 BGH NJW 2014, 1670; NJW 1998, 196 mAnm *Luckey* JuS 1998, 499; OLG Stuttgart MDR 2012, 1186; OLG Dresden NJW-RR 2000, 901; zu Ausnahmen BGH NJW 2007, 1753; 2001, 2891 mAnm *Timme/Hülk* JA 2002, 14; *Luckey*, Die Widerklage gegen Dritte, MDR 2002, 743; *Fellner*, Zulässigkeit der Drittwiderklage und die örtliche Zuständigkeit des Gerichts der Klage für den Drittwiderbeklagten, MDR 2011, 146.

28 BGH NJW 2008, 2852; 2001, 2094; *Huber*, Die Abtretung der eingeklagten Forderung, JuS 2010, 582; *Schöler*, Die isolierte Drittwiderklage als legitimes Instrument der Prozesstaktik, MDR 2011, 522; *Skusa*, Die isolierte Drittwiderklage gegen Zedenten – Zulässigkeit und anwaltliche Hinweispflichten, NJW 2011, 2697.

29 *Oberheim* Taktik im ZivilProz Rn. 554, 1195; *Dräger*, Isolierte Drittwiderklage – Sinn und Unsinn von prozesstaktischen Abtretungen, MDR 2008, 1373; *Schneider*, Prozeßtaktischer Einsatz der Widerklage, MDR 1998, 21.

1238 **(2)** Ist die Drittwiderklage zulässig, so stellt sich die Frage, inwieweit die **Besonderheiten** der regulären Widerklage insbesondere im Rahmen der Zulässigkeit (→ Rn. 1225 ff.) auch für sie gelten.[30]

- Auf die Drittwiderklage grundsätzlich nicht anwendbar ist *§ 261 II ZPO*: Die Widerklageerhebung gegen oder durch einen Dritten bedarf grundsätzlich der Form des § 253 II ZPO und kann nicht mündlich erfolgen.
- Während *§ 12 II Nr. 1 GKG* eine auch auf die Drittwiderklage anwendbare gesetzliche Regelung enthält, sodass es eines Vorschusses auf die Gerichtsgebühr in keinem Fall bedarf, stellt *§ 110 II Nr. 4 ZPO* auf die Identität der Parteien ab und ist daher auf die von einem Ausländer (egal ob dieser Beklagter oder Dritter ist) erhobene Drittwiderklage nicht anwendbar.
- Anwendbar ist auch *§ 506 I ZPO*: Auf Antrag ist der gesamte Rechtsstreit an das Landgericht zu verweisen, auch wenn (nur) mit der Drittwiderklage ein in die Zuständigkeit des Landgerichts fallender Anspruch geltend gemacht wird.
- Für die Anwendbarkeit des *§ 533 ZPO* auf die in zweiter Instanz erstmals erhobenen Drittwiderklagen ist zu differenzieren: Während die Zustimmung des von einem Dritten widerbeklagten Klägers bei Bejahung der Sachdienlichkeit durch das Gericht entbehrlich ist, ist dies bei der Widerklage einer bisherigen Partei gegen einen Dritten nicht möglich. Der Dritte muss in diesem Fall wegen des Verlusts einer Instanz in jedem Fall zustimmen.[31]
- Für die Widerklage gegen einen bislang am Prozess nicht Beteiligten gibt *§ 33 ZPO* keinen besonderen Gerichtsstand ab. Anders als der Kläger, der bereits einen Prozess vor dem Gericht führt und den die zusätzliche Verhandlung auch der Widerklage dort nicht unzumutbar belastet, hat der Dritte keinen Anlass zu der gegen ihn gerichteten Klage gegeben und muss eine Gerichtsstandsbenachteiligung nicht hinnehmen. Gründe der Prozessökonomie müssen demgegenüber zurückstehen.[32]

> **Beispiel:** Hat der Kläger den Beklagten an dessen Wohnort Frankfurt am Main verklagt und erhebt der Beklagte Widerklage gegen ihn und einen in Hamburg wohnenden Dritten, so ist die Drittwiderklage dort nur zulässig, wenn es diesbezüglich einen besonderen gesetzlichen Gerichtsstand gibt oder die Parteien einen solchen (durch rügelose Einlassung oder einen Antrag nach §§ 36 Nr. 3, 37 ZPO) schaffen.

Eine Ausnahme macht der BGH auch hier für die Drittwiderklage gegen den bisher am Verfahren nicht beteiligten Zedenten, für die eine analoge Anwendung des § 33 ZPO zugelassen wird, weil damit bei Bestehen eines Sachzusammenhangs die Verfahrenskonzentration gefördert und zugleich ein prozessuales Gleichgewicht hergestellt werden kann.[33]

b) Bedingte Widerklage

1239 Ähnlich wie ein Klageantrag oder eine Aufrechnung darf auch die Widerklage unter eine innerprozessuale *Bedingung* gestellt und damit nur **hilfsweise** erhoben werden.[34]

30 *Uhlmannsiek*, Die Anwendbarkeit der Privilegien der Widerklage auf die Drittwiderklage, JA 1996, 253.
31 BGH NJW-RR 1990, 1265 (1267); zur Begründung → Rn. 975.
32 BGH NJW 2000, 1871; OLG München NJW 2009, 2609; BayObLG NJW-RR 2000, 1375; KG NJW-RR 2000, 1374.
33 BGH NJW 2011, 460; *Fellner*, Zulässigkeit der Drittwiderklage und die örtliche Zuständigkeit des Gerichts der Klage für den Drittwiderbeklagten, MDR 2011, 146.
34 BGH NJW 1996, 2306; *Rosenberg/Schwab/Gottwald* ZivilProzR § 99 II 5; Thomas/Putzo/*Hüßtege* ZPO § 33 Rn. 14.

Wie beim Hilfsantrag handelt es sich auch hier um eine **auflösende Bedingung**: Die zunächst eintretende Rechtshängigkeit der Widerklage entfällt ex tunc, wenn die Bedingung eintritt.

Dabei kann der Beklagte Widerklage für den Fall seiner Verurteilung oder für den Fall der Klageabweisung erheben. Wie die **Bedingung** lautet, ist durch Auslegung zu ermitteln.

Möglich (und häufig recht geschickt) ist eine **Kombination** von (Hilfs-)Aufrechnung und (Hilfs-) Widerklage: Primär bestreitet der Beklagte die Klageforderung, hilfsweise (= für den Fall, dass die Klageforderung doch besteht) rechnet er mit einer Gegenforderung auf. Hilfsweise (= für den Fall, dass die Klageforderung nicht besteht und seine Gegenforderung für die Aufrechnung nicht benötigt wird) macht er dieselbe Gegenforderung im Wege der Widerklage geltend. Das Gericht muss dann zunächst das Bestehen der Klageforderung prüfen. Besteht diese, folgt eine Prüfung der Aufrechnung, besteht sie nicht, wird die Widerklage entschieden.

Wegen der im Zusammenhang mit hilfsweise gestellten Anträgen auftauchenden Einzelprobleme kann auf die zur eventuellen Klagehäufung gemachten Ausführungen (→ Rn. 1093 ff.) verwiesen werden. Diese gelten für die Hilfswiderklage sinngemäß.

Während für den **Zuständigkeitsstreitwert** Klage- und Widerklagewert nicht zusammengerechnet werden (§ 5 S. 2 ZPO), kann für den **Kostenstreitwert** § 45 I 2, 3 GKG herangezogen werden.[35]

Die vom Beklagten vorgegebene Rangfolge (zunächst die normale Verteidigung, erst danach die Widerklage) verhindert eine Verhandlung und Beweisaufnahme auch über die Widerklage nicht, darf aber bei der Entscheidung (Aufbau von Tatbestand und Entscheidungsgründen) nicht missachtet werden.

Eine **Kombination von Dritt- und Hilfswiderklage** ist nicht möglich, da die ZPO 1240
eine »bedingte Streitgenossenschaft« nicht kennt. Ob jemand Beteiligter eines Prozessrechtsverhältnisses ist oder nicht, muss bereits bei Klageerhebung klar sein und kann von einer Bedingung nicht abhängig gemacht werden (→ Rn. 18).[36]

c) Materiellrechtliche Sonderformen

Besonderheiten für die Widerklage resultieren manchmal aus dem mit ihr geltend gemachten materiellrechtlichen Anspruch.

(1) Von einer **petitorischen Widerklage** spricht man, wenn gegen einen (possessori- 1241
schen) Klageanspruch aus Besitz widerklagend ein (sonst nur im Wege der Einwendung, dh petitorisch zu berücksichtigendes) Recht zum Besitz geltend gemacht wird.[37]

Beispielsfall: Nachdem der Verkäufer eine dem Käufer aufgrund eines Kaufvertrags auf Probe bereits übergebene Sache eigenmächtig wieder zurückgeholt hat, erwirkt der Käufer eine einstweilige Verfügung auf Herausgabe der Sache an den Gerichtsvollzieher als Sequester (→ Rn. 835). Danach klagt er gegen den Verkäufer auf Zustimmung zur Freigabe aus § 861 BGB. Hiergegen kann der Beklagte gemäß § 863 BGB nicht einwenden, er habe (wegen Unwirksamkeit des Kaufvertrags noch immer oder schon wieder) ein Recht zum Besitz. Dies ist erforderlich, weil die Besitzschutzansprüche die ursprüngliche Besitzlage möglichst rasch wiederherstellen sollen, ohne die oft schwierige materiellrechtliche Berechtigung der Beteiligten zum Besitz zu prüfen.[38] Macht der Beklagte sein Recht zum Besitz jetzt nicht als Einwendung, sondern im Wege der Widerklage geltend, so kann dem § 863 BGB

35 *Schneider*, Streitwert-Kommentar, 13. Aufl. 2011, Rn. 638 ff., »Hilfswiderklage«.

36 BGH MDR 1973, 742; RGZ 58, 249; Thomas/Putzo/*Hüßtege* ZPO § 60 Rn. 5; Zöller/*Vollkommer* ZPO § 60 Rn. 5a.

37 *Anders/Gehle* Assessorexamen ZivR Rn. 461 ff.; *Lehmann-Richter*, Possessorische Besitzschutzansprüche und petitorische Einwendungen im einstweiligen Rechtsschutz, NJW 2003, 1717; MüKoZPO/*Patzina* § 33 Rn. 26.

38 *Schreiber*, Possessorischer und petitorischer Besitzschutz, JURA 1993, 440.

nicht entgegenstehen, weil diese Norm die klageweise Geltendmachung des Besitzrechts nicht verbietet. Wenn – wie in der Regel – die possessorische Klage wegen der einfacheren Voraussetzungen vor der Widerklage entscheidungsreif ist, kann hierüber ein Teilurteil ergehen. Zu einer Kollision mit § 863 BGB kommt es dann nicht, weil der possessorische Anspruch schnell durchgesetzt und die Entscheidung über die Besitzberechtigung zurückgestellt wird. Sind dagegen ausnahmsweise beide Klagen gleichzeitig entscheidungsreif, ist in analoger Anwendung des § 864 II BGB die Entscheidung nur nach der materiellen Besitzlage zu treffen, der Anspruch aus Besitz ist dann erloschen.[39]

1242 (2) Eine besondere **Privilegierung** sieht das Gesetz für **Widerklagen** vor, die gerichtet sind auf

- Schadensersatz wegen unzutreffenden Vorbehaltsurteils (§§ 302 IV, 600 II ZPO),
- Schadensersatz wegen unberechtigter vorläufiger Vollstreckung (§ 717 II ZPO) oder
- Herausgabe einer durch unberechtigte vorläufige Vollstreckung erzielten Bereicherung (§ 717 III ZPO).

Zum einen wird die Rechtshängigkeit bereits auf den Zeitpunkt der Zahlung bzw. Leistung vordatiert (wichtig unter anderem für die Prozesszinsen), zum anderen ist eine solche Widerklage entgegen § 595 I ZPO auch im Urkundenprozess sowie entgegen §§ 533, 559 ZPO auch im höheren Rechtszug zulässig.[40]

d) Prozessuale Sonderformen

1243 (1) Praktisch häufig kommt die Widerklage in Form einer **Feststellungswiderklage** vor. Hierbei bedarf – wie bei jeder Feststellungsklage – das Rechtsschutzbedürfnis und die Selbstständigkeit des Streitgegenstands der Klage gegenüber besonderer Prüfung, es sei denn, es handelt sich um eine **Zwischenfeststellungswiderklage** (§ 256 II ZPO). Dies ist der Fall, wenn die Feststellung sich auf ein für die Klage vorgreifliches Rechtsverhältnis bezieht,[41] nicht indes, wenn lediglich der gegnerische Antrag negiert wird.

Beispiel: Berühmt sich der Kläger eines Anspruchs über 100.000,– EUR, macht aber im Wege einer Teilklage nur Zahlung von 10.000,– EUR geltend, kann der Beklagte widerklagend Feststellung begehren, dass dem Kläger der Gesamtanspruch nicht zusteht.
Klagt der Kläger den Gesamtbetrag ein und verlangt der Beklagte widerklagend Feststellung, dass dieser Anspruch nicht besteht, so liegt keine Widerklage vor, sondern lediglich ein (so auszulegender) Klageabweisungsantrag.[42]

Für eine solche Zwischenfeststellungswiderklage gilt in **II. Instanz** § 533 ZPO nicht, da insoweit die §§ 256 II, 523 ZPO Sonderregeln enthalten.

1244 (2) Auf die vom Beklagten erhobene Widerklage kann der Kläger seinerseits mit Erhebung einer **Wider-Widerklage** reagieren.[43] Hiervon (und *nicht* von einer *Klageänderung*) geht die hM immer dann aus, wenn der Kläger als Reaktion auf die Erhebung einer Widerklage durch den Beklagten seinen Antrag ändert. Die Regeln über die Widerklage gehen dann denen der Klageänderung vor.[44]

---

39 BGH NJW 1979, 1358; 1970, 707.
40 *Rosenberg/Schwab/Gottwald* ZivilProzR § 99 II 1; Thomas/Putzo/*Hüßtege* ZPO § 717 Rn. 15.
41 OLG Nürnberg MDR 1985, 417; → Rn. 136.
42 Stein/Jonas/*Schumann* ZPO § 33 Rn. 2 mwN.
43 BGH NJW-RR 1996, 65; RGZ 108, 137; zur hilfsweisen Zwischenfeststellungsklage BGH NJW 1992, 1897.
44 Stein/Jonas/*Schumann* ZPO § 33 Rn. 25.

Möglich ist die Wider-Widerklage auch durch den Drittwiderbeklagten oder in Form einer nur hilfsweise erhobenen Wider-Widerklage, nicht aber nach rechtskräftiger Entscheidung über die Widerklage.[45]

4. Folgen

a) Streitwert und Kostenentscheidung

(1) Dass für den **Zuständigkeitsstreitwert** eine Addition von Klage und Widerklage nicht vorgenommen werden darf (§ 5 S. 2 ZPO), wurde bereits ausgeführt. 1245

Der **Rechtsmittelstreitwert** ist grundsätzlich für jede Partei getrennt zu ermitteln. 1246 Unterliegt eine Partei sowohl mit der Klage als auch mit der Widerklage, ist umstritten, ob für den Wert der Beschwer beide Werte zu addieren sind oder nicht. Eine Mindermeinung[46] verneint dies und lässt eine Berufung damit nur zu, wenn der Wert des einzelnen Prozessrechtsverhältnisses 600,– EUR übersteigt. Die nach wie vor hM[47] lässt es ausreichen, wenn die Berufungssumme nur durch Addition beider Einzelwerte erreicht wird. § 5 S. 2 ZPO ist hier also nicht anwendbar.

Für den **Kostenstreitwert** sind beide Werte nach § 45 I GKG grundsätzlich zu addieren, es sei denn, Klage und Widerklage betreffen ausnahmsweise denselben Streitgegenstand.[48] 1247

Eine solche wirtschaftliche Identität von Anträgen liegt nach der von der Rechtsprechung entwickelten »Identitätsformel« dann vor, wenn die Ansprüche nicht in der Weise nebeneinander stehen können, dass das Gericht im Fall unbedingter Klagehäufung nicht beiden stattgeben könnte, sondern die Verurteilung nach dem einen Antrag notwendigerweise die Abweisung des anderen Antrages nach sich ziehen würde.[49] Eine Ausnahme von der Identitätsformel macht die Rechtsprechung dort, wo mit den verschiedenen Anträgen unterschiedliche Teilansprüche aus demselben Rechtsverhältnis hergeleitet werden, etwa Rückgabe einer gelieferten Sache und Zahlung des Restkaufpreises.[50] Hier folgt aus der gebotenen wirtschaftlichen Betrachtung, dass unterschiedliche Vermögenspositionen betroffen sind und nicht nur die jeweiligen antragsweise geltend gemachten Teilbeträge, sondern der gesamte Anspruch den Gegenstand des Rechtsstreits bildet. Damit entsteht in diesen Fällen eine wirtschaftliche Werthäufung, der auch bei Nämlichkeit des Streitgegenstandes ausnahmsweise durch eine Zusammenrechnung der Werte Rechnung zu tragen ist.

(2) Für die **Kostenentscheidung** sind Klage und Widerklage Teile desselben Verfahrens (»Grundsatz der Kosteneinheit«). Es darf deswegen keine Trennung in »Kosten der Klage« und »Kosten der Widerklage« vorgenommen werden, Gerichts- und Anwaltsgebühren fallen nur einmal an, allerdings aus dem (addierten) Kostenstreitwert 1248

45 BGH NJW 2009, 148; ZZP 68, 192; BGH LM § 164 BGB Nr. 15.

46 OLG Düsseldorf NJW 1992, 3246; LG Memmingen und LG Berlin NJW 1992, 2710; LG Tübingen NJW-RR 1992, 119; LG Aachen NJW-RR 1990, 959; MDR 1987, 853; *Glaremin*, Addition der Streitwerte von Klage und Widerklage, NJW 1992, 1146.

47 BGH NJW 1994, 3292; RGZ 7, 383; LG Gießen NJW 1992, 2709; BLAH/*Hartmann* ZPO § 511a Rn. 23; *Hillach/Rohs*, Handbuch des Streitwerts in bürgerlichen Rechtsstreitigkeiten, 8. Aufl. 1998, 107; *Schneider*, Widerklage und materielle Beschwer, NJW 1992, 2680; Zöller/*Heßler* ZPO § 511a Rn. 14.

48 BGHZ 38, 237 = NJW 1963, 300; RGZ 145, 164; Schneider/*Herget*, Streitwertkommentar, 13. Aufl. 2011, Rn. 678 ff., »Klage und Widerklage«.

49 BGH NJW-RR 2005, 506; BGHZ 43, 31 (33) = NJW 1965, 440; RGZ 145, 164 (166); BGH NJW-RR 2003, 713; *Hartmann*, Kostengesetze, 33. Aufl. 2004, § 19 GKG Rdn. 10.

50 OLG Nürnberg AnwBl. 1983, 89; OLG Düsseldorf NJW 2009, 1515; OLG Bamberg JurBüro 1979, 252.

(→ Rn. 1247) und sind entsprechend dem Unterliegen hieran zu quoteln. Im Regelfall wird dies mittels der bekannten Tabelle möglich sein.

Beispielsfall: Hat der Kläger mit seiner auf Zahlung von 40.000,– EUR gerichteten Klage in Höhe von 32.000,– EUR Erfolg, unterliegt hinsichtlich der auf Zahlung von 5.000,– EUR gerichteten Widerklage in Höhe von 1.000,– EUR, so errechnet sich sein Kostenanteil wie folgt:

Kläger	obsiegt mit	unterliegt mit	von insgesamt	bezüglich
	32.000,–	8.000,–	40.000,–	Klageforderung
	4.000,–	1.000,–	5.000,–	Widerklage-forderung
	36.000,–	9.000,–	45.000,–	Insgesamt

Kostenquote des Klägers

$$\frac{\text{Verlustteil}}{\text{Streitwert}} = \frac{9.000,–}{45.000,–} = \frac{9}{45} = \frac{1}{5} = 20\%$$

Eine solche **streitwertbezogene** Kostenquotelung ist nicht möglich, wenn einzelne Gebühren nur hinsichtlich der Klage oder der Widerklage angefallen sind oder wenn der Wert von Klage- bzw. Widerklageforderung sich während des Prozesses geändert hat (zB durch teilweise Klagerücknahmen), dann kann die Kostenquote zutreffend nur **gebührenbezogen** ermittelt werden (→ Rn. 530 f.).[51]

Sind bei der Drittwiderklage Beteiligte mit unterschiedlichen Anteilen am Gesamtwert beteiligt, so unterliegen auf der gleichen Parteiseite stehende Personen mit unterschiedlichen Quoten. Diese Fälle löst die hM mit der Baumbach'schen Kostenformel[52] (dazu oben → Rn. 1001 ff.).

Beispielsfall: Wird die auf Zahlung von 8.000,– EUR gerichtete Klage abgeweisen, der auf Zahlung von 2.000,– EUR gegen den Kläger und einen Dritten als Gesamtschuldner gerichteten Klage dagegen stattgegeben, so sind die Gerichtskosten und die außergerichtlichen Kosten des Klägers/Widerbeklagten zu 1) und des Beklagten/Widerklägers aus dem Gesamtwert (10.000,– EUR) zu berechnen, die außergerichtlichen Kosten des Widerbeklagten zu 2) dagegen nur aus 2.000,– EUR. Hinzu kommt, dass die beiden Widerbeklagten den auf die Widerklage entfallenden Teil der Kosten gemäß § 100 IV 1 ZPO als Gesamtschuldner zu tragen haben. Die Kostenentscheidung lautet dann:
»Von den außergerichtlichen Kosten des Beklagten und den Gerichtskosten haben der Kläger alleine 8/10, der Kläger und der Widerbeklagte zu 2) als Gesamtschuldner 2/10 zu tragen. Der Kläger/Widerbeklagte zu 1) und der Widerbeklagte zu 2) haben ihre außergerichtlichen Kosten selbst zu tragen.«

b) Aufbaufragen

1249 In einem Urteil sind die Parteien im **Rubrum** mit ihren Parteirollen aus allen Prozessrechtsverhältnissen zu bezeichnen.[53]

Klage	des	(1) …	– Klägers zu 1) und Widerbeklagten –
	und des	(2) …	– Klägers zu 2) –
gegen	den	(3) …	– Beklagten zu 1) –
	und den	(4) …	– Beklagten zu 2) und Widerkläger –

51 BGHZ 19, 172 = NJW 1956, 182.
52 Prütting/Gehrlein/*Schneider* ZPO § 100 Rn. 6, insbes. Beispielsfall 5.
53 *Anders/Gehle* Assessorexamen ZivR Rn. 455; *Siegburg* Urteilstechnik Rn. 9.

Im weiteren Verlauf des Urteils sollten die Parteien dann nur noch einheitlich mit einer Parteirolle (Kläger, Beklagter) oder mit der Parteirolle des jeweils gerade behandelten Prozessrechtsverhältnisses bezeichnet werden.

Im **Tenor** zur Hauptsache hat eine klare Trennung der einzelnen Klagen zu erfolgen, 1250
eine Saldierung der gegenseitigen Ansprüche ist nicht statthaft. Über die Kosten von Klage und Widerklage ist zusammen zu entscheiden.

Haben Klage (Zahlung von 6.000,– EUR) und Widerklage (Zahlung von 3.000,– EUR) in vollem Umfang Erfolg, so lautet der Tenor:

> Der Beklagte wird verurteilt, an den Kläger 6.000,– EUR zu zahlen. Der Kläger wird verurteilt, an den Beklagten 3.000,– EUR zu zahlen.
> Von den Kosten des Rechtsstreits haben der Beklagte 2/3, der Kläger 1/3 zu tragen.

Der **Tatbestand**[54] sollte nach Möglichkeit für Klage und Widerklage *gemeinsam* er- 1251
stellt werden, wobei innerhalb der einzelnen Abschnitte Klage- und Widerklage nacheinander abgehandelt werden. Da Antrag und Vorbringen des Klägers zur Widerklage erst verständlich werden, wenn der Beklagtenvortrag hierzu mitgeteilt wurde, muss dieser nachgeschoben werden. Sind die tatsächlichen Gemeinsamkeiten von Klage und Widerklage nur gering, kann ausnahmsweise auch eine völlige *Trennung* beider Tatbestände erfolgen.

Zusammenfassung von Klage und Widerklage

Einleitungssatz
Unstreitiges Vorbringen beider Parteien
- zur Klage
- zur Widerklage

Streitiges Vorbringen des Klägers
- zur Klage

Anträge
- des Klägers zur Klage
- des Beklagten zur Klage
- des Beklagten zur Widerklage

Streitiges Vorbringen des Beklagten
- zur Klage
- zur Widerklage

Antrag des Klägers
- zur Widerklage

Streitiges Vorbringen des Klägers
- zur Widerklage

Allgemeine Prozessgeschichte

Trennung von Klage und Widerklage

Einleitungssatz
I. Klage
- Unstreitiges Vorbringen beider Parteien
- Streitiger Klägervortrag
- Anträge
  - des Klägers
  - des Beklagten
- Streitiger Beklagtenvortrag

II. Widerklage
- Unstreitiges Vorbringen beider Parteien
- Streitiger Beklagtenvortrag
- Anträge
  - des Beklagten
  - des Klägers
- Streitiger Klägervortrag

Allgemeine Prozessgeschichte

In den **Entscheidungsgründen**[55] hat sich der einleitende Obersatz mit dem Ergebnis 1252
von Klage und Widerklage auseinanderzusetzen. Danach folgen – soweit erforderlich – Ausführungen zur Zulässigkeit von Klage und Widerklage. Die Begründetheit wird für Klage und Widerklage *getrennt* nacheinander dargestellt, wobei ausnahmsweise die Widerklage vorgezogen werden kann:

54 *Siegburg* Urteilstechnik Rn. 160.
55 *Anders/Gehle* Assessorexamen ZivR Rn. 457; *Schellhammer* Arbeitsmethode Rn. 462.

Klage und Widerklage sind zulässig, aber nur zum Teil begründet.

I. Zulässigkeit
   1. Klage
   2. Widerklage
II. Klage
   1. Begründeter Teil
   2. Unbegründeter Teil
   3. Nebenforderungen
III. Widerklage
   1. Begründeter Teil
   2. Unbegründeter Teil
   3. Nebenforderungen
IV. Nebenentscheidungen
   1. Kosten
   2. Vorläufige Vollstreckbarkeit

1253 Sind **Dritte** in den Rechtsstreit einbezogen, gelten für sie die Regeln über die Streitgenossenschaft entsprechend.

§ 25 Zurückweisung verspäteten Vorbringens

1. Beschleunigungsmaxime

Regulär kann der Zivilprozess nur ablaufen, wenn Parteien und Gericht in der gebotenen Form an ihm mitwirken, die ihnen obliegenden Prozesshandlungen nicht nur überhaupt, sondern auch rechtzeitig vornehmen. **Zeitliche Vorgaben** können sich dabei aus der *Struktur des Prozesses* selbst ergeben. Die Parteien müssen zum Termin zur mündlichen Verhandlung erscheinen, bestimmte Prozesshandlungen dort vorab vornehmen (§§ 39, 43, 295 ZPO) und verhandeln. Angriffs- und Verteidigungsmittel können sie nur bis zum Schluss der mündlichen Verhandlung vorbringen (§ 296a ZPO). Zeitliche Vorgaben können sich darüber hinaus aus einzelnen gesetzlichen oder richterlichen *Fristsetzungen* (→ Rn. 242 ff.) oder aus dem allgemeinen Grundsatz ergeben, das Verfahren möglichst rasch abzuwickeln (»*Beschleunigungsmaxime*«, § 288 ZPO). 1254

Das Gericht wird zur Verfahrensbeschleunigung durch die **Konzentrationsmaxime** angehalten. Danach ist es gehalten den Rechtsstreit nach Möglichkeit in einem einzigen Haupttermin zu erledigen (§§ 272, 278 ZPO), was eine gründliche und umfassende Vorbereitung (zB durch die §§ 273, 139, 358a ZPO) im Rahmen eines besonderen Vorverfahrens (§§ 275, 276 ZPO) bedingt (→ Rn. 231 ff.). Um die sachgerechte und zügige Erledigung des Prozesses sicherzustellen, kann das Gericht den Parteien nach den §§ 273 ff. ZPO **Fristen** zur Vornahme von Prozesshandlungen, insbesondere zur Geltendmachung von Angriffs- und Verteidigungsmitteln setzen (→ Rn. 244).

Den Parteien obliegt es im Rahmen der **Prozessförderungspflicht**, ihre Angriffs- und Verteidigungsmittel so früh als möglich und konzentriert, dh nicht nur sukzessive vorzubringen (§ 282 ZPO). Sie stellt damit eine notwendige Ergänzung der Konzentrationsmaxime dar, nur wenn Gericht und Parteien zusammenwirken, kann eine Beschleunigung des Verfahrens erreicht werden.[1] Ausfluss der allgemeinen Prozessförderungspflicht ist auch die »**Eventualmaxime**«, dh die Aufgabe der Parteien, alle relevanten Tatsachen sofort vorzutragen, auch wenn diese zunächst nicht unbedingt, sondern nur eventuell für die von der Partei angestrebte Rechtsfolge von Bedeutung scheinen. Diese Eventualmaxime gilt heute allerdings nur noch bedingt: Die Parteien sind zum Vortrag nur insoweit verpflichtet, als dies »einer sorgfältigen und auf Förderung des Verfahrens bedachten Prozessführung« entspricht (§§ 277 I, 282 I ZPO).[2]

Die Beschleunigungsmaxime kann nur im Rahmen der übrigen Prozessmaximen (→ Rn. 26 ff.) verwirklicht werden, weil ansonsten die Gefahr besteht, dass sie zu einem Mangel an gründlicher Sachbearbeitung, einer Beschränkung rechtlichen Gehörs für die Parteien und letztlich zu einem Verlust an materieller Gerechtigkeit führen kann. Aufgabe des Prozessrechts und seiner Auslegung durch die Gerichte ist es, zwischen den Extrempositionen Parteiherrschaft einerseits und Beschleunigungsmaxime andererseits einen gangbaren Mittelweg zu finden.

Die **Nichteinhaltung** zeitlicher Schranken durch die Parteien hat unterschiedliche Folgen: 1255

- Grundsätzlich ist die Partei, die eine Prozesshandlung innerhalb der dafür geltenden Zeitspanne nicht oder nicht wirksam vorgenommen hat, damit *ausgeschlossen*, kann sie also – auch ohne vorherige Androhung: § 231 ZPO – nicht nachholen (§ 230 ZPO).

  Besondere Regelungen dieser Präklusionswirkung enthalten die §§ 39, 43, 295, 296a ZPO.

1 BGH NJW-RR 1991, 728.

2 BVerfG NJW 2005, 1768; 2008, 1312; BGH NJW-RR 2004, 167.

Eine Möglichkeit der Nachholung der versäumten Prozesshandlung besteht ausnahmsweise nach schuldloser Versäumung einiger besonders wichtiger Fristen nach einer Wiedereinsetzung in den vorigen Stand (§ 236 II ZPO; → Rn. 249 ff.) oder nach Wiedereröffnung der mündlichen Verhandlung (§ 156 ZPO).

- Entstehen durch die Verspätung *Kosten*, hat diese die säumige Partei zu tragen (§§ 95, 97 II, 238 IV, 344 ZPO).
- Sind essentielle Prozesshandlungen versäumt, kann das reguläre Verfahren nicht fortgesetzt werden, an seine Stelle tritt dann ein *irreguläres Verfahren*.

Beispiel: Erscheinen oder verhandeln die Parteien in einem Termin zur mündlichen Verhandlung nicht, tritt an die Stelle des streitigen Verfahrens das Versäumnisverfahren (§§ 330 ff. ZPO) oder das Verfahren auf Entscheidung nach Lage der Akten (§ 251a ZPO; → Rn. 1271 ff.).

- Sind notwendige, aber nicht essentielle Prozesshandlungen versäumt, wird die Vornahme der der Partei nachteiligsten Handlung *fingiert*.

Beispiel: Erklärt eine Partei sich nicht zum Vortrag des Gegners, wird unterstellt, dass sie dieses zugestanden hat (§ 138 III ZPO). Hat der Beklagte sich in der mündlichen Verhandlung auf eine abgeänderte Klage eingelassen, ohne der Änderung zu widersprechen, wird seine Einwilligung in die Änderung vermutet (§ 267 ZPO). Andere Fiktionsfälle enthalten die §§ 91 I 2, 239 IV, 242, 244 II, 269 II 4, 427, 439 III, 441 III ZPO.

- Angriffs- und Verteidigungsmittel sowie Zulässigkeitsrügen können als verspätet zurückgewiesen werden und bleiben damit bei der Entscheidung unberücksichtigt.[3]

Entweder sind damit die Voraussetzungen für Rechtsnormen, aus denen die Partei für sich günstige Rechtsfolgen herleiten wollte, nicht vorgetragen, oder der Vortrag des Gegners bleibt unbestritten (§ 138 III ZPO) und wird so Entscheidungsgrundlage. In jedem Fall sind mit der Nichtberücksichtigung von Tatsachenvortrag für die Partei immer wesentliche **Nachteile** verbunden.

Wird Parteivortrag für die Entscheidung nicht berücksichtigt, so liegt hierin grundsätzlich eine **Verweigerung rechtlichen Gehörs**, doch ist diese mit Art. 103 I GG vereinbar, weil die Gewährung rechtlichen Gehörs im Prozessrecht näher ausgestaltet werden kann. Allerdings müssen die Präklusionsvorschriften als Ausnahmevorschriften restriktiv gehandhabt werden und dürfen den Kernbestand des Art. 103 GG nicht verletzen.[4] Die verfassungsrechtlichen Grenzen der Präklusionsvorschriften sind denn auch durch eine Reihe von – auf Verfassungsbeschwerden hin ergangenen – Entscheidungen des BVerfG abgesteckt.

---

3 Die Präklusion dient zwar nicht der Bestrafung der säumigen Partei (BGHZ 75, 138), wirkt aber zu deren Nachteil; *Baudewin/Wegner*, Die Präklusion im Zivilprozess – Bedeutung, Chancen, Risiken, NJW 2014, 1479; *Hinsen*, Das verspätete Vorbringen im Zivilprozeß, JA 1989, ÜBlRef 129, 164; *Hölzer*, Die Zurückweisung verspäteten Vorbringens, JurBüro 1990, 1533; *Stackmann*, Selten folgenschwer: verspätetes Vorbringen, JuS 2011, 133.
Zu alternativen Folgen der Verspätung → Rn. 183; *Schafft/Schmidt*, Verspätungsfolgen – Das System im zivil- und arbeitsgerichtlichen Verfahren, MDR 2001, 436.

4 BVerfG NJW 1992, 67, 680; 1985, 1150 f. mwN; 1983, 1307; 1982, 1453; BVerfGE 59, 330 = NJW 1982, 1635; BVerfGE 36, 92 = NJW 1974, 133; *Vietze*, Zurückweisung verspäteten Vorbringens im Zivilprozess nach § 296 ZPO, JA 2003, 235.

2. Voraussetzungen

Die ZPO kennt mehrere Tatbestände, die eine Zurückweisung verspäteten Vorbringens zulassen. Diese lassen sich insbesondere danach gliedern, ob die Zurückweisung in I. oder in II. Instanz erfolgen soll. 1256

a) Zurückweisung in I. Instanz

Im erstinstanzlichen Verfahren ist eine Zurückweisung von Tatsachenvorbringen der Parteien möglich nach § 296 ZPO, der drei verschiedene Tatbestände enthält. Einen Überblick über die einzelnen Voraussetzungen bietet Schema 25.1: 1257

Zurückweisung verspäteten Vorbringens in erster Instanz			
Voraussetzungen	**§ 296 III ZPO**	**§ 296 I ZPO**	**§ 296 II ZPO**
Anwendbarkeit	Verzichtbare **Zulässigkeitsrügen**.	Streitiges **Angriffs- und Verteidigungsvorbringen**.	
Verspätung	**Nichterhebung** der **Rüge** vor Beginn bzw. Fortsetzung der mündlichen Verhandlung.	**Nichteinhaltung** einer vom Gericht ordnungsgemäß gesetzten **Frist** nach §§ 273, 275, 276, 277 ZPO oder §§ 340, 697, 700 ZPO.	**Verstoß** gegen die allgemeine **Prozessförderungspflicht** aus § 282 I ZPO.
Verschulden	Wird zunächst widerleglich **vermutet**. Nachträgliche genügende Entschuldigung der Verspätung durch die Partei ist möglich.		Muss **positiv festgestellt** werden: Grob nachlässiges Verhalten der Partei erforderlich; nachträgliche Entschuldigung unbeachtlich.
Verzögerung	**Unbeachtlich**.	hM: **Realer Verzögerungsbegriff** wenn Prozess bei Zulassung des verspäteten Vorbringens länger dauern würde als bei dessen Zurückweisung (= Vergleich Prozessdauer bei Zulassung und Zurückweisung) aA: Hypothetischer Verzögerungsbegriff wenn Prozess bei rechtzeitigem Vorbringen schneller abgelaufen wäre (= Vergleich hypothetisches rechtzeitiges und tatsächliches verspätetes Vorbringen). Nach allen Auffassungen keine Verzögerung, wenn die Verspätung durch zumutbare Maßnahmen des Gerichts **kompensiert** werden kann.	
Folge	**Zwingende** Zurückweisung des verspäteten Vorbringens		Zurückweisung im **Ermessen** des Gerichts

Schema 25.1: Zurückweisung verspäteten Vorbringens in I. Instanz

1258 (1) **Anwendbar** ist § 296 III ZPO nur auf *Rügen*, die die *Zulässigkeit* der Klage betreffen.

Da die normalen Zulässigkeitsvoraussetzungen von Amts wegen zu prüfen sind, bedürfen sie keiner Rüge der Parteien und unterfallen § 296 ZPO nicht. Übrig bleiben daher nur die **Prozesseinreden** der fehlenden Ausländersicherheit (§§ 110 ff. ZPO), der fehlenden Kostenerstattung (§ 269 VI ZPO) und der Schiedsgerichtsvereinbarung (§ 1032 ZPO).[5]

Streitige Angriffs- und Verteidigungsmittel iSd § 282 ZPO können nach § 296 I und II ZPO zurückgewiesen werden.

Hierunter fallen nur die **unselbstständigen** Angriffs- und Verteidigungsmittel gegen den bisherigen Streitgegenstand (Behaupten, Bestreiten, Beweisantritte),[6] nicht jedoch **selbstständige** Angriffe (Klagebegründung, Klageänderung, Widerklage). Liegt ein solcher selbstständiger Angriff vor, darf weder er noch ein eventuell gleichzeitig vorgebrachtes Angriffs- bzw. Verteidigungsmittel zurückgewiesen werden (kein Teilurteil).[7]

Streitig ist ein Angriffs- und Verteidigungsmittel erst, wenn der Gegner es bestritten hat. Hatte er hierzu noch keine Gelegenheit, so muss ihm diese zunächst eingeräumt werden, bevor eine Zurückweisung erfolgen kann.[8]

1259 (2) Eine Zulässigkeitsrüge ist nach § 296 III ZPO **verspätet**, wenn sie nicht *vor Beginn* der *mündlichen Verhandlung* erhoben wurde.

Entsprechendes gilt auch im Rahmen der §§ 282 III, 295 ZPO.

Nach § 296 I ZPO liegt eine Verspätung vor, wenn eine gerichtlich gesetzte *Frist* nicht eingehalten wurde.

Versäumt sein muss dabei eine im **Gesetz** (nicht unbedingt in § 296 I ZPO selbst) genannte Frist. In § 296 I ZPO genannt sind die Fristen nach §§ 273 II Nr. 1, 275 I 1, III, IV, 276 I 2, III, 277 ZPO. Ferner gilt § 296 I ZPO durch Verweisung für die Fristen aus §§ 340 III ZPO, 697 III, 700 V ZPO. Nicht anwendbar ist § 296 I ZPO dagegen auf versäumte Fristen nach § 697 I ZPO (weil es sich bei der Klagebegründung nach Mahnbescheid um einen selbstständigen Angriff handelt!) und § 379 ZPO.[9]

Voraussetzung ist auch, dass die Frist **wirksam gesetzt** wurde, insbesondere eine förmlich ordnungsgemäße Entscheidung des Gerichts vorliegt, diese der Partei wirksam zugestellt wurde und die Frist ausreichend bemessen war.[10]

Nach § 296 II ZPO sind Angriffs- und Verteidigungsmittel verspätet, wenn sie unter Verstoß gegen die *allgemeine Prozessförderungspflicht* aus § 282 ZPO vorgetragen werden.

§ 282 II ZPO verpflichtet die Parteien, ihr Vorbringen vor der mündlichen Verhandlung schriftsätzlich so **rechtzeitig** mitzuteilen, dass der Gegner hierzu noch Erkundigungen einholen und darauf erwidern kann. § 282 I ZPO betrifft nur das rechtzeitige Vorbringen »in der mündlichen Verhandlung«. Insoweit ist der erste Termin vor Gericht der frühestmögliche in Betracht kommende Zeitpunkt. Verspätet sein kann Vorbringen danach nur, wo innerhalb der Instanz mehrere Verhandlungstermine stattgefunden haben und das Vorbringen nicht bereits im ersten Termin erfolgt ist. Vorbrin-

5 BGHZ 24, 19; BLAH/*Hartmann* ZPO § 296 Rn. 71.
6 BGH NJW 2004, 2828; 1987, 502; OLG Hamm NJW-RR 1993, 1150.
7 BGH NJW 2001, 1210; 1981, 1217.
8 OLG Naumburg NJW-RR 1994, 704; OLG Karlsruhe MDR 1987, 241; NJW 1984, 619.
9 BVerfGE 59, 330 = NJW 1982, 1635.
10 BGH 1994, 736; OVG RhPf NJW 1993, 2457; Stein/Jonas/*Leipold* ZPO § 296 Rn. 35.

gen im ersten Termin zur mündlichen Verhandlung kann dagegen nie nach § 282 I ZPO verspätet sein.[11]

(3) Ein **Verschulden** der Parteien an der Verspätung wird nach § 296 I und III ZPO zunächst *vermutet*, kann aber von der Partei durch nachträgliche genügende Entschuldigung widerlegt werden (→ Rn. 1264). Nach § 296 II ZPO muss das Verschulden positiv festgestellt werden und liegt vor, wenn die Verspätung auf *grober Nachlässigkeit* beruht. Weil in diesen Fällen das Verschulden positiv festgestellt werden muss, ist eine nachträgliche Entschuldigung der Verspätung nicht möglich. 1260

Grobe Nachlässigkeit bejaht die Rechtsprechung, wenn durch ausnehmende Sorglosigkeit gegen die Prozessförderungspflicht verstoßen wird, wenn insbesondere Sorgfaltspflichten verletzt werden, die jedem einleuchten müssen. Nicht ausreichend ist damit einerseits normale Fahrlässigkeit, nicht erforderlich andererseits echte Verschleppungsabsicht.[12]

Zu beachten ist, dass die Partei gegen sich auch das Verschulden ihres gesetzlichen Vertreters (§ 51 II ZPO) und das Verschulden ihres Prozessbevollmächtigten (§ 85 II ZPO) gelten lassen muss.[13]

(4) Eine **Verzögerung** des Rechtsstreits wird nach § 296 III ZPO unwiderleglich *vermutet*, braucht also nicht gesondert geprüft zu werden. Dagegen muss sie bei § 296 I und II ZPO ausdrücklich *festgestellt* werden, da die Sanktionswirkung der Zurückweisung nur dort gerechtfertigt ist, wo die Erledigung des Rechtsstreits wegen des verspäteten Vorbringens auch tatsächlich verzögert wird. 1261

Wie eine solche Verzögerung festgestellt werden muss, ist umstritten: 1262

- Nach dem *realen (absoluten) Verzögerungsbegriff* liegt eine Verzögerung vor, wenn der Prozess bei Zulassung des verspäteten Vorbringens länger dauern würde als bei dessen Zurückweisung. Zu vergleichen ist also die Dauer des Prozesses bei Zulassung mit der bei Nichtzulassung.

  Für diese Auffassung wird insbesondere der Wortlaut des § 296 I ZPO ins Feld geführt. Sie entspricht der heute **herrschenden Meinung.**[14]

- Nach dem *hypothetischen (relativen) Verzögerungsbegriff* liegt eine Verzögerung vor, wenn der Prozess bei Zulassung des verspäteten Vorbringens länger dauern würde, als er bei rechtzeitigem Vorbringen gedauert hätte. Hier wird die Dauer des Prozesses bei rechtzeitigem mit der bei verspätetem Vorbringen verglichen.

  Für diese Auffassung spricht, dass sie – anders als der reale Verzögerungsbegriff – tatsächlich nur eine Verlängerung des Verfahrens verhindert, ohne zu einer Verkürzung des Verfahrens zu führen (keine »Überbeschleunigung« des Prozesses), die Verzögerung nicht formell, sondern materiell bestimmt und daher eher zu sachlich gerechten Ergebnissen führt. Nach der neueren Rechtsprechung des Bundesverfassungsgerichts müssen rechtsmissbräuchliche Anwendungen des absoluten Verzögerungsbegriffs durch Rückgriff auf Elemente des hypothetischen Verzögerungsbegriffs ausgeglichen werden.[15]

---

11 BGH MDR 2012, 1366.
12 BVerfGE 69, 137; BGH NJW 1987, 502.
13 BGH VersR 1982, 346; OLG Köln VersR 1984, 1176; OLG Karlsruhe NJW 1984, 619; zum Verschulden eines Streithelfers *Schulze*, Verspätetes Vorbringen durch den Streithelfer, NJW 1981, 2665 mwN.
14 BGH in stRspr: BGH NJW 1987, 500; BGHZ 98, 368 = NJW 1987, 500; OLG München OLGZ 89, 479; BLAH/*Hartmann* ZPO § 296 Rn. 40 f.; Thomas/Putzo/*Reichold* ZPO § 296 Rn. 14.
15 BVerfG NJW 1987, 2733; OLG Hamm NJW 1979, 1717; OLG Frankfurt a.M. NJW 1979, 1715; OLG Düsseldorf VersR 1979, 773.

Beispiel: Der Beklagte bestreitet den Vortrag des Gegners nicht innerhalb der ihm gesetzten Klageerwiderungsfrist, sondern erst im Termin zur mündlichen Verhandlung. Dadurch müssen die vom Kläger angebotenen Beweise (fünf Zeugen, ein Sachverständigengutachten, ein Ortstermin) erhoben werden. Nach dem hypothetischen Verzögerungsbegriff liegt keine Verzögerung vor, weil auch bei rechtzeitigem Bestreiten der Rechtsstreit nicht sofort entscheidungsreif gewesen wäre. Nach dem realen Verzögerungsbegriff liegt eine Verzögerung vor, da ohne Berücksichtigung des verspäteten Vorbringens der Rechtsstreit ohne Beweisaufnahme sofort entscheidungsreif ist.

Einigkeit zwischen den beiden Auffassungen besteht darin, dass eine Verzögerung vorliegt, wenn die Prozessdauer sich verlängert, weil ein *neuer Termin erforderlich* wird. Im Einzelfall kann fraglich sein, ob dies der Fall ist.

Ob der Termin erforderlich wird, weil der verspätete Vortrag selbst streitig ist und bewiesen werden müsste, oder ob durch den verspäteten Vortrag der bisherige (rechtzeitige) Vortrag des Gegners streitig wird und bewiesen werden müsste, ist unerheblich.

Ist ein **Schriftsatznachlass** für den Gegner erforderlich (§ 283 ZPO), so liegt darin allein noch keine Verzögerung, da zum einen dem § 296 ZPO ohnehin nur bestrittener Vortrag unterfallen kann und zum anderen das Gericht sofort Verkündungstermin bestimmt. Dass dieser einige Tage später liegt, ist unbeachtlich, solange kein neuer Verhandlungstermin erforderlich wird.

Kann ein vom Gericht in Aussicht genommenes **Teilurteil** nicht erlassen werden, so liegt auch hierin keine Verzögerung, weil ein »Anspruch« auf eine solche Teilentscheidung weder für das Gericht noch für die Parteien besteht.[16]

Schon vor dem oder zumindest im **frühen ersten Termin** kann eine Verzögerung eintreten, wenn es sich hierbei um einen vollwertigen Haupttermin und nicht bloß um einen sog. »**Durchlauftermin**« gehandelt hat. Letzterer liegt vor, wenn das Gericht erkennbar keine geeigneten Vorbereitungen zur Streiterledigung im Prozess getroffen hat und wenn eine Erledigung (einschließlich einer etwaigen Beweisaufnahme) in Anbetracht der zur Verfügung stehenden Verhandlungszeit auch nicht möglich ist.

1263 Eine Verzögerung entfällt immer dann, wenn die längere Prozessdauer nicht (nur) durch das Verhalten der Partei herbeigeführt wird. Dies ist der Fall, wenn das *Gericht* die drohende Verzögerung durch zumutbare *vorbereitende Maßnahmen* hätte vermeiden können[17] oder wenn die Verzögerung auf dem Verhalten Dritter beruht.

Beispiel: Benennt der Beklagte zwar verspätet, aber immer noch rechtzeitig vor der mündlichen Verhandlung einen Zeugen, so ist es dem Gericht zuzumuten, diesen noch zum Termin zu laden und so die Durchführung eines weiteren Termins zu vermeiden, sodass die Verspätung nicht zu einer Verzögerung führt. Unterlässt das Gericht die nachträgliche Ladung, darf dies nicht zulasten der Partei gehen, eine Zurückweisung des Beweisantritts wegen Verspätung ist nicht möglich.[18]

1264 **Unzumutbar** sind dem Gericht Maßnahmen, die mit dem bereits anberaumten Termin nicht mehr vereinbar sind, so zB die Durchführung eines Ortstermins anstelle eines normalen Verhandlungstermins oder die Beiladung einer Vielzahl von Zeugen und Sachverständigen, die in der vorgesehenen Zeit nicht angehört werden könnten.

Beispiel: Lädt das Gericht aufgrund eines verspäteten Beweisantritts einen Zeugen vorbereitend zum Termin und erscheint dieser nicht, so beruht die eintretende Verzögerung auf dem Verhalten eines Dritten, nicht der Partei. Eine Anwendung der Präklusionsvorschriften ist nicht möglich.

16 BGH DtZ 1993, 211; OLG Düsseldorf NJW 1993, 2543.
17 BGH NJW-RR 2002, 646; NJW 1999, 3272; NJW-RR 1991, 728.
18 BVerfG NJW-RR 1995, 1469; 1991, 728.

(5) Eine nachträgliche **Entschuldigung** der Verzögerung ist nach § 296 II ZPO nicht möglich, weil hier das Verschulden der Verspätung ausdrücklich geprüft, ein eventueller Entschuldigungsgrund also bereits dort berücksichtigt wurde. Möglich ist eine Entschuldigung dagegen nach § 296 I und III ZPO, weil hier das Verschulden nur vermutet wurde und es der Partei freisteht, diese Vermutung zu widerlegen. **1265**

An eine solche Entschuldigung sind grundsätzlich **strenge Maßstäbe** anzulegen, erst recht, wenn die Versäumung auf dem Fehlverhalten eines Rechtsanwalts beruhte.

Als ausreichende Entschuldigung angesehen werden **zB** zu kurz bemessene Fristen oder sonstige Verfahrensfehler des Gerichts, nicht jedoch unterlassene Fristverlängerungsanträge oder ein Anwaltswechsel.[19]

(6) Liegen die oben genannten Voraussetzungen vor, so hat dies nach § 296 I und III ZPO eine *zwingende* Zurückweisung des verspäteten Vorbringens zur **Folge**.[20] Dagegen ist die Zurückweisung in den Fällen des § 296 II ZPO *fakultativ*, steht also im freien Ermessen des Gerichts.[21] **1266**

Die Zurückweisung erfolgt dabei ausschließlich in den Entscheidungsgründen eines Urteils. Sie kann auch nur zusammen mit diesen im Rahmen der ordentlichen **Rechtsmittel** (Berufung, Revision) angefochten werden.[22] Dabei kann das Rechtsmittelgericht Entscheidungen nach § 296 II ZPO nur auf Ermessensfehler hin überprüfen (→ Rn. 1267).

b) Zurückweisung in II. Instanz

In der auf eine Fehlerkontrolle und -beseitigung ausgerichteten Berufungsinstanz wird grundsätzlich der erstinstanzliche Sachverhalt zugrunde gelegt, neuer Vortrag der Parteien ist nur noch ausnahmsweise möglich. Die Möglichkeiten zur Zurückweisung verspäteten Vorbringens sind der ersten Instanz gegenüber dementsprechend erweitert:[23] **1267**

- Verzichtbare Rügen zur Zulässigkeit der Klage, die nicht bereits in erster Instanz erhoben wurden, müssen spätestens in der Berufungsbegründungs- bzw. -erwiderungsfrist vorgebracht werden. Später erhobene Rügen sind – ohne dass es auf eine Verzögerung des Rechtsstreits ankommt – verspätet und werden zurückgewiesen, sofern die Verspätung nicht genügend entschuldigt wird (**§ 532 ZPO**).[24]
- Angriffs- und Verteidigungsmittel, die bereits in I. Instanz zurückgewiesen wurden, bleiben auch in der Berufungsinstanz ausgeschlossen (**§ 531 I ZPO**). Zu prüfen ist hier nur noch, ob das erstinstanzliche Gericht zu Recht zurückgewiesen hat.[25]
- Angriffs- und Verteidigungsmittel, die nicht bereits in erster Instanz geltend gemacht wurden, müssen spätestens in der Berufungsbegründungs- bzw. -erwiderungsfrist vorgetragen werden. Späterer Vortrag ist nur zuzulassen, wenn die

19 BGH NJW 1988, 62; 1985, 744; BLAH/*Hartmann* ZPO § 296 Rn. 56 mwN.
20 BGH JZ 1981, 352.
21 BVerfG NJW 1985, 1151; BGH VersR 1982, 345; JZ 1981, 352.
22 BGH FamRZ 1984, 38 mwN; VersR 1983, 34.
23 Prütting/Gehrlein/*Oberheim* ZPO § 530 Rn. 2; *Becht*, Grundfragen des Berufungsverfahrens, JuS 1991, 134 mwN.
24 BGH NJW-RR 2006, 496.
25 BGH NJW 1985, 1543; 1981, 2255; OLG Hamm VersR 2008, 1118; *Fuhrmann*, Die Zurückweisung schuldhaft verspäteter und verzögernder Angriffs- und Verteidigungsmittel im Zivilprozess, 130 ff.

Erledigung des Rechtsstreits hierdurch nicht verzögert würde oder wenn die Partei die Verspätung genügend entschuldigt (§§ **530**, 296 I ZPO).[26]

- Neue Angriffs- und Verteidigungsmittel sind in zweiter Instanz nur zuzulassen, wenn ihr Nichtvortrag in erster Instanz nicht auf einer Nachlässigkeit der Partei beruht, so zB, weil das erstinstanzliche Gericht einen anderen Rechtsstandpunkt vertrat, einen Hinweis nach § 139 ZPO nicht erteilt hat oder die Tatsache der Partei noch nicht bekannt war (**§ 531 II ZPO;** → Rn. 1525).
- Den besonderen Zurückweisungsmöglichkeiten gegenüber spielt die Anwendbarkeit des **§ 296 II ZPO** (§ 525 ZPO) bei Verstoß gegen die allgemeine Prozessförderungspflicht in II. Instanz keine besondere Rolle mehr.[27]

Die **sofortige Beschwerde** kann auf neue Angriffs- und Verteidigungsmittel gestützt werden. Werden diese nicht innerhalb einer im Beschwerdeverfahren gesetzten Frist vorgebracht, können sie als verspätet zurückgewiesen werden (§ 571 II und III ZPO). **Revision** und **Rechtsbeschwerde** können grundsätzlich nicht auf neue Tatsachen gestützt werden (§§ 559, 577 II ZPO), sodass sich die Frage der Verspätung dort nicht stellt.

3. Möglichkeiten der Vermeidung

1268 Erkennt die Partei, dass eine Zurückweisung ihres Vorbringens als verspätet droht, so kann sie dieser durch verschiedene prozessuale Strategien[28] entgehen:

- Eine ausreichende Entschuldigung kann eine Zurückweisung nach § 296 I und III ZPO abwenden.
- Stimmt der Gegner zu, so ist entweder eine einvernehmliche Beilegung des Rechtsstreits durch Vergleich oder ein Ruhen des Verfahrens (§ 251 ZPO) zu erreichen.
- Da nur Angriffs- und Verteidigungsmittel, nicht auch selbstständige Angriffe als verspätet zurückgewiesen werden können, kann die Partei im Wege der Klageänderung oder der Widerklage einen neuen Anspruch in den Prozess einführen und mit dessen Begründung die an sich verspäteten Angriffs- und Verteidigungsmittel verbinden. Bezüglich letzterer ist kein Teilurteil möglich, da die Verzögerung des Verfahrens absolut (auf das Gesamtverfahren bezogen) zu beurteilen und in diesen Fällen zu verneinen ist.[29]
- Versucht werden kann auch, die verspäteten Angriffs- und Verteidigungsmittel mit einem Rechtsbehelf zu verbinden, der an sich nicht zurückgewiesen werden kann. Mit nur geringen Nachteilen verbunden ist dabei die sog. **Flucht in die Säumnis,** bei der die Partei durch bewusstes Nichtverhandeln (§ 333 ZPO) ein Versäumnisurteil gegen sich ergehen lässt und den verspäteten Vortrag mit dem Einspruch

26 BGH NJW 2006, 153; NJW-RR 2005, 669; MDR 2005, 706; Thomas/Putzo/*Reichold* ZPO § 527 Rn. 1.

27 BGH BGHReport 2003, 1229; NJW 1987, 501; NJW-RR 1986, 1317.

28 *Abrahams*, Präklusion und Fluchtwege im Zivilprozeß, AnwBl. 1999, 111, 168; *Büßer*, Die »Flucht« des Beklagten vor der Präklusion seiner Prozessaufrechnung, JuS 2009, 319; *Oberheim* Taktik im ZivilProz Rn. 1246 ff.

29 BGH NJW 2001, 1210; 1995, 1223; ablehnend *Gounalakis*, Flucht in die Widerklage, MDR 1997, 216.

bringt. Der vergleichbaren »Flucht in das Rechtsmittel«, bei der früher der Vortrag mit der Berufung nachgeholt wurde, steht heute § 531 II ZPO entgegen.[30]

- Besser als ein rechtskräftiger Verlust des Prozesses wegen Zurückweisung relevanten Vorbringens als verspätet kann schließlich die Rücknahme der Klage (§ 269 ZPO) und deren Neueinreichung mit vollständiger Begründung sein.[31]

4. Aufbaufragen

Im **Tatbestand** eines Urteils[32] müssen alle für die Verspätung relevanten Daten im Rahmen der Prozessgeschichte wiedergegeben werden. 1269

Hierzu können eine gerichtliche Fristsetzung, das Datum der Zustellung des Fristsetzungsbeschlusses und der Eingang des Schriftsatzes der Partei bei Gericht gehören.

Dieser Teil der Prozessgeschichte kann entweder im streitigen Parteivortrag[33]

> **Formulierungsbeispiel:**
> Der Beklagte behauptet …
> Nachdem ihm zur Erwiderung auf das Vorbringen des Klägers eine Frist bis zum … gesetzt worden ist, behauptet er mit am … bei Gericht eingegangenem Schriftsatz weiter, …

oder mit der allgemeinen Prozessgeschichte am Ende des Tatbestands dargestellt werden.[34]

> **Formulierungsbeispiel:** Das Gericht hat dem Kläger eine Frist zur Stellungnahme auf die Klageerwiderung von zwei Wochen gesetzt. Dieser Beschluss wurde ihm am … zugestellt. Hierauf hat der Kläger mit am … bei Gericht eingegangenem Schriftsatz, wegen dessen Inhalt auf Bl. … d.A. Bezug genommen wird, reagiert.

In den **Entscheidungsgründen** ist das Vorbringen dann als verspätet zu qualifizieren 1270
und dies zu begründen. Sinnvollerweise geschieht dies dort, wo das nicht berücksichtigte Vorbringen der Partei zu behandeln gewesen wäre.

> **Formulierungsbeispiel:**
> Die Klage ist begründet aus …
> Zwischen den Parteien ist unstreitig, dass … Das mit Schriftsatz des Beklagten vom … erfolgte Bestreiten kann nicht berücksichtigt werden, weil es verspätet erfolgte und nach § 296 II ZPO zurückzuweisen ist …

30 Ähnlich *Kirschbaum*, Flucht in das Anerkenntnis nach Schluss der mündlichen Verhandlung, NJW 2012, 1329.

31 *Schafft/Schmidt*, Verspätungsfolgen, MDR 2001, 436 (441); *Baumfalk/Gierl* ZivilProz 42.

32 Zur Behandlung in einem dem Tatbestand vorgehenden Aktenauszug *Pape*, Grundregeln für die systematische Bearbeitung zivilrechtlicher Akten in tatsächlicher Hinsicht, JuS 1993, 851 f.

33 Dieser Aufbau empfiehlt sich, wenn die Tatsachen nicht zurückgewiesen und damit für die Entscheidung berücksichtigt werden sollen.

34 Sinnvoll bei einer beabsichtigten Zurückweisung des Vorbringens.

6. Abschnitt. Mündliche Verhandlung

Der gewöhnliche Ablauf eines Zivilprozesses setzt die Mitwirkung beider Parteien voraus. Erscheint oder verhandelt eine Partei nicht, kann der Prozess nur auf einem besonderen Weg zu Ende gebracht werden. Die wichtigsten Fälle dabei stellen das »Versäumnisverfahren« und das »Verfahren auf Entscheidung nach Lage der Akten« dar.[1]

§ 26 Versäumnisverfahren

1. Allgemeines

a) Säumnis

1271 Der Prozess kann sinnvoll und zielstrebig nur geführt werden, wenn beide Parteien mitwirken: Diese müssen die ihnen obliegenden Prozesshandlungen vornehmen, insbesondere zu den hierfür anberaumten Terminen erscheinen. Tun sie das nicht, kann eine reguläre Verfahrensbeendigung – sei es durch streitiges Urteil, sei es in sonstiger Form – in der Regel nicht erfolgen.

Die ZPO zwingt die Parteien nicht zur Vornahme solcher Prozesshandlungen, sondern knüpft an deren Nichtvornahme nachteilige Folgen (**Lasten** statt **Pflichten**). Wegen der mit der Nichteinhaltung zeitlicher Vorgaben verbundenen Nachteile → Rn. 1254.

1272 Ist die Säumnis nicht bloß partiell, betrifft also nicht nur einzelne Prozesshandlungen, sondern ist total, weil grundlegende Mitwirkungshandlungen versäumt werden, so sieht die ZPO hierfür als besondere Folge das **Säumnisverfahren** (§§ 330 ff. ZPO) vor.[2]

Dieses gehört zu den allgemeinen Verfahren, stellt aber – wie zB auch das Verfahren ohne mündliche Verhandlung – eine irreguläre Verfahrensgestaltung dar (oben Schema 6.9).

Säumnis kann auch eine von der Partei bewusst gewählte Prozessstrategie sein, etwa zur kostengünstigen Beendigung eines aussichtslosen Rechtsstreits oder zur Vermeidung einer Zurückweisung von Vorbringen als verspätet.[3]

b) Verfahrensablauf

1273 Ist eine der Parteien in der Vorbereitungs- oder der Hauptphase säumig (→ Rn. 1276), so kann gegen sie ein **Versäumnisurteil** ergehen (§§ 330, 331 ZPO). Hiergegen kann sie **Einspruch** (§ 338 ZPO) einlegen. Ist dieser unzulässig, so kann er durch *Urteil* unmittelbar verworfen werden (§ 341 II ZPO), ansonsten ordnet das Gericht Termin zur mündlichen Verhandlung über den Einspruch und die Hauptsache an (§ 341a ZPO). Stellt sich dort der Einspruch als unzulässig heraus, wird er ebenfalls mittels *Urteil* verworfen (§ 341 II 1 ZPO), ist er dagegen zulässig, so wird der Prozess in die Lage zurückversetzt, in der er sich vor der Säumnis befand

1 Zur Einordnung dieser Verfahren in die Systematik der ZPO → Rn. 270 ff.; dort auch Schema 6.9.

2 *Ebner*, Ausgewählte Probleme des Versäumnisverfahrens, JA 1996, 583; *Stadler/Jarsumbek*, Das Versäumnisverfahren, JuS 2006, 34; 134.

3 *Bockholt*, Kostengünstige Beendigung eines für den Beklagten aussichtslosen Rechtsstreits, JA 2006, 136; zur »Flucht in die Säumnis« → Rn. 1268.

(§ 342 ZPO). Am Ende des dann weiter ablaufenden allgemeinen Verfahrens ist – je nach Erfolg der Hauptsache – das Versäumnisurteil aufzuheben und die Klage abzuweisen oder das Versäumnisurteil aufrechtzuerhalten (§ 343 ZPO). Ist die säumige Partei im Einspruchstermin erneut säumig, wird der Einspruch mittels *zweiten Versäumnisurteils* verworfen (§ 345 ZPO).

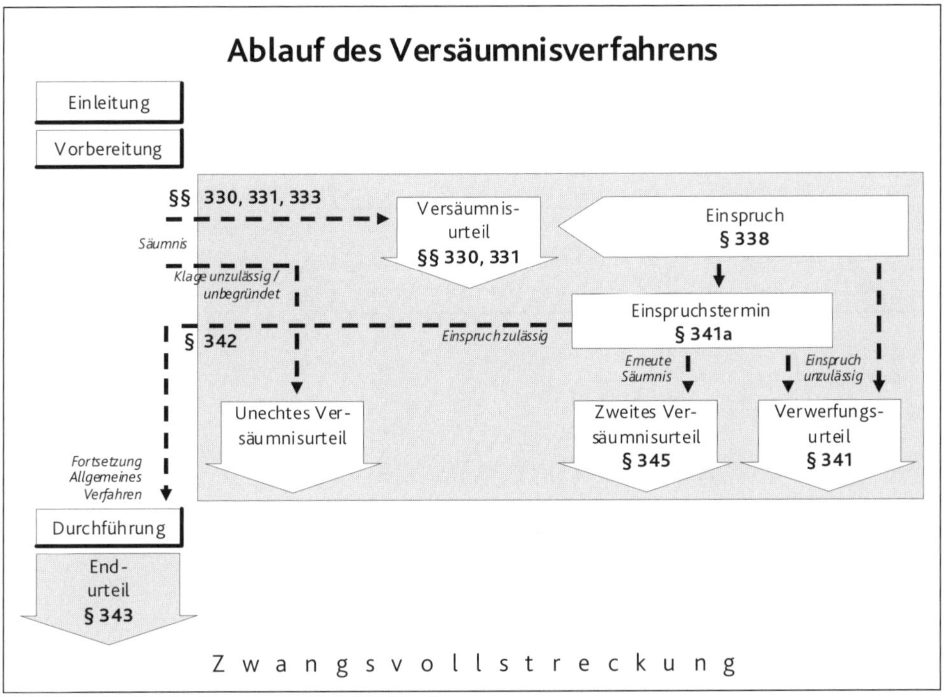

Schema 26.1: Ablauf des Versäumnisverfahrens

In Klausuren des zweiten Staatsexamens sind die mit dem Versäumnisurteil verbundenen Fragen häufiger als andere prozessuale Probleme. Typische Klausursituationen betreffen dabei den Erlass eines (unechten) Versäumnisurteils (→ Rn. 1274 ff.), die Einlegung eines Einspruchs (→ Rn. 1285 ff.) und die Endentscheidung nach vorangegangenem Versäumnisverfahren (→ Rn. 1291 ff.).

2. Versäumnisurteil

Das Gesetz differenziert für die Voraussetzungen eines Versäumnisurteils danach, ob der Kläger (§ 330 ZPO) oder der Beklagte (§ 331 ZPO) säumig ist. Trotzdem lässt sich für beide Fälle ein gemeinsames Prüfungsschema aufstellen:

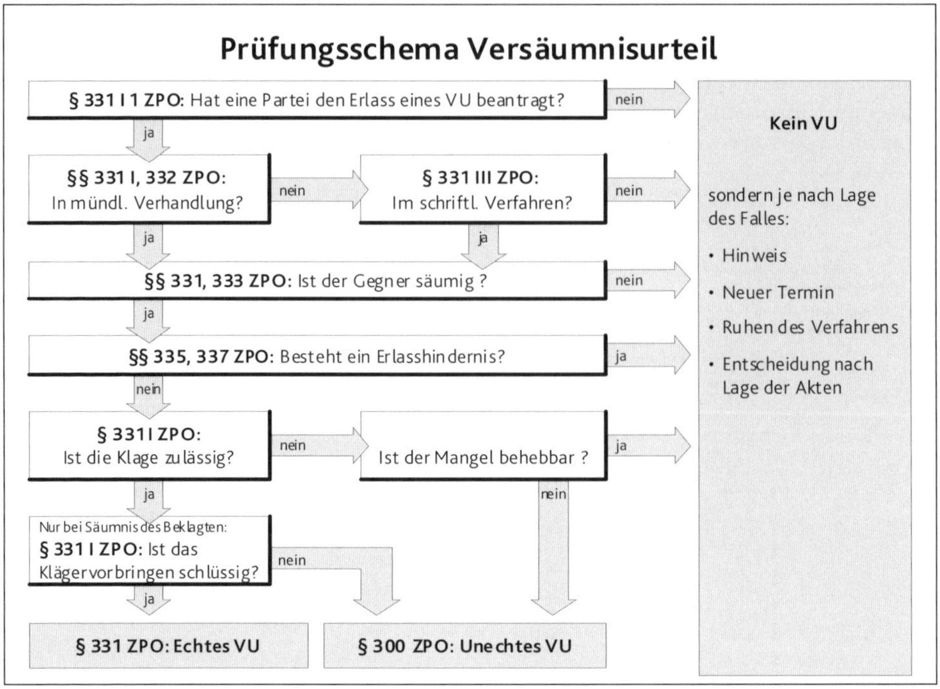

Schema 26.2: Prüfungsschema Versäumnisurteil

a) Versäumnisurteil gegen den Beklagten

Voraussetzungen eines Versäumnisurteils gegen den Beklagten sind:[4]

1274 (1) Ein **Antrag** des Klägers auf Erlass eines Versäumnisurteils (§ 331 I 1 ZPO).

Hierbei handelt es sich um einen **Prozessantrag**, sodass der **Sachantrag** grundsätzlich zusätzlich gestellt werden muss.[5] Stellt der Kläger nur den Prozessantrag, so kann darin im Wege der Auslegung auch die Stellung des Sachantrags gesehen werden. Entsprechendes gilt, wenn der Kläger in einer mündlichen Verhandlung nur den Sachantrag stellt.[6] Unterbleibt der Prozessantrag dagegen im schriftlichen Vorverfahren, so ist eine Auslegung nicht möglich, hier muss Termin zur mündlichen Verhandlung bestimmt werden.[7]

Während der Antrag in einem Termin zur mündlichen Verhandlung erst nach Feststehen der Säumnis Sinn macht, wird der Antrag auf Erlass eines Versäumnisurteils im schriftlichen Vorverfahren (§ 331 III ZPO) regelmäßig hilfsweise (für den Fall der Anordnung des schriftlichen Vorverfahrens und der nichtrechtzeitigen Anzeige der Verteidigungsbereitschaft) bereits in der Klageschrift gestellt (→ Rn. 156).

1275 (2) Es muss entweder eine notwendige **mündliche Verhandlung** vor dem Prozessgericht stattfinden (§§ 331 I 1, 332 ZPO) oder das **schriftliches Vorverfahren** angeordnet sein (§§ 331 III, 276 ZPO).

---

4 *Huber*, Grundwissen Zivilprozessrecht: Säumnis des Beklagten, JuS 2013, 18; *Schreiber*, Das Versäumnisurteil gegen den Beklagten, JURA 2000, 276.

5 BGH NJW 1969, 1427.

6 BGHZ 37, 79 = NJW 1962, 1149; aA RGZ 28, 398.

7 Offen gelassen von BGH NJW 2017, 1483.

Zu den notwendigen mündlichen **Verhandlungen** gehören der frühe erste Termin, der Haupttermin und jeder Fortsetzungstermin, auch wenn er vor dem Einzelrichter oder in einer besonderen Verfahrensart (zB Urkunden- oder Arrestverfahren) stattfindet. **Nicht** hierzu gehören Verkündungstermine (§§ 283, 310 ZPO), Gütetermine (§ 279 ZPO), reine Beweistermine (nur soweit diese entgegen § 370 I ZPO nicht auch der mündlichen Verhandlung dienen) und Termine vor dem beauftragten oder ersuchten Richter.[8]

(3) Der Beklagte muss **säumig** sein. 1276

Säumig ist, wer im Termin zur mündlichen Verhandlung entweder nicht erscheint (§ 331 ZPO)[9] oder nicht verhandelt (§ 333 ZPO) bzw. im schriftlichen Vorverfahren seine Verteidigungsabsicht nicht innerhalb der zweiwöchigen Notfrist nach Klagezustellung anzeigt (§§ 331 III, 276 I 1, II ZPO).

Erscheinen und für die Partei verhandeln kann im Anwaltsprozess nur ein zugelassener **Rechtsanwalt**, im Parteiprozess die **Partei** oder deren Vertreter. Im Fall der Streitgenossenschaft muss jeder **Streitgenosse** selbst erscheinen bzw. vertreten sein, nur bei der notwendigen Streitgenossenschaft reicht das Erscheinen eines Streitgenossen aus (§ 62 ZPO). Hat die Partei einen **Streithelfer**, so reicht es, wenn dieser erscheint (§ 67 ZPO).

Verhandeln heißt grundsätzlich Antragstellung (§ 137 I ZPO), doch ist dieser Begriff weiter auszulegen und umfasst jede aktive Beteiligung am Prozess. Säumnis liegt demnach schon dann nicht vor, wenn die Partei Ausführungen zur Zulässigkeit der Klage gemacht oder einen Klageabweisungsantrag gestellt hat. Dagegen kann in dem bloßen Antrag auf Vertagung keine Prozessbeteiligung gesehen werden. Ist verhandelt worden und verlässt die Partei den Termin vorzeitig, so liegt keine Säumnis vor.[10]

Möglich ist ein nur **teilweises Verhandeln**, zB durch Stellung nur eines Teilantrags. Ist hiervon ein selbstständiger Teil des Rechtsstreits betroffen, kann bezüglich des Rests Versäumnisurteil ergehen, ansonsten ist im Wege der Auslegung zu ermitteln, ob insgesamt Säumnis vorliegt oder nicht (vgl. § 334 ZPO).[11]

Dem Nichterscheinen/Nichtverhandeln ist im schriftlichen Vorverfahren die **Nichtanzeige der Verteidigungsbereitschaft** gleichgestellt. Die damit verbundene Vermutung, dass die Sache unstreitig bleiben wird, ist auch durch eine verspätete Anzeige oder einen Prozesskostenhilfeantrag widerlegt, sodass nicht durch Versäumnisurteil entschieden werden kann.[12]

(4) Es darf **kein** gesetzliches **Erlasshindernis** nach §§ 337, 335 ZPO bestehen. 1277

Nach **§ 337 ZPO** darf ein Versäumnisurteil nicht ergehen, wenn die Einlassungs- oder Ladungsfrist zu kurz bemessen oder die Partei ohne ihr Verschulden am Erscheinen verhindert war. Letzteres ist zB der Fall, wenn dem Gericht eine Entschuldigung wegen Krankheit bereits vorliegt oder es aufgrund der Witterungsbedingungen (starker Schneefall) hiervon ausgehen kann.[13] Regelmäßig wird eine geringfügige Verspätung (bis zu 15 Minuten) als unverschuldet angesehen.

Das **Standesrecht der Rechtsanwälte** stellt kein Erlasshindernis mehr dar. § 13 BORA, der einen Antrag auf Erlass eines Versäumnisurteils gegen den anwaltlich vertretenen Gegner nur zuließ, wenn

8 BLAH/*Hartmann* ZPO Übers. § 330 Rn. 4.
9 Zu Sonderfällen Zöller/*Herget* ZPO vor § 330 Rn. 4.
10 BGH NJW 2004, 2484; BGHZ 63, 94 = NJW 1974, 2322 mAnm *Bassenge* JR 1975, 200; OLG Dresden NJW-RR 2001, 792; *Schneider*, Säumnis durch Nichtverhandeln, MDR 1992, 827.
11 BGH NJW 2002, 145 mAnm *Löhnig* JA 2002, 95.
12 OLG Frankfurt a.M. MDR 2000, 902; Prütting/Gehrlein/*Czub* ZPO § 331 Rn. 29.
13 BGH NJW 2006, 448; 1999, 724; OLG Celle NJW 2004, 2534; zum Anwaltswechsel BGH NJW-RR 2008, 876.

dies angekündigt war oder die Interessen seines Mandanten es erforderten, ist nach dem Urteil des BVerfG vom 14.12.1999 nichtig.[14]

1278 Kein Versäumnisurteil ergeht insbesondere[15]

- nach **§ 335 I Nr. 1 ZPO,** wenn ein vom Gericht geforderter Nachweis noch nicht erbracht ist, zB ein Parteivertreter seine Vollmacht (§§ 88 II, 80 I ZPO) noch nicht vorgelegt hat.[16]
- nach **§ 335 I Nr. 2 ZPO,** wenn die säumige Partei nicht ordnungsgemäß (dh nach §§ 214 ff., 191, 166 ff. ZPO) geladen war.[17]
- nach **§ 335 I Nr. 3 ZPO,** wenn der säumigen Partei Sachanträge oder Tatsachenvorträge der erschienenen Partei nicht rechtzeitig vor dem Termin mitgeteilt wurden.

Mitgeteilt werden müssen insbesondere Klageänderungen, Erledigungserklärungen, der Kostenantrag nach Klagerücknahme oder Vollstreckungsschutzanträge nach § 714 ZPO, nicht dagegen der Klageabweisungsantrag oder Beweisanträge. Tatsachenvortrag muss nur mitgeteilt werden, soweit er zur Schlüssigkeit der Klage erforderlich ist.[18]

Rechtzeitig mitgeteilt ist ein Vortrag in der Klageschrift nur, wenn die Einlassungsfrist (§ 274 III ZPO: 2 Wochen) gewahrt ist. Für Vortrag in anderen Schriftsätzen muss die Frist des § 132 ZPO (1 Woche) eingehalten sein.[19] Beide Fristen können nach § 226 ZPO abgekürzt werden.

- nach **§ 335 I Nr. 4 ZPO,** wenn im schriftlichen Vorverfahren eine ordentliche Belehrung nach § 276 I 1, II ZPO unterblieben ist.

1279 **(5)** Die Klage muss **zulässig** sein.

Das Versäumnisurteil als Sachurteil darf nur ergehen, wenn alle erforderlichen Sachurteilsvoraussetzungen vorliegen. Wegen dieser kann auf die zur normalen Klage entwickelte Checkliste (→ Rn. 418) verwiesen werden.

Fehlt eine **Zulässigkeitsvoraussetzung,** so ist zu unterscheiden:

- Ist der Mangel noch *behebbar* (zB, weil ein Formmangel noch geheilt, eine fehlende Vollmacht noch nachgereicht werden kann), so ergeht kein Versäumnisurteil. Der Kläger erhält vielmehr durch Anberaumung eines neuen Termins die Chance zur Mangelbehebung.
- Ist der Mangel *endgültig* (zB bei bereits existierender rechtskräftiger Entscheidung oder Fehlen der deutschen Gerichtsbarkeit), so steht die endgültige Unzulässigkeit der Klage fest. Es ergeht dann kein (klagestattgebendes) Versäumnisurteil, sondern die Klage ist (durch unechtes Versäumnisurteil; → Rn. 1282) abzuweisen.

1280 **(6)** Die Klage muss auch **schlüssig** sein.

---

14 BVerfGE 101, 312 = NJW 2000, 347; BGBl. I 2000, 54.
15 Zu dem aus § 335 ZPO herleitbaren allgemeinen Gedanken OLG Hamm NJW-RR 1991, 703.
16 LG Berlin ZMR 1987, 23.
17 BGH NJW 2011, 928; OLG Zweibrücken OLGR 2001, 389.
18 OLG Rostock OLGR 1997, 75; BLAH/*Hartmann* ZPO § 335 Rn. 5.
19 *Druckenbrodt*, Die Wochenfrist zum Termin des § 132 I 1 ZPO – Hat die Woche etwa acht Tage?, NJW 2013, 2390.

Folge der Säumnis des Beklagten ist, dass der Tatsachenvortrag des Klägers als zugestanden anzusehen ist (§ 331 ZPO). **Urteilsgrundlage** wird allein das Vorbringen des Klägers.[20] Dieses kann eine Verurteilung des Beklagten nur rechtfertigen, wenn es schlüssig ist.

Ergebnisse einer bereits durchgeführten Beweisaufnahme bleiben genauso unberücksichtigt wie durch den Beklagten vorgetragene erhebliche Angriffs- und Verteidigungsmittel, es sei denn, sie sind – als anspruchsfeindliche Tatsachen – auch vom Kläger vorgetragen.

Beispielsfall: Der Beklagte hat sich in der Klageerwiderung mit der (substanziierten) Einrede der Verjährung verteidigt. Der Kläger hat die Einrede in einem nachfolgenden Schriftsatz lediglich als »nicht stichhaltig« bezeichnet und die zugrunde liegenden Tatsachen nicht weiter bestritten, hierüber haben die Parteien im frühen ersten Termin mündlich verhandelt. Im nachfolgenden Haupttermin ist der Beklagte säumig, der Kläger beantragt Versäumnisurteil.
Die Klage ist durch unechtes Versäumnisurteil wegen Verjährung abzuweisen, weil sämtliche Voraussetzungen der Verjährungseinrede unstreitig und damit auch Teil des Klägervorbringens sind, sodass das Klagevorbringen unschlüssig ist.[21]

Entscheidungsgrundlage sind die vom Kläger vorgetragenen Tatsachen, **nicht** die von ihm geäußerten Rechtsansichten. Nicht von der Geständnisfiktion erfasst wird Vortrag des Klägers, der offenkundig (§ 291 ZPO, → Rn. 1320 ff.) unwahr ist oder im arglistigen Zusammenwirken mit dem Beklagten erfolgt, um einen Dritten zu schädigen.[22]

Bleibt der Schädiger auf einen vom Geschädigten vorgetragenen, nach Überzeugung des Gerichts falschen Geschehensablauf hin säumig, um seine Haftpflichtversicherung zur Leistung zu verpflichten, kann die Klage mittels unechtem Versäumnisurteil als unschlüssig abgewiesen werden.

Liegen die unter (1) – (6) genannten Voraussetzungen vor, so ergeht ein **echtes Versäumnisurteil.** 1281

Dabei handelt es sich um ein der formellen wie der materiellen Rechtskraft fähiges Sachurteil, das dem normalen streitigen Urteil gegenüber folgende **Besonderheiten** aufweist:

- Es muss als Versäumnisurteil überschrieben werden (§ 313b I 2 ZPO).
- Es ergeht ohne Tatbestand und Entscheidungsgründe (§ 313b I 1 ZPO).
- Es ist immer ohne Sicherheitsleistung für vorläufig vollstreckbar zu erklären (§ 708 Nr. 2 ZPO).
- Es wird nicht mit der Berufung, sondern mit dem Einspruch angefochten (§ 338 ZPO).
- Über diese Möglichkeit der Anfechtung muss der Kläger (auch vom Landgericht) belehrt werden (§ 232 ZPO; zum Inhalt der Belehrung → Rn. 734; zu den Folgen einer Verletzung der Belehrungspflicht → Rn. 250).

Ist die Klage dagegen nicht zulässig oder das klägerische Vorbringen nicht schlüssig, so kann der Beklagte nicht verurteilt werden, die Klage ist vielmehr als unzulässig bzw. unbegründet abzuweisen. In diesen Fällen spricht man von einem sog. **unechten Versäumnisurteil.** Dieses ergeht zwar bei objektiver Säumnis des Beklagten, beruht inhaltlich aber nicht hierauf, sondern auf der Unzulässigkeit bzw. der Unschlüssigkeit, ist somit ein *normales streitiges Urteil.*[23] 1282

Die **Besonderheiten** des Versäumnisurteils gelten hier also **nicht**: Es ist keine besondere Bezeichnung erforderlich, Tatbestand und Entscheidungsgründe müssen enthalten sein, die vorläufige Vollstreckbarkeit richtet sich nicht nach § 708 Nr. 2 ZPO und statthaft ist allein die Berufung. Für den Sachver-

20 OLG Brandenburg NJW-RR 1995, 1471.
21 Fall nach OLG Düsseldorf NJW 1991, 2089; anders, wenn der Kläger schriftsätzlich angekündigte anspruchsvernichtende Tatsachen nicht mündlich vorträgt: BGH NJW 1999, 2120; zum unechten Versäumnisurteil → Rn. 1282.
22 BGH NJW 1979, 2089; OLG Schleswig NJW-RR 2000, 356; OLG Düsseldorf NJW-RR 1998, 606.
23 OLG Dresden NJW-RR 2000, 1337.

halt ist zu beachten, dass auch hier das Vorbringen des Klägers durch den säumigen Beklagten als zugestanden gilt (§ 331 I 1 ZPO).

Möglich ist auch eine **Kombination** beider Urteilsformen: Ist das Klägervorbringen nur teilweise schlüssig, so ergeht teilweise echtes, teilweise unechtes Versäumnisurteil, wobei die obigen Grundsätze jeweils für den entsprechenden Urteilsteil gelten.[24]

1283 Darf mangels Vorliegen einer anderen Voraussetzung **kein Versäumnisurteil** ergehen, so kann je nach Einzelfall ein Hinweis des Gerichts, eine Behebung des Erlasshindernisses, die Bestimmung eines neuen Termins, die Anordnung des Ruhens des Verfahrens oder eine Entscheidung nach Lage der Akten erforderlich werden.

Gegen die Ablehnung eines Antrags auf Erlass eines Versäumnisurteils ist die sofortige Beschwerde statthaft (§ 336 ZPO).

b) Versäumnisurteil gegen den Kläger

1284 Für den Fall einer Säumnis des Klägers (§ 330 ZPO) gelten grundsätzlich die gleichen **Voraussetzungen** wie für die Säumnis des Beklagten. Abweichungen ergeben sich lediglich bei folgenden Punkten:

(4) Erlasshindernisse können sich aus § 335 Nr. 3, 4 ZPO nicht ergeben, da diese Normen nur den Beklagten schützen.

(6) Schlüssigkeit der Klage ist nicht erforderlich. Grundlage für das Versäumnisurteil gegen den Kläger ist nicht der Sachvortrag (einer) der Parteien, sondern allein das Faktum der Säumnis (§ 330 ZPO).

Der säumige Kläger wird mit seiner Klage abgewiesen, weil er zu seiner Rechtsverfolgung nicht erscheint. Unerheblich ist, ob sein Vorbringen bislang schlüssig oder die Verteidigung des Beklagten erheblich war.

Weil auch die auf das Nichterscheinen des Klägers gestützte Klageabweisung Sachurteil ist, kann sie nur erfolgen, wenn die Klage **zulässig** war. Fehlt es hieran, wird die Klage zwar auch (mit Prozessurteil) abgewiesen, aber in Form eines **unechten Versäumnisurteils.**[25]

3. Einspruch

1285 Gegen ein Versäumnisurteil ist kein echtes Rechtsmittel, sondern lediglich der **Rechtsbehelf** (zu den Unterschieden → Rn. 1498 f.) des Einspruchs nach § 338 ZPO statthaft.

Dem Einspruch kommt **kein Devolutiveffekt** zu, dh, der Rechtsstreit bleibt in der gleichen Instanz anhängig und wird lediglich in die Lage vor der Säumnis zurückversetzt (§ 342 ZPO). Wie ein echtes Rechtsmittel hat auch der Einspruch dagegen einen **Suspensiveffekt**, der Eintritt der Rechtskraft des Versäumnisurteils wird gehemmt (§ 705 S. 2 ZPO).

Durch den Einspruch wird das Versäumnisurteil nicht beseitigt. Es muss in der auf den Einspruch hin ergehenden Entscheidung aufgehoben oder bestätigt werden (§ 343 ZPO).[26]

24 OLG Frankfurt a.M. NJW-RR 1997, 120.
25 BGH NJW 1967, 2162; BGHZ 35, 338 = NJW 1961, 1969.
26 BGH NJW 2006, 2124; *Huber*, Grundwissen – Einspruch des Beklagten gegen Versäumnisurteil und »technisch zweites« Versäumnisurteil, JuS 2015, 985; *Metzing*, Der Einspruch gegen das Versäumnisurteil, JuS 2016, 678.

Bis dahin ist es vorläufig vollstreckbar (§ 708 Nr. 2 ZPO), jedoch ist eine einstweilige Einstellung der Zwangsvollstreckung möglich (§§ 707, 719 ZPO).

Wie bei allen Rechtsbehelfen der ZPO erfolgt die Prüfung nach dem Schema (→ Rn. 249; → Rn. 1487 ff.): **1286**

I. Zulässigkeit des Rechtsbehelfs *(dazu unten a.)*
II. Begründetheit des Rechtsbehelfs *(dazu unten b.)*
   1. Zulässigkeit der Klage
   2. Begründetheit der Klage

a) Zulässigkeit des Einspruchs

(1) Statthaftigkeit. Statthaft ist der Einspruch gemäß §§ 338, 345 ZPO gegen ein erstes, echtes Versäumnisurteil.

Gegen ein zweites Versäumnisurteil ist nur die eingeschränkte Berufung/Revision nach §§ 514 II, 565 ZPO statthaft. Gegen ein unechtes Versäumnisurteil sind Berufung und Revision in ihrer normalen Form gegeben (§§ 511, 542 ZPO; → Rn. 1514).

(2) Form. Der Einspruch muss nach § 340 I ZPO schriftlich eingelegt werden. Insoweit gelten die allgemeinen Vorgaben für Schriftsätze im Allgemeinen.

Da es sich hierbei dann um einen bestimmenden Schriftsatz handelt, muss er nach §§ 129, 130 Nr. 6 ZPO unterschrieben sein. Den Mindestinhalt der Einspruchsschrift beinhaltet § 340 II ZPO.

Der Einspruch muss nicht begründet werden. § 340 III ZPO enthält keine Zulässigkeitsvoraussetzungen des Einspruchs, sondern regelt lediglich die Folgen verspäteten Vorbringens (→ Rn. 1288),[27] sodass eine Begründung nur berücksichtigt wird, wenn sie in der Einspruchsschrift enthalten ist. Hat die Partei bewusst ein Versäumnisurteil gegen sich ergehen lassen, um einer drohenden Zurückweisung ihres Vorbringens zu entgehen (»Flucht in die Säumnis«), muss dieses in der Einspruchsschrift nachgeholt werden.[28]

(3) Frist. Nach § 339 I ZPO muss der Einspruch binnen zwei Wochen ab Zustellung des Versäumnisurteils eingelegt werden.

Unwirksame Zustellungen setzen die Einspruchsfrist nicht in Gang, können aber nach § 189 ZPO geheilt werden.[29]

Bei den im schriftlichen Vorverfahren ergangenen Versäumnisurteilen beginnt die Frist mit der letzten der die Verkündung nach § 310 III ZPO ersetzenden Zustellungen, weil eine Zustellung vor Verkündung nicht möglich ist (§ 317 II 1 ZPO).[30]

Beispiel: Ist das Versäumnisurteil im schriftlichen Vorverfahren dem Kläger am 3.3., dem Beklagten am 1.3. zugestellt worden, so beginnt die Einspruchsfrist für den Beklagten erst am 4.3.

Da es sich bei der Einspruchsfrist um eine **Notfrist** handelt, ist eine Verlängerung bzw. Abkürzung dieser Frist nicht möglich, bei Versäumung kann eine Wiedereinsetzung gewährt werden. Hierbei gilt die Fristversäumung als unverschuldet, wenn bei Zustellung des Versäumnisurteils eine Rechtsbehelfsbelehrung nach § 232 ZPO nicht erfolgt ist (§ 233 S. 2 ZPO). Dass die mangelnde Belehrung kausal für die Fristversäumung war, muss die Partei dagegen vortragen, was bei anwaltlicher Vertretung regelmäßig ausscheidet (→ Rn. 251).[31]

---

27 BGH NJW 1979, 1988; OLG Nürnberg NJW 1978, 2250; OLG München NJW 1977, 1972.
28 BGH NJW 2002, 290.
29 BGH NJW 2003, 1192; 1984, 57.
30 BGH NJW 1994, 3359.
31 BGH NJW-RR 2008, 1084; BGHZ 150, 390 = NJW 2002, 2171.

(4) Beschwer. Beschwert durch das Versäumnisurteil ist nur die Partei, gegen die es ergangen ist (§ 338 ZPO).[32]

(5) Zuständigkeit. Eingelegt und verhandelt wird der Einspruch vor dem Gericht, das das Versäumnisurteil erlassen hat (§ 340 I ZPO), eine Überwälzung in die nächsthöhere Instanz findet nicht statt.

(6) Allgemeine Prozesshandlungsvoraussetzungen. Wie bei allen Prozesshandlungen müssen auch bei Einlegung eines Einspruchs die allgemeinen Prozesshandlungsvoraussetzungen (Parteifähigkeit, Prozessfähigkeit, Postulationsfähigkeit, ordnungsgemäße Vertretung) vorliegen.

(7) **Ergebnis** der Prüfung ist die Zulässigkeit bzw. Unzulässigkeit des Einspruchs.

Ist der Einspruch *unzulässig*, ergeht – unabhängig davon, ob mündlich verhandelt wurde oder nicht – ein Urteil (§ 341 II ZPO).[33] Die **Hauptsacheentscheidung** lautet auf Verwerfung des Einspruchs. Da mit dem Versäumnisurteil auch dessen **Kostenentscheidung** fortbesteht, ist nur noch über die »weiteren Kosten«, dh über diejenigen zu entscheiden, die nach dem Versäumnisurteil angefallen sind. Diese treffen den Einspruchsführer, wobei nur für die Begründung, nicht für das Ergebnis streitig ist, ob dies aus § 91 ZPO oder aus § 97 I ZPO analog folgt. **Vorläufig vollstreckbar** ist das Urteil ohne Sicherheitsleistung (§ 708 Nr. 3 ZPO).

Ist der Einspruch *zulässig*, wird das Verfahren mit einer Prüfung der Hauptsache fortgesetzt.

Dazu ist ein **Termin** zur mündlichen Verhandlung über den Einspruch und die Hauptsache zu bestimmen (§ 341a ZPO).[34] Erweist sich der Einspruch erst jetzt als unzulässig, wird er durch Urteil verworfen (wie vorstehend), erweist er sich als zulässig, wird das Verfahren in die Lage zurückversetzt, in der es sich vor Eintritt der Versäumnis befand (→ Rn. 1291).

b) Säumnis im Einspruchstermin

1287 Eine Säumnis des Einspruchsführers im Einspruchstermin kann **partiell** sein und darin bestehen, dass der Einspruch nicht rechtzeitig begründet wird, sie kann aber auch wieder **vollständig** sein, wovon auszugehen ist, wenn die Partei nicht erscheint bzw. nicht verhandelt.

1288 (1) Die Folgen einer **verspäteten Einspruchsbegründung** regelt § 340 III 3 ZPO: Sie wird als verspätet vorgebrachtes Angriffs- bzw. Verteidigungsmittel nach § 296 I und III ZPO behandelt.

Ob eine **Verspätung** vorliegt, regelt § 340 III 1, 2 ZPO. Nach dieser Vorschrift hat der Einspruchsführer alle Angriffs- und Verteidigungsmittel grundsätzlich schon in der Einspruchsschrift vorzubringen, oder er muss sich die Frist hierzu ausdrücklich verlängern lassen. Ein **Verschulden** an der Verspätung wird grundsätzlich vermutet, kann aber durch Vortrag ausreichender Entschuldigungsgründe widerlegt werden. Eine **Verzögerung** liegt vor, wenn der nachträgliche Vortrag streitig wird und er eine Beweisaufnahme erforderlich macht, die im Einspruchstermin nicht mehr durchgeführt werden kann.[35]

---

32 Allerdings muss mit dem Einspruch nicht diese Beschwer angegriffen werden: OLG Köln NJW-RR 1993, 1408.

33 BGH NJW-RR 2007, 1363.

34 BGH NJW 2011, 928; NJW-RR 2008, 876.

35 BGHZ 76, 173 = NJW 1980, 1105.

(2) Das **Nichterscheinen im Einspruchstermin** begründet eine erneute, zweite Säumnis und führt nach § 345 ZPO zu einer besonderen Form des Versäumnisurteils, dem sog. **Zweiten Versäumnisurteil.**[36] 1289

Voraussetzungen eines zweiten Versäumnisurteils sind

- ein entsprechender *Antrag* des Gegners,
- die *Zulässigkeit* des Einspruchs,

  Ist der Einspruch schon unzulässig, ist er (in Form eines »unechten zweiten Versäumnisurteils«) zu verwerfen.[37]

- eine *Säumnis* des *Einspruchsführers*,

  Ist der Gegner des Einspruchsführers säumig, so ergeht gegen diesen erstes Versäumnisurteil.

- eine Säumnis im *Einspruchstermin*.

  Liegt Säumnis in einem späteren Termin vor, so ergeht erneutes erstes Versäumnisurteil gegen die säumige Partei, mit der das erste Versäumnisurteil aufrechterhalten wird. Abzugrenzen ist das technisch zweite Versäumnisurteil, dh das auf die Säumnis des Einspruchsführers im Einspruchstermin (= zweite Säumnis in Folge) ergehende Versäumnisurteil, von einem bloß **weiteren Versäumnisurteil**, das gegen eine Partei ergeht, gegen die zwar früher schon einmal (oder mehrmals) ein erstes Versäumnisurteil ergangen ist, die aber in dem darauf folgenden Einspruchstermin nicht säumig war. In einem Prozess können gegen jede Partei beliebig viele erste Versäumnisurteile ergehen, wenn sie jeweils wirksam mit einem Einspruch angefochten werden.[38]

Nicht zu prüfen ist dagegen die *Gesetzmäßigkeit* des ersten *Versäumnisurteils*.

Nach hM geht § 345 ZPO dem § 342 ZPO vor, sodass zweites Versäumnisurteil auch dann ergeht, wenn die Klage bei Erlass des ersten Versäumnisurteils unzulässig oder unschlüssig war.[39] Etwas anderes gilt, wenn der zweiten Säumnis kein erstes Versäumnisurteil, sondern ein Vollstreckungsbescheid vorausgegangen ist. Da hier eine richterliche Prüfung noch nicht stattgefunden hat, sind Zulässigkeit und Schlüssigkeit vor Erlass des zweiten Versäumnisurteils zu prüfen (§ 700 VI ZPO; → Rn. 765).[40]

Inhaltlich gelten für das zweite Versäumnisurteil folgende **Besonderheiten**: 1290

- Es ist als solches zu bezeichnen (§ 313b I 2 ZPO).
- Im *Tenor* lautet die Hauptsacheentscheidung auf Verwerfung des Einspruchs (§ 345 ZPO). Die weiteren Kosten des Rechtsstreits hat der Einspruchsführer zu tragen (§ 97 I ZPO analog). Für die vorläufige Vollstreckbarkeit gilt erneut § 708 Nr. 2 ZPO.

---

36 BGH GRUR-RR 2001, 48; NJW 1998, 3125; *Boemke*, Das einspruchsverwerfende Versäumnisurteil, ZZP 106 (1993), 371; *Stadler/Jarsumbek*, Das Versäumnisverfahren gem. §§ 300 ff. ZPO, insbesondere das zweite Versäumnisurteil, JuS 2006, 34; 134.

37 BGH NJW 1995, 1561; *Hövel*, Säumnis nach verfristetem Einspruch, NJW 1997, 2864.

38 OLG Schleswig SchlHA 1987, 172; BGH VersR 1984, 288.

39 BGH NJW 1999, 2599; BGHZ 97, 344; BLAH/*Hartmann* ZPO § 345 Rn. 3; *Rosenberg/Schwab/Gottwald* ZivilProzR § 108 V 4 a.; aA BAG NJW 1974, 1103; LAG Frankfurt a.M. NZA 1993, 816; OLG Stuttgart MDR 1976, 51; Thomas/Putzo/*Reichold* ZPO § 345 Rn. 4; Zöller/*Herget* ZPO § 345 Rn. 4.

40 *Huber*, Einspruch des Beklagten gegen Versäumnisurteil und »technisch zweites« Versäumnisurteil, JuS 2015, 985; *Klose*, Der Prüfungsumfang bei einer Berufung gegen ein zweites Versäumnisurteil nach einem Vollstreckungsbescheid und einem ersten Versäumnisurteil, NJ 2014, 359; *Siemon*, Doppelsäumnis nach Einspruch gegen Vollstreckungsbescheid, JuS 2008, 605.

- In *Tatbestand* und *Entscheidungsgründen* sind die oben (→ Rn. 1296) dargelegten Voraussetzungen darzulegen.
- Rechtsbehelf dagegen ist nicht der Einspruch, sondern die (nach Maßgabe des § 514 II ZPO beschränkte) Berufung.[41]

4. Sachentscheidung nach Einspruch

1291 Die Zulässigkeit des Einspruchs ist **Prozessfortsetzungsvoraussetzung**, dh, ist der Einspruch zulässig, so wird der Prozess in die Lage vor der Säumnis zurückversetzt und normal fortgeführt (§ 342 ZPO). Zu prüfen sind dann also Zulässigkeit und Begründetheit der Klage. Besonderheiten ergeben sich dabei nicht für das Verfahren, wohl aber für die an dessen Ende stehende Entscheidung:

1292 In den **Entscheidungsgründen** ist die Berechtigung zur Fortsetzung des Verfahrens, dh die Zulässigkeit des Einspruchs, immer vorab festzustellen (»Prozessfortsetzungsvoraussetzung«; → Rn. 417). Die sich daran anschließende Sachprüfung (Zulässigkeit und Begründetheit der Klage) weist dagegen Besonderheiten nicht auf.

1293 Im **Tatbestand** gehören das Versäumnisurteil und der hiergegen eingelegte Einspruch als Prozessgeschichte vor die Anträge, in der Regel also ans Ende des unstreitigen Partei- oder des streitigen Klägervorbringens.[42]

> **Formulierungsbeispiel:** Der Kläger hat ursprünglich beantragt, den Beklagten zur Zahlung von 17.000,– EUR zu verurteilen. Im Termin vom … ist insoweit antragsgemäß Versäumnisurteil gegen den Beklagten ergangen. Dieses wurde ihm am … zugestellt. Sein hiergegen gerichteter Einspruch ist am … bei Gericht eingegangen.

Besonderheiten ergeben sich insbesondere auch für den **Tenor**:

1294 (1) Die **Hauptsacheentscheidung** muss der Tatsache Rechnung tragen, dass es bereits einen (vorläufigen) Titel gibt, über dessen Fortbestand entschieden werden muss (§ 343 ZPO).[43]

Ist die Klage unzulässig oder unbegründet, muss sie abgewiesen werden, ist sie zulässig und begründet, ist ihr stattzugeben. Dieses Sachergebnis wird mit dem Tenor des Versäumnisurteils verglichen: Stimmt es damit überein, wird das Versäumnisurteil aufrechterhalten, ansonsten ist es aufzuheben und durch die neue Sachentscheidung zu ersetzen.

1295 (2) Wird das Versäumnisurteil aufrechterhalten, bleibt auch dessen **Kostenentscheidung** bestehen, entschieden werden muss nur noch über die »weiteren«, dh nach Erlass des Versäumnisurteils angefallenen Kosten. Wird das Versäumnisurteil aufgehoben, fällt dessen Kostenentscheidung weg, dann muss über alle Kosten des Rechts-

41 BGH NJW 2009, 687; 1999, 2599 und 2120; OLG Frankfurt a.M. NJW-RR 2011, 216; *Braun*, Berufung gegen das zweite Versäumnisurteil bei unschlüssiger Klage, JZ 1999, 1157; *Elser*, Die Rechtsprechung zur Berufung gegen das technisch zweite Versäumnisurteil, JuS 1994, 965; *Huber*, Einspruch des Beklagten gegen Versäumnisurteil und »technisch zweites« Versäumnisurteil, JuS 2015, 985; *Klose*, Der Prüfungsumfang bei einer Berufung gegen ein zweites Versäumnisurteil nach einem Vollstreckungsbescheid und einem ersten Versäumnisurteil, NJ 2014, 359; *Timme/Hülk*, Zweites Versäumnisurteil und Berufungsmöglichkeit gem. § 513 Abs. 2 ZPO, JABl. 2000, 788.

42 *Schellhammer* Arbeitsmethode Rn. 437; *Siegburg* Urteilstechnik Rn. 161.

43 BAG NJW 1971, 957; OLG Köln NJW 1976, 113; *Kaiser*, Typische Fehler in zivilprozessualen Anträgen, NJW 2017, 1223.

streits entschieden werden. Hier ist zu beachten, dass die säumige Partei die durch die Säumnis verursachten Kosten unabhängig vom Ausgang der Hauptsache selbst zu tragen hat (§ 344 ZPO).[44]

Unterliegt die säumige Partei in der Hauptsache, trägt sie nach § 91 ZPO ohnehin alle Kosten des Rechtsstreits. Eines Ausspruchs nach § 344 ZPO bedarf es dann nicht. Obsiegt die säumige Partei, so ist im Wege einer Ausnahme vom Grundsatz der einheitlichen Kostenentscheidung (→ Rn. 518 ff.) über die Kosten der Säumnis gesondert zu entscheiden.

Kommt es auf den **Kostenstreitwert** an, so ist zu beachten, dass sich die Terminsgebühr des *Rechtsanwalts* gemäß Nr. 3105 VV auf 0,5 ermäßigt. War vorher schon streitig verhandelt worden oder wird danach (über den Einspruch) streitig verhandelt, wird diese ermäßigte Gebühr mit der normalen 1,2-fachen Terminsgebühr verrechnet, dh, der Anwalt bekommt für den Säumnistermin nichts extra.

(3) Da die Entscheidung jetzt in Form eines normalen kontradiktorischen Urteils ergeht, gelten für die Entscheidung zur **vorläufigen Vollstreckbarkeit** die normalen Grundsätze aus §§ 708, 709 ZPO. Erfolgt die Entscheidung zur vorläufigen Vollstreckbarkeit aus § 709 ZPO (= gegen Sicherheitsleistung), so muss klargestellt werden, dass die grundsätzlich aufrechterhaltene Vollstreckbarkeitsentscheidung des Versäumnisurteils (= ohne Sicherheitsleistung) insoweit modifiziert wird, dh dass auch daraus zukünftig nur gegen Sicherheitsleistung vollstreckt werden darf (**§ 709 S. 3 ZPO**).[45] **1296**

(4) Für die **Formulierung des Tenors** gibt es damit folgende Möglichkeiten: **1297**

44 Zum Streit über die Pflicht zur Tragung der Säumniskosten nach Klagerücknahme → Rn. 1418.

45 *Häublein*, Vorläufige Vollstreckbarkeit bei Aufrechterhaltung von Versäumnisurteilen, JA 1999, 53.

Tenor eines streitigen Urteils nach vorangegangenem Versäumnisurteil

Sachentscheidung	**Das Versäumnisurteil lautete auf** **Klageabweisung** (= VU gegen den säumigen Kläger)	**Klagestattgabe** (= VU gegen den säumigen Beklagten)
Klage ist unzulässig oder unbegründet	Das VU des ... vom ... wird aufrechterhalten. Auch die weiteren Kosten des Rechtsstreits hat der Kläger zu tragen *[§ 91 ZPO]* *[Normale Entscheidung zur vorläufigen Vollstreckbarkeit nach §§ 708 ff., evtl. auch § 709 S. 3 ZPO].*	Das VU des ... vom ... wird aufgehoben. Die Klage wird abgewiesen. Die Kosten des Rechtsstreits hat der Kläger zu tragen *[§ 91 ZPO]*. Hiervon ausgenommen sind die Kosten, die durch die Säumnis des Beklagten im Termin vom ... entstanden sind; diese hat der Beklagte alleine zu tragen *[§ 344 ZPO]*. *[Normale Entscheidung zur vorläufigen Vollstreckbarkeit nach §§ 708 ff. ZPO].*
Klage ist teilweise begründet	Das VU des ... vom ... wird unter Aufhebung im Übrigen abgeändert und wie folgt neu gefasst: Der Beklagte wird verurteilt, ... Im Übrigen wird die Klage abgewiesen. Von den Kosten des Rechtsstreits haben der Kläger ..., der Beklagte ... zu tragen *[§ 92 ZPO]*. Hiervon ausgenommen sind die Kosten, die durch die Säumnis des Klägers im Termin vom ... entstanden sind; diese hat der Kläger alleine zu tragen *[§ 344 ZPO]*. *[Normale Entscheidung zur vorläufigen Vollstreckbarkeit nach §§ 708 ff., evtl. auch § 709 S. 3 ZPO].*	Das VU des ... vom ... wird unter Aufhebung im Übrigen in Höhe von ... EUR aufrechterhalten. Im Übrigen wird die Klage abgewiesen. Von den Kosten des Rechtsstreits haben der Kläger ..., der Beklagte ... zu tragen *[§ 92 ZPO]*. Hiervon ausgenommen sind die Kosten, die durch die Säumnis des Beklagten im Termin vom ... entstanden sind; diese hat der Beklagte alleine zu tragen *[§ 344 ZPO]*. *[Normale Entscheidung zur vorläufigen Vollstreckbarkeit nach §§ 708 ff., evtl. auch § 709 S. 3 ZPO].*
Klage ist vollständig begründet	Das VU des ... vom ... wird aufgehoben. Der Beklagte wird verurteilt, ... Die Kosten des Rechtsstreits hat der Beklagte zu tragen *[§ 91 ZPO]*. Hiervon ausgenommen sind die Kosten, die durch die Säumnis des Klägers im Termin vom ... entstanden sind; diese hat der Kläger alleine zu tragen *[§ 344 ZPO]*. *[Normale Entscheidung zur vorläufigen Vollstreckbarkeit nach §§ 708 ff. ZPO].*	Das VU des ... vom ... wird aufrechterhalten. Auch die weiteren Kosten des Rechtsstreits hat der Beklagte zu tragen *[§ 91 ZPO]*. *[Normale Entscheidung zur vorläufigen Vollstreckbarkeit nach §§ 708 ff., evtl. auch § 709 S. 3 ZPO].*

Schema 26.3: Tenor eines streitigen Urteils nach vorangegangenem Versäumnisurteil

5. Säumnis beider Parteien

Sind in einem Termin beide Parteien säumig, so kann das Gericht[46] 1298

- das **Ruhen des Verfahrens** anordnen (§§ 251a III, 251 ZPO).
- sich **vertagen**, dh einen neuen Termin zur mündlichen Verhandlung bestimmen (§§ 251a III, 227 ZPO).
- eine **Entscheidung nach Lage der Akten** treffen (§ 251a I und II ZPO). Diese Möglichkeit des Gerichts, ohne mündliche Verhandlung allein aufgrund des bisherigen Akteninhalts zu entscheiden, stellt eine irreguläre Form des allgemeinen Verfahrens dar (oben Schema 6.9)

Beim **Urteil nach Lage der Akten** handelt es sich nicht um ein Versäumnis-, sondern 1299
um ein normales *kontradiktorisches* Urteil, dh, Urteilsgrundlage ist das beiderseitige streitige Parteivorbringen (→ Rn. 480).

Verwertet werden darf grundsätzlich der gesamte Akteninhalt, soweit beiden Parteien hierzu rechtliches Gehör gewährt wurde, dh Anträge oder Angriffs- und Verteidigungsmittel, wenn sie dem Gegner mitgeteilt wurden, Beweisergebnisse, wenn beide Parteien hiervon Kenntnis nehmen konnten. Berücksichtigt werden darf auch mündlicher Vortrag der Parteien in einer Verhandlung, soweit er allen Richtern noch in Erinnerung ist.[47]

Zulässig ist eine solche Form des Urteils entweder aufgrund des Antrags einer Partei, wenn die andere Partei säumig ist (§ 331a ZPO), oder von Amts wegen, wenn beide Parteien säumig sind (§ 251a ZPO). Voraussetzung ist immer, dass schon einmal streitig, dh in Anwesenheit beider Parteien, *verhandelt* wurde. Das Gericht darf auch nicht sofort entscheiden, sondern muss einen Verkündungstermin bestimmen, damit die Parteien noch Gelegenheit haben, eine erneute streitige Verhandlung zu beantragen (§ 251a II 4 ZPO). So kann eine schuldlos säumige Partei das Vorbringen, das ihr in der versäumten mündlichen Verhandlung nicht möglich war, nachholen. Die sofortige bzw. vor Ablauf der zweiwöchigen Mindestfrist des § 251a II 2 ZPO erfolgende Verkündung eines Urteils ist damit eine Verletzung **rechtlichen Gehörs**.

Das Urteil nach Lage der Akten enthält dem allgemeinen Endurteil gegenüber keine *formellen Besonderheiten*.

Die bei Säumnis beider Parteien zu verkündende Entscheidung kann auch in einem 1300
Beschluss nach Lage der Akten, zB einem Hinweis-, Auflagen- oder Beweisbeschluss, bestehen. Hierauf ist dann § 251a II ZPO nicht anwendbar.

6. Urteile im Säumnisverfahren

Zusammenfassend lassen sich die einzelnen im Säumnisverfahren möglichen Urteilsarten wie folgt darstellen:

46 Die Entscheidung steht im Ermessen des Gerichts, doch darf dieses hier nicht sanktionieren, sondern muss die Interessen der Prozessbeteiligten abwägen: KG FamRZ 1981, 583.

47 BGH NJW 2002, 301; BLAH/*Hartmann* ZPO § 251a Rn. 13.

Urteile im Versäumnisverfahren

	Unechtes Versäumnisurteil § 300	Erstes Versäumnisurteil § 330 / § 331	Zweites Versäumnisurteil § 345	Verwerfungsurteil § 341	Endurteil § 343	Urteil nach Lage der Akten § 251a
Überschrift	Nicht erforderlich § 313	Erforderlich § 313b I 2		Nicht erforderlich § 313		
Entscheidungsgrundlage	Unschlüssigkeit Klägervortrag	Säumnis Partei	Wiederholte Säumnis Partei	Unzulässigkeit Einspruch	Sacherfolg	
Hauptsacheentscheidung	Klageabweisung	Klageabweisung Klagestattgabe	Verwerfung Einspruch		Aufrechterhaltung VU Aufhebung VU + Sachentscheidung	Klageabweisung Klagestattgabe
Kostenentscheidung	Kläger § 91	Säumige Partei § 91	Säumige Partei § 97	Säumige Partei § 91	Unterliegende Partei: § 91 Ausnahme: § 344	Unterliegende Partei: § 91
Vorläufige Vollstreckbarkeit	§§ 708, 709	§ 708 Nr. 2		§ 708 Nr. 3	§§ 708, 709 Ausnahme: § 709 S. 3	§§ 708, 709
Tatbestand und Entscheidungsgründe	Erforderlich § 313 II, III	Nicht erforderlich § 313b I 2		Erforderlich § 313 II, III		
Anfechtung	Berufung § 511	Einspruch § 338	Berufung § 514 II	Berufung § 511		

26.4 Urteilsarten im Säumnisverfahren

7. Abschnitt. Beweis

In Abweichung von der im Grundlagenteil dargestellten regulären Beweisaufnahme kann diese in einem besonderen Verfahren erfolgen (→ Rn. 1301 ff.) oder die Beweisführung für eine Partei durch Ausnahmen von den allgemeinen Grundsätzen erleichtert sein (→ Rn. 1319 ff.).

§ 27 Besondere Beweisverfahren

1. Selbstständiges Beweisverfahren

Das selbstständige Beweisverfahren erlaubt die vorsorgliche **Vorwegnahme** einer **Beweisaufnahme** außerhalb eines Klageverfahrens.[1] 1301

Das gilt sowohl, wenn das Klageverfahren bereits anhängig ist als auch, wenn dies noch nicht der Fall ist. In beiden Fällen kann ein Interesse daran bestehen, mit der Durchführung der Beweisaufnahme nicht abzuwarten, bis diese durch das Prozessgericht angeordnet wird.

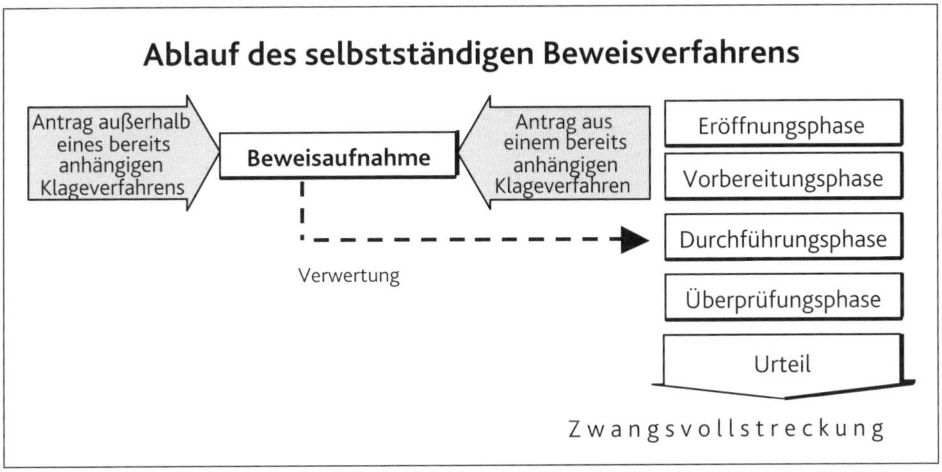

Schema 27.1: Selbstständiges Beweisverfahren

a) Antrag

Ein selbstständiges Beweissicherungsverfahren erfolgt nur auf besonderen Antrag einer der Parteien hin. Für diesen besteht kein Anwaltszwang (§§ 486 IV, 78 III ZPO), der Mindestinhalt des Antrags ist in **§§ 487, 485 ZPO** geregelt: 1302

Bezeichnet werden müssen die **Parteien**, insbesondere der Gegner, die **Tatsachen**, über die Beweis erhoben werden soll, und die zu erhebenden **Beweise**. 1303

1 *Bockey*, Das selbständige Beweisverfahren im Arzthaftungsrecht, NJW 2003, 3453; *Fellner*, Selbständiges Beweisverfahren (§ 485 Abs. 2 ZPO) – Mittel der Streitschlichtung und Schaffung eines Hemmungstatbestands, MDR 2014, 66; *Litzenberger/Strieder*, Das selbstständige Beweisverfahren in der Praxis, JA 2017, 374.

Ersteres folgt daraus, dass der Antrag außerhalb eines anhängigen Prozesses die Klageschrift ersetzen muss, letzteres daraus, dass er ein normaler Beweisantrag ist. Anders als bei einem solchen normalen Beweisantrag im Erkenntnisverfahren wird im selbstständigen Beweisverfahren die **Beweiserheblichkeit** der behaupteten Tatsache nicht geprüft. Ob es auf die Tatsache ankommt oder nicht, kann erst im Hauptprozess untersucht werden, weil erst dort der Streitgegenstand bestimmt wird. Auch das selbstständige Beweisverfahren muss auf konkrete Tatsachenbehauptungen gestützt werden und darf nicht zum Ausforschungsbeweis werden (→ Rn. 288).[2]

1304 **Beweisthemen** können außerhalb eines Rechtsstreits der Zustand einer Person, der Zustand oder Wert einer Sache, die Ursache eines Schadens oder Mangels sein. Während eines Streitverfahrens sind die Beweisthemen nicht beschränkt.

Zulässige **Beweismittel** sind die Einnahme eines Augenscheins, die Vernehmung von Zeugen oder die Einholung eines Sachverständigengutachtens.

Parteivernehmung und **Urkundenbeweis** können damit nicht selbstständig durchgeführt werden.[3]

Zu **benennen** sind vom Antragsteller nur die zu vernehmenden Zeugen. Der früher bestehende Streit, ob der Sachverständige vom Antragsteller zu benennen sei, ist durch die Neufassung des § 487 ZPO entfallen. Aus dem Wortlaut folgt nun eindeutig, dass der Sachverständige im selbstständigen Beweisverfahren wie im normalen Verfahren auch (§ 404 ZPO) vom Gericht ausgesucht wird.[4]

Will eine der Parteien den vom Gericht bestimmten Sachverständigen wegen **Befangenheit** ablehnen, so ist streitig, ob sie dies schon im selbstständigen Beweisverfahren tun kann und muss oder erst im Hauptverfahren.[5]

1305 Angegeben werden müssen darüber hinaus Tatsachen, aus denen sich die **Zulässigkeit** des selbstständigen Beweisverfahrens ergibt. Wie jedes besondere Verfahren bedarf auch dieses eines besonderen Rechtsschutzbedürfnisses.[6] Dabei ist zu unterscheiden:

1306
- *Während* eines bereits anhängigen Hauptverfahrens ist das selbstständige Beweisverfahren zulässig nur mit Zustimmung des Gegners oder wenn die Erschwerung bzw. der Verlust des Beweismittels droht (§ 485 I ZPO).

  Die Zustimmung des Gegners ist **praktisch** recht häufig, weil oft beide Parteien an der Klärung interessiert sind und dann eine außergerichtliche Regelung möglich wird. Ansonsten kann das selbstständige Beweisverfahren angezeigt sein, wenn ein Zeuge infolge Alters, Krankheit oder wegen bevorstehender Auswanderung zum Haupttermin nicht mehr ohne weiteres zur Verfügung stehen wird.[7]

- *Vor* Anhängigwerden des Hauptverfahrens ist das selbstständige Beweisverfahren bereits dann zulässig, wenn ein rechtliches Interesse an der Feststellung des Werts bzw. des Zustands einer Sache oder einer Person besteht, die Ursache eines Schadens bzw. Mangels oder der zur Beseitigung erforderliche Aufwand festgestellt werden soll (§ 485 II ZPO).

---

2 OLG Köln BauR 200, 264; OLG Nürnberg OLGR 2001, 273; KG NJW-RR 2000, 468.

3 OLG Hamm JurBüro 1994, 271; Stein/Jonas/*Leipold* ZPO § 485 Rn. 2.

4 OLG Düsseldorf OLGZ 1994, 85.

5 Für eine Ablehnung im Beweissicherungsverfahren: OLG Celle ZMR 1996, 211; OLG Frankfurt a.M. OLGZ 1993, 330; OLG Köln NJW-RR 1993, 73; Stein/Jonas/*Leipold* ZPO § 487 Rn. 5; dagegen: OLG München MDR 1993, 380; BLAH/*Hartmann* ZPO § 487 Rn. 6.

6 OLG Nürnberg NJW-RR 2011, 1216; OLG Köln JurBüro 1994, 629.

7 OLG Nürnberg NJW-RR 1998, 575; BLAH/*Hartmann* ZPO § 485 Rn. 5.

Ein solches **rechtliches Interesse** ist großzügig zu beurteilen: Es liegt immer schon dann vor, wenn die Möglichkeit (nicht Wahrscheinlichkeit) besteht, dass ein Rechtsstreit vermieden wird.[8]

b) Verfahren

Zuständig für das selbstständige Beweisverfahren ist grundsätzlich das Gericht, bei dem die Hauptsache schon anhängig ist (§ 486 I ZPO) oder anhängig zu machen wäre (§ 486 II ZPO). In Fällen dringender Gefahr kann auch das Amtsgericht, in dessen Bezirk sich das Beweismittel befindet, damit betraut werden (§ 486 III ZPO).[9] 1307

Eine **mündliche Verhandlung** ist dem Gericht grundsätzlich freigestellt (§ 490 I ZPO). Geprüft werden allein die prozessualen Voraussetzungen des selbstständigen Beweisverfahrens, eine Sachprüfung findet nicht statt.[10] Die Entscheidung ergeht immer in Form eines **Beschlusses** (§ 490 II ZPO), der inhaltlich einem normalen Beweisbeschluss entspricht, zusätzlich jedoch ein volles Rubrum zu enthalten hat (→ Rn. 302; → Rn. 737). 1308

Wird der Beschluss erlassen, so gibt es dagegen kein **Rechtsmittel** (§ 490 II 2 ZPO). Wird der Erlass des Beschlusses abgelehnt, so steht dem Antragsteller hiergegen die sofortige Beschwerde zu (§ 567 I Nr. 2 ZPO).[11]

Widerbeweisanträge des Gegners sind grundsätzlich nicht zulässig.[12] Ob eine **Streitverkündung** und eine **Nebenintervention** zulässig sind, ist umstritten. Eine Auffassung lehnt dies unter Hinweis darauf ab, beim selbstständigen Beweisverfahren handele es sich nicht um einen anhängigen Rechtsstreit iSd §§ 66, 72 ZPO,[13] die herrschende Meinung wendet die §§ 66 ff. ZPO auf das selbstständige Beweisverfahren zumindest analog an.[14] Kommt die Verwertung des im selbstständigen Beweisverfahren gewonnenen Ergebnisses einem Dritten gegenüber in Betracht, so ist es sinnvoll, diesem nicht bloß den Streit zu verkünden, sondern ihn im Wege der stets möglichen **Parteimehrheit** zum weiteren Antragsgegner zu machen. Will der Antragsteller dennoch eine bloße Streitverkündung, so hat unabhängig von der Frage der Statthaftigkeit eine Zustellung an den Streitverkündeten zu erfolgen, da die Zulässigkeit der 1309

---

8 OLG Köln NJW-RR 1996, 573; OLG Bamberg NJW-RR 1995, 893; KG MDR 1992, 179; OLG Frankfurt a.M. MDR 1991, 989.

9 OLG Köln OLGR 2005, 351; *Cuypers*, Das zuständige Gericht in Zivilsachen – Selbstständiges Beweisverfahren, ZAP Fach 13, 1989; *Fischer*, Selbstständiges Beweisverfahren – Zuständigkeits- und Verweisungsfragen, MDR 2001, 608; *Geffert*, Der Einzelrichter im selbständigen Beweisverfahren, NJW 1995, 506.

10 BGH NJW 2000, 960.

11 OLG München MDR 1992, 520; Thomas/Putzo/*Reichold* ZPO § 490 Rn. 2 f.

12 OLG München MDR 1993, 380; zu Ausnahmen OLG München NJW-RR 1996, 1277; OLG Düsseldorf BauR 1995, 430 und BauR 1996, 896.

13 LG Stuttgart BauR 1992, 267 m. abl. Anm. *Vygen*; BLAH/*Hartmann* ZPO § 66 Rn. 4 und Einf. vor §§ 72–74 Rn. 3; *Bohnen*, Drittbeteiligung am selbständigen Beweisverfahren, BB 1995, 2333; *Cuypers*, Das selbständige Beweisverfahren in der juristischen Praxis, NJW 1994, 1985; Thomas/Putzo/*Hüßtege* ZPO § 66 Rn. 2 und § 72 Rn. 3; Zöller/*Vollkommer* ZPO § 66 Rn. 3 und § 72 Rn. 3.

14 BGH NJW 2015, 559; BauR 1998, 172; NJW 1997, 859 mAnm *Kunze*, NJW 1997, 1290; *Cuypers*, Die Streitverkündung im Bauprozess und im selbständigen Beweisverfahren, ZfBR 1998, 163; *Eibner*, Das Ende des Streits um die Streitverkündung im selbständigen Beweisverfahren?, BauR 1998, 497; *Kunze*, Streitverkündung im selbständigen Beweisverfahren, NJW 1996, 102; MüKo-ZPO/*Schultes* § 66 Rn. 2; *Schwenker*, Das rechtliche Interesse am Beitritt zum selbstständigen Beweisverfahren, NJW 2016, 989; *Wintermeier*, Die Streitverkündung im selbstständigen Beweisverfahren, JA 2016, 528.

Streitverkündung erst im nachfolgenden Verfahren mit diesem zu prüfen ist.[15] **Veräußert** der Antragsteller die streitbefangene Sache nach einem selbstständigen Beweisverfahren, ist der Rechtsnachfolger nach § 265 ZPO an der Einleitung eines weiteren Verfahrens zu den gleichen Beweisthemen gehindert.[16]

Die Beweisaufnahme erfolgt nach den allgemeinen Vorschriften (§ 492 ZPO).

Dies kann eine mündliche Anhörung des Sachverständigen nach Erstattung des schriftlichen Gutachtens einschließen (§§ 411 III, 402, 397 I ZPO) oder die Einholung eines weiteren Gutachtens (»Obergutachten«, §§ 485 III, 412 ZPO).

1310 Das Verfahren **endet** mit dem Abschluss der Beweisaufnahme automatisch, ohne dass es einer besonderen Entscheidung des Gerichts bedürfte.[17] Ausnahmsweise kann eine (weitere) mündliche Erörterung erforderlich werden, wenn entweder der Sachverständige sein schriftlich erstelltes Gutachten erläutern soll (§ 411 III ZPO)[18] oder wenn eine Einigung der Parteien möglich scheint (§ 492 III ZPO). Im letzteren Fall kann das Gericht einen Vergleich protokollieren und damit einen Vollstreckungstitel (§ 794 I Nr. 1 ZPO) schaffen. Ein weiteres selbstständiges Beweisverfahren über die gleiche Tatsache kommt nur unter den Voraussetzungen in Betracht, unter denen in einem laufenden Prozess die Beweisaufnahme wiederholt werden kann (§§ 398, 412 ZPO).[19]

1311 Die durch das selbstständige Beweisverfahren entstandenen Gebühren (Nr. 1610 KV) und Auslagen des Gerichts müssen durch Vorschüsse des Antragstellers nach §§ 12, 17 GKG abgedeckt werden. Ein Kostenausgleich unter den Parteien findet grundsätzlich erst im Hauptverfahren statt, wo die **Kosten** des selbstständigen Beweisverfahrens zu den Kosten des Rechtsstreits nach § 91 ZPO zählen.[20] Kommt es später zu einem solchen Hauptprozess nicht, so kann der Antragsgegner dem Antragsteller durch das Gericht eine Frist zur Klageerhebung setzen lassen (§ 494a I ZPO) und nach deren fruchtlosem Verstreichen einen Kostenbeschluss des Gerichts herbeiführen (§ 494a II ZPO).[21]

1312 Während die überwiegende Meinung für das Beweissicherungsverfahren als **Streitwert** früher nur einen Bruchteil der Hauptsache annahm, wird nun mehrheitlich der volle Streitwert der Hauptsache zugrunde gelegt.[22]

15 OLG München NJW 1993, 2756; → Rn. 1040.

16 BGH NJW-RR 2012, 224.

17 BGH NJW 2011, 594; OLG Hamm NJW-RR 2007, 600; zur Unzulässigkeit der einseitigen Erledigungserklärung BGH MDR 2011, 503.

18 OLG Düsseldorf BauR 1993, 637.

19 BGH MDR 2010, 767; OLG Düsseldorf NJW-RR 1997, 1086.

20 BGH MDR 2011, 502; OLG Nürnberg BauR 1995, 275; OLG Frankfurt a.M. OLG-Report 1994, 203; Zöller/*Herget* ZPO § 91 Rn. 13 »Beweissicherung«.

21 BGH NJW 2010, 1460; 2007, 1279; OLG Frankfurt a.M. OLGZ 93, 441; *Kießling*, Die Kosten der Nebenintervention im selbstständigen Beweisverfahren, NJW 2001, 3668; *Loof*, Kostenentscheidung nach Erledigung des selbstständigen Beweisverfahrens, NJW 2008, 24.

22 OLG Köln NJW-RR 2000, 802; OLG Düsseldorf NJW-RR 1996, 383; OLG Frankfurt a.M. JurBür 1993, 554; OLG München MDR 1993, 287; OLG Koblenz ZfS 1993, 27; *Bischof*, Streitwert- und Kostenentscheidungsprobleme des neuen selbständigen Beweisverfahrens, JurBüro 1992, 779; *Wirth*, Entspricht der Gegenstandswert im selbständigen Beweisverfahren endgültig dem Wert der Hauptsache?, BauR 1993, 281; aA OLG Rostock NJW-RR 1993, 1086; OLG Schleswig SchlHA 1993, 154; OLG Köln NJW-RR 1992, 767; *Kumme*, Streitwertfestsetzung im selbständigen Beweissicherungsverfahren, JurBüro 1993, 583.

c) Wirkungen

Die Zustellung des Antrags auf Durchführung eines selbstständigen Beweisverfahrens hemmt die Verjährung (§ 204 I Nr. 7 BGB).[23] 1313

Kommt es später zu einem **Hauptverfahren**, so stehen dort die im selbstständigen Beweisverfahren erhobenen **Beweise** den in diesem Erkenntnisverfahren erhobenen Beweisen gleich. Sie werden nicht bloß auf besonderen Antrag einer Partei hin, sondern von Amts wegen berücksichtigt, wenn die Tatsache, über die Beweis erhoben wurde, beweiserheblich und beweisbedürftig wird (§ 493 I ZPO).[24] 1314

Beispiel: Hat ein im selbstständigen Beweissicherungsverfahren eingeholtes Sachverständigengutachten ergeben, dass ein Schaden von beiden Parteien zum Teil verursacht wurde, und ist über die Verursachung im Hauptprozess Beweis zu erheben, so kann ein neues Gutachten auch dann nicht eingeholt werden, wenn beide Parteien dies wünschen, da der Beweis bereits eingeholt ist.

Eine solche umfassende Verwertung des Beweisergebnisses ist nur dann möglich, wenn den Parteien im selbstständigen Beweisverfahren auch **rechtliches Gehör** gewährt wurde, der Gegner zum Beweistermin insbesondere ordnungsgemäß geladen war (§ 493 II ZPO).[25] 1315

2. Beweisaufnahme im Ausland

Nicht immer ist eine Beweisaufnahme innerhalb der Bundesrepublik Deutschland möglich. Soll eine im Ausland lebende Person als Zeuge vernommen, eine im Ausland belegene Sache in Augenschein genommen oder ein ausländischer Sachverständiger bestellt werden, stößt die Justizhoheit der Bundesrepublik Deutschland an ihre räumlichen Grenzen. 1316

Erforderlich ist dann regelmäßig die Inanspruchnahme von **Rechtshilfe** auf diplomatischem Weg (§ 363 I ZPO).[26] Diese ist in besonderen völkerrechtlichen multi- und bilateralen Verträgen, national in der Rechtshilfeverordnung (ZRHO) geregelt.[27] 1317

Das Verfahren wird vom Gericht im Beweisbeschluss angeordnet und praktisch mit dem Ersuchen des Vorsitzenden eingeleitet. Vorrangig wird dabei ein im Fremdstaat tätiger deutscher Konsularbeamter mit der Beweisaufnahme betraut (§ 363 I ZPO, § 15 KonsG). Dieser bestimmt einen Termin zur Beweisaufnahme und setzt die Parteien hiervon in Kenntnis. Zur Teilnahme an der Beweisaufnahme sind die Parteien ohne weiteres, das Gericht indes nur mit Einverständnis des Fremdstaats und der Bundesregierung berechtigt. Zwangsmaßnahmen (etwa nicht erschienenen ausländischen Zeugen gegenüber) sind dem Konsularbeamten nicht möglich.

Ist die Beweisaufnahme nicht durch einen deutschen Konsul möglich, wird sie von den nach dem internationalen Vertrag zuständigen Behörden des Fremdstaats durchgeführt (§ 363 II ZPO). Dem Beibringungsgrundsatz folgend kann das Gericht aber auch der beweisführenden Partei die Beschaffung des Auslandsbeweises auferlegen (§ 364 ZPO).

23 BGH NJW 2011, 594; LG München NJW 2013, 89.

24 OLG Düsseldorf BauR 2007, 2115; OLG Köln OLGR 2004, 390.

25 BGH NJW 1970, 1919; OLG Hamm NJW-RR 2007, 600; OLG Köln MDR 1974, 589.

26 *Dötsch*, Auslandszeugen im Zivilprozess, MDR 2011, 169.

27 *Haager* Übereinkommen über den Zivilprozess vom 1.3.1954 (HZÜ); Haager Übereinkommen über die Beweisaufnahme im Ausland in Zivil- oder Handelssachen vom 18.3.1970 (HBÜ); vgl. auch den Länderteil der Rechtshilfeordnung für Zivilsachen vom 26.2.1976 (ZRHO), abrufbar unter http://www.datenbanken.justiz.nrw.de./pls/jmi/ir_lan_start.

In allen Fällen gelangt ein Protokoll über die Beweisaufnahme zur Prozessakte und wird Grundlage der vom Prozessgericht nach allgemeinen Regeln durchzuführenden Beweiswürdigung (§ 286 ZPO). Da der Beweis nicht unmittelbar vom Prozessgericht erhoben wurde, wird der Beweiswert der Auslandsbeweisaufnahme meist abgeschwächt sein.

1318 Ist die Beweisaufnahme in einem Mitgliedstaat der **EU** durchzuführen, richtet sie sich nach der EuBVO und ist dem Verfahren nach § 363 ZPO gegenüber erheblich vereinfacht, beschleunigt und modernisiert.

Dazu → Rn. 280.

§ 28 Beweiserleichterungen

Nach den im ersten Teil dargestellten **Grundsätzen des Beweisrechts** muss jede Partei die streitigen und erheblichen *(= beweisbedürftigen)* Voraussetzungen einer Rechtsnorm, für die sie darlegungsbelastet ist, beweisen, wenn sie eine ihr ungünstige Beweislastentscheidung vermeiden will, weil die Tatsachen sonst als nicht vorliegend behandelt werden *(= Negativfiktion)*. Der Beweis muss dabei mit den fünf in der ZPO vorgesehenen Beweismitteln *(= Strengbeweis)* geführt werden und zur vollen Überzeugung des Gerichts führen *(= Vollbeweis)*. 1319

Alle diese Grundsätze sollen in ihrem Zusammenwirken eine gerechte Entscheidung ermöglichen, sei es aufgrund einer hinreichenden Sachaufklärung, sei es, weil eine solche nicht möglich war. In einigen Fällen führen sie jedoch dazu, dass die Anforderungen an die Beweisführung unzumutbar hoch und die Ergebnisse unbefriedigend werden. Um dies zu vermeiden, lassen Gesetz und Rechtsprechung eine Reihe von **Ausnahmen** von diesen Prinzipien zu. Dann spricht man von »Beweiserleichterungen«. Diese können darin bestehen, die Beweisbedürftigkeit der Tatsache entfallen zu lassen, die Beweisaufnahme auf andere Tatsachen zu verlagern, die zur Verfügung stehenden Beweismittel zu erweitern, das Beweismaß zu reduzieren, eine Tatsache auch ohne Beweis der Entscheidung zugrunde zu legen oder die Beweislast zu modifizieren.[1]

Schema 28.1: Beweiserleichterungen

1 BVerfG NJW 2010, 1870; *Lepa*, Beweiserleichterungen im Haftpflichtrecht, NZV 1992, 129; *Oberheim*, Beweiserleichterungen im Zivilprozess, JuS 1996, 636.

Solche Beweiserleichterungen spielen in der **Praxis** eine große Rolle. Auch in Ausbildungs- und Prüfungsaufgaben kommt ihnen vielfach zentrale Bedeutung zu, weil sie die Lösung eines Falles ohne (weitere) Beweisaufnahme erlauben.

1. Offenkundige Tatsachen

a) Anwendungsbereich

1320 Liegt die Wahrheit einer Tatsache offen zutage, wäre die Durchführung einer Beweisaufnahme bloße Förmelei. Gemäß § 291 ZPO **bedürfen** offenkundige Tatsachen daher **keines Beweises.**[2]

> **Beispiel:** Die Beklagte verpflichtete sich der Klägerin gegenüber vertraglich, deren Liebhaber, der sie verlassen hat, mit parapsychologischen Mitteln zur Rückkehr zu bewegen. Als dies nicht gelang, verlangte die Klägerin ihr Geld mit der Begründung zurück, die Leistung sei von Anfang an unmöglich gewesen (§§ 311a, 283, 281 BGB). Die Beklagte bietet dagegen Einholung eines parapsychologischen Sachverständigengutachten für ihre Behauptung an, die geschuldete Leistung sei grundsätzlich möglich, sie selbst habe sogar schon Menschen tot gehext.[3]
> Hier bedarf es einer Beweiserhebung nicht: Sie könnte nur ergeben, was jeder vernünftige Mensch ohnehin schon weiß, nämlich dass es magische Kräfte nicht gibt. Hiervon kann auch ohne Beweisaufnahme ausgegangen werden.

1321 **Voraussetzung** des § 291 ZPO ist die *Offenkundigkeit* der Tatsache. Abzugrenzen sind diese bereits ohne Beweisaufnahme feststehenden Tatsachen von den dem Gericht unbekannten Tatsachen, deren (Un-)Wahrheit nur über eine Beweisaufnahme festgestellt werden kann. Im Einzelnen lassen sich unterscheiden:

Offenkundige und beweisbedürftige Tatsachen

Allgemeinkundige Tatsachen	Gerichtskundige Tatsachen	*Aktenkundige Tatsachen*	»Formlos bewiesene« Tatsachen	Privatkundige Tatsachen	Unbekannte Tatsachen
§ 291 ZPO Beweisaufnahme nicht erforderlich		← ?	→		**§ 286 ZPO** Beweisaufnahme erforderlich

Schema 28.2: Offenkundige und beweisbedürftige Tatsachen

- Sicher zu den offenkundigen Tatsachen iSd § 291 ZPO gehören die *allgemeinkundigen Tatsachen.* Dies sind Tatsachen, die einer beliebig großen Personenzahl bekannt oder aus allgemein zugänglichen Quellen ermittelbar sind. Um nicht verbreiteten Vorurteilen oder Fehlvorstellungen Eingang in den ohne Beweisaufnahme feststehenden Bereich zu verschaffen, wird auf die Kenntnis »verständiger«, »vernünftiger« oder »besonnener« Kreise abgestellt.[4]

> Hierher gehören zum **Beispiel** geographische, geschichtliche und naturwissenschaftliche Fakten oder in den Medien widerspruchslos veröffentlichte, auch einem Besonnenen glaubhafte Mittei-

2 *Oberheim*, Beweiserleichterungen im Zivilprozess, JuS 1996, 637.
3 LG Aachen MDR 1989, 63; LG Kassel NJW 1985, 1642; *Timme*, Anspruch auf Vergütung für übersinnliche Leistungen – Magisches beim BGH, MDR 2011, 397.
4 BGH MDR 1989, 63; OLG Saarbrücken VersR 1989, 955; BLAH/*Hartmann* ZPO § 291 Rn. 1.

lungen, Gewohnheiten und Bräuche,[5] nicht jedoch der Umstand, dass Frauen schlechter Auto fahren als Männer.

- Unstreitig ebenfalls offenkundig sind die sog. *gerichtskundigen Tatsachen*, dh solche, die dem Gericht in seiner bisherigen amtlichen Tätigkeit bekannt geworden sind.[6]

  Eine solche Kenntnis kann insbesondere aus der Beweisaufnahme eines früheren Verfahrens herrühren, zum **Beispiel** aus Sachverständigengutachten, dienstlichen Erklärungen oder amtlichen Auskünften.

- Nach überwiegender Ansicht[7] sind die bloß *aktenkundigen Tatsachen* nicht offenkundig.

  Hierzu rechnet man die Tatsachen, die das Gericht ohne weiteres aus anderen Akten desselben Gerichts feststellen kann oder die sich aus Eintragungen in bei diesem Gericht geführte Register (Handelsregister, Grundbuch usw.) ergeben.

- Auch *»formlos bewiesene« Tatsachen* sind nach ganz herrschender Ansicht[8] nicht offenkundig iSd § 291 ZPO, weil hierdurch zwingende Beweisverfahrensregeln umgangen werden.

  Dies ist zum **Beispiel** der Fall, wenn der Richter sich außerhalb einer mündlichen Verhandlung und in Abwesenheit der Parteien eine Unfallstelle ansieht und deswegen eine förmliche Augenscheinseinnahme ablehnt.

- Sicher nicht offenkundig sind die bloß *privatkundigen Tatsachen*, dh die Tatsachen, die dem Richter nicht im Rahmen seiner beruflichen Tätigkeit, sondern als Privatperson bekannt geworden sind.[9]

  Beispiel: Hat der Richter zufällig Wahrnehmungen gemacht, die in einem späteren Prozess streitig werden, so kann deswegen auf eine förmliche Beweisaufnahme nicht verzichtet werden. Gegebenenfalls kommt der Richter hierbei als Zeuge in Betracht. Wird er vernommen, so ist er nach § 41 Nr. 5 ZPO kraft Gesetzes von der weiteren Ausübung des Richteramtes in diesem Fall ausgeschlossen.

Streitig ist, ob auch offenkundige Tatsachen dem **Beibringungsgrundsatz** unterliegen, dh ob sie auch ohne Vortrag durch eine der Parteien berücksichtigt werden dürfen: **1322**

- Eine Auffassung[10] folgert aus dem den Parteien obliegenden Gebot, Tatsachen vollständig und der Wahrheit gemäß vorzutragen (§ 138 I ZPO), der Pflicht des Gerichts, an der Wahrheitsfindung mitzuwirken (§ 139 ZPO), und der Unsinnigkeit, ein den tatsächlichen Gegebenheiten zuwiderlaufendes Urteil zu erlassen, die Berücksichtigung offenkundiger Tatsachen auch ohne entsprechenden Parteivortrag.

---

5 BGH NJW 1992, 2088.

6 BGH NJW-RR 2011, 569; 1990, 1376; *Stackmann*, Was ist gerichtsbekannt?, NJW 2010, 1409.

7 OLG Hamburg FamRZ 1982, 426; OLG Frankfurt a.M. NJW 1977, 768; BLAH/*Hartmann* ZPO § 291 Rn. 4; Stein/Jonas/*Leipold* ZPO § 291 Rn. 5; Zöller/*Greger* ZPO § 291 Rn. 1; aA BGHSt 6, 292 = NJW 1954, 1656; OLG Nürnberg JurBüro 1978, 762; *Musielak/Stadler*, Grundfragen des Beweisrechts, 1984, Rn. 25; Thomas/Putzo/*Reichold* ZPO § 291 Rn. 2.

8 *Bull*, Prozesshilfen, 4. Aufl. 1981, 131 f.

9 BSG NJW 1970, 1814; BGH MDR 1967, 745; Zöller/*Greger* ZPO § 291 Rn. 1.

10 *Rosenberg/Schwab/Gottwald* ZivilProzR § 117 I 3.

- Zu Recht stellt die Gegenansicht[11] darauf ab, dass es den Parteien freisteht, Tatsachen in den Prozess einzuführen oder nicht, sie so die Entscheidungsgrundlage des Gerichts beschränken können (vgl. §§ 138 III, 288 ZPO), und § 291 ZPO nur eine Ausnahme von der Beweisbedürftigkeit, nicht vom Beibringungsgrundsatz beinhaltet. Das hindert das Gericht nicht, die Tatsache schon vorher zum Gegenstand der mündlichen Verhandlung zu machen, damit eine der Parteien sie sich ggf. zu eigen machen kann.

Der Grundsatz der Gewährung **rechtlichen Gehörs** (Art. 103 I GG) zwingt das Gericht regelmäßig, darauf hinzuweisen, dass und welche Tatsachen als offenkundig behandelt werden sollen.[12] Ausnahmsweise kann dies bei allgemeinkundigen Tatsachen, die allen Beteiligten mit Sicherheit gegenwärtig sind und von denen sie wissen, dass sie für die Entscheidung erheblich sind, entbehrlich sein.[13]

b) Folgen

1323 **Folge** des § 291 ZPO ist, dass die Tatsache auch ohne Beweisaufnahme feststeht und einer Entscheidung zugrunde zu legen ist. Ob die Tatsache vom Gegner bestritten oder zugestanden wird, ist dabei unbeachtlich. Das Gericht ist indes nicht gehindert, angebotene Beweise zu erheben.

Hält der Gegner die Tatsache trotz ihrer Offenkundigkeit für unwahr, steht ihm der *Gegenbeweis* offen. Hierbei reicht es aus, die im Rahmen des Hauptbeweises gewonnene Überzeugung des Gerichts von der Wahrheit der Tatsache ins Wanken zu bringen, da Zweifel an der Wahrheit der Tatsache bereits dazu führen, dass diese als nicht bewiesen und damit als nicht vorliegend zu behandeln ist.[14]

1324 Beim Vorliegen offenkundiger Tatsachen gelten Besonderheiten für den **Aufbau** eines Urteils nicht:

- Für den *Tatbestand* kommt es darauf an, ob die Tatsache streitig oder unstreitig ist. Daraus ergibt sich der Ort ihrer Darstellung.
- In den *Entscheidungsgründen* kann die Tatsache ohne Beweisaufnahme auch dann als feststehend behandelt werden, wenn sie streitig ist. Die Offenkundigkeit ist zu begründen.

2. Gesetzliche Vermutungen

a) Beweisverlagerung

1325 Grundsätzlich kann im Zivilprozess über streitige Tatsachen nur dann Beweis erhoben werden, wenn sie erheblich sind. Erheblich sind diejenigen Tatsachen, die zu den Voraussetzungen einer für die Entscheidung heranzuziehenden Rechtsnorm gehören. Manchmal können diese Tatsachen nicht oder nur unter großen Schwierigkeiten bewiesen werden. Innere Tatsachen (Kenntnisse, Absichten, Schuldformen) sind dem

---

11 BGH NJW-RR 1993, 1122; BLAH/*Hartmann* ZPO § 291 Rn. 6 mwN; *Musielak/Stadler*, Grundfragen des Beweisrechts, 1984, Rn. 26.

12 BGH NZA 1988, 261; MüKoZPO/*Prütting* § 292 Rn. 14; *Musielak/Stadler*, Grundfragen des Beweisrechts, 1984, Rn. 26; *Schellhammer* Arbeitsmethode Rn. 236; Thomas/Putzo/*Reichold* ZPO § 291 Rn. 1, 2.

13 BGH JR 1993, 1229; BGHZ 31, 45; LG Aachen MDR 1989, 63.

14 BGH NJW 2004, 263; NJW-RR 1990, 1376; Thomas/Putzo/*Reichold* ZPO § 284 Vorbem. Rn. 8.

unmittelbaren Beweis nie zugänglich, äußere Tatsachen können unbeweisbar sein, wenn ein unmittelbarer Beweis hierfür nicht zur Verfügung steht. In diesen Fällen kann die Beweisführung erleichtert werden, indem die erheblichen Tatsachen aufgrund eines Rückschlusses aus anderen Umständen vermutet werden. Die Beweisaufnahme wird damit von den erheblichen Tatsachen auf andere, an sich zwar unerhebliche, aber leichter beweisbare Tatsachen verlagert. Erforderlich hierfür ist das Vorliegen eines Anknüpfungstatbestands, aufgrund dessen die Schlussfolgerung gerechtfertigt ist, dass die Haupttatsache vorliegt.

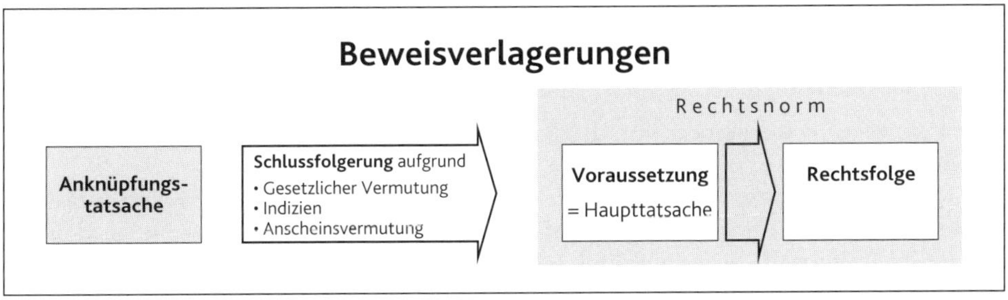

Schema 28.3: Beweisverlagerungen

Eine solche Beweisverlagerung ist aufgrund gesetzlicher Regelung (= Gesetzliche Vermutung), aufgrund einer Würdigung aller Umstände des Einzelfalles (= Indizien) oder aufgrund eines typischen Geschehensablaufs (= Anscheinsbeweis) möglich.[15]

b) Tatsachen- und Rechtsvermutungen

An verschiedenen Stellen ist schon im Gesetz geregelt, dass aufgrund bestimmter Um- 1326
stände das Vorhandensein anderer **Tatsachen** oder **Rechte** vermutet werden kann.[16]

Beispiele: Gemäß § 938 BGB wird vermutet, dass jemand, der zu zwei Zeitpunkten Eigenbesitz an einer Sache hatte, auch in dem dazwischen liegenden Zeitraum Eigenbesitzer war. Andere Fälle von Tatsachenvermutungen enthalten die §§ 1117 II, 1377 I und III, 2009 BGB, §§ 233 S. 2, 437 I ZPO. Wer Besitzer einer beweglichen Sache ist, zu dessen Gunsten wird sein Eigentumsrecht vermutet (§ 1006 BGB). Weitere Rechtsvermutungen enthalten die §§ 891, 1362, 2365 BGB.

Folge einer solchen Vermutung ist einerseits, dass die vermutete (Haupt-)Tatsache 1327
keines Beweises bedarf, ihr Vorliegen im Wege einer Positivfiktion (→ Rn. 207) aufgrund des Vorliegens der Vermutungstatsache unterstellt wird. Voraussetzung ist allerdings, dass diese Vermutungstatsache feststeht, dh unstreitig oder bewiesen ist.

Da die Vermutungen grundsätzlich[17] widerleglich sind, steht es der anderen Partei 1328
frei, zu beweisen, dass die vermutete Tatsache im konkreten Fall nicht vorliegt (§ 292 ZPO). Der hierbei erforderliche *Beweis des Gegenteils* ist nicht identisch mit dem oben dargestellten Gegenbeweis (→ Rn. 1323): Während es beim Gegenbeweis ausreicht, Zweifel des Gerichts an der im Rahmen des Hauptbeweises gewonnenen

15 BGH NJW 2010, 363; *Musielak*, Die sog. tatsächliche Vermutung, JA 2010, 561.

16 *Baumgärtel*, Die Bedeutung der sog. tatsächlichen Vermutung im Zivilprozess, FS für Schwab, 1990, 43 ff.; *Laumen*, Die sekundäre Behauptungslast im Rahmen der Eigentumsvermutung, MDR 2016, 370; *Musielak*, Die sog. Tatsächliche Vermutung, JA 2010, 561; *Oberheim*, Beweiserleichterungen im Zivilprozess, JuS 1996, 732.

17 Ausnahmsweise unwiderleglich sind nur die Vermutungen aus § 551 ZPO und § 1566 BGB sowie die gesetzlichen Fiktionen, BGH NJW 1965, 584.

Überzeugung vom Vorliegen der Haupttatsache zu begründen, ist der Beweis des Gegenteils erst geführt, wenn die Unwahrheit der vermuteten Tatsache sicher feststeht. Der Gegner muss nach den allgemeinen Grundsätzen zur vollen Überzeugung des Gerichts beweisen, dass die Tatsache oder das Recht, das aufgrund der gesetzlichen Vermutung unterstellt wurde, in Wirklichkeit nicht besteht. Die bloße »Erschütterung« der Vermutung, die Darlegung anderer Möglichkeiten oder auch der Nachweis, dass die vermutete Tatsache unwahrscheinlich ist, genügt nicht.[18] Bleiben Zweifel am Bestehen der vermuteten Tatsache oder des vermuteten Rechts, so gehen diese zulasten des Gegners, die gesetzliche Vermutung bleibt bestehen, bis ihre Unrichtigkeit eindeutig nachgewiesen ist.

1329 Für die **Darstellung** gesetzlicher Vermutungen gilt:

- Im *Tatbestand* werden die von der Partei vorgetragenen (Anknüpfungs-)Tatsachen wiedergegeben.
- In den *Entscheidungsgründen* ist die vermutete Haupttatsache als gegeben festzustellen und im Anschluss daran mit dem Vorliegen der Voraussetzungen der gesetzlichen Vermutung zu begründen.[19]

c) Tatsächliche Vermutungen

1329a Keine gesetzliche Grundlage haben die sog. »tatsächlichen Vermutungen«, mit denen die **Rechtsprechung** in jüngerer Zeit versucht, Beweisschwierigkeiten zu lösen. Anders als bei den gesetzlichen Vermutungen kommt es hier nicht zu einer echten Verschiebung des Beweisthemas (Beweisverlagerung), sondern zu einer Umkehr der objektiven Beweislast, sodass bis zum Beweis des Gegenteils vom Vorliegen der vermuteten Tatsache auszugehen ist.

Beispiele: So soll tatsächlich vermutet werden,
- dass eine Vertragsurkunde den Inhalt der Parteivereinbarung vollständig und richtig wiedergibt;[20]
- dass das Tätigwerden eines Maklers ursächlich für den Abschluss eines Vertrags geworden ist, der in zeitlichem und sachlichem Zusammenhang damit steht; [21]
- dass die Verletzung einer vertraglichen Beratungspflicht durch einen Notar, Rechtsanwalt, Steuerberater oder bei einer Kapitalanlage für einen späteren Schaden kausal geworden ist, weil der Vertragspartner sich einer richtigen Beratung gemäß verhalten hätte;[22]
- dass ein auffälliges objektives Missverhältnis von Leistung und Gegenleistung auf einem subjektiv verwerflichen Verhalten des Vertragspartners beruht.[23]

1329b Zutreffender Ansicht der **Lehre** zufolge bedarf es hierfür der Kategorie der »tatsächlichen Vermutung« nicht. In den genannten Fällen handelt es sich nicht um eine Umkehr der objektiven Beweislast, vielmehr erfolgt die Schlussfolgerung auf das Vorliegen der zu vermutenden Tatsache im Rahmen der Beweiswürdigung aufgrund eines Erfahrungssatzes. Hier können schwache Erfahrungssätze als Indizien, starke als Anscheinsbeweis berücksichtigt werden.[24] Auch wenn dem Tatrichter die Heranzie-

18 BGH NJW 2005, 359; 2004, 2002, 2101; BLAH/*Hartmann* ZPO § 292 Rn. 7; Thomas/Putzo/*Reichold* ZPO § 292 Rn. 4; aA Zöller/*Greger* ZPO § 292 Rn. 2 mwN, wonach überwiegende Wahrscheinlichkeit für das Gegenteil der gesetzlichen Vermutung ausreichen soll.

19 *Anders/Gehle* Assessorexamen ZivR Rn. 329 ff. mit Beispielen.

20 BGH NJW 2002, 3164; MDR 2000, 19.

21 BGH NJW-RR 2014, 1272; MDR 2008, 309.

22 BGH NJW 2014, 2951; 2013, 1801; MDR 2012, 1033; 2012, 1031; 2014, 960.

23 BGH MDR 2014, 456; 2013, 705; FamRZ 2006, 1024.

24 *Laumen*, Die sog. tatsächliche Vermutung, MDR 2015, 1.

hung solcher Erfahrungssätze grundsätzlich freisteht (§ 286 ZPO), kann er im Fall allgemeiner Anerkennung dennoch hieran gebunden sein.[25]

Praktisch unterscheiden die Auffassungen von Rechtsprechung und Lehre sich insbesondere in den **Folgen** der Vermutung. Während die Rechtsprechung für eine Widerlegung den vollen Beweis des Gegenteils (§ 292 ZPO) verlangt, lässt die Lehre den bloßen Gegenbeweis zu (→ Rn. 1323, 1328, 1332). **1329c**

3. Indizienbeweis

a) Anwendungsbereich

Auf das Vorhandensein einer Tatsache kann auch aufgrund einer Gesamtwürdigung aller Umstände des Einzelfalles (sog. »Hilfstatsachen« oder »**Indizien**«) geschlossen werden, wenn diese bei vernünftiger Betrachtung nur den Schluss zulassen, dass die Haupttatsache vorliegen muss.[26] Auch hier besteht die Beweiserleichterung darin, dass sich das Beweisthema von der (nicht beweisbaren) Haupttatsache auf (beweisbare) Hilfstatsachen verlagert. **1330**

Beispielsfall: Der Kläger ist bei einer Wirtshausschlägerei vom Beklagten mit einem Bierglas niedergeschlagen worden und verlangt Schadensersatz. Auf die Täterschaft kann, wenn Zeugen für den Schlag nicht existieren, aufgrund von Fingerabdrücken auf der Tatwaffe geschlossen werden. Steht fest, dass der Beklagte mehrfach gezielt zugeschlagen hat, kann aufgrund dieses Verhaltens vom Vorsatz ausgegangen werden.

Der Indizienbeweis spielt in der Praxis eine große Rolle. Exemplarisch dafür ist das **Privatversicherungsrecht**. **1331**

Um Ansprüche aus dem Versicherungsvertrag geltend machen zu können, muss der Versicherungsnehmer den Eintritt des Versicherungsfalles nachweisen. In der **Kraftfahrt-, Hausrat- und Reisegepäckversicherung** besteht dieser häufig in einer Entwendung der versicherten Sache. Dies zu beweisen muss dem Versicherungsnehmer naturgemäß schwer fallen, weil er weder Täter noch Tathergang kennt und häufig nicht mehr weiß, als dass die versicherte Sache weg ist. Hiermit allein kann sich die Versicherung nicht zufrieden geben, muss sie sich doch vor gerade in diesem Bereich nicht seltenen Versicherungsbetrügereien schützen. Die Rechtsprechung[27] trägt dieser Interessenlage durch eine Auslegung des Versicherungsvertrages im Sinne einer von den Parteien gewollten, materiellrechtlichen Verschiebung des Beweisrisikos Rechnung und leitet hieraus ein dreistufiges Beweismodell ab, das auf allen Ebenen mit Indizien operiert:[28]

25 BGH MDR 2002, 82.

26 BGH NJW-RR 2001, 887; NJW 1991, 1894; *Hansen*, Der Indizienbeweis, JuS 1992, 327; *Huber*, Grundwissen – Indizienbeweis, JuS 2016, 218; *Kopp/Schmidt*, Die richterliche Überzeugung von der Wahrheit und der Indizienbeweis im Zivilprozess, JR 2015, 51; *Oberheim*, Beweiserleichterungen im Zivilprozess, JuS 1996, 729; Thomas/Putzo/*Reichold* ZPO Vorbem. § 284 Rn. 11.

27 BGH NJW-RR 1997, 152; OLG Köln NversZ 2001, 34; *Jökel*, Anforderungen an den Nachweis eines Unfallschadens in der Vollkaskoversicherung, VersR 2009, 763 ff.; *Knoche*, Beweiserleichterungen zugunsten des Versicherungsnehmers in streitigen Entwendungsfällen, MDR 1992, 101; *Kollhosser*, Beweiserleichterungen bei Entwendungsversicherungen, NJW 1997, 969; *Kopp/Schmidt*, Die richterliche Überzeugung von der Wahrheit und der Indizienbeweis im Zivilprozess, JR 2014, 51; *Römer*, Zur Beweislastverteilung bei Ansprüchen aus dem Versicherungsvertrag, R+S 2001, 45; *Römer*, Der Kraftfahrzeugdiebstahl als Versicherungsfall, NJW 1996, 2329; *Zopfs*, Der Beweis des Versicherungsfalls, VersR 1993, 140.

28 Zur allgemeinen Möglichkeit der Parteivereinbarung über die Beweislast → Rn. 1387 f. Vereinzelt wird hier auch bereits eine »typische« Fallgestaltung und damit ein Anscheinsbeweis angenommen: OLG München VersR 1986, 1065; zur Abgrenzung → Rn. 1340.

- Zum Nachweis des Versicherungsfalles reicht es zunächst aus, dass der Versicherungsnehmer einen Sachverhalt nachweist, der nach der Lebenserfahrung mit hinreichender Wahrscheinlichkeit den Schluss auf die Entwendung zulässt bzw. das **äußere Bild** eines solchen erkennen lässt. Dies ist zB der Fall, wenn der Versicherungsnehmer den Wagen an einer bestimmten Stelle abgestellt, verschlossen und dort bei seiner Rückkehr nicht mehr vorgefunden hat. Zusätzlich erforderlich sind Anzeichen dafür, dass das Verschwinden gegen seinen Willen erfolgte. Hierfür reicht die bloße Anzeige des Diebstahls bei der Polizei nicht.[29]
- Hat der Versicherungsnehmer diesen Beweis erbracht, muss der Versicherer nun Tatsachen beweisen, die eine erhebliche Wahrscheinlichkeit dafür begründen, dass die nahe liegende Möglichkeit der Vortäuschung des Versicherungsfalles besteht. Hierauf kann zB geschlossen werden, wenn der Versicherungsnehmer falsche Angaben über den Verbleib der Originalfahrzeugschlüssel und die Anfertigung von Nachschlüsseln macht. Nicht ausreichend sind allein falsche Angaben des Versicherungsnehmers über die Schadenshöhe oder die gehäufte Verwicklung des Versicherungsnehmers in frühere Versicherungsfälle.[30]
- Ist auch dies gelungen, so tritt die beweisrechtliche Normalsituation ein, dh, der Versicherungsnehmer muss nach allgemeinen Regeln den vollen Beweis des Versicherungsfalles erbringen, wobei auch dies mittels Indizien möglich ist.[31]

Umgekehrt ist die Situation, wenn der Versicherer in der **Haftpflichtversicherung** davon ausgeht, dass es sich um einen betrügerisch gestellten Anspruch handelt und er seine Leistungspflicht wegen vorsätzlicher oder grob fahrlässiger Herbeiführung des Versicherungsfalles (§ 81 VVG) oder wegen einer vorsätzlichen Obliegenheitsverletzung (§ 28 VVG) verweigern will. Für die Voraussetzungen beider Normen trifft ihn die Beweislast.[32] Auch hier hat die Rechtsprechung eine Reihe von Beweiserleichterungen geschaffen, insbesondere einen Katalog von Indizien, die den Schluss auf eine Vortäuschung des Versicherungsfalles zulassen.[33]

So sprechen **zB** für einen vorgetäuschten Verkehrsunfall:
- verdächtige Umstände hinsichtlich des Unfallgeschehens (abgelegener Unfallort, ungewöhnliche Unfallzeit [nachts], keine Zeugen),
- verdächtige Umstände hinsichtlich der unfallbeteiligten Fahrzeuge (geschädigt wurde ein schon älterer Wagen der gehobenen Preisklasse, der vor Abschluss des Verfahrens veräußert oder verschrottet wurde. Verursacht wurde der Unfall von einem geringwertigen oder [ohne nachvollziehbaren Grund] gemieteten Fahrzeug, häufig einem LKW),
- verdächtige Umstände hinsichtlich der unfallbeteiligten Personen, die häufig schon mehrfach einschlägig in Erscheinung getreten, (ohne dies zuzugeben) miteinander bekannt sind und über Unfallhergang und Schadenshöhe unzutreffende Angaben machen.

29 BGH NJW 1996, 1348; 1993, 719; *Laumen*, Der Beweis für das äußere Bild, MDR 2016, 560.

30 BGH NJW 1996, 993 und 1348; 1995, 2169; BGH NJW-RR 1993, 719; OLG Saarbrücken NJW-RR 1996, 409; OLG Frankfurt a.M. VersR 1994, 976; OLG Karlsruhe VersR 1993, 1096; OLG Hamm VersR 1993, 694.

31 OLG Düsseldorf NVZ 1994, 196.

32 BGH VersR 1986, 53; 1984, 30; 1981, 450; *Prölls/Martin*, VVG, 28. Aufl. 2010, § 28 Rn. 157, § 81 Rn. 30 ff.

33 BGH NJW-RR 1993, 719 (720); 1990, 92; OLG Frankfurt a.M. ZfS 1997, 6; OLG Hamm NJW-RR 1995, 224; OLG Köln DAR 1993, 349; *Birkner*, Der manipulierte Verkehrsunfall, ZfS 1994, 113; *Goerke*, Beweisanzeichen für eine Unfallmanipulation, VersR 1990, 707; *Kääb*, Beweisfragen bei betrügerisch gestellten Ansprüchen im Kasko- und Haftpflichtrecht, NZV 1990, 5; *Römer*, Der Kfz-Diebstahl als Versicherungsfall, NJW 1996, 2329; *Verheyen*, KH-Kriterienkatalog für manipulierte Verkehrsunfälle, ZfS 1994, 313; zu Tendenzen, hierauf den weitergehenden Anscheinsbeweis anzuwenden: *Knoche*, Der Anscheinsbeweis bei der Manipulation eines Verkehrsunfalls, MDR 1992, 919 mwN; *Zopfs*, Der Beweis des Versicherungsfalls, VersR 1993, 140.

b) Voraussetzungen

Für die Prüfung, ob aus den Indizien auf die Haupttatsache geschlossen werden kann, dürfen nur solche Indizien herangezogen werden, die **feststehen**, sei es, weil sie unstreitig, sei es, weil sie erwiesen sind. 1332

Die Hilfstatsachen können daher Gegenstand einer nach **allgemeinen Grundsätzen** durchgeführten Beweisaufnahme sein. Von ihrem Vorliegen darf das Gericht erst ausgehen, wenn es hiervon voll überzeugt ist. Insoweit liegen Ausnahmen von den Grundsätzen des Streng- und Vollbeweises oder der Beweislastverteilung nicht vor.

Allerdings wird über Indizien erst dann Beweis erhoben, wenn diese **schlüssig** sind, wenn sie in ihrer Gesamtheit – ihre Wahrheit unterstellt – den Schluss auf die Haupttatsache zulassen.[34]

Der Kern des Indizienbeweises liegt in der sich an die Feststellung der Indizien anschließenden **Schlussfolgerung**. Ob die Haupttatsache aufgrund einer Gesamtwürdigung aller Indizien und unter Berücksichtigung sämtlicher Umstände des Einzelfalles feststeht, ist unter Zuhilfenahme von *Erfahrungssätzen* zu beantworten. Je sicherer dieser Erfahrungssatz, desto sicherer ist auch der Indizienbeweis.[35] 1333

Beispiel: Wird die Vaterschaft des Ehemanns der Kindesmutter aufgrund eines Blutgruppengutachtens (§ 372a ZPO) ausgeschlossen, so handelt es sich hierbei bloß um ein Indiz, da die Übereinstimmung von Blutmerkmalen nicht identisch ist mit der zu beweisenden Abstammung. Der diesem Indizienbeweis zugrunde liegende Erfahrungssatz beruht auf naturwissenschaftlich gesicherten erbbiologischen Erkenntnissen, die den Schluss auf die Abstammung ohne Zweifel erlauben, sodass hier von »absolutem Beweiswert« gesprochen werden kann.[36]

Manchmal können auch *logische Grundsätze* weiterhelfen. Zu diesen gehört die Unterscheidung zwischen abhängigen und unabhängigen Indizien. Erstere lassen einen Schluss auf die Haupttatsache nur gemeinsam zu, die Überzeugungskraft kann insgesamt nur so groß sein wie beim schwächsten Indiz allein. Letztere lassen jedes für sich allein den Schluss auf die Haupttatsache zu, die Überzeugungskraft wächst mit jedem weiteren Indiz.[37] 1334

Beispiel: Ist der Kläger während einer Wirtshausschlägerei von hinten niedergeschlagen worden, kann auf die Täterschaft des Beklagten geschlossen werden, wenn feststeht,

1a) dass der Kläger mit einem Bierglas niedergeschlagen wurde und
 b) der Beklagte nach der Schlägerei ein zerbrochenes Glas in der Hand hielt;
2a) dass der Kläger dem Schläger im Fallen einen Knopf von der Jacke riss und
 b) ein ebensolcher Knopf an der Jacke des Beklagten fehlt.

Hier stellen die Indizien 1) und 2) voneinander unabhängige Hilfstatsachen dar, während innerhalb derselben die Indizien a) und b) voneinander abhängig sind, nur zusammengenommen einen Rückschluss erlauben.

Der Schluss auf die Haupttatsache ist nur möglich, wenn sämtliche berücksichtigungsfähigen Umstände einbezogen wurden und alle anderen denkbaren Schlussfolgerungen ausgeschlossen werden können. 1335

Stehen im vorgenannten **Beispiel** nur die Indizien 1a) und 1b) fest, so kann dies nicht nur darauf beruhen, dass der Beklagte den Kläger niedergeschlagen hat, sondern auch darauf, dass er das Bierglas in zerbrochenem Zustand vom Boden aufgehoben hat. Stellt sich heraus, dass neben dem Be-

---

34 BGH NJW-RR 2001, 887; 1993, 443.

35 *Döhring*, Erforschung des Sachverhalts, 1964, 335, 339 f.

36 Thomas/Putzo/*Reichold* ZPO § 372a Rn. 6.

37 *Hansen*, Der Indizienbeweis, JuS 1992, 327.

klagten auch andere Gäste ein zerbrochenes Glas in der Hand hielten, sind Rückschlüsse auf die Täterschaft des Beklagten kaum mehr möglich.

c) Folgen

1336 Ist der Indizienbeweis gelungen, konnte also aus feststehenden Hilfstatsachen geschlossen werden, dass auch die Haupttatsache vorliegt, so wird letztere der Entscheidung zugrunde gelegt.

1337 Weil der Schluss von den Indizien auf die Haupttatsache im Rahmen einer regulären Beweiswürdigung vorgenommen wird, sind hierbei auch die vom Gegner zur Widerlegung der Schlussfolgerung vorgebrachten Umstände zu berücksichtigen. Will der Gegner einen bereits geführten Indizienbeweis beseitigen, so muss er – wie zur Beseitigung eines regulär geführten Hauptbeweises auch – **Gegenbeweis** führen (→ Rn. 296).[38]

1338 Nicht immer einfach ist die Behandlung der Hilfstatsachen im **Urteil**:

- Bei der *Sachverhaltsdarstellung* werden Indizien nur erwähnt, wenn die Haupttatsache streitig ist. Sie werden dann im Zusammenhang mit dieser streitigen Haupttatsache im streitigen Parteivortrag dargestellt und – für den Fall, dass sie selbst unstreitig sind – als unstreitig kenntlich gemacht.[39]

  Formulierungsbeispiel: Der Kläger behauptet, der Beklagte habe ihn mit einem Bierglas niedergeschlagen. Dieser hatte nach der Auseinandersetzung unstreitig ein zerbrochenes Glas in der Hand.

- In den *Entscheidungsgründen* ist zur Begründung einer Rechtsnorm das Vorliegen der Haupttatsache festzustellen und durch den Schluss aus den Indizien zu begründen. Diese sind zu benennen, ihre Zugrundelegung ist zu rechtfertigen (Beweiswürdigung).[40]

4. Anscheinsbeweis

a) Anwendungsbereich und Voraussetzungen

1339 Das Vorliegen der Haupttatsache kann auch dann vermutet werden, wenn sie nach der Lebenserfahrung innerhalb eines typischen Lebenssachverhalts grundsätzlich gegeben ist. **Typisch** ist ein Vorgang, wenn er regelmäßig, üblich und gewöhnlich so abläuft,[41] wenn es sich um einen häufig wiederkehrenden und nicht steuerbaren Geschehensablauf handelt, bei dem bestimmte Tatsachen erfahrungsgemäß mit anderen Tatsachen verknüpft sind.[42] In diesen Fällen kann aufgrund des ersten Anscheins vom Vorliegen einzelner dieser Tatsachen auch ohne besonderen Nachweis ausgegangen werden (sog. Prima-facie- oder Anscheinsvermutung).

---

38 BGH NJW-RR 1997, 238.

39 *Siegburg* Urteilstechnik Rn. 232.

40 *Anders/Gehle* Assessorexamen ZivR Rn. 317.

41 BGH NJW 2001, 1140; NZV 1990, 386; BGHZ 100, 214 = NJW 1987, 1944.

42 Grundlegend RGZ 21, 104; 130, 357; 134, 237; BGH NJW-RR 1988, 789; BGHZ 100, 214 = NJW 1987, 1944; BGH LM § 286 C Nr. 26; *Geipel*, Der Anscheinsbeweis unter besonderer Berücksichtigung des Verkehrsrechts, NZV 2015, 1; *Greger*, Praxis und Dogmatik des Anscheinsbeweises, VersR 1980, 1091; *Lepa*, Beweiserleichterungen im Haftpflichtrecht, NZV 1992, 129; *Musielak/Stadler*, Grundfragen des Beweisrechts, 1984, § 11; *Oberheim*, Beweiserleichterungen im Zivilprozess, JuS 1996, 918; *Sieger*, Der Anscheinsbeweis im Verkehrsunfallprozess, ZfSch 2015, 669; zum Unterschied zwischen Anscheins- und Indizienbeweis *Hansen*, Der Indizienbeweis, JuS 1992, 327.

> **Beispiel:** Der Beklagte ist auf den vor ihm fahrenden Wagen des Klägers aufgefahren. Will der Kläger Schadensersatz, so muss er ein Verschulden des Beklagten beweisen. Hierauf kann allein aus dem objektiven Geschehensablauf geschlossen werden: Nach allgemeiner Lebenserfahrung ist es zu dem Unfall deshalb gekommen, weil der Beklagte einen zu geringen Sicherheitsabstand hatte oder unaufmerksam war. In jedem Fall hat er fahrlässig gehandelt. Andere Unfallursachen (zB ein Bremsversagen) sind nicht ausgeschlossen, aber so unwahrscheinlich, dass sie zunächst einmal außer Acht bleiben können.[43]

Schwierig ist die **Abgrenzung** des Anscheinsbeweises vom Indizienbeweis und von 1340
den gesetzlichen Vermutungen: In allen Fällen wird aus dem Vorliegen einer Tatsache anhand von Erfahrungssätzen auf das Vorliegen einer anderen, für die Entscheidung erforderlichen (Haupt-)Tatsache geschlossen. Bei den gesetzlichen Vermutungen hat der Gesetzgeber die Schlussfolgerung in den geregelten Fällen vorgegeben, beim Anscheins- und beim Indizienbeweis beruht sie auf Erfahrungssätzen der allgemeinen Lebenserfahrung, die sich nach hM[44] hinsichtlich ihres Regel-/Ausnahmeverhältnisses unterscheiden. Das Vorliegen irgendwelcher Indiztatsachen begründet den Schluss auf andere Tatsachen nur ausnahmsweise, wenn im Einzelfall eine möglichst große Zahl schlüssiger Indizien und möglichst viele Details vorliegen. Beim Anscheinsbeweis dagegen ist der Zusammenhang der feststehenden und der angenommenen Tatsache so typisch, dass sich der daraus abzuleitende Schluss gleichsam aufdrängt, von seinem Vorliegen grundsätzlich ausgegangen werden kann.[45] Anders als beim Indizienbeweis bedarf der Anscheinsbeweis nicht des Vortrags möglichst vieler Details, sondern nur eines sehr grob und mit wenigen Tatsachen umschriebenen Sachverhalts. Zu viele Details lassen die Typizität und damit den Anscheinsbeweis eher wieder entfallen, können aber Grundlage für einen Indizienbeweis werden.[46]

Häufigste **Anwendungsbereiche** für solche Anscheinsvermutungen sind das Ver- 1341
schulden und die Kausalität bei Schadensersatzansprüchen.

> **Beispiele:** Fährt ein Autofahrer auf seinen Vordermann auf, so kann unterstellt werden, dass er schuldhaft gehandelt hat. Verursacht ein infolge Alkoholgenusses absolut verkehrsuntüchtiger Autofahrer einen Verkehrsunfall, so wird vermutet, dass der Unfall kausal auf der Trunkenheit beruhte.[47]
> Steht fest, dass Kinder in einer Scheune mit einem Feuerzeug gespielt haben, so wird vermutet, dass ein wenig später dort ausgebrochenes Feuer von ihnen verursacht wurde.[48]
> Umstritten ist, ob aus der ordnungsgemäßen **Absendung eines Briefes** durch die Post auf dessen (für das Wirksamwerden der Willenserklärung nach § 130 BGB entscheidenden) **Zugang** beim Empfänger geschlossen werden kann. Die ganz überwiegende Meinung verneint dies: Zwar geht nur ein verschwindend geringer Teil aufgelieferter Sendungen auf dem Postweg verloren, sodass von einem

---

43 *Nagel*, Haftungsquote und Anscheinsbeweis beim Verkehrsunfall mit zwei Kraftfahrzeugen, NJW 2013, 193; *Dörr*, Der Anscheinsbeweis im Verkehrsunfallprozess, MDR 2010, 1163; *Metz*, Anscheinsbeweis im Straßenverkehrsrecht, NJW 2008, 2806.

44 Ein Teil des neueren Schrifttums verneint einen Unterschied zwischen Anscheins- und Indizienbeweis: *Gottwald*, Schadenszurechnung und Schadensschätzung, 1979, 202, 244; *Walter*, Freie Beweiswürdigung, 1979, 214, 258; *Huber*, Das Beweismaß im Zivilprozess, 1983, 135; *Musielak/Stadler*, Grundfragen des Beweisrechts, 1984, Rn. 159, 182.

45 BGH MDR 2010, 806; NJW-RR 1993, 720; *Hansen*, Der Indizienbeweis, JuS 1992, 327 (330); 417.

46 *Lepa*, Beweiserleichterungen im Haftpflichtprozess, NZV 1992, 129; *Hansen*, Der Indizienbeweis, JuS 1992, 327.

47 BGH NJW 2011, 685; NJW-RR 1986, 323; OLG Düsseldorf BauR 1993, 233; *Hoffmann*, Der Anscheinsbeweis aus Anlaß von Trunkenheitsfahrten, NZV 1997, 57; *Stück*, Der Anscheinsbeweis, JuS 1996, 153; *Weber*, Der Kausalitätsbeweis im Zivilprozess, 1997.

48 BGH NJW 2010, 1072.

typischen Vorgang durchaus gesprochen werden kann, doch ergibt sich zum einen aus der Wertung des § 130 BGB ausdrücklich, dass der Zugang und nicht bloß die Absendung bewiesen werden muss, zum anderen kann der Absender (zum Beispiel durch Versendung als Einschreiben mit Rückschein) den Zugang beweisen, während dem Empfänger der Gegenbeweis unmöglich wäre.[49]
Überwiegend wird auch davon ausgegangen, dass aus dem ordnungsgemäßen Funktionieren der Gebührenerfassungseinrichtungen auf die Richtigkeit der aufgezeichneten Nutzung eines Telefonanschlusses (und damit die Höhe der **Telefonrechnung**) geschlossen werden kann. Streitig ist, wodurch dieser Anscheinsbeweis widerlegt werden kann, ob hierzu die deutliche Abweichung von den bisher verbrauchten Gebühren ausreicht oder ob es weiterer Umstände (zB der Möglichkeit der Anzapfung des Anschlusses durch Dritte) bedarf.[50]
Wird eine **EC-Karte** unter Verwendung der PIN (Geheimnummer) von einem Dritten missbräuchlich benutzt, so wird häufig ein Verschulden des Karteninhabers vermutet, weil nur dieser die Nummer kennt und sie entweder vorsätzlich (arglistiges Zusammenwirken mit dem Dritten) oder fahrlässig (Verlust der schriftlich notierten Zahl zusammen mit der Karte) herausgegeben haben muss. Seither sind zahlreiche kriminelle Techniken (Kopieren der Karte, Auslesen oder Abfangen der Geheimnummer) bekannt geworden, die eine deutliche Einschränkung des Anscheinsbeweises erforderlich machen.[51]

1342 Nie typisch sind **individuelle Willensentschlüsse**, insbesondere qualifizierte Schuldformen. Der Anscheinsbeweis des Verschuldens geht daher immer nur auf einfache Fahrlässigkeit, nie auf grobe Fahrlässigkeit oder gar auf Vorsatz.[52]

Beispiel: Wird bei einem von A verursachten Auffahrunfall ein mitfahrender Arbeitskollege verletzt und will der Sozialversicherungsträger für dessen Schaden Regress von A, so muss die dafür erforderliche grobe Fahrlässigkeit nach allgemeinen Regeln bewiesen werden. Der Anscheinsbeweis greift hier nicht, möglicherweise aber der Indizienbeweis.

1343 Die Typizität muss auch bei **Berücksichtigung aller Umstände des Einzelfalles** noch gegeben sein.[53]

Beispiel: Ist das vorausfahrende Fahrzeug erst unmittelbar vor dem Auffahrunfall aus einer Parklücke ausgeschert, so kommt als Unfallursache auch ein Verschulden des Vordermannes in Betracht, auf ein Verschulden des Auffahrenden kann im Wege des Anscheinsbeweises nicht geschlossen werden.[54] Je mehr Details des Falles bekannt sind, umso eher wird die Typizität des Geschehens entfallen. Dann scheidet der Anscheinsbeweis aus, möglich bleibt der Indizienbeweis.

---

49 BGHZ 24, 308 = NJW 1957, 1230; OLG Hamm NJW-RR 1995, 363; OLG Dresden NJW-RR 1994, 1485; OLG Köln MDR 1987, 405; AG Düsseldorf NJW-RR 1999, 1510; *Baumgärtel/Laumen/Prütting*, Handbuch der Beweislast im Privatrecht, Bd. II, 2. Aufl. 2009, § 130 BGB Rn. 2 ff. mwN auch zu Besonderheiten bei Fernschreiben und Telefax; aA AG Offenburg MDR 1989, 992.

50 OLG Stuttgart MMR 2000, 97; OLG Köln NJW-RR 1998, 1363; OLG Celle NJW-RR 1997, 568; LG Bielefeld MMR 2000, 112; LG Oldenburg NJW-RR 1998, 1365; LG Saarbrücken NJW 1998, 1367; div. LG NJW-RR 1996, 893 ff.

51 BGH NJW 2012, 1277; OLG Hamm NJW 1997, 1711; LG Osnabrück BKR 2003, 509 mAnm *Metz*; AG Essen BKR 2003, 514; AG Frankfurt a.M. BKR 2003, 514; AG München NJW-RR 2001, 1056; *Schulte am Hülse/Welchering*, Der Anscheinsbeweis bei missbräuchlicher Bargeldabhebung an Geldautomaten mit Karte und Geheimzahl, NJW 2012, 1262.

52 BGH NJW 1988, 2040; WM 1983, 1009; OLG Karlsruhe TranspR 1995, 439; OLG Celle NZV 1993, 187.

53 BGH VersR 1986, 343; *Lepa*, Beweiserleichterungen im Haftpflichtrecht, NZV 1992, 129.

54 BGH NJW 1996, 1828; LG Gießen ZfS 1995, 409; LG Frankfurt a.M. ZfS 1993, 259 mAnm *Diehl*.

b) Folgen

Ist der typische Sachverhalt unstreitig oder bewiesen, so steht damit auch die vermutete Haupttatsache zunächst fest. 1344

Die Vermutung ist *nicht unwiderleglich*. Dem Gegner steht es frei zu beweisen, dass die Vermutung im vorliegenden Fall ausnahmsweise nicht zutrifft. Feststehen müssen konkrete Tatsachen, aus denen sich die ernsthafte Möglichkeit eines vom gewöhnlichen abweichenden Geschehensverlaufs ergibt.[55] Nicht erforderlich ist, dass das Gericht das Nichtvorliegen der vermuteten Tatsache positiv feststellt. Anders als bei der gesetzlichen Vermutung, die positiv widerlegt werden muss (= Beweis des Gegenteils), indem voller Beweis für die Unrichtigkeit der Vermutung erbracht wird (→ Rn. 1328), reicht bei den Anscheinsvermutungen der Gegenbeweis, dh eine bloße **»Erschütterung« der Vermutung** aus, die bereits dann vorliegt, wenn ein vom gewöhnlichen (typischen) Verlauf abweichender Gang des Geschehens feststeht. Ist die Erschütterung des Anscheinsbeweises gelungen, tritt die »beweisrechtliche Normalsituation« wieder ein, dh, der Beweisführer muss die Haupttatsache mit den regulären Beweismitteln beweisen.[56] 1345

Beispiel: Trägt der Auffahrende vor, seine Bremse habe versagt und wird dies unstreitig, so entfällt der Anscheinsbeweis des Verschuldens. Der beweispflichtige Kläger muss das Verschulden des Beklagten nach den allgemeinen Grundsätzen beweisen. Bestreitet der Kläger das Bremsversagen, so reicht die bloße Behauptung eines möglichen anderen Geschehensablaufs zur Erschütterung des Anscheinsbeweises nicht aus. Hier muss der Beklagte seinen Vortrag beweisen, um der gegen ihn gerichteten Prima-facie-Vermutung zu entgehen.

Der Anscheinsbeweis ändert nicht die *Beweislast*. Wer nach allgemeinen Grundsätzen für eine Tatsache beweispflichtig ist, muss diese entweder im Wege des Anscheinsbeweises oder mit den allgemeinen Beweismitteln beweisen. Gelingt ihm dies nicht, hat er die hieraus resultierenden prozessualen Nachteile zu tragen. 1346

Der Anscheinsbeweis wird daher in den **Entscheidungsgründen** lediglich im Rahmen der Beweiswürdigung behandelt. 1347

5. Freibeweis

Im Rahmen des Strengbeweises besteht eine Bindung an die gesetzlich zugelassenen Beweismittel genauso wie an die gesetzliche Form ihrer Erhebung. Ausnahmsweise kann die Beweisaufnahme frei von diesen Bindungen erfolgen. 1348

Möglich ist dies mit Zustimmung der Parteien.

Erforderlich ist das Einverständnis beider Parteien. Dieses kann pauschal für die gesamte Beweisaufnahme oder für einzelne Beweiserhebungen erteilt werden und muss bei Beginn der Beweiserhebung vorliegen. Bis dahin kann es nur bei wesentlicher Änderung der Prozesslage, danach gar nicht mehr widerrufen werden.

Nach hM[57] ist das Freibeweisverfahren auch ohne Zustimmung der Parteien bei der Klärung derjenigen Tatsachen möglich, die nicht für die Entscheidung der materiell-

---

55 BGH NJW 1993, 3259; OLG Düsseldorf NZV 1993, 393.

56 BGH NJW 1998, 79.

57 BGH NJW 1997, 3319; 1996, 2038; BLAH/*Hartmann* ZPO Einf. § 284 Rn. 9; *Koch/Steinmetz*, Möglichkeiten und Grenzen des Freibeweises im Zivilprozess, MDR 1980, 901; *Oberheim*, Beweiserleichterungen im Zivilprozess, JuS 1996, 1111; Stein/Jonas/*Leipold* ZPO vor § 355 Anm. Abs. 3 1; kritisch *Peters*, Beweisarten im Zivilprozess, JA 1981, 65.

rechtlichen Streitfragen zwischen den Parteien von Bedeutung sind, sondern allein **das Verfahren selbst betreffen**

> So ist der Freibeweis zum **Beispiel** möglich im Prozesskostenhilfeverfahren (§ 118 II ZPO), zur Feststellung ausländischen Rechts (§ 293 S. 2 ZPO), der Zulässigkeitsvoraussetzungen oder bei der Frage, ob eine prozessuale Frist eingehalten wurde.[58]

Für bestimmte Verfahrensarten bestimmt darüber hinaus bereits das **Gesetz**, dass die Beweisregeln der ZPO nicht eingehalten werden müssen

> **Beispiele:** Im amtsgerichtlichen Bagatellverfahren erlaubt **§ 495a ZPO** dem Gericht, das (Beweis-) Verfahren nach billigem Ermessen zu gestalten, in den Verfahren der freiwilligen Gerichtsbarkeit gestattet **§ 29 FamFG**, die geeignet erscheinenden Beweise zu erheben.[59]

1349 Wo der Freibeweis möglich ist, ist das Gericht weder an Beweisantritte der Parteien noch an die Beweismittel und Beweisverfahren der ZPO (= Strengbeweis) gebunden. Es kann vielmehr Umfang und Form der Tatsachenfeststellung nach freiem Ermessen bestimmen.

> Denkbar sind zum **Beispiel** eigene Recherchen, die Einholung von Auskünften und dienstlichen Erklärungen oder die Zulassung eidesstattlicher Versicherungen der Parteien bzw. Dritter.[60]

Auch im Freibeweisverfahren müssen die **Prozessmaximen** beachtet werden, so insbesondere die Grundsätze der Parteiöffentlichkeit und der Gewährung rechtlichen Gehörs, sodass die Parteien Einfluss auf die Freibeweisaufnahme nehmen können.

1350 Ergebnis des Freibeweises muss wie im normalen Beweisverfahren die volle Überzeugung des Gerichts von der Wahrheit der zu beweisenden Tatsache sein. Bloße Wahrscheinlichkeit reicht nicht aus (= keine Ausnahme vom **Vollbeweis**). Der vollen Überzeugung des Gerichts kann bereits der von einer Partei erbrachte *Gegenbeweis* entgegenstehen.

Aufbauprobleme stellen sich beim Freibeweis in aller Regel nicht. Im Urteilstatbestand wird der Vortrag der Parteien zu der entsprechenden Tatsache – soweit vorhanden – dargestellt, die Entscheidungsgründe enthalten eine allgemeine Beweiswürdigung, in deren Rahmen die genannten Erleichterungen gelten.

6. Schätzung

a) Anwendungsbereich

1351 Steht zwar fest, dass dem Kläger ein Anspruch gegen den Beklagten zusteht, kann er dessen Höhe aber nicht beweisen, so hilft § 287 ZPO die an sich fällige Klageabweisung vermeiden, indem er die Anforderungen an den Beweis für einen Teil der Anspruchsvoraussetzungen lockert.[61]

---

58 BGH NJW-RR 2012, 509; NJW 2000, 2280; 2000, 814; 1996, 2038; *Sommerlad/Schrey*, Die Ermittlung ausländischen Rechts im Zivilprozess und die Folgen der Nichtermittlung, NJW 1991, 1377.

59 *Pohlmann*, Streng- und Freibeweis in der Freiwilligen Gerichtsbarkeit, ZZP 106 (1993), 181.

60 BGH NJW 1992, 627.

61 BVerfGE NJW 2010, 1870; *Lepa*, Beweiserleichterungen im Haftpflichtrecht, NZW 1992, 129; *Oberheim*, Beweiserleichterungen im Zivilprozess, JuS 1996, 921; zu den historischen Grundlagen MüKoZPO/*Prütting* § 287 Rn. 2 mwN.

Die Schätzung stellt eine Ausnahme sowohl vom Grundsatz des Strengbeweises (weil sie ohne förmliche Beweisaufnahme erfolgt[62]) als auch vom Grundsatz des Vollbeweises dar (weil die Tatsache auch dann zugrunde gelegt wird, wenn das Gericht nicht völlig von der Richtigkeit der Schätzung überzeugt ist, sondern sie nur für wahrscheinlich hält[63]). Dagegen bleibt die grundsätzliche Beweislastverteilung unverändert, eine Umkehr der Beweislast findet nicht statt.[64] **1352**

b) Voraussetzungen

§ 287 ZPO lässt eine Schätzung lediglich für haftungsausfüllende, nicht für haftungsbegründende Tatsachen zu. Die zum Grund der Haftung gehörenden Fragen sind nach den allgemeinen Grundsätzen voll zu beweisen, erst wenn sie feststehen, kommt eine Schätzung in zwei Teilbereichen in Betracht:[65] **1353**

(1) Stehen die haftungsbegründenden Voraussetzungen eines (gesetzlichen oder vertraglichen) **Schadensersatzanspruchs** fest, so kann nach § 287 I ZPO geschätzt werden, ob ein Schaden entstanden ist, wie hoch er sich beläuft und ob er kausal auf dem Haftungsgrund beruht (haftungsausfüllende Kausalität). **1354**

Da § 287 ZPO in Fällen der Beweisnot des Klägers eine unangemessene Entlastung des Beklagten vermeiden, nicht dagegen eine Sachaufklärung verhindern soll,[66] setzt Abs. 1 als ungeschriebene Voraussetzung – ähnlich wie in Abs. 2 ausdrücklich formuliert – die *Schwierigkeit der regulären Beweisführung* voraus. Erforderlich ist ferner, dass der Kläger *Tatsachen* angibt, aufgrund derer dem Gericht eine Schätzung möglich ist. **1355**

> **Beispiel:** Verlangt die Ehefrau eines bei einem Verkehrsunfall getöteten Mannes Ersatz ihres Unterhaltsschadens (§ 844 II BGB) vom Schädiger, so muss sie zunächst nach allgemeinen Grundsätzen beweisen, dass dieser den Unfall verschuldet hat. Geschätzt werden kann dann, ob, in welcher Höhe und wie lange die Ehefrau von ihrem Mann unterhalten worden wäre sowie, ob der erst sechs Monate nach dem Unfall eingetretene Tod des Verletzten auf dem Unfall beruht. Eine Schätzung zur Höhe ist dem Gericht nur möglich, wenn die Partei Angaben zum bisherigen Einkommen gemacht hat.[67]

(2) Nach § 287 II ZPO ist eine Schätzung im haftungsausfüllenden Bereich auch bei **sonstigen vermögensrechtlichen Ansprüchen** möglich. Voraussetzung ist das Feststehen aller haftungsbegründenden Voraussetzungen sowie die Schwierigkeit vollständiger Sachaufklärung. **1356**

> **Beispiel:** Lässt sich die Höhe eines dem Grunde nach feststehenden Minderungsanspruchs nur mittels einer umfangreichen, zur Höhe des Anspruchs außer Verhältnis stehenden Beweisaufnahme feststellen, so kann sie geschätzt werden.

Voraussetzungen, die nicht nach § 287 ZPO geschätzt werden können, sind nach § 286 ZPO festzustellen. Damit können in einem Urteil verschiedene Beweismaßstäbe gelten.

---

62 BGH NJW 1991, 1412.

63 BGH NJW-RR 1987, 339; NJW 1976, 1145; MüKoZPO/*Prütting* § 287 Rn. 3; aA Alternativ-Kommentar zur Zivilprozessordnung/*Rüßmann*, 1986, § 287 Rn. 5.

64 BGH NJW 1970, 1970.

65 BGH NJW 2008, 1381; 2002, 504; KG NJW 2000, 877.

66 BGH NJW 2005, 1713; NJW-RR 2005, 1157.

67 Zur Berechnung des Unterhaltsschadens BGH NJW-RR 1990, 221; OLG Frankfurt a.M. NJW-RR 1990, 1440; Palandt/*Sprau* BGB § 844 Rn. 8.

Beispiel: Macht der Kläger Ansprüche aus einer Invaliditätsversicherung geltend, so muss er den unfallbedingten ersten Gesundheitsschaden und die Invalidität voll beweisen (§ 286 ZPO), während die Kausalität zwischen beiden nach § 287 ZPO geschätzt werden kann.[68]

c) Folgen

1357 Liegen die Voraussetzungen des § 287 ZPO vor, so steht die Anwendung dieser Norm nicht im Ermessen des Gerichts, sondern ist **zwingend** geboten.[69] Unterbleiben darf die Schätzung nur, wenn ihre Voraussetzungen nicht vorliegen, sie insbesondere mangels hinreichender konkreter tatsächlicher Anhaltspunkte völlig in der Luft hinge und deshalb willkürlich wäre.[70]

Die Möglichkeit einer Schadensschätzung führt in vielen Fällen ohne weiteres unmittelbar zur Entscheidungsreife und erlaubt unter Absehen von bloßen Beweislastentscheidungen sachlich gerechte Urteile. Das Nichtausschöpfen der durch § 287 ZPO eingeräumten Freiheiten ist sowohl in der Praxis wie in Ausbildungs- und Examensarbeiten ein häufiger und **typischer Fehler** des Beweisverfahrens.

1358 Bei der eigentlichen **Schätzung** entscheidet das Gericht (wie im Rahmen des § 286 ZPO auch) »unter Würdigung aller Umstände nach freier Überzeugung«. Trotz des im Ansatz ähnlichen Wortlauts wie in § 286 ZPO besteht dieser Norm und damit dem regulären Beweisverfahren gegenüber eine Reihe von Unterschieden:

1359 • Das Gericht muss angebotene Beweise nicht erheben, sondern kann sich mit einer Bewertung der vorliegenden tatsächlichen Umstände begnügen.[71] Wichtig ist hierbei, dass *alle Umstände* berücksichtigt werden und die Schätzung nicht bloß auf einzelne, »genehme« Tatsachen gestützt wird, während andere, nicht zum Ergebnis passende Tatsachen unberücksichtigt bleiben.

1360 • Wo im Anwendungsbereich des § 287 ZPO eine Beweisaufnahme stattfindet, ist diese an die strengen Formanforderungen der ZPO nicht gebunden.[72] Eine wichtige Erweiterung der Beweismöglichkeiten stellt die sog. *»Schätzungsvernehmung«* nach § 287 I 3 ZPO dar, bei der das Gericht im Rahmen der (ggf. sogar eidlichen: § 452 ZPO) Parteivernehmung nicht, wie nach § 445 ZPO üblich, den Gegner, sondern den Beweisführer selbst vernimmt und zwar sowohl zur Feststellung der einzelnen Merkmale, aus denen sich die Schadenshöhe ableiten lässt, als auch zur Abgabe einer Schadensschätzung durch die betroffene Partei selbst.[73] Diese Möglichkeit besteht ausschließlich für die Schadensersatzansprüche nach Abs. 1 und dort nur über die Höhe des Schadens.

1361 • Für die richterliche Überzeugungsbildung ist die persönliche Gewissheit des Vollbeweises nicht erforderlich. Vielmehr reicht eine bloß erhebliche *Wahrscheinlichkeit* der Tatsache aus, soweit das Wahrscheinlichkeitsurteil auf einer gesicherten Grundlage beruht.[74] Wo anhand der vorgetragenen Tatsachen konkrete Berechnungen möglich sind, ist eine Rundung oder Pauschalierung nach § 287 ZPO nicht statthaft. Wo geschätzt wird, muss sie unter Ausnutzung aller verwertbaren Erkenntnismöglichkeiten möglichst nahe an die materielle Wahrheit heranführen.

---

68 BGH NJW-RR 2009, 1193.
69 BGH NJW 1996, 1077; 1994, 663; 1992, 2753.
70 BGH WM 1992, 36.
71 BGH NJW 1991, 1412.
72 BGH NJW 1991, 1412.
73 MüKoZPO/*Prütting* § 287 Rn. 25.
74 BGH JZ 1991, 262; OLG Koblenz NVersZ 2001, 269; OLG Brandenburg NJW-RR 2000, 467.

- Dagegen bleibt die grundsätzliche *Beweislastverteilung* unverändert, eine allgemeine Umkehr der Beweislast ergibt sich aus § 287 ZPO nicht.[75] Kann der Kläger die Voraussetzungen seines Anspruchs nicht beweisen und können diese auch nicht geschätzt werden, so wird die Klage abgewiesen. 1362

Wurde eine Schätzung vorgenommen, so werden die geschätzten Tatsachen der **Entscheidung** als feststehend zugrunde gelegt und stehen insoweit den regulär bewiesenen Tatsachen gleich. 1363

Besonderheiten ergeben sich für den **Aufbau** eines Urteils: 1364

- Im Rahmen der *Sachverhaltsdarstellung* müssen alle zur Ausübung des Ermessens heranzuziehenden Schätzungstatsachen angegeben werden.
- Erfolgt eine Schätzung, so muss diese in den *Entscheidungsgründen* begründet werden, indem – neben den Voraussetzungen des § 287 ZPO – die tatsächlichen Grundlagen der Schätzung und ihre Wertung in objektiv nachprüfbarer Weise dargelegt werden.[76]

7. Glaubhaftmachung

Nach dem Grundsatz des Vollbeweises ist ein Beweis erst geführt, wenn das Gericht von der Wahrheit der zu beweisenden Tatsache vollständig überzeugt ist. Diese hohen Anforderungen an die richterliche Überzeugung mindert das Institut der Glaubhaftmachung, das einen deutlich geringeren Grad an Wahrscheinlichkeit ausreichen lässt. Um diesen herbeizuführen, kann die Glaubhaftmachung auch mit anderen als den üblichen Beweismitteln erfolgen (**§ 294 ZPO**). 1365

Eine solche Glaubhaftmachung ist nur **statthaft**, wo das Gesetz sie entweder erfordert oder zumindest genügen lässt. 1366

Dies ist insbesondere der Fall in den **Eilverfahren** (§§ 920 II, 936 ZPO), daneben im Prozesskostenhilfeverfahren (§ 118 II 1 ZPO), bei der Richterablehnung (§ 44 ZPO), der Wiedereinsetzung (§ 236 II ZPO)[77] oder der Entschuldigung der Säumnis (§ 251a II 4 ZPO).[78] Eine entsprechende Anwendung auf andere Fälle ist wegen des Ausnahmecharakters grundsätzlich nicht möglich.[79]

Im Anwendungsbereich der Glaubhaftmachung gelten Besonderheiten zunächst für die zur Verfügung stehenden **Beweismittel**: 1367

- Wie bei der »normalen« Beweisaufnahme auch, stehen alle *regulären Beweismittel* der ZPO zur Verfügung. Dabei besteht eine Bindung an die strengen Formvorschriften der einzelnen Beweismittel nicht.

> Möglich sind damit zum **Beispiel** uneidliche Parteibefragungen, schriftliche Zeugenanhörungen über die Voraussetzungen des § 377 IV ZPO hinaus, die Bezugnahme auf dem Gericht zugängliche Akten oder die Vorlage unbeglaubigter Kopien von Urkunden.[80]

75 BGH NJW 1970, 1970.
76 BGH VersR 1965, 239; BGHZ 6, 63.
77 *Koch*, Die Glaubhaftmachung beim Antrag auf Wiedereinsetzung, NJW 2016, 2994.
78 Weitere Fälle bei *Peters*, Beweisarten im Zivilprozess, JA 1981, 65.
79 Thomas/Putzo/*Reichold* ZPO § 294 Rn. 3.
80 BGH NJW 2003, 3558; OLG Köln FamRZ 1983, 709; *Oberheim*, Beweiserleichterungen im Zivilprozess, JuS 1996, 1113; *Peters*, Beweisarten im Zivilprozess, JA 1981, 65; Thomas/Putzo/*Reichold* ZPO § 294 Rn. 3; Zöller/*Greger* ZPO § 294 Rn. 5; zur Beweiswürdigung in diesen Fällen OLG Köln MDR 1981, 765.

- Zusätzlich hierzu kann (sofern dies nicht ausdrücklich für unzulässig erklärt ist, wie zB in den §§ 44, 511 III ZPO) auch eine *Versicherung an Eides Statt* vorgelegt werden (§ 294 I ZPO). Diese kann von dritten Personen, auch vom Beweisführer selbst herrühren. Sie hat grundsätzlich schriftlich zu erfolgen, eine eigene Darstellung der glaubhaft zu machenden Tatsachen[81] und die Versicherung ihrer Richtigkeit an Eides Statt (§ 156 StGB) zu enthalten. Bei einem Rechtsanwalt kommt, da er Organ der Rechtspflege ist, anstelle der Versicherung an Eides Statt eine sog. »*anwaltliche Versicherung*« in Betracht, wenn es um Vorgänge geht, die er im Rahmen seiner Berufstätigkeit wahrgenommen hat (vgl. § 104 II ZPO).[82]

1368 Voraussetzung ist nach § 294 II ZPO, dass die Beweisaufnahme sofort erfolgen kann, alle Beweismittel müssen in der mündlichen Verhandlung **präsent**, dh von den Parteien gestellt oder vom Gericht terminsvorbereitend bereitgestellt sein.[83] Ein neuer Termin zur Durchführung einer Beweisaufnahme wird nicht bestimmt. Diese Einschränkung gilt nicht, wo das Gesetz die Glaubhaftmachung nicht erfordert, sondern nur genügen lässt (zB in den §§ 104 II, 605 II ZPO): Da hier nur eine Erleichterung, jedoch keine Erschwerung für die Partei eintreten soll, ist auch die nicht sofort mögliche Beweisaufnahme statthaft.[84]

1369 Wichtiger noch als die Erweiterungen der Beweismittel ist die Erleichterung bezüglich des **Beweismaßes**: Eine Tatsache ist bereits dann glaubhaft gemacht, wenn für ihr Vorliegen eine bloß »überwiegende Wahrscheinlichkeit« spricht,[85] eine »an Sicherheit grenzende Wahrscheinlichkeit« ist nicht erforderlich. Selbst wenn das Gericht vom Vorliegen der Tatsachen nicht überzeugt ist und hieran mehr als nur unerhebliche Zweifel hegt, steht das einer Zugrundelegung dieser Tatsachen für die Entscheidung nicht im Wege, solange das Vorliegen der Tatsache wahrscheinlicher ist als ihr Nichtvorliegen.

1370 Die Glaubhaftmachung ist eine nicht nur für den Beweisführer, sondern auch für den Gegner geltende Beweiserleichterung, sodass dieser den **Gegenbeweis** in gleicher Form führen kann.[86]

1371 Für den **Aufbau** eines Urteils ist zu beachten, dass die Glaubhaftmachung regelmäßig zu den Voraussetzungen eines Prozessinstituts gehört[87] und deswegen (anstelle der sonst üblichen Beweisaufnahme) in der Prozessgeschichte des *Sachverhalts* der besonderen Darstellung bedarf. In den *Entscheidungsgründen* folgt die Begründung der berücksichtigten Tatsachen, insbesondere der Beweiswürdigung, entsprechend den Grundsätzen der Glaubhaftmachung.

81 BGH NJW 1988, 2045; OLG Köln MDR 1986, 152; vielfach lässt die Praxis aber auch die bloße Bezugnahme auf den Vortrag der Partei in einem gesonderten Schriftsatz zu.

82 BGH MDR 2010, 648; OLG Koblenz MDR 2005, 827.

83 LAG Köln NZA 1998, 280.

84 Thomas/Putzo/*Reichold* ZPO § 294 Rn. 3; Zöller/*Greger* ZPO § 294 Rn. 2, 3.

85 BGH NJW 2002, 1429.

86 Thomas/Putzo/*Reichold* ZPO § 294 Rn. 3; Zöller/*Greger* ZPO § 294 Rn. 2; zum Gegenbeweis → Rn. 1323, → Rn. 1331, → Rn. 1337.

87 Zur Bedeutung beim Eilverfahren → Rn. 798.

8. Beweisvereitelung

Muss eine Partei eine Tatsache beweisen und wird ihr dies aufgrund eines Verhaltens des Prozessgegners[88] unmöglich gemacht, so wäre es unbillig, hier eine von den Ursachen der Beweisfälligkeit losgelöste reine Beweislastentscheidung zu treffen. 1372

Beispielsfälle: Lässt ein Arzt in der Operationswunde einen Tupfer zurück, entfernt er diesen in einer zweiten Operation und wirft ihn danach weg, so macht er dem Patienten damit den Beweis von Art und Größe des Tupfers unmöglich.[89]
Andere Fälle der Beweisvereitelung sind die Vernichtung dem Gegner günstiger Beweisurkunden, die Beseitigung eines Mangels, die unzulässige Beeinflussung von Zeugen, die Nichtentbindung von der ärztlichen Schweigepflicht oder das Nichtzugänglichmachen von Beweismitteln für Gericht oder Sachverständige.[90] Keine Beweisvereitelung liegt vor, wenn der Beweisführer es unterlassen hat, den Beweis rechtzeitig sichern zu lassen.[91]

Die **Folgen** der Beweisvereitelung sind für einzelne Fälle *gesetzlich* geregelt. So ordnen zB die §§ 371 III, 427, 441 III 3, 444, 446, 453 II, 454 I ZPO spezielle nachteilige Rechtsfolgen für die beweisvereitelnde Partei an. Hieraus und aus dem auch im Prozessrecht geltenden Grundsatz von Treu und Glauben (§ 242 BGB) hat sich über die gesetzlich geregelten Fälle hinaus ein *allgemeines Institut* der Beweisvereitelung herausgebildet,[92] das je nach dem Grad des Verschuldens verschiedene Rechtsfolgen ermöglicht: 1373

- Hat die den Beweis vereitelnde Partei **vorsätzlich** gehandelt, so kann die zu beweisende Tatsache auch ohne den Beweis als wahr behandelt werden.
- Erfolgte die Beweisvereitelung nur **fahrlässig**, so können – je nach dem Grad der Fahrlässigkeit und den Umständen des Einzelfalles – zugunsten des Beweisführers Beweiserleichterungen von der Möglichkeit der eigenen Parteivernehmung über die Zulassung bloßer Glaubhaftmachung bis hin zur vollständigen Beweislastumkehr eintreten.[93]

In der *Sachverhaltsdarstellung* sind die die Beweisvereitelung begründenden Tatsachen als unstreitig oder streitig darzustellen, ausnahmsweise kann es auch der Darstellung hierzu gehöriger Prozessgeschichte bedürfen, so zB der Anordnung einer Beweisaufnahme oder einer Urkundenvorlegung (§ 425 ZPO) durch das Gericht. Kommt eine Beweisvereitelung in Betracht, so ist sowohl ihre Annahme als auch ihre Ablehnung unter Abwägung aller Umstände des Einzelfalles zu begründen: In den *Entscheidungsgründen* eines Urteils erfolgt dies im Rahmen der Tatsachenfeststellungen zur Ausfüllung einzelner Tatbestandsvoraussetzungen. 1374

88 Verhindert die beweisführende Partei selbst die Beweiserhebung, so ist dies kein Fall der Beweisvereitelung, sondern der Beweisfälligkeit; zuletzt OLG Düsseldorf NJW-RR 1993, 1433.

89 BGH VersR 1958, 785 f.

90 BGH NJW 2009, 360; NJW-RR 1996, 1534; NJW 1994, 2773; 1993, 1391; OLG Dresden OLG-NL 2001, 97; OLG München NJW 1992, 1568.

91 BSG NJW 1994, 1303; → Rn. 1301 ff.

92 BGH NJW 1986, 59; 1987, 1482; OLG Stuttgart, NZV 1993, 73; *Gerhardt*, Beweisvereitelung im Zivilprozessrecht, AcP 169 (1969), 289; *Laumen*, Voraussetzungen und Rechtsfolgen der Beweisvereitelung, MDR 2009, 177; *Lepa*, Beweiserleichterungen im Haftpflichtrecht, NZV 1992, 129; *Michalski*, Beweisvereitelung durch beweisbelastete Partei und Nachholbarkeit in der Berufungsinstanz, NJW 1991, 2069; *Musielak/Stadler*, Grundfragen des Beweisrechts, 1984, § 12; *Oberheim*, Beweiserleichterungen im Zivilprozess, JuS 1997, 61; zur Abgrenzung von § 242 BGB BGH NJW-RR 2000, 1471.

93 BGH NJW 2006, 434; 1986, 2365; OLG München NJW-RR 1987, 1021; OLG Frankfurt a.M. NJW 1980, 2758.

9. Umkehr der Beweislast

a) Anwendungsbereich

1375 Eine der weitestgehenden Beweiserleichterungen ist die Beweislastumkehr:[94] Während im Regelfall bei Unerweislichkeit einer Tatsache von deren Nichtvorliegen ausgegangen wird, hat die Rechtsprechung einige Fallgruppen entwickelt, in denen die Tatsache im Wege einer **Positivfiktion** als gegeben angesehen wird, solange der Gegner nicht deren Nichtvorliegen beweist.

Mit dem Grundsatz, dass derjenige, der einen Anspruch geltend macht, dessen Voraussetzungen beweisen muss und die Klage im Fall der Nichterweislichkeit abgewiesen wird, wird der Beklagte vor vorschneller, ungerechtfertigter Verurteilung geschützt. Die Beweislastverteilung dient damit der Findung »gerechter«, den Wertungen des materiellen Rechts entsprechender Entscheidungen für den Fall einer Unaufklärbarkeit des Sachverhalts. Eine Umkehr der Beweislast kann daher **nur ganz ausnahmsweise** dort in Betracht kommen, wo die Normalverteilung zu evident »ungerechten«, sozial unerträglichen Ergebnissen führen würde. Bloße Billigkeits- oder Bequemlichkeitserwägungen, wem ein Beweis eher möglich oder zumutbar ist, reichen hierbei nicht aus.[95]

1376 Den praktisch wichtigsten Fall einer **gesetzlichen Beweislastumkehr** enthält § 280 I 2 BGB.

Beispiel: Der Kläger hat dem Beklagten sein Auto vermietet, als er es zurückverlangt, behauptet der Beklagte, das Auto sei gestohlen worden. Der Kläger klagt daher auf Zahlung von Schadensersatz. Grundsätzlich müsste der Kläger hier das zu den Voraussetzungen seines Anspruchs gehörende Verschulden des Schuldners beweisen. Insoweit jedoch kehrt § 280 I 2 BGB die Beweislast zulasten des Schuldners um, der sich entlasten muss und das Risiko einer Unerweislichkeit des Vertretenmüssens trägt. Grund hierfür ist, dass der Gläubiger die Vorgänge, die zur Unmöglichkeit geführt haben, gar nicht kennen kann, wohl aber der Schuldner, in dessen Sphäre sie sich ereignet und ausgewirkt haben und der mit der Schuld vertraglich auch das Leistungsrisiko übernommen hat.[96]

1377 Rechtsprechung und Lehre leiten aus § 280 I 2 BGB und aus ähnlichen Normen (zB §§ 548, 694 BGB) einen **allgemeinen Rechtsgedanken** her. Wo eine Abweichung von den allgemeinen Beweislastgrundsätzen geboten ist, ist bis heute nicht zweifelsfrei geklärt. Die vorhandenen Einzelfallentscheidungen werden in kaum verallgemeinerbarer Form mit »besonderen Interessenlagen«, »Zumutbarkeiten bei der Beweisführung«, »schutzwürdigen Interessen« oder allgemein mit »Billigkeitserwägungen« begründet und sind damit nur schwer fassbar. Zudem sind die Grenzen zu anderen Beweiserleichterungen fließend. Traditionell wird die Beweislastumkehr in folgende Fallgruppen[97] gefasst.

94 *Belling/Riesenhuber*, Beweislastumkehr und Mitverschulden, ZZP 108 (1995), 453; *Gottwald*, Grundprobleme der Beweislastverteilung, JURA 1980, 225; *Oberheim*, Beweiserleichterungen im Zivilprozess, JuS 1997, 358; *Reinhardt*, Die Umkehr der Beweislast aus verfassungsrechtlicher Sicht, NJW 1994, 93.

95 BGH NJW 1997, 892; *Reinhardt*, Die Umkehr der Beweislast aus verfassungsrechtlicher Sicht, NJW 1994, 93; *Huster*, Beweislastverteilung und Verfassungsrecht, NJW 1995, 112.

96 BGH NJW 1965, 1583; Soergel/*Wiedemann*, BGB, 13. Aufl. 2013, BGB § 282 Rn. 3 mwN; *Wahrendorf*, Die Prinzipien der Beweislast, 1976, 100.

97 StRspr seit BGHZ 8, 241; 48, 312; BGH VersR 1970, 179; Thomas/Putzo/*Reichold* ZPO Vorbem. § 284 Rn. 25; Nachweise bei *Reinhardt*, Die Umkehr der Beweislast aus verfassungsrechtlicher Sicht, NJW 1994, 93 (95).

b) Fallgruppen

1378 **(1) Produkthaftung.** Ist ein Industrieerzeugnis fehlerhaft hergestellt und kommt es bei dessen bestimmungsgemäßer Nutzung zu einem Schaden, so muss der Hersteller beweisen, dass ihn an dem Fehler kein Verschulden trifft.

Dieses ursprünglich von der Rechtsprechung[98] für den Bereich der deliktischen Haftung herausgearbeitete Ergebnis hat inzwischen durch die Einführung einer Gefährdungshaftung Eingang ins Produkthaftungsgesetz (§ 1 ProdHaftG) gefunden.[99]

1379 **(2) Umwelthaftung.** Kommt es durch eine schadstoffemittierende Anlage zu einem Schaden, so trägt deren Betreiber die Beweislast dafür, dass die Emissionen sich im Rahmen der ortsüblichen Grundstücksbenutzung halten und dass er die wirtschaftlich zumutbaren Vorkehrungen zur Eindämmung der Umweltbelastung getroffen hat.[100]

Auch hier hat der Gesetzgeber die Erwägungen der Rechtsprechung inzwischen übernommen (vgl. § 6 Umwelthaftungsgesetz).

1380 **(3) Arzthaftung.** Die heute wichtigsten Fälle der Beweislastumkehr liegen im Bereich der Arzthaftung.[101]

Weil der Arzt keinen Erfolg versprechen kann, er nur sachgerechte Behandlung schuldet, trägt nicht er, sondern der Patient das **Erfolgsrisiko** der Behandlung. Dieser Grundsatz darf mit der Beweislastverteilung nicht umgekehrt werden, sodass der Patient trotz unverkennbarer praktischer Beweisschwierigkeiten (Narkose, Nichtnachvollziehbarkeit ärztlicher Maßnahmen) grundsätzlich ein Fehlverhalten des Arztes (»Kunstfehler«) nachweisen muss.[102]

Eine Umkehr der Beweislast ist deswegen nicht generell, sondern nur in Teilbereichen möglich:

- Wenn dem Arzt ein *grober Behandlungsfehler*[103] nachgewiesen ist, muss er dessen fehlende Kausalität nachweisen, dh dartun, dass der Schaden auch ohne den Fehler eingetreten wäre.[104]

98 BGH NJW 1996, 2507; BGHZ 80, 186 = NJW 1981, 1603; OLG Koblenz NJW-RR 1999, 1624; *Kullmann*, Die Rechtsprechung des BGH zum Produkthaftpflichtrecht, NJW 1999, 96.

99 OLG Koblenz NJW-RR 1999, 1624; *Schröer*, Die Beweislast im Zivilprozess, JA 1992, ÜBlRef 102.

100 BGHZ 92, 143 = NJW 1985, 47; BGHZ 90, 255; *Hager*, Das neue Umwelthaftungsgesetz, NJW 1991, 134.

101 *Jorzig*, Arthaftungsprozess – Beweislast und Beweismitttel, MDR 2001, 481; *Kollhosser/Kubilius*, Grundfragen des Arztrechts, JA 1996, 339; *Martis/Winkhart-Martis*, Aktuelle Entwicklungen im Arzthaftungsrecht – Beweislastumkehr, Arbeitsteilung, Verjährung, MDR 2011, 709; *Müller*, Beweislast und Beweisführung im Arzthaftungsprozess, NJW 1997, 3049; *Scholz*, Zur Beweislast im Arzthaftungsprozess, ZfS 1997, 1 (41); *Schröer*, Die Beweislast im Zivilprozess, JA 1992, ÜBlRef 102.

102 BGH NJW 2007, 2767.

103 Grob ist ein Behandlungsfehler nach der Rechtsprechung des BGH, wenn es sich um ein Fehlverhalten handelt, »das zwar nicht notwendig aus subjektiven, in der Person des Arztes liegenden Gründen, aber aus objektiver ärztlicher Sicht bei Anlegung des für einen Arzt geltenden Ausbildungs- und Wissensmaßstabes nicht mehr verständlich und verantwortbar erscheint, weil ein solcher Fehler dem behandelnden Arzt aus dieser Sicht schlechterdings nicht unterlaufen darf«: BGH NJW 1983, 2080; 1995, 408 mAnm *Baumgärtel* JZ 1995, 408; BGH NJW-RR 2007, 744 mAnm *Hager* JA 2007, 459.

104 BGH NJW 2008, 1381; 2004, 2011.

> **Beispiel:** Stirbt eine Patientin an Nierenversagen, nachdem der Arzt einen »hochpathologischen Harnbefund« nicht beachtet hat, und lässt sich nicht mehr feststellen, ob die Frau bei sofortigem Eingreifen überhaupt noch hätte gerettet werden können, so wird der Schadensersatzklage der Angehörigen stattgegeben.[105]
> Stehen der grobe Behandlungsfehler und der Schaden (beides muss der Patient im Zweifel nach den allgemeinen Grundsätzen zunächst voll beweisen) fest, so rechtfertigt die privilegierte Situation des Arztes (er verfügt über ein überlegenes Fachwissen, kennt den Behandlungsvorgang und hat diesen beherrscht, während der Patient keine Einsicht in die vorgenommenen Maßnahmen, ihre Angemessenheit und ihre Auswirkungen hat) eine Umkehr der Beweislast zumindest für die haftungsbegründende Kausalität, dh den Ursachenzusammenhang zwischen dem Behandlungsfehler und der Rechtsgutsverletzung.

- Wenn der Schaden auf dem Einsatz eines fehlerhaft funktionierenden *technischen Geräts* beruht, muss der Arzt (bzw. der Krankenhausträger) beweisen, dass ihn (und seine Erfüllungsgehilfen) hieran kein Verschulden trifft.[106]

> **Beispiel:** Der Kläger wurde während einer Operation durch ein Gerät narkotisiert, mit dem ihm über einen Gummitubus mit Ballon ein Sauerstoff-Lachgasgemisch unmittelbar in die Luftröhre eingeführt wurde. Während der Operation kam es zu einer Unterversorgung mit Sauerstoff, die erst bemerkt wurde, nachdem es bereits zu einem Hirnschaden des Klägers gekommen war. Im Schadensersatzprozess gegen den Krankenhausträger kommt ein Sachverständiger zu dem Ergebnis, unfallursächlich sei entweder zu starker Druck, was an der Aufblähung des Ballons hätte erkannt werden können, oder eine Altersbrüchigkeit des Tubus, was möglicherweise nicht zu erkennen war. Damit stehen zwar ein Behandlungsfehler und dessen Ursächlichkeit für den Schaden fest, nicht aber ein Verschulden der Beklagten.
> Die Rechtsprechung kehrt hier die Beweislast für das Verschulden um. Anders als bei der »normalen« ärztlichen Behandlung, bei der ein Erfolg selbst bei Anwendung höchstmöglicher Sorgfalt nie sicher vorausgesagt werden kann, weil auch der Arzt selbst den Heilungsverlauf nicht beherrscht und viele Risiken nicht zuverlässig ausschließen kann, ist der Einsatz technischer Geräte auch in der Heilbehandlung durchaus beherrschbar. Regelmäßige Wartung und Kontrolle kann ein ordnungsgemäßes Funktionieren sicherstellen, altersbedingtem Verschleiß unterliegende Teile müssen rechtzeitig ausgetauscht werden. Dass alle diese möglichen Vorsorgemaßnahmen eingehalten wurden, kann der Patient nicht nachvollziehen, insoweit obliegt es dem Arzt bzw. dem Krankenhausträger, zu beweisen, dass ihn oder die mit der Wartung betrauten Erfüllungsgehilfen kein Verschulden trifft. Allerdings kann der Arzt keine verschuldensunabhängige Garantie für das fehlerfreie Funktionieren des Geräts übernehmen: Für nicht erkennbare Konstruktionsmängel zB haftet allein der Hersteller.[107]

- Wenn ein *Organisationsmangel* vorliegt,[108] so obliegt es dem Arzt (bzw. dem Krankenhausträger) nachzuweisen, dass dieser für den Schaden nicht ursächlich war.

> **Beispiel:** Der zuständige Oberarzt überlässt eine schwierige Operation einem in der Ausbildung befindlichen Assistenzarzt, der mit derartigen Eingriffen bisher nur geringe Erfahrungen hat, ohne ihn dabei zu beaufsichtigen. Der Assistent verletzt einen Nerv, sodass der Kläger dauerhafte Lähmungen erleidet. Der in Anspruch genommene Krankenhausträger trägt vor, auch ein erfahrener Oberarzt habe die Verletzung nicht verhindern können; beweisen lässt sich das nicht.
> Der Einsatz unerfahrenen Personals ist – wie der Einsatz technischen Geräts – ein erkennbares und beherrschbares Risiko: Dass solche Personen möglicherweise nicht über die Kenntnisse

105 BGH NJW 1978, 2337; BGHZ 72, 132 = NJW 1978, 2337.
106 BGH NJW 1978, 584; 1975, 2245.
107 *Baumgärtel/Wittmann*, Die Beweislastverteilung im Arzthaftungsprozess, JA 1979, 114 mwN.
108 BGH NJW 1994, 1594; 1978, 1681; OLG Düsseldorf NJW 1995, 1620.

und Fertigkeiten eines voll ausgebildeten Mitarbeiters verfügen, liegt auf der Hand und muss bei der Arbeitsorganisation berücksichtigt werden. Auf die Organisation und die Auswahl des eingesetzten Personals hat der Patient keinen Einfluss. Der Rechtsgedanke des § 831 BGB lässt es daher auch hier zu, die Beweislast zum Nachteil des Arztes bzw. Krankenhausträgers umzukehren und bis zum Beweis des Gegenteils von der Schadensursächlichkeit auszugehen.

- Wenn der Arzt wesentliche Fakten unrichtig oder unvollständig *dokumentiert* hat, muss er beweisen, dass diese Tatsachen (zB Befunde oder Therapiemaßnahmen) dennoch vorlagen.[109]

Beispiel: Bei der Klägerin ist es nach einem Routineeingriff zu schweren Lähmungserscheinungen gekommen. Im Schadensersatzprozess behauptet der Arzt, die Schäden seien psychogen und nicht auf einen Behandlungsfehler zurückzuführen. Der vom Gericht beauftragte Sachverständige kann dies nicht aufklären, da sich herausstellt, dass die Krankenunterlagen der Klägerin lediglich aus einer Fieberkurve und einem Verzeichnis der verabreichten Medikamente bestehen. Ein Operationsbericht ist genauso wenig vorhanden wie Aufzeichnungen über die Nachbehandlung.[110]

Die Geschädigte kann den ihr obliegenden Beweis eines Behandlungsfehlers nur anhand von schriftlichen Unterlagen führen, die über Behandlungsinhalt und -verlauf erstellt wurden. Die Verpflichtung zur Erstellung entsprechender Unterlagen ergibt sich für den Arzt nicht nur aus der ärztlichen Berufsordnung, sondern auch als Nebenpflicht aus dem Behandlungsvertrag.[111] Verletzt der Arzt diese Pflicht, macht er dem Patienten die Beweisführung in der Regel unmöglich. Wann hierin (nur) ein im Rahmen der Beweiswürdigung frei zu berücksichtigender Fall der Beweisvereitelung und wann ein dem Arzt das Risiko der Nichtaufklärbarkeit des Behandlungsfehlers stets zuzurechnender Fall der Beweislastumkehr vorliegt, ist von Rechtsprechung und Lehre nicht hinreichend klar abgegrenzt.[112] Der BGH spricht regelmäßig von »Beweiserleichterungen zugunsten des geschädigten Patienten, die bis hin zur Umkehr der Beweislast führen können«,[113] in der Literatur wird die der Vielfalt möglicher Sachverhalte Rechnung tragende »Offenheit« der Fallgruppe mangelnder Dokumentation hervorgehoben.[114] In allen Fällen der Verletzung von Dokumentationspflichten eine Beweislastumkehr für den Behandlungsfehler selbst zu sehen, geht sicher zu weit,[115] insoweit bietet das Institut der Beweisvereitelung die flexibleren und angemesseneren Möglichkeiten, soweit die Pflichtverletzung schuldhaft erfolgte. Damit dem Arzt nicht doch eine Erfolgshaftung bei einem Behandlungsmisserfolg aufgebürdet wird, kommt eine Beweislastumkehr nur bei einem erheblichen Verdacht eines Behandlungsfehlers und einer wesentlichen Missachtung der Dokumentationspflicht in Betracht. Hierzu bedarf es des substanziierten Vortrags von Einzeltatsachen (zB Befunde, Therapiemaßnahmen oder Behandlungsfehler) durch den Patienten.[116]

- Die sich aus einer Verletzung der *Aufklärungspflicht*[117] ergebende Haftung beruht nicht auf einer Beweislastumkehr, weil der Arzt schon nach allgemeinen Grund-

109 BGH NJW 2004, 1871; *Strohmaier*, Zweck und Ausmaß der Dokumentationspflicht des Arztes, VersR 1998, 416.
110 BGH NJW 1983, 332.
111 BGH NJW 1978, 2337; *Musielak/Stadler*, Grundfragen des Beweisrechts, 1984, Rn. 264.
112 *Gottwald*, Sonderregeln der Beweislastverteilung, JURA 1980, 303.
113 BGH NJW 1996, 1589; 1983, 332; *Gerhardt*, Beweisvereitelung im Zivilprozessrecht, AcP 169 (1969), 289 mwN.
114 *Baumgärtel/Wittmann*, Die Beweislastverteilung im Arzthaftungsprozess, JA 1979, 114.
115 BGH NJW 1983, 332.
116 BGH NJW 1994, 802; BLAH/*Hartmann* ZPO Anh. § 286 Rn. 59; *Gottwald*, Sonderregeln der Beweislastverteilung, JURA 1980, 303; *Stürner*, Entwicklungstendenzen des zivilprozessualen Beweisrechts und Arzthaftungsprozeß, NJW 1979, 1225.
117 KG VersR 1979, 260; *Stodolkowitz*, Beweislast und Beweiserleichterungen bei der Schadensursächlichkeit von Aufklärungspflichtverletzungen, VersR 1994, 11.

sätzen beweisen muss, dass die Voraussetzungen einer rechtfertigenden Einwilligung bestehen.

Beispiel: Der Kläger leidet an einer Afterfistel. Diese kann auf herkömmliche Weise beseitigt werden, wobei die Gefahr einer dauerhaften Stuhlinkontinenz besteht. Eine neuere Behandlungsmethode ist aufwändiger, mit einem entsprechenden Risiko aber nicht verbunden. Nach dem auf herkömmliche Weise durchgeführten Eingriff leidet der Kläger an Stuhlinkontinenz und verlangt deshalb vom Arzt Schadensersatz. Der Arzt behauptet, den Kläger über alle Alternativen und Risiken vollständig aufgeklärt zu haben. Da sich dies nicht sicher feststellen lässt, trägt der Arzt hilfsweise vor, der Kläger hätte auch bei ausreichender Aufklärung dem weniger aufwändigen herkömmlichen Eingriff zugestimmt.
Da auch der ärztliche Heileingriff nach hM eine tatbestandsmäßige Körperverletzung iSd § 823 I BGB darstellt, muss dessen (zunächst indizierte) Rechtswidrigkeit durch die Einwilligung des Patienten ausgeschlossen werden. Die Beweislast für das Vorliegen eines solchen Rechtfertigungsgrundes trägt der Schädiger,[118] der in diesem Zusammenhang auch dartun muss, dass die Einwilligung wirksam war. Letzteres ist nur dann der Fall, wenn der Patient weiß, in was er einwilligt, und er darum vorher über alle mit dem Eingriff verbundenen Risiken hinreichend aufgeklärt wurde. Lässt sich eine wirksame Aufklärung nicht beweisen, bleibt der Eingriff rechtswidrig. Das gleiche gilt für die Behauptung des Arztes, der Patient hätte auch bei ausreichender Aufklärung dem Eingriff zugestimmt.[119]

1381 **(4) Grobe Verletzung von Berufspflichten.** Nicht nur beim Arzt können Berufspflichten, die zum Schutz des Körpers oder der Gesundheit anderer bestehen, in grober Weise verletzt werden. Auch bei anderen Berufsgruppen hat der Schädiger dann zu beweisen, dass sein Verhalten nicht kausal für den eingetretenen Schaden war.

Angenommen hat dies die Rechtsprechung **zB** bei Bademeistern, Krankenhauspersonal oder Hebammen.[120] Eine grobe Verletzung von Berufspflichten nimmt die Rechtsprechung auch bei der Verletzung von DIN-Normen an.[121]

1382 **(5) Verletzung vertraglicher Aufklärungs- und Beratungspflichten.** Werden Aufklärungs- oder Beratungspflichten aus einem Vertrag verletzt, so muss der Verletzer beweisen, dass der Schaden auch bei pflichtgemäßem Verhalten eingetreten wäre.[122]

Aus vielen Vertragstypen ergibt sich die Pflicht, den Vertragspartner über bestimmte Umstände und Risiken aufzuklären bzw. ihn über komplexe Sachverhalte und Zusammenhänge zu beraten. Für eine ganze Reihe von Berufsgruppen ist eine solche Verpflichtung geradezu typisch. Dazu gehören nicht nur Ärzte, sondern zB auch Rechtsanwälte,[123] Steuerberater, Wirtschaftsprüfer, Architekten oder Banken.[124] Wird aus der Verletzung einer solchen Pflicht geklagt, so trägt der Kläger nach allgemeinen Grundsätzen die Beweislast für die Pflichtverletzung. Der durch die Statuierung der Aufklärungspflicht bezweckte Schutz der Vertragspartner würde gefährdet, beließe man ihm auch die Beweislast für die Kausalität. Deswegen wird hier verbreitet eine Beweislastumkehr angenommen: Dass die Schlechterfüllung der Beratungspflicht für den entstandenen Schaden ursächlich war, braucht der Kläger nicht zu beweisen, hiervon wird vielmehr ausgegangen, wenn nicht der Schädiger beweist,

118 BGH NJW 1981, 2002; VersR 1978, 551; Palandt/*Sprau* BGB § 823 Rn. 33, 50.
119 BGH NJW 1976, 363 u. 563.
120 BGH NJW 1971, 241; OLG Köln r+s 1996, 353; OLG Braunschweig VersR 1987, 76.
121 OLG Hamm NJW-RR 1995, 17; OLG München NJW-RR 1992, 1523.
122 BGH NJW-RR 1997, 144; 1989, 1102; OLG Bamberg AnwBl. 1987, 331; zur Kritik hieran *Heinemann*, Bausteine anwaltlicher Berufshaftung: Die Beweislast, NJW 1990, 2345 (2348) mwN; *Stodolkowitz*, Beweislast und Beweiserleichterungen bei der Schadensursächlichkeit von Aufklärungspflichtverletzungen, VersR 1994, 11.
123 BGH NJW 1987, 1322; *Heinemann*, Bausteine anwaltlicher Berufshaftung: Die Beweislast, NJW 1990, 2345.
124 BGH NJW 1993, 2433; 1992, 1694.

dass der Klient sich auch bei ordnungsgemäßer Beratung über jeden Rat und Hinweis hinweggesetzt und genauso gehandelt hätte.

(6) Sportunfälle. Wird jemand bei Ausübung eines Sports von einem Mitspieler verletzt, so muss er nach allgemeinen Beweislastregeln für seinen deliktischen Anspruch die Verletzungshandlung, seinen Schaden und den Ursachenzusammenhang zwischen beiden beweisen. Handelt es sich um eine kämpferische, dh »gegen-«, nicht »miteinander« ausgeübte[125] Sportart, so muss er darüber hinaus auch die Rechtswidrigkeit beweisen, da hier, anders als bei normalen deliktischen Ansprüchen, der Tatbestandsmäßigkeit der Handlung keine Indizwirkung dafür zukommen kann: Beweisen muss der Geschädigte die Regelverletzung, nicht der Schädiger die Rechtmäßigkeit seines Spielverhaltens.[126] **1383**

Beispiel: Bei einem Fußballspiel prallen Kläger und Beklagter zusammen, der Kläger erleidet einen Bänderriss und verlangt Schadensersatz mit der Begründung, der Beklagte habe ihn gefoult. Der Beklagte trägt vor, ein Foul liege nicht vor, er habe den Ball gespielt, der Kläger sei in ihn hinein gelaufen. Bringt eine Beweisaufnahme insoweit keine Klarheit, so muss die Klage abgewiesen werden, da der Geschädigte die Beweislast für die Regelverletzung trägt.

Steht der Regelverstoß fest, so kann auf das Verschulden im Wege eines Anscheinsbeweises nicht geschlossen werden, da es in aller Regel an der hierfür erforderlichen Typizität des Geschehens fehlt.[127] Daher wird in der Literatur eine Beweislastumkehr vertreten, sodass der Schädiger, dessen Regelverstoß feststeht, nachweisen muss, dass ihn hieran kein Verschulden trifft.[128] Die Rechtsprechung hält zutreffend an der sich aus allgemeinen Grundsätzen ergebenden Beweislast des Geschädigten fest, da eine Umkehr die von den Spielern gewollte Risikoentlastung der Mitspieler praktisch unwirksam machen würde.[129] Nicht jeder geringfügige Regelverstoß stellt ein schuldhaftes (fahrlässiges) Verhalten dar, abzustellen ist auf die Besonderheiten der Sportart, der Spielsituation, der beteiligten Spieler und des konkreten Fouls.[130]

(7) Sonstige. Zu einer Umkehr der Beweislast kann es auch in einigen Fällen der *Beweisvereitelung* (→ Rn. 1372 ff.) und in weiteren, hier nicht dargestellten Fallgruppen[131] kommen. **1384**

125 Als kämpferisch gelten zB Fußball, Handball oder Squash, als nicht kämpferisch Tanzen, Golf oder Leichtathletik.

126 BGH VersR 1976, 591; 1975, 155; BGHZ 63, 140 = NJW 1975, 109; *Baumgärtel/Laumen/Prütting*, Handbuch der Beweislast im Privatrecht, 9 Bände, 2. Aufl. 2009 ff., § 823 BGB Anh. C I, Rn. 4 mwN.

127 BGH NJW 1982, 2555; OLG Hamm NJW-RR 1988, 1245.

128 MüKoBGB/*Mertens*, 6. Aufl. 2013, § 823 Rn. 329 ff.; *Fritzweiler*, Haftung bei Sportunfällen, DAR 1997, 137; *Pardey*, Haftung von Freizeitsportlern untereinander, ZfS 1995, 281.

129 BGHZ 63, 140 = NJW 1975, 109; OLG Hamm MDR 1997, 553; *Scheffen*, Zivilrechtliche Haftung im Sport, NJW 1990, 2658.

130 BGH NJW 1976, 2161; OLG Hamm VersR 1985, 296; LG Marburg NJW-RR 1988, 1243; *Baumgärtel/Laumen/Prütting*, Handbuch der Beweislast im Privatrecht, 9 Bände, 2. Aufl. 2009 ff., § 823 Anh. C I, Rn. 5, 8 ff. mwN zu einzelnen Sportarten.

131 Hierzu und zu weiteren Fallgruppen zB *Gottwald*, Sonderregeln der Beweislastverteilung, JURA 1980, 303; *Heinemann*, Bausteine anwaltlicher Berufshaftung: Die Beweislast, NJW 1990, 2345; *Lammel*, Beweislastprobleme bei Feuchtigkeitsschäden in Mietwohnungen, ZMR 1990, 41; *Jökel*, Anforderungen an den Nachweis eines Unfallschadens in der Vollkaskoversicherung, VersR 2009, 763 ff.; *Kääb*, Beweisfragen bei betrügerisch gestellten Ansprüchen im Kasko- und Haftpflichtrecht, NZV 1990, 5.

c) Folgen

1385 **Folgen** entfaltet die Umkehr der Beweislast erst, wenn trotz Erschöpfung aller zivilprozessual zulässigen Möglichkeiten der Sachverhaltsermittlung nicht feststeht, ob die zu beweisende Tatsache vorliegt oder nicht. Dies wirkt sich dann ausnahmsweise nicht zum Nachteil der Partei aus, die aus dieser Tatsache für sich günstige Rechtsfolgen herleiten will, sondern zulasten des Gegners. Praktisch bedeutet dies, dass vom Vorliegen dieser Tatsache auszugehen ist, solange die Gegenpartei nicht bewiesen hat, dass sie sicher nicht vorliegt.

Will der Gegner die Anwendung der Norm verhindern, muss er den vollen *Beweis des Gegenteils* (→ Rn. 1337) erbringen.

1386 Besonderheiten beim **Aufbau** der *Sachverhaltsdarstellung* (Sachbericht, Urteilstatbestand) bestehen nicht. Im Rahmen der *Entscheidungsgründe* kann eine Umkehr der Beweislast erst bei der Beweiswürdigung und hier auch nur dann relevant werden, wenn sich eine entscheidungserhebliche Tatsache nicht hat klären lassen. Hier spielt die Beweislast eine Rolle bei der Frage, ob Beweis von der beweisbelasteten Partei angeboten wurde und wer die Nachteile aus dem non liquet zu tragen hat (subjektive und objektive Beweislast, → Rn. 289, → Rn. 337).

10. Gewillkürte Beweiserleichterungen

1387 Beweiserleichterungen können sich nicht nur aus Gesetz oder Rechtsprechung ergeben, sondern auch von den Parteien **vereinbart** werden.

Unterliegt der Vertragsgegenstand der Dispositionsbefugnis der Parteien, so steht einer Zulässigkeit eines solchen Vertrages nichts entgegen: Die Parteien können dem Gericht als Herren des Verfahrens grundsätzlich bestimmte Positionen bindend vorgeben und hierüber untereinander auch vertragliche Vereinbarungen schließen. Handelt es sich dagegen um eine zwingend dem Gericht vorbehaltene Entscheidung, so ist den Parteien die unmittelbare Einflussnahme hierauf regelmäßig verwehrt.[132] Die Beweisaufnahme lässt sich keinem dieser beiden Bereiche abschließend zuordnen, erforderlich ist vielmehr eine differenzierte Betrachtung.

1388 Für die **Zulässigkeit** von Beweisverträgen sind diese nach ihrem Gegenstand zu unterscheiden:

- *Vereinbarungen über die Beweisbedürftigkeit einer Tatsache* sind durchweg zulässig. Die Freiheit, durch Geständnis oder Nichtbestreiten die vorgetragene Tatsache einer Beweisaufnahme durch das Gericht zu entziehen, gehört zum Kernbereich der parteilichen Dispositionsbefugnis (»Beibringungsgrundsatz«) und kann – während oder vor Beginn eines Prozesses – frei zwischen den Parteien vereinbart werden.[133]
- *Vereinbarungen über die Zulässigkeit eines bestimmten Beweismittels* sind nur beschränkt möglich. Die Möglichkeit des Gerichts, Beweise auch ohne Antrag der Parteien zu erheben (§§ 142 ff. ZPO), können die Parteien vertraglich nicht be-

132 *Baumgärtel*, Wesen und Begriff der Prozesshandlung einer Partei im Zivilprozess, 1957, 184 ff.; *Eickmann*, Beweisverträge im Zivilprozess, 1987, 31 ff.; *Oberheim*, Beweiserleichterungen im Zivilprozess, JuS 1997, 363.

133 MüKoZPO/*Prütting* § 284 Rn. 13, § 286 Rn. 151, § 288 Rn. 1 ff.; Stein/Jonas/*Leipold* ZPO § 286 Rn. 134.

schränken. Da eine solche Beweisaufnahme den Zeugenbeweis nicht umfasst, ist damit nur der vertragliche Verzicht auf Zeugen zwingend.[134]

- *Vereinbarungen über das Beweisergebnis* sind grundsätzlich unstatthaft. Die Beweiswürdigung und das daraus resultierende Beweisergebnis sind zwingend allein dem Gericht vorbehalten (§ 286 ZPO).[135]
- *Vereinbarungen über die Beweislast* werden als Disposition über Tatsachen überwiegend zugelassen.[136]
- Auch grundsätzlich statthafte Vereinbarungen der Parteien über die Beweisaufnahme können *ausnahmsweise unwirksam* sein, so insbesondere, wenn sie in AGB vereinbart wurden (§ 309 Nr. 12a, Nr. 5b, Nr. 12b; § 308 Nr. 6 BGB) oder wenn hierdurch die Beweisführung unmöglich oder unzumutbar gemacht werden soll (§ 242 BGB).[137]

Haben die Parteien wirksam eine Beweiserleichterung vereinbart, so handelt es sich hierbei um einen **Prozessvertrag**, der auf den Prozess nur mittelbar einwirkt. Er bindet die Parteien schuldrechtlich und wird im Prozess erst auf die Geltendmachung durch eine Partei hin beachtet. Das Gericht entscheidet dann aufgrund der durch die Vereinbarung gestalteten Rechtslage (→ Rn. 24).[138] **1389**

Besonderer Behandlung bedürfen solche Vereinbarungen bei **Aufbau** des Urteils. **1390**

- Der Beweisvertrag gehört in die *Sachverhaltsdarstellung*, wenn und soweit er von den Prozessbeteiligten vorgetragen wurde. Vereinbarungen über die Zulässigkeit eines Beweismittels oder über die Beweislast werden regelmäßig in der Prozessstation am Ende der Darstellung wiederzugeben sein, sind sie bestritten, so gehören sie in den streitigen Parteivortrag. Vereinbarungen über die Beweisbedürftigkeit einer Tatsache werden, soweit sie von den Parteien eingehalten werden, schlicht dazu führen, dass die betreffende Tatsache unstreitig vorgetragen wird, sodass es auf die Vereinbarung selbst nicht ankommt.
- In den *Entscheidungsgründen* werden die Beweisverträge zur Begründung einzelner Tatsachen benötigt: Eine Tatsache kann trotz Bestreitens des Beklagten als unstreitig und damit als feststehend behandelt werden, wenn die Parteien dies vertraglich wirksam vereinbart haben. Der Entscheidung zugrunde gelegt werden können auch Tatsachen, die sich nicht beweisen ließen (zum Beispiel, weil mögliche Beweise vertraglich wirksam ausgeschlossen waren), wenn die Beweislast wirksam auf die nicht beweispflichtige Partei umgelegt wurde.

---

134 BGH DB 1973, 1451; MüKoZPO/*Prütting* § 286 Rn. 153 mwN; Stein/Jonas/*Leipold* ZPO § 286 Rn. 133; Thomas/Putzo/*Reichold* ZPO § 284 Vorbem Rn. 41; aA *Rosenberg/Schwab/Gottwald* ZivilProzR § 114 I 3.

135 RGZ 96, 59; BLAH/*Hartmann* ZPO Anh. § 286 Rn. 5; MüKoZPO/*Prütting* § 286 Rn. 153; *Rosenberg/Schwab/Gottwald* ZivilProzR § 66 III und § 114 I 3; Stein/Jonas/*Leipold* ZPO § 286 Rn. 20, 132; zT aA Thomas/Putzo/*Reichold* ZPO § 284 Vorbem Rn. 41.

136 BGH DB 1974, 1283; Stein/Jonas/*Leipold* ZPO § 286 Rn. 133; Thomas/Putzo/*Reichold* ZPO Vorbem § 284 Rn. 38.

137 BGH NJW 1962, 31; BLAH/*Hartmann* ZPO Anh. § 286 Rn. 7; Zöller/*Greger* ZPO vor § 284 Rn. 23.

138 Thomas/Putzo/*Reichold* ZPO Einl. Abs. 3 Rn. 8.

8. Abschnitt. Urteil

Neben dem im Grundlagenteil behandelten regulären Abschluss des Verfahrens durch ein Urteil gibt es alternative Möglichkeiten der Verfahrensbeendigung (→ Rn. 1391 ff., → Rn. 1437 ff.). Außerdem können sich aus dem Verfahren ergebende Rechtsfolgen mit Rechtsbehelfen angegriffen werden (→ Rn. 1484 ff.).

§ 29 Alternative Möglichkeiten der Verfahrensbeendigung

1. Übersicht

1391 Im bisher behandelten Regelfall des Zivilprozesses stellen die Parteien bis zuletzt streitige Anträge, sodass das Gericht den Rechtsstreit durch **kontradiktorische Entscheidung** beendet. Die Parteien können das Verfahren aufgrund der ihnen zustehenden Dispositionsbefugnis auch anders beenden:

- Beiden Parteien steht es frei, bewusst nicht zu erscheinen oder nicht zu verhandeln, sodass ein **Versäumnisurteil** gegen sie ergeht (→ Rn. 1271 ff.).
- Einseitig kann der Beklagte den vom Kläger geltend gemachten Anspruch **anerkennen**, sodass beide Parteien die gleiche Rechtsfolge herbeiführen wollen. Dem entspricht das Gericht durch Erlass eines Anerkenntnisurteils. Das gleiche gilt, wenn der Kläger einseitig auf den geltend gemachten Anspruch **verzichtet**. Auch hier erlässt das Gericht ein den jetzt übereinstimmenden Anträgen der Parteien entsprechendes Verzichtsurteil.
- **Nimmt** der Kläger seinen Antrag auf Durchführung des Zivilprozesses (= die Klage) **zurück**, so endet hierdurch die Rechtshängigkeit des Verfahrens, für eine Entscheidung des Gerichts ist dann kein Raum mehr.
- Mangels fortbestehenden Prozessrechtsverhältnisses kann eine Entscheidung des Gerichts auch dann nicht mehr ergehen, wenn die Parteien den Streit durch beiderseitiges Nachgeben beenden, sich **vergleichen**.
- Zumindest bezüglich der Hauptsache fällt die Rechtshängigkeit weg, wenn beide Parteien den Rechtsstreit in der Hauptsache **übereinstimmend** für **erledigt** erklären. Eine Entscheidung ist dann zumindest noch über die bisher angefallenen Kosten erforderlich.
- Dagegen hat die bloß **einseitige Erledigungserklärung** des Klägers keinen Wegfall der Rechtshängigkeit zur Folge: Da der Beklagte an seinem Klageabweisungsantrag festhält, ist hier eine streitige Entscheidung des Gerichts erforderlich, doch muss diese sich jetzt inhaltlich mit der Frage nach der Erledigung befassen.

1392 **Eingeteilt** werden können diese Möglichkeiten der Verfahrensbeendigung nach Handlungen der Parteien, die ohne weiteres Zutun des Gerichts zum Wegfall der Rechtshängigkeit führen (Rücknahme, Vergleich, übereinstimmende Erledigungserklärung), und solchen, die einer abschließenden Entscheidung des Gerichts bedürfen (Anerkenntnis, Verzicht, einseitige Erledigungserklärung des Klägers).

1393 Eine andere Einteilung lässt sich danach vornehmen, von wem die Initiative der alternativen Beendigung ausgeht:

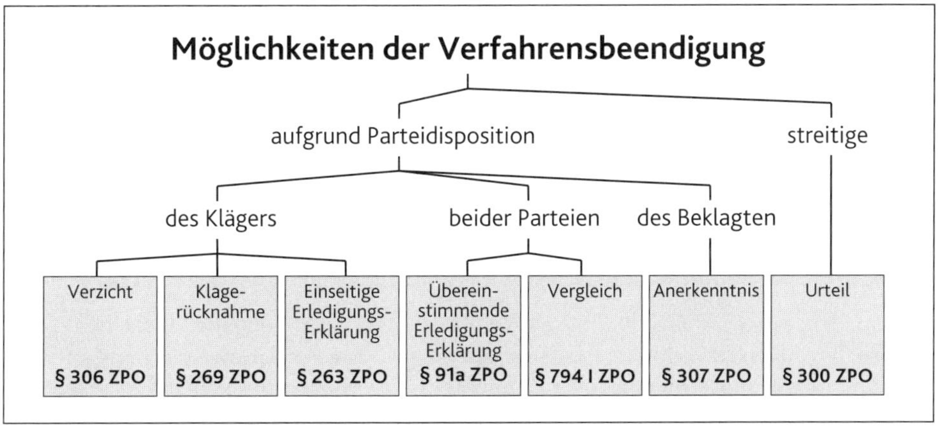

Schema 29.1: Möglichkeiten der Verfahrensbeendigung (Systematische Darstellung)

Eine Beendigung des Verfahrens kann einseitig durch eine Partei herbeigeführt werden: Der Beklagte kann den prozessualen Anspruch anerkennen, der Kläger kann hierauf verzichten. Bis zu einem bestimmten Zeitpunkt einseitig durch den Kläger, danach nur noch mit Zustimmung des Beklagten kann der Kläger die Klage zurücknehmen. Immer zusammenwirken müssen die Parteien, wenn sie sich gütlich einigen, dh einen Vergleich schließen wollen.

Zu einer Verfahrensbeendigung ohne streitige Entscheidung führt auch die übereinstimmende **Erledigungserklärung** beider Parteien. Da diese eng mit der (das Verfahren nur umgestaltenden, nicht beendenden) einseitigen Erledigungserklärung durch den Kläger zusammenhängt, sollen beide Institute zusammen in einem eigenen Abschnitt (→ Rn. 1391 ff.) dargestellt werden.

Praktisch spielen die alternativen Formen der Verfahrensbeendigung eine wichtige Rolle: Nur etwa 30% aller Zivilprozesse enden mit einem streitigen Urteil, in knapp 20% (bei den Amtsgerichten sogar in über 25%) der Fälle kommt es zu einem einseitigen Versäumnis-, Anerkenntnis- oder Verzichtsurteil, in ca. 15% (bei den Amtsgerichten in knapp 10%) vergleichen sich die Parteien, etwa gleich groß ist der Anteil der Klagerücknahmen.[1]

2. Anerkenntnis

Der Beklagte muss nicht unbedingt streitig verhandeln und sich verteidigen. Ist ihm klar, dass er den vom Kläger geltend gemachten Anspruch erfüllen muss und will er dies auch, so kann er ihn anerkennen und den Prozess so ohne Sachprüfung kostengünstig zu Ende bringen.[2] 1394

a) Inhalt

Das Anerkenntnis bezieht sich auf den prozessualen Anspruch, hierdurch unterwirft sich der Beklagte vollständig dem im Antrag liegenden Begehren des Klägers.[3] 1395

Das Anerkenntnis bedarf der **Abgrenzung** insbesondere 1396

1 Statistisches Jahrbuch für die BRD, Stat. 15.4.1.
2 *Bockholt*, Kostengünstige Beendigung eines für den Beklagten aussichtslosen Rechtsstreits, JA 2006, 136; *Huber*, Anerkenntnis, JuS 2008, 313.
3 Allgemein zum Anerkenntnis *Vossler*, Das sofortige Anerkenntnis im Zivilprozess nach In-Kraft-Treten des Ersten Justizmodernisierungsgesetzes, NJW 2006, 1034.

- vom *materiellrechtlichen Anerkenntnis* iSd § 781 BGB,[4] das einen einseitig verpflichtenden Vertrag darstellt, durch den der Schuldner dem Gläubiger unabhängig vom Schuldgrund eine Leistung verspricht. Durch das Anerkenntnis im Prozess will der Beklagte einen solch abstrakten neuen Anspruch nicht begründen, sondern sich lediglich dem prozessualen Begehren des Klägers beugen. Das prozessuale Anerkenntnis stellt grundsätzlich eine reine Prozesshandlung dar, ohne gleichzeitig materiellrechtliche Wirkungen zu entfalten. Anders als zB die Aufrechnung hat es grundsätzlich keine Doppelnatur.[5]

  Dies schließt nicht aus, dass ausnahmsweise auch ein materiellrechtliches Anerkenntnis gewollt ist.[6]

- vom *prozessualen Geständnis* (§ 288 ZPO), das nur einzelne Tatsachen (Anspruchsvoraussetzungen) betrifft, während das Anerkenntnis sich allein auf die Schlussfolgerungen hieraus, dh auf die vom Kläger begehrte Rechtsfolge bezieht.[7]

b) Voraussetzungen

1397 Wirksam ist das Anerkenntnis nach § 307 ZPO, wenn es **erklärt** worden ist.

Wird das Anerkenntnis nicht ausdrücklich erklärt, so kann es sich im Wege der **Auslegung** aus sonstigen Erklärungen oder konkludenten Handlungen (zB der Erfüllung) ergeben, doch müssen im letzteren Fall nach außen erkennbare Umstände gegeben sein, aus denen unzweideutig folgt, dass der Beklagte den gegen ihn geltend gemachten Anspruch zu erfüllen bereit ist.[8] Nur so lässt sich das Anerkenntnis von anderen materiellrechtlichen oder prozessualen Instituten abgrenzen.

Beispiele: Als Anerkenntnis anzusehen sind Erklärungen, der Beklagte werde sich gegen die Klage »nicht verteidigen«, es würden »Einwendungen nicht erhoben« oder auch das Vorbringen des Klägers treffe in allen Punkten zu, wenn nicht gleichzeitig ein Klageabweisungsantrag gestellt wird. Nicht ausreichend ist das bloße Untätigbleiben (Schweigen) im Prozess (= ggf. Säumnis) oder auch das Erbringen der verlangten Leistung (= ggf. Erledigung; → Rn. 1276; → Rn. 1442, → Rn. 1451).

1398 Erforderlich ist ferner, dass das Anerkenntnis **in mündlicher Verhandlung** erklärt worden ist.

Ausreichend ist die **Bezugnahme** auf ein schriftsätzlich angekündigtes Anerkenntnis, sodass Anerkenntnisse im Ergebnis auch im schriftlichen (Vor-)Verfahren möglich sind.[9]

Die nach § 160 III Nr. 1 ZPO erforderliche **Protokollierung** ist genauso wenig Wirksamkeitsvoraussetzung wie die nach § 162 I ZPO erforderliche Vorlesung und Genehmigung.[10]

Da das Anerkenntnis eine Prozesshandlung darstellt, gelten hierfür auch die allgemeinen Grundsätze (→ Rn. 12 ff.):

1399 - Es bedarf des Vorliegens sämtlicher **Prozesshandlungsvoraussetzungen**.

  Vorliegen müssen insbesondere Parteifähigkeit, Prozessfähigkeit, Postulationsfähigkeit und eine ordnungsgemäße Vertretung.[11] Im Anwaltsprozess unterliegt das Anerkenntnis dem Anwaltszwang.

---

4 BGH NJW 1986, 2948 mAnm *Henckel*, JZ 1987, 359.
5 BGH NJW 1981, 686; *Fischer*, Anerkenntnisse im materiellen Recht und im Prozessrecht, JuS 1999, 998.
6 BGH FamRZ 1981, 862; OLG Düsseldorf FamRZ 1983, 721.
7 BGH VersR 1957, 720.
8 BGH MDR 1981, 399; OLG Stuttgart JurBüro 2011, 542.
9 OLG Hamm WRP 1992, 252; *Meiske*, Das sofortige Anerkenntnis im schriftlichen Vorverfahren, NJW 1993, 1904.
10 BGH NJW 1984, 1465; OLG Brandenburg NJW-RR 2000, 741; Stein/Jonas/*Leipold* ZPO § 307 Rn. 19.

- **Bedingungen** können mit dem Anerkenntnis grundsätzlich nicht verknüpft werden.[12] 1400

Unzulässig ist es daher, neben dem Hauptantrag auf Abweisung der Klage als unbegründet ein **Hilfsanerkenntnis** für den Fall der Begründetheit abzugeben, um hierdurch zB in den Genuss der Kostenermäßigung nach Nr. 1211 KV zu kommen. Zulässig ist dagegen das Anerkenntnis für den Fall der (gerügten) Zulässigkeit der Klage, weil ein Anerkenntnisurteil nur im Fall zulässiger Klage ergehen kann.[13]

Keine Bedingung, sondern lediglich eine Anregung an das Gericht, die Kostenfolge des § 93 ZPO zu bedenken, stellt das Anerkenntnis »**unter Verwahrung gegen die Kostenlast**« dar.[14]

- Da das Anerkenntnis sofort eine neue Entscheidungsgrundlage schafft, ist es Bewirkungshandlung[15] und damit grundsätzlich **bindend**. 1401

Es kann also grundsätzlich weder **widerrufen** noch **angefochten**, nach § 290 ZPO analog beseitigt oder **kondiziert** werden. Es behält seine Wirkungen auch dann, wenn der Gegner wegen Säumnis des Beklagten zunächst Versäumnisurteil und erst auf Einspruch des Beklagten hin Anerkenntnisurteil beantragt.[16] Hat der Beklagte nach dem Anerkenntnis erfüllt und erklärt der Kläger daraufhin den Rechtsstreit für erledigt, so kann der Beklagte sich trotz des Anerkenntnisses der Erledigungserklärung noch anschließen.[17]

Beseitigt werden kann ein Anerkenntnis vor Erlass eines Anerkenntnisurteils mit Zustimmung des Gegners oder einseitig auch noch danach, wenn die Voraussetzungen vorliegen, unter denen ein rechtskräftiges Urteil hätte angegriffen werden können (§§ 580 Nr. 2, 4 und 7; 323 ZPO).[18]

Das Anerkenntnis unterliegt tatsächlichen und rechtlichen **Grenzen:**[19] Die anzuerkennende Rechtsfolge muss *tatsächlich möglich* und *rechtlich zulässig* sein. Diese Prüfung erfolgt rein abstrakt und nicht konkret. Eine Sachprüfung des konkreten Einzelfalls findet nicht statt. 1402

Anerkannt werden können damit auch **gesetzes- oder sittenwidrige** materielle Ansprüche. Diese sind in der Regel auf tatsächlich mögliche Leistungen (Geldzahlungen) gerichtet, ihre materiellrechtliche Unwirksamkeit könnte nur im Rahmen einer Schlüssigkeitsprüfung festgestellt werden, die nach einem Anerkenntnis gerade nicht mehr erfolgt.

> Tatsächlich unmöglich ist zum **Beispiel** die Auflassung eines auf dem Mond gelegenen Grundstücks, rechtlich unzulässig wäre die Verpflichtung, sich täglich verprügeln zu lassen.[20]

---

11 BGH NJW 1985, 2713; OLG Nürnberg NJW 1989, 842.
12 BGH NJW 1985, 2713; OLG Düsseldorf OLGZ 77, 250; Stein/Jonas/*Leipold* ZPO § 307 Rn. 14 mwN.
13 OLG Hamm WRP 1992, 252; wegen der Möglichkeit eines Vorbehalts beim Anerkenntnisurteil vgl. → Rn. 860.
14 OLG Düsseldorf NJW 1974, 1517; BLAH/*Hartmann* ZPO § 307 Rn. 5.
15 Unten → Rn. 1404; oben → Rn. 20.
16 BGH NJW 1993, 1717; 1989, 1934; OLG Koblenz OLGR 2000, 529; Zöller/*Vollkommer* ZPO vor § 306 Rn. 6.
17 *Elzer/Köblitz*, Das zu begründende Anerkenntnisurteil, JuS 2006, 319.
18 KG NJW-RR 1995, 958; OLG Saarbrücken NJW-RR 1997, 252; OLG Bamberg NJW-RR 1993, 1219; OLG Schleswig FamRZ 1993, 577; → Rn. 1408.
19 *Schilken*, Zum Handlungsspielraum der Parteien beim prozessualen Anerkenntnis, ZZP 90 (1977), 157.
20 BGHZ 10, 333 = NJW 1953, 1830; OLG Stuttgart NJW 1985, 2273.

1403 Ein **Teilanerkenntnis** ist nur möglich, wo der Streitgegenstand sich entsprechend teilen lässt, sodass hinsichtlich des anerkannten Teils auch Teilanerkenntnisurteil ergehen kann.

Möglich ist damit das Anerkenntnis einzelner Ansprüche im Rahmen objektiver Klagehäufung, nicht indes das Anerkenntnis eines Anspruchs dem Grunde nach, wenn dessen Höhe weiter bestritten wird.[21]

Erkennt der Beklagte den Klageanspruch nur »**Zug um Zug**« gegen Erbringung einer Gegenleistung an, so ist dessen Wirksamkeit heute unbestritten. Nur eine Mindermeinung nimmt mit der Begründung, die Zug-um-Zug-Verurteilung stelle der unbedingten Verurteilung gegenüber ein abtrennbares minus dar, ein wirksames Teil-Anerkenntnis an, das unmittelbar zu einem Anerkenntnisurteil führt.[22] Die hM kommt zu einem Anerkenntnisurteil nur, wenn der Kläger sein Klagebegehren zumindest hilfsweise auf Leistung Zug um Zug anpasst. Unterlässt er dies, bleibt das Anerkenntnis hinsichtlich des Bestehens der Klageforderung wirksam, das Gericht entscheidet streitig nur noch über das behauptete Zurückbehaltungsrecht.[23]

c) Folgen

1404 Mit dem Anerkenntnis endet der Prozess nicht automatisch, es wird jedoch unmittelbar eine andere Entscheidungsgrundlage geschaffen. Das Urteil stützt sich nicht mehr auf das tatsächliche Vorbringen einer oder beider Parteien, sondern allein auf die Prozesserklärung »Anerkenntnis«, sodass sofortige Entscheidungsreife des Rechtsstreits eintritt. Hat sich der Beklagte dem prozessualen Begehren des Klägers unterworfen, so kann die jetzt von beiden Parteien übereinstimmend begehrte Rechtsfolge ohne weiteres in einen Vollstreckungstitel umgesetzt werden, es ergeht dann also ein **Anerkenntnisurteil** nach § 307 ZPO.

1405 Da es sich beim Anerkenntnisurteil um ein Sachurteil handelt, müssen die Sachentscheidungsvoraussetzungen vorliegen, die **Zulässigkeit** der Klage also geprüft werden.[24] Entscheidungsgrundlage sind nicht die von den Parteien vorgetragenen Tatsachen, sondern allein deren jetzt übereinstimmende prozessuale Erklärungen, sodass im Rahmen der **Begründetheit** der Klage nur noch die Wirksamkeit des Anerkenntnisses geprüft wird.

1406 **Formell** muss das Anerkenntnisurteil als solches bezeichnet werden und bedarf eines Tatbestands und der Entscheidungsgründe nicht (§ 313 b ZPO). Zur Verkündung muss die Urteilsformel nicht schriftlich abgefasst vorliegen (§ 311 II 3 ZPO). Im Hauptsachetenor wird der Klage nach dem Antrag des Klägers stattgegeben, das Anerkenntnis wird nicht erwähnt.

1407 Ist das Anerkenntnis **sofort** erfolgt und hat der Beklagte auch keine Veranlassung zur Klageerhebung gegeben, so können dem Kläger trotz dessen formalen Obsiegens die Kosten des Rechtsstreits auferlegt werden (§ 93 ZPO).[25]

Veranlassung zur Klageerhebung hat der Beklagte immer dann gegeben, wenn der Kläger aufgrund des vorprozessualen Verhaltens (auf das aber auch aus dem prozessualen Verhalten geschlossen werden kann)[26] vernünftigerweise davon ausgehen durfte, nur so seinen Anspruch durchsetzen zu kön-

---

21 OLG Schleswig SchlHA 1988, 65; BLAH/*Hartmann* ZPO § 307 Rn. 6; aA Zöller/*Vollkommer* ZPO § 307 Rn. 7.

22 Stein/Jonas/*Leipold* ZPO § 307 Rn. 6.

23 BGH NJW-RR 2005, 1005; *Arz*, Das sofortige Anerkenntnis im Rahmen von Zug-um-Zug-Verurteilungen, NJW 2014, 2828; Zöller/*Vollkommer* ZPO § 307 Rn. 8; BLAH/*Hartmann* ZPO § 307 Rn. 4.

24 BGH NJW-RR 2010, 275.

25 *Leube*, Das sofortige Anerkenntnis, JA 2015, 768.

26 BGH NJW-RR 2005, 1005; NJW 1979, 2040.

nen, so zB schon, wenn er nicht freiwillig, zumindest aber nicht nach Mahnung zahlt. »**Sofort**« erfolgt ist nur das vor schriftlicher Ankündigung des Antrags auf Abweisung der schlüssigen Klage abgegebene Anerkenntnis, wobei die vorherige Anzeige der Verteidigungsbereitschaft nach § 276 I 1 ZPO nicht schadet.[27] Weitere Voraussetzungen, insbesondere eine alsbaldige tatsächliche Erfüllung, sind nicht erforderlich.[28]

Gegen das Anerkenntnisurteil finden die normalen **Rechtsmittel** (Berufung, Revision) statt. Erfolg haben diese nur, wenn das Anerkenntnis aus der Welt geschafft werden kann. Dies ist nur ganz ausnahmsweise möglich, wenn 1408

- ein Restitutionsgrund aus § 580 (insbesondere Nr. 2, 4 oder 7) ZPO vorliegt.
- eine Abänderungsklage aus § 323 ZPO erhoben werden könnte.
- die Berufung auf das Anerkenntnis gegen Treu und Glauben verstoßen würde (→ Rn. 1401; → Rn. 1574, → Rn. 1485, → Rn. 1500).[29]

3. Verzicht

Der Kläger kann das Verfahren einseitig dadurch beenden, dass er auf den mit der Klage geltend gemachten Anspruch verzichtet (§ 306 ZPO).

a) Inhalt

Mit dem Verzicht erklärt der Kläger dem Gericht gegenüber, dass er eine prozessuale Durchsetzung seines Anspruchs (auch in Zukunft) nicht mehr will, er hierauf also **endgültig** verzichtet. 1409

Durch diese Endgültigkeit unterscheidet sich der Verzicht von der bloßen **Klagerücknahme**, die einer erneuten Klageerhebung nicht entgegensteht.

Der Verzicht betrifft als Prozesserklärung nur den prozessualen Anspruch (Streitgegenstand), grundsätzlich nicht auch den materiellrechtlichen Anspruch, weil der Kläger Erklärungen hierzu in der Regel nicht abgeben will.[30] 1410

Nur ausnahmsweise bei Vorliegen besonderer Anhaltspunkte ist eine im Prozess abgegebene Erklärung auch materiellrechtlich als Erlassvertrag nach §§ 397, 875 BGB oder als Verzichtserklärung nach § 242 BGB wirksam.[31]

Beispiel: Schließen die Parteien einen außergerichtlichen Vergleich, in dem der Kläger auf die weitere prozessuale Durchsetzung seines Anspruchs verzichtet bzw. er sich zur Rücknahme der Klage verpflichtet und kommt er dieser Verpflichtung im Prozess nicht nach, so bleibt die Klage grundsätzlich zulässig. Dem Beklagten steht eine Arglisteinrede aus § 242 BGB analog zu, nach deren Erhebung die Klage unbegründet werden kann (→ Rn. 24).

b) Voraussetzungen

Wegen der aus § 307 ZPO und aus dem Charakter des Verzichts als Prozesshandlung folgenden Voraussetzungen kann weitgehend auf die zum Anerkenntnis gemachten Ausführungen verwiesen werden. 1411

27 BGH NJW 2006, 2490; OLG Bremen NJW 2009, 2318.
28 MüKoZPO/*Giebel* § 93 Rn. 6 mwN auch zur Gegenansicht.
29 OLG Hamm FamRZ 1993, 78.
30 So zutreffend die hM: BGH MDR 2011, 1064; BLAH/*Hartmann* ZPO Einf. § 306 Rn. 2; *Jauernig/Hess* ZivilProzR § 47 VI; *Rosenberg/Schwab/Gottwald* ZivilProzR § 134 V 2 e); Stein/Jonas/*Leipold* ZPO § 306 Rn. 3.
31 RGZ 165, 85.

Dies gilt für die Erklärung in mündlicher Verhandlung, für die Prozesshandlungsvoraussetzungen, die **Bindungswirkung**, die Möglichkeiten einer **Bedingung** (zB hilfsweiser Verzicht für den Fall der Unwirksamkeit einer Klagerücknahme) und eines Teilverzichts.

Den Verzicht kann der Kläger **einseitig** und ohne Zustimmung des Beklagten wirksam erklären.

Dies erklärt sich daraus, dass der Verzicht für den Beklagten einen vollen, seinem Antrag entsprechenden Sacherfolg bringt, nämlich die dauerhaft wirksame Klageabweisung (→ Rn. 1412).

Wie das Anerkenntnis unterliegt auch der Verzicht tatsächlichen und rechtlichen **Grenzen**.

So kann der Kläger nur auf Ansprüche verzichten, über die er auch **disponieren** darf. Unwirksam ist danach zB der Verzicht auf Unterhalt für die Zukunft (§ 1614 BGB) oder der Verzicht nur eines von mehreren aus materiellem Recht notwendigen Streitgenossen (→ Rn. 1017).

c) Folgen

1412 Auch die Folgen des Verzichts entsprechen weitgehend denen des Anerkenntnisses: Entscheidungsgrundlage ist nicht mehr der Parteivortrag, sondern nur noch die Prozesserklärung, sodass der Rechtsstreit sofort entscheidungsreif wird. Um die Endgültigkeit des Verzichts prozessual beachtlich zu machen, ergeht ein der Rechtskraft fähiges **Verzichtsurteil** (§ 306 ZPO).

Dies gilt auch dann, wenn der Beklagte den in § 306 ZPO vorgesehenen **Antrag nicht stellt**, weil ein Rechtsschutzbedürfnis für eine streitige Entscheidung nicht besteht (→ Rn. 23).[32]

Da es sich um ein Sachurteil handelt, müssen die **Zulässigkeitsvoraussetzungen** gegeben sein.[33] Auf die **Schlüssigkeit** oder **Erheblichkeit** des Parteivorbringens kommt es dagegen nicht mehr an.

Die Hauptsacheentscheidung lautet auf Klageabweisung ohne Erwähnung des Verzichts, verbreitet ist eine Anlehnung an den Wortlaut des § 306 ZPO: »Der Kläger wird mit dem geltend gemachten Anspruch abgewiesen.« Die **Kostenentscheidung** folgt allgemeinen Grundsätzen (§ 91 ZPO), sodass der Kläger als unterliegende Partei die Kosten immer alleine trägt. Eine (analoge) Anwendung des § 93 ZPO ist nicht möglich.[34] Die **vorläufige Vollstreckbarkeit** wird mangels Schutzbedürftigkeit des Klägers ohne Sicherheitsleistung angeordnet (§ 708 Nr. 1 ZPO).

4. Rücknahme

a) Inhalt

1413 Mit der Rücknahme[35] widerruft der Kläger sein konkretes Rechtsschutzbegehren. Hiervon betroffen wird also **nur** die anhängige **Klage**, sowohl der zugrunde liegende materiellrechtliche Anspruch als auch dessen grundsätzliche prozessuale Durchsetzbarkeit bleiben hiervon unberührt, sodass eine neuerliche Klageerhebung jederzeit möglich ist.

Auch bei der Klagerücknahme handelt es sich um eine reine **Prozesshandlung** ohne Doppelnatur.[36]

---

32 BGHZ 76, 50 = NJW 1980, 838; Thomas/Putzo/*Reichold* ZPO § 306 Rn. 3; Zöller/*Vollkommer* ZPO vor § 306 Rn. 13.

33 Stein/Jonas/*Leipold* ZPO § 306 Rn. 12; Zöller/*Vollkommer* ZPO § 306 Rn. 6.

34 OLG Koblenz NJW-RR 1986, 1443; OLG Hamm MDR 1982, 676; Thomas/Putzo/*Hüßtege* ZPO § 93 Rn. 2, § 306 Rn. 4; Stein/Jonas/*Leipold* ZPO § 306 Rn. 11; aA OLG Frankfurt a.M. OLGZ 1993, 480.

35 *Brammsen/Leible*, Die Klagerücknahme, JuS 1997, 54; neuere Rechtsprechung bei *Büßer*, Neues aus der Rechtsprechung zum Zivilprozessrecht, JA 2015, 689.

36 BGH NJW 1997, 3019; zur konkludenten Rücknahme BGH NJW 1989, 1276.

Gibt der Kläger außerprozessual (zB im Rahmen eines Vergleichs) ein **Klagerücknahmeversprechen** ab, so handelt es sich hierbei um einen Prozessvertrag, der zur Folge hat, dass der weiter verfolgten Klage die Einrede prozessualer Arglist entgegengesetzt werden kann und diese als unzulässig abgewiesen wird (→ Rn. 24).[37]

Während der Verzicht in der **Praxis** sehr selten ist (deutlich weniger als 1% aller Erledigungen), spielt die Klagerücknahme mit rund 15% aller Erledigungen eine beachtliche Rolle.[38] Im Examen kommt sie vor allem in Form der teilweisen Klagerücknahme vor.[39]

Die Rücknahme kann auch nur einen abtrennbaren **Teil** der Klage betreffen. 1414

Erfolgt dies nach mündlicher Verhandlung, so kann eine Zustimmung des Beklagten entbehrlich sein, wenn es sich um einen Fall des § 264 Nr. 2 ZPO handelt und man der Auffassung ist, dass diese Norm die Teilrücknahme abschließend regelt, daneben kein Raum für eine zusätzliche Anwendung des § 269 ZPO ist.[40]

b) Voraussetzungen

Die Klagerücknahme ist wirksam, wenn sie schriftsätzlich oder in mündlicher Verhandlung dem Gericht gegenüber erklärt wird (§ 269 II ZPO) und die Prozesshandlungsvoraussetzungen vorliegen.[41] 1415

Abzugrenzen ist die Rücknahmeerklärung von der Erledigungserklärung (§ 91a ZPO), der Klageänderung (§ 263 ZPO) und dem Verzicht (§ 306 ZPO). Der Wille des Klägers muss auf eine sofortige Beendigung der Rechtshängigkeit ohne Entscheidung des Gerichts (auch nicht über die Kosten) gerichtet sein.[42]

Ob die Rücknahme vom Kläger allein erklärt werden kann oder ob es hierzu der 1416
Zustimmung des Beklagten bedarf, hängt davon ab, ob die Disposition über den Streitgegenstand noch allein dem Kläger zusteht oder ob auch der Beklagte schon ein eigenes, schützenswertes Interesse an einer Sachentscheidung erlangt hat.[43] Das Gesetz (§ 269 I ZPO) nimmt letzteres immer dann an, wenn die Parteien schon einmal *mündlich streitig verhandelt* haben: Nach einer mündlichen Verhandlung ist eine Klagerücknahme nur noch mit Zustimmung des Beklagten möglich.

Noch nicht streitig zur Hauptsache verhandelt haben die Parteien nach Rügen zur Zulässigkeit oder nach Erhebung einer Widerklage. Erforderlich ist in der Regel die Stellung der Anträge (§ 137 I ZPO).

Ähnlich wie bei der Klageänderung (§ 267 ZPO) wird auch bei der Klagerücknahme die Einwilligung des Beklagten vermutet, wenn er ihr nicht innerhalb von zwei Wochen nach Zustellung der Rücknahmeerklärung widersprochen hat. Voraussetzung ist, dass er auf diese Folge hingewiesen wurde (§ 269 II 3, 4 ZPO).

Streiten die Parteien um die Wirksamkeit einer Klagerücknahme, so kann das Gericht, wenn die Rücknahme unwirksam war, entweder ein Zwischenurteil erlassen oder den Prozess fortsetzen und die Unwirksamkeit im Endurteil feststellen. Ist die Rücknahme wirksam gewesen, wird dies auf Antrag mit deklaratorischem Beschluss nach § 269 III 2 ZPO festgestellt.[44]

---

37 OLG Hamm VersR 1994, 834; MüKoZPO/*Lüke* § 269 Rn. 12 f.; *Rosenberg/Schwab/Gottwald* ZivilProzR § 131 I 2.; Stein/Jonas/*Leipold* ZPO § 269 Rn. 5.

38 Statistisches Bundesamt, Rechtspflege-Statistik, Fachserie 10, Reihe 2, Statistiken 2.1, 2.2.

39 *Büßer*, Die teilweise Klagerücknahme in der Urteilsklausur, JA 2016, 287.

40 Zum streitigen Verhältnis von teilweiser Klagerücknahme und antragsreduzierender Klageänderung → Rn. 1164 mwN.

41 BGH NJW 1996, 885.

42 BGH NJW 2007, 1460; OLG Hamm NJW-RR 2006, 7.

43 BGH NJW 1998, 3783; *Heinz*, Zeitliche Grenzen der Klagerücknahme; Stein/Jonas/*Leipold* ZPO § 269 Rn. 10.

44 BGH NJW-RR 1993, 1470.

1417 Weil mit dem Wirksamwerden der Klagerücknahme die Rechtshängigkeit ohne weiteres wegfällt, die Existenz eines Prozessrechtsverhältnisses also von dieser Prozesshandlung abhängt, ist sie bedingungsfeindlich und kann auch nicht von einer innerprozessualen **Bedingung** abhängig gemacht werden.[45] Die Möglichkeit des **Widerrufs** hängt von der Notwendigkeit einer Zustimmung des Beklagten ab: Kann der Kläger die Klage einseitig zurücknehmen, so stellt seine Erklärung eine nicht widerrufliche *Bewirkungshandlung* dar. Ist die Zustimmung des Beklagten erforderlich, so stellt die Rücknahmeerklärung nur eine (widerrufliche) *Erwirkungshandlung* dar, die Zustimmung des Beklagten dagegen bewirkt unmittelbar das Ende der Rechtshängigkeit und ist damit bindend.[46]

c) Folgen

1418 Anders als bei Anerkenntnis oder Verzicht entfällt mit der Klagerücknahme automatisch und rückwirkend die Rechtshängigkeit, eine weitere Entscheidung des Gerichts in der Hauptsache ist weder nötig noch möglich. Es bedarf einer solchen auch nicht, weil sich alle Folgen aus dem Gesetz unmittelbar ergeben (§ 269 III ZPO).

- Soweit während der Rechtshängigkeit (vorläufige, noch nicht rechtskräftige) **Entscheidungen** ergangen sind, werden diese automatisch wirkungslos (§ 269 III 1 Hs. 2 ZPO). Nimmt der Kläger die Klage erst in der Berufungsinstanz zurück, entfaltet das erstinstanzliche Urteil keine Wirkungen mehr.
- Die bislang entstandenen **Kosten** hat grundsätzlich der Kläger zu tragen, da er das Verfahren veranlasst und eine Sachentscheidung, an die die Kostenlast gebunden werden könnte, verhindert hat (§ 269 III 2 ZPO).[47]

Dies gilt allerdings nicht ausnahmslos. Kosten, die durch eine vorherige Säumnis des Beklagten entstanden sind, hat nach § 344 ZPO die säumige Partei zu tragen.[48] Nicht zu tragen braucht der Kläger auch die Kosten einer Widerklage oder die Kosten eigener Streithelfer (§ 101 ZPO). Im Zweifel ist hierüber nach § 269 III 2 Hs. 2 ZPO gesondert zu entscheiden. Hat der Kläger die Klage zurückgenommen, weil der Anlass zur Klageerhebung vor Rechtshändigkeit weggefallen ist, entscheidet das Gericht über die Kosten unter Berücksichtigung des bisherigen Sach- und Streitstands nach billigem Ermessen (§ 269 III 3 ZPO).

> **Beispiel:** Zahlt der Beklagte, bevor ihm die Klage zugestellt worden ist, kann eine Erledigung nicht vorliegen, weil es vor Rechtshängigkeit noch keine »Hauptsache« gibt, wegen der Vergleichbarkeit der Interessenlage aber ist die Rechtsfolge identisch mit der des § 91a ZPO.[49]

Auf einen neuen Prozess braucht der Beklagte sich erst einzulassen, nachdem ihm die Kosten erstattet worden sind (§ 269 VI ZPO).[50]

---

45 BGH NJW-RR 1990, 67; OLG Celle MDR 2012, 669; → Rn. 18.

46 BGH NJW-RR 2008, 85; OLG Dresden NJW-RR 1997, 765.

47 BGH NJW 2006, 775; NJW-RR 2005, 1662.

48 OLG München NJW-RR 1998, 1078; OLG Karlsruhe NJW-RR 1996, 383; OLG Köln VersR 1993, 721 und 722; BLAH/*Hartmann* ZPO § 269 Rn. 34; *Habel*, Kostenerstattung bei vorausgegangenem Versäumnisurteil, NJW 1997, 2357 mwN; aA: OLG Brandenburg NJW-RR 1999, 871; OLG Schleswig NJW-RR 1998, 1151; OLG Rostock NJW-RR 1996, 832; *Rosenberg/Schwab/Gottwald* ZivilProzR § 131 III 2; Stein/Jonas/*Schumann* ZPO § 269 Rn. 63; Thomas/Putzo/*Reichold* ZPO § 269 Rn. 13.

49 BGH NJW-RR 2005, 1015; OLG Düsseldorf NJOZ 2016, 1873; OLG Hamm MDR 2010, 1013; OLG München OLGR 2004, 218; zur Erledigung vor Rechtshängigkeit → Rn. 1472 f.

50 Zur Notwendigkeit kostenbezogener Quotelung in den Fällen teilweiser Klagerücknahme → Rn. 531 f.

- Allgemein entfallen rückwirkend alle mit der Rechtshängigkeit verbundenen Folgen, insbesondere die Verjährungshemmung (§ 204 II BGB; → Rn. 176; → Rn. 1097).[51]

Auf Antrag des Beklagten werden die Folgen zur Klarstellung in einem (rein deklaratorischen) Beschluss ausgesprochen (§ 269 IV ZPO).[52] 1419

5. Vergleich

Gemäß § 278 I ZPO soll das Gericht in jeder Lage des Verfahrens auf eine gütliche Beilegung des Rechtsstreits bedacht sein, also versuchen, einen Vergleich zustande zu bringen.[53] Der mündlichen Verhandlung hat grundsätzlich ein außergerichtlicher Einigungsversuch oder eine Güteverhandlung vorauszugehen (§ 278 II 1 ZPO). 1420

Die konsensuale, nichtstreitige Konfliktbeilegung gehört seit einigen Jahren zu den vorrangigen Zielen des Gesetzgebers. Sie spielt in der Praxis eine enorme Rolle und ist immer wieder Gegenstand von Examensaufgaben.[54]

Ein solcher Vergleich bringt **Vorteile** für alle Beteiligten: Für die Parteien wird der Konflikt schneller, billiger und häufig auch umfassender und dauerhafter gelöst als durch ein Urteil. Die beteiligten Rechtsanwälte können eine zusätzliche Gebühr verdienen, das Gericht spart sich die Abfassung eines Urteils.

Zur Disposition der Parteien steht regelmäßig nicht nur das streitgegenständliche Recht, sondern auch das Verfahren darüber. Einigen sich die Parteien in einem laufenden Prozess (»Prozessvergleich«), so ist hiervon sowohl das materielle Recht als auch das Verfahren betroffen. In einem solchen Vergleich liegt zum einen eine Prozesshandlung, weil die Rechtshängigkeit des Verfahrens beendet und ein Titel geschaffen werden soll, zum anderen ein Rechtsgeschäft, mit dem das materielle Rechtsverhältnis der Parteien umgestaltet wird, damit Nachforderungen ausgeschlossen sind. Wie die Aufrechnung hat der im Prozess abgeschlossene Vergleich also eine **Doppelnatur**.[55] 1421

a) Inhalt

Ein Prozessvergleich sollte möglichst einfach, klar und vollständig abgefasst werden. In der Regel enthält er verschiedene Bestandteile:[56]

- In der **Präambel** wird häufig das Motiv des Vergleichs festgehalten, was von Bedeutung sein kann, wenn dieser von der noch ausstehenden Zustimmung Dritter (zB der Rechtsschutzversicherung) abhängt oder wenn es um seine spätere Auslegung bei Unklarheiten geht. 1422

51 *Seibel*, Führt eine Klagerücknahme zum rückwirkenden Wegfall der Verjährungshemmung, MDR 2015, 491.

52 LG Itzehoe NJW-RR 1994, 1216.

53 *Eisenreich*, Der Prozessvergleich, JuS 1999, 797; *Gottwald*, Vergleichspraxis, 1991; *Grün*, Der Prozessvergleich im Assessorexamen, JA 1999, 226; *Röhl*, Der Vergleich im Zivilprozess, 1983; *Wacke*, Besser ein magerer Vergleich als ein fetter Prozess, AnwBl. 1991, 601.

54 *Schultheiß*, Der Prozessvergleich – typische Fallkonstellationen im Assessorexamen, JuS 2015, 318.

55 StRspr: BGH NJW 1985, 1962; und hL: BLAH/*Hartmann* ZPO Anh. § 307 Rn. 4 mwN; *Grün*, Der Prozessvergleich im Assessorexamen, JA 1999, 226.

56 *Gottwald ua* (Hrsg.), Der Prozessvergleich, 1983; *Nickel*, Der Prozessvergleich in der Praxis, JuS 1986, 41; *Röhl*, Der Vergleich im Zivilprozess, 1983.

Ein Vergleich kann zum **Beispiel** geschlossen werden »auf (dringendes) Anraten des Gerichts«, »ohne Anerkennung einer Rechtspflicht« oder »nach eingehender Erörterung der Sach- und Rechtslage«.

1423 • Wichtig ist es, den genauen **Regelungsumfang** des Vergleichs festzuhalten. Der Vergleich kann sich auf den Streitgegenstand oder Teile davon erstrecken, kann aber auch Streitpunkte einbeziehen, die nicht Gegenstand des Verfahrens geworden sind. Deswegen muss klargestellt werden, welche streitigen Fragen der Vergleich umfassen soll.[57]

Beispiele: Der Vergleich kann lediglich einen Teil der Klageforderung, diese in vollem Umfang, »alle in den Prozess eingeführten Ansprüche« (also insbesondere auch Hilfs- und Aufrechnungsforderungen) oder »alle gegenseitigen Ansprüche der Parteien« (und damit sogar die, denen sie sich gegenwärtig gar nicht bewusst sind) erfassen. Er kann auch zukünftige Ansprüche abfinden.[58]

1424 • Bestimmt werden muss auch die **Leistungspflicht** der Parteien. Welche Partei soll welche Leistung an wen erbringen. Werden vergleichsweise Rechtsverhältnisse geregelt, muss auch dies eindeutig und nachvollziehbar geschehen.[59]

Problematisch kann zum **Beispiel** sein, ob auf den genannten Betrag noch Mehrwertsteuer oder Zinsen zu zahlen sind, wann die Leistung fällig sein soll, ob bereits gezahlte, vollstreckte oder titulierte Teilbeträge angerechnet werden sollen und ob die Leistung von Gegenleistungen abhängen soll. Sollen Willenserklärungen abgegeben werden, ist zu beachten, dass diese nicht wie nach einem Urteil fingiert werden. Sie müssen entweder im Vergleich abgegeben werden (und dabei eine eventuell erforderliche Form erfüllen, § 127a BGB) oder hinterher nach § 888 ZPO vollstreckt werden.[60]

• Enthalten sein kann eine **Erlassklausel**, wonach bei Zahlung eines bestimmten (Teil-)Betrages bis zu einem festgelegten Zeitpunkt der (grundsätzlich ebenfalls titulierte) Restbetrag der Forderung als erlassen gelten soll (sog. »*Las-Vegas-Vergleich*«).[61]

1425 • Im Vergleich können die Parteien die **Kostentragungspflicht** frei vereinbaren. Tun sie das nicht, werden die Kosten nach § 98 ZPO gegeneinander aufgehoben.[62]

Können die Parteien sich über die Kosten nicht einigen, kann der Rechtsstreit nach Abschluss eines (Teil-)Vergleichs nur über die Hauptsache für erledigt erklärt und die Kostenentscheidung dann vom Gericht nach § 91a ZPO getroffen werden.[63] Richtiger, wenn auch bestrittener Ansicht zufolge, darf dann nicht auf das Nachgeben im Vergleich abgestellt werden, sondern auf die Erfolgsaussichten der Klage ohne den Vergleich.[64]

57 BGH NJW 1966, 2399.

58 *Heß/Burmann*, Der Abfindungsvergleich, NJW-Spezial 2004, 207.

59 *Christopoulos*, Prozessvergleich – Unbestimmte Formulierungen als Risiko fehlender Vollstreckungsfähigkeit, MDR 2014, 438.

60 OLG Frankfurt a.M. JurBüro 2008, 104.

61 *Knütel*, Auslegung des »eindeutigen« Wortlauts eines gebräuchlichen Prozessvergleichs, MDR 1995, 437.

62 OLG Stuttgart NJW-RR 1999, 147; zur analogen Anwendung des § 98 ZPO auf den außergerichtlichen Vergleich OLG Koblenz NJW-RR 1991, 638; zu den Kosten einer Nebenintervention OLG München NJW-RR 1998, 1453; OLG Düsseldorf NJW-RR 1998, 1691.

63 *Kontusch*, Vergleichsweise Kostenentscheidung, JA 2013, 687.

64 OLG Stuttgart NJW-RR 1999, 147; OLG Oldenburg NJW-RR 1992, 1466.

- Hängt der Vergleich von der Zustimmung eines nicht Anwesenden ab, so kann er unter **Widerrufsvorbehalt** geschlossen, dh unter eine aufschiebende Bedingung gestellt werden.[65] **1426**

Dies ist in der Regel erforderlich, wenn der Anwalt nicht vorab ausdrücklich zum Vergleichsschluss ermächtigt wurde (§ 83 ZPO) oder die Zustimmung der Rechtsschutzversicherung eingeholt werden soll.

Vereinbaren müssen die Parteien, wie lange der Widerruf möglich sein soll, ob er dem Gericht gegenüber oder unter ihnen erklärt werden soll und ob er einer Form bedarf (schriftlich). Die Widerrufsfrist können die Parteien (auch ohne Mitwirkung des Gerichts) durch Vereinbarung jederzeit verlängern oder abkürzen, eine Widereinsetzung gegen die Versäumung der Widerrufsfrist ist nicht möglich.

Eine auflösende Bedingung ist zwar möglich, grundsätzlich aber nicht gewollt, da dann eine Vollstreckung schon vor Ablauf der Widerrufsfrist möglich wäre.[66]

b) Voraussetzungen

Voraussetzungen und Folgen des Prozessvergleichs

	Prozessvergleich	
	als materiellrechtlicher Vertrag durch Willenserklärung	**als Prozessvertrag durch Prozesshandlung**
Voraussetzungen	**§§ 1, 104 ff., 164 ff. BGB** Materielle Handlungsvoraussetzungen. **§ 779 BGB** Schuldrechtlicher Vertrag zur Beseitigung Streit oder Ungewissheit über Rechtsverhältnis im Wege gegenseitigen Nachgebens. Formlos möglich.	**§§ 50 ff., 78 ff. ZPO** Prozesshandlungsvoraussetzungen. **§ 794 Nr. 1 ZPO** Prozessvertrag zur Beilegung Rechtsstreit vor deutschem Gericht. **§§ 160 ff., 278 VI ZPO** Vollstreckungsfähige Form: Ordnungsgemäße Protokollierung oder Feststellung durch Beschluss
Folgen	**§ 779 BGB** Inhaltliche Änderung des Anspruchs.	**§ 794 Nr. 1 ZPO** Vollstreckungstitel. Wegfall Rechtshängigkeit.

Schema 29.2: Voraussetzungen und Folgen des Prozessvergleichs

(1) Inhaltlich ist der Vergleich als **Prozesshandlung** in der ZPO nicht zusammenhängend geregelt. Wirksamkeitsvoraussetzungen ergeben sich aus § 794 I Nr. 1 ZPO und aus den §§ 160 ff. ZPO. Diese Normen setzen voraus, dass der Vergleich **1427**

- vor einem deutschen **Gericht** geschlossen wurde.

---

65 BGH NJW-RR 2005, 1323 und 3576; BGH WM 1984, 68; *Lüke*, Neues zum Prozessvergleich, NJW 1994, 233; *Schneider*, Das Fristende beim Widerrufsvergleich, MDR 1999, 595; zum Adressaten des Widerrufs BAG NZA 1998, 637; OLG Brandenburg NJW-RR 1996, 123; OLG Frankfurt a.M. VRS 88 (1995), 112.

66 BGH NJW 1988, 415; 1984, 312.

Gericht in diesem Sinn ist nicht nur das Prozessgericht, sondern kann auch der beauftragte oder ersuchte Richter sein, das Gericht, vor dem Prozesskostenhilfe beantragt oder ein selbstständiges Beweisverfahren durchgeführt wird, das Vollstreckungs- oder das FamFG-Gericht. Unerheblich ist, ob das Gericht zuständig oder ordnungsgemäß besetzt war.

Keine Prozessvergleiche sind damit der **Anwaltsvergleich**, der außergerichtlich, namens und in Vollmacht der Parteien durch Anwälte geschlossen wurde (§ 796a ZPO), und der vor dem **Schiedsgericht** abgeschlossene Vergleich (Schiedsspruch mit vereinbartem Wortlaut, § 1053 ZPO).[67]

- zur Beilegung des **Rechtsstreits** geschlossen wurde.

Ein Prozessvergleich ist nur möglich, wenn ein streitiges **Verfahren** anhängig ist und durch den Vergleich erledigt werden soll.

- zwischen den **Parteien** des Rechtsstreits geschlossen wurde.

Diese müssen die Prozesshandlungsvoraussetzungen erfüllen.

Bezüglich der Drittbeteiligung ist die sprachliche Fassung des § 794 I Nr. 1 ZPO missverständlich: Der Vergleich nur zwischen einer Partei und einem **Dritten** kann die Rechtshängigkeit nie beenden. Dies schließt nicht aus, dass Dritte in den Vergleich mit einbezogen werden. Während eine solche Möglichkeit für die materiellrechtliche Seite selbstverständlich ist, kann von und gegen diese Dritten aus dem Vergleich nur vollstreckt werden, wenn sie dem Prozess zumindest zum Zwecke des Vergleichsschlusses auch beigetreten sind.[68]

1428 - in einer **vollstreckungsfähigen Form** zustande gekommen ist.[69] Wird der Vergleich in einer mündlichen Verhandlung geschlossen, so ist er nach §§ 160 ff. ZPO ordnungsgemäß zu protokollieren, ist der Vergleich dadurch zustande gekommen, dass die Parteien dem Gericht gegenüber schriftsätzlich einen (ebenfalls schriftlichen) Vorschlag angenommen haben, so muss das Zustandekommen und der Inhalt des Vergleichs durch Beschluss festgestellt werden (§ 278 VI ZPO).[70]

Das Protokoll **soll** nach § 160 II ZPO den wesentlichen Gang der Verhandlung wiedergeben, also zB, ob der Vergleich auf Anregung des Gerichts zustande kam. Es **muss** nach § 160 I ZPO Ort, Tag und Anwesende feststellen, (letzteres in Form eines vollen Rubrums, weil aus dem Vergleich vollstreckt werden kann, § 794 I Nr. 1 ZPO) und nach § 160 III Nr. 1 ZPO den vollen Wortlaut des Vergleichs enthalten. Zwingend erforderlich ist auch der Vermerk über die Vorlesung und Genehmigung des Protokolls nach § 162 I ZPO.[71] Diese Genehmigung kann aufschiebend bedingt erklärt werden (Widerrufsvorbehalt).[72] Schließlich muss das Protokoll vom Vorsitzenden und dem Protokollführer unterschrieben sein (§ 163 ZPO).

Entspricht der Wortlaut des formwirksam protokollierten Vergleichs nicht dem Parteiwillen, kommt eine Berichtigung nach § 164 ZPO oder § 319 ZPO nicht in Betracht. Erforderlich sind die (teilweise) Anfechtung nach § 119 BGB und der Abschluss eines neuen Vergleichs.[73]

---

67 Zu den Unterschieden Zöller/*Geimer* ZPO § 796a Rn. 2 ff.

68 BGHZ 86, 160 = NJW 1983, 1433 auch dazu, dass der Dritte nicht anwaltlich vertreten sein muss.

69 OLG Köln FamRZ 1994, 1048; MüKoZPO/*Wolfsteiner* § 794 Rn. 54.

70 BGH NJW 2015, 2965; 2011, 3451; *Müller-Teckhoff*, Rechte und Pflichten des Gerichts beim Prozessvergleich nach § 278 Abs. 6 ZPO, MDR 2014, 249.

71 BGH NJW 1984, 1465; BAG NJW 1970, 349 mAnm *Reinicke* NJW 1970, 306; OLG Frankfurt a.M. NJW 1973, 1131; aA *Leube*, Der Protokollierungsvermerk bei Prozessvergleichen, JuS 2016, 317 mwN.

72 BGH NJW 1980, 1752.

73 *Reither*, Korrektur des »falsch« protokollierten Prozessvergleichs, JuS 2017, 125.

(2) Als **materielles Rechtsgeschäft** ist der Vergleich ein **Vertrag** (§ 779 BGB), bedarf daher zweier sich deckender Willenserklärungen. 1429

Inhaltlich muss ein Streit oder eine **Ungewissheit** über ein Rechtsverhältnis beseitigt werden.

Kein Vergleich ist damit dort möglich, wo zwingende Rechtsnormen entgegenstehen, so zB über den Nachlass eines noch lebenden Dritten (§ 311b BGB). Dagegen ist ein Vergleich möglich, wenn um die Anwendbarkeit der Verbotsnorm gerade gestritten wird, so zB bei der Sittenwidrigkeit eines Ratenkreditvertrages.

Ein Vergleich liegt nur im Fall **beiderseitigen Nachgebens** vor.

Damit grenzt sich der Vergleich von dem nur einseitigen Nachgeben bei Verzicht oder Anerkenntnis ab. Allerdings ist die Rechtsprechung großzügig und lässt schon minimales Nachgeben ausreichen. So genügt es bereits, dass die Parteien auf eine der Rechtskraft fähige Entscheidung verzichten und ihr prozessuales Ziel nicht weiter verfolgen.[74]

Einer besonderen **Form** bedarf der materiellrechtliche Vergleich grundsätzlich nicht. 1430

Eine Ausnahme gilt, wenn der Vergleich ein formbedürftiges Verpflichtungs- oder Verfügungsgeschäft beinhaltet, so zB Grundstücksgeschäfte (§ 311b BGB) oder solche über das gesamte Vermögen einer Person (§ 311 BGB). In diesen Fällen ersetzt der Protokollvergleich alle materiellrechtlichen Formen (§§ 127a, 126 IV, 129 II BGB), der Beschlussvergleich jedoch nur die Schriftform (§ 127a BGB analog[75]), weil ohne mündliche Verhandlung eine Beratung und Warnung der Beteiligten nicht möglich ist. Auch die für eine Grundbucheintragung erforderliche Form (§ 29 GBO) wird nur durch einen Protokoll-, nicht durch einen Beschlussvergleich erfüllt. Die Formprivilegierung für den in einem Prozessvergleich abgeschlossenen Verbraucherdarlehensvertrag gilt dagegen kraft gesetzlicher Regelung für beide Vergleichsformen gleichermaßen (§ 491 IV BGB).[76]

c) Folgen

(1) Haben die Parteien einen **materiellrechtlichen Vergleichsvertrag** geschlossen, so bleibt das zugrunde liegende Rechtsverhältnis zwar bestehen, wird inhaltlich aber dem Vergleich entsprechend *umgestaltet*. 1431

Für den Kläger entsteht damit kein neuer Anspruch, sondern er behält seinen ursprünglichen Anspruch, dessen Inhalt sich jetzt aus dem Vergleich ergibt.

(2) Mit Wirksamwerden der **Prozesshandlung** Vergleich *endet* die *Rechtshängigkeit* des Prozesses, allerdings anders als bei der Rücknahme nicht rückwirkend, sondern nur ex nunc.[77] Der Vergleich stellt darüber hinaus einen *Vollstreckungstitel* (§ 794 I Nr. 1 ZPO) dar. 1432

Sind vor Vergleichsschluss Entscheidungen des Gerichts ergangen, so werden diese analog § 269 III ZPO mit dem Vergleich wirkungslos.[78]

74 BGH NJW-RR 2005, 1303; OLG Brandenburg FamRZ 2008, 1192; OLG Düsseldorf NJW-RR 2006, 1609.

75 BAG NJW 2007, 1831; *Zempel*, Gerichtliche Protokollierung an Stelle notarieller Beurkundung, NJW 2015, 2859.

76 BGH NJW 1980, 1752; OLG Brandenburg FamRZ 2008, 1193; *Cordes*, Erfüllt der Beschlussvergleich das Formerfordernis der notariellen Beurkundung, MDR 2016, 64; *Zempel*, Gerichtliche Protokollierung an Stelle notarieller Beurkundung – Möglichkeiten und Grenzen, NJW 2015, 2859.

77 OLG Koblenz MDR 1993, 687.

78 OLG Hamm NJW 1988, 1988; *Kniffka*, Die Wirkung eines Prozessvergleichs auf ein nicht rechtskräftiges Urteil, JuS 1990, 969.

Auch ein nur außergerichtlich geschlossener Vergleich kann Wirkungen auf den Prozess entfalten, weil er materiellrechtlich wirksam ist und damit bei der Sachentscheidung berücksichtigt werden muss.[79] Gegebenenfalls kann er auch Vereinbarungen über den Prozess enthalten, zB eine Klagerücknahmevereinbarung (→ Rn. 24).

d) Unwirksamkeit des Vergleichs

1433 Der im Prozess geschlossene Vergleich kann entweder in materiellrechtlicher oder in prozessualer Hinsicht unwirksam sein.

Prozessual kann ein Vergleich zB formnichtig sein, weil der nach § 162 I ZPO erforderliche Vermerk über Vorlesung und Genehmigung fehlt.[80]

Materiellrechtlich kann zB einer der Beteiligten den Vergleich nach §§ 119 ff. BGB anfechten, hiervon nach §§ 275, 326 BGB zurücktreten oder geltend machen, dass die Voraussetzungen des § 779 BGB nicht vorliegen.[81]

Liegt einer dieser Mängel vor, so ist insbesondere zweifelhaft, wie dieser geltend zu machen ist: Muss ein neuer Prozess angestrengt werden oder wird der ursprüngliche Prozess fortgesetzt? Dies hängt davon ab, ob die prozessuale Wirkung des Prozessvergleichs, der Wegfall der Rechtshängigkeit, Bestand hat oder nicht.[82]

1434 Ein **prozessualer Mangel** verhindert – wenn er nicht bloß unwesentlich ist – den Wegfall der Rechtshängigkeit, sodass der ursprüngliche Prozess fortzusetzen ist.[83] Die materiellrechtliche Wirksamkeit des Vergleichs wird hierdurch regelmäßig nicht berührt: Der fortbestehende Anspruch in seiner durch den Vergleich bestimmten Form kann dann bei Fortsetzung des alten Prozesses wirksam neu tituliert werden, sei es, indem die Parteien einen entsprechenden neuen Prozessvergleich schließen, sei es, indem ein entsprechendes Urteil ergeht.

Dies bedeutet, dass der Kläger bei Fortsetzung des Prozesses seinen ursprünglichen **Antrag** der durch den Vergleich geschaffenen materiellen Rechtslage anpassen und neu formulieren muss. Als Klageänderung wird dies in der Regel nach § 264 Nr. 2 ZPO zulässig sein.

1435 Ein **materiellrechtlicher Mangel** verhindert die Umgestaltung des Anspruchs. Ob er darüber hinaus auch den Eintritt der prozessualen Wirkungen verhindert, ist umstritten. Nach heute hM ist zu differenzieren:

Die Rechtshängigkeit entfällt nicht, wenn der materiellrechtliche Mangel zu einer Beseitigung des Vergleichs mit *Ex-tunc-Wirkung* geführt hat.[84]

---

79 BGH NJW 2002, 1503 mAnm *Krauss* JA 2002, 837; Zur Möglichkeit, hieraus zu vollstrecken, *Geimer*, Notarielle Vollstreckbarerklärung von Anwaltsvergleichen, DNotZ 1991, 266; *Hansens*, Der Anwaltsvergleich gemäß § 1044b ZPO, AnwBl. 1991, 113; *Ziege*, Der vollstreckbare außergerichtliche Vergleich nach § 1044b ZPO, NJW 1991, 1580.

80 Zum Streit hierüber → Rn. 1428; zur Umdeutung eines formnichtigen Prozessvergleichs in einen außergerichtlichen Vergleich BGH NJW 1985, 1962.

81 OLG Zweibrücken NJW-RR 1998, 1680.

82 Dies widerum hängt von der zur Rechtsnatur des Prozessvergleichs vertretenen Auffassung ab (vgl. dazu *Baumgärtel/Laumen/Prütting*, Handbuch der Beweislast im Privatrecht, 9 Bände, 2. Aufl. 2009 ff., H Abs. 2 mwN); *Grün*, Der Prozessvergleich im Assessorexamen, JA 1999, 226; OLG Frankfurt a.M. NJW-Spezial 2015, 389.

83 BGH MDR 2014, 241; Stein/Jonas/*Münzberg* ZPO § 794 Rn. 47.

84 BGH NJW 2014, 394; zu den vollstreckungsrechtlichen Wirkungen *Kaiser*, Besondere Anträge neben Zwangsvollstreckungsrechtsbehelfen des Schuldners, NJW 2014, 364.

Beispiel: War der materielle Vertrag von Anfang an nichtig oder ist er infolge Anfechtung nach § 142 I BGB als von Anfang an nichtig anzusehen, so konnte er auch prozessual die Rechtshängigkeit nie beenden, diese dauert fort. Auch solche materiellrechtlichen Mängel sind daher durch Fortsetzung des ursprünglichen Prozesses geltend zu machen.

Für diese Lösung sprechen Gründe der Prozessökonomie, der Kostenersparnis und des engen Zusammenhangs der prozessualen mit den materiellen Elementen des Prozessvergleichs.

Streitig ist der Wegfall der Rechtshängigkeit des ursprünglichen Prozesses, wenn der materiellrechtliche Vergleichsvertrag nur mit *Ex-nunc-Wirkung* beseitigt wurde.

Beispiel: Ist eine der Parteien vom Vergleich zurückgetreten und macht den Wegfall der Geschäftsgrundlage oder eine vertraglich vereinbarte Aufhebungsmöglichkeit geltend, so war der Vergleich zunächst wirksam und entfällt erst ab dem Zeitpunkt der Beseitigungshandlung.

- Der BGH und das BVerwG nehmen in diesen Fällen eine prozessbeendigende Wirkung des zumindest zeitweise materiellrechtlichen wirksamen Vergleichs an.[85]

  Nach dieser Auffassung müssen solche Unwirksamkeitsgründe, anders als die bisher behandelten, nicht durch Fortsetzung des ursprünglichen, sondern durch Anhängigmachen eines **neuen Verfahrens** geltend gemacht werden.

- Das BAG und die herrschende Lehre lassen dagegen einen Unterschied zu den Fällen anfänglicher Unwirksamkeit nicht gelten, sodass die Rechtshängigkeit des ursprünglichen Prozesses nicht wirksam beendet wurde.[86]

  Nach dieser Auffassung ist ohne Differenzierung jede Unwirksamkeit des Prozessvergleichs durch Fortsetzung des **ursprünglichen Verfahrens** geltend zu machen.

Ist das ursprüngliche Verfahren fortzusetzen, so genügt ein Antrag auf Terminierung **1436** an das Prozessgericht.

Die Partei, die den Vergleich für unwirksam hält, bleibt bei ihrem ursprünglichen **Antrag**. Die Partei, die ihn für wirksam hält, muss die Feststellung seiner Wirksamkeit beantragen. Stellt sich nach der Verhandlung heraus, dass der Vergleich wirksam ist, ergeht **Urteil** auf Feststellung, dass die Rechtshängigkeit erloschen sei. Ist der Vergleich unwirksam, kann dies in einem Zwischenfeststellungsurteil besonders ausgesprochen oder nach Fortsetzung des Verfahrens in der Hauptsache im Endurteil zusammen mit der Sachentscheidung festgestellt werden.[87]

---

85 BGH NJW 2011, 2141; BGH LM Nr. 15 zu § 794 ZPO; BGHZ 41, 311; BVerwG NJW 1994, 2306; BayObLG NZM 1999, 861.

86 BAGE 9, 313; Stein/Jonas/*Münzberg* ZPO § 794 Rn. 60 mwN.

87 BGH NJW 1996, 3345; OLG Köln NJW-RR 1996, 637; BLAH/*Hartmann* ZPO Anh. § 307 Rn. 39 mwN; aA zT OLG Köln NJW-RR 1996, 122 und 233.

§ 30 Erledigung der Hauptsache

1437 Wird eine ursprünglich zulässige und begründete Klage nachträglich unzulässig oder unbegründet, so hat der Kläger die Möglichkeit, den Prozess unverändert fortzusetzen (was zu einer Klageabweisung führt), gegen sich Versäumnisurteil ergehen zu lassen oder die Klage zurückzunehmen. In allen Fällen muss er die Kosten des Rechtsstreits alleine tragen (§§ 91, 269 III 2 ZPO). Da dieses Ergebnis unbillig sein kann, wenn die nachträgliche Veränderung auf einem Verhalten des Beklagten beruht, wurde hierfür nachträglich ein besonderes Institut in die ZPO eingeführt: das der Erledigung der Hauptsache.

Wegen der bis heute **unvollständig** gebliebenen gesetzlichen **Regelung** in § 91a ZPO ist im Bereich dieses Instituts nach wie vor vieles streitig, Erscheinungsformen, Voraussetzungen und Rechtsfolgen der Erledigung lassen sich entweder nur aus allgemeinen prozessualen Grundsätzen ableiten oder müssen in Fallgruppen entwickelt werden.

1438 Eine Erledigung des Rechtsstreits kann entweder einseitig von einer der Parteien oder übereinstimmend von beiden Parteien erklärt werden. Beiden Erscheinungsformen der Erledigung ist nur die Behauptung des Klägers gemeinsam, die Klage sei nachträglich unzulässig oder unbegründet geworden. Hinsichtlich der Rechtsfolgen haben sie nichts miteinander zu tun. Zwischen beiden Formen der Erledigung gibt es grundlegende Unterschiede:[1]

- Aufgrund der **übereinstimmenden** Erledigungserklärung endet die Rechtshängigkeit automatisch, die Befugnis des Gerichts für eine Sachentscheidung entfällt.
- Aufgrund einer nur **einseitigen** Erledigungserklärung, der die andere Partei widerspricht, muss geprüft werden, inwieweit tatsächlich eine solche Erledigung eingetreten ist.

1439 Die **einseitige** Erledigungserklärung einer Partei ist prozessual nur beachtlich, wenn sie vom Kläger stammt, weil nur er den Streitgegenstand bestimmen kann.[2] Erklärt der **Beklagte** die Klage für erledigt, so kann hierin lediglich entweder eine – nur materiell, nicht prozessual erhebliche – Einwendung oder die vorweggenommene Zustimmung zur Erledigungserklärung des Klägers liegen.[3]

> **Beispiel:** Der Beklagte zahlt nach Klageerhebung die eingeklagte Summe.
> Erklären beide Parteien den Rechtsstreit daraufhin übereinstimmend für erledigt, endigt die Rechtshängigkeit der Hauptsache, entschieden werden muss nur noch über die Kosten des Rechtsstreits
> Erklärt der Kläger die Hauptsache für erledigt während der Beklagte dies (zum Beispiel mit der Behauptung, die Zahlung sei auf einen anderen Rechtsgrund erfolgt) bestreitet, so muss das Gericht über den damit bestehenden Streit der Parteien entscheiden, ob eine Erledigung eingetreten ist oder nicht.

1 *Bergerfurth*, Erledigung der Hauptsache im Zivilprozess, NJW 1992, 1655; *Ebner*, Die Erledigung der Hauptsache im Prozess, JA 1998, 784; *Knöringer*, Die Erledigung der Hauptsache im Zivilprozess, JuS 2010, 569; *Pape/Notthoff*, Die Erledigung in der Hauptsache im Zivilprozess, JuS 1995, 912; *Prechtel*, Die Erledigung des Rechtsstreits in der Praxis, ZAP (2007) Fach 13, 1391; *Schmitz*, Die Erledigung der Hauptsache im Zivil- und im Verwaltungsprozess, JA 1996, 242; *Ulrich*, Die Erledigung der Hauptsache und die Vereinfachung des Verfahrens, NJW 1994, 2793; neuere Rechtsprechung bei *Büßer*, Neues aus der Rechtsprechung zum Zivilprozessrecht, JA 2015, 689.

2 BGH NJW 1994, 2363.

3 BLAH/*Hartmann* ZPO § 91a Rn. 189 ff.; *Bergerfurth*, Erledigung der Hauptsache im Zivilprozess, NJW 1992, 1655; Thomas/Putzo/*Hüßtege* ZPO § 91a Rn. 42; Zöller/*Vollkommer* ZPO § 91a Rn. 52; MüKoZPO/*Lindacher* § 91a Rn. 101; *Hölzer*, Die Erledigung der Hauptsache, JurBüro 1991, 1; aA *Rosenberg/Schwab/Gottwald* ZivilProzR § 133 III 3.

Erklärt lediglich der Beklagte die Hauptsache für erledigt, so kann hierin eine Anregung an den Kläger gesehen werden, die Erledigung zu erklären, verbunden mit der vorweggenommenen Zustimmung hierzu. Kommt es zu einer solchen Erledigungserklärung des Klägers nicht, so liegt im Vortrag des Beklagten der materiell beachtliche Einwand der Erfüllung, der zur Unbegründetheit der Klage führt.

1. Übereinstimmende Erledigungserklärung beider Parteien

Erklären beide Parteien dem Gericht gegenüber übereinstimmend, eine Fortsetzung 1440
des bisherigen Verfahrens nicht mehr zu wollen, so ist das Gericht hieran gebunden. Im Rahmen der allein den Parteien zustehenden Dispositionsmaxime können diese dem Gericht die Sache entziehen. Die Rechtshängigkeit endet, eine weitere Sachprüfung findet nicht mehr statt. Streit besteht zwischen den Parteien noch hinsichtlich der bislang angefallenen **Kosten** des Rechtsstreits.

Beispiel: Hat der Kläger den Beklagten vorprozessual mehrfach vergeblich gemahnt, schließlich Klage erhoben und bezahlt der Beklagte im Laufe des Rechtsstreits die Forderung endlich, so erlischt der klägerische Anspruch durch Erfüllung (§ 362 I BGB). Sind beide Parteien darin einig, dass eine Fortsetzung des Prozesses nicht erforderlich ist, so können sie diesen übereinstimmend für erledigt erklären und dem Gericht die Entscheidung nur noch über die Kosten überlassen.

a) Voraussetzungen

Eine wirksame übereinstimmende Erledigungserklärung setzt voraus, dass der Rechts- 1441
streit zum Zeitpunkt der Erledigungserklärungen schon und noch **rechtshängig** war.

Weil die Erledigungserklärungen auf eine Beendigung der Rechtshängigkeit abzielen, gehen sie ins Leere und sind damit unbeachtlich, wenn der Rechtsstreit noch nicht rechtshängig geworden ist oder dessen Rechtshängigkeit bereits anderweitig (zB durch Klagerücknahme) beendet wurde. Unerheblich ist eine eventuelle Rechtshängigkeit zum Zeitpunkt des angeblich erledigenden Ereignisses.[4]

Beide Parteien müssen zudem eine wirksame **Erledigungserklärung** abgegeben haben. 1442

Dabei ist die Reihenfolge der Erledigungserklärungen unbeachtlich.[5] Nicht immer werden diese sich ausdrücklich finden lassen, häufig wird eine **Auslegung** erforderlich sein.[6] Es reicht aus, dass beide Parteien kein Interesse mehr an einer streitigen Entscheidung des Gerichts in der Hauptsache haben, sie indes die Kosten des Rechtsstreits nicht tragen wollen. Auf Seiten des Klägers dient letzteres insbesondere der Abgrenzung zur Klagerücknahme. Auf Seiten des Beklagten genügt es, dass der Beklagte dem Erledigungsantrag des Klägers zustimmt oder er diesem – wenn mit der Zustellung der klägerischen Erklärung vom Gericht auf diese Folge hingewiesen wurde – nicht innerhalb von zwei Wochen widerspricht.[7] Dagegen macht die Aufrechterhaltung des eigenen Klageabweisungsantrags grundsätzlich den Wunsch nach einer streitigen Entscheidung deutlich und stellt damit keine Erledigungserklärung dar.

Formell wirksam sind die Erledigungserklärungen nur dann, wenn sie in der mündlichen Verhandlung, durch Einreichung eines Schriftsatzes oder zu Protokoll der Geschäftsstelle abgegeben werden (§ 91a I 1 ZPO).

Die Erledigungserklärungen unterliegen **nicht** dem **Anwaltszwang** (§§ 78 III, 91a I 1 ZPO).

Weil es sich bei den Erledigungserklärungen um *Prozesshandlungen* handelt, folgen sie deren allgemeinen Regeln.

---

4 Wegen der Erledigung vor Eintritt der Rechtshängigkeit vgl. → Rn. 1472 f.

5 Prütting/Gehrlein/*Hausherr* ZPO § 91a Rn. 18.

6 BGH NJW 2007, 1460; NJW-RR 1991, 1211; OLG Köln NJW-RR 1998, 143; *Schröer*, Die Erledigung der Hauptsache, JA 1991, 73.

7 BGH NJW 2009, 1973.

Vorliegen müssen die allgemeinen **Prozesshandlungsvoraussetzungen**. Ein **Widerruf** ist bis zur Zustimmung des Gegners ohne weiteres, danach nur noch unter den Voraussetzungen einer Wiederaufnahme des Verfahrens (§ 580 Nr. 2, 4, 7 ZPO) möglich.[8]

Weiterer Wirksamkeitsvoraussetzungen bedarf die übereinstimmende Erledigungserklärung nicht. Insbesondere spielt es keine Rolle, ob ein erledigendes Ereignis eingetreten ist oder ob die Klage bisher zulässig und begründet war.[9]

b) Folgen

1443 Mit den übereinstimmenden Erledigungserklärungen **endet** die **Rechtshängigkeit** der Hauptsache automatisch, ohne dass es eines Ausspruchs des Gerichts hierüber bedürfte.[10]

Damit entfällt auch die Notwendigkeit weiterer Prozesshandlungen des Gerichts. Insbesondere muss eine bereits angeordnete **Beweisaufnahme** nicht mehr durchgeführt werden. Streitig ist, inwieweit das Gericht sie noch durchführen dürfte.[11]

Eine wichtige weitere Folge ergibt sich aus einer entsprechenden Anwendung des § 269 III ZPO: Bereits ergangene (vorläufige) **Entscheidungen** in dieser Sache werden wirkungslos, dies kann auf Antrag einer der Parteien durch einen (rein deklaratorischen) Beschluss klargestellt werden.[12]

1444 In jedem Fall hat eine Entscheidung über die bisher angefallenen **Kosten** des Rechtsstreits zu ergehen. Dies kann auch ohne mündliche Verhandlung geschehen und erfolgt immer in Form eines **Beschlusses**.

Dieser hat, da er einen Vollstreckungstitel darstellt (§§ 794 I Nr. 3, 91a II ZPO), ein volles **Rubrum** zu enthalten. Der **Tenor** beschränkt sich auf die Kostenentscheidung, eine Feststellung der übereinstimmenden Erledigung ist zwar nicht ausgeschlossen, sollte aber grundsätzlich unterbleiben, um eine klare Abgrenzung zur einseitigen Erledigungserklärung zu ermöglichen.

Die **Gründe**[13] entsprechen nach Aufbau und Inhalt Tatbestand und Entscheidungsgründen eines Urteils, wobei innerhalb der Darstellung des Sach- und Streitstands am Ende des streitigen Klägervorbringens als Prozessgeschichte der alte Sachantrag und dann die beiderseitigen Erledigungserklärungen darzustellen sind, da aktuell nur noch wechselseitige Kostenanträge gestellt werden. Die Sachbegründung befasst sich ausschließlich mit der Kostenentscheidung.

1445 Die Kosten des Rechtsstreits sind nach **§ 91a ZPO** unter Berücksichtigung des bisherigen Sach- und Streitstands nach billigem Ermessen zu verteilen. Abzustellen ist darauf, wer ohne die Erledigungserklärungen aller Voraussicht nach die Kosten hätte tragen müssen.[14]

Entscheidungsgrundlage ist dabei der bisherige Stand des Verfahrens aufgrund des gesamten Parteivortrags und eventuell bereits erhobener Beweise. Bislang noch nicht gewährtes rechtliches Gehör ist noch nachzuholen, nahe liegende hypothetische

---

8 Stein/Jonas/*Leipold* ZPO § 91a Rn. 19; Zöller/*Vollkommer* ZPO § 91a Rn. 11.

9 BGHZ 83, 12 (14) = NJW 1982, 1598; OLG Brandenburg WuM 2009, 472; Stein/Jonas/*Leipold* ZPO § 91a Rn. 10; Zöller/*Vollkommer* ZPO § 91a Rn. 12; aA BLAH/*Hartmann* ZPO § 91a Rn. 68.

10 BGH NJW 1989, 2886; 1982, 1598.

11 Für unzulässig halten jede weitere Beweisaufnahme BLAH/*Hartmann* ZPO § 91a Rn. 114 mwN; für zulässig halten sie Stein/Jonas/*Leipold* ZPO § 91a Rn. 27 mwN; differenzierend *Bergerfurth*, Erledigung der Hauptsache im Zivilprozess, NJW 1992, 1655 mwN.

12 KG NJW-RR 1999, 790; *Knöringer* ZivilProz § 11 I 2.

13 OLG Schleswig SchlHA 1993, 219.

14 *Bockholt*, Kostengünstige Beendigung eines für den Beklagten aussichtslosen Rechtsstreits, JA 2006, 136; *Kapitza*, Anerkennen oder Versäumnisurteil erdulden?, JuS 2008, 882.

Entwicklungen sind zu berücksichtigen, ansonsten dürfen die Parteien weiteren Sachvortrag nicht bringen.[15]

Beispiel: Wird die vor einem unzuständigen Gericht erhobene Klage übereinstimmend für erledigt erklärt, sind die Kosten nicht wegen der Unzulässigkeit dem Kläger aufzuerlegen. Hypothetisch wäre der Rechtsstreit an das zuständige Gericht verwiesen worden, sodass darauf abzustellen ist, wer dort sachlich unterlegen wäre.[16]

Im Rahmen der Kostenentscheidung muss nicht immer auf das hypothetische Unterliegen einer Partei abgestellt werden, auch Billigkeitserwägungen aus §§ 93 ff. ZPO finden hier Anwendung.[17]

Soweit vertreten wird, es finde auf dieser Tatsachengrundlage nur eine summarische Prüfung statt,[18] ist dies bedenklich. Vielmehr muss auch schwierigen Rechtsfragen noch nachgegangen und insoweit eine Entscheidung getroffen werden,[19] dahinstehen kann allein die weitere Sachaufklärung.

Soweit es auf den **Streitwert** ankommt, ist zu beachten, dass hier zwei verschiedene Streitwerte vorliegen: 1446

- Bis zum Zeitpunkt der wirksamen übereinstimmenden Erledigungserklärungen streiten die Parteien um die Hauptsache. Somit ist auch deren Wert zugrunde zu legen.
- Ab diesem Zeitpunkt streiten die Parteien nur noch um die bis dahin angefallenen Kosten, sodass auch der Streitwert sich auf diesen Betrag reduziert.

Der **Zuständigkeitsstreitwert** ergibt sich immer aus dem Wert der Hauptsache, da nachträgliche Wertänderungen nach § 261 III Nr. 2 ZPO irrelevant sind. Der **Rechtsmittelstreitwert** richtet sich in der Regel nach dem Kostenstreitwert, da die Parteien nach der Erledigung nur noch um diesen beschwert sein können.[20] Für den **Kostenstreitwert** muss beachtet werden, zu welchem Zeitpunkt die einzelnen Kosten anfallen, weil dieser Zeitpunkt für die Wertberechnung beachtlich ist.

Gegen den Kostenbeschluss ist die **sofortige Beschwerde** statthaft (§ 91a II 1 ZPO). 1447
Zu beachten ist im Rahmen der Zulässigkeitsprüfung, dass die Kostenbeschwer 200,– EUR übersteigt (§ 567 II 1 ZPO) und die erledigte Hauptsache über dem Berufungswert (600,– EUR) lag, da Kostenentscheidungen nur dann anfechtbar sind, wenn es auch die Hauptsache gewesen wäre (§ 91a II 2 ZPO).

Einer **erneuten Klage** über denselben Streitgegenstand steht zwar keine rechts- 1448
kräftige Entscheidung, in der Regel aber der Einwand treuwidrigen Verhaltens (§ 242 BGB; → Rn. 58) entgegen, da in der neuerlichen Klage nach vorheriger Erledigungserklärung ein widersprüchliches Verhalten gesehen werden kann. Nur wenn nachträglich die neue Klage rechtfertigende Umstände eingetreten sind, wird etwas anderes zu gelten haben.[21]

2. Einseitige Erledigungserklärung des Klägers

Ist der Beklagte auf eine Erledigungserklärung des Klägers hin der Auffassung, eine 1449
Erledigung sei nicht eingetreten oder die Klage sei schon von Anfang an unzulässig

15 BGH NJW-RR 2004, 377; OLG Hamm WRP 1993, 339.
16 BGH MDR 2010, 888; aA OLG Brandenburg NJW 2002, 1659.
17 LG Lübeck WuM 1993, 552.
18 BGH ZIP 2010, 344; NJW-RR 2009, 422; BLAH/*Hartmann* ZPO § 91a Rn. 125 mwN.
19 *Schellhammer* ZivilProz Rn. 1463; *Schröer*, Die Erledigung der Hauptsache, JA 1991, 73; Zöller/*Vollkommer* ZPO § 91a Rn. 26a.
20 BGH NJW 2015, 3173.
21 OLG Köln NJW-RR 1994, 917; *Musielak/Voit* GK ZPO Rn. 235.

und unbegründet gewesen, so braucht er der Erledigungserklärung nicht zuzustimmen, sondern kann eine Klärung dieser Fragen durch das Gericht herbeiführen lassen. Anders als bei der übereinstimmenden Erledigungserklärung kann und muss das Gericht also eine **Entscheidung** auch noch in der **Hauptsache** treffen.[22]

> **Beispielsfall:** Der Mieter hat eine Monatsmiete wegen Ausfall der Heizung auf Null gemindert und nicht bezahlt. Diese Miete klagt der Vermieter ein. Während des Prozesses bezahlt der Mieter die Miete des Folgemonats ohne Zweckbestimmung. Der Vermieter verrechnet die Zahlung auf die eingeklagte Miete und erklärt danach die Hauptsache für erledigt. Der Beklagte ist der Ansicht, eine Verrechnung sei nicht möglich gewesen, weil die Klageforderung nicht bestand, sodass auch eine Erledigung nicht eingetreten sein kann. Das Gericht muss daher den nach wie vor bestehenden Streit über das Bestehen der Klageforderung entscheiden.

a) Rechtliche Konstruktion

1450 Dass der Kläger aus einer seiner Ansicht nach eingetretenen Erledigung der Hauptsache auch dann Konsequenzen ziehen können muss, wenn der Beklagte dem widerspricht, ist allgemein anerkannt,[23] weil er sonst keine Möglichkeit hätte, einer drohenden Kostenlast zu entgehen. Aus dem Gesetz ergibt sich dies indes nicht. § 91a ZPO behandelt nur die übereinstimmende Erledigungserklärung. Dementsprechend besteht **Streit** über die dogmatische Qualifizierung der einseitigen Erledigungserklärung.

- Eine Ansicht[24] nimmt ein **Institut sui generis** an und sieht in der Erledigungserklärung des Klägers einen Antrag auf Durchführung eines Zwischenstreits über die Erledigung. Ist eine solche eingetreten, so wird dies in einem Endurteil festgestellt, ist sie nicht eingetreten, ergeht Zwischenurteil und der Rechtsstreit wird in der Hauptsache fortgesetzt.
- Eine andere Ansicht[25] sieht in der Erledigungserklärung des Klägers eine Form der **Rücknahme** der Hauptsacheklage, die insoweit privilegiert ist, als sie der Zustimmung des Beklagten nicht bedarf und die zwingende Kostenfolge des § 269 III 2 ZPO nicht greifen soll. Folge ist hiernach immer ein Prozessurteil über die Kosten.
- Nach einer dritten Ansicht[26] handelt es sich um einen **Klageverzicht** (§ 306 ZPO), sodass die Klage durch Verzichtsurteil abzuweisen ist. Für den Fall, dass die Klage aufgrund eines Verhaltens des Beklagten nachträglich unzulässig bzw. unbegründet geworden ist, soll die ansonsten zwingende Kostenlast des Klägers durch eine analoge Anwendung des § 93 ZPO vermieden werden.
- Die *herrschende Meinung*[27] geht dagegen von einer **Klageänderung** aus und nimmt an, dass der Kläger nach der Erledigungserklärung jetzt Feststellung begehrt, der ursprüngliche Sachantrag sei zunächst zulässig und begründet gewesen, habe sich aber durch ein nachträgliches Ereignis erledigt, dh sei unzulässig oder unbegründet geworden.

---

22 *Assmann*, Die einseitige Erledigungserklärung, FS für Schwab, 1990; *Huber*, Grundwissen – Zivilprozessrecht: Einseitige Erledigungserklärung, JuS 2013, 977; *Röckle*, Die einseitige Erledigungserklärung des Klägers im Zivilprozess, AnwBl. 1993, 317.

23 *Lindacher*, Der Meinungsstreit zur einseitigen Erledigungserklärung, JURA 1970, 687; Stein/Jonas/*Leipold* ZPO § 91a Rn. 37.

24 *Rosenberg/Schwab/Gottwald* ZivilProzR § 133 III 2.

25 Stein/Jonas/*Leipold* ZPO § 91a Rn. 39 mwN.

26 *Grunsky*, Grundlagen des Verfahrensrechts, 2. Aufl. 1974, § 12 Abs. 3 1.

27 BGH NJW 2010, 2270; 2002, 442; Thomas/Putzo/*Hüßtege* ZPO § 91a Rn. 32 jeweils mwN; Zöller/*Vollkommer* ZPO § 91a Rn. 35.

b) Voraussetzungen

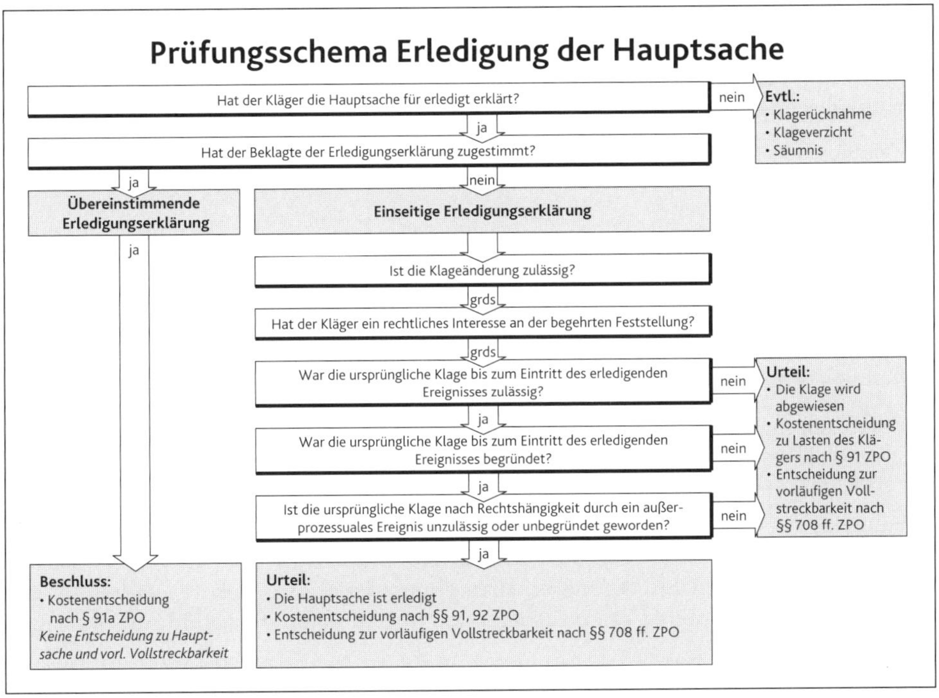

Schema 30.1: Erledigung der Hauptsache

Ob eine einseitige Erledigungserklärung des Klägers vorliegt und ob sie wirksam ist, hängt also nach hM von folgenden Voraussetzungen ab:[28]

(1) Es muss eine **Erledigungserklärung** des Klägers vorliegen. 1451

Korrekt wäre die Umformulierung in einen echten Feststellungsantrag, dh, der Kläger müsste jetzt beantragen »festzustellen, dass der Rechtsstreit in der Hauptsache erledigt ist«. Praktisch wird auch hier jedoch häufig eine **Auslegung** erfolgen müssen. Wie oben dargestellt, reicht es aus, wenn sich aus dem Vorbringen des Klägers ergibt, dass er die Hauptsache nicht weiter verfolgen, aber auch keine Kosten tragen will.[29]

(2) Der **Beklagte** darf der Erledigungserklärung **nicht zugestimmt** haben. 1452

Davon kann immer dann ausgegangen werden, wenn der Beklagte an seinem Klageabweisungsantrag festhält oder sich sonst ergibt, dass er eine streitige Entscheidung wünscht, zB, indem er das erledigende Ereignis bestreitet.

(3) Der jetzt neu gestellte **Feststellungsantrag** muss **zulässig** sein. 1453

Zum einen hat der Kläger seine Klage geändert, sodass die Statthaftigkeit der **Klageänderung** nach §§ 263 ff. ZPO zu untersuchen ist. Nach hM soll diese Form der Klageänderung als Reduzierung des ursprünglichen Antrags gem. § 264 Nr. 2 ZPO ohne weiteres schon kraft Gesetzes immer zulässig sein. Zum anderen liegt jetzt eine **Feststellungsklage** vor, die grundsätzlich der besonderen Prüfung des Rechtsschutzbedürfnisses bedarf (§ 256 I ZPO). Ein rechtliches Interesse an alsbaldiger Feststellung ist immer gegeben, weil die Parteien noch streiten, und zwar sowohl über die Hauptsache als auch über die Kosten.[30]

28 *Schröer*, Die Erledigung der Hauptsache, JA 1991, 73.
29 BGH NJW 2007, 1460; OLG Hamm JurBüro 1996, 85.
30 BGH NJW 1986, 588; MDR 1976, 568.

1454 (4) Der jetzt neu gestellte **Feststellungsantrag** muss **begründet** sein. Dies ist der Fall,

- wenn der *ursprüngliche Antrag* bis zum erledigenden Ereignis *zulässig* war.

  Hierfür gelten die allgemeinen Vorschriften.

- wenn der *ursprüngliche Antrag* bis zum erledigenden Ereignis *begründet* war.

  Zulässigkeit und Begründetheit der ursprünglichen Klage müssen zum Zeitpunkt des erledigenden Ereignisses gegeben gewesen sein,[31] dass sie danach vor Schluss der mündlichen Verhandlung noch eintreten, genügt nicht.

  Beispiel: Hat der Kläger ein unzuständiges Gericht angerufen und erklärt hier die Hauptsache einseitig für erledigt, kann der Zulässigkeitsmangel auch durch eine Verweisung nicht mehr geheilt werden, die auf Feststellung der Erledigung gerichtete Klage muss deswegen ohne Verweisung abgewiesen werden.[32]

  Hier ist eine normale Sachprüfung der zunächst erhobenen Leistungsklage durchzuführen. War die Leistungsklage zum Zeitpunkt der Erledigungserklärung noch nicht entscheidungsreif, so muss eine **Beweisaufnahme** durchgeführt werden. Anders als bei der übereinstimmenden Erledigungserklärung geht hier der Streit der Parteien über die Hauptsache – wenn auch in leicht modifizierter Form – weiter, der Prozess wird also nicht beendet, sondern nach normalen Grundsätzen fortgeführt.

- wenn der *ursprüngliche Antrag* sich *erledigt* hat, dh wenn er nach Eintritt der Rechtshängigkeit unzulässig oder unbegründet geworden ist. Anders als bei der übereinstimmenden Erledigungserklärung muss jetzt also geprüft werden, ob das vom Kläger behauptete Ereignis eingetreten ist und ob es erledigend gewirkt hat.

1455 **Erledigend** wirken können zum **Beispiel** der Wegfall der Rechts- und damit der Parteifähigkeit (Liquidation einer juristischen Person), der Wegfall des Rechtsschutzbedürfnisses, ein (die Kostenregelung aussparender) Vergleich der Parteien, die Erklärung einer Aufrechnung und insbesondere die Erfüllung.[33] Im letzten Fall bedarf es sorgfältiger Abgrenzung, ob eine Leistung des Beklagten tatsächlich zur Erfüllung erfolgte oder ob hiermit nicht nur eine drohende Vollstreckung abgewendet werden sollte (so im Zweifel bei allen Zahlungen nach erstinstanzlichem Urteil, wenn gleichzeitig Berufung eingelegt wird).[34]

Das erledigende Ereignis muss zeitlich **nach Rechtshängigkeit** der Klage eingetreten sein, weil vorher eine Hauptsache, die sich erledigen könnte, gar nicht gegeben ist.[35] Ob es bei mehrstufigen Entstehungstatbeständen auf die Entstehung des Rechts, dessen Ausübung oder dessen Wirksamwerden ankommt, wird uneinheitlich beantwortet.

Nach langem Streit geht der BGH[36] nunmehr davon aus, dass es bei Erhebung der Einrede der **Verjährung** auf den Zeitpunkt der Einredeerhebung ankommt, sodass die erstmalige Erhebung der Einrede im Laufe des Rechtsstreits auch dann ein erledigendes Ereignis darstellt, wenn die

31 BGH NJW 1986, 588; abweichend BGH NJW 1984, 1901: Zeitpunkt der Abgabe der Erledigungserklärung.

32 OLG München MDR 1986, 61; Prütting/Gehrlein/*Hausherr* ZPO § 91a Rn. 58; aA *Vossler*, Die einseitige Erledigungserklärung vor einem unzuständigen Gericht, NJW 2002, 2373.

33 BGH NJW 2010, 2422; 2003, 3134; OLG Düsseldorf NJW-RR 2001, 432; *Bergerfurth*, Erledigung der Hauptsache im Zivilprozess, NJW 1992, 1655; *Heistermann*, Die Erledigung der Hauptsache bei Aufrechnung, NJW 2001, 3527; *Schneider*, Erledigung der Hauptsache bei Aufrechnung des Beklagten – Auswirkungen auf die Kostenentscheidung, MDR 2000, 507; *Schröcker*, Prozessaufrechnung als erledigendes Ereignis, NJW 2004, 2203.

34 OLG Saarbrücken NJW-RR 1998, 1068 mAnm *Becker-Eberhard* JuS 1998, 884; *Kruse/Schäfers*, Die Zahlung zur Abwendung der Zwangsvollstreckung, JuS 2013, 896.

35 Zur Erledigung vor Rechtshängigkeit → Rn. 1472 f.

36 BGH NJW 2010, 2422; kritisch und zu früheren Auffassungen *Cziupka*, Die Erhebung der Einrede der Verjährung als erledigendes Ereignis, JR 2010, 372.

Verjährung bereits vor Rechtshängigkeit eingetreten ist. Entsprechendes gilt für die nachträgliche Erteilung einer **Genehmigung** und die Erklärung einer **Aufrechnung**, bei der trotz der Rückwirkung (§§ 184, 389 BGB) auf den Zeitpunkt der Genehmigungserklärung abzustellen ist.[37] Dagegen soll es bei der **Anfechtung** wegen der Rückwirkung (§ 142 BGB) auf den Zeitpunkt der Entstehung des Anfechtungsgrunds ankommen.[38]

c) Entscheidung

Folgt man der herrschenden Meinung und sieht in der einseitigen Erledigungserklärung des Klägers eine Klageänderung, so hat auf diese hin immer ein normales Endurteil über den Feststellungsantrag zu ergehen. **1456**

Dabei folgen **Hauptsache-, Kosten-** und **Vollstreckbarkeitsentscheidung** allgemeinen Grundsätzen, ohne dass hierfür irgendwelche Besonderheiten gelten.

Beispiel: Im Fall der Klagestattgabe lautet die Hauptsachetenorierung »Es wird festgestellt, dass die Hauptsache erledigt ist«, die Kostenentscheidung folgt den §§ 91, 92 ZPO (nicht § 91a ZPO, der nur für die übereinstimmende Erledigungserklärung gilt), für vorläufig vollstreckbar kann nur die Kostenentscheidung erklärt werden (§§ 708 ff. ZPO).

Die Bestimmung des **Streitwerts** ist streitig:[39] Während es für den Zuständigkeitsstreitwert immer nur auf den Wert der ursprünglichen Leistungsklage ankommen kann (jede nachträgliche Wertänderung ist nach § 261 III Nr. 2 ZPO unbeachtlich), kommen für den Rechtsmittel- und Kostenstreitwert der unveränderte Wert des ursprünglichen Antrags, der normale Wert eines Feststellungsantrags (dh etwa 50% – 80% des Werts der Hauptsache) oder das Kosteninteresse in Betracht. Nach der ersten Auffassung ändert sich der Streitwert durch die Erledigung nicht, nach den beiden anderen Auffassungen reduziert er sich, sodass dann zwei Streitwerte (vor und nach der Erledigung) vorliegen. **1457**

Im **Tatbestand**[40] des Urteils müssen das (angebliche) erledigende Ereignis und die Erledigungserklärung des Klägers als Prozessgeschichte am Ende des streitigen Klägervorbringens wiedergegeben werden. **1458**

Für die **Entscheidungsgründe**[41] gilt das zum Gutachten Gesagte entsprechend: Begonnen werden muss im Zweifel mit einer Auslegung des Antrags des Klägers als Erledigungserklärung. Danach folgen die Begründung der Zulässigkeit des Feststellungsantrags und seiner Begründetheit, wobei diese zerfällt in Zulässigkeit, Begründetheit und Erledigung des alten Antrags. **1459**

3. Spezialprobleme

a) Teilweise Erledigung

Wird der Rechtsstreit nicht vollständig, sondern nur teilweise für erledigt erklärt, so ist auch hierbei danach zu differenzieren, ob dies durch die Parteien übereinstimmend oder einseitig durch den Kläger erfolgt.

---

37 BGH NJW 2003, 3134 mAnm *Löhnig* JA 2004, 10; OLG Köln OLGR 1994, 140.
38 BGH NJW 2003, 3268; aA *Althammer/Löhnig*, Billige Kostentragung bei Erledigung der Hauptsache nach Aufrechnung durch den Beklagten, NJW 2004, 3077.
39 BGH MDR 2010, 1342; OLG Schleswig OLGR 2005, 527; Zöller/*Vollkommer* ZPO § 91a Rn. 48, jeweils mwN.
40 *Schellhammer* Arbeitsmethode Rn. 406.
41 *Schellhammer* Arbeitsmethode Rn. 406.

1460 (1) Erklären die Parteien den Rechtsstreit **übereinstimmend** teilweise für erledigt, so gelten hierfür die oben gemachten Ausführungen entsprechend. Besonderheiten ergeben sich allein daraus, dass über den noch verbleibenden Teil der Hauptsache eine Sachentscheidung zu fällen ist. Sie ergeht zusammen mit der Kostenentscheidung über den erledigten Teil einheitlich in Form eines Urteils.

1461 Streitig ist auch hier wieder die Berechnung des **Streitwerts**: Während eine Auffassung nur noch den Wert der verbleibenden Hauptforderung zugrunde legen will, wollen andere Auffassungen den Wert der auf den erledigten Teil entfallenden Nebenforderungen (Zinsen) und/oder Kosten hinzurechnen.[42]

1462 Die **Kostenentscheidung** folgt hier zum Teil aus § 91a ZPO, zum Teil aus §§ 91, 92 ZPO (Kostenmischentscheidung). Wegen des Grundsatzes der einheitlichen Kostenentscheidung muss aus beiden Teilen eine einheitliche Quote berechnet werden, was in der Regel nur durch eine aufwändige kostenbezogene Quotelung geht, wenn die einzelnen Gebühren aus verschiedenen Streitwerten angefallen sind.[43]

1463 Schwierig ist die Entscheidung zur **vorläufigen Vollstreckbarkeit**: Hier darf der Gläubiger nicht dadurch schlechter gestellt werden, dass wegen des verbleibenden Hauptsacheteils die Entscheidung über die Kosten des erledigten Teils in Form eines Urteils statt in Form eines Beschlusses ergeht.[44]

Bei vollständiger Erledigungserklärung wäre über die Kosten mit Beschluss entschieden worden, der ohne Sicherheitsleistung auch schon vor Eintritt der Rechtskraft vollstreckbar gewesen wäre. Ergeht der auf § 91a ZPO beruhende Teil der Kostenentscheidung jetzt zusammen mit den übrigen Entscheidungen in Form eines Urteils, richtet sich die vorläufige Vollstreckbarkeit möglicherweise nach § 709 ZPO, bedarf also der vorherigen Sicherheitsleistung, was eine Schlechterstellung des Gläubigers bedeuten würde. Daher sind die auf den erledigten Teil der Klage entfallenden Kosten auszurechnen und immer ohne Sicherheitsleistung für vorläufig vollstreckbar zu erklären.

Beispielsfall: Werden 10.000,– EUR eingeklagt, nach streitiger Verhandlung 6.000,– EUR übereinstimmend für erledigt erklärt und muss der Beklagte sowohl insoweit als auch wegen Verurteilung bezüglich des Rests die Kosten alleine tragen, so lautet der Urteilstenor wie folgt:

Der Beklagte wird verurteilt, an den Kläger 4.000,– EUR zu zahlen.
Die Kosten des Rechtsstreits hat der Beklagte zu tragen.
Das Urteil ist wegen zu vollstreckender Kosten in Höhe von 1.572,– EUR ohne Sicherheitsleistung, im Übrigen nur gegen Sicherheitsleistung in Höhe des jeweils zu vollstreckenden Betrages vorläufig vollstreckbar.

1464 **Entscheidungsgründe**[45] werden den einer normalen Leistungsklage folgenden Grundsätzen entsprechend aufgebaut und behandeln sachlich nur den noch verbliebenen Rest der Hauptsache. Dass es zu einer teilweise übereinstimmenden Erledigungserklärung gekommen ist, spielt allein für die Kostenentscheidung eine Rolle, wird also erst am Ende der Entscheidungsgründe erwähnt.

---

42 BGH NJW-RR 1995, 1089; OLG Hamm JurBüro 1991, 1122 mAnm *Hansens*; BLAH/*Hartmann* ZPO Anh. § 3 Rn. 45, alle mwN.

43 → Rn. 531 f.; zur Anfechtbarkeit unten → Rn. 1554; BLAH/*Hartmann* ZPO § 91a Rn. 202; *Schellhammer* Arbeitsmethode Rn. 402.

44 *Anders/Gehle* Assessorexamen ZivR Rn. 542.

45 *Schröer*, Die Erledigung der Hauptsache, JA 1991, 73.

Im **Tatbestand**[46] gehören die teilweisen Erledigungserklärungen als Prozessgeschichte ans Ende des streitigen Klägervorbringens. Die diesbezüglich gestellten wechselseitigen Kostenanträge können weggelassen werden (§ 308 II ZPO), das tatsächliche Vorbringen der Parteien zu dem erledigten Teil bedarf der Erwähnung nur noch, soweit es für die Kostenentscheidung darauf ankommt und kann häufig im Wege der Verweisung einbezogen werden. 1465

Gegen ein solches Urteil stehen den Parteien verschiedene **Rechtsmittel** zu: Soll gegen das komplette Urteil (Sach- und Kostenentscheidung) vorgegangen werden, so ist die Berufung statthaft, soll nur die (komplette) Kostenentscheidung angegriffen werden, kann auch sofortige Beschwerde (§ 91a II ZPO) eingelegt werden.[47] 1466

(2) Widerspricht der Beklagte einer Erledigungserklärung des Klägers, bleibt diese also **einseitig**, so stellt der Kläger nach hM jetzt zwei Anträge: Neben dem verbleibenden Restsachantrag stellt er jetzt einen Feststellungsantrag auf teilweise Erledigung. Über die oben dargestellten Grundsätze hinaus ist also zu beachten, dass ein Fall *nachträglicher objektiver Klagehäufung* vorliegt, an dessen Zulässigkeit wegen der weiten Fassung des § 260 ZPO Bedenken regelmäßig nicht bestehen. 1467

Besonders umstritten ist hier die **Streitwertberechnung**, wobei von der ausschließlichen Berücksichtigung der restlichen Hauptsache über eine Hinzurechnung des Werts der auf den erledigten Teil entfallenden Zinsen und/oder der Kosten bis hin zum vollen Wert der ursprünglichen Hauptforderung alles vertreten wird.[48] 1468

Die **Kostenentscheidung** folgt allein aus §§ 91, 92 ZPO; § 91a ZPO ist unanwendbar, sodass eine Kostenmischentscheidung nicht anfällt. Dementsprechend treten auch die oben angesprochenen Probleme bei der Entscheidung zur vorläufigen Vollstreckbarkeit nicht auf, diese folgt normalen Grundsätzen. 1469

(3) Beantragt der Kläger in Abänderung des zunächst gestellten Antrags, den Beklagten zur Zahlung der ursprünglichen Summe »**abzüglich am … gezahlter …**« zu verurteilen, so liegt hierin in der Regel[49] eine teilweise Erledigungserklärung. 1470

Eine solche Antragsformulierung erspart es dem Kläger (und dem erkennenden Gericht), genau auszurechnen, inwieweit die Zahlung auf die Haupt- bzw. auf Nebenforderungen zu verrechnen ist (§ 366 II BGB), verlagert diese Schwierigkeiten aber in das Vollstreckungsverfahren.

Ob hierbei eine einseitige oder eine übereinstimmende Erledigungserklärung vorliegt, kann nur durch Auslegung des Beklagtenvortrags festgestellt werden. Dass der Beklagte weiter einen Klageabweisungsantrag stellt, liegt an dem verbleibenden streitigen Hauptsacherest und muss nicht unbedingt auch für den vom Kläger für erledigt erklärten Teil gelten.[50]

Keine Zustimmung zur Erledigungserklärung liegt vor, wenn der Beklagte weiter ein Interesse an einer streitigen Entscheidung bekundet oder wenn er das erledigende Ereignis bestreitet.

46 *Anders/Gehle* Assessorexamen ZivR Rn. 543.
47 BGH NJW 2003, 1504; BGHZ 40, 265 = NJW 1964, 660; aA Thomas/Putzo/*Hüßtege* ZPO § 91a Rn. 54 ff. mwN.
48 BLAH/*Hartmann* ZPO Anh. § 3 Rn. 49 mwN.
49 OLG Koblenz AnwBl. 1990, 172; BLAH/*Hartmann* ZPO § 91a Rn. 201.
50 OLG Koblenz JurBüro 1990, 392.

b) Zeitpunkt der Erledigung

1471 Grund für die Entwicklung des Instituts der Erledigung war die Notwendigkeit, eine gerechte Verteilung der Prozesskosten in den Fällen zu erreichen, in denen die Klage nach Zustellung an den Beklagten unzulässig oder unbegründet wird. Regelmäßig muss daher das erledigende Ereignis **nach Rechtshängigkeit** der Klage an den Beklagten eingetreten sein.[51]

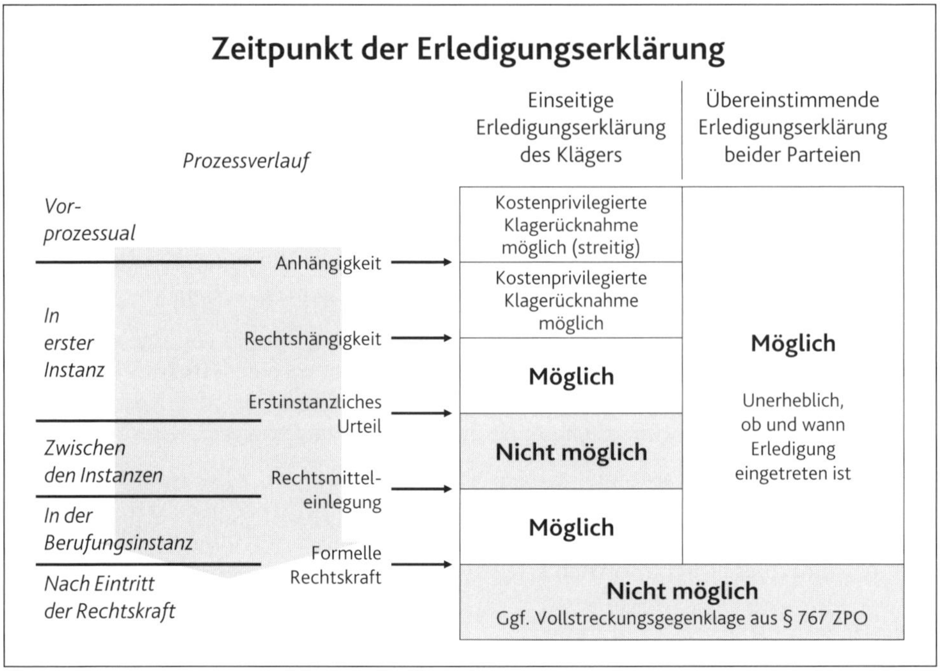

Schema 30.2: Zeitpunkt der Erledigungserklärung

1472 (1) Liegt das erledigende Ereignis **vor Rechtshängigkeit**, so ist zwischen der übereinstimmenden und der einseitigen Erledigungserklärung zu unterscheiden:

- Da die **übereinstimmende** Erledigungserklärung ihre Rechtfertigung allein in der Dispositionsmaxime der Parteien findet und eine Sachprüfung des Gerichts nicht stattfindet, wird nicht untersucht, ob und gegebenenfalls wann ein erledigendes Ereignis stattgefunden hat. Die Erledigungserklärungen an sich führen auch dann zu einer Beendigung der Rechtshängigkeit, wenn der Anlass hierfür (= das erledigende Ereignis) vor Eintritt der Rechtshängigkeit oder gar vor Anhängigkeit gelegen haben sollte. Sind sich die Parteien über die Erledigung einig und erklären sie diese dem Gericht gegenüber, so erlischt die Rechtshängigkeit oder tritt erst gar nicht ein.[52]

---

51 Dazu → Rn. 1454; zur Erledigung bereits im Mahnverfahren *Wolff*, Erledigung im Mahnverfahren, NJW 2003, 553.

52 OLG Hamm MDR 2001, 470; OLG Köln NJW-RR 2000, 1456; OLG Koblenz NJW-RR 2000, 1092; *Bergerfurth*, Erledigung der Hauptsache im Zivilprozess, NJW 1992, 1655 (1657); Thomas/Putzo/*Hüßtege* ZPO § 91a Rn. 22; *Werner*, Die Erledigung der Hauptsache vor Rechtshängigkeit, JA 1995, ÜBlRef 55; Zöller/*Vollkommer* ZPO § 91a Rn. 16; aA BLAH/*Hartmann* ZPO § 91a Rn. 68. Dies gilt zumindest analog, wenn sogar die Erledigungserklärungen vor Rechtshängigkeit abgegeben werden: OLG Köln NJW-RR 1996, 1023.

- Eine **einseitige** Erledigungserklärung des Klägers mit der Begründung, die Erledigung sei bereits vor Rechtshängigkeit eingetreten, ist dagegen nicht möglich. Vor der Rechtshängigkeit gibt es begrifflich noch gar keine »Hauptsache«, die sich hätte erledigen können, die Klage ist von Anfang an (dh vom Zeitpunkt der Rechtshängigkeit an) unzulässig bzw. unbegründet und muss daher – wenn sie nicht zurückgenommen wird – abgewiesen werden.[53]
  Wird die Klage zurückgenommen, kann es unbillig sein, dem Kläger die Kosten aufzuerlegen, wenn der Beklagte Anlass zur Klage gegeben hat. **§ 269 III 3 ZPO** lässt es daher zu, die Kosten – wie im Fall der übereinstimmenden Erledigungserklärung nach § 91a ZPO – unter Berücksichtigung des bisherigen Sach- und Streitstands nach billigem Ermessen zu verteilen.[54]

Beispiel: Der Beklagte bezahlt eine längst fällige Forderung erst, nachdem bereits Klage eingereicht, aber bevor ihm diese zugestellt ist. Nimmt der Kläger die Klage unverzüglich zurück, hat das Gericht auf Antrag des Klägers dem Beklagten die Kosten aufzuerlegen, ohne dass es zuvor einer Zustellung der Klage an den Beklagten bedarf. 1473

Unmittelbar gilt § 269 III 3 ZPO für die Erledigung zwischen Anhängigkeit und Rechtshängigkeit. Die hM wendet die Vorschrift entsprechend auch auf Fälle an, in denen das erledigende Ereignis bereits vor Anhängigkeit eingetreten ist.[55] Nimmt der Kläger die Klage indes wegen einer nach Rechtshängigkeit eingetretenen Erledigung zurück, scheidet eine entsprechende Anwendung des § 269 III 3 ZPO aus.[56] Die Möglichkeit einer auf den materiellrechtlichen Kostenerstattungsanspruch gestützten separaten Kostenklage bleibt dem Kläger unbenommen.[57]

(2) Liegt das erledigende Ereignis nach Verkündung des Urteils, aber noch vor Ablauf einer Rechtsmittelfrist (= **zwischen** den **Instanzen**), so können *übereinstimmende* Erledigungserklärungen noch dem Instanz-(nicht dem Rechtsmittel-)gericht gegenüber abgegeben werden. Das Urteil wird dadurch nach § 269 III 1 ZPO analog wirkungslos, es ergeht ein Kostenbeschluss nach § 91a ZPO.[58] 1474

Eine *einseitige* Erledigungserklärung kann dagegen nur nach Einlegung des Rechtsmittels in der nächsten Instanz erklärt werden.[59]

---

53 BGH NJW 1990, 1905; NJW-RR 1988, 1151; BGHZ 83, 12 = NJW 1982, 1598 mAnm *Linke* JR 1984, 48; BGH NJW 1982, 1598; aA OLG München NJW 1979, 274; *Herrlein/Weber*, Die Erledigung der Hauptsache vor Rechtshängigkeit, JA 1995, 55; zum Zusammenfallen von Erledigung und Rechtshängigkeit OLG Nürnberg DAR 1995, 330.

54 OLG Karlsruhe MDR 2012, 540; *Bonifacio*, Klagerücknahme und Erledigungserklärung nach der Zivilprozessreform, MDR 2002, 499; *Elzer*, Einseitige Erledigungserklärung vor Rechtshängigkeit nach dem ZPO-Reformgesetz, NJW 2002, 2006; *Fritzsche-Brandt*, Klagerücknahme bei Erledigung vor Rechtshängigkeit, JA 2008, 365; *Tegeder*, Die Klagerücknahme als »einseitige Hauptsachenerledigungserklärung«, NJW 2003, 3327; *Timme*, Die Erledigung des Rechtsstreits zwischen Anhängigkeit und Rechtshängigkeit nach der Neufassung des § 269 ZPO, JA 2000, 224.

55 LG Düsseldorf NJW-RR 2003, 213; Prütting/Gehrlein/*Hausherr* ZPO § 91a Rn. 54; aA *Bonifacio*, Klagerücknahme und Erledigungserklärung nach der Zivilprozessreform, MDR 2002, 499.

56 BGH NJW 2014, 3520.

57 BGH NJW 2013, 2201 mAnm *Elzer*.

58 OLG Düsseldorf NJW-RR 2001, 1028; *Hausherr*, Die Erledigung zwischen den Instanzen, MDR 2010, 973; MüKoZPO/*Lindacher* § 91a Rn. 39; Zöller/*Vollkommer* ZPO § 91a Rn. 21.

59 Zöller/*Vollkommer* ZPO § 91a Rn. 20, 37 mwN.

1475 (3) Eine Erledigung *der Hauptsache* kann auch **in höheren Instanzen** erklärt werden.[60] Hierfür gelten grundsätzlich die oben dargestellten allgemeinen Grundsätze.

1476 Fraglich ist, ob daneben auch eine Erledigung *des Rechtsmittels* möglich ist. Hierfür besteht ein Bedürfnis, wenn der Rechtsmittelführer das vorinstanzliche Urteil aufrechterhalten will, sein Rechtsmittel indes erfolglos geworden ist, ohne dass er die hierdurch entstandenen Kosten durch eine Rechtsmittelrücknahme tragen will.[61]

Beispiele: Der Beklagte hat gegen das stattgebende Urteil mit der Begründung Berufung eingelegt, die Forderung sei noch nicht fällig. Während des Berufungsverfahrens tritt die Fälligkeit unstreitig ein, die Berufung (nicht dagegen die Klage) wird dadurch unbegründet. Das erstinstanzliche Urteil muss fortbestehen.[62]
Die Beschwer ist infolge einer Urteilsberichtigung entfallen, das Rechtsmittel dadurch unzulässig geworden.

1477 (4) **Nach rechtskräftigem** Abschluss des Verfahrens ist weder eine übereinstimmende noch eine einseitige Erledigungserklärung mehr möglich.

c) Hilfsanträge und Erledigung

Denkbar ist es, Erledigungserklärung und bisherigen Antrag im Verhältnis von Haupt- und Hilfsantrag zu kombinieren. Dabei sind zwei unterschiedliche Kombinationen zu unterscheiden:

1478 (1) **Haupterledigung und Hilfssachantrag.** Dass der Kläger, der die Hauptsache für erledigt hält, neben der hauptsächlich erklärten Erledigung seinen ursprünglichen Sachantrag hilfsweise aufrechterhalten kann, ist allgemein anerkannt und vielfach sogar sachlich geboten.[63]

Beispiel: Der Kläger erklärt die auf Unterlassung wettbewerbswidriger Handlungen gerichtete Klage für erledigt, nachdem der Beklagte sein Gewerbe aufgegeben hat. Da er nicht ausschließen kann, dass das Gericht dennoch eine Wiederholungsgefahr bejaht, behält er hilfsweise den ursprünglichen Sachantrag bei und entgeht so der ansonsten drohenden Klageabweisung.

Wie beim Normalfall der eventuellen Klagehäufung (→ Rn. 1093 ff.) steht auch hier der Hilfsantrag unter einer auflösenden Bedingung und wird nur im Fall der Erfolglosigkeit des Hauptantrags beschieden.

1479 (2) **Hauptsachantrag und Hilfserledigung.** Sehr streitig ist dagegen, ob der Kläger seine Erledigungserklärung und/oder der Beklagte seine Zustimmung hierzu nur hilfsweise abgeben kann, wenn hauptsächlich der bisherige Antrag aufrechterhalten wird.

Beispiele: Hält im obigen Beispielsfall der Kläger die Wiederholungsgefahr für nicht beseitigt, muss er konsequenterweise bei seinem Sachantrag bleiben. Da er nicht sicher sein kann, dass das Gericht dem folgt, hat er ein Interesse an einer hilfsweisen Erledigungserklärung, um eine Abweisung seiner Klage zu vermeiden.

60 BGH WRP 2010, 759; NJW-RR 2007, 694; VersR 2007, 84; NJW-RR 2004, 377.
61 BGH JZ 2001, 464; OLG Brandenburg OLGR 2008, 63; *Bergerfurth*, Erledigung der Hauptsache im Zivilprozess, NJW 1992, 1656; *Gaier*, Rechtsmittelerledigung im Zivilprozess, JZ 2001, 445; aA OLG Karlsruhe, FamRZ 1991, 464; Thomas/Putzo/*Hüßtege* ZPO § 91a Rn. 8.
62 BLAH/*Hartmann* ZPO § 91a Rn. 195.
63 BGHR ZPO § 91a Abs. 1 1, Erledigung 2; BGH WM 1982, 1260; BVerwGE 73, 312.

Hat der Kläger dagegen für erledigt erklärt, und ist der Beklagte der Ansicht, die Klage sei von Anfang an unbegründet gewesen, so wird er bei seinem Klageabweisungsantrag bleiben. Für den Fall, dass das Gericht jedoch Erledigung feststellt, will er sich der Erledigungserklärung anschließen.

- Nach einer Ansicht[64] ist die hilfsweise Erledigungserklärung des Klägers möglich, weil es unzumutbar sei, ihn allein mit dem Risiko des Erledigungseintritts zu belegen. Für den Beklagten ergebe sich die gleiche Möglichkeit aus dem Gesichtspunkt prozessualer Waffengleichheit der Parteien.
- Nach der Gegenansicht[65] ist eine hilfsweise Erledigungserklärung dagegen für beide Parteien nicht möglich, weil die Erledigungserklärung unter der Bedingung stünde, dass das Gericht sie für begründet hält, und eine solche Bedingung stets unmöglich ist.

d) Besondere Verfahrensarten

Eine Erledigung der Hauptsache kann auch im **Eilverfahren** (Arrest, einstweilige Verfügung) eintreten, ist dort aber auf die Sicherung des Anspruchs beschränkt, erfasst also nicht den zu sichernden Anspruch selbst.[66] Da Rechtshängigkeit hier schon mit Einreichung der Antragsschrift eintritt (→ Rn. 802), ist eine Erledigung auch schon ab diesem Zeitpunkt möglich.[67] **1480**

Zahlt der Schuldner auf die Zustellung des **Mahnbescheids**, ist eine übereinstimmende Erledigungserklärung beider Parteien auch dann möglich, wenn Rechtshängigkeit noch nicht eingetreten ist (→ Rn. 783).[68] Der Rechtsstreit ist dazu ins streitige Verfahren überzuleiten, wo vom Prozessgericht über die Kosten des Mahnverfahrens durch Beschluss nach § 91a ZPO zu entscheiden ist. Eine einseitige Erledigungserklärung des Klägers kommt erst nach Rechtshängigkeit in Betracht, dh, wenn das erledigende Ereignis nach Zustellung des Mahnbescheids liegt und die Sache alsbald an das Streitgericht abgegeben wird.[69] **1481**

Kommt eine Erledigung mangels Zustimmung des Gegners oder Eintritt der Rechtshängigkeit nicht in Betracht, kann der Kläger das Verfahren (ggf. durch Zurücknahme des Streit- oder des Mahnantrags) auf seine Kosten beenden oder es auf die Kosten beschränken, ggf. auch durch Umstellung des Antrags auf Feststellung der Kostentragungspflicht des Beklagten.[70]

64 BGH NJW-RR 1998, 1540; NJW 1975, 539; OLG Hamburg OLGR 2008, 370; KG NJW-RR 1998, 1074; BLAH/*Hartmann* ZPO § 91a Rn. 76, 176; *Bergerfurth*, Erledigung der Hauptsache im Zivilprozess, NJW 1992, 1660; *Piekenbrock*, Zur Zulässigkeit der hilfsweisen Erledigungserklärung der Hauptsache, ZZP 112 (1999), 353; Thomas/Putzo/*Hüßtege* ZPO § 91a Rn. 12; Zöller/*Vollkommer* ZPO § 91a Rn. 43.

65 BGH NJW-RR 2006, 1378; NJW 1989, 2885; OLG Düsseldorf NJW-RR 1992, 384 und MDR 1989, 72; OLG Saarbrücken JurBüro 1985, 1878; *Rosenberg/Schwab/Gottwald* ZivilProzR § 133 III 2; *Teuber/Prange*, Die hilfsweise Erledigung, MDR 1989, 586.

66 OLG Hamm MDR 1987, 589.

67 OLG Köln GRUR 2001, 424; *Vossler*, Die Erledigung der Hauptsache im Arrest- und einstweiligen Verfügungsverfahren, MDR 2009, 667.

68 OLG Naumburg OLGR 1999, 94; Prütting/Gehrlein/*Hausherr* ZPO § 91a Rn. 79; aA Zöller/*Vollkommer* ZPO § 91a Rn. 58; *Fischer*, Problemausschnitte bei Zahlung des Schuldners im Laufe des Mahnverfahrens, MDR 1997, 706.

69 OLG Nürnberg NJW-RR 1987, 1278.

70 *Prechtel*, Die Erledigung des Rechtsstreits in der Praxis, ZAP (2007) Fach 13, 1391; *Ruess*, Die Erstattung der Kosten des Mahnverfahrens, NJW 2006, 1915; *Wolff*, Die Erledigung im Mahnverfahren, NJW 2003, 553.

1482 Ob eine Erledigung im **selbstständigen Beweisverfahren** eintreten kann, ist umstritten, wird aber überwiegend abgelehnt, weil kein streitiges Rechtsverhältnis vorliegt, das sich erledigen könnte, sondern es lediglich um die Feststellung von Tatsachen geht.[71] Eventuelle unbillige Kostenfolgen können nur durch § 494a ZPO vermieden werden.

1483 Zur Erledigung bei der **Stufenklage** → Rn. 1129.

71 BGH NJW 2011, 1291; 2007, 3721; MDR 2005, 227; OLG Düsseldorf BauR 2009, 291; aA OLG München NJW-RR 2001, 1580; Zöller/*Herget* ZPO § 91a Rn. 494a Rn. 5.

§ 31 Rechtsbehelfe

1. Allgemeines

Das Zivilprozessrecht kennt eine Vielzahl von Möglichkeiten, belastende Rechtsfol- 1484
gen durch Rechtsbehelfe anzufechten.

Hiermit sind zunächst nur **Nachteile** verbunden: Das Verfahren dauert bis zu seinem rechtskräftigen Abschluss länger, es entstehen zusätzliche Kosten, und das Vertrauen der Allgemeinheit in die Richtigkeit erstinstanzlicher Entscheidungen wird geschmälert.

Trotzdem gehört die grundsätzliche Möglichkeit, gerichtliche Entscheidungen durch übergeordnete Instanzen auf ihre Richtigkeit überprüfen zu lassen, zu den verfassungsrechtlich abgesicherten Prinzipien des **Rechtsstaats**. Erreicht wird dadurch, dass die Entscheidungen »richtiger« bzw. »gerechter« werden und durch Konzentration der Rechtsmittelzuständigkeiten eine Rechtsvereinheitlichung im gesamten Gebiet der Bundesrepublik stattfindet. Als willkommener Nebeneffekt kann gelten, dass die Kontrollmöglichkeit durch übergeordnete Gerichte zu einer sorgfältigeren Bearbeitung der Untergerichte führt.[1]

a) Übersicht

Möglichkeiten zur Überprüfung ergeben sich ausnahmsweise aus allgemeinen, auch 1485
außerhalb des Zivilprozessrechts geltenden Instituten (→ Rn. 1576). Die innerhalb der ZPO geregelten Rechtsbehelfe lassen sich nach ihrem Objekt unterteilen in solche, die gegen Entscheidungen (Rechtsmittel und sonstige Rechtsbehelfe), Personen (Ablehnung; → Rn. 113) oder Fristversäumungen (Wiedereinsetzung in den vorigen Stand; → Rn. 249 ff.) statthaft sind.

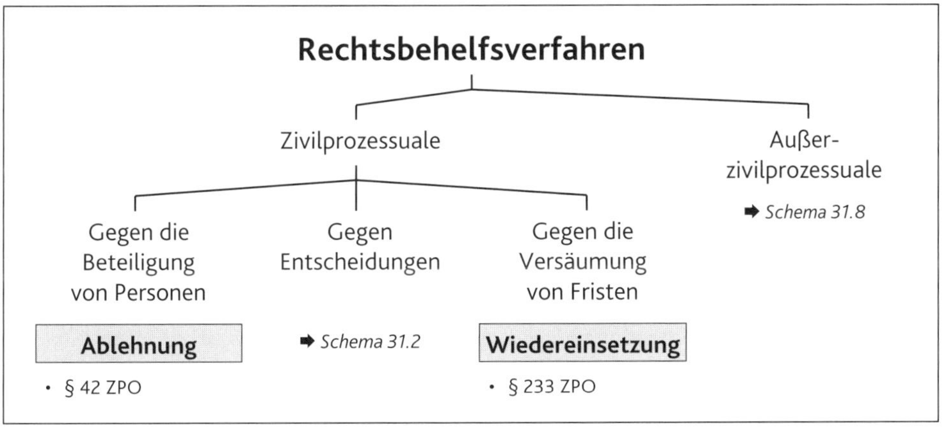

Schema 31.1: Rechtsbehelfsverfahren

Die hier darzustellenden Rechtsbehelfe **gegen Entscheidungen** lassen sich danach differenzieren, ob das bisherige Verfahren fortgeführt (so bei den echten Rechtsmitteln, → Rn. 1497 ff.; Schema 31.3, und den sonstigen Rechtsbehelfen gegen Entscheidungen, zB Widerspruch, Einspruch, Erinnerung, Wiederaufnahme des Verfahrens; → Rn. 1567 ff.; Schema 31.7) oder ein neues Verfahren in Gang gesetzt wird. Letzteres ist der Fall bei der Abänderungsklage gem. § 323 ZPO (→ Rn. 130; → Rn. 492),

1 *Becht*, Grundfragen des Berufungsverfahrens, JuS 1990, 829; *Pils*, Das System der Rechtsbehelfe im Zivilprozess, JA 2011, 451; *Rödel/Dahmen*, Rechtsmittel in der anwaltlichen Praxis, 1997.

vollstreckungsrechtlichen Rechtsbehelfen (Drittwiderspruchsklage aus § 771 ZPO und Vollstreckungsgegenklage aus § 767 ZPO) oder materiellrechtlichen Klagen (insbesondere der aus § 826 BGB; → Rn. 493).[2] Bei letzteren können dem rechtskräftigen Urteil Wirkungen genommen werden, um »Rechtsbehelfe« handelt es sich nur bei weiter Fassung dieses Begriffs.

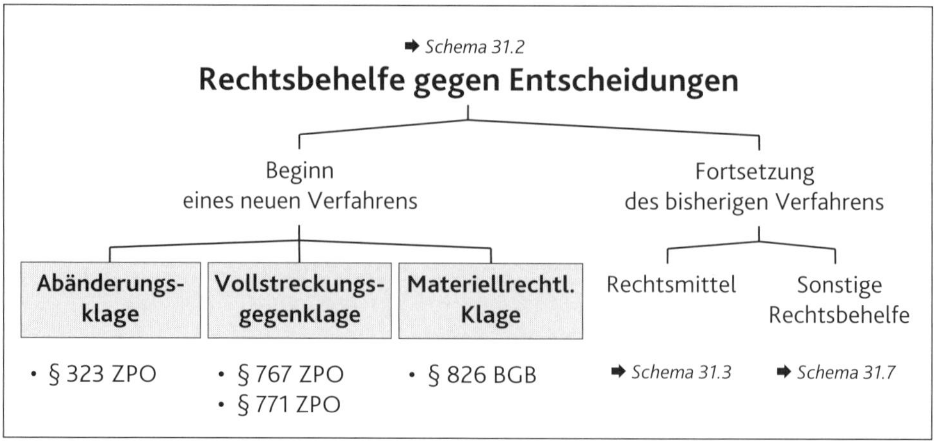

Schema 31.2: Rechtsbehelfe gegen Entscheidungen

b) Prüfungsschema

1486 Allen diesen Rechtsbehelfen gemeinsam ist ein allgemeines Prüfungsschema (→ Rn. 249), nach dem die Zulässigkeit des jeweiligen Rechtsbehelfs und dessen materielle Begründetheit zu untersuchen sind.[3]

(I.) Zulässigkeit des Rechtsbehelfs. Zu prüfen sind hier die Voraussetzungen für eine *Fortsetzung des Verfahrens.*

1487 **(1.) Statthaftigkeit.** Statthaft ist ein Rechtsbehelf, wenn er gegen die angegriffene Maßnahme seiner *Art* nach grundsätzlich vorgesehen ist (= stattfinden soll).

So ist zum **Beispiel** gegen ein Versäumnisurteil der Einspruch, gegen ein Endurteil die Berufung statthaft.

1488 **(2.) Form.** Rechtsmittel sind grundsätzlich *schriftlich* (→ Rn. 168) einzulegen bzw. zu begründen, Rechtsbehelfe manchmal auch *zu Protokoll* der Geschäftsstelle oder in anderer Form.

Schriftlichkeit gilt zum **Beispiel** für die Berufung (§§ 519, 520 ZPO) und den Einspruch (§ 340 ZPO), zu Protokoll der Geschäftsstelle sind die sofortige Beschwerde, § 569 III ZPO oder der Widerspruch im Arrestverfahren, § 924 II 3 ZPO). Ausnahmsweise kommen daneben die mündliche Einlegung (zB die Richterablehnung, § 44 I ZPO), die Anlehnung an andere Formvorschriften (zB bei der Wiedereinsetzung in den vorigen Stand, § 236 ZPO) oder die völlige Formfreiheit in Betracht (zB für Dienstaufsichtsbeschwerde oder Gegenvorstellung).

2 *Lackmann*, Zwangsvollstreckungsrecht, 10. Aufl. 2013, 7 ff.; 156 ff.; 180 ff.; 186 ff.
3 BLAH/*Hartmann* ZPO Grundz. § 511 Rn. 5.

(3.) Frist. Rechtsmittel können grundsätzlich nur innerhalb einer bestimmten Frist eingelegt werden, um alsbald *Gewissheit* zu erlangen, ob die Entscheidung Bestand hat oder ob sie noch abgeändert werden kann. 1489

Solche Fristen laufen in der Regel für **Einlegung** und **Begründung** zusammen (so zB bei sofortiger Beschwerde, § 569 ZPO, und Einspruch, § 339 ZPO). Manchmal gibt es getrennte Fristen für die Einlegung des Rechtsbehelfs einerseits und dessen Begründung andererseits (so zB bei der Berufung, §§ 517, 520 II ZPO).

Die Einlegungsfristen sind häufig **Notfristen**, dh, sie können nicht verlängert oder abgekürzt werden und lassen bei Versäumung eine Wiedereinsetzung zu (vgl. für den Einspruch § 339 ZPO, für die befristete Erinnerung §§ 11, 21 RPflG).

Fristbeginn ist grundsätzlich die Kenntnis des Anfechtungsberechtigten vom Anfechtungsgrund, bei Entscheidungen damit deren Zustellung (§§ 517, 586 I ZPO).

(4.) Beschwer. Die Durchführung eines Rechtsbehelfsverfahrens setzt – obwohl im Gesetz nicht ausdrücklich geregelt – ein *Rechtsschutzbedürfnis* voraus. Hiervon ist immer dann auszugehen, wenn der Antragsteller nachteilig betroffen und in irgendeiner Form belastet, dh beschwert ist.[4] 1490

Das Vorliegen einer solchen Beschwer wird manchmal vom Gesetz **unterstellt** (so in den Fällen der Richterablehnung oder der Wiedereinsetzung), in anderen Fällen ist es im Einzelfall **zu prüfen** und häufig von einem bestimmten vermögensrechtlichen **Wert** abhängig gemacht (so insbesondere bei den Rechtsmitteln, §§ 511 II 1, 567 II ZPO).

(5.) Zuständigkeit. Zuständig für die Entscheidung über einen Rechtsbehelf ist manchmal das Organ, das die angefochtene Entscheidung getroffen hat, wobei diesem entweder eine abschließende eigene Entscheidung zusteht (so zB bei der Wiedereinsetzung, § 237 ZPO, oder dem Einspruch, § 342 ZPO) oder es nur die Möglichkeit hat, die eigene Entscheidung abzuändern und dem Rechtsbehelf dadurch abzuhelfen, andernfalls die Entscheidungsbefugnis auf ein anderes Organ übergeht (so zB bei der Beschwerde, § 572 ZPO, und der Erinnerung, § 11 II RPflG). Manchmal ist zur Entscheidung auch sofort ein übergeordnetes Organ berufen (= sog. »*Devolutiveffekt*«, insbesondere bei den Rechtsmitteln). 1491

Geht der Rechtsbehelf bei einem unzuständigen Gericht ein, hat dieses ihn an das Rechtsmittelgericht **weiterzuleiten**, wenn er dort noch rechtzeitig eingehen kann. Geschieht dies nicht, steht der Partei die Wiedereinsetzung in den vorigen Stand (§ 233 ZPO) gegen die Versäumung der Rechtsbehelfsfrist beim zuständigen Gericht zu.[5]

(6.) Allgemeine Prozesshandlungsvoraussetzungen. Soweit die Einlegung des Rechtsbehelfs eine Prozesshandlung darstellt, bedarf sie des Vorliegens der für alle Prozesshandlungen erforderlichen Sachentscheidungsvoraussetzungen (so alle prozessualen Rechtsbehelfe).[6] 1492

(7.) Ergebnis. Ergebnis der Zulässigkeitsprüfung kann sein, dass der Rechtsbehelf *unzulässig* ist. Er ist dann entsprechend der gesetzlichen Terminologie (vgl. zB §§ 552 I 2, 522 I 2, 572 II 2 ZPO) zu verwerfen. Ist der Rechtsbehelf dagegen *zulässig*, so wird die Prüfung fortgesetzt mit: 1493

4 BGH NJW-RR 1996, 765 und 891.
5 BGH NJW-RR 2013, 701.
6 Zu Sonderfällen BGH NJW 1993, 2943.

1494 **(II.) Begründetheit des Rechtsbehelfs**

Der Rechtsbehelf ist begründet, wenn die angefochtene Maßnahme unrichtig ist. Dazu ist diese auf ihre Zulässigkeit und Begründetheit hin zu untersuchen und das dabei gefundene Ergebnis mit der angefochtenen Entscheidung zu vergleichen. Die Begründetheit des Rechtsbehelfs setzt sich damit zusammen aus:

(1.) Zulässigkeit der angefochtenen Maßnahme.

(2.) Begründetheit der angefochtenen Maßnahme.

In der Begründetheit des Rechtsbehelfs wird also die gleiche Prüfung vorgenommen, wie vor Erlass der angefochtenen Entscheidung. Bei manchen Rechtsbehelfen ist dabei allerdings der Prüfungsumfang beschränkt.

So findet zum **Beispiel** bei der Revision nur noch eine Rechtsprüfung statt, in tatsächlicher Hinsicht besteht eine Bindung an das Berufungsurteil.

c) Anfechtung falsch bezeichneter Entscheidungen

1495 Ist eine Entscheidung nicht in der prozessual vorgeschriebenen, sondern in einer falschen Form ergangen, so ist fraglich, ob die Parteien hiergegen den der tatsächlich gewählten oder der theoretisch richtigen Form nach statthaften Rechtsbehelf einlegen müssen.

Beispiel: Entscheidet das Gericht irrtümlich durch Urteil statt durch Beschluss, so könnte hiergegen entweder die Berufung oder die Beschwerde statthaft sein. Während die sog. **subjektive** (formelle) **Theorie** den der äußeren Form der anzugreifenden Entscheidung entsprechenden Rechtsbehelf (hier: Berufung) vorsah, stellte die **objektive** (materielle) **Theorie** auf den gegen die richtigerweise ergehende Entscheidung statthaften Rechtsbehelf ab (hier: Beschwerde).[7]

Die heute ganz überwiegende Meinung lässt dem Betroffenen ein *Wahlrecht*, weil er aus dem Fehler des Gerichts keine Nachteile erleiden darf und hält beide Rechtsbehelfe für statthaft (»**Grundsatz der Meistbegünstigung**«).[8]

1496 Der Grundsatz der Meistbegünstigung **gilt nicht**:

- Wenn gegen die inhaltlich richtige Entscheidung *kein Rechtsbehelf gegeben* wäre.

  Beispiel: Hat das Gericht nach einseitiger Erledigungserklärung fälschlich durch Beschluss statt durch Urteil entschieden und reicht die Beschwer zwar für die Beschwerde (§ 567 II ZPO), nicht aber für eine Berufung (§ 511 II 1 ZPO) aus, so ist kein Rechtsmittel statthaft, weil der Fehler des Gerichts nicht zu einer im Gesetz nicht vorgesehenen Anfechtbarkeit der Entscheidung führen kann.[9]

- Wenn die anzufechtende *Entscheidung inhaltlich falsch* ist, dh das Gericht die Voraussetzungen der Entscheidungsform geprüft, aber unzutreffend beurteilt hat.

7 BGH NJW 1994, 2098; OLG Düsseldorf NJW-RR 1994, 827; *Knöringer* ZivilProz § 19 Abs. 2 S. 4 mwN.

8 BGH MDR 2012, 1242; NJW-RR 2011, 1371; MDR 2009, 1000; NJW-RR 2005, 716; NJW 2004, 1598; KG Berlin MDR 2015, 1439; OLG Koblenz MDR 2010, 281; *Schenkel*, Rechtsmittelverfahren – Durchführung im Rahmen der Anwendung des Meistbegünstigungsverfahrens, MDR 2003, 136; Stein/Jonas/*Grunsky* ZPO vor § 511 Abs. 3 1; Zöller/*Heßler* ZPO vor § 511 Rn. 29.

9 BGH MDR 2012, 863; NJW 1997, 1448.

Beispiel: Entfernt sich im landgerichtlichen Verfahren der Rechtsanwalt nach Antragstellung, aber noch vor Ende der Verhandlung, so tritt eine Säumnis nicht ein (→ Rn. 1276). Geht das Gericht dennoch von einer Säumnis aus und erlässt auf Antrag des Gegners ein Versäumnisurteil (statt richtigerweise eines kontradiktorischen Endurteils), so kann hiergegen nur Einspruch eingelegt werden, da die Berufung gegen ein Versäumnisurteil mit der Begründung, ein Fall der Säumnis habe nicht vorgelegen, ausgeschlossen ist (§ 514 ZPO).[10]

2. Rechtsmittel

Die wichtigsten Rechtsbehelfe im Zivilprozess sind die Rechtsmittel, dh die im Ge- 1497
setz besonders hervorgehobenen, regulären Möglichkeiten zur Überprüfung von Entscheidungen vor Eintritt der Rechtskraft.[11]

a) Übersicht

Rechtsmittel *gegen Urteile* sind die **Berufung** und die **Revision**, *gegen Beschlüsse* die **Beschwerde** und die **Rechtsbeschwerde**. In beiden Instanzenzügen ist die erste Instanz auf die streitbeendende Konfliktlösung ausgerichtet, die zweite Instanz soll Verfahren und Rechtsanwendung kontrollieren und dabei eventuell aufgetretene Fehler korrigieren, die dritte Instanz dient der Klärung grundsätzlicher Rechtsfragen, der Rechtsfortbildung und der Wahrung der Rechtseinheit.

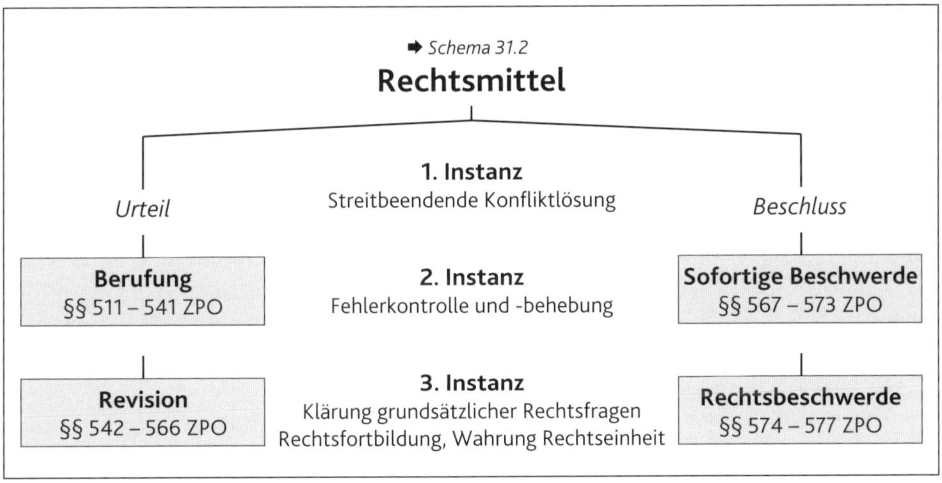

Schema 31.3: Rechtsmittel

b) Wirkungen

Die Rechtsmittel unterscheiden sich von allen übrigen Rechtsbehelfen insbesondere durch zwei Wirkungen:

(1) Rechtsmittel haben einen **Suspensiveffekt**, dh, sie hemmen grundsätzlich den 1498
Eintritt der Rechtskraft (§ 705 S. 2 ZPO).[12]

10 BGH NJW 1994, 666 mwN; OLG Stuttgart BauR 2013, 512.

11 Eichele/Hirtz/Oberheim/*Ahrens*, Handbuch der Berufung, 3. Aufl. 2010, I Rn. 1; *Rimmelspacher*, Die Rechtsmittel im Zivilprozess nach der Reform, JURA 2002, 11.

Über das Institut der vorläufigen Vollstreckbarkeit ist eine **Vollstreckung** auch schon vor Abschluss des Rechtsmittelverfahrens möglich. Soll diese unterbleiben, bedarf es hierzu einer besonderen Entscheidung (§ 719 ZPO).

Der Beschwerde kommt aufschiebende Wirkung nur in dem durch § 570 ZPO bestimmten Umfang zu.

1499 **(2)** Rechtsmittel haben daneben auch einen **Devolutiveffekt**, dh, mit ihrer Einlegung wird der Rechtsstreit sofort in die nächst höhere Instanz verlagert, nur diese – nicht auch das Gericht der Erstentscheidung – ist zur Entscheidung über das Rechtsmittel berufen.[13]

c) Beschwer

1500 Besondere Bedeutung hat für alle Rechtsmittel die hier immer besonders zu prüfende Beschwer.[14] Diese lässt sich unterschiedlich ermitteln.

- Eine »**formelle Beschwer**« liegt vor, wenn sich Antrag und Tenor nicht decken. In diesem Fall hat die Partei ihr Ziel im Prozess nicht erreicht, ihre Beschwer ergibt sich aus der Abweichung.
- Eine »**materielle Beschwer**« ist gegeben, wenn sich aus dem Tenor materielle Rechtsnachteile für die Partei ergeben. Die Beschwer liegt hier in der Verurteilung bzw. der Klageabweisung.

Beide Auffassungen führen regelmäßig zum gleichen Ergebnis. **Unterschiede** ergeben sich bei Abweisung einer Klage als unzulässig,[15] mit der der Beklagte zwar nicht formell (Tenor = Antrag), wohl aber materiell beschwert ist (mindere Rechtskraft des Prozessurteils) oder bei einem Anerkenntnisurteil, wo ebenfalls keine formelle, jedoch eine materielle Beschwer des Beklagten vorliegt.[16]

Einigkeit besteht darüber, dass der **Kläger** zur Einlegung eines Rechtsmittels formell beschwert sein muss: Er stellt einen Sachantrag, nur eine Abweichung hiervon begründet für ihn eine Beschwer.[17] Streitig ist dagegen, ob hiervon auch für den **Beklagten** auszugehen ist. Während ein Teil der Literatur dies bejaht,[18] lässt die herrschende Meinung[19] für den Beklagten eine bloß materielle Beschwer ausreichen, da der Beklagte nur einen Prozessantrag stellt und hierdurch sein Prozessziel nicht immer detailliert beschrieben werden kann.

1501 Häufig ist zusätzlich erforderlich, dass der **Wert des Beschwerdegegenstands**[20] einen bestimmten Betrag übersteigt.

---

12 GemSOGB NJW 1984, 1027; BGH NJW 2008, 373; Stein/Jonas/*Münzberg* ZPO § 705 Rn. 4; Thomas/Putzo/*Reichold* ZPO Vorbem. § 511 Rn. 2.

13 BLAH/*Hartmann* ZPO Grundz. § 511 Rn. 3; *Schellhammer* ZivilProz Rn. 939.

14 BGH NJW 1994, 2697; VersR 1990, 1134; NJW-RR 1989, 254; *Jauernig/Hess* ZivilProzR § 72 V; *Rosenberg/Schwab/Gottwald* ZivilProzR § 137 II 3; *Schellhammer* ZivilProz Rn. 944 ff.

15 BGHZ 28, 349 = NJW 1959, 436; zur Beschwer des Klägers BGH NJW-RR 2001, 929.

16 BGH NJW-RR 2015, 1203.

17 StRspr: BGH NJW-RR 1995, 839; NJW 1984, 371; ganz herrschende Lehre: *Schellhammer* ZivilProz Rn. 945 f.; Thomas/Putzo/*Reichold* ZPO Vorbem. § 511 Rn. 18, alle mwN.

18 *Jauernig/Hess* ZivilProzR § 72 V; *Rosenberg/Schwab/Gottwald* ZivilProzR § 137 II 3 c; Stein/Jonas/*Grunsky* ZPO Einl. § 511 Rn. 53, 59 mwN.

19 BGH NZBau 2000, 375; NJW 1992, 1513; OLG Karlsruhe MDR 1982, 417; *Becht*, Grundfragen des Berufungsverfahrens, JuS 1991, 60; Thomas/Putzo/*Reichold* ZPO Vorbem. § 511 Rn. 19.

20 In Rechtsprechung und Literatur ist diese gesetzliche Terminologie nicht immer einheitlich; die Rede ist dort manchmal auch von dem Beschwerdewert, der Erwachsenheitssumme oder dem Berufungsstreitwert (so auch → Rn. 103).

Die Berechnung dieses Werts ist nicht immer einfach, er bedarf der *Abgrenzung* zu anderen im Rechtsstreit auftauchenden Werten.[21] Der Wert des klägerischen Sachantrags der Vorinstanz bestimmt grundsätzlich den (Kosten-)**Streitwert I. Instanz**. Der Betrag, um den der Tenor hinter dem Sachantrag des Klägers bzw. dem Klageabweisungsantrag des Beklagten zurückbleibt, ist der Wert, um den die Partei beschwert ist (**Wert der Beschwer**). Legt die Partei nicht im vollen Umfang ihrer Beschwer Rechtsmittel ein, so kann der **Wert des Beschwerdegegenstands** um diese Rechtsmittelbeschränkung hinter dem Wert der Beschwer zurückbleiben. Durch Erweiterung der Klage in II. Instanz, dh durch Geltendmachung eines Anspruchs, der in I. Instanz nicht Prozessgegenstand war, erhöht sich zwar der (Kosten-)**Streitwert II. Instanz**, nicht jedoch der Wert der Beschwer oder der Wert des Beschwerdegegenstands.

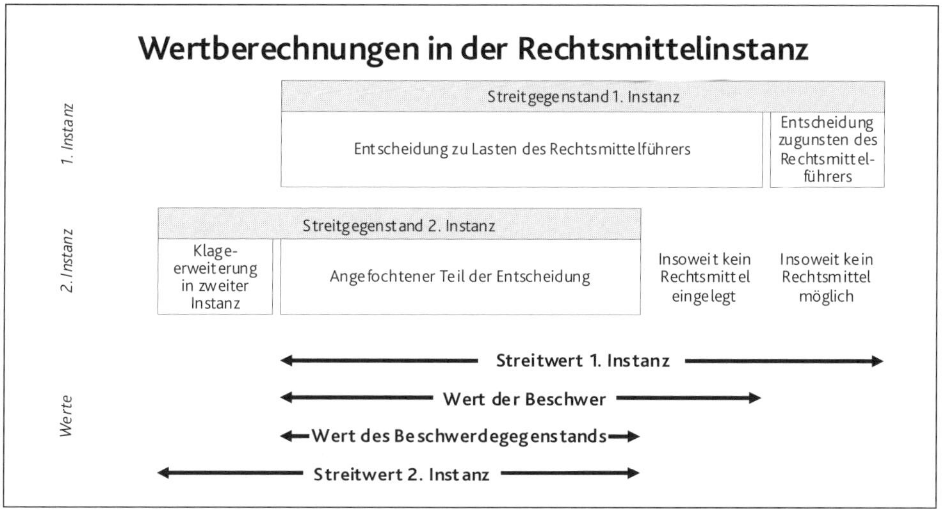

Schema 31.4: Wertberechnungen in der Rechtsmittelinstanz

Beispielsfall: Hat der Kläger in I. Instanz Zahlung von 10.000,– EUR beantragt, das Gericht die Klage in Höhe von 4.000,– EUR abgewiesen und legt der Kläger hiergegen in Höhe von 3.000,– EUR Berufung unter gleichzeitiger Erweiterung seiner Klage um einen weiteren Anspruch in Höhe von 2.000,– EUR ein, so betragen:

- der Kostenstreitwert I. Instanz 10.000,– EUR;
- der Wert der Beschwer für den Kläger 4.000,– EUR;
- der Wert des Beschwerdegegenstands 3.000,– EUR;
- der Kostenstreitwert II. Instanz 5.000,– EUR.

Die konkrete Bestimmung des Werts der Beschwer bietet vielfältige Probleme.[22]

d) Bedingte Einlegung

Wie jede Prozesshandlung ist auch die Einlegung eines Rechtsmittels bedingungsfeindlich. Da von der Wirksamkeit der Einlegung das (Fort-)Bestehen des Prozess- 1502

21 BGH GRURPrax 2015, 95 mAnm *Schlüter*.

22 Prütting/Gehrlein/*Lemke* ZPO § 511 Rn. 18 ff.

rechtsverhältnisses abhängt, kann diese grundsätzlich auch nicht von einer innerprozessualen Bedingung abhängig gemacht werden (→ Rn. 18).[23]

Nicht zulässig ist damit die vorsorgliche Berufungseinlegung schon **vor Verkündung** des Urteils. Zwar folgt der (Nicht-)Eintritt der Bedingung (Erlass eines die Partei beschwerenden Urteils) aus dem weiteren Prozessverlauf, doch kann die Partei vor Abschluss der I. Instanz über den Streitgegenstand II. Instanz noch nicht disponieren.[24]

Nicht zulässig ist auch die Einlegung der Berufung unter der Bedingung, dass einem gleichzeitig gestellten Antrag auf Gewährung von **Prozesskostenhilfe** stattgegeben wird.[25] Will die Partei hier nicht das Kostenrisiko einer sofort eingelegten unbedingten Berufung eingehen, muss sie (innerhalb der Berufungsfrist) zunächst nur Prozesskostenhilfe beantragen und zu deren Begründung einen Berufungsentwurf vorlegen. Nach Bewilligung der Prozesskostenhilfe kann sie dann (innerhalb der Frist des § 234 I ZPO) Wiedereinsetzung in den vorigen Stand beantragen.[26]

e) Verbot der reformatio in peius

Beispiel: Verlangt der Kläger Zahlung von 10.000,– EUR und legt er gegen die teilweise Abweisung seiner Klage in Höhe von 2.000,– EUR Berufung ein, so fragt es sich, ob das Berufungsgericht die Klage, wenn es sie für unbegründet hält, auch vollständig abweisen darf.

1503 Wie das Gericht erster Instanz (§ 308 I ZPO) ist auch das Berufungsgericht als Folge der Parteiherrschaft an die Anträge der Parteien gebunden, darf nicht über diese hinausgehen (§ 528 I 2 ZPO). Damit ist die Entscheidungsbefugnis des Gerichts in zweifacher Hinsicht beschränkt:

- Das Berufungsgericht darf das angefochtene Urteil nicht über die vom Berufungskläger gestellten Anträge hinaus abändern, dem Berufungskläger kann nicht mehr zugesprochen werden, als er beantragt hat (Verbesserungsverbot, **Verbot der reformatio in melius**).
- Das Berufungsgericht darf das angefochtene Urteil nicht zum Nachteil des Berufungsklägers abändern, dem Berufungskläger kann nicht weniger zugesprochen werden, als ihm in erster Instanz bereits zugesprochen wurde (Verschlechterungsverbot, **Verbot der reformatio in peius**).[27]

§ 528 ZPO gilt nicht nur für die Berufung, sondern, weil er einen **allgemeinen Rechtsgedanken** enthält, für alle Rechtsmittel.

---

23 BGH MDR 2013, 481; BGH NJW-RR 2011, 491; FamRZ 2009, 1408; NJW 2002, 1352; 1991, 43; *Schellhammer* ZivilProz Rn. 956; Zöller/*Heßler* ZPO § 518 Rn. 1; zu Ausnahmen *Kornblum*, Sind Rechtsmittel wirklich schlechthin bedingungsfeindlich?, NJW 1997, 922.

24 *Becht*, Grundfragen des Berufungsverfahrens, JuS 1990, 829; zulässig ist dagegen die Einlegung eines Rechtsmittels gegen ein nicht verkündetes und nicht zugestelltes, aber sonstwie nach außen gelangtes Urteil: OLG Frankfurt a.M. OLGZ 91, 252; zum Ganzen: *Vogg*, Berufung vor Zustellung des vollständigen erstinstanzlichen Urteils, MDR 1993, 293.

25 BGH NJW 2008, 2855; FamRZ 1993, 1427; anders bei Erhebung einer erstinstanzlichen Klage: Zöller/*Geimer* ZPO § 117 Rn. 6, 9.

26 BGH NJW-RR 2016, 18; 2013, 509; NJW 2006, 693; NJW-RR 2000, 879; 1998, 507; *Fölsch*, Rechtsmitteleinlegung unter der Bedingung der Bewilligung von Prozesskostenhilfe, NJW 2009, 2796; *Kramer*, ZPO-Reform – Prozesskostenhilfe und Berufungsfristen nach dem neuen Recht, MDR 2003, 434; *Meyer*, Versäumung der Berufungsfrist wegen Beantragung von Prozesskostenhilfe, NJW 1995, 2139; *Toussaint*, Rechtsmittel für die auf Prozesskostenhilfe angewiesene Partei, NJW 2014, 3209; zur Versäumung der Begründungsfrist BGH NJW 2003, 3275; OLG Brandenburg NJW 2003, 3995.

27 BGH WRP 2001, 804; NJW-RR 1996, 659; *Kapsa*, Das Verbot der reformatio in peius im Zivilprozess, 1976.

Diese Grundsätze schützen den Rechtsmittelführer nur insoweit, als nicht der Gegner auch die ihn begünstigenden Teile der angefochtenen Entscheidung zur Disposition des Rechtsmittelgerichts gestellt hat, indem er sich dem Rechtsmittel angeschlossen oder ein eigenes Rechtsmittel eingelegt hat. **1504**

Im Ausgangsfall kommt eine Abweisung der Klage über die 2.000,– EUR hinaus also nur in Betracht, wenn auch der Beklagte eine Abänderung beantragt.

Neben dem an sich klaren Grundsatz ergibt sich aus § 528 ZPO eine Reihe von **1505**
Zweifelsfragen.[28]

Wurde die Klage als unzulässig abgewiesen, so soll nach hM eine Abweisung als unbegründet möglich bleiben, weil der Kläger noch keine schützenswerte Position erlangt habe.[29] Dagegen soll eine Abweisung als dem Grunde nach ungerechtfertigt nicht mehr möglich sein, wenn der Anspruch in erster Instanz als nicht fällig abgewiesen wurde. Innerhalb desselben Streitgegenstands dürfen einzelne Rechnungspositionen geändert werden, wenn dadurch die zugesprochene Gesamtsumme nicht verringert wird.[30]

Nicht erfasst vom Verbot der reformatio in peius wird die **Kostenentscheidung**, weil das Gericht hierüber frei von den Anträgen der Parteien von Amts wegen zu befinden hat (§ 308 II ZPO), sodass diese auch zulasten einer in II. Instanz nicht mehr am Prozess beteiligten (Neben-)Partei abgeändert werden kann.[31] **1506**

f) Anschlussrechtsmittel

Beschwert eine Entscheidung beide Parteien und hat eine Partei hiergegen Rechtsmittel eingelegt, so kann die andere Partei ebenfalls Rechtsmittel einlegen.[32] **1507**

Es liegen dann zwei selbstständige Rechtsmittel vor, die unabhängig voneinander auf ihre Zulässigkeit und Begründetheit zu untersuchen sind. Die angefochtene Entscheidung ist im Rahmen der Anträge beider Rechtsmittel zu überprüfen und kann insoweit auch zu Ungunsten jeder Partei abgeändert werden.

Will oder kann eine Partei[33] nicht selbst Rechtsmittel einlegen, zB weil für sie der Wert des Beschwerdegegenstands nicht erreichbar ist, sie die Einlegungsfrist versäumt oder auf die Einlegung verzichtet hat, so kann sie sich dem Rechtsmittel der Gegenpartei anschließen. Ein solcher Anschluss ist bei Berufung (§ 524 ZPO), Revision (§ 554 ZPO), sofortiger Beschwerde (§ 567 III ZPO) und Rechtsbeschwerde (§ 574 IV ZPO) möglich und immer erforderlich, wenn der Rechtsmittelbeklagte mehr erreichen will, als die bloße Zurückweisung des Rechtsmittels.[34]

---

28 BGH MDR 2010, 1402; NJW 1990, 447; OLG Rostock OLGR 2008, 213; OLG Brandenburg MDR 2007, 1448; OLG Karlsruhe OLGR 2007, 322.

29 BGH JuS 1990, 64 mwN; vgl. auch BGH NJW-RR 2001, 929; OLG Celle MDR 2014, 1228; OLG Frankfurt a.M. OLGR 2006, 416.

30 *Becht*, Grundfragen des Berufungsverfahrens, JuS 1991, 134.

31 BGH NJW 1981, 2360; Thomas/Putzo/*Reichold* ZPO § 536 Rn. 9.

32 *Schneider*, Die Anschlussberufung, ZZP 119 (2006), 159; die frühere »selbstständige Anschlussberufung« existiert seit der ZPO-Reform nicht mehr: *Heiderhoff*, Zur Abschaffung der Anschlussberufung, NJW 2002, 1402; *Piekenbrock*, Die Neuregelung der Anschlussberufung, MDR 2002, 675; BGH NJW 2011, 1455; 2003, 2388.

33 Nur der Berufungsbeklagte, nicht auch eine am Rechtsmittelverfahren nicht beteiligte Partei: BGH NJW 1991, 2569.

34 BGH MDR 2008, 463.

1508 Die Anschließung ist kein eigenes Rechtsmittel, sondern nur ein eigener Antrag im Rahmen des fremden Rechtsmittels.[35] Sie bedarf deswegen nicht der **Zulässigkeitsvoraussetzungen** des Rechtsmittels, sondern muss eigene Zulässigkeits-, insbesondere Form- und Fristvoraussetzungen erfüllen. Sie muss – wie das Rechtsmittel auch – einen Antrag enthalten und begründet werden.[36]

Allein die Anschlussbeschwerde ist form- und fristlos möglich (§ 567 III ZPO).

1509 Die Anschließung hat die gleichen **Wirkungen** wie ein selbstständiges Rechtsmittel. Die Entscheidung wird über den vom Rechtsmittelführer gestellten Antrag hinaus überprüft und kann auch zu dessen Ungunsten abgeändert werden.

Dass die Anschließung kein eigenständiges Rechtsmittel, sondern nur dessen unselbstständige Erweiterung ist, zeigt sich beim Wegfall des Rechtsmittels. Wird dieses zurückgenommen oder durch Beschluss verworfen bzw. zurückgewiesen, so verliert die Anschließung ohne Weiteres ihre Wirkung.

Beispielsfall: Der Kläger hat in I. Instanz 10.000,– EUR verlangt, aber nur 6.000,– EUR zugesprochen bekommen. Er hat sich damit zunächst abgefunden, als ihm die Berufung des Beklagten zugestellt wird, ist seine Berufungsfrist bereits abgelaufen. Schließt er sich der Berufung des Beklagten an, so wird das Urteil erster Instanz in vollem Umfang überprüft, das Berufungsgericht kann die Klage voll abweisen oder ihr voll stattgeben. Wird die Berufung des Beklagten durch Beschluss zurückgewiesen, erfolgt eine Sachprüfung bezüglich des klageabweisenden Teils nicht mehr, die Anschlussberufung verliert ihre Wirkung ohne dass noch eine Entscheidung hierüber ergeht.

1510 Schwierigkeiten bereitet regelmäßig die Entscheidung über die **Kosten.**[37] Eine Differenzierung in Kosten des Rechtsmittels und Kosten des Anschlussrechtsmittels ist wegen des Grundsatzes der einheitlichen Kostenentscheidung nicht möglich.[38] Erforderlich ist – wenn nicht eine Partei alle Kosten der Rechtsmittelinstanz trägt – eine Quotelung.

- Ergeht eine Sachentscheidung des Gerichts über das Anschlussrechtsmittel, so kann die Kostenentscheidung sich nach dem Verhältnis von Obsiegen und Unterliegen der Parteien in der Hauptsache richten (§ 92 ZPO).
- Ergeht eine Entscheidung des Gerichts über das Anschlussrechtsmittel nicht, so ist nach dem Grund hierfür zu unterscheiden:

  War das Hauptrechtsmittel schon zur Zeit der Anschließung unzulässig,[39] aussichtslos oder zurückgenommen,[40] so trägt jede der Parteien die durch ihren Antrag verursachten Kosten selbst. Für den Rechtsmittelführer ergibt sich dies aus der Erfolglosigkeit seines Rechtsmittels, für den Anschließenden daraus, dass er sich einem unwirksamen Rechtsmittel angeschlossen hat.

---

35 BGH NJW 1984, 1240.

36 BGH NJW 2009, 515; OLG Celle NJW 2002, 2651.

37 *Katzenstein*, Kosten der umgedeuteten Anschlussberufung nach Zurücknahme der Berufung, NJW 2007, 737; *Maurer*, Die Kosten unselbständiger Anschlussrechtsmittel, NJW 1991, 72; zu von der hier dargestellten Rechtsprechung des BGH abweichenden Lösungsmöglichkeiten und Sonderfällen: OLG Frankfurt a.M. NJW-RR 1991, 128; KG NJW 1990, 844; OLG Frankfurt a.M. FamRZ 1989, 993.

38 BGH NJW 1984, 2952.

39 BGHZ 67, 305 = BeckRS 1976, 30378632; BGHZ 4, 229 = NJW 1952, 384.

40 BGH NJW-RR 2005, 727; BGH-GSZ- Z 80, 146 (149); OLG Frankfurt a.M. NJW-RR 2001, 935.

Wird das Hauptrechtsmittel erst nach der Anschließung und ohne dass der Anschließende hierzu beigetragen hätte, unzulässig[41] oder zurückgenommen,[42] so hat der Rechtsmittelführer allein auch die Erfolglosigkeit des Anschlusses zu verantworten, er trägt also die gesamten Kosten der Rechtsmittelinstanz.

Nach wie vor sehr streitig ist, ob bei Zurückweisung der Berufung nach § 522 II ZPO darauf abzustellen ist, dass diese bereits zum Zeitpunkt der Anschließung aussichtslos war und die Kosten der Anschlussberufung deswegen vom Anschließenden zu tragen sind (so die hM) oder ob bei Anschließung noch mit einem Erfolg gerechnet werden durfte und deswegen der Berufungsführer die Kosten auch der Anschließung zu tragen hat.[43]

g) Rücknahme und Verzicht

Die Parteien können auch in den höheren Instanzen über den Streitgegenstand frei disponieren, insbesondere auf ein eingelegtes Rechtsmittel verzichten oder dieses zurücknehmen. Die diesbezüglichen Regelungen der Berufung (§§ 515 f. ZPO) gelten für die anderen Rechtsmittel entsprechend (§ 565 ZPO).

Die **Rücknahme** (§ 516 ZPO) ist erst nach Einlegung eines Rechtsmittels möglich, 1511
sie ist durch einseitige, schriftlich oder in mündlicher Verhandlung dem Gericht gegenüber abzugebende Prozesshandlung zu erklären. Sie ist bis zum Erlass der Rechtsmittelentscheidung möglich[44] und bedarf auch nach mündlicher Verhandlung zur Hauptsache nicht der Zustimmung des Rechtsmittelbeklagten. Sie führt zum Verlust des konkret eingelegten Rechtsmittels – steht der Neueinlegung des Rechtsmittels (soweit die Zulässigkeitsvoraussetzungen dafür vorliegen) jedoch nicht entgegen – und zur Kostentragungspflicht des Rechtsmittelklägers. Über diese Folgen ergeht (auch ohne Antrag) ein deklaratorischer Beschluss.

Schon vor Einlegung eines Rechtsmittels – ggf. sogar schon vor Erlass der anzufech- 1512
tenden Entscheidung – kann eine Partei auf die Möglichkeit einer Anfechtung durch Rechtsmittel generell verzichten. Der **Verzicht** (§ 515 ZPO) kann dem Gegner oder dem Gericht gegenüber einseitig oder im Rahmen einer Parteivereinbarung, ausdrücklich oder konkludent[45] erklärt werden. Er bewirkt, dass ein dennoch eingelegtes Rechtsmittel unzulässig wird und ggf. zu verwerfen ist, sodass eine neuerliche Rechtsmitteleinlegung nicht möglich ist.[46]

Umstritten ist, ob der bloße Verzicht auf die Begründung einer Entscheidung zugleich den Verzicht auf ein Rechtsmittel beinhaltet.[47] Ein Widerruf des Verzichts ist nur mit Zustimmung des Gegners und vor Eintritt der Rechtskraft möglich.

---

41 BGHZ 67, 305 = BeckRS 1976, 30378632; BGHZ 17, 398 = NJW 1955, 1187; BGHZ 4, 229 = NJW 1952, 384.

42 BGHZ 4, 229 = NJW 1952, 384; OLG München NJW-RR 1996, 1280; OLG Düsseldorf MDR 1983, 64.

43 Für die hM OLG Düsseldorf MDR 2010, 769; OLG Stuttgart NJW-RR 2009, 863; OLG Schleswig MDR 2009, 532; MüKoZPO/*Rimmelspacher* § 524 Rn. 61; Zöller/*Heßler* ZPO § 524 Rn. 44; Thomas/Putzo/*Reichold* ZPO § 524 Rn. 20; zum Streit und zur Gegenansicht OLG Hamm NJW 2011, 1520; *Pape*, Kostenrisiko des Anschlussberufungsklägers bei einstimmiger Zurückweisung der Berufung, NJW 2003, 1150.

44 BGH NJW 2011, 2662.

45 BGH NJW-RR 2002, 2108; 1991, 1213.

46 BGH NJW-RR 1997, 1288; 1996, 1203; NJW 1990, 67, 1118; → Rn. 1409 ff.

47 Dafür OLG Braunschweig MDR 2001, 1009; OLG Köln MDR 2000, 472; OLG Hamm NJW-RR 1996, 509; OLG Brandenburg NJW-RR 1995, 1212; dagegen BGH NJW 2006, 3498; OLG Hamm NJW-RR 1997, 318; 1996, 63 und 1995, 1213; zum Ganzen *E. Schneider*, Auslegung eines Begründungsverzichts als konkludenter Rechtsmittelverzicht, MDR 2000, 987 und 1009.

3. Berufung[48]

Der praktisch wichtigste Rechtsbehelf im Zivilprozess ist die Berufung: Etwa 25% aller amtsgerichtlichen und über 50% aller landgerichtlichen Urteile werden mit der Berufung angefochten.

1513 Die Berufung ist – anders als vor der ZPO-Reform 2002[49] – keine volle zweite Tatsacheninstanz mehr, sondern dient nur noch der Kontrolle erstinstanzlicher Verfahren und Entscheidungen. Das angefochtene Urteil wird auf die korrekte Anwendung des materiellen Rechts sowie auf die Richtigkeit und Vollständigkeit der getroffenen tatsächlichen Feststellungen hin überprüft, etwaige Fehler werden beseitigt.

a) Zulässigkeit

1514 **(1) Statthaftigkeit.** Die Berufung findet statt gegen *Endurteile* I. Instanz (§ 511 I ZPO). Diesen sind *Zwischenurteile* nach § 280 ZPO,[50] *Grundurteile* (§ 304 II ZPO) und *Vorbehaltsurteile* (§§ 302 III, 599 III ZPO) gleichgestellt. Ferner findet die Berufung gegen 2. *Versäumnisurteile* (§ 514 II ZPO) statt.[51]

Voraussetzung ist, dass der **Wert** der Beschwer 600,– EUR übersteigt[52] oder die Berufung vom erstinstanzlichen Gericht **zugelassen** wurde (§ 511 II ZPO).

Eine solche Zulassung hat immer dann zu erfolgen, wenn die Sache grundsätzliche Bedeutung hat oder die Fortbildung des Rechts bzw. die Sicherung einer einheitlichen Rechtsprechung eine Entscheidung des Berufungsgerichts erfordert (§ 511 IV ZPO). Das Berufungsgericht ist zur Nachholung der Zulassungsentscheidung nur befugt, wenn das erstinstanzliche Gericht für eine Zulassungsentscheidung keine Veranlassung gesehen hat, weil es wegen eines auf mehr als 600 EUR festgesetzten Streitwerts von einer entsprechenden Beschwer der unterlegenen Partei ausgegangen ist, während das Berufungsgericht diesen Wert für nicht erreicht hält.[53] Eine unzutreffende Rechtsbehelfsbelehrung alleine stellt keine Rechtsmittelzulassung dar.[54]

Form und Frist der Berufung sind für Einlegung und Begründung unterschiedlich geregelt:

1515 **(2) Einlegung.** Die *Frist* für die Einlegung der Berufung beträgt einen Monat, beginnt in der Regel mit Zustellung des Urteils (§ 517 ZPO)[55] und wird durch rechtzeitigen Eingang der Berufung beim Berufungsgericht gewahrt (§ 519 I ZPO).

---

48 *Doukoff*, Die zivilrechtliche Berufung nach neuem Recht, 2. Aufl. 2002; *Eichele/Hirtz/Oberheim*, Handbuch Berufung im Zivilprozess, 3. Aufl. 2010; *Fellner*, Die neuere BGH-Rechtsprechung zum Berufungsrecht MDR 2006, 552; *Längsfeld*, Grundfälle zur Berufung in der ZPO, JA 2013, 289 und 362; *Oberheim*, Der Anwalt im Berufungsverfahren, 2003; *Schumann/Kramer*, Die Berufung in Zivilsachen, 6. Aufl. 2002; *Stackmann*, Fehlervermeidung im Berufungsverfahren, NJW 2008, 3665.

49 *Oberheim*, ZPO-Reform Update, JA 2002, 408, 493.

50 Nicht jedoch solche aus § 303 ZPO, diese werden im Rahmen der Berufung gegen die ihnen folgenden Endurteile mit überprüft: BGH NJW 1988, 1733.

51 BGH MDR 2011, 1370; *Elser*, Die Rechtsprechung zur Berufung gegen das technisch zweite Versäumnisurteil, JuS 1994, 965; *Huber*, Einspruch des Beklagten gegen Versäumnisurteil und »technisch zweites« Versäumnisurteil, JuS 2015, 985; *Klose*, Der Prüfungsumfang bei einer Berufung gegen ein zweites Versäumnisurteil nach einem Vollstreckungsbescheid und einem ersten Versäumnisurteil, NJ 2014, 359.

52 Nicht, wie der Wortlaut des § 511 irrtümlich lautet, der »Wert des Beschwerdegegenstands«; *Jauernig*, Die Beschwer mit der neuen Berufung: § 511 Abs. 2 Nr. 1 ZPO, NJW 2001, 3027; zum Unterschied → Rn. 1501.

53 BGH NJW-RR 2016, 509; WuM 2015, 320; MDR 2012, 602; NJW 2011, 926.

54 BGH NJW 2017, 1112; NZFam 2014, 141.

55 BGH NJW-RR 2017, 55; 2015, 508; NJW 2010, 2519.

Die Einlegungsfrist ist eine Notfrist. Sie kann nicht verlängert werden, gegen eine Versäumung ist die Wiedereinsetzung möglich (§ 233 ZPO).

Die *Form* der Berufungseinlegung ergibt sich aus § 519 II ZPO.

Erforderlich ist, dass durch die Berufungseinlegung klargestellt wird, welches Urteil angefochten wird und wer Partei des Rechtsmittelverfahrens werden soll. Dies sollte ausdrücklich angegeben, kann aber auch durch Auslegung ermittelt werden.[56] Wegen des Schriftlichkeitserfordernisses und der Anforderungen an eine Unterschrift kann auf die zur Klageschrift gemachten Ausführungen verwiesen werden (→ Rn. 148).[57]

(3) Begründung. Die Begründung muss innerhalb einer *Frist* von zwei Monaten nach Zustellung des Urteils eingereicht werden (§ 520 II ZPO). **1516**

Die Begründungsfrist ist keine Notfrist, kann also verlängert werden,[58] ohne Zustimmung des Gegners nur ausnahmsweise und um höchstens einen Monat. Gegen eine Versäumung ist die Wiedereinsetzung möglich (§ 233 ZPO).

Die *Form* der Begründung regelt § 520 III ZPO analog zur Klageschrift: Enthalten sein müssen Berufungsanträge und Berufungsgründe.

Der **Antrag** ist in der Regel gerichtet auf »Abänderung« des angefochtenen Urteils und Wiederholung des eigenen erstinstanzlichen Antrags.[59] Ist er nicht ausformuliert, reicht es aus, wenn sich Ziel und Umfang der Anfechtung im Wege der Auslegung feststellen lassen.[60]

Mit den **Berufungsgründen** soll der Berufungskläger dartun, warum er das angefochtene Urteil für falsch hält. Die möglichen Berufungsgründe sind in § 513 I ZPO festgelegt: Falsch kann das Urteil entweder sein, weil das erstinstanzliche Gericht Rechtsnormen falsch angewandt hat, oder weil es von einem falschen Sachverhalt ausgegangen ist. Der Sachverhalt kann falsch sein, weil das Gericht die streitigen Tatsachen falsch festgestellt, das heißt einen Fehler bei der Beweisaufnahme begangen hat, oder weil die Parteien den Sachverhalt falsch oder unvollständig vorgetragen haben. Zulässig ist die Berufung, wenn zumindest einer dieser Berufungsgründe den Anforderungen des § 520 III Nr. 2–4 ZPO entsprechend vorgetragen ist. Ob diese Gründe tatsächlich vorliegen, ist Frage der Begründetheit des Rechtsmittels und wird nach den §§ 529, 531 II, 546 ZPO beurteilt.[61]

Der Berufungsgrund der Rechtsverletzung (§ 513 I Alt. 1 ZPO) liegt vor, wenn eine materielle oder prozessuale Rechtsnorm nicht oder nicht richtig angewendet worden ist (§ 546 ZPO). Zur Zulässigkeit der Berufung ist es in diesem Fall erforderlich, dass die Umstände bezeichnet werden, aus denen sich die Rechtsverletzung und deren Erheblichkeit für die angefochtene Entscheidung ergibt (§ 520 III Nr. 2 ZPO).

Eine erneute Tatsachenfeststellung (insbesondere eine neue Beweisaufnahme, § 529 I Nr. 1 ZPO) setzt voraus, dass der Berufungskläger konkrete Anhaltspunkte bezeichnet, die Zweifel an der Richtigkeit oder Vollständigkeit der Tatsachenfeststellungen im angefochtenen Urteil begründen und deshalb eine erneute Feststellung gebieten (§ 520 III Nr. 3 ZPO).

---

56 BVerfG NJW 1991, 3140; BGH NJW-RR 2013, 121; MDR 2012, 731; NJW 2012, 755; NJW-RR 2011, 359 und 281; NJW 2009, 208; 2006, 1003; 2003, 3203 und 1950; *Rosenberg/Schwab/Gottwald* ZivilProzR § 138 I 4 b).

57 BGH NJW 2006, 3784 und 1521.

58 BGH NJW-RR 2011, 285.

59 *Oberheim*, Der Anwalt im Berufungsverfahren, 2003, Rn. 286 ff.

60 BVerfG NJW 1991, 3140; BGH NJW-RR 2015, 1532 und 188; BGH NJW 2013, 174; NJW-RR 2013, 509; *Schellhammer* ZivilProz Rn. 958; Thomas/Putzo/*Reichold* ZPO § 519 Rn. 17.

61 BGHZ 204, 251 = NJW 2015, 1458; BGH NJW-RR 2016, 80; Zum Inhalt der Berufungsgründe *Oberheim*, Der Anwalt im Berufungsverfahren, 2003, Rn. 314 ff.; *Fellner*, Anforderungen an eine zulässige Berufungsbegründung unter Berücksichtigung der BGH-Rechtsprechung, MDR 2009, 126; *Stackmann*, Die erfolgversprechende Berufungsschrift in Zivilsachen, NJW 2003, 169.

Falsch kann der Sachverhalt des erstinstanzlichen Urteils auch sein, weil die Partei die Tatsachen falsch oder unvollständig vorgetragen hat (§ 529 I Nr. 2 ZPO). Zur Zulässigkeit der Berufung (§ 520 III Nr. 4 ZPO) müssen in diesem Fall nicht nur neue Angriffs- und Verteidigungsmittel vorgetragen werden, sondern auch Tatsachen, aufgrund derer dieser neue Vortrag zuzulassen ist (§ 531 II ZPO).

Hat das Erstgericht seine Entscheidung auf mehrere voneinander unabhängige selbstständig tragende rechtliche Erwägungen gestützt, muss die Berufungsbegründung jede davon mit einem Berufungsgrund angreifen.[62]

1517 **(4) Beschwer.** Der Rechtsmittelführer muss durch die angefochtene Entscheidung beschwert sein. Der *Wert* des Beschwerdegegenstands muss 600,– EUR übersteigen (→ Rn. 569).[63]

Auf den Wert kommt es nicht an, wenn das erstinstanzliche Gericht die Berufung zugelassen hat. Die Zulassung ist für das Berufungsgericht bindend, ist sie unterblieben, so gibt es ein Rechtsmittel dagegen nicht. Nicht erforderlich ist ein besonderer Wert auch bei Berufungen gegen Versäumnisurteile (§ 514 II 2 ZPO), gegen Urteile in nicht vermögensrechtlichen Sachen und bei der Anschlussberufung (§ 524 ZPO).[64]

Mit der Berufung muss eine Beseitigung dieser Beschwer erstrebt werden.[65]

Unzureichend ist es, mit der Berufung ausschließlich einen durch Klageänderung eingeführten neuen Streitgegenstand zu verfolgen, der erstinstanzliche Antrag muss – zumindest als Hilfsantrag – weiterverfolgt werden.

1518 **(5) Zuständigkeit.** Zuständig für die Entscheidung über die Berufung gegen die Urteile der Landgerichte sind die *Oberlandesgerichte* (§ 119 I Nr. 2 GVG), gegen die Urteile der Amtsgerichte grundsätzlich die *Landgerichte* (§ 72 GVG).[66]

Dabei gilt eine **formelle Anknüpfung** an das erstinstanzlich entscheidende Gericht, sodass das OLG auch dann zuständig ist, wenn das erstinstanzliche Gericht seine sachliche oder örtliche Zuständigkeit zu Unrecht angenommen hat (§ 513 II ZPO).[67] Die Berufungskammer des Landgerichts entscheidet abschließend auch, wenn in der Berufungsinstanz die **Klage** über die Streitwertgrenze hinaus **erweitert** wird. Eine Verweisung an eine erstinstanzliche Zivilkammer des Landgerichts in analoger Anwendung des § 506 ZPO ist genauso wenig möglich, wie eine Verweisung zwischen OLG und LG.[68]

62 BGH MDR 2015, 416; NJW-RR 2016, 1267 und 1269; 2015, 756 und 757; NJW-RR 2013, 509; NJW 2011, 2367.

63 *Fischer*, Der Wert des Beschwerdegegenstands in § 511 Abs. 2 Nr. 1 ZPO n.F., NJW 2002, 1551; *Jauernig*, Die »Beschwer« mit der der neuen Berufung: § 511 Abs. 2 Nr. 1 ZPO, NJW 2001, 3027; zu aktuellen Berechnungsproblemen *Vossler*, Rechtsprechungsübersicht zum Berufungsrecht für das Jahr 2014, MDR 2015, 442.

64 BLAH/*Hartmann* ZPO § 511a Rn. 27 ff.

65 BGH NJW 2001, 226; NJW-RR 2001, 929; NJW 1999, 2118; OLG Dresden NJW-RR 2000, 1337; OLG Brandenburg NJW-RR 2001, 386; *Gaier*, Klageänderung und Berufungseinlegung, NJW 2001, 3289.

66 Die frühere Zuständigkeit der Oberlandesgerichte für Berufungen gegen Urteile der Amtsgerichte in den Sachen mit Auslandsbezug (Wohnsitz einer Partei im Ausland oder Anwendung ausländischen Rechts) ist zum 1.9.2009 mit dem FamFG abgeschafft worden.

67 Anders die früher herrschende Meinung von der materiellen Anknüpfung, vgl. zB BGH NJW-RR 1995, 380.

68 BGH NJW-RR 1996, 891; KG MDR 1999, 563; LG Zweibrücken NJW-RR 1994, 1087; *Butzer*, Die Erweiterung des Klageantrags in der Berufungsinstanz – Gilt § 506 ZPO analog?, NJW 1993, 2649 mN auch zur Gegenansicht; *Schneider*, Analoge Anwendung des § 506 ZPO in der landgerichtlichen Berufungsinstanz?, MDR 1997, 221; aA LG Hamburg NJW-RR 2001, 932; vgl. auch → Rn. 276; → Rn. 1056; → Rn. 1153.

Grundsätzlich zur Entscheidung berufen ist der komplette Spruchkörper. Der *Einzelrichter* wird anders als in I. Instanz nicht obligatorisch, sondern nur nach Übertragung durch den Spruchkörper tätig. Ihm kann der Rechtsstreit zur Entscheidung (§ 526 ZPO) oder bloß zur Vorbereitung (§ 527 ZPO) übertragen werden.[69] 1519

(6) **Prüfung der Zulässigkeit.** Die Zulässigkeit der Berufung ist grundsätzlich *von Amts wegen* zu prüfen (§ 522 I 1 ZPO). 1520

Ist die Berufung unzulässig, so kann sie entweder ohne mündliche Verhandlung durch Beschluss oder nach mündlicher Verhandlung durch Urteil **verworfen** werden (§ 522 ZPO), die Kosten fallen in diesem Fall dem Berufungskläger zur Last (§ 97 I ZPO).

b) Verfahren

Durch die Einlegung der Berufung wird das erstinstanzlich begonnene Verfahren fortgesetzt.

(1) Der **Streitgegenstand** des Berufungsverfahrens ist – im Rahmen der gestellten Anträge (§ 528 ZPO) – mit dem des erstinstanzlichen Verfahrens identisch.[70] Einer ausdrücklichen Wiederholung des Vortrags bedarf es nicht.[71] 1521

Probleme bei Bestimmung des Prüfungs- und Entscheidungsumfangs ergeben sich, wenn erstinstanzlich *Haupt- und Hilfsanträge* gestellt waren.

Beispiel: Legt der Kläger, der erstinstanzlich nur mit dem Hilfsantrag erfolgreich war, Berufung gegen die Abweisung des Hauptantrags ein, entfällt die Verurteilung aus dem Hilfsantrag automatisch, wenn das Berufungsgericht dem Hauptantrag stattgibt. Hat der Beklagte gegen seine Verurteilung aus dem Haupt- oder Hilfsantrag Berufung eingelegt, so kann über den jeweils anderen Antrag nur entschieden werden, wenn der Kläger diesen im Wege der Anschlussberufung in die Berufungsinstanz eingeführt hat, ansonsten wird dessen Abweisung rechtskräftig.[72]

Bei der Berufung gegen Teilurteile kann das Berufungsgericht auch die Entscheidung über die Teile des Streitgegenstands an sich ziehen, die *noch in erster Instanz anhängig* sind.

Dies setzt regelmäßig das Einverständnis beider Parteien voraus, da diese eine Instanz verlieren.[73] Wegen der Besonderheiten bei der **Stufenklage** kann auf die dort gemachten Ausführungen verwiesen werden (→ Rn. 1136).[74]

Änderungen des Prozessstoffs in II. Instanz durch Klageänderung, Aufrechnungserklärung und Widerklage[75] sind nur noch beschränkt möglich. Voraussetzung ist nach § 533 ZPO nicht nur die Einwilligung des Gegners oder die Bejahung der Sachdienlichkeit durch das Gericht, sondern auch, dass die Änderung auf Tatsachen gestützt werden kann, die das Berufungsgericht seiner Verhandlung und Entscheidung ohnehin zugrunde zu legen hat (§ 529 ZPO, → Rn. 1523). 1522

69 BGH NJW 2013, 2516 (2519) mAnm *Kaiser*.

70 *Barth*, Zum Tatsachenstoff im Berufungsverfahren nach der ZPO-Reform, NJW 2002, 1702; *Grunsky*, Zum Tatsachenstoff im Berufungsverfahren nach der Reform der ZPO, NJW 2002, 800; Prütting/Gehrlein/*Oberheim* ZPO § 528 Rn. 1.

71 BGH NJW-RR 2012, 305.

72 BGH NJW 2001, 1127; 1999, 3779 und 3564; 1992, 117.

73 BGH NJW 1986, 2108.

74 BGHZ 30, 213 = NJW 1959, 1824.

75 BGH NJW 2012, 3653; 2011, 3653; Zur ausnahmsweisen analogen Anwendung auf das Zurückbehaltungsrecht OLG Koblenz NJW-RR 1992, 760.

Die *Sachdienlichkeit* fehlt zwar nicht schon, weil eine Instanz verloren geht, wohl aber, wenn durch die Erweiterung die Entscheidung über den alten Anspruch verzögert wird.[76] Neuer Tatsachenstoff, der nicht auch ohne die Änderung zu berücksichtigen wäre, darf nicht vorgetragen werden, eine »Flucht in die Klageänderung/Aufrechnung/Widerklage« zur Umgehung der Präklusionsvorschriften ist damit ausgeschlossen.

Wird aufgrund der Klageänderung nur noch ein völlig neuer Streitgegenstand verfolgt, fehlt es an dem für die Zulässigkeit der Berufung erforderlichen Bestreben nach Beseitigung der Beschwer, sodass die Berufung insgesamt unzulässig ist (→ Rn. 1510).[77]

1523 (2) Die Beschränkung der Berufung auf Kontrolle und Berichtigung der erstinstanzlichen Entscheidung setzt voraus, dass in beiden Instanzen der gleiche **Sachverhalt** zugrunde gelegt wird. Das Berufungsgericht ist deswegen grundsätzlich an die Tatsachenfeststellungen im erstinstanzlichen Urteil gebunden. Hiervon abweichen darf es nur, wenn konkrete Anhaltspunkte Zweifel an der Richtigkeit oder Vollständigkeit der Feststellungen begründen (§ 529 I Nr. 1 ZPO).

Festgestellt haben kann das erstinstanzliche Gericht sowohl, welche Tatsachen von den Parteien vorgetragen wurden (»tatbestandliche Feststellung«), als auch, ob diese Tatsachen als wahr oder unwahr zu behandeln sind (»wertende Feststellung«).

Tatbestandlich festgestellt sind all diejenigen Tatsachen, deren Vortrag durch die Parteien sich aus dem Tatbestand, den Entscheidungsgründen und dem Protokoll ergibt. Schriftsätzlicher Vortrag der Parteien, den das erstinstanzliche Gericht so nicht festgestellt hat, kann das Berufungsgericht selbst feststellen (keine negative Beweiskraft des Tatbestands).[78]

Wertend festgestellt sind alle Tatsachen, die das Gericht 1. Instanz als wahr oder unwahr behandelt hat (vgl. § 559 II ZPO), weil es diese als bewiesen, unstreitig oder vermutet ansah.[79]

Keine Bindung besteht an Rechtsansichten oder an die Ausübung eines richterlichen Spielraums (Schätzung, Ermessen).[80]

1524 Damit dauern auch die **Beweisergebnisse** erster Instanz fort, sie sind voll **verwertbar**, eine Beweisaufnahme muss grundsätzlich nicht wiederholt werden.

Eine **Wiederholung der Beweisaufnahme** ist erforderlich, wenn das Berufungsgericht konkrete Zweifel an der Richtigkeit oder Vollständigkeit der erstinstanzlichen Beweisaufnahme hat. Dies ist zum Beispiel der Fall, wenn es an einer nachvollziehbaren, vollständigen Beweiswürdigung fehlt, wenn der Vortrag des Berufungsklägers Anlass gibt, das Beweisergebnis vernünftigerweise in Frage zu stellen oder wenn das Berufungsgericht die Beweise anders würdigen wollte als das Erstgericht.[81]

1525 Beschränkt ist auch die Befugnis der Parteien, **neue Tatsachen** vorzutragen (§§ 529 I Nr. 2, 530 ff. ZPO).[82]

---

76 BGH NJW-RR 2010, 1508; NJW 2000, 143; OLG Düsseldorf NJW-RR 1999, 244.

77 BGH MDR 2012, 603.

78 BGH NJW 2007, 2414; 2004, 1876 und 2152, 2155; *Crückeberg*, Tatsachenfeststellungen im Urteil der ersten Instanz, MDR 2003, 199; *Draeger*, Grundsätzlich keine negative Beweiskraft des Tatbestands, MDR 2015, 131; Prütting/Gehrlein/*Oberheim* § 529 Rn. 5 ff.; *Schöppner*, Möglichkeiten und Grenzen des Vorbringens neuer Angriffs- und Verteidigungsmittel in der Berufungsinstanz des Zivilprozesses, JA 2017, 99; *Ullenboom*, Die Bindung des Berufungsgerichts an unrichtige erstinstanzliche Tatsachenfeststellungen, ZZP 2016, 235; *Vollkommer*, Unrichtige tatbestandliche Feststellung des Beschwerdegerichts als Gehörsverletzung, MDR 2010, 1161.

79 BGH NJW 2005, 422 (423) und 2152 (2153); 2004, 2152; 2003, 3480.

80 OLG Düsseldorf MDR 2015, 454.

81 BGH NJW-RR 2015, 1200; VersR 2014, 365; MDR 2012, 601; 2011, 1133; NJW 2011, 1364; BauR 2010, 1095; Prütting/Gehrlein/*Oberheim* ZPO § 529 Rn. 14.

82 BGH NJW-RR 2015, 127; *Schöppner*, Möglichkeiten und Grenzen des Vorbringens neuer Angriffs- und Verteidigungsmittel in der Berufungsinstanz des Zivilprozesses, JA 2017, 99.

Hierzu sind zunächst die Möglichkeiten zur **Zurückweisung verspäteten Vorbringens** der ersten Instanz gegenüber erweitert (→ Rn. 1267). Ausgeschlossen bleiben diejenigen Angriffs- und Verteidigungsmittel, die bereits erstinstanzlich nach § 296 ZPO zurückgewiesen wurden (§ 531 I ZPO). Angriffs- und Verteidigungsmittel, die nicht innerhalb der Berufungsbegründungs- bzw. Berufungserwiderungsfrist (§§ 520, 521 ZPO) vorgebracht werden, können nach § 296 I ZPO zurückgewiesen werden (§ 530 ZPO). Verspätete Zulässigkeitsrügen sind nur zuzulassen, wenn sie genügend entschuldigt werden (§ 532 ZPO). Nicht den Verspätungsvorschriften unterliegt **unstreitiges Vorbringen**, auch wenn es neu ist.[83]

Neue, in erster Instanz nicht geltend gemachte Angriffs- und Verteidigungsmittel sind nach § 531 II ZPO nur zuzulassen,

- wenn sie einen Gesichtspunkt betreffen, der vom erstinstanzlichen Gericht erkennbar übersehen oder für unerheblich gehalten wurde.[84]

  Vertritt das Berufungsgericht einen anderen Rechtsstandpunkt als das erstinstanzliche Gericht, so müssen die Parteien die Möglichkeit haben, hierzu vorzutragen.

- wenn sie in erster Instanz infolge eines Verfahrensmangels nicht geltend gemacht wurden.

  Hat das erstinstanzliche Gericht einen nach § 139 ZPO gebotenen Hinweis unterlassen, so muss dieser in zweiter Instanz nachgeholt und den Parteien Gelegenheit gegeben werden, hierzu vorzutragen.

- wenn die Nichtgeltendmachung in erster Instanz nicht auf einer Nachlässigkeit der Partei beruht.

  Vorgetragen werden dürfen damit Umstände, die der Partei erst nach Schluss der letzten mündlichen Verhandlung erster Instanz bekannt geworden sind. Nachlässigkeit liegt dabei schon bei einfacher Fahrlässigkeit vor.[85]

(3) Aus dem Grundsatz, dass in der Berufung das erstinstanzliche Verfahren fortgesetzt wird, folgt, dass **bindende Prozesslagen** aus erster Instanz bestehen bleiben. **1526**

Dies gilt für den Verlust einer Rügemöglichkeit (zB nach §§ 39, 267, 295 ZPO), die nicht wieder auflebt (§ 534 ZPO) genauso wie für Anerkenntnis und Geständnis, die wirksam bleiben (§ 535 ZPO). Für das Nichtbestreiten (§ 138 III ZPO) gilt § 535 ZPO nicht, das Bestreiten kann – im Rahmen der §§ 530 ff. ZPO – in II. Instanz nachgeholt werden.[86]

(4) Der **Ablauf des Verfahrens** in II. Instanz ergibt sich aus den §§ 519 ff. ZPO. **1527** Grundsätzlich entspricht es dem allgemeinen Verfahren erster Instanz, dessen Vorschriften unmittelbar anwendbar sind (§ 525 ZPO). Besonders geregelt sind nur Einzelfragen (so zB das *Versäumnisverfahren* in § 539 ZPO).

---

83 BGH r+s 2015, 212; NJW 2009, 2532 und 685; 2008, 3434; *Crückeberg*, Unstreitige neue Tatsachen in zweiter Instanz, MDR 2003, 10; *Fellner*, Berücksichtigung eines neuen Sachvortrags mit neuen Angriffs- und Verteidigungsmitteln und die Folgen in der Berufungsinstanz, MDR 2004, 241; Prütting/Gehrlein/*Oberheim* ZPO § 530 Rn. 2.

84 BGH MDR 2015, 536 und 1199.

85 BGHZ 198, 187 = BeckRS 2013, 17405; *Rohlfing*, Präklusion des erstmals im Berufungsrechtszug ausgeübten Widerrufsrechts, NJW 2010, 1787; *Schenkel*, Berufungsverfahren – Die erstmalige Erhebung der Verjährungseinrede in zweiter Instanz, MDR 2005, 726.

86 BGH NJW 1987, 1948; Prütting/Gehrlein/*Oberheim* ZPO § 535 Rn. 4.

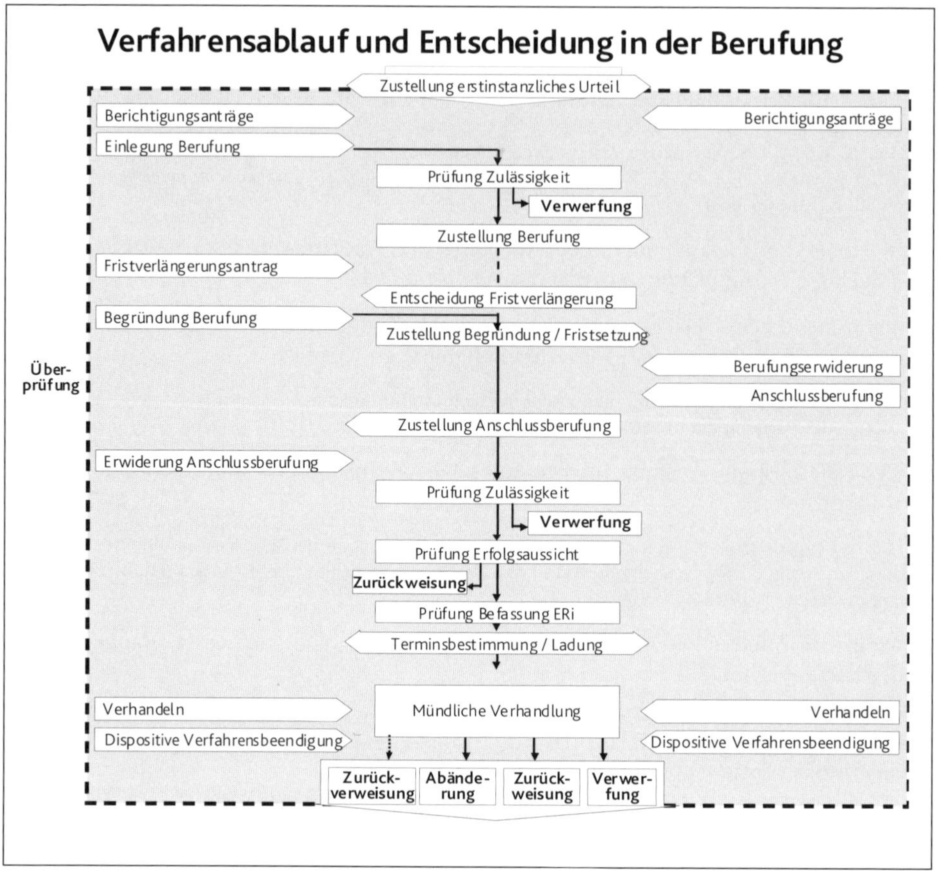

Schema 31.5: Verfahrensablauf und Entscheidungen in der Berufung

Die Berufungsschrift und die Berufungsbegründung werden dem Berufungsbeklagten zugestellt, diesem kann eine Frist zur Erwiderung gesetzt werden (§ 521 ZPO). Das Berufungsgericht prüft, ob eine Verwerfung oder eine Zurückweisung der Berufung in Form eines Beschlusses angezeigt ist (§ 522 I und II ZPO), entscheidet über eine eventuelle Übertragung des Rechtsstreits auf den Einzelrichter und bestimmt danach Termin zur mündlichen Verhandlung (§ 523 ZPO).

c) Entscheidung

1528 **(1)** Das Berufungsgericht hat von Amts wegen zu prüfen, ob die Berufung zulässig und begründet ist (§ 522 I ZPO).

- Ist die Berufung *unzulässig*, so wird sie *verworfen* (§ 522 I 2 ZPO). Dies ist entweder ohne mündliche Verhandlung durch Beschluss oder aufgrund einer mündlichen Verhandlung durch Urteil möglich.[87]

  Der Hauptsachetenor lautet in beiden Fällen:

  > Die Berufung des … gegen das Urteil des …-gerichts vom … wird verworfen.

87 BVerfG NJW 2003, 281; BGH NJW-RR 2016, 320; NJW 2014, 3583; OLG Celle NJW 2002, 2800; OLG Rostock NJW 2003, 1676.

Beschluss und Urteil enthalten eine Kostenentscheidung nach § 97 I ZPO (→ Rn. 1521), nur das Urteil (nicht dagegen der Beschluss) ist für vorläufig vollstreckbar zu erklären.

- Ist die Berufung zulässig, aber offensichtlich *unbegründet*, so wird sie *zurückgewiesen*. Diese Entscheidung hat (soweit dies angemessen ist) ohne mündliche Verhandlung durch Beschluss zu ergehen, wenn alle Richter des Berufungsgerichts sich einig darüber sind, dass die Berufung offensichtlich keine Aussicht auf Erfolg, die Sache keine grundsätzliche Bedeutung hat, die Fortbildung des Rechts oder die Sicherung einer einheitlichen Rechtsprechung eine Entscheidung nicht erfordert und eine mündliche Verhandlung nicht geboten ist (§ 522 II ZPO).[88] 1529

Will das Berufungsgericht eine solche Beschlusszurückweisung vornehmen, muss es die Parteien zuvor unter Darlegung der Gründe hierauf hinweisen und ihnen Gelegenheit zur Stellungnahme geben. Der Beschluss selbst bedarf dann keiner Begründung mehr.

Mit der Zurückweisung der Berufung verliert eine Anschlussberufung ihre Wirkung (§ 524 IV ZPO). Dies gilt analog für eine Klageänderung, eine Aufrechnung und eine Widerklage.[89]

Ist die Berufung nicht durch Beschluss verworfen oder zurückgewiesen worden, so wird über sie mündlich verhandelt. Ergibt sich danach die Unbegründetheit des Rechtsmittels, so wird dieses durch Urteil zurückgewiesen.

Der Hauptsachetenor lautet in beiden Fällen:

> Die Berufung des … gegen das Urteil des …-gerichts vom … wird zurückgewiesen.

Beschluss und Urteil enthalten eine Kostenentscheidung nach § 97 I ZPO (→ Rn. 1521), Berufungs- und erstinstanzliches Urteil sind ohne Sicherheitsleistung für vorläufig vollstreckbar zu erklären (§ 708 Nr. 10 ZPO).

- Ist die Berufung zulässig und *begründet*, so ist das angefochtene Urteil *aufzuheben und abzuändern* (§§ 528 S. 2, 538 I ZPO). Im Rahmen der Abänderung trifft das Berufungsgericht eine eigene Sachentscheidung, für deren Formulierung die Grundsätze eines erstinstanzlichen Urteils entsprechend gelten (→ Rn. 566 ff.). 1530

Der Hauptsachetenor lautet dann:

> Auf die Berufung des … wird das Urteil des …-gerichts vom … abgeändert und wie folgt neu gefasst: …

Nur ausnahmsweise und nur auf besonderen Antrag einer Partei kann das Berufungsgericht von einer eigenen Sachentscheidung absehen und den Rechtsstreit zur weiteren Verhandlung und Entscheidung an das erstinstanzliche Gericht *zurückverweisen*.

---

88 *Bub*, Zurückweisung der Berufung nach § 522 Abs. 2 ZPO bei Klageerweiterung und Widerklage, MDR 2011, 84; Eichele/Hirtz/*Oberheim*, Handbuch der Berufung, 3. Aufl. 2010, XII Rn. 3 ff.; *Gehrlein*, Beschlusszurückweisung einer Berufung im Zivilprozess, NJW 2014, 3393; *Schellenberg*, Berufungsverfahren – Der Zurückweisungsbeschluss nach § 522 Abs. 2 ZPO in der gerichtlichen Praxis, MDR 2005, 610; *Stackmann*, Die Reform des § 522 ZPO, JuS 2011, 1087; *Zuck*, Die Berufungszurückweisung durch Beschluss und rechtliches Gehör, NJW 2006, 1703; *Zuck*, Die Zurückweisung der Berufung durch Beschluss, NJW 2010, 1860. Zur Neufassung des § 522 II ZPO im Jahr 2011: *Baumert* MDR 2013, 7 und 2011, 1145; *Meller-Hannich* NJW 2011, 3393; *Stackmann* JuS 2011, 1087.

89 BGH NJW-RR 2017, 56; NJW 2015, 251; 2014, 151 mAnm *Kaiser* NJW 2014, 154; Prütting/Gehrlein/*Oberheim* ZPO § 533 Rn. 14.

Möglich ist dies nach **§ 538 II ZPO**, wenn das erstinstanzliche Gericht keine oder keine vollständige Sachentscheidung getroffen, sondern fälschlich durch Prozess-, Grund-, Vorbehalts- oder Versäumnis- oder Teilurteil entschieden hat. Möglich ist eine Zurückverweisung auch, wenn das erstinstanzliche Verfahren an einem wesentlichen Mangel leidet und deswegen eine aufwändige Beweisaufnahme erforderlich ist. Ein solcher wesentlicher Mangel kann in der Verletzung rechtlichen Gehörs (Art. 103 GG), der unberechtigten Zurückweisung von Parteivortrag (§ 296 ZPO) oder Fehlern bei der Beweisaufnahme (§§ 284 ff., 355 ff. ZPO) liegen,[90] nicht jedoch in (noch so schweren) inhaltlichen Fehlern, dh der unrichtigen Anwendung materiellen Rechts.[91] Auch eine *analoge Anwendung* des § 538 II ZPO auf andere, im Gesetz nicht genannte Fälle unterbliebener Sachentscheidung, zB nach Abweisung der Klage wegen Verjährung, fehlender Passivlegitimation oder durchgreifendem Haftungsausschlusses ist wegen des Ausnahmecharakters dieser Vorschrift ausgeschlossen.[92] In jedem Fall muss im Rahmen einer Ermessensausübung der Nachteil der Verfahrensverzögerung gegen den Verlust der ersten Instanz abgewogen werden.[93]

Erfolgt eine Zurückverweisung, so lautet der Hauptsachetenor:

> Auf die Berufung des … wird das Urteil des …-gerichts vom … aufgehoben und die Sache zur erneuten Verhandlung und Entscheidung an das erstinstanzliche Gericht zurückverwiesen.

Eine Kostenentscheidung ergeht nicht, eine Entscheidung über die vorläufige Vollstreckbarkeit nach allgemeinen Grundsätzen (→ Rn. 1533 f.).

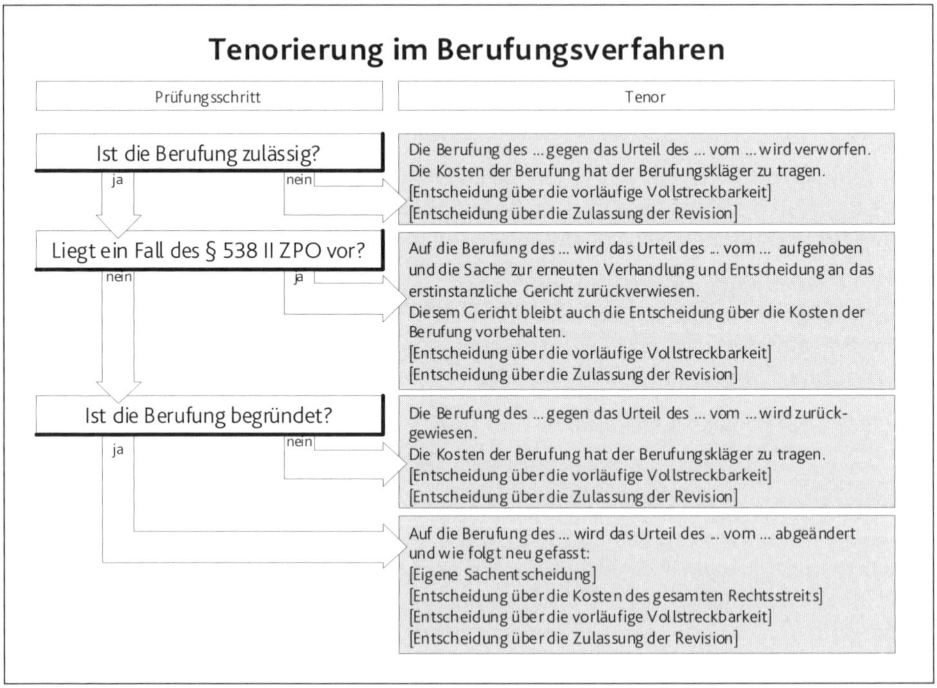

Schema 31.6: Tenorierung im Berufungsverfahren – Normalfall

90 BGH NJW 2013, 2601; NJW-RR 2010, 1048; NJW 1991, 704; NJW-RR 1990, 1500; OLG Bremen OLGR 2009, 352; OLG Hamburg OLGR 2005, 216; *Brehm*, Verfahrenskontrolle und Entscheidung des Berufungsgerichts, ZZP 107 (1994), 463.

91 BGH NJW 2016, 2274; NJW 2010, 1072; MDR 2005, 645; *Greger*, Fehlerhafte Zurückverweisung durch das Berufungsgericht, NZV 1998, 276.

92 BGH VersR 2000, 1391; NJW 1991, 3125; BLAH/*Hartmann* ZPO § 538 Rn. 8; Prütting/Gehrlein/*Oberheim* ZPO § 538 Rn. 23; Stein/Jonas/*Grunsky* ZPO § 538 Rn. 10.

93 BGH NJW-RR 2011, 1365.

(2) Für die **Kostenentscheidung** kommt es darauf an, ob das Rechtsmittel erfolgreich oder erfolglos war:

- Die Kosten eines *erfolglosen* Rechtsmittels hat nach **§ 97 I ZPO** grundsätzlich der Rechtsmittelführer zu tragen. 1531

Da es sich hier um eine **Ausnahme** vom Grundsatz der **einheitlichen Kostenentscheidung** handelt (→ Rn. 518 ff.),[94] braucht keine einheitliche Quote aus allen Kosten des Rechtsstreits berechnet zu werden. Möglich ist vielmehr eine Trennung in die Kosten I. und die Kosten II. Instanz, sodass bei Aufrechterhaltung des erstinstanzlichen Urteils (einschließlich dessen Entscheidung über die Kosten I. Instanz) die Kostenentscheidung bei erfolglosem Rechtsmittel lauten kann:

> Die Kosten der Berufung hat der Berufungskläger zu tragen.

Ausnahmsweise hat die obsiegende Partei die Kosten der Berufung zu tragen, wenn sie aufgrund eines Vortrags gewinnt, der bereits in I. Instanz möglich gewesen wäre (**§ 97 II ZPO**).

> **Beispiel:** Obsiegt der in erster Instanz unterlegene Kläger in der Berufung aufgrund eines erst jetzt benannten neuen Zeugen, so lautet die Kostenentscheidung:

> Die Kosten des Rechtsstreits hat der Beklagte zu tragen. Hiervon ausgenommen sind die Kosten des Berufungsverfahrens. Diese hat der Kläger zu tragen.

- Die Kosten eines *erfolgreichen* Rechtsmittels richten sich nach allgemeinen Grundsätzen: Entscheidend für die Kosten des gesamten Rechtsstreits (beider Instanzen) ist hier das Unterliegen in der Hauptsache (**§§ 91, 92 ZPO**). 1532

Um eine aufwändige gebührenbezogene Quotelung – bei der festgestellt werden muss, welche einzelnen Gebühren in den beiden Instanzen aus jeweils welchem Streitwert entstanden und inwieweit diese von welcher Partei zu tragen sind – zu vermeiden, lässt die Praxis auch hier eine Trennung zwischen den Kosten I. und II. Instanz zu[95] und ermöglicht so die einfachere **streitwertbezogene Quotelung.**

> **Beispielsfall:** Der Kläger verlangt Zahlung von 20.000,– EUR, das Landgericht spricht hiervon nur 5.000,– EUR zu. Auf die Berufung des Klägers hin gibt das Oberlandesgericht der Klage in Höhe von insgesamt 12.000,– EUR statt. Der Kostenstreitwert betrug in I. Instanz 20.000,– EUR, davon hat der Kläger letztendlich 8.000,– EUR nicht erhalten, sodass er von den Kosten I. Instanz zu tragen hat:
>
> $$\frac{\text{Verlust}}{\text{Streitwert}} = \frac{8.000,–}{20.000,–} = \frac{2}{5}$$
>
> In II. Instanz betrug der Kostenstreitwert nur noch 15.000,– EUR. Unterlegen ist der Kläger hier in Höhe von 3.000,– EUR, sodass seine Quote an den Kosten II. Instanz beträgt:
>
> $$\frac{\text{Verlust}}{\text{Streitwert}} = \frac{3.000,–}{15.000,–} = \frac{1}{5}$$

- Lässt sich eine Aussage über das Unterliegen nicht treffen, weil der Rechtsstreit ohne Sachentscheidung an das erstinstanzliche Gericht zurückverwiesen wurde, muss auch die Kostenentscheidung diesem Gericht überlassen werden. 1533

Die Kostenentscheidung lautet dann:

> Dem erstinstanzlichen Gericht bleibt auch die Entscheidung über die Kosten des Rechtsmittels vorbehalten.

94 BLAH/*Hartmann* ZPO § 97 Rn. 1.

95 *Becht*, Grundfragen des Berufungsverfahrens, JuS 1991, 134.

1534 **(3)** Die Entscheidung zur **vorläufigen Vollstreckbarkeit** folgt grundsätzlich den allgemeinen Bestimmungen der §§ 708 ff. ZPO.

Besonderheiten ergeben sich daraus,

- dass Berufungsurteile in Arrest- und einstweiligen Verfügungssachen (§ 542 II 1 ZPO) mit Verkündung rechtskräftig werden und keiner vorläufigen Vollstreckbarkeit bedürfen (→ Rn. 544);
- dass Berufungsurteile in vermögensrechtlichen Streitigkeiten nach § 708 Nr. 10 ZPO immer ohne Sicherheitsleistung für vorläufig vollstreckbar zu erklären sind.[96] Solange die Zulässigkeit der Nichtzulassungsbeschwerde davon abhängig ist, dass die Beschwer 20.000,– EUR übersteigt (→ Rn. 1542), bedarf es wegen § 713 ZPO in allen Fällen mit einem geringeren Wert einer Abwendungsbefugnis nicht.

1535 **(4)** Das Berufungsgericht hat auch über die **Zulassung der Revision** zu entscheiden. Diese hat nach § 543 II ZPO zu erfolgen, wenn die Sache grundsätzliche Bedeutung hat oder wenn die Fortbildung des Rechts oder die Sicherung einer einheitlichen Rechtsprechung eine Entscheidung des Revisionsgerichts erfordert.

Für die Zulassung ist ein fester Platz im Urteil nicht vorgeschrieben. Sie kann in den Gründen erfolgen, vorzuziehen ist die Aufnahme in den Tenor mit der Formulierung »Die Revision wird zugelassen«. Die Zulassung ist für die Parteien unanfechtbar und für das Revisionsgericht bindend.

Wird die Revision nicht zugelassen, so bedarf es eines entsprechenden Ausspruchs nicht, eine deklaratorische Feststellung (»Die Revision wird nicht zugelassen«) ist jedoch zu empfehlen.[97] Gegen die Nichtzulassung ist die Beschwerde nach § 544 ZPO eröffnet.

1536 **(5)** Im **Rubrum**[98] sind die Parteien mit allen ihren Parteirollen aus Klage und Berufung, ggf. auch aus Widerklage, Anschlussberufung usw. zu bezeichnen. Die *Reihenfolge* der Aufführung der Parteien bestimmt sich aus der Berufungsinstanz, sodass zuerst der Berufungskläger aufzuführen ist, auch wenn er erstinstanzlich Beklagter war.

> **Formulierungsbeispiel:**
> Klage des Kaufmanns ... – Berufungskläger, Anschlussberufungsbeklagter, Beklagter und Widerkläger –

1537 **(6)** Das Berufungsurteil enthält – anders als ein erstinstanzliches Urteil – nicht Tatbestand und Entscheidungsgründe, sondern einheitliche **Gründe**, in denen die Entscheidung in tatsächlicher und rechtlicher Hinsicht begründet wird (§ 540 I ZPO). Wird das Urteil nicht in einem besonderen Verkündungstermin, sondern im Verhandlungstermin verkündet (sog. »Stuhlurteil«), so können diese Gründe auch ins Protokoll aufgenommen werden (sog. »Protokollurteil«, § 540 I 2 ZPO).[99]

Der Funktion der Berufung als Fehlerkontroll- und -beseitigungsinstrument entsprechend ist keine vollständige Begründung mehr erforderlich, sondern unter Bezug-

96 Dies gilt nach der 2004 erfolgten Bereinigung eines gesetzgeberischen Fehlers (dazu *Oberheim*, Reform des Zivilprozesses, 2002, 18) auch für Berufungsurteile der Landgerichte.

97 OLG Saarbrücken NJW-RR 1999, 214; Stein/Jonas/*Leipold* ZPO § 321 Rn. 11.

98 *Siegburg* Urteilstechnik Rn. 9.

99 Zu den formellen Besonderheiten solcher Urteile Prütting/Gehrlein/*Oberheim* ZPO § 540 Rn. 17 ff.; zahlreiche Beispiele bei Eichele/Hitz/*Oberheim*, Handbuch der Berufung, 3. Aufl. 2010, Kap. XVIII.

nahme auf die bestätigten Teile der angegriffenen Entscheidung allein eine Darlegung der davon abweichenden Punkte. Das Berufungsurteil enthält damit keine umfassende, eigenständige Sachentscheidung, sondern ist regelmäßig nur zusammen mit dem erstinstanzlichen Urteil verständlich. Es besteht – soweit das inhaltlich gerechtfertigt ist – in einer weitgehenden Bezugnahme auf die tatsächlichen Feststellungen und die rechtliche Begründung des erstinstanzlichen Urteils und stellt nur die Abweichungen hiervon oder die Ergänzungen hierzu dar.

(7) An die Stelle des **Tatbestands** tritt die Bezugnahme auf die tatsächlichen Feststel- **1538**
lungen des angefochtenen erstinstanzlichen Urteils.

Besonderer Darstellung bedürfen nur die damit nicht abgedeckten Teile des Sach- und Streitstands. Dazu gehören der im angefochtenen Urteil nicht vollständig oder nicht richtig festgestellte Sachverhalt sowie der Vortrag, die Anträge der Parteien und die Prozessgeschichte zweiter Instanz, wobei diese sehr kurz gehalten werden können.

> **Formulierungsbeispiel:** Der Kläger verlangt vom Beklagten Zahlung des Kaufpreises für einen gebrauchten PKW.
> Das Landgericht hat der Klage mit Urteil vom ..., auf dessen tatsächliche Feststellungen Bezug genommen wird, stattgegeben. Gegen dieses, ihm am ... zugestellte Urteil richtet sich die am ... eingelegte und am ... begründete Berufung des Beklagten, der unter Wiederholung und Vertiefung seines erstinstanzlichen Vortrags Klageabweisung begehrt. Die Klägerin verteidigt das angefochtene Urteil und beantragt Zurückweisung der Berufung.

(8) Anstelle der **Entscheidungsgründe** enthält das Urteil eine kurze Begründung der **1539**
Entscheidung. Diese folgt dem oben (→ Rn. 1486, → Rn. 1514) dargestellten Prüfungs- und Aufbauschema aller Rechtsbehelfe:

Dabei sind zumindest kurze Ausführungen zur **Zulässigkeit der Berufung** wegen § 522 I 1 ZPO nach hM immer erforderlich, Ausführungen zur **Zulässigkeit der Klage** dagegen nur, wenn begründeter Anlass zu Zweifeln an einzelnen Sachentscheidungsvoraussetzungen besteht. Für die Ausführungen zur **Begründetheit der Klage** gelten grundsätzlich die Aufbauregeln des erstinstanzlichen Urteils. Der Funktion der Berufung als Fehlerkontroll- und -beseitigungsinstrument entsprechend ist hier keine vollständige Begründung mehr erforderlich, sondern unter Bezugnahme auf die bestätigten Teile der angegriffenen Entscheidung allein eine Darlegung der abweichenden Punkte.

> **Formulierungsbeispiel:** Die Berufung ist zulässig, insbesondere an sich statthaft sowie form- und fristgerecht eingelegt und begründet worden. In der Sache hat sie keinen Erfolg. Weder die vorgebrachten Berufungsgründe noch die gemäß § 529 II 2 ZPO von Amts wegen durchzuführende Prüfung lassen erkennen, dass die angefochtene Entscheidung auf einer Rechtsverletzung beruht oder dem Berufungsverfahren zugrunde zu legende Tatsachen eine andere Entscheidung rechtfertigen (§ 513 ZPO).
> Die Klage ist zulässig. ...
> Die Klage ist auch begründet. ...

4. Revision[100]

Die Revision dient der Klärung grundsätzlicher Rechtsfragen, der Rechtsfortbildung **1540**
und der Wahrung der Rechtseinheit.

100 *Dutt/Escher*, Das Revisionsrecht in Zivilsachen, JuS 1997, 737; 839; 1019; *May*, Die Revision, 2. Aufl. 1997; *Wurm*, Die richterliche Tätigkeit am BGH, JA 1996, 401.

Nur im Rahmen dieser, vornehmlich auf Allgemeininteressen zielenden Zwecke der Revision ist die dritte Instanz noch zur individuellen Richtigkeitskontrolle eines Urteils im Einzelfall berufen. Dass ein Berufungsurteil fehlerhaft ist, rechtfertigt für sich allein die Abänderung in der Revision nicht. Allerdings bejaht der BGH bei einer solchen Fehlerhaftigkeit häufig die Notwendigkeit der Sicherung einer einheitlichen Rechtsprechung und lässt die Revision insbesondere bei der Verletzung von Verfahrensgrundrechten und zur Vermeidung von Prozesswillkür zu.[101]

a) Zulässigkeit

1541 **(1) Statthaftigkeit.** Die Revision findet statt gegen die in der *Berufungsinstanz* erlassenen *Endurteile* (§ 542 I ZPO), wenn sie zugelassen wurde (§ 543 I ZPO).[102]

Dies gilt für Berufungsurteile der Landgerichte und der Oberlandesgerichte gleichermaßen. Den Endurteilen gleichgestellt sind die Zwischenurteile nach §§ 280 II, 304 II ZPO. Keine Revision ist möglich gegen Urteile in Arrest- und einstweiligen Verfügungssachen (§ 542 II ZPO).

1542 Ist die *Zulassung* durch das Berufungsgericht erfolgt, so ist das Revisionsgericht hieran gebunden (→ Rn. 1525). Hat das Berufungsgericht die Revision nicht zugelassen, so kann die Partei hiergegen *Nichtzulassungsbeschwerde* (§ 544 ZPO) einlegen.[103]

Diese ist innerhalb eines Monats nach Zustellung des Berufungsurteils schriftlich beim Revisionsgericht einzulegen und innerhalb von zwei Monaten zu begründen. Statthaft ist sie nur, wenn der **Wert der Beschwer 20.000,– EUR** übersteigt (§ 26 Nr. 8 EGZPO).[104] Das Revisionsgericht entscheidet hierüber durch Beschluss anhand der Zulassungskriterien des § 543 II ZPO. Lehnt es die Zulassung ab, so wird das Berufungsurteil rechtskräftig, lässt es die Revision zu, so geht das Beschwerdeverfahren in das Revisionsverfahren über.

1543 Als sog. *Sprungrevision* ist die Revision (unter Verzicht auf die dazwischen liegende Berufung) auch statthaft gegen erstinstanzliche Urteile (§ 566 ZPO).

Voraussetzung ist, dass der Wert der Beschwer 600,– EUR übersteigt, der Gegner einwilligt und das Revisionsgericht die Revision zulässt. Letzteres erfolgt nur, wenn die Sache grundsätzliche Bedeutung hat oder der Fortbildung des Rechts oder der Sicherung einer einheitlichen Rechtsprechung eine Entscheidung des BGH erfordert. Auf einen Verfahrensmangel kann die Sprungrevision nicht gestützt werden.

1544 **(2) Einlegung.** Die *Frist* für die Einlegung der Revision beträgt einen Monat, beginnt in der Regel mit Zustellung des Urteils (§ 548 ZPO) und wird durch rechtzeitigen Eingang der Berufung beim BGH gewahrt (§ 549 I ZPO). Die *Form* der Revisionseinlegung ergibt sich aus § 549 II ZPO.

1545 **(3) Begründung.** Die Regelungen über *Form* und *Frist* der Revisionsbegründung (§ 551 ZPO) entsprechen weitgehend denen der Berufung (→ Rn. 1509).

Wird die Revision auf eine Rechtsverletzung gestützt, so muss diese möglichst genau bezeichnet werden, kann sich aber auch aus der Begründung des Rechtsverstoßes ergeben. Anders als im Straf-

---

101 BVerfG NJW 2005, 3345; BGH NJW 2004, 2222; *Büttner*, Revisionsverfahren – Änderungen durch das ZPO-Reformgesetz, MDR 2001, 1201.

102 Zu den Zulassungsvoraussetzungen BGH NJW 2003, 65; 754; 831; 1125; *Nasall*, Irrwege. Wege – Die Rechtsmittelzulassung durch den BGH NJW 2003, 1345; *Scheuch/Lindner*, Zur Auslegung der Zulassungstatbestände des § 543 Abs. 2 ZPO, NJW 2003, 728.

103 *Baumert*, Nichtzulassungsbeschwerde – Darlegung und Prüfung von Revisionszulassungsgründen, MDR 2014, 1181; zur Kritik *Waclawik*, Was wird aus der Nichtzulassungsbeschwerde, NJW 2016, 1639; *Winter*, Die Nichtzulassungsbeschwerde – ein Scheinrechtsmittel, NJW 2016, 922.

104 Diese ursprünglich nur für eine Übergangsfrist vorgesehene Beschränkung ist zwischenzeitlich mehrfach verlängert worden und dürfte auf Dauer Bestand haben.

prozess reicht eine allgemeine Sachrüge nicht aus, Verfahrensrügen müssen mit entsprechendem Tatsachenvortrag begründet werden.[105]

(4) **Zuständigkeit.** Zuständig für die Entscheidung über die Revision ist grundsätzlich der BGH (§ 133 GVG), und zwar ausnahmslos der Senat, Einzelrichtertätigkeit ist nicht zulässig (§ 555 II ZPO). 1546

Wegen des Erfordernisses der Postulationsfähigkeit kann die Revision nur von einem besonderen, beim BGH zugelassenen Rechtsanwalt (§§ 162 ff. BRAO) eingelegt und begründet werden.

b) Verfahren

Von Amts wegen wird zunächst die Zulässigkeit der Revision geprüft, diese kann durch Beschluss verworfen werden, andernfalls ist Termin zur mündlichen Verhandlung zu bestimmen (§§ 552, 553 ZPO). Das Verfahren folgt grundsätzlich den Vorschriften über die **allgemeinen Verfahren** (§ 555 ZPO). Abweichungen ergeben sich aus dem Wesen der Revision: 1547

- Das Revisionsgericht ist zwar an die Anträge der Parteien, nicht aber an die geltend gemachten Revisionsgründe *gebunden* (§ 557 ZPO), prüft das angefochtene Urteil also von Amts wegen auf das Vorliegen der Zulässigkeitsvoraussetzungen für Klage und Berufung (soweit diese nicht bloß auf Rüge hin berücksichtigt werden) und auf die zutreffende Anwendung des (materiellen und prozessualen) Rechts.
- *Tatsachengrundlage* der Revisionsprüfung ist das aus dem Tatbestand des Berufungsurteils oder dem Sitzungsprotokoll ersichtliche Vorbringen der Parteien in den Vorinstanzen (§ 559 I ZPO).[106] Dabei ist das Revisionsgericht an das Beweisergebnis des Berufungsgerichts gebunden, soweit dieses nicht mit der Revision angegriffen wurde (§ 559 II ZPO). 1548

  Neue Tatsachen können vorgebracht werden, um eine Verfahrensrüge zu begründen (§§ 559 I 2, 551 III Nr. 2b ZPO) oder um die Zulässigkeit der Klage bzw. eines Rechtsmittels darzutun. Im Interesse der Prozessökonomie lässt die Rechtsprechung auch neue Tatsachen zu, die eine Wiederaufnahme rechtfertigen würden.[107] Schließlich müssen auch die neuen Tatsachen berücksichtigt werden, die nach Schluss der Berufungsverhandlung entstanden und zwischen den Parteien unstreitig sind.[108] Eine Änderung des **Streitgegenstands** ist ausgeschlossen, sodass Klageänderung oder eine Widerklage prinzipiell nicht möglich sind.[109]

- *Begründet* ist die Revision nur, wenn die angefochtene Entscheidung auf der **Verletzung** einer revisiblen **Rechtsnorm** beruht (§ 545 I ZPO). 1549

  Während bis 2009 mit der Revision eine Überprüfung nur des »Bundesrechts« (deutsche Rechtsnormen, die über den Bereich eines OLG hinaus galten) möglich war, ist dies heute auf das »**Recht**« allgemein erweitert.[110] **Verletzt** ist diese Norm, wenn sie nicht oder nicht richtig angewandt wurde (§ 546 ZPO). Das Urteil muss auf der Normverletzung auch **beruhen**, dh, letztere muss für die Entscheidung ursächlich geworden sein. Dies kann bei der Verletzung materiellen

---

105 BGH NJW-RR 2005, 794; 2008, 585; *Geipel*, Verfahrensfehler in der ZPO-Revision, ZAP Fach 13, 1857.

106 BGH NJW-RR 2010, 1500; 2007, 1434; *Schumann*, Zur Beweiskraft des Tatbestands im Rechtsmittelverfahren, NJW 1993, 2786.

107 BGHZ 5, 247; 3, 67; kritisch *Jauernig/Hess* ZivilProzR § 74 VII 1 mwN.

108 BGH NJW 2009, 3783; 2008, 1661; 2002, 1130.

109 BGH ZIP 2009, 1477; BGHZ 135, 107 = NJW 1997, 1855.

110 *Hess/Hübner*, Die Revisibilität ausländischen Rechts nach der Neufassung des § 545 ZPO, NJW 2009, 3132.

Rechts in der Regel unterstellt werden, bedarf bei Verfahrensmängeln indes gründlicher Prüfung. Um die sich hier ergebenden Beweisschwierigkeiten abzumildern, statuiert das Gesetz für einzelne, besonders schwere Verfahrensverstöße eine unwiderlegliche Kausalitätsvermutung (= sog. **absolute Revisionsgründe**, § 547 ZPO).

Schwierig ist häufig die **Abgrenzung** zwischen zulässiger **Rechts- und** unzulässiger **Tatsachenprüfung**. Die Anwendbarkeit von Rechtsnormen, ihre Voraussetzungen und die Subsumtion der festgestellten Tatsachen hierunter sind immer revisibel. Nicht nachprüfbar ist dagegen die Feststellung konkreter Tatsachen oder die Beweiswürdigung. Während die Auslegung einer Willenserklärung damit (nicht nachprüfbare) Tatfrage ist, unterliegt die Auslegung von Musterverträgen oder Allgemeinen Geschäftsbedingungen der Kontrolle des Revisionsgerichts.[111] Auch bei tatsächlichen Fragen kann in der Revision die Anwendung der allgemeinen Auslegungsregeln (zB § 133 BGB), der Denkgesetze oder der allgemeinen Erfahrungssätze überprüft werden.[112]

c) Entscheidung

1550 Ist die Revision nicht durch Beschluss verworfen (§ 552 I ZPO) oder zurückgewiesen (§ 552a ZPO), sondern mündlich verhandelt worden (§ 553 ZPO), so ergeht die Entscheidung durch Urteil. Letzteres erfolgt nicht bloß, wenn die Revision unbegründet ist, sondern auch, wenn zwar ein Rechtsverstoß vorliegt, die Entscheidung aber aus anderen Gründen im Ergebnis richtig ist (§ 561 ZPO). Ist die Revision begründet, so wird das angefochtene Urteil aufgehoben (§ 562 ZPO). Anders als bei der Berufung kommt hier eine eigene Sachentscheidung des Revisionsgerichts nur ausnahmsweise in Betracht (§ 563 III ZPO).[113] Regelfall ist die Zurückverweisung an das Berufungsgericht, das einerseits an die rechtliche Beurteilung des BGH gebunden ist (§ 563 II ZPO), andererseits neue Tatsachen feststellen kann.[114]

5. Beschwerde[115]

1551 Soll eine Entscheidung des erstinstanzlichen Gerichts angefochten werden, die nicht in Form eines Urteils, sondern als Beschluss oder als Verfügung ergangen ist, so ist das Rechtsmittel hiergegen die Beschwerde. Der Berufung entsprechend dient die Beschwerde der Kontrolle und Berichtigung der erstinstanzlichen Entscheidung.

1552 Eine *einfache Beschwerde*, wie sie die ZPO bis zur Reform 2002 kannte, gibt es nicht mehr, Regelfall der Beschwerde ist heute die **sofortige Beschwerde**. Daneben existieren einige **Sonderformen** der Beschwerde:

- Im Verfahren über die **Prozesskostenhilfe** ist die Beschwerde dem Rechtsmittel über die Hauptsache, dh der Berufung, angeglichen. Die Frist zur Einlegung beträgt daher einen Monat, ggf. muss der Streitwert der Hauptsache den Berufungswert übersteigen (§ 127 II und III ZPO). Letzteres gilt auch für die Beschwerde gegen die **Kostengrundentscheidung** (§§ 91a II, 99 II ZPO).
- Außerhalb der ZPO besonders geregelt sind einige Beschwerden aus **speziellen Rechtsbereichen**, so zB die Beschwerde in Familiensachen und Angelegenheiten der freiwilligen Gerichtsbarkeit (§§ 58 ff. FamFG), in Insolvenzsachen (§§ 6 f. InsO), gegen die Wert- oder Kostenfestsetzung (§§ 66 ff. GKG, §§ 32 f. RVG)

111 BGH WM 2009, 980 und 861; NJW 2003, 2235.
112 BGH GRUR 2009, 672; 2004, 516.
113 BGH NJW 1991, 1180.
114 BGH NJW 2007, 1127; OLG Bremen NJW 2009, 1510; Eichele/Hirtz/*Oberheim*, Handbuch der Berufung, 3. Aufl. 2010, Kap. XX.
115 *Boeckh*, Beschwerde und Rechtsbeschwerde im Zivilverfahren, 2006.

oder aus JVEG und GVG. Auf diese Beschwerden finden die §§ 567 ff. ZPO keine Anwendung.

Die früher von der Rechtsprechung entwickelte Möglichkeit, unanfechtbare Entscheidungen zumindest bei greifbarer Gesetzwidrigkeit mit der sog. »außerordentlichen Beschwerde« anzugreifen, existiert nach der ZPO-Reform nicht mehr. An ihre Stelle ist die Gehörsrüge (§ 321a ZPO) getreten.[116]

a) Zulässigkeit

(1) Statthaftigkeit. Statthaft ist die sofortige Beschwerde nach § 567 I Nr. 1 ZPO gegen die erstinstanzlichen Entscheidungen der Amts- und Landgerichte, bei denen das *Gesetz* sie ausdrücklich vorsieht. 1553

Statthaft ist die sofortige Beschwerde nach § 567 I Nr. 2 ZPO darüber hinaus gegen erstinstanzliche Entscheidungen der Amts- und Landgerichte, mit denen ohne zwingende mündliche Verhandlung ein *Verfahrensantrag zurückgewiesen* wird.

Nach der ersten Alternative ist die Beschwerde statthaft zum **Beispiel** gegen die Kostenentscheidung nach übereinstimmender Erledigungserklärung (§ 99 II ZPO), gegen die Versagung der Prozesskostenhilfe (§ 127 II ZPO) oder gegen die Verhängung von Ordnungsmitteln gegen nicht erschienene Zeugen (§ 380 III ZPO). Nach der zweiten Alternative statthaft ist die Beschwerde unter anderem gegen die Versagung der Prozesstrennung nach § 145 ZPO, der Bewilligung einer öffentlichen Zustellung nach § 186 ZPO oder der Terminsbestimmung nach § 216 ZPO. Ist dem Gesuch stattgegeben, ist die Beschwerde für den Gegner, der Zurückweisung beantragt hatte, nicht statthaft. Nicht statthaft ist die Beschwerde auch gegen Entscheidungen, die ohne Antrag von Amts wegen ergehen[117] oder die kraft Gesetzes unanfechtbar sind (vgl. §§ 225 III, 238 III, 319 III, 336 II ZPO).

Probleme können sich bei der *Abgrenzung* zu anderen Rechtsbehelfen ergeben. 1554

In der Zwangsvollstreckung werden »**Maßnahmen**« mit der Erinnerung angefochten (§ 766 ZPO), »**Entscheidungen**« mit der sofortigen Beschwerde (§ 793 ZPO). Entscheidungen sind Beschlüsse, wenn sie nach Anhörung beider Parteien unter Würdigung des beiderseitigen Parteivortrags ergehen, Maßnahmen sind Beschlüsse, wenn sie ohne Anhörung des Schuldners und ohne Interessenabwägung ergehen.[118]

Problematisch sind ferner die Fälle einer **Kostenmischentscheidung**, in denen im Rahmen eines Urteils auch über Kosten nach § 91a ZPO, § 269 ZPO oder § 99 ZPO mit entschieden wird. Normalerweise ergehen solche Kostenentscheidungen in Form eines Beschlusses und sind durch sofortige Beschwerde angreifbar. Ergehen sie wegen des Grundsatzes der einheitlichen Kostenentscheidung ausnahmsweise zusammen mit einer Entscheidung über die Hauptsache in Form eines Urteils, können sie auch zusammen mit der Hauptsacheentscheidung, dh durch die Berufung, angegriffen werden. Im Fall einer sofortigen Beschwerde kann das Gericht nur den auf § 91a ZPO entfallenden Teil abändern, im Fall einer Berufung ist eine Beschränkung des Angriffs auf die Kostenentscheidung nicht möglich (§ 99 I ZPO).[119]

(2) Frist. Die sofortige Beschwerde ist binnen *zwei Wochen*, beginnend mit der Zustellung der Entscheidung, entweder bei dem Gericht, dessen Entscheidung angefochten wird (iudex a quo) oder beim Beschwerdegericht (iudex ad quem) einzulegen. 1555

---

116 BVerfG NJW 2003, 1924; BGH NJW 2002, 1577; OLG Celle NJW 2002, 3715; *Lipp*, Beschwerden wegen greifbarer Gesetzwidrigkeit nach der ZPO-Reform, NJW 2002, 1700.

117 BGH NJW 2010, 1144; MDR 2009, 159 und 763; 2004, 698.

118 BLAH/*Hartmann* ZPO § 793 Rn. 2.

119 BGH NJW 2003, 1504; OLG Köln NJW-RR 1994, 767; *Bergerfurth*, Erledigung der Hauptsache im Zivilprozess, NJW 1992, 1655.

1556 (3) **Form.** Die sofortige Beschwerde ist *schriftlich*, ausnahmsweise auch zu Protokoll der Geschäftsstelle einzulegen (§ 569 III ZPO). Sie soll (nicht: muss!) begründet werden (§ 571 I ZPO), eines besonderen Antrags bedarf sie nicht, Antrag und Begründung sind aber anzuraten.

1557 (4) **Beschwer.** Wie alle Rechtsmittel setzt auch die sofortige Beschwerde eine Beschwer voraus.

Eine Beschwer kann bei »**prozessualer Überholung**« fehlen, dh, wenn das Verfahren insgesamt vor einer Entscheidung über die Beschwerde beendet wurde und eine Beschwer entweder nicht mehr vorliegt oder nur durch Änderung der Hauptsacheentscheidung beseitigt werden kann. Hat zum **Beispiel** der wegen Befangenheit abgelehnte Richter eine Endentscheidung erlassen, obwohl über die Beschwerde gegen den die Ablehnung zurückweisenden Beschluss nach § 45 II ZPO noch nicht entschieden war, so hat sich die Beschwerde erledigt, die Begründetheit der Ablehnung kann nur noch mit der Berufung überprüft werden.[120]

1558 Einen besonderen *Wert* muss der Beschwerdegegenstand haben, wenn sich die Beschwerde gegen eine Entscheidung über Kosten, Gebühren oder Auslagen richtet. Hier verlangt § 567 II ZPO einen Mindestwert von *200,– EUR*.

1559 (5) **Zuständigkeit.** Beschwerden gegen Entscheidungen des Amtsgerichts in Zivilsachen werden vom Landgericht entschieden, Beschwerden gegen Beschlüsse des Landgerichts vom Oberlandesgericht (§§ 72, 119 GVG).

Das Beschwerdegericht entscheidet originär durch den **Einzelrichter**, wenn die angefochtene Entscheidung von einem Einzelrichter oder einem Rechtspfleger erlassen wurde (§ 568 ZPO).

b) Verfahren

1560 (1) Die sofortige Beschwerde eröffnet – anders als die Berufung – eine vollwertige neue Tatsacheninstanz. Mit ihr können – innerhalb eventueller Fristen nach § 571 III ZPO – uneingeschränkt neue Angriffs- und Verteidigungsmittel vorgetragen werden (§ 571 II ZPO).[121]

1561 (2) Zunächst prüft das Gericht, dessen Entscheidung angefochten wurde, ob die Beschwerde begründet ist. Ist dies der Fall, so hat es – nach Gewährung rechtlichen Gehörs – der Beschwerde **abzuhelfen** (§ 572 I ZPO).

Keine Abhilfemöglichkeit besteht wegen der innerprozessualen Bindungswirkung (§ 318 ZPO) bei der sofortigen Beschwerde gegen ein Zwischenurteil (zB §§ 135 III, 387 III ZPO) oder gegen Nebenentscheidungen von Endurteilen (zB § 99 II ZPO).

1562 (3) Wird der Beschwerde nicht abgeholfen, ist die Sache dem Beschwerdegericht **vorzulegen**, das Zulässigkeit und Begründetheit der Beschwerde zu prüfen hat.

Auf das Beschwerdeverfahren finden die Vorschriften über das allgemeine erstinstanzliche Verfahren entsprechende Anwendung. Es muss erneut rechtliches Gehör gewährt werden,[122] eine mündliche Verhandlung ist nach § 128 IV ZPO freigestellt, der Anwaltszwang gemäß § 571 IV ZPO gelockert. Eine aufschiebende Wirkung kommt der Beschwerde nur nach Maßgabe des § 570 I ZPO zu, einstweilige Anordnungen sind nach § 570 III ZPO möglich. Der Nichtabhilfebeschluss bedarf einer Begründung zumindest dann, wenn nicht schon die Beschwerdeentscheidung begründet war und hierauf Bezug genommen werden kann.

---

120 BGH WM 2009, 2390; NJW-RR 2004, 1365.
121 BGH NJW 2008, 3067; NZI 2007, 166.
122 BGH WM 2010, 1788.

c) Entscheidung

1563 Die Entscheidung ergeht – unabhängig davon, ob mündlich verhandelt wurde oder nicht – immer durch **Beschluss** (§ 572 II ZPO).

In der **Hauptsache** wird eine unzulässige Beschwerde verworfen (§ 572 IV ZPO), eine unbegründete Beschwerde zurückgewiesen. Auf eine zulässige und begründete Beschwerde hin wird die angefochtene Entscheidung aufgehoben und durch eine eigene Sachentscheidung des Beschwerdegerichts ersetzt. Ausnahmsweise kann das Beschwerdegericht die Sache zur erneuten Verhandlung und Entscheidung an das Erstgericht zurückverweisen (analog §§ 538 II Nr. 1, 565 II ZPO) oder das Erstgericht anweisen, in einer bestimmten Weise zu entscheiden (§ 572 III ZPO).

Für die **Kostenentscheidung** (§§ 91, 92, 97 ZPO; → Rn. 1531 ff.)[123] und die Entscheidung über die **Zulassung der Rechtsbeschwerde** (§ 574 I 1 Nr. 2 ZPO)[124] gilt das zur Berufung Gesagte entsprechend, eine Entscheidung zur **vorläufigen Vollstreckbarkeit** entfällt, da der Beschluss gemäß § 794 I Nr. 3 ZPO ohnehin sofort vollstreckbar ist. Im Tenor kann auch der **Streitwert** festgesetzt werden.

Eine **Begründung** wird vom Gesetz zwar nicht ausdrücklich verlangt, ist aber zumindest dann geboten, wenn gegen den Beschluss die Rechtsbeschwerde gegeben ist.[125]

6. Rechtsbeschwerde

1564 Die Rechtsbeschwerde ermöglicht auch im Bereich der Nebenentscheidungen die höchstrichterliche Klärung grundsätzlicher Rechtsfragen und dient – wie die Revision – der Rechtsfortbildung und der Wahrung der Rechtseinheit. Sie ist auf eine Rechtsprüfung beschränkt und durchweg *revisionsähnlich* ausgestaltet.

1565 **Statthaft** ist die Rechtsbeschwerde gegen Beschlüsse, wenn diese im Gesetz ausdrücklich vorgesehen ist (zB §§ 522 I 4, 1065 I 1 ZPO) oder vom Ausgangsgericht zugelassen wurde (§ 574 ZPO). Eine Zulassung erfolgt – wie bei allen Rechtsmitteln – wenn die Sache grundsätzliche Bedeutung hat oder die Fortbildung des Rechts bzw. die Sicherung einer einheitlichen Rechtsprechung eine Entscheidung des Rechtsbeschwerdegerichts erfordert. Die gleichen Voraussetzungen müssen auch für die gesetzlich vorgesehene Rechtsbeschwerde gegeben sein (§ 574 II und III ZPO).[126] Eine Nichtzulassungsbeschwerde findet nicht statt.

Die Rechtsbeschwerde ist binnen einer **Frist** von einem Monat nach Zustellung des anzufechtenden Beschlusses beim Rechtsbeschwerdegericht (BGH) einzulegen. Auch hier gilt deswegen der besondere Anwaltszwang. Die **Form** der Einlegung entspricht der der anderen Rechtsmittel (→ Rn. 1488), eine Begründung mit Anträgen und Angabe der Rechtsbehelfsgründe (die den Revisionsgründen entsprechen) ist innerhalb der Einlegungsfrist erforderlich (§ 575 II–IV ZPO).

1566 Eine Abhilfemöglichkeit des Ausgangsgerichts besteht nicht. Zuständig für die Entscheidung ist der BGH, **Prüfung und Entscheidung** der Rechtsbeschwerde entsprechen der Revision (§ 577 ZPO), allerdings ergeht die Entscheidung hierüber stets durch Beschluss (§ 577 VI ZPO).

123 BGH WM 2008, 543; NJW 2007, 2993; Gebühren des Gerichts gemäß § 11 GKG iVm Nr. 1900 ff. KV, für Rechtsanwälte §§ 2 II, 13 RVG iVm Nr. 3200 ff. VV.
124 BGH NJW 2004, 779; NJW-RR 2002, 1621.
125 BGH NJW-RR 2008, 1455; ZVI 2006, 565; WM 2005, 1246; 2004, 1686.
126 BGH NJW 2002, 2181; 2473.

7. Sonstige Rechtsbehelfe

a) Rechtsbehelfe gegen Entscheidungen

1567 Keine Rechtsmittel, sondern einfacher ausgestaltete Rechtsbehelfe sieht die ZPO vor, wenn es um die Beseitigung technischer Fehler oder um die Anfechtung besonderer Entscheidungsformen geht.

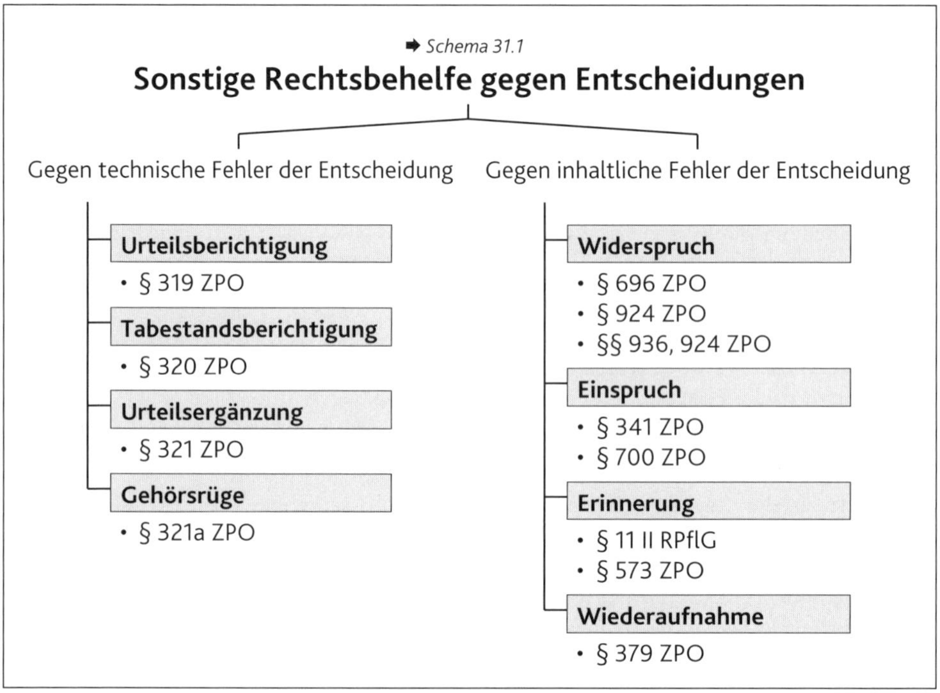

Schema 31.7: Sonstige Rechtsbehelfe gegen Entscheidungen

An anderer Stelle dargestellt sind dabei bereits der **Widerspruch** gegen Mahnbescheid und Beschluss im Eilverfahren (→ Rn. 760 ff.; → Rn. 806) sowie der **Einspruch** gegen Versäumnisurteil und Vollstreckungsbescheid (→ Rn. 765; → Rn. 1285 ff.).

1568 **(1)** Weist eine Entscheidung eine **offenbare** formelle **Unrichtigkeiten** auf, so erfolgt ohne besonderen Aufwand eine **Berichtigung** (§ 319 ZPO).

Ausdrücklich geregelt ist dies nur für Urteile, entsprechend anwendbar ist § 319 ZPO auf alle Entscheidungen. Berichtigt werden können alle Teile der Entscheidung (Rubrum, Tenor, Tatbestand, Entscheidungsgründe). Offenbar unrichtig ist eine Entscheidung, wenn sie die getroffene Entscheidung nicht richtig wiedergibt und dies auch für Dritte erkennbar ist. Hierzu gehören neben Schreib- und Rechenfehlern auch Auslassungen oder Widersprüche, nicht jedoch Fehler bei der Willensbildung des Gerichts.[127] Die Berichtigung kann auf Antrag einer Partei oder von Amts wegen erfolgen, bedarf keiner mündlichen Verhandlung und ergeht stets durch Beschluss. Sie erfolgt durch das Gericht, das die Entscheidung erlassen hat, selbst wenn die Sache inzwischen (zB durch Rechtsmitteleinlegung) bei einem anderen Gericht anhängig ist.[128] Die Berichtigung ist mit der sofortigen

127 BVerfG NJW 2001, 142; BGH NJW-RR 2001, 61.
128 BGH MDR 2015, 1439.

Beschwerde angreifbar, setzt aber für die berichtigte Entscheidung grundsätzlich keine neue Rechtsmittelfrist in Gang.[129]

(2) Ein unrichtiger **Tatbestand** kann nach § 320 ZPO **berichtigt** werden.[130] 1569

Unrichtig iSd § 320 ZPO ist der Tatbestand, wenn das Gericht den Sachverhalt nicht bloß falsch dar- (dann liegt ein Fall des § 319 ZPO vor), sondern schon falsch festgestellt hat, also ein Fehler in der Willensbildung vorliegt. Erforderlich ist der Antrag einer Partei binnen zwei Wochen nach Zustellung. Zuständig ist das Gericht, das die Entscheidung erlassen hat. Die Berichtigung erfolgt durch Beschluss, der nicht anfechtbar ist. Einem Rechtsmittel gegen das Urteil (auf dessen Frist die Tatbestandsberichtigung keinen Einfluss hat) ist der berichtigte Tatbestand zugrunde zu legen.

(3) Hat das Gericht versehentlich einen Teil der Entscheidung nicht getroffen, so 1570
muss diese nachgeholt, das **Urteil ergänzt** werden (§ 321 ZPO).

Voraussetzung ist, dass das Urteil unvollständig ist. Getroffene, aber unrichtige Entscheidungen fallen nicht unter § 321 ZPO, ebenso wenig bewusste Teilurteile. In Betracht kommt das Übersehen eines geltend gemachten Anspruchs (zB Zinsanspruch) oder der von Amts wegen zu treffenden Kostenentscheidung (§ 308 II ZPO). Die Ergänzung ergeht nur auf Antrag und nach mündlicher Verhandlung durch Ergänzungsurteil.[131]

(4) Beruht die Entscheidung auf der **Verletzung des Anspruchs auf rechtliches Ge-** 1571
hör, unterliegt aber nicht der Berufung, so muss das Gericht, das die Entscheidung erlassen hat, das Verfahren fortsetzen (§ 321a ZPO).[132]

Erforderlich hierzu ist ein Antrag der durch die Entscheidung beschwerten Partei binnen zwei Wochen nach Zustellung des Urteils. Diesen Antrag kann das Gericht ohne mündliche Verhandlung durch Beschluss verwerfen oder zurückweisen. Ist er begründet, führt er zur Fortsetzung des Prozesses, der in die Lage zurück versetzt wird, in der er sich vor dem Schluss der mündlichen Verhandlung befand. Bei der erneut zu treffenden Entscheidung ist das Gericht frei und nicht durch das Verbot der reformatio in peius beschränkt.[133]

(5) Die **Erinnerung** ist der Rechtsbehelf gegen Entscheidungen, die nicht vom er- 1572
kennenden Gericht selbst getroffen wurden. Sie ist insbesondere statthaft

- gegen Beschlüsse bzw. Verfügungen des beauftragten oder ersuchten Richters oder des Urkundsbeamten der Geschäftsstelle.

  Hier wird das erkennende Gericht angerufen (§ 573 I ZPO), gegen dessen Entscheidung ist dann die sofortige Beschwerde statthaft (§ 573 II ZPO).

- gegen Entscheidungen des *Rechtspflegers*, wenn gegen diese nach den allgemeinen 1573
  verfahrensrechtlichen Vorschriften ein Rechtsmittel – insbesondere die regelmäßig eröffnete Beschwerde – nicht gegeben ist (§ 11 II RPflG).

---

129 Zur Ausnahme BGH NJW-RR 2001, 211.

130 *Dührsen/Richter*, Tatbestandsberichtigung erstinstanzlicher Urteile, ArbR 2015, 420 und 470; *Einsiedler*, Die Berichtigung des Tatbestands nach § 320 ZPO, MDR 2011, 1454.

131 BGH NJW 2015, 1826; 2003, 1463.

132 BGH NJW-RR 2009, 144; OLG Jena NJW-RR 2011, 1694; *Esser*, Die Judikatur des EGMR im Strudel der Anhörungsrüge, NJW 2016, 604; *Huber*, Grundwissen-Zivilprozessrecht: Anhörungsrüge (§ 321a ZPO), JuS 2014, 402; *Müller*, Abhilfemöglichkeiten bei der Verletzung des Anspruchs auf rechtliches Gehör nach der ZPO-Reform, NJW 2002, 2743; *Schmidt*, Abhilfeverfahren nach § 321a ZPO, MDR 2002, 915; *Schneider*, Die Anhörungsrüge im Zivilprozeß, ZAP (2005) Fach 13, 1275; *Schneider*, Die Gehörsrüge (§ 321a ZPO), AnwBl. 2002, 620; *Zuck*, Praxishinweise zur zivilprozessualen Anhörungsrüge, MDR 2011, 399.

133 BGH MDR 2012, 988.

Diese Erinnerung ist **befristet**, dh, sie ist binnen der für die sofortige Beschwerde geltenden Frist (§ 569 I ZPO: zwei Wochen) einzulegen. Der Rechtspfleger kann der Erinnerung abhelfen, tut er es nicht, so entscheidet der Richter am Amtsgericht hierüber abschließend. Abgeschafft ist damit die früher als »Durchgriffserinnerung« bezeichnete Möglichkeit, gegen die ablehnende Entscheidung des Amtsrichters eine Entscheidung des Landgerichts herbeizuführen.[134]

1574 (6) Die **Wiederaufnahme des Verfahrens** dient der erneuten Verhandlung über einen bereits rechtskräftig abgeschlossenen Streitgegenstand und stellt damit eine *Durchbrechung* der *Rechtskraft* dar. Möglich sind hier zwei Verfahrensarten:

- Mit der **Nichtigkeitsklage** (§ 579 ZPO) sollen schwerste Verfahrensfehler beseitigt werden.

  Sie ist zum **Beispiel** möglich bei einer falschen Besetzung des Gerichts oder einer falschen Vertretung der Partei, etwa im Fall unerkannter Partei- oder Prozessunfähigkeit.

- Mit der **Restitutionsklage** (§ 580 ZPO) soll eine falsche Entscheidungsgrundlage richtig gestellt werden. Anders als bei der Nichtigkeitsklage, wo die Kausalität des Verfahrensfehlers für die (falsche) Entscheidung vermutet wird, ist sie hier positiv festzustellen, dh, die angefochtene Entscheidung muss auf dem Fehler beruhen.

  Fallgruppen sind eine Straftat im Vorprozess (Urkundenfälschung, eidliche Falschaussage oder Prozessbetrug des Gegners) oder das Auffinden einer Urkunde, die schon im Vorprozess vorhanden war.

1575 Beide **Verfahren** zerfallen in drei Abschnitte:

- Zunächst ist die *Zulässigkeit* der Wiederaufnahmeklage zu prüfen.

  Diese ist statthaft gegen rechtskräftige Endurteile. Form und Inhalt der Klage ergeben sich aus § 587 ZPO, sie muss binnen einer Frist von einem Monat ab Kenntnis des Anfechtungsgrunds, die Klage aus § 580 ZPO spätestens fünf Jahre nach Verkündung des Urteils erhoben werden (§ 586 II 2, III ZPO). Zuständig ist das Gericht, dessen Entscheidung angefochten wird, also evtl. das Berufungs- oder Revisionsgericht.

- Danach wird die *Begründetheit* der Wiederaufnahmeklage geprüft, dh insbesondere festgestellt, ob der geltend gemachte Wiederaufnahmegrund vorliegt.

  Wegen des öffentlichen Interesses am Bestehen der Rechtskraft sind hier die Parteiherrschaft und die möglichen Beweismittel eingeschränkt: Anerkenntnis, Geständnis und Fiktionswirkung des Nichtbestreitens sind genauso wenig möglich wie eine Parteivernehmung nach §§ 445, 447 ZPO.

- Stehen Zulässigkeit und Begründetheit der Wiederaufnahmeklage fest, wird der *alte Prozess fortgesetzt.*

Dabei dauern bindende Prozesslagen (Anerkenntnis, Geständnis) aus dem Vorprozess fort, neue Angriffs- und Verteidigungsmittel sind zulässig. Das Gericht trifft eine neue Sachentscheidung, die Kostenentscheidung erstreckt sich einheitlich auf die Kosten des alten wie des neuen Prozesses.

134 *Eicken*, Neuregelung der Anfechtung von Rechtspflegerentscheidungen in der Kosten- und Vergütungsfestsetzung, AnwGeb 1998, 161; *Rellermeyer*, Das Dritte Gesetz zur Änderung des Rechtspflegergesetzes, Rpfleger 1998, 309.

b) Außerprozessuale Rechtsbehelfe

Auch im Zivilprozess sind Rechtsbehelfe möglich, die nicht aus dem Zivilprozess- **1576**
recht selbst, sondern aus anderen Bereichen der Rechtsordnung folgen und damit auch in anderen Verfahrensordnungen oder gegenüber staatlichem Handeln schlechthin gelten.

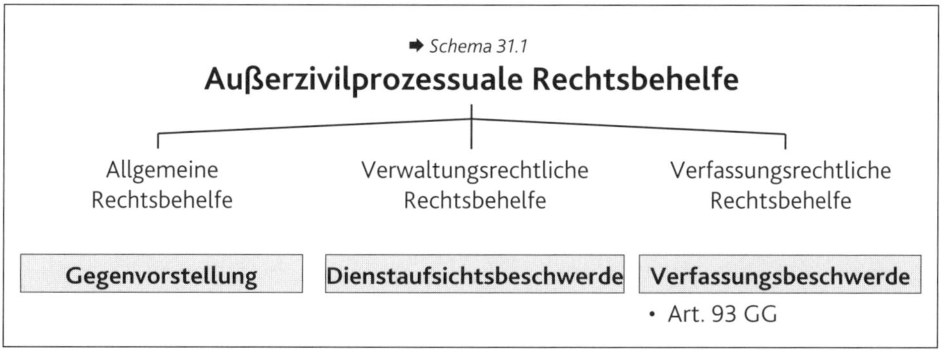

Schema 31.8: Außerzivilprozessuale Rechtsbehelfe

Zu diesen außerprozessualen Rechtsbehelfen gehören die sich aus dem Verwaltungsrecht ergebende **Dienstaufsichtsbeschwerde,**[135] mit der die Einhaltung der Dienstpflichten überprüft wird, genauso wie die aus dem Verfassungsrecht folgende **Verfassungsbeschwerde**. Allgemein kann auch eine formlose, die Selbstkorrektur des Gerichts anregende **Gegenvorstellung**[136] erhoben werden. Auf diese Rechtsbehelfe kann im Rahmen einer Darstellung des Zivilprozessrechts nicht näher eingegangen werden. Insoweit wird auf die einschlägige Spezialliteratur verwiesen.

Keinen Rechtsbehelf, sondern lediglich eine Möglichkeit zur Durchsetzung des Anspruchs auf Rechtsgewährung in angemessener Zeit aus Art. 19 IV, 20 III GG; Art. 13 EMRK bieten die §§ 198 ff. GVG.[137] Besteht Anlass zu der Besorgnis, dass das Verfahren nicht in angemessener Zeit abgeschlossen wird, kann jede Partei bei dem Prozessgericht eine **Verzögerungsrüge** erheben. Hierüber ergeht keine gerichtliche Entscheidung. Hilft das Gericht der Rüge nicht durch eine Verfahrensbeschleunigung ab, kann frühestens nach 6 Monaten eine **Entschädigungsklage** bei dem OLG erhoben werden, in dessen Bezirk die zuständige Landesregierung ihren Sitz hat. Auf diese Klage hin kann durch Urteil festgestellt werden, dass die Verfahrensdauer unangemessen war, ggf. eine Entschädigung in Höhe von regelmäßig 1.200,– EUR pro Jahr Verzögerungsdauer festgesetzt werden.

---

135 Diese ist – soweit sie gegen Richter erhoben wird – durch die richterliche Unabhängigkeit stark eingeschänkt (Art. 97 I GG; §§ 25, 26 I DRiG). BLAH/*Hartmann* Übers. § 567, Rn. 2; *Grimm*, Richterliche Unabhängigkeit und Dienstaufsicht in der Rechtsprechung des BGH, 1972; *Schmidt-Ränsch*, Dienstaufsicht über Richter, 1985.

136 BFH NJW 2008, 543; BVerwG NJW 1995, 2053; BGH NJW 2001, 2262; BAG NZA 1993, 382; BSG MDR 1992, 386; OLG Koblenz MDR 2014, 986; OLG Rostock NJW-RR 2010, 215; *Bauer*, Die Gegenvorstellung im Zivilprozess in Analogie zu den §§ 33a, 311a StPO, NJW 1991, 1711; *Werner*, Strafprozessuale Gegenvorstellung und Rechtsmittelsystem, NJW 1991, 19.

137 *Althammer/Schäuble*, Effektiver Rechtsschutz bei überlanger Verfahrensdauer, NJW 2012, 1; *Heine*, Überlange Gerichtsverfahren – Die Entschädigungsklage nach § 198 GVG, MDR 2012, 327; *Steinbeiß-Winkelmann/Sporrer*, Rechtsschutz bei überlangen Gerichtsverfahren, NJW 2014, 177.

Stichwortverzeichnis

(Verweis auf Rn.)